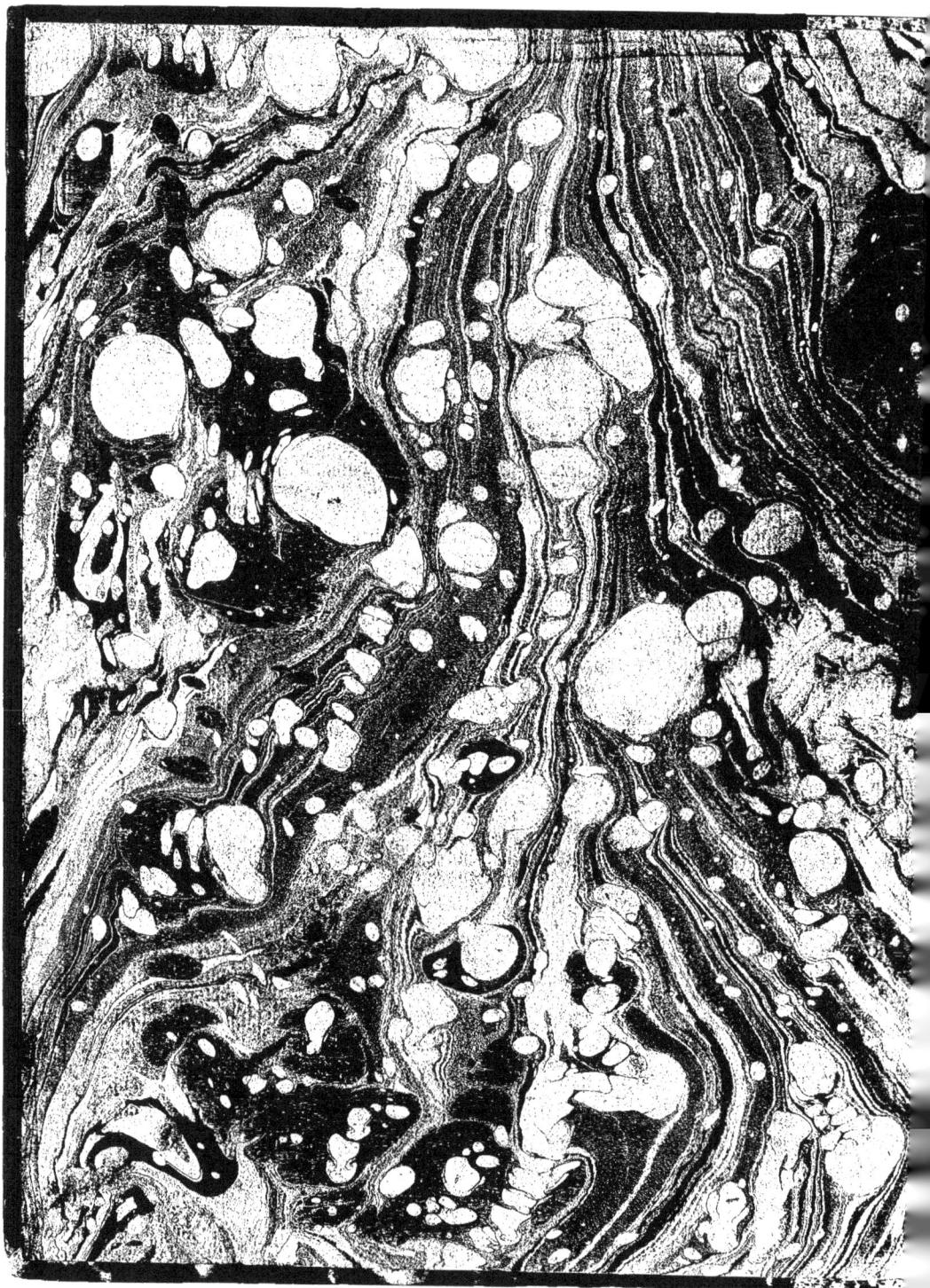

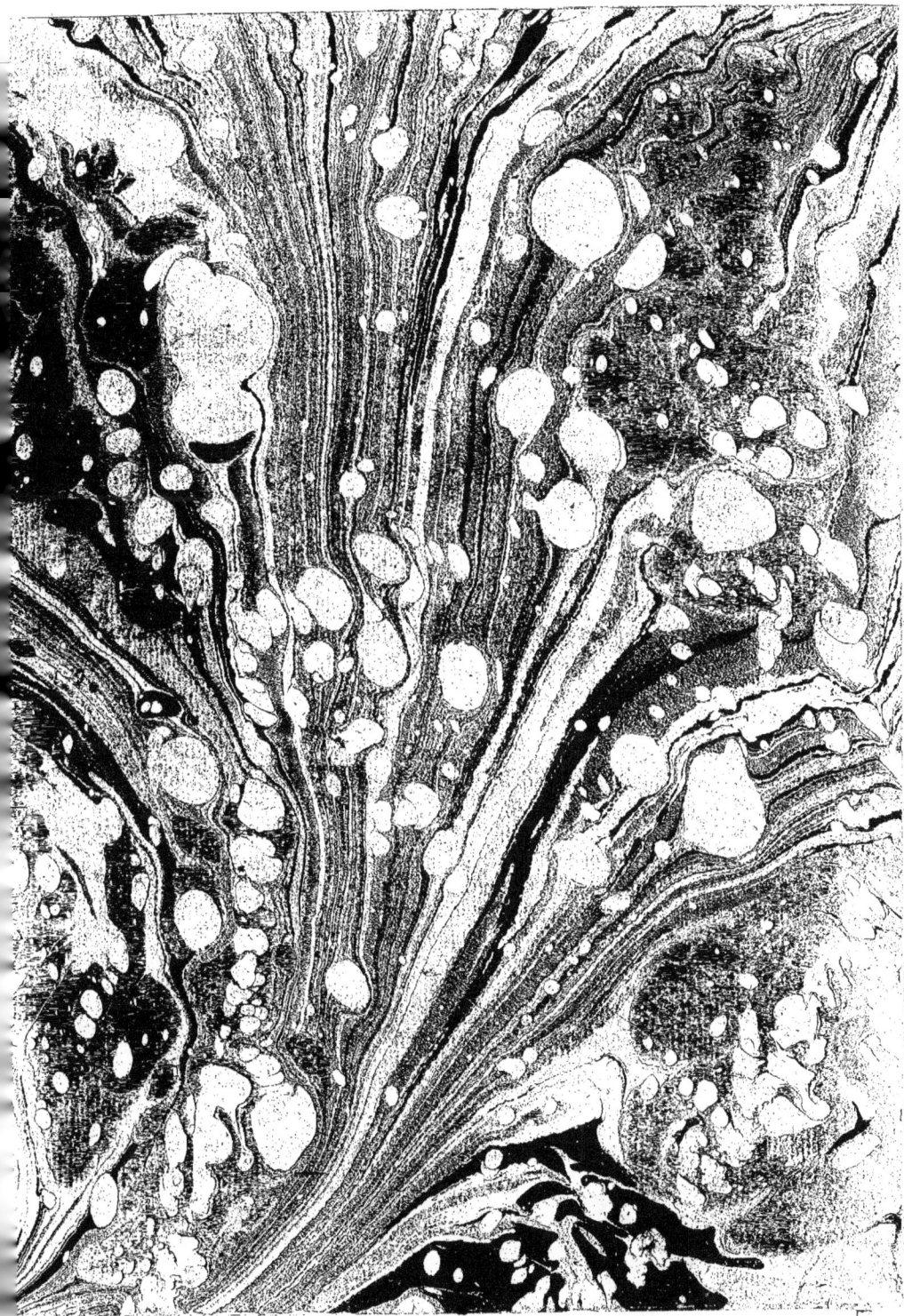

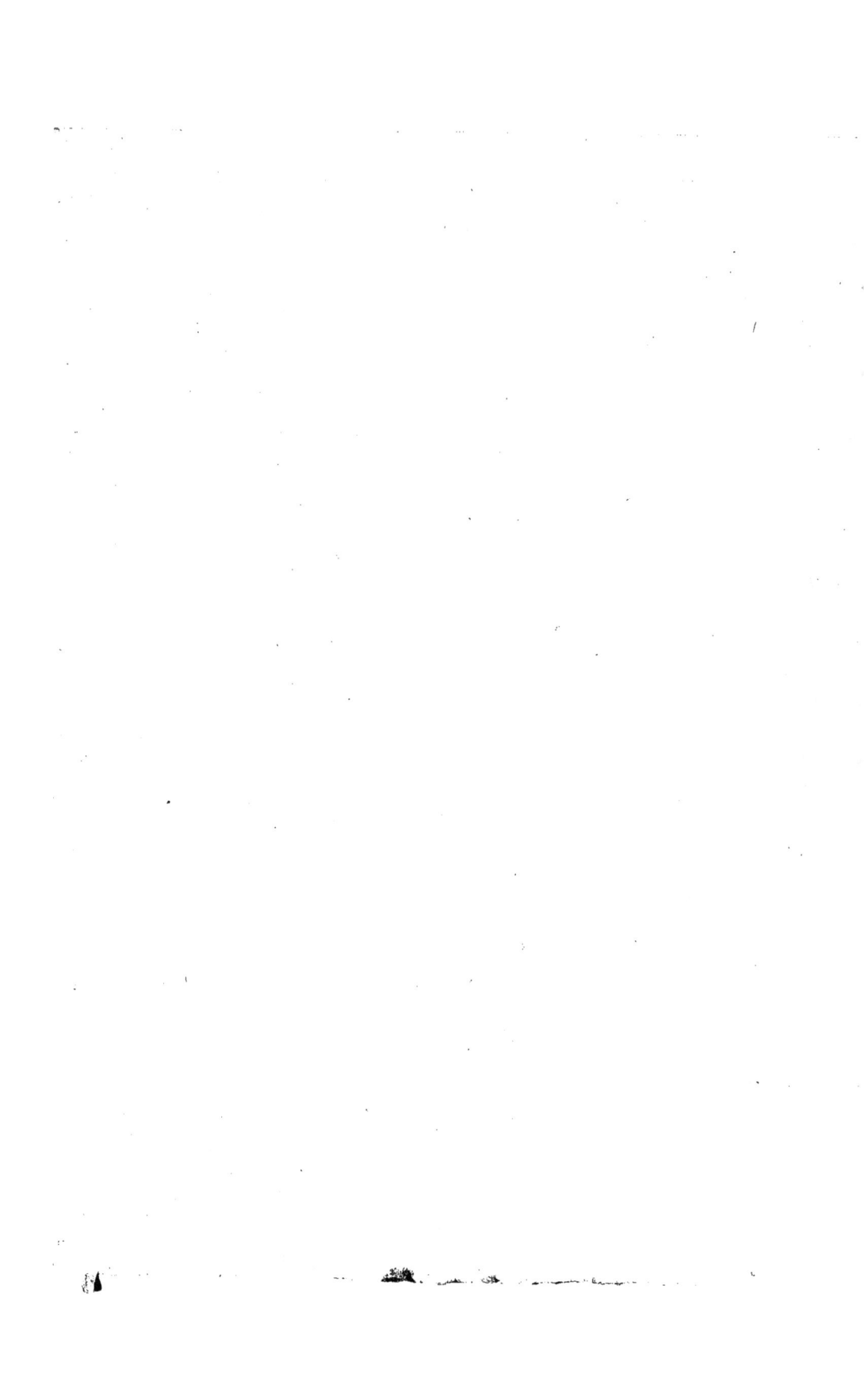

DICTIONNAIRE

DE DROIT ET DE PRATIQUE,

CIVIL, COMMERCIAL, CRIMINEL ET JUDICIAIRE.

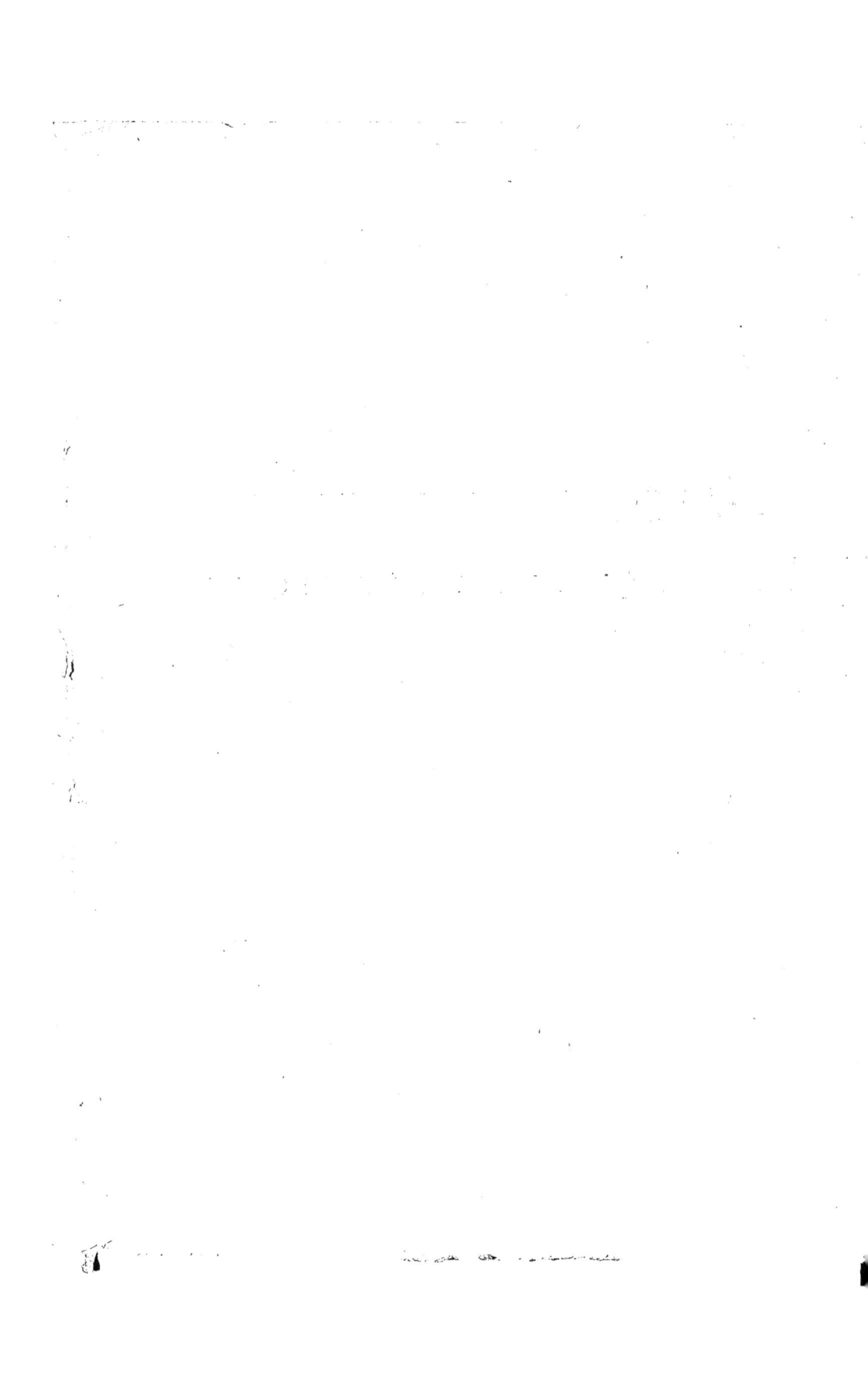

LE NOUVEAU FERRIERE,

OU

DICTIONNAIRE

DE DROIT ET DE PRATIQUE,

CIVIL, COMMERCIAL, CRIMINEL ET JUDICIAIRE;

CONTENANT

L'EXPLICATION DE TOUS LES TERMES DU DROIT, ANCIENS ET MODERNES,

ET A LA SUITE DE CHAQUE MOT,

1.° Sous le titre *Droit ancien*, les principes du Droit écrit et coutumier en vigueur avant 1789 ;

2.° Sous le titre *Droit intermédiaire*, l'analyse raisonnée des lois rendues depuis 1789 jusqu'à la promulgation du Code civil ;

3.° Sous le titre *Droit nouveau*, les dispositions du Code civil,

Avec les Arrêts et Jugemens de la Cour de Cassation et autres Cours et Tribunaux de la République, qui ont éclairé la Jurisprudence sur les questions nées de ces lois.

PAR C. H. D'AGAR, JURISCONSULTE.

TOME III.

A PARIS;

CHEZ

L'AUTEUR, RUE HONORÉ-CHEVALIER, no. 930.
CLAMENT FRÈRES, BIBLIOGRAPHES, RUE DE CONDÉ, n°. 32.
GARNERY, LIBRAIRE, RUE DE SEINE, HÔTEL MIRABEAU.
LEVRAULT, SCHOELL ET COMPAGNIE, MÊME RUE, n°. 12.

AN XIII. 1805.

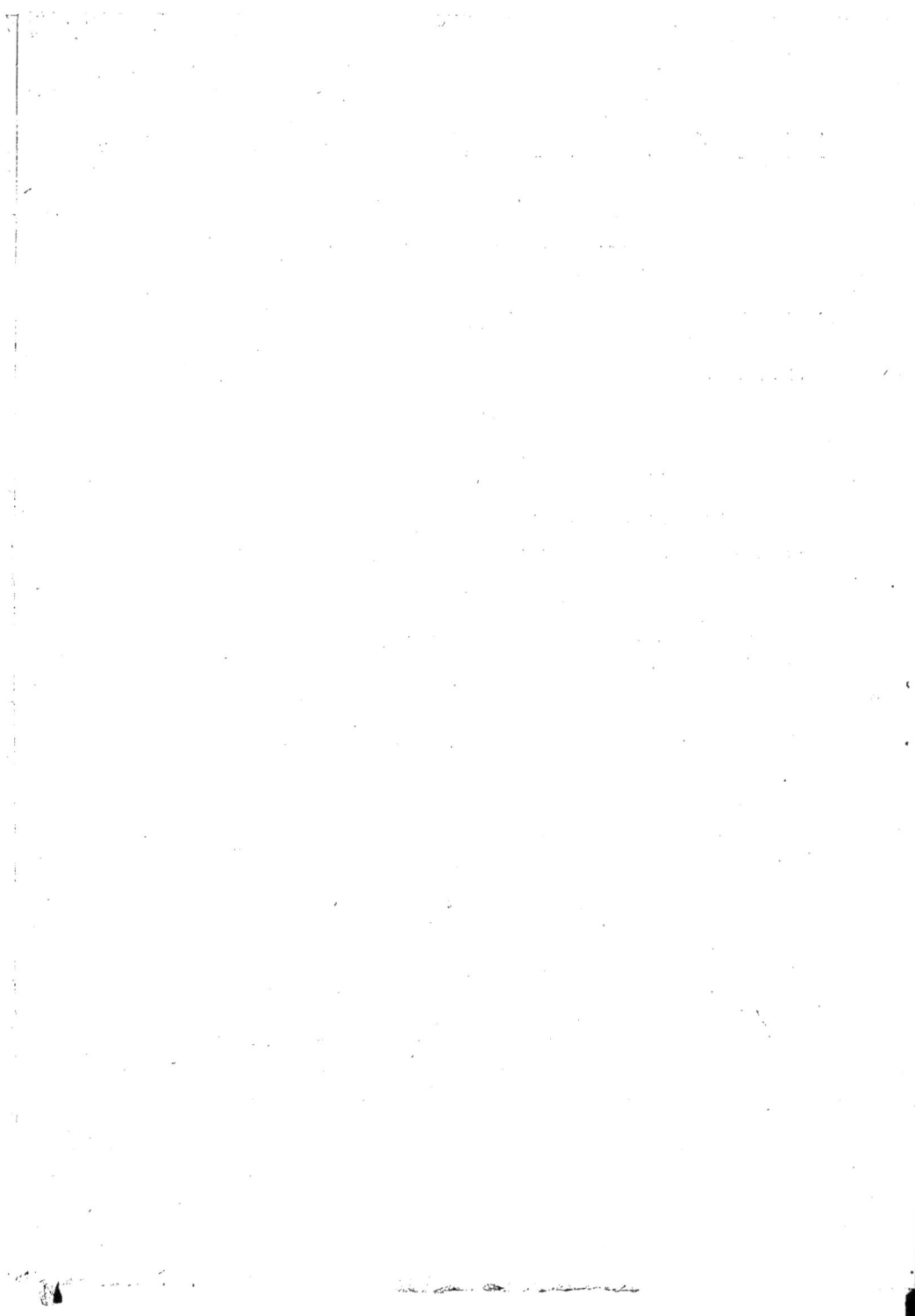

DICTIONNAIRE

DE

DROIT CIVIL.

O

OBLIGATION est un lien de droit, par lequel nous sommes obligés à donner ou à faire quelque chose à quelqu'un.

Droit ancien.

Il y a trois sortes d'obligations ; l'obligation naturelle, l'obligation civile, et l'obligation mixte, laquelle est naturelle et civile.

L'obligation naturelle est un lien de l'équité naturelle, qui nous oblige à donner ou à faire quelque chose, sans que nous puissions y être contraints en justice.

Cette obligation, qui n'est soutenue que par le droit naturel, ne produit point d'action en vertu de laquelle elle puisse être mise à exécution ; de sorte que l'exécution d'icelle dépend seulement de la probité de celui qui est obligé.

Telle est l'obligation de celui auquel du vin ou autres choses ont été vendues en détail, par assiette, par un cabaretier en sa maison ; car en vertu de telle vente il ne provient qu'une obligation naturelle, qui ne produit point d'action pour le cabaretier contre son débiteur, suivant l'*art*. 128 de notre coutume.

Il faut en dire de même de l'obligation qu'une femme a contractée en pays coutumier, sans être autorisée de son mari.

L'obligation civile est celle qui descend de la loi, mais qui peut être détruite par quelque exception péremptoire, au moyen de laquelle cette obligation devient sans effet. Telle est l'obligation qu'on a extorquée de quelqu'un par force et par violence.

L'obligation mixte est celle qui est fondée sur l'équité naturelle, et sur l'autorité de la loi par laquelle elle est confirmée, et qui ne peut être détruite par aucune exception péremptoire.

L'obligation mixte produit une action efficace au moyen de laquelle le créancier fait condamner son débiteur à lui payer ce qu'il lui doit, ou à faire ce à quoi il est obligé envers lui, sans que le débiteur lui puisse valablement opposer contre cette action aucune exception péremptoire. Sur quoi il faut remarquer que celui qui est obligé envers un autre à lui donner quelque chose, y peut être contraint en justice : mais quand l'obligation consiste à faire quelque chose, une telle obligation se termine en dom-

I

mages et intérêts , faute de satisfaire à l'obligation.

Inter obligationem , quæ in faciendo consistit , et eam quæ consistit in dando , hoc summum discrimen est , quod qui ad faciendum tenetur , non obligetur præcisè ad faciendum , sed ejus obligatio resolvitur in id quod interest , propter naturalem hominum libertatem quæ non patitur quemquam ad faciendum præcisè compelli. Qui verò dare tenetur, præcisè ad dandum cogi potest ; quià si non det id quod dare tenetur , manu militari capi potest. Voy. Ferrière dans sa Traduction des Institutes , sur le §. dernier du tit. 16 du troisième livre.

Les obligations descendent de quatre causes ; savoir du contrat , du quasi-contrat , du délit et du quasi-délit.

Les principes que nous venons de donner sur les obligations , sont tirés du droit romain , et peuvent beaucoup servir pour connaître ce que c'est qu'obligation , et de combien il y en a de sortes. Mais voyons ce qu'on entend ordinairement parmi nous par obligation.

Nous appelons *obligation* un acte passé par-devant notaires , pour prêt d'argent , ou pour autre cause ; à la différence des reconnaissances sous signatures privées , que l'on appelle simple promesses , cédules ou billets.

Ce qui est essentiel à une obligation , c'est qu'elle doit contenir la raison pour laquelle elle est causée , comme nous le dirons ci-après.

Il y a plusieurs autres conditions requises pour la validité des obligations , qui sont déduites et expliquées dans la nouvelle édition de la Science parfaite des Notaires. Voy. aussi Ferrière dans sa Traduction des Institutes , sur le tit. 14 du troisième livre.

Les principales conditions requises pour la validité des actes passés devant notaires , sont l'énonciation de la date , de l'an et du jour , celle du nom et de la qualité des contractans ; la signature des parties , des notaires et des témoins.

Toutes les obligations et actions pour sommes de deniers à une fois payer , sont réputées mobiliaires , parce que toute action prend la qualité de la chose à laquelle elle tend ; et par cette raison toutes obligations et actions qui tendent à avoir une chose mobiliaire , sont réputées meubles. Voy. Ferrière sur l'art. 39 de la Coutume de Paris.

Droit nouveau.

On trouvera à la fin du *mot* Obligation , le Recueil des loix rendues pendant la dépréciation du papier monnaie à l'égard des obligations contractées ou échues pendant sa durée. Nous traiterons auparavant le différentes sortes d'obligation sous le rapport du *Droit ancien* et du *Droit nouveau.*

A l'égard de la manière dont se forme l'obligation , Voy. les mots Convention, Contrat , Quasi-contrat , et Quasi-délit.

Quant aux divers moyens de prouver les obligations , Voy. les mots Acte de notaire , Acte sous seing privé , Aveu , Présomption , Preuve et Serment.

A l'égard de la manière dont les obligations s'éteignent , Voy. Payement et les mots auxquels cet article renvoie ; Voy. aussi Rescision et Nullité des Conventions et obligations.

De l'effet des Obligations en général.

Les conventions légalement formées tiennent lieu de loi à ceux qui les ont faites. Elles ne peuvent être révoquées que de leur consentement mutuel , ou pour les causes que la loi autorise. Elles doivent être exécutées de bonne foi. *Art.* 1134. *Cod. des Cont. et Obl.*

Les conventions obligent non-seulement à ce qui y est exprimé , mais encore à toutes les suites que l'équité ou la loi donne à l'obligation d'après sa nature. *Art.* 1135.

Sect. 2. *De l'obligation de donner.* L'obligation de donner emporte celle de livrer la chose et de la conserver jusqu'à la livraison, à peine de dommages et intérêts envers le créancier. *Art.* 1136.

L'obligation de veiller à la conservation de la chose, soit que la convention n'ait pour objet que l'utilité de l'une des parties, soit qu'elle ait pour objet leur utilité commune, soumet celui qui en est chargé à y apporter tous les soins d'un bon père de famille. --- Cette obligation est plus ou moins étendue relativement à certains contrats, dont les effets, à cet égard, sont expliqués sous les titres qui les concernent. *Art.* 1137.

L'obligation de livrer la chose est parfaite par le seul consentement des parties contractantes. -- Elle rend le créancier propriétaire et met la chose à ses risques dès l'instant où elle a dû être livrée, encore que la tradition n'en ait point été faite, à moins que le débiteur ne soit en demeure de la livrer ; auquel cas la chose reste aux risques de ce dernier. *Art.* 1138.

Le débiteur est constitué en demeure, soit par une sommation ou par autre acte équivalent, soit par l'effet de la convention, lorsqu'elle porte que, sans qu'il soit besoin d'acte et par la seule echéance du terme, le débiteur sera en demeure. *Art.* 1139.

Les effets de l'obligation de donner ou de livrer un immeuble sont réglés au titre *de la Vente*, et au titre *des Priviléges et Hypothèques. Art.* 1140.

Si la chose qu'on s'est obligé de donner ou de livrer à deux personnes successivement est purement mobilaire, celle des deux qui en a été mise en possession réelle est préférée et en demeure propriétaire, encore que son titre soit postérieur en date, pourvu toutefois que la possession soit de bonne foi. *Art.* 1141.

Sect. 3. *De l'Obligation de faire ou de ne pas faire.* — Toute obligation de faire ou de ne pas faire se résout en dommages et intérêts en cas d'inexécution de la part du débiteur. *Art.* 1142.

Néanmoins le créancier a le droit de demander que ce qui aurait été fait par contravention à l'engagement soit détruit ; et il peut se faire autoriser à le détruire aux dépens du débiteur, sans préjudice des dommages et intérêts, s'il y a lieu. *Art.* 1143.

Le créancier peut aussi, en cas d'inexécution, être autorisé à faire exécuter lui-même l'obligation aux dépens du débiteur. *Art.* 1144.

Si l'obligation est de ne pas faire, celui qui y contrevient doit les dommages et intérêts par le seul fait de la contravention. *Art.* 1145.

Sect. 4. *Des Dommages et Intérêts résultant de l'inexécution de l'obligation.* — Les dommages et intérêts ne sont dus que lorsque le débiteur est en demeure de remplir son obligation, excepté néanmoins lorsque la chose que le débiteur s'était obligé de donner ou de faire ne pouvait être donnée ou faite que dans un certain temps qu'il a laissé passer. *Art.* 1146.

Le débiteur est condamné, s'il y a lieu, au paiement de dommages et intérêts, soit à raison de l'inexécution de l'obligation, soit à raison du retard dans l'exécution, toutes les fois qu'il ne justifie pas que l'inexécution provient d'une cause étrangère qui ne peut lui être imputée, encore qu'il n'y ait aucune mauvaise foi de sa part. *Art.* 1147.

Il n'y a lieu à aucuns dommages et intérêts lorsque, par suite d'une force majeure ou d'un cas fortuit, le débiteur a été empêché de donner ou de faire ce à quoi il était obligé, ou a fait ce qui lui était interdit. *Art.* 1148.

Les dommages et intérêts dus au créancier sont en général de la perte qu'il a faite et du gain dont il a été privé, sauf les exceptions et modifications ci-après. *Art.* 1149.

Le débiteur n'est tenu que des dommages et intérêts qui ont été prévus et qu'on a pu prévoir lors du contrat, lorsque ce n'est point par son dol que l'obligation n'est point exécutée. *Art.* 1150.

Dans le cas même où l'inexécution de la convention résulte du dol du débiteur, les dommages et intérêts ne doivent comprendre, à l'égard de la perte éprouvée par le créancier et du gain dont il a été privé, que ce qui est une suite immédiate et directe de l'inexécution de la convention. *Art.* 1151.

Lorsque la convention porte que celui qui manquera de l'exécuter paiera une certaine somme à titre de dommages-intérêts, il ne peut être alloué à l'autre partie une somme plus forte ni moindre. *Art.* 1152.

Dans les obligations qui se bornent au paiement d'une certaine somme, les dommages et intérêts résultant du retard dans l'exécution ne consistent jamais que dans la condamnation aux intérêts fixés par la loi, sauf les règles particulières au commerce et au cautionnement. — Ces dommages et intérêts sont dus sans que le créancier soit tenu de justifier d'aucune perte. — Ils ne sont dus que du jour de la demande, excepté dans les cas où la loi les fait courir de plein droit. *Art.* 1153.

Les intérêts échus des capitaux peuvent produire des intérêts, ou par une demande judiciaire ou par une convention spéciale, pourvu que, soit dans la demande, soit dans la convention, il s'agisse d'intérêts dus au moins pour une année entière. *Art.* 1155.

Néanmoins les revenus échus, tels que fermages, loyers, arrérages de rentes perpétuelles ou viagères, produisent intérêt du jour de la demande ou de la convention. — La même règle s'applique aux restitutions de fruits, et aux intérêts payés par un tiers au créancier en acquit du débiteur.

Sect. 1.re — *Chap.* 4. — *Des Obligations conditionnelles.*

§. 1.er *De la Condition en général, et de ses diverses espèces.* L'obligation est conditionnelle lorsqu'on la fait dépendre d'un événement futur et incertain, soit en la suspendant jusqu'à ce que l'événement arrive, soit en la résiliant,

selon que l'événement arrivera ou n'arrivera pas. *Art.* 1168.

La condition *casuelle* est celle qui dépend du hasard, et qui n'est nullement au pouvoir du créancier ni du débiteur. *Art.* 1169.

La condition *potestative* est celle qui fait dépendre l'exécution de la convention d'un événement qu'il est au pouvoir de l'une ou de l'autre des parties contractantes de faire arriver ou d'empêcher. *Art.* 1170.

La condition *mixte* est celle qui dépend tout-à-la-fois de la volonté d'une des parties contractantes et de la volonté d'un tiers. *Art.* 1171.

Toute condition d'une chose impossible ou contraire aux bonnes mœurs, ou prohibée par la loi, est nulle, et rend nulle la convention qui en dépend. *Art.* 1172.

La condition de ne pas faire une chose impossible ne rend pas nulle l'obligation contractée sous cette condition. *Art.* 1173.

Toute obligation est nulle, lorsqu'elle a été contractée sous une condition potestative de la part de celui qui s'oblige. *Art.* 1174.

Toute condition doit être accomplie de la manière que les parties ont vraisemblablement voulu et entendu qu'elle le fût. *Art.* 1175.

Lorsqu'une obligation est contractée sous la condition qu'un événement arrivera dans un temps fixe, cette condition est censée défaillie lorsque le temps est expiré sans que l'événement soit arrivé. S'il n'y a point de temps fixe, la condition peut toujours être accomplie; et elle n'est censée défaillie, que lorsqu'il est devenu certain que l'événement n'arrivera pas. *Art.* 1176.

Lorsqu'une obligation est contractée sous la condition qu'un événement n'arrivera pas dans un temps fixe, cette condition est accomplie lorsque ce temps est expiré sans que l'événement soit arrivé. Elle l'est également si, avant le terme, il est certain que l'événement n'arrivera pas; et s'il n'y a pas de temps déterminé,-

elle n'est accomplie que lorsqu'il est certain que l'événement n'arrivera pas. *Art.* 1177.

La condition est réputée accomplie lorsque c'est le débiteur, obligé sous cette condition, qui en a empêché l'accomplissement. *Art.* 1178.

La condition accomplie a un effet rétroactif au jour auquel l'engagement a été contracté : si le créancier est mort avant l'accomplissement de la condition, ses droits passent à son héritier. *Art.* 1179.

Le créancier peut, avant que la condition soit accomplie, exercer tous les actes conservatoires de son droit. *Art.* 1180.

§. 2. *De la Condition suspensive.* L'obligation contractée sous une condition suspensive est celle qui dépend ou d'un événement futur et incertain, ou d'un événement actuellement arrivé, mais encore inconnu des parties. — Dans le premier cas, l'obligation ne peut être exécutée qu'après l'événement. — Dans le second cas, l'obligation a son effet du jour où elle a été contractée. *Art.* 1181.

Lorsque l'obligation a été contractée sous une condition suspensive, la chose qui fait la matière de la convention demeure aux risques du débiteur qui ne s'est obligé de la livrer que dans le cas de l'événement de la condition. — Si la chose est entièrement périe sans la faute du débiteur, l'obligation est éteinte. — Si la chose s'est détériorée sans la faute du débiteur, le créancier a le choix ou de résoudre l'obligation, ou d'exiger la chose dans l'état où elle se trouve, sans diminution du prix. — Si la chose s'est détériorée par la faute du débiteur, le créancier a le droit ou de résoudre l'obligation, ou d'exiger la chose dans l'état où elle se trouve, avec des dommages et intérêts. *Art.* 1182.

§. 3. *De la Condition résolutoire.* La condition résolutoire est celle qui, lorsqu'elle s'accomplit, opère la révocation de l'obligation, et qui remet les choses au même état que si l'obligation n'avait pas existé. — Elle ne suspend

point l'exécution de l'obligation ; elle oblige seulement le créancier à restituer ce qu'il a reçu, dans le cas où l'événement prévu par la condition arrive. *Art.* 1183.

La condition résolutoire est toujours sous-entendue dans les contrats synallagmatiques, pour le cas où l'une des deux parties ne satisfera point à son engagement. — Dans ce cas, le contrat n'est point résolu de plein droit. La partie envers laquelle l'engagement n'a point été exécuté, a le choix ou de forcer l'autre à l'exécution de la convention lorsqu'elle est possible, ou d'en demander la résolution avec dommages et intérêts. — La résolution doit être demandée en justice ; et il peut être accordé au défendeur un délai, selon les circonstances. *Art.* 1184.

Sect. 2. — *Des obligations à terme.*

Le terme diffère de la condition, en ce qu'il ne suspend point l'engagement, dont il retarde seulement l'exécution. *Art.* 1185.

Ce qui n'est dû qu'à terme ne peut être exigé avant l'échéance du terme ; mais ce qui a été payé d'avance ne peut être répété. *Art.* 1186.

Le terme est toujours présumé stipulé en faveur du débiteur, à moins qu'il ne résulte de la stipulation, ou des circonstances, qu'il a été aussi convenu en faveur du créancier. *Art.* 1187.

Le débiteur ne peut plus réclamer le bénéfice du terme lorsqu'il a fait faillite, ou lorsque, par son fait, il a diminué les sûretés qu'il avait données par le contrat à son créancier. *Art.* 1188.

Sect. 3. — *Des Obligations alternatives.*

Le débiteur d'une obligation alternative est libéré par la délivrance de l'une des deux choses qui étaient comprises dans l'obligation. *Art.* 1189.

Le choix appartient au débiteur, s'il n'a pas été expressément accordé au créancier. *Art.* 1190.

Le débiteur peut se libérer en délivrant l'une des deux choses promises; mais il ne peut pas forcer le créancier à recevoir une partie de l'une et une partie de l'autre. *Art.* 1191.

L'obligation est pure et simple, quoique contractée d'une manière alternative, si l'une des deux choses promises ne pouvait être le sujet de l'obligation. *Art.* 1192.

L'obligation alternative devient pure et simple, si l'une des choses promises périt et ne peut plus être livrée, même par la faute du débiteur. Le prix de cette chose ne peut pas être offert à sa place.---Si toutes deux sont péries, et que le débiteur soit en faute à l'égard de l'une d'elles, il doit payer le prix de celle qui a péri la dernière. *Art.* 1193.

Lorsque, dans les cas prévus par l'article précédent, le choix avait été déféré par la convention au créancier, -- ou l'une des choses seulement est périe ; et alors, si c'est sans la faute du débiteur, le créancier doit avoir celle qui reste ; si le débiteur est en faute, le créancier peut demander la chose qui reste, ou le prix de celle qui est périe : -- ou les deux choses sont péries ; et alors, si le débiteur est en faute à l'égard des deux, ou même à l'égard de l'une d'elles seulement, le créancier peut demander le prix de l'une ou de l'autre, à son choix. *Art.* 1194.

Si les deux choses sont péries sans la faute du débiteur, et avant qu'il soit en demeure, l'obligation est éteinte, conformément à l'*art.* 1302. *Art.* 1195.

Les mêmes principes s'appliquent aux cas où il y a plus de deux choses comprises dans l'obligation alternative. *Art.* 1196.

Sect. 5. -- Des Obligations divisibles et indivisibles.

L'obligation est divisible ou indivisible, selon qu'elle a pour objet ou une chose qui dans sa livraison, ou un fait qui dans l'exécution est ou n'est pas susceptible de division, soit matérielle, soit intellectuelle. *Art.* 1217.

L'obligation est indivisible, quoique la chose ou le fait qui en est l'objet soit divisible par sa nature, si le rapport sous lequel elle est considérée dans l'obligation ne la rend pas susceptible d'exécution partielle. *Art.* 1218.

La solidarité stipulée ne donne point à l'obligation le caractère d'indivisibilité. *Art.* 1219.

§. 1.er *Des effets de l'Obligation divisible.* --L'obligation qui est susceptible de division doit être exécutée entre le créancier et le débiteur comme si elle était indivisible. La divisibilité n'a d'application qu'à l'égard de leurs héritiers, qui ne peuvent demander la dette, ou qui ne sont tenus de la payer que pour les parts dont ils sont saisis, ou dont ils sont tenus comme représentant le créancier ou le débiteur. *Art.* 1220.

Le principe établi dans l'article précédent reçoit exception à l'égard des héritiers du débiteur ; *art.* 1221. -- 1.º Dans le cas où la dette est hypothécaire ; -- 2.º Lorsqu'elle est d'un corps certain ; -- 3.º Lorsqu'il s'agit de la dette alternative de choses au choix du créancier, dont l'une est indivisible ; -- 4.º Lorsqu'un des héritiers est chargé seul, par le titre, de l'exécution de l'obligation ; -- 5.º Lorsqu'il résulte, soit de la nature de l'engagement, soit de la chose qui en fait l'objet, soit de la fin qu'on s'est proposée dans le contrat, que l'intention des contractans a été que la dette ne pût s'acquitter partiellement. -- Dans les trois premiers cas, l'héritier qui possède la chose due ou le fonds hypothéqué à la dette, peut être poursuivi pour le tout sur la chose due ou sur le fonds hypothéqué, sauf le recours contre ses héritiers. Dans le quatrième cas, l'héritier seul chargé de la dette, et dans le cinquième cas, chaque héritier peut aussi être poursuivi pour le tout, sauf son recours contre ses cohéritiers.

§. 2. *Des Effets de l'obligation indivisible.* -- Chacun de ceux qui ont contracté conjointement une dette indivisible en est tenu pour la total, encore que l'obligation n'ait pas été contractée solidairement. *Art.* 1222.

Il en est de même à l'égard des héritiers de celui qui a contracté une pareille obligation. *Art.* 1223.

Chaque héritier du créancier peut exiger en totalité l'exécution de l'obligation indivisible. -- Il ne peut seul faire la remise de la totalité de la dette ; il peut recevoir seul le prix au lieu de la chose. Si l'un des héritiers a seul remis la dette ou reçu le prix de la chose, son cohéritier ne peut demander la chose indivisible qu'en tenant compte de la portion du cohéritier qui a fait la remise ou qui a reçu le prix. *Art.* 1224.

L'héritier du débiteur assigné pour la totalité de l'obligation peut demander un délai pour mettre en cause ses cohéritiers, à moins que la dette ne soit de nature à ne pouvoir être acquittée que par l'héritier assigné, qui peut alors être condamné seul, sauf son recours en indemnité contre ses cohéritiers. *Art.* 1225.

Sect. 6. *Des Obligations avec clauses pénales.*

La clause pénale est celle par laquelle une personne, pour assurer l'exécution d'une convention, s'engage à quelque chose en cas d'inexécution. *Art.* 1226.

La nullité de l'obligation principale entraîne celle de la clause pénale. -- La nullité de celle-ci n'entraîne point celle de l'obligation principale. *Art.* 1227.

Le créancier, au lieu de demander la peine stipulée contre le débiteur qui est en demeure, peut poursuivre l'exécution de l'obligation principale. *Art.* 1228.

La clause pénale est la compensation des dommages et intérêts que le créancier souffre de l'inexécution de l'obligation principale. -- Il ne peut demander en même temps le principal et la peine, à moins qu'elle ait été stipulée pour le simple retard. *Art.* 1229.

Soit que l'obligation primitive contienne, soit

qu'elle ne contienne pas un terme dans lequel elle doive être accomplie, la peine n'est encourue que lorsque celui qui s'est obligé soit à livrer, à prendre, soit à faire, est en demeure. *Art.* 1230.

La peine peut être modifiée par le juge, lorsque l'obligation principale a été exécutée en partie. *Art.* 1231.

Lorsque l'obligation primitive, contractée avec une clause pénale, est d'une chose indivisible, la peine est encourue par la contravention d'un seul des héritiers du débiteur ; et elle peut être demandée, soit en totalité contre celui qui a fait la contravention, soit contre chacun des cohéritiers pour leur part et portion, et hipothécairement pour le tout, sauf leur recours contre celui qui a fait encourir la peine. *Art.* 1232.

Lorsque l'obligation primitive, contractée sous une peine, est indivisible, la peine n'est encourue que par celui des héritiers du débiteur qui contrevient à cette obligation, et pour la part seulement dont il était tenu dans l'obligation principale, sans qu'il y ait d'action contre ceux qui l'ont exécutée. -- Cette règle reçoit exception, lorsque la clause pénale ayant été ajoutée dans l'intention que le paiement ne pût se faire partiellement, un cohéritier a empêché l'exécution de l'obligation pour la totalité : en ce cas, la peine entière peut être exigée contre lui, et contre les autres cohéritiers pour leur portion seulement, sauf leur recours. *Art.* 1233.

OBLIGATION SOLIDAIRE.

Droit ancien.

L'*obligation solidaire*, est celle qui est contractée par plusieurs personnes envers le même créancier, pour une dette, en conséquence d'une clause qui marque la solidarité.

Je dis *en conséquence d'une clause qui marque la solidarité* ; car si une obligation était purement et simplement contractée par plusieurs envers le même créancier et pour la même chose , et qu'il n'y eût aucune mention de solidarité, l'obligation serait divisée de plein droit , c'est-à-dire , que chacun des coobligés ne serait tenu que pour sa part et portion ; au lieu que quand l'obligation est solidaire, chacun peut être poursuivi pour le tout , sauf son recours contre les autres.

Ce que nous avons dit , que le créancier qui reçoit d'un de ses coobligés la portion dont il serait seulement tenu si l'obligation n'était pas solidaire , et présumé avoir tacitement divisé l'obligation de tous, ne doit s'entendre que du principal de la somme qui lui est due ; car le créancier qui aurait reçu , même pendant trente ans, les arrérages ou intérêts de sa dette séparément par chacun des coobligés, le principal ne serait pas pour cela divisé entr'eux.

Il y a un cas où une obligation solidaire se divise sans la participation et sans le consentement du créancier ; c'est lorsqu'un des coobligés solidairement vient à décéder , et qu'il laisse plusieurs héritiers ; le créancier ne peut alors agir contre chacun d'eux par action personnelle, que pour sa part et portion.

Je dis *par action personnelle ;* car le créancier peut toujours agir hypothécairement pour le tout contre chacun des héritiers du défunt.

Lorsque l'obligation est solidaire, les coobligés entr'eux sont cautions l'un de l'autre ; et celui qui paye la totalité de la dette, a son recours contre ses coobligés pour la répétition de la part de chacun d'eux.

Le bénéfice de division qui avait lieu chez les Romains, suivant la Novelle 99, à moins que les coobligés n'y eussent renoncé, n'a pas lieu parmi nous.

La raison est , que ces termes, *s'obligeant solidairement , ou un seul pour le tout*, par lesquels on a coutume en France d'exprimer la solidarité, emportent avec eux une renonciation tacite au bénéfice de division. D'ailleurs, pour éviter toute difficulté , la renonciation expresse

audit bénéfice de division est devenue de style. Mais il n'est pas nécessaire parmi nous , que ceux qui s'obligent conjointement et solidairement , renoncent au bénéfice de division et discussion. Henrys, *tom.* 2 , *liv.* 4, *quest.* 38.

Suivant la loi dernière,*Cod. de Fidejussorib.* qui est observée en France, quand un créancier s'adresse à un de ses coobligés solidairement , les autres ne sont point libérés pour cela.

Celui de plusieurs coobligés solidairement qui paye toute la dette, a son recours contre les autres pour la répétition de chacun d'eux , sans qu'il soit besoin que le créancier lui fasse cession de ses droits.

Mais il ne peut agir solidairement, sa part déduite, contre un de ses coobligés , sauf son recours contre les autres , et cela pour éviter le circuit d'actions , comme l'a dit Ferrière sur l'*art.* 108 de la Coutume de Paris.

Lorsqu'il y a deux débiteurs solidaires d'une rente constituée , et que l'un deux paye les arrérages et le principal , l'on fait distinction du principal et des arrérages.

A l'égard du principal , le coobligé qui a payé est subrogé de droit pour moitié , et les arrérages courent à son profit du jour de la quittance du paiement qu'il a fait du principal.

Mais pour ce qui est des arrérages échus lors du paiement, ou il les a payés volontairement , ou forcément ; en l'un et l'autre cas, il doit faire une sommation au co-débiteur négligent, qui lui doit rembourser les arrérages qu'il a payés , et les intérêts des sommes empruntées, après qu'il a fait les diligences et poursuites nécessaires.

Il en est de même lorsque l'un des coobligés solidairement a donné une indemnité et reconnaissance qu'il a seul profité; car en ce cas, celui qui a l'indemnité à son profit, ne doit pas payer les arrérages , s'il n'y est contraint ; et s'il les paye sans contrainte , il ne peut demander que la restitution de ce qu'il a payé sans intérêt.

Mais s'il y est contraint par le créancier ; alors , en vertu de l'indemnité, il doit dénoncer les

les poursuites , et emprunter les deniers pour payer; et quand il aura fait ses diligences, le co-débiteur dont il aura l'indemnité , sera tenu de lui rembourser les sommes qu'il aura payées pour les arrérages au créancier , et les intérêts même des sommes empruntées , par forme de dommages et intérêts. *V.* l'Acte de Notoriété donné par le Camus le 14 mars 1692.

Touchant les obligations solidaires, *Voy.* ce qu'a dit Ferrière dans sa Traduction des Instilutes, sur le commencement du *tit.* 17. du *troisième liv. Voy.* Baquet, des Droits de Justice , *chap.* 21 , *nomb.* 245 , jusqu'au *nombre* 255.

Droit intermédiaire.

Voy. ci-après , au mot Obligations (dispositions générales sur les).

Il a été jugé par arrêt de la cour de cassation du 19 prairial an 7 , que l'obligation solidaire contractée par deux personnes n'est pas détruite, quoiqu'il soit dit dans l'obligation que l'une d'elles n'y est entrée que pour cautionner l'autre, et que la prétendue caution ait ajouté à sa signature les mots : *Je cautionne.* Les motifs de la cour ont été, « que la déclaration faite dans l'acte par L.... qu'il cautionnait pour R... et que celui-ci avoit seul profité de la somme prêtée, ne concernait que l'intérêt des débiteurs entr'eux, et n'avait nullement dérogé à l'obligation solidaire envers les créanciers ». *Voy.* la Table analytique de M. Bergogné, *page* 454.

Droit nouveau.

Sect. 4. *Des Obligations solidaires.*

§. 1.er. *De la Solidarité entre les créanciers.*

L'obligation est solidaire entre plusieurs créanciers , lorsque le titre donne expressément à chacun d'eux le droit de demander le paiement du total de la créance , et que le paiement fait à l'un d'eux libère le débiteur , encore que le bénéfice de l'obligation soit partageable et divisible entre les divers créanciers. *Art.* 1197.

Tome III,

Il est au choix du débiteur de payer à l'un ou à l'autre des créanciers solidaires , tant qu'il n'a pas été prévenu par les poursuites de l'un d'eux. -- Néanmoins , la remise qui n'est faite que par l'un des créanciers solidaires ne libère le débiteur que pour la part de ce créancier. *Art.* 1198.

Tout acte qui interrompt la prescription à l'égard de l'un des créanciers solidaires , profite aux autres créanciers. *Art.* 1199.

§. 2. *De la Solidarité de la part des débiteurs.* --

Il y a solidarité de la part des débiteurs, lorsqu'ils sont obligés à une même chose , de manière que chacun puisse être contraint pour la totalité , et que le paiement fait par un seul libère les autres envers le créancier. *Art.* 1200.

L'obligation peut être solidaire , quoique l'un des débiteurs soit obligé différemment de l'autre au paiement de la même chose ; par exemple , si l'un n'est obligé que conditionnellement, tandis que l'engagement de l'autre est pur et simple ; ou si l'un a pris un terme qui n'est point accordé à l'autre. *Art.* 1201.

La solidarité ne se présume point ; il faut qu'elle soit expressément stipulée. -- Cette règle ne cesse que dans les cas où la solidarité a lieu de plein droit , en vertu d'une disposition de la loi. *Art.* 1202.

Le créancier d'une obligation contractée solidairement peut s'adresser à celui des débiteurs qu'il veut choisir, sans que celui-ci puisse lui opposer le bénéfice de division. *Art.* 1203.

Les poursuites faites contre l'un des débiteurs n'empêchent pas le créancier d'en exercer de pareilles contre les autres. *Art.* 1204.

Si la chose due a péri par la faute ou pendant la demeure de l'un ou de plusieurs des débiteurs solidaires, les autres co-débiteurs ne sont point déchargés de l'obligation de payer le prix de la chose; mais ceux-ci ne sont point tenus des dommages et intérêts. -- Le créancier peut seulement répéter les dommages et intérêts tant

2

contre les débiteurs par la faute desquels la
chose a péri , que contre ceux qui étaient en
demeure. *Art.* 1205.

Les poursuites faites contre l'un des débiteurs
solidaires interrompent la prescription à l'égard
de tous. *Art.* 1206.

La demande d'intérêts formée contre l'un
des débiteurs solidaires fait courir les intérêts
à l'égard de tous. *Art.* 1207.

Le co-débiteur solidaire poursuivi par le
créancier peut opposer toutes les exceptions qui
résultent de la nature de l'obligation , et toutes
celles qui lui sont personnelles, ainsi que celles
qui sont communes à tous les co-débiteurs. ---
Il ne peut opposer les exceptions qui sont purement personnelles à quelques-uns des autres
co-débiteurs. *Art.* 1208.

Lorsque l'un des débiteurs devient héritier
unique du créancier , ou lorsque le créancier
devient l'unique héritier de l'un des débiteurs,
la confusion n'éteint la créance solidaire que
pour la part et portion du débiteur ou du créancier. *Art.* 1209.

Le créancier qui consent à la division de la
dette à l'égard de l'un des co-débiteurs conserve son action solidaire contre les autres ,
mais sous la déduction de la part du débiteur
qu'il a déchargé de la solidarité. *Art.* 1210.

Le créancier qui reçoit divisément la part
de l'un des débiteurs , sans réserver dans la
quittance la solidarité ou ses droits en général, ne renonce à la solidarité qu'à l'égard de
ce débiteur. --- Le créancier n'est pas censé
remettre la solidarité au débiteur lorsqu'il reçoit
de lui une somme égale à la portion dont il est
tenu , si la quittance ne porte pas que c'est
pour sa part. --- Il en est de même de la simple demande formée contre l'un des co-débiteurs *pour sa part,* si celui-ci n'a pas acquiescé
à la demande , ou s'il n'est pas intervenu un
jugement de condamnation. *Art.* 1211.

Le créancier qui reçoit divisément et sans réserve la portion de l'un des co-débiteurs dans
les arrérages ou intérêts de la dette, ne perd la

solidarité que pour les arrérages ou intérêts
échus, et non pour ceux à échoir , ni pour le
capital , à moins que le paiement divisé n'ait
été continué pendant dix ans consécutifs. *Art.*
1212.

L'obligation contractée solidairement envers
le créancier se divise de plein droit entre les
débiteurs qui n'en sont tenus entr'eux que chacun pour sa part et portion. *Art.* 1213.

Le co-débiteur d'une dette solidaire qui l'a
payée en entier ne peut répéter contre les
autres que la part et portion de chacun d'eux.
--- Si l'un d'eux se trouve insolvable, la perte
qu'occasionne son insolvabilité se répartit par
contribution entre tous les autres co-débiteurs
solvables et celui qui a fait le paiement. *Art.*
1214.

Dans le cas où le créancier a renoncé à l'action solidaire envers l'un des débiteurs, si l'un
ou plusieurs des autres co-débiteurs deviennent
insolvables , la portion des insolvables sera
contributoirement répartie entre tous les débiteurs, même entre ceux précédemment déchargés de la solidarité par le créancier. *Art.* 1215.

Si l'affaire pour laquelle la dette a été contractée solidairement ne concernait que l'un
des co-obligés solidaires , celui-ci serait tenu de
toute la dette vis-à-vis des autres co-débiteurs ,
qui ne seraient considérés par rapport à lui que
comme ses cautions.

Voy. Solidarité.

OBLIGATION , ou promesse causée ,
est celle où se trouve énoncée la cause pour
laquelle elle est faite.

Droit ancien.

Il est bien vrai que celui qui aura fait l'obligation ou la promesse sans en exprimer la cause,
est présumé devoir, ou du moins s'il ne devait
rien , il est censé avoir eu intention de donner.

C'est le sentiment de de Perchambault sur
l'*art.* 9 *du titre* 11 de la Coutume de Bretagne, qui porte que les obligations ne lais-

seront pas d'être valables, quoique la cause pour laquelle on les fait ne soit pas exprimée, pourvu qu'elles soient de bonne foi; en sorte que ce serait au débiteur à prouver la mauvaise foi de celui qui se prétend créancier.

Il y a même un arrêt du 16 mai 1664, rapporté dans le Journal des Audiences, qui a jugé valable une obligation dont la cause n'était point exprimée dans l'acte.

Nonobstant cet arrêt et le sentiment de de Perchambault, qui a écrit sur une coutume qui contient là-dessus une disposition particulière, il y a lieu de croire que toute cédule, promesse ou obligation qui ne contient point de cause, est nulle, suivant la loi 7, §. 4, ff. de Pact., à moins qu'il n'y ait quelque circonstance qui fasse présumer que l'obligation est faite pour une juste cause, quoiqu'elle n'y soit pas exprimée, comme serait l'obligation qu'un malade aurait faite à son médecin, ou un client à son procureur.

C'est le sentiment de Ranchin, quest. 176 ; de Papon dans ses Arrêts, liv. 10, tit. 2; et de Belordeau en ses Observations forenses, lett. C, art. 5. Voy. l'Arrêt de règlement fait à ce sujet, rapporté dans le Journal des Audiences, en date du 16 mai 1650.

L'art. 1.er du tit. 5 de l'ordonnance de 1673 porte que les lettres de change contiendront sommairement le nom de ceux auxquels le contenu devra être payé, le temps du paiement, le nom de celui qui en a donné la valeur, et si elle a été reçue en deniers, marchandises ou autres effets.

Cette ordonnance regarde particulièrement les négocians et les gens d'affaires ; mais le règlement de 1650 est général pour toutes sortes de personnes, aussi bien que quantité d'arrêts postérieurs, qui ont jugé qu'une obligation ou promesse est nulle, lorsque la cause pour laquelle elle est faite ne s'y trouve point énoncée.

Comme les obligations ne peuvent produire leur effet, si elles ne sont fondées sur des causes approuvées et autorisées par les lois, quand la cause n'y est pas énoncée, elles sont présumées faites ob turpem vel injustam causam, pour raison du jeu, ou pour autre cause également réprouvée.

Mais les nouveaux arrêts ont en cela changé la jurisprudence ; et aujourd'hui l'on juge qu'une obligation est valable, quoique la cause pour laquelle elle est faite ne soit pas exprimée. Il n'y a que les circonstances qui pourraient à présent faire déclarer nulles de pareilles obligations ; savoir : lorsqu'il y aurait lieu de présumer qu'elles auraient été faites contre la prohibition des ordonnances, comme pour argent perdu au jeu, ou pour autre cause non licite. Ainsi c'est la qualité des personnes qui doit déterminer à les déclarer exécutoires ou non, et autres circonstances semblables.

La reconnaissance qu'un particulier ferait qu'il doit une telle somme à un tel, ne pourrait pas être réputée une obligation sans cause, parce que le mot devoir suppose une cause légitime de cette reconnaissance, et par conséquent peut suffire pour faire condamner le débiteur au paiement, si les circonstances ne font pas présumer que la cause n'est pas légitime.

Cependant un arrêt rendu le 30 août 1716, au rapport de M. l'abbé le Meunier, a déclaré nulle une obligation dont la cause n'était point exprimée. Un arrêt plus récent, intervenu le 4 mars 1763, au profit du sieur Gertron, contre le sieur Dessy, a confirmé une sentence du châtelet qui avait déclaré nul un billet où le nom du créancier avait été omis, et qu'on voulait faire envisager comme un billet au porteur.

Au reste, quand une obligation est conçue pour argent prêté, on n'est pas recevable à prouver par témoins qu'elle a été causée par le jeu. Ainsi jugé le 16 mai 1667, rapporté par Basset, tom. 1, liv. 2, tit. 28, chap. 9.

Droit nouveau.

L'obligation sans cause, ou sur une fausse cause, ou sur une cause illicite, ne peut avoir aucun effet. *Art.* 1131. *C. des Cont. et Obliga-tions.*

La convention n'est pas moins valable, quoique la cause n'en soit pas exprimée. *Art.* 1132.

La cause est illicite quand elle est prohibée par la loi, quand elle est contraire aux bonnes mœurs où à l'ordre public. *Art.* 1133.

OBLIGATION NULLE, est celle qui ne peut avoir d'effet : ce qui arrive, 1.º par rapport à la chose qui en fait la matière ; 2.º par rapport aux personnes qui stipulent ou qui promettent ; 3.º par rapport à la personne au profit de qui on stipule ; 4.º à cause du défaut de consentement mutuel des parties ; 5.º à cause de quelque défaut dans la forme.

OBLIGATION NULLE PAR RAPPORT A LA CHOSE QUI EN FAIT LA MATIÈRE, est celle qui est faite d'une chose qui n'est pas dans le commerce, ou d'une chose qui n'est point *in rerum natura*, et qui n'y peut point être. *Voy.* Ferrière sur les deux premiers paragraphes du *tit.* 20 du *troisième livre* des Institutes.

L'obligation est encore nulle, quand quelqu'un promet l'effet d'autrui, parce que celui qui en a fait la promesse, n'a rien promis du sien, et qu'une personne n'en peut pas obliger une autre.

Mais la promesse est valable, quand on promet qu'on fera en sorte qu'un autre donnera ou fera quelque chose au profit du stipulant, ce qu'on appelle se faire fort, ou bien quand on y appose quelque peine ; car dans l'un et l'autre cas, ce n'est pas tant le fait d'autrui qu'on promet, que le sien propre.

Droit nouveau.

On ne peut, en général, s'engager ni stipuler en son propre nom que pour soi-même. *Art.* 1119 *Cod. des Cont. et Oblig.*

Néanmoins on peut se porter fort pour un tiers en promettant le fait de celui-ci, sauf l'indemnité contre celui qui s'est porté fort ou qui

a promis de faire ratifier, si le tiers refuse de tenir l'engagement. *Art.* 1120.

On peut pareillement stipuler au profit d'un tiers, lorsque telle est la condition d'une stipulation que l'on fait pour soi-même ou d'une donation que l'on fait à un autre. Celui qui a fait cette stipulation ne peut plus la révoquer, si le tiers a déclaré vouloir en profiter. *Art.* 1121.

On est censé avoir stipulé pour soi et pour ses héritiers et ayant-cause, à moins que le contraire ne soit exprimé ou ne résulte de la nature de la convention. *Art.* 1122.

Tout contrat a pour objet une chose qu'une partie s'oblige à donner, ou qu'une partie s'oblige à faire ou à ne pas faire. *Art.* 1126.

Le simple usage ou la simple possession d'une chose peut être, comme la chose même, l'objet du contrat. 1127.

Il n'y a que les choses qui sont dans le commerce qui puissent être l'objet des conventions. *Art.* 1128.

Il faut que l'obligation ait pour objet une chose au moins déterminée quant à son espèce. -- La quotité de la chose peut être incertaine, pourvu qu'elle puisse être déterminée. *Art.* 1129.

Les choses futures peuvent être l'objet d'une obligation. -- On ne peut cependant renoncer à une succession non ouverte, ni faire aucune stipulation sur une pareille succession, même avec le consentement de celui de la succession duquel il s'agit. *Art.* 1130.

OBLIGATION NULLE PAR RAPPORT AUX PERSONNES QUI STIPULENT OU QUI PROMETTENT.

Droit ancien.

Cela peut arriver en plusieurs cas.

1.º Quand l'obligation est faite entre deux, dont l'un est dans la puissance de l'autre. Ainsi une obligation passée par le père au profit de son fils qu'il a en sa puissance, est nulle, de même que l'est aussi celle qu'un fils passe au profit de son père sous la puissance duquel il est , parce que le père et le fils sont réputés la même personne : *at distincta esse debet creditoris et debitoris persona.*

Mais cela ne peut avoir lieu que dans les pays de droit écrit , où la puissance paternelle est en vigueur ; car dans la France contumière, où la puissance paternelle ne produit pas les mêmes effets que chez les Romains , et où les enfans acquièrent pour eux , et non pour leur père , les conventions faites entre les pères et les enfans sont valables , pourvu qu'elles ne soient pas frauduleuses ; comme serait la vente simulée qu'un père ferait à son fils de ses biens, pour les mettre à couvert de ses créanciers. *Voy.* Ferrière sur le §. 6 du *tit.* 20 *du troisième livre des Institutes.*

2.º Une obligation est nulle par rapport aux personnes qui stipulent ou qui promettent , quand elle est passée par un furieux, soit à son profit , soit au profit d'un autre. *Voy.* Ferrière sur le §. 8 du même *tit.*

Lorsqu'un pupille s'était obligé sans l'autorité de son tuteur , l'obligation était nulle par les lois Romaines : mais en France, un pupille ne peut s'obliger avec l'autorité de son tuteur ; c'est toujours le tuteur qui agit au nom de son pupille , comme nous l'avons dit sur le §. 9 du même *titre.*

Droit nouveau.

Toute personne peut contracter si elle n'en est pas déclarée incapable par la loi. *Art.* 1123 *C. des Contrats et Obligations.*

Les incapables de contracter sont : Les mineurs ; -- Les interdits ; -- Les femmes mariées , dans les cas exprimés par la loi ;

Et généralement tous ceux auxquels la loi a interdit certains contrats. *Art.* 1124.

Le mineur , l'interdit et la femme mariée ne peuvent attaquer , pour cause d'incapacité , leurs engagemens , que dans les cas prévus par la loi. -- Les personnes capables de s'engager ne peuvent opposer l'incapacité du mineur , de l'interdit ou de la femme mariée avec qui elles ont contracté. *Art.* 1125.

La femme , même non commune ou séparée de biens , ne peut donner , aliéner, hypothéquer , acquérir à titre gratuit ou onéreux , sans le concours du mari dans l'acte , ou son consentement par écrit. *Art.* 217. *C. du Mariage.*

Si le mari refuse d'autoriser sa femme à ester en jugement, le juge peut donner l'autorisation. *Art.* 218.

Si le mari refuse d'autoriser sa femme à passer un acte , la femme peut faire citer son mari directement devant le tribunal de première instance de l'arrondissement du domicile commun , qui peut donner ou refuser son autorisation , après que le mari aura été entendu ou dûment appelé en la chambre du conseil. *Art.* 219.

La femme , si elle est marchande publique , peut , sans l'autorisation de son mari, s'obliger pour ce qui concerne son négoce ; et, audit cas, elle oblige aussi son mari , s'il y a communauté entr'eux. -- Elle n'est pas réputée marchande publique, si elle ne fait que détailler les marchandises du commerce de son mari , mais seulement quand elle fait un commerce séparé. *Art.* 220.

Lorsque le mari est frappé d'une condamnation emportant peine afflictive ou infamante , encore qu'elle n'ait été prononcée que par contumace , la femme , même majeure , ne peut , pendant la durée de la peine, ester en jugement, ni contracter qu'après s'être fait autoriser par le juge, qui peut , en ce cas , donner l'autorisation sans que le mari ait été entendu ou appelé. *Art.* 221.

Si le mari est interdit ou absent , le juge peut , en connaissance de cause, autoriser la femme , soit pour ester en jugement , soit pour contracter. *Art.* 222.

Toute autorisation générale , même stipulée

par contract de mariage, n'est valable que quant à l'administration de la femme. *Art.* 223.

Si le mari est mineur, l'autorisation du juge est nécessaire à la femme, soit pour ester en jugement, soit pour contracter. *Art.* 224.

La nullité fondée sur le défaut d'autorisation ne peut être opposée que par la femme, par le mari, ou par leurs héritiers. *Art.* 225.

La femme peut tester sans l'autorisation de son mari. *Art.* 226.

OBLIGATIONS (DISPOSITIONS GÉNÉRALES SUR LES).

Droit intermédiaire.

L'émission des assignats et leur discrédit successif ont donné lieu à plusieurs lois qui, quoique sans objet aujourd'hui, doivent cependant être connues, lorsqu'il s'agit de liquidations qui se rapportent à ces temps calamiteux; nous devons avec d'autant plus de raison insérer ces lois dans ce recueil, que nous nous sommes imposés la tâche de rapporter la législation intermédiaire sur chaque matière du droit.

Loi du 25 messidor an 3.

« *Art.* 1.er — Aucun créancier ne peut être contraint de recevoir le remboursement de ce qui lui est dû, avant le terme porté au titre de la créance.

» 2 Les remboursemens de toutes les rentes créées avant le premier janvier 1792, quelles que soient leur nature et la cause dont elles procèdent, sont provisoirement suspendus.

» 3. Sont compris dans cette suspension provisoire les remboursemens des capitaux qui, en cas de dissolution du mariage, doivent être restitués par le mari ou ses héritiers, à la femme ou aux héritiers de la femme.

» 4. La suspension prononcée par l'article précédent n'aura lieu que dans le cas de dissolution du mariage par la mort d'un des époux, ou par l'effet du divorce prononcé sur la demande du mari sans cause déterminée.

» 5. La présente loi ne pourra être opposée à la femme ou à ses héritiers qui déclareront

ne pas vouloir en profiter; et elle ne préjudiciera point aux remboursemens qui seront volontairement acceptés; pourvu qu'il soit stipulé dans l'acte qui constatera le remboursement, que celui qui l'a accepté avait connaissance de la présente loi.

» 6. La présente suspension n'aura lieu qu'à compter de ce jour. »

Loi du 18 thermidor an 3.

« La convention nationale décrète que l'article premier de la loi du 25 messidor dernier, qui défend d'anticiper les termes de paiement portés dans les titres de créance, n'est point applicable aux créanciers des successions bénéficiaires ni des faillites, ni aux créanciers opposans sur la vente des biens de leurs débiteurs. »

Loi du 1.er thermidor an 3.

« La convention nationale sur la motion d'un de ses membres qui propose de déterminer d'une manière précise de quel jour a commencé la suspension des remboursemens décrétée par la loi du 25 messidor dernier, passe à l'ordre du jour, motivé sur ce que l'art. 6 de cette loi le détermine d'une manière assez précise. »

Loi du 12 frimaire an 4.

« Le conseil etc., considérant qu'il est de son devoir d'arrêter le cours des vols que font journellement à leurs créanciers des débiteurs de mauvaise foi.... décrète : *Art.* 1.er. Tout créancier qui se croira lésé par le paiement ou remboursement qui lui serait offert de capitaux à lui dus par obligations publiques ou privées, antérieures au premier vendémiaire, autres que les effets de commerce de négociant à négociant, sera libre de le refuser, jusqu'à ce qu'il en ait été autrement statué.

» 2. Toute procédure commencée à raison du refus de recevoir les paiemens ou remboursemens désignés dans l'article précédent , demeure suspendue. »

Loi du 3 nivose an 4.

« Le conseil , informé que la loi du 12 frimaire, qui autorise le refus du remboursement des capitaux dus par obligations antérieures au premier vendémiaire , a été regardée comme étant applicable aux sommes dues au trésor public : considérant que cette interprétation suspend la rentrée des sommes dont le recouvrement serait aussi utile pour le service journalier à l'égard des valeurs actives, qu'important pour l'extinction des assignats à l'égard des valeurs mortes, ... décrète : La loi du 12 frimaire dernier , qui autorise le refus du remboursement des capitaux dus par obligations antérieures au premier vendémiaire, n'est point applicable aux sommes dues au trésor public.

» Le paiement de celles-ci continuera à être effectué comme il l'était antérieurement , et conformément aux lois préexistantes. »

Loi du 15 germinal an 4.

« Le conseil , etc., sur le rapport de la commission des finances, relatif au paiement des transactions entre citoyens ;

» Considérant qu'après avoir assuré aux mandats une valeur réelle en fixant le montant de leur émission , et leur affectant spécialement un gage qui lui est bien supérieur , il ne reste aucun motif de prolonger la suspension des paiemens ordonnée par les lois des 25 messidor et 12 frimaire dernier ;

» Considérant qu'il faut promptement chercher à concilier avec le nouvel ordre dans les finances , les intérêts des débiteurs et des créanciers , de manière à ne pas rendre onéreux le sort des premiers, et à conserver aux autres ce que la justice les mettait en droit d'exiger, ... décrète : *Art.* 1.er Les lois des 25 messidor et 12 frimaire derniers , qui suspendent provisoisement les remboursemens, sont abrogées.

» 2. En exécution de la loi du 28 ventose dernier , toutes les obligations antérieures au premier janvier 1792, ou contractées depuis en numéraire ou lingots d'or et d'argent, seront, tant en principal qu'intérêts , acquittées en mandats. Les arrérages des rentes viagères entre particuliers , seront payés en mandats.

» 3. Quant aux autres obligations contractées et non spécifiées en valeur numéraire postérieurement à l'époque du premier janvier 1792, leur valeur réelle, pour ce qui en reste dû, sera fixée de la manière suivante :

» Les obligations contractées depuis le premier janvier 1792 au premier janvier 1793 , seront réduites à quatre-vingt-quinze francs pour cent ;

» Celles contractées pendant les mois de juin , juillet , août et septembre, jusqu'au premier vendémiaire an 2, et pendant les six premiers mois de l'an 2, seront réduites à soixante-quinze francs pour cent ;

» Celles contractées pendant les six derniers mois de l'an 2 et jours complémentaires , seront réduites à soixante-cinq francs pour cent ;

» Celles contractées pendant les trois mois de vendémiaire, brumaire et frimaire de l'an 3, seront réduites à soixante francs pour cent ;

» Celles contractées dans les mois de nivose et pluviose , même année , seront réduites à cinquante francs pour cent ;

» Celles contractées en ventose et germinal , à quarante francs pour cent ;

» Celles contractées en floréal , seront réduites à trente francs pour cent ;

» Celles contractées en prairial , seront réduites à vingt francs pour cent ;

» Celles contractées en messidor et thermidor , à quinze francs pour cent ;

» Celles contractées en fructidor et jours complémentaires , à dix francs pour cent ;

» Celles contractées en vendémiaire an 4 , à huit francs pour cent ;

» Celles en brumaire, à six francs pour cent ;

» Celles en frimaire, à quatre francs pour cent ;

» Celles contractées en nivose, à trois francs pour cent ;

» Celles contractées depuis, à deux francs pour cent.

Le montant de la valeur réelle des obligations ainsi réduites, soit en capital, soit en intérêts, sera acquitté en mandats. *V.* la loi suivante, qui a abrogé les *art.* 2 et 3 de cette loi.

» 4. Les fermages non payés des biens ruraux, ceux des moulins à blé, et les arrérages des rentes foncières pour l'an 3 et années antérieures, seront payés en grains pour la partie déterminée par les lois ou par les conventions ; et pour le surplus, en mandats.

» 5. Les fermages des usines non stipulés en nature, seront payés en mandats.

» 6. Les loyers des maisons dont les baux sont stipulés en numéraire, seront payés en mandats.

» 7. Tous les loyers des maisons non stipulés en numéraire, seront payés, pour le temps qui s'est écoulé jusqu'au premier germinal courant, comme ils l'ont été pour le terme précédent.

» 8. Les locataires qui n'ont pas de baux par écrit, continueront de payer de la même manière les trois mois suivants.

» 9. Les locataires qui jouissent en vertu d'un bail antérieur au premier nivose de l'an 3, seront tenus de payer en mandats pour le temps qui s'écoulera depuis le premier germinal.

» 10. A l'égard des baux passés depuis le premier nivose de l'an 3, les propriétaires et les locataires auront respectivement la faculté de les résilier, en s'avertissant trois mois d'avance, si mieux n'aiment les locataires payer en mandats le prix stipulé dans leur bail. La faculté de déclarer la résiliation devra être exercée dans les deux mois, à compter de la présente loi.

» Les loyers du temps qui échera jusqu'à la résiliation effectuée, seront payés comme ils l'ont été pour le terme précédent, jusqu'au premier messidor ; et pour le temps postérieur, en mandats au trentième du prix stipulé.

» 11. Tout dépôt sera rendu en nature.

» 12. Tout débiteur pour compte courant dont la solde se trouve payable en assignats, et tout négociant-commissionnaire qui, pour compte de ses commettans, aura vendu des marchandises ou reçu des lettres de change payables en assignats, dont on aura laissé le produit entre ses mains, sans empêchement de sa part à ce qu'il en ait été autrement, sera censé dépositaire des assignats qui lui restent en main par suite de ses opérations, et il ne pourra être tenu qu'à les fournir ou à les déposer. Il sera de même tenu de fournir les autres valeurs telles qu'il les aura reçues.

» 13. La loi du 29 nivose relative aux retraites de lettres de change sur l'étranger, continuera d'être exécutée. »

Loi du 29 messidor an 4.

« Le conseil etc., considérant qu'au moment où il s'occupe des moyens de rétablir un juste équilibre dans les transations entre particuliers, il est pressant de prévenir l'abus qu'on pourrait faire des dispositions des *articles* 2 et 3 de la loi du 15 germinal, et de rapporter ces deux *articles...* décrète : -- Les *articles* 2 et 3 de la loi du 15 germinal dernier, sur le paiement des transactions entre citoyens, sont rapportés.

Loi du 5 thermidor an 4.

« Le conseil etc., considérant qu'il est nécessaire de rendre au commerce son activité, et aux transactions entre citoyens une liberté qui assure la prompte amélioration de toutes les parties de l'économie publique.... décrète : *Art.* 1.er. -- A dater de la présente loi, chaque citoyen sera libre de contracter comme bon lui semblera : les obligations qu'il aura souscrites, seront

seront exécutées dans les termes et valeurs stipulés.

» 2. Nul ne pourra refuser son paiement en mandats au cours, du jour et du lieu où le paiement sera effectué.

» 3. Les dispositions des lois contraires à la présente sont abrogées.

Loi du 14 fructidor an 5.

» Le conseil, etc., considérant qu'après avoir statué sur le paiement des transactions entre particuliers antérieures au premier janvier 1791, il est instant de statuer sur celles qui, quoique d'une date postérieure, ont une origine antérieure à ladite époque.... décrète. Art. 1.er — Seront acquittées en numéraire métallique et sans réduction les obligations dont le titre produit aurait une date postérieure au premier janvier 1791, ou à l'introduction des assignats et mandats dans les pays réunis, la Corse et les colonies, lorsque ce titre rappellera l'origine de la créance ou un titre antérieur à l'une ou à l'autre de ces époques, ou qu'il sera dit *sans novation.*

» 2. Il en sera de même s'il est prouvé par d'autres écrits émanés du débiteur, ou par son interrogatoire sur faits et articles, que le titre est relatif à une obligation contractée avant le premier janvier 1791. »

Loi du 15 fructidor an 5.

« Le conseil... etc., décrète : Art. 1.er. — La suspension des remboursemens en paiemens, résultant de la loi du 25 messidor an 4, ou d'arrêtés de représentans du peuple en mission dans les pays réunis, est levée par rapport aux obligations désignées ci-après.

» 2. Toutes les obligations d'une date antérieure au premier janvier 1791 (vieux st.) seront acquittées en numéraire métallique, sans réduction.

» 3. Les obligations contractées dans les pays réunis par différentes lois à l'ancien terri-

Tome III.

toire de la république française, ainsi que dans ceux de l'île de Corse et dans les colonies, avant l'introduction dans ces pays des assignats et des mandats, seront également acquittées en numéraire métallique.

» 4. L'époque où le papier-monnaie a eu cours forcé au pair dans chacun de ces pays, sera fixée par l'administration centrale dans les départemens où il y en a d'établies; et dans les lieux où il ne s'en trouve pas, par le directoire exécutif ou par ses agens.

» 5. Tous traités, accords ou transactions, faits depuis le premier janv. 1791 (*vieux style*), ou depuis les époques indiquées dans l'article 3, contenant fixation en numéraire métallique, réduction ou attermoiement d'une créance résultant d'un autre titre, quelle qu'en soit la valeur exprimée dans ces nouveaux actes, auront leur pleine et entière exécution.

» 6. Seront aussi exécutées de la même manière les obligations expressément stipulées payables en numéraire métallique, à quelque époque qu'elles aient été consenties.

Seront également acquittées de la même manière les obligations contractées dans les départemens réunis, qui ne contiennent pas la stipulation expresse d'être payables en assignats.

» 7. Il en sera de même des obligations par lesquelles on aura promis de faire des délivrances en grains, denrées, matières d'or ou d'argent, ou autres marchandises.

» 8. Les tribunaux, tant de première instance que des causes d'appel, pourront accorder au débiteur dont l'obligation est antérieure à la publication de la loi du 5 thermidor an 4, un délai qui ne pourra excéder un an, et qui courra, pour toutes les obligations échues ou à échoir judiciairement, à compter de la publication de la présente, mais à la charge par le débiteur de payer l'intérêt de sa dette pendant la durée du délai.

» 9. Il ne sera point accordé de délai pour

3

sommes dues par les dépositaires , séquestres
ou mandataires.

» 10. Les tribunaux pourront aussi , suivant
les circonstances , adjuger des provisions aux
créanciers, en attendant le jugement du fond ;
et il sera passé outre à l'exécution du jugement
provisoire, nonobstant l'appel , comme en matières sommaires.

» 11. La présente résolution n'est point applicable aux loyers et fermages.

» Après une seconde lecture, le conseil des
anciens approuve la résolution ci-dessus.

Loi du 11 frimaire an 6.

« Le conseil.... etc., -- considérant qu'ayant
déjà réglé le sort des transactions antérieures à
la dépréciation du papier-monnaie, il n'est pas
moins instant de fixer le mode de remboursement des obligations contractées pendant cette
dépréciation, et que l'intérêt d'une foule de
citoyens sollicite, à cet égard , de promptes et
équitables mesures...... décrète :

» *Art.* 1.er. Toute suspension de paiemens est
levée à l'égard des obligations énoncées en la
présente, survenues pendant la durée de la dépréciation du papier-monnaie.

» 2. Les obligations contractées pour simple
prêt, en dette à jour ou autrement, depuis
le 1.er janvier 1791 , dans les anciens départemens de la France, ainsi que celles contractées
dans les départemens qui y ont été réunis, et
dans l'île de Corse, depuis l'introduction du
papier-monnaie dans ces pays, jusqu'à la publication de la loi du 29 messidor an 4 , seront
censées consenties valeur nominale du papier-
monnaie ayant cours, lorsque le contraire ne
sera pas prouvé par le titre même , et à ce défaut par des écrits émanés des débiteurs, ou
par leur interrogatoire sur faits et articles.

» 3. Sont exceptées les obligations contractées dans la ci-devant Belgique , lesquelles , en
conformité de l'*art.* 4 de la loi du 15 fructidor
an 5 , seront censées consenties en numéraire
métallique, à défaut d'expression contraire.

» 6. Le montant des obligations désignées en
l'*art.* 2 sera , sauf les conditions ci-après, et
pour toutes les sommes qui y ont donné lieu ,
réduit en numéraire métallique, suivant le tableau de dépréciation ordonné par la loi.

» 5. Lorsque l'obligation aura été passée à
plus de deux ans de terme au-delà de l'époque
du 29 messidor an 4, le débiteur ne sera admis
à demander la réduction en numéraire métallique qu'autant qu'il aura légalement notifié au
créancier , dans les deux mois qui suivront la
publication de la présente pour tout délai , à
peine de déchéance , sa renonciation aux
termes à échoir, avec offre de rembourser le
capital réduit dans le délai d'une année , sans
préjudice néanmoins de la prorogation autorisée par l'*art.* 18 ci-après.

» 6. Le délai ci-dessus ne courra , à l'égard
des billets au porteur, ainsi que des billets à
ordre à longs termes, que du jour de leur présentation.

» 7. Les réductions qui seront requises et
ordonnées en exécution des articles 4 et 5 ci-
dessus, ne pourront l'être qu'à la charge par le
débiteur de payer , au taux de cinq pour cent ,
les intérêts échus ou à échoir du capital réduit,
et ce suivant le mode de paiement qui sera établi , pour les intérêts et pensions, par une loi
particulière : ce qui aura lieu quand même , en
considération des termes ou autrement, les intérêts du capital fourni en papier-monnaie
auraient été stipulés à des taux inférieurs , ou
même qu'il n'en aurait été stipulé aucun.

» 8. L'*art.* 7 de la loi du 15 fructidor dernier n'est point applicable aux prêts en papier-
monnaie, pour le remboursement desquels l'emprunteur s'est soumis de fournir une quantité
fixe de grains, denrées ou marchandises, à une
époque déterminée, ou leur valeur courante au
temps de l'échéance.

» Les engagemens ainsi conçus pourront , à
la réquisition du débiteur, être réduits d'après
l'échelle de dépréciation lorsqu'il sera vérifié

que la valeur de la quantité promise de grains, denrées ou marchandises, excédait de moitié, au temps du contrat, celle du capital prêté ; et si ce capital n'a pas été exprimé, la preuve de sa consistance pourra être faite par d'autres écrits du créancier, ou par son interrogatoire sur faits et articles.

» 9. Lorsqu'une obligation susceptible de réduction rappellera un droit certain, ou un autre acte antérieur, et dont les causes sont néanmoins postérieures au premier janvier 1791, ou bien lorsqu'il sera prouvé de la manière indiquée en l'*art. 2*, que ladite obligation dérive d'un plus ancien prêt en papier-monnaie, la réduction sera faite eu égard aux valeurs réellement fournies, en remontant à l'origine de la dette : le tout sans préjudice de l'exécution de la loi du 14 fructidor dernier, pour les obligations originairement dues en espèces métalliques.

» 10. Quand le débiteur aura emprunté une somme en papier-monnaie pour se libérer envers un ancien créancier, le capital ainsi prêté sera soumis à l'échelle de réduction du jour de la nouvelle obligation, sans que le nouveau créancier qui en a fourni le montant puisse se prévaloir, quant à ce, de la subrogation aux droits ainsi qu'à l'hypothèque ou au privilége de l'ancien créancier qui a été remboursé de ses deniers.

» Il en sera usé de même à l'égard du cobligé qui s'est fait subroger aux droits d'un créancier commun en payant la part d'un autre co-débiteur.

» 11. La réduction ci-dessus n'est pas applicable, 1.º aux simples cessions et transports de dettes ; 2.º aux endossemens d'effets négociables ; 3.º aux délégations et indications de paiement, même aux délégations acceptées.

» Dans tous ces cas, et sauf les exceptions légales, les cessionnaires ou délégataires pourront faire valoir en entier les droits des cédans ou délégans contre les débiteurs cédés ou délégués.

» 12. Tous dépositaires et séquestres volontaires ou judiciaires seront valablement libérés en remettant en même nature les sommes qu'ils auront reçues aux susdits titres, de quelque cause qu'elles proviennent, ou leur valeur représentative en d'autre papier-monnaie, lorsqu'elle aura été échangée en conformité des lois.

» Sont et demeurent exceptés ceux qui ont été en demeure de restituer lesdites valeurs, de même que les dépositaires qui se seraient soumis d'en payer l'intérêt.

» Dans ces cas, les capitaux légitimement dus seront remboursés en numéraire métallique, néanmoins d'après l'échelle de dépréciation, eu égard aux époques, soit de la demeure, soit de la stipulation d'intérêt.

» 13. A l'égard des mandataires à titre onéreux ou gratuit, qui auront reçu des sommes en papier-monnaie pour le compte de leurs commettans, il en sera usé selon la disposition générale de droit ; et ce dont ils seront déclarés débiteurs sera réduit d'après l'échelle, en partant de l'époque où ils auront été reconnus en demeure.

» 14. Les sommes dues, 1.º pour vente de droits successifs, ou en conséquence de traités sur des droits et prétentions de même nature ; 2.º pour gages ou salaires de domestiques, autres que ceux qui ont été fixés en papier-monnaie ; 3.º pour les émolumens et salaires, tant des greffiers que de tous officiers ministériels, lorsqu'ils auront été taxés d'après les anciens règlemens, seront payées en numéraire métallique, sans réduction.

» 15. La même disposition aura lieu en ce qui concerne le prix des ventes de matières d'or et d'argent, marchandises et autres choses mobilières, ou pour fourniture de grains et denrées, si mieux l'acheteur n'aime en payer l'estimation au temps du contrat, pareillement en numéraire métallique.

» 16. Les tuteurs ou curateurs rendront aux mineurs, en numéraire métallique, 1.º les ca-

3 *

pitaux qu'ils auront reçus en même nature pendant la durée de leur administration, et dont ils n'auraient pas fait emploi dans les délais prescrits par les lois;

» 2.º Le prix estimatif des valeurs mobiliaires inventoriées antérieurement au premier janvier 1791, avec la crue dans les pays où elle est usitée, lorsqu'ils auront négligé de les faire vendre à l'encan; à moins qu'ils n'en aient été dispensés en tout ou en partie par une délibération des parens, ou par la disposition du père de famille.

» Quant aux capitaux par eux reçus en papier-monnaie, ainsi qu'au prix estimatif des valeurs mobiliaires inventoriées depuis le premier janvier 1791, de même qu'aux capitaux provenus de la vente judiciaire d'icelles, les tuteurs et curateurs, à défaut d'emploi, ne seront tenus de les restituer que d'après l'échelle de réduction, selon les époques; si mieux les mineurs ne préfèrent, à l'égard des meubles, de se prévaloir de ceux qui seront encore existans.

» 17. Les sommes, rentes et pensions, dues à titre de pure libéralité, par des actes entre-vifs ou à cause de mort, quand même elles seraient affectées sur des successions ouvertes depuis la dépréciation du papier-monnaie, seront acquittées en numéraire métallique, sauf la réductibilité desdites sommes, rentes et pensions, dans les cas seulement où elle est autorisée par la loi du 17 nivose an 2.

» 18. Tout ce qui a été prescrit par les *art.* 8, 9 et 10 de la loi du 15 fructidor dernier sera observé quant au délai qui peut être accordé aux débiteurs dont les dettes sont échues, et aux provisions qui pourront être requises par les créanciers.

Loi du 16 nivose an 6, additionnelle à celle du 11 frimaire an 6.

« *Art.* 1.ᵉʳ. Toutes les conditions prescrites par les *art.* 5 et 7 de la loi du 11 du présent

mois, aux débiteurs à longs termes, pour obtenir la réduction en numéraire métallique des capitaux par eux dus, sont communes aux débiteurs par contrat de constitution de rente ayant pareillement pour cause un capital fourni en papier-monnaie.

» Ils seront, en conséquence, soumis à notifier à leurs créanciers, dans le délai de deux mois, à dater de la publication de la présente, et à peine de déchéance, leur renonciation à la faculté de rembourser à volonté le principal desdites rentes, et leur soumission de payer au taux de 5 pour 100 les intérêts échus et à échoir du capital réduit.

» 2. Néanmoins les débiteurs par contrats de constitution de rentes, qui auront fait leur option de la manière ci-dessus, jouiront d'un délai de deux années, à dater de la publication de la loi du 11 du présent mois, pour le remboursement par moitié à l'expiration de chaque année, du capital réduit d'après l'échelle, si les créanciers ne préfèrent d'en recevoir la totalité à la dernière échéance, sans préjudice des provisions qui pourront être accordées à leur réquisition.

» 3. Dans le cas de la réduction ordonnée par l'*art.* 8 de ladite loi à l'égard des prêts en papier-monnaie dont le remboursement aurait été stipulé, soit en une quantité fixe de grains, denrées ou marchandises, soit, au choix du débiteur, en leur valeur courante au terme de l'échéance, les intérêts du capital ainsi réduit seront alloués au créancier, à raison de 5 pour 100, à dater de l'époque de l'engagement.

» 4. Le vendeur aura dans tous les cas, comme l'acquéreur, la faculté de s'en tenir aux clauses du contrat, pour se soustraire à l'expertise, en le notifiant à l'acquéreur dans le délai prescrit par l'*art.* 2 de la résolution du 28 vendémiaire dernier; auquel cas, il ne pourra prétendre que le remboursement du prix ou restant du prix, d'après l'échelle de dépréciation.

» 5. Les débiteurs de rentes perpétuelles ayant pour cause une aliénation d'immeubles seront tenus, dans le cas du rachat, de rembourser le capital en numéraire métallique, si mieux ils n'aiment remplir les conditions prescrites par l'*art.* 6 de la susdite résolution, pour les prix des ventes qui sont dus à longs termes : ce qu'ils seront tenus d'opter et de notifier à leurs créanciers dans le délai de deux mois, à dater de la publication de la présente; et en ce cas tout ce qui a été prescrit par les *art.* 1, 2, 3, 4 et 5 de la même résolution sera observé pour déterminer le capital remboursable.

» 6. Il n'est rien innové par l'*art.* 13 de la même résolution, à la disposition des coutumes d'égalité parfaite, quant aux constitutions de dot qui ont eu lieu dans ces coutumes antérieurement à la loi du 17 nivose an 2 : elles seront en conséquence réductibles, de même que celles qui ont été faites dans les mêmes coutumes et ailleurs postérieurement, lorsqu'elles excéderont le montant d'une portion héréditaire sur les biens du constituant, au temps du contrat.

» 7. Les préciputs et autres avantages matrimoniaux à prélever sur les communautés en pays coutumier, seront, dans tous les cas, assujettis aux mêmes réductions dont la portion de la dot qui a formé la mise en communauté serait susceptible, quand même ils n'auraient pas été fixés par la stipulation en proportion d'icelle. »

Loi du 6 floréal an 6.

« *Art.* 1.er. Les mots, *et en suivant le mode de paiement qui sera établi pour les intérêts et pensions par une loi particulière*, insérés en l'*art.* 7 de la loi du 11 frimaire dernier, sont remplacés par ceux-ci, *et en suivant le mode de paiement établi par la loi du 26 brumaire dernier*, etc.

» 2. Les mots, *de payer au taux de cinq pour cent, et selon le mode qui sera établi pour le paiement des intérêts dus en vertu d'aliénation d'immeubles*, insérés dans l'*art.* 6 de la loi du 16 nivose (n.º 1651 du Bulletin des lois), sont remplacés par ceux-ci, *de payer au taux de cinq pour cent, et selon le mode qui se trouve établi par la loi du 26 brumaire dernier, pour le paiement des intérêts dus en vertu d'aliénation d'immeubles*, etc.

» 3. La loi additionnelle du susdit jour 16 nivose, insérée dans le bulletin des lois sous le n.º 1660, est postérieure à celle du même jour, insérée sous le n.º 1651.

» Les énonciations relatives à la résolution du 28 vendémiaire précédent, insérées dans les *art.* 4, 5 et 6 de la même loi additionnelle, demeurent en conséquence remplacés par la mention de la loi du 16 nivose, n.º 1651.

» 4. Dans tous les cas prévus par les lois existantes sur les transactions entre particuliers, et où il s'agira de procéder à la liquidation des arrérages d'intérêts, rentes viagères ou constituées, et pensions, en conformité de la loi du 26 brumaire dernier, le compte en sera fait ; savoir, — Pour les intérêts, rentes et pensions inconnus depuis le 1.er janvier 1791 jusqu'à la publication de la loi du 29 messidor an 4, sur le pied de leur valeur nominale, jour par jour, sauf l'application de l'échelle de dépréciation, de la manière prescrite par ladite loi du 26 brumaire: le tout sans préjudice des exceptions contenues dans les *art.* 6 et 7 de la même loi. — Quant aux intérêts, rentes viagères ou constituées, et pensions, encourus depuis la loi du 29 messidor an 4, le compte en sera fait eu égard aux réductions dont les capitaux correspondans ou lesdites rentes viagères et pensions se trouveront proportionnellement susceptibles.

Loi du 21 floréal an 10 de la république.

« Le conseil.......etc., après avoir ouï le rapport d'une commission spéciale;

» Considérant que la loi du 11 frimaire dernier sur les transactions entre particuliers pendant la dépréciation du papier-monnaie, n'a rien statué sur le sort des traités et transactions distincts de ceux qui contiennent ventes de droits successifs, et qu'il est instant d'en régler le sort.......... Décrète : *Art.* 1.er. Les sommes dues en vertu des traités faits depuis le 1.er janvier 1791 jusqu'au 29 messidor an 4, sur les droits litigieux ouverts avant la dépréciation du papier-monnaie, ou qui dérivaient de titres antérieurs à ladite époque du 1.er janvier 1791, seront payés en numéraire métallique et sans réduction; à moins que le débiteur ne préfère de résilier le contrat en recevant le remboursement, d'après l'échelle, de ce qu'il aura payé à compte pour la même cause.

» 2. Quant aux sommes dues en vertu de traités sur les droits pareillement litigieux, mais qui n'ont été ouverts que postérieurement au 1.er janvier 1791 et qui ne dérivaient point de titres antérieurs, elles sont réductibles conformément à l'échelle de dépréciation, eu égard à l'époque desdits traités.

» 3. Il n'est rien innové par les précédens *art.* aux dispositions de l'*art.* 5 de la loi du 15 fructidor dernier, de l'*art.* 14 de la loi du 11 frimaire, et de l'*art.* 12 de la loi du 16 nivose suivant.

» 4. Quant aux traités intervenus aux époques ci-dessus énoncées, sur des liquidations de fruits restituables, vérification d'ouvrages d'art, dommages-intérêts, et autres ouvrages soumis de leur nature à l'expertise, les débiteurs, en renonçant au bénéfice desdits traités, pourront requérir une nouvelle vérification, estimation et liquidation en numéraire métallique, de l'objet contesté; ce qu'ils seront tenus, à peine de déchéance, d'opter dans les deux mois qui suivront la publication de la présente. »

Loi du 26 prairial an 6 relative aux obligations contractées dans les pays réunis.

« Le conseil, etc., considérant qu'il est instant de rectifier les erreurs de rédaction qui peuvent s'être glissées dans les lois sur les transactions, et de prévenir ainsi toutes les difficultés auxquelles elles pourraient donner lieu entre les citoyens, décrète. *Art.* 1.er — Conformément à l'*art.* 6 de la loi du 15 fructidor an 5 et à l'*art.* 3 de la loi du 11 frimaire au 6, les obligations entre particuliers contractées dans les neuf départemens réunis par la loi du 9 vendémiaire an 4, continueront d'être censées consenties en numéraire métallique.

» 2. Cependant le contraire pourra être prouvé soit par le titre même, soit par d'autres écrits émanés du créancier, soit par son interrogatoire sur faits et articles.

» 3. Pour toutes les obligations qui sont dans le cas de la présente loi, le délai de deux mois pour les notifications et soumissions à faire par le débiteur aux termes prescrits par l'*art.* 5 de la loi du 11 frimaire an 6, et par l'*art.* 1.er de la loi du 16 nivose an 6, n.o 1650, ne commencera à courir que du jour de la publication de la présente.

OBLIGATIONS QUI PASSENT EN LA PERSONNE DE L'HÉRITIER.

Droit ancien.

Ce sont celles qui proviennent des contrats et des quasi-contrats.

Qui contrahit, non tantùm sibi sed etiam suis hæredibus prospicere velle intelligitur. Ainsi l'héritier succède dans tous les droits provenans des contrats qui ont appartenu au défunt.

Qui contrahendo se obligat, non tantùm sed etiam hæredes suos obligat. Ainsi les contrats par lesquels le défunt s'est obligé passent à l'encontre de son héritier.

Il en est de même des quasi-contrats, dont les obligations parmi nous, comme chez les Romains, passent aux héritiers, et à l'encontre des héritiers.

Les obligations qui descendent des délits

passent ordinairement aux héritiers, mais elles ne passent pas à l'encontre des héritiers, du moins quant à la peine corporelle, ni quant à la peine pécuniaire applicable au fisc ; *quià scilicet pœna monet suos auctores, et nemo succedit in delicto.*

Mais l'obligation qui provient du délit ne s'éteint point par la mort du coupable, quant à la peine pécuniaire et intérêts civils de la partie à qui il est dû quelque dédommagement, dont les héritiers des coupables sont toujours tenus lorsqu'il décède avant son jugement de condamnation. *Voy.* Louet et son Commentateur, lettre A, *somm.* 8. Basset, *tom.* 1. *liv.* 6. *tit.* 2. *chap.* 2. et Bardet, *tom.* 1. *liv.* 3. *chap.* 12.

A l'égard des quasi-délits, les obligations qui en proviennent passent à l'encontre des héritiers, sur-tout pour ce qui regarde le dédommagement de la partie qui en a souffert quelque dommage.

Nous avons dit que les obligations qui descendent des délits passent *ordinairement* aux héritiers, parce qu'il y a un cas où cette règle n'a point lieu, qui est à l'égard des injures ; car parmi nous, de même que chez les Romains, les actions dont on se peut servir pour avoir la vengeance et la réparation d'injures, s'éteignent, tant par la mort de ceux qui les ont intentées, que par la mort de ceux à qui les injures ont été faites : *quià qui vivus injuriam ultus non est, videtur eam remisisse.*

Droit nouveau.

L'héritier succède aux biens et est tenu des dettes et charges du défunt. *Art.* 870, 873, 877. C. des Successions. *V.* Dettes de succession.

Les charges de la succession sont les obligations que le défunt pouvait avoir contractées, et de l'exécution desquelles l'héritier qui a accepté cette qualité est tenu : ce qui est conforme aux lois romaines : *is qui miscuit se*

hæreditati contrahere videtur. L. 4. *ff. Quib. Caus. in poss. cat. Hæredes onera hæreditaria agnoscere placuit. L.* 2. *C. de Hæred. Act.*

L'action en révocation de donation pour cause d'ingratitude, ne peut être intentée par le donateur contre les héritiers du donataire, ni par les héritiers du donateur contre le donataire, à moins que, dans ce dernier cas, l'action n'ait été intentée par le donateur, ou qu'il ne soit décédé dans l'année du délit. *Art.* 957. *C. des Donat. et Test.*

OBOLE, était autrefois une monnaie de cuivre, valant une maille ou deux pites, la moitié d'un denier.

Il est parlé dans la coutume de Sens, *art.* 247 et suivans, du droit d'obole, qui était autrefois dû pour le tabellionage du roi, et qui était de chacune livre une obole, à savoir de tournois le tournois, et de parisis le parisis, pour raison des obligations prêtées, et contrats de vente excédant quinze livres tournois, pour une fois.

Mais ce droit ne se lève plus depuis l'édit de 1575, par lequel le roi Henri III créa et institua des notaires gardes-notes, en sorte qu'il n'y a plus de tabellionage. Ainsi ce sont les notaires qui grossoient leurs contrats, et qui les délivrent aux parties en grosse et forme authentique.

Voy. Acte de notaire *et* Notaire.

OBSESSION, est une espèce de privation de la raison, en tout ou en partie, causée par une personne qui nous ôte la liberté de résister à ses sollicitations par l'ascendant qu'elle a sur notre esprit.

Droit ancien.

La substance de tous contrats, et de toutes dispositions tant entre-vifs qu'à cause de mort, que font les hommes, consiste dans le consentement de ceux qui les passent. Mais ce consentement n'opère efficacement de manière qu'on ne puisse lui donner aucune atteinte, que quand il est émané d'une volonté entièrement libre.

Or il n'y a rien de plus opposé à la liberté que la contrainte, de quelque cause qu'elle provienne, soit qu'elle naisse de la force et de la violence, soit qu'elle tire son principe de la séduction ou de l'obsession, qui ne sont pas moins puissantes ni moins dangereuses que les voies de fait.

Ainsi un acte qui doit sa naissance à l'une de ces causes, n'étant pas l'ouvrage de la liberté, ne peut jamais être accompagné d'un véritable consentement.

Comme cet acte pèche dans la plus essentielle de ses qualités, il ne peut jamais avoir d'exécution, pour peu que les parties intéressées veuillent revenir contre et s'y opposer ; ce qui a lieu pour toutes sortes d'actes où la volonté de ceux qui les passent se trouve gênée, et sur-tout pour les actes lucratifs.

Par cette raison les lois du royaume annullent les donations faites par les mineurs au profit de leurs tuteurs, celles des écoliers en faveur de leurs précepteurs et pédagogues, celle d'un malade à son médecin, d'un pénitent à son confesseur, et d'un novice à son monastère.

On présume de l'autorité des donataires sur l'esprit des donateurs ôte aux derniers toute liberté ; et que leurs dispositions sont plutôt l'effet de l'obsession que de la volonté pure : sur quoi il faut remarquer que cette présomption est une de celles qui sont appelées par les jurisconsultes *præsumptio juris et de jure, quæ plenam probationem facit, et adversùs quam non admittitur probatio.*

La même présomption concourt aussi à la réprobation des donations immodérées, faites par des concubinaires à leurs concubines, d'autant qu'un homme frappé d'une passion vive ne peut pas se défendre de souscrire aux sollicitations de la personne qui le charme. *Voy.* Concubinage.

Droit nouveau.

Il ne peut y avoir d'obsession dans les actes gratuits qu'autant que la loi a imprimé sur certains actes la présomption de l'obsession, et alors on peut dire, comme autrefois, que la présomption de l'obsession est *juris* et *de jure quæ plenam probationem facit ;* car la loi a imposé sur ces actes un caractère de réprobation, fondé sur la *présomption* d'obsession qui se change alors en *preuve légale.*

Mais hors des cas où la loi reconnaît la présomption d'obsession dans les actes, il ne peut être permis de les attaquer pour cette même cause ; la preuve en serait d'autant plus inadmissible, que ces actes contiennent ordinairement cette clause, *que le donateur est entièrement libre de sa volonté et de son consentement*, et que la preuve que l'on voudrait faire de l'obsession serait contraire aux dispositions de l'acte contre lequel on ne peut se pourvoir que par inscription de faux.

Disons donc que l'on ne peut accuser un acte d'être le fruit de l'obsession qu'autant que la loi établit à cet égard une présomption de droit qui a force de preuve.

Par arrêt de la cour d'appel de Nîmes, du 29 thermidor an 12, il a été jugé que l'incapacité provenant de l'obsession présumée de la concubine sur l'esprit de son concubinaire, prononcée par l'*art.* 132 de l'ordonnance de 1629, ne pouvait avoir lieu sous l'empire du Code. Voici le considérant qui précède l'arrêt :

» La cour considérant que le *chap.* 1.er de la
» loi du 13 floréal an 9 traite de la capacité de
» disposer et de recevoir, et que dans l'énu-
» mération des personnes à qui cette capacité
» est refusée, on ne trouve pas celles qui
» vivent en concubinage, d'où il suit que l'in-
» capacité résultant de l'*art.* 132 de la loi
» précitée a été abrogée : il est donc frustra-
» toire d'ordonner une preuve qui, lors même
» qu'elle serait rapportée, ne saurait anéantir
» la disposition. »

Concluons donc qu'il n'y a d'incapacité de recevoir des libéralités que contre ceux que la

loi

loi a compris dans la prohibition, et pour les causes qu'elle détermine. *Voy.* le mot Incapable de succéder.

OFFRES EN GÉNÉRAL, signifient les propositions qu'on fait de payer ou de faire quelque chose.

Droit ancien.

Elles sont verbales, ou par écrit, ou réelles.

De quelque manière qu'elles soient faites, elles ne sont point divisibles ; c'est pourquoi celui à qui elles sont faites, doit les accepter ou les rejeter pour le tout : et le juge ne peut en jugeant des offres, les déclarer bonnes en partie, et les déclarer en partie non valables ; de sorte que le jugement qui intervient sur des offres, n'y doit rien ajouter ni diminuer. Papon, *liv.* 8 , *tit.* 15 , *nomb.* 1 ; du Luc, *liv.* 9, *tit.* 4 , *chap.* 3 ; Charondas, *liv.* 7 , *rép.* 102 ; Maynard, *liv.* 8 *chap.* 78.

Quand un homme par erreur s'est trompé dans ses offres, il peut s'en faire relever en obtenant contre ses offres des lettres de rescision. Un homme avait consenti de payer cinquante muids de sel, quoiqu'il n'en dût que quarante-cinq ; suivant ses offres signées en jugement, il est condamné : en cause d'appel, il obtient lettres pour être restitué contre ses offres. Arrêt rendu au parlement de Bretagne le 9 octobre 1576, qui les entérine.

Les offres verbales, sont celles qui se font de bouche seulement pardevant témoins, ou en l'audience.

Les offres par écrit, sont celles qui se font par quelqu'acte signifié à la partie.

Les offres réelles, sont celles qui se font à deniers découverts. Ces offres sont nécessaires dans le retrait lignager ; sinon le retrayant serait déchu du retrait : elles sont encore nécessaires pour faire cesser le cours des intérêts, et faire tomber la perte des deniers offerts avec consignation, au cas qu'elle arrive, sur le créancier qui a refusé mal-à-propos de les recevoir. *V.* Consignation.

Pour que les offres réelles soient valablement

Tome III.

faites, il ne suffit pas de les faire et de consigner la somme chez un notaire ; il faut qu'il y ait un procès-verbal dressé chez le notaire, sur l'assignation donnée au créancier, à l'effet d'y venir recevoir ses deniers, sans quoi les offres sont jugées insuffisantes.

Les offres de payer en monnaies étrangères, sont de nulle valeur. Ainsi jugé au parlement de Paris par arrêt du 17 janvier 1623, rapporté par Bardet, *tom.* 1 , *liv.* 1 , *chap.* 107.

Droit intermédiaire.

Les offres réelles du capital d'une rente doivent être faites au domicile du propriétaire lorsque la rente est portable ; et la sommation faite au propriétaire de se trouver chez un notaire pour y recevoir la somme déterminée, ne tiendrait pas lieu d'acte d'offres. Ainsi jugé par arrêt de la cour de cassation du 23 messidor an 4.

Si une rente est stipulée sans retenue des impositions, l'acte d'offres pour être valable, doit porter *un dixième* en sus du capital à raison de la condition de non retenue, en conformité de l'*art.* 2, *tit.* 3 de la loi du 29 décembre 1791 sur le rachat des rentes. Ainsi jugé par la cour de cassation le 24 vendémiaire an 5.

Les simples offres n'effectuent pas le remboursement ; il ne peut être effectué que par la consignation de la somme dans le dépôt public et légalement fait, conformément aux lois intervenues sur cette matière entre l'acte d'offres et le dépôt. Arrêt de la cour de cassation du 28 messidor an 4. *V.* ce que j'ai dit *au mot* Consignation.

L'acte d'offres d'une somme à rapporter dans une succession est nul, s'il est fait avant le partage et la liquidation de la succession. Arrêt de la cour de cassation du 18 prairial an 7.

L'acte d'offre du montant d'une obligation non échue n'est point valable. Arrêt du 27 brumaire an 6. *Voy.* pour tous les Arrêts ci-dessus, la Table analytique de Bergogné, *pag.* 371 *et suiv.*

4

Droit nouveau.

Lorsque le créancier refuse de recevoir son paiement, le débiteur peut lui faire des offres réelles, et, au refus du créancier de les accepter, consigner la somme ou la chose offerte. Les offres réelles, suivies d'une consignation, libèrent le débiteur : elles tiennent lieu à son égard de paiement, lorsqu'elles sont valablement faites; et la chose ainsi consignée demeure aux risques du créancier. *Art.* 1257. *C. des Cont. et Oblig.*

Pour que les offres réelles soient valables, il faut, -- 1.º qu'elles soient faites au créancier ayant la capacité de recevoir, ou à celui qui a pouvoir de recevoir pour lui ; -- 2.º qu'elles soient faites par une personne capable de payer ; -- 3.º qu'elles soient de la totalité de la somme exigible, des arrérages ou intérêts dus, des frais liquidés, et d'une somme pour les frais non liquidés, sauf à la parfaire ; -- 4.º que le terme soit échu, s'il a été stipulé en faveur du créancier ; -- 5.º que la condition sous laquelle la dette a été contractée soit arrivée ; -- 6.º que les offres soient faites au lieu dont on est convenu pour le paiement, et que, s'il n'y a pas de convention spéciale sur le lieu du paiement, elles soient faites ou à la personne du créancier, ou à son domicile, ou au domicile élu pour l'exécution de la convention ; -- 7.º que les offres soient faites par un officier ministériel ayant caractère pour ces sortes d'actes. *Art.* 1258.

Il n'est pas nécessaire, pour la validité de la consignation, qu'elle ait été autorisée par le juge; il suffit, -- 1.º qu'elle ait été précédée d'une sommation signifiée au créancier, et contenant l'indication du jour, de l'heure et du lieu où la chose offerte sera déposée; -- 2.º que le débiteur se soit dessaisi de la chose offerte, en la remettant dans le dépôt indiqué par la loi pour recevoir les consignations, avec les intérêts jusqu'au jour du dépôt ; -- 3.º qu'il y ait eu procès-verbal dressé par l'officier ministériel de la nature des espèces offertes, du

refus qu'a fait le créancier de les recevoir ou de sa non comparution, et enfin du dépôt ; -- 4.º qu'en cas de non comparution de la part du créancier, le procès-verbal du dépôt lui ait été signifié, avec sommation de retirer la chose déposée. *Art.* 1259.

Les frais des offres réelles et de la consignation sont à la charge du créancier, si elles sont valables. *Art.* 1260.

Tant que la consignation n'a point été acceptée par le créancier, le débiteur peut la retirer ; et, s'il la retire, ses co-débiteurs ou ses cautions ne sont point libérés. *Art.* 1261.

Lorsque le débiteur a lui-même obtenu un jugement passé en force de chose jugée, qui a déclaré ses offres et sa consignation bonnes et valables, il ne peut plus, même du consentement du créancier, retirer sa consignation, au préjudice de ses co-débiteurs ou de ses cautions. *Art.* 1262.

Le créancier qui a consenti que le débiteur retirât sa consignation, après qu'elle a été déclarée valable par un jugement qui a acquis force de chose jugée, ne peut plus, pour le paiement de sa créance, exercer les privilèges ou hypothèques qui y étaient attachés ; il n'a plus d'hypothèque que du jour où l'acte par lequel il a consenti que la consignation fût retirée aura été revêtu des formes requises pour emporter l'hypothèque. *Art.* 1263.

Si la chose due est un corps certain qui doit être livré au lieu où il se trouve, le débiteur doit faire sommation au créancier de l'enlever, par acte notifié à sa personne ou à son domicile, ou au domicile élu pour l'exécution de la convention. Cette sommation faite, si le créancier n'enlève pas la chose, et que le débiteur ait besoin du lieu dans lequel elle est placée, celui-ci pourra obtenir de la justice la permission de la mettre en dépôt dans quelque autre lieu. *Art.* 1264. *V.* Consignation.

OPPOSITION, est un acte judiciaire, par lequel on met obstacle à quelque chose.

Ainsi on forme opposition à un mariage,

pour empêcher que des personnes qui veulent se marier passent outre à la célébration du mariage.

On forme aussi opposition à une vente d'une chose mobiliaire ou immobiliaire, pour empêcher qu'on ne passe outre, ou au moins qu'il n'y soit procédé qu'à la charge de la conservation de nos droits.

OPPOSITION à un mariage.
Droit ancien.

L'opposition empêche que le curé ou vicaire puisse passer outre à la célébration, sans avoir auparavant main-levée par écrit de ladite opposition.

Il est enjoint à tous curés ou vicaires d'avoir des registres, pour y transcrire les oppositions qui pourront être formées à la célébration des mariages, et les désistemens et main-levées qui en seront donnés par les parties, ou prononcés par les jugemens qui interviendront à ce sujet.

Il leur est aussi enjoint de faire signer lesdites oppositions par ceux qui les feront, et les main-levées par ceux qui les donneront; et en cas qu'ils ne les connaissent pas, ils doivent faire certifier par des personnes dignes de foi, que ceux qui donneront lesdites main-levées sont les personnes dont il sera fait mention. Édit du mois de mars, registré au parlement, en forme de règlement du 15 juin 1691, lu et publié.

Au reste, par arrêt du parlement de Paris, rendu à la grand'chambre le 18 mars 1733, défenses ont été faites à l'official de Paris de connaître des oppositions à la publication des bans et à la célébration des mariages, autres que celles où il peut être question de promesse ou engagement de mariage.

Cette décision est fondée sur ce que, pour être juge d'une opposition à un mariage, il faut être juge des moyens sur lesquels elle est fondée: c'est pourquoi si l'opposition était fondée sur le rapt, sur la condition des parties, et sur les autres empêchemens qui regardent l'état des personnes, il est certain que le juge d'église

n'en peut pas connaître; *quià potest tantùm cognoscere de fœdere matrimonii inter contrahentes.*

Les officiaux ne peuvent donc connaître des oppositions formées aux mariages, que quand il s'agit du lien et du sacrement; comme quand l'on prétend qu'il y a eu des fiançailles avec une autre personne, faites par l'une des parties, ou un mariage actuellement subsistant: mais à l'égard des oppositions formées par des pères et mères, des tuteurs et curateurs, et des tierces personnes, qui n'ont pour objet que des intérêts temporels, la connaissance n'en peut appartenir qu'aux juges séculiers.

Les arrêts et règlemens y sont précis. En 1732 au mois de mai, dans l'affaire de la demoiselle Queru, une sentence de l'officialité de Paris, qui avait fait main-levée d'une opposition à la publication de ses bans et à la célébration de son mariage, fut déclarée abusive par arrêt de la grand'chambre, sur les conclusions de M. l'avocat général Gilbert, qui fit recevoir M. le procureur général appelant comme d'abus de cette sentence, et d'autres qui, avant de prononcer la main-levée de l'opposition, avaient par provision ordonné la publication des bans. L'arrêt fit à l'official les injonctions convenables qui ont été renouvelées par d'autres.

Le 20 février 1733 a été rendu un autre arrêt en la grand'chambre qui, *faisant droit sur le réquisitoire du procureur général du roi, fait défense à l'official de Paris de connaître des oppositions à la publication des bans et à la célébration des mariages, autres que celles où il peut être question de promesse ou engagement de mariage. Ordonne que l'arrêt sera transcrit dans les registres de l'officialité.*

Ainsi c'est aux juges ordinaires, et non aux juges ecclésiastiques à connaître des oppositions formées au mariage par ceux qui prétendent l'empêcher pour toute autre cause que celle qui résulte d'une promesse ou engagement de mariage pris avec l'opposant.

4*

Mais on demande si une opposition à un mariage doit être portée pardevant un juge royal, en sorte qu'il la puisse revendiquer quand elle est portée pardevant un juge de seigneur? Il faut dire que oui.

Touchant les oppositions formées à la célébration d'un mariage, *Voy.* le Recueil de Descombes, greffier de l'officialité de Paris, *chap.* 2.

Droit intermédiaire.

Loi du 20 septembre 1792. -- Section 3. -- Oppositions.

« *Art.* 1.er. Les personnes dont le consentement est requis pour les mariages des mineurs, pourront seules s'y opposer.

» 2. Seront également reçues à former opposition aux mariages, soit des majeurs, soit des mineurs, les personnes déjà engagées par mariage avec l'une des parties.

» 3. Dans le cas de *démence* des majeurs, et lorsqu'il n'y aura point encore d'interdiction prononcée, l'opposition de deux parens sera admise.

» 4. L'acte d'opposition en contiendra les motifs, et sera signé par la partie opposante, ou par son fondé de procuration spéciale, sur l'original et sur la copie. Il sera donné copie des procurations en-tête de celle de l'opposition.

» 5. L'acte d'opposition sera signifié au domicile des parties, et à l'officier public qui mettra son *visa* sur l'original.

» 6. Il sera fait une mention sommaire des oppositions par l'officier public, sur les registres des publications.

» 7. La validité de l'opposition sera jugée en première instance par le juge de paix du domicile de celui contre lequel l'opposition aura été formée; il y sera statué dans trois jours. L'appel sera porté au tribunal du district, sans que les parties soient obligées de se présenter au bureau de conciliation; le tribunal prononcera sommairement et dans la huitaine. Les délais, soit pardevant le juge de paix, soit pardevant

le tribunal d'appel, ne pourront être prorogés.

» 8. Une expédition des jugemens de main-levée sera remise à l'officier public, qui en fera mention en marge de celles des oppositions sur le registre des publications.

» 9. Toutes oppositions formées hors les cas, les formes, et par toutes personnes autres que celles ci-dessus désignées, seront regardées comme non avenues, et l'officier public pourra passer outre à l'acte de mariage; mais dans les cas et les formes ci-dessus spécifiés, il ne pourra passer outre au préjudice des oppositions, à peine de destitution, de trois cents livres d'amende et de tous dommages et intérêts. »

Droit nouveau.

Le droit de former opposition à la célébration du mariage, appartient à la personne engagée par mariage avec l'une des deux parties contractantes. *Art.* 172. C. du Mariage.

Le père, et à défaut du père, la mère, et à défaut de père et mère, les aïeuls et aïeules, peuvent former opposition au mariage de leurs enfans et descendans, encore que ceux-ci aient vingt-cinq ans accomplis. *Art.* 173.

A défaut d'aucun ascendant, le frère ou la sœur, l'oncle ou la tante, le cousin ou la cousine germains, majeurs, ne peuvent former opposition que dans les deux cas suivans, 1.º Lorsque le consentement du conseil de famille, requis par l'article 160, n'a pas été obtenu; 2.º Lorsque l'opposition est fondée sur l'état de démence du futur époux. Cette opposition, dont le tribunal pourra prononcer main-levée pure et simple, ne sera jamais reçue qu'à la charge, par l'opposant, de provoquer l'interdiction, et d'y faire statuer dans le délai qui sera fixé par le jugement. *Art.* 174.

Dans les deux cas prévus par le précédent article, le tuteur ou curateur ne pourra, pendant la durée de la tutelle ou curatelle, former opposition qu'autant qu'il y aura été autorisé par un conseil de famille qu'il pourra convoquer. *Art.* 175.

Tout acte d'opposition énoncera la qualité

qui donne à l'opposant le droit de la former ; il contiendra élection de domicile dans le lieu où le mariage devra être célébré ; il devra également, à moins qu'il ne soit fait à la requête d'un ascendant , contenir les motifs de l'opposition : le tout à peine de nullité, et de l'interdiction de l'officier ministériel qui aurait signé l'acte contenant opposition. *Art.* 176.

Le tribunal de première Instance prononcera dans les dix jours sur la demande en main-levée. *Art.* 177.

S'il y a appel, il y sera statué dans les dix jours de la citation. *Art.* 178.

Si l'opposition est rejetée , les opposans , autres néanmoins que les ascendans, pourront être condamnés à des dommages-intérêts. *Art.* 179.

Les actes d'opposition au mariage seront signés sur l'original et sur la copie par les opposans , ou par leurs fondés de procuration spéciale et authentique ; il seront signifiés , avec la copie et la procuration, à la personne ou au domicile des parties , et à l'officier de l'état civil , qui mettra son *visa* sur l'original. *Art.* 66. C. *des Actes de l'état civil.*

L'officier de l'état civil fera , sans délai , une mention sommaire des opositions sur le registre des publications ; il fera aussi mention , en marge de l'inscription desdites oppositions , des jugemens ou des actes de main-levée dont expédition lui aura été remise. *Art.* 67.

En cas d'opposition , l'officier de l'état civil ne pourra célébrer le mariage avant qu'on lui en ait remis la main-levée, sous peine de trois cents francs d'amende et de tous dommages-intérêts. *Art.* 68.

S'il n'y a point d'opposition , il en sera fait mention dans l'acte de mariage ; et si les publications ont été faites dans plusieurs communes, les parties remettront un certificat délivré par l'officier de l'état civil de chaque commune, constant qu'il n'existe point d'opposition. *Art.* 69.

OPPOSITION en fait de décret. *V,* Hypothèque, et *le mot* Opposition, dans la partie de ce Dictionnaire qui traite de la *Procédure civile.*

OPPOSITION en sous-ordre. *Voy.* les mêmes mots que ci-dessus.

ORDRE en matière d'expropriation forcée. *Voy.* ce mot dans la partie de ce Dictionnaire qui traite de la *Procédure civile.*

OUVERTURE de testament.

Droit ancien.

C'est un procès-verbal qui se fait par le juge, de l'apport qui lui est fait d'un testament olographe, et de l'ouverture et de la lecture qu'il en a faite, en conséquence du réquisitoire qui lui en a été fait par celui qui lui a apporté ledit testament : ensuite il est fait mention qu'il a été déposé ès mains d'un tel notaire, lequel à ce présent s'en est chargé pour en délivrer des expéditions.

Si les parens du défunt sont présens, il faut en faire mention, et les interpeller de reconnaître s'il est écrit de la main du défunt ; et en cas de protestation contre ledit testament, il en faut faire mention dans le procès-verbal.

Au reste, cette ouverture et cette lecture d'un testament, ne peut tenir lieu de la publication d'une substitution qui se trouverait dans ledit testament, comme nous avons dit, *au mot* Publication de substitution.

Droit nouveau.

Tout testament olographe sera , avant d'être mis à exécution , présenté au président du tribunal de première instance de l'arrondissement dans lequel la succession est ouverte. Ce testament sera ouvert, s'il est cacheté. Le président dressera procès-verbal de la présentation, de l'ouverture et de l'état du testament, dont il ordonnera le dépôt entre les mains du notaire par lui commis. — Si le testament est dans la forme mystique, sa présentation, son ouverture, sa description et son dépôt, seront faits de la même manière ; mais l'ouverture ne pourra se faire qu'en présence de ceux des notaires et des témoins, signataires de l'acte de suscription, qui se trouveront sur les lieux, ou onx appelés. *Art.* 1007. *C. des Donat. et Testamens.*

OUVERTURE DE SUCCESSION.

Droit ancien.

Elle arrive ou par mort naturelle, ou par mort civile de celui de la succession dont il s'agit.

Pour être admis à recueillir une succession, il suffit d'avoir été conçu au temps que la succession a été ouverte, quoiqu'on ne fût pas encore né : *quià qui sunt in utero pro jam natis habentur, quoties de eorum commodis agitur.*

Voy. ce que j'ai dit, *au mot* Conçu.

Droit nouveau.

Les successions s'ouvrent par la mort naturelle et par la mort civile. *Art.* 718, *C. des Successions.*

La succession est ouverte par la mort civile, du moment où cette mort est encourue conformément aux dispositions de la *section 2 du chapitre 2 du titre de la Jouissance et de la Privation des Droits civils. Art.* 719. *Voy.* Mort civile.

Le lieu de l'ouverture de la succession est déterminé par le domicile du défunt. *Art.* 110, *C. du Domicile.*

Pour succéder, il faut nécessairement exister à l'instant de l'ouverture de la succession. Ainsi, sont incapables de succéder,

1.º Celui qui n'est pas encore conçu ; etc. *Art.* 725.

D'où le principe contraire : celui qui est conçu à l'époque de l'ouverture de la succession, est capable de succéder. *V.* Conçu.

P

PACTE.

Selon le droit romain, le pacte n'était qu'une simple convention, laquelle ne produisait point d'action, mais seulement une exception. *Voy.* Ferrière dans sa Traduction des Institutes, sur le *quatorzième titre du troisième livre.*

On ne s'arrête point en France aux scrupuleuses différences que les lois romaines avaient introduites entre les contrats et les pactes. Nous appelons *contrats* généralement tous les pactes et conventions qui se font entre les hommes ; en sorte que parmi nous, toutes conventions sont obligatoires, pourvu qu'elles ne soient point contraires aux bonnes mœurs, ni au droit public.

Ratio primi est, quià quæ sunt contrà bonos mores viro probo impossibilia videntur : sic pactum de hæreditate viventis non valet, quià est contrà bonos mores ; siquidem induceret corvinam sollicitudinem mortis alienæ. Ratio secundi est, quià jus publicum privatorum commodis anteponenda est. V. Contrat, Convention *et* Obligation.

PACTE, appelé *in diem addictio*, était chez les Romains une convention qui était quelquefois ajoutée à un contrat de vente, par laquelle les contractans convenaient que, si dans un certain temps quelqu'un offrait un plus grand prix de la chose vendue, ou rendait dans un certain temps la condition de celui qui vendait meilleure, par quelque moyen que ce soit, le vendeur pourrait retirer la chose vendue des mains de l'acheteur.

Il est traité de ce pacte dans le *dix-huitième livre* du Digeste, au *titre second* : sur quoi l'on peut voir ce qu'en a dit Ferrière dans ses Paratitles du Digeste.

Nous remarquerons seulement ici, que ce pacte n'est point usité en France, pour les ventes volontairement faites entre les particuliers ; mais on le peut rapporter aux ventes publiques d'héritages par décret, dont les adjudications se faisaient par le juge, sauf quinzaine, pendant laquelle chacun était admis à enchérir sur le prix de l'adjudicataire : cette quinzaine ne commençait que du jour que s'en faisait la publication en jugement.

PACTE appellé PACTUM DE QUOTA LITIS, est une convention par laquelle un créancier d'une somme difficile à recouvrer, gratifie quelqu'un d'une partie de la dette, au cas de recouvrement.

Par exemple, celui qui a un procès de discussion, ou dans la poursuite duquel il faut faire beaucoup d'avance, convient que celui qui s'en veut charger, aura le tiers ou le quart pour la poursuite, en cas que l'affaire soit gagnée. Cette paction s'appelle *pactum de quota litis*; elle est vicieuse, illicite et contre les bonnes mœurs.

Cette convention est toujours réprouvée, quand elle est faite en faveur d'un juge. Elle l'est aussi toujours, quand elle est faite au profit d'avocats, procureurs ou solliciteurs de procès. Mais elle ne l'est pas, quand elle est faite en faveur d'une personne qui ne fait que l'office d'ami, et qui veut bien avancer son argent pour la poursuite d'un procès.

Voy. Papon, *liv.* 12, *tit.* 2, *nomb.* 1; Louet et son Commentateur, *lett.* L, *somm.* 2; et ce qu'a écrit Mornac sur la loi 6, §. *Maurus*, *ff. Manduti*; sur la loi *Sumptus*, *ff. de Pactis*; et sur la loi *Si qui advocatorum*, *Cod. de Postulando.*

Droit nouveau.

Les juges, leurs suppléans, les commissaires du gouvernement, leurs substituts, les greffiers, huissiers, avoués, défenseurs officieux et notaires, ne peuvent devenir cessionnaires des procès, droits et actions litigieux qui sont de la compétence du tribunal dans le ressort duquel ils exercent leurs fonctions, à peine de nullité, et des dépens, dommages et intérêts. *Art.* 1597, *C. de la Vente.*

PACTE DE LA LOI COMMISSOIRE.

Droit ancien.

Ce pacte est une convention qui se fait entre l'acheteur et le vendeur, que si le prix de la chose vendue n'est pas payé dans un certain temps, la vente sera nulle, s'il plaît au vendeur.

Ce pacte est appelé loi, parce que les pactes sont appelés les lois des contrats, desquels ils prennent leur forme. Il est dit commissoire, parce que le cas dont le vendeur et l'acheteur conviennent étant arrivé, la chose vendue est rendue au vendeur, *res venditori committitur.*

Ce pacte ne fait pas que la vente soit faite

sous condition, mais seulement qu'elle soit résolue sous condition, c'est-à-dire, au cas que l'acheteur n'en paye pas le prix dans le temps convenu. *Leg.* 1, *ff. de Leg. commissoria.*

Ainsi l'effet de ce pacte est, que faute par l'acheteur de payer le prix de la chose vendue, ou même le restant du prix dans le temps marqué, le vendeur rentre dans la propriété de la chose, comme si elle n'avait point été vendue. *Leg.* 4, §. *ult. ff. eod.* Cela est fondé sur la liberté que les hommes ont d'apposer aux contrats qu'ils passent, telles clauses et conditions qu'ils jugent à propos.

Suivant les lois romaines, ce pacte a son effet, quoique l'acheteur n'ait pas été averti par le vendeur de payer le prix de la chose vendue, s'il n'excuse son retardement par quelque juste cause. La raison est que, le jour apposé dans le contrat lui sert d'avertissement, *dies appellat pro homine*: c'est pourquoi il n'en peut prétendre cause d'ignorance.

Comme ce pacte est fait en faveur du vendeur, il est en sa liberté, ou de s'en servir, ou de poursuivre l'acheteur pour l'exécution de la vente, en lui payant le prix convenu: mais le choix de l'un l'empêche de pouvoir après recourir à l'autre. *Leg.* 4, §. *Eleganter*; et *Leg. penult. ff. de Lege commissoriâ.*

En fait de vente d'héritage, le vendeur, qui se sert du droit que ce pacte lui donne, peut faire condamner l'acheteur à lui restituer le fonds vendu, avec les fruits qu'il en aura pu percevoir, à moins qu'il n'ait payé des arrhes, ou qu'il n'ait payé une partie du prix convenu, auquel cas il se récompense de la perte desdites arrhes, ou de la partie du prix payé, par le gain qu'il a fait des fruits qu'il a tirés du fonds. *Dicta Leg.* 4, §. 1, et *Lege* 5 *in princ. ff. eod.*

Ce pacte n'a pas lieu, lorsque dans le temps convenu, l'acheteur a offert le prix au vendeur, ou qu'en son absence il a protesté qu'il était prêt d'exécuter le contrat, et de faire le paiement au vendeur, ou qu'il a consigné la somme. *Dicta Leg.* 4, §. *ult.* et *Leg. ult. ff. eod.*

Tout ce que nous venons de dire est observé en France, et le pacte de la loi commissoire y est en usage. Bien plus, c'est que, sans cette convention, il est toujours au pouvoir du vendeur de poursuivre l'acheteur pour le paiement du prix convenu ; ou à faute de ce, il peut faire déclarer la vente nulle, et rentrer dans le bien qu'il a vendu.

Touchant l'effet de la loi commissoire, *Voy.* ce qui en est dit dans Henrys, *tom.* 2, *liv.* 4, *chap.* 6, *quest.* 41 et 42.

Droit nouveau.

Si l'acheteur ne paie pas le prix, le vendeur peut demander la résolution de la vente. *Art.* 1654, *C. de la Vente.*

La résolution de la vente d'immeubles est prononcée de suite, si le vendeur est en danger de perdre la chose et le prix. -- Si ce danger n'existe pas, le juge peut accorder à l'acquéreur un délai plus ou moins long, suivant les circonstances.--Ce délai passé sans que l'acquéreur ait payé, la résolution de la vente sera prononcée. *Art.* 1655.

S'il a été stipulé, lors de la vente d'immeubles, que, faute de paiement du prix dans le terme convenu, la vente serait résolue de plein droit, l'acquéreur peut néanmoins payer après l'expiration du délai, tant qu'il n'a pas été mis en demeure par une sommation ; mais, après cette sommation, le juge ne peut pas lui accorder de délai. *Art.* 1656.

En matière de vente de denrées et effets mobiliers, la résolution de la vente aura lieu de plein droit et sans sommation, au profit du vendeur, après l'expiration du terme convenu pour le retirement. *Art.* 1657.

PACTE DE LA LOI COMMISSOIRE EN FAIT DE PRÊT SUR GAGE, est une convention faite entre le créancier et le débiteur, par laquelle ils conviennent que si le débiteur ne satisfait pas dans le temps convenu, la chose engagée sera acquise au créancier.

Mais ce pacte est usuraire, et comme tel a été réprouvé, même par les lois romaines ; *Leg.*

ult. Cod. de Pact. Pignor., à moins que le créancier n'achetât la chose qui lui a été donnée en gage son juste prix ; auquel cas ce pacte était admis chez les Romains. *Leg.* 16, §. *ult. ff. de Pignorib. et Hypot.* -- C'est aussi ce qui se pratique parmi nous.

Droit nouveau.

Le créancier ne peut, à défaut de paiement, disposer du gage, sauf à lui de faire ordonner en justice que ce gage lui demeurera en paiement, et jusqu'à due concurrence, d'après une estimation faite par experts, ou qu'il sera vendu aux enchères. -- Toute clause qui autoriserait le créancier à s'approprier le gage ou à en disposer sans les formalités ci-dessus, est nulle. *Art.* 2078. *C du Gage.*

PAISIBLE. *Voy.* Possession paisible.

PAISSON, terme ancien qui vient du mot latin *pascere*, et qui signifie les herbes que les bestiaux mangent dans les forêts et dans la campagne, mais qui s'emploie plus particulièrement pour signifier la glandée et autres fruits sauvages qui servent à la nourriture des porcs.

Il y a des endroits où les habitans ont droit de paisson, et d'envoyer paître leurs bestiaux dans une forêt. -- Le droit de paisson est aussi appelé droit de pacage. Le droit de pacage est au nombre des servitudes discontinues lesquelles ont besoin du fait actuel de l'homme pour être exercées. *Art.* 688. *C. des Servitudes.*

PANDECTES. *Voy.* Digeste.

PAPIER TIMBRÉ. *Voy.* Timbre.

PARAGRAPHE. Ce terme dérivé du grec signifie une section ou une division qui se fait des textes des lois romaines. Ainsi quand une loi est trop longue et contient différentes parties, la première est appelée le principe, c'est-à-dire, le commencement de la loi, et les suivantes sont désignées par le terme de paragraphe, avec le nombre de premier, second, etc. Ainsi un paragraphe est, en fait de jurisprudence, ce qui s'appelle ailleurs un *article.*

PARAPHE,

PARAPHE, est une marque, un caractère composé de plusieurs traits de plume joints ensemble, que chacun s'est habitué de faire toujours de la même manière, pour mettre au bout de son seing, et empêcher qu'on ne contrefasse sa signature. Les notaires font mettre des paraphes à tous les renvois, apostilles et ratures des actes qu'ils passent. Au lieu de paraphes, ceux qui n'en savent point faire, y mettent les premières lettres de leur nom.

Voy. Acte de notaire, Acte de l'état civil et Notaire.

PARAPHERNAUX.

Droit ancien.

Les biens paraphernaux, selon le droit romain, sont ceux que la femme en se mariant retient et se réserve, pour en disposer à sa volonté et indépendamment de son mari; ou ce qui lui vient pendant le mariage par succession, donation ou autrement.

Ces biens réservés par la femme, ou à elle échus et donnés pendant le mariage, sont appelés *parapherna, quasi extrà dotem.*

Il faut néanmoins remarquer que les biens qui sont échus à la femme durant le mariage, sont appelés proprement biens adventices; mais ils sont compris sous le terme général de biens paraphernaux, en tant qu'ils ne font point partie de la dot de la femme.

Itaque paraphernalia bona sunt res uxoris extrà dotem constitutæ, vel sunt, quas uxor usu habet in dono mariti, neque in dotem dot. Ainsi on peut dire que les biens paraphernaux font le pécule des femmes. *Nam quæ Græci παράφερνα dicebant, Galli peculium appellabant. Vide Leg.* 9, §. 3, *ff. de Jure dot.*

Suivant les lois romaines, il est donc permis à une femme qui se marie, de ne porter en dot qu'une partie de ses biens, et d'en retenir l'autre pour en avoir la propriété et la pleine et entière jouissance, à l'effet d'en pouvoir disposer à sa volonté, tant du fonds que des fruits, sans que le mari y puisse rien prétendre.

Cela se pratique aussi en pays de droit écrit, où, conformément au droit romain, le mari est censé propriétaire de ce qui compose la dot de sa femme, et elle de son côté a l'entière disposition de ses autres biens.

Ainsi le mari n'a aucun droit ni aucun pouvoir sur les biens paraphernaux de sa femme, qu'autant qu'elle veut bien lui en accorder. Mais il est toujours censé administrateur et procureur de sa femme par rapport à ces sortes de biens, à moins qu'elle ne déclare le contraire. *Vide Leg.* 8 et 11, *Cod. de Pact. tam super dote, quàm super don. ante nupt. ci paraph.*

Si les biens paraphernaux consistent en meubles que la femme apporte dans la maison de son mari, il en faut faire la description dans le contrat de mariage, ou en faire inventaire, afin qu'ils ne soient pas présumés appartenir au mari; car la loi veut qu'on présume que tout le mobilier appartient au mari, à moins qu'il n'y ait preuve au contraire.

C'est aussi ce qui se pratique parmi nous en pays coutumier, à l'égard des effets mobiliers, lorsqu'il y a dans le contrat de mariage une clause portant qu'il n'y aura point de communauté entre les futurs conjoints; ou bien l'on apprécie ces meubles à une certaine somme dont les parties conviennent.

S'il n'y a point eu de contrat de mariage, et par conséquent de rétention de biens paraphernaux, tous les biens de la femme sont censés dotaux. Ainsi jugé par arrêt rendu pour le pays de Beaujolais, en la première chambre de la cour des aides, le 13 mars 1739, sur les conclusions de M. Bellanger, avocat général,

Dans les parlemens de Droit écrit, l'autorisation du mari n'est point en usage, soit qu'il s'agisse des biens dotaux, soit qu'il s'agisse des biens paraphernaux.

A l'égard des premiers, il faut distinguer: ou il s'agit des fruits ou du fonds. Pour ce qui est des fruits et de tout ce qui en dépend, le mari en est le maître, *est dominus dotis con-*

stante matrimonio : c'est pourquoi il n'a pas besoin du consentement de sa femme, ni qu'elle parle dans l'acte. A l'égard du fonds, il est inaliénable, comme Ferrière l'a dit sur le *titre* 7 du *second livre* des Institutes.

Pour ce qui est des biens paraphernaux, la pleine propriété en appartient toujours à la femme, quand même elle en aurait donné l'administration à son mari, lequel ne serait en ce cas que son procureur ; c'est pourquoi elle peut toujours disposer de ces sortes de biens, les engager, vendre et aliéner, à quelque titre que ce soit, sans le consentement de son mari. *Voy.* Chorier sur la Jurisprudence de Guy-Pape, *pag.* 229 ; d'Olive, *liv.* 3, *chap.* 29 ; et Boniface, *tom.* 4, *liv.* 7, *tit.* 1, *chap.* 2.

Il faut cependant remarquer que cela ne s'observe pas dans les pays de droit écrit du parlement de Paris, et que la femme ne peut contracter sans le consentement de son mari, soit par rapport aux biens dotaux, ou paraphernaux.

Ce point de droit a été affermi de nouveau par un arrêt rendu en la grand'chambre à l'audience de relevée le 6 juillet 1759, au sujet de lettres de change faites par la marquise de la Ferté, née anglaise, et mariée suivant les us et coutumes d'Angleterre. Les lettres de change ont été déclarées nulles comme faites par une femme en puissance de mari et sans son autorisation.

Suivant ce que j'ai dit ci-dessus, l'action pour les biens paraphernaux réside dans les mains de la femme, tant en demandant qu'en défendant, dans les pays de droit écrit et dans les autres coutumes qui reconnaissent ces sortes de biens ; mais comme dans la coutume de Bordeaux le mari a l'usufruit et l'administration de tous les biens de la femme, l'action qui regarde l'usufruit des biens paraphernaux, réside dans les mains du mari, à moins que dans le contrat de mariage le mari n'ait expressément renoncé à l'usufruit des paraphernaux, et qu'au moyen de cette renonciation

la femme ait fait ordonner qu'il lui sera permis de prendre, recevoir et disposer du fonds et capital desdits biens paraphernaux. La Peyrère, édition de 1725, *lettre* P, *nomb.* 1.

La femme, pour la restitution des biens paraphernaux, a hypothèque sur les biens de son mari du jour de son contrat de mariage, quand il y en a une stipulation expresse ; autrement elle n'a son hypothèque pour les biens paraphernaux, que du jour de l'aliénation, ou du jour que le mari a reçu les deniers de sa femme, ou le paiement de chaque obligation, ou le remboursement de chaque contrat de constitution. *Vide Leg. ult. Cod. de Pact. convent. tàm sup. dote, quàm sup. donat. ante nupt. et paraphern.*

Il a été néanmoins jugé au parlement de Paris le 21 juin 1695, qu'en pays de droit écrit une femme, dont le contrat de mariage stipule la communauté entr'elle et son mari, et lui donne hypothèque de ce jour pour la restitution de son fonds dotal, a la même hypothèque pour la restitution du prix d'un de ses biens paraphernaux ; on prétendoit qu'elle ne l'avait que du jour de l'aliénation qui en avait été faite par le mari.

Voy. Augeard en son Recueil d'Arrêts, *tom.* 3. *chap.* 39, qui rapporte cet arrêt, et remarque que cette question partagea le barreau.

Après la dissolution du mariage, le mari est non-seulement obligé de rendre les effets qui composent les biens paraphernaux, mais encore les fruits, si ce sont des héritages, ou les intérêts, si ce sont des dettes actives. Chorier sur la jurisprudence de Guy-Pape, *page* 229.

Cependant cela n'a lieu à l'égard des revenus des biens paraphernaux, que quand le mari les a dissipés, ou qu'il en a fait des épargnes ; auquel cas il en doit tenir compte à sa femme, parce que par rapport à ces sortes de biens, il n'est que son procureur ; mais s'il a employé les revenus qu'il en a touchés à l'entretien de sa famille, il n'en doit aucune restitution à sa femme.

On voit peu de contestations au sujet de ces revenus dans les pays du droit écrit ; car la plupart des femmes en se mariant se constituent en dot tous leurs biens présens et à venir; et lorsqu'elles n'ont pas tout constitué en dot, et qu'elles ont des biens paraphernaux de conséquence, le mari ne manque pas de leur faire donner des quittances, quoiqu'il en dispose comme bon lui semble.

Mais celles qui seraient d'humeur à refuser ces quittances, n'ont pas coutume de laisser au mari l'administration de leurs biens paraphernaux ; elles s'en réservent la jouissance et l'administration à elles-mêmes.

Cette espèce de biens paraphernaux est inconnue dans la France coutumière, où la femme apporte tous ses biens en dot, et en transporte la jouissance et l'administration à son mari, pour soutenir les charges du mariage.

Suivant le droit coutumier, la femme ne se réserve donc la jouissance d'aucune chose, à moins que par le contrat de mariage il ne soit convenu qu'il n'y aurait point de communauté, et qu'en outre la femme jouirait de ses biens, en donnant une certaine pension à son mari pour les charges du mariage.

Au cas qu'il y ait communauté, tous les deniers, meubles et effets mobiliers de la femme tombent dans la communauté, s'il n'y a convention au contraire.

Touchant les biens paraphernaux, *Voy.* le Recueil alphabétique des Questions de droit, fait par Bretonnier, où il en est amplement parlé.

Dans la coutume de Normandie on entend par biens paraphernaux une espèce de préciput légal, que la coutume défère officieusement à la femme qui a renoncé à la succession de son mari, et qui n'a pas eu la précaution de stipuler par son contrat de mariage une reprise de sa chambre meublée, ses habits,

linges à son usage, bagues et joyaux, ou une certaine somme d'argent à son choix.

Ce préciput légal ou coutumier de Normandie pour la femme consiste en lits, robes, linges et autres meubles nécessaires pour sa personne, qui s'adjugent à la veuve en vertu de la coutume, sans être stipulée par son contrat de mariage, et qu'on appelle en ce cas, mais improprement, biens paraphernaux.

Basnage s'étend fort sur cet article 195 de la coutume de Normandie ; et parlant de la modicité de ce paraphernal qui n'est accordé dans cette province que par commisération : c'est avec raison, dit-il, que Loyseau dit que ce paraphernal des femmes est leur infernal, parce que ce n'est qu'un effet de leur misère et de leur infortune.

Droit nouveau.

Tous les biens de la femme qui n'ont pas été constitués en dot sont paraphernaux. *Art.* 1574. *C. du Cont. de Mariage.*

Si tous les biens de la femme sont paraphernaux, et s'il n'y a pas de convention dans le contrat pour lui faire supporter une portion des charges du mariage, la femme y contribue jusqu'à concurrence du tiers de ses revenus. *Art.* 1575.

La femme a l'administration et la jouissance de ses biens paraphernaux ; — Mais elle ne peut les aliéner, ni paraître en jugement à raison desdits biens, sans l'autorisation du mari, ou, à son refus, sans la permission de la justice. *Art.* 1576.

Si la femme donne sa procuration au mari pour administrer ses biens paraphernaux, avec charge de lui rendre compte des fruits, il sera tenu vis-à-vis d'elle comme tout mandataire. *Art.* 1577.

Si le mari a joui des biens paraphernaux de sa femme, sans mandat, et néanmoins sans opposition de sa part, il n'est tenu à la dissolution du mariage, ou à la première demande

5*

de la femme, qu'à la représentation des fruits existans, et il n'est point comptable de ceux qui ont été consommés jusqu'alors. *Art.* 1578.

Si le mari a joui des biens paraphernaux malgré l'opposition constatée de la femme, il est comptable envers elle de tous les fruits tant existans que consommés. *Art.* 1579.

Le mari qui jouit des biens paraphernaux est tenu de toutes les obligations de l'usufruitier. *Art.* 1580. *V.* Usufruit, Dot *et* Communauté.

PARATITLES, est un terme barbare dont Justinien s'est servi dans la loi première au code *de Vet. jur. enucl.* où il permet seulement de faire des paratitles et non pas des commentaires sur le Code et sur le Digeste. Quelques interprètes, comme Mathieu Blastares, et la Coste après lui, ont cru que cet empereur a voulu marquer par le mot de paratitles, un supplément de ce qui manque à chaque titre, à quoi l'on pouvait suppléer par les autres titres. M. Cujas, au contraire et plusieurs autres, tiennent que ce n'est qu'un abrégé ou supplément de ce qui manque à chaque titre, et l'usage a déterminé le nom de paratitles à cette dernière signification.

Ainsi l'on entend communément par le mot de paratitles, des sommaires de ce que contient un livre de jurisprudence civile ou canonique, qui donnent une explication précise de tous les titres, et qui en renferment les principales décisions. *Paratitla, hæc barbara vox à Græcis desumpta, librorum juris-prudentiæ compendia, titulorum claves et summarias materiarum expositiones exhibentia, significat. Illa, si generales regulas et præcipua rerum principia, non lucidè minùs quàm apprimè tradant, exquisitam universæ doctrinæ quasi medullam continere necesse est. Si verò, quod est imprimis necessariam antiquis veteris jurisprudentiæ, ubi res exigit, monumentis, ea quæ posterior ætas est amplexa referant, et quid ex iis omnibus inter se collatis quodammodo constatum observetur, ponderosa et luculenta brevitate explicent, quis dubitet*

quin qui eâ mente et memoriâ sedulò tenerint, temporis successu plenissimam rerum cognitionem dubio procul assequantur.

L'utilité de ces sommaires est évidente par elle-même, puisque c'est une méthode courte et facile pour éviter la confusion d'une infinité de lois, qui, quoique rangées sous différens titres, ont encore besoin d'être réduites à des principes rédigés dans un certain ordre. C'est aussi pour tracer une route certaine à ceux qui veulent lire le Code et le Digeste avec fruit, que plusieurs auteurs ont entrepris de faire ces paratitles.

PARCAGE, est un droit qui est dû en quelques lieux au seigneur, par ceux de ses habitans qui ont un parc où ils mettent leurs troupeaux. *Voy.* Despeisses, *tom.* 3, *liv.* 6, *sect.* 11, *pag.* 227.

PARCOURS ET ENTRECOURS. Pour entendre ce que signifient ces mots, il faut savoir qu'anciennement en quelques pays, quand un homme ou une femme de franche condition venaient s'établir dans un lieu de servitude de corps, ils étaient acquis au seigneur de la servitude dès le moment qu'ils y avaient pris leur domicile, et en d'autres après l'an et jour.

Mais les seigneurs voisins firent ensemble des traités, au moyen desquels leurs habitans francs et non nobles pouvaient parcourir et entrecourir, et établir réciproquement leur domicile dans l'un et l'autre pays, sans craindre de servitude.

Ainsi parcours et entrecours, sont ces traités et sociétés qui se passaient entre des seigneurs voisins, en vertu desquels celui qui quittait son pays dans lequel il était bourgeois, devenait aussitôt bourgeois du souverain dans le pays duquel il venait s'établir, et étoit nommé bourgeois de parcours, et jouissait des mêmes droits et priviléges que les autres bourgeois.

Voy. Laurière dans son Glossaire, *au mot* Parcours, et dans ses Notes sur Loysel, *liv.* 2, *tit.* 1, *reg.* 21. *Voy.* Bouvot, *au mot* Communauté, *et au mot* Parcours.

Le parcours a lieu aussi dans quelques coutumes pour les bestiaux, et on ne l'admet que dans celles qui l'autorisent par des dispositions expresses, telles que celles de Vitry, du comté de Bourgogne, de Lorraine, et quelques autres. Ce droit consiste dans la liberté qu'ont les habitans de deux paroisses voisines d'envoyer paître leurs bestiaux d'une paroisse sur l'autre. Un arrêt de règlement du 24 mars 1745, défend l'exercice de ce droit, lorsqu'il y a maladie épidémique parmi les bestiaux d'une des deux communautés d'habitans. *V.* ci-après *le mot* Pâturage.

Droit intermédiaire.

«L'assemblée nationale, instruite que plusieurs personnes, par une fausse interprétation de ses décrets, prétendent que tous les prés indistinctement doivent être soumis à la vaine pâture immédiatement après l'enlèvement de la première herbe, déclare qu'elle n'a rien innové aux dispositions coutumières, règlemens et usages antérieurs, relatifs à la défense des prés; en conséquence, décrète que tous les propriétaires des prés clos, ou qui, sans être clos, étaient ci-devant possédés à deux ou plusieurs herbes, continueront de jouir, conformément aux lois, règlemens et usages observés dans chaque lieu, du droit de couper et récolter les secondes, troisièmes ou quatrièmes herbes, ainsi qu'ils ont fait par le passé : fait défenses à toutes personnes de troubler lesdits propriétaires des prés dans leur possession et jouissance; le tout sans rien innover aux usages des pays où la vaine pâture n'a pas lieu. »

Loi du 28 septembre, 6 octobre 1791.

Sect. 4. — Des troupeaux, des clôtures, du parcours et de la vaine pâture.

«*Art.* 1.er. Tout propriétaire est libre d'avoir chez lui telle quantité et telle espèce de troupeaux qu'il croit utiles à la culture et à l'exploitation de ses terres, et de les y faire pâturer exclusivement; sauf ce qui sera réglé ci-après relativement au parcours et à la vaine pâture.

» 2. La servitude réciproque de paroisse à paroisse, connue sous le nom de *parcours*, et qui entraîne avec elle le droit de vaine pâture, continuera provisoirement d'avoir lieu avec les restrictions déterminées à la présente section, lorsque cette servitude sera fondée sur un titre ou sur une possession autorisée par les lois et les coutumes. A tous autres égards elle est abolie.

» 3. Le droit de vaine pâture dans une paroisse, accompagnée ou non de la servitude du parcours, ne pourra exister que dans les lieux où il est fondé sur un titre particulier, ou autorisé par la loi ou par un usage local immémorial, et à la charge que la vaine pâture n'y sera exercée que conformément aux règles et usages locaux, qui ne contrarieront point les réserves portées dans les articles suivans de la présente section.

» 4. Le droit de clorre et de déclorre ses héritages résulte essentiellement de celui de propriété, et ne peut être contesté à aucun propriétaire. L'assemblée nationale abroge toutes lois et coutumes qui peuvent contrarier ce droit.

» 5. Le droit de parcours et le droit simple de vaine pâture, ne pourront, en aucun cas, empêcher les propriétaires de clorre leurs héritages; et tout le temps qu'un héritage sera clos de la manière qui sera déterminée par l'article suivant, il ne pourra être assujetti ni à l'un ni à l'autre droit ci-dessus.

» 6. L'héritage sera réputé clos lorsqu'il sera entouré d'un mur de quatre pieds de hauteur avec barrière ou porte, ou lorsqu'il sera exactement fermé et entouré de palissades, ou treillages, ou d'une haie vive, ou d'une haie sèche, faite avec des pieux, cordelée avec des branches, ou de tout autre manière de faire des haies en usage dans chaque localité; ou enfin d'un fossé de quatre pieds de large au moins à l'ouverture, et de deux pieds de profondeur.

» 7 La clôture affranchira de même du droit de vaine pâture réciproque ou non réciproque entre particuliers, si ce droit n'est pas fondé sur un titre. Toutes lois et tous usages contraires sont. abolis.

» 8. Entre particuliers, tout droit de vaine pâture fondé sur un titre , même dans les bois , sera rachetable à dire d'experts, suivant l'avantage que pourrait en retirer celui qui avait ce droit, s'il n'était pas réciproque, ou eụ égard au désavantage qu'un des propriétaires aurait à perdre la réciprocité, si elle existait ; le tout sans préjudice au droit de cantonnement, tant pour les particuliers que pour les communautés, confirmé par l'*art*. 8 du décret du 16 et 17 septembre 1790.

» 9. Dans aucun cas et dans aucun temps le droit de parcours, ni celui de vaine pâture ne pourront s'exercer sur les prairies artificielles, et ne pourront avoir lieu sur aucune terre ensemencée ou couverte de quelques productions que ce soit , qu'après la récolte.

» 10. Par-tout où les prairies naturelles sont sujettes au parcours ou à la vaine pâture, ils n'auront lieu provisoirement que dans le temps autorisé par les lois et coutumes , et jamais tant que la première herbe ne sera pas récoltée.

» 11. Le droit dont jouit tout propriétaire de clorre ses héritages, a lieu, même par rapport aux prairies , dans les paroisses où, sans titre de propriété, et seulement par l'usage, elles deviennent communes à tous les habitans , soit immédiatement après la récolte de la première herbe , soit dans tout autre temps déterminé.

» 12. Dans les pays de parcours ou de vaine pâture soumis à l'usage du troupeau en commun , tout propriétaire ou fermier pourra renoncer à cette communauté , et faire garder, par troupeau séparé , un nombre de têtes de bétail proportionné à l'étendue des terres qu'il exploitera dans la paroisse.

» 13. La quantité de bétail , proportionnellement à l'étendue du terrain , sera fixée dans chaque paroisse, à tant de bêtes par arpent,

d'après les règlemens et usages locaux ; et à défaut de documens positifs à cet égard, il y sera pourvu par le conseil général de la commune.

» 14. Néanmoins, tout chef de famille domicilié , qui ne sera ni propriétaire ni fermier d'aucuns des terrains sujets au parcours ou à la vaine pâture, et le propriétaire ou fermier à qui la modicité de son exploitation n'assurerait pas l'avantage qui va être déterminé , pourront mettre sur lesdits terrains , soit par troupeau séparé, soit en troupeau en commun, jusqu'au nombre de six bêtes à laine et d'une vache avec son veau, sans préjudicier aux droits desdites personnes sur les terres communales , s'il y en a dans la paroisse , et sans entendre rien innover aux lois , coutumes ou usages locaux et de temps immémorial qui leur accorderaient un plus grand avantage.

» 15. Les propriétaires ou fermiers exploitant des terres sur les paroisses sujettes au parcours ou à la vaine pâture, et dans lesquelles ils ne seraient pas domiciliés, auront le même droit de mettre dans le troupeau commun ou de faire garder par troupeau séparé une quantité de têtes de bétail, proportionné à l'étendue de leur exploitation, et suivant les dispositions de l'article 13 de la présente section ; mais , dans aucun cas , ces propriétaires ou fermiers ne pourront céder leurs droits à d'autres.

» 16. Quand un propriétaire d'un pays de parcours ou de vaine pâture aura clos une partie de sa propriété , le nombre de têtes de bétail qu'il pourra continuer d'envoyer dans le troupeau commun, ou par troupeau séparé, sur les terres particulières des habitans de la communauté , sera restreint proportionnellement et suivant les dispositions de l'article 13 de la présente section.

» 17. La communauté dont le droit de parcours sur une paroisse voisine sera restreint par des clotûres faites de la manière déterminée à l'article 6 de cette section, ne pourra prétendre, à cet égard, à aucune espèce d'indemnité, même dans le cas où son droit serait fondé sur un titre ; mais cette communauté aura le droit de renoncer à la faculté réciproque qui résultait de celui de parcours entr'elle et la paroisse voisine : ce qui aura également lieu, si le droit de parcours s'exerçait sur la propriété d'un particulier.

» 18. Par la nouvelle division du royaume, si quelques sections de paroisse se trouvent réunies à des paroisses soumises à des usages différens des leurs, soit relativement au parcours ou à la vaine pâture, soit relativement au troupeau en commun, la plus petite partie dans la réunion suivra la loi de la plus grande, et les corps administratifs décideront des contestations qui naîtraient à ce sujet. Cependant si une propriété n'était point enclavée dans les autres, et qu'elle ne gênât le droit provisoire de parcours ou de vaine pâture auquel elle n'était point soumise, elle serait exceptée de cette règle.

» 19. Aussitôt qu'un propriétaire aura un troupeau malade, il sera tenu d'en faire la déclaration à la municipalité ; elle assignera sur le terrain du parcours ou de la vaine pâture, si l'un ou l'autre existe, dans la paroisse, un espace où le troupeau malade pourra pâturer exclusivement, et le chemin qu'il devra suivre pour se rendre au pâturage. Si ce n'est point un pays de parcours ou de vaine pâture, le propriétaire sera tenu de ne point faire sortir de ces héritages son troupeau malade. »

Le propriétaire qui veut clorre son héritage, perd son droit au parcours et vaine pâture en proportion du terrain qu'il y soustrait. *Art.* 648, *C. des Servitudes.*

PARENT. Ce terme dans notre langue est un terme relatif, qui se dit de tous ceux qui sont d'une même famille, et sortis d'une même souche ; au lieu que les auteurs latins, et surtout les jurisconsultes, par le mot *parentes* n'entendent ordinairement que le père et la mère, et quelquefois en certains cas les aïeuls

et les aïeules, et autres ascendans ; mais ils n'emploient jamais ce terme pour signifier ceux que nous appelons parens collatéraux : ils se servent alors des termes *agnati*, *cognati*, *consanguinei*. La seule étimologie du mot *parens*, qui vient de *pario*, qui signifie je donne la vie, justifie pleinement qu'ils ont raison.

PARENTÉ, est un lien du droit naturel, qui se rencontre entre ceux dont l'un descend de l'autre, ou qui descendent d'une même souche.

Ceux qui descendent l'un de l'autre, sont les ascendans.

Ceux qui descendent d'une même souche, sont les frères et sœurs, oncles et neveux, et les cousins, lesquels sont appelés collatéraux.

Ces descendans, ascendans et collatéraux sont plus ou moins éloignés les uns des autres. Il en faut connaître les éloignemens, tant pour le mariage que pour les successions.

Il faut pour cela mettre les ascendans et descendans dans une même suite ou ligne, que nous appelons directe ; et les collatéraux dans une autre, appelée collatérale.

Ces éloignemens sont appelés degrés ; chaque personne engendrée, ou chaque génération en fait un. Ainsi le fils est dans le premier éloignement de son père, ou pour mieux dire, dans le premier degré de parenté, parce qu'entre le père et le fils il n'y a qu'une génération, ou qu'une seule personne engendrée, qui est le fils.

Par la même raison, le petit-fils est éloigné de son aïeul de deux degrés, parce qu'il y a deux personnes engendrées entr'eux, savoir le fils et le petit-fils ; car quoiqu'il y ait trois personnes, qui sont l'aïeul, le fils et le petit-fils, toutefois il n'y a que deux degrés, parce qu'il n'y a que deux personnes engendrées, le fils et le petit-fils, d'autant qu'il ne s'agit pas en ce cas de la génération de l'aïeul, qui est la souche, et qui ne se compte pas, *cùm de ejus generatione non agatur.*

Les éloignemens ou degrés qui se rencontrent entre les collatéraux, se comptent pareillement par les générations, ou par les personnes engendrées, avec cette différence qu'il faut, pour en savoir le nombre, avoir recours à la souche commune de laquelle descendent les collatéraux desquels on veut connaître les degrés de parenté, et compter entre la souche ou le parent commun et les collatéraux, combien il se rencontre de degrés ; en sorte que *tot sunt gradus, quot sunt personæ genitæ, dempto communi stipite, qui non computatur.*

Par exemple, si je veux savoir de combien de degrés sont éloignés deux cousins germains l'un de l'autre, il faut que je remonte à celui duquel ils descendent tous deux, qui est l'aïeul, et que je dise : entre l'aïeul et les deux petits-fils, il y a quatre générations ou personnes engendrées, les deux fils et les deux petits-fils, des degrés desquels il s'agit, et qui sont au regard l'un de l'autre cousins germains. Je trouve donc qu'ils sont éloignés de quatre degrés, suivant cette règle : *Chaque personne engendrée fait un degré, sans y comprendre la souche commune, et ainsi des autres.*

Les degrés se comptent par cette règle en ligne directe, tant par le droit civil que par le droit canon ; mais elle n'est suivie en ligne collatérale que par le droit civil.

Suivant le droit canon, en ligne collatérale, il faut deux personnes engendrées pour faire un degré, comme Ferrière l'a expliqué dans sa Traduction des Institutes, sur le §. 1 du *tit.* 10 du *premier livre.*

En France, l'on compte les degrés selon la supputation canonique pour les mariages, et pour les récusations des juges ; mais pour les successions, on suit la manière de compter les degrés établie par le droit civil.

Ainsi la coutume de Paris, en l'*art.* 338, admet l'oncle à la succession du neveu, à l'exclusion du cousin germain, parce que l'oncle est véritablement plus proche, suivant la règle du droit civil, qui veut que chaque personne engendrée fasse un degré.

La prohibition du mariage entre les ascendans et les descendans s'étend jusqu'à l'infini ; et si ces personnes se mariaient ensemble, cet inceste serait puni des plus rigoureux tourmens, savoir du feu. *Voy.* ce qu'a dit Ferrière dans sa Traduction des Institutes, sur le §. 1 du *tit.* des Noces.

Le mariage est aussi défendu jusqu'à l'infini entre les collatéraux, qui se tiennent lieu entr'eux d'ascendans et de descendans..

Pour ce qui est des collatéraux qui n'ont point entr'eux cette ressemblance d'ascendans et de descendans, le mariage est défendu jusqu'au quatrième degré canonique, c'est-à-dire, qu'il est défendu aux petits-fils des cousins germains.

Touchant la prohibition du mariage entre collatéraux, et de ceux à qui le pape peut accorder dispenses de se marier, *Voy.* ce qu'a dit Ferrière sur les *paragraphes* 2, 3, 4 et 5 du *titre* des Noces.

Pour ce qui est des successions qui sont déférées *ab intestat*, à cause de la parenté, *Voy.* ce qu'en a dit Ferrière *lettre* S, *au mot* Succession ; et le Traité qu'il en a fait, qui se trouve au commencement du *quatrième tome* de sa Traduction des Institutes de Justinien.

Droit nouveau.

La proximité de parenté s'établit par le nombre de générations ; chaque génération s'appelle un *degré. Art.* 735 C. *des Successions.*

La suite des degrés forme la ligne : on appelle *ligne directe*, la suite des degrés entre personnes qui descendent l'une de l'autre ; *ligne collatérale*, la suite des degrés entre personnes qui ne descendent pas les unes des autres, mais qui descendent d'un auteur commun. — On distingue la ligne directe, en ligne directe descendante et ligne directe ascendante. — La première est celle qui lie le chef avec ceux qui descendent de lui ; la deuxième est

est celle qui lie une personne avec ceux dont elle descend. *Art.* 736.

En ligne directe , ou compte autant de degrés qu'il y a de générations entre les personnes : ainsi le fils est , à l'égard du père , au premier degré ; le petit-fils , au second ; et réciproquement du père et de l'aïeul à l'égard des fils et petits-fils. *Art.* 737.

En ligne collatérale , les degrés se comptent par les générations , depuis l'un des parens jusques et non compris l'auteur commun , et depuis celui-ci jusqu'à l'autre parent. — Ainsi, deux frères sont au deuxième degré ; l'oncle et le neveu sont au troisième degré ; les cousins germains au quatrième ; ainsi de suite. *Art.* 738.

Les parens au-de là du douzième degré ne succèdent pas. *Art.* 755, *C. des Success. Voy.* le mot Succession.

En ligne directe , le mariage est prohibé entre tous les ascendans et descendans légitimes ou naturels , et les alliés dans la même ligne. *Art.* 161, *C. du mariage.*

En ligne collatérale , le mariage est probibé entre le frère et la sœur légitimes ou naturels, et les alliés au même degré. *Art.* 162.

Le mariage est encore prohibé entre l'oncle et la niéce , la tante et le neveu. *Art.* 163.

Néanmoins le gouvernement peut , pour des causes graves , lever les prohibitions portées au précédent article. *Art.* 164.

Voy. le mot Nullité *et* Opposition en fait de mariage.

En matière de divorce , pour cause déterminée , les parens des parties , à l'exception de leurs enfans et descendans , ne sont pas reprochables du chef de la parenté , non plus que les domestiques des époux , en raison de cette qualité ; mais le tribunal aura tel égard que de raison aux dépositions des parens et des domestiques. *Art.* 251, *C. du Divorce.*

Il est des cas où le concours des parens les plus proches est nécessaire ; sur quoi, *Voy.* l'art. 381, *au mot* Correction des enfans mineurs; *Voy.*

Tome III.

aussi *les mots*, Conseil de famille, Émancipation et Interdiction.

Les parens peuvent requérir l'inscription hypothécaire sur les biens aliénés des tuteurs ou des maris de leurs parens , dans les deux mois d'apposition du contrat de vente de ces mêmes biens, aux termes de l'*art.* 2194, *C. des Privil. et Hypothèques.*

PARTAGE, est la séparation, division et distribution qui se fait d'une chose commune entre plusieurs co-propriétaires , ou d'une succession commune entre cohéritiers.

Par le partage les biens qui étaient auparavant communs se divisent entre tous les copartageans, selon la part et portion que chacun d'eux avait dans les choses communes.

PARTAGE DE SUCCESSION, est celui qui se fait entre cohéritiers, à l'effet que chacun d'eux ait la part et portion des biens de la succession qui lui doit appartenir en sa qualité d'héritier.

Droit ancien.

Ce partage doit être fait devant le juge du lieu où est décédé le défunt.

Le juge pardevant qui se doit faire le partage, renvoie quelquefois les parties pardevant un notaire , pour être procédé au partage. Sur quoi il faut remarquer que par arrêt du parlement de Paris du 17 juillet 1692, rendu à la tournelle civile, il a été jugé ,

« 1.º Que quand un juge renvoie les parties pour faire un partage ou compter devant notaire , il doit nommer le notaire , et ne pas dire pardevant notaire indéfiniment.

» 2.º Que les notaires pardevant qui le renvoi est fait ne peuvent nommer des experts d'office , ni leur faire prêter le serment pour procéder au partage, d'autant que les notaires n'ont point de juridiction contentieuse. »

L'appel était d'une sentence rendue à Poitiers , laquelle fut infirmée en ces deux chefs par l'arrêt que nous venons de citer.

Dans les partages les meubles se règlent suivant la loi du domicile du défunt. Mais à l'égard des immeubles, le partage s'en doit faire entre cohéritiers, conformément aux coutumes des lieux où sont situés les héritages qui sont à partager. Bouguier, *lettre D, nomb.* 16.

De ce principe il s'ensuit que la règle générale qui veut qu'entre filles il n'y ait point de droit d'aînesse, ne doit s'entendre que pour les fiefs qui se trouvent situés dans les coutumes qui n'ont point de disposition contraire.

Ainsi, quand les biens qui sont à partager sont situés en différentes coutumes, dont l'une donne à la fille aînée le droit d'aînesse, sa disposition doit avoir lieu par rapport aux fiefs qui y sont situés, et non par rapport aux autres. La raison est, que les coutumes sont réelles, comme dit Loysel, *liv.* 2, *tit.* 4, *règle* 4.

L'on n'est pas obligé de garder la convention qu'on aurait faite de ne point partager; *quia communio lites et jurgia parit, quibus urbatur pax et concordia civium.* D'ailleurs, comment admettre une société perpétuelle entre des cohéritiers, dont les intérêts peuvent être différens, et qui sont représentés ou par des créanciers, ou par des cessionnaires, ou par d'autres successeurs?

Les successions se doivent partager en l'état qu'elles se trouvent au jour du décès de celui dont les biens se partagent, avec les récompenses du prix des biens propres, s'ils ont changé de nature pendant la minorité, et que le décès soit arrivé avant la majorité. Et à l'égard des dettes payées par le tuteur des revenus du mineur, acquêts et autres biens mobiliers, l'extinction de la dette étant faite, l'on ne peut la faire revivre parce qu'elle ne fait plus partie des dettes ni des charges de la succession; et qu'entre les cohéritiers, il ne peut plus naître de contestation pour raison desdites dettes acquittées, puisque les héritiers, soit des acquêts, soit des propres, n'en peuvent être recherchés, étant tous aux droits de celui dont ils sont héritiers, qui en était libéré; et qu'entr'eux ils n'ont droit que de prendre, chacun à leur égard, la succession en

l'état qu'elle se trouve au jour du décès de celui dont ils sont héritiers, n'ayant aucune action les uns contre les autres pour une dette qui n'était plus, ayant été acquittée, et dont les uns ni les autres ne peuvent jamais être recherchés.

C'est ce qui est en usage dans la coutume de Paris, comme il résulte d'un acte de notoriété de le Camus, du 12 mai 1699.

Il est souvent nécessaire de faire des frais pour liquider une succession commune, et pour parvenir au partage : tous ces frais tombent sur les co-héritiers, à raison de ce que chacun d'eux a droit de prendre en la succession.

Ainsi les dépens faits pour arpenter des bois, à l'effet de parvenir à un partage, doivent être taxés contre les deux parties, quoique l'une le requière, et que l'autre s'y oppose. Papon, *liv.* 1, *tit.* 7, *nomb.* 3.

Celui des co-héritiers qui avance les frais nécessaires pour parvenir à un partage, a droit de s'en faire rembourser par préférence, même au préjudice de l'hypothèque antérieure de la veuve d'un des co-héritiers. Ainsi jugé par arrêt du parlement de Paris du 31 janvier 1792, rapporté par M. Augeard, *tom.* 3, *arrêt* 19.

Dans quelques coutumes, comme en Anjou, c'est l'aîné qui fait les lots, et les cadets qui choisissent : ainsi l'aîné se trouve engagé par ce moyen d'observer l'égalité.

Ailleurs, tant en pays coutumier qu'en pays de droit écrit, les lots se tirent au sort.

L'égalité doit être gardée dans les partages : cependant lorsqu'on a signé un partage en majorité, on n'est plus recevable à proposer l'inégalité, si ce n'est en obtenant des lettres de rescision dans les dix ans, encore faut-il que l'on prouve que l'on a été lésé du tiers au quart.

La loi *In majoribus*, au Code *Communia utriusque judicii*, y est précise; et Mornac rapporte sur cette loi plusieurs arrêts qui ont été rendus conformément à sa disposition.

Voy. ce que j'ai dit ci-dessus, *lett.* L, en parlant de la lésion du tiers au quart. *Voy.* aussi Basset, *tom.* 2, *liv.* 6, *tit.* 1, *chap.* 4; Mornac,

loco citato, et ad Leg. 20, §. *ult. Famil. erciscund.; Papon, liv.* 15, *tit.* 7, *nomb.* 6.

Mais on demande si un partage ayant été fait
par forme de transaction, celui des co-partageans majeurs qui se trouverait lésé, pourrait se
faire restituer contre?

Il faut distinguer, si la transaction est vaie,
et qu'il n'y ait point de fiction, c'est-à-dire qu'il
y ait eu procès entre les co-héritiers, touchant
le partage des biens de la succession, ou quelque
juste sujet d'en faire, alors il n'y a point
de restitution, quelque lésion qu'il y ait
dans la part d'un des co-partageans; parce
qu'en fait de transaction, les majeurs ne peuvent
être restitués pour quelque lésion qu'il y ait de
prix, qui est appelée *dolus in re ipsá.* La raison
est, que tout ce qui est promis, donné, ou remis
par transaction, est censé l'être *ex justâ causâ,
nempe ut à lite discedatur.*

Mais quand les transactions ne sont point
vraies, et n'en ont que le titre, étant des actes
déguisés sous ce nom, et sous un feint prétexte
de procès intenté ou à intenter sans aucun
fondement, le demandeur en lettres de rescision, qui prouvera l'inégalité et la lésion du
tiers au quart contre un tel partage coloré et
déguisé sous le nom de transaction, doit être
admis.

La raison est, que les transactions feintes et
colorées se doivent toujours prendre pour les
actes et contrats, au lieu desquels elles sont sup-
posées, et desquelles elles prennent la place.
*Et sanè transactio fit tantùm de re dubiâ et
lite incertâ adeò ut lites fingi non debeant, ut
hoc colore transactiones fiant : quando enim
nullum est subjectum litis, nullum est transac-
tionis.* Voy. Charondas, *liv.* 6, *rép.* 3; et Boniface, *tom.* 2, *liv.* 1, *tit.* 13, *chap.*

Dans les partages les lots sont garans les
uns des autres, c'est-à-dire qu'en cas d'éviction
de la chose échue en partage à l'un des cohéritiers, les autres en sont tenus pour leur
part et portion. *Leg. Si fratres, Cod. Commun. utriúsque judic.; et Leg. Unus individuum,*

Cod. In quib. caus. ces. long. temp. præscript.
Voy. ci-dessus Garantie de lots.

Il faut remarquer, 1.º qu'en partage de
meubles, ce recours de garantie n'a point lieu.
Brodeau sur Louet, *lettre G, somm.* 25.

2.º Que pour raison de la garantie en fait
d'éviction d'un immeuble échu par le partage
à l'un des cohéritiers, son hypothèque sur
les biens particuliers de ses co-partageans était
autrefois du jour du partage; mais les derniers arrêts ont jugé que c'est du jour de l'addition. Le motif de cette nouvelle jurisprudence est pour éviter les fraudes entre les héritiers, qui pourraient opposer que les biens
partagés ont changé de nature. Dans le Journal du Palais *in-folio* il est dit qu'il a été
rendu un arrêt le 27 juin 1686, qui l'a réglé
ainsi.

Les premiers actes qui se font entre co-héritiers, après la succession ouverte, de quelque
manière qu'ils soient conçus, sont réputés
partages; c'est pourquoi la lésion du tiers au
quart suffit pour y donner atteinte comme
dans les véritables partages : une moindre lésion
même suffit lorsqu'il n'y a pas eu une estimation précédente, parce que tout doit être
fait de bonne foi et avec égalité entre cohéritiers.

Un partage fait par erreur avec une personne que l'on croyait être admise à la succession du défunt, et qui ne l'était pas, est
révocable. Bouvot, *tome* 1, *partie* 2, *au mot*
Fidéjusseur, *question* 1; et *au mot* Partage,
question 2.

Le partage d'une succession produit un effet
rétroactif et déclaratif, et non pas attributif de
propriété; c'est-à-dire que le partage ne donne
rien de nouveau à chaque co-héritier, et ne
sert qu'à déclarer de quelle portion chaque co-
héritier était propriétaire; en sorte qu'il n'est
présumé avoir eu droit que dans les choses qui
lui sont échues, et non dans celles qui sont échues
aux autres co-héritiers.

G *

De ce principe on juge que les créanciers auxquels un co-héritier a obligé sa portion indivise, ne peuvent après le partage exercer leur hypothèque sur tous les immeubles de la succession, et qu'ils ne peuvent s'adresser qu'à ceux qui sont tombés dans son lot, à moins que le partage n'eût été fait en fraude des créanciers.

Droit nouveau.

Nul ne peut être contraint à rester dans l'indivision, et le partage peut être toujours provoqué, nonobstant prohibitions et conventions contraires. — On peut cependant convenir de suspendre le partage pendant un temps limité : cette convention ne peut être obligatoire au-delà de cinq ans; mais elle peut être renouvelée. *Art.* 815, *C. des Successions.*

Le partage peut être demandé, même quand l'un des co-héritiers aurait joui séparément de partie des biens de la succession, s'il n'y a eu un acte de partage, ou possession suffisante pour acquérir la prescription. *Art.* 816.

L'action en partage, à l'égard des co-héritiers mineurs ou interdits, peut être exercée par leurs tuteurs, spécialement autorisés par un conseil de famille. — A l'égard des co-héritiers absens, l'action appartient aux parens envoyés en possession. *Art.* 817.

Le mari peut, sans le concours de sa femme, provoquer le partage des objets meubles ou immeubles à elles échus qui tombent dans la communauté; à l'égard des objets qui ne tombent pas en communauté, le mari ne peut en provoquer le partage sans le concours de sa femme; il peut seulement, s'il a droit de jouir de ces biens, demander un partage provisionnel. — Les co-héritiers de la femme ne peuvent provoquer le partage définitif qu'en mettant en cause le mari et la femme. *Art.* 818.

Si tous les héritiers sont présens et majeurs,

l'apposition de scellés sur les effets de la succession n'est pas nécessaire, et le partage peut être fait dans la forme et par tel acte que les parties intéressées jugent convenables. Si tous les héritiers ne sont pas présens, s'il y a parmi eux des mineurs ou des interdits, le scellé doit être apposé dans le plus bref délai, soit à la requête des héritiers, soit à la diligence du commissaire du gouvernement près le tribunal de première instance, soit d'office par le juge de paix de l'arrondissement duquel la succession est ouverte. *Art.* 819.

Les créanciers peuvent aussi requérir l'apposition des scellés, en vertu d'un titre exécutoire ou d'une permission du juge. *Art.* 820.

Lorsque le scellé a été apposé, tous créanciers peuvent y former opposition, encore qu'ils n'aient ni titre exécutoire ni permission du juge. — Les formalités pour la levée des scellés et la confection de l'inventaire, sont réglées par les lois sur la procédure. *Art.* 821.

L'action en partage, et les contestations qui s'élèvent dans le cours des opérations, sont soumises au tribunal du lieu de l'ouverture de la succession. — C'est devant ce tribunal qu'il est procédé aux licitations, et que doivent être portées les demandes relatives à la garantie des lots entre co-partageans, et celles en rescision du partage. *Art.* 822.

Si l'un des co-héritiers refuse de consentir au partage, ou s'il s'élève des contestations, soit sur le mode d'y procéder, soit sur la manière de le terminer, le tribunal prononce comme en matière sommaire, ou commet, s'il y a lieu, pour les opérations du partage, un des juges, sur le rapport duquel il décide les contestations. *Art.* 823.

L'estimation des immeubles est faite par experts choisis par les parties intéressées, ou, à leur refus, nommés d'office. — Le procès-verbal des experts doit présenter les bases de l'estimation : il doit indiquer si l'objet estimé peut être commodément partagé, de quelle manière; fixer enfin, en cas de division, chacune des parts qu'on peut en former, et leur valeur. *Art.* 824.

L'estimation des meubles, s'il n'y a pas eu de prisée faite dans un inventaire régulier, doit être faite par gens à ce connaissant, à juste prix et sans crue. *Art.* 825.

Chacun des co-héritiers peut demander sa part en nature des meubles et immeubles de la succession ; néanmoins, s'il y a des créanciers saisissans ou opposans, ou si la majorité des co-héritiers juge la vente nécessaire pour l'acquit des dettes et charges de la succession, les meubles sont vendus publiquement en la forme ordinaire. *Art.* 826.

Si les immeubles ne peuvent pas se partager commodément, il doit être procédé à la vente par licitation devant le tribunal. — Cependant les parties, si elles sont toutes majeures, peuvent consentir que la licitation soit faite devant un notaire, sur le choix duquel elles s'accordent. *Art.* 827.

Après que les meubles et immeubles ont été estimés et vendus, s'il y a lieu, le juge commissaire renvoie les parties devant un notaire dont elles conviennent, ou nommé d'office si les parties ne s'accordent pas sur le choix. — On procède devant cet officier aux comptes que les co-partageans peuvent se devoir, à la formation de la masse générale, à la composition des lots, et aux fournissemens à faire à chacun des co-partageans. *Art.* 828.

Chaque co-héritier fait rapport à la masse, suivant les règles qui seront ci-après établies, des dons qui lui ont été faits, et des sommes dont il est débiteur. *Art.* 829.

Si le rapport n'est pas fait en nature, les co-héritiers à qui il est dû, prélèvent une portion égale sur la masse de la succession. — Les prélèvemens se font, autant que possible, en objets de même nature, qualité et bonté que les

objets non rapportés en nature. *Art.* 830.

Après ces prélèvemens, il est procédé, sur ce qui reste dans la masse, à la composition d'autant de lots égaux qu'il y a d'héritiers co-partageans, ou de souches co-partageantes. *Art.* 831.

Dans la formation et composition des lots, on doit éviter, autant que possible, de morceler les héritages et de diviser les exploitations ; et il convient de faire entrer dans chaque lot, s'il se peut, la même quantité de meubles, d'immeubles, de droits ou de créances de même nature et valeur. *Art.* 832.

L'inégalité des lots en nature se compense par un retour, soit en rente, soit en argent. *Art.* 833.

Les lots sont faits par l'un des co-héritiers, s'ils peuvent convenir entr'eux sur le choix, et si celui qu'ils avaient choisi accepte la commission : dans le cas contraire, les lots sont faits par un expert que le juge commissaire désigne. — Ils sont ensuite tirés au sort. *Art.* 834.

Avant de procéder au tirage des lots, chaque co-partageant est admis à proposer ses réclamations contre leur formation. *Art.* 835.

Les règles établies pour la division des masses à partager, sont également observées dans la subdivision à faire entre les souches co-partageantes. *Art.* 836.

Si, dans les opérations renvoyées devant un notaire, il s'élève des contestations, le notaire dressera procès-verbal des difficultés et des dires respectifs des parties, les renverra devant le commissaire nommé pour le partage ; et au surplus, il sera procédé suivant les formes prescrites par les lois sur la procédure. *Art.* 837.

Si tous les co-héritiers ne sont pas présens, ou s'il y a parmi eux des interdits ou des mineurs, même émancipés, le partage doit être fait en justice, conformément aux règles prescrites par les *articles* 819 et suivans, jusques et compris l'article précédent. S'il y a plusieurs mineurs qui aient des intérêts opposés dans le partage , il doit leur être donné à chacun un tuteur spécial et particulier. *Art.* 838.

S'il y a lieu à licitation, dans le cas du précédent article , elle ne peut être faite qu'en justice , avec les formalités prescrites pour l'aliénation des biens des mineurs. Les étrangers y sont toujours admis. *Art.* 839.

Les partages faits conformément aux règles ci-dessus prescrites , soit par les tuteurs, avec l'autorisation d'un conseil de famille , soit par les mineurs émancipés , assistés de leurs curateurs , soit au nom des absens ou non présens , sont définitifs ; ils ne sont que provisionnels , si les règles prescrites n'ont pas été observées. *Art.* 840.

Toute personne , même parente du défunt , qui n'est pas son successible , et à laquelle un co-héritier aurait cédé son droit à la succession , peut être écartée du partage , soit par tous les co-héritiers , soit par un seul , en lui remboursant le prix de la cession. *Art.* 841.

Après le partage , remise doit être faite à chacun des co-partageans , des titres particuliers aux objets qui lui seront échus. — Les titres d'une propriété divisée restent à celui qui a la plus grande part , à la charge d'en aider ceux de ses co-partageans qui y auront intérêt, quand il en sera requis. — Les titres communs à toute l'hérédité sont remis à celui que tous les héritiers ont choisi pour en être le dépositaire , à la charge d'en aider les co-partageans , à toute réquisition. S'il y a difficulté sur ce choix , il est réglé par le juge. *Art.* 842.

Sect. 4. *Des effets du partage , et de la garantie des lots.*

Chaque co-héritier est censé avoir succédé seul et immédiatement à tous les effets compris dans son lot , ou à lui échus sur licitation , et n'avoir jamais eu la propriété des autres effets de la succession. *Art.* 883.

Les co-héritiers demeurent respectivement garans les uns envers les autres des troubles et évictions seulement qui procèdent d'une cause antérieure au partage. — La garantie n'a pas lieu si l'espèce d'éviction soufferte a été exceptée par une clause particulière et expresse de l'acte de partage ; elle cesse, si c'est par sa faute que le co-héritier souffre l'éviction. *Art.* 884.

Chacun des co-héritiers est personnellement obligé , en proportion de sa part héréditaire , d'indemniser son co-héritier de la perte que lui a causée cette éviction. — Si l'un des co-héritiers se trouve insolvable , la portion dont il est tenu doit être également répartie entre le garanti et tous les co-héritiers solvables. *Art.* 885.

La garantie de la solvabilité du débiteur d'une rente ne peut être exercée que dans les cinq ans qui suivent le partage. Il n'y a pas lieu à garantie à raison de l'insolvabilité du débiteur , quand elle n'est survenue que depuis le partage consommé. *Art.* 886.

Sect. 5. *De la Rescision en matière de partage.*

Les partages peuvent être rescindés pour cause de violence ou de dol. — Il peut aussi y avoir lieu à rescision , lorsqu'un des co-héritiers établit à son préjudice une lésion de plus du quart. La simple omission d'un objet de la succession ne donne pas ouverture à l'action en rescision , mais seulement à un supplément à l'acte de partage. *Art.* 887.

L'action en rescision est admise contre tout acte qui a pour objet de faire cesser l'indivision entre co-héritiers , encore qu'il fût qualifié de vente , d'échange et de transaction, ou de toute autre manière. — Mais après le partage , ou l'acte qui en tient lieu , l'action en rescision n'est plus admissible contre la transaction faite sur les difficultés réelles que présentait le premier acte , même quand il n'y aurait pas eu à ce sujet de procès commencé. *Art.* 888.

L'action n'est pas admise contre une vente

de droits successifs faite sans fraude à l'un des co-héritiers, à ses risques et périls, par ses autres co-héritiers, ou par l'un deux. *Art.* 889.

Pour juger s'il y a eu lésion, on estime les objets suivant leur valeur à l'époque du partage. *Art.* 890.

Le défendeur à la demande en rescision peut en arrêter le cours et empêcher un nouveau partage, en offrant et en fournissant au demandeur le supplément de sa portion héréditaire, soit en numéraire, soit en nature. *Art.* 891.

Le co-héritier qui a aliéné son lot en tout ou partie, n'est plus recevable à intenter l'action en rescision pour dol ou violence, si l'aliénation qu'il a faite est postérieure à la découverte du dol ou à la cessation de la violence. *Art.* 892.

PARTAGES FAITS PAR LES PÈRES ET MÈRES DE LEUR VIVANT ENTRE LEURS ENFANS.

Droit ancien.

Ces partages sont si favorablement reçus, qu'ils sont dispensés des formalités, règles et maximes ordinaires.

Si l'acte est fait dans une forme qui justifie que la volonté du testateur est certaine et constante, ce partage qui n'est autre chose qu'un testament, doit donc avoir son exécution, et ne peut être débattu, quoique ses dispositions ne soient pas absolument égales, et que quelques-unes des enfans soient plus avantagés que les autres. Mornac *ad Leg.* 10, *Cod. Famil. ercisc.* Brodeau sur Louet, *lettre* P, *sommaire* 23.

Divisio testamentaria à parentibus inter liberos quocumque modo facta, valet, dummodo de voluntate testatoris constet; quia parentibus arbitrium dividendæ hœreditatis inter liberos adimendum non est; siquidem præsumptio propter naturalem affectum facit, omnia parentibus videri concessa.

Mais il faut pour cela, que quand un père ou une mère avantage par un tel partage un de ses enfans, que la légitime des autres n'en reçoive aucune atteinte; parce que cette por-

tion des biens des pères et mères est due aux enfans par le droit naturel, qui veut que ceux à qui nous avons donné l'être, reçoivent de nous de quoi vivre. Ainsi les enfans à qui le père auroit par un tel partage laissé moins que leur légitime, sont en droit d'en demander le supplément. Papon, *livre* 15, *titre* 7, *nombre* 8 ; Boniface, *tome* 2, *livre* 1, *titre* 13, *chapitre* 2.

Un père qui aurait des fiefs et des rotures, ne pourrait pas non plus rien faire, par le partage qu'il ferait entre ses enfans, qui intéressât le droit d'aînesse : en sorte que si le père qui avait des fiefs et des rotures, avait de son vivant fait un partage égal de tous ses biens entre tous ses enfans, sans aucune réserve du droit d'aînesse en faveur de l'aîné, cet aîné serait toujours en droit de le demander, nonobstant un tel partage.

Cela est si vrai, que quoique tous les enfans, y compris l'aîné, eussent accepté un tel partage du vivant de leur père, rien n'empêcherait l'aîné de demander après le décès de son père son droit d'aînesse ; de sorte que l'acceptation qu'il aurait faite de ce partage, ne pourrait en aucune manière préjudicier à son droit. *Voy.* Mornac en son *Recueil d'Arrêts*, *page* 1, *nombre* 83.

La raison est, qu'un droit accordé par la coutume, ne peut pas être ôté par la volonté des père et mère. Et pour ce qui regarde l'acceptation faite par l'aîné du partage égal fait par le père entre tous ses enfans, le fils aîné qui l'a signé, n'est pas censé avoir par-là renoncé à un droit que la loi lui donne ; mais il est censé avoir seulement voulu donner à son père des marques d'une soumission aveugle, qui ne doit lui porter aucun préjudice.

Le père ne peut pas non plus, par le partage qu'il fait entre ses enfans, déroger à la promesse qu'il aurait faite à un d'eux, de lui donner dans ses biens une part égale à celle des autres. Ainsi, par arrêt rendu au parlement de Tournay le 24 décembre 1699, rapporté par

Pinault, *tome* 2, *arrêt* 277, il a été jugé qu'un père, qui avait promis par transaction à un de ses enfans de lui laisser part égale dans ses biens pour quelque cause, n'avait pas pu par d'autres dispositions le priver de l'effet de ses promesses.

Comme une disposition faite par le père entre ses enfans par forme de partage, est une espèce de testament, elle ne peut passer que pour une disposition de dernière volonté; c'est pourquoi elle peut être révoquée, si celui qui a fait un tel partage le juge à propos. *Iste actus magis est ultimæ voluntatis, utpote ambulatorius et revocabilis.* Bouvot, *tome* 1, *au mot.* Disposition.

Il faudrait cependant dire le contraire, si le partage avait été fait dans un contrat de mariage; car alors il serait irrévocable. Taisand sur la Coutume de Bourgogne, *titre* 7, *article* 8, *note* 4.

Droit nouveau.

Les père et mère et autres ascendans peuvent faire, entre leurs enfans et descendans la distribution et le partage de leurs biens. *Art.* 1075, *C. des Donat. et Test.*

Ces partages peuvent être faits par actes entre-vifs ou testamentaires, avec les mêmes formalités, conditions et règles prescrites pour les donations entre-vifs ou testamens. Les partages faits par actes entre-vifs ne peuvent avoir pour objet que les biens présens. *Art.* 1076.

Si tous les biens que l'ascendant laisse au jour de son décès n'ont pas été compris dans le partage, ceux de ces biens qui n'y ont pas été compris doivent être partagés conformément à la loi. *Art.* 1077.

Si le partage n'est pas fait entre tous les enfans qui existent à l'époque du décès et les descendans de ceux prédécédés, le partage est nul pour le tout. Il en peut être provoqué un nouveau dans la forme légale, soit par les enfans ou descendans qui n'y ont reçu aucune

part, soit même par ceux entre qui le partage a été fait. *Art.* 1078.

Le partage fait par l'ascendant peut être attaqué pour cause de lésion de plus du quart : il peut l'être aussi dans le cas où il résulterait du partage et des dispositions faites par préciput, que l'un des co-partagés a un avantage plus grand que la loi ne le permet. *Art.* 1079.

L'enfant qui, pour une des causes exprimées en l'*art.* précédent, attaque le partage fait par l'ascendant, doit faire l'avance des frais de l'estimation; et il les supporte en définitif, ainsi que les dépens de la contestation, si la réclamation n'est pas fondée. *Art.* 1080.

PARTAGE FAIT AVEC UN MINEUR.

Droit ancien.

Un tel partage est regardé par Lebrun en son Traité des Successions, et par plusieurs autres de nos auteurs, comme provisionnel.

Cependant il semble aujourd'hui qu'on s'écarte au palais de cette opinion, sur le fondement, qu'étant certain dans le droit que l'on peut contracter avec les mineurs, sauf à eux à se faire restituer lorsqu'ils sont lésés, il s'ensuit que lorsqu'il n'y a point de lésion, le partage doit subsister définitivement, et de la même manière que s'il avait été fait avec un majeur.

Au reste il est certain qu'un mineur ne peut pas être partie dans un partage, sans être assisté d'un curateur.

Droit intermédiaire.

Loi du 17 *nivose an* 2. — « *Art.* 53. Tous les partages qui seront faits en exécution de la présente loi seront définitifs : s'il y a un mineur, son tuteur, d'après l'avis d'un conseil de famille, composé de quatre parens ou amis non co-intéressés dans le partage, y stipulera pour lui, sans qu'il soit besoin de ratification de sa part. — Il répondra personnellement des fautes qu'il pourrait commettre par dol ou par fraude. »

Voy.

Voy. les mots Mineur, Action en partage *et* Succession.

Droit nouveau.

L'autorisation du conseil de famille sera nécessaire au tuteur pour provoquer un partage ; mais il pourra, sans cette autorisation, répondre à une demande en partage dirigée contre le mineur. *Art.* 465, *C. de la Minorité.*

Pour obtenir à l'égard du mineur tout l'effet qu'il aurait entre majeurs, le partage devra être fait en justice, et précédé d'une estimation faite par experts nommés par le tribunal civil du lieu de l'ouverture de la succession. — Les experts, après avoir prêté devant le président du même tribunal, ou autre juge par lui délégué, le serment de bien et fidèlement remplir leur mission, procéderont à la division des héritages et à la formation des lots, qui seront tirés au sort, et en présence soit d'un membre du tribunal, soit d'un notaire par lui commis, lequel fera la délivrance des lots. — Tout autre partage ne sera considéré que comme provisionnel. *Art.* 466.

PARTAGE DES BIENS D'UN ABSENT.

Droit ancien.

Ce partage ne peut être que provisionnel, parce que l'absent peut dans la suite revenir et rentrer dans ses biens.

On ne peut même procéder à un tel partage, qu'après dix ans d'absence, en baillant caution ; et s'il ne revient point dans l'espace de trente ans, à compter du jour de son absence, ses présomptifs héritiers peuvent procéder à un partage définitif de ses biens, et sont déchargés de donner caution pour raison de ce partage, comme je l'ai dit *au mot* Absent.

La coutume d'Anjou, *art.* 269, celle du Maine, *art.* 287, ne désirent que sept ans continuels d'absence, pour procéder à un partage provisionnel ; celle de Hainault que trois ans, mais le parlement de Paris juge qu'il faut dix ans dans les coutumes muettes.

On demande si ceux qui étaient les plus proches au commencement de l'absence, conservent toujours leur droit, lorsqu'à l'échéance de dix ans il ne se trouve plus les plus proches ?

Par arrêt du 2 juillet 1715, rendu en la première chambre des enquêtes du parlement de Bordeaux, après le partage vuidé en la seconde, il a été jugé que ceux qui étaient les plus proches au commencement de l'absence, n'ont aucun droit dans les biens de l'absent lorsqu'ils ne se trouvent plus les plus proches lors de l'échéance de dix ans.

La raison qu'on peut rendre de cette décision, est que la succession de l'absent commence à être, pour ainsi dire, ouverte après les dix ans d'absence, et non auparavant ; ainsi, comme il n'est réputé mort qu'après ce laps de temps, ce doit être l'époque où l'on doit avoir égard à la proximité de ceux qui lui doivent succéder. *V.* La Peyrère, édition de 1717, *pag.* 248, le Brun en son Traité des Successions, *chap.* 150.

Quoiqu'il en soit, je ne sais si cette raison est péremptoire et si cet arrêt doit sur ce point fixer la jurisprudence : car lorsqu'un homme est absent, on ne procède à la vérité au partage provisionnel de ses biens, qu'après dix ans, mais ce n'est qu'en sa faveur, et dans l'espérance de son retour ; c'est pourquoi lorsqu'après dix ans d'absence on n'en a point de nouvelles, rien n'empêche qu'on ne le présume mort dès l'instant qu'il a disparu.

En effet, un homme qui a disparu peut être comparé à un homme pris captif par les ennemis : or un captif qui ne revient point, est censé mort du moment de sa captivité ; *Leg. Si filius familias, ff. de test. mil.* Il en doit être de même de celui qui s'est absenté et dont on n'a point de nouvelles.

C'est aussi ce que décide M. le premier président de Lamoignon dans ses arrêts, en ces termes : *L'absent est réputé mort du jour qu'il n'a point paru, et de la dernière nouvelle qui a été reçue de lui.* Ainsi, quoique

le Brun, en son Traité des Successions, *chap.*
150, soit d'un sentiment contraire, cette dernière opinion me paraît très-juste : car l'absent est réputé mort par fiction : or les fictions
ont toujours un effet rétroactif.

Au reste, ceux à qui l'on donne la possession
des biens d'un absent, ont droit d'intenter
toutes les actions rescindentes ou rescisoires
qui lui sont compétentes ; ainsi ils peuvent obliger le tuteur ou le procureur de l'absent de rendre
compte de leur gestion, et de leur payer le
reliquat, en donnant caution de les faire décharger par l'absent, en cas de retour.

Voy. ce qui est dit au sujet du partage des
biens d'un absent entre ses héritiers présomptifs,
dans le Recueil alphabétique de Bretonnier,
au mot Absent, où sont traitées plusieurs questions qui concernent cette matière.

Droit nouveau.

Le Code civil fait la distinction des présumés absens et des absens. Quant aux *présumés absens*, c'est-à-dire, ceux dont l'absence
n'a pas été déclarée par jugement, ils doivent
être représentés dans les partages où ils sont
intéressés par un notaire commis à cet effet
par le tribunal à la requête d'une des parties.
Art. 113. *C. des Absens.*

Mais lorsque l'absence est déclarée, l'existence
de l'absent est douteuse, et par conséquent ses
droits au partage incertains. Personne ne peut
donc exercer ses droits en son nom en matière
de partage de succession, dans laquelle il aurait
des droits s'il était présent ; mais il est, au contraire, censé mort, et ses héritiers présomptifs qui
se sont fait envoyer en possession viennent alors
au partage par représentation. Ce qui est une
suite des *art.* 135 et 136, et le vœu de l'*art.* 817
au *C. des Absens* et *des Success.*

Mais dans ce cas le partage ne peut se
faire qu'en justice ; car l'absent pouvant repa-
raître et répéter ses droits, il importe que ses
intérêts ne soient pas négligés dans le partage,
afin qu'il ne puisse revenir contre ce même
partage lors de son retour ; la loi qui veille

toujours sur les intérêts de ceux que leur âge
ou leur éloignement empêchent d'en prendre
soin, établit donc que le partage dans lequel
un absent est intéressé doit être fait en justice,
qu'alors il est *définitif.* Mais que si, au contraire, cette formalité a été omise, le partage
n'est que *provisionnel* ; de sorte que l'absent
à son retour peut faire procéder à un nouveau
partage.

Il faut observer que le mot partage *définitif*
dont se sert la loi n'est relatif qu'aux droits de
l'absent sur la succession, c'est-à-dire que l'absent à son retour ne peut attaquer ce partage ;
mais il ne signifie pas que les héritiers présomptifs sont *définitivement* propriétaires du
lot qui leur est échu comme représentant l'absent. Celui-ci a toujours le droit à son retour
en vertu de l'*art.* 137 du Code et de l'équité,
de répéter auprès de ceux qui l'ont représenté
dans le partage le lot qui leur est échu ; mais
il ne peut réclamer que ce lot et non demander
un nouveau partage.

Voy. ci-dessus *au mot* Partage les *art.* 838,
839 et 840 du *Code des Success.*

Tout ce que nous venons de dire n'a trait
qu'aux partages, non des biens d'un absent, mais
au contraire des successions dans lesquelles les
absens sont intéressés : quant au partage *des
biens d'un absent, V.* ce que j'en ai dit *au mot*
Absent, p. 14 du tome 1.er de ce Dictionnaire.

PARTAGE DE COMMUNAUTÉ, est celui
qui se fait des effets de la communauté entre le
survivant des conjoints, et les héritiers du prédécédé.

Droit ancien.

Pour donner lieu à ce partage, quatre conditions sont requises. La première, que la communauté ait été établie, soit par contrat de
mariage, ou *in vim consuetudinis* ; autrement
tous les biens acquis par le mari pendant
le mariage, lui appartiennent ou à ses héritiers.

La deuxième, que la femme ou ses héritiers
acceptent la communauté ; car en y renonçant ;

tous les biens d'icelle appartiennent au mari ou à ses héritiers.

La troisième, que la femme ne s'en soit pas rendue indigne ; comme il arrive quand elle en est privée par jugement pour crime d'adultère dont elle serait convaincue, ou pour avoir quitté son mari par légéreté et sans cause légitime.

La quatrième, qu'il n'y ait point de convention contraire portée dans le contrat de mariage ; comme s'il était dit, qu'avenant le décès du mari sans enfans, tous les biens de la communauté appartiendront à la femme ; le cas arrivant, les héritiers du mari en sont exclus.

Lorsque toutes ces conditions requises pour donner lieu au partage de la communauté concourent, elle se doit partager en l'état qu'elle se trouve lors de la dissolution d'icelle.

Voici comme on y procède. On fait une masse de tous les meubles qui se trouvent alors, et de tous les effets mobiliers, de tous les conquêts immeubles, et de tout ce qui a dû entrer en la communauté, suivant les stipulations accordées par le contrat de mariage.

Cela fait, les biens de la communauté se divisent, en sorte que la moitié appartient au survivant des conjoints, et l'autre aux héritiers du prédécédé ; et le survivant et les héritiers du prédécédé reprennent chacun leurs propres en nature, sans confusion ni division.

Si pendant que ladite société a duré, il y a eu des immeubles propres de part et d'autre vendus, ou quelques rentes rachetées ; comme la communauté en a été augmentée, celui à qui appartenait la rente ou l'héritage, en reprend le prix sur la masse ; ou si l'on en rend compte, le rendant se charge en recette de la moitié de la somme.

Il en est de même quand l'un des conjoints devait une rente constituée devant le mariage; si cette rente est rachetée des deniers de la communauté, celui qui la devait, doit une récompense de la moitié, aussi bien que lorsque l'on a fait des augmentations sur les héritages qui lui sont propres : comme les propres n'entrent point dans la communauté, le propriétaire des héritages propres dans lesquels on fait des augmentations, doit récompense pour moitié de la valeur desdites augmentations.

Droit nouveau.

Les époux ou leurs héritiers rapportent à la masse des biens existans tout ce dont ils sont débiteurs envers la communauté, à titre de récompense ou d'indemnité, d'après les règles ci-dessus prescrites, à la section 11 de la première partie du présent chapitre. *Art.* 1468. *V.* le mot Communauté *et* Dette de communauté.

Chaque époux ou son héritier rapporte également les sommes qui ont été tirées de la communauté, ou la valeur des biens que l'époux y a pris pour doter un enfant d'un autre lit, ou pour doter personnellement l'enfant commun. *Art.* 1469.

Sur la masse des biens, chaque époux ou son héritier prélève, --- 1º. Ses biens personnels qui ne sont point entrés en communauté, s'ils existent en nature, ou ceux qui ont été acquis en remploi ; ---2.º Le prix de ses immeubles qui ont été aliénés pendant la communauté, et dont il n'a point été fait remploi ; -- 3.º Les indemnités qui lui sont dues par la communauté. *Art.* 1470.

Les prélèvemens de la femme s'exercent avant ceux du mari. -- Ils s'exercent, pour les biens qui n'existent plus en nature, d'abord sur l'argent comptant, ensuite sur le mobilier, et subsidiairement sur les immeubles de la communauté : dans ce dernier cas, le choix des immeubles est déféré à la femme et à ses héritiers. *Art.* 1471.

Le mari ne peut exercer ses reprises que sur les biens de la communauté. --- La femme et ses héritiers, en cas d'insuffisance de la communauté, exercent leurs reprises sur les biens personnels du mari. *Art.* 1472.

Les remplois et récompenses dus par la communauté aux époux, et les récompenses et indemnités par eux dues à la communauté, em-

7 *

portent les intérêts de plein droit du jour de la dissolution de la communauté. *Art.* 1473.

Après que tous les prélèvemens des deux époux ont été exécutés sur la masse, le surplus se partage par moitié entre les époux ou ceux qui les représentent. *Art.* 1474.

Si les héritiers de la femme sont divisés, en sorte que l'un ait accepté la communauté à laquelle l'autre a renoncé, celui qui a accepté ne peut prendre que sa portion virile et héréditaire dans les biens qui échoient au lot de la femme. — Le surplus reste au mari, qui demeure chargé, envers l'héritier renonçant, des droits que la femme aurait pu exercer en cas de renonciation, mais jusqu'à concurrence seulement de la portion virile héréditaire du renonçant. *Art.* 1475.

Au surplus, le partage de la communauté pour tout ce qui concerne ses formes, la licitation des immeubles quand il y a lieu, les effets du partage, la garantie qui en résulte, et les soultes, est soumis à toutes les règles qui sont établies au *titre des Successions* pour les partages entre co-héritiers. *Art.* 1476.

Celui des époux qui aurait diverti ou recélé quelques effets de la communauté, est privé de sa portion dans lesdits effets. *Art.* 1477.

Après le partage consommé, si l'un des deux époux est créancier personnel de l'autre, comme lorsque le prix de son bien a été employé à payer une dette personnelle de l'autre époux, ou pour toute autre cause, il exerce sa créance sur la part qui est échue à celui-ci dans la communauté, ou sur ses biens personnels. *Art.* 1478.

Les créances personnelles que les époux ont à exercer l'un contre l'autre ne portent intérêt que du jour de la demande en justice. *Art.* 1479.

Les donations que l'un des époux a pu faire à l'autre ne s'exécutent que sur la part du donateur dans la communauté, et sur ses biens personnels. *Art.* 1480. *V.*, au reste, *les mots* Communauté, Acquêt, Ameublissement et Succession.

PATERNA paternis, *materna maternis*. Suivant le droit romain, qui ne reconnaît point de propres, c'est toujours le plus proche parent du défunt qui est appelé à sa succession, tant pour les immmeubles sans aucune distinction, que pour les effets mobiliers. C'est ce qui se pratique dans le pays du droit écrit.

Mais dans la France coutumière, il n'en est pas de même à l'égard des immeubles qui sont *propres paternels* ou *maternels*; car pour être admis à la succession des propres du défunt, il faut lui être parent du côté paternel ou maternel, suivant que lui sont avenus les héritages qui lui sont propres.

C'est ce que nous marque cette règle, *Paterna paternis*, *materna maternis*, qui s'est introduite dans les coutumes de France, afin que les biens soient conservés dans les familles desquelles ils proviennent.

Cette règle est très-ancienne; quelques-uns la prétendent plus ancienne que la monarchie. Imbert, dans son Enchiridion, dit qu'elle a été de tout temps observée dans le royaume.

Voici ce qu'en dit Dumoulin sur l'*art.* 24 de la Coutume de Sens, *et consil.* 7, *num.* 48. *Prædicta consuetudo quòd hæredia antiqua sint affecta lineæ seu gentilitati, fuit originalis Francorum et Burgundiorum; et per constitutionem Caroli magni, primi Franciæ imperatoris, prorogata fuit etiam ad Saxones, ut testatur Baldus, consil.* 174, *lib.* 15: *et dixi in Tract. contrà abus. in præm. num.* 2.

Comme cette règle n'est pas conforme aux lois romaines, qui défèrent les successions au plus proche parent du défunt, sans distinction de côté et ligne, elle n'a pas été reçue en pays de droit écrit, comme nous l'avons remarqué ci-dessus.

Mais quoiqu'elle ait été admise dans la plupart de nos coutumes, elle y a été reçue bien différemment; de sorte qu'il faut admettre plusieurs sortes de coutumes touchant la succession des propres, comme nous le ferons voir après.

avoir donné une idée générale de ce que cette règle contient.

Cette règle du droit coutumier veut que dans la succession de celui qui ne laisse que des héritiers collatéraux, les propres appartiennent à ceux du côté duquel ils sont échus au défunt, sans avoir aucun égard à la prérogative de degrés, qui se pourrait trouver dans un parent d'un autre côté que celui d'où les héritages sont venus au défunt.

Ces propres appartiennent donc aux plus proches parens du défunt, du côté et ligne d'où ces propres lui étaient venus, quoique plus éloignés en degré que d'autres parens du défunt de l'autre ligne. Ainsi jugé par arrêt du 18 septembre 1579, rapporté par le Vest, *arrêt* 292.

Par exemple, Titius laisse pour héritiers un frère consanguin et un frère utérin; ces deux frères doivent partager entr'eux les meubles et les acquêts par portions égales; mais pour ce qui est des propres, suivant notre règle, le frère consanguin succède seul aux propres paternels du défunt, parce qu'il est seul son frère de père; et il partage ses propres maternels avec le frère utérin, comme étant tous deux enfans d'une même mère.

Mais posons que Titius ait laissé un frère utérin, et un cousin issu de germain, pour plus proche parent du côté paternel, et qu'il y ait dans la succession deux héritages, dont l'un lui soit échu du côté maternel, et l'autre du côté paternel; en ce cas le frère utérin succédera dans l'héritage maternel, et le cousin issu de germain dans l'héritage paternel, quoiqu'il soit plus éloigné de degré que le frère utérin.

Avant que d'entrer dans ce qui concerne les différentes manières dont cette règle a été reçue par diverses coutumes, il faut observer :

1.º Que cette règle est inutile, par rapport à la ligne directe, attendu qu'elle ne peut pas y avoir lieu, puisque les descendans succèdent indistinctement à tous les biens de leurs ascendans, soit propres, acquêts ou meubles, à l'exclusion de tous autres héritiers : d'où il s'ensuit que

cette règle ne peut avoir son effet que quand il s'agit des biens d'une personne qui est décédée sans hoirs.

2.º Que cette règle a lieu en ligne collatérale à l'infini. *Hæc regula* Paterna paternis, materna maternis, *in lineâ collaterali procedit, in eâque locum habet in infinitum. Voy.* Charondas, *liv.* 3, *rép.* 18, *et liv.* 13, *rép.* 77.

Pour bien entendre à qui les propres d'un défunt appartiennent en pays coutumier, il ne suffit pas de savoir en général la règle *Paterna paternis, materna maternis;* il faut distinguer trois sortes de coutumes pour connaître les différentes manières dont cette règle a été reçue en pays coutumiers, et les différents effets qu'elle y produit.

La première est de celles qui admettent simplement la règle *Paterna paternis, materna maternis,* sans avoir égard à la souche ni à la ligne d'où les héritages sont parvenus au défunt.

Telles sont les coutumes de Chartres, *art.* 44, et de Normandie, *art.* 244.

Dans ces coutumes, pour succéder aux propres, il n'est pas nécessaire de remonter au premier acquéreur de l'héritage; il suffit d'être le plus proche parent du côté d'où est échu l'héritage au défunt, quoiqu'on ne le soit pas de l'acquéreur.

Par exemple, mon bisaïeul paternel a acquis une maison avant son mariage; elle a passé par succession à mon aïeul, ensuite à mon père, et enfin à moi : si un descendant du frère de ma bisaïeule se trouve mon plus proche parent au jour de mon décès, il me succédera dans cette maison, quoique je laisse des parens qui soient de l'estoc et ligne de mon bisaïeul acquéreur, s'ils me sont parens que dans un degré plus éloigné.

La raison est, que dans ces coutumes il suffit d'être le plus proche parent paternel au défunt, pour lui succéder dans un propre qui lui est échu du côté paternel.

Il faut dire aussi que quoique mon aïeule

paternelle ne soit pas descendante de mon bisaïeul acquéreur de l'héritage, et par conséquent que les descendans d'icelle ne soient pas
de l'estoc et ligne de mon bisaïeul ; néanmoins
ces descendans de mon aïeule paternelle succé-
deraient à cet héritage, s'ils étaient mes plus
proches parens du côté de mon père, et seraient
préférés à ceux qui me seraient parens du côté
de mon bisaïeul acquéreur, s'ils étaient plus
éloignés.

La seconde est de celles qui n'admettent
pas seulement la règle *Paterna paternis, etc.*,
mais qui veulent encore que pour succéder aux
propres, on soit du tronc commun, c'est-à-
dire, que l'on soit descendu en ligne directe
de l'acquéreur ; faute de quoi on n'y succède
point comme à un propre, mais il appartient
au plus proche parent, comme si c'était un
acquêt.

Telle est la coutume de Mantes, et quelques
autres que l'on appelle souchères, à cause que
pour succéder à un héritage propre, il faut
que cet héritage ait appartenu à celui qui a fait
le tronc commun et ancien entre le défunt et
celui qui vient lui succéder audit héritage.

Par exemple, si j'ai succédé à mon père à
une maison qu'il aurait achetée, et que je meure
sans enfans, laissant un oncle paternel, un cousin
paternel, et un frère utérin ; dans la coutume de
Paris, l'oncle serait préféré comme plus proche
parent paternel, et le frère utérin serait exclus,
n'étant pas du côté paternel, duquel m'est
venue cette maison, et qui a été en ma personne propre naissant paternel.

Mais dans les coutumes souchères, le frère
utérin serait préféré, parce que cette maison
n'a pas appartenu à celui qui a fait le tronc
commun et ancien entre moi, mon oncle ou
mon cousin germain paternel. Il faudrait pour
cet effet qu'elle eût appartenu à mon aïeul ;
de sorte que dans ce cas on ne peut pas y
succéder comme à un propre : c'est pourquoi
le frère utérin y succède comme plus proche
parent.

La troisième est de celles qui admettent la
règle *Paterna paternis*, et qui veulent que pour
succéder à un propre, on soit parent du défunt du côté et ligne du premier acquéreur
de l'héritage, sans néanmoins qu'il soit nécessaire pour y succéder que l'on soit descendu
en ligne directe de l'acquéreur, c'est-à-dire,
de celui qui a acquis le premier l'héritage, et
qui l'a mis le premier dans la famille.

Telle est la coutume de Paris, et la plus
grande partie de nos autres coutumes.

Ces coutumes gardent un milieu entre les
coutumes souchères, et celles qui appellent
à la succession des propres le plus proche parent du défunt du côté paternel ou maternel,
sans avoir égard s'il est le plus proche parent
du défunt du côté et ligne du premier acquéreur de l'héritage.

En effet, il n'est pas requis dans la coutume
de Paris, et dans les autres qui ont une disposition semblable, d'être descendu de l'acquéreur de l'héritage pour y succéder : il ne suffit pas aussi d'être le plus proche parent du
côté paternel ou maternel ; il faut encore être
parent du défunt et son plus proche du côté
et ligne de l'acquéreur de l'héritage.

Mais on demande si l'on doit suppléer cette
règle *Paterna paternis, materna maternis*,
dans les coutumes qui n'en font aucune mention ?

Papon, *liv.* 21, *tit.* 1, *nomb.* 9, dit qu'en
ligne collatérale, celui qui est le plus proche
en degré, hors les termes de *représentation*,
doit succéder pour le tout au défunt ; et que
la règle *Paterna paternis, materna maternis*,
n'a point lieu, si ce n'est dans les coutumes
qui en ont une disposition précise, attendu que
cette règle est contre le droit commun.

Il fait mention d'un arrêt du parlement de
Paris qui l'a jugé ainsi. Il ne date point cet
arrêt ; mais il dit qu'il est rapporté par du Luc,
au titre des Hérédités *ab intestat, arrêt* 3,
livre 8. Ce dernier auteur ne le date pas non

plus ; il en rapporte seulement le prononcé, et dit qu'il a été rendu, *consultis classibus ; quod eâ re ad exemplum sœpius revocatum iri videretur.*

Si ce qu'avancent ces auteurs était en usage de leur temps, la jurisprudence a dépuis changé ; car on tient communément au palais, que l'on doit suppléer à cette omission, et que pourvu qu'il n'y ait point dans une coutume de disposition contraire, cette règle doit avoir lieu.

La raison est que cette règle a été reçue par la plupart de nos coutumes qui l'ont admise précisément : d'où l'on peut conclure qu'elle est devenue règle de notre droit coutumier. Or les dispositions du droit commun doivent être suppléées dans les coutumes qui n'ont point de disposition contraire. *Voy.* Chopin dans ses Remarques sur les coutumes, *quest.* 1 ; et le Brun en son Traité des Successions, *liv.* 2, *chap.* 1, *sect.* 2, *nomb.* 9.

Mais il faut observer que dans ces coutumes, qui n'ont point de disposition précise pour l'affectation des propres à la ligne d'où ils procèdent, il suffit d'être le plus proche parent du défunt pour avoir les propres paternels, et *vice versâ.*

Dans ces coutumes, l'héritage venu d'un frère mort sans enfans dans la succession du frère héritier appartient donc au plus proche parent du côté de ce premier frère, quoique cet héritage n'ait pas fait souche depuis lui, puisqu'il n'a pas eu d'enfans, à l'exclusion des parens paternels ou maternels du même frère plus éloigné.

La raison est, que dans ces sortes de coutumes il suffit pour succéder à un propre, d'être le plus proche parent du côté de celui par la succession duquel il est échu, à celui *de cujus bonis agitur.*

Il est vrai qu'en ce cas la règle change de nom, et devient en effet la règle *Fraterna fraternis ;* mais cela est dans l'intention de notre règle *Paterna paternis*, qui est simple et sans embarras, et qui tient d'une autre règle, qui

dit : *Le mort saisit le vif*, *son plus prochain*, etc.

Touchant la règle *Paterna paternis, materna maternis, V.* ce que Ferrière a dit sur l'*art.* 526, de la Coutume de Paris ; Bacquet, en son Traité des Droits de Deshérence, *ch.* 4, et en son Traité des Droits de Justice, *ch.* 21, *nomb.* 26 ; Brodeau sur Louet, *lettre* P, *somm.* 28, *nomb.* 5 et 6 ; le Traité des Propres de Renusson ; le Prêtre, *ès-Arrêts de la cinquième et première cent.*, *chap.* 71 ; le Vest, *arrêt* 56 ; Peleus, *quest.* 139 ; Henrys, *liv.* 6, *chap.* 1, *quest.* 3, et 4 ; le Brun, en son Traité des Successions, *liv.* 2, *ch.* 1, *sect.* 2, *et suiv.* ; et les Observations faites par M. François Guiné en son Traité de la Représentation.

Droit nouveau.

La loi du 17 nivose an 2, *art.* 61, a aboli la règle *Paterna paternis, materna maternis.* Cet *article* porte : « que toutes lois, coutumes, usages, et satuts relatifs à la transmission des biens par succession ou donation sont déclarés abolis ; sauf à procéder au partage des successions échues et à écheoir à l'avenir selon les règles établies par cette loi. »

L'*art.* 62 porte : « que la loi ne reconnaît aucune différence dans la nature des biens ou dans leur origine pour en régler la transmission. » *Voy.* L'ensemble des lois sur les successions, *au mot* Succession.

PATERNITÉ. *V.* Enfant légitime, Enfant conçu, Enfant naturel, Filiation, Légitimité, Question d'état.

PATRIMOINE, se prend quelquefois pour toute sorte de biens. Dans une signification moins étendue, il se prend pour un bien de famille.

Quelquefois même ce terme signifie ce qui est venu à quelqu'un par succession de père ou de mère, ou de quelqu'autre ascendant.

Les créanciers d'une succession peuvent demander, dans tous les cas, et contre tout créancier, la séparation du patrimoine du défunt d'avec le patrimoine de l'héritier. *Art.* 878. *C. des Successions.*

Ce droit ne peut cependant plus être exercé, lorsqu'il y a novation dans la créance contre le défunt, par l'acceptation de l'héritier pour débiteur. *Art.* 879.

PATRIMONIAL, se dit d'un immeuble qui vient de succession de père, mère, aïeul, etc., que nos coutumes appelaient un propre, et qu'elles distinguaient des biens d'acquisition. *Voy.* Propre et Acquét.

PATRON, était chez les Romains, celui qui avait donné la liberté à un esclave. Il s'entendait quelquefois parmi nous du seigneur, lequel était appelé *Patronus feudalis.*

Les avocats sont aussi appelés *Patroni*, comme gens qui prennent sous leur protection les cliens dont ils défendent les intérêts.

PATURAGE, signifie le droit de faire pâturer ses bestiaux sur certaines terres.

Les communes d'un village ont droit de pâturage dans ses varennes ; de sorte qu'il n'en coûte rien à chaque habitant pour le pâturage de ses bestiaux.

L'on peut acquérir le droit de pâturage sur les terres d'autrui par titre ou par prescription d'un temps immémorial. *Jus pascendi in agris vicinis cùm habeant discontinuam causam, titulo tantum vel tempore cujus non extet memoria acquiritur ; et probatio debet fieri rejectis omnibus quorum animalia pascuntur in pascuo controverso.* Mornac *ad Legem* 3, *ff. de servitutibus rusticor. V.* le Vest, *arrêt.* 208, *et* 209; Henrys, *tom.* 1, *liv.* 4, *chap.* 6, *quest.* 79; Chorier en sa Jurisprudence de Guy-Pape, *pag.* 330; Loysel, *liv.* 2, *tit.* 2, *règle* 20, *et suivantes ;* et les notes de M. Laurière.

Illa servitus pascendi pecoris pascua tantùm et sylvas respicit, nec potest ad vineas extendi.

Ainsi par arrêt du 13 juillet 1545, rendu au parlement de Toulouse, sur les délibérations des trois états de Languedoc, sur le fait des pâturages, défenses ont été faites de mettre bétail aux vignes, et de contrevenir en aucune manière à l'arrêt donné par la cour sur le fait des pâturages. La Rocheflavin, *livre* 3, *lettre* P, *titre* 1, *arrêt* 6.

Illa servitus pascendi pecoris pro certâ tantum anni parte constitui potest ; ità tamen ut qui jus illud habet, eo moderatè utâtur. Vide Fanc. Marc. tom. 1, *quest.* 223.

Il n'est donc pas permis de se servir du droit de pâturage dans tous les temps de l'année.

La coutume d'Orléans, en *l'art.* 154, porte qu'en temps de glandée et paisson, aucun ne peut aller ni mener pâturer ses bêtes aux escrues des bois venus ès terres labourables qui ne lui appartiennent, depuis le jour de St.-Remi jusqu'au premier de janvier, ni ès forêts et autres bois anciens, en quelque temps que ce soit, s'ils ne sont siens, ou qu'il ait titre ou privilége exprès du droit d'usage.

Voy. le Traité de la Police *tom.* 2, *liv.* 5, *tit.* 17 ; Henrys, *tom.* 1, *liv.* 4, *chap.* 6, *quest.* 79 ; Papon, *liv.* 14, *tit.* 1 ; la Bibliothèque de Bouchel, *au mot* Pâturage ; Bouvot *sous ce même mot ;* Taisand, *sur le tit.* 13 de la Coutume de Bourgogne ; Chassanée, *ibidem ;* Boniface, *tom.* 4, *liv.* 3, *tit.* 1, *chap.* 3 *et suivans ; liv.* 10, *tit.* 3, *chap.* 8 ; l'Ordonnance des eaux et forêts de 1669, *tit.* 19, et la Conférence qui en a été faite en deux volumes *in-quarto ;* Despeisses, *tom.* 3, *pag.* 162 ; Coquille, *tom.* 2, *pag.* 167 ; et de ses *questions, pag.* 325 ; et en sa Coutume de Nivernais, *tit.* des Servitudes réelles ; Louet *sous les mots* Pâturages et Usages. *Voy. ci-après, sous le mot* Usage.

On distingue deux sortes de pâtures ; savoir, les grasses et les vaines.

Grasses pâtures ou vives pâtures, sont les endroits où il est défendu de faire paître des bestiaux dans de certaines saisons réglées par la coutume,

coutume , et par l'ordonnance des eaux et forêts.

Par exemple , il n'est pas permis de faire pâturer des bestiaux sur des terres qui ne s'ense-
mencent qu'après la récolte ; dans les prés, qu'a-
près qu'ils ont été fauchés , encore ne faut-il
pas qu'ils soient à deux gerbes.

Il n'est pas non plus permis de faire paître
des bestiaux dans les bois , qu'ils ne soient déclarés défensables. Il n'est pas plus permis de
les y faire paître dans le temps de glandée.

On appelle encore grasses pâtures , des lan-
des, marais , pâtis et bruyères , qui appartiennent à des usagers , où il n'y a qu'eux seuls
qui puissent faire pâturer leurs bestiaux. *Voy.*
l'art 146 de la Coutume de Sens , *l'art.*
267 de la Coutume de Châlons ; celle de Bourgogne , *chap.* 13 , *art.* 4 ; *l'art.* 205 *et suivans*
de celle de Bar , avec l'Ordonnance de 1669.

Vaines pâtures , sont les grands chemins , les
prés après la dépouille , les guérets et terres en
friche, et généralement tous les héritages où il
n'y a ni fruits ni semences, et qui par l'usage du
pays ne sont pas en défense. Les bois de haute
futaie , les taillis après le quatrième ou cinquième bourgeon , sont aussi vaines pâtures ,
aux lieux où la coutume ne les a pas exceptés.
Enfin toutes accrues sont réputées vaines pâtures.

Vaines pâtures ont lieu de clocher à clocher ;
mais les grasses n'appartiennent qu'aux com-
muniers de la paroisse.

En Normandie , chaque habitant n'a pas la
faculté de faire pâturer dans les communes de
la paroisse, ou dans les terres vides et non
cultivées , autant de bêtes qu'il lui plaît ; mais
ils le doivent faire de manière que le nombre
des bêtes qu'ils envoient paître , soit proportionné à la quantité des héritages qu'ils possèdent dans le même territoire , parce que ces
terres étant communes , chacun en doit avoir
sa part. *Voy.* Basnage, sur *l'art.* 82 de la Coutume de Normandie.

Dans cette province , il est défendu en tout
temps de mettre les chèvres, les porcs et autres

Tome III.

bêtes malfaisantes , pâturer dans les terres communes , parce que leur morsure fait mourir les
herbes , et gâte l'autre bétail ; de sorte qu'on
peut les tuer quand on les trouve en dommage ,
pourvu que le propriétaire ait été averti auparavant de ne les plus envoyer paître dans les
terres communes. *Voy.* l'auteur de l'Esprit de
la Coutume de Normandie , *pag.* 51.

Voy., pour le *Droit intermédiaire* et *nouveau,*
ce que j'ai dit ci-dessus *au mot* Parcours.

PAULETTE , était un droit annuel que les
officiers étaient obligés de payer au roi pour donner l'hérédité à leurs charges et transmettre à
leurs héritiers le droit de nommer qui ils voulaient au roi pour en être pourvu.

PAYEMENT, est la prestation naturelle ou
civile de la chose due au créancier , ou à celui
qui a charge ou droit de recevoir en sa place.

Droit ancien.

Il n'importe qu'elle soit faite par le débiteur ou par un autre , même contre sa volonté ; car en ce cas le débiteur n'en est pas
moins acquitté.

Pour qu'un payement soit valable , et libère
le débiteur, plusieurs conditions sont requises.

La première est , qu'il soit fait de la chose
due ; car le créancier ne pourrait être contraint
de recevoir en payement une chose pour une
autre ; *Aliud pro alio , invito creditore , solvi*
non potest; *Leg.* 2 , *ff. de reb. Cred.* D où il
s'ensuit qu'un débiteur ne pourrait pas donner
à son créancier des héritages en payement, pour
et au lieu d'une somme qu'il lui devrait , à
moins qu'il n'y consentit. Guy-Pape , *quest.*
358; Bouvot, *tom.* 2, *au mot* Débiteurs, *quest.* 7;
Hevin sur Frain , *pag.* 87 de ses Additions aux
Notes ; Soefve , *tom.* 2 , *cent.* 4 , *chap.* 77.

Le créancier ne peut pas non plus demander
l'estimation de la chose qui lui est due ; il ne
peut demander que la chose *in specie* , à moins
qu'elle ne fût plus existante , et qu'elle fût périe par la faute du débiteur ; auquel cas l'estimation tiendrait lieu de la chose même ; *quia*
impossibilium nulla est obligatio.

8

Le débiteur ne pourrait pas non plus contraindre son créancier à recevoir en payement l'estimation de la chose par lui due, à moins qu'elle ne fût plus existante, et que le débiteur ne fût pas libéré par sa perte.

La deuxième est que le payement soit fait par le débiteur ou autre en son nom qui ait la libre administration de ses biens, d'où il s'ensuit :

1.º Qu'un mineur ne peut pas valablement payer à son créancier ce qu'il lui doit, comme Ferrière l'a fait voir sur le §. 2 du *tit.* 8 du *second livre* des Institutes. *Voy.* aussi la Rocheflavin, *liv.* 2, *lett.* M, *titre* 9, *arrêt* 3 ; et Maynard, *liv.* 3, *chap.* 53.

2.º Qu'en pays coutumier, la femme ne peut faire aucun payement sans être autorisée de son mari, de manière que *auctoritas mariti requiritur, et in contractu et in distractu.* Bouvot, *tom.* 2, *au mot* Mariage, *quest.* 65.

La troisième condition requise pour la validité d'un payement est qu'il soit fait à celui à qui la chose est due, et que ce créancier ait la faculté de recevoir le payement, c'est-à-dire, la libre administration de ses biens.

La quatrième est que le payement soit fait dans le lieu dont les parties sont convenues expressément, sinon au lieu du domicile du créancier.

Ainsi un créancier peut refuser de recevoir une somme qui lui est offerte dans un autre lieu que celui où le débiteur s'est obligé d'en faire le payement. Bouvot, *tom.* 1, *part.* 3, *au mot* Promesse de payer en certain lieu.

Quand un débiteur s'est obligé de payer dans un certain temps, la chose est due à la vérité dès l'instant de l'obligation ; mais elle n'est pas exigible avant que le temps marqué pour la payer soit entièrement échu. *Voy.* Ferrière dans sa Traduction des Institutes, sur le §. 2 *du titre* 16 *du troisième livre.*

Comme ce temps qui est marqué pour faire le payement est un délai accordé en faveur du débiteur, il peut renoncer à cette grâce, et anticiper le payement ; il peut même faire valablement la consignation de la somme par lui due, avant l'échéance du terme qui lui est accordé pour la payer.

Quelques auteurs néanmoins soutiennent que comme le débiteur ne peut pas être contraint de payer avant l'échéance du terme, de même le créancier ne peut pas être contraint de recevoir son dû avant que le terme du payement soit échu, suivant la règle qui dit, que *Pacta dant legem contractibus.*

Pour moi je crois que régulièrement un créancier peut être contraint de recevoir son dû avant l'échéance du terme, *idque favore liberationis* ; mais il peut arriver dans de certains temps des circonstances où cette règle n'aurait pas lieu.

Voy. Boniface, *tom.* 2, *liv.* 4, *tit.* 5, *chap.* 2 ; et Basset, *tom.* 1, *liv.* 2, *tit.* 32, *chap.* 2.

Celui qui est débiteur de différentes sommes envers le même créancier, lorsqu'il fait un payement, a le choix d'imputer ce payement sur la dette la plus onéreuse. *Voy.* Imputation.

L'effet du payement valablement fait est de libérer le débiteur ; et la preuve du payement est la quittance : c'est pourquoi un débiteur qui ayant été condamné de payer une somme contenue en une obligation, si après l'avoir payée en conséquence du jugement, il trouve quittance qui justifie qu'il l'avait payée auparavant, il est en droit de la répéter. Papon *liv.* 10, *tit.* 6, *nomb.* 1, touchant la matière des payemens.

Voy. la Traduction des Instit. par Ferrière, sur le commencement du *tit.* 30, *liv.* 3 ; Charondas, *liv.* 3, *rép.* 80 ; *liv.* 10, *rép.* 40 ; Leprêtre, *cent.* 1, *chap.* 6 et 17 ; Papon, *liv.* 10, *tit.* 5 ; Despeisse, *tom.* 1, *part.* 4, *tit.* 1 ; Bouvot, *tom.* 1, *part.* 2, *au mot* Preuve de payement, *quest.* 1, *au mot* Procurations, *quest.* 4 ; Duperier, *liv.* 4. *quest.* 20 ;

la Peyrère, *lett.* P; les Lois Civiles, *tom.* 1, *liv.* 4, *titre* 1.

Droit intermédiaire.

Loi du 21 septembre 1793, an 1.er de la république.

« La convention nationale, sur la proposition d'un membre, décrète qu'aucun agent ou chargé d'affaires ne pourra forcer son commettant à recevoir en payement des assignats démonétisés, à moins que le payement n'ait été retardé et arrêté en ses mains par des actes d'opposition antérieurs au 31 juillet dernier. »

Par arrêt de la cour de cassation du 15 nivose an 8, il a été jugé qu'on ne peut anticiper les termes d'un payement contre la volonté d'un créancier.

Un payement fait en mandats pendant qu'ils ont eu cours, est valable et a libéré le débiteur quoique la dette fût stipulée payable en matière d'argent. Ainsi jugé par la cour de cassation le 11 pluviose an 8. *Voy.* la Table analytique de M. Bergogné, *page* 380 *et suivantes.*

Voy. au reste le mot Obligation (dispositions générales sur les) où toutes les lois rendues sur les obligations créées ou échues pendant la durée du papier monnaie se trouvent textuellement rapportées.

Droit nouveau.

Les obligations s'éteignent, par le *payement*...etc. *Art.* 1234. *C. des Cont. et Oblig.*

Chap. 5. *Sect.* 1. §. 1er. *Du payement en général.* Tout payement suppose une dette; ce qui a été payé sans être dû est sujet à répétition. — La répétition n'est pas admise à l'égard des obligations naturelles qui ont été volontairement acquittées. *Art.* 1235.

Une obligation peut être acquittée par toute personne qui y est intéressée, tel qu'un coobligé ou une caution. — L'obligation peut même être acquittée par un tiers qui n'y est point intéressé, pourvu que ce tiers agisse au nom et en l'acquit du débiteur, ou que, s'il

agit en son nom propre, il ne soit pas subrogé aux droits du créancier. *Art.* 1236.

L'obligation de faire ne peut être acquittée par un tiers contre le gré du créancier; lorsque ce dernier a intérêt qu'elle soit remplie par le débiteur lui-même. *Art.* 1237.

Pour payer valablement, il faut être propriétaire de la chose donnée en payement, et capable de l'aliéner. — Néanmoins le payement d'une somme en argent, ou autre chose qui se consomme par l'usage, ne peut être répété par le créancier qui l'a consommée de bonne foi, quoique le payement en ait été fait par celui qui n'en était pas propriétaire, ou qui n'était pas capable de l'aliéner. *Art.* 1238.

Le payement doit être fait au créancier ou à quelqu'un ayant pouvoir de lui, ou qui soit autorisé par justice ou par la loi à recevoir pour lui. — Le payement fait à celui qui n'aurait pas pouvoir de recevoir pour le créancier est valable, si celui-ci le ratifie, ou s'il en a profité. *Art.* 1239.

Le payement fait de bonne foi à celui qui est en possession de la créance est valable, encore que le possesseur en soit par la suite évincé. *Art.* 1240.

Le payement fait au créancier n'est point valable, s'il était incapable de le recevoir, à moins que le débiteur ne prouve que la chose payée à tourné au profit du créancier. *Art.* 1241.

Le payement fait par le débiteur à son créancier, au préjudice d'une saisie ou d'une opposition, n'est pas valable à l'égard des créanciers saisissans ou opposans : ceux-ci peuvent, selon leur droit, le contraindre de nouveau, sauf, en ce cas seulement, son recours contre le créancier. *Art.* 1242.

Le créancier ne peut être contraint de recevoir une autre chose que celle qui lui est due, quoique la valeur de la chose offerte soit égale ou même plus grande. *Art.* 1243.

Le débiteur ne peut point forcer le créancier à recevoir en partie le payement d'une dette, même indivisible. — Les juges peuvent néanmoins , en considération de la position du débiteur , en usant de ce pouvoir avec une grande réserve , accorder des délais modérés pour le payement, et surseoir l'exécution des poursuites, toutes choses demeurant en état. *Art.* 1244.

Le débiteur d'un corps certain et déterminé , est libéré par la remise de la chose en l'état où elle se trouve lors de la livraison, pourvu que les détériorations qui y sont survenues ne viennent point de son fait ou de sa faute, ni de celle des personnes dont il est responsable, ou qu'avant ces détériorations il ne fût pas en demeure. *Art.* 1245.

Si la dette est d'une chose qui ne soit déterminée que par son espèce, le débiteur ne sera pas tenu , pour être libéré, de la donner de la meilleure espèce, mais il ne pourra l'offrir de la plus mauvaise. *Art.* 1246.

Le payement doit être exécuté dans le lieu désigné par la convention. Si le lieu n'y est pas désigné, le payement, lorsqu'il s'agit d'un corps certain et déterminé, doit être fait dans le lieu où était, au temps de l'obligation, la chose qui en fait l'objet. — Hors ces deux cas, le payement doit être fait au domicile du débiteur. *Art.* 1247.

Les frais du payement sont à la charge du débiteur. *Art.* 1248.

Voy. les mots Confusion , Compensation, Consignation , Novation , Offres réelles, Remise de la dette , Prescription et Subrogation. *Voy.* aussi le mot Obligation.

PAYEMENT FAIT D'UNE CHOSE NON DUE.

Droit ancien.

C'est un quasi-contrat, par lequel celui qui a payé par erreur de fait une chose qui n'était pas due, oblige celui qui en a reçu le payement, comme s'il avait reçu à titre de prêt.

Ce quasi-contrat produit une action appelée *condictio indebiti*, qui est donnée à celui qui a fait un tel payement.

Dans cette action, le demandeur, après une sommaire exposition du fait, déduit les motifs qui l'ont induit à payer au défendeur une telle somme, qu'il croyait par erreur de fait lui devoir ; et ensuite il conclut *à ce que le défendeur soit condamné de la lui rendre , attendu qu'il ne la lui devoit point , et que ce n'a été que par erreur de fait qu'il la lui a payée.* Et en outre, il conclut aux intérêts du jour de la demande, si c'est une somme d'argent ; ou si c'est autre chose, il conclut aux dommages et intérêts pour la jouissance , et aux dépens.

Pour que cette action ait lieu, il faut que plusieurs conditions concourent. Sur quoi, *Voy.* Ferrière sur le §. 6 du *titre* 28 du *troisième livre* des Institutes. *V.* aussi le *premier tome* des Lois Civiles, *livre* 2 , *titre* 7 , *section* 1 ; et Despeisses , *tome* 1 , *partie* 4 , *titre* 11.

Mais on demande si le jugement qui ordonne la restitution d'une chose payée par erreur , peut porter une condamnation d'intérêts, à compter du jour que le payement aura été fait par erreur ?

Il faut distinguer entre le payement qui en aurait été fait volontairement , et celui qui en aurait été fait par contrainte. Au premier cas, les intérêts ne sont dus que du jour de la demande, parce que c'est une espèce de prêt, qui par conséquent n'en peut produire que de ce jour-là. Mais au second cas , c'est une restitution qui ne serait pas parfaite, si l'on n'indemnisait pas entièrement celui qui a été forcé de faire un payement d'une somme qu'il ne devait pas. *Voy.* Henrys et son commentateur , *tom.* 2 , *liv.* 2 , *quest.* 32. *Voy.* aussi Duperier , *tom.* 1 , *pag.* 447.

Droit intermédiaire.

Par arrêt de la cour de cassation du 24 frimaire an 10, il a été jugé que l'on pouvait se faire restituer contre le payement d'une chose non due, lors même que ce payement a été fait en vertu d'une jugement qui y condamne.

Droit nouveau.

Tout payement suppose une dette : ce qui a été payé sans être dû est sujet à répétition. — La répétition n'est pas admise à l'égard des obligations naturelles qui ont été volontairement acquittées. *Art.* 1235. *C. des Cont. et Oblig.*.

Celui qui reçoit *par erreur* ou *sciemment* ce qui ne lui est pas dû, s'oblige à le restituer à celui de qui il l'a indûment reçu. *Art.* 1376. *C. des Quasi-Contrats.*

Lorsqu'une personne qui, par erreur, se croyait débitrice a acquitté une dette, elle a le droit de répétition contre le créancier. — Néanmoins, ce droit cesse dans le cas où le créancier a supprimé son titre par suite du payement, sauf le recours de celui qui a payé contre le véritable débiteur. *Art.* 1377.

S'il y a eu mauvaise foi de la part de celui qui a reçu, il est tenu de restituer tant le capital que les intérêts ou les fruits, du jour du payement. *Art.* 1378.

Si la chose indûment reçue est un immeuble ou un meuble corporel, celui qui l'a reçue s'oblige à la restituer en nature, si elle existe, ou sa valeur, si elle est périe ou détériorée par sa faute ; il est même garant de sa perte par cas fortuit, s'il l'a reçue de mauvaise foi. *Art.* 1379.

Si celui qui a reçu de bonne foi a vendu la chose, il ne doit restituer que le prix de sa vente. *Art.* 1380.

Celui auquel la chose est restituée doit tenir compte, même au possesseur de mauvaise foi, de toutes les dépenses nécessaires et utiles qui ont été faites pour la conservation de la chose. *Art.* 1381.

PAYEMENT FAIT A DES MINEURS, ne peut être valable, s'il n'a pas été fait en présence et du consentement du curateur. C'est une règle certaine, que ceux qui doivent à des mineurs, ne peuvent pas leur payer valablement ce qu'ils leur doivent, sans l'assistance d'un curateur.

Supposé donc qu'un payement eût été autrement fait à un mineur qui eût dissipé les deniers, celui qui l'aurait fait en serait responsable, et pourrait être contraint de payer une seconde fois.

Cela étant, si le mineur à qui l'on veut faire un payement n'a point de curateur, il faut que le débiteur lui en fasse créer un, si mieux il n'aime veiller à l'emploi des deniers qu'il paye, et en répondre. Mais si le mineur ou ses parens ne voulaient pas donner les mains à la création du curateur, le débiteur qui voudrait se libérer, serait bien fondé à demander qu'il lui fût permis de consigner, afin de faire cesser le cours des intérêts ou des arrérages.

Néanmoins un payement fait à un mineur non assisté d'un curateur, ne pourrait pas être contesté, 1.º si l'obligation n'était que d'une somme modique, ce qui se doit estimer par rapport au bien du mineur ; 2.º si un mineur émancipé avait fait à son profit des obligations provenantes de ses épargnes, ou de quelque gain adventice, il en pourrait recevoir le payement sans être assisté d'un curateur.

Droit nouveau.

Le payement fait au créancier n'est point valable, s'il était incapable de le recevoir, à moins que le débiteur ne prouve que la chose payée a tourné au profit du créancier. *Art.* 1241. *C. des Cont. et Oblig.*

Le tuteur prend soin de la personne du mineur et *le représente* dans tous les actes civils ; *art.* 450. *C. de la Min.* D'où l'incapacité du mineur *non émancipé* de recevoir aucun payement de ce qui lui est dû.

Le mineur *émancipé* peut recevoir ses revenus et en donner tous les actes ; il peut faire tous actes de pure administration. Mais il ne peut recevoir et donner décharge d'un capital mobilier, sans l'assistance de son curateur, qui doit surveiller l'emploi du capital reçu. *Art.* 481 et 482. *C. de la Minor.*

PAYS DE DROIT ÉCRIT.

Droit ancien.

Pour donner une plus juste idée de la signification de ces termes, nous observerons d'abord que le Droit de Justinien et les Coutumes partagèrent la France en pays de droit écrit et en pays de droit coutumier.

Le pape Honorius, dans sa Décrétale *Super specula*, et Philippe-le-Bel, dans ses lettres patentes pour l'érection de l'université d'Orléans, font mention de ce partage, lequel dure encore aujourd'hui ; avec ce tempérament, que dans le pays de droit écrit, on juge selon le droit romain s'il n'y a quelque coutume particulière qui lui soit contraire. Au pays coutumier, on juge pour l'ordinaire suivant la disposition de la coutume du lieu.

Je dis pour l'ordinaire ; car pour ce qui regarde les contrats ou autres matières que les coutumes n'ont pas décidées, on suit le droit romain, comme un droit commun à toute la France.

Et parce que l'un et l'autre de ces droits ne peuvent avoir acune force dans ce royaume que par l'autorité du roi, qui seul a le pouvoir d'y faire des lois, les juges n'ont aucun égard ni au droit romain, ni aux coutumes, lorsque les ordonnances y sont contraires.

Les pays de droit écrit sont donc les provinces de ce royaume où le droit romain est observé comme loi, suivant les restrictions que nous avons marquées ci-dessus.

Ces provinces sont celles qui ont été les premières conquêtes des Romains, et les dernières des Français, et qui au temps qu'elles ont été réduites sous l'obéissance de nos rois, n'avaient point d'autre droit que les lois romaines.

Le voisinage de l'Italie ne leur donnait pas seulement la commodité de les étudier, mais encore une entière disposition à s'y conformer. Ayant été réduites sous l'obéissance de nos rois, elles ont obtenu d'eux, par une grâce particulière, de suivre le droit romain dans les choses qui ne seraient point décidées par les ordonnances, qui sont les lois générales du royaume.

On met au nombre de ces provinces la Guyenne, la Provence, le Dauphiné et autres; en un mot, toutes provinces qui relèvent des parlemens de Toulouse, de Bordeaux, de Grenoble, d'Aix et de Pau ; et plusieurs provinces qui relèvent du parlement de Paris ; savoir, le Lyonnais, le Forez, le Beaujolais et une très-grande partie de l'Auvergne.

Droit nouveau.

Voy. Ce que nous avons dit aux mots Droit écrit, Droit romain, et Droit commun de la France.

PAYS COUTUMIERS.

Droit ancien.

On appelle ainsi les provinces de ce royaume qui se règlent par des usages particuliers, qui dans la suite ont été rédigés par écrit sous l'autorité de nos rois; mais cela n'empêche pas que les ordonnances royaux n'y dérogent, comme nous avons dit *au mot* Coutume.

Ces provinces que l'on nomme *pays coutumiers*, étant plus éloignées de l'Italie que ne le sont les provinces que l'on nomme pays de droit écrit, n'ont pas eu d'abord communication des lois romaines ; et lorsqu'elles sont venues à la connaissance des habitans de ces provinces, ceux-ci qui étaient accoutumés à suivre des usages contraires ou peu conformes au droit romain, ne l'ont pas voulu adopter comme une loi qu'ils fussent obligés de suivre.

Mais l'excellence du droit romain, et le peu de secours que les habitans de ces provinces trouvaient dans leurs usages, pour décider quantité de questions qui n'y sont point traitées, les ont portés à regarder le droit romain comme une raison écrite qu'ils devaient suivre, au défaut de leurs coutumes et des ordonnances de nos rois.

Voilà ce qui les a déterminés à suivre les principes de raison et d'équité dont il est un précieux recueil, sans pour cela reconnaître qu'il ait force de loi ou autorité publique à leur égard.

Droit nouveau.

Voy. ce que j'ai dit *aux mots* Coutume et Droit commun de la France.

PAYS DE NANTISSEMENT.

Droit ancien.

Ce sont ceux où la coutume veut que pour acquérir hypothèque on se fasse nantir, c'est-à-dire, qu'on s'adresse au juge du lieu où l'héritage sur lequel on veut acquérir hypothèque, est situé; que là on exhibe son contrat, et qu'on en obtienne un acte, lequel doit être endossé sur le contrat, et enregistré au greffe.

L'effet de cette formalité est, que dans les pays de nantissement, le créancier qui l'a observée est préféré à tous autres créanciers hypothécaires qui ne se trouveraient point sur les registres du nantissement, quoiqu'antérieurs, ou qui y auroient été mis postérieurement. *Voy.*, pour le *Droit intermédiaire* et *nouveau*, le *mot* Nantissement.

PÉCULE, se dit de ce qu'un fils de famille amasse par son industrie, ou acquiert par quelqu'autre manière que ce soit, ou ce dont son père lui donne l'administration.

On distingue deux sortes de pécule; savoir, le castrense qui est acquis dans le service militaire, et le quasi-castrense, qui est acquis dans les emplois honorables de l'église et de la robe. *Voyez* la traduction des Institutes de Ferrière, au §. 1 du *tit.* 7 du *livre second*, où sont rapportées les différentes espèces de pécule des fils de famille, et quels droits ont les pères sur ces sortes de biens. *Voy. les mots* Adventices *et* Puissance paternelle.

PÈRES ET MÈRES, sont des personnes à qui les enfans doivent beaucoup de respect,

par le droit naturel et par le droit divin, suivant lesquels il y a entre les pères et mères et les enfans des devoirs essentiels et respectifs.

Indépendamment du droit de puissance paternelle (dont il est parlé *au mot* Puissance) les pères et mères sont obligés de pourvoir aux besoins de leurs enfans, à leur donner une bonne éducation, à veiller à leur conduite, et à les établir suivant leurs facultés.

On voit peu de pères et de mères assez dénaturés pour manquer à ce devoir, pour peu qu'ils aient d'aisance et qu'ils soient en état d'y satisfaire, à moins qu'ils ne soient entièrement dépourvus de bon sens.

On dit communément que les pères et mères sont tenus de doter leurs enfans; et en pays de droit écrit, on dit que le père seul est tenu de doter sa fille, suivant la loi *Si Pater*, au Code *de Dotis promissione;* mais cette obligation de la part des pères et mères n'est qu'une obligation naturelle qui ne produit aucune action pour les enfans : tout ce qui en résulte, et qu'en pays de droit écrit la dot est toujours censée donnée par le père *de suo;* au lieu qu'en pays coutumier la dot est censée donnée moitié par le père, et moitié par la mère, à cause de la communauté dont elle est présumée avoir été tirée. *V. au mot* Dot.

Les enfans sont obligés de respecter leurs pères et mères et de reconnaître par leur obéissance les soins qu'ils ont pris de leur éducation, et de tâcher de mériter ceux qu'ils continuent de prendre pour leur établissement.

Il y a bien des enfans à qui l'on a beaucoup de peine à faire entendre cette morale; mais malheur à ceux qui ne s'acquittent pas comme il faut d'un tel devoir.

Voy. Enfans, Correction des enfans, *et* Éducation des enfans.

PÉTITION D'HÉRÉDITÉ est une action qui est accordée à l'héritier d'un défunt, contre celui qui possède l'hérédité en qualité d'héritier ou de possesseur.

Celui-là possède en qualité d'héritier, qui possède une succession, croyant qu'elle lui appartient, et qu'il est véritablement héritier du défunt, ou subrogé aux droits du véritable héritier, comme serait celui qui aurait acheté une succession de celui qui passait pour l'héritier du défunt.

Celui-là possède en qualité de possesseur, qui possède une succession sans aucun titre, ou sans titre valable. *Pro possessore possidet, qui prædonis more possidet, qui aut nullum aut non justum possessionis suæ titulum affert.*

Comme cette action est universelle, étant donnée pour revendiquer une succession en entier ou en partie, en qualité d'héritier, elle ne peut être intentée contre celui qui ne se trouve possesseur que de quelques effets d'une succession à titre particulier, comme à titre d'achat, de donation, ou de tout autre titre particulier ; il peut seulement être poursuivi par l'héritier, par l'action réelle appelée en droit *rei vindicatio*, pour qu'il soit condamné à rendre au véritable héritier l'effet de la succession qu'il possède à titre particulier.

La pétition d'hérédité est une action réelle, mais universelle, comme nous venons de 'e dire ; et outre qu'elle est réelle, elle est appelée mixte. *Leg. 20 et seq. ff. de Hæreditat. petitione*, et *leg. 7, Cod. Eod.*

Premièrement, à cause de la restitution des fruits, des améliorations ou dégradations, qui sont personnelles et jointes à la demande de l'hérédité, aussi bien que la restitution des dettes actives de la succession, que le possesseur a exigées des débiteurs du défunt.

En second lieu, pour raison du prix des choses de la succession qu'il a vendues ou aliénées, à quelque titre que ce soit.

D'ailleurs, celui qui est obligé de restituer au véritable héritier la succession dont il était en possession, a droit de poursuivre le remboursement des deniers qu'il a payés aux créanciers de la succession en qualité d'héritier.

Tout cela fait que cette action ne doit pas être réputée purement réelle, et qu'elle doit être mise au nombre des actions mixtes, quoique véritablement elle soit plus réelle que personnelle.

Le demandeur conclut dans cette action, *à ce que celui qui possède l'hérédité, en qualité d'héritier ou de possesseur, soit condamné à lui restituer tous les biens héréditaires, avec les fruits, accessoires et dépendances, et en outre à lui faire raison des dégradations qu'il a faites dans les biens de la succession ; à lui restituer les dettes qu'il a exigées et reçues des débiteurs du défunt, et à l'indemniser des biens de la succession qu'il a aliénés, avec dépens, dommages et intérêts.*

Par les biens héréditaires, nous entendons non-seulement les choses corporelles, mais aussi les choses incorporelles, comme les droits et actions.

Nous entendons aussi par bien héréditaires, non-seulement ceux qui ont appartenu au défunt de son vivant, mais encore toutes les choses qui se trouvent dans sa succession, quoiqu'il n'en fût pas le propriétaire, comme ce qui lui a été prêté ou mis en gage, ou qu'il possédait de bonne foi ; *Leg. 18, §. Ult. et Leg. seq. ff. de Hæred. petit.* et celles qui ont été acquises par le moyen de la succession, comme de troupeaux et autres choses semblables. *Leg. 20, ff. Eod.* et enfin celles qui après le décès ont fait un accroissement à la succession, comme les fruits des héritages, et les loyers des maisons. *Dict. Leg. 20, §. 8 et seq. et Leg. 27, ff. Eod. tit.*

Toutefois le possesseur de bonne foi ne restitue pas tous les fruits qu'il a perçus, mais seulement ceux qui ont augmenté les biens : au contraire, le possesseur de mauvaise foi est tenu de restituer tous ceux qu'il a perçus, ou qu'il a pu percevoir.

La mauvaise foi commence du jour que l'on fait que la possession est vicieuse ; et la bonne foi du possesseur cesse du jour de la contestation en cause.

Cette

Cette action ne se peut prescrire que par trente ans de la part des co-héritiers contre celui qui demande partage ; mais un tiers acquéreur des choses héréditaires à titre d'achat, de donation et autres semblables, peut prescrire contre l'héritier les choses mobiliaires par trois ans, et les choses immobiliaires par dix ans entre présens, et vingt ans entre absens. Ainsi jugé par arrêt du 24 avril 1674, rapporté dans le Journal du Palais.

Voy. les mots Action héréditaire, Action en partage, Acceptation de succession, Adition d'hérédité et Succession.

PLAIDEUR, signifie un homme qui est en procès, dont l'esprit est incapable d'écouter la raison, lorsqu'il est séduit par l'amour-propre, l'ambition, ou par l'avarice : passions qui ne se trouvent que trop souvent réunies dans les plaideurs de profession.

La ressource de ces téméraires, quand ils n'ont point de lois pour colorer leurs prétentions injustes, est de tâcher de détruire par des subterfuges celles qui leur sont absolument contraires, et leur faire dire ce qu'elles ne disent point.

Comme leur aveuglement est extrême, il les fait toujours tromper dans leur propre cause : c'est pourquoi les procureurs qui sont établis pour secourir ceux qui plaident, doivent s'appliquer à maintenir leurs droits, sans entrer dans leurs passions. C'est les tromper que de condescendre à leur faiblesse, et se tromper soi-même que de les écouter au préjudice de la raison et de son devoir.

On dit qu'il faut avoir pitié des pauvres plaideurs ; mais cette pitié ne consiste qu'à leur donner de bons conseils, et à leur prêter les secours qui sont nécessaires pour maintenir leurs droits, sur-tout quand on voit qu'ils plaident malgré eux, et uniquement pour sauver leurs biens, et se tirer de l'oppression.

Pour ce qui est des chicaneurs, qui ne s'appliquent nuit et jour qu'à chercher des moyens de faire des procès à leurs parens ou à leurs voisins, et qui ne s'embarrassent pas qu'il leur en coûte, pourvu qu'ils fassent de la peine aux autres, bien loin d'être dignes de pitié, il serait à souhaiter que la Justice, qui doit être l'appui de l'innocence et le fléau des méchans, les punît aussi grièvement qu'ils le méritent ; et quand ils sont connus pour tels, il faudrait même

qu'ils ne pussent trouver aucun procureur qui voulût occuper pour eux.

Ces sortes de gens, ennemis de leur propre repos et de celui des autres, sont comparés à une pierre à aiguiser, qui use en s'usant ; parce que ces obstinés se ruinent à plaisir, et ruinent les autres, et causent toujours beaucoup de mal à ceux mêmes envers lesquels ils sont condamnés.

Mais lorsque les juges voient qu'une personne n'agit que par une opiniâtreté de plaider et de former de mauvaises contestations, ils ordonnent qu'elle ne pourra intenter aucune action, sans avoir préalablement pris conseil d'avocat : ce qui est une espèce d'interdiction.

Celui qui entreprend un procès légèrement, sans avoir préalablement consulté gens habiles, pour ne pas s'engager témérairement dans un mauvais procès, est à mon sens bien téméraire. L'auteur des Causes célèbres, *tom. 7*, sur la fin de l'article où il parle de la concubine donataire, semble être d'avis que tout plaideur est téméraire, et que tout homme bien sensé doit toujours éviter les procès, quelque bon droit qu'il puisse avoir. Voici en peu de mots les raisons qu'il en rend.

C'est, dit-il, une grande hardiesse d'entreprendre un procès, et de commettre sa fortune au jugement des hommes, quand même ils seraient intègres et éclairés ; la faiblesse humaine, et la diversité de leurs génies et de leurs caractères, ne nous permettant pas de faire aucun fond sur leurs décisions, jusqu'à ce qu'ils les aient déclarées. Tel gagne un grand procès, d'une voix seulement qui, faute de cette voix, l'aurait perdu et aurait été ruiné sans ressource. Tel a été jugé à cette chambre du parlement, et y a gagné son procès, qui l'aurait perdu si l'affaire eût été jugée dans une autre. Ce qui paraît une démonstration à un juge, est un sophisme pour un autre ; tous deux néanmoins sont éclairés. Voilà ce qui arrive naturellement à l'égard des juges qui sont les oracles de la justice. Mais ne s'en peut-il pas trouver qui, moins occupés du soin de remplir les devoirs de leur charge, que de passer le temps agréablement, jugent, pour ainsi dire, au hasard, les affaires même les plus importantes ; ou, qui, se laissant guider par le crédit et par la faveur, ont le cœur ouvert aux charmes d'un sexe séduisant, et n'ont d'autres décisions que celles qu'on leur inspire ? Enfin, il en coûte tant pour plaider qu'on est souvent ruiné après avoir gagné son procès ; et l'on reconnaît, mais trop tard , que pour s'être réfugié dans le Temple de la Justice pour sauver son bien , on en perd une bonne partie , dont on aurait pu éviter la perte par un accommodement , tel qu'il fût ; car, comme on dit , *un mauvais accommodement vaut mieux qu'un bon procès.*

PLAIDOYER, est un discours qu'un avocat ou un procureur prononce au barreau , pour établir et faire valoir le droit de sa partie.

Ces sortes de discours doivent être proportionnés à la nature des affaires qui en sont l'objet. Si la cause est d'un genre commun et ordinaire , le plaidoyer doit être d'un style simple , clair , net et méthodique. Si l'affaire est importante , le plaidoyer doit être plus relevé , soit du côté des pensées , soit du côté des tours , des expressions , des figures : mais dans les unes et dans les autres, il faut éviter les lieux communs et les faits étrangers à la cause , aussi bien qu'une vaine ostentation d'éloquence recherchée , affectée , suivant cette maxime fondée sur le bon sens et la pratique des plus grands orateurs de l'antiquité : *La véritable éloquence consiste à dire tout ce qu'il faut , et à ne dire que ce qu'il faut.*

Il faut donc , pour qu'un plaidoyer fasse honneur, que l'avocat se renferme dans son sujet ; qu'il établisse avec précision le fait et la question dont il s'agit ; qu'il observe sur-tout , en détaillant ses moyens , de les appuyer de raisons solides, qui servent même par avance à détruire celles que son adversaire pourrait lui objecter : il faut enfin qu'il accompagne le tout d'un style élégant , pur , net et concis, se renfermant dans son sujet , sans trop s'étendre sur ses moyens , à moins que la matière ne le requière. En effet, les raisons maniées avec précision , loin de perdre de leur force, n'en deviennent que plus énergiques et plus frappantes.

Une autre partie essentielle à l'éloquence, consiste dans le ton de la voix , et dans le geste ménagé avec prudence : *Gestus enim venustas , et pulchra sonoræ vocis pronunciatio , elegantis et ritè ut decet elaboratæ orationis , splendorem mirum in modum adaugent , summoque illustrant decore.* Voilà les règles et les talens qui doivent faire l'objet de l'étude et de l'application de ceux qui se destinent à suivre le barreau ; en les pratiquant , ils se feront hon-

neur : mais sur-tout qu'ils prennent soin de ne pas mériter le nom de *Rabula* , mot latin qui signifie un avocat brailleur , qui crie comme un furieux en plaidant , jusqu'à perdre haleine à chaque instant ; et le tout pour ne dire que des mots qui ne signifient rien , et dont il est impossible de faire aucune application à l'affaire dont il s'agit. D'ailleurs ses grimaces, ses yeux étincelans, sa bouche, d'où sort une voix de corbeau qui croasse, ferait qu'on ne l'entendrait pas , quand même ses pensées et ses paroles seraient convenables au sujet dont il serait question. *Hæc ventosa et enormis loquacitas horrenda et detestabilis est , sicque Rabulæ patrocinium suo sæpè clienti magis nocet quàm prodest.*

Voyez ce que j'ai dit *au mot* Éloquence du Barreau, où j'ai parlé amplement du caractère que doit avoir un plaidoyer pour faire honneur à celui qui le prononce.

PLEIGE, signifie la même chose que *Caution. V.* ce mot

POIDS ET MESURES.

Extrait de la loi du 18 germinal an 3, relative aux Poids et Mesures.

« *Art.* 2. Il n'y aura qu'un seul étalon des poids et mesures pour toute la république ; ce sera une règle de platine sur laquelle sera tracé le *mètre* qui a été adopté pour l'unité fondamentale de tout le système des mesures.

» 5. Leur nomenclature est définitivement adoptée comme suit : on appellera

» *Mètre* , la mesure de longueur égale à la dix-millionième partie de l'arc du méridien terrestre compris entre le pôle boréal et l'équateur ;

» *Are* , la mesure de superficie pour les terrains , égale à un quarré de dix mètres de côté ;

» *Stère* , la mesure destinée particulièrement aux bois de chauffage, et qui sera égale au mètre cube ;

» *Litre* , la mesure de capacité , tant pour les liquides que pour les matières sèches, dont la contenance sera celle du cube de la dixième partie du mètre ;

» *Gramme*, le poids absolu d'un volume d'eau pure , égal au cube de la centième partie du mètre, et à la température de la glace fondante.

» Enfin l'unité des monnaies prendra le nom de *franc*, pour remplacer celui de *livre* usité jusqu'aujourd'hui.

» 6. La dixième partie du mètre se nommera *décimètre*; et sa centième partie *centimètre*.

» On appellera *décamètre* une mesure égale à dix mètres; ce qui fournit une mesure très-commode pour l'arpentage.

» *Hectomètre* signifiera la longueur de cent mètres.

» Enfin *kilomètre* et *myriamètre* seront des longueurs de mille et de dix-mille mètres, et désigneront principalement les distances itinéraires.

» 7. Les dénominations des mesures des autres genres seront déterminées d'après les mêmes principes que celles de l'article précédent.

» Ainsi, *décilitre* sera une mesure de capacité dix fois plus petite que le litre; *centigramme* sera la centième partie du poids d'un gramme.

» On dira de même *décalitre* pour désigner une mesure contenant dix litres; *hectolitre* pour une mesure égale à cent litres; un *kilogramme* sera un poids de mille grammes.

» On composera d'une manière analogue les noms de toutes les autres mesures.

» Cependant, lorsqu'on voudra exprimer les dixièmes ou les centièmes du franc, unité des monnaies, on se servira des mots *décime* et *centime*, déjà reçus en vertu de décrets antérieurs.

» 8. Dans les poids et les mesures de capacité, chacune des mesures décimales de ces deux genres aura son double et sa moitié, afin de donner à la vente des divers objets toute la commodité que l'on peut désirer : il y aura donc le *double litre* et le *demi-litre*, le *double hectogramme* et le *demi-hectogramme*, et ainsi des autres.

» 28. Le choix des mesures appropriées à chaque espèce de marchandise, aura lieu de manière que, dans les cas ordinaires, on n'ait pas besoin de fractions plus petites que les centièmes. »

Loi du 28 frimaire an 8.

« *Art.* 1.er. La fixation provisoire de la longueur du mètre, à trois pieds onze lignes quarante-quatre centièmes, ordonnée par les lois des premier août 1793 et 18 germinal an 3, demeure révoquée et comme non avenue. Ladite longueur, formant la dix-millionième partie de l'arc du méridien terrestre compris entre le pôle nord et l'équateur, est définitivement fixée, dans son rapport avec les anciennes mesures, à trois pieds onze lignes deux cent quatre-vingt-seize millièmes.

» 2. Le mètre et le kilogramme en platine, déposés le 4 messidor dernier au corps législatif par l'institut national des sciences et des arts, sont les étalons définitifs des mesures de longueur et de poids dans toute la république. Il en sera remis à la commission consulaire des copies exactes pour servir à diriger la confection des nouvelles mesures et des nouveaux poids.

» 3. Les autres dispositions de la loi du 18 germinal an 3, concernant tout ce qui est relatif au système métrique, ainsi qu'à la nomenclature et à la confection des nouveaux poids et des nouvelles mesures, continueront à être observées.

» 4. Il sera frappé une médaille pour transmettre à la postérité l'époque à laquelle le système métrique a été porté à sa perfection, et l'opération qui lui sert de base. L'inscription, du côté principal de la médaille, sera : *A tous les temps, à tous les peuples*; et dans l'exergue : *République française, an* 8. Les consuls de la république sont chargés d'en régler les accessoires.

Arrêté du 7 floréal an 8.

« Les consuls de la république, le conseil d'état entendu, arrêtent : Il est permis aux balanciers de donner aux poids telle forme que ceux qui en font usage voudront adopter : en conséquence, le bureau de vérification des poids et mesures sera tenu de les faire poinçonner aussitôt qu'ils lui auront été présentés, pourvu que ces poids soient exacts, que les subdivisions de l'unité principale soient des multiples du gramme ou de ses subdivisions décimales, et que chaque subdivision porte la valeur de son poids. »

Arrêté du 13 brumaire an 9, qui fixe les nouvelles dénominations des poids et mesures.

« *Art.* 1.er. Conformément à la loi du 1.er vendémiaire an 4, le système décimal des poids et mesures sera définitivement mis à exécution, pour toute la république, à compter du 1.ᵉʳ vendémiaire an 9.

» 2. Pour faciliter cette exécution, les dénominations données aux mesures et aux poids, pourront, dans les actes publics comme dans les usages habituels, être traduites par les noms français qui suivent :

Noms systématiques.	Traduction.	Valeur.
Mesures itinéraires. Myriamètre. . .	Lieue. . .	10,000 mètres.
Kilomètre . . .	Mille . . .	1,000 mètres.
Mesures de longueur. Décamètre . .	Perche. . . .	10 mètres.
Mètre.		*Unité fondamentale des poids et mesures;* dix-millionième partie du quart du méridien terrestre.
Décimètre. . . .	Palme (le)	10.e de mètre.
Centimètre . . .	Doigt. . .	100.e de mètre.
Millimètre . . .	Trait . . .	1,000.e de mèt.
Mesures agraires. Hectare.	Arpent . .	10,000 mèt. qu.
Are.	Perch. qua.	100. mét. quar.
Centiare	Mètre quar.	
Mesures de capacité p. liquides. Décalitre. . . .	Velte. . .	10 décim. cube.
Litre.	Pinte . . .	décimèt. cube.
Décilitre. . . .	Verre . . .	10.e de déc. c.
Mesures de capac. pour les matières sèches. Kilolitre	Muid. . . .	1 mètre cube ou 1000 décimètres cubes.
Hectolitre. . . .	Setier . . .	100 décim. c.
Décalitre	Boisseau. .	10 décim. cub.
Litre.	Pinte. . . .	décimèt. cub.
Mesures de solidité. Stère.		mètre cube.
Décistère.	Solive . . .	10.e de m. c.
Poids.	Millier. . .	1000 liv. (Poids du tonneau de mer).
. . . .	Quintal . .	100 livres.
Kilogramme. . .	Livre.	poids de l'eau sous le volume du décimètre cube; contient 10 onces.
Hectogramme. . .	Once. . . .	10.e de la liv; cont. 10 gros.
Décagramme . . .	Gros. . . .	10.e de l'once; cont. 10 den.
Gramme.	Denier. . .	10.e du gros; c. 10 grains.
Décigramme. . .	Grain. . . .	10.e du denier.

» 3. La dénomination *mètre* n'aura point de synonyme dans la désignation de l'unité fondamentale des poids et mesures : aucune mesure ne pourra recevoir de dénomination pu-

blique, qu'elle ne soit un multiple ou un diviseur décimal de cette unité.

» 4. Le mesurage des étoffes sera fait par mètre, dixième et centième de mètre.

» 5. La dénomination *stère* continuera d'être employée dans le mesurage du bois de chauffage, et dans la désignation des mesures de solidité : dans les mesures de bois de charpente on pourra diviser le stère en dix parties, qui seront nommées *solives*.

» 6. Les dénominations énoncées dans l'article 2, pourront être inscrites à côté des noms systématiques sur les mesures et les poids déjà fabriqués : elles pourront être inscrites ou seules, ou à côté des premiers noms, sur les poids et mesures qui seront fabriqués par la suite.

» 7. Dans tout acte public d'achat ou de vente, de pesage ou de mesurage, on pourra, suivant les dispositions précédentes, se servir de l'une ou de l'autre nomenclature.

» 8. Le ministre de l'intérieur adressera, dans le plus bref délai, à tous les préfets et sous-préfets, des mesures-matrices pour servir de modèles : elles seront déposées au secrétariat. Ces mesures-modèles seront prises dans les poids et mesures aujourd'hui appartenant à la république : le surplus sera vendu, et toute fabrication pour le compte du gouvernement cessera.

» 9. Le ministre de l'intérieur présentera aux consuls, dans le plus court délai, d'après l'avis des préfets, le tableau des communes dans lesquelles il doit être établi des vérificateurs, en exécution de l'article 13 de la loi du 1.ᵉʳ vendémiaire an 4.

» Il fera rédiger et publier les tableaux et instructions nécessaires à l'exécution des articles précédens. »

Nous croyons faire quelque plaisir à nos lecteurs en joignant ici quelques tables de conversion des anciens poids et mesures, en poids et mesures du nouveau système. Ce qui peut éviter des calculs toujours longs et ennuyeux.

TABLEAU

TABLEAU DE CONVERSION
DES ANCIENS POIDS ET MESURES EN POIDS ET MESURES
SELON LE NOUVEAU SYSTÈME DÉCIMAL.

~~~~~~~~~~~~~~~~

MESURES DE LONGUEUR.

EN		EN		EN		EN	
TOISES, pieds, pouces, lignes.	MÈTRES, décimètres, centimètres, millimètres.	TOISES, pieds, pouces, lignes.	MÈTRES, décimètres, centimètres, millimètres.	TOISES, pieds, pouces, lignes.	MÈTRES, décimètres, centimètres, millimètres.	TOISES, pieds, pouces, lignes.	MÈTRES, décimètres, centimètres, millimètres.
Lignes.	Mètres.	Toises.	Mètres.	Toises.	Mètres.	Toises.	Mètres.
1	0.002	10	19.490	52	101.350	94	183.210
2	0.005	11	21.439	53	103.299	95	185.159
3	0.007	12	23.388	54	105.248	96	187.108
4	0.009	13	25.337	55	107.197	97	189.057
5	0.011	14	27.286	56	109.146	98	191.006
6	0.014	15	29.235	57	111.095	99	192.955
7	0.016	16	31.184	58	115.044	100	194.904
8	0.018	17	33.133	59	114.993		
9	0.020	18	35.082	60	116.942		
10	0.023	19	37.031	61	118.891		
11	0.025	20	38.981	62	120.840		
Pouces.		21	40.930	63	122.789		
1	0.027	22	42.879	64	124.738		
2	0.054	23	44.828	65	126.687		
3	0.081	24	46.777	66	128.686		
4	0.108	25	48.726	67	130.585		
5	0.135	26	50.675	68	132.534		
6	0.162	27	52.624	69	134.483		
7	0.189	28	54.573	70	136.433		
8	0.217	29	56.522	71	138.382		
9	0.244	30	58.471	72	140.331		
10	0.271	31	60.420	73	142.280		
11	0.298	32	62.369	74	144.229		
Pieds.		33	64.318	75	146.178		
1	0.325	34	66.267	76	148.127		
2	0.650	35	68.216	77	150.076		
3	0.975	36	70.165	78	152.025		
4	1.299	37	72.114	79	153.974		
5	1.624	38	74.063	80	155.923		
Toises.		39	76.012	81	157.872		
1	1.949	40	77.961	82	159.821		
2	3.898	41	79.910	83	161.770		
3	5.847	42	81.859	84	163.719		
4	7.795	43	83.808	85	165.668		
5	9.745	44	85.757	86	167.617		
6	11.694	45	87.707	87	169.566		
7	13.643	46	89.656	88	171.515		
8	15.592	47	91.605	89	173.464		
9	17.541	48	93.554	90	175.413		
		49	95.503	91	177.363		
		50	97.452	92	179.312		
		51	99.401	93	181.261		

EN	
AUNES, et parties de l'aune.	MÈTRES et parties du mètre.
Aunes.	Mètres.
1	1.888
2	2.377
3	3.565
4	4.754
5	5.942
6	7.151
7	8.319
8	9.508
9	10.696
10	11.884
11	13.075
12	14.261
13	15.450
14	16.638
15	17.827
16	19.015
17	20.204
18	21.392
19	22.580
20	23.769
21	24.957
22	26.146
23	27.334

Suite des Mesures de longueur.

EN		EN		EN		TAILLE DE L'HOMME.	
AUNES et parties de l'aune.	MÈTRES et parties de mètre.	AUNES et parties de l'aune.	MÈTRES et parties de mètres.	AUNES et parties de l'aune.	MÈTRES et parties de mètre.	PIEDS, pouces, lignes.	PALMES, doigts et traits.
Aunes.	Mètres.	Aunes.	Mètres.	Aunes.	Mètres.	Pi. Pou. Lign.	Palm. Tr.
24	28.525	82	97.452	9732.e	0.334	4 2 10	13.76
25	29.711	83	98.641	11	0.408	4 2 11	13.78
26	30.900	84	99.829	13	0.483	4 3 »	13.80
27	32.088	85	101.018	15	0.557	4 3 1	13.82
28	33.276	86	102.205	17	0.631	4 3 2	13.85
29	34.465	87	103.395	19	0.705	4 3 3	13.87
30	35.653	88	104.585	2	0.780	4 3 4	13.89
31	36.812	89	105.772	23	0.854	4 3 5	13.91
32	38.030	90	106.960	25	0.928	4 3 6	13.94
33	39.219	91	108.149	27	1.002	4 3 7	13.96
34	40.407	92	109.337	29	1.076	4 3 8	13.98
35	41.596	93	110.525	31	1.151	4 3 9	14.00
36	42.784	94	111.714			4 3 10	14.03
37	43.972	95	112.902			4 3 11	14.05
38	45.161	96	114.091			4 4 »	14.07
39	46.349	97	115.279			4 4 1	14.09
40	47.538	98	116.468			4 4 2	14.12
41	48.726	99	117.656			4 4 3	14.14
42	49.915	100	118.845			4 4 4	14.16
43	51.103					4 4 5	14.18
44	52.292					4 4 6	14.21
45	53.480					4 4 7	14.23
46	54.668					4 4 8	14.25

Parties de l'aune.

Aunes.	Mètres.
1 demie	0.594
1 tiers	0.396
2	0.792
1 quart	0.297
3	0.891
1 sixième	0.198
5	0.990
1 huitième	0.148
3	0.445
5	0.743
7	1.040
1 douzième	0.099
5	0.495
7	0.695
1	1.089
1 seizième	0.074
5	0.223
7	0.372
9	0.520
11	0.668
13	0.816
15	0.965
1724.e	0.050
5	0.238
7	0.347
11	0.545
13	0.644
17	0.812
19	0.641
23	1.139
1752.e	0.057
5	0.112
5	0.186
7	0.260

TAILLE DE L'HOMME.

PIEDS, pouces, lignes.	PALMES, doigts et traits.
Pi. Pou. Lign.	Palm. Tr.
4 » »	12.99
4 » 1	13.01
4 » 2	13.04
4 » 3	13.06
4 » 4	13.08
4 » 5	13.10
4 » 6	13.13
4 » 7	13.15
4 » 8	13.17
4 » 9	13.19
4 » 10	13.22
4 » 11	13.24
4 1 »	13.26
4 1 1	13.28
4 1 2	13.31
4 1 3	13.33
4 1 4	13.35
4 1 5	13.37
4 1 6	13.40
4 1 7	13.42
4 1 8	13.44
4 1 9	13.46
4 1 10	13.49
4 1 11	13.51
4 2 »	13.53
4 2 1	13.55
4 2 2	13.58
4 2 3	13.60
4 2 4	13.62
4 2 5	13.64
4 2 6	13.67
4 2 7	13.69
4 2 8	13.71
4 2 9	13.73

(suite colonne de droite)

Pi. Pou. Lign.	Palm. Tr.
4 4 9	14.27
4 4 10	14.30
4 4 11	14.32
4 5 »	14.34
4 5 1	14.36
4 5 2	14.39
4 5 3	14.41
4 5 4	14.43
4 5 5	14.45
4 5 6	14.48
4 5 7	14.50
4 5 8	14.52
4 5 9	14.54
4 5 10	14.57
4 5 11	14.59
4 6 »	14.61
4 6 1	14.63
4 6 2	14.66
4 6 3	14.68
4 6 4	14.70
4 6 5	14.72
4 6 6	14.75
4 6 7	14.77
4 6 8	14.79
4 6 9	14.81
4 6 10	14.84
4 6 11	14.86
4 7 »	14.88
4 7 1	14.90
4 7 2	14.93
4 7 3	14.95
4 7 4	14.97
4 7 5	15.00
4 7 6	15.02
4 7 7	15.04

Suite des Mesures de longueur.

TAILLE DE L'HOMME.				TAILLE DE L'HOMME.				TAILLE DE L'HOMME.				TAILLE DE L'HOMME.			
PIEDS, pouces, lignes.			PALMES, doigts et traits.	PIEDS, pouces, lignes.			PALMES, doigts et traits.	PIEDS, pouces, lignes.			PALMES, doigts et traits.	PIEDS, pouces, lignes.			PALMES, doigts et traits.
Pi.	Pou.	Lign.	Palm. Tr.	Pi.	Pou.	Lign.	Palm. Tr.	Pi.	Pou.	L'gn.	Palm. Tr.	Pi.	Pou.	Lign.	Palm. Tr.
4	7	8	15.06	4	11	10	16.20	5	4	»	17.52	5	8	2	18.46
4	7	9	15.08	4	11	11	16.22	5	4	1	17.54	5	8	3	18.48
4	7	10	15.11	5	»	»	16.24	5	4	2	17.37	5	8	4	18.50
4	7	11	15.13	5	»	1	16.26	5	4	3	17.39	5	8	5	18.52
4	8	»	15.16	5	»	2	16.29	5	4	4	17.41	5	8	6	18.55
4	8	1	15.18	5	»	3	16.31	5	4	5	17.43	5	8	7	18.57
4	8	2	15.21	5	»	4	16.33	5	4	6	17.46	5	8	8	18.59
4	8	3	15.23	5	»	5	16.35	5	4	7	17.48	5	8	9	18.61
4	8	4	15.25	5	»	6	16.38	5	4	8	17.50	5	8	10	18.64
4	8	5	15.27	5	»	7	16.40	5	4	9	17.52	5	8	11	18.66
4	8	6	15.30	5	»	8	16.42	5	4	10	17.55	5	9	»	18.68
4	8	7	15.32	5	»	9	16.44	5	4	11	17.57	5	9	1	18.70
4	8	8	15.34	5	»	10	16.47	5	5	»	17.59	5	9	2	18.73
4	8	9	15.36	5	»	11	16.49	5	5	1	17.61	5	9	3	18.75
4	8	10	15.39	5	1	»	16.51	5	5	2	17.64	5	9	4	18.77
4	8	11	15.41	5	1	1	16.53	5	5	3	17.66	5	9	5	18.79
4	9	»	15.43	5	1	2	16.56	5	5	4	17.68	5	9	6	18.82
4	9	1	15.45	5	1	3	16.58	5	5	5	17.70	5	9	7	18.84
4	9	2	15.48	5	1	4	16.60	5	5	6	17.73	5	9	8	18.86
4	9	3	15.50	5	1	5	16.62	5	5	7	17.75	5	9	9	18.88
4	9	4	15.52	5	1	6	16.65	5	5	8	17.77	5	9	10	18.91
4	9	5	15.54	5	1	7	16.67	5	5	9	17.79	5	9	11	18.93
4	9	66	15.57	5	1	8	16.69	5	5	10	17.82	5	10	»	18.95
4	9	7	15.59	5	1	9	16.71	5	5	11	17.84	5	10	1	18.97
4	9	8	15.61	5	1	10	16.74	5	6	»	17.86	5	10	2	19.00
4	9	9	15.63	5	1	11	16.76	5	6	1	17.88	5	10	3	19.02
4	9	10	15.66	5	2	»	16.78	5	6	2	17.91	5	10	4	19.04
4	9	11	15.68	5	2	1	16.80	5	6	3	17.93	5	10	5	17.06
4	10	»	15.70	5	2	2	16.83	5	6	4	17.95	5	10	6	19.09
4	10	1	15.72	5	2	3	16.85	5	6	5	17.97	5	10	7	19.11
4	10	2	15.75	5	2	4	16.87	5	6	6	18.00	5	10	8	19.13
4	10	3	15.77	5	2	5	16.89	5	6	7	18.02	5	10	9	19.15
4	10	4	15.79	5	2	6	16.92	5	6	8	18.04	5	10	10	19.18
4	10	5	15.81	5	2	7	16.94	5	6	9	18.06	5	10	11	19.20
4	10	6	15.84	5	2	8	16.96	5	6	10	18.09	5	11	»	19.22
4	10	7	15.86	5	2	9	16.98	5	6	11	18.11	5	11	1	19.24
4	10	8	15.88	5	2	10	17.01	5	7	»	18.13	5	11	2	19.27
4	10	9	15.90	5	2	11	17.03	5	7	1	18.15	5	11	3	19.29
4	10	10	15.93	5	3	»	17.05	5	7	2	18.18	5	11	4	19.51
4	10	11	15.95	5	3	1	17.07	5	7	3	18.20	5	11	5	19.53
4	11	»	15.97	5	3	2	17.10	5	7	4	18.22	5	11	6	19.56
4	11	1	15.99	5	3	3	17.12	5	7	5	18.24	5	11	7	19.58
4	11	2	16.02	5	3	4	17.14	5	7	6	18.27	5	11	8	19.40
4	11	3	16.04	5	3	5	17.16	5	7	7	18.29	5	11	9	19.42
4	11	4	16.06	5	3	6	17.19	5	7	8	18.31	5	11	10	19.45
4	11	5	16.08	5	3	7	17.21	5	7	9	18.33	5	11	11	19.47
4	11	6	16.11	5	3	8	17.23	5	7	10	18.36	6	»	»	19.49
4	11	7	16.13	5	3	9	17.25	5	7	11	18.85				
4	11	8	16.15	5	3	10	17.28	5	8	»	18.41				
4	11	9	16.17	5	3	11	17.30	5	8	1	18.43				

MESURES ITINÉRAIRES.

EN		EN		EN		EN	
LIEUES anciennes, de 2000 toises.	KILOMÈTRES.	LIEUES anciennes, de 2000 toises.	KILOMÈTRES.	LIEUES anciennes, de 2000 toises.	KILOMÈTRES.	LIEUES anciennes, de 2000 toises.	KILOMÈTRES.

(*10 kilomètres font 1 myriamètre.*)

Lieues.	Kilomètres.	Lieues.	Kilomètres.	Lieues.	Kilomètres.	Lieues.	Kilomètres.
		24......	... 93.555	50......	... 194.900	76......	... 296.254
		25......	... 97.961	51......	... 198.802	77......	... 300.152
Lieues.	Kilomètres.	26......	... 101.856	52......	... 202.700	78......	... 304.050
1......	... 3.898	27......	... 105.248	53......	... 206.598	79......	... 307.948
2......	... 7.796	28......	... 109.146	54......	... 210.496	80......	... 311.846
3......	... 11.694	29......	... 113.044	55......	... 214.394	81......	... 315.744
4......	... 15.592	30......	... 116.912	56......	... 218.292	82......	... 319.642
5......	... 19.490	31......	... 120.840	57......	... 222.190	83......	... 323.540
6......	... 23.388	32......	... 124.758	58......	... 226.088	84......	... 327.438
7......	... 27.286	33......	... 128.656	59......	... 229.986	85......	... 331.336
8......	... 31.184	34......	... 132.554	60......	... 233.884	86......	... 335.234
9......	... 35.082	35......	... 136.433	61......	... 237.782	87......	... 339.132
10......	... 38.980	36......	... 140.551	62......	... 241.680	88......	... 343.030
11......	... 42.879	37......	... 144.229	63......	... 245.578	89......	... 346.928
12......	... 46.777	38......	... 148.127	64......	... 249.476	90......	... 350.826
13......	... 50.675	39......	... 152.025	65......	... 253.574	91......	... 354.725
14......	... 54.573	40......	... 155.923	66......	... 257.273	92......	... 358.623
15......	... 58.471	41......	... 159.821	67......	... 261.171	93......	... 362.521
16......	... 62.369	42......	... 163.719	68......	... 275.069	94......	... 366.419
17......	... 66.267	43......	... 167.617	69......	... 268.967	95......	... 370.317
18......	... 70.165	44......	... 171.515	70......	... 272.865	96......	... 374.215
19......	... 74.063	45......	... 175.413	71......	... 278.763	97......	... 377.114
20......	... 77.961	46......	... 179.512	72......	... 280.661	98......	... 382.012
21......	... 81.859	47......	... 185.210	73......	... 284.559	99......	... 385.910
22......	... 85.757	48......	... 187.108	74......	... 288.457	100......	... 389.808
23......	... 89.655	49......	... 191.000	75......	... 292.355		

MESURES DE SUPERFICIE.

EN		EN		EN		EN		EN	
ARPENS de 100 perches de 22 pieds de côté.	HECTARES et parties d'hectare.	ARPENS de 100 perches de 22 pieds de côté.	HECTARES et parties d'hectare.	ARPENS de 100 perches de 22 pieds de côté.	HECTARES et parties d'hectare.	ARPENS de 100 perches de 22 pieds de côté.	HECTARES et parties d'hectare.	ARPENS de 100 perches de 22 pieds de côté.	HECTARES et parties d'hectare.

Des 4 décimales qui suivent les hectares, les 2 premières représentent des ares, les 2 dernières des centiares ou mètres carrés.		Arpens.	Hectares.	Arpens.	Hectares.	Arpens.	Hectares.	Arpens.	Hectares.
		4....	2.04 29	14....	7.15 01	24....	12.25 73	34....	17.36 45
		5....	2.55 36	15....	7.66 08	25....	12.76 80	35....	17.87 52
		6....	3.06 43	16....	8.17 15	26....	13.27 87	36....	18.38 59
		7....	3.57 50	17....	8.68 22	27....	13.78 94	37....	18.89 66
		8....	4.08 58	18....	9.19 30	28....	14.30 02	38....	19.40 74
Arpens.	Hectares.	9....	4.59 65	19....	9.70 37	29....	14.81 09	39....	19.91 81
1....	0.51 07	10....	5.10 72	20....	10.21 44	30....	15.32 16	40....	20.42 88
2....	1.02 14	11....	5.61 79	21....	10.72 51	31....	15.83 23	41....	20.93 95
3....	1.53 22	12....	6.12 86	22....	11.23 58	32....	16.34 30	42....	21.45 02
		13....	6.63 94	23....	11.74 66	33....	16.85 38	43....	21.95 10

EN — ARPENS de 100 perches de 22 pieds de côté. / HECTARES et parties d'hectare.

Arpens.	Hectares.
44	22.47 17
45	22.98 24
46	23.49 31
47	24.00 38
48	24.51 46
49	25.02 53
50	25.53 60
51	26.04 67
52	26.55 74
53	27.06 82
54	27.57 89
55	28.08 96
56	28.60 03
57	29.11 10
58	29.62 18
59	30.13 25
60	30.64 32
61	31.15 39
62	31.66 46
63	32.17 54
64	32.68 61
65	33.19 68
66	33.70 75
67	34.21 82
68	34.72 90
69	35.23 97
70	35.75 04
71	36.26 11
72	36.77 18
73	37.28 26
74	37.79 33
75	38.30 40
76	38.81 47
77	39.32 54
78	39.83 62
79	40.34 69
80	40.85 76
81	41.36 83
82	41.87 90
83	42.38 97
84	42.90 05
85	43.41 12
86	43.92 19
87	44.43 26
88	44.94 33
89	45.45 41
90	45.96 48
91	46.47 55
92	46.98 62
93	47.49 69
94	48.00 77
95	48.51 84
96	49.02 91
97	49.53 98
98	50.05 05
99	50.56 13
100	51.07 20

EN — ARPENT de Paris, de 100 perches de 18 pieds de côté. / HECTARES et parties d'hectare.

Les deux premières décimales représentent des ares, les deux dernières des centiares ou mètres carrés.

Arpens.	Hectares.
1	0.34 19
2	0.68 38
3	1.02 57
4	1.36 76
5	1.70 94
6	2.05 13
7	2.39 32
8	2.73 51
9	3.07 70
10	3.41 89
11	3.76 07
12	4.10 26
13	4.44 45
14	4.78 64
15	5.12 83
16	5.47 02
17	5.81 21
18	6.15 39
19	6.49 58
20	6.83 77
21	7.17 96
22	7.52 15
23	7.86 34
24	8.20 53
25	8.54 72
26	8.88 90
27	9.23 09
28	9.57 28
29	9.91 47
30	10.25 66
31	10.59 85
32	10.94 04
33	11.28 22
34	11.62 41
35	11.96 60
36	12.30 79
37	12.74 98
38	12.99 17
39	13.33 36
40	13.67 55
41	14.01 73
42	14.35 92
43	14.70 11
44	15.04 30
45	15.38 49
46	15.72 68
47	16.06 87
48	16.41 06
49	16.75 24
50	17.09 43
51	17.43 62

EN — ARPENT de Paris, de 100 perches de 18 pieds de côté. / HECTARES et parties d'hectare.

Arpens.	Hectares.
52	17.77 81
53	18.12 00
54	18.46 19
55	18.80 38
56	19.14 56
57	19.48 75
58	19.82 94
59	20.17 13
60	20.51 32
61	20.85 51
62	21.19 70
63	21.53 88
64	21.88 07
65	22.22 26
66	22.56 45
67	22.90 64
68	23.24 83
69	23.59 02
70	23.93 21
71	24.27 39
72	24.61 58
73	24.95 77
74	25.29 96
75	25.64 15
76	25.98 34
77	26.32 53
78	26.66 72
79	27.00 90
80	27.35 09
81	27.69 28
82	28.03 47
83	28.37 66
84	28.71 85
85	29.06 04
86	29.40 22
87	29.74 41
88	30.08 60
89	30.42 79
90	30.76 98
91	31.11 17
92	31.45 36
93	31.79 54
94	32.13 73
95	32.47 92
96	32.82 11
97	33.16 30
98	33.50 49
99	33.84 68
100	34.18 87

EN — ARPENT commun de 100 perches de 20 pieds de côté. / HECTARES et parties d'hectare.

Les deux premières décimales représentent des ares, les deux dernières des centiares ou mètres carrés.

Arpens.	Hectares.
1	0.42 21
2	0.84 42
3	1.26 62
4	1.68 83
5	2.11 04
6	2.53 25
7	2.95 46
8	3.37 67
9	3.79 87
10	4.22 08
11	4.64 29
12	5.06 50
13	5.48 71
14	5.90 92
15	6.33 12
16	6.75 33
17	7.17 54
18	7.59 75
19	8.01 96
20	8.44 17
21	8.86 37
22	9.28 58
23	9.70 79
24	10.13 00
25	10.55 21
26	10.97 42
27	11.39 62
28	11.81 83
29	12.24 04
30	12.66 25
31	13.08 46
32	13.50 67
33	13.92 87
34	14.35 08
35	14.77 29
36	15.19 50
37	15.61 71
38	16.03 91
39	16.46 12
40	16.88 33
41	17.30 54
42	17.72 75
43	18.14 96
44	18.57 16
45	18.99 37
46	19.41 58
47	19.83 79
48	20.25 00
49	20.68 11
50	21.10 41
51	21.52 62

EN — ARPENT commun de 100 perches de 20 pieds de côté. / HECTARES et parties d'hectare.

Arpens.	Hectares.
52	21.94 83
53	22.37 04
54	22.79 25
55	23.21 46
56	23.63 66
57	24.05 87
58	24.48 08
59	24.90 29
60	25.32 50
61	25.74 70
62	26.16 91
63	26.59 12
64	27.01 33
65	27.43 54
66	27.85 75
67	28.27 95
68	28.70 16
69	29.12 37
70	29.54 58
71	29.96 79
72	30.39 00
73	30.81 20
74	31.23 41
75	31.65 62
76	32.07 83
77	32.50 04
78	32.92 25
79	33.34 45
80	33.76 66
81	34.18 87
82	34.61 08
83	35.03 29
84	35.45 50
85	35.87 70
86	36.29 91
87	36.72 12
88	37.14 35
89	37.56 54
90	37.98 74
91	38.40 95
92	38.83 16
93	39.25 37
94	39.67 58
95	40.09 79
96	40.51 99
97	40.94 20
98	41.36 41
99	41.78 62
100	42.20 83

MESURES DE SOLIDITÉ.

| BOIS DE CHAUFFAGE. | BOIS DE CHAUFFAGE. | BOIS DE CHAUFFAGE. | BOIS DE CHARPENTE. | BOIS DE CHARPENTE. |

Colonne 1 — Bois de chauffage.

Voie de Paris de 4 pieds de couche sur 4 pieds de hauteur. Bûches de 3 pieds 6 pouces de longueur.

Voies.	Stères.
1	1.929
2	3.839
3	5.759
4	7.678
5	9.598
6	11.517
7	13.437
8	15.356
9	17.276
10	19.195
20	38.391
30	57.586
40	76.781
50	95.976
60	115.172
70	134.567
80	153.562
90	172.758
100	191.953
500	959.765

Corde des Eaux et Forêts ou d'ordonnance, en stères.

Cette corde étant exactement le double de la voie de Paris, on peut se servir de la table précédente, en prenant le double de la quantité de stères qui correspond au nombre donné.

Colonne 2 — Bois de chauffage.

Cordes de grand bois, en stères.

La corde de grand bois contenait 8 pieds de couche et 4 pieds de hauteur, la bûche ayant 4 pieds de longueur.

Cordes.	Stères.
1	4.387
2	8.775
3	13.162
4	17.550
5	21.937
6	26.325
7	30.712
8	35.100
9	39.487
10	43.875
20	87.750
30	131.625
40	175.500
50	219.375
60	263.250
70	307.125
80	350.999
90	394.874
100	438.749
500	2193.746

Cordes de port, en stères.

La corde de port contenait 8 pieds de couche et 5 de hauteur, la bûche ayant 3 pieds 6 pouces de longueur.

Cordes.	Stères.
1	4.799
2	9.598
3	14.396
4	19.195
5	23.994

Colonne 3 — Bois de chauffage.

Cordes.	Stères.
6	28.795
7	33.592
8	38.391
9	43.189
10	47.988
20	95.976
30	134.965
40	191.953
50	239.941
60	287.929
70	335.917
80	383.906
90	431.894
100	479.882
500	2399.410

BOIS DE CHARPENTE.

Solives.	Décistères.
1	1.03
2	2.06
3	3.08
4	4.11
5	5.14
6	6.17
7	7.20
8	8.23
9	9.25
10	10.28
11	11.31
12	12.34
13	13.37
14	14.40
15	15.42
16	16.45
17	17.48
18	18.51
19	19.54
20	20.57
21	21.59
22	22.62

Colonne 4 — Bois de charpente.

Solives.	Décistères.
23	23.65
24	24.68
25	25.71
26	26.74
27	27.76
28	28.79
29	29.82
30	30.85
31	31.88
32	32.91
33	33.93
34	34.96
35	35.99
36	37.02
37	38.05
38	39.08
39	40.10
40	41.13
41	42.16
42	43.19
43	44.22
44	45.25
45	46.27
46	47.30
47	48.33
48	49.36
49	50.39
50	51.42
51	52.44
52	53.47
53	54.50
54	55.53
55	56.56
56	57.59
57	58.62
58	59.64
59	60.67
60	61.70
61	62.73
62	63.76
63	64.79
64	65.81
65	66.84

Colonne 5 — Bois de charpente.

Solives.	Décistères.
66	67.87
67	68.90
68	69.93
69	70.95
70	71.98
71	73.01
72	74.04
73	75.07
74	76.10
75	77.12
76	78.15
77	79.18
78	80.21
79	81.24
80	82.27
81	83.29
82	84.32
83	85.35
84	86.38
85	87.41
86	88.44
87	89.46
88	90.49
89	91.52
90	92.55
91	93.58
92	94.61
93	95.63
94	96.66
95	97.69
96	98.72
97	99.75
98	100.78
99	101.80
100	102.83
200	205.66
300	308.50
400	411.33
500	514.16
600	616.99
700	719.82
800	822.66
900	925.49

MESURES DE CAPACITÉ.

BLÉ.		BLÉ.		BLÉ.		BLÉ.		BLÉ.	
LITRONS, boisseaux, setiers et muids de Paris.	LITRES, décalitres, hectolitres, et kilolitres.	LITRONS, boisseaux, setiers et muids de Paris.	LITRES, décalitres, hectolitres, et kilolitres.	LITRONS, boisseaux, setiers et muids de Paris.	LITRES, décalitres, hectolitres, et kilolitres.	LITRONS, boisseaux, setiers et muids de Paris.	LITRES, décalitres, hectolitres, et kilolitres.	LITRONS, boisseaux, setiers et muids de Paris.	LITRES, décalitres, hectolitres, et kilolitres.
Litrons.	Litres.	Litrons.	Litres.	Litres.	Litrons.	Litrons.	Litres.	Litrons.	Litres.
1	0.813	3	2.439	5	4.065	7	5.691	9	7.317
2	1.626	4	3.252	6	4.878	8	6.504	10	8.130

Suite des Mesures de capacité.

BLÉ.		BLÉ.				VIN.		VIN.	

BLÉ.

LITRONS, boisseaux, setiers et muids de Paris.	LITRES, décalitres, hectolitres et kilolitres.
Litrons.	Litres.
11.....	8.943
12.....	9.756
13.....	10.569
14.....	11.382
15.....	12.195

16 litrons faisoient un boisseau.

Boisseaux de Paris en décalitres, ou nouveaux boisseaux.

Boisseaux.	Décalitres.
1.....	1.301
2.....	2.602
3.....	3.902
4.....	5.203
5.....	6.504
6.....	7.805
7.....	9.106
8.....	10.407
9.....	11.707
10.....	13.008
11.....	14.309
12.....	15.610

12 boisseaux de grain faisoient un setier.

13.....	16.911
14.....	18.212
15.....	19.512
16.....	20.813

16 boisseaux de sel faisoient un setier.

17.....	22.114
18.....	23.415
19.....	24.716
20.....	26.017
21.....	27.317
22.....	28.618
23.....	29.919
24.....	31.220

24 boisseaux d'avoine faisoient un setier.

25.....	32.521
26.....	33.822
27.....	35.122
28.....	36.423
29.....	37.724
30.....	39.025
31.....	40.326
32.....	41.627

32 boisseaux de charbon faisoient un setier.

BLÉ.

Setiers de Paris en hectolitres ou nouveaux setiers.

ANCIENS setiers.	de grain, 12 boiss.	Sel, 16 boiss.	Avoine, 24 boiss.	Charbon, 32 boiss.
	Hectol.	Hectol.	Hectol.	Hectol.
1	1.561	2.081	3.122	4.163
2	3.122	4.163	6.244	8.325
3	4.683	6.244	9.366	12.488
4	6.244	8.325	12.488	16.551
5	7.805	10.407	13.610	20.813
6	9.366	12.488	18.732	24.976
7	10.927	14.569	21.854	29.139
8	12.488	16.651	24.976	33.302
9	14.049	18.732	28.098	37.464
10	15.610	20.813	31.220	41.627
11	17.171	22.895	34.342	10 set. de charbon faisoient 1 muid.
12	18.732	24.976	37.464	

Pour le grain, l'avoine et le sel, 12 setiers faisoient un muid.

Muids de Paris en kilolitres ou nouveaux muids.

ANCIENS muids.	de Grains.	de Sel.	d'Avoine.
	Kilolitres.	Kilolitres.	Kilolitres.
1....	1.873	2.498	5.746
2....	3.746	4.995	7.493
3....	5.620	7.493	11.259
4....	7.493	9.990	14.986
5....	9.366	12.488	18.732
6....	11.239	14.986	22.478
7....	13.112	17.483	26.225
8....	14.986	19.981	29.971
9....	16.859	22.478	33.718
10....	18.732	24.976	37.464
20....	37.464	49.952	74.928
30....	56.196	74.928	112.392
40....	74.928	99.904	149.856
50....	93.660	124.880	187.319
60....	112.392	149.856	224.783
70....	131.124	174.832	262.247
80....	149.856	199.807	299.711
90....	168.588	224.783	337.175
100....	187.519	249.759	374.639

VIN.

PINTE.	LITRES.
1....	0.931
2....	1.868
3....	2.794
4....	3.725
5....	4.557
6....	5.588
7....	6.519
8....	7.450
9....	8.382
10....	9.513
11....	10.244
12....	11.176
13....	12.107
14....	13.038
15....	13.970
16....	14.901
17....	15.832
18....	16.764
19....	17.695
20....	18.626
21....	19.558
22....	20.489
23....	21.420
24....	22.352
25....	23.283
26....	24.214
27....	25.146
28....	26.077
29....	27.008
30....	27.940
31....	28.871
32....	29.802
33....	30.733
34....	31.665
35....	32.596
36....	33.527
37....	34.459
38....	35.390
39....	36.321
40....	37.253
41....	38.184
42....	39.115
43....	40.047
44....	40.978
45....	41.909
46....	42.841
47....	43.772
48....	44.703
49....	45.635
50....	46.566
51....	47.497
52....	48.429
53....	49.360
54....	50.291
55....	51.222
56....	52.154
57....	53.085
58....	54.016

VIN.

PINTES.	LITRES.
59....	54.948
60....	55.879
61....	56.810
62....	57.742
63....	58.673
64....	59.604
65....	60.536
66....	61.467
67....	62.398
68....	63.330
69....	64.261
70....	65.192
71....	66.124
72....	67.055
73....	67.986
74....	68.918
75....	69.849
76....	70.780
77....	71.711
78....	72.643
79....	73.574
80....	74.505
81....	75.437
82....	76.368
83....	77.299
84....	78.231
85....	79.162
86....	80.093
87....	81.025
88....	81.956
89....	82.887
90....	83.819
91....	84.750
92....	85.681
93....	86.613
94....	87.544
95....	88.475
96....	89.407
97....	90.338
98....	91.269
99....	92.200
100....	93.132
110....	102.445
120....	111.758
130....	121.071
140....	130.385
150....	139.698
160....	149.011
170....	158.324
180....	167.637
190....	176.951
200....	186.264
210....	195.577
220....	204.890
230....	214.203
240....	223.516
250....	232.830

VIN.

PINTES.	LITRES.	PINTES.	LITRES.
260	242.145	1000	951.518
270	251.156	La chopine vaut en	
280	260.769	décilitres..	4.66
288	268.270	Le demi-setier	2.33
290	270.082	Le poisson...	1.16
500	465.659		

VIN.

MUIDS.	HECTOL.	MUIDS.	HECTOL.
1....	2.682	7....	18.775
2....	5.364	8....	21.458
3....	8.047	9....	24.140
4....	10.729	10....	26.822
5....	13.411	20....	53.644
6....	16.093	30....	80.466

VIN.

MUIDS.	HECTOL.	MUIDS.	HECTOL.
40....	107.288	100....	268.220
50....	134.110	500....	1341.100
60....	160.932	La feuillette vaut en	
70....	187.754	décilitres	13.411
80....	214.576	Le quartaut	6.705
90....	241.398	L'anc. velte	
		ou setier	0.745

POIDS.

ANCIENS.	NOU-VEAUX.	ANCIENS.	NOU-VEAUX.	ANCIENS.	NOU-VEAUX.	ANCIENS.	NOU-VEAUX.	ANCIENS.	NOU-VEAUX.	ANCIENS.	NOU-VEAUX.

Fractions de l'ancien grain en milligrammes.

Les décimales sont des centièmes.

255.es de Milligramme.	
1....	0.21
2....	0.41
3....	0.62
4....	0.83
5....	1.04
6....	1.24
7....	1.45
8....	1.66
9....	1.87
10....	2.07
11....	2.28
12....	2.49
13....	2.70
14....	2.90
15....	3.11

Seize 255.es de grain font un 17.e

16.es de grain.	Milligramm.
1....	3.32
2....	6.64
3....	9.96
4....	13.28
5....	16.60
6....	19.92
7....	23.24
8....	26.56
9....	29.88
10....	33.20
11....	36.52
12....	39.84
13....	43.16
14....	46.48
15....	49.80

Seize 16.es font en grain.

Anciens grains décigrammes ou nouveaux grains.

Les décimales sont

des milligr. ou centièmes du nouv. gr.

Grains.	Décigr.
1....	0.55
2....	1.06
3....	1.59
4....	2.12
5....	2.66
6....	3.19
7....	3.72
8....	4.25
9....	4.78
10....	5.31
11....	5.84
12....	6.37
13....	6.90
14....	7.44
15....	7.97
16....	8.50
17....	9.03
18....	9.56
19....	10.09
20....	10.62
21....	11.15
22....	11.69
23....	12.22
24....	12.75
25....	13.28
26....	13.81
27....	14.34
28....	14.87
29....	15.40
30....	15.93
31....	16.47
32....	17.00
33....	17.53
34....	18.06
35....	18.59
36....	19.12
37....	19.65
38....	20.18
39....	20.71
40....	21.25
41....	21.78
42....	22.31
43....	22.84
44....	23.57
45....	23.90
46....	24.43

Grains.	Décigr.
47....	24.96
48....	25.50
49....	26.03
50....	26.56
51....	27.09
52....	27.63
53....	28.15
54....	28.68
55....	29.21
56....	29.74
57....	30.28
58....	30.81
59....	31.34
60....	31.87
61....	32.40
62....	32.93
63....	33.46
64....	33.99
65....	34.52
66....	35.06
67....	35.59
68....	36.12
69....	36.65
70....	37.18
71....	37.71

72 grains faisoient un gros.

Anciens gros en gramm. ou demi.

Les décim. sont des milligr.; isolement, le 1.er chiffre représente des décigr. ou nouv. gr.; le 2.e des centigr.; le 3.e des milligr. Si l'on veut convertir en nouv. gros, il faut avancer le point décim. d'un chiffre.

Gros.	Gramm.
1....	3.824
2....	7.649
3....	11.475
4....	15.297
5....	19.121
6....	22.945
7....	26.770

Anc. onc. en décagr. ou nouv. gros.

Les décim. sont des milligr.; isolement, le 1.er chiffre représente des gr., le 2.e des décigr., le 3.e des centigr., le 4.e des milligr.

Pour convertir en hectogr. ou nouv. onces, on avance le point d'un chiff.

Onces.	Décigr.
1....	3.0594
2....	6.1188
3....	9.1782
4....	12.2376
5....	15.2971
6....	18.3565
7....	24.4159
8....	24.4755
9....	27.5347
10....	30.5941
11....	33.6535
12....	36.7129
13....	39.7724
14....	42.8317
15....	45.8912

16 onc. fais. 1 livre.

Anc. livres en kilogr. ou nouv. livr.

Si l'on veut convertir les an. liv. en hectogr. ou nouv. onces, il suffit de reculer le point d'un chiff.; pour les convertir en myriag. il faut au contraire l'avancer d'un ch.

Les décim. sont des décigr.; isolement, le 1.er chiffre représente des hectogr., le 2.e des décigr., le 4.e des nouveaux grains.

Livres.	Kilogr.
1....	0.4895
2....	0.9790
3....	1.4685
4....	1.9580
5....	2.4475
6....	2.9370
7....	3.4265
8....	3.9160
9....	4.4056
10....	4.8951
11....	5.3846
12....	5.8741
13....	6.3636
14....	6.8531
15....	7.3426
16....	7.8321
17....	8.3216
18....	8.8111
19....	9.3096
20....	9.7901
21....	10.2796
22....	10.7691
23....	11.2586
24....	11.7481
25....	12.2376
26....	12.7272
27....	13.2167
28....	13.7062
29....	14.1957
30....	14.6852
31....	15.1747
32....	15.6642
33....	16.1537
34....	16.6432
35....	17.1327
36....	17.6222
37....	18.1117
38....	18.6012
39....	19.0907
40....	19.5802
41....	20.0697
42....	20.5592
43....	21.0488
44....	21.5385
45....	22.0278
46....	22.5173
47....	23.0068
48....	23.4963
49....	23.9858
50....	24.4753
51....	24.9648
52....	25.4543

Livres.	Kilogr.
53....	25.9433
54....	26.4333
55....	26.9228
56....	27.4123
57....	27.9018
58....	28.3913
59....	28.8808
60....	29.3704
61....	29.8599
62....	30.3494
63....	30.8589
64....	31.3283
65....	31.8179
66....	32.7969
67....	32.7959
68....	33.2864
69....	33.7759
70....	34.2653
71....	34.7549
72....	35.2444
73....	35.7359
74....	36.2234
75....	36.7129
76....	37.2014
77....	37.6609
78....	38.4240
79....	38.6710
80....	39.1605
81....	39.6500
82....	40.1395
83....	40.6290
84....	41.1185
85....	41.6080
86....	42.0975
87....	42.5870
88....	43.0765
89....	43.5660
90....	44.0555
91....	44.5450
92....	45.0345
93....	45.5240
94....	46.0135
95....	46.5031
96....	46.9926
97....	47.4821
98....	47.9716
99....	48.4911
	48.9506

100 livres font un quintal.

Anciens quintaux et milliers en nouveaux. — La table ci-dessus comparant les anciennes livres aux kilogrammes ou nouv. livres, servira à convertir les anciens quintaux et milliers en nouveaux; ainsi 50 quintaux, poids de marc, valent en nouveaux, 24.1762, etc.

POLICE, en fait de contrats, signifie promesse. Ce terme vient du latin *polliceri*. Il est encore usité dans quelques provinces, pour exprimer une promesse en général, faite par acte sous seing privé; et même dans tout le royaume, pour signifier certains actes particuliers dont il est parlé ci-après.

POLICE DE CHARGEMENT, signifie la même chose sur la Méditerranée, que Connaissement sur l'Océan.

POLICE D'ASSURANCE, est un contrat maritime, par lequel un assureur stipule un prix, moyennant lequel il prend sur lui le péril de la navigation; et ce prix se nomme prime, parce qu'il se prend par avance.

Voy. l'Ordonnance du mois d'août 1681, touchant la marine, *tit.* 6 des Assurances. *Voy.* aussi l'Arrêt du 26 mars 1672, rapporté dans le Journal des Audiences.

POLLICITATION, est une espèce de donation qui se fait par une simple promesse, c'est-à-dire, sans convention. Ainsi la pollicitation diffère du pacte, en ce que le pacte est une convention de deux personnes; au lieu que la pollicitation est la promesse ou l'offre d'une seule personne.

Quoique régulièrement la simple pollicitation ne produise aucune action, néanmoins si un simple particulier promet de faire quelque ouvrage ou quelque chose pour le public, telle promesse est obligatoire, si elle est fondée sur une juste cause; et quand même elle ne serait fondée sur aucune cause, lorsque l'ouvrage promis a été commencé, il n'est plus au pouvoir de celui qui l'a commencé d'en cesser l'exécution.

Il faut observer que l'ordonnance de 1731, concernant les donations, *art.* 3, règle qu'il n'y aura que deux formes de disposer de ses biens à titre gratuit, les testamens et les donations : elle ne parle point des pollicitations.

Depuis l'ordonnance de 1731, on n'admet plus guères de pollicitations. Ainsi par arrêt rendu au parlement de Rouen, le 31 mars 1735, on a déclaré nulle une donation de

Tome III.

bibliothèque qu'avait annoncée M. le Normant, évêque d'Evreux, par un mandement, et qu'il n'avait pas effectuée par un acte en forme, ayant été prévenu par la mort. Un autre arrêt rendu au parlement de Paris, le 26 avril 1758, annula un écrit souscrit par le sieur Grandjean de Commercy, et trouvé après sa mort, par lequel il promettait de payer une dot pour la demoiselle sa nièce, entrée au noviciat chez les Ursulines de Poissy. Il avoit même déjà payé, avant son décès, 500 livres pour la prise d'habit. Le motif déterminant de ces deux arrêts c'est que les libéralités dont il est question, n'étaient point revêtues des formes requises pour constituer ou une donation ou un testament.

Voy. ce que Ferrière a dit sur la coutume de Paris, *au tit.* des Donations, *pag.* 1092, *tom.* 3.

Droit nouveau.

Le Code civil, en établissant qu'on ne peut disposer de ses biens que par donation entre-vifs, ou par testament, proscrit également les pollicitations, déjà tacitement abolies par l'ordonnance de 1731, et par la jurisprudence.

PORTIONS VIRILES, sont des portions qui sont égales : ce qui arrive en fait de successions, lorsque plusieurs héritiers viennent *ab intestat* à la succession du défunt, ou lorsqu'ils y viennent en vertu de son testament, dans lequel ils sont institués héritiers, sans que le testateur ait marqué pour quelle part et portion il les instituait héritiers. *Tunc partes illorum sunt viriles, id est, æquales.*

PORTION VIRILE EN FAIT D'AUGMENT DE DOT, était en pays de droit écrit la portion qu'une veuve qui avait des enfans, et qui ne s'était point remariée, avait en pleine propriété dans son augment de dot; de sorte qu'elle pouvait la laisser à qui bon lui semblait, par disposition de dernière volonté; et quand elle ne le faisait pas, elle appartenait à ses enfans par égales portions.

Cette portion de la veuve était appelée virile, parce qu'elle était égale à celle qui appartenait à chacun de ses enfans ; *nudâ tantum proprietate, dum vivebat,* et dont ils devaient avoir la pleine et entière propriété après sa mort, quand elle n'en avait pas disposé par testament.

Voy. Augment.; *Voy.* Henrys et son Commentateur, *tom.* 2, *liv.* 4, *quest.* 140 ; et *tom.* 4, *plaidoyer* 15.

POSSÉDER, signifie détenir, avoir une chose en sa possession.

POSSÉDER A TITRE DE PROPRIÉTÉ, signifie avoir la disposition absolue d'une chose, la pouvoir vendre, engager, etc.

POSSÉDER A TITRE D'USUFRUIT, signifie avoir le revenu et le produit d'une chose pendant sa vie.

POSSÉDER EN FIEF, signifiait posséder un héritage à titre de la foi et hommage.

POSSÉDER EN ROTURE, signifiait posséder à titre de cens.

POSSÉDER PAR INDIVIS, signifie posséder en commun.

POSSÉDER PAR ENGAGEMENT, signifie posséder à faculté de rachat.

POSSÉDER AU NOM D'AUTRUI, signifie avoir à ferme ou à louage.

POSSESSEUR, est opposé au propriétaire ; car le possesseur d'une chose, à proprement parler, n'est pas le propriétaire : aussi on ne dit pas que celui qui a la propriété d'un fonds, en soit le possesseur.

Le possesseur se dit donc de celui qui détient une chose en qualité de propriétaire, et qui ne l'est pas, soit qu'il sache ou qu'il ignore qu'elle appartient à autrui. Tout possesseur est ou possesseur de bonne foi, ou possesseur de mauvaise foi.

Possesseur de bonne foi, est celui qui a acquis à titre translatif de propriété, comme par achat, par dot, par legs, une chose de celui qu'il croyait en être le propriétaire.

Tout possesseur est présumé de bonne foi, tant qu'on ne prouve pas le contraire.

Le possesseur de bonne foi a trois avantages. Le premier est, qu'il fait les fruits siens, comme nous avons dit en parlant de la perception des fruits.

Le second est, qu'il peut acquérir la propriété de la chose par le moyen de la prescription.

Le troisième est, qu'il peut rester en possession de l'héritage dans lequel il a fait des impenses nécessaires et utiles, jusqu'à ce qu'elles lui soient remboursées par le propriétaire qui le revendique. *Voy.* ce qu'a dit Ferrière sur le §. 30 du *titre premier* du *second livre* des Institutes.

Possesseur de mauvaise foi, est celui qui possède une chose dans le dessein de se l'approprier, quoiqu'il n'ait aucun titre translatif de propriété ; ou qui possède une chose en vertu d'un titre translatif de propriété qu'il tient de celui qu'il sait n'en être pas le propriétaire.

Ce possesseur n'a pas les mêmes avantages que nous venons de dire être accordés au possesseur de bonne foi.

Droit nouveau.

Le possesseur est de bonne foi quand il possède en vertu d'un titre translatif de propriété dont il ignore les vices ; il cesse d'être de bonne foi dès que ces vices lui sont connus. *Art.* 550. *C. de la Prop.*

La bonne foi est toujours présumée, et c'est à celui qui allègue la mauvaise foi à la prouver. *Art.* 2268. *C. des Prescriptions.*

Le simple possesseur ne fait les fruits siens que quand il possède de bonne foi ; dans le cas contraire, il est tenu de rendre les produits avec la chose au propriétaire qui la revendique. *Art.* 549. *C. de la Propriété.*

Le possesseur de bonne foi prescrit un immeuble par dix ans entre présens, et vingt ans entre absens. *Voy.* à cet égard ce que j'ai dit *aux mots* Acquéreur de bonne foi *et* Absent en matière de prescription.

Le co-héritier qui fait le rapport en nature d'un immeuble, peut en retenir la possession jusqu'au remboursement effectif des sommes qui lui sont dues pour impenses ou améliorations. *Art.* 867. *C. des Success.*

POSSESSEUR DE BONNE FOI DEVIENT POSSESSEUR DE MAUVAISE FOI PAR LA CONTESTATION EN CAUSE. La raison est, que la contestation en cause a dû faire connaître au possesseur que le bien dont il s'agit ne lui appartient pas, au moyen des titres que la partie adverse a énoncés pour appuyer son droit : c'est pourquoi la contestation en cause le constitue en mauvaise foi, et interrompt par conséquent le gain des fruits, qui ne peut être que le prix et la récompense de la bonne foi : d'où vient cette règle de droit : *Post litem contestatam omnes possessores sunt pares.*

Cela est si vrai, qu'un possesseur étant devenu une fois de mauvaise foi par la contestation en cause, ne peut se prévaloir de ce que l'instance est périe depuis ; il doit restituer les fruits par lui perçus depuis la contestation en cause, de même que s'il n'y avait point eu de péremption. Ainsi jugé au parlement de Paris, par arrêt rendu le 30 octobre 1556, rapporté par le Prêtre, ès-arrêts célèbres du parlement, *in principio.*

Tout possesseur ne peut être contraint de prouver que la chose qu'il possède lui appartient ; c'est à celui qui la revendique à prouver qu'il en est lui-même propriétaire : *Nam enim possessori incumbit necessitas probandi rem quam possidet ad se pertinere, cùm indè probatione contrariâ cessante dominium apud eum remaneat. Leg.* 2. *Cod. de Probationib.* Je possède parce que je possède ; ma possession est mon titre : la loi même le met en œuvre contre quiconque le veut attaquer, et l'oblige à prouver le vice d'une possession qu'il veut détruire.

Droit nouveau.

Ce qui vient d'être dit a également lieu aujourd'hui. En effet, le possesseur cesse d'être dans la bonne foi dès que les vices de l'acte en vertu duquel il possède lui sont connus ; *art.*

550 ; or la contestation en cause lui fait connaître ces vices.

L'art. 549 en disposant que le possesseur de bonne foi fait seul les fruits siens vient confirmer l'ancienne jurisprudence. *Voy. les articles* ci-dessus *au mot Possesseur.*

POSSESSION, est la détention d'une chose corporelle. Comme posséder est tenir positivement, nous ne pouvons pas posséder véritablement les choses incorporelles, puisque nous ne pouvons pas les tenir.

On distingue deux sortes de possession, l'une est purement de fait, et l'autre est de fait et de volonté.

Possession de fait, n'est qu'une simple détention d'une chose qui est en nos mains, sans intention d'avoir la chose ; ainsi ce n'est pas une véritable possession.

Telle est celle du dépositaire, du commodataire, du fermier, et autres qui possèdent une chose pour et au nom d'autrui, sans intention d'en posséder en leur nom ; desquels on dit qu'ils sont plutôt en possession qu'ils ne possèdent.

Possession de fait et de volonté, est une véritable possession d'une chose que nous avons en nos mains, et que nous tenons avec affection de la posséder en notre propre nom, et de la garder ; ou avec affection de la tenir, comme en ayant la propriété.

Cette possession se divise en possession naturelle, et en possession civile.

Possession naturelle, est la détention d'une chose avec affection de la garder, quoique nous sachions qu'elle appartient à autrui : et on en distingue de deux sortes, savoir : celle qui est juste, et celle qui est injuste.

La juste est celle qui est autorisée par les lois : telle est celle d'un créancier qui possède la chose qui lui a été donnée en gage par son débiteur.

L'injuste est celle qui est réprouvée par les lois ; telle est celle d'un voleur et d'un possesseur de mauvaise foi.

11*

Possession civile, est la détention d'une chose avec affection de la tenir, comme en ayant la propriété, quoique nous ne l'ayons pas véritablement.

Telle est la possession d'un possesseur de bonne foi, comme si j'ai acheté un fonds de celui que j'en croyois le propriétaire, lequel cependant ne l'était pas; j'en suis le possesseur et non pas le propriétaire, quoique la cause de ma possession soit translative de propriété. La raison est, que celui de qui je l'ai acheté n'a pu transférer en ma personne plus de droit qu'il n'en avait. *Nemo jus plus in alium transferre potest quàm ipse habet.*

Quoique la possession civile ne transfère pas la propriété, elle sert au possesseur à faire les fruits siens, tant que sa possession n'est pas interrompue par le propriétaire. Elle lui sert aussi à acquérir la propriété de la chose par le moyen de la prescription.

En matière bénéficiale, le pourvu d'une cure auquel on a refusé le *visa* qui appelle comme d'abus de ce refus, peut être renvoyé devant un autre supérieur ecclésiastique pour obtenir le *visa*, s'il y a abus dans le refus de l'ordinaire; et cependant on lui permet de prendre possession civile du bénéfice, à l'effet de gagner les fruits du jour de cette prise de possession; mais il ne peut faire aucune fonction ecclésiastique, qu'il n'ait obtenu le *visa*.

Possession actuelle, est la possession qui est accompagnée de la jouissance réelle et actuelle d'un fonds, avec perception des fruits.

Cette possession est opposée à la possession imaginaire ou artificielle.

Possession artificielle ou feinte, est une fiction de droit, qui nous fait réputer possesseur d'une chose qu'un autre possède sous notre nom; comme dans le cas de la relocation, de constitut et du précaire.

Par la relocation, l'acquéreur qui veut laisser jouir le vendeur ou le donataire, lui fait un bail de la chose pour un certain temps.

Par la clause de constitut, le vendeur ou le donateur qui retient la chose, déclare qu'il se constitue possesseur pour et au nom du propriétaire.

Par le précaire, le vendeur ou le donateur déclare qu'il ne possède que précairement, sous le bon plaisir du propriétaire, et à la prière qu'il lui en a faite.

Il en est de même, quand par la rétention d'usufruit, le vendeur ou le donateur reste en possession de la chose vendue ou donnée, l'acheteur ou le donataire est réputé posséder par le vendeur ou par le donateur.

Cette possession artificielle, qui est l'effet d'une tradition feinte, produit deux effets.

Le premier est, qu'elle sert à transférer la propriété à l'acquéreur, quoiqu'il ne possède pas sur-le-champ réellement, et de fait: aussi ne donne-t-elle pas le droit d'exercer les actions possessoires, parce qu'il n'y a que ceux qui possèdent véritablement qui puissent se dire troublés ou dépouillés de leur possession.

Le deuxième effet de la possession feinte est, qu'elle donne le pouvoir à l'acquéreur de se mettre en possession de plein droit de la chose qu'il a acquise, dès le moment que l'usufruit est fini, ou que le terme de la relocation est expiré, sans en demander la permission au vendeur ni à ses héritiers.

Voy. d'Argentré, *des Appropriances, art.* 265, *vers. qual. possess. exig. in auct.*

Droit nouveau.

La possession est la détention ou la jouissance d'une chose ou d'un droit que nous tenons ou que nous exerçons par nous mêmes, ou par un autre qui la tient ou qui l'exerce en notre nom. *Art.* 2228, *C. de la Prescription.*

Pour pouvoir prescrire, il faut une possession continue et non interrompue, paisible, publique, non équivoque, et à titre de propriétaire. *Art.* 2229.

On est toujours présumé posséder pour soi et à titre de propriétaire, s'il n'est prouvé qu'on a commencé à posséder pour un autre. *Art.* 2230.

Quand on a commencé à posséder pour autrui, on est toujours présumé posséder au même titre, s'il n'y a preuve du contraire. *Art.* 2231.

Les actes de pure faculté et ceux de simple tolérance ne peuvent fonder ni possession ni prescription. *Art.* 2232.

Les actes de violence ne peuvent fonder non plus une possession capable d'opérer la prescription. — La possession utile ne commence que lorsque la violence a cessé. *Art.* 2233.

Le possesseur actuel, qui prouve avoir possédé anciennement, est présumé avoir possédé dans le temps intermédiaire, sauf la preuve contraire. *Art.* 2234.

Pour compléter la prescription, on peut joindre à sa possesion celle de son auteur, de quelque manière qu'on lui ait succédé, soit à titre universel ou particulier, soit à titre lucratif ou onéreux. *Art.* 2235.

Les servitudes continues et apparentes s'acquièrent par titre, ou par la *possession* de trente ans. 690. *C. des Servitudes.*

Les servitudes continues non apparentes, et les servitudes discontinues, apparentes ou non apparentes, ne peuvent s'établir que par titres. — La possession même immémoriale ne suffit pas pour les établir, sans cependant qu'on puisse attaquer aujourd'hui les servitudes de cette nature déjà acquises par la possession, dans les pays où elles pouvaient s'acquérir de cette manière. *Art.* 691.

Le simple usage ou la simple *possession* d'une chose peut être, comme la chose même, l'objet du contrat. *Art.* 1127, *C. des Cont. et Oblig.*

Si la chose qu'on s'est obligé de donner ou de livrer à deux personnes successivement est purement mobilière, celle des deux qui en a été mise en *possession réelle* est préférée et en demeure propriétaire, encore que son titre soit postérieur en date, pourvu toutefois que la *possession* soit de *bonne foi. Art.* 1141, *C. des Cont. et Oblig.*

En matière de gage, le privilége ne subsiste sur le gage qu'autant que ce gage a été *mis* et *est resté* en la *possession* du créancier, ou d'un tiers convenu entre les parties. *Art.* 2076, *C. des Prescriptions.*

En fait de meubles, la possession vaut titre. — Néanmoins celui qui a perdu, ou auquel il a été volé une chose, peut la revendiquer pendant trois ans, à compter du jour de la perte ou du vol, contre celui dans les mains duquel il la trouve, sauf à celui-ci son recours contre celui duquel il la tient. *Art.* 2279. *C. de la Pres.*

Si le possesseur actuel de la chose volée ou perdue l'a achetée dans une foire ou dans un marché, ou dans une vente publique, ou d'un marchand vendant des choses pareilles, le propriétaire originaire ne peut se la faire rendre qu'en remboursant au possesseur le prix qu'elle lui a coûté. *Art.* 2280.

POSSESSION IMMÉMORIALE, quelquefois s'entend d'une possession qui a duré pendant plus de cent ans.

Ainsi possession centenaire est une possession immémoriale, et vaut titre. Mais il faut pour cela que les cent années de possession soient accomplies; car quand la possession excéderait la mémoire des hommes, comme l'excède en effet une possession qui approche de cent ans non accomplis, s'il est établi par actes que la possession n'a pas tout-à-fait à cent ans, pour peu qu'il s'en faille, ces témoignages écrits, qui marquent que la possession a commencé depuis moins d'un siècle, excluent le témoignage subsidiaire de la possession immémoriale, quoiqu'il y puisse avoir de quoi en fonder et en établir la preuve.

Quelquefois possession immémoriale se dit de celle qui excède la mémoire des hommes les plus anciens; ensorte que les plus vieux n'ont pas connaissance quand elle a commencé. Par exemple, quand il s'agit de savoir quelle a toujours été la disposition et situation de certains lieux, pour laquelle il y a procès entre quelques particuliers, celui-là sera dit avoir une possesion immémoriale, qui justifiera par les plus anciens du lieu que la disposition des lieux a toujours été telle qu'il la soutient, pourvu qu'on ne prouve point le contraire par un acte par écrit. Alors cette possession est présumée centenaire par l'impossibilité morale et même physique de trouver des témoignages vivans et positifs d'une possession qui approche de cent ans.

Cette possession acquiert tout ce qui n'est pas absolument imprescriptible, c'est-à-dire, tout ce dont la loi ou la coutume ne prohibe pas expressément la prescription par quelque temps que ce soit.

Par exemple, la coutume de Paris en l'art. 186 porte, *que le droit de servitude ne s'acquiert par longue jouissance quelle qu'elle soit, sans titre, encore que l'on en ait joui par cent ans.* Ainsi le droit de servitude ne se peut acquérir, suivant cette coutume, par une possession immémoriale, parce que ce droit y est absolument imprescriptible.

Mais dans les choses qui ne sont pas absolument imprescriptibles, la possession immémoriale tient lieu de titre; et c'est avec beaucoup de raison qu'on défère entièrement à une si longue possession, parce qu'il serait injuste d'obliger ceux qui en ont joui de rapporter des titres, qui peuvent avoir été égarés, sans qu'on puisse en rien imputer à ceux qui les possédaient, attendu un nombre d'années si considérable, outre que le temps seul peut à la longue effacer ou altérer toutes sortes d'écrits.

Voy. Catelan, *liv.* 1, *chap.* 67.

Droit nouveau.

Les servitudes continues non apparentes, et les servitudes discontinues, apparentes ou non apparentes, ne peuvent s'établir que par titres. La possession même immémoriale ne suffit pas pour les établir, sans cependant qu'on puisse attaquer aujourd'hui les servitudes de cette nature déjà acquises par la possession, dans les pays où elles pouvaient s'acquérir de cette manière. *Art.* 691, *C. des Servit.*

POSSESSION D'ÉTAT ET DE LÉGITIMITÉ, est ce que les docteurs appellent *tractatus et educatio*, et qu'ils réduisent à trois circonstances; la première, que l'enfant ait été élevé dans la maison, et qu'il ait été traité comme tel par les père et mère; la seconde, que les père et mère l'aient souvent nommé et appelé leur fils; la troisième, que l'enfant ait été connu et traité dans le public comme l'enfant des père et mère qu'il s'attribue. *Menochius, quæst. et causis, casu* 89, *num.* 96.

Mais ce qui est important à observer, est que cette éducation et ce traitement doivent être l'ouvrage du père et de la mère. Voilà pourquoi l'ordonnance de 1667, *art.* 14 *du tit.* 20, veut qu'au défaut du titre public, c'est-à-dire, si les registres sont perdus, ou s'il n'y en a jamais eu, on ait recours à des papiers domestiques, où le père et la mère reconnaissent celui qui se dit leur fils.

C'est dans ce cas seulement où, lorsque celui qui se dit fils d'un tel père, d'une telle mère, muni d'une pareille reconnaissance, articule des faits positifs qui caractérisent une possession d'état; alors il est admis à la preuve par témoins.

Droit nouveau.

La possession d'état s'établit par une réunion suffisante de faits qui indiquent le rapport de filiation et de parenté entre un individu et la famille à laquelle il prétend appartenir.

Les principaux de ces faits sont, que l'individu a toujours porté le nom du père auquel il prétend appartenir; que le père l'a traité comme son enfant, et a pourvu, en cette qualité, à son éducation, à son entretien et à son établissement; qu'il a été reconnu constamment pour tel dans la société; qu'il a été reconnu pour tel par la famille. *Art.* 321, *C. de la Paternité et Filiation.*

Voy. les mots Filiation, Enfant légitime, Légitimité et Question d'état.

POSTHUME, est un enfant qui est né après la mort de son père, ou après son testament.

Droit ancien.

La prétérition d'un posthume ne vicie pas *ab initio* le testament de son père, nonobstant la règle qui veut que, *Qui sunt in utero pro jam natis habeantur, quoties de eorum commodis et utilitate agitur;* parce que cette règle n'a lieu que dans les choses qui ne souffrent point de retard, et qui ne se peuvent remettre à un autre temps.

Or, il est indifférent à un posthume passé sous silence dans le testament de son père, de le vicier *ab initio*, ou de le rompre par sa naissance, puisque l'un et l'autre produisent le même effet.

Ainsi on a trouvé qu'il suffisait à un posthume de rompre par sa naissance le testament de son père, dans lequel il était passé sous silence.

En pays de droit écrit, un testament est rompu par la survenance d'un posthume héritier sien, conformément aux lois romaines. *V.* Henrys, *tom.* 2, *liv.* 5, *quest.* 45.

La même chose a lieu en pays coutumier; ainsi la prétérition d'un posthume descendant du testateur, fait rompre son testament dès qu'il vient au monde. Soefve, *tom.* 2, *cent.* 3, *ch.* 49.

La raison est que l'affection paternelle fait présumer qu'un père n'aurait pas manqué de laisser son bien à ce fils qui naît après son testament ou après sa mort, s'il avait cru qu'il dût naître.

Pour éviter cet inconvénient, il faut qu'un testateur institue par son testament celui qui pourra naître de sa femme et de lui; ou si c'est en pays coutumier, il faut qu'il fasse voir par son testament qu'il n'ignorait pas qu'il lui surviendrait un enfant, en disposant de ses biens, de manière que sa légitime lui soit entièrement réservée.

Pour ce qui est de l'exhérédation d'un posthume, elle ne peut être valable, suivant la Novelle 115, qui est reçue à cet égard parmi nous, tant en pays coutumier qu'en pays de droit écrit.

Touchant les posthumes, *Voy.* Ferrière dans sa Traduction des Institutes, sur les *parag.* 2 et 5 du *tit.* 13 du *second livre.*

Droit nouveau.

Le posthume *conçu* pendant le mariage, ayant tous les droits d'enfant légitime, succède comme les autres enfans. *V.* Conçu.

Toutes donations entre-vifs faites par personnes qui n'avaient point d'enfans ou de descendans actuellement vivans dans le temps de la donation, de quelque valeur que ces donations puissent être, et à quelque titre qu'elles aient été faites, et encore qu'elles fussent mutuelles ou rémunératoires, même celles qui auraient été faites en faveur de mariage par autres que par les ascendans aux conjoints, ou par les conjoints l'un à l'autre, demeureront révoquées de plein droit par la survenance d'un enfant légitime du donateur, *même d'un posthume*, ou par la légitimation d'un enfant naturel par mariage subséquent, s'il est né depuis la donation. *Art.* 960, *C. des Donations et Testamens.*

Cette révocation aura lieu, encore que l'enfant du donateur ou de la donatrice fût conçu au temps de la donation. *Art.* 961.

Le donataire, ses héritiers ou ayant-cause, ou autres détenteurs des choses données, ne pourront opposer la prescription pour faire valoir la donation révoquée par la survenance d'enfant, qu'après une possession de trente années, qui ne pourront commencer à courir que du jour de la naissance du dernier enfant du donateur, *même posthume*; et ce, sans préjudice des interruptions, telles que de droit. *Art.* 966. *Voy.* Révocation de donation.

POT-DE-VIN, est en fait de bail ce qu'est le vin de marché en fait de vente. Ainsi on appelle pot-de-vin un présent, ou une graciouseté, que le preneur, indépendamment du prix du bail, donne au bailleur, ou à celui qui en est l'entremetteur.

C'est ce que n'ignorent pas les intendans des grandes maisons , qui savent parfaitement bien tirer de gros pots-de-vin des baux qu'ils font faire à leurs maîtres.

Quoique ces pots-de-vin ne fassent pas partie du prix du bail , néanmoins ils doivent être regardés comme une paravance qui le diminue : c'est pourquoi arrivant la résolution du bail , il convient que la restitution du pot-de-vin se fasse à proportion du temps de la non-jouissance.

Mais cela peut être sujet à contestation : ainsi ceux qui veulent éviter tout procès , prennent la précaution de stipuler la restitution du pot-de-vin , dans les cas et pour les années auxquelles le bail cessera d'avoir lieu.

Il faut enfin remarquer que l'on appelle aussi pot-de-vin , ce que l'on donne au vendeur dans certaines ventes , comme en vente d'une charge ou d'un héritage : ainsi ces termes , pot-de-vin et vin de marché , sont quelquefois pris dans une même signification en fait de vente. Ce qui est promis à la femme du vendeur , est ordinairement qualifié *épingles*. Sur quoi il faut remarquer que quand un héritage est retrait , le retrayant est tenu d'en rembourser à l'acquéreur , non-seulement le prix , mais encore les frais du contrat , le pot-de-vin qu'il justifie par acte authentique en avoir payé , et toute autre dépense par lui faite pour parvenir à l'acquisition dudit héritage *Voy.* Vin de marché.

PRÉCAIRE. *Voy.* Constitut.

PRÉCAIRE, en droit se prend dans une autre signification , pour un contrat par lequel on prête quelque chose à quelqu'un , sans définir pour quel temps ni pour quel usage. Par exemple, si je prête mon cheval à Titius simplement , en ce cas je le peux répéter toutes fois et quantes qu'il me plaira. En quoi il diffère du commodat , en vertu duquel le commodant ne peut pas répéter la chose qu'il a prêtée , avant que le temps du commodat soit expiré.

Ce contrat diffère encore du commodat , en

ce que le commodataire est tenu *de dolo et omni culpâ etiam levissimâ* ; au lieu que celui qui a pris quelque chose à titre de précaire , n'est tenu que *de dolo et latâ culpâ* ; *non verò de levi aut levissimâ. Leg.* 8, §. *ff. de Precario.*

La raison de la différence qu'en rend le jurisconsulte dans cette loi , est que *totum hoc liberalitate descendit ejus qui precario concessit* ; *et satis est , si dolus et culpa dolo proxima præstetur. At is qui commodato dedit cùm in eo gravetur , quod ante usum finitum non possit rem commodatam revocare , sublevandus est in eo quod et ad culpam etiam levissimam agat.*

Voici ce que dit Decins sur la loi *Contractus , ff. de Reg. jur. Breve et fragile beneficium est precarium , cùm id quoque restitui debeat , vel confestim , vel quandocumque libuerit concedenti.*

PRÉCEPTES du droit , sont , pour ainsi dire, infinis , puisqu'il n'y a point de lois , ou de parties de lois , qui ne soient autant de préceptes particuliers que nous devons suivre , principalement celles qui consistent dans le commandement ou dans la défense de faire quelque chose. Mais il y en a trois qui sont généraux , comme il est dit dans le §. 3 du 1.er *titre du livre* 1.er des Institutes de Justinien ; savoir : vivre honnêtement , ne faire tort à personne , et rendre à chacun le sien.

Le premier précepte semble contenir les deux autres , suivant la doctrine des stoïciens, qui croient qu'il n'y a point d'autre bien que ce qui est honnête , et point de mal que ce qui est contraire à l'honnêteté : cependant on les distingue tous les trois, en ce que l'objet du premier est de faire un homme de bien et de probité ; l'objet du deuxième est de faire un bon citoyen ; enfin l'objet du troisième est de faire un bon magistrat.

Le premier enseigne ce que l'homme doit à soi-même ; le second lui apprend quelles sont ses obligations par rapport aux autres ; le

troisième ,

troisième, quelles sont les obligations d'un magistrat par rapport à ceux qui sont sous sa juridiction.

Ainsi le premier de ces préceptes se restreint à une pure et simple honnêteté, laquelle peut être violée sans faire tort à personne, lorsque l'on fait une chose qui est permise, mais qui n'est pas conforme à l'honnêteté : *Non omne quod licet honestum est. Leg.* 144, *ff. de Reg. juris.*

Tout ce qui est permis n'est pas honnête : par exemple, le concubinage était permis suivant les lois romaines; cependant cette union n'est pas conforme à l'honnêteté.

Le second nous enseigne à ne faire dans le commerce de la vie rien qui cause du dommage à qui que ce soit, *sive in bonis, sive in famâ, sive in corpore.* Ainsi ce précepte exclut toute violence, toute malice, toute fraude, et généralement tout ce qui est opposé à la bonne foi.

Le troisième enfin enseigne à ceux qui sont préposés pour rendre la justice, les règles qu'ils doivent suivre dans les fonctions de leurs charges.

PRÉCIPUT EN MATIÈRE DE MARIAGE.

Droit ancien.

Dans les contrats de mariage qui sont faits en pays coutumier, le préciput est l'avantage qui est accordé, en vertu d'une clause expresse, au survivant des conjoints de prendre sur les biens meubles de la communauté jusqu'à une certaine somme desdits biens, selon la prisée faite par le sergent sans crue, hors part, c'est-à-dire, sans confusion de sa part en la communauté : ce qui a fait donner à cet avantage le nom de préciput.

Je dis *sans crue*, ce qui se doit entendre lorsque dans le contrat on a ajouté que la somme dans laquelle consiste le préciput, sera prise en deniers ou en meubles, suivant la prisée de l'inventaire, et *sans crue*; ce qu'on ne manque pas

Tome III.

de mettre : autrement cela n'aurait pas lieu. Et en ce cas le préciput est exempt des dettes, et le survivant n'est pas même tenu d'y contribuer à raison de l'émolument, parce qu'il ne prend pas le préciput à titre universel. *Secùs*, si le survivant avait pour son préciput tous les effets mobiliers.

S'il n'est point fait mention du préciput dans le contrat de mariage, il n'a point lieu ; c'est un avantage qui n'est pas établi par la coutume, mais qui est uniquement fondé sur la convention des parties.

Le préciput ne se prend que sur les biens de la communauté et quand la communauté a lieu. D'où il s'ensuit que la femme qui renonce à la communauté n'a point droit de le prendre, à moins qu'il ne soit porté expressément qu'en renonçant elle le prendra.

Il faut dire aussi que le mari ne peut pas le prendre, quand les héritiers de la femme ont renoncé à la communauté.

Voy., touchant le préciput, ce que Ferrière a dit sur l'article 229 de la Coutume de Paris, §. 2.

Droit nouveau.

La clause par laquelle l'époux survivant est autorisé à prélever, avant tout partage, une certaine somme ou une certaine quantité d'effets mobiliers en nature, ne donne droit à ce prélèvement au profit de la femme survivante que lorsqu'elle accepte la communauté, à moins que le contrat de mariage ne lui ait réservé ce droit, même en renonçant. -- Hors le cas de cette réserve, le préciput ne s'exerce que sur la masse partageable, et non sur les biens personnels de l'époux prédécédé. *Art.* 1515.

Le préciput n'est point regardé comme un avantage sujet aux formalités des donations, mais comme une convention de mariage. *Art.* 1516.

La mort naturelle ou civile donne ouverture au préciput. *Art.* 1517.

12

Lorsque la dissolution de la communauté s'opère par le divorce ou par la séparation de corps, il n'y a pas lieu à la délivrance actuelle du préciput ; mais l'époux qui a obtenu soit le divorce, soit la séparation de corps, conserve ses droits au préciput en cas de survie. Si c'est la femme, la somme ou la chose qui constitue le préciput reste toujours provisoirement au mari, à la charge de donner caution. *Art.* 1518.

Les créanciers de la communauté ont toujours le droit de faire vendre les effets compris dans le préciput, sauf le recours de l'époux, conformément à l'*art.* 1516. *Art.* 1519.

PRÉCIPUT DE L'AÎNÉ.

Droit ancien.

On appelle ainsi l'avantage et le droit d'aînesse accordés aux aînés sur les biens nobles de leurs pères et mères, qu'ils prennent hors part, et sans préjudice du partage égal avec tous les autres enfans. Il est appelé préciput, parce que *præcipitur, seu antè capitur*, il est pris avant que de venir au partage, et sans préjudice de la part que celui à qui il est dû, a droit de prendre avec ses autres co-partageans. *Voy. les art.* 13, 14, 15, 16 et 18, de la Coutume de Paris. *Voy.* ci-dessus Part avantageuse.

En partage noble l'aîné a le principal fief en manoir pour son préciput, avec un arpent de terre que l'on appelle le vol du chapon ; mais quand il n'y a point de fief, il a seulement le vol du chapon.

Il faut non-seulement que le principal manoir soit noble, la basse-cour et le jardin ; mais aussi cet arpent de terre qui est donné au lieu du jardin ; parce que le préciput de l'aîné ne se prend que dans le fief ; et que tout ce que les coutumes lui donnent doit être tenu en fief ; sans quoi ce ne serait point terre noble, ni partage de chose noble : cet avantage n'est point donné à l'aîné au partage des biens roturiers, et la féodalité est une qualité essentielle à tout ce que l'aîné prend pour son préciput et droit d'aînesse.

Il faut que cet arpent de terre dont il est ici parlé soit proche le manoir, comme doit être un jardin ; et il importe que ce soit terres labourables ou autres, soit bois ou vignes, il est indifférent de quelle qualité qu'il soit.

Mais si cet accompagnement ne se trouve point, c'est-à-dire, qu'il n'y ait point d'arpent de terre en fief proche du manoir, l'aîné ne peut s'en plaindre ni en demander la récompense ; à la différence du défaut du principal manoir, qui doit être récompensé par un arpent de terre en fief, au choix de l'aîné.

Si, au contraire, les terres qui sont proche le principal manoir contiennent plus d'un arpent, il est loisible à l'aîné d'en prendre un arpent ; mais comme cette faculté n'est qu'un droit de bienséance, s'il n'en veut pas souffrir le partage et s'il veut tenir le tout, il le peut, pourvu qu'il en récompense ses puînés en la manière prescrite par la coutume.

Si dans l'étendue de l'enclos ou arpent de terre qui est donné à l'aîné par préciput, il y a des bâtimens qui fassent un revenu certain, tels que sont un moulin bannal ou non bannal, un four, pressoir bannaux seulement, la propriété en demeure nue à l'aîné ; mais les revenus s'en divisent, de même que ceux de tous les autres fiefs, parce que cela produit une seconde propriété qui devient partageable dans le profit seulement.

Cet enclos ou arpent de terre n'est donc donné par préciput, que pour la commodité particulière du principal manoir, et non pas pour produire aucun profit. C'est même l'esprit général de toutes nos coutumes.

Ainsi, quand quelques-unes ont voulu donner à l'aîné davantage pour son préciput, elles s'en sont expliquées par forme d'exceptions de la règle générale et du droit commun, qui ne donnent à cet égard rien à l'aîné qui puisse produire du revenu, sans l'obliger de faire part de ce revenu à ses puînés.

Mais comme il serait incommode à l'aîné de

partager tels profits, il lui est permis de les garder en entier, en récompensant ses puînés. *Voy.* l'*art.* 14 de la Coutume de Paris, l'*art.* 9 de la Coutume d'Étampes, et l'*art.* 114 de la Coutume du Bar.

Plusieurs de nos coutumes donnent au fils aîné son préciput dans toutes les successions des ascendans; d'autres ne le donnent que dans celles des pères et mères; et dans ces coutumes, l'aîné ne peut prendre son préciput dans les successions de l'aïeul ou de l'aïeule, parce que les coutumes sont de droit étroit, et ainsi on ne peut rien ajouter à leurs dispositions.

Nous avons même des coutumes qui ne donnent au fils aîné qu'un seul préciput dans les successions du père et de la mère, et il est hors de doute qu'il faut s'en tenir à leurs dispositions.

Le préciput fait bien partie du droit d'aînesse, mais il n'en fait pas la totalité; puisqu'outre le principal manoir avec ce qui en dépend, ou ce qui est donné en la place, et qui se prend hors part et avant partage, nos coutumes donnent au fils aîné une part avantageuse dans tous les fiefs.

Voy. Aîné, Droit d'aînesse, Donation par préciput, Succession et Quotité disponible.

PRECLOTURES. Par ce terme, qui se trouve dans quelques coutumes, on entend les enclos qui sont donnés par préciput dans les fiefs aux aînés, avec le principal manoir. *Voy.* la Peyrère *au mot* Aînesse, et un Acte de Notoriété du lieutenant civil le Camus, en date du 12 novembre 1699.

PRÉCOMPTER, signifie prélever, déduire d'abord les sommes qu'on a reçues, ou les choses qui sont sujettes à rapport, avant que de venir à compte ou partage. Les enfans qui viennent à la succession de leurs pères et mères doivent précompter ce qu'ils ont reçu en avancement d'hoirie. *Voy.* Rapport.

PRÉFÉRENCE, est un avantage que l'on donne à un de plusieurs contendans sur les autres. Elle se doit donner à celui qui a le meilleur droit, suivant la disposition des lois; mais dans le doute il faut donner à celui qui a le droit le plus apparent, et suivre en cela la raison et l'équité, comme nous avons dit en parlant des choses douteuses.

Nous allons présentement rapporter ici quelques maximes générales tirées des lois romaines, touchant le droit le plus apparent de l'un de ceux qui prétendent à une même chose.

Il faut en toutes rencontres rendre à un chacun le sien, à moins qu'on en soit détourné par une autre demande qui soit plus juste. Par exemple, si un voleur dépose chez quelqu'un une chose qu'il a volée, la fidélité du dépôt oblige le dépositaire à la rendre au voleur qui la lui a déposée: mais cette obligation cesse, sitôt que celui à qui elle appartient se sera fait connaître. *Leg.* 31. §. 1. *ff. Depositi.*

Celui qui conteste pour éviter le dommage ou la diminution de son bien, doit être toujours préféré à celui qui se trouverait augmenter son bien si on lui donnait gain de cause: c'est pourquoi lorsqu'on fait vendre les biens d'un défunt, les créanciers sont préférés aux légataires. *Potior est causa ejus, qui certa de damno vitando, quàm illius qui certat de lucro captando. Leg.* 41. §. 1. *ff. de Reg. jur.*

Entre ceux qui contestent également pour gagner ou pour se garantir de quelque dommage, il faut toujours préférer celui qui a un droit antérieur, ou qui a été plus diligent. *Leg.* 98. *ff. de Reg. jur.; Leg.* 9. §. 4. *ff. de Pub. in rem. act.*

Par exemple, entre plusieurs créanciers hypothécaires, on a égard au temps que l'hypothèque de chacun d'eux a été constituée, suivant la maxime: *Qui prior est tempore, potior est jure. V.*, pour le *Droit intermédiaire* et *nouveau*, le mot Créanciers hypothécaires.

Au contraire, entre les créanciers chirographaires, celui qui a demandé et reçu le premier, est préféré aux autres, et n'est pas obligé de rapporter; parce qu'il est juste que les plus di-

12 *

ligens aient quelqu'avantage , et chacun porte la peine de sa négligence.

Enfin entre ceux qui contestent , ou pour le dommage , ou pour le gain , si leur droit est égal , celui qui possède est toujours préféré. *In pari causâ melior est conditio possidentis , quàm petentis. Leg. 33; 126 , §. 1 ; Leg. 128 , ff. de Regul. jur. ; Leg. 8 ff. de Condict. ob. turp. causam.*

Il n'y a donc pas de plus juste moyen de décider la contestation qui s'est formée entre les personnes qui ont à la chose un droit égal , en rendant meilleure la condition de celui qui la possède.

Ainsi entre ceux qui contestent pour la propriété d'une terre , si l'un et l'autre ne prouve suffisamment que la terre lui appartient , celui qui est en possession doit être toujours préféré.

PRÉFÉRENCE sur les deniers provenant de la vente des immeubles. *Voy. le mot* Hypothèque ; et *le mot* Ordre dans la partie de ce Dictionnaire qui traite de la *Procédure civile.*

PRÉFÉRENCE en matière de meubles. *V. ce mot* dans la partie de ce Dictionnaire qui traite de la *Procédure civile.*

PRÉLATION, vieux mot seigneurial qui signifiait le droit qu'avait le bailleur à bail emphitéotique d'être préféré à tout autre dans les améliorations que le preneur voulait aliéner.

PRÉLEGS , est un legs qui est laissé à quelqu'un des héritiers , pour être par lui prélevé hors part et sans confusion de sa portion héréditaire.

Droit ancien.

Les prélegs sont valables dans les pays de droit écrit , de la même manière qu'ils l'étaient chez les Romains ; mais dans les pays de droit coutumier ils ne sont pas admis.

Ce legs se prend en pays de droit écrit , par celui des co-héritiers du testateur , hors part et sans confusion de sa part et portion héréditaire. Ainsi on peut être en pays de droit écrit , héri-

tier et légataire , lorsque le testateur fait plusieurs héritiers , et qu'il en veut gratifier quelqu'un de legs qui sont appelés par les lois romaines *legata per præceptionem.*

Dans la coutume de Paris , et dans plusieurs autres qui ont une disposition semblable , on peut être donataire entre-vifs, et héritier en collatérale ; mais l'on ne peut être légataire et héritier , tant en directe qu'en collatérale.

La raison est , que la donation saisit de droit , et que le legs est sujet à délivrance ; par conséquent, incompatible dans la personne d'un héritier qui serait obligé d'agir contre lui-même , pour demander la délivrance du legs.

Droit nouveau.

Voy. Donation par préciput et hors part , Rapport , Quotité disponible et Succession.

PRESCRIPTION , est l'acquisition du domaine de quelque chose, par le moyen de la possession d'icelle, continuée sans interruption, pendant le temps requis par la loi.

La prescription est aussi l'affranchissement et la libération des droits incorporels, tels que sont les obligations et actions, et autres, faute par celui à qui ces droits appartiennent, de s'en être servi et de les avoir exercés dans le temps préfini par la loi.

Droit ancien.

Voy. ce que dit à ce sujet d'Argentré , *consult.* 2 , *num.* 19. Il y a bien de la différence entre prescrire une chose, et prescrire une action. Prescrire une chose , c'est l'acquérir par le bénéfice du temps ; et prescrire une action, c'est seulement se maintenir dans la possession de ce qu'on possède, et se défendre contre le trouble qu'on y pourrait faire.

La prescription est nécessaire, quand quelqu'un a acquis à titre de propriété une chose de celui qu'il en croyait le propriétaire, quoiqu'il ne le fût pas véritablement.

La prescription paraît opposée à l'équité naturelle, qui ne permet pas que l'on s'enrichisse des dépouilles d'autrui ; mais elle est fondée sur l'intérêt public, pour fixer et arrêter la propriété des biens en la personne des possesseurs, comme Ferrière l'a expliqué au commencement du *sixième titre* du *second livre* des Institutes de Justinien.

Si la prescription n'avait pas lieu, il arriverait souvent qu'un acquéreur de bonne foi serait évincé après une longue possession ; et que celui-là même qui aurait acquis un bien du véritable propriétaire, ou qui se serait libéré d'une obligation par les voies de droit, venant à perdre son titre, serait exposé à être dépossédé, ou à être assujetti de nouveau à des droits dont il aurait été affranchi : c'est pourquoi il était nécessaire pour le bien public, que l'on fixât un terme, après lequel il ne fût plus permis d'inquiéter les possesseurs, et de rechercher des droits trop long-temps négligés.

La loi présume donc que celui qui a possédé pendant le temps requis, doit être réputé le véritable propriétaire. Et ce n'est pas sans raison qu'elle a été admise pour assurer la propriété des choses que l'on aurait possédées pendant le temps requis par la loi : aussi est-elle appelée en matière civile *patrona generis humani*, à cause de la paix et de la tranquillité qu'elle produit ; et en matière criminelle, *finis sollicitudinum*.

Quatre conditions sont requises pour la prescription. La première, que la chose soit prescriptible.

La deuxième, qu'elle soit possédée sans interruption pendant le temps requis par la loi pour la prescription.

La troisième, la bonne-foi en la personne de celui qui commence la prescription.

La quatrième, que la possession soit fondée sur un titre suffisant pour acquérir la propriété de la chose.

Cette possession se continue non-seulement en une même personne, mais aussi en plusieurs ; de sorte que la possession du défunt sert à son héritier et se continue en sa personne, pourvu

que la chose n'ait pas été possédée par un autre dans un temps intermédiaire ; et même le temps de la possession du vendeur et de l'acheteur se joignent, ce qui est sans difficulté, supposé que la possession de l'un et de l'autre soit accompagnée de bonne foi.

Les choses imprescriptibles sont, 1.º Les choses hors le commerce, comme les choses sacrées, les choses saintes, et les choses religieuses, et même les biens temporels de l'église, à moins qu'ils ne soient acquis suivant les formalités pour ce requises.

2.º Le cens et la foi et hommage, suivant les *art.* 12 et 24 de la coutume de Paris.

3.º Le domaine du roi, de même que tous droits de souveraineté, et qui appartiennent à la couronne, ne se prescrivent point, pas même par un temps immémorial.

Mais les biens tant meubles qu'immeubles échus au roi par confiscation, aubaine, bâtardise ou déshérence, se prescrivent par trente ans. Bacquet, *du Droit de Déshérence*, *chap.* 7, *nomb.* 20.

4.º Les servitudes des héritages, lesquelles ne se peuvent acquérir sans titre, par quelque temps que ce soit, suivant l'*art.* 186 de la coutume de Paris. Mais la liberté ou libération des servitudes se prescrit par trente ans.

5.º Les dîmes dues aux ecclésiastiques par laïques.

6.º Le droit de patronage ecclésiastique.

7.º La faculté de racheter les rentes constituées à prix d'argent.

8.º Les droits de pure faculté ne se prescrivent pas, c'est-à-dire, que la prescription ne court point contre le droit qu'on a de faire quelque chose, et dont il nous est libre d'user ou de ne pas user, quoiqu'on ait cessé d'en user pendant un temps fort considérable. *Voy.* Taisand sur la Coutume de Bourgogne, *titre* 14, *nomb.* 9 ; et Henrys, *tom.* 1, *liv.* 4, *chap.* 6, *quest.* 91. *Voy.* aussi Charles Dumoulin sur la Coutume de Paris, *tit.* des Fiefs,

§. 1, *glose* 4, *nomb.* 13, *au mot* Mettre à sa main.

Au reste, dès qu'une chose est imprescriptible, l'action pour la réclamer l'est aussi.

Toute possession ne suffit pas pour la prescription; il n'y a que la civile. La possession naturelle, c'est-à-dire, la détention corporelle d'une chose, n'est pas suffisante pour acquérir au possesseur la propriété d'icelle. Il faut qu'un possesseur se croie propriétaire de la chose qu'il possède; autrement il ne la peut pas prescrire.

Mais cette croyance n'est requise par le droit civil qu'au commencement de la possession, pour la rendre juste et légitime; de sorte que quoique le possessur reconnaisse peu de temps après que la chose ne lui appartient pas, cette connaissance ne rend pas la possession vicieuse, et ne le fait pas devenir possesseur de mauvaise foi.

Par le droit canon que nous suivons à cet égard, la bonne foi est nécessaire pendant tout le temps qui est requis pour la prescription.

L'effet de la prescription fondée sur un juste titre et sur la bonne foi, est que celui qui a prescrit peut en conscience retenir la chose qu'il a prescrite, lorsqu'il n'a eu connaissance qu'après la prescription accomplie, que la chose n'appartenait pas à celui dont il l'a acquise.

La raison est, qu'une chose prescrite n'est plus le bien d'autrui, et qu'il appartient à celui qui en est devenu propriétaire par la prescription, qui est un moyen d'acquérir par les lois et autorisé par le droit canon.

Ainsi les choses mobiliaires possédées à juste titre et de bonne foi pendant trois ans publiquement et sans interruption, sont prescrites par le possesseur, lequel n'est point obligé de les restituer à celui qu'il saurait après ce temps en avoir été le véritable propriétaire.

Les **immeubles** possédés à juste titre et de

bonne foi pendant dix ans entre présens, et vingt ans entre absens, sont aussi prescrits par celui qui les a possédés pendant ce temps sans violence et sans trouble, en qualité de propriétaire; de sorte qu'il n'est point sujet en conscience à en faire la restitution à celui qu'il saurait dans la suite en avoir été le propriétaire.

Ce n'est pas l'assiette des héritages, mais le domicile des personnes qui fait l'absence ou présence à cet égard : ainsi, pour que le propriétaire et le possesseur de l'héritage soient censés présens, il suffit qu'ils ayent tous deux leur domicile dans le même bailliage, quoique l'héritage n'y soit pas situé.

La proximité des lieux n'empêche pas que l'on ne soit réputé absent pour la prescription de dix ou vingt ans ; c'est assez que l'on ne soit pas dans le même bailliage ou sénéchaussée, suivant l'*art.* 116 de la coutume de Paris. Ainsi ceux qui sont de différens ressorts, et qui ne sont éloignés que de deux ou trois lieues, sont réputés absens à cet égard.

En fait de prescription de dix ou de vingt ans, on ne compte pas le temps de l'absence à l'égard de ceux qui sont *pro parte temporis præsentes*, et *pro parte temporis absentes*. Ce qui est conforme à la loi *Quod si quis si, Cod. de Præsc. longi temporis*, et à la *Novelle* 119, *chap.* 8. Ainsi la prescription de dix ans a lieu, à la charge de doubler le temps des années qu'aura duré l'absence de l'une des parties.

Ainsi par arrêt du 12 août 1723, rendu en la première chambre des enquêtes au rapport de M. de Courteil, il a été jugé qu'il fallait compter l'absence en prenant deux années pour une, et par conséquent qu'un homme qui avait été huit années présent, et quatre ans absent, avait acquis la prescription de dix ans.

Il faut remarquer ici qu'il y a une prescription de trente ou de quarante ans, appelée en droit *præscriptio longissimi temporis*, qui est bien différente de la présciption de dix ou vingt ans, appelée *præscriptio longi temporis*.

Ces prescriptions diffèrent entr'elles, non-seulement par rapport à l'espace de temps, mais aussi en ce que celui qui veut se servir de la presciption de trente ou quarante ans, n'est pas obligé d'avoir possédé de bonne foi, ni de justifier d'aucun titre de sa possession.

Ainsi celui qui a joui d'une maison pendant trente ou quarante ans, sans avoir d'autre titre que sa jouissance, se sert de la prescription, en disant: *Possideo quià possideo* ; et il n'est point obligé de rapporter le titre de sa possession, pourvu qu'il ait toujours possédé *animo domini, aut sibi habendi.*

La loi 1, *Cod. de Annali Exceptione*, dit, que toutes actions se prescrivent par trente ou quarante ans, *etiam actio furti et vi bonorum raptorum* ; et la glose dit en cet endroit : *Præscribi res furtiva à fure, et vi capta à prædone potest triginta annorum spatio.* Ce qui marque que pour se servir de cette prescription on n'a pas besoin de bonne foi ni de titre.

Cependant la loi 1, *Cod. de Præscript.* 30 aut 40 annor. dit, que celui *qui precario possidet*, ne peut prescrire ; et la loi 2, au même titre, dit, que celui qui possède *vi, aut clam*, est dans le même cas. Ce qui semble marquer que pour prescrire la bonne foi est absolument nécessaire, *initio possessionis.*

On concilie ces deux lois en disant que pour se servir de la prescription de trente ou quarante ans, il n'est pas nécessaire d'avoir de titre, ni d'avoir joui et possédé de bonne foi ; il suffit d'avoir possédé *animo sibi habendi.*

Ainsi le possesseur de mauvaise foi, quoique sa possession soit injuste, possède néanmoins *animo sibi habendi* ; *sibi, non alteri, possidet, atque adeò debet sibi imputare dominus, quod rem suam tanto temporis spatio penès alium remanere passus fuerit.*

Le propriétaire de la chose ne peut point lui objecter de titre, qui prouve que sa possession a été dans son commencement contraire, et directement opposée à l'acquisition qu'il en a faite par la prescription de trente ou quarante ans, puisque *semper et ab initio possidet animo sibi habendi.*

Mais quand le propriétaire de la chose peut prouver que le possesseur de mauvaise foi n'a pas commencé sa possession *animo sibi habendi*, et qu'il avait *ab initio* un titre contraire, en vertu duquel il possédait, *non sibi, sed alteri, et alieno nomine* ; alors ce possesseur de mauvaise foi ne peut se servir de la prescription de trente ou quarante ans. Et c'est en ce cas qu'on se sert de ce brocard : *Satius est non habere titulum quàm habere vitiosum* : il est plus avantageux de n'avoir point de titre, que d'en avoir un vicieux, c'est-à-dire, un qui marque que dans le commencement de sa possession on n'a pu avoir l'intention de posséder *proprio nomine.* C'est ce qui fait que ceux qui possédent *precario, vi, aut clam, alio vitioso titulo, et præscriptioni contrario, nunquàm possunt præscribere.*

La raison est, qu'on ne peut jamais changer la cause de sa possession, ni s'en faire un titre de propriété, de sorte qu'on ne peut jamais prescrire contre son titre ; et voilà sur quoi est fondée la règle : *Satius est non habere titulum, qàum habere vitiosum.*

Cela est si vrai, qu'il a été jugé qu'une chose qui avait été possédée pendant plus de deux siècles par l'église à titre de dépôt, n'avait pu être prescrite, nonobstant l'ignorance et la bonne foi des successeurs de ceux à la garde de qui on l'avait confiée. *Voy.* Papon, *liv.* 12, *tit.* 3, *nomb.* 21.

Touchant la prescription, *Voy.* ce qu'en a dit Ferrière sur le *tit.* 6 de la Coutume de Paris, et sur le *titre* 6 du *second livre* des Institutes. *Voy.* aussi le Recueil alphabétique de Bretonnier, et le Traité de la Prescription de Dunod, professeur en l'université de Besançon.

Au reste, comme le temps concernant la prescription est différemment établi par la loi ou par la coutume, suivant les différentes choses dont il s'agit, nous avons cru devoir donner une sommaire exposition des différentes sortes de prescriptions, ou des différens temps par lesquels on peut prescrire. *V.* ci-après les différentes sortes de prescriptions.

Droit intermédiaire.

Par arrêt de la cour de cassation du 17 vendémiaire an 6, il a été jugé, conformément à la loi romaine 3, *C. de Prescript.* 30 *vel.* 40 *ann.*, §. 2, que la prescription court contre les mineurs depuis l'âge où la pupillarité a cessé. -- Il faut cependant observer que cette décision est contraire à la loi 3, *C. Quib. non objicit. long. temp. præscript.*; à l'*ordonnance* de 1539, *art.* 134, et à notre usage, qui ne fait courir la prescription qu'à compter de la majorité. *Voy.* Domat, Lois Civiles, *liv.* 3, *tit.* 7, *sect.* 5, *art.* 4, aux Notes.

Par autre arrêt du 12 vendémiaire an 6, la cour a décidé que la renonciation à la prescription est une stipulation licite qu'on ne peut faire renverser qu'autant qu'il serait prouvé qu'elle est l'effet du dol et de la fraude. *Voy.* la Table analytique de M. Bergogné, *p.* 394. *V.* ci-après l'*art.* 2220 du Code civil contraire à cette décision.

Un arrêt de la cour de cassation du 6 vendémiaire an 11, a rejeté le pourvoi contre un arrêt de la cour d'appel de Caen, qui avait décidé que la prescription commencée sur la tête d'un majeur avait continué sur celle du mineur qui lui avait succédé. *Voy.* cet arrêt dans la Jurisprudence de la Cour de Cassation par M. Sirey, *an* 11, *p.* 19.

Une loi du 6 brumaire an 5 porte : « Qu'au- » cune prescription, expiration de délai, ou » prescription d'instance ne peuvent être ac- » quises contre les défenseurs de la patrie et au- » tres citoyens attachés au service des armées » de terre et de mer, pendant tout le temps qui » s'est écoulé ou s'écoulera depuis leur départ » de leur domicile, s'il est postérieur à la décla- » ration de la présente guerre, ou depuis ladite » déclaration, s'ils étaient déjà au service, jus- » qu'à l'expiration d'un mois après la publica- » tion de la paix générale ». La cour de cassation a fait l'application de cette loi, en faveur d'un militaire, dans une espèce particulière qui était que ce militaire, quoiqu'en activité de service, avait toujours résidé dans ses foyers, et ce qu'il y a de plus particulier, avait lui-même défendu aux actions contre lui intentées. L'arrêt est du 26 pluviose an 11.

Droit nouveau.

La prescription est un moyen d'acquérir ou de se libérer par un certain laps de temps, et sous les conditions déterminées par la loi. *Art.* 2219. *C. de la Prescription.*

On ne peut d'avance renoncer à la prescription : on peut renoncer à la prescription acquise. *Art.* 2220.

La renonciation à la prescription est expresse ou tacite : la renonciation tacite résulte d'un fait qui suppose l'abandon du droit acquis. *Art.* 2221.

Celui qui ne peut aliéner ne peut renoncer à la prescription acquise. *Art.* 2222.

Les juges ne peuvent pas suppléer d'office le moyen résultant de la prescription. *Art.* 2223.

La prescription peut être opposée en tout état de cause, même devant le tribunal d'appel, à moins que la partie qui n'aurait pas opposé le moyen de la prescription ne doive par les circonstances être presumée y avoir renoncé. *Art.* 2224.

Les créanciers, ou toute autre personne ayant intérêt à ce que la prescription soit acquise, peuvent l'opposer, encore que le débiteur ou le propriétaire y renonce. *Art.* 2225.

On ne peut prescrire le domaine des choses qui ne sont point dans le commerce. *Art.* 2226.

La nation, les établissemens publics et les communes sont soumis aux mêmes prescriptions que les particuliers, et peuvent également les opposer. 2227.

Chap.

Chap. 2. De la Possession. — La possession
est la détention ou la jouissance d'une chose ou
d'un droit que nous tenons ou que nous exerçons par nous-mêmes, ou par un autre qui la
tient ou qui l'exerce en notre nom. *Art.* 2228.

Pour pouvoir prescrire, il faut une possession continue et non interrompue, paisible,
publique, non équivoque, et à titre de propriétaire. *Art.* 2229.

On est toujours présumé posséder pour soi
et à titre de propriétaire, s'il n'est prouvé qu'on
a commencé à posséder pour un autre. *Art.*
2230.

Quand on a commencé à posséder pour autrui, on est toujours présumé posséder au même titre, s'il n'y a preuve du contraire. *Art.*
2231.

Les actes de pure faculté et ceux de simple
tolérance ne peuvent fonder ni possession ni
prescription. *Art.* 2232.

Les actes de violence ne peuvent fonder non
plus une possession capable d'opérer la prescription. — La possession utile ne commence
que lorsque la violence a cessé. *Art.* 2233.

Le possesseur actuel qui prouve avoir possédé anciennement, est présumé avoir possédé
dans le temps intermédiaire, sauf la preuve
contraire. *Art.* 2234.

Pour compléter la prescription, on peut
joindre à sa possession celle de son auteur, de
quelque manière qu'on lui ait succédé, soit à
titre universel ou particulier, soit à titre lucratif
ou onéreux. *Art.* 2235.

*Chap. 3. Des Causes qui empêchent la pres-
cription.* — Ceux qui possèdent pour autrui ne
prescrivent jamais, par quelque laps de temps
que ce soit. — Ainsi le fermier, le dépositaire,
l'usufruitier, et tous autres qui détiennent précairement la chose du propriétaire, ne peuvent
la prescrire. *Art.* 2236.

Les héritiers de ceux qui tenaient la chose
à quelqu'un des titres désignés par l'article précédent, ne peuvent non plus prescrire. *Art.*
2237.

Tome III.

Néanmoins les personnes énoncées dans les
articles 2236 *et* 2237 peuvent prescrire, si le
titre de leur possession se trouve interverti,
soit par une cause venant d'un tiers, soit par la
contradiction qu'elles ont opposée au droit du
propriétaire. *Art.* 2238.

Ceux à qui les fermiers, dépositaires et autres
détenteurs précaires ont transmis la chose par
un titre translatif de propriété, peuvent la prescrire. *Art.* 2239.

On ne peut pas prescrire contre son titre,
en ce sens que l'on ne peut point se changer à
soi-même la cause et le principe de sa possession. *Art.* 2240.

On peut prescrire contre son titre, en ce sens
que l'on prescrit la libération de l'obligation
que l'on a contractée. *Art.* 2241.

*Chap. 4. Sect. 1.ʳᵉ Des Causes qui inter-
rompent la prescription.* — La prescription
peut être interrompue ou naturellement ou civilement. *Art.* 2242.

Il y a interruption naturelle lorsque le possesseur est privé pendant plus d'un an de la
jouissance de la chose, soit par l'ancien propriétaire, soit même par un tiers. *Art.* 2243.

Une citation en justice, un commandement
ou une saisie, signifiés à celui qu'on veut empêcher de prescrire, forment l'interruption civile. *Art.* 2244.

La citation en conciliation devant le bureau
de paix interrompt la prescription du jour de
sa date, lorsqu'elle est suivie d'une assignation
en justice, donnée dans les délais de droit. *Art.*
2245.

La citation en justice, donnée même devant
un juge incompétent, interrompt la prescription.
Art. 2246.

Si l'assignation est nulle par défaut de forme,
si le demandeur se désiste de sa demande, s'il
laisse périmer l'instance, ou si sa demande est
rejetée, l'interruption est regardée comme non
avenue. *Art.* 2247.

La prescription est interrompue par la reconnaissance que le débiteur ou le possesseur fait

13

du droit de celui contre lequel il prescrivait. *Art.* 2248.

L'interpellation faite, conformément aux *art.* ci-dessus, à l'un des débiteurs solidaires, ou sa reconnaissance, interrompt la prescription contre tous les autres, même contre leurs héritiers. — L'interpellation faite à l'un des héritiers d'un débiteur solidaire, ou la reconnaissance de cet héritier, n'interrompt pas la prescription à l'égard des autres co-héritiers, quand même la créance serait hypothécaire, si l'obligation n'est indivisible *Art.* 2249. *Voy. aussi l'art.* 1199, *C. des Cont. et Oblig.* au mot Obligation solidaire.

Cette interpellation ou cette reconnaissance n'interrompt la prescription à l'égard des autres co-débiteurs que pour la part dont cet héritier est tenu. — Pour interrompre la prescription pour le tout à l'égard des autres co-débiteurs, il faut l'interpellation faite à tous les héritiers du débiteur décédé, ou la reconnaissance de tous ces héritiers.

L'interpellation faite au débiteur principal, ou sa reconnaissance, interrompt la prescription contre la caution. *Art.* 2250.

Les poursuites faites contre l'un des débiteurs solidaires, interrompt la prescription à l'égard de tous. *Art.* 206, *C. des Cont. et Oblig.*

Sect. 2. — *Des causes qui suspendent le cours de la prescription.* — La prescription court contre toutes personnes, à moins qu'elles ne soient dans quelque exception établie par une loi. *Art.* 2251.

La prescription ne court pas contre les mineurs et les interdits, sauf ce qui est dit à l'*art.* 2278, et à l'exception des autres cas déterminés par la loi. *Art.* 2252.

Elle ne court point entre époux. *Art.* 2253.

La prescription court contre la femme mariée, encore qu'elle ne soit point séparée par contrat de mariage ou en justice, à l'égard des biens dont le mari a l'administration, sauf son recours contre le mari. *Art.* 2254.

Néanmoins elle ne court point pendant le mariage à l'égard de l'aliénation d'un fonds constitué selon le régime dotal, conformément à l'*art.* 1561, *au titre du Contrat de mariage et des Droits respectifs des époux.* *Art.* 2255.

La prescription est pareillement suspendue pendant le mariage, 1.º dans le cas où l'action de la femme ne pourrait être exercée qu'après une option à faire sur l'acceptation ou la renonciation à la communauté; 2.º Dans le cas où le mari, ayant vendu le bien propre de la femme sans son consentement, est garant de la vente, et dans tous les autres cas où l'action de la femme réfléchirait contre le mari. *Art.* 2256.

La prescription ne court point, à l'égard d'une créance qui dépend d'une condition, jusqu'à ce que la condition arrive; à l'égard d'une action en garantie, jusqu'à ce que l'éviction ait lieu; à l'égard d'une créance à jour fixe, jusqu'à ce que ce jour soit arrivé. *Art.* 2257.

La prescription ne court pas contre l'héritier bénéficiaire à l'égard des créances qu'il a contre la succession. — Elle court contre une succession vacante, quoique non pourvue de curateur. *Art.* 2258.

Elle court encore pendant les trois mois pour faire inventaire, et les quarante jours pour délibérer. *Art.* 2259.

Chap. 5. — *Du temps qu'il faut pour prescrire.* — *Sect.* 1.ere. — *Dispositions générales.* — La prescription se compte par jours et non par heures. Elle est acquise lorsque le dernier jour du terme est accompli. *Art.* 2260.

Dans les prescriptions qui s'accomplissent dans un certain nombre de jours, les jours complémentaires sont comptés. Dans celles qui s'accomplissent par mois, celui de frutidor comprend les jours complémentaires. *Art.* 2261.

La prescription éteint les obligations. *Art.* 1234, *C. des Cont. et Oblig.*

PRESCRIPTION DE TRENTE ANS.

Droit ancien.

Elle est appelée *præscriptio longissimi temporis*, et a lieu pour héritages et droits réels, sans que le possesseur soit obligé de produire aucun titre de sa possession, parce que sa longue jouissance lui tient lieu de titre, et le met en droit de dire : *Possideo quià possideo*, quand même il serait possesseur de mauvaise foi : ce qui n'aurait pas lieu dans la prescription de dix ou vingt ans.

Cette prescription de trente ans a encore lieu dans les cas suivans :

1.º En fait d'action hypothécaire à l'égard du possesseur de mauvaise foi, et même à l'égard du débiteur, quand l'hypothèque n'est pas conventionnelle, mais légale. *Voy.* Action hypothécaire, Hypothèque.

2.º Pour les profits de fiefs échus, quotité et arrérages de cens. *Voy.* ce que Ferrière a dit sur les *art.* 12 et 124 de la Coutume de Paris. Ainsi les quints, lods et ventes, et autres droits seigneuriaux échus, se prescrivent par trente ans, même contre le titulaire d'un bénéfice et contre l'église.

Voy. Louet et son Commentateur, *lettre* C, *nomb.* 21, et *lettre* D, *nomb.* 53 ; et Bacquet, au Traité des Droits d'Amortissement, *chap.* 60, et au Traité des Droits de Déshérence, *chap.* 7 ; Dolive, *livre* 2, *chap.* 12 ; et Dumoulin, §. 12, *nomb.* 16, 39 et 49.

3.º Le seigneur direct, qui possède le fief de son vassal en vertu d'un autre titre que de saisie féodale, peut prescrire contre son vassal par trente ans ; comme s'il possède le fief pour l'avoir acquis à titre de vente, d'échange, etc., par droit de bâtardise ou de déshérence, parce qu'il possède alors comme toute autre personne.

Voy. Heurys et son Commentateur, *tom.* 2, *liv.* 3, *quest.* 46.

4.º L'action de légitime, ou de supplément de légitime, se prescrit par trente ans.

Voy. Henrys, *tom.* 1, *liv.* 4. *chap.* 6, *quest.* 67 ; et ce que Ferrière a dit sur l'*art.* 118 de la Coutume de Paris.

5.º La liberté se peut prescrire par trente ans contre la servitude fondée en titre.

Voy. l'*art.* 186 de la Coutume de Paris.

6.º La liberté de racheter une rente de bail d'héritage, stipulée rachetable à toujours, et aussi la faculté de racheter par parties une rente constituée, se prescrivent par trente ans.

Voy. l'*art.* 120 de la Coutume de Paris ; et Brodeau sur Louet, *lett.* R, *sommaire* 10.

7.º La faculté de retirer à toujours un héritage, se prescrit aussi par ce temps.

Enfin, tous les droits et toutes les actions que nous pouvons intenter, se prescrivent ordinairement par trente ans, excepté celles qui sont bornées par les lois, les coutumes, ou les ordonnances, à une prescription qui s'accomplit par un moindre temps.

Droit intermédiaire.

Par arrêt de la cour de cassation du 26 vendémiaire an 5, il a été jugé que la prescription de trente ans rend le second acquéreur propriétaire incommutable des biens par lui acquis, quoique celui qui les lui a vendus ne les eût acquis lui-même que sous pacte de réméré et dans un contrat pignoratif.

Voy. la Table Analytique de M. Bergogné, *pag.* 393.

Droit nouveau.

Toutes les actions, tant réelles que personnelles, sont prescrites par trente ans, sans que celui qui allègue cette prescription soit obligé d'en rapporter un titre, ou qu'on puisse lui opposer l'exception déduite de la mauvaise foi. *Art.* 2262, *C. de la Prescription.*

Après vingt-huit ans de la date du dernier titre le débiteur d'une rente peut être contraint à fournir à ses frais un titre nouvel à son créancier ou à ses ayant-causes. *Art.* 2263.

Les règles de la prescription sur d'autres objets que ceux mentionnés dans le présent titre, sont expliquées dans les titres qui leur sont propres. *Art.* 2264.

L'usufruit d'une chose prend fin par la non-jouissance pendant trente ans. *Art.* 617, *C. de l'Usufruit*; ce qui s'applique à l'Usage. *Art.* 625.

L'usufruit qui n'est pas accordé à des particuliers, ne dure que trente ans. *Art.* 620.

13*

En matière de cours d'eau, la prescription s'acquiert en faveur du propriétaire du fonds inférieur par une jouissance non interrompue pendant l'espace de trente années, à compter du moment où le propriétaire de ce fonds a fait et terminé des ouvrages apparens destinés à faciliter la chute et le cours de l'eau dans sa propriété. *Art. 642, C. des Servitudes.*

Les servitudes continues et apparentes s'acquièrent par titre, ou par la possession de *trente ans. Art. 690.*

La servitude est éteinte par le non usage pendant trente ans. *Art. 706. C. des Servitudes.*

Les trente ans commencent à courir, selon les diverses espèces de servitudes, ou du jour où l'on a cessé d'en jouir, lorsqu'il s'agit de servitudes discontinues ; ou du jour où il a été fait un acte contraire à la servitude, lorsqu'il s'agit de servitudes continues. *Art. 707.*

Le mode de la servitude peut se prescrire comme la servitude même, et de la même manière. *Art. 708.*

Si l'héritage en faveur duquel la servitude est établie appartient à plusieurs par indivis, la jouissance de l'un empêche la prescription à l'égard de tous. *Art. 709.*

Si parmi les co-propriétaires il s'en trouve un contre lequel la prescription n'ait pu courir, comme un mineur, il aura conservé le droit de tous les autres. *Art. 710.*

La faculté d'accepter ou de répudier une sucession se prescrit par le laps de temps requis pour la prescription la plus longue des droits immobiliers. *Art. 789 des Successions* (c'est-à-dire par trente ans).

Le donataire, ses héritiers ou ayant-cause, ou autres détenteurs des choses données, ne pourront opposer la prescription pour faire valoir la donation révoquée par la survenance d'enfant, qu'après une possession de *trente années*, qui ne pourront commencer à courir que du jour de la naissance du dernier enfant du donateur, même posthume ; et ce, sans préjudice des interruptions, telles que de droit. *Art. 966.*

Les priviléges et hypothèques s'éteignent par la prescription.

La prescription est acquise au débiteur, quant aux biens qui sont dans ses mains, par le temps fixé pour la prescription des actions qui donnent l'hypothèque ou le privilége. --- Quant aux biens qui sont dans la main d'un tiers détenteur, elle lui est acquise par le temps réglé pour la prescription de la propriété à son profit : dans le cas où la prescription suppose un titre, elle ne commence à courir que du jour où il a été transcrit sur les registres du conservateur.--Les inscriptions prises par le créancier n'interrompent pas le cours de la prescription établie par la loi en faveur du débiteur ou du tiers détenteur. *Art. 2180. C. des Priviléges et Hypothèques.*

PRESCRIPTION DE DIX ET VINGT ANS.

Droit ancien.

Elle a lieu 1.º en fait d'immeubles entre présens, comme nous avons dit en parlant de la prescription en général.

2.º En fait d'actions hypothécaires entre présens, à l'encontre du tiers détenteur de bonne foi.

3.º La faculté de se faire restituer contre des actes, se prescrit par dix ans, à compter du jour de la passation des actes à l'égard des majeurs, et du jour de la majorité à l'égard des mineurs ; mais cette prescription n'a pas lieu lorsque le contrat est nul. On peut opposer cette nullité jusqu'à trente ans. *Voy.* Basset, *tom.* 1, *liv.* 2, *tit.* 29, *chap.* 16 ; et M. Pinault, *tom.* 2, *arrêt* 198. *Voy.* aussi Restitution.

4.º Les avocats et procureurs sont à couvert de toutes recherches de sacs et papiers de procès non finis, après dix années, à compter du jour des dates de leur récépissés, suivant la déclaration du 21 décembre 1597.

Droit nouveau.

Celui qui acquiert de bonne foi et par juste titre un immeuble, en prescrit la propriété par dix ans, si le véritable propriétaire habite dans le ressort du tribunal d'appel dans l'étendue duquel l'immeuble est situé; et par vingt ans, s'il est domicilié hors dudit ressort. *Art.* 226, *C. des Prescriptions.*

Si le véritable propriétaire a eu son domicile en différens temps dans le ressort et hors du ressort, il faut, pour compléter la prescription, ajouter à ce qui manque aux dix ans de présence un nombre d'années d'absence double de celui qui manque pour compléter les dix ans de présence. *Art.* 2266. *V. le mot* Absent *en matière de prescription.*

Le titre nul par défaut de forme ne peut servir de base à la prescription de dix et vingt ans. *Art.* 2267.

La bonne foi est toujours présumée; et c'est à celui qui allègue la mauvaise foi à la prouver. *Art.* 2268.

Il suffit que la bonne foi ait existé au moment de l'acquisition. *Art.* 2269.

Après dix ans, l'architecte et les entrepreneurs sont déchargés de la garantie des gros ouvrages qu'ils ont faits ou dirigés. *Art.* 2270.

Toute action du mineur contre son tuteur, relativement aux faits de la tutelle, se prescrit par dix ans, à compter de la majorité. *Art.* 475, *C. de la Minorité.*

Dans tous les cas où l'action en nullité ou en rescision d'une convention n'est pas limitée à un moindre temps par une loi particulière, cette action dure dix ans.—Ce temps ne court, dans le cas de violence, que du jour où elle a cessé; dans le cas d'erreur ou de dol, du jour où ils ont été découverts; et pour les actes passés par les femmes mariées non autorisées, du jour de la dissolution du mariage.—Le temps ne court, à l'égard des actes faits par les interdits, que du jour où l'interdiction est levée; et à l'égard de ceux faits par les mineurs, que du jour de la majorité. *Art.* 1304. *C. des Cont. et Oblig. V.* Restitution.

À l'égard des procureurs et avocats, *Voy.* ci-après, Prescription de cinq ans.

PRESCRIPTION DE SIX ANS.

Droit ancien.

Les procureurs ne peuvent demander leurs frais, salaires et vacations, que pour deux années après qu'ils ont été révoqués, ou que les parties sont décédées, en cas qu'ils aient discontinué d'occuper pour les mêmes parties, ou pour leurs héritiers.

Et à l'égard des affaires non jugées, ils ne peuvent demander leurs frais, salaires et vacations pour les procédures faites au-delà des six années précédentes immédiatement, quoiqu'ils aient toujours continué d'y occuper, à moins qu'ils ne les aient fait arrêter ou reconnaître par leurs parties, et ce, avec le calcul de la somme à laquelle ils montent, lorsqu'ils excèdent celles de deux mille livres. *V.* Procureurs.

Droit nouveau.

Voy. ci-après, Prescription de cinq ans.

PRESCRIPTION DE CINQ ANS.

Droit ancien.

1.º Les arrérages d'une rente constituée à prix d'argent se prescrivent par cinq ans, c'est-à-dire, qu'on n'en peut demander que cinq années.

Les fermages et loyers se prescrivent de même quand on a été cinq ans après la fin du bail sans le demander. Ordonnance de 1629, art. 142.

2.º L'accusation du crime d'adultère se prescrit par cinq ans. *Voy.* le Prêtre, *cent.* 2, *chap.* 4.

Il en est de même de la plainte d'inofficiosité. *Voy.* Domat, *titre* du Testament inofficieux, *sect.* 3, *n.* 6.

3.º Les billets et lettres de change sont réputés acquittés après cinq ans de cessation de demande et de poursuites, à compter du lendemain de l'échéance ou du protêt, ou de la dernière poursuite. Néanmoins les prétendus débiteurs sont tenus d'affirmer, s'ils en sont requis, qu'ils n'en sont point redevables; et leurs veuves

et héritiers ou ayant-causes, qu'ils estiment de bonne foi qu'ils n'en est plus rien dû. *Art.* 21, du *titre* 5, de l'ordonnance de 1673.

4.° Un officier qui a joui paisiblement et sans trouble d'un droit pendant cinq ans, n'y peut plus être troublé par un autre. Mornac, *ad Leg. ult.*, *Cod. de Dolo*, *et ad Leg. ult.*, *Cod. Ubi caus. stat.*

5.° Ceux qui prétendent avoir été forcés à faire profession dans un monastère, ou maison religieuse, doivent réclamer contre leurs vœux dans les cinq ans, à compter du jour de leur profession. *Voy.* Brodeau sur Louet, *lett.* C, *nomb.* 6.

6.° Dans les coutumes d'Anjou et du Maine, le tenement de cinq ans a lieu, tant contre les présens que contre les demeurans hors les baillages desdites coutumes. *Voy.* Chopin sur la Coutume d'Anjou, *livre* 3, *chapitre* 2, *titre* 5, et le Journal des Audiences, *tome* 1, *livre* 6, *chapitre* 12.

7.° Ceux qui sont condamnés par contumace, doivent se représenter dans les cinq ans; s'ils laissent passer ce temps sans le faire, ils perdent la propriété de tous leurs biens. *Voy.* Contumace.

8.° Les veuves et héritiers des avocats et procureurs ne peuvent après cinq ans être recherchés, tant de procès jugés, que de ceux qui sont à juger, à compter du jour des récépissés.

Droit nouveau.

Les arrérages de rentes perpétuelles et viagères; ceux des pensions alimentaires; les loyers des maisons et le prix de ferme des biens ruraux; les intérêts des sommes prêtées, et généralement tout ce qui est payable par année ou à des termes périodiques plus courts, se prescrivent par cinq ans. *Art.* 2277.

Les juges et avoués sont déchargés des pièces cinq ans après le jugement des procès. *Art.* 2276.

Dans les affaires non terminées, les avoués ne peuvent former de demandes pour leurs frais et salaires qui remonteraient à plus de cinq ans. *Art.* 2273.

La prescription dans le cas ci-dessus a lieu, quoiqu'il y ait eu continuation de fournitures, livraisons, services et travaux. — Elle ne cesse de courir que lorsqu'il y a eu compte arrêté, cédule ou obligation, ou citation en justice, non périmée. *Art.* 2274.

Néanmoins ceux auxquels ces prescriptions seront opposées peuvent déférer le serment à ceux qui les opposent, sur la question de savoir si la chose a été réellement payée. — Le serment pourra être déféré aux veuves et héritiers, ou aux tuteurs de ces derniers, s'ils sont mineurs, pour qu'ils aient à déclarer s'ils ne savent pas que la chose soit due. *Art.* 2275.

En matière de partage et de garantie entre co-héritiers, la garantie de la solvabilité du débiteur d'une rente ne peut être exercée que dans les cinq ans qui suivent le partage. Il n'y a pas lieu à garantie à raison de l'insolvabilité du débiteur, quand elle n'est survenue que depuis le partage consommé. *Art.* 886. *C. des Successions. V. les mots* Contumace *et* Droits civils.

PRESCRIPTION DE TROIS ANS.

Droit ancien.

Le compromis périt par trois ans de même qu'une instance périt par ce laps de temps.

Dans l'ancien droit, les meubles se prescrivaient par l'espace d'une année. Justinien a étendu ce terme à trois ans. *Leg. unic.*, *Cod. de Usu. cap. transform.*

Les domestiques ne peuvent demander que trois ans de leur gages. Ordonnance de Louis XII, en 1510, *art.* 67.

Droit nouveau.

Les héritiers d'un enfant ne peuvent intenter l'action en réclamation d'état, lorsque l'enfant n'a pas réclamé, qu'autant qu'il est décédé mineur ou dans les cinq années après sa majorité. — Ils peuvent suivre cette action lorsqu'elle a été commencée par l'enfant, à moins qu'il ne s'en fût désisté formellement, ou qu'il n'eût laissé passer trois années sans poursuites, à compter du dernier acte de la procédure. *Art.* 33o.

En matière de succession et lorsqu'il y a bénéfice d'inventaire, les créanciers non opposans qui ne se présentent qu'après l'apurement du compte et le paiement du reliquat, n'ont de recours à exercer que contre les légataires. — Dans l'un et l'autre cas, le recours se prescrit par le laps de *trois ans*, à compter du jour de l'apurement du compte et du paiement du reliquat. *Art.* 8o9, *C. des Successions.*

Le droit de demander la séparation du patrimoine du défunt d'avec celui de l'héritier, se prescrit relativement aux meubles par le laps de *trois ans. Art.* 88o. *Voy.* Bénéfice d'inventaire.

PRESCRIPTION DE DEUX ANS, a lieu contre les procureurs, lesquels ne peuvent demander leurs frais et salaires après ce temps, à compter du jour qu'ils ont été révoqués, ou qu'ils ont discontinué d'occuper. *Voy.* ci-dessus Prescription de six et de cinq ans.

Droit nouveau.

L'action des avoués pour le paiement de leurs frais et salaires se prescrit par deux ans, à compter du jugement des procès, ou de la conciliation des parties, ou depuis la révocation desdits avoués. *Art.* 2276, *C. de la Prescript. Voy.* Prescription de cinq ans.

Les huissiers, après deux ans depuis l'exécution de la commission, ou la signification des actes dont ils étaient chargés, en sont déchargés. *Art.* 2276.

La demande en rescision de la vente pour cause de lésion n'est plus recevable après l'expiration de deux années, à compter du jour de la vente. — Ce délai court contre les femmes mariées et contre les absens, les interdits, et les mineurs venant du chef d'un majeur qui a vendu. — Ce délai court aussi et n'est pas suspendu pendant la durée du temps stipulé pour le pacte de rachat. *Art.* 1676, *C. de la Vente. V.* le mot Lésion.

PRESCRIPTION D'UN AN.

Droit ancien

Elle a lieu, 1.º pour les demandes et actions, pour raison des marchandises qui sont énoncées en l'*art.* 125 de la coutume de Paris, et en l'*art.* 7, du *titre* 1.er de l'ordonnance du commerce. Sur quoi il faut remarquer que celui qui veut se servir de la prescription de six mois, ou d'un an, pour marchandises et autres choses contenues ès-*art.* 125, 126, et 127 de cette coutume, est obligé d'affirmer que le payement a été par lui fait ; et à faute de faire l'affirmation, il ne peut se prévaloir de la prescription, laquelle n'a été introduite qu'à cause que les marchandises et autres choses mentionnées en ces trois articles, sont le plus souvent payés manuellement, sans en prendre de quittance. Auzanet, sur l'*art.* 126, de la coutume de Paris, observe que les héritiers sont aussi tenus de faire le serment du payement, sinon souffrir condamnation de payer. Au reste, ces prescriptions n'ont pas lieu de marchand à marchand, comme j'ai dit *au mot* Marchand.

2.º La prescription d'un an exclut de pouvoir former la complainte en cas de saisine et de nouvelleté, à compter du jour du trouble. *Article* 96, de la Coutume de Paris.

3.º Cette prescription éteint l'action en retrait lignager. *Art.* 129, et suivans de la même Coutume.

4.º Elle ôte au seigneur haut justicier le droit de relever ses fourches patibulaires, quand elles sont tombées ; car après l'an, il ne le peut faire sans lettres royaux.

5.º L'action pour dîmes est annale ; ainsi après l'an le possesseur d'un héritage n'en peut pas être tenu ; à moins qu'il n'y ait contestation. Il faut excepter la dîme abonnée, dont on peut demander cinq ans. *Voy.* Henrys, *tome* 1, *chapitre* 3, *question* 38.

6.º L'action d'injure se prescrit par l'espace d'un an.

7.º Les maîtres, précepteurs et pédagogues, après l'an, ne sont plus recevables à faire demande de leurs salaires et enseignemens. *Art.* 265, de la Coutume d'Orléans.

Droit nouveau.

L'action des *médecins*, *chirurgiens* et *apothicaires*, pour leurs visites, opérations et médicamens; celle des *huissiers*, pour le salaire des actes qu'ils signifient et des commissions qu'ils exécutent; celle des *marchands*, pour les marchandises qu'ils vendent aux particuliers non marchands; celle des *maîtres de pension*, pour le prix de la pension de leurs élèves; et des autres *maîtres*, pour le prix de l'apprentissage; celle des *domestiques* qui se louent à l'année, pour le paiement de leur salaire se prescrivent par un an. *Art.* 2272, *C. de la Prescript.*

La demande en révocation d'une donation pour cause d'ingratitude doit être formée dans l'année, à compter du jour du délit imputé par le donateur au donataire, ou du jour que le délit a pu être connu par le donateur. — Cette révocation ne pourra être demandée par le donateur contre les héritiers du donataire, ni par les héritiers du donateur contre le donataire, à moins que, dans ce dernier cas, l'action n'ait été intentée par le donateur, ou qu'il ne soit décédé dans l'année du délit. *Art.* 957, *C. des Donat.*

La demande en révocation d'un testament fondée sur une injure grave, faite à la mémoire du testateur, doit être intentée dans l'année à compter du jour du délit. *Art.* 1247.

PRESCRIPTION DE SIX MOIS, a lieu, 1.º pour la publication des substitutions : et quand elles sont faites après, elles n'ont d'effet que du jour de leur enregistrement.

2.º Pour se pourvoir par requête civile contre les arrêts. *Voy.* Requête civile.

Droit nouveau.

L'action des maîtres et instituteurs des sciences et arts, pour les leçons qu'ils donnent au mois; celle des hôteliers et traiteurs, à raison du logement et de la nourriture qu'ils fournissent; celle des ouvriers et gens de travail, pour le paiement de leurs journées, fournitures et salaires, se prescrivent par six mois. *Art.* 2271. *C. de la Prescript.*

PRESCRIPTION AU-DELA DE TRENTE ANS n'a plus lieu aujourd'hui; la prescription de trente ans est la plus longue. Voici l'article qui termine le Code civil et qui a trait aux prescriptions commencées avant son empire.

« *Art.* 2281. Les prescriptions commencées à l'époque de la publication du présent titre seront réglées conformément aux lois anciennes.

» Néanmoins les prescriptions alors commencées, et pour lesquelles il faudrait encore, suivant les anciennes lois, plus de trente ans à compter de la même époque, seront accomplies par ce laps de trente ans. »

PRESCRIPTION D'ACTION, est l'extinction d'une dette, faute par le créancier d'avoir agi contre son débiteur dans le temps préfini par la loi.

Ainsi la prescription ne nous fait pas seulement acquérir le domaine d'une chose, elle nous sert aussi à acquérir la libération d'une dette ou charge, lorsque le créancier a laissé passer le temps défini pour agir.

Droit ancien.

L'on prescrit la libération de toute hypothèque, rente et charge foncière (à la réserve du cens) par l'espace de dix ans entre présens, et de 20 ans entre absens.

Les actions personnelles, soit pour rente, somme de deniers, ou autre chose, se prescrivent par trente ans de cessation, sans que la dette ait été demandée, payée, ni reconnue, et par quarante ans contre l'église, tant entre absens que présens, soit qu'il y ait bonne foi ou non.

Enfin, quand l'action personnelle et l'action hypothécaire concourent ensemble, elles ne se prescrivent que par quarante années, si l'hypothèque est conventionnelle.

Il n'en est pas de même quand l'hypothèque est légale ; en ce cas l'action personnelle qui est jointe à l'action hypothécaire , se prescrit par trente ans.

C'est en observant cette distinction, que l'on concilie sans peine une infinité d'arrêts rendus sur cette matière, qui paraissent absolument contraires, et qui ne le sont pas véritablement. *Voy.* Action hypothécaire.

Au reste, en fait d'actions personnelles , la prescription court du jour de l'obligation , quand l'obligation est pure, et donne au créancier la liberté de se faire payer à sa volonté. Mais quand l'obligation contient un temps auquel le paiement doit être fait , la prescription ne court pas du jour de la date de l'obligation , mais du jour de l'échéance du paiement : *Quià scilicet adversùs agere non valentem , non currit præscriptio.*

Ainsi dans les obligations qui sont faites sous condition , ou qui ont un terme préfix pour le paiement, la prescription ne court qu'après la condition arrivée ou le terme échu. *Voy.* la Loi *Cùm notissimi , §. Illud autem , quod de præscrip.; 3o. vel 4o annor.*; et Henrys, tom. 1. *livre 4. chap. 6. quest. 90.*

En fait de rente constituée , la prescription commence du jour du contrat , pour ce qui regarde le principal ; mais pour ce qui est des arrérages , la prescription ne commence que du jour de l'échéance du premier paiement. *Voy.* Henrys , *tom. 1. liv. 4. chap. 6. quest. 62.*

Touchant la prescription des actions , *Voy.* Ferrière dans sa Traduction des Institutes sur le *tit. 12. du quatrième livre. Voy.* aussi Prescription de trente ans.

Droit nouveau.

Toutes les *actions* tant *réelles* que *personnelles* se prescrivent par trente ans. *Voy.* Prescription de trente ans et Prescription.

PRESCRIPTION CONVENTIONNELLE OU CONTRACTUELLE , est celle qui descend de la convention des parties.

Tome III.

Droit ancien.

La faculté de réméré stipulée pour trois ans seulement, ou pour dix, se prescrit par le temps exprimé dans l'acte.

Mais la nouvelle jurisprudence établie par plusieurs arrêts , et principalement par un arrêt célèbre rendu en la cinquième des enquêtes , *consultis classibus ,* le 16 mars 1650, a jugé que la faculté de réméré stipulée par contrat de vente, dure trente ans, si l'acquéreur ne fait ordonner par le juge, partie présente ou dûment appelée, qu'à faute d'avoir remboursé le prix porté par le contrat, l'héritage lui demeurera incommutablement.

Ce n'est pas absolument l'action de réméré qui est prorogée jusqu'à trente ans ; c'est que de la stipulation de réméré il naît une action personnelle qui ne se prescrit que par trente ans : ainsi cette clause, qui porte que la faculté de réméré sera prescrite avec ce temps , n'est que comminatoire contre laquelle le vendeur peut revenir si bon lui semble.

Droit nouveau.

Le Code civil change bien à cet égard l'ancienne jurisprudence. Voici les articles qui ont rapport à la matière que nous traitons.

La faculté du rachat ne peut être stipulée pour un terme excédant cinq années. -- Si elle a été stipulée pour un terme plus long , elle est réduite à ce terme. *Art.* 1660, *C. de la Vente.*

Le terme fixé est de rigueur , et ne peut être prolongé par le juge. *Art.* 1661.

Faute par le vendeur d'avoir exercé son action de réméré dans le terme prescrit, l'acquéreur demeure propriétaire irrévocable. *Art.* 1662.

Le délai court contre toutes personnes, même contre le mineur, sauf, s'il y a lieu, le recours contre qui de droit. *Art.* 1663.

PRESCRIPTION DE DOT.

Droit ancien.

L'action qu'a le mari pour demander la dot de sa femme, se prescrit par dix ans. C'est ce qui se juge au parlement de Grenoble, en conséquence de la loi 33, *ff. de Jure dotium*, dont ce parlement suit en partie les décisions, suivant ce qui est à ce sujet rapporté dans le Recueil alphabétique de Bretonnier, *au mot* Dot, vers la fin, en ces termes :

Si c'est un étranger qui a constitué la dot, soit *ex necessitate vel liberalitate*, le mari faute de poursuites demeure responsable de la dot après dix ans. Catelan, *tom. 2, livre 4, chap.* 48 ; Graverol sur la Rocheflavin, *liv.* 2, *tit.* 6, *art.* 18. Si c'est le père de la femme qui a constitué la dot, le mari en demeure pareillement responsable après dix ans ; ce terme étant suffisant pour justifier la conduite du gendre envers son beau-père, suivant les arrêts rapportés par ces mêmes auteurs aux mêmes endroits.

Mais si c'est la femme qui s'est constituée dot elle-même, elle doit s'imputer de n'avoir pas satisfait à sa promesse ; et en ce cas le mari ne peut être en aucun temps poursuivi pour raison de cette dot, suivant les mêmes auteurs.

Dans les deux premiers cas, la négligence du mari le charge à la vérité de la restitution de la dot envers sa femme ; mais elle ne décharge pas les débiteurs à moins que la prescription entière de l'action personnelle ne soit acquise. Catelan, *ibidem*.

Cet auteur dit que par arrêt de l'an 1664, une femme dont le mariage avait duré plus de dix ans, fut colloquée dans l'ordre des biens de son mari pour sa dot, quoiqu'il n'apparût d'aucune insolvabilité du père de la femme qui avait constitué la dot ; mais que par le même arrêt l'on réserva aux créanciers du mari le recours contre le constituant : ce qui prouve que le débiteur de la dot ne peut point alléguer la prescription de dix ans.

La jurisprudence du parlement de Paris est sur cela fort singulière.

1.° Il admet la prescription de dix ans en faveur de tous ceux qui ont constitué la dot, soit parens ou étrangers, même au préjudice de la femme au profit de laquelle la dot a été constituée, nonobstant les principes qui décident que les actions qui descendent des conventions, sont des actions personnelles qui durent trente ans.

2.° Il reçoit la prescription de dix ans contre le mari ou ses héritiers, quoique ce soit la femme qui s'est constituée sa dot. Cependant, suivant l'esprit du droit coutumier, au lieu d'étendre la Novelle 100 de Justinien, on devrait au contraire la restreindre ; car la raison pourquoi le mari ne peut après dix ans opposer l'exception *non numeratæ dotis*, c'est qu'il est présumé par ce long silence avoir voulu faire un présent à sa femme du montant de sa dot : *Si tacere elegerit, palam est noluisse, etiamsi non accepit dotem, omnino eum aut suos hæredes reddere.* Cela est un avantage indirect qui est défendu par la coutume de Paris et par le plus grand nombre des coutumes.

Voy. Ferrière sur l'*art.*113, de la Coutume de Paris, *glose* 6. et l'Institution au Droit français par Argou, *liv.* 3, *chap.* 8.

Droit nouveau.

Si le mariage a duré dix ans depuis l'échéance des termes pris pour le paiement de la dot, la femme ou ses héritiers pourront la répéter contre le mari après la dissolution du mariage, sans être tenus de prouver qu'il l'a reçue, à moins qu'il ne justifiât de diligences inutilement par lui faites pour s'en procurer le paiement. *Art.* 1569. *C. du Cont. de Mariage.*

PRESCRIPTION DE DROITS, OU DE BIENS APPARTENANT A DES MINEURS.

Droit ancien.

La règle est, que la prescription ne court point contre les mineurs. Ce qui est si vrai, qu'elle ne court pas contr'eux, quoiqu'elle ait commencé du vivant d'un majeur auquel un mineur aurait succédé. Mais dans ce cas la prescription dort, pour ainsi dire, durant tout le temps de leur minorité, et reprend son cours dès le moment que les mineurs sont devenus majeurs.

Il y a néanmoins quelques prescriptions qui courent contre les mineurs ; premièrement, les prescriptions conventionnelles commencées contre les majeurs, courent contre les mineurs, sans espérance de restitution. Ainsi la prescription conventionnelle de retirer un héritage aliéné par le majeur, et commencée contre lui, tombant en la personne du mineur héritier dudit majeur, a lieu, sans que ce mineur puisse se faire restituer contre. *Voy.* ce qu'a dit Ferrière sur l'*art.* 113. de la Coutume de Paris, *glose* 7, *nombre* 7.

En second lieu, les prescriptions établies par les ordonnances sans distinction des personnes, ont leur effet contre les mineurs, aussi bien que contre les majeurs. Telle est la prescription en demande d'arrérages de rentes constituées à prix d'argent, établie par l'ordonnance de Louis XII. de l'an 1510. Ainsi le mineur ne peut être restitué contre cette prescription, et ne peut demander que cinq années d'arrérages d'une telle rente.

En troisième lieu, les prescriptions statuaires ou coutumières courent contre les mineurs, sauf leur recours contre leurs tuteurs ou curateurs. Ainsi la prescription du retrait lignager par an et jour, court contre le mineur sans espérance de restitution, comme il a été jugé par arrêt, remarqué par Brodeau sur Louet, *lettre* R, *chap.* 7.

En quatrième lieu, les prescriptions judiciaires, comme est la péremption d'instance, ont leurs cours contre les mineurs en cas qu'ils aient été assistés de leurs tuteurs ou curateurs dans le procès.

Voy. ce qu'a dit Ferrière sur l'*art.* 113. de la Coutume de Paris, *glose.* 7.

Pour ce qui est des prescriptions ordinaires, établies par le droit romain, elles ne courent point contre les mineurs. Il faut excepter en pays de droit écrit la prescription de trente ans, laquelle dans ces pays court à la vérité contre les mineurs ; mais ils s'en peuvent faire relever par le bénéfice de restitution. *Voy.* les Observations sur Henrys, *tom.* 2, *liv.* 4, *quest.* 21.

Droit intermédiaire.

Voy. au mot Prescription, l'Arrêt de la cour de cassation du ....

Droit nouveau.

La prescription ne court pas contre les mineurs et les interdits, sauf ce qui est dit à l'*art.* 2278 du Code, et à l'exception des autres cas déterminés par la loi. *Art.* 2252, *C. de la Prescription.*

L'*art.* 2278 porte : « Les prescriptions dont » il s'agit dans les *art.* de la présente section, » courent contre les mineurs et les interdits ; » sauf leur recours contre leurs tuteurs. »

Ces prescriptions sont celles prévues :

1.º Par l'*art.* 2271. *Voy.* Prescription de six mois ;

2.º Par l'*art.* 2272. *Voy.* Prescription d'un an ;

3.º Par l'*art.* 2273. *Voy.* Prescription de deux et de cinq ans ;

4.º Par l'*art.* 2276. *Voy.* Prescription de deux et de cinq ans ;

5.º Par l'*art.* 2277. *Voy.* Prescription de cinq ans.

La prescription court également contre le mineur qui fait un commerce, pour tous les actes et faits relatifs à ce commerce ; car il est réputé majeur à cet égard. *Art.* 487, *C. de la Minorité.*

En matière de lésion en fait de vente, la prescription court contre les mineurs, *V.* Prescription de deux ans.

En fait de vente avec faculté de réméré, le délai stipulé court contre le mineur. *V.* Réméré.

PRÉSENS DE NOCES. *V.* Bagues et joyaux.

PRÉSENT EN MATIÈRE DE PRESCRIPTION. *Voy.* Absent en matière de prescription.

PRÉSOMPTIONS, sont des conséquences probables qu'on tire d'un fait connu, pour servir à faire connaître la vérité d'un fait incertain dont on cherche la preuve.

Droit ancien.

Mascardus, *de Probation.*, *cap.* 1147, *num.* 20, dit que c'est une règle établie, que dans les cas où la vérité est obscurcie, les conjectures et les présomptions doivent être admises. *Receptissima est in jure illa propositio in his quæ probatu sunt difficilia, leviores probationes, ut sunt conjecturæ et præsumptiones admitti.*

Par exemple, en matière civile, s'il y a contestation entre le possesseur d'un fonds, et un autre, touchant la propriété de ce fonds, la présomption est en faveur du possesseur, qui doit être maintenu en sa possession, jusqu'à ce que l'autre prouve son droit de propriété. *Auctore non probante reus absolvitur, et manet in suo loco possessio.*

La présomption est aussi admise en matière criminelle. Par exemple, lorsqu'un homme a été tué, sans qu'on sache par qui; si l'on découvre qu'il avait eu peu auparavant une querelle avec un autre qui l'avait menacé de le tuer, on tire de ce fait connu de la querelle et de la menace, une présomption, que celui qui a fait une telle menace pourrait être l'auteur de ce meurtre. *Voy.* Présomption dans la Partie de ce Dictionnaire qui traite des Matières criminelles.

La présomption est aussi admise dans la supposition de part, où la vérité est toujours obscurcie et enveloppée par les artifices de la fraude. *In his enim simulatis actibus ac fraudulentis, qui occultè patrari solent, sufficit probatio per conjecturas et presumptiones. Mascardus, loco citato, num.* 3. Les présomptions sont donc admises dans les questions d'état; mais elles doivent être soutenues de plusieurs adminicules, pour tenir lieu de preuves. Dans les causes de filiation, il n'y a point d'argument plus puissant pour la justifier, que celui qui se tire de la nourriture et de l'éducation que l'on a donnée à l'enfant. La nourriture est une seconde naissance, quand les titres de la première sont obscurs. Cette seconde peut contribuer beaucoup

à se déterminer, quand les registres des baptêmes sont perdus, ou qu'il n'y en a jamais eu, comme je l'ai dit *au mot* Filiation.

Les conséquences que l'on tire d'un fait connu, pour servir à faire connaître un fait incertain et caché, ne sont pas toujours sûres et infaillibles; parce que ce n'est pas assez que ces faits dont on tire des présomptions soient assurés; ils n'ont de force qu'autant qu'ils ont de liaison avec les faits qu'on prétend prouver.

Les présomptions sont de deux espèces: quelques-unes sont si fortes, qu'elles vont à la certitude et tiennent lieu de preuve, même dans les crimes; et d'autres ne sont que des conjectures qui laissent dans le doute.

Cela dépend de la certitude ou incertitude des faits dont on tire les présomptions, et de la justesse des conséquences qu'on tire de ces faits pour la preuve de ceux dont il s'agit.

Voy., touchant les présomptions, ce qui en est dit dans les Lois civiles, *liv.* 3, *tit.* 6, *sect.* 4; et dans le Traité de la Preuve par témoins, *pag.* 175 et *suiv.*

Droit nouveau.

Les présomptions sont des conséquences que la loi ou le magistrat tire d'un fait connu à un fait inconnu. *Art.* 1349, *C. des Cont. et Obligations.*

La présomption légale est celle qui est attachée par une loi spéciale à certains actes ou à certains faits; tels sont : 1.° les actes que la loi déclare nuls, comme présumés faits en fraude de ses dispositions, d'après leur seule qualité; 2.° les cas dans lesquels la loi déclare la propriété ou la libération résulter de certaines circonstances déterminées; 3.° l'autorité que la loi attribue à la chose jugée; 4.° la force que la loi attache à l'aveu de la partie ou à son serment. *Art.* 1350.

L'autorité de la chose jugée n'a lieu qu'à l'égard de ce qui a fait l'objet du jugement. Il faut que la chose demandée soit la même; que la demande soit fondée sur la même cause; que la demande soit entre les mêmes parties, et formée par elles et contr'elles en la même qualité. *Art.* 1351.

La présomption légale dispense de toute preuve celui au profit duquel elle existe. — Nulle preuve n'est admise contre la présomption de la loi, lorsque, sur le fondement de cette présomption, elle annule certains actes ou dénie l'action en justice, à moins qu'elle n'ait réservé la preuve contraire, et sauf ce qui sera dit sur le serment et l'aveu judiciaire. *Art* 1352.

Les présomptions qui ne sont point établies par la loi sont abandonnées aux lumières et à la prudence du magistrat, qui ne doit admettre que des présomptions graves, précises et concordantes, et dans les cas seulement où la loi admet les preuves testimoniales, à moins que l'acte ne soit attaqué pour cause de fraude ou de dol. *Art.* 1353.

Voy. au mot Question d'état, l'*art.* 323 du Code, et *au mot* Succession, les *art.* 720, 721 et 722.

Le dol ne se présume pas ; il doit être prouvé *Art.* 1116, *C. des Cont. et Oblig.*

La bonne foi au contraire est toujours présumée ; et c'est à celui qui allègue la mauvaise foi à la prouver. *Art.* 2268, *C. de la Prescript.*

PRESSOIR, est immeuble, lorsqu'il ne se peut déplacer sans être dépécé ; et ne peut être pris par exécution, pour un cens dû sur la maison où il est. Bouvot, *tom.* 2, *au mot* Cens, *quest.* 33.

Droit nouveau.

Les objets que le propriétaire d'un fonds y a placés pour le service et l'exploitation de ce fonds, sont immeubles par destination. — Ainsi, sont immeubles par destination, quand ils ont été placés par le propriétaire pour le service et l'exploitation du fonds,..... *les pressoirs....* etc.

PRÊT, se prend ou pour le contrat que nous appelons en droit *mutuum*, prêt mutuel, ou pour celui qui est appelé *commodatum*, prêt à usage. M. Cujas appelle le premier *commodatum ad abusum*; et l'autre, *commodatum ad usum.*

Dans la première signification, c'est un contrat par lequel on donne gratuitement une chose consistante en quantité, à condition que dans le temps convenu on en rendra une autre du même genre, ou semblable en substance, quantité et qualité.

Je dis *gratuitement*, parce que les intérêts ne peuvent être dus en conséquence du prêt, quand même ils auraient été promis par le débiteur en vertu d'une stipulation ; en quoi notre droit français diffère du droit romain, suivant lequel en ce cas les intérêts étaient dus, comme Ferrière l'a remarqué dans sa Traduction des Institutes, sur le commencement du *titre* 15 *du troisième livre.*

Ils ne peuvent être dus parmi nous que du jour de la demande faite en justice du principal avec les intérêts ; encore faut-il que cette demande soit suivie d'une sentence qui les adjuge ; auquel cas ils sont dus, non pas du jour de la sentence, mais du jour de la demande qui en a été faite. Dans l'action personnelle provenant du prêt mutuel, le demandeur conclut *à ce que le défendeur soit condamné à lui payer la somme de.... qu'il lui a prêtée, ou à lui rendre pareille quantité de blé ou de vin, ou d'autre chose fungible de même bonté et valeur, avec les intérêts du jour de la demande, et qu'il soit condamné aux dépens.*

Le prêt pris pour le commodat, appelé *prêt à usage*, est un contrat par lequel on prête une chose gratuitement pour un certain usage et un certain temps, à condition qu'après le temps expiré, et l'usage accompli, elle sera rendue en même espèce.

Droit nouveau.

Il y a deux sortes de prêt : celui des choses dont on peut user sans les détruire ; et celui des choses qui se consomment par l'usage qu'on en fait. — La première espèce s'appelle *prêt à usage* ou *commodat*; — La deuxième s'appelle *prêt de consommation* ou simplement *prêt. Art.* 1874.

Il y a aussi le *prêt à intérêt.*

Quant à la première espèce, *Voy. le mot* Commodat.

Du Prêt de consommation.

Le prêt de consommation est un contrat par lequel l'une des parties livre à l'autre une certaine quantité de choses qui se consomment par l'usage, à la charge par cette dernière de lui en rendre autant de même espèce et qualité. *Art.* 1892.

Par l'effet de ce prêt, l'emprunteur devient le propriétaire de la chose prêtée, et c'est pour lui qu'elle périt, de quelque manière que cette perte arrive. *Art.* 1893.

On ne peut pas donner à titre de prêt de consommation des choses qui, quoique de même espèce, diffèrent dans l'individu, comme les animaux : alors c'est un prêt à usage. *Art.* 1894.

L'obligation qui résulte d'un prêt en argent, n'est toujours que de la somme numérique énoncée au contrat. — S'il y a eu augmentation ou diminution d'espèce avant l'époque du paiement, le débiteur doit rendre la somme numérique prêtée, et ne doit rendre que cette somme dans les espèces ayant cours au moment du paiement. *Art.* 1895.

La règle portée en l'article précédent n'a pas lieu si le prêt a été fait en lingots. *Art.* 1896.

Si ce sont des lingots ou des denrées qui ont été prêtés, quelle que soit l'augmentation ou la diminution de leur prix, le débiteur doit toujours rendre la même quantité et qualité, et ne doit rendre que cela. *Art.* 1897.

Dans le prêt de consommation le prêteur est tenu de la responsabilité établie par l'*art.* 1891 pour le prêt à usage. *Art.* 1898.

Le prêteur ne peut pas redemander les choses prêtées, avant le terme convenu. *Art.* 1899.

S'il n'a pas été fixé de terme pour la restitution, le juge peut accorder à l'emprunteur un délai, suivant les circonstances. *Art.* 1900.

S'il a été seulement convenu que l'emprun-

teur paierait quand il le pourrait, ou quand il en aurait les moyens, le juge lui fixera un terme de paiement suivant les circonstances. *Art.* 1901.

L'emprunteur est tenu de rendre les choses prêtées en même quantité et qualité, et au terme convenu. *Art.* 1902.

S'il est dans l'impossibilité d'y satisfaire, il est tenu d'en payer la valeur, eu égard au temps et au lieu où la chose devait être rendue d'après la convention. — Si ce temps et ce lieu n'ont pas été réglés, le paiement se fait au prix du temps et du lieu où l'emprunt a été fait. *Art.* 1903.

Si l'emprunteur ne rend pas les choses prêtées, ou leur valeur au terme convenu, il en doit l'intérêt du jour de la demande en justice. *Art.* 1904.

Du Prêt à intérêt.

Il est permis de stipuler des intérêts pour simple prêt, soit de d'argent, soit de denrées ou autres choses mobiliaires. *Art.* 1905.

L'emprunteur qui a payé des intérêts qui n'étaient pas stipulés, ne peut ni les répéter ni les imputer sur le capital. *Art.* 1906.

L'intérêt est légal ou conventionnel. L'intérêt légal est fixé par la loi : l'intérêt conventionnel peut excéder celui de la loi, toutes les fois que la loi ne le prohibe pas. — Le taux de l'intérêt conventionnel doit être fixé par écrit. *Art.* 1907.

La quittance du capital, donnée sans réserve des intérêts, en fait présumer le paiement et en opère la libération. *Art.* 1908.

On peut stipuler un intérêt moyennant un capital que le prêteur s'interdit d'exiger. — Dans ce cas le prêt prend le nom de *constitution de rente. Art.* 1909.

Cette rente peut être constituée de deux manières, en perpétuel ou en viager. *Art.* 1910.

La rente constituée en perpétuel est essentiellement rachetable. — Les parties peuvent seulement convenir que le rachat ne sera pas fait avant un délai qui ne pourra excéder dix ans, ou sans avoir averti le créancier au terme d'avance qu'elles auront déterminé. *Art.* 1911.

Le débiteur d'une rente constituée en perpétuel peutêtre contraint au rachat, 1.º s'il cesse de remplir ses obligations pendant deux années; 2.º s'il manque à fournir au prêteur les sûretés promises par le contrat. *Art.* 1912.

Le capital de la rente constituée en perpétuel devient aussi exigible, en cas de faillite ou de déconfiture du débiteur. *Art* 1913.

Les règles concernant les rentes viagères sont établies au titre *des Contrats aléatoires. Art.* 1914. *V.* Rente viagère.

PREUVE, est une conséquence légitime qui résulte d'un fait évident, dont la certitude fait conclure qu'un autre fait est véritable, ou ne l'est pas.

Droit ancien.

Les preuves sont fondées ou sur la foi des actes par écrit, ou sur la déposition des témoins, ou sur la commune renommée, et autres présomptions qui résultent des circonstances du fait: mais aucune de ces preuves n'est démonstrative, quoique la loi les regarde comme vraies et certaines.

Un acte authentique passé pardevant notaire est une preuve en justice de la convention faite entre les parties, laquelle sans cet acte pourrait être révoquée en doute : cependant cet acte peut être faux.

Lorsque des témoins déposent avoir vu une personne commettre un crime, on ajoute foi à leur déposition : néanmoins leur témoignage peut être contraire à la vérité.

La commune renommée induit à faire croire ce qu'elle nous annonce; mais l'expérience fait bien voir qu'elle se peut quelquefois tromper.

L'usage des preuves ne regarde pas les faits qui sont naturellement certains, dont la vérité est toujours présumée, si le contraire n'est

prouvé : il regarde seulement les faits incertains, dont la vérité n'est pas présumée; de sorte qu'on n'y a point égard, si elle n'est prouvée. Ainsi celui qui se prétend propriétaire d'un fonds qu'un autre possède, doit en faire preuve.

En un mot, dans tous les cas d'un fait contesté, s'il est tel qu'il soit nécessaire d'en faire preuve, c'est toujours celui qui l'avance qui doit le prouver.

Ceux qui font des demandes en justice, sont donc obligés de faire la preuve des faits qu'ils allèguent pour les fonder.

Ei incumbit onus probandi qui dicit, non ei qui negat, quoniam factum negantis per rerum naturam nulla probatio est; Leg. 2, *ff. de Probationib.; Leg.* 23, *Cod. Eod.; Leg.* 10, *Cod. de Non numer. pecun. Quod quidem de merâ negatione intelligere oportet, non verò de eâ quæ affirmationem admixtam habet. Dict. Leg.* 2, *ff. h. t. Leg.;* 14, *ff. de Contr. et Commit stipul.*

La preuve d'une négative vague est donc impossible, *per rerum naturam*, comme dit la loi 13, *C. de Probationibus*, c'est-à-dire, *ratione naturali*; car pour pouvoir prouver une négative, il faut qu'elle ne soit point vague; mais qu'elle soit restreinte à des circonstances de temps et de lieu, ou qu'il lui soit substitué une affirmative équivalente ; comme si quelqu'un dit : ce jour-là je ne fus pas en un tel endroit, parce que je fus ailleurs, *eodem die in eo loco non fui* ; voilà la négative restreinte à des circonstances : je fus ailleurs, voilà l'affirmative ; et alors la preuve en doit être admise. Mais la raison naturelle nous fait voir qu'une proposition vague et indéfinie, telle qu'une négative, qui n'est restreinte par aucune circonstance, ne peut porter aucune lumière dans l'esprit.

Concluons donc que pour qu'une négative soit admissible, il faut qu'elle renferme une affirmation, et qu'elle soit restreinte à des circonstances du temps, du lieu et des personnes. *Voy.* ci-dessus ce que j'ai dit, au mot Négative.

Quoniam virò actor semper aliquid intendit, ei regulariter incumbit onus probandi, adeò ut actore non probante reus sit absolvendus; etiamsi nihil præstiterit.; Leg. 4, Cod. de Eden. Ainsi la cause du possesseur est toujours bonne, lorsque celui qui réclame la chose en question ne justifie point de son droit.

Pareillement les défendeurs sont obligés de prouver les faits sur lesquels ils fondent leurs défenses; *Quià tunc ipse reus aliquid dicit et intendit, atque adeò in exceptione partibus actoris fungitur. Leg.* 19, *ff. de Probationibus.*

La liberté de faire preuve des faits a ses bornes : c'est au juge à n'admettre la preuve que de ceux qu'on appelle pertinens, c'est-à-dire, dont on peut tirer des conséquences qui servent à établir le droit de celui qui les allègue.

Il dépend toujours aussi de la prudence du juge de discerner si les témoignages ou les autres sortes de preuves sont suffisantes, ou ne le sont point.

Pour qu'un fait soit prouvé, il faut que la preuve en ait été faite dans la forme et dans l'ordre prescrits par les lois.

Ainsi dans les cas où les preuves par témoins peuvent être reçues ; il faut examiner s'ils sont au nombre que la loi demande ; s'ils ont été ouïs par leur bouche ; s'il n'y a point de cause qui rende leur témoignage suspect ; s'ils ont été assignés ; s'ils ont prêté le serment ; enfin si leurs dépositions ont été accompagnées de toutes les formalités que les lois demandent.

Quand c'est par écrit que la preuve se fait, il faut examiner si l'acte est dans les formes, et tel qu'il serve de preuve.

Il faut sur-tout que les conséquences qui résultent de la preuve, établissent la vérité des faits contestés.

Pour ne se point tromper en une chose si importante, le juge doit considérer le rapport et la liaison que peuvent avoir les faits qui résultent des preuves, avec ceux dont on cherche la vérité.

Il doit aussi examiner attentivement de quel poids peuvent être les preuves que l'on produit. Ainsi, quand la preuve se fait par témoins, il doit bien prendre garde s'ils déposent sur les faits dont il s'agit, et quel égard on doit avoir à leurs dépositions, par rapport à leur état, à leur bonne ou mauvaise renommée, et aux circonstances qui se rencontrent dans toutes sortes de preuves, afin de pouvoir pénétrer ce qui peut suffire pour établir la vérité d'un fait, et ce qui laisse dans l'incertitude.

Voilà ce qui doit faire discerner si les preuves sont concluantes, ou si ce ne sont que des conjectures, des indices, des présomptions, et quel égard on doit y avoir.

Porro ea tantùm quæ sunt facti, probatione indigent, non ea quæ juris sunt ; sed ipse judex, ubi de facto constat, de jure statuere debet, etiamsi à litigantibus allegatum non fuerit.

On distingue trois sortes de preuves ; savoir : la preuve littérale, la testimoniale, et celle qui résulte de la commune renommée, et autres circonstances qui portent à faire croire un fait.

PREUVE LITTÉRALE, est celle qui résulte de quelque acte rédigé par écrit, comme d'un contrat, d'un testament, ou autre écrit, soit public, soit privé.

Comme cette preuve tire sa force du témoignage même des personnes qui ont passé les actes, il semble qu'il ne peut y avoir de meilleure preuve.

C'est pour cette raison qu'on n'admet point de preuve testimoniale au contraire, comme nous l'expliquerons ci-après, en parlant de la preuve testimoniale.

Pour que les actes fassent preuve, il faut qu'ils soient dans les formes que les lois prescrivent pour leur donner le caractère de l'authenticité et l'effet de servir de preuve. Ce sont des marques par lesquelles les lois veulent qu'on reconnaisse et qu'on distingue ce qu'elles mettent au nombre des preuves, et ce qu'elles rejettent.

Il

Il faut encore que les actes que l'on produit pour servir de preuves, contiennent et prouvent par la lecture le fait dont il s'agit.

Il est certain que dans l'ordre de la justice, il n'y a guères de preuves plus convaincante que celle-là. *Voy.* ce qui en est dit dans le *douzième tome des Causes célèbres*, *pag.* 158 *et suivantes.*

Droit nouveau.

Celui qui réclame l'exécution d'une obligation doit la prouver. -- Réciproquement, celui qui se prétend libéré doit justifier le payement ou le fait qui a produit l'extinction de son obligation. *Art.* 2315, *C. des Cont. et Oblig.*

Les règles qui concernent la preuve littérale, la preuve testimoniale, les présomptions, l'aveu de la partie et le serment, sont expliquées dans les sections suivantes. *Art.* 1316.

De la preuve littérale.

§. 1.er *Du Titre authentique.* -- L'acte authentique est celui qui a été reçu par officiers publics ayant le droit d'instrumenter dans le lieu où l'acte a été rédigé, et avec les solennités requises. *Art.* 1317.

L'acte qui n'est point authentique par l'incompétence ou l'incapacité de l'officier, ou par un défaut de forme, vaut comme écriture privée, s'il a été signé des parties. *Art.* 1318.

L'acte authentique fait pleine foi de la convention qu'il renferme entre les parties contractantes et leurs héritiers ou ayant-cause. -- Néanmoins, en cas de plaintes en faux principal, l'exécution de l'acte argué de faux sera suspendue par la mise en accusation ; et, en cas d'inscription de faux faite incidemment, les tribunaux pourront, suivant les circonstances, suspendre provisoirement l'exécution de l'acte. *Art.* 1319.

L'acte, soit authentique, soit sous seing privé, fait foi entre les parties, même de ce qui n'y est exprimé qu'en termes énonciatifs,

Tome III.

pourvu que l'énonciation ait un rapport direct à la disposition. Les énonciations étrangères à la disposition ne peuvent servir que d'un commencement de preuve. *Art.* 1320.

Les contre-lettres ne peuvent avoir leur effet qu'entre les parties contractantes : elles n'ont point d'effet contre les tiers. *Art.* 1321.

§. 2. *De l'Acte sous seing privé.* -- L'acte sous seing privé, reconnu par celui auquel on l'oppose, ou légalement tenu pour reconnu, a, entre ceux qui l'ont souscrit et entre leurs héritiers et ayant-cause, la même foi que l'acte authentique. *Art.* 1322.

Celui auquel on oppose un acte sous seing privé est obligé d'avouer ou de désavouer formellement son écriture ou sa signature.

Ses héritiers ou ayant-cause peuvent se contenter de déclarer qu'ils ne connaissent point l'écriture ou la signature de leur auteur. *Art.* 1323.

Dans le cas où la partie désavoue son écriture ou sa signature, et dans le cas où ses héritiers ou ayant-cause déclarent ne les point connaître, la vérification en est ordonnée en justice. *Art.* 1324.

Les actes sous seing privé, qui contiennent des conventions synallagmatiques, ne sont valables qu'autant qu'ils ont été faits en autant d'originaux qu'il y a de parties ayant un intérêt distinct. -- Il suffit d'un original pour toutes les personnes ayant le même intérêt. -- Chaque original doit contenir la mention du nombre des originaux qui en ont été faits. -- Néanmoins le défaut de mention que les originaux ont été faits doubles, triples, etc., ne peut être opposé par celui qui a exécuté de sa part la convention portée dans l'acte. *Art.* 1325.

Le billet ou la promesse sous seing privé, par lequel une seule partie s'engage envers l'autre à lui payer une somme d'argent ou une chose appréciable, doit être écrit en entier de la main de celui qui le souscrit, ou du moins il faut qu'outre sa signature il ait écrit de sa

15

main un *bon* ou un *approuvé* portant en toutes lettres la somme ou la quantité de la chose ; -- excepté dans le cas où l'acte émane de marchands, artisans, laboureurs, vignerons, gens de journée et de service. *Art.* 1326.

Lorsque la somme exprimée au corps de l'acte est différente de celle exprimée au *bon*, l'obligation est présumée n'être que de la somme moindre, lors même que l'acte ainsi que le *bon* sont écrits en entier de la main de celui qui s'est obligé, à moins qu'il ne soit prouvé de quel côté est l'erreur. *Art.* 1327.

Les actes sous seing privé n'ont de date contre les tiers que du jour où ils ont été enregistrés, du jour de la mort de celui ou de l'un de ceux qui les ont souscrits, ou du jour où leur substance est constatée dans des actes dressés par des officiers publics, tels que procès-verbaux de scellé ou d'inventaire. *Art.* 1328.

Les registres des marchands ne font point, contre les personnes non marchandes, preuve des fournitures qui y sont portées, sauf ce qui sera dit à l'égard du serment. *Art.* 1329.

Les livres des marchands font preuve contre eux ; mais celui qui en veut tirer avantage ne peut les diviser en ce qu'ils contiennent de contraire à sa prétention. *Art.* 1330.

Les registres et papiers domestiques ne font point un titre pour celui qui les a écrits : ils font foi contre lui, 1.º dans tous les cas où ils énoncent formellement un payement reçu ; 2.º lorsqu'ils contiennent la mention expresse que la note a été faite pour suppléer le défaut du titre en faveur de celui au profit duquel ils énoncent une obligation. *Art.* 1331.

L'écriture mise par le créancier à la suite, en marge ou au dos d'un titre qui est toujours resté en sa possession, fait foi, quoique non signée ni datée par lui, lorsqu'elle tend à établir la libération du débiteur. -- Il en est de même de l'écriture mise par le créancier au dos, ou en marge, ou à la suite du double d'un titre ou d'une quittance, pourvu que ce

double soit entre les mains du débiteur. *Art.* 1332.

§. 3. *Des Tailles.* -- Les tailles corrélatives à leurs échantillons font foi entre les personnes qui sont dans l'usage de constater ainsi les fournitures qu'elles font et reçoivent en détail. *Art.* 1333.

§. 4. *Des Copies des titres.* -- Les copies, lorsque le titre original subsiste, ne font foi que de ce qui est contenu au titre, dont la représentation peut toujours être exigée. *Art.* 1334.

Lorsque le titre original n'existe plus, les copies font foi, d'après les distinctions suivantes : -- 1.º Les grosses ou premières expéditions font la même foi que l'original : il en est de même des copies qui ont été tirées par l'autorité du magistrat, parties présentes ou dûment appelées, ou de celles qui ont été tirées en présence des parties et de leur consentement réciproque. -- 2.º Les copies qui, sans l'autorité du magistrat, ou sans le consentement des parties, et depuis la délivrance des grosses ou premières expéditions, auront été tirées sur la minute de l'acte par le notaire qui l'a reçu, ou par l'un de ses successeurs, ou par officiers publics qui, en cette qualité, sont dépositaires des minutes, peuvent, en cas de perte de l'original, faire foi quand elles sont anciennes. -- Elles sont considérées comme anciennes quand elles ont plus de trente ans. -- Si elles ont moins de trente ans, elles ne peuvent servir que de commencement de preuve par écrit. -- 3.º Lorsque les copies tirées sur la minute d'un acte ne l'auront pas été par le notaire qui l'a reçu, ou par l'un de ses successeurs, ou par officiers publics qui, en cette qualité, sont dépositaires des minutes, elles ne pourront servir, quelle que soit leur ancienneté, que de commencement de preuve par écrit. -- 4.º Les copies de copies pourront, suivant les circonstances, être considérées comme simples renseignemens. *Art.* 1335.

La transcription d'un acte sur les registres

publics ne pourra servir que de commencement de preuve par écrit ; et il faudra même pour cela, -- 1.º Qu'il soit constant que toutes les minutes du notaire de l'année dans laquelle l'acte paraît avoir été fait , soient perdues , ou que l'on prouve que la perte de la minute de cet acte a été faite par un accident particulier ; -- 2.º Qu'il existe un répertoire en règle du notaire , qui constate que l'acte a été fait à la même date. -- Lorsqu'au moyen du concours de ces deux circonstances la preuve par témoins sera admise, il sera nécessaire que ceux qui ont été témoins de l'acte , s'ils existent encore , soient entendus. *Art.* 1336.

§. 5. *Des Actes récognitifs et confirmatifs.* -- Les actes récognitifs ne dispensent point de la représentation du titre primordial , à moins que sa teneur n'y soit spécialement relatée. -- Ce qu'ils contiennent de plus que le titre primordial , ou ce qui s'y trouve de différent, n'a aucun effet. -- Néanmoins , s'il y avait plusieurs reconnaissances conformes, soutenues de la possession , et dont l'une eût trente ans de date , le créancier pourrait être dispensé de représenter le titre primordial. *Art.* 1337.

L'acte de confirmation ou ratification d'une obligation contre laquelle la loi admet l'action en nullité ou en rescision , n'est valable que lorsqu'on y trouve la substance de cette obligation , la mention du motif de l'action en rescision , et l'intention de réparer le vice sur lequel cette action est fondée. -- A défaut d'acte de confirmation ou ratification , il suffit que l'obligation soit éxécutée volontairement après l'époque à laquelle l'obligation pouvait être valablement confirmée ou ratifiée.--La confirmation, ratification ou exécution volontaire , dans les formes et à l'époque déterminées par la loi, emporte la renonciation aux moyens et exceptions que l'on pouvait opposer contre cet acte , sans préjudice néanmoins du droit des tiers. *Art.* 1338.

Le donateur ne peut réparer par aucun acte

confirmatif les vices d'une donation entre-vifs , nulle en la forme ; il faut qu'elle soit refaite en la forme légale. *Art.* 1339.

La confirmation ou ratification ou exécution volontaire d'une donation par les héritiers ou ayant-cause du donateur , après son décès , emporte leur renonciation à opposer soit les vices de forme, soit toute autre exception. *Art.* 1340.

PREUVE TESTIMONIALE , est celle qui se fait par témoins dignes de foi , qui justifient un fait qu'on a allégué et mis en avant, la preuve duquel sert pour la décision du différend des parties.

Droit ancien.

La preuve testimoniale serait la plus simple et la plus parfaite de toutes les preuves, si l'on pouvait supposer que les hommes sont incapables de se tromper et de s'écarter de la vérité et de la justice. Mais l'expérience funeste que nos législateurs ont faite de la facilité avec laquelle les hommes tombent dans l'erreur et se trompent, ou même se livrent au mensonge et à l'imposture, ne leur ayant pas permis de concevoir une opinion si avantageuse du genre humain , ils se sont accommodés à la faiblesse de l'humanité.

Il y avait peut-être un égal inconvénient à rejeter absolument, qu'à admettre indistinctement la preuve testimoniale ; il eût été imprudent de se reposer sur la foi des témoins , quand il y a des voies plus sûres pour parvenir à la connaissance de la vérité ; il eût été injuste de prescrire la preuve testimoniale dans tous les cas où il est impossible de découvrir la vérité par une autre voie.

Voici le tempérament qu'ont pris nos législateurs , ils l'ont rejetée dans les cas où l'on est à portée de recourir à d'autres preuves plus juridiques et moins suspectes ; ils l'ont autorisée dans les cas où , par la fatalité de certaines conjectures, on ne peut découvrir la vérité sans

son secours : mais dans ce cas-là même ils ont
épuisé leur attention à en tempérer les inconvéniens, comme on le verra par ce qui suit.

Quoi qu'il en soit, on ne peut pas nier que la
preuve testimoniale ne soit la plus ancienne, que
la nécessité en avait formé l'usage chez toutes
les nations, et qu'il a été un temps où elle était
également reçue dans toute sorte de matières,
quelque considérable qu'en fût l'objet ; mais
elle est de toutes les preuves la moins sûre, et
souvent très-dangereuse.

Pour que la preuve testimoniale soit admissible et produise son effet, plusieurs conditions
sont requises, soit par rapport aux personnes
que l'on veut faire entendre pour témoins, et
par rapport à la manière dont ils rendent leur
témoignage, soit par rapport à d'autres circonstances.

Il y a des personnes qui ne sont pas idoines
pour porter témoignage, comme nous le dirons, *au mot* Témoins ; et d'autres dont le témoignage est suspect ou rejeté, parce que le
mauvais renom qu'ils ont, fait présumer que ce
qui les engage à porter témoignage, n'est pas
l'amour de la justice et de la vérité.

Les témoins qui déposent d'un fait, doivent
rendre témoignage de la connaissance qu'ils en
ont par eux-mêmes, et déposer du fait comme
d'une chose qu'ils savent de pleine certitude,
pour y avoir été présens, et l'avoir vu eux-
mêmes. Ainsi la loi *Divus* 24, *ff. de Testamento militis*, ne veut pas qu'on ajoute foi à
un témoin qui parle par ouï dire : *Testis ex
auditu fidem non facit* ; mais on tient que cette
loi ne comprend pas ceux qui disent avoir ouï
dire quelque chose à un accusé.

Il faut au moins deux témoins dans les affaires
dans lesquelles la loi n'en requiert pas un plus
grand nombre, comme elle fait dans les testamens et autres actes, dans lesquels, ou pour
leur solennité, ou pour plus grande preuve,
elle a requis un plus grand nombre que celui de
deux. Ainsi, tant en affaire civile que criminelle, le témoignage d'un seul témoin ne fait

pas foi ; il en faut toujours au moins deux.

Il faut encore que leurs témoignages soient
concordans, en sorte qu'il ne résulte de tous
qu'une même induction ; car si plusieurs témoins déposent chacun d'un fait singulier ou
d'un même fait, mais circonstancié différemment, leur témoignage ne sera pas d'un grand
poids.

Les cas ordinaires où la preuve testimoniale
est admise, sont quand il s'agit d'un quasi-contrat, d'un délit ou quasi-délit, d'une possession ou autre fait controversé.

En un mot, toutes sortes de faits se peuvent
prouver par témoins ; mais en fait de conventions, la preuve par témoins n'est pas toujours
admise, et la preuve par écrit est absolument
nécessaire, lorsqu'il s'agit de convention excédant la somme de cent livres : ce qui a été introduit d'abord par l'*art.* 54 de l'ordonnance
de Moulins, et ensuite confirmé par la jurisprudence des arrêts, et par l'*art.* 2 *du titre* 20
de l'ordonnance de 1667.

Cette sage décision n'a été établie qu'après
la triste expérience que l'on a eue de la facilité avec laquelle bien des gens vendent leur
témoignage à ceux qui sont assez méchans pour
les acheter.

Mais cette décision ne regarde que les conventions, et non pas les faits, lesquels, comme
nous avons dit, se peuvent prouver par témoins ; sans quoi ils resteraient presque toujours dans l'incertitude, attendu qu'il ne s'en
fait pas ordinairement d'écrit. *Facta per testes
probantur, pacta verò possunt per scripturam
seu per instrumenta probari.*

Ainsi cette prohibition de la preuve testimoniale en matière de conventions, est fondée sur
ce qu'il dépend des parties de rédiger par
écrit les conventions, et par conséquent elles
doivent s'imputer de ne l'avoir pas fait ; au lieu
que les faits ne se peuvent prouver que par
témoins.

Par exemple, je serai reçu à faire preuve

par témoins que Mævius a occupé ma maison pendant un tel temps, parce que c'est un fait dont la preuve est reçue pour quelque chose que ce soit, à quelque somme que monte celle qui résulte de ce fait; mais je ne serai pas reçu à prouver que Mævius est convenu avec moi de la somme de mille livres par chacun an, pour les loyers de ma maison, parce que ce n'est pas un fait; c'est une convention dont la preuve par témoins n'est reçue que pour chose qui n'excède point la valeur de cent livres, toutes conventions pour choses excédant cette somme, devant être rédigées par écrit, soit pardevant notaire, ou sous signatures privées.

Ainsi la tradition et la jouissance se peuvent prouver par témoins, en chose excédant la valeur de cent livres, quand les faits qui donnent lieu à la preuve ne sont point susceptibles de convention. Ricard, des Donations, sect. 6. nomb. 676; le Prêtre, centurie 4, chapitre 2; Charondas, liv. 11, réponse 5.

Enfin on a senti tout le danger, tous les inconvéniens de la preuve testimoniale, et qu'ainsi les engagemens des hommes ne doivent pas dépendre du caprice de leur volonté, ni de l'incertitude de leur témoignage. En prenant de sages précautions pour rendre leurs conventions immuables, il était nécessaire de marquer en même temps à quels traits et quels caractères on en pourrait reconnaître la vérité. C'est ce qu'a fait l'ordonnance de Moulins, en prescrivant qu'il serait passé contrats de toutes choses excédant cent livres, et qu'on ne pourrait recevoir la preuve par témoins contre et outre le contenu aux contrats.

Cette règle, que la preuve par témoins n'est point admise pour conventions qui excèdent la valeur de cent livres, souffre quelques exceptions.

La première est à l'égard de la juridiction des juges et consuls, où la preuve testimoniale pour conventions excédant ladite somme est admise, suivant ce qui est dit à la fin de l'art. 2 du titre 20 de l'ordonnance de 1667. La raison est, que les marchands font leurs négociations sur-le-champ dans les marchés ou dans les foires, où il ne leur est pas toujours aisé d'assurer leurs conventions par écrit.

Voy. Taisand sur la Coutume de Bourgogne, tit. 4, art. 11, nomb. 13.

La deuxième est pour dépôt nécessaire, en cas d'incendie, ruine, tumulte ou naufrage, ou en cas d'autres accidens imprévus, dans lesquels on n'a pas le temps ni la liberté de délibérer, ni de faire des actes par écrit: ce qui fait que la preuve par témoins a lieu pour choses déposées dans les cas énoncés ci-dessus, à quelque somme que s'en puisse monter la valeur, suivant l'art. 3 du même titre.

Mais la preuve par témoins n'a pas lieu à l'égard d'un dépôt volontaire. Soefve, tom. 1, cent. 3, chap. 7, rapporte un arrêt du parlement de Paris, rendu le 20 avril 1649, qui l'a jugé ainsi; parce que le déposant doit s'imputer, *si minùs diligentem amicum elegerit*, et s'il ne s'est pas servi de moyens convenables pour assurer ses effets contre l'infidélité du dépositaire, ayant du temps pour prendre les mesures convenables pour cela. En un mot, on ne permet la preuve par témoins, pour conventions qui excèdent la somme de cent livres, que dans les cas auxquels les parties n'ont pu se procurer une preuve par écrit.

La troisième exception où la preuve par témoins est admise pour conventions, est quand il s'agit de dépôts faits en logeant dans une hôtellerie, entre les mains de l'hôte ou de l'hôtesse, suivant la qualité des personnes et la qualité du fait, comme il est dit en l'art. 4 du même titre. *Voy.* aussi le Vest, arrêt 173; Louet, lett. D, somm. 33.

Néanmoins l'hôte ne serait pas responsable du vol qui aurait été fait dans son hôtellerie des choses déposées, soit qu'il eût été fait par quelqu'un de ceux qui y logent, ou par quelque passant, pourvu que ce ne fût pas par quelqu'un de ses domestiques; car en ce cas il en serait dispensable, de même que de toutes les hardes qui auraient été prises. *Foy.* Messagers.

De ces trois exceptions où la preuve par témoins est admise pour conventions, il résulte que ce n'est point à l'importance de l'objet que la loi accorde ou refuse la preuve testimoniale, mais à l'impossibilité ou à la possibilité des autres preuves.

La quatrième exception est, quand il y a commencement de preuve par écrit, suivant l'*art.* 5 du même titre. *Foy.* Bardet, *tom.* 2, *liv.* 7, *chap.* 39.

Par exemple un homme m'écrit un billet par lequel il me prie de lui prêter cinquante pistoles, et qu'il m'en donnera une reconnaissance pardevant notaire quand je voudrai : je lui mande qu'il vienne, et que je les lui prêterai : et d'autant qu'il m'assure qu'il me les rendra dans peu de temps ; je les lui prête en présence de quelques personnes, sans en exiger aucune reconnaissance : dans ce cas, s'il nie que je les lui ai prêtées, je suis reçu d'en faire preuve par témoins, parce qu'il y a commencement de preuve par écrit, qui est le billet par lequel il me prie de lui prêter cette somme. Néanmoins dans cette espèce le juge doit examiner la qualité et la condition des témoins et de toutes les parties, avant que de condamner le défendeur au paiement de la somme.

Voici une autre espèce où la preuve par témoins a été admise pour raison d'une convention de chose excédant la valeur de cent livres, à cause d'un commencement de preuve par écrit.

Un marchand de vin à Paris achète des vins d'un forain, qui promet de les faire entrer à Paris sous le nom dudit marchand : les vins étant sur la rivière, prêts d'arriver à Paris, ce marchand fournit au forain cinquante-un louis d'or d'une part, et vingt d'autre, pour les droits d'entrée et autres frais.

Le marchand de Paris voyant que les vins

ne sont point entrés sous son nom, et par quelqu'autre raison, rompt le marché du consentement du forain : il lui demande ensuite les cinquante-un louis d'or d'une part, et les vingt d'autre.

Le forain dénie les avoir reçus, rapporte les quittances des droits d'entrée, qui prouve que c'est lui qui a payé ces droits, et soutient qu'on ne doit pas ordonner la preuve par témoins contre ces quittances.

Le marchand de Paris soutient au contraire que le marché qu'il a fait étant par écrit, est un commencement de preuve que c'est lui qui a payé, ou du moins fourni les deniers pour payer les droits d'entrée, puisque par le marché les vins devaient entrer sous son nom, et que c'est celui à qui les vins appartiennent qui doit payer les droits, et que lors le marché subsistait encore.

La preuve par témoins fut permise par sentence contradictoire du Châtelet ; laquelle a été confirmée par arrêt du parlement rendu le 4 août 1687.

Si dans une même instance la partie fait plusieurs demandes dont il n'y ait point de preuves par écrit et que, jointes ensemble, elles soient au-dessus de cent livres, elles ne pourront être vérifiées par témoins, quoique ce soit diverses sommes qui viennent de différentes causes et en différens temps, à moins que ce ne fût pour droits procédans par succession, donations ou autrement, de différentes personnes, comme il est dit en l'*art.* 5 du même *titre*.

Au reste, il faut remarquer, 1.° Que quand il s'agit d'une convention sur laquelle la partie a pu faire un acte, au cas qu'il s'agisse de plus de cent livres, la règle est que nulle preuve testimoniale ne doit être admise sans un commencement de preuve par écrit.

2.° Que s'il s'agit d'une convention sur laquelle les actes par écrit qui en ont été faits, n'aient pas été au pouvoir de celui qui a intérêt de la prouver, quelque considérable que soit l'objet, la preuve testimoniale en doit être reçue sans aucun commencement de preuve par écrit.

3.º Que quand la convention a été constante par la signature des parties, ou qu'elle a été reçue sous le sceau de la foi publique, qu'il y en a eu un acte, et que cet acte vient à se perdre par un cas fortuit et notoire, la disposition de l'*art.* 54 de l'ordonnance de Moulins cesse en ce cas. En effet, ce n'est plus d'une convention qu'il s'agit de faire preuve : la convention en elle-même était certaine ; c'est la preuve de l'acte qui en faisait foi, et qu'il est alors uniquement question de prouver. Le témoignage des hommes, auxquels on est forcé d'avoir recours dans ces circonstances, ne peut être regardé que comme l'expression fidèle d'une vérité déjà connue, et qui avait été constatée dans la forme prescrite par la loi même.

Aussi tous les auteurs qui ont le plus approfondi la matière, ont pensé unanimement que la perte des titres et des actes portant obligation de sommes au-delà de cent livres, était susceptible de la preuve testimoniale, et que par le secours de cette preuve il était permis de recouvrer ce qu'ils contenaient.

Boiceau en son commentaire sur cette loi, s'explique à cet égard de la manière la plus précise : *Sic ergo expeditus casus iste, testibus nimirum probari posse amissionem et per consequens tenorem instrumenti.* Il marque ensuite de quelle manière il faut que cette perte soit arrivée, pour qu'on soit reçu à en faire preuve. *Et sub verbo amissionis intelligo omnes casus fortuitos omnemque vim majorem, ut incendia, naufragia, bella, incursus latronum, deprædationes, expilationes domorum, et alia ejusmodi ad casus fortuitos pertinentia.*

Enim verò, aliud est probare summam aut quantitatem sibi debitam esse, aliud est probare instrumentorum amissionem ; nàm facta per testes probari possunt, non verò pacta in quibus agitur de summá centum libras excedente.

Voy. Bouvot, *tome* 2, *au mot* Preuve par témoins.

Mais pour prouver par témoins la perte d'un acte, il faut qu'ils parlent non-seulement de la perte de l'acte, mais aussi de sa teneur, c'est-à-dire qu'ils déclarent de quelle manière il a été perdu, et ce qu'il contenait. *Voy.* le Prêtre, *cent.* 1, *chap.* 60 ; Charondas, *liv.* 7, *rép.* 84 ; et Mornac, *ad Leg.* 1 *et* 2, *Cod. de Fide instrument.*

Quoique tout acte de justice se prouve par registre du greffe, néanmoins la soustraction se peut prouver par témoins. Papon, *liv.* 9, *tit.* 1, *nomb.* 1.

La défense de faire preuve par témoins au-dessus de cent livres, n'a pas lieu lorsqu'on allègue recélé de pièces ou soustraction de deniers. Boniface, *tom.* 1, *liv.* 8, *tit.* 27, *chap.* 9 ; Soefve, *tom.* 1, *cent.* 3, *chap.* 57 ; Bardet, *tom.* 2, *liv.* 8, *chap.* 30. En effet il ne s'agit pas alors d'une convention faite entre les parties, mais d'un fait : or toutes sortes de faits se peuvent prouver par témoins.

Quoique les conventions faites pour somme qui excède cent livres, ne se puissent vérifier par témoins, il faut néanmoins remarquer, —— 1.º Que celui à qui est dû une somme plus forte, peut être admis à faire la preuve par témoins, en réduisant sa demande à cette somme ; mais il faut que ce soit par le premier exploit de demande que cette réduction se fasse ; car après avoir demandé une somme au-dessus de cent livres, on ne peut plus réduire sa demande à cette somme, pour en faire la preuve par témoins. Ainsi jugé par arrêt du parlement de Grenoble le 19 février 1678. *Voy.* Chorier, Jurisprudence de Guy-Pape, *page* 252.

2.º Que quoique les conventions faites pour somme qui excède cent livres, ne soient pas admises, le créancier de somme pour laquelle la preuve testimoniale n'est point admissible, peut toujours déférer le serment décisoire à la partie averse, savoir si elle doit la somme qu'il lui demande ; en sorte que celui à qui ce serment est déféré est obligé d'affirmer, sinon doit être condamné par le juge au payement de la somme qui lui est demandée. *Manifestæ enim pravitatis est nec jurare velle, nec solvere. Leg.* 38, *ff. de Jurejur. Voy.* Basset, *tom.* 1, *liv.* 2, *tit.* 28, *chap.* 1.

Par la disposition du droit romain, les témoins font autant de foi que les actes en toutes matières ; *Leg. In exercend., Cod. de Fide instrument.*; et le témoignage de deux témoins fait preuve entière.

Nous voyons même qu'il a été un temps où la preuve testimoniale a été estimée plus forte que celle des actes ; en sorte que quand elle était contraire, la preuve par témoins l'emportait sur celle des actes : ce qui est attesté par Bouteiller en sa Somme rurale, *tit.* 106, où il rapporte cette maxime : *Témoins par vive voix détruisent Lettres.*

La raison sur laquelle était fondée cette maxime est, que la preuve des actes est un témoignage muet, qui ne peut donner aucun éclaircissement sur des circonstances qu'il serait important d'approfondir ; au lieu que les juges en peuvent tirer quelque connaissance par la déposition des témoins. D'ailleurs la fausseté qui se peut rencontrer dans un acte, ne se découvre pas aisément ; au lieu que le juge peut découvrir la fausseté de la déposition des témoins par leurs variations, ou par les différentes dépositions des uns et des autres.

Mais la facilité d'avoir des témoins qui déposent de choses dont ils n'ont aucune connaissance, et qui ne déposent que ce qu'on leur a suggéré, a obligé de mettre des bornes à la preuve testimoniale : outre que quand même la corruption ne serait pas à craindre, les témoins peuvent être surpris.

Ainsi l'on n'admet point ordinairement la preuve par témoins pour conventions faites pour sommes qui excèdent cent livres, comme nous l'avons expliqué ci-dessus.

On n'admet pas non plus la preuve par témoins contre le contenu dans un acte par écrit, encore qu'il s'agisse d'une somme au-dessous de cent livres, comme il est dit en l'*art.* 54 de l'ordonnance de Moulins, et en l'*art.* 2 du *tit.* 20 de l'ordonnance de 1667.

Ainsi c'est un principe certain, qu'on n'admet point de preuves par témoins contre la teneur d'un contrat fait dans les règles, et passé par des personnes non suspectes de dol et de fraude. *Contrà scriptum testimonium non fertur. Leg.* 1, *Cod. de Testib.*

Cette prohibition est fondée sur le danger qu'il y aurait de faire dépendre le sort des conventions, du témoignage de trois ou quatre personnes affidées ou mal instruites. Il n'y aurait plus rien de sûr dans la société, si celui qui s'est engagé par un écrit, pouvait être reçu à faire preuve de tout ce qu'il allèguerait pour détruire cet écrit. *Voy.* un Acte de Notoriété du châtelet de Paris du 15 janvier 1700. *Voy.* aussi l'Acte de Notoriété du 19 août 1701.

Mais comme la preuve que l'on tire d'un acte n'a pour fondement que la fidélité du témoignage que donne l'écrit de la vérité de ce qu'il contient, lorsque l'on donne atteinte avec raison à cette fidélité, l'écrit perd sa force ; et celui qui prétend qu'il y a un vice essentiel dans cet écrit, doit être admis à faire preuve, même par témoins, des faits et des circonstances qui les détruisent, ou qui doivent empêcher que l'on n'y ait égard.

C'est aussi la raison pour laquelle la preuve par témoins est admise contre le contenu dans un acte par écrit, toutes les fois qu'il y a lieu de révoquer en doute la foi de l'acte : ainsi la preuve testimoniale est admise contre, dans les cas suivants.

1.º Lorsqu'on prétend qu'il est faux, ou qu'il a été fait par l'impression d'une crainte, ou d'une violence qui en doit empêcher l'effet.

2.º Quand il y a semi-preuve par écrit, ou présomption violente du contraire de ce qui est contenu dans un contrat. Boniface, *tom.* 1, *liv.* 8, *tit.* 27, *chap.* 6 et 21.

3.º

3.º La simulation d'un contrat peut se prouver par témoins. *V.* Boné, *arrêt* 87 ; Maynard, *liv.* 6, *chap.* 76. Sur ce fondement, il a été jugé qu'on pouvait prouver par témoins qu'un billet causé pour valeur reçue a été donné pour argent perdu au jeu. *Voy.* Actes authentiques.

4.º Lorsqu'il y a soupçon de fraude, la preuve par témoins peut être admise contre un acte par écrit. Papon, *liv.* 9, *tit.* 11, *nomb.* 2 ; Plaidoyer de le Noble, *pag.* 38 *et suiv.*; Maynard, *liv.* 6, *chap.* 77, 78 et 79.

La preuve testimoniale est admise en matière criminelle, où il s'agit souvent de la vie d'un homme, quoiqu'elle ne soit pas admise pour conventions qui excèdent la somme de cent livres, comme nous l'avons dit ci-dessus. La raison est, qu'en matière criminelle il est presque toujours impossible d'avoir d'autre preuve que la testimoniale ; et on ne pourrait l'exclure sans introduire l'impunité des crimes, qui entraîne après elle le désordre et le renversement de la société civile.

A l'égard des questions d'état, la preuve par témoins n'en est pas reçue, comme nous avons dit, *au mot* Question d'état.

Au reste, il est arrivé quelquefois qu'un créancier ou un débiteur de somme excédant cent livres, et ne pouvant par conséquent prendre la voie civile, dans laquelle la preuve par témoins n'est pas admise pour une telle somme, s'est avisé de prendre la voie extraordinaire, pour rendre par ce moyen inutiles les dispositions de nos ordonnances, et être admis à faire preuve par témoins de sommes excédant cette somme.

Mais toutes les fois que, sous prétexte qu'il s'agit de la preuve d'un crime, un plaideur prend la voie criminelle dans une affaire civile, à l'effet de se servir de la preuve par témoins pour somme excédant cent livres, il est toujours regardé comme un homme qui veut, nonobstant la disposition de nos ordonnances,

être admis à la preuve par témoins, qui la défendent quand il s'agit d'une telle somme, à cause de la facilité qu'il y a d'avoir des témoins, comme nous avons dit ci-dessus ; et alors l'affaire est civilisée par le juge, où par conséquent la preuve par témoins ne peut être admise pour raison d'une somme excédant celle de cent livres.

C'est ce qui a été jugé au parlement de Paris, par arrêt des 16 janvier 1664 et 7 avril de la même année, le premier sur les conclusions de M. Talon, et le second sur celles de M. Bignon, qui ont décidé que les informations surprises pour s'acquérir une preuve interdite par les ordonnances, devaient être rejetées.

Le parlement, par un arrêt du 16 mars 1723, sur les conclusions de M. Gilbert, infirma une sentence du châtelet, qui avait permis une information pour prouver un dépôt ou nantissement, dont on accusait une personne d'être retentionnaire.

Il a été rendu sur cette question un arrêt encore plus célèbre, c'est dans l'affaire d'état de la demoiselle de Choiseul. Cette demoiselle voulant prouver qu'elle était fille de M. le duc de Choiseul, avait commencé par rendre plainte de différens faits dont elle avait obtenu permission d'informer ; et dans l'information elle avait fait entendre plusieurs témoins qui déposaient sur la filiation. Mais M. le duc de la Vallière, l'un de ses adversaires, ayant interjeté appel de toute cette procédure, et la cause ayant été portée à l'audience de la grand'chambre, à laquelle les ducs et pairs furent convoqués, l'arrêt qui y intervint le 19 mars 1724, renvoya les parties à fins civiles, pour y plaider sur la question de savoir si la demoiselle de Choiseul serait ou non admise à la preuve de l'état par elle réclamé.

Enfin, par arrêt rendu à la Tournelle le 9 février 1734, la cour en renvoyant un procès criminel à la grand'chambre, le civilisa. Voici l'espèce. Un nommé Bertaut demandait à des marchands le paiement de leurs billets payables au porteur. Ces marchands ne pouvant pas être admis à faire preuve s'ils prenaient la voie civile, prirent la voie extraordinaire, pour rendre inutiles les dispositions des ordonnances, qui ne permettent pas d'admettre la preuve par témoins pour sommes excédant cent livres. Mais la cour renvoyant l'affaire à la grand'chambre, la civilisa, comme nous l'avons dit.

Touchant la preuve par témoins, *Voy.* le Traité qu'en a fait Boiccau, et qui a été donné au public en 1715, avec des augmentations considérables, par M. Danty, avocat. *Voy.* Henrys et son Commentateur, *tom.* 4, *plaid.* 14. *Voy.* aussi ce qui en est dit ici, *au mot* Témoins ; et dans le douzième tome des Causes célèbres, *pag.* 172 *et suivantes.*

Droit nouveau.

Il doit être passé acte devant notaires, ou sous signature privée, de toutes choses excédant la somme ou valeur de *cent cinquante francs*, même pour dépôts volontaires; et il n'est reçu aucune preuve par témoins contre et outre le contenu aux actes, ni sur ce qui serait allégué avoir été dit avant, lors ou depuis les actes, encore qu'il s'agisse d'une somme ou valeur moindre de cent cinquante francs. — Le tout sans préjudice de ce qui est prescrit dans les lois relatives au commerce. *Art.* 1341. *C. des Cont. et Oblig.*

La règle ci-dessus s'applique au cas où l'action contient, outre la demande du capital, une demande d'intérêts qui, réunis au capital, excèdent la somme de cent cinquante francs. *Art.* 1342.

Celui qui a formé une demande excédant cent cinquante francs ne peut plus être admis à la preuve testimoniale, même en restreignant sa demande primitive. *Art.* 1343.

La preuve testimoniale, sur la demande d'une somme même moindre de cent cinquante francs, ne peut être admise lorsque cette somme est déclarée être le restant ou faire partie d'une

créance plus forte qui n'est point prouvée par écrit. *Art.* 1344.

Si dans la même instance une partie fait plusieurs demandes dont il n'y ait point de titre par écrit, et que, jointes ensemble, elles excèdent la somme de cent cinquante francs, la preuve par témoins n'en peut être admise, encore que la partie allègue que ces créances proviennent de différentes causes, et qu'elles se soient formées en différens temps, si ce n'était que ces droits procédassent, par succession, donation ou autrement, de personnes différentes. *Article* 1345.

Toutes les demandes, à quelque titre que ce soit, qui ne seront pas entièrement justifiées par écrit, seront formées par un même exploit, après lequel les autres demandes dont il n'y aura point de preuves par écrit ne seront pas reçues. *Art.* 1346.

Les règles ci-dessus reçoivent exception lorsqu'il existe un commencement de preuve par écrit. — On appelle ainsi tout acte par écrit qui est émané de celui contre lequel la demande est formée, ou de celui qu'il représente, et qui rend vraisemblable le fait allégué. *Art.* 1347.

Elles reçoivent encore exception, toutes les fois qu'il n'a pas été possible au créancier de se procurer une preuve littérale de l'obligation qui a été contractée envers lui. — Cette seconde exception s'applique, 1.º aux obligations qui naissent des quasi-contrats et des délits ou quasi-délits ; 2.º aux dépôts nécessaires faits en cas d'incendie, ruine, tumulte ou naufrage, et à ceux faits par les voyageurs en logeant dans une hôtellerie, le tout suivant la qualité des personnes et les circonstances du fait ; 3.º aux obligations contractées en cas d'accidens imprévus, où l'on ne pourrait pas avoir fait des actes par écrit ; 4.º au cas où le créancier a perdu le titre qui lui servait de preuve littérale, par suite d'un cas fortuit, imprévu et résultant d'une force majeure. *Art.* 1348.

Toutes sociétés doivent être rédigées par écrit, lorsque leur objet est d'une valeur de plus de cent cinquante francs. — La preuve testimoniale n'est point admise contre et outre le contenu en l'acte de société, ni sur ce qui serait allégué avoir été dit avant, lors ou depuis cet acte, encore qu'il s'agisse d'une somme ou valeur moindre de cent cinquante francs. *Art.* 1834, *C. de la Société.*

La preuve par témoins peut être reçue pour le dépôt nécessaire, même quand il s'agit d'une valeur au-dessus de cent cinquante francs. *Art.* 1950, *C. du Dépôt.*

Le mandat verbal peut se prouver par témoins, mais seulement lorsque l'objet du mandat n'excède pas cent cinquante francs ; et toutes les règles déterminées par le *titre* du Code *des Cont. et Oblig.* que l'on vient de voir plus haut, lui sont applicables. *Art.* 1985, *C. du Mandat.*

Si le bail fait sans écrit n'a encore reçu aucune exécution, et que l'une des parties le nie, la preuve ne peut être reçue par témoins, quelque modique qu'en soit le prix, et quoiqu'on allègue qu'il y a eu des arrhes données. — Le serment peut seulement être déféré à celui qui nie le bail. *Art.* 1715, *C. du Cont. de Louage.*

PREUVE RÉSULTANTE DE LA COMMUNE RENOMMÉE, n'est qu'une présomption qui ne prouve pas avec certitude, mais qui nous induit à une croyance douteuse sur le fait dont il s'agit.

La raison est, qu'il n'y a rien de si crédule ni de si aisé à surprendre que le peuple par une fausse opinion. Il ne faut qu'un homme qui commence à dire une chose, pour être suivi d'une infinité d'autres. Il se fait un plaisir d'être l'auteur et pour ainsi dire le père de ceux qu'il appuie. La persuasion s'en communique par une contagion secrète ; les espèces se multiplient et se grossissent tellement, que d'un doute particulier il s'en forme une opinion universelle : c'est un écho qui rend les sons, et qui, les multipliant à l'infini, forme ce que nous appelons communément renommée, qui ne peut passer

pour une preuve complète, n'étant le plus souvent qu'une prévention populaire.

Il est cependant des cas où la commune renommée fait preuve. *V.* Commune renommée.

PREUVE DE CRIME QUI NE SE COMMET QU'EN CACHETTE, NE DOIT PAS ÊTRE TIRÉE DE L'ACTION MÊME. Comme l'inceste, l'adultère, et tous les autres crimes de cette espèce se commettent en cachette, en vain exigerait-on pour leurs preuves des témoins oculaires de l'action même ; c'est pourquoi elles se tirent des présomptions et de la preuve de certains faits assez graves, pour que l'on en puisse conclure la consommation du crime.

La circonstance d'un crime caché, et la difficulté d'éclairer la vérité, font oublier les règles ordinaires dans ces occasions.

Ce principe est autorisé par tous les criminalistes et par tous les docteurs.

Quoties agitur de rebus, quæ in secessu et remotis fiant, indicia et conjecturæ sufficiunt ad probationem.; Leg. 5, *Barbaris ; ff. de Re militari. Vide Laurentinm Vallam ; de Reb. dub., tractatu* 1, *num.* 20.

Cùm clam et occultè committi soleant adulteria, et prohibiti concubitus, sintque ob id difficilis probationis, factum hinc est, ut præsumptionibus et conjecturis probari possint. Menochius, de Presumptionibus, lib. 5, *presumpt.* 41, *num.* 1.

Les présomptions d'où l'on peut conclure la consommation de ces sortes de crimes, sont les fréquens colloques tête à tête et en particulier que des personnes ont ensemble.

Ce sont aussi des embrassemens, des baisers, et autres libertés criminelles, qui donnent lieu de croire à ceux qui s'en aperçoivent, que l'accomplissement du crime ne manque pas de se faire lorsqu'on est en particulier, et sans témoins oculaires.

Saint Cyprien, en sa lettre à Pomponius, *de Virginibus,* dit que les embrassemens et les baisers suffisent pour prouver le crime en la

16*

personne d'une fille, et la déshonorer. *Certè ipse complexus, ipsa osculatio, quantum de decoris et criminis confitentur.*

La loi 23, *In principio, ff. ad Leg. Jul. de Adult.*, décide que le mari et le père qui surprennent le galant *in ipsis rebus venereis*, peuvent le tuer impunément. La glose, en expliquant ces mots, *in ipsis rebus venereis*, dit que ce sont les préludes de l'amour, comme les colloques, le repas, les baisers, etc. ; et que ces familiarités outrées sont des présomptions très-violentes du crime : *Sunt enim res veneris antecedentia ipsum scelus, scilicet aparatus, colloquia, locus constitutus, convivia, basia, tactus; nam ab ipsis argumentum sceleris inducitur.*

Barthole, sur la loi 25, *ff. eodem titulo, ad Legem Juliam de Adulteriis,* voulant marquer quelles sont les preuves suffisantes du crime d'adultère, décide qu'il suffit que des témoins disent avoir surpris une femme seule avec un homme dans un lieu, s'embrassant et se baisant : *Nota ergo, inquit, quod si testis dicit quòd eum invenit in camerâ solum cum solâ, osculantem vel tangentem; quià ista sufficiunt ad probationem adulterii.*

Ce même auteur ajoute que c'est le sentiment de la glose et de tous les canonistes, sur le chapitre *Præterea, extrà de Præsumptionib.*, sur le chapitre *Litteris,* et sur le chapitre *tertio loco extrà de Testibus.*

Menochius, *loco suprà citato, numero 27,* n'exige pas d'autres preuves pour convaincre une femme d'adultère, que des baisers avec un autre homme que son mari.

Panorme, sur le chapitre *Præterea, extrà de Præsomptionibus,* dit que les embrassemens et les baisers sont les actes immédiats et les plus prochains : *Adhuc plus dico; quòd probata erit fornicatio, si viderint virum et mulierem in latebris se osculantes et amplexantes, quià isti sunt actus propinqui ad actum.*

Lessius même, *in suo de Justitiâ Tractatu, lib. 4, cap. 3, num. 59,* décide que les baisers

sont une preuve de commerce, et supposent nécessairement un consentement tacite à toutes les satisfactions de l'amour : *Osculum, ut est delectabile carni natura sua est signum copulæ vel instantis, vel futuræ : itaque in eo contineri videtur tacitus quidem consensus in copulam.*

Suivant ce que nous avons dit ci-dessus, les fréquens colloques qu'un homme a tête-à-tête avec une femme ou une fille, enfermés ensemble dans une chambre, donne lieu de croire que leur conversation a été entremêlée de faits peu permis, et qu'ils ne se sont pas toujours amusés à parler de la pluie et du beau temps. *Conjectura et præsumptio est perpetrati adulterii quando solus cum sola, in loco secreto et abdito inventus est. Menochius, liv. 5, præsumpt. 41, num. 11.*

Enfin les lettres tendres et passionnées que des personnes s'écrivent, peuvent beaucoup servir à prouver qu'ils vivent ensemble dans une habitude criminelle, pour peu qu'il y eût d'autres circonstances qui contribuassent à faire croire la même chose.

Il nous reste à remarquer au sujet des crimes qui ne se commettent qu'en cachette, que ceux qui ne sont pas régulièrement admis à porter témoignage dans les affaires qui concernent les personnes dans la dépendance desquels ils sont, doivent néanmoins être admis à déposer dans les choses dont il n'y a guères qu'eux qui puissent avoir connaissance.

Ainsi en matière de divorce pour cause déterminée, les parens des parties, à l'exception de leurs enfans et descendans, ne sont pas reprochables du chef de parenté, non plus que les domestiques des époux, en raison de cette qualité; mais le tribunal aura tel égard que de raison aux dépositions des parens et des domesmestiques. *Art.* 251, *C. du Divorce. Voy. le mot* Adultère.

PREUVE DES ACTES DE L'ÉTAT CIVIL. *Voy.* Actes de l'état civil.

PRINCIPAL, se dit de ce qui est plus important et plus considérable, et est alors opposé à l'accessoire. Par exemple, les fruits sont l'accessoire du fonds ; les instrumens et ustensiles d'un fonds ou d'une métairie, comme la charrue et autres, en sont les accessoires.

Le principal peut être sans l'accessoire ; mais l'accessoire, comme accessoire, n'a pas lieu quand le principal cesse. Par exemple, si un fonds est légué avec ses ustensiles ou instrumens nécessaires pour les métairies et pour les fermes, si le legs du fonds est nul, celui des instrumens l'est aussi, et non au contraire.

Principal se dit aussi du sort principal d'une rente constituée à l'égard des arrérages qui n'en sont que les accessoires.

PRIVILÉGE, se prend ordinairement pour un droit accordé à quelqu'un par grâce spéciale et particulière, d'où il s'ensuit que les priviléges dérogent au droit commun.

Comme un privilége est un droit spécial accordé à quelqu'un pour quelque raison particulière, il ne souffre point d'extension d'une personne à une autre, d'une chose à une autre, ni d'un cas à un autre. *Privilegium est jus singulare, quod contrà tenorem rationis propter aliquam utilitatem publicâ autoritate introductum est ; Leg.* 16 *, ff. de Legibus ; quamobrem non protrahitur de personâ ad personam, de re ad rem, neque de casu ad casum.*

Droit ancien.

Celui qui allègue un privilége dont, suivant le droit commun, il ne doit pas jouir, est tenu d'en justifier. *Voy.* Papon, *livre* 9 *, titre* 7 *, nombre* 2.

Privilége, se prend quelquefois pour une préférence fondée sur la raison et l'équité, qui fait qu'un créancier est payé, par un droit spécial, sur les deniers provenans de la vente des effets de son débiteur, préférablement à ses autres créanciers de même espèce. *Voy.* ce que j'ai dit, *lettre* C, des Créanciers privilégiés hypothécaires, et des Créanciers chirographaires privilégiés.

Quand il y a plusieurs créanciers privilégiés, le plus favorable doit être préféré ; car comme les priviléges des créanciers sont fondés sur différentes causes, dont les unes sont plus favorables que les autres, c'est avec raison qu'il y a préférence entre les privilégiés, eu égard aux causes de leurs priviléges, à moins qu'ils ne soient également favorables.

Pari privilegio certantes priviligiati, præfertur ille qui certat de damno vitando ; sed si uterque certat de damno, potior est causa ejus à quo petitur ; si verò sint dispari privilegio, privilegium potentioris præfertur. Mornacus, ad Leg. 11. §. *ult., de Minoribus.*

Droit nouveau.

Le privilége est un droit que la qualité de la créance donne à un créancier d'être préféré aux autres créanciers, même hypothécaires. *Art.* 2095. *C. des Priv. et Hypoth.*

Entre les créanciers privilégiés, la préférence se règle par les différentes qualités des priviléges. *Art.* 2096.

Les créanciers privilégiés qui sont dans le même rang sont payés par concurrence. *Art.* 2097.

Le privilége à raison des droits du trésor public, et l'ordre dans lequel il s'exerce, sont réglés par les lois qui les concernent. -- Le trésor public ne peut cependant obtenir de privilége au préjudice des droits antérieurement acquis à des tiers. *Art.* 2098.

Les priviléges peuvent être sur les meubles ou sur les immeubles. *Art.* 2099.

Sect. 1.ere. -- *Des Priviléges sur les meubles.*

Les priviléges sont ou généraux ou particuliers sur certains meubles. *Art.* 2100.

§. 1.er *Des Priviléges généraux sur les meubles.*

Les créances privilégiées sur la généralité des meubles sont celles ci-après exprimées, et s'exercent dans l'ordre suivant : — 1.º les frais de justice ; — 2.º les frais funéraires ; — 3.º les frais quelconques de la dernière maladie, concurremment entre ceux à qui ils sont dus ; — 4.º les salaires de gens de service, pour l'année échue et ce qui est dû sur l'année courante ; — 5.º les fournitures de subsistances faites au débiteur et à sa famille ; savoir : pendant les six derniers mois , par les marchands en détail , tels que boulangers, bouchers et autres ; et pendant la dernière année , par les maîtres de pension et marchands en gros. *Art.* 2101.

§. 2. *Des Priviléges sur certains meubles.*

Les créances privilégiées sur certains meubles , sont : 1.º les loyers et fermages etc. (*Voy.* ci-après Privilége du propriétaire pour les loyers , et Privilége du propriétaire d'une ferme) ; — 2.º la créance sur le gage dont le créancier est saisi ; — 3.º les frais faits pour la conservation de la chose ; — 4.º le prix d'effets mobiliers non payés , s'ils sont encore en la possession du débiteur, soit qu'il ait acheté à terme ou sans terme. — Si la vente a été faite sans terme , le vendeur peut même revendiquer ces effets tant qu'ils sont en la possession de l'acheteur , et en empêcher la vente, pourvu que la revendication soit faite dans la huitaine de la livraison , et que les effets se trouvent dans le même état dans lequel cette livraison a été faite. — Le privilége du vendeur ne s'exerce toutefois qu'après celui du propriétaire de la maison ou de la ferme , à moins qu'il ne soit prouvé que le propriétaire avait connaissance que les meubles et autres objets garnissant sa maison ou ferme n'appartenaient pas au locataire. — Il n'est rien innové aux lois et usages du commerce sur la revendication ; — 5.º les fournitures d'un aubergiste , sur les effets du voyageur qui ont été transportés dans son auberge ; — 6.º les frais de voiture et les dépenses accessoires , sur la chose voiturée ; — 7.º les créances résultant d'abus et prévarications commis par les fonctionnaires publics dans l'exercice

de leurs fonctions , sur les fonds de leur cautionnement , et sur les intérêts qui en peuvent être dus. *Art.* 2102.

Sect. 2. — *Des priviléges sur les immeubles.*

Les créanciers privilégiés sur les immeubles , sont : 1.º le vendeur, sur l'immeuble vendu, pour le paiement du prix. — S'il y a plusieurs ventes successives dont le prix soit dû en tout ou en partie , le premier vendeur est préféré au second, le deuxième au troisième, et ainsi de suite ; 2.º ceux qui ont fourni les deniers pour l'acquisition d'un immeuble, pourvu qu'il soit authentiquement constaté par l'acte d'emprunt, que la somme était destinée à cet emploi, et , par la quittance du vendeur , que ce paiement a été fait des deniers empruntés ; 3.º les co-héritiers , sur les immeubles de la succession pour la garantie des partages faits entr'eux, et des soultes au retour des lots. *Art.* 2103.

4.º Les architectes entrepreneurs, etc. *Voy.* ci-après Privilége du maçon et Bâtiment.

5.º Ceux qui ont prêté les deniers pour payer ou rembourser les ouvriers, etc. *Voy.* Privilége du maçon.

Sect. 3. — *Des Priviléges qui s'étendent sur les meubles et les immeubles.*

Les priviléges qui s'étendent sur les meubles et les immeubles sont ceux énoncés en l'*art.* 2101. *Art.* 2104.

Lorsqu'à défaut de mobilier les privilégiés énoncés en l'*art.* précédent se présentent pour être payés sur le prix d'un immeuble en concurrence avec les créanciers privilégiés sur l'immeuble, les paiemens se font dans l'ordre qui suit : 1.º les frais de justice et autres énoncés en l'article 2101 ; 2.º les créances désignées en l'article 2103. *Art.* 2105.

Sect. 4. — *Comment se conservent les priviléges.*

Entre les créanciers, les priviléges ne produisent d'effet, à l'égard des immeubles, qu'autant qu'ils sont rendus publics par inscription sur les registres du conservateur des hypothèques, de la manière déterminée par la loi, et à compter de la date de cette inscription, sous les seules exceptions qui suivent. *Art.* 2106.

Sont exceptées de la formalité de l'inscription les créances énoncées en l'*art.* 2101. *Art.* 2107.

Le vendeur privilégié conserve son privilége par la transcription du titre qui a transféré la propriété à l'acquéreur, et qui constate que la totalité ou partie du prix lui est due ; à l'effet de quoi, la transcription du contrat faite par l'acquéreur vaudra inscription pour le vendeur et pour le prêteur qui lui aura fourni les deniers payés et qui sera subrogé aux droits du vendeur par le même contrat : sera néanmoins le conservateur des hypothèques tenu, sous peine de tous dommages et intérêts envers les tiers, de faire d'office l'inscription sur son registre, des créances résultant de l'acte translatif de propriété, tant en faveur du vendeur qu'en faveur des prêteurs, qui pourront aussi faire faire, si elle ne l'a été, la transcription du contrat de vente, à l'effet d'acquérir l'inscription de ce qui leur est dû sur le prix. *Art.* 2108.

Le co-héritier ou co-partageant conserve son privilége sur les biens de chaque lot ou sur le bien licité, pour les soulte et retour de lots, ou pour le prix de la licitation, par l'inscription faite à sa diligence, dans soixante jours à dater de l'acte de partage ou de l'adjudication par licitation ; durant lequel temps aucune hypothèque ne peut avoir lieu sur le bien chargé de soulte ou adjugé par licitation, au préjudice du créancier de la soulte ou du prix. *Art.* 2109.

A l'égard du privilége des architectes, entrepreneurs, maçons, etc., *V.* Privilége du maçon.

Les créanciers et légataires qui demandent la séparation du patrimoine du défunt, conformément à l'*art.* 878 au *titre des Successions*, conservent à l'égard des créanciers des héritiers ou représentans du défunt, leur privilége sur les immeubles de la succession, par les inscriptions faites sur chacun de ses biens dans les six mois à compter de l'ouverture de la succession. Avant l'expiration de ce délai, aucune hypothèque ne peut être établie avec effet sur ces biens, par les héritiers ou représentans, au préjudice de ces créanciers ou légataires. *Art.* 2111.

Les cessionnaires de ces diverses créances privilégiées exercent tous, les mêmes droits que les cédans en leur lieu et place. *Art.* 2112.

Toutes créances privilégiées soumises à la formalité de l'inscription, à l'égard desquels les conditions ci-dessus prescrites pour conserver le privilége n'ont pas été accomplies, ne cessent pas néanmoins d'être hypothécaires ; mais l'hypothèque ne date, à l'égard des tiers, que de l'époque des inscriptions qui auront dû être faites ainsi qu'il est dit *au mot* Hypothèque. *Art.* 2113.

PRIVILÉGE DU PROPRIÉTAIRE EN FAIT DE BAIL A LOYER.

Droit ancien.

C'est un privilége particulier introduit par le droit romain, et confirmé par notre usage, en vertu duquel le propriétaire peut contrevenir au bail à loyer par lui fait d'une maison, et en expulser le locataire, quoique le bail dure encore, pour y demeurer lui-même.

Ce privilége est appelé privilége de la loi *Æde* 3, *Cod. de Locato conducto*, par la raison que c'est par cette loi qu'il a été introduit chez les Romains, où il était inconnu auparavant.

Comme le propriétaire ne loue sa maison que parce qu'il n'en a pas besoin pour lui-même, c'est une condition tacite, que s'il en a besoin dans la suite pour son propre usage, le locataire sera tenu de la lui remettre. Mais le propriétaire peut renoncer à ce droit.

Ce privilége n'est accordé qu'à celui qui est propriétaire de la totalité d'une maison, et non pas à celui qui ne l'est que d'une partie par indivis, étant impossible qu'il puisse exploiter sa portion indivise séparément.

Mais s'il avait le consentement par écrit de ses co-propriétaires, il pourrait en ce cas jouir de ce privilége.

Ce droit est personnel au seul propriétaire : de sorte qu'un locataire de la totalité d'une maison ne peut en jouir. Mais une mère qui voudrait occuper une maison appartenante à sa fille dont elle serait tutrice, ou qui demeurerait avec elle, pourrait jouir de ce privilége.

Il n'a lieu que pour les maisons de ville qui sont louées pour un temps qui n'emporte point aliénation : c'est pourquoi il cesse à l'égard des fermes, il cesse aussi à l'égard des maisons de villes qui seraient données à bail à longues années.

Le locataire qui a eu la précaution de faire spécialement hypothéquer la maison à la sûreté de son bail, ne peut être dépossédé.

Quand le propriétaire a expressément renoncé à ce privilége, il ne s'en peut plus servir, étant permis à chacun de renoncer au droit particulier et spécial qui est introduit en sa faveur, lorsque le public n'y est point intéressé.

Mais cette renonciation ne regarde que celui qui l'a faite, et son héritier ; en sorte que son successeur à titre de vente ou autre titre particulier n'en serait point tenu, par la raison que, *resoluto jure dantis, resolvitur jus accipientis*, à moins que l'acquéreur ne se fût chargé d'entretenir le bail fait par son auteur.

Au reste, il semble que le propriétaire peut rentrer dans sa maison, et en expulser le locataire, sans être tenu envers lui d'aucuns dommages et intérêts, parce que, s'il était tenu de dédommager le locataire, alors, suivant le sentiment de quelques-uns, il n'y aurait plus de privilége. Cependant il paraît que l'équité a fait introduire que dans les cas où le propriétaire use de son droit, on accorde des dommages au locataire ; mais il faut qu'il en fasse la demande, et alors ils se liquident à un demi-terme, à un, deux ou trois termes, selon la qualité et condition du locataire, et le temps qui reste du bail.

Voy. Louet et Brodeau, *lett*. L, *somm*. 4 ;

Coquille en ses Questions et Réponses, *art*. 202; Renusson en son Traité du Douaire, *chap*. 14.

Droit nouveau.

Le bailleur ne peut résoudre la location, encore qu'il déclare vouloir occuper par lui-même la maison louée, s'il n'y a eu convention contraire. *Art*. 1751. *C. de Louage*.

S'il a été convenu dans le contrat de louage que le bailleur pourrait venir occuper la maison, il est tenu de signifier d'avance un congé aux époques déterminées par l'usage des lieux. *Art*. 1762.

PRIVILÉGE DU PROPRIÉTAIRE POUR LES LOYERS.

Droit ancien.

Ce privilége est une préférence accordée au propriétaire d'une maison à tous autres créanciers, même aux frais funéraires, pour être payé des loyers sur le prix de tous les meubles dont le locataire s'est servi pour la meubler.

Ce privilége est accordé au propriétaire, quoiqu'il ne soit pas le premier saisissant ; mais il faut qu'il ait formé son opposition avant que les meubles aient été vendus par autorité de justice : c'est la disposition de l'*art*. 171 de la coutume de Paris. Ainsi le propriétaire s'opposerait inutilement, s'il formait son opposition après la vente et délivrance des meubles, quoique ce fût avant la distribution des deniers en provenant.

La raison est, que le procès-verbal de vente des meubles purge le droit de suite que pourrait prétendre tout créancier privilégié, quelque favorable que soit son privilége.

Ce privilége est restreint aux trois derniers quartiers et le courant, à moins que le bail n'ait été passé pardevant notaires ; auquel cas ce privilége a lieu, non-seulement pour les trois derniers quartiers et le courant, mais encore pour les loyers qui doivent échoir jusqu'à la fin du bail ; sauf aux autres créanciers à faire le profit de la maison, et à la relouer pendant le restant du bail, si bon leur semble.

Mais

Mais quand il n'y a pas de bail passé par-devant notaire, comme les loyers des maisons sont payables de quartier en quartier, le propriétaire doit s'imputer d'en avoir laissé accumuler plus de trois.

Les meubles des sous-locataires ne sont obligés envers les propriétaires que pour le loyer de la portion qu'ils occupent, et par rapport à ce qu'ils en doivent, et non pas pour la totalité du prix du bail de la maison entière.

Comme ce privilége est fondé sur ce que les meubles qui occupent pour ainsi dire la maison, doivent être considérés comme le gage du propriétaire, il s'ensuit que ce privilége cesse dès que ces meubles sont hors de la maison; mais cela n'empêche pas que le propriétaire n'ait toujours son action pour être payé des loyers qui lui sont dus par le locataire. Sur quoi, *Voy.* Ferrière sur l'*art.* 171 de la Coutume de Paris.

Droit nouveau.

Sont créances privilégiées sur certains meubles : 1.º les loyers et fermages des immeubles sur les fruits de la récolte de l'année, et sur le prix de tout ce qui garnit la maison louée ou la ferme, et de tout ce qui sert à l'exploitation de la ferme; savoir : pour tout ce qui est échu, et pour tout ce qui est à échoir, si les baux sont authentiques, ou si, étant sous signature privée, ils ont une date certaine; et, dans ces deux cas, les autres créanciers ont le droit de relouer la maison ou la ferme pour le restant du bail, et de faire leur profit des baux ou fermages, à la charge toutefois de payer au propriétaire tout ce qui lui serait encore dû ; — Et, à défaut de baux authentiques, ou lorsqu'étant sous signature privée ils n'ont pas une date certaine, pour une année, à partir de l'expiration de l'année courante. — Le même privilége a lieu pour les réparations locatives, et pour tout ce qui concerne l'exécution du bail. — Néanmoins les sommes dues pour les semences ou pour les frais de la récolte de l'année, sont payées sur le prix de la récolte; et celles dues pour usten-

Tome III.

siles, sur le prix de ces ustensiles, par préférence au propriétaire, dans l'un et l'autre cas. — Le propriétaire peut saisir les meubles qui garnissent sa maison ou sa ferme, lorsqu'ils ont été déplacés sans son consentement, et il conserve sur eux son privilége, pourvu qu'il ait fait la revendication; savoir, lorsqu'il s'agit du mobilier qui garnissait une ferme, dans le délai de quarante jours ; et dans celui de quinzaine, s'il s'agit des meubles garnissant une maison. *Art.* 2102, *C. des Privil. et Hypoth.*

PRIVILÉGE DU PROPRIÉTAIRE D'UNE FERME, est une préférence accordée au propriétaire d'une ferme à tous autres créanciers, pour être payé de ses loyers sur certains effets mobiliers.

Droit ancien.

Le droit romain ne donne au propriétaire d'une ferme de campagne, qu'un privilége sur les fruits de la terre recueillis par le fermier : ainsi, par la disposition du droit romain, les fruits et revenus des fonds sont affectés pour le prix du bail, soit que le fermier demeure en jouissance, ou qu'il en subroge un autre, ou qu'il baille à sous ferme.

Mais le droit romain ne donne au propriétaire d'une ferme, de privilége sur les meubles et ustensiles, qu'en vertu d'une convention expresse.

La Coutume de Paris, en l'*art.* 171, établit un privilége sur les meubles, pour les fermes comme pour les maisons, en faveur des propriétaires.

Ainsi dans cette coutume, le propriétaire d'une ferme, en faisant son opposition avant la vente, est préféré au premier saisissant sur les fruits, meubles, bestiaux et ustensiles, pour tous les fermages qui lui sont dus, tant pour le paiement de l'année courante, que pour les arrérages du passé. Louet. *lett.* F, *somm.* 4 ; le Prêtre, ès-arrêts de la cinquième chambre, des enquêtes, et *cent.* 2, *chap.* 57 ; Henrys, *tom.* 1, *liv.* 4, *ch.* 6, *quest.* 27. Journal des Audiences, *tom.* 1, *liv.* 8, *ch.* 25.

Mais comme cette disposition de la coutume

17

de Paris est contraire à la disposition du droit, les arrêts ont jugé qu'elle ne doit pas être admise dans les coutumes qui n'ont point de disposition semblable à celle de Paris. Ainsi, dans les coutumes qui n'en parlent point, le premier saisissant les meubles ou chevaux trouvés en une ferme tenue par son débiteur, est préféré sur la vente d'iceux au propriétaire de la ferme opposant pour ses redevances, suivant les lois 4 et 5, *ff. In quib. caus. pign. etc.*, de manière que le propriétaire n'a de privilége que sur les fruits de la terre recueillis par le fermier, conformément à la disposition du droit romain.

· Je crois même que le propriétaire d'un héritage des champs ne peut pas stipuler ce privilége de préférence sur les meubles qui seront apportés dans la ferme, dans les coutumes qui n'en parlent point.

·En effet, les priviléges doivent être fondés sur l'autorité des lois. Les conventions d'un créancier et d'un débiteur doivent à la vérité être exécutées en tant qu'elles ne sont point contre les lois prohibitives, ni contre les bonnes mœurs; mais à l'égard d'un tiers, telles conventions qui dérogent au droit commun, ne peuvent être exécutées contre lui, lequel peut se servir du droit commun sans qu'on lui puisse opposer une convention qui n'est point autorisée par la loi ni par l'usage. Or le droit commun est que dans les coutumes qui n'en parlent point, les propriétaires des héritages des champs n'ont point un tel privilége; et par conséquent le créancier qui saisit le premier les meubles du fermier, doit être payé le premier, si ce n'est au cas de déconfiture. Ainsi ce propriétaire ne pourrait pas opposer un privilége sur les meubles qu'il se serait donnés lui-même par sa convention avec le débiteur. En effet, un privilége est un droit spécial accordé à quelqu'un pour quelque raison particulière qui ne souffre point d'extension, et qui d'ailleurs ne peut, en vertu d'une convention particulière, nuire et porter préjudice à d'autres. *Talis conventio est res inter alios acta, quæ aliis non nocet. Tit.*

Cod. Res inter alios. Voy. Ferrière sur l'*art.* 171 de la Coutume de Paris.

V. pour le *Droit nouveau*, le mot Privilége du propriétaire pour les loyers.

PRIVILEGE DU MAÇON QUI A BATI UNE MAISON, ou qui a fait des réparations dans une maison, l'emporte sur tout autre privilége.

La raison est, que sa créance a une hypothèque privilégiée sur la chose même; en sorte que le maçon est préféré sur la maison, pour ce qui lui est dû par le propriétaire, à tous autres créanciers; quoiqu'ils soient antérieurs en date et hypothèque; *Leg. Licet, Cod. Qui potior. in pign.*

Il est même préféré au bailleur d'héritages à rente sur les loyers. Charondas, *liv.* 2, *rép.* 79.

Il n'y a que le seigneur direct qui soit préférable au maçon, pour les droits seigneuriaux et les frais de justice.

Pour jouir de ce privilége, il faut que l'entrepreneur ou maçon qui a fait bâtir ou réparer la maison, ait un devis et marché des ouvrages passé devant notaire, et que les ouvrages aient été reçus en justice.

Touchant le privilége du maçon, *Voy.* Charondas, *liv.* 10, *rép.* 79, et la Peyrère, *lettre* P, *nombre* 74.

Droit nouveau.

Les architectes, entrepreneurs, maçons et autres ouvriers employés pour édifier, reconstruire ou réparer des bâtimens, canaux ou autres ouvrages quelconques ont un privilége, pourvu néanmoins que, par un expert nommé d'office par le tribunal de première instance dans le ressort duquel les bâtimens sont situés, il ait été dressé préalablement un procès-verbal, à l'effet de constater l'état des lieux relativement aux ouvrages que le propriétaire déclarera avoir dessein de faire, et que les ouvrages aient été, dans les six mois au plus de leur perfection, reçus par un expert également nommé d'office. —Mais le montant du privilége ne peut excéder les valeurs constatées par le second procès-verbal, et il se réduit à la plus-value existante à l'époque de l'aliénation de l'immeuble, et résultant des travaux qui y ont été faits. — Ceux qui ont prêté les deniers pour payer ou rembourser les ouvriers, jouissent du même privilége, pourvu que cet emploi soit authentiquement constaté par l'acte d'emprunt et par la quittance des ouvriers, ainsi qu'il a été dit ci-dessus pour ceux qui ont prêté les deniers pour l'acquisition d'un immeuble. *Art.* 2103, §. 4 et 5.

Les architectes, entrepreneurs, maçons et autres ouvriers employés pour édifier, reconstruire ou réparer des bâtimens, canaux ou autres ouvrages, et ceux qui ont, pour les payer et rembourser, prêté les deniers dont l'emploi a été constaté, conservent par la double inscription faite, 1.º du procès-verbal qui constate l'état des lieux, 2.º du procès-verbal de réception, leur privilége à la date de l'inscription du premier procès-verbal. *Art.* 2110.

PRIX, est l'estimation d'une chose.

Droit ancien.

Le prix ne peut, dans le contrat de vente, consister qu'en argent monnayé. Si pour le prix d'une chose on en donnait une autre au lieu d'argent, ce ne serait pas une vente, mais un échange, parce qu'on ne pourrait pas alors distinguer le prix d'avec la chose vendue.

Néanmoins dans notre usage, lorsqu'un héritage est échangé contre des choses mobiliaires qui peuvent être facilement estimées, comme des grains, du vin, de l'argent en masse, etc., cela produit le même effet qu'une véritable vente, tant à l'égard des droits seigneuriaux, que du retrait lignager : autrement il n'y aurait rien de plus facile que de commettre des fraudes ; car pour éviter les droits seigneuriaux et le retrait, on ne verrait plus que des échanges d'héritages contre des choses mobiliaires qu'il serait facile de revendre du soir au matin. Voilà ce qu'en dit d'Argou, au *livre troisième* de son Institution au Droit français, *chap.* 23, *du Contrat de Vente.*

La Coutume de Clermont en Beauvoisis, rubrique du retrait lignager, *art.* 21, porte, que l'héritage qui est échangé à l'encontre d'un cheval, ou autre marchandise, chet en retrait, pour ce qu'avant qu'échange empêche retrait, il est requis que les choses échangées soient d'une même qualité, et que l'une des choses soit aussi bien immeuble que l'autre.

On convient quelquefois dans un contrat de vente, que si l'acheteur n'en paye pas le prix, la vente sera résolue. Sur quoi, *Voy.* Clause résolutoire.

Lorsqu'on achète une seule chose, il n'y a qu'un seul prix de la vente ; mais si on achète au nombre, au poids ou à la mesure, chaque pièce, chaque boisseau, chaque livre a son prix suivant le marché.

Le prix de la vente est presque toujours certain, mais il peut arriver qu'il soit incertain ; comme si on remet à un tiers de régler le prix, ou si l'acheteur donne pour le prix l'argent qui lui reviendra d'une telle affaire. Dans ces cas et autres semblables, le prix ne sera certain que par l'estimation ou autre événement qui le fixera. §. 1, *Institution. tit. de Emptione et Vend.*, *Leg. Ult. Cod. de Contrah. empt. et Vend.*, *Leg.* 7, §. 1, *ff. Eod. tit.*

Il y a quelques marchandises dont le prix peut être réglé pour le bien public, comme le pain et autres choses qui peuvent être réglées par la police : mais hors ces règlemens, le prix des choses est indéfini ; et comme il doit être différemment réglé, selon les qualités des choses, et selon l'abondance et la disette de l'argent et des marchandises, les facilités ou difficultés du transport, et autres causes qui augmentent la valeur ou la diminuent, cette incertitude du prix fait une étendue du plus ou du moins, qui demande que le vendeur et l'acheteur règlent eux-mêmes de gré à gré le prix de la vente.

Droit nouveau.

Une vente est parfaite entre les parties dès qu'elles sont convenues de la chose et du *prix*, quoique la chose n'ait pas été livrée ni le *prix* payé. *Art.* 1583. *C. de la Vente.*

Le *prix* de la vente doit être déterminé et

17 *

désigné par les parties ; *art.* 1591. — Il peut cependant être laissé à l'arbitrage d'un tiers ; si le tiers ne veut ou ne peut faire l'estimation, il il n'y a point de vente. *Art.* 1592.

Le vendeur n'est pas tenu de délivrer la chose si l'acheteur n'en paie pas le prix, et que le vendeur ne lui ait pas accordé un délai pour le paiement. *Art.* 1612.

Il ne sera pas non plus obligé à la délivrance, quand même il aurait accordé un délai pour le paiement, si, depuis la vente, l'acheteur est tombé en faillite ou en état de déconfiture, en sorte que le vendeur se trouve en danger imminent de perdre le prix; à moins que l'acheteur ne lui donne caution de payer au terme *Art.* 1613.

La chose doit être délivrée en l'état où elle se trouve au moment de la vente. — Depuis ce jour tous les fruits appartiennent à l'acquéreur. *Art.* 1614.

L'obligation de délivrer la chose comprend ses accessoires et tout ce qui a été destiné à son usage perpétuel. *Art.* 1615.

Le vendeur est tenu de délivrer la contenance telle qu'elle est portée au contrat, sous les modifications ci-après exprimées. *Art.* 1616. Si la vente d'un immeuble a été faite avec indication de la contenance, à raison de tant la mesure, le vendeur est obligé de délivrer à l'acquéreur, s'il l'exige, la quantité indiquée au contrat ; — Et si la chose ne lui est pas possible, ou si l'acquéreur ne l'exige pas, le vendeur est obligé de souffrir une diminution proportionnelle du prix. *Art.* 1617.

Si, au contraire, dans le cas de l'article précédent, il se trouve une contenance plus grande que celle exprimée au contrat, l'acquéreur a le choix de fournir le supplément du *prix*, ou de se désister du contrat, si l'excédant est d'un vingtième au-dessus de la contenance déclarée. *Art.* 1618.

Dans tous les autres cas, — soit que la vente soit faite d'un corps certain et limité, — soit qu'elle ait pour objet des fonds distincts et séparés, — soit qu'elle commence par la mesure,

ou par la désignation de l'objet vendu, suivie de la mesure, — l'expression de cette mesure ne donne lieu à aucun supplément de *prix* en faveur du vendeur, pour l'excédant de mesure, — ni, en faveur de l'acquéreur, à aucune diminution du *prix* pour moindre mesure, qu'autant que la différence de la mesure réelle à celle exprimée au contrat est d'un vingtième en plus ou en moins, eu égard à la valeur de la totalité des objets vendus, s'il n'y a stipulation contraire. *Art.* 1619.

Dans le cas où, suivant l'article précédent, il y a lieu à augmentation de *prix* pour excédant de mesure, l'acquéreur a le choix, ou de se désister du contrat, ou de fournir le supplément du *prix*, et ce, avec les intérêts s'il a gardé l'immeuble. *Art.* 1620.

Dans tous les cas où l'acquéreur a le droit de se désister du contrat, le vendeur est tenu de lui restituer, outre le *prix*, s'il l'a reçu, les frais de ce contrat. *Art.* 1621.

L'action en supplément de *prix* de la part du vendeur, et celle en diminution de *prix*, ou en résiliation du contrat de la part de l'acquéreur, doivent être intentées dans l'année à compter du jour du contrat, à peine de déchéance. *Art.* 1622.

S'il a été vendu deux fonds par le même contrat, et pour un seul et même *prix*, avec désignation de la mesure de chacun, et qu'il se trouve moins de contenance en l'un et plus en l'autre, on fait compensation jusqu'à due concurrence ; et l'action, soit en supplément, soit en diminution du *prix*, n'a lieu que suivant les règles ci-dessus établies. *Art.* 1623.

Même dans le cas de stipulation de non-garantie le vendeur en cas d'éviction est tenu à la restitution du *prix*, à moins que l'acquéreur n'ait connu lors de la vente le danger de l'éviction, ou qu'il n'ait acheté à ses périls et risques. *Art.* 1629.

A fortiori, lorsque la garantie a été promise, l'acquéreur évincé peut demander contre le vendeur la restitution du *prix*. *Art.* 1630.

Lorsqu'à l'époque de l'éviction la chose vendue se trouve diminuée de la valeur , ou considérablement détériorée , soit par la négligence de l'acheteur , soit par des accidens de force majeure , le vendeur n'en est pas moins tenu de restituer la totalité du *prix*. *Art.* 1631.

Mais si l'acquéreur a tiré profit des dégradations par lui faites , le vendeur a droit de retenir sur le *prix* une somme égale à ce profit. *Art.* 1632.

Si la chose vendue se trouve avoir augmenté de *prix* à l'époque de l'éviction , indépendamment même du fait de l'acquéreur , le vendeur est tenu de lui payer ce qu'elle vaut au-dessus du *prix* de la vente. *Art.* 1633.

Le vendeur est tenu de la garantie à raison des défauts cachés de la chose vendue qui la rendent impropre à l'usage auquel on la destine , ou qui diminuent tellement cet usage , que l'acheteur ne l'aurait pas acquise , ou n'en aurait donné qu'un moindre *prix* , s'il les avait connus. *Art.* 1641.

Le vendeur n'est pas tenu des vices apparens , et dont l'acheteur a pu se convaincre lui-même. *Art.* 1642.

Il est tenu des vices cachés quand même il ne les aurait pas connus , à moins que dans ce cas il n'ait stipulé qu'il ne sera obligé à aucune garantie. *Art.* 1643.

Dans le cas des *articles* 1641 et 1643 , l'acheteur a le choix de rendre la chose et de se faire restituer le *prix* , ou de garder la chose et de se faire rendre une partie du *prix* , telle qu'elle sera arbitrée par experts. *Art.* 1644.

Si le vendeur connaissait les vices de la chose , il est tenu , outre la restitution du *prix* qu'il en a reçu , de tous les dommages et intérêts envers l'acheteur. *Art.* 1645.

Si le vendeur ignorait les vices de la chose , il ne sera tenu qu'à la restitution du *prix* , et à rembourser à l'acquéreur les frais occasionnés par la vente. *Art.* 1646.

Si la chose qui avait des vices a péri par suite de mauvaise qualité , la perte est pour le vendeur, qui sera tenu envers l'acheteur à la restitution du *prix* , et aux autres dédommagemens expliqués dans les deux articles précédens.— Mais la perte arrivée par cas fortuit sera pour le compte de l'acheteur. *Art.* 1647.

La principale obligation de l'acheteur est de payer le *prix* au jour et au lieu réglés par la vente. *Art.* 1650.

S'il n'a rien été réglé à cet égard lors de la vente , l'acheteur doit payer au lieu et dans le temps où doit se faire la délivrance. *Art.* 1651.

L'acheteur doit l'intérêt du *prix* de la vente jusqu'au paiement du capital , dans les trois cas suivans : — S'il a été ainsi convenu lors de la vente ; — Si la chose vendue et livrée produit des fruits ou autres revenus ; — Si l'acheteur a été sommé de payer. — Dans ce dernier cas , l'intérêt ne court que depuis la sommation. *Art.* 1652.

Si l'acheteur est troublé ou a juste sujet de craindre d'être troublé par une action , soit hypothécaire , soit en revendication , il peut suspendre le paiement du *prix* jusqu'à ce que le vendeur ait fait cesser le trouble , si mieux n'aime celui-ci donner caution , ou à moins qu'il n'ait été stipulé que , nonobstant le trouble , l'acheteur paiera. *Art.* 1653.

Si l'acheteur ne paie pas le *prix* , le vendeur peut demander la résolution de la vente. *Art.* 1654.

La résolution de la vente d'immeubles est prononcée de suite , si le vendeur est en danger de perdre la chose et le *prix*. — Si ce danger n'existe pas , le juge peut accorder à l'acquéreur un délai plus ou moins long , suivant les circonstances. — Ce délai passé sans que l'acquéreur ait payé , la résolution de la vente sera prononcée. *Art.* 1655.

S'il a été stipulé , lors de la vente d'immeubles , que , faute de paiement du *prix* dans le terme convenu , la vente serait résolue de plein droit , l'acquéreur peut néanmoins payer après l'expiration du délai , tant qu'il n'a pas été mis

en demeure par une sommation ; mais , après
cette sommation , le juge ne peut pas lui accorder de délai. *Art.* 1656.

PROCURATION, est un acte par lequel
celui qui ne peut vaquer lui-même à ses affaires ,
donne pouvoir à un autre de les faire, comme
s'il était lui-même présent, soit qu'il faille lui-
même gérer et prendre soin de quelque bien ou
de quelque affaire, ou que ce soit pour traiter
avec d'autres.

Droit ancien.

On peut donner pouvoir de traiter, agir, ou
faire autre chose, non-seulement par une procuration en forme, mais par une simple lettre,
ou par un billet, ou par une tierce personne qui
fasse savoir l'ordre, ou par d'autres voies qui
expliquent la charge ou le pouvoir qu'on donne;
et si celui à qui on le donne l'accepte ou l'exécute , le consentement réciproque forme , en
même temps la convention et les engagemens
qui en sont les suites.

La procuration peut contenir ou un pouvoir
indéfini de faire ce qui sera avisé par le procureur constitué, ou seulement un pouvoir borné
à ce qui sera précisément exprimé par la procuration.

Si la procuration marque et spécifie ce qui
est à faire, celui qui l'accepte doit s'en tenir à
ce qui lui est prescrit.

Si, au contraire, la procuration lui donne un
pouvoir indéfini, il doit y donner les bornes
et l'étendue qu'on peut raisonnablement présumer de la volonté de celui qui l'a donnée, soit
pour ce qui regarde la chose même qui est à
à faire, ou pour les manières de l'exécuter.

En général, tout procureur constitué peut
faire tout ce qui se trouve compris ou dans l'expédition, ou dans l'intention de celui qui l'a
proposé, et tout ce qui suit naturellement du
pouvoir qui lui est donné, ou qui se trouve nécessaire pour l'exécuter.

Ainsi le pouvoir de recevoir ce qui est dû ,
renferme celui de donner quittance : ainsi le

pouvoir d'exiger une dette, renferme celui de
saisir les biens du débiteur ; mais une procuration de poursuivre et de recevoir le paiement
d'une dette, ne donne pas la faculté d'en transiger avec le débiteur.

Celui qui fait quelque chose en vertu d'une
procuration, ne peut être condamné à la garantie en son propre et privé nom, à moins
qu'il ne s'y soit obligé. En effet, celui qui passe
quelque contrat au nom et comme procureur
du mandant, n'est pas censé le passer en son
nom, à moins qu'il n'apparaisse que telle a été
sa volonté. *Voy.* Maynard, *tome* 1 , *livre* 4 ,
chapitre 15.

Le porteur d'une procuration qui s'est obligé,
tant en son nom que comme ayant charge, est
tenu solidairement pour le tout, sans division
ni discussion; *Quià socius præsumitur. Voy.*
Papon, *livre* 6, *titre* 5, *nomb.* 4; et Boërius,
décision 273, *nombre* 6.

Celui qui en conséquence de la procuration
qui lui a été donnée, a fait quelque dépense
pour exécuter l'ordre qui lui était commis ,
comme s'il a fait quelque voyage, ou fourni
quelque argent, ou fait quelques autres impenses nécessaires ou utiles, en peut demander
le remboursement, quand même l'affaire n'aurait pas le succès qu'on en pouvait attendre, à
moins qu'il n'y eût de la faute du procureur
constitué.

Comme la gestion d'un procureur est un office d'ami, elle ne doit pas lui être dommageable. Si un procureur souffre quelque perte
ou quelque dommage à l'occasion de l'affaire
dont il est chargé, il peut donc s'en faire rembourser, à l'exception des accidens qui lui seraient arrivés plutôt par sa faute, ou par cas fortuit que par rapport à l'affaire dont il est chargé.

Enfin, il peut non-seulement recevoir la récompense de ses peines, mais même, en cas de
refus, en faire la demande en justice, et il a
hypothèque du jour de sa procuration; comme
il a été jugé par arrêt de l'année 1672, et par

autre arrêt du 19 juin 1674, qui sont rapportés dans le Journal des Audiences, avec les raisons sur lesquelles leur décision est fondée.

Ainsi quand on dit que sa fonction est gratuite, et n'est pour ainsi dire qu'un office d'ami, cela ne dénote rien autre chose, sinon qu'on ne doit pas convenir du salaire, et qu'une telle convention est contre la nature du mandat.

En effet, si au temps de la commission donnée on convenait du salaire, ce serait une espèce de louage où celui qui agirait pour un autre, donnerait pour un prix l'usage de son industrie et de son travail.

Mais la récompense qui se donne sans convention et par honneur, pour reconnaître un bon office, est d'un autre genre, et ne change pas la nature de la procuration, et même peut, après l'affaire finie, être demandée en justice, comme nous venons de le dire.

Il est loisible à celui qu'on veut charger du soin d'une affaire, de ne pas accepter la commission que l'on veut lui donner ; mais s'il l'accepte et qu'il s'en charge, il est obligé de l'exécuter ; et s'il y manque, il sera tenu des dommages et intérêts qu'il aura causés, à moins qu'il ne justifie qu'il a été hors d'état de pouvoir agir, par maladie ou autre juste cause, ou qu'ayant manqué d'exécuter l'ordre qu'il avait accepté, il n'en arrive aucun préjudice à celui qui l'avait donné.

Contractus sunt ab initio voluntatis, et ex post facto necessitatis. Ainsi quand on s'est chargé de faire les affaires d'autrui, on est tenu de les gérer, et ce qui n'était au commencement que d'honnêteté, devient ensuite d'obligation. *Voy.* le §. 11, aux Institutes, *titre* du Mandat, et la loi 155, *ff. de Reg. jur.*

Celui qui en vertu d'une procuration a conduit quelque affaire pour un autre, est tenu de rendre compte de sa gestion, et de restituer les jouissances, profits, et généralement tout ce qui peut être provenu de ce qu'il a géré.

Il est aussi tenu de réparer tout le dommage que sa négligence aura pu causer à celui qui l'a chargé de la commission ; mais il n'est point tenu des cas fortuits.

Par arrêt du mois de février 1704, il a été jugé au parlement de Paris, qu'un homme ayant dissipé l'argent qu'il avait reçu en vertu d'une procuration, le mandant avait hypothèque pour la répéter du jour qu'il l'avait reçu.

Il y a d'autres principes généraux sur cette matière que Ferrière a expliqués sur le *titre* 27 *du troisième livre* des Institutes.

On distingue quatre sortes de procurations ; savoir : la procuration en blanc, la procuration générale, la procuration *cum libera*, et la procuration particulière.

Procuration en blanc, est une procuration dont le nom du procureur n'est pas rempli au temps qu'elle est faite, et que l'on ne remplit que dans le temps que l'on agit en conséquence.

L'usage a fait recevoir ces sortes de procurations, afin que si la personne que l'on aurait envie de constituer procureur, ne pouvait ou ne voulait pas accepter la procuration, on puisse la remplir du nom d'un autre, et éviter l'embarras de faire faire une autre procuration.

Procuration générale, est celle qui contient un pouvoir général et indéfini d'administrer toutes les affaires, et gouverner tous les biens de celui qui donne la procuration.

Celui qui s'en est chargé en l'acceptant, peut exiger toutes les dettes de celui qui l'a donnée ; il peut aussi déférer le serment en justice, recevoir les revenus, payer ce qui est dû, vendre les fruits et autres choses qui peuvent facilement se corrompre, et qu'un bon père de famille ne doit point garder.

En un mot, une telle procuration donne pouvoir de faire généralement tout ce qui peut être nécessaire pour l'administration et la conservation des biens de celui qui a donné un tel pouvoir.

Mais une procuration générale ne suffit pas

pour faire une demande en rescision, ou restitution en entier, ni pour acquérir en exerçant le retrait lignager, ni pour faire des offres, transiger, vendre, recevoir, et faire tous autres actes, lesquels emportent aliénation de biens, ou perte et diminution de droits.

Il n'y a que celui qui en est le maître qui puisse en disposer de cette manière; et pour que tels actes se puissent faire par procureur, il faut un pouvoir exprès.

Procuration cum libera, est celle qui porte plein et absolu pouvoir d'administrer et disposer d'une chose ou d'une affaire, comme maître d'icelle.

On ne reçoit point en France les procurations *cum libera*; en sorte que le procureur fondé de telles procurations ne peut pas valablement faire les actes qui requièrent des procurations spéciales.

Procuration particulière, est celle qui porte un pouvoir borné à gérer une affaire particulière, ou à occuper sur une cause ou instance ou procès.

Celui qui est chargé d'une telle procuration, n'en doit pas passer les bornes, et doit se renfermer uniquement dans ce qui est naturellement l'effet de la commission qu'on lui donne. En cas qu'il soit à propos, pour l'avantage de celui pour lequel il agit, de faire quelque chose qui excède son pouvoir, il doit en demander un autre. *V.* Ferrière sur le §. 8 du *tit.* 27 du *troisième livre* des Institutes de Justinien.

Droit nouveau.

Chap. 1.er De la Nature et de la Forme du Mandat.

Le mandat ou procuration est un acte par lequel une personne donne à une autre le pouvoir de faire quelque chose pour le mandant et en son nom. -- Le contract ne se forme que par l'acceptation du mandataire. *Art.* 1984.

Le mandat peut être donné ou par acte public, ou par écrit sous seing privé, même par lettre. Il peut aussi être donné verbalement,

mais la preuve testimoniale n'en est reçue que conformément au titre *des Contrats et des Obligations conventionnelles en général.* -- L'acceptation du mandat peut n'être que tacite, et résulter de l'exécution qui lui a été donnée par le mandataire. *Art.* 1985.

Le mandat est gratuit, s'il n'y a convention contraire. *Art.* 1986.

Il est ou spécial, et pour une affaire ou certaines affaires seulement; ou général, et pour toutes les affaires du mandant. *Art.* 1987.

Le mandat conçu en termes généraux n'embrasse que les actes d'administration. -- S'il s'agit d'aliéner ou hypothéquer, ou de quelque autre acte de propriété, le mandat doit être exprès. *Art.* 1988.

Le mandataire ne peut rien faire au-delà de ce qui est porté dans son mandat : le pouvoir de transiger ne renferme pas celui de compromettre. *Art.* 1989.

Les femmes et les mineurs émancipés peuvent être choisis pour mandataires; mais le mandant n'a d'action contre le mandataire mineur, que d'après les règles générales relatives aux obligations des mineurs; et contre la femme mariée et qui a accepté le mandat sans autorisation de son mari, que d'après les règles établies au titre *du Contrat de Mariage et des Droits respectifs des époux.*

Chap. 2. Des Obligations du mandataire.

Le mandataire est tenu d'accomplir le mandat tant qu'il en demeure chargé, et répond des dommages-intérêts qui pourraient résulter de son inexécution. -- Il est tenu de même d'achever la chose commencée au décès du mandant, s'il y a péril en la demeure. *Art.* 1991.

Le mandataire répond non seulement du dol, mais encore des fautes qu'il commet dans sa gestion. -- Néanmoins la responsabilité relative aux fautes est appliquée moins rigoureusement à celui dont le mandat est gratuit, qu'à celui qui reçoit un salaire. *Art.* 1992.

Tout mandataire est tenu de rendre compte
de

de sa gestion, et de faire raison au mandant de tout ce qu'il a reçu en vertu de sa procuration, quand même ce qu'il aura reçu n'eût point été dû au mandant. *Art.* 1993.

Le mandataire répond de celui qu'il s'est substitué dans la gestion, 1.º quand il n'a pas reçu le pouvoir de se substituer quelqu'un ; 2.º quand ce pouvoir lui a été conféré sans désignation d'une personne, et que celle dont il a fait choix était notoirement incapable ou insolvable. -- Dans tous les cas, le mandant peut agir directement contre la personne que le mandataire s'est substituée. *Art.* 1994.

Quand il y a plusieurs fondés de pouvoir ou mandataires établis par le même acte, il n'y a de solidarité entre eux qu'autant qu'elle est exprimée. *Art.* 1995.

Le mandataire doit l'intérêt des sommes qu'il a employées à son usage, à dater de cet emploi, et de celles dont il est reliquataire, à compter du jour qu'il est mis en demeure. *Art.* 1996.

Le mandataire qui a donné à la partie avec laquelle il contracte en cette qualité une suffisante connaissance de ses pouvoirs, n'est tenu d'aucune garantie pour ce qui a été fait au-delà, s'il ne s'y est personnellement soumis. *Art.* 1997.

Chap. 3. *Des Obligations du mandant.*

Le mandant est tenu d'exécuter les engagemens contractés par le mandataire, conformément au pouvoir qui lui a été donné. -- Il n'est tenu de ce qui a pu être fait au-delà, qu'autant qu'il l'a ratifié expressément ou tacitement. *Art.* 1998.

Le mandant doit rembourser au mandataire les avances et frais que celui-ci a faits pour l'exécution du mandat, et lui payer ses salaires lorsqu'il en a été promis. -- S'il n'y a aucune faute imputable au mandataire, le mandant ne peut se dispenser de faire ces remboursement et paiement, lors même que l'affaire n'aurait

Tome III.

pas réussi ; ni faire réduire le montant des frais et avances, sous le prétexte qu'ils pouvaient être moindres. *Art.* 1999.

Le mandant doit aussi indemniser le mandataire des pertes que celui-ci a essuyées à l'occasion de sa gestion, sans imprudence qui lui soit imputable. *Art.* 2000.

L'intérêt des avances faites par le mandataire lui est dû par le mandant, à dater du jour des avances constatées. *Art.* 2001.

Lorsque le mandataire a été constitué par plusieurs personnes pour une affaire commune, chacune d'elles est tenu solidairement envers lui de tous les effets du mandat. *Art.* 2002.

Chap. 4. -- *Des différentes Manières dont le mandat finit.*

Le mandat finit, -- par la révocation du mandataire ; -- par la renonciation de celui-ci au mandat ; -- par la mort naturelle ou civile, l'interdiction ou la déconfiture, soit du mandant, soit du mandataire. *Art.* 2003.

Le mandant peut révoquer sa procuration quand bon lui semble, et contraindre, s'il y a lieu, le mandataire à lui remettre, soit l'écrit sous seing privé qui la contient, soit l'original de la procuration, si elle a été délivrée en brevet, soit l'expédition, s'il en a été gardé minute. *Art.* 2004.

La révocation notifiée au seul mandataire ne peut être opposée aux tiers qui ont traité dans l'ignorance de cette révocation, sauf au mandant son recours contre le mandataire. *Art.* 2005.

La constitution d'un nouveau mandataire pour la même affaire vaut révocation du premier, à compter du jour où elle a été notifiée à celui-ci. *Art.* 2006.

Le mandataire peut renoncer au mandat, en notifiant au mandant sa renonciation. -- Néanmoins, si cette renonciation préjudicie au mandant, il devra en être indemnisé par le mandataire, à moins que celui-ci ne se trouve dans l'impossibilité de continuer le mandat sans en éprouver lui-même un préjudice considérable. *Art.* 2007.

Si le mandataire ignore la mort du mandant, ou l'une des autres causes qui font cesser le mandat, ce qu'il a fait dans cette ignorance est valide. *Art.* 2008.

Dans les cas ci-dessus, les engagemens du mandataire sont exécutés à l'égard des tiers qui sont de bonne foi. *Art.* 2009.

En cas de mort du mandataire, ses héritiers doivent en donner avis au mandant, et pourvoir, en attendant, à ce que les circonstances exigent pour l'intérêt de celui-ci. *Art.* 2010.

En matière d'absence et dans les cas où l'absent n'aurait point laissé de procuration pour l'administration de ses biens, ses héritiers présomptifs au jour de sa disparition ou de ses dernières nouvelles, pourront, en vertu du jugement définitif qui aura déclaré l'absence, se faire envoyer en possession provisoire des biens qui appartenaient à l'absent au jour de son départ ou de ses dernières nouvelles, à la charge de donner caution pour la sûreté de leur administration. *Art.* 120. *C. des Absens.*

Si l'absent a laissé une procuration, ses héritiers présomptifs ne pourront poursuivre la déclaration d'absence et l'envoi en possession provisoire, qu'après dix années révolues depuis sa disparition ou depuis ses dernières nouvelles. *Art.* 121.

Il en sera de même si la procuration vient à cesser; et, dans ce cas, il sera pourvu à l'administration des biens de l'absent, comme il est dit au *chapitre premier* du présent *titre. Art.* 122.

En matière de communauté toute dette qui n'est contractée par la femme qu'en vertu de la procuration générale ou spéciale du mari, est à la charge de la communauté, et le créancier n'en peut poursuivre le paiement ni contre la femme ni sur ses biens personnels. *Art.* 1420. *C. du Cont. de Mariage.*

En matière de donation et lorsque le donataire est majeur l'acceptation doit être faite par lui, ou, en son nom, par la personne fondée de sa *procuration* portant pouvoir d'accepter la donation faite, ou un pouvoir général d'accepter les donations qui auraient été ou qui pourraient être faites. — Cette *procuration* devra être passée devant notaires, et une expédition devra en être annexée à la minute de la donation, ou à la minute de l'acceptation qui serait faite par acte séparé. *Art.* 933. *C. des Donat.*

PROCUREUR, est celui qui a reçu procuration et pouvoir de faire quelque chose pour un autre; soit pour la gestion ou administration de ses affaires, soit pour le défendre en justice.

On distingue donc deux sortes de procureurs; les uns pour négocier les affaires, que l'on appelle procureurs *ad negotia*; les autres pour occuper en justice pour leurs cliens, et défendre leurs intérêts; ce qui fait qu'on les appelle procureurs *ad lites.*

PROCUREUR *ad negotia*, est celui à qui l'on donne un mandat de faire quelque chose. *V.* Procuration.

PROCUREUR *ad lites. Voy.* Avoué dans la partie de ce Dictionnaire qui traite de la *Procédure civile.*

PRODIGUE, est celui à qui, par sentence du juge, a été ôtée l'administration de ses biens, pour cause de dissipation. *Prodigi* (*inquit Tullius*, *lib.* 2, *de Offic.*, *art.* 16) *sunt qui epulis et visceratiouibus, et gladiatorum muneribus, ludorum, venationumque apparatu, pecunias profundunt in eas res, quarum memoriam aut brevem, aut nullam omninò sunt relicturi.*

Les prodigues sont de même condition que les furieux, ainsi, au moyen de l'interdiction, ils ne peuvent ni administrer leurs biens, ni en disposer par disposition entre-vifs, ou à cause de mort.

Le jurisconsulte Paul, *lib.* 3, *Sentent.*, *tit.* 4, rapporte la formule qui regardait l'interdiction d'un prodigue. *Quandò tua bona paterna, avitaque, nequitiâ tuâ disperdis, liberosque tuos ad egestatem perducis, ob eam rem tibi eâ re commercioque interdico.*

Chez les Athéniens, ceux qui avaient dissipé leur patrimoine, étaient notés d'infamie par la loi de Solon; ils étaient même traités comme des criminels par les jugemens des aréopagites.

Ce vice de prodigalité était si odieux parmi les anciens, que Naucher, chez le poète Menander, au rapport d'Athénée, au livre 4 des Dipuosophistes, faisait des vœux au ciel contre tous ceux qui consumaient follement leur patrimoine, que pour peine de leur luxe ils fussent portés sur les ondes en une continuelle navigation, afin que privés à jamais de pouvoir marcher sur la terre, ils sentissent mieux la faute qu'ils avaient commise, en ne conservant pas sagement le bien que la terre leur mère leur avait libéralement fourni pour les nécessités de la vie.

Ce n'est donc pas rans raison, qu'à Rome le préteur interposait son autorité pour réprimer et arrêter leurs dépenses excessives, puisqu'il y va de l'intérêt public qu'un particulier ne mésuse pas de son bien jusqu'à l'excès.

Celui qui, de riche qu'il était, se trouve tombé dans une extrême pauvreté, est souvent capable de tout entreprendre pour s'en tirer. La prodigalité est la mère de l'indigence, et l'indigence est la mère de toutes sortes de vices, dans les personnes qui ont été assez aveuglées pour s'y être plongées, en préférant de mener une vie fastueuse au vrai bonheur de jouir d'une vie modeste et tranquille, comme il était en leur pouvoir.

En France, pour procéder à l'interdiction d'un prodigue, il faut que celui des parens qui la provoque, présente requête au juge du domicile du prodigue; et sur l'avis des parens intervient une sentence portant interdiction, en cas qu'il y ait des preuves suffisantes de dissi-

pation. Dans le doute, le juge qui veut instruire sa religion, doit ordonner une enquête.

Voy. Interdit. *Voy.* Sentence d'interdiction; d'Argentré sur les *art.* 266 et 491 de la Coutume de Bretagne; du Fail, *liv.* 3, *chap.* 142; la Rocheflavin, *liv.* 3, *tit.* 17, *arrêts* 1 et 2; Dolive, *liv.* 4, *chap.* 18; Boniface, *tom.* 1, *liv.* 6, *tit.* 9, *chap.* 2; Bardet, *tom.* 1, *liv.* 4, *chap.* 18; et un Arrêt du 9 février 1693, rapporté dans le Journal des Audiences.

Touchant le testament d'un prodigue, *Voy.* Cambolas, *liv.* 5, *chap.* 50; Maynard, *liv.* 7, *chap.* 19; et ce que Ferrière a dit sur l'*art.* 292 de la Coutume de Paris, *glose* 1.

Droit nouveau.

On n'interdit pas aujourd'hui les prodigues; mais on peut leur faire nommer un conseil judiciaire, dans les formes ci-après déterminées.

Il peut être défendu aux prodigues de plaider, de transiger, d'emprunter, de recevoir un capital mobilier et d'en donner décharge, d'aliéner ni de grever leurs biens d'hypothèques, sans l'assistance d'un conseil qui leur est nommé par le tribunal. *Art.* 513. *C. de l'Interdit.*

La défense de procéder sans l'assistance d'un conseil, peut être provoquée par ceux qui ont droit de demander l'interdiction; leur demande doit être instruite et jugée de la même manière. — Cette défense ne peut être levée qu'en observant les mêmes formalités. *Art.* 514.

Aucun jugement en matière d'interdiction ou de nomination de conseil ne pourra être rendu, soit en première instance, soit en cause d'appel, que sur les conclusions du commissaire du gouvernement. *Art.* 515. *V.* Interdiction.

PROMESSE en général, est un engagement de donner quelque chose à quelqu'un, ou de faire quelque chose pour son utilité.

Il y a différentes sortes de promesses; les unes obligent ceux qui les ont faites à donner quelque chose; les autres consistent à faire ce que l'on a promis ; *aliœ consistunt in dando*, comme de donner une telle somme; *aliœ consistunt in faciendo*, comme de bâtir une maison pour quelqu'un. *Leg.* 74 *et* 75, *ff. de verb. Oblig.*

Il y a des promesses verbales et d'autres qui sont rédigées par écrit ; et ces dernières sont sous seing privé, ou passées pardevant notaires.

Comme toutes ces obligations produisent différens effets, nous allons donner une explication de chacune en particulier.

PROMESSE DE FAIRE EST BIEN DIFFÉRENTE DE CELLE PAR LAQUELLE ON S'ENGAGE DE DONNER. Celui qui a promis de donner quelque chose peut être précisément contraint à la donner ; *quia qui promisit se daturum aliquid; si non det., manu militari capi potest.*

Il n'en est pas de même de la promesse de faire quelque chose ; car si celui qui a promis de faire quelque chose n'exécute pas la promesse, il ne peut pas être précisément contraint à faire ce qu'il a promis : *quià nemo præcisè ad faciendum cogi potest, ne naturalis hominum libertas infringatur :* mais il peut être condamné en tous les dommages et intérêts de celui à qui il a manqué de parole. Or, comme les dommages et intérêts sont une chose incertaine, laquelle dépend des circonstances, et se règle par le juge ainsi qu'il le trouve à propos, il convient à ceux à qui une telle promesse est faite, d'y ajouter que si celui qui a promis de faire une telle chose ne la fait pas dans un tel temps, il donnera une telle somme par forme de dédommagement.

Droit nouveau.

Toute obligation *de faire* ou *de ne pas faire* se résout en dommages et intérêts, en cas d'inexécution de la part du débiteur. *Art.* 1142, *C. des Cont. et Oblig.*

Néanmoins le créancier a le droit de demander que ce qui aurait été fait par contravention à l'engagement soit détruit ; et il peut se faire autoriser à le détruire aux dépens du débiteur, sans préjudice des dommages et intérêts, s'il y a lieu. *Art.* 1143.

Le créancier peut aussi, en cas d'inexécution, être autorisé à faire exécuter lui-même l'obligation aux dépens du débiteur. *Art.* 1144.

Si l'obligation est de ne pas faire, celui qui y contrevient doit les dommages et intérêts par le seul fait de la contravention. *Art.* 1146.

PROMESSE VERBALE, n'était obligatoire, suivant les lois romaines, que quand elle était revêtue de la solennité des paroles.

Mais parmi nous, toute obligation contractée par parole est obligatoire, et se peut prouver par témoins, pourvu qu'elle n'excède pas la somme de cent livres, suivant *l'art.* 54 de l'ordonnance de Moulins ; et *l'art.* 2, *tit.* 20 de l'ordonnance de 1667. Il faut encore que l'obligation soit fondé sur une cause qui soit confirmée par les lois.

Droit nouveau.

Une promesse ou obligation verbale est aujourd'hui obligatoire, pourvu qu'elle n'excède pas la somme de cent cinquante francs ; et la loi permet de faire la preuve d'une telle obligation. *Voy.* Preuve testimoniale.

PROMESSE PAR ÉCRIT OU SOUS SEING PRIVÉ, appelée simple promesse, est celle qui n'étant pas passée pardevant notaires, n'est point exécutoire, et ne donne point d'hypothèque sur les biens du débiteur. *Voy.* Acte sous seing privé.

PROMESSE DOIT CONTENIR LA CAUSE DE LA DETTE.

Nous remarquerons seulement ici, que les arrêts ont quelquefois confirmé certains billets où la cause n'était point littéralement énoncée, lorsque toutes les circonstances suppléaient à ce défaut, et que la cause était suffisamment justifiée ; mais ils ont rejeté ceux de la même espèce, quand l'affaire ne présentait rien qui couvrît cette omission, et qu'on n'apercevait aucune cause réelle qui eût pu servir de fondement au billet.

Voy. Cause et obligation causée.

PROMESSE CAUSÉE POUR VALEUR REÇUE EN ARGENT, autres néanmoins que celles qui seront faites par les banquiers, négocians, marchands, manufacturiers, artisans, fermiers, laboureurs, vignerons, manouvriers et autres de pareille qualité, sont de nul effet et valeur, si le corps du billet n'est écrit de la main de celui qui l'aura signé, ou du moins si la somme portée audit billet n'est reconnue par une approbation écrite en toutes lettres aussi de sa main ; faute de quoi, le paiement n'en pourra être ordonné en justice. C'est ce que porte la déclaration du 22 septembre 1733, registrée le 14 octobre suivant.

Voy. ce que j'ai dit sous *le mot* Acte sous seing privé, *pag.* 93 *et* 94, *tom.* 1, de ce Dictionnaire, et sous *le mot* Billet, *pag.* 310.

PROMESSE DE VENDRE OU DE LOUER, lorsqu'elle est indéterminée, n'est point une vente ni une location, attendu que le consentement des parties contractantes ne forme ces sortes de contrats, que lorsqu'il est précis et déterminé par rapport à la chose et au prix. Dumoulin, sur *l'art.* 78 de la Coutume de Paris, *nomb.* 81 ; Basset, *tom.* 1, *liv.* 4, *tit.* 12, *chapitre* 1.

Et comme la promesse de faire quelque chose se résout en dommages et intérêts, lorsque celui qui a fait la promesse de vendre ou de louer ne la veut pas tenir, il ne peut être condamné qu'aux dommages et intérêts envers l'autre partie.

Voy. Boniface, *tome* 2, *livre* 4, *titre* 1, *chapitre* 1.

Ces dommages et intérêts s'estiment, comme en toute autre occasion, suivant les circonstances auxquels le juge doit avoir égard.

La promesse de vendre vaut vente, lorsque les trois conditions nécessaires pour former ce contrat s'y rencontrent, *nimirum res, pretium et consensus.* Plusieurs arrêts ont jugé que lorsque les parties étaient convenues de la chose vendue et du prix, c'était un véritable contrat de vente ; et qu'une telle promesse ne devait être considérée que par rapport à la manière et à la forme de la rédiger par écrit, pour servir de preuve que le contrat a été passé, et pour l'hypothèque et l'exécution parée qui résultent des actes qui sont passés pardevant notaires. *Voy.* Henrys, *tome* 1, *livre* 4, *chapitre* 6, *question* 40. *Voy.* aussi Bardet, *tom.* 1, *liv.* 2, *chapitres* 31 et 100.

Mais il faut toujours que la promesse de vendre ou de louer ait été faite par écrit ; car une telle promesse ne serait pas recevable à être prouvée par témoins. Papon, *livre* 9, *titre* 11, *nombre* 2.

Mais quand elle est par écrit, même sous seing privé, elle oblige de passer le contrat. Ainsi jugé par arrêt du 28 mai 1658, rapporté dans le Journal des Audiences ; et par un autre arrêt du 3 décembre 1680, qui a condamné le sieur Abbé Tallemant à renouveler le bail à son ancien fermier, sur le fondement de ce que lui avait écrit ledit sieur Abbé, qu'il acceptait les conditions que ce fermier lui avait fait faire par son fils, au sujet de ce renouvellement de bail. *Voy.* Brillon, *au mot* Bail, *nombre* 16.

Par un autre arrêt du 19 juillet 1697, dans le Journal des Audiences, il a été jugé que les propositions contenues et signées pour la vente d'une terre très-considérable, ont été jugées obligatoires.

La promesse de vendre une maison ne peut être éludée par l'acheteur, sous prétexte qu'elle est chargée de trois douaires, et que l'éviction est imminente, le vendeur offrant de donner caution. Bardet, *tom.* 1, *liv.* 2, *chap.* 100.

Droit nouveau.

La promesse de vente vaut vente, lorsqu'il y a consentement réciproque des deux parties sur la chose et sur le prix. *Art.* 1589. *C. de la Vente.*

Si la promesse de vendre a été faite avec des arrhes, chacun des contractans est maitre de s'en départir ; — celui qui les a données, en les perdant ; et celui qui les a reçues, en restituant le double. *Art.* 1590.

PROMESSE DE DONNER OU D'INSTITUER, FAITE PAR CONTRAT DE MARIAGE.

Droit ancien.

Une telle promesse vaut donation ou institution, même en pays coutumier, où toute institution d'héritier faite par testament est nulle quant à l'effet de faire un héritier. La raison est, que la faveur des contrats de mariage les rend susceptibles de toutes sortes de clauses qui ne sont point contraires au droit public, ni aux bonnes mœurs.

Le caractère essentiel de l'institution d'héritier par contrat de mariage, est d'être irrévocable ; mais elle n'a son effet que sur la succession en l'état qu'elle se trouvera au jour du décès de celui qui a fait l'institution : ainsi, quoiqu'elle soit irrévocable, elle ne lui lie pas absolument les mains, et ne l'empêche pas de vendre, aliéner, même donner entre-vifs quelque portion de ses biens, pourvu que la donation ou autre disposition soit modique et non universelle, et qu'elle ne soit pas faite en fraude de la promesse de donner ou d'instituer faite par contrat de mariage.

Celui qui a fait une semblable promesse, ne peut donc disposer de la totalité de ses biens, principalement si celui auquel la promesse a été faite a fait insinuer son contrat de mariage ; parce que l'acquéreur et tous créanciers postérieurs étant suffisamment avertis par l'insinuation, leurs contrats ne peuvent donner atteinte à la promesse de donner ou d'instituer faite antérieurement. Le donateur est censé s'être dépouillé de ses biens, dès le temps que le contrat de mariage a été fait, et ne s'en être réservé que l'usufruit, lequel doit finir au moment de sa mort.

Il n'a plus par conséquent la liberté d'en disposer, du moins par des dispositions univer-

selles ; mais il peut, sur-tout par des actes entre-vifs, en disposer en bon père de famille et sans fraude, c'est-à-dire, en vendant quelque partie modique de ses biens, si la nécessité de ses affaires le requiert ; et même en faire quelques libéralités particulières et très-modiques, dans le cas où l'on s'y trouve engagé par honneur.

Alors quoique l'institué ait fait insinuer son contrat de mariage, l'insinuation ne portera aucun préjudice aux acquéreurs et aux créanciers postérieurs ; car toute l'obligation qu'il contracte en faisant une telle institution, est de garder sa succession, et de ne pouvoir en faire une autre, ni disposer entre-vifs d'une partie excessive de ses biens à son préjudice.

Voy. Dumoulin sur l'*art.* 12 de la Coutume de Nevers, *titre* des Donations. *Voy.* aussi le Traité des Institutions contractuelles de Laurière, *tome* 1, *page* 98, *nombre* 26.

Voy., pour le *Droit intermédiaire et nouveau, les mots* Institution contractuelle, Donation, *et* Quotité disponible.

PROMESSE DE MARIAGE, est une promesse réciproque entre un homme et une femme de se marier ensemble : cette promesse se peut faire pardevant notaires ou sous seing privé ; mais elle ne peut pas être prouvée par témoins.

Ces sortes de promesses doivent être faites entre personnes capables de se marier : elles doivent être réciproques et doubles entre les parties, quand il n'y a point de minute. Le juge d'église est seul compétent pour connaître de la validité de ces promesses. *Voy.* Mariage.

Ainsi quand il y a quelque promesse de mariage verbale ou par écrit, il faut aller pardevant l'official pour la résoudre, lequel condamne ordinairement celui qui ne veut pas accomplir la promesse de mariage qu'il a faite, à une aumône et aux dépens de la cause ; et pour les dommages et intérêts, il renvoie pardevant le juge qui en doit connaître, c'est-à-dire, le juge royal. Il n'y a point de distinction à cet égard entre une simple promesse de mariage et un contrat de mariage, ni entre une fille sage et

une fille débauchée, de quelque nature que soit
l'acte, et de quelque qualité que soit la fille :
il faut toujours aller pardevant l'official pour
faire résoudre les promesses de mariage ; mais
il y en a beaucoup pour les dommages et intérêts, qui sont bien plus considérables, quand
la fille est de bonnes mœurs, et quand elle s'est
laissé séduire sur la foi d'un contrat de mariage.

Comme la volonté doit être moins forcée
dans le mariage que dans toute autre action de
la vie, puisqu'elle est la plus importante, c'est
avec beaucoup de raison qu'il est loisible de révoquer des promesses de mariage faites même
par contrat public, jusqu'à ce que la célébration
du mariage soit faite en face d'église. Bardet,
tome 2, livre 6, chapitre 15, rapporte un arrêt
du 9 juin 1637, qui l'a jugé ainsi.

Si l'official en connaît, ce n'est pas pour en
ordonner l'exécution, mais pour les déclarer
nulles, si elles ont été extorquées, ou pour condamner en l'aumône et aux dépens celui qui
n'est pas dans la volonté de les exécuter. Au
cas qu'il y ait une fausse promesse, le faux s'instruit, et il déclare la promesse fausse et sup-
posée, sauf à se pourvoir pardevant le juge compétent sur le crime de faux, et pour les dommages et intérêts. V. le Recueil de Descombes,
greffier de l'officialité de Paris, chapitre 1.

Bardet, tome 2, livre 7, chapitre 26, rapporte un arrêt du premier juin 1638, qui a
jugé que l'official commet abus, quand il contraint par censures ecclésiastiques, d'accomplir
et exécuter des promesses de mariage.

On ne peut donc être contraint par aucune
voie d'exécuter une promesse de mariage : elle
ne donne lieu qu'à une condamnation de dommages et intérêts, contre le garçon qui est refusant de l'exécuter sans juste cause.

A l'égard de la fille, quand elle est refusante,
sans cause d'exécuter une promesse de mariage,
on ne la condamne pas régulièrement à des
dommages et intérêts ; on ne la condamne qu'à
rendre au garçon les présens qu'elle en a reçus

en contemplation du futur mariage qu'elle est
refusante d'accomplir. V. le Prêtre, tome 1,
centurie 3, chapitres 33 et 34.

Ces sortes de condamnations ne regardent
que le temporel, et par conséquent ne peuvent
être prononcées que par le juge séculier, et
non par le juge d'église, qui ne peut connaître
que de la validité ou invalidité de la célébration
du mariage, encore faut-il que ce ne soit pas en
conséquence d'un appel comme d'abus qui en
aurait été interjeté ; car il n'y a que le parlement
qui en puisse connaître.

Ecclesiastico judici de fœdere matrimonii
cognoscere licet ; sed de damnis et eo quod interest, pronuntiare non permittitur. Ann.
Robertus, lib. 3, Rer. judicatar. cap. 5.

De ce que notre volonté doit être moins forcée dans le mariage que dans tout autre action
de notre vie, il s'ensuit que régulièrement les
peines apposées dans les promesses, articles ou
traités de mariages, ne sont pas suivies à la rigueur ; et que le juge, sans y avoir égard, condamne celui qui refuse d'accomplir sa promesse,
à tels dommages et intérêts qu'il juge à propos.
Louet, lettre M, sommaire 24 ; Expilly, arrêt 134.

Mais quand la promesse n'est point faite sous
une clause pénale, et qu'on a seulement promis
d'épouser dans un tel temps, sinon et en cas de
dédit, de payer une telle somme, une telle promesse est valable. Voy. le Prêtre, centurie 1,
chapitre 68.

Touchant les dommages et intérêts, faute
d'accomplissement de mariage promis, Voy.
Papon, livre 1, titre 4 ; Filleau, partie 4.
questions 143 et 145 ; Chenu, centurie 2,
questions 45, 47 et 48 ; Bardet, tome 2, livre
8, chapitre 16 ; Louet et son Commentateur,
lettre M, sommaire 24 ; le Dictionnaire de
Brillon, tome 2, au mot Dommage, page 733;
le Prêtre, centurie 4, chapitre 87 ; Soefve,
tome 1, centurie 4, chapitre 94; tome 2, centurie 1, chapitre 54; centurie 3, chapitre 12;
centurie 4, chapitre 80 ; le Journal des Au-

diences, *tome* 2, *livre* 2, *chapitre* 31; *et livre* 6, *chapitre* 23; *tome* 5, *livre* 5, *chapitre* 35; et Ferrière, *lettre* P.

Droit nouveau.

Le mariage n'est qu'un contrat civil, qui nécessite plus que tout autre le consentement libre des deux parties. On ne peut donc obliger quelqu'un à remplir la promesse qu'il a faite d'en épouser un autre; mais nul doute que le manque d'exécution d'une telle promesse ne soumette celui qui y manque à des dommages et intérêts, lesquels doivent être adjugés en connaissance de cause par les tribunaux civils, après avoir épuisé la voie de la conciliation. *V.* Bagues et Joyaux.

PROPRE FAIT. On ne peut revenir contre son propre fait. Cet axiome, *nemo contrà proprium factum venire potest*, est le fondement de plusieurs lois.

PROPRES.

Droit ancien.

EN PAYS COUTUMIER, ce sont les immeubles qui nous sont échus par succession en ligne directe ou collatérale, ou par donation en ligne directe; et ces immeubles qui sont ainsi appelés, sont opposés à ceux que l'on nomme acquêts.

Il y a plusieurs différences entre les propres et les acquêts, que nous avons rapportées *au mot* Acquêts.

Une des principales est, qu'un homme peut bien disposer par testament de tous ses acquêts; mais il ne peut disposer par dernière volonté que d'une certaine portion de ses propres; savoir, du quint dans la coutume de Paris et dans la plupart des autres coutumes. *Voy.* ce qu'a dit Ferrière sur les *articles* 272 et 295 de la Coutume de Paris.

De plus quand un homme décède *ab intestat*, c'est toujours son plus proche héritier qui succède aux acquêts, mais à l'égard de ses propres, ils appartiennent à ses parens de la ligne d'où ils procèdent, suivant la règle *Paterna paternis, materna maternis.*

Le droit romain ne met point de différence

entre les propres et les acquêts; en sorte que, suivant les lois romaines, un homme peut disposer par testament de tous ses biens, sans distinction de propres ou d'acquêts; et les parens les plus proches succèdent *ab intestat* à tous ses biens, sans aucune distinction.

Mais en pays coutumier, on distingue entre les propres et les acquêts; et cette distinction a été introduite par nos coutumes, pour que les immeubles ne sortent point des familles autant qu'il est possible, et pour faire retourner les propres à la ligne d'où ils procèdent : c'est pourquoi elles ne permettent pas de disposer de la totalité par disposition à cause de mort.

On ne sait pas trop quelle est la première origine de cette distinction de propres et d'acquêts; mais on tient qu'elle vient d'une des plus anciennes lois des Gaulois. Quoiqu'il en soit, elle est fondée sur le principe d'équité, qui inspire aux hommes de conserver et d'affecter à leur famille les biens qu'ils ont reçus de leurs père et mère, et de les transmettre à ceux qui sont de la souche d'où ils sont sortis.

Il est certain que les immeubles sont acquêts avant que de recevoir la qualité de propres, par la raison qu'il faut que l'héritage ait été acquis par quelqu'un de la famille, avant qu'il devienne propre : c'est pourquoi dans le doute, si l'on ne peut pas prouver par titre qu'un héritage est propre, il est réputé acquêt. Dumoulin, *consilio* 63; Bacquet, Traité des Droits de Déshérence, *chap.* 4, *nomb.* 16.

Les rentes constituées passent, en pays coutumier, pour de véritables immeubles; c'est pourquoi elles peuvent devenir propres, non-seulement de succession, mais encore de disposition.

Les offices vénaux sont aujourd'hui mis au nombre des immeubles, et par conséquent peuvent acquérir la qualité de propres : mais ils ne peuvent être que des propres de succession, et non pas des propres de disposition. Ainsi le titulaire d'un office vénal peut en disposer par testament, et n'est point obligé d'en laisser les quatre quints à son héritier des propres.

Le

Le droit annuel que paye l'officier, ne lui conserve pas seulement son office; mais il est regardé comme un droit en vertu duquel il en fait, pour ainsi dire, l'acquisition, en le préservant de tomber aux parties casuelles : c'est ce qui fait que l'office est toujours réputé acquêt en la personne du titulaire, quant à la disposition.

Cependant cette jurisprudence a changé, et il a été jugé par plusieurs arrêts rendus au parlement de Paris, que les offices venus par succession étaient de véritables propres de disposition, et qu'on n'en pouvait pas disposer au-delà du quint par testament. Il en a été rendu un en la seconde chambre des enquêtes le 9 juillet 1693, et un autre en la grand'chambre le 9 juillet 1709. *Voy.* un Mémoire qui a été fait à ce sujet, sur lequel a été rendu ce dernier arrêt. Ce Mémoire est rapporté par Brillon, *tom.* 4, *au mot* Office, *nomb.* 88.

Voilà les principes généraux, qui concernent cette matière, qui a fait naître une infinité de questions très-difficiles. Comme nous ne pouvons pas ici les rapporter toutes, il suffira d'indiquer les sources d'où l'on en peut tirer l'explication.

J'en ai parlé amplement sur l'*article* 326 de la Coutume de Paris, et dans le présent livre, *au mot* Estoc, *au mot* Côté et Ligne; et *lettre* P, en parlant de la règle *Paterna paternis*; *lettre* C, *au mot* Coutumes souchères, Coutumes d'estoc et ligne. *Voy.* aussi le Traité des Propres de Renusson; celui des Successions de le Brun, *liv.* 2, *chap.* 1 et suiv. et le Traité de la Représentation, de Guiné.

Les propres se divisent, 1.º en *propres anciens*, et en *propres naissans*; 2.º en *propres paternels*, et en *propres maternels*; 3.º en *propres véritables*, et en *propres fictifs*; 4.º en *propres de succession* seulement, et en *propres de disposition*.

Propre ancien, est un immeuble qui nous vient de nos ancêtres, et qui nous est échu

après avoir fait souche en la directe, c'est-à-dire, qui nous vient de notre aïeul, bisaïeul, trisaïeul, ou autre ascendant.

Ces propres sont ainsi appelés *quasi prædia à nostris majoribus præfecta.* Ainsi, pour qu'un héritage fût un propre ancien en ma personne, il ne suffirait pas que mon père l'eût acquis à titre d'achat, et qu'il me fût ensuite échu à titre de donation ou de succession de sa part; mais il faudrait que mon père l'eût possédé à titre de succession en ligne directe ou collatérale, ou à titre de donation en ligne directe.

Propre naissant, est un immeuble qui était acquêt dans la personne de celui de qui nous le tenons à titre de succession en ligne directe ou collatérale, ou à titre de donation en ligne directe.

Ainsi l'héritage acquis par mon père, et qui m'est échu par sa succession, ou qu'il m'a donné en avancement d'hoirie, m'est un propre naissant, lequel commence à faire souche en ma personne; et s'il échet à mon fils, il sera à son égard un propre ancien.

Il faut dire aussi que si mon frère, après avoir acquis un héritage, décède sans enfans, et que je lui succède, cet héritage sera propre naissant en ma personne, et il deviendra propre ancien en celle de mes enfans, lorsqu'il leur sera échu par ma succession.

Propres paternels, sont ceux qui viennent du côté du père : les propres maternels sont ceux qui sont échus du côté de la mère.

Suivant la règle *Paterna paternis, materna maternis*, le plus proche héritier du côté paternel succède aux propres paternels, et le plus proche du côté maternel succède aux propres maternels.

Les héritages qui ont fait souche en la personne du défunt, affectent donc la ligne d'où ils lui sont échus, et appartiennent aux héritiers de cette ligne, à l'exclusion des héritiers de l'autre ligne, quoiqu'ils soient plus proches parens du défunt. Ainsi un propre maternel échu à un enfant, doit appartenir après sa mort à ses cousins maternels, préférablement à ses frères consanguins, qui ne lui sont parens que du côté paternel. *Voy.* ce que j'ai dit sous ces mots, *Paterna paternis, materna maternis.*

Propres véritables, sont des immeubles qui nous sont échus par succession en ligne directe ou collatérale, ou par donation en ligne directe, comme nous avons dit ci-dessus.

Les héritages ayant fait souche en la personne du défunt, sont de véritables propres, et affectent la ligne d'où ils lui sont échus, à l'exclusion des héritiers des meubles et acquêts, quoique plus proches parens du défunt, comme nous venons de dire en parlant des propres paternels.

Propres fictifs, sont des sommes de deniers, ou des immeubles qui n'ont pas la qualité des propres, mais qui l'ont par fiction, suivant la volonté de l'homme, ou par la convention des parties.

Par exemple, un testateur lègue un héritage à quelqu'un qui ne lui est point parent, à condition qu'il demeurera propre au légataire et aux siens de son côté et ligne. Cet héritage devient par fiction un propre en sa personne, mais seulement un propre de succession, en sorte qu'à la mort du légataire il appartiendra à l'héritier des propres; mais ce n'est pas un propre de disposition, c'est-à-dire, que cette clause apposée au legs n'empêche pas que le légataire ne puisse disposer de la totalité par testament.

Les propres conventionnels sont aussi des propres par fiction, lorsque des sommes de deniers sont stipulées propres : ce qui se pratique dans beaucoup de contrats de mariage.

Par exemple, une femme apporte en mariage la somme de soixante mille livres en effets mobiliers; pour que toute la dot ne tombe pas en communauté, elle stipule par le contrat de mariage que le tiers entrera seulement en communauté, et que les deux autres tiers demeureront propres à la future épouse.

Souvent même on stipule qu'ils demeureront propres *à la future épouse et aux siens*, c'est-à-dire, à ses enfans.

Enfin quelquefois cette stipulation est étendue plus loin; et alors on met qu'ils demeureront propres *à la future épouse, et aux siens de son côté et ligne.*

Non-seulement ces sortes de stipulations de propres ont lieu en faveur de la future épouse, mais aussi en faveur du futur époux, sans aucune distinction entre celui qui se dote *de suo*, et celui que l'on dote. Ainsi par arrêt du 17 avril 1703, rendue en la grand'chambre, il a été jugé qu'un majeur qui se dote de son propre bien, peut stipuler dans son contrat de mariage, qu'une somme mobiliaire demeurera propre à lui, et aux siens de son côté et ligne. *Voy.* M. Augeard, *tom.* 1, *chap.* 39.

Touchant les différens effets des clauses qui font des propres conventions, *Voy.* Stipulation de propres.

Une observation qu'il convient de faire, c'est que tous les propres qui ne sont tels que par fiction, reprennent leur première qualité sitôt qu'ils ont eu l'effet que pouvait produire l'acte qui les faisait propres; et qu'ainsi la fiction finie, ils cessent à l'instant d'avoir cette qualité.

Propres de communauté, sont tous les biens qui appartiennent aux conjoints par mariage, et qui n'entrent point dans la communauté conjugale. Ces propres, de quelque nature qu'ils soient, sont opposés aux biens communs entre les conjoints.

Ils ne sont pas de véritables propres, ce n'est qu'improprement qu'on leur en donne le nom; car les propres sont les immeubles qui nous sont échus par succession en ligne directe ou collatérale, ou par donation en ligne directe.

Par l'*art.* 220 de la Coutume de Paris, tous

les meubles qui appartiennent aux conjoints, et les immeubles par eux acquis pendant le mariage, sont communs entr'eux.

Les acquêts immeubles, faits auparavant le mariage, sont donc propres de communauté; et même tout ce qui ne tombe point dans la communauté, par une convention et stipulation expresse, sont des propres de communauté, comme les legs et donations faites en ligne directe ou collatérale à l'un des conjoints, quand ils ont stipulé par leur contrat de mariage, que tout ce qui leur serait échu et avenu à titre de legs, de donation, de succession, leur serait propres.

Il faut dire aussi que sans stipulation, tout ce qui est donné ou légué à l'un des conjoints, à la charge qu'il lui sera propre, est un propre de communauté.

Ces propres sont tellement propres aux conjoints, que si pendant le mariage l'aliénation en était faite, le remploi en serait dû, et les deniers de l'aliénation repris hors part et sans confusion sur les biens de la communauté, par celui auquel ils étaient propres.

Ces propres, qui sont ainsi appelés, parce qu'ils n'entrent point dans la communauté des conjoints, ne sont pas de véritables propres, et ils reprennent leur première nature après la mort du prédécédé des conjoints: de sorte que dans la succession de celui à qui ils sont retournés en entier, ils n'affectent point de ligne; et cessant d'être considérés comme des propres, ils appartiennent à l'héritier des meubles et acquêts.

C'est ce qui a été jugé par plusieurs arrêts, et entr'autres par un rendu en la grand'chambre le 4 juillet 1713, dans l'espèce suivante. Un père donne en dot six mille livres à sa fille, tant pour ses droits maternels échus, que pour les droits paternels à échoir, avec stipulation que la somme donnée serait propre à la future épouse, et aux siens de son côté et ligne.

La fille décède, laissant un enfant qui dé-

cède dans la suite. On prétendait que l'aïeul ne pouvait pas succéder à la dot de sa fille, attendu que les deniers avaient été stipulés propres, et que les propres ne remontent point. Cependant la dot lui fut adjugée par le susdit arrêt, parce que cette clause ne pouvait avoir d'effet que contre le mari, et qu'ainsi entre les différens héritiers de la femme ou des enfans, le mari étant exclu en vertu de cette clause, la fiction cessait entièrement.

Touchant les propres de communauté, *Voy.* le Brun en son Traité de la Communauté, *liv.* 3, *chap.* 2, *sec.* 1; et ce qu'a dit Ferrière sur *l'art.* 246 de la Coutume de Paris.

Propres de disposition testamentaire, sont ceux dont il n'est permis de disposer par testament que du quint, comme sont les immeubles qui nous sont échus par succession, tant en ligne directe qu'en ligne collatérale, ou à titre de donation en ligne directe.

Les propres, au contraire, qui ne le sont que de succession, et non pas de disposition testamentaire, sont ceux dont on peut disposer pour le tout par dernière volonté; mais qui dans la succession de celui qui la possède sont considérés comme propres, et appartiennent à l'héritier des propres, lorsque le défunt à qui ils appartenaient n'en a pas disposé par testament ou autre acte de dernière volonté.

Par exemple, un testateur lègue à quelqu'un qui ne lui est point parent un héritage, à condition qu'il demeurera propre au légataire, et aux siens de son côté et ligne: cet héritage est par fiction un propre, mais de succession seulement, et non pas un propre de disposition, comme nous avons dit ci-dessus, en parlant des propres fictifs.

En un mot, tous les propres par fiction ne sont propres que de succession, et non pas de disposition; de sorte que ni la volonté d'un testateur, ni la convention des parties, ne peut jamais, en faisant un propre, lier les mains de celui à qui la chose doit appartenir, et l'empêcher d'en pouvoir disposer par testament.

Les deniers stipulés propres dans un contrat de mariage, appartiennent donc à l'héritier des propres, à l'exclusion de l'héritier des meubles : cependant on en peut disposer par testament, parce que ce ne sont que des propres de succession, et non pas des propres de disposition. Ainsi la convention apposée à un contrat de mariage, que la chose demeurera propre à la future épouse, et aux siens de son côté et ligne, ne lie point les mains à l'effet de n'en pouvoir disposer par testament.

Propres appartenans à un mineur, s'ils sont aliénés, même pour cause nécessaire, doivent être dans leurs successions remplacés par le prix, au cas qu'ils viennent à décéder pendant leur minorité ; et par conséquent ce prix appartient à l'héritier des propres.

Par exemple, si les rentes que le père a laissées à son fils mineur sont rachetées, ou si l'office du père a été vendu, ce fils venant à mourir avant que d'être parvenu à sa majorité, sa mère n'aura pas le prix de ces rentes, ni celui de l'office, comme faisant partie de la succession mobiliaire de son fils ; mais ce prix appartiendra à ses héritiers des propres paternels.

Les propres ne remontent point, c'est-à-dire, qu'en pays coutumier les ascendans ne succèdent à leurs descendans que dans les meubles, acquêts et conquêts immeubles, et non pas dans les propres.

Ainsi en succession directe, propre héritage ne remonte point, et n'y succèdent les père et mère, aïeul ou aïeule, suivant l'*art.* 312 de la Coutume de Paris : d'où il s'ensuit que cette maxime n'a point lieu en ligne collatérale, et que dans cette ligne les propres remontent ; de sorte qu'il n'y a que les plus proches parens du côté et ligne qui y succèdent.

Cette maxime s'est introduite dans nos coutumes pour la ligne directe, afin que les immeubles qui ont fait souche, et qui viennent de la ligne collatérale, soient conservés à la fa-

mille de celui en la personne de qui ils ont fait souche, en les empêchant de sortir de la ligne, et en les laissant à ceux du côté et ligne d'où ils sont venus ; et cela se rapporte à la règle *Paterna paternis, materna maternis*, laquelle suffit pour l'une et l'autre ligne, et fait voir que les propres d'une ligne ne peuvent point appartenir aux ascendans d'une autre ligne.

Il n'en est pas de même des immeubles qui proviennent de la libéralité de quelqu'un des ascendans ; car quoique ces héritages ayent été faits propres en la personne des enfans donataires, les ascendans qui les ont donnés succèdent à ces sortes de biens, lorsque leurs enfans donataires décèdent sans enfans, suivant l'*art.* 313 de la Coutume de Paris.

M. Charles Dumoulin sur l'*art.* 74 de la Coutume d'Artois, dit que dans ce cas les propres ne remontent pas, mais retournent à ceux d'où ils sont venus, et que les coutumes, *pingui soluta Minerva capiunt compositum pro simplici*, et disent *remontent* pour *monter*.

Ce n'est donc pas tant par droit de succession que par droit de retour, que les ascendans prennent les héritages dont ils se sont volontairement dépouillés en faveur de leurs enfans, lorsque ces enfans qui ont été faits donataires viennent à décéder sans enfans. *Voy.* Retour.

La maxime, que les ascendans ne succèdent point aux propres de leurs descendans, a été confirmée par plusieurs arrêts dans les coutumes qui n'en parlent point ; mais cette maxime souffre plusieurs exceptions, outre ce que nous venons de dire des immeubles qui ont été donnés par les ascendans à leurs enfans.

La première est, lorsque les père et mère et autres ascendans sont du côté et ligne d'où sont échus les immeubles ; parce que quand ils en sont, et qu'ils sont les plus proches, ils y succèdent, et excluent les collatéraux. Il est vrai que les héritages patrimoniaux ne remontent point, mais ce n'est précisément *ne labantur in diversam lineam :* or cette raison cesse, *quando ascendentes sunt de lineâ et proximiores.*

La seconde est, lorsque les parens de la ligne manquent; auquel cas, par l'article 330 de la Coutume de Paris, les propres appartiennent au plus prochain habile à succéder de l'autre côté et ligne; et le survivant des père et mère succède, quoiqu'il ne soit pas de la ligne, à l'exclusion des parens qui n'en sont pas. Comme les ascendans ne sont pas exclus de la succession des propres *odio sui*, mais seulement en faveur des collatéraux qui sont du côté et ligne d'où sont provenus les immeubles qui étaient propres au défunt, la faveur de ces collatéraux cessant, les ascendans retiennent leur degré de parenté, à l'effet de succéder à leurs enfans, en vertu de leur droit de consanguinité et de proximité. *Voy.* Brodeau sur Louet, *lettre P, somm.* 47.

La troisième est, quand le fils a retiré un héritage propre du côté paternel par retrait lignager, le père y succède, et en ce cas le propre remonte. *Voy.* Lebrun en son Traité des Successions, *livre* 1, *chapitre* 5; et c'est ce qu'a dit Ferrière sur l'article 312 de la Coutume de Paris.

Propre adjugé par licitation judiciaire à un co-héritier, est en sa personne propre pour le tout. Ce principe, que l'on tient aujourd'hui pour certain au palais, n'y a été reçu que depuis quelques années. En effet, il semble qu'on ne doit entendre par *propres* que les héritages qui nous sont échus par succession en ligne directe ou collatérale, ou par donation en ligne directe. Ainsi un héritage commun entre co-héritiers, adjugé à l'un d'eux par licitation, ne devrait naturellement être propre en sa personne que jusqu'à concurrence de la portion qui lui en devait appartenir, *hœreditario jure*, et non pas la totalité, c'est-à-dire, les parts de ses co-héritiers, qui semblent ne pouvoir jamais lui devenir qu'acquêts. Telle est l'opinion qu'a tenue Renusson en son Traité des Propres, *chapitre* 1, §. 5, *nombre* 7, au-

torisée et confirmée par un arrêt du 23 juin 1660, rapporté dans le Journal des Audiences.

Cependant quelque juste que ce sentiment paraisse, et nonobstant l'autorité de cet arrêt, on a resté au palais dans l'incertitude pendant un temps considérable. Enfin est intervenu l'arrêt de Mariva, qui a fixé sur ce point une jurisprudence qui était auparavant très-incertaine.

Ce fameux arrêt qui a été rendu au parlement de Paris vers 1710, a jugé qu'il suffit qu'un co-héritier ait la moindre partie d'un héritage à titre de propre, pour que la licitation qui en a été faite dans la suite rende le tout de pareille nature, parce que la licitation qui se fait entre co-héritiers tient lieu de partage, et produit les mêmes effets : en sorte que de la même manière qu'un héritage échu à un héritier dans un partage, à la charge d'une soulte en deniers au profit de ses co-héritiers, quelque considérable qu'elle soit, n'en est pas moins un propre pour le tout; de même la totalité d'un héritage qui est adjugé par licitation à l'un de plusieurs co-héritiers, est propre dans sa personne, quelque modique que fût la portion pour laquelle il était fondé dans l'héritage, et quelque considérable que soit la somme qu'il a payée pour l'avoir entier.

La raison fondamentale de cette décision est, que dans une succession commune chaque héritier est saisi de la totalité des biens qui la composent, et de chaque partie de cette totalité; en sorte que ce n'est que par le concours des co-héritiers que se forment les portions, et que la totalité cesse de lui en appartenir : d'où il s'ensuit que le droit indivis qui leur appartient jusqu'à ce que les biens de la succession aient été partagés entr'eux, les fait tous regarder ensemble, et chacun d'eux en particulier, comme saisis du tout. Ainsi celui à qui par le partage, ou par l'opération d'une licitation qui tient lieu de partage, il tombe un héritage entier, à la charge du paiement d'une somme de deniers, ne fait que retenir la chose dont il était déjà saisi par la loi en qualité d'héritier du défunt;

et il la retient entière au même titre qu'elle lui est échue, c'est-à-dire, à titre de succession, titre qui ne peut jamais former que des propres dans la personne de ceux qui s'y trouvent appelés. *Voy.* Coquille, *question* 32; et le Brun en son Traité des Successions, *liv.* 4, *chap.* 1, *nomb.* 34 *et suiv.*

Ce principe est aujourd'hui si bien établi au palais, que sur son fondement on a encore passé plus avant, et qu'il a été jugé par arrêt de relevée le mardi 24 mai 1729, infirmatif d'une sentence du châtelet, que la licitation d'un héritage entre co-héritiers, rendait propre cet héritage pour le tout, quoiqu'en différentes lignes.

Pour donner une parfaite connaissance de la décision de cet arrêt, j'en vais rapporter l'espèce. Un mari et une femme qui avaient acquis une terre considérable des effets de la communauté, ne laissèrent qu'un fils, à qui cette terre devint un propre paternel pour moitié, et maternel aussi pour moitié. Ce fils étant mort sans enfans issus de lui, il se fit une licitation de cette terre entre ses héritiers de la ligne paternelle, et ceux de la ligne maternelle. Un des héritiers de la ligne paternelle, qui s'était rendu adjudicataire de cette terre, mourut sans enfans : la question fut de savoir si dans sa succession la terre était un propre paternel pour le tout, ou seulement pour moitié, et acquêt pour l'autre moitié. La sentence du châtelet, dont il fut interjeté appel, jugea que cette terre n'était propre que pour moitié en la personne de celui de la succession duquel il s'agissait.

L'affaire étant portée au parlement, celui qui avait interjeté appel de cette sentence, dit qu'il suffisait d'être co-héritier et avoir part en la chose, pour que la licitation imprime un caractère de propre à tout ce qui est licité : et que, quoiqu'il ne soit héritier que d'une ligne, il ne laisse pas d'être co-héritier en la totalité, par rapport à la contribution des dettes et à la masse qu'il faut faire avant le partage et la licitation des biens du défunt.

L'intimé dit, au contraire, que la licitation ne peut faire des propres que pour la totalité de ce dans quoi l'on a droit de succéder ; que c'est l'espèce de l'arrêt de Mariva ; mais que l'appelant n'ayant jamais eu aucun droit de succéder dans la moitié de cette terre, qui était à cet égard propre maternel au défunt, il ne pouvait pas prétendre que cette moitié qui lui était échue par licitation lui fût propre. Cela est si vrai, dit-il, qu'il y aurait lieu au retrait lignager sur lui pour cette moitié; et qu'ainsi tout l'effet de la licitation ne pourroit être que de rendre propre maternel en la personne du défunt la moitié entière de cette terre, et non l'autre, en laquelle il avait droit de succéder.

Si ces raisons prouvent d'une manière sensible que la licitation rend propre pour le tout et à tous effets l'héritage adjugé à un co-héritier, elles semblaient de même prouver que son effet devait être borné aux héritages de la ligne seulement dans laquelle un co-héritier avait droit de succéder, et non pas à l'égard des héritages de l'autre ligne. Cependant cet arrêt du 24 mai 1729 a jugé le contraire, *sed multis contradicentibus.*

Droit intermédiaire.

La loi du 17 nivose an 2, art. 62, a fait disparaître de notre droit cette distiction de propres et d'acquêts, en réglant que la loi ne reconnaissait aucune différence dans l'origine et la nature des biens, pour en régler la transmission.

Droit nouveau.

Le Code civil ne rétablit nulle part cette distinction entre les propres et les acquêts.

PROPRIÉTÉ. La propriété est le droit de jouir et de disposer à notre volonté de ce qui nous appartient, en tant que la loi n'y met point d'obstacle.

La propriété et la possession diffèrent, en ce que tel est possesseur d'une chose, qui n'en est pas le propriétaire ; et au contraire, souvent le propriétaire n'a pas la possession de la chose qui lui appartient.

Droit ancien.

Le propriétaire est bien différent de l'usufruitier; car l'usufruitier n'a que la jouissance pleine et entière de la chose dont il a l'usufruit : ainsi pour qu'elle soit remise un jour à celui qui en est le propriétaire, l'usufruitier en doit jouir en bon père de famille, d'où il s'ensuit qu'il ne ne peut point changer l'état des lieux ni les détériorer, ni rien faire qui puisse y causer le moindre dommage.

De ce que le propriétaire d'un fonds peut entièrement changer l'état des lieux, et détériorer l'héritage comme bon lui semble, il s'ensuit que celui qui a sur ce fonds la directe seigneurie, ne peut pas empêcher celui qui en a le domaine utile, de fouiller dans cet héritage, et d'y faire des carrières, ainsi qu'il avisera, pour en tirer de la marne, de l'ardoise, de la pierre, et autre chose semblable.

En vain objecterait-il que l'héritage étant détérioré, s'il était vendu, les droits seigneuriaux en seraient diminués. La liberté de pouvoir disposer comme bon nous semble de ce qui nous appartient, est sans bornes, et ne peut être restreinte et limitée que par la disposition des lois.

Ainsi jugé au parlement de Paris et en la grand'chambre le 14 février 1648, contre un seigneur qui prétendoit empêcher son vassal de tirer de la marne sur le fonds qui était de sa censive, pour la transporter sur un fonds qui n'en était pas. Basnage sur l'art. 204 de la Coutume de Normandie.

Droit nouveau.

La propriété est le droit de jouir et de disposer des choses de la manière la plus absolue, pourvu qu'on n'en fasse pas un usage prohibé par les lois ou par les réglemens. *Art.* 544. *C. de la Propr.*

Nul ne peut être contraint de céder sa propriété, si ce n'est pour cause d'utilité publique et moyennant une juste et préalable indemnité. *Art.* 545.

La propriété d'une chose mobiliaire et immobiliaire donne droit sur tout ce qu'elle produit, et sur tout ce qui s'y unit accessoirement, soit naturellement soit artificiellement. Ce droit s'appelle Droit d'accession. *Art.* 546. *Voy.* Accession. *Voy. aussi le mot* Usufruit.

La propriété des biens s'acquiert et se transmet par succession, par donation entre-vifs ou testamentaire, et par l'effet des obligations. *Art.* 711. *C. des diff. Man. dont on acquiert la propr. Voy.* Donation, Succession, Testament.

Elle s'acquiert aussi par accession ou incorporation, et par prescript. *Art.* 712. *Voy.* Accession et Prescription. *Voy. aussi le mot* Trésor.

La cession de biens judiciaire ne confère point la *propriété* aux créanciers; elle leur donne seulement le droit de faire vendre les biens à leur profit et d'en percevoir les revenus jusqu'à la vente. *Art.* 1269. *C. de Cont. et Oblig.*

Le mandat, conçu en termes généraux, n'embrasse que les actes d'administration; s'il s'agit d'aliéner ou hypothéquer, ou de quelqu'autre acte de *propriété*, le mandat doit être exprès. *Art.* 1988. *C. du Mandat.*

Voy. les mots Servitude, Obligation et Vente.

PROTOCOLE, du latin *protocollum*, chez les Romains signifiait ce qui était écrit au haut du papier, où l'on mettait ordinairement le temps auquel il avait été fabriqué. Parmi nous, prot-cole se prend ordinairement pour un répertoire que les notaires font de leurs actes pour les trouver plus facilement, dans lesquels ils indiquent brièvement la qualité de l'acte et son objet. On appelle aussi quelquefois protocole, quoiqu'improprement, un recueil de formules qui sert aux praticiens de province à dresser leurs actes.

Voy. Notaire et Répertoire.

PROTUTEUR, est celui qui n'étant pas tuteur d'un pupille, a géré et administré ses affaires en qualité de tuteur, soit qu'il crût être chargé de la tutelle, ou qu'il sût ne l'être pas.

Par rapport à son administration, il est considéré comme s'il eût été véritablement tuteur de celui dont il a géré les affaires en cette qualité ; ensorte que les actions qui résultent de la gestion de tutelle, ont lieu à son égard.

Il faut dire de même de celui qui aurait géré en qualité de curateur, quoiqu'il ne le fût pas véritablement.

Par l'*art.* 1 *du tit.* 29 de l'ordonnance de 1667, les tuteurs, les protuteurs et autres qui auront administré les biens d'autrui, sont tenus de rendre compte aussitôt que leur gestion sera finie. *V.* compte de tutelle.

Droit nouveau.

Quand le mineur, domicilié en France, possédera des biens dans les colonies, ou réciproquement, l'administration spéciale de ces biens sera donnée à un protuteur. — En ce cas le tuteur et le protuteur seront indépendans, et non responsables l'un envers l'autre pour leur gestion respective. *Art.* 417. *C. de la Minorité.*

Voy. au reste le mot Tuteur.

PUBERTÉ *Voy.* Age requis pour se marier.

PUBLICATION DE SUBSTITUTION, se fait en jugement au jour de la plaidoirie, afin qu'étant rendue publique, ceux dont les biens sont substitués ne trouvent pas à emprunter de l'argent sur des biens dont ils n'ont que la jouissance pendant leur vie.

L'ouverture et la lecture qui se ferait à l'audience, d'un testament trouvé cacheté après la mort d'un défunt, ne pourrait pas tenir lieu de la publication d'une substitution qui serait contenue dans ledit testament.

La raison est, que cette ouverture et lecture ne se fait que pour être dressé procès-verbal de ce testament, pour être ensuite déposé chez un notaire, et alors il n'est pas besoin que la lecture s'en fasse à haute et intelligible voix ; et d'ailleurs cette ouverture et lecture se fait ordinairement dans l'hôtel du juge. Mais la publication d'une substitution, pour être valable, doit être faite à l'audience à haute et intelligible voix, afin qu'elle soit entendue de tout le monde : après quoi le juge donne acte de la publication, et non pas de la lecture ; autrement il ne satisferait pas à ce qui est porté en l'*art.* 57 de l'ordonnance de Moulins, qui veut que la substitution soit publiée à l'audience.

Les substitutions faites par actes entre-vifs, doivent être publiées dans les six mois du jour qu'elles ont été passées, auquel cas elles ont lieu du jour de leur date ; mais si elles ne sont publiées qu'après les six mois, elles n'ont effet que du jour de leur enregistrement.

La publication des substitutions faites par dispositions de dernière volonté, doivent être faites dans les six mois, à compter du jour du décès du testateur ; mais la publication qui en serait faite après les six mois, serait suffisante pour exclure les créanciers postérieurs à la publication, qui ne laisse pas d'être valable à leur égard. Ainsi jugé par arrêt rendu en la grand'-chambre, au rapport de M. Pelletier, le 5 août 1682.

Mais la publication d'une substitution qui n'aura pas été faite dans les six mois, à compter du jour du décès du testateur, ne pourra nuire aux créanciers intermédiaires de l'institué. Ainsi jugé par arrêts des 14 septembre 1669 et 9 avril 1680, rapportés dans le Journal du Palais. *Voy.* l'*art.* 57 de l'Ordonnance de Moulins, et ce que j'ai dit ci-dessus, *lettre* I, en parlant des insinuations des substitutions. *Voy.* aussi un Acte de Notoriété du premier juin 1691 rapporté dans le Recueil des Arrêts, *p.* 77.

Droit

P U B 149

Droit intermédiaire.

Les substitutions ayant été prohibées par la loi du 25 août 1792, aucune nouvelle disposition n'a été rendue pendant la durée de ce droit sur le mode de leur publication. *Voy.* Substitution.

Droit nouveau.

Les substitutions sont prohibées. *Art.* 896. *C. des Donat. et Test. Voy.* Substitutions.

PUBLICATION DE MARIAGE.

Droit ancien.

La publication de ces bans doit être faite par le curé ou vicaire de ceux qui veulent se marier, et elle doit être faite par trois jours de dimanche ou de fête, *intrà Missarum solemnia.* Il y aurait abus de la faire en un autre temps, même à vêpres. Fevret, *tome* 2, *livre* 5, *chapitre* 2, *nombre* 25.

Cette publication n'a été introduite que comme un moyen d'empêcher les mariages clandestins, et ceux qui pourraient être contractés contre la disposition des canons et des lois, entre personnes au mariage desquelles il y aurait quelque empêchement.

Ainsi ces publications servent à notifier au public que le mariage doit être célébré entre tel et telle, afin que si quelqu'un sait quelque cause qui y puisse mettre empêchement, il le révèle à l'église : et que s'il n'y a point de révélation, on procède à la célébration du mariage.

Cette publication se doit faire dans la paroisse des futurs conjoints, s'ils sont demeurans dans une même paroisse, ou dans la paroisse de chacun d'eux. Sur quoi il faut remarquer que les paroisses des futurs conjoints s'entendent de celles où les parties ont leur domicile depuis quelque temps, c'est-à-dire, depuis six mois au moins ; car une demeure passagère ou momentanée dans une ville ou une paroisse,

Tome III.

ne serait pas suffisante pour y établir un domicile, et faire valider la publication des bans qui y aurait été faite.

On peut obtenir dispense de la publication des bans pour cause légitime, et à la réquisition des parens, s'il s'agit d'un mariage qui doive être contracté entre fils de famille.

Ces sortes de dispenses ne se donnent guères que de la publication des deux derniers, et après que la première publication a été faite.

C'est à l'évêque ou à son vicaire général qu'appartient le droit d'accorder ces sortes de dispenses, et elles doivent être fondées sur quelque cause légitime, comme nous venons de le dire. Par arrêt du 29 novembre 1612, défenses ont été faites à l'official de Paris, et à tous autres, d'accorder aucune dispense de bans, qu'aux termes de l'ordonnance. Pareilles défenses ont été faites à l'official de Saint-Flour, par arrêt du 27 février 1617. Louet, *lettre* M, *somm.* 6, *nomb.* 17.

Les causes sur lesquelles s'accordent ces dispenses, sont 1.° le soupçon probable que quelqu'un mette par malice empêchement au mariage.

2.° La pudeur des contractans ; comme si la publication de leur mariage leur causait de la honte, ou à l'un d'eux : ce qui arrive lorsqu'il y a inégalité d'âge, de condition ou de fortune, ou même si l'un ou l'autre des futurs conjoints était fort avancé en âge.

3.° Lorsque ceux qui ont vécu dans le concubinage pendant un long-temps, ont passé pour mari et femme, on ne pourrait apprendre leur mariage sans connaissance de leur turpitude et du désordre dans lequel ils ont vécu auparavant.

4.° Lorque celui qui a abusé d'une fille veut l'épouser, et qu'il y a lieu de craindre qu'il ne change de volonté, si on avait connaissance de son mariage, par des conseils qu'on pourrait lui donner pour l'en détourner.

5.° Si après les fiançailles le fiancé est obligé de s'absenter pour un temps considérable.

20

6.° Lorsqu'un homme étant *in extremis*, veut épouser celle qu'il a eue pour sa concubine, dans l'espérance d'assurer son état et celui de ses enfans, ou pour mettre sa conscience en repos, en réparant l'injure qu'il a faite à celle qu'il a entretenue pendant du temps.

La seule omission des bans ne causerait pas entre majeurs la nullité du mariage qu'ils auraient contracté, elle n'en prouverait que la clandestinité; mais le mariage devenant connu et public dans la suite, ne laisserait pas de produire tous les effets civils, de même que s'il avait été précédé des publications des bans, pourvu que d'ailleurs il n'y ait point d'empêchement dirimant.

*V. l'*Arrêt du 15 mars 1691, rapporté dans le Journal des Audiences. *Voy.* aussi Bardet, *tome 2, livre 2. chap.* 52; *et liv.* 7, *chap.* 38.

Droit intermédiaire.

L'acte de mariage doit être précédé d'une publication faite le dimanche, à l'heure de midi, devant la porte principale de la maison commune de chacun des futurs époux; il ne peut être célébré que huit jours après la publication. *Loi du 20 septembre 1792, art. 2, section 2, titre 4.*

Cette publication doit être faite par l'officier public, il doit en être dressé acte contenant les noms, prénoms, professions et domiciles des futurs époux, ceux de leurs pères et mères, avec la date du jour et de l'heure de la publication, le tout signé de l'officier public. — Extrait de cet acte doit être affiché à la porte principale extérieure de la maison commune pendant huit jours. *Même loi.*

L'obligation de faire la publication le dimanche a cessé du jour de la publication de la loi du 25 vendémiaire an 2, qui permet de faire cette publication tous les jours de la semaine indistinctement.

La même loi veut que le mariage ne puisse être célébré que trois jours après la publication;

mais elle déroge, quant à ce, à la règle, *dies termini non computatur in termino*, puisqu'elle veut que le jour de la publication soit compté pour un des trois jours, et celui de la célébration pour le troisième.

L'arrêté des consuls du 7 thermidor an 8, ayant de nouveau ordonné l'exécution de la loi du 20 septembre 1792, et prescrit que le mariage ne pourra être célébré que huit jours après la publication, les dispositions de celle du 26 frimaire an 2, ont dû cesser du jour de la publication de cet arrêté.

L'arrêté du 13 floréal an 10, a également ordonné qu'en conformité de la loi du 20 septembre 1792, les publications de mariage ne pourraient être faites que le dimanche. Cet arrêté a rapporté l'*art.* 1.er de celui du 7 thermidor an 8, qui ordonnait que les publications se feraient le décadi.

Droit nouveau.

Avant la célébration du mariage, l'officier de l'état civil doit faire deux publications à huit jours d'intervalle, un jour de dimanche, devant la porte de la maison commune.

Ces publications et l'acte qui en est dressé, doivent énoncer les prénoms, noms, professions et domiciles des futurs époux, leur qualité de majeurs ou de mineurs, et les prénoms, noms, professions et domiciles de leurs pères et mères.

Cet acte doit énoncer, en outre, les jours, lieux et heures où les publications ont été faites: il doit être inscrit sur un seul registre, qui doit être coté et paraphé comme il est dit *au mot* Actes de l'état civil, et déposé à la fin de chaque année, au greffe du tribunal de l'arrondissement. *Voy. l'art.* 63, *C. des Actes de l'état civil.*

Un extrait de l'acte de publication doit rester affiché à la porte de la maison commune, pendant les huit jours d'intervalle de l'une à l'autre publication.

Le mariage ne peut être célébré avant le troisième jour, depuis et non compris celui de la seconde publication. *Art.* 64.

Le gouvernement peut dispenser de la seconde publication pour des causes graves, et c'est au commissaire du gouvernement près les tribunaux de 1.re instance, que l'on doit s'adresser pour les obtenir. *C. Art.* 169.

Le mariage contracté sur une seule publication, sans dispense de la seconde, n'est pas nul, mais donne lieu contre l'officier public à une amende qui ne peut excéder trois cents francs ; et contre les parties contractantes, à une amende proportionnée à leur fortune. *C. Art.* 192. Ce n'est que dans ce sens qu'on peut entendre le mot *dispense* employé dans cet article, car tout mariage contracté par des incapables, sans dispense, serait absolument nul.

Les publications prescrites par la loi doivent êtres faites à la municipalité du lieu où chaque partie a son domicile. *C. Art.* 166. Mais comme en fait de mariage, le domicile s'acquiert par six mois de résidence dans le même lieu, dans ce cas, les publications doivent être faites non-seulement au domicile acquis par ces six mois de résidence, mais encore et en outre, à la municipalité du dernier domicile de chacune des parties. *C. Art.* 167.

Si les parties contractantes, ou l'une d'elles, sont, relativement au mariage, sous la puissance d'autrui, les publications doivent, en outre, être faites à la municipalité du domicile de ceux sous la puissance desquels elles se trouvent. *Art.* 168.

Si le mariage n'a pas été célébré dans l'année à compter de l'expiration du délai des publications, il ne peut plus être célébré qu'après que de nouvelles publications auront été faites dans la forme ci-dessus prescrite. *Art.* 65 *du même titre.*

Le mariage qui n'aurait point été précédé des deux publications prescrites par l'art. 63 précité, ou qui aurait été célébré sans que les intervalles prescrits dans les publications et célébrations ayent été observés, n'est pas nul pour cela ; mais dans ce cas il y a lieu contre l'officier public et contre les parties contractantes, à une amende, qui, à l'égard de l'officier public, ne peut excéder trois cents francs, et qui à l'égard des parties contractantes ou de ceux sous la puissance desquels elles ont agi, doit être proportionnée à leur fortune. *Voy. l'art.* 192, *C. du Mariage.*

En cas d'opposition, l'officier de l'état civil ne peut célébrer le mariage, avant qu'on lui en ait remis la main-levée, sous peine de trois cents francs d'amende et de tous dommages-intérêts. *Art.* 68. *Voy.* Opposition.

S'il n'y a point d'opposition, il en est fait mention dans l'acte de mariage ; et si les publications ont été faites dans plusieurs communes, les parties doivent remettre un certificat, délivré par l'officier de l'état civil de chaque commune, constatant qu'il n'existe point d'opposition. *Art.* 69.

PUISSANCE PATERNELLE, est un droit accordé au père, ou autre ascendant mâle et du côté paternel, sur la personne et sur les biens des enfans.

Droit ancien.

Il n'y a parmi nous que les enfans nés en légitime mariage, ou qui ont été légitimés, qui soient sous la puissance de leur père. Les enfans adoptifs n'y sont point, parce que l'adoption n'est plus en usage en France. A l'égard des bâtards non légitimés, ils ne sont point sous la puissance de leur père; *quia neque gentem neque familiam habent.*

La puissance paternelle dans les pays de droit écrit, produit presque les mêmes effets qu'elle produisait chez les Romains, au temps de la dernière jurisprudence, c'est-à-dire, au temps de l'empereur Justinien; comme l'ont remarqué Maynard, *tom.* 1, *liv.* 5, *chap.* 2, *nomb.* 1 et 2, et *tom.* 5, *liv.* 9, *chap.* 36;

Eguin Baro. ad Instit. Justin. tit. de Patriâ potest.

Ainsi, dans les pays qui sont régis par le droit écrit, la puissance paternelle donne au père le droit de jouir par usufruit, *jure patriæ potestatis*, de tous les biens qui appartiennent à leurs enfans à titre de pécule adventice ; mais non pas des biens castrenses ou quasi-castrenses, tels que sont les biens que les fils de famille ont acquis à la guerre, au barreau, ou au service de l'église ; car ils appartiennent en pleinepropriétéaux enfans qui sont en puissance de leur père : *ità ut in his bonis pro patribus familias habeantur, et de iis possint facere testamentum.*

Les fils de famille ne peuvent pas dans ces pays tester de leur pécule adventice, mais seulement de leur pécule castrense ou quasi-castrense, conformément à la disposition du droit romain ; comme Ferrière l'a remarqué dans sa Traduction des Institutes, sur le commencement du *douzième titre* du *second livre.*

En pays de droit écrit, les fils de famille n'ont point leurs propres enfans sous leur puissance, parce qu'ils sont sous celle de leur aïeul, selon la règle, *qui est in potestate alterius, non potest habere alium in suâ potestate.*

Les pères peuvent substituer pupillairement aux enfans impubères qu'ils ont sous leur puissance. Ils peuvent par testament aussi leur donner des tuteurs.

Les pères ont soin de l'éducation de leurs enfans ; et quand ils sont impubères et qu'ils les émancipent, ils sont leurs tuteurs légitimes.

Les donations faites par les pères aux enfans qui sont sous leur puissance, quoiqu'elles soient conçues entre-vifs, ne sont pas irrévocables, et n'ont leur effet que lorsque le père, en mourant, les a confirmées par une disposition expresse, ou du moins par son silence, ainsi qu'il est décidé en la loi 25, *Cod. de Donat. inter vir. et uxor.*

En pays de droit écrit la prétérition du fils en puissance de son père, y cause la nullité de son testament ; et à l'égard des enfans émancipés qui sont omis dans le testament de leur père, ils peuvent demander que la succession soit, en conséquence de leur prétérition, déclarée ouverte *ab intestat.*

L'exhérédation d'un fils, faite par son père sans juste cause, donne lieu à la plainte d'inofficiosité.

Les fils de famille ne peuvent pas s'obliger valablement pour prêt d'argent, quelqu'âge qu'ils aient, suivant le sénatus-consulte macédonien qui y est observé, comme nous avons dit *au mot Sénatus-consulte.*

La puissance paternelle dure jusqu'à ce que les enfans soient émancipés ; en sorte que le mariage ne met pas les enfans hors de la puissance de leur père, qui a tous ses descendans par mâles sous sa puissance, à moins qu'il ne les émancipe, à quoi régulièrement il ne peut être contraint.

Voy. Henrys et son Commentateur, tom. 2 ; *liv.* 4, *quest.* 13.

Voilà les principaux effets que produit la puissance paternelle en pays de droit écrit. Je ne rapporte point à cette puissance un autre effet qu'elle produisait chez les Romains, à l'égard des mariages des fils de famille ; parce que parmi nous ce n'est pas la puissance paternelle qui fait que les enfans ne peuvent pas se marier sans le consentement de leurs parens, comme nous l'avons dit, *lettre* M, en parlant des mariages contractés par des mineurs.

En France, la puissance paternelle n'est pas en usage eu pays coutumier, et il n'y est passé que des vestiges de cette puissance que les Romains avaient sur leurs enfans, comme l'ont remarqué Boërius, *quæst.* 13, *num.* 11, *et quæst.* 197 ; Guy-Pape, *quest.* 410 ; Bacquet, *chap.* 21 des Droits de Justice, *nomb.* 49 ; et Brodeau sur Louet, *lettre* M, *chap.* 18.

Dans la plupart de nos coutumes, les pères

n'ont guères plus de pouvoir sur leurs enfans, que les tuteurs en ont sur leurs pupilles ; car ils n'ont que le soin de leur éducation, et l'administration de leurs biens, jusqu'a ce qu'ils soient majeurs, ou émancipés d'âge par lettres du prince. Ainsi dans presque tous les pays coutumiers, tout ce qui advient aux enfans par succession ou autrement, leur appartient en pleine propriété.

Nous n'avons plus, dit M. du Vair, au sixième des Arrêts prononcés en Robes rouges, *page* 1121, la puissance que les Romains avaient sur leurs enfans ; cette souveraine domination est changée de la part des pères en charitable amour, et cet esclavage de la part des enfans en un honneur plein de respect ; et par conséquent les effets de cette puissance sont changés.

Le père n'acquiert donc point en pays coutumier, ni la propriété, ni l'usufruit de ce qui advient à ses enfans. Si la garde noble ou bourgeoise appartient au père après le décès de sa femme, ce n'est pas en vertu de la puissance paternelle, puisqu'elle est commune au père et à la mère ; et d'ailleurs elle ne leur donne que l'usufruit de certains biens, et jusqu'à un certain âge, qui est différent suivant les différentes coutumes.

Mais quoique la puissance paternelle ne soit pas recue dans la plupart de nos coutumes, nous en avons néanmoins quelques-unes où le père acquiert par ses enfans tous leurs meubles et les fruits de leurs immeubles, jusqu'à ce qu'ils soient parvenus à un certain âge, suivant les diverses coutumes, comme Auvergne, Bourbonnais, Reims, Berry et quelques autres. Il y en a même quelques-unes, comme celle de Bourgogne, où la puissance paternelle finit dès que les enfans ne demeurent plus dans la maison de leur père, et tiennent leur ménage à part.

Enfin, dans les lieux mêmes ou la puissance paternelle n'a pas été admise, le père a droit de correction sur ses enfans mineurs ; mais ce droit n'est pas un effet de la puissance paternelle, puisqu'il appartient aussi à la mère. *V.* ce qu'a dit Ferrière dans sa Traduction des Instituts, aux *titres* 9 et 12 du *premier livre*, et au *titre* 9 du *livre second*, en parlant des différens pécules des fils de famille ; le Recueil alphabétique de Bretonnier ; et ce que j'ai dit ici, *au mot* Correction. *Voy.* aussi Bodin en sa République, *liv.* 1, *chap.* 44.

Droit intermédiaire.

La loi du 28 août 1792, abolit la puissance paternelle quant aux *majeurs* seulement. *Voy.* cette loi et les suivantes, *au mot* Fils de famille, *page* 241, *tome* 2, de ce Dictionnaire. *Voy.* aussi Majorité.

Droit nouveau.

L'enfant, à tout âge, doit honneur et respect à ses père et mère. *Art.* 371.

Il reste sous leur autorité jusqu'à sa majorité ou son émancipation. *Art.* 372.

Le père seul exerce cette autorité durant le mariage. *Art.* 373.

L'enfant ne peut quitter la maison paternelle sans la permission de son père, si ce n'est pour enrôlement volontaire, après l'âge de dix-huit ans révolus. *Art.* 374.

Le père qui aura des sujets de mécontentement très-graves sur la conduite d'un enfant, aura les moyens de correction suivans : *Art.* 375.

Si l'enfant est âgé de moins de seize ans commencés, le père pourra le faire détenir pendant un temps qui ne pourra excéder un mois ; et, à cet effet, le président du tribunal d'arrondissement devra, sur sa demande, délivrer l'ordre d'arrestation. *Art.* 376.

Depuis l'âge de seize ans commencés jusqu'à la majorité ou l'émancipation, le père pourra seulement requérir la détention de son enfant pendant six mois au plus ; il s'adressera au président dudit tribunal, qui, après en avoir conféré avec le commissaire du gouvernement, délivrera l'ordre d'arrestation ou le refusera, et pourra, dans le premier cas, abréger le temps de la détention requis par le père. *Art.* 377.

Il n'y aura, dans l'un et l'autre cas, aucune écriture ni formalité judiciaire, si ce n'est l'ordre même d'arrestation, dans lequel les motifs n'en seront pas énoncés. -- Le père sera seulement tenu de souscrire une soumission de payer tous les frais, et de fournir les alimens convenables. *Art.* 378.

Le père est toujours maître d'abréger la durée de la détention par lui ordonnée ou requise. Si, après sa sortie, l'enfant retombait dans de nouveaux écarts, la détention pourra être de nouveau ordonnée de la manière prescrite aux *art.* précédens. *Art.* 379.

Si le père est remarié, il sera tenu, pour faire détenir son enfant du premier lit, lors même qu'il serait âgé de moins de seize ans, de se conformer à l'*art.* 377. *Art.* 380.

La mère survivante et non remariée ne pourra faire détenir un enfant qu'avec le concours des deux plus proches parens paternels, et par voie de réquisition, conformément à l'*article* 377. *Art.* 381.

Lorsque l'enfant aura des biens personnels, ou lorsqu'il exercera un état, sa détention ne pourra, même au-dessous de seize ans, avoir lieu que par voie de réquisition, en la forme prescrite par l'*art.* 377. L'enfant détenu pourra adresser un mémoire au commissaire du gouvernement près le tribunal d'appel. Ce commissaire se fera rendre compte par celui près le tribunal de première instance, et fera son rapport au président du tribunal d'appel, qui, après en avoir donné avis au père, et après avoir recueilli tous les renseignemens, pourra révoquer ou modifier l'ordre délivré par le président du tribunal de première instance. *Art.* 382.

Les *art.* 376, 377, 378 et 379 seront communs aux pères et mères des enfans naturels légalement reconnus. *Art.* 383.

Le père, durant le mariage, et, après la dissolution du mariage, le survivant des père et mère, auront la jouissance des biens de leurs enfans jusqu'à l'âge de dix-huit ans accomplis, ou jusqu'à l'émancipation qui pourrait avoir lieu avant l'âge de dix-huit ans. *Art.* 384.

Les charges de cette jouissance seront : 1.º Celles auxquelles sont tenus les usufruitiers ; 2.º La nourriture, l'entretien et l'éducation des enfans selon leur fortune ; 3.º Le paiement des arrérages ou intérêts des capitaux ; 4.º Les frais funéraires et ceux de dernière maladie. *Art.* 385.

Cette jouissance n'aura pas lieu au profit de celui des père et mère contre lequel le divorce aurait été prononcé ; et elle cessera à l'égard de la mère dans le cas d'un second mariage. *Art.* 386.

Elle ne s'étendra pas aux biens que les enfans pourront acquérir par un travail et une industrie séparés, ni à ceux qui leur seront donnés ou légués sous la condition expresse que les père et mère n'en jouiront pas. *Art.* 387.

Les époux ne peuvent, dans leur contrat de mariage, déroger aux droits conférés au survivant des époux, par le titre *de la Puissance paternelle*, que nous venons de rapporter. *Art.* 1388. *V.* Fils de famille, Obligation contractée par des mineurs.

PUISSANCE MARITALE, est un droit et une autorité que le mari acquiert sur sa femme et sur ses biens, du jour de la célébration du mariage.

Droit ancien.

Cette puissance ne consiste pas dans un simple respect auquel les femmes sont obligées envers leurs maris, mais dans une étroite dépendance et soumission.

En pays de droit écrit, le mari a l'administration des biens dotaux de sa femme, mais non pas des paraphernaux.

En pays coutumier, la puissance du mari est plus étendue ; il a l'administration de tous les biens de sa femme, qui sont tous réputés dotaux. Les femmes ne peuvent s'y obliger sans être autorisées de leurs maris.

L'obligation de la femme mariée sans autorisation, est nulle et sans effet en toutes coutumes, non-seulement pendant le mariage, mais aussi après la dissolution d'icelui, tant à l'égard de son mari que par rapport à elle-même, pour les biens situés même en pays où l'autorisation n'est pas nécessaire.

C'est aussi en conséquence de la puissance maritale, qu'une femme mariée ne peut ester en jugement, sans le consentement de son mari, si elle n'est autorisée ou séparée par justice, et ladite séparation exécutée : ce qui a lieu, tant en pays de droit écrit qu'en pays coutumier. *Voy.* Ferrière sur les *articles* 223 et 224 de la Coutume de Paris.

Droit nouveau.

Le mari doit protection à sa femme, la femme obéissance à son mari. *Art.* 213.

La femme est obligée d'habiter avec le mari, et de le suivre par-tout où il juge à propos de résider : le mari est obligé de la recevoir, et de lui fournir tout ce qui est nécessaire pour les besoins de la vie, selon ses facultés et son état. *Art.* 214.

Le mari a seul l'administration des *biens dotaux* pendant le mariage, *art.* 1549. -- La femme a l'administration et la jouissance de ses biens paraphernaux. *Art.* 1576. *Voy.* Dot, Paraphernaux, *et* Autorisation.

Le mari administre seul les biens de la *communauté*; il peut les vendre, aliéner et hypothéquer sans le concours de la femme. *Art.* 1421; sur quoi, *Voy. les mots* Aliénation, Autorisation, Communauté *et* Femme mariée.

PUPILLE, suivant le droit romain, est un fils de famille, qui n'a pas encore atteint l'âge de puberté, et qui à cause de la faiblesse de son âge, est en tutelle; au lieu que par mineur on entend celui qui est parvenu à sa puberté, mais qui n'est pas encore majeur; de sorte qu'il n'est point en tutelle, laquelle finit par la pu-

berté; mais on lui donne seulement un curateur, pour gérer et administrer ses biens.

Cette différence entre pupille et mineur n'a point lieu en pays coutumier; car la tutelle n'y finit point par la puberté, comme l'a observé Ferrière dans sa Traduction des Institutes, sur le *titre* 13. du *premier livre.*

Ainsi on se sert différemment en pays coutumier *du mot* de Mineur, pour signifier tous ceux qui ne sont pas encore parvenus en majorité, soit qu'ils soient impubères ou qu'ils aient atteint l'âge de puberté.

Droit nouveau.

Dans le nouveau Code civil on a adopté *le mot de Pupille* pour désigner un mineur pubère ou impubère qui est sous l'autorité d'un tuteur. Le Code se sert indifféremment *du mot* de Mineur ou de Pupille. Mais cette dénomination cesse à l'époque de l'émancipation du mineur. *Voy.* les *articles* 450, 1364 et suiv.

PURGER LES HYPOTHÈQUES. *Voy.* Hypothèques.

Q

QUARTE FALCIDIE.

Droit ancien.

C'est un retranchement d'un quart que l'héritier, en pays de droit écrit, peut faire sur les legs. On l'appelle Falcidie, parce qu'elle fut introduite par Falcidius, tribun du peuple : elle fut rétablie sous l'empire d'Auguste, pour mettre en dernier lieu des bornes aux legs. En effet, par la loi des Douze Tables, la faculté de léguer était si étendue, qu'il était permis à un père de famille d'absorber en legs tout son patrimoine. Aussi a-t-on trouvé à propos de restreindre cette liberté, et cela en faveur des testateurs, qui le plus souvent mouraient *ab intes-*

tat ; parce que les héritiers institués voyant qu'ils ne doivent recevoir aucun avantage, ou qu'un très-modique de l'hérédité, refusaient de l'appréhender. Et comme ni la loi Furia, ni la loi Neconia n'étaient pas suffisantes pour remédier à cet inconvénient, on publia enfin la loi Falcidie, par laquelle il est défendu aux te taleurs de léguer plus des trois quarts de leurs biens, afin que la quatrième partie reste exempte de legs, soit qu'il n'y ait qu'un héritier institué, soit qu'il y en ait plusieurs. *Voy.* le commencement du *titre* 22 du *second livre* des Institutes de Justinien, et ce qu'en a dit Ferrière dans sa Traduction.

La loi Falcidie, qui n'avait été établie que pour les legs laissés par testament, fut depuis étendue,

1.° Aux legs et fidéicommis laissés *ab intestat,* et aux donations à cause de mort, à cause du rapport qu'elles ont avec les legs. *Leg.* 3, *Cod. ad Leg. Falcid. et Leg.* 1, *Cod. de Mort. caus. donat.*

2.° Aux donations entre-vifs, qui sont confirmées par la mort du donateur. *Leg.* 12, *Cod. ad Leg. Falcid.*

3.° A ce que les jurisconsultes appellent *mortis causá capio,* c'est-à-dire, quand le testateur a institué son héritier, à condition qu'il donnera une telle somme à un tel, ce que l'héritier est obligé de lui donner, est appelé *mortis causá capio,* et a été soumis au retranchement de la quarte falcidie par la loi pénultième, *au Code ad Leg. Falcid.*

Suivant ce que nous avons dit, la loi falcidie a été faite pour engager par un gain certain ceux qui étaient institués héritiers, à se porter héritiers, et ne pas répudier la succession.

Tous les héritiers institués qui sont chargés de legs, ont droit de jouir du bénéfice de cette loi, c'est-à-dire, que chaque héritier peut, selon la portion de laquelle il est institué, retirer la falcidie des legs dont cette portion est chargée. Ainsi la loi falcidie a voulu pourvoir à l'intérêt de tous les héritiers en particu-

lier, et non pas à l'intérêt d'un seul. *Voy.* ce que Ferrière a dit sur le §. 1 du *titre* 22 du *second livre* des Institutes.

La quarte falcidie se tire de tous les biens du défunt, eu égard à leur quantité au temps de sa mort, et non pas au temps que le testament a été fait, ni au temps que l'hérédité a été appréhendée, comme Ferrière l'a fait voir sur le §. 2 du *titre* 22 du *second livre* des Institutes.

Mais il a de certaines choses qu'il faut prélever de la succession du défunt, et qui n'entrent point dans le compte à l'égard du retranchement de la quarte falcidie, comme Ferrière l'a remarqué sur le paragraphe suivant.

Il y a même quelques cas où la falcidie cesse entièrement, que Ferrière a rapporté au même endroit, et dans ses Paratitles du Digeste, sur le *titre ad Legem Falcidiam,* où il a aussi remarqué quelles choses ne souffrent point la distraction de la quarte falcidie.

Lorsqu'il est incertain si la falcidie aura lieu ou non, à cause que le testateur a fait plusieurs legs sous condition, ou à cause que les dettes ne sont pas encore déclarées, ou parce que l'héritier est obligé d'entreprendre et de soutenir des procès dont l'issue est incertaine, il ne peut être alors contraint par les légataires de payer les legs, qu'en baillant par eux caution de restituer ce qu'ils auraient reçu au-delà de ce que la loi falcidie permet, et de ne commettre aucun dol dans la chose léguée qui leur aurait été délivrée prématurément.

Hæc cautio introducta est, ne interim priventur legatarii commodo legatorum, et ne hæredes legata integra statim præstando, non levi damno afficiantur, si fortè posteà legatarii fiant non solvendo, redeatque inutilem hæredi conditionem indebiti legatoriorum inopia ; toto titulo, ff. Si cui plusquam per Legem Falcid. licuer. Legat. es. dicet.

La loi falcidie est en usage dans le pays de droit écrit, où les testamens sont nuls sans institution d'héritier, c'est-à-dire, que tout ce qui est

est contenu dans un testament est nul, et ne peut avoir son exécution, quand le testament ne contient point d'institution d'héritier, ou lorsque celui qui est institué ne se porte point héritier.

Ainsi, pour que l'héritier institué ne répudie point la succession, on y admet la déduction de la quarte falcidie sur les legs, quand le testateur a légué au de-là des trois quarts de ses biens.

Mais il faut remarquer que la distraction de la quarte falcidie n'a point lieu en pays de droit écrit, quand l'héritier n'a point fait d'inventaire; car alors il est tenu de payer les legs en entier. Peleus, *quest.* 161; Brodeau sur Louet, *lettre* J, *sommaire* 7, *et lettre* H, *sommaire* 24; Ricard, *des Dispositions conditionnelles, chap.* 4, *section* 1.

On n'impute en la falcidie que ce que l'héritier prend *hæreditario jure, aut ultimæ voluntatis titulo nimirùm legati, aut mortis causâ donationis, non verò quæ pertinent ad hæredem titulo donationis inter vivos.* *Voy.* Dolive, *liv.* 5. *chap.* 30; Henrys, *tom.* 2, *liv.* 5, *quest.* 56, *et liv.* 6, *quest.* 11. *Voy.* aussi Cambolas, *liv.* 5, *quest.* 6.

Mais on demande si une donation faite par un père à son fils, *in antecessum futuræ successionis*, en avancement d'hoirie, peut être imputée en la falcidie, que ce fils institué héritier par son père, veut déduire sur les legs dont il est chargé? Dufresne, auteur *du premier tome du* Journal des Audiences, *liv.* 4, *chap.* 10, rapporte un arrêt du 23 juillet 1643, qui a jugé qu'une telle donation ne devait point être imputée en la falcidie. Brodeau sur Louet, *lettre* H, *sommaire* 13, tient le contraire; et je crois que c'est le sentiment qu'il faut suivre.

La quarte falcidie doit se prendre au *prorata* de ce à quoi chaque legs monte; et il n'est pas loisible à l'héritier de la retenir sur un seul légataire. Leg. 73, *§. ult. ff. ad. Leg. Falcid. et §. ult. Just. tit. de Leg. Falcid.*

Dans la France coutumière, l'institution d'héritier n'a point lieu, c'est-à-dire, qu'elle n'est point requise; car elle ne vicie pas un testament, suivant l'*art.* 299 de la coutume de Paris, qui contient en ce point un droit qui est observé dans presque toutes les provinces du pays coutumier.

On peut disposer de ses biens par legs universels ou particuliers, excepté ce que chaque coutume veut être réservé aux héritiers légitimes, soit ascendans ou collatéraux : en quoi nos coutumes ont des dispositions différentes; c'est pourquoi on n'y a point reçu la déduction de la quarte falcidie.

Touchant la falcidie, *Voy.* ce qu'à dit Ferrière dans sa Traduction des Instituts, sur le *titre* 22 *du second livre*; Henrys et son Commentateur, *tome* 2, *livre*, 5, *quest.* 56; et les Lois civiles, *livre* 4, *titre* 3. *Voy.* aussi le Traité qu'a fait de la Quarte falcidie, *Berengarius Fernandus*, dans lequel il parle des quartes qui se trouvent dans le droit, soit civil, soit canonique, et où il en rapporte les convenances et les différences. *Voy.* pour le *Droit nouveau*, au mot Quotité disponible.

QUARTE TRÉBELLIANIQUE.

Droit ancien.

On appelle *quarte trébellianique*, suivant le droit romain, la quatrième partie des biens que l'héritier grevé de fidéicommis peut retenir; au moyen de quoi cet héritier et le fidéicommissaire universel sont tenus des dettes au *prorata* de la part et portion que chacun d'eux amende dans la succession.

Par la disposition du droit romain, observé en ce point dans les pays de droit écrit, l'héritier testamentaire chargé de fidéicommis universel, c'est-à-dire, de restituer la succession ou partie d'icelle à quelqu'un, peut distraire et retenir la quatrième partie des biens du testateur, en en faisant la restitution au fidéicommissaire.

Si celui qui serait chargé d'un fidéicommis universel, n'était héritier que d'une partie qu'il fût chargé de rendre, il en aurait donc la trébellianique, qui serait le quart de sa portion d'hérédité. Il en serait de même, si plusieurs héritiers étaient chargés de rendre leurs portions héréditaires, et chacun aurait la trébellianique de sa portion.

Le quart qui doit demeurer à l'héritier, est une quote de l'hérédité, qui oblige à un partage des biens de la succession entre l'héritier et le fidéicommissaire. Cependant le testateur peut assigner à l'héritier un certain fonds ou autre chose, ou même une somme d'argent au lieu de ce quart; et en ce cas, l'héritier remettant l'hérédité au fidéicommissaire sous cette réserve, celui-ci demeurera seul tenu de toutes les charges; au lieu que si l'héritier prenait le quart de l'hérédité, il se ferait un partage entr'eux des biens et des charges à proportion de leurs portions.

Cette déduction est appelée quarte trébellianique, introduite *ad similitudinem quartæ falcidiæ*, pour engager les héritiers institués et chargés de restitution à se porter héritiers, parce qu'il arrivait souvent que les héritiers institués n'espérant rien ou peu de chose de leur institution, refusaient d'appréhender la succession, et par ce moyen, ceux au profit desquels la restitution devait être faite, n'en pouvaient rien prétendre.

Ainsi elle s'est trouvé avantageuse, tant aux testateurs qu'aux héritiers institués, et aux fidéicommissaires, envers lesquels ils étaient chargés de fidéicommis universels; de sorte que les deux quartes, celle qui descend de la loi falcidie, et la quarte trébellianique, sont différentes, quoiqu'elle aient été introduites pour un même motif et pour une même cause.

La quarte falcidie se distrait des legs particuculiers; la trébellianique des fidéicommis universels. La falcidie est un droit établi pour les héritiers chargés de legs; la trébellianique est un privilége introduit en faveur des héritiers fi-

duciaires. Dans la trébellianique, *imputatur quidquid quocumque jure capitur;* dans la falcidie, *illud solum venit imputandum quod jure hæreditario capitur.* Ainsi la falcidie et la légitime se peuvent prendre ensemble. *V.* Dolive, *liv.* 5, *chap.* 27; le Journal des Audiences, *tom,* 1, *liv.* 4; Chopin, Coutume de Paris, *liv.* 2, *tit.* 4, *nomb.* 18; Henrys, *tome* 1, *liv.* 5, *quest.* 54 et 56.

De même que la distraction de la quarte falcidie cesse en pays de droit écrit, quand l'héritier institué n'a point fait d'inventaire, de même aussi la distraction de la trébellianique cesse en ce cas. Peleus, *quest.* 60; Dolive, *livre* 5, *chapitre* 26; Charondas, *livre* 13, *rép.* 68; Henrys, *tom.* 2, *liv.* 5, *question* 6.

L'une et l'autre quarte sont en usage dans les pays de droit écrit, et inconnues dans la France coutumière. Néanmoins en pays coutumier, la substitution fidéicommissaire y est en usage, mais non pas de la même manière que dans les pays de droit écrit.

On peut charger ses enfans de restituer les biens qui leur doivent échoir, en leur laissant leur légitime sans aucune charge. On peut aussi, en pays coutumier, substituer aux collatéraux, en leur laissant la portion des biens dont on ne peut pas disposer à leur préjudice, exempte de toute charge. *Voy.* l'art. 295 de la Coutume de Paris; et ce que j'ai dit ci-dessus *au mot* Fidéicommis.

On tient communément que la quarte trébellianique n'est pas en usage dans les pays coutumiers; il faut néanmoins excepter les coutumes qui désirent, pour la validité d'un testament, qu'il y ait une institution d'héritier.

Il nous reste quelques observations importantes à faire touchant cette matière, qui est, comme nous avons dit, en usage dans le pays de droit écrit, et dans nos coutumes qui désirent une institution d'héritier pour la validité d'un testament.

La première est, que quand l'héritier n'est

chargé de rendre l'hérédité qu'après un certain temps, ou sous une condition, tous les fruits qu'il a perçus avant l'échéance du terme ou de la condition, doivent être imputés en cette quarte ; de sorte que s'il a joui assez long-temps pour la remplir, il ne peut plus rien retenir. Mais il faut excepter de cette règle les enfans qui étant chargés de substitution, ne sont point en ce cas tenus d'imputer sur la quarte trébellianique les fruits qu'ils ont perçus. *V.* les Observations sur Henrys, *tom.* 2, *liv.* 5, *quest.* 8.

La deuxième observation est, que quand le testateur a expressément défendu la déduction de la trébellianique, l'héritier a bien la liberté d'accepter l'hérédité, ou d'y renoncer ; mais s'il l'accepte, il sera tenu d'accomplir le fidéicommis sans rien retenir. Il faut néanmoins remarquer que cette décision n'est pas généralement suivie dans tous les parlemens de ce royaume, comme on peut voir dans ce qu'a dit le Commentateur d'Henrys, *tom.* 2, *liv.* 5, *quest.* 11.

La troisième est, que les enfans grevés de substitution ne pouvaient par le droit romain prendre que la quarte trébellianique, ou la légitime à leur choix ; mais nous avons à cet égard suivi le droit canon, qui leur donne la quarte trébellianique et la légitime tout ensemble ; ce qu'on appelle les deux quartes. *Voy.* les *articles* 56, 57, 58, 59, 60 et 61 de la nouvelle Ordonnace des Testamens, du mois d'août 1735.

La quatrième est, que comme la trébellianique est un quart de l'hérédité, l'héritier qui prétend retenir ce quart, doit justifier en quoi consistent les biens, pour régler ce qu'il peut retenir et ce qu'il doit remdre : c'est pourquoi il doit faire inventaire de tous les biens de l'hérédité ; faute de quoi, il serait privé de la trébellianique, comme nous avons déjà dit, à moins qu'il ne fût dans un cas qui le dispensât de cette précaution, ou que des circonstances particulières ne fissent connaître que ce manque

d'inventaire ne peut être imputé à sa négligence.

La cinquième est, que le fidéicommissaire de l'hérédité ou d'une partie, qui serait chargé de la rendre à une autre personne, ne pourrait pas en retrancher une seconde trébellianique, quoique l'héritier qui lui aurait remis l'hérédité, eût retenu sa quarte, parce qu'elle n'est due qu'à l'héritier qui succède immédiatement au testateur, s'il ne l'accorde aussi à ce fidéicommissaire. *Leg.* 47, §. 1, *ff. ad Leg. Falcid*; *Leg.* 1, §. 19, *ad Senatusconsult. Trebell.*

La sixième est, que cette quarte ne se peut pas prendre non plus sur un fidéicommis contractuel, ni sur celui dont serait chargé un héritier que le testateur n'aurait institué héritier que d'une somme particulière. Boniface, *tom.* 5, *liv.* 2, *chap.* 4 et 5.

La septième est, que la quarte trébellianique ne peut point avoir lieu, quand le testament n'est soutenu que par la force que lui donne la clause codicillaire ; parce qu'en ce cas les héritiers *ab intestat* sont censés être chargés de rendre l'hérédité purement, et sans aucune déduction, à celui que le testateur a institué héritier dans son testament. Basset, *tom.* 1, *liv.* 5, *tit.* 13, *chap.* 3, rapporte un arrêt rendu au parlement de Grenoble le 24 mars 1625, qui l'a jugé ainsi.

La huitième est, que l'héritier chargé de rendre purement et simplement, ou après un certain temps l'hérédité, peut la rendre à l'instant qu'il l'aura appréhendée, et même renoncer à la quarte trébellianique au préjudice de ses créanciers. La raison est, qu'on présume qu'il ne le fait pas en fraude, mais pour exécuter plus fidèlement et plus pleinement la volonté du testateur.

Voy., touchant la Quarte trébellianique, ce qu'en a dit Ferrière dans sa Traduction des Institutes, sur le §. 7 du *titre* 23 du *second livre* ; Ricard en son Traité des Substitutions directes et fidéicommissaires *chap.* 17 ; Despeisses , *tom.* 2 , *page* 338 et suivantes ; le Recueil abphabétique de Bretonier , *au mot* Substitution , vers la fin ; et les *articles* 56 et suivans de l'Ordonnance des Testamens , du mois d'août 1735.

Les substitutions ou fidéicommis étant prohibés , il n'y a plus aujourd'hui de quarte trébellianique. *V.* Substitution.

QUARTE DE LA FEMME PAUVRE , est le quart en propriété des biens de son mari , accordé par l'empereur Justinien , par sa Novelle 53, *chap.* 6. Mais par sa Novelle 117, *chap.* 5, il ne lui donne ce quart qu'en usufruit , quand il y a des enfans du mariage. De ces deux Novelles, Irnerius a composé l'Authentique *Præterea* , *Cod. Undè vir. et uxor.*

Cette disposition est suivie en pays de droit écrit. *Voy.* le Recueil alphabétique de Bretonnier, *au mot* Femme. *Voy. les mots* Avantage entre époux et Quotité disponible.

QUASI-CONTRAT , est un fait par lequel deux ou plusieurs personnes se trouvent obligées l'une envers l'autre, quoiqu'ils n'y aient point donné leur consentement.

Droit ancien.

Il y en a cinq. Nous allons donner de chacun la définition : le lecteur en trouvera l'explication dans la Traduction des Institutes de Ferrière , *liv.* 3 , *tit.* 28.

La gestion des affaires d'un homme absent , est un quasi-contrat qui oblige celui qui a géré à rendre compte de sa gestion , et qui a la répétition de ce qu'il a déboursé pour les affaires de l'absent. S'il y avait un mandat , ce serait un véritable contrat ; mais n'y en ayant point eu , ce n'est qu'un quasi-contrat.

L'administration de la tutelle est un quasi-contrat , lequel produit une obligation mutuelle entre le tuteur et le pupille , quoique le tuteur soit donné au pupille sans le consentement du pupille , et souvent contre la volonté du tuteur.

La communauté de biens , soit qu'elle soit de choses particulières , soit qu'elle soit d'une succession , est un quasi-contrat, en vertu duquel ceux qui ont en commun la propriété d'une chose particulière , ou d'une succession , sont obligés réciproquement à en faire le partage, et à se faire mutuellement raison sur le fait des prestations personnelles.

L'acquisition d'une hérédité est un quasi-contrat, en vertu duquel l'hériter qui a appréhendé une succession , devient obligé envers les créanciers , les légataires et les fidéicommissaires de l'hérédité , et les débiteurs du défunt lui viennent obligés.

Le paiement d'une chose non due est un quasi-contrat, par lequel celui qui a payé par erreur de fait une chose qui n'était pas due , oblige celui qui en a reçu le paiement, comme s'il l'avait reçu à titre de prêt.

Droit nouveau.

Certains engagemens se forment sans qu'il intervienne aucune convention, ni de la part de celui qui s'oblige , ni de la part de celui envers lequel il est obligé. Les uns résultent de l'autorité seule de la loi. Les autres naissent d'un fait personnel à celui qui se trouve obligé. Les premiers sont les engagemens formés involontairement , tels que ceux entre propriétaires voisins , ou ceux des tuteurs et des autres administrateurs qui ne peuvent refuser la fonction qui leur est déférée. Les engagemens qui naissent d'un fait personnel à celui qui se trouve obligé, résultent, ou des quasi-contrats , ou des délits ou des quasi-délits *Art.* 1370.

Les quasi-contrats sont les faits purement volontaires de l'homme , dont il résulte un engagement quelconque envers un tiers, et quelquefois un engagement réciproque des deux parties. *Art.* 1371.

Lorsque volontairement on gère l'affaire d'autrui, soit que le propriétaire connaisse la gestion, soit qu'il l'ignore, celui qui gère contracte l'engagement tacite de continuer la gestion qu'il a commencée , et de l'achever jusqu'à ce que le propriétaire soit en état d'y pourvoir lui-même ; il doit se charger également de toutes les dépendances de cette même affaire. Il se soumet à toutes les obligations qui résulteraient d'un mandat exprès que lui aurait donné le propriétaire. *Art.* 1372.

Il est obligé de continuer sa gestion, encore que le maître vienne à mourir avant que l'affaire soit consommée, jusqu'à ce que l'héritier ait pu en prendre la direction. *Art.* 1373.

Il est tenu d'apporter à la gestion de l'affaire tous les soins d'un bon père de famille. Néanmoins les circonstances qui l'ont conduit à se charger de l'affaire, peuvent autoriser le juge à modérer les dommages et intérêts qui résulteraient des fautes ou de la négligence du gérant. *Art.* 1374.

Le maître dont l'affaire a été bien administrée, doit remplir les engagemens que le gérant a contractés en son nom, l'indemniser de tous les engagemens personnels qu'il a pris, et lui rembourser toutes les dépenses utiles ou nécessaires qu'il a faites. *Art.* 1375.

Celui qui reçoit par erreur ou sciemment ce qui ne lui est pas dû, s'oblige à le restituer à celui de qui il l'a indûment reçu. *Art.* 1376.

Lorsqu'une personne qui, par erreur, se croyait débitrice, a acquitté une dette, elle a le droit de répétition contre le créancier. Néanmoins ce droit cesse dans le cas où le créancier a supprimé son titre par suite de paiement, sauf le recours de celui qui a payé contre le véritable débiteur. *Art.* 1377.

S'il y a eu mauvaise foi de la part de celui qui a reçu, il est tenu de restituer, tant le capital que les intérêts ou les fruits, du jour du paiement. *Art.* 1378.

Si la chose indûment reçue est un immeuble ou un meuble corporel, celui qui l'a reçue s'oblige à la restituer en nature, si elle existe, ou sa valeur, si elle est périe ou détériorée par sa faute ; il est même garant de sa perte par cas fortuit, s'il l'a reçue de mauvaise foi. *Art.* 1379.

Si celui qui a reçu de bonne foi, a vendu la chose, il ne doit restituer que le prix de la vente. *Art.* 1380.

Celui auquel la chose est restituée, doit tenir compte, même au possesseur de mauvaise foi, de toutes les dépenses nécessaires et utiles qui ont été faites pour la conservation de la chose. *Art.* 1381.

QUASI-DÉLIT, est le dommage que l'on a causé à quelqu'un par sa faute, sans avoir eu la volonté de lui en faire ; en quoi le quasi-délit diffère du délit, qui est toujours accompagné de dol et d'un mauvais dessein de nuire.

La réparation du quasi-délit ne consiste que dans le paiement des dommages et intérêts de la partie lésée.

Voyez ce qu'a dit Ferrière sur le *titre* 5 du *liv.* 4 des Institutes, où vous trouverez l'explication des quasi-délits, qui sont au nombre de quatre : savoir, le mal jugé par impéritie ; la déjection ou l'effusion de choses qui ont porté préjudice à quelqu'un ; la position ou la suspension sur un lieu passager, de choses qui peuvent tomber et causer quelque tort aux passans ; et le dommage ou le vol fait dans un navire, dans un cabaret ou dans une hôtellerie, par les domestiques préposés pour y servir.

Droit nouveau.

Tout fait quelconque de l'homme, qui cause à autrui un dommage, oblige celui par la faute duquel il est arrivé, à le réparer. *Art.* 1382.

Chacun est responsable du dommage qu'il a causé non-seulement par son fait, mais encore par sa négligence ou par son imprudence. *Art.* 1383.

On est responsable non-seulement du dommage que l'on cause par son propre fait, mais encore de celui qui est causé par le fait des personnes dont on doit répondre, ou des choses que l'on a sous sa garde. Le père, et la mère après le décès du mari, sont responsables du dommage causé par leurs enfans mineurs habitant avec eux ; -- Les maîtres et les commettans , du dommage causé par leurs domestiques et préposés , dans les fonctions auxquelles ils les ont employés : -- Les instituteurs et les artisans , du dommage causé par leurs élèves et apprentis , pendant le temps qu'ils sont sous leur surveillance. -- La responsabilité ci-dessus a lieu , à moins que les père et mère , instituteurs et artisans , ne prouvent qu'ils n'ont pu empêcher le fait qui donne lieu à cette responsabilité. *Art.* 1384.

Le propriétaire d'un animal , ou celui qui s'en sert , pendant qu'il est à son usage , est responsable du dommage que l'animal a causé , soit que l'animal fût sous sa garde , soit qu'il fût égaré ou échappé. *Art.* 1385.

Le propriétaire d'un bâtiment est responsable du dommage causé par sa ruine, lorsqu'elle est arrivée par une suite du défaut d'entretien ou par le vice de sa construction. *Art.* 1386.

QUATRE-QUINTS.

Droit ancien.

C'est une espèce de légitime coutumière des biens propres , dont il n'est pas permis en pays coutumier de disposer au préjudice de ses héritiers.

Elle leur doit demeurer franche et quitte de legs et de toutes autres charges testamentaires. Ainsi on ne peut disposer par dernière volonté que du quint de ses propres.

Le motif sur lequel est fondée la disposition de nos coutumes, qui veulent qu'on ne puisse disposer par dernière volonté que du quint des propres, a été de conserver dans les familles les biens propres ; en sorte que les quatre-quints qu'elles ont regardé comme un dépôt qui doit être transmis aux héritiers de la ligne d'où ils proviennent, demeurent francs et quittes de legs et de toutes autres charges testamentaires.

Ainsi , quand le testateur a légué plus du quint de ses propres , la diminution se fait de l'excédent, comme nous l'avons expliqué, *au mot* Retranchement.

Il est si vrai qu'on doit laisser ces quatre quints francs et quittes de toutes charges, qu'on n'en peut pas même léguer l'usufruit : *quià hæc portio bonorum propriorum est loco legitimæ , quæ nullatenùs legatis gravari potest.* Montholon , *arrêt* 35.

On peut cependant disposer entre-vifs de la totalité de ses biens propres ou acquêts. *Ratio differentiæ est , quià liberaliores sunt homines qui moriuntur quàm qui vivunt ; et sæpè leges prohibent quæ sunt faciliora, quàm quæ vix solent accidere.*

Comme nos coutumes ont présumé que les hommes auraient plus de facilité à disposer de leurs biens par dernière volonté , que de s'en dépouiller eux-mêmes par des dispositions entre-vifs, elles ont restreint aux dispositions testamentaires et à cause de mort , la prohibition qu'elles ont faite de disposer au-delà du quint des propres.

Si néanmoins un homme qui a d'autres biens dispose par son testament au-delà du quint de ses propres , il est réputé avoir plutôt laissé la valeur de la chose que la chose même : c'est pourquoi les légataires ont droit de prétendre récompense sur les meubles et acquêts , quand le testateur en a laissé. Autrement la disposition qu'il aurait faite par dernière volonté de ses propres au-delà du quint serait réductible.

Le Brun en son Traité des Successions , *liv.* 2, *chap.* 4, fait voir que ce qu'on appelle communément légitime coutumière, n'est pas une véritable légitime.

Voy. ce que Ferrière a dit sur l'*art.* 292 de la Coutume de Paris, *glose dernière* à la fin , et sur l'*art.* 295, *glose première* au commencement. Il y a des coutumes où l'on ne peut disposer que du tiers de ses propres ; d'autres où l'on n'en peut point disposer du tout par testament. *Voy.* Propres et Coutume. *Voy.* ci-après , Quotité disponible.

QUESTION D'ÉTAT , est celle qui regarde l'état d'une personne , savoir ; si un homme est fils de celui qu'il dit être son père ; ou si celui qui se dit être légitime, l'est véritablement, ou s'il est bâtard, ou si le mariage existe entre deux personnes.

Toutes ces contestations sont des questions d'état, d'autant qu'il s'y agit de l'état de la personne contre qui elles sont intentées : ce qui influe aussi sur l'intérêt public et de tous les citoyens.

Droit ancien.

Toute question d'état s'intente par action personnelle ; en quoi par conséquent il faut suivre le domicile du défendeur, suivant la règle *actor sequitur forum rei*.

Les questions d'état sont préjudicielles ; c'est pourquoi elles doivent être vuidées avant toutes choses.

Voy. Question préjudicielle.

Comme les questions d'état sont d'une très-grande importance, les ordonnances ne les ont pas confiées à une preuve aussi fragile que l'est celle qui se fait par témoins, qui sont quelquefois des échos fidèles qui répètent le langage de celui qui les produit.

Quelque grand qu'ait été le crédit de la preuve testimoniale chez les Romains, on ne voit pas cependant qu'elle ait jamais décidé seule de l'état des hommes : au contraire, il y a des textes de droit qui désirent qu'elle soit secondée d'autres preuves. *Probationes quæ de filiis dantur, non in solâ testium affirmatione consistunt. Leg.* 29, *ff. de Probationibus.*

L'ordonnance de 1667, *art.* 7 *et suivans*, pour assurer l'état des personnes, et en pouvoir décider avec certitude, veut qu'il soit tenu des registres publics dans les paroisses, qui marquent la naissance, le mariage, et le décès de ceux qui y sont demeurans ; qu'il y ait un autre registre tenu par les évêques, contenant les noms de ceux qui sont promus aux ordres ; et un autre registre tenu par les supérieurs réguliers, où soient inscrits ceux qui font profession. La déclaration du 9 avril 1736 or-

donne que l'on fasse deux de chacun de ces registres, dont l'un soit déposé au greffe du bailliage royal, et l'autre en dépôt aux archives de la paroisse, de l'évêché ou du couvent, et que les extraits qui en seront délivrés par les greffiers fassent foi. Mais nonobstant toutes ces précautions, la preuve testimoniale n'est pas toujours interdite.

L'ordonnance de 1667, *art.* 14, porte que la preuve sera reçue de cette manière, tant par titres que par témoins, lorsque les registres seront perdus, ou qu'il n'y en aura jamais eu. Quel est le motif de cette disposition ? C'est que dans l'un et l'autre cas, il est impossible à celui qui a besoin d'un acte de célébration de mariage, de le produire ; c'est pourquoi la loi vient à son secours, et lui permet de substituer une autre preuve à celle qu'il lui était impossible de faire.

Ainsi, pour assurer l'état des hommes, il a été ordonné qu'elles ne pourraient être intentées que par ceux qui auraient intérêt de le faire, qu'on serait obligé d'en faire preuve par écrit, et qu'on n'admettrait point la preuve par témoins sur une question d'une telle importance, lorsqu'on en peut avoir une par écrit. *Si tibi controversia ingenuitatis fiat, tuam causam deffende instrumentis et argumentis ; soli enim testes ad ingenuitatem non sufficiunt. Leg.* 2, *Cod. de Test.*

Sur ces principes, le parlement de Paris a déclaré abusives deux sentences de l'officialité d'Arras ; l'une qui, sur une demande en nullité de mariage, sous prétexte du défaut de présence du propre curé, avait admis la preuve par témoins ; et l'autre qui, sur l'enquête faite, avait déclaré le mariage nul.

Cet arrêt est du 30 avril 1723, sur les conclusions de M. d'Aguesseau, conseiller d'état, lors avocat général.

On n'est donc point admis à contester l'état de quelqu'un, lorsqu'on n'a point d'intérêt de le faire, comme nous l'avons dit : il faut, pour être admis à une telle contestation, que cet intérêt soit appuyé de justes raisons.

Ceux qui attaqueraient témérairement l'état de quelqu'un, prétendant qu'il n'est pas né de ceux qu'il dit être ses père et mère, ou qu'il n'est pas légitime, se rendraient coupables d'une injustice affreuse, en ce qu'ils tenteraient de lui ravir tout ensemble le soutien de sa vie, le droit de sa naissance, et l'honneur de sa condition.

L'état d'une personne est toujours très-favorable : ainsi dans les questions d'état, quand il y a du doute, le public et les juges penchent toujours vers la douceur, suivant ce principe que tout le monde a dans le cœur : *In dubio pro libertate respondendum est.*

Nos livres sont pleins d'arrêts qui ont canonisé cette maxime sage et judicieuse, et qui ont décidé ces sortes de questions d'état en faveur de la bonne foi et de la possession, principalement quand les agresseurs sont des collatéraux qui intentent la question par un principe d'intérêt vil et sordide. *Voy.* Soefve, *tom.* 1, *centurie* 4, *chap.* 62, et *tom.* 2, *centurie* 4 ; Henrys, *tom.* 2, *liv.* 6.

Il est certain que la seule déclaration du père et de la mère ne suffit pas pour priver un enfant de son état, parce que l'état des enfans ne doit point dépendre de la volonté des pères et mères ; c'est le titre solennel du mariage qui fait l'état des enfans.

Un père, dans sa prévention ou dans sa passion, déclarerait donc en vain, même avec serment, que l'enfant qui porte son nom ne fait que remplir la place de son véritable enfant mort ; sa déclaration vraie ou fausse ne changerait rien à la règle, parce qu'il importe infiniment pour la société civile que l'état des hommes soit certain, et que cette certitude soit établie sur des lois publiques et inviolables, qui ne dépendent point du caprice des particuliers : *Quæstionis enim status causa non privata, sed publica est, quæ pendere non debet ex privatorum arbitrio.*

La déclaration d'une femme qu'un enfant né d'elle pendant son mariage n'est pas légitime, ne peut aussi lui porter aucun préjudice, parce que l'état de cet enfant est le titre du mariage de ses père et mère, auquel leurs déclarations ne peuvent donner aucune atteinte. *V.* ce qui est dit à ce sujet dans le *troisième tome* des Causes célèbres, *page* 278 *et suivantes.*

Il y a néanmoins deux cas où la déclaration du père ou de la mère devient d'un très-grand poids, et où elle peut même former une preuve.

Le premier est, quand le père ou la mère persévère dans le désaveu jusqu'à la mort. Dans ces derniers momens où les passions amorties ne laissent plus que le regret de s'y être livré, il n'est point d'homme qui ne s'efforce de réparer les injustices qu'il a faites, sur-tout quand la réparation ne dépend uniquement que de sa volonté. Peut-on présumer qu'un père véritable, un père chrétien, s'il eût connu que l'enfant était le sien, eût persisté dans son désaveu jusqu'au dernier soupir de sa vie ; qu'il ne l'eût pas rappelé chez lui ; qu'il n'eût pas fait en sa faveur une déclaration authentique, pour le mettre à l'abri des informations qui déposoient contre lui ?

Le second cas où la déclaration d'une femme qu'un enfant prétend être sa mère, est d'un très-grand poids, c'est lorsqu'elle se trouve forcée d'avouer la supposition de l'enfant qui se donne pour véritable. *Non enim præsumendum quòd mater contrà seipsam, et contrà proprium filium, si talis fuisset, mentita fuerit. Menochius, de Præsumptionibus, tom.* 2, *lib.* 5, *conclusione* 24, *num.* 23.

En effet, quelle est la mère assez dénaturée et assez ennemie d'elle-même, pour vouloir ravir à son fils son état, et se déshonorer elle-même à la face de la justice ?

Cet auteur, qui rapporte aussi cette décision dans la conclusion 1147, *nomb.* 21, avoue que cette confession ne serait pas suffisante, si elle

         était

était dénuée de toute présomption ; mais il soutient, après Alciat, que, lorsqu'elle est accompagnée d'autres conjectures, elle doit faire une preuve complète.

Si la déclaration de père et de mère, quand elle est dénuée d'autres indices, ne suffit pas pour priver un enfant de son état, à plus forte raison la déclaration d'une personne étrangère ne doit produire aucun effet à cet égard. Soefve, *livre* 11, *centurie* 4, *chapitre* 1, rapporte un arrêt rendu, sur les conclusions de M. l'avocat-général Talon, le 11 août 1667, qui l'a jugé ainsi. *Voy.* cet arrêt.

Il paraît, par ce que nous venons de dire, que les lois veulent que les enfans qui naissent à l'ombre du sacrement de mariage soient réputés légitimes, quelques efforts que l'on fasse au contraire pour détruire la vérité de leur état ; de sorte que ni la preuve par témoins, ni le désaveu d'un père, ni celui même de la mère, ni la conjuration des héritiers collatéraux, ne sauraient rompre ce lien sacré. La loi, qui vient au secours de la nature, veut qu'il soit indissoluble. *Leg.* 14, *Cod. de Probationibus*; *Leg.* 3, *Cod. de Mancip. liberis*; *Leg.* 9, *de Pat. potestate*.

Une question d'état décidée par un jugement solennel et souverain ne peut plus être discutée. C'est précisément sur les questions d'état que tombe la maxime de droit, *Res judicata pro veritate habetur*. Dès que l'état d'une personne est une fois jugé, il n'est plus permis de douter de ce qui est contenu dans un tel jugement.

Les lois qui sont dans le titre du Digeste et du Code : *Ne de statu defunctorum post quinquennium queratur*, défendent de contester l'état des défunts, dans la possession duquel ils ont vécu, lorsque cinq ans se sont écoulés depuis leur décès, au cas que cette contestation se forme à leur préjudice.

V. Filiation. *V.* Légitime. *V.* Naissance. *V.* ce qui est dit des effets que produisent les

Tome III.

jugemens rendus sur les questions d'état, dans le second tome des Causes célèbres, *page* 307 et suivantes, et dans le neuvième tome, *pag.* 579 et suivantes. *V.* enfin l'Histoire de mademoiselle de Choiseul, qui est à la fin du sixième tome des Causes célèbres, où sont rapportés et discutés parfaitement bien tous les principes qui concernent la question d'état.

Question préjudicielle, est celle dans laquelle il s'agit de l'état d'une des parties. On l'appelle préjudicielle, tant à cause qu'elle fait préjudice à une autre action principale dans laquelle le juge doit suivre ce qui se trouvera décidé dans l'action préjudicielle, qu'à cause qu'elle doit être décidée la première.

Il y avait chez les Romains plusieurs questions d'état ; savoir, si quelqu'un est libre ou ingénu, ou enfant de celui qu'il prétend être son père.

Nous n'avons point en France de causes touchant la liberté ou l'ingénuité ; mais nous avons celle qui se présente à l'occasion des enfans ; savoir, s'ils sont légitimes ou non ; et cette question, dans notre usage, est une action préjudicielle de même que chez les Romains.

Par exemple, Titius qui se prétend petit-fils d'un défunt a pris qualité d'héritier, et a intenté l'action de partage contre ses autres enfans qui ont aussi pris la qualité d'héritiers ; si on lui conteste la qualité de petit-fils du défunt, c'est une question préjudicielle de savoir si en effet il est petit-fils du défunt né d'un légitime mariage, ou si son père décédé est né aussi en légitime mariage ; et cette question doit être préalablement jugée avant que de venir à la question s'il sera reçu au partage : la décision de cette question doit servir à la décision de l'autre ; car s'il justifie être le petit-fils du défunt, et que le juge le prononce tel, il faut aussi de nécessité qu'il condamne les autres enfans de le recevoir au partage de la succession de son aïeul.

Outre cette question de savoir ; si un enfant est légitime ou non, nous avons encore d'autre questions d'état qui sont aussi préjudicielles. *Voy.* Question d'état.

22

Quoique l'action préjudicielle doive être jugée la première, comme nous l'avons dit, il faut excepter la cause des alimens, laquelle ne peut être remise, mais doit être vidée avant toute autre contestation, lorsque celui qui en fait la demande est comme en possession de la filiation : *Quià satius est eum qui fortè filius non est ali, quàm cum fame necari, qui fortè filius promunciabitur ;* de manière toutefois que ce qui sera prononcé dans la cause d'alimens ne portera point préjudice à la vérité. *Leg.* 5, §. 8, *cùm seq. ff. de Agnos. et Alend. liber. V.* ce qu'a dit Ferrière *au mot* Filiation, et ce qu'il a dit dans sa Traduction des Institutes, sur le §. 13, du *tit.* 6 du *quatrième livre.*

Droit nouveau.

La filiation des enfans légitimes se prouve par les actes de naissance inscrits sur le registre de l'état civil. *Art.* 319. *Voy.* Acte de l'état civil *et* Acte de naissance.

A défaut de ce titre, la possession constante de l'état d'enfant légitime suffit. *Art.* 320.

La possession d'état s'établit par une réunion suffisante de faits qui indiquent le rapport de filiation et de parenté entre un individu et la famille à laquelle il prétend appartenir. — Les principaux de ces faits sont, que l'individu a toujours porté le nom du père auquel il prétend appartenir ; — que le père l'a traité comme son enfant, et a pourvu, en cette qualité, à son éducation, à son entretien et à son établissement ; — qu'il a été reconnu constamment pour tel dans la société ; — qu'il a été reconnu pour tel par la famille. *Art.* 321.

Nul ne peut réclamer un état contraire à celui que lui donnent son titre de naissance et la possession conforme à ce titre ; — Et réciproquement nul ne peut contester l'état de celui qui a une possession conforme à son titre de naissance. *Art.* 322.

A défaut de titre et de possession constante, ou si l'enfant a été inscrit, soit sous de faux noms, soit comme né de père et de mère inconnus, la preuve de filiation peut se faire par témoins. — Néanmoins cette preuve ne peut être admise que lorsqu'il y a commencement de preuve par écrit, ou lorsque les présomptions ou indices résultant de faits dès-lors constans sont assez graves pour déterminer l'admission. *Art.* 323.

Le commencement de preuve par écrit résulte des titres de famille, des registres et papiers domestiques du père ou de la mère, des actes publics et même privés émanés d'une partie engagée dans la contestation, ou qui y aurait intérêt si elle était vivante. *Art.* 324.

La preuve contraire pourra se faire par tous les moyens propres à établir que le réclamant n'est pas l'enfant de la mère qu'il prétend avoir, ou même, la maternité prouvée, qu'il n'est pas l'enfant du mari de la mère. *Art.* 325.

Les tribunaux civils seront seuls compétens pour statuer sur les réclamations d'état. *Art.* 326.

L'action criminelle contre un délit de suppression d'état, ne pourra commencer qu'après le jugement définitif sur la question d'état. *Art.* 327.

L'action en réclamation d'état est imprescriptible à l'égard de l'enfant. *Art.* 328.

L'action ne peut être intentée par les héritiers de l'enfant qui n'a pas réclamé, qu'autant qu'il est décédé mineur, ou dans les cinq années après sa majorité. *Art.* 329.

Les héritiers peuvent suivre cette action lorsqu'elle a été commencée par l'enfant, à moins qu'il ne s'en fût désisté formellement, ou qu'il n'eût laissé passer trois années sans poursuites, à compter du dernier acte de la procédure. *Art.* 330.

Voy. les mots Légitimité *et* Enfant légitime.

QUESTION douteuse, est une question problématique qui n'est pas décidée clairement par la loi, et dont l'affirmative et la négative se trouvent appuyées de raisons également fortes.

Cela donne aux juges la liberté de prendre tel parti qu'il leur plaît, sans blesser leur conscience; mais il faut qu'ils examinent bien la question, et qu'ils voient si dans le doute et en parité de raison, l'équité ne penche pas d'un côté plus que de l'autre; car, en ce cas, c'est le parti qu'il faut embrasser.

Montagne dit, à l'occasion des questions douteuses, qu'un juge avait coutume, quand il en rencontrait dans un livre, de mettre à la marge, *question pour l'ami* : ce qui signifie que l'amitié, qui, généralement parlant, ne doit faire aucune impression sur l'esprit d'un juge, sert néanmoins beaucoup à déterminer l'incertitude de l'esprit, qui se trouve suspendu et incertain dans les questions douteuses par l'égalité des raisons.

Mais voici la règle qu'un juge prudent doit suivre dans les affaires douteuses, c'est de prendre le parti le plus doux. *Semper in dubiis benigniora præferenda sunt; Leg.* 56, *ff. de Reg. jur.* En effet, ce sentiment nous est inspiré par l'équité naturelle, qui nous défend d'user de trop de rigueur lorsque l'on en peut user autrement sans blesser la justice, et sans nuire au droit des parties. Les adoucissemens facilitent la décision des affaires, et font toujours plaisir aux personnes intéressées qui s'y soumettent plus volontiers. Si c'est une affaire criminelle, il y a de l'humanité à n'être pas si sévère, à moins que l'atrocité du crime ou autres circonstances n'obligent le juge à faire punir très-sévèrement celui qui en est coupable. *In pœnalibus causis benignius interpretandum est. Leg.* 155, §. *Ult. ff. de Regul. jur.*

En un mot, dans toutes sortes d'affaires, il faut pour suivre la véritable intention de la loi, l'interpréter par le sens le plus doux. *Benignius leges interpretandæ sunt quò voluntas earum conservetur. Leg.* 155, §. *Ult. ff. de Regul. jur.*

Les questions douteuses naissent de l'obscurité de la loi ou des termes de conventions : sur quoi, *Voy. les mots* Interprétation de la loi et des conventions, Ambiguité *et* Choses douteuses.

QUOTITÉ, signifie portion et quantité d'un tout.

QUOTITÉ DISPONIBLE, en matière de succession, est la partie de ses biens dont le défunt peut disposer par libéralité, en faveur de l'un de ses héritiers ou d'un étranger.

On a vu plus haut *aux mots* Quarte falcidie, Quarte trébellianique et Quatre-quints, quelle était, en pays de droit écrit et en pays coutumiers, la quotité de ses biens dont un donateur ne pouvait disposer au préjudice de l'héritier, ce qui donne par conséquent la quotité dont il pouvait disposer.

Droit intermédiaire.

La loi du 17 nivose an 2, qui renversa tout l'ancien système des successions, eut pour base la plus grande égalité dans les partages : elle réduisit donc la quotité disponible; mais elle défendit que l'on pût disposer de cette quotité en faveur de ceux qui étaient appelés par la loi à la succession. Nous allons rapporter celles des dispositions de cette loi qui ont rapport à cette matière. On trouvera la loi rapportée en entier *au mot* Succession.

« *Art.* 9. Les successions des pères, mères ou autres ascendans, et de parens collatéraux, ouvertes depuis et compris le 14 juillet 1789, et qui s'ouvriront à l'avenir, seront partagées également entre les enfans, descendans ou héritiers en ligne collatérale, nonobstant toutes lois, coutumes, donations, testamens et partages déja faits. En conséquence, les enfans, descendans, et héritiers en ligne collatérale, ne pourront, même en renonçant à ces successions, se dispenser de rapporter ce qu'ils auront eu à titre gratuit, par l'effet des donations que leur auront faites leurs ascendans, ou leurs parens collatéraux, le 14 juillet 1789, ou depuis.

» 16. Les dispositions générales de la présente loi ne font point obstacle, pour l'avenir, à la faculté de disposer du dixième de son bien, si on a des héritiers en ligne directe, ou du sixième, si l'on n'a que des héritiers collatéraux, au profit d'autres que des personnes appelées par la loi au partage des successions. »

La loi du 4 germinal an 8 vint rendre au droit de propriété une partie de ses effets, en augmentant la quotité disponible et donnant la faculté d'en disposer en faveur même d'un ou de ses héritiers. Nous allons rapporter le texte de cette loi, que nous ferons précéder des motifs qui y ont donné lieu.

« CITOYENS LÉGISLATEURS, depuis long-temps on demande en France un Code civil : chaque assemblée nationale a essayé d'en faire un ; aucune n'y a réussi, malgré tous les projets qui ont été présentés sur cette matière. Parmi les causes qu'on pourrait alléguer du peu de succès de cette entreprise, la principale est peut-être l'idée dans laquelle on paraît avoir été jusqu'à présent, qu'on pouvait créer et faire adopter tout-à-la-fois le volume de lois qu'on peut réunir sous le nom de *Code civil*. Cet entreprise, qui serait difficile chez un petit peuple naissant, paraît impraticable chez une nation existante depuis des siècles, laquelle présente une grande variété d'habitudes, de mœurs et de coutumes dont la plupart paraissent tenir à une différence de sol et d'industrie. Vouloir changer tout-à-coup les lois d'un tel peuple, et le ramener brusquement à un système uniforme, c'est un contre-sens dans lequel on n'est tombé que trop souvent dans le cours de la révolution. Ce n'est pas ainsi que marche la nature : ce n'est pas ce que le bon sens et l'expérience indiquent. Il faut consulter les besoins d'un peuple, il faut sur-tout consulter son vœu, car, soit qu'il s'agisse de réformer ou de créer, n'agir qu'avec beaucoup de circonspection, et qu'après s'être assuré que le changement qu'on prépare est non-seulement bon en soi (ce qui est souvent une règle trompeuse) mais que le bien relatif qui doit en résulter est généralement senti et désiré.

» La matière sur laquelle le gouvernement appelle aujourd'hui votre attention citoyens législateurs, est un exemple frappant de ce que nous disons ici. Il y avait sans doute des réformes à faire dans la partie des donations, des testamens, des successions : mais, pour avoir été trop vite, on est allé beaucoup trop loin ; on a excité plus de mécontentement dans la nation qu'on ne voulait en éteindre ; et il n'est pas moins nécessaire de revenir sur les fautes qu'on a commises à cet égard dans le cours de la révolution, que de corriger les vices que présentait l'ancien régime.

» Il était permis alors et même ordonné de distinguer dans la famille entre l'aîné et les cadets, entre les mâles et les filles ; les biens étaient frappés de substitutions graduelles et perpétuelles : ces dispositions, nées de la féodalité, étaient appropriées à un système de distinctions, d'orgueil et d'inégalité ; elles devaient, par conséquent, tomber avec l'ancien régime, qui n'était qu'un monstrueux échafaudage de priviléges et de titres héréditaires. Mais en les abolissant, il ne fallait pas tomber dans un autre excès ; il ne fallait pas anéantir la liberté de disposer de son bien, soit par acte entre-vifs, soit par acte de volonté dernière, liberté que tout homme tient de la nature, et qui fait une partie essentielle du droit de propriété ; liberté que les lois civiles peuvent plus ou moins restreindre, mais qu'elles ne doivent pas détruire totalement ; et c'est cependant ce qu'avait fait, à peu de chose près, la loi du 17 nivose an 2.

» Par cette loi, on ne pouvait, en ligne directe, disposer que d'un dixième de son bien, et que d'un sixième en collatérale ; et jamais la libéralité ne pouvait avoir lieu qu'au profit d'un étranger ; ainsi tous les propriétaires se trouvaient frappés d'une espèce d'interdiction, et jamais le citoyen n'avait été moins libre que depuis qu'il était devenu citoyen.

» Ce système d'interdiction était fondé sur des idées fausses d'égalité et de liberté politiques; on oubliait en cela, comme en beaucoup d'autres choses, que le premier bien de l'homme en société est la liberté civile, et que toutes les fois qu'on veut la restreindre sous prétexte d'avoir une égalité et liberté politique plus parfaite, on sacrifie la fin aux moyens, on s'écarte du but de toute bonne organisation sociale.

» C'est donc revenir à une liberté bien entendue et beaucoup plus réelle que d'étendre la faculté de disposer, soit par acte entre-vifs, soit par acte de volonté dernière : c'est céder à un des premiers besoins du cœur humain, à un des vœux les plus ardens de la nation, qui souffre très-impatiemment le joug que lui impose la loi du 17 nivôse.

» Le projet qui vous est présenté, citoyens législateurs, étend cette faculté, non-seulement sous le rapport de la quotité des biens que l'on peut donner, mais encore sous le rapport du nombre et de la qualité des personnes qui peuvent être l'objet de la libéralité, puisqu'il supprime la distinction que la loi du 17 nivôse avait introduite entre les héritiers et les étrangers, et qu'il permet de disposer au profit des premiers comme au profit des seconds, chose beaucoup plus analogue aux affections humaines que la prohibition qui existe actuellement.

» Cependant la liberté de disposer de son bien, liberté fondée, comme nous l'avons dit, sur la nature et le droit de propriété, liberté favorable au développement de l'industrie et du commerce, comme aux plus doux sentimens du cœur humain, cette liberté n'est pas la seule chose qu'il fallait considérer ici; elle devait être combinée avec un autre principe également avoué par la nature et les besoins de la société, celui d'assurer la permanence, l'accroissement et la tranquillité des familles. Il est dans le cours ordinaire des affections naturelles, et presque toujours dans l'intérêt public, que les biens des familles se partagent également entre ceux de ses membres qui sont au même degré.

» Cette égalité de partage paraît être com-

mandée plus rigoureusement par la nature, à mesure que le lien de famille est plus rapproché; et c'est sans doute pour se conformer à ce vœu, que quelques législateurs ont exigé qu'elle fût absolue entre les enfans, et ont défendu au père d'y porter la moindre atteinte.

» Mais ces législateurs ne voyaient pas que cette égalité absolue était souvent contraire à la véritable égalité; que souvent celle-ci est blessée par des accidens naturels et moraux, et que le meilleur moyen d'en rétablir le niveau entre les enfans est de donner au père la libre disposition d'une portion de ses biens.

» D'ailleurs il fallait envisager cet objet sous le rapport de l'autorité paternelle, autorité si légitime et si sacrée, si étroitement liée à l'intérêt des bonnes mœurs, autorité que le législateur ne peut environner de trop de confiance, de considération et de force.

» Sans doute il existe quelques mauvais pères; mais combien le nombre en est petit, comparé à celui des bons! Est-il une autorité plus généralement, plus constamment dévouée à ceux qui lui sont soumis? Et n'est-ce pas affaiblir cette autorité que de la priver du droit de punition et de récompense? D'un autre côté, n'est-ce pas favoriser l'indépendance des enfans, indépendance qui leur est beaucoup plus naturelle que l'abus de leur pouvoir ne l'est chez les pères?

» Voilà les raisons qu'il fallait peser pour arriver à un résultat qui, dans une matière aussi importante, réunit le plus d'avantages et le moins d'inconvéniens, et ce résultat, citoyens législateurs, nous croyons l'apercevoir dans le projet qui vous est présenté.

Texte de la loi.

« Art. 1er. A compter de la publication de la présente loi, toutes libéralités qui seront faites, soit par actes entre-vifs, soit par actes de dernière volonté, dans les formes légales, seront valables lorsqu'elles n'excéderont pas le quart des biens du disposant, s'il laisse, à son décès, moins de quatre enfans; le cinquième, s'il laisse quatre enfans; le sixième, s'il en laisse cinq; et ainsi de suite, en comptant toujours, pour dé-terminer la portion disponible, le nombre des enfans, plus un.

» Sont compris dans l'article précédent, sous le nom d'enfans, les descendans en quelque degré que ce soit; néanmoins ils ne seront comptés que pour l'enfant qu'ils représentent dans la succession du disposant.

» 3. Vaudront pareillement les libéralités qui seront faites dans les formes légales, soit par actes entre-vifs, soit par actes de dernière vo-lonté, lorsqu'elles n'excéderont pas :

» La moitié des biens du disposant, s'il laisse, soit des ascendans, soit des frères ou sœurs, soit des enfans ou petits-enfans des frères ou des sœurs ;

» Les trois quarts, lorsqu'il laisse, soit des oncles ou grands-oncles, tantes ou grandes-tantes, soit des cousins germains ou cousines germaines, soit des enfans desdits cousins et cousines.

» 4. A défaut de parens dans les degrés ci-dessus exprimés, les dispositions à titre gratuit pourront épuiser la totalité des biens du dispo-sant.

» 5. Les libéralités autorisées par la présente loi pourront être faites au profit des enfans ou autres successibles du disposant, sans qu'ils soient sujets à rapport.

» 6. Toutes lois contraires à la présente sont abrogées; néanmoins, il n'est dérogé ni à celles qui règlent l'ordre des successions *ab intestat*, ni à celles qui concernent les dispositions entre époux.

Droit nouveau.

Les libéralités, soit par acte entre-vifs, soit par testament, ne pourront excéder la moitié des biens du disposant, s'il ne laisse à son décès qu'un enfant légitime ; le tiers, s'il laisse deux enfans; le quart, s'il en laisse trois ou un plus grand nombre. *Art.* 913.

Sont compris dans l'article précédent, sous le nom d'*enfans*, les descendans en quelque degré que ce soit ; néanmoins ils ne sont comp-tés que pour l'enfant qu'ils représentent dans la succession du disposant. *Art.* 914.

Les libéralités par acte entre-vifs ou par tes-tament ne pourront excéder la moitié des biens si, à défaut d'enfant, le défunt laisse un ou plusieurs ascendans dans chacune des lignes pa-ternelle et maternelle ; et les trois quarts, s'il ne laisse d'ascendans que dans une ligne. — Les biens ainsi réservés au profit des ascendans se-ront par eux recueillis dans l'ordre où la loi les appelle à succéder : ils auront seuls droit à cette réserve, dans tous les cas où un partage en con-currence avec des collatéraux ne leur donnerait pas la quotité de biens à laquelle elle est fixée. *Art.* 915.

A défaut d'ascendans et de descendans, les libéralités par actes entre-vifs ou testamentaires pourront épuiser la totalité des biens. *Art.* 916.

Si la disposition par acte entre-vifs ou par testament est d'un usufruit ou d'une rente via-gère dont la valeur excède la quotité dispo-nible, les héritiers au profit desquels la loi fait une réserve auront l'option, ou d'exécuter cette disposition, ou de faire l'abandon de la pro-priété de la quotité disponible. *Art.* 917.

La valeur en pleine propriété des biens alié-nés, soit à charge de rente viagère, soit à fonds perdu, ou avec réserve d'usufruit, à l'un des successibles en ligne directe, sera imputée sur la portion disponible ; et l'excédant, s'il y en a, sera rapporté à la masse. Cette imputation et ce rapport ne pourront être demandés par ceux des autres successibles en ligne directe qui auraient consenti à ces aliénations, ni, dans au-cun cas, par les successibles en ligne collatérale. *Art.* 918.

La quotité disponible pourra être donnée en tout ou en partie, soit par acte entre-vifs, soit par testament, aux enfans ou autres successibles du donateur, sans être sujette au rapport par le donataire ou le légataire venant à la succession, pourvu que la disposition ait été faite expressément à titre de préciput ou hors part. — La déclaration que le don ou le legs est à titre de préciput ou hors part, pourra être faite, soit par l'acte qui contiendra la disposition, soit postérieurement, dans la forme des dispositions entre-vifs ou testamentaires. *Art.* 919.

V. Donation par préciput et hors part, *et* Rapport.

R

RACHAT, est l'action par laquelle on rachette, on retire une chose qu'on a vendue, ou qui était en la possession d'un autre. *Voy.* Réméré.

RACHAT EN FAIT DE RENTES CONSTITUÉES, est la faculté d'en rembourser le principal.

Droit ancien.

Cette faculté n'est jamais prescriptible, le débiteur est toujours reçu à se libérer, quand même il y aurait convention au contraire : *Quia res non potest esse sine suâ substantiâ.* Or il est de la substance des rentes constituées d'être rachetables en quelque temps que ce soit, quoique le créancier n'en puisse pas exiger le remboursement, si ce n'est dans le cas de droit.

Suivant ce que nous avons dit, le rachat d'une rente constituée dépend absolument de celui qui en est le débiteur, par la raison que celui au profit de qui la rente est constituée a fait une vraie aliénation du fonds qu'il a donné pour la constitution de la rente.

Cependant il y a des cas où le créancier peut contraindre le débiteur d'une rente constituée à la racheter.

1.º Pour cause de stellionat, attendu la mauvaise foi du débiteur, et que celui au profit de qui la rente est constituée a été trompé, et n'a pas les sûretés sur lesquelles il comptait lorsqu'il a donné son argent à constitution.

2.º Lorsque celui qui est débiteur de la rente aliène un immeuble affecté et hypothéqué à ladite rente. La raison est, qu'une telle aliénation est préjudiciable au créancier, en ce qu'elle diminue la sûreté de sa rente. *V. ci-après* Vente d'office.

3.º Lorsque celui qui a passé un contrat de constitution s'est obligé de faire emploi de l'argent, et d'en fournir un acte au créancier dans un certain temps, et de déclarer dans le contrat d'acquisition que c'est des deniers du créancier, consentant qu'il ait une hypothèque privilégiée sur la chose ; s'il ne le fait, il peut être contraint au rachat.

4.º Celui qui achète un héritage chargé d'un douaire préfix de deniers à condition de placer la rente jusqu'à ce que le douaire ait lieu, est obligé d'en faire le remboursement sitôt que le douaire a lieu.

Enfin, l'acquéreur d'un héritage à la charge de n'en payer le prix que dans un tel temps, et d'en faire *interim* la rente, peut être contraint d'en faire le remboursement lorsque le temps est arrivé.

Au reste de ce que le rachat est une rente constituée, laquelle ordinairement dépend absolument de celui qui en est le débiteur, il résulte que le co-obligé qui rachette la rente due par lui et ses co-obligés, ne les peut contraindre de lui en faire le remboursement. Le Prêtre *cent.* 1, *chap.* 8. Dumoulin en son Traité des Usures, *nomb.* 245 *et* 246 ; Louet, *lett.* F, *somm.* 27, *et lett.* R, *somm.* 11.

Touchant le rachat des rentes constituées, *Voy.* ce qu'a dit Ferrière sur l'*art.* 121 de la Coutume de Paris.

Droit intermédiaire.

Voy. pour le *Droit intermédiaire*, le mot Rente, où il est parlé de celles créées ou rachetées pendant la durée du papier-monnaie.

Droit nouveau.

La rente constituée en perpétuel est essentiellement rachetable. — Les parties peuvent seulement convenir que le rachat ne sera pas fait avant un délai qui ne pourra excéder dix ans , ou sans avoir averti le créancier au terme d'avance qu'elles auront déterminé. *Art.* 1911. •

Le débiteur d'une rente constituée en perpétuel peut être contraint au rachat , 1.º s'il cesse de remplir ses obligations pendant deux années; 2.º s'il manque à fournir au préteur les sûretés promises pour le contrat. *Art.* 1912.

Le capital de la rente constituée en perpétuel devient aussi exigible, en cas de faillite ou de déconfiture du débiteur. *Art.* 1913.

Voy. Rente foncière *et* Rente viagère.

RACHETER , signifie éteindre une rente , s'en libérer.

RACINE. On dit que des fruits sont pendans par les racines quand ils ne sont pas encore coupés ni cueillis.

Les récoltes pendantes par les racines , et les fruits des arbres non encore recueillis, sont immeubles. — Dès que les grains sont coupés et les fruits détachés , quoique non enlevés , ils sont meubles. — Si une partie seulement de la récolte est coupée, cette partie seule est meuble. *Art.* 520.

RADIATION EN MATIÈRE D'HYPOTHÈQUE. *Voy.* Hypothèque.

RAPPORT signifie la remise des sommes qu'un des co-héritiers doit faire à la masse de la succession avant de la partager , afin de conserver l'égalité entre tous les co-héritiers du défunt.

Droit ancien.

Selon le droit romain, le rapport est la confusion et le mélange des biens de ceux qui le font, avec le bien de ceux dont la succession est à partager , à l'effet d'être joints à la masse, pour être le tout partagé en autant de portions qu'il s'en doit faire de la succession, y compris

ceux qui rapportent , et ceux à qui le rapport est fait.

Le rapport se peut faire de différentes manières.

Premièrement , en rapportant effectivement les choses sujettes à rapport , et les faisant comprendre dans la masse des biens du défunt.

En second lieu , en retenant ce qui est sujet à rapport , et prenant d'autant moins des biens de la succession.

Le droit romain a introduit le rapport, et voici à quelle occasion.

Par l'ancien droit, c'est-à-dire , par la disposition de la loi des douze tables (*quæ lex appellata est fons et origo omnis publici privatique juris*), les enfans émancipés étaient regardés comme étrangers , et par conséquent étaient exclus de la succession de leur père, ou autre ascendant paternel. Sur quoi , *Voy.* ce qu'en a dit Ferrière sur le §. 9 du *premier titre* du *troisième livre* des Instituts.

Mais le préteur ayant admis les enfans émancipés à leurs successions , il trouva qu'en les y admettant avec les enfans qui étaient héritiers siens du défunt, il serait injuste de leur laisser les biens qu'ils avaient acquis depuis leur émancipation ; d'autant que toutes les acquisitions qu'avaient faites les enfans qui étaient restés en la puissance de leur père, augmentaient son patrimoine, dont les enfans émancipés devenaient participans.

Pour remédier à cet inconvénient, le préteur trouva à propos d'obliger les enfans émancipés , venant à la succession de leur père, à rapporter tout ce qu'ils avaient acquis depuis leur émancipation , du moins tout ce qui aurait appartenu à leur père , s'ils étaient restés dans sa puissance : ainsi sa vue fut de rendre égale par ce moyen la condition des uns et des autres enfans.

A prætore injuncta fuit emancipatis bonorum collatio, 1º. *ut injuria, quam emancipati suis faciunt contrario collationis commodo repensaretur.* 2º. *Quià prætor emancipatos ad parentum*

parentum successionem vocat , quasi rescissâ emancipatione semper in familiâ remansissent, hic autem color postulat , ut quemadmodum quasi sui succedunt , ità quasi sui ea patri censeantur acquisisse , quæ reverà ipsi acquisissent, si non fuissent emancipati. 3°. Ut inter liberos servetur æqualitas, quæ maximum est concordiæ inter fratres retinendæ vinculum.

De ce que nous venons de dire il s'ensuit,

1.º que les enfans émancipés ne faisaient point entr'eux de rapport : *quià emancipati nullo incommodo sese invicem afficiunt , sed pari jure utuntur.* Ainsi les émancipés n'étaient obligés au rapport que quand ils succédaient à leur père, ou autre ascendant paternel, concurremment avec les héritiers siens du défunt.

2.º Que les enfans émancipés qui étaient institués héritiers par leur père, n'étaient point obligés de rapporter : *quià eo ipso, quo emancipati meruerunt judicium patris , nec quidquam amplius consequuntur quam pater eis dedit, non faciunt fratribus injuriam.* Mais Justinien ordonna qu'ils seraient obligés de rapporter ce qu'ils avaient acquis depuis leur émancipation, à moins que le testateur ne l'eût défendu expressément. *Authent. ex Testamento, Cod. de Collationib.*

3.º Que les enfans héritiers siens ne sont point obligés de rapporter, ni entr'eux, ni à ceux qui sont émancipés.

Mais il a été réglé dans la suite que tous les enfans, soit qu'ils soient sous la puissance de leur père, soit qu'ils soient émancipés, fussent obligés de rapporter à la succession de leur père ce qu'ils en auraient reçu en dot, ou à titre de donation à cause de noces.

Hodiè liberi omnes, sive sui juris sint , sive in potestate constituti , dotem et donationem propter nuptias à parte profectam in medium conferre tenentur, æqualitatis inter liberos servandæ causâ : cui rationi accedit quod dos et donatio propter nuptias dari censeantur quasi mortis causâ, in antecessum futuræ successionis, et ut cedant in legitimam : at ea quæ veniunt

Tome III.

in legitimam et in collationem , non tamen vice versâ. Leg. penult. Cod. de Collationib.

De ce que nous avons dit il s'ensuit que les émancipés ne sont obligés à rapporter à la succession de leur père, que les biens qu'ils lui eussent acquis s'ils étaient restés en sa puissance ; et par conséquent qu'ils ne sont point obligés de rapporter les biens castrenses ou quasi-castrenses; *Leg. 1 , §. 15, ff. de Collationib. bonor.* Par le droit nouveau, ils ne rapportent que les biens profectices, et l'usufruit des biens adventices; parce que quand même ils seraient restés en la puissance de leur père , ils n'auraient acquis à leur père que l'usufruit des biens adventices, comme il a été ordonné par la constitution de Justinien. *Leg. ult. Cod. de Collationib. et Leg. ult. Cod. de Bon. qu. liber.*

Voilà l'origine et le progrès du rapport, suivant le droit romain, dont à cet égard on suit, en pays de droit écrit, la disposition de la dernière jurisprudence. Voyons présentement ce qui s'observe parmi nous en pays coutumier, au sujet du rapport des biens.

Le rapport de biens selon le droit coutumier, est différent de celui qui avait été introduit par le droit romain.

EN PAYS COUTUMIER, tous les enfans venant à la succession de leur père et mère, ou autre ascendant du côté paternel ou maternel , sont obligés de rapporter à la masse de leur succession commune tous les avantages qu'ils ont reçus d'eux en avancement d'hoirie, pour être confondus avec les autres biens de la succession, et partagés entre ceux qui rapportent et leurs co-héritiers. Cela posé , il y a beaucoup de différence entre le rapport qui se fait suivant le droit romain, et le rapport qui se fait suivant le droit coutumier.

1.º Le rapport qui se fait suivant le droit romain, oblige les enfans émancipés à rapporter ce qu'ils ont acquis depuis leur émancipation. Il oblige aussi les enfans émancipés et les enfans héritiers siens, à rapporter ce qu'ils ont reçu à titre de dot ou de donation à cause de

23

'noces; au lieu que, suivant le droit coutumier, le rapport ne se fait que de ce que les enfans ont reçu en avancement d'hoirie de leurs père et mère, et non pas de ce qu'ils ont acquis d'ailleurs.

2.° Le rapport, suivant le droit romain, n'a originairement été introduit qu'à l'égard des enfans émancipés; au contraire, en pays coutumier la puissance paternelle n'étant point admise, le rapport y a été introduit indépendamment de cette considération.

Mais, quoique le rapport qui se fait en pays coutumier, soit différent de celui qui se pratique suivant les lois romaines en pays de droit écrit, une des raisons qui avaient fait introduire le rapport chez les Romains, l'a fait adopter par nos coutumes.

Cette raison qui est tirée de l'équité naturelle, tend à maintenir la paix dans les familles, en conservant, autant qu'il est possible, l'égalité entre tous les enfans qui viennent à la succession de leur père et mère, ou autres ascendans de l'un et de l'autre côté; autrement il n'y aurait pas de justice, qu'entre ceux qui son appelés à la succession de leurs ascendans par un droit égal de la nature, il y en eût de plus avantagés que les autres.

C'est un principe certain, que quand la raison de la loi cesse, sa disposition doit aussi cesser. Or le rapport n'a été admis parmi nous en ligne directe descendante, que pour conserver dans les familles la paix entre les enfans venant à la succession de quelqu'un de leurs ascendans, en rendant leur condition égale.

Le rapport n'a point lieu dans la ligne directe ascendante: car comme, selon le droit naturel, la succession des ascendans est due également à tous les enfans, rien ne parait plus équitable, que l'égalité soit conservée entre tous les enfans qui se portent héritiers de leurs père et mère. Mas cette raison n'a pas lieu à l'égard des ascendans, lorsque leurs enfans décèdent sans enfans; car c'est une succession à laquelle ils ne doivent pas s'attendre naturellement, et qui ne leur échoit que *turbato mortalitatis ordine*. Aussi les lois romaines ne parlent que de la ligne directe descendante; et aucune de nos coutumes n'ordonne le rapport dans la ligne directe ascendante, pas même celles qui l'ordonnent dans la ligne collatérale.

Dans les règles, le rapport ne peut pas avoir lieu en collatérale: ainsi quelque donation qu'un des héritiers d'un défunt eût reçue de lui de son vivant, il ne serait pas obligé de la rapporter, parce que les biens d'un défunt n'étant déférés à ses collatéraux que par une espèce de bienfait volontaire, ils sont réputés étrangers, et ils ne peuvent contester les dispositions entre-vifs faites à l'un d'eux. Brodeau sur Louet, *lettre D, somme* 17, *nom.* 10.

Il y a néanmoins quelques coutumes, comme celles de Blois et de la Rochelle, qui veulent que tout donataire, soit en ligne directe, soit en ligne collatérale, venant à la succession du donateur, rapporte les choses qu'il en a reçues de son vivant à titre de donation.

Il n'y a donc régulièrement que les héritiers en ligne directe descendante, qui soient obligés à rapporter ce qui leur a été donné par celui auquel ils succèdent; mais ils peuvent, si bon leur semble, retenir ces avantages en renonçant à leur succession, quoique ce qui leur a été donné excède de beaucoup leur portion héréditaire, pourvu que la légitime soit réservée aux autres.

Ainsi, quand les donataires en ligne directe ne viennent point à la succession, et se tiennent à leurs dons, les choses données ne sont sujettes à rapport que jusqu'à concurrence de la légitime des autres enfans.

Néanmoins dans les coutumes d'égalité, le rapport est d'une nécessité si absolue, tant en ligne directe qu'en ligne collatérale, que celui qui renonce à la succession de celui dont il a reçu quelques dons, est obligé de les rapporter, aussi-bien que ceux qui l'acceptent; mais ce rapport n'est absolument nécessaire de la part de ceux qui renoncent à la succession, que lorsqu'il y a des co-héritiers qui le demandent, parce qu'il n'a été introduit qu'en leur faveur, et pour conserver l'égalité entr'eux. D'où il resulte que s'il n'y avait que des créanciers du défunt qui voulussent obliger l'héritier du donateur de rapporter, ils n'y seraient pas recevables.

Comme le rapport n'a lieu qu'entre co-héritiers, si un père ou une mère qui ont avantagé quelques-uns de leurs enfans, et les font tous légataires universels par leur testament, veulent, pour conserver l'égalité entr'eux tous, que ceux qui ont été avantagés fassent le rapport de ce qu'ils ont reçu d'eux; il faut qu'ils ajoutent une clause qui les y oblige; autrement tous les avantages qu'auraient reçus quelques-uns deux, ne seraient point sujets à rapport, parce que les légataires universels tiennent à la vérité lieu d'héritiers, mais ils ne le sont pas effectivement.

En ligne directe, l'héritier par bénéfice d'inventaire qui renonce à la succession, est obligé de rapporter ce qui lui a été donné : mais ce rapport n'est qu'à l'égard des co-héritiers, et non des créanciers de la succession.

Les enfans qui sont rappelés à la succession de leur père et mère, sont sujets au rapport, soit que le rappel soit fait en conséquence d'une renonciation contractuelle, ou d'une exhérédation, soit qu'il soit fait pour rétablir le défaut de réprésentation.

L'enfant rappelé est véritablement héritier *ab intestat*, suivant la règle, *le mort saisit le vif*; c'est pourquoi il est saisi de plein droit par le rappel: d'où il s'ensuit que le petit-fils qui est rappelé dans les coutumes où la réprésentation n'a pas lieu en directe, fait que la succession se partage par souches, et non par têtes.

Lorsque le rapport ne peut avoir lieu qu'entre co-héritiers, il s'ensuit que si tous les enfans sont donataires entre-vifs ou légataires, et qu'ils renoncent tous à la succession du défunt, se tenant aux avantages qui leur ont été faits entre-vifs ou par testament, il ne peut y avoir

de rapport entr'eux, le défunt n'ayant point d'héritier. *Voy.* un Acte de Notoriété du châtelet, du premier juillet 1702.

Il faut régler les rapports des co-héritiers avant que de faire les lots. Ainsi avant que de procéder aux partages, il faut nécessairement savoir en quoi consistent les biens de la succession; et pour y parvenir, il faut faire deux choses; savoir : un inventaire de tous les meubles et de tous les titres de la succession; et obliger chaque co-héritier à faire le rapport des choses qui y sont sujettes.

Le rapport se fait en pays coutumier, de la même manière qu'il se fait suivant le droit romain, que nos coutumes expriment par ces mots, *rapporter ou moins prendre*, c'est-à-dire, que le rapport se fait en rapportant en espèce les biens reçus, s'ils sont encore en la possession de celui qui vient à la succession, ou en moins prenant des autres effets de la succession; ce qui dépend du choix de celui qui est obligé de rapporter.

Dans ce dernier cas, l'estimation des choses sujettes à rapport, se doit faire sur le pied qu'elle est au temps du rapport, et non pas sur celui qu'elle aurait été auparavant.

Nous avons néanmoins quelques coutumes où le choix n'est point accordé à celui qui est obligé de rapporter, et dans lesquelles le rapport se doit faire en espèce, quand les biens se trouvent en la possession de l'héritier.

On ne doit pas seulement rapporter les choses données, il en faut aussi rapporter les fruits perçus et revenus qui sont échus depuis l'ouverture de la succession; mais les fruits perçus, ou les revenus échus auparavant, ne se rapportent point.

Si l'enfant donataire avait fait des impenses nécessaires pour la conservation de la chose donnée, ses co-héritiers sont tenus de lui en tenir compte, lorsqu'il en fait le rapport.

Les rapports des choses données ne se font qu'aux successions des donateurs : ainsi la petite-fille n'est point obligée de rapporter à la

23 *

succession de son père ce qui lui a été donné par son aïeul paternel.

Mais ce qui a été donné par l'aïeul à l'enfant de son fils ou de sa fille, doit être rapporté par le fils ou la fille, lorsqu'ils viennent à la succession de leur père, suivant l'*art.* 3o6 de la coutume de Paris, dont voici les termes : *Ce qui a été donné aux enfans de ceux qui sont héritiers , et viennent à la succession de leur père , mère , ou autres ascendans , est sujet à rapport, ou à moins prendre.*

Il faut dire aussi que ce qui a été donné au fils ou à la fille par le père, doit être rapporté par les petits-enfans, lorsqu'ils viennent à la succession de leur aïeul, quoiqu'au moyen de la renonciation qu'ils ont faite à la succession de leur père, ils viennent de leur chef à celle de leur aïeul.

A l'égard de la dot constituée conjointement par les père et mère, elle ne se rapporte que sur la succession du père, suivant les lois romaines, qui sont à cet égard observées dans les pays de droit écrit. Suivant le droit romain, c'est donc au père à doter sa fille, et non pas à la mère : *Dotare filiam patris est officium, non matris*; *Leg.* 19 *.ff. de Rit. nupt.*; *Leg.* 16, *Cod. de Dot. prom.* Cela est fondé sur ce que le père a ses enfans dans sa puissance, et non la mère ; en conséquence de quoi, les enfans acquièrent à leur père, et non pas à eux : c'est pourquoi il est juste que l'obligation de doter les filles regarde leur père. D'ailleurs, la communauté de biens entre mari et femme n'étant pas en usage suivant le droit romain, il serait injuste que la femme en supportât les charges, dont une des principales est de doter les filles.

Mais dans la France coutumière, la dot qui est donnée conjointement par les père et mère, est imputée également sur leurs successions; ainsi la fille n'en rapporte que moitié sur la succession de son père, et moitié sur celle de sa mère : de sorte que, soit qu'elle renonce à la succession du prédécédé de ses père et mère,

elle n'en rapporte que moitié à la succession du survivant. Brodeau sur Louet, *lettre* R, *nombre* 54.

Comme en pays coutumier l'obligation de doter les filles regarde également les mères comme les pères, quand une veuve renonce à la communauté, elle n'en est pas moins tenue de la moitié des dots de ses filles, et de ce qui a été donné à ses autres enfans en avancement d'hoirie par son mari et elle, quoique dans le contrat de mariage il y eût la clause, que la femme renonçant pourra reprendre franchement et quittement tout ce qu'elle auroit apporté.

La donation est l'acte qui donne le plus ordinairement lieu au rapport. Ainsi toutes les choses qui ont été données aux enfans en avancement d'hoirie ou de future succession, ou qui sont réputées données pour cette cause, sont sujettes à rapport, parce que les enfans ne peuvent être donataires et héritiers, comme nous avons dit ci-dessus , *au mot* Héritier.

De ce principe incontestable il s'ensuit, 1.º que les dots et donations à cause de noces, faites par les père et mère à leurs enfans , sont sujettes à rapport.

2.º Que les impenses qui se font par les père et mère pour procurer un établissement à leurs enfans ; doivent être rapportées , comme ce qu'il en coûte pour être reçu marchand ; mais à l'égard de ce qui se donne pour l'apprentissage , il n'est pas sujet à rapport.

3.º Que le titre clérical qui est fait par les ascendans à leurs enfans , y est aussi sujet.

4.º Que les bibliothèques qui leur auraient été données par leurs ascendans ; y sont pareillement sujettes. Mais cela se doit entendre des bibliothèques considérables, et non pas des livres qui sont fournis par les parens dans le cours des études pour parvenir aux sciences. En un mot, cela se doit estimer par la circonstance de la valeur des livres , et des facultés de celui qui les a donnés , et se doit décider *arbitrio boni viri.*

5.º Qu'une pratique de procureur ou de notaire, qu'un fils aurait reçue de son père, y est aussi sujette.

6.º Que les donations rémunératoires y sont également sujettes, jusqu'à concurrence de ce qui excède ce qui pourrait être légitimement dû au donataire, pour les peines et services pour lesquels il pourrait avoir action; parce qu'il ne serait pas juste que par une donation remunératoire, sous prétexte de récompense, on fît à un de ses enfans un avantage indirect au préjudice des autres; et il ne serait pas raisonnable aussi que celui qui a servi, et à qui il est dû *alio titulo*, perdît ce qu'il pourrait demander légitimement en justice.

7.º Que les offices vénaux de judicature sont sujets à rapport : sur quoi voici deux observations qu'il convient de faire. La première, que quand le père s'en démet en faveur de son fils, il a la liberté de le lui donner pour ce qu'il lui a coûté, ou pour ce qu'il veut, lorsqu'il s'en démet, sans que cela puisse être regardé comme un avantage indirect, à moins que l'estimation qu'il en aurait faite ne fût à trop bas prix de beaucoup; mais quand le père ne s'est point déclaré là-dessus, on en fait l'estimation, en égard au temps que le père s'en est démis.

La deuxième est, qu'un office ne se rapporte jamais en espèce, à moins que le titulaire ne veuille s'en démettre; parce qu'il n'est permis à personne de déposséder un officier qui tient son caractère du prince, au moyen de ses provisions, comme nous avons dit, *au mot* Office.

La donation est l'acte qui donne le plus ordinairement lieu au rapport, comme nous l'avons dit ci-dessus : cependant il y a des choses qui se rapportent, quoiqu'elles n'ayent pas été données; et d'autres, quoiqu'elles ayent été données, n'y sont pas sujettes.

Voici les choses qui se rapportent, quoiqu'elles n'aient pas été données.

Premièrement, tout l'argent que le père aura prêté à son fils, est sujet à rapport, comme étant réputé donné en avancement d'hoirie; quoique le père ne l'ait pas prêté *animo donandi*, mais dans l'intention d'en être remboursé.

En second lieu, les dettes du fils acquittées par le père : autrement, ce serait donner un moyen d'avantager un de ses enfans au préjudice des autres.

En troisième lieu, l'amende et les intérêts civils, et dépens d'un procès criminel, payés par le père pour son fils qui y aurait été condamné, se doivent rapporter à sa succession : c'est une espèce de prêt que le père lui a fait pour acquitter cette dette. Le fils doit s'imputer s'il n'en profite pas; et il ne serait pas juste qu'un tel fait causât préjudice à ses co-héritiers. *Factum cuique suum non alteri debet nocere.*

En quatrième lieu, le fils qui aurait volé à son père une somme considérable, serait tenu de la rapporter à sa succession, quand même il l'aurait fait en minorité ; *quià in delictis minor non restituitur.*

Voici les choses qui, quoiqu'elles aient été véritablement données, ne sont pas sujettes à rapport.

Premièrement, les nourritures et entretiens fournis par père et mère pendant leur mariage, ne sont point sujets à rapport, parce qu'ils y sont naturellement obligés.

Voy. Soefve, tom. 1, cent. 3, chap. 6.

En second lieu, les frais qu'ils font pour l'éducation de leurs enfans et pour leurs études, ne sont point sujets à rapport, par la même raison et de la même manière que les nourritures fournies par les père et mère à leurs enfans, n'y sont pas sujettes.

Voy. les Institutes coutumières de Loysel, *liv.* 2, *tit.* 6, *nomb.* 3; avec les Notes de Laurière, et le Brun en son Traité des Successions, *liv.* 3, *chap.* 6, *sect.* 3.

En troisième lieu, les charges militaires ni les charges de la maison du roi, ne sont point sujettes à rapport, parce que ce ne sont que de simples commissions.

En quatrième lieu, les frais que des pères et mères auraient avancés pour obtenir des provisions d'un bénéfice pour un de leurs enfans.

En cinquième lieu, les frais que les pères et mères font pour l'obtention des degrés de bachelier et de licencié, n'y sont point sujets. A l'égard de ceux qui sont faits pour le degré de docteur, je ne crois pas non plus qu'ils y soient sujets. Cependant ceux qui se font pour obtenir le degré de docteur en la faculté de médecine de Paris, étant considérables, pourraient bien être sujets à rapport; mais cela dépend des circonstances, c'est-à-dire, de la quantité de biens que le père aurait laissés, de la fortune de celui pour qui ils auraient été faits, et de l'état des autres enfans qui en demanderaient le rapport.

En sixième lieu, les présens de noces *ad legitimum modum*, ne sont point sujets à rapport, non plus que les festins de fiançailles et de noces.

On demande si la fille est tenue de rapporter la dot qu'elle a reçue, en cas que son mari soit décédé insolvable?

Ulpien dans la Loi 1, §. 6, *de Donat. collat.* dit que si le mari n'est pas solvable, la femme n'est pas tenue de rapporter la dot entière, mais seulement ce qu'elle a pu retirer : ce qui est confirmé par la Novelle 97, §. 6, avec cette exception, s'il n'y a eu ni faute ni négligence de la part de la femme de rapporter sa dot, quand elle a vu que les affaires de son mari allaient mal.

Droit intermédiaire.

Voy. le Système entier des successions pendant la durée de ce droit, *au mot* Succession.

Droit nouveau.

Tout héritier, même bénéficiaire, venant à la succession, doit rapporter à ses co-héritiers

tout ce qu'il a reçu du défunt, par donation entre-vifs, directement ou indirectement : il ne peut retenir les dons ni réclamer les legs à lui faits par le défunt, à moins que les dons et legs ne lui aient été faits expressément par préciput et hors part, ou avec dispense du rapport. *Art.* 843. *C. des Successions.*

Dans le cas même où les dons et legs auraient été faits par préciput ou avec dispense du rapport, l'héritier venant à partage ne peut les retenir que jusqu'à concurrence de la quotité disponible : l'excédant est sujet à rapport. *Art.* 844.

L'héritier qui renonce à la succession peut cependant retenir le don entre-vifs, ou réclamer le legs à lui fait, jusqu'à concurrence de la portion disponible. *Art.* 845.

Le donataire qui n'était pas héritier présomptif lors de la donation, mais qui se trouve successible au jour de l'ouverture de la succession, doit également le rapport, à moins que le donateur ne l'en ait dispensé. *Art.* 846.

Les dons et legs faits au fils de celui qui se trouve successible à l'époque de l'ouverture de la succession, sont toujours réputés faits avec dispense du rapport. — Le père venant à la succession du donateur, n'est pas tenu de les rapporter. *Art.* 847.

Pareillement, le fils venant de son chef à la succession du donateur, n'est pas tenu de rapporter le don fait à son père, même quand il aurait accepté la succession de celui-ci : mais si le fils ne vient que par représentation, il doit rapporter ce qui avait été donné à son père, même dans le cas où il aurait répudié sa succession. *Art.* 848.

Les dons et legs faits au conjoint d'un époux successible, sont réputés faits avec dispense du rapport. — Si les dons et legs sont faits conjointement à deux époux, dont l'un seulement est successible; celui-ci en rapporte la moitié; si les dons sont faits à l'époux successible, il les rapporte en entier. *Art.* 849.

Le rapport ne se fait qu'à la succession du donateur. *Art.* 850.

Le rapport est dû de ce qui a été employé pour l'établissement d'un des cohéritiers, ou pour le paiement de ses dettes. *Art.* 851.

Les frais de nourriture, d'entretien, d'éducation, d'apprentissage, les frais ordinaires d'équipement, ceux de noces et présens d'usage, ne doivent pas être rapportés. *Art.* 852.

Il en est de même des profits que l'héritier a pu retirer de conventions passées avec le défunt, si ces conventions ne présentaient aucun avantage indirect lorsqu'elles ont été faites. *Art.* 853.

Pareillement, il n'est pas dû de rapport pour les associations faites sans fraude entre le défunt et l'un de ses héritiers, lorsque les conditions en ont été réglées par un acte authentique. *Art.* 854.

L'immeuble qui a péri par cas fortuit et sans la faute du donataire, n'est pas sujet à rapport. *Art.* 855.

Les fruits et les intérêts des choses sujettes à rapport, ne sont dûs qu'à compter du jour de l'ouverture de la succession. *Art.* 856.

Le rapport n'est dû que par le co-héritier à son co-héritier; il n'est pas dû aux légataires ni aux créanciers de la succession. *Art.* 857.

Le rapport se fait en nature ou en moins prenant. *Art.* 858.

Il peut être exigé en nature, à l'égard des immeubles, toutes les fois que l'immeuble donné n'a pas été aliéné par le donataire, et qu'il n'y a pas, dans la succession, d'immeubles de même nature, valeur et bonté, dont on puisse former des lots à peu près égaux pour les autres co-héritiers. *Art.* 859.

Le rapport n'a lieu qu'en moins prenant, quand le donataire a aliéné l'immeuble avant l'ouverture de la succession; il est dû de la valeur de l'immeuble à l'époque de l'ouverture. *Art.* 860.

Dans tous les cas il doit être tenu compte au donataire, des impenses qui ont amélioré la chose, eu égard à ce dont sa valeur se trouve augmentée au temps du partage. *Art.* 861.

Il doit être pareillement tenu compte au donataire, des impenses nécessaires qu'il a faites pour la conservation de la chose, encore qu'elles n'aient point amélioré le fonds. *Article* 862.

Le donataire, de son côté, doit tenir compte des dégradations et détériorations qui ont diminué la valeur de l'immeuble par son fait, ou par sa faute et négligence. *Art.* 863.

Dans le cas où l'immeuble a été aliéné par le donataire, les améliorations ou dégradations faites par l'acquéreur doivent être imputées conformément aux trois articles précédens. *Art.* 864.

Lorsque le rapport se fait en nature, les biens se réunissent à la masse de la succession, francs et quittes de toutes charges créées par le donataire; mais les créanciers ayant hypothèque peuvent intervenir au partage, pour s'opposer à ce que le rapport se fasse en fraude de leurs droits. *Art.* 865.

Lorsque le don d'un immeuble, fait à un successible avec dispense du rapport, excède la portion disponible, le rapport de l'excédant se fait en nature, si le retranchement de cet excédant peut s'opérer commodément. — Dans le cas contraire, si l'excédant est de plus de moitié de la valeur de l'immeuble, le donataire doit rapporter l'immeuble en totalité, sauf à prélever sur la masse la valeur de la portion disponible : si cette portion excède la moitié de la valeur de l'immeuble, le donataire peut retenir l'immeuble en totalité, sauf à moins prendre et à récompenser ses co-héritiers en argent ou autrement. *Art.* 866.

Le co-héritier qui fait le rapport en nature d'un immeuble, peut en retenir la possession jusqu'au remboursement effectif des sommes qui lui sont dues pour impenses ou améliorations. *Art.* 867.

Le rapport dn mobilier ne se fait qu'en moins prenant. Il se fait sur le pied de la valeur du mobilier lors de la donation, d'après l'état estimatif annexé à l'acte ; et, à défaut de cet état, d'après une estimation par experts, a juste prix et sans crue. *Art.* 868.

Le rapport de l'argent donné se fait en moins prenant dans le numéraire de la succession. — En cas d'insuffisance, le donataire peut se dispenser de rapporter du numéraire, en abandonnant, jusqu'à due concurrence, du mobilier, et, à défaut de mobilier, des immeubles de la succession. *Art.* 869.

Chaque co-héritier fait rapport à la masse, suivant les règles qui viennent d'être établies, des dons qui lui ont été faits, et des sommes dont il est débiteur. *Art.* 829.

Si le rapport n'est pas fait en nature, les co-héritiers à qui il est dû, prélèvent une portion égale sur la masse de la succession. — Les prélèvemens se font, autant que possible, en objets de même nature, qualité et bonté que les objets non rapportés en nature. *Art.* 830. *Voy.* Partage.

La valeur en pleine propriété des biens aliénés, soit à charge de rente viagère, soit à fonds perdu, ou avec réserve d'usufruit, à l'un des successibles en ligne directe, sera imputée sur la portion disponible; et l'excédant, s'il y en a, sera rapporté à la masse. Cette imputation et ce rapport ne pourront être demandés par ceux des autres successibles en ligne directe qui auraient consenti à ces aliénations, ni, dans aucun cas, par les successibles en ligne collatérale. *Art.* 913.

RAPPORT EN MATIÈRE DE COMMUNAUTÉ. *Voy.* Communauté *et* Partage de la communauté.

RATIFICATION, est l'approbation de ce qu'on a fait, ou de ce qui a été fait en notre nom par un autre.

L'effet de la ratification est rétroactif : c'est pourquoi la ratification remonte au jour du contrat auquel elle est survenue, lorsque le contrat n'est pas nul dans son principe; autrement la ratification n'aurait pas un effet rétroactif.

Quand une personne vend le bien d'autrui, la vente n'étant pas valable à l'égard du propriétaire, le contrat ne prend sa force, par rapport à lui, que du jour de sa ratification. Ainsi, lorsqu'un mari a vendu un héritage appartenant à sa femme, et qu'il a promis de le faire ratifier, la ratification qui survient n'a point un effet rétroactif. Il en faut dire de même, quand un mari emprunte une somme et promet de faire ratifier le contrat par sa femme, la ratification n'a pas un effet rétroactif.

En l'un et l'autre cas, l'hypothèque n'est donc constituée sur les biens de la femme, que du jour de sa ratification, à moins que la femme n'eût donné procuration à son mari, étant de lui autorisée à l'effet du contrat qu'il a passé tant pour lui que pour elle.

De ce que nous venons de dire, il résulte encore, que l'an du retrait sur l'héritage de la femme, vendu par le mari, ne commence à courir que du jour de la ratification qu'elle en fait, quelque possession que l'acheteur en ait. Charondas, *liv.* 7, *rép.* 36.

Lorsque l'on a passé un acte pour et au nom de quelqu'un, avec promesse de le faire ratifier, l'obligation qui résulte d'un tel acte est conditionnelle et en suspens, jusqu'à ce que la condition ait été remplie par la ratification de la personne, dont on s'est fait fort : c'est pourquoi on ne peut demander l'exécution de l'acte de la part de la partie adverse, qu'après que cette ratification aura été faite.

Quand la ratification est promise, on ne peut donc rien prétendre en vertu du contrat, jusqu'à ce qu'elle soit fournie, parce que jusqu'à ce, le contrat est imparfait. Du Fail, *liv.* 1, *chap.* 380; Guy-Pape, *quest.* 15.

Mais cette règle n'aurait pas lieu, quand celui qui a promis de faire ratifier une personne, s'est par le même contrat obligé personnellement,

ment; car cette promesse ne rendrait pas l'acte conditionnel à son égard ; de sorte qu'il ne pourrait pas se prévaloir de ce que l'autre n'aurait pas ratifié, et il pourrait être toujours contraint de faire ce à quoi il s'est obligé, parce que cette clause ne regarde que celui dont il a promis la ratification. *V.* Frain, *page* 100.

Quand un contrat est fait au nom d'un absent, en vertu de sa procuration spéciale, et qu'il est ensuite par lui ratifié, l'hypothèque court du jour même du contrat. Mais si celui qui a passé le contrat au nom de l'absent, sans avoir de lui une procuration spéciale, a seulement promis de le faire ratifier, en ce cas l'hypothèque ne court contre l'absent que du jour de la ratification, qui est sa véritable obligation, et non pas du jour du contrat qui a été passé en son nom, sans procuration spéciale de lui.

Pour ce qui est d'un contrat de constitution qu'aurait passé au profit d'un particulier un mari, sous promesse de faire ratifier sa femme dans un temps, si elle refuse de le ratifier, ou qu'elle décède sans l'avoir fait, son mari peut être contraint au rachat, attendu que le créancier n'a pas toutes les sûretés auxquelles il s'était attendu en passant ce contrat de constitution.

La ratification ne fait pas toujours valider un acte que nous aurions passé, et dans lequel il se trouve quelque défaut : mais il faut distinguer entre le défaut extérieur, et celui qui se trouve dans l'acte même, et qui est essentiel.

Lorsque le défaut qui se trouve dans l'acte n'est qu'extérieur, et n'emporte pas une nullité absolue de l'acte, la ratification sert à rétablir ce défaut, et à faire valider l'acte, et ce du jour qu'il a été passé. Par exemple, si un majeur ratifie un acte qu'il avait passé en minorité, cette ratification lui ôte la faculté de se faire restituer contre, pour cause de minorité, comme nous le dirons ci-après.

Mais si le défaut qui se trouve dans l'acte est essentiel, et emporte une nullité de plein droit : comme si en pays coutumier une femme mariée s'était obligée sans être autorisée de son mari,

Tome III.

la ratification qu'elle en ferait, étant devenue veuve, ne pourrait pas couvrir un tel défaut; *quià quod ab initio non valet, ex post facto convalescere non potest.*

Ainsi la différence qu'il y a entre la ratification d'un acte qui est absolument nul dans son principe, et la ratification d'un acte qui est bon et valable, mais contre lequel on pourrait se pourvoir par le bénéfice de restitution en entier, c'est qu'au premier cas la ratification n'a point d'effet rétroactif, parce qu'alors la ratification est le vrai contrat ; mais quand le contrat est bon dans son principe, elle a un effet rétroactif, parce que la ratification de ce contrat n'en est que la confirmation.

Droit nouveau.

On ne peut, en général, s'engager ni stipuler en son propre nom que pour soi-même. *Art.* 1119.

Néanmoins on peut se porter fort pour un tiers, en promettant le fait de celui-ci ; sauf l'indemnité contre celui qui s'est porté fort, ou qui a promis de faire ratifier, si le tiers refuse de tenir l'engagement. *Art.* 1120.

Le payement doit être fait au créancier ou à quelqu'un ayant pouvoir de lui, ou qui soit autorisé par justice ou par la loi à recevoir pour lui. — Le payement fait à celui qui n'aurait pas pouvoir de recevoir pour le créancier est valable, si celui-ci le *ratifie,* ou s'il en a profité. *Art.* 1239.

L'acte de confirmation ou ratification d'une obligation contre laquelle la loi admet l'action en nullité ou en rescision, n'est valable que lorsqu'on y trouve la substance de cette obligation, la mention du motif de l'action en rescision, et l'intention de réparer le vice sur lequel cette action est fondée. — A défaut d'acte de confirmation ou ratification, il suffit que l'obligation soit exécutée volontairement après l'époque à laquelle l'obligation pouvait être valablement confirmée ou ratifiée. — La confirmation, ratification, ou exécution volontaire dans les formes

24

et à l'époque déterminées par la loi, emporte la renonciation aux moyens et exception que l'on pouvait opposer contre cet acte, sans préjudice néanmoins du droit des tiers. *Art.* 1338.

Le donateur ne peut réparer par aucun acte confirmatif les vices d'une donation entre-vifs, nulle en la forme, il faut qu'elle soit refaite en la forme légale. *Art.* 1339.

La confirmation ou ratification, ou exécution volontaire d'une donation par les héritiers ou ayant-cause du donateur, après son décès, emporte leur renonciation à opposer, soit les vices de formes, soit toute autre exception. *Art.* 1340.

A l'égard de l'hypothèque, elle ne prend rang que du jour de l'inscription faite au bureau de la conservation des hypothèques, du bordereau de l'acte d'obligation. Mais peut-on faire cette inscription avant la ratification, ou seulement lorsque celle-ci a été donnée? Je pense que cette inscription ne peut avoir lieu qu'après la ratification; car c'est seulement alors que le contrat se forme entre celui qui ratifie et l'autre partie. Mais si dans l'obligation celui qui a stipulé au nom de l'absent s'est obligé personnellement, alors l'inscription peut être faite avant la ratification, mais seulement sur les biens de celui qui a stipulé, car il est obligé à remplir lui-même l'engagement au refus de celui pour lequel il s'est porté fort. Je pense même que dans le cas où celui qui s'est fait fort pour un autre, ne s'est cependant pas obligé, on peut toujours prendre inscription sur les biens de celui-ci pour sûreté de l'indemnité prononcée par l'*art.* 1120 ci-dessus rapporté, mais jamais contre la personne absente et pour laquelle quelqu'un s'est fait fort; cette dernière ne se trouve obligée que du moment de la ratification.

Ce que nous avons dit que l'inscription hypothécaire ne peut être prise qu'après la ratification, n'a pas lieu lorsque celui qui a stipulé pour un absent avait un pouvoir spécial de contracter l'obligation; car, dans ce cas, le consentement du mandant est exprès, puisqu'il résulte de l'acte de mandat; et le contrat est parfait du jour de sa date.

RATIFICATION faite en majorité, d'un acte qu'on a passé étant mineur. *Droit ancien.*

Cette ratification produit deux effets. Le premier est, de faire que le contrat ait son effet, non pas du jour de la ratification, mais du jour qu'il a été passé, suivant la maxime, *ratihabitio retrotrahitur ad initium.* Ce qui a lieu pour les contrats de constitution, tant pour le principal que pour les arrérages; comme il a été jugé par arrêt du 23 juillet 1667 qui est rapporté dans le Journal du Palais. Ainsi lorsqu'un mineur a passé quelque contrat, et qu'il le ratifie après sa minorité, l'hypothèque court du jour de ce contrat, et non pas du jour de la ratification. Il en est de même de la prescription et de l'an du retrait, qui court alors du jour du contrat, et non de la ratification. *Voy.* Anne Robert en son Recueil *de Rerum judicatarum, livre* 3, *chap.* 17.

L'autre effet de la ratification faite en majorité d'un acte que l'on a passé étant mineur, est qu'elle empêche que celui qui l'a faite puisse se faire restituer contre, quand il n'y a pas été induit par dol.

C'est ce qui est décidé dans le titre du Code, *Si major factus ratum habuerit,* qui est observé par toute la France; Charondas, *liv.* 4, *rép.* 42. Ainsi quand un majeur a ratifié ce qu'il a fait en minorité, il ne peut plus obtenir le bénéfice de restitution, quelque dommage qu'il en souffre; parce que par cette ratification il remet les droits qu'il pourrait exercer à cause de sa minorité, à moins qu'il n'eût été induit à ratifier par le dol de ses parties; auquel cas il pourrait se faire restituer pour cause de dol, mais non pas pour cause de minorité.

Pour que la ratification empêche que le mineur puisse recourir au bénéfice de restitution, il importe peu que cette ratification soit expresse par paroles ou par écrit, ou par fait, comme en exigeant ou recevant quelque chose, faisant partage et division ; ou que cette ratification soit tacite, comme quand le mineur devenu majeur laisse passer le temps dans lequel il pouvait demander la restitution.

Un mineur qui a vendu un héritage, et qui n'en a mis l'acquéreur en possession qu'après être devenu majeur, ne peut pas se faire restituer contre cette vente, parce que la restitution n'est accordée aux mineurs, que contre les actes qu'ils ont faits et parfaits en minorité, mais non pas contre ceux auxquels ils ont donné la perfection étant devenus majeurs. Or la tradition est la consommation de la vente : ainsi la vente n'est censée faite qu'au temps de la tradition.

Mais un mineur qui se serait porté héritier de quelqu'un, et qui étant devenu majeur, aurait exigé ce qui était dû par les débiteurs de cette succession, ne serait pas censé avoir ratifié l'acceptation de l'hérédité qu'il aurait faite en minorité. *Voy.* Acte d'héritier.

Il faut dire aussi que la réception d'arrérages d'une rente payée depuis la majorité, n'induit point de ratification du contrat de vente fait en minorité. Ainsi jugé par arrêt du 27 juin 1664, rapporté par Berault à la fin du *second tome de* la Coutume de Normandie, *pag.* 107, *col.* 2.

Au reste, quand celui qui a acheté un héritage d'un mineur parvenu depuis à sa majorité, craint qu'il ne se fasse un jour restituer contre dans les dix ans de sa majorité, il peut l'obliger à ratifier le contrat, ou à reprendre son héritage, en offrant de lui en rendre le prix. Boniface, *tom.* 4, *liv.* 8, *tit.* 2 *chap.* 12.

Droit nouveau.

Le mineur n'est plus recevable à revenir contre l'engagement qu'il avait souscrit en minorité, lorsqu'il l'a ratifié en majorité, soit que cet engagement fût nul en sa forme, soit qu'il fût seulement sujet à restitution. *Art.* 1311.

RATURE, est l'effet d'un trait de plume qui efface quelques mots ou quelques lignes d'un écrit.

Il est défendu aux notaires de rayer des lignes ou des mots aux actes qu'ils reçoivent, ni de faire des additions ou renvois, qu'ils ne soient ratifiés et paraphés par les parties : autrement ils pourraient être condamnés aux dépens, dommages et intérêts des parties, pour raison du procès auquel ils auraient donné lieu.

Voy. le mot Interligne.

RECÉLÉ ET DIVERTISSEMENT, signifient l'action qui est commise par un héritier qui détourne des effets de la succession, ou bien par un des conjoints qui détourne des effets de la communauté après la mort de l'autre conjoint.

Droit ancien.

Par le droit romain, celui qui détournait les effets d'une succession, pouvait être poursuivi par l'action appelée *expilatæ hœreditatis.* A l'égard de la femme qui avait soustrait des choses qui appartenaient à son mari ou à sa succession, l'on ne donnait point contr'elle l'action de vol, mais seulement une action particulière, appelée *actio rerum amotarum.*

Parmi nous, quand les effets d'une succession ont été recélés, on peut faire informer, et l'on présente une requête au juge à cet effet. Le juge met au bas de cette requête : *Permis de faire informer du recélé et divertissement des effets pardevant... obtenir et faire publier monitoire, saisir et revendiquer les choses diverties et recélées.*

Les recélés et divertissemens se poursuivent donc extraordinairement parmi nous.

L'héritier présomptif qui est convaincu d'avoir recélé et distrait des effets de la succession, est réputé héritier pur et simple, sans pouvoir jouir du bénéfice d'inventaire, même en offrant de rendre les choses par lui soustraites et recélées, quoiqu'il fût mineur. Brodeau sur Louet, *lett.* H, *somm.* 24, *et lett.* R, *somm.* 1 ; Guy-Pape, *cons.* 42.

Il est encore puni, en ce que l'héritier qui soustrait des effets de la succession du défunt

24*

si d'autres que lui ont intérêt à la conservation des biens de la succession, est privé du droit et de la part qui lui appartenait dans les effets par lui détournés. Ainsi l'héritier qui est condamné à rapporter ce qu'il a recélé, ne peut *in celatis et substractis habere partem. Voy.* Louet, *lett.* R, *somm.* 48; et Bacquet, des Droits de Justice, *ch.* 21, *nomb.* 63, 64 *et* 65.

Ce que nous avons dit ci-dessus, que les recélés et divertissemens peuvent être poursuivis extraordinairement, n'a point lieu pour ceux qu'une femme aurait commis appartenans à son mari; car à son égard, les informations sont converties en enquêtes, à cause de l'étroite union du mariage dont elle était unie au défunt. Louet, *lett.* C, *somm.* 36; le Prêtre, *cent.* 1, *chap.* 4, *et cent.* 3, *chap.* 71.

La poursuite contre les complices de la veuve qui n'ont rien pris à leur profit particulier, mais qui n'ont fait qu'exécuter ses ordres, est pareillement civilisée; comme il a été jugé par arrêt du parlement de Paris, le 19 avril 1698, rapporté dans le Journal des Audiences.

Pour ce qui est de la peine dont on punit la femme qui a fait des recélés et divertissemens, il faut distinguer: ou ils ont été faits par la femme pendant le mariage, ou après le décès de son mari.

Lorsqu'il s'agit de recélés faits par la femme du vivant de son mari, si elle rapporte ce qu'elle a détourné, elle n'encourt aucune peine. Si après la mort de son mari elle dénie avoir fait aucun recélé, et en soit convaincue, elle est privée de la part qui lui appartenait dans les effets qu'elle a détournés.

Si elle avait disposé des choses par elle détournées du vivant de son mari, elle ou ses héritiers devraient récompense du total des recélés, lesquels seraient déduits et précomptés sur ses reprises.

Pareillement, si un mari avait fait des recélés pendant le mariage pour en profiter, avenant la mort de sa femme, lui ou ses héritiers en doivent tenir compte.

Voyons présentement comme est punie la veuve qui est convaincue d'avoir soustrait et recélé, après la mort de son mari, des effets de la communauté.

Il faut d'abord distinguer: ou elle accepte la communauté, ou elle y renonce.

Si elle l'accepte, la peine du recélé à l'égard des héritiers du mari, est d'être privée de la part qu'elle pouvait avoir. Ainsi elle est privée de la moitié en propriété qu'elle pouvait avoir dans les choses recélées en qualité de commune, et aussi de l'usufruit de l'autre moitié, lorsqu'elle est donataire mutuelle. *Voy.* l'arrêt du 15 mai 1656, rapporté dans le Journal des Audiences.

Si elle renonce à la communauté, il faut encore distinguer: ou elle y renonce après avoir recélé des effets de la communauté, ou avant.

Lorsqu'une veuve renonce à la communauté après en avoir recélé des effets, la peine qu'elle encourt à l'égard des héritiers et des créanciers, est d'être privée du privilége de n'être tenue des dettes *ultra vires emolumenti*, et d'être obligée d'en payer la moitié; parce que la soustraction qu'elle a faite précédemment des effets de la communauté la rend commune, et lui ôte le privilége de la renonciation, à l'exemple de l'héritier, qui est réputé tel nonobstant sa renonciation à la succession, lorsqu'il est convaincu d'en avoir soustrait des effets avant que d'y avoir renoncé.

Mais si la veuve, après avoir fait sa renonciation à la communauté, en a recélé des effets, elle n'est pas réputée commune; de même que le présomptif héritier, qui après avoir renoncé à la succession, en détournerait des effets, n'est pas réputé héritier: elle est seulement obligée de les représenter, et d'en tenir compte à la succession de son mari.

La raison de la différence est, que celui qui a soustrait des biens d'une hérédité, a fait acte d'héritier; c'est pourquoi il ne peut plus renoncer à la succession. Mais celui qui détourne des effets de la succession après y avoir renoncé, ne fait pas acte d'héritier, parce qu'y ayant renoncé, il ne peut être héritier, ni en faire les actes; il est seulement condamnable aux dommages et intérêts des héritiers, ou de ceux qui y ont intérêt.

Voy. Louet et son Commentateur, *lettre* R, *sommaire* 1.

Par arrêt de relevée du 29 avril 1689, il a été jugé qu'un enfant pouvait faire informer contre sa propre mère, pour raison de recélés et divertissemens. On lui accorda la permission d'obtenir monitoire, sauf, après l'information faite et rapportée, être convertie en enquête par les juges. M. de Bailleul, président; plaidans, le Brun et Vaultier; les parties, la dame marquise du Fresnoy et son fils.

Le mari, qui, après le décès de sa femme, a recélé des effets de la communauté, perd la part qui lui appartenait dans les choses recélées.

Outre les peines remarquées ci-dessus contre le survivant qui a fait des recélés, il est encore tenu de rendre les fruits et intérêts des choses recélées.

La défense de faire preuve par témoins au-dessus de cent livres, n'a point lieu lorsqu'il s'agit de recélé de pièces, ou de soustraction de deniers, comme nous l'avons dit ci-dessus, *au mot* Preuve testimoniale.

En matière de recélé, la déposition des domestiques est reçue. Le témoignage des parens de la personne qui a recélé, est aussi admis. Basnage sur l'*art*. 394 de la Coutume de Normandie.

Au reste, on n'est point reçu à intenter une action de recélé et divertissement contre un co-héritier après plus de vingt ans du jour de la succession ouverte, et du prétendu recélé commis. Ainsi jugé par arrêt du parlement de Paris le 20 mai 1692, rapporté dans le Journal des Audiences.

Touchant les recélés, *Voy*. Ferrière sur l'*art*. 237 de la Coutume de Paris, *glose* 2, *nombre* 16, *et suivans*.

Droit nouveau.

Les héritiers qui auraient diverti ou recélé des effets d'une succession sont déchus de la faculté d'y renoncer: ils demeurent héritiers purs et simples, nonobstant leur renonciation, sans pouvoir prétendre aucune part dans les objets divertis ou recélés. *Art*. 792.

L'héritier qui s'est rendu coupable de recélé, ou qui a omis sciemment et de mauvaise foi de comprendre dans l'inventaire des effets de la succession, est déchu du bénéfice d'inventaire. *Art*. 801.

La veuve qui a diverti ou recélé quelques effets de la communauté est déclarée commune, nonobstant sa renonciation: il en est de même à l'égard de ses héritiers. *Art*. 1460.

Celui des epoux qui aurait diverti ou recélé quelques effets de la communauté, est privé de sa portion dans lesdits effets. *Art*. 1477.

Si l'on considère le recélé comme un délit ou quasi-délit, il faut admettre que la preuve testimoniale peut être reçue en cette matière, quoiqu'il s'agisse d'une somme au-dessus de cent cinquante francs. *Art*. 1348.

RÉCOMPENSE, est un dédommagement qui se fait à quelqu'un pour raison d'une chose dans laquelle il a quelque droit.

RÉCOMPENSE EN FAIT DE COMMUNAUTÉ, est une indemnité qui est due à un des conjoints par l'autre qui a profité des deniers de la communauté.

Droit ancien.

Les biens de la communauté étant communs entre le mari et la femme, doivent être partagés également après la dissolution d'icelle entre le survivant et les héritiers du prédécédé.

Ainsi quand l'un en a tiré quelque avantage pendant le mariage, lui ou ses héritiers en doivent récompense à l'autre ou à ses héritiers; autrement il dépendrait du mari d'avantager indirectement sa femme, en faisant des améliorations dans ses héritages; ou de convertir les biens de la communauté à son profit, en faisant des bâtimens et des dépenses considérables dans ses propres héritages. Je dis considérables ; car il n'échet aucune récompense pour simple réparation d'héritages, qui se fait pour l'entretenement ordinaire des lieux et maisons appartenans aux conjoints.

La récompense a principalement lieu pour raison des impenses et améliorations faites des deniers de la communauté dans les héritages de deux conjoints, ou de l'un d'eux.

Pour que la récompense ait lieu pour améliorations faites dans les héritages du mari, il faut que la femme ou ses héritiers acceptent la communauté ; quand ils y renoncent, il n'y a point de récompense à demander par eux au mari ou à ses héritiers, pour les améliorations faites dans ses héritages.

Pour celles qui sont faites dans les héritages de la femme, la récompense en est due toute entière, quoiqu'elle ou ses héritiers renoncent à la communauté.

La raison est, qu'en cas de renonciation par la femme ou par ses héritiers à la communauté, tous les biens de la communauté doivent demeurer au mari ou à ses héritiers. Or cette récompense due par la femme, pour raison des impenses ou améliorations faites dans ses héritages, fait partie des biens de cette communauté, dont il n'est pas juste que la femme ou ses héritiers profitent, quand ils ont renoncé.

Il y a plusieurs autres cas où récompense est due entre conjoints. *Voy.* Ferrière sur l'*art.* 229 de la Coutume de Paris, §. 4, où je renvoie le lecteur.

Droit nouveau.

Règle générale. Toutes les fois qu'il est pris sur la communauté une somme, soit pour acquitter les dettes ou charges personnelles à l'un des époux, telles que le prix ou partie du prix d'un immeuble à lui propre ou le rachat de services fonciers, soit pour le recouvrement, la conservation ou l'amélioration de ses biens personnels, et généralement toutes les fois que l'un

des deux époux a tiré un profit personnel des biens de la communauté, il en doit la récompense. *Art.* 1437.

Les coupes de bois et les produits des carrières et mines tombent dans la communauté pour tout ce qui en est considéré comme usufruit, d'après les règles expliquées au *titre de l'Usufruit, de l'Usage et de l'Habitation ; V.* ces mots. -- Si les coupes de bois qui, en suivant ces règles, pouvaient être faites durant la communauté, ne l'ont point été, il en est dû *récompense* à l'époux non propriétaire du fonds ou à ses héritiers. -- Si les carrières et mines ont été ouvertes pendant le mariage, les produits n'en tombent dans la communauté que *sauf récompense ou indemnité* à celui des époux à qui elle peut être due. *Art.* 1403.

L'immeuble abandonné ou cédé par père, mère ou autre ascendant, à l'un des deux époux, soit pour le remplir de ce qu'il lui doit, soit à la charge de payer les dettes du donateur à des étrangers, n'entre point en communauté, *sauf récompense ou indemnité. Art.* 1406.

L'immeuble acquis pendant le mariage à titre d'échange contre l'immeuble appartenant à l'un des deux époux, n'entre point en communauté, et est subrogé au lieu et place de celui qui a été aliéné, *sauf la récompense* s'il y a soulte. *Art.* 1407.

L'acquisition faite pendant le mariage, à titre de licitation ou autrement, de portion d'un immeuble dont l'un des époux était propriétaire par indivis, ne forme point un conquêt, *sauf à indemniser* la communauté de la somme qu'elle a fournie pour cette acquisition. — Dans le cas où le mari deviendrait seul et en son nom personnel acquéreur ou adjudicataire de portion ou de la totalité d'un immeuble appartenant par indivis à la femme, celle-ci, lors de la dissolution de la communauté, a le choix ou d'abandonner l'effet à la communauté, laquelle devient alors débitrice envers la femme de la portion appartenant à celle-ci dans le prix, ou de retirer l'immeuble, en remboursant à la communauté le prix de l'acquisition. *Art.* 1408.

La communauté se compose passivement ; — 1.º de toutes les dettes mobiliaires dont les époux étoient grevés au jour de la célébration de leur mariage, ou dont se trouvent chargées les successions qui leur échoient durant le mariage, sauf la *récompense* pour celles relatives aux immeubles propres à l'un ou à l'autre des époux ; — 2.º des dettes, tant en capitaux qu'arrérages ou intérêts, contractées par le mari pendant la communauté, ou par la femme du consentement du mari, sauf la *récompense* dans les cas où elle a lieu, etc... *Art.* 1409.

La communauté n'est tenue des dettes mobiliaires contractées avant le mariage par la femme, qu'autant qu'elles résultent d'un acte authentique antérieur au mariage, ou ayant reçu avant la même époque une date certaine, soit par l'enregistrement, soit par le décès d'un ou de plusieurs signataires dudit acte. — Le créancier de la femme, en vertu d'un acte n'ayant pas de date certaine avant le mariage, ne peut en poursuivre contre elle le paiement que sur la nue propriété de ses immeubles personnels. — Le mari qui prétendrait avoir payé pour sa femme une dette de cette nature, n'en peut demander la *récompense* ni à sa femme ni à ses héritiers. *Art.* 1410.

La déclaration du mari que l'acquisition est faite des deniers provenus de l'immeuble vendu par la femme, et pour lui servir de remploi, ne suffit point, si ce remploi n'a été formellement accepté par la femme : si elle ne l'a pas accepté, elle a simplement droit, lors de la dissolution de la communauté, à la *récompense* du prix de son immeuble vendu. *Art.* 1435.

La *récompense* du prix de l'immeuble appartenant au mari ne s'exerce que sur la masse de la communauté ; celle du prix de l'immeuble appartenant à la femme s'exerce sur les biens personnels du mari, en cas d'insuffisance des biens de la communauté. Dans tous les cas, la *récompense* n'a lieu que sur le pied de la vente, quelque allégation qui soit faite touchant la valeur de l'immeuble aliéné. *Art.* 1436.

La donation testamentaire faite par le mari ne peut excéder sa part dans la communauté. — S'il a donné en cette forme un effet de la communauté, le donataire ne peut le réclamer en nature qu'autant que l'effet, par l'événement du partage, tombe au lot des héritiers du mari : si l'effet ne tombe point au lot de ces héritiers, le légataire a la *récompense* de la valeur totale de l'effet donné, sur la part des héritiers du mari dans la communauté, et sur les biens personnels de ce dernier. *Art.* 1423.

Les amendes encourues par le mari pour crime n'emportant pas mort civile, peuvent se poursuivre sur les biens de la communauté, sauf la *récompense* due à la femme ; celles encourues par la femme ne peuvent s'exécuter que sur la nue propriété de ses biens personnels, tant que dure la communauté. *Art.* 1424.

Les époux ou leurs héritiers rapportent à la masse des biens existans tout ce dont ils sont débiteurs envers la communauté à titre de *récompense* ou d'*indemnité*, d'après les règles ci-dessus prescrites à la section 11 de la première partie du présent chapitre. *Art.* 1468. *V.* Communauté.

Sur la masse des biens chaque époux ou son héritier prélève les *indemnités* qui lui sont dues par la communauté. *Art.* 1470.

Les remplois et *récompenses* dus par la communauté aux époux, et les *récompenses* et *indemnités* par eux dues à la communauté, emportent les intérêts de plein droit du jour de la dissolution de la communauté. *Art.* 1473.

RÉCONCILIATION, est le renouement d'amitié et le raccomodement qui se fait entre personnes qui avaient été brouillées ensemble.

Droit ancien.

Elle fait cesser l'action d'injure, et l'éteint entièrement, comme Ferrière le dit sur le paragraphe dernier du titre des injures, aux Institutes.

Le mari, après la co-habitation et la réconciliation avec sa femme, ne peut pas l'accuser d'adultère, ni celui qui a commis adultère avec elle. Boniface, *tom. 2, partie 3, liv. 1, tit. 7, chap. 4.*

La réconciliation du fils avec son père, révoque l'exhérédation que le père aurait faite; mais il faut pour cela que le réconciliation soit expresse et parfaite : en sorte qu'une réconciliation tacite ne serait pas suffisante pour révoquer l'exhérédation.

Ainsi l'exhérédation du fils faite par le père, pour s'être marié sans sa permission, n'est pas révoquée par la conversation que le fils et sa femme auraient eue avec le père depuis l'exhérédation.

La bénédiction seule qu'aurait donnée à l'article de la mort le père à son fils exhérédé, ne serait pas non plus suffisante pour révoquer l'exhérédation.

Cependant Ricard, *des Donations entre-vifs, part. chap. 8, sect. 4, nomb. 963,* fondé sur la Loi 5, *Cod. Famil. erciscund.,* tient que comme l'exhérédation est odieuse, la moindre réconciliation du père avec le fils doit empêcher que l'exhérédation n'ait son effet, attendu que le père est présumé avoir oublié le passé.

Voy. le Dictionnaire des Arrêts, *au mot* Exhérédation. *nomb.* 15 et 16.

Droit nouveau.

En matière de divorce pour cause déterminée, l'action en divorce est éteinte par la *réconciliation* des époux, survenue soit depuis les faits qui auraient pu autoriser cette action, soit depuis la demande en divorce. *Art. 272.*

Dans l'un et l'autre cas le demandeur sera déclaré non recevable dans son action; il pourra néanmoins en intenter une nouvelle pour cause survenue depuis la *réconciliation,* et alors faire usage des anciennes causes pour appuyer sa nouvelle demande. *Art. 273.*

Si le demandeur en divorce nie qu'il y ait eu *réconciliation,* le défendeur en fera preuve, soit par écrit, soit par témoins, dans la forme prescrite en la première section du présent chapitre. *Art. 274.*

RÉCONDUCTION, est un renouvellement d'un louage ou d'un bail à ferme.

Il se fait ou expressément, c'est-à-dire, par écrit; ou par paroles expresses entre les parties; ou tacitement, comme quand le locataire demeure dans la maison louée après le bail expiré, sans que le propriétaire s'y oppose : c'est ce qu'on appelle tacite réconduction. *V.* ce que j'en dis sous la *lett.* T.

Pour ce qui est de la réconduction en général, *V.* les Lois civiles, *liv. 1, tit. 4, sect. 4, nomb. 7 et suiv.*

RECONNAISSANCE DE PAIEMENT, exclut toute demande. Ainsi quand un créancier a reconnu avoir été payé de ce qui lui était dû par son débiteur, il ne peut plus pour raison de ce intenter demande contre lui.

La reconnaissance d'une dette légitime faite par testament, est bonne et valable, quoique le testament qui la contient soit nul, et même quoique l'obligation primordiale faite par une femme en puissance de mari sans être de lui autorisée, fût pareillement nulle. Ainsi jugé au parlement de Paris, par arrêt du 10 février 1638, rapporté par Bardet, *tome 1, liv. 7, chap. 13.*

Il en est de même, quoique le testament qui contient la reconnaissance de la dette, soit révoqué par un autre testament. *Voy.* les Observations sur Henrys, *tome 1, livre 5, chapitre 1, quest. 7.*

La reconnaissance faite par un prétendu créancier, qu'il ne lui est, et ne lui a jamais été rien dû par son prétendu débiteur, exclut aussi toute demande. Ainsi, quoique l'obligation se trouve dans la suite entre les mains du prétendu créancier, il n'est pas en droit d'en faire demande, quoique la reconnaissance par lui donnée ne porte pas quittance de la somme portée en l'obligation. Soefve, *tome 1, centurie 5, chapitre 76,* rapporte un arrêt du parlement de Paris,

en

en date du 17 décecembre 1654, qui l'a jugé ainsi.

Droit nouveau.

Les actes récognitifs ne dispensent point de la représentation du titre primordial, à moins que sa teneur n'y soit spécialement relatée. Ce qu'ils contiennent de plus que le titre primordial, ou ce qui s'y trouve de différent, n'a aucun effet. Néanmoins, s'il y avait plusieurs reconnaissances conformes, soutenues de la possession, et dont l'une eût trente ans de date, le créancier pourrait être dispensé de représenter le titre primordial. *Art.* 1337.

RECOURS, signifie une action récursoire et de garantie, par laquelle on peut se faire dédommager par un tiers d'une condamnation qu'on a soufferte, ou qu'on est en danger de souffrir.

Par exemple, l'acheteur qui est évincé d'un héritage qu'il a payé, a naturellement son recours contre son vendeur. La caution qui a payé pour le principal obligé, a son recours contre lui.

Les actions récursoires sont très-bien traitées dans le *huitième chapitre du second livre* du Déguerpissement de Loyseau, où je renvoie le lecteur.

Droit nouveau.

Le co-héritier ou successeur à titre universel qui, par l'effet de l'hypothèque, a payé au-delà de sa part de la dette commune, n'a de *recours* contre les autres co-héritiers ou successeurs à titre universel, que pour la part que chacun d'eux doit personnellement en supporter, même dans le cas où le co-héritier qui a payé la dette se serait fait subroger aux droits des créanciers; sans préjudice néanmoins des droits d'un co-héritier qui, par l'effet du bénéfice d'inventaire, aurait conservé la faculté de réclamer le paiement de sa créance personnelle, comme tout autre créancier. *Art.* 875.

Tome III.

Les mineurs, les interdits, les femmes mariées, ne seront point restitués contre le défaut d'acceptation ou de transcription des donations; sauf leur *recours* contre leurs tuteurs ou maris, s'il y échet, et sans que la restitution puisse avoir lieu, dans le cas même où lesdits tuteurs et maris se trouveraient insolvables. *Art.* 942.

Le paiement fait par le débiteur à son créancier, au préjudice d'une saisie ou d'une opposition, n'est pas valable à l'égard des créanciers saisissans ou opposans : ceux-ci peuvent, selon leur droit, le contraindre à payer de nouveau, sauf, en ce cas seulement, son *recours* contre le créancier. *Art.* 1242.

Le créancier qui a déchargé le débiteur par qui a été faite la délégation, n'a point de *recours* contre ce débiteur si le délégué devient insolvable, à moins que l'acte n'en contienne une réserve expresse, ou que le délégué ne fût déjà en faillite ouverte, ou tombé en déconfiture au moment de la délégation. *Art.* 1276.

REDEVANCES, sont les droits ou charges auxquels les propriétaires d'héritages étaient tenus envers le seigneur féodal, censuel ou rentier. Ainsi redevance se disait des rentes foncières, les premières après le cens, ou autres, lesquelles étaient dues par chaque année par les possesseurs des héritages, soit que telles rentes fussent dues en argent, grains, volailles ou autres choses.

Toutefois en l'*art.* 56 de la Coutume de Paris, redevance est pris proprement pour ce que le fermier paie au propriétaire par chaque année pour le prix de la ferme. *V.* Rentes foncières et Droits féodaux.

REDHIBITION, est une action intentée par l'acheteur d'une chose défectueuse, qui tend à en faire casser la vente, pour raison du dol ou de la mauvaise foi du vendeur. *Voy.* Ferrière dans ses Paratitles du Digeste, sur le *premier titre du vingt-unième livre*, où est expliqué ce qu'était cette action chez les Ro-

25

mains : je vais expliquer dans l'article suivant de quel usage elle est, suivant notre droit français.

Quoiqu'il soit permis en France, conformément au droit romain, de se servir de son industrie pour vendre les marchandises bien cher, ou d'en acheter au plus vil prix, néanmoins il n'est pas permis de tromper dans la chose, c'est-à-dire, de vendre des marchandises défectueuses, comme du blé, du vin, des étoffes, et autres choses semblables, qui auraient quelque vice ou défaut caché, sans en avertir l'acheteur.

Ainsi lorsque cela arrive, le marchand peut être contraint par l'action redhibitoire de les reprendre ; ou par l'action appelée en droit, *actio œstimatoria, vel quanti minoris*, à rendre à l'acheteur la moins value, c'est-à-dire, ce qu'il en a payé de trop par rapport à sa valeur, et à ce qu'il en aurait probablement voulu donner, s'il avait eu connaissance des vices et défectuosités qui se trouvent dans la chose qui lui a été vendue.

L'action redhibitoire est donc une action particulière, par laquelle l'acheteur agit contre le vendeur d'une chose défectueuse, à ce qu'il ait à la reprendre, à cause des vices et défauts cachés qui s'y trouvent et qu'il n'a pas déclarés, et qu'il soit tenu de rendre à l'acheteur le prix qu'il en a reçu, et en outre les pansemens et médicamens, ou autres choses qu'il a employées pour sa conservation, avec dépens, dommages et intérêts.

Elle est appelée redhibitoire, parce qu'au moyen de cette action le vendeur a derechef la chose qu'il avait avant le contrat de vente, lequel est cassé et annulé, et les parties remises en tel état qu'elles étaient auparavant.

Au lieu de l'action redhibitoire, l'acheteur peut agir contre son vendeur par une autre action appelée en droit, *actio œstimatoria, vel quanti minoris*, quand il a acheté une chose défectueuse. Par cette action il demande

que le vendeur soit tenu de lui rendre ce qu'il en aurait payé de moins, s'il en avait connu les défauts.

Ces actions ont lieu en vertu d'une convention particulière, quand le vendeur a vendu une chose qu'il a déclaré être d'une qualité qui ne s'y trouve pas, ou être exempte de défauts et de vices qu'elle avait. Elles ont aussi lieu sans convention particulière par la disposition des lois, dans les cas suivans.

1.º En vente de chevaux, en cas qu'il s'y rencontre quelque vice caché qui ne se reconnaisse pas à voir et visiter un cheval, comme sont les trois vices dont le vendeur est garant ; savoir: la pousse, la morve et la courbature ; et dans ces trois cas il faut que l'action soit intentée dans les neuf jours, suivant l'usage de Paris. *Voy.* Loysel, *liv. 1, tit. 4, règle 17.*

2.º En fait de vente de chose vendue par un marchand ou artisan, qui ne se trouve pas de la qualité requise par les statuts et règlemens de leur communauté ; auquel cas, ces actions doivent être intentées au plutôt ; mais en France le temps n'est pas défini.

Par arrêt rendu le 14 juin 1721, sur les conclusions de M. le procureur général, entre Jacques le Roi et consorts, et plusieurs marchands forains de bestiaux, il a été ordonné que le temps de l'action en garantie des cas redhibitoires des vaches laitières et amouillantes, demeurerait fixé à quarante jours, et que les cas redhibitoires seraient le mal caduc et la pommelière.

Enfin, ces actions peuvent avoir lieu dans la vente d'un héritage, si les vices et défectuosités qui s'y rencontrent, et qui étaient inconnus à l'acheteur, le rendent absolument inutile ; comme s'il s'exhale d'un fonds vendu des vapeurs malignes, capables de causer des maladies dangereuses à ceux qui y resteraient quelque temps.

Dans l'action redhibitoire, le demandeur conclut *à ce que le défendeur soit condamné à reprendre la chose qu'il a vendue, à cause des vices et défauts qui s'y trouvent, qu'il n'a pas déclarés, et qu'il soit tenu de rendre à l'acheteur le prix qu'il en a reçu, et les pansemens et autres impenses qu'il a faites pour la conservation de la chose, avec dépens, dommages et intérêts.*

Dans l'action *quanti minoris*, le demandeur conclut *à ce que que le défendeur soit tenu de rendre au demandeur ce qu'il lui aurait payé de moins pour l'achat de telle chose, s'il en avait connu les défauts.*

La redhibition qui se demande par l'action redhibitoire, ni la diminution du prix qui se demande par l'action *quanti minoris*, à cause des défauts de la chose vendue, n'ont pas lieu dans les ventes publiques qui se font en justice. *Arg. Leg.* 1, §. 3, *ff. de Edil. edict.*

La raison est, que dans ces ventes ce n'est pas le propriétaire qui vend, mais c'est l'autorité de la justice qui tient lieu de vendeur, et qui n'adjuge la chose que telle qu'elle est, et sur l'exposition qui en est faite publiquement. Ainsi jugé par arrêt rendu au parlement de Toulouse le 11 septembre 1635, rapporté par Dolive, *liv.* 4, *chap.* 23.

Les juges-consuls connaissent de l'action redhibitoire, lorsqu'il s'agit de marchandises défectueuses vendues entre marchands, ou même entre personnes privilégiées faisant trafic de marchandises, sans qu'elles puissent obtenir leur renvoi.

Touchant l'action redhibitoire et l'action *quanti minoris*, *Voy.* Ferrière dans ses Paratitles du Digeste, sur le *titre d'Edilitio edicto*; *Voy.* aussi les Lois civiles, *livre* 1, *tit.* 2, *sect.* 11; et Basnage, *sur l'art.* 40 de la Coutume de Normandie.

Droit nouveau.

Le vendeur est tenu de la garantie à raison des défauts cachés de la chose vendue qui la rendent impropre à l'usage auquel on la destine, ou qui diminuent tellement cet usage, que l'acheteur ne l'aurait pas acquise, ou n'en aurait donné qu'un moindre prix, s'il les avait connus. *Art.* 1641.

Le vendeur n'est pas tenu des vices apparens, et dont l'acheteur a pu se convaincre lui-même. *Art.* 1642.

Il est tenu des vices cachés, quand même il ne les aurait pas connus, à moins que, dans ce cas, il n'ait stipulé qu'il ne sera obligé à aucune garantie. *Art.* 1643.

Dans le cas des articles 1641 et 1643, l'acheteur a le choix de rendre la chose et de se faire restituer le prix, ou de garder la chose, et de se faire rendre une partie du prix, telle qu'elle sera arbitrée par experts. *Art.* 1644.

Si le vendeur connaissait les vices de la chose, il est tenu, outre la restitution du prix qu'il en a reçu, de tous les dommages et intérêts envers l'acheteur. *Art.* 1645.

Si le vendeur ignorait les vices de la chose, il ne sera tenu qu'à la restitution du prix, et à rembourser à l'acquéreur les frais occasionnés par la vente. *Art.* 1646.

Si la chose qui avait des vices a péri par suite de sa mauvaise qualité, la perte est pour le vendeur, qui sera tenu envers l'acheteur à la restitution du prix, et aux autres dédommagemens expliqués dans les deux articles précédens.—Mais la perte arrivée par cas fortuit sera pour le compte de l'acheteur. *Art.* 1647.

L'action résultant des vices redhibitoires doit être intentée par l'acquéreur dans un bref délai, suivant la nature des vices redhibitoires, et l'usage du lieu où a été faite la vente. *Art.* 1648.

Elle n'a pas lieu dans les ventes faites par autorité de justice. *Art.* 1640.

RÉDUCTION, DIMINUTION OU RETRANCHEMENT.

Droit ancien.

En pays de droit écrit, les legs sont sujets au retranchement de la falcidie, et les fidéicommis

25 *

ou retranchement de la quarte trébellianique.
Voy. Quarte falcidie *et* Quarte trébellianique.

Dans tout le royaume, les donations faites par ceux qui se remarient ayant des enfans, sont sujettes au retranchement de l'édit des secondes noces. *Voy.* Secondes noces.

Le retranchement des legs en pays coutumier se fait lorsque le testateur a légué plus que le quint de ses propres, et que l'héritier ne trouve pas dans les biens du testateur de quoi, après avoir pris les quatre-quints des propres, payer les dettes et les legs en entier.

Il faut d'abord savoir que la plupart de nos coutumes défendent de disposer par testament, au préjudice des quatre-quints, qui doivent être laissés aux héritiers des propres et permettent à ces héritiers de se tenir à cette légitime ou réserve coutumière, accordée aux héritiers du sang, et d'abandonner tous les autres biens de la succession, c'est-à-dire, tous les meubles, acquêts et conquêts du quint des propres.

Si tous les biens abandonnés par l'héritier aux légataires ne suffisent pas pour faire la délivrance des legs entiers qui leur ont été faits, ils en doivent souffrir la déduction.

Ainsi les quatre-quints des propres doivent demeurer à l'héritier francs et quittes de tous legs ; et sur l'autre quint des propres, et sur les meubles, acquêts et conquêts, jusqu'à la concurrence d'iceux, l'héritier fait la délivrance des legs aux légataires.

Suivant l'usage fondé sur la jurisprudence des derniers arrêts, quand le testateur a légué au-delà du quint des propres, et qu'il a laissé des meubles et acquêts dont il n'a pas disposé, l'héritier est obligé d'abandonner le propre au légataire, ou de lui donner récompense, si les meubles et acquêts valent mieux ou autant que les quatre quints des propres dont il n'a pu disposer.

Le retranchement de ces quatre quints ne doit s'entendre, que les dettes préalablement déduites et payées sur tous les effets de la succession ; *quià scilicet bona non estimantur, nisi deducto ære alieno.*

Le testateur est obligé de conserver en chaque ligne paternelle et maternelle les quatre quints des propres, et il ne lui suffit pas de laisser les quatre quints des propres, de quelque ligne qu'ils puissent être.

Par exemple, un testateur qui a des propres paternels et maternels, lègue tous ses propres maternels qui ne composent que le quint de tous ses propres de l'une et de l'autre ligne. Il faut dire que la réduction portée par nos coutumes, doit s'entendre pour chaque ligne séparément : de manière que quand le testateur a légué un propre qui n'excède pas le quint de la totalité de tous les propres qu'il possède, mais qui excède le quint des propres de la ligne de laquelle il est, le legs sera réductible au quint des propres de cette ligne, sans que le légataire puisse prétendre de récompense sur le quint des propres de l'autre ligne. La raison est que tous les propres de chaque ligne composent un patrimoine distinct et séparé.

Le retranchement de ces quatre quints ne se fait, qu'eu égard aux propres que le testateur possède au jour de son décès, et non de ceux qu'il a eus pendant sa vie, et qui ont été par lui aliénés ou donnés depuis par son testament.

Quand les legs ne sont que de sommes de deniers, et qu'il excède le quint des propres, l'héritier fait lui-même délivrance des legs, ou l'exécuteur testamentaire ; et s'il n'y a point dans la succession d'effets mobiliers pour acquitter ces legs, on ne les paie que jusqu'à concurrence du quint des propres ; de sorte que les quatre quints restent à celui qui en est héritier.

Mais s'il a pris les meubles sans faire inventaire, il ne peut point prétendre les quatre quints des propres, sous prétexte que les legs des sommes de deniers qui ont été faits par le défunt, excèdent le quint des propres. *Voy.* Louet, *lettre* I, *chap.* 7 ; Henrys, *tom.* 1, *liv.* 5 ; Montholon, *arrêt* 189.

L'héritier, soit qu'il soit pur et simple, ou par bénéfice d'inventaire, doit s'imputer d'avoir omis de prendre cette précaution ; et il ne serait pas recevable à prouver que les meubles et le quint des propres ne suffisent pas pour faire la délivrance des sommes léguées, parce qu'il y a lieu de présumer le contraire. D'ailleurs, l'héritier qui a pris les meubles sans en faire inventaire, est censé se soumettre à payer les legs en entier, comme ayant renoncé au privilège que la coutume lui donne de se tenir aux quatre quints des propres.

Voy. ce qu'a dit Ferrière sur l'*art.* 292 de la Coutume de Paris, *glose* 3, *nomb.* 16 à la fin ; et sur l'*art.* 295, *glose* 1, *nomb.* 2 et suivans.

Droit intermédiaire.

Voy. le mot Quotité disponible où se trouve déterminée la portion de ses biens dont un testateur a pu disposer pendant la durée de ce droit. *Voy.* aussi *les mots* Donation et Avantages entre époux, où il est parlé de la réduction de ces avantages et donations, lorsqu'ils excèdent la quotité disponible.

Droit nouveau.

Les dispositions, soit entre-vifs, soit à cause de mort, qui excéderont la quotité disponible, seront réductibles à cette quotité lors de l'ouverture de la succession. *Art.* 920.

La réduction des dispositions entre-vifs ne pourra être demandée que par ceux au profit desquels la loi fait la réserve, par leurs héritiers ou ayant-cause : les donataires, les légataires, ni les créanciers du défunt, ne pourront demander cette réduction ni en profiter. *Art.* 921.

La réduction se détermine en formant une masse de tous les biens existans au décès du donateur ou testateur. On y réunit fictivement ceux dont il a été disposé par donations entre-vifs, d'après leur état à l'époque des donations et leur valeur au temps du décès du donateur. On calcule sur tous ces biens, après en

avoir déduit les dettes, quelle est, eu égard à la qualité des héritiers qu'il laisse, la quotité dont il a pu disposer. *Art.* 922.

Il n'y aura jamais lieu à réduire les donations entre-vifs qu'après avoir épuisé la valeur de tous les biens compris dans les dispositions testamentaires ; et lorsqu'il y aura lieu à cette réduction, elle se fera en commençant par la dernière donation, et ainsi de suite en remontant des dernières aux plus anciennes. *Art.* 923.

Si la donation entre-vifs réductible a été faite à l'un des successibles, il pourra retenir, sur les biens donnés, la valeur de la portion qui lui appartiendrait, comme héritier, dans les biens non disponibles, s'ils sont de la même nature. *Art.* 924.

Lorsque la valeur des donations entre-vifs excédera ou égalera la quotité disponible, toutes les dispositions testamentaires seront caduques. *Art.* 925.

Lorsque les dispositions testamentaires excéderont, soit la quotité disponible, soit la portion de cette quotité qui resterait après avoir déduit la valeur des donations entre-vifs, la réduction sera faite au marc le franc, sans aucune distinction entre les legs universels et les legs particuliers. *Art.* 926.

Néanmoins dans tous les cas où le testateur aura expressément déclaré qu'il entend que tel legs soit acquitté de préférence aux autres, cette préférence aura lieu ; et le legs qui en sera l'objet, ne sera réduit qu'autant que la valeur des autres ne remplirait pas la réserve légale. *Art.* 927.

Le donataire restituera les fruits de ce qui excédera la portion disponible, à compter du jour du décès du donateur, si la demande en réduction a été faite dans l'année ; si non du jour de la demande. *Art.* 928.

Les immeubles à recouvrer par l'effet de la réduction le seront sans charge de dettes ou hypothèques créées par le donataire. *Art.* 929.

L'action en réduction ou revendication pourra être exercée par les héritiers contre les tiers détenteurs des immeubles faisant partie des donations et aliénés par les donataires, de la même manière et dans le même ordre que contre les donataires eux-mêmes, et discussion préalablement faite de leurs biens. Cette action devra être exercée suivant l'ordre des dates des aliénations, en commençant par la plus récente. *Art.* 930.

Les obligations contractées par le mineur émancipé ne sont pas nulles en cas d'excès, mais seulement susceptibles de réduction. *Voy. l'art.* 484.

Le cautionnement qui excède la dette ou qui est contracté sous des conditions plus onéreuses, n'est point nul; il est seulement *réductible* à la mesure de l'obligation principale. *Article* 2013.

RÉDUCTION DES INSCRIPTIONS HYPO-THÉCAIRES.

Droit nouveau.

Toutes les fois que les inscriptions prises par un créancier qui, d'après la loi, aurait droit d'en prendre sur les biens présens ou sur les biens à venir d'un débiteur, *sans limitation convenue*, seront portées sur plus de domaines différens qu'il n'est nécessaire à la sûreté des créances, l'action en réduction des inscriptions, ou en radiation d'une partie en ce qui excède la proportion convenable, est ouverte au débiteur. On y suit les règles de compétence établies dans l'*art.* 2159. *Voy.* cet *art.* au mot Hypothèque.

La disposition du présent article ne s'applique pas aux hypothèques conventionnelles. *Art.* 2161.

Sont réputées excessives les inscriptions qui frappent sur plusieurs domaines, lorsque la valeur d'un seul ou de quelques-uns d'entre eux excède de plus d'un tiers en fonds libres le montant des créances en capital et accessoires légaux. *Art.* 2162.

Peuvent aussi être réduites comme excessives les inscriptions prises d'après l'évaluation faite par le créancier, des créances qui, en ce qui concerne l'hypothèque à établir pour leur sûreté, n'ont pas été réglées par la convention, et qui par leur nature sont conditionnelles ou indéterminées. *Art.* 2163.

L'excès, dans ce cas, est arbitré par les juges d'après les circonstances, les probabilités des chances et les présomptions de fait, de manière à concilier les droits vraisemblables du créancier avec l'intérêt du crédit raisonnable à conserver au débiteur; sans préjudice des nouvelles inscriptions à prendre, avec hypothèque de leur date, lorsque l'événement aura porté les créances indéterminées à une somme plus forte. *Art.* 2164.

La valeur des immeubles dont la comparaison est à faire avec celle des créances et le tiers en sus, est déterminée par quinze fois la valeur du revenu déclaré par la matrice du rôle de la contribution foncière, ou indiqué par la quote de contribution sur le rôle, selon la proportion qui existe dans les communes de la situation entre cette matrice ou cette quote et le revenu, pour les immeubles non sujets à dépérissement, et dix fois cette valeur, pour ceux qui y sont sujets. Pourront néanmoins les juges s'aider, en outre, des éclaircissemens qui peuvent résulter des baux non suspects, des procès-verbaux d'estimation qui ont pu être dressés précédemment à des époques rapprochées, et autres actes semblables, et évaluer le revenu au taux moyen entre les résultats de ces divers renseignemens. *Art.* 2165.

RELÉGATION, est une espèce d'exil qui se fait par l'autorité du prince, qui envoye ordre à quelqu'un d'aller en un endroit qu'il lui marque, et de n'en point sortir jusqu'à ce que le prince le rappelle.

A Rome, la relégation ne faisait point perdre le droit de citoyen, et elle ne le fait point perdre non plus parmi nous.

Comme ceux qui étaient relégués prenaient quelquefois la licence de sortir du lieu où il leur était enjoint de demeurer jusqu'à ce que le prince les eût rappelés, il y a plusieurs ordonnances à ce sujet; et enfin le 24 juillet 1705 le roi fit une déclaration à Versailles, portant que l'édit et la déclaration des mois d'août 1669 et 14 juillet 1682, seront exécutés; et y ajoutant, défenses à ceux qui sont relégués par ordre du roi, de sortir du lieu où ils sont relégués, à peine de confiscation de corps et de biens.

Cette relégation se fait ordinairement par une lettre de cachet, que le roi adresse à celui qu'il juge à propos d'exiler, et qu'il lui fait tenir par un officier des troupes de sa maison, par des hoquetons, par un prévôt de maréchaussée, ou par un huissier de la chaîne, suivant la qualité de la personne. *Voy.* Déportation.

RELIGIEUX, sont ceux qui par un vœu solennel se sont engagés à suivre la règle de la maison religieuse dans laquelle ils ont fait profession.

Droit ancien.

Comme les religieux se sont entièrement voués à Dieu, et ont solennellement renoncé aux biens temporels, aux mariages et à leur liberté, ils sont réputés morts au monde; en sorte que la profession religieuse est une espèce de mort civile. Louet et son commentateur, *lett.* C, *somm.* 8.

Ils ne succèdent donc point à leurs parens, ni le monastère pour eux. *Voy.* ce que Ferrière a dit sur l'*art.* 136 de la Coutume de Paris. Ils sont même incapables de toutes sortes de donations et de legs, si ce n'est des pensions viagères modiques; encore n'en peuvent-ils jouir par leurs mains, qu'avec la permission de leurs supérieurs.

Cela ne se doit entendre que de chaque personne religieuse en particulier, et non des communautés religieuses; car elles sont capables de donations et de legs, et peuvent agir et contracter pour la conservation de leurs biens; mais elles ne peuvent acquérir des immeubles sans obtenir du roi des lettres d'amortissement.

C'est une maxime que les religieux, novices ou profès, ne peuvent être témoins dans aucuns actes de dernière volonté.

V. l'*art.* 41 de l'Ordonnance des Testamens, du mois d'août 1735.

Par la loi *Deo nobis*, et par l'Authentique *Ingressi*, cod. de Sacros. Eccles., tous les biens de ceux qui entraient dans les monastères, étaient acquis à celui où ils faisaient profession. Les successions même de leurs pères et mères, qui leur échéaient après leur profession, appartenaient à la mense commune des religieux et du monastère. Mais comme ces constitutions étaient trop dommageables à l'État, et que leur disposition tendoit à la ruine des familles, elles ont été abrogées par notre droit français. Ainsi ceux qui ont fait profession ne sont plus considérés que comme incapables de tous effets civils, en sorte qu'ils ne peuvent plus succéder à aucuns de leurs parens. Ils ne peuvent point aussi avoir d'héritiers: c'est le couvent qui succède à leur pécule, sans qu'ils puissent disposer de la moindre chose par dernière volonté.

Pour ce qui est de leurs livres et effets mobiliers qu'ils ont acquis par leur travail, ils peuvent en disposer entre-vifs; et lorsqu'ils en ont fait la tradition de leur vivant, le monastère ne peut pas revenir contre. Ainsi jugé par arrêt du 14 mai 1587, rapporté par Charondas, *liv.* 7, *rép.* 226.

Les novices peuvent, ayant l'âge requis, disposer par donations entre-vifs, ou par dernière volonté, de leurs biens, comme toute autre personne, pourvu qu'ils n'en disposent pas en faveur d'aucun monastère, soit du même ordre, ou autre.

L'Ordonnance d'Orléans, *art.* 19, et celle de Blois, *art.* 28, l'ont ainsi réglé, pour empêcher les suggestions qui pourraient être faites aux novices, et les intell gences que pourraient avoir les monastères, pour se prêter la main les uns aux autres. Mais pour qu'une dernière disposition olographe faite par un novice puisse être valable, il faut qu'il la reconnaisse pardevant notaires avant que de faire profession, sinon elle est absolument nulle ; comme il est décidé en l'*art*. 21 de l'Ordonnance des Testamens, du mois d'août 1735.

Il semble qu'on pourrait comparer les moines et les religieux aux esclaves des Romains, en ce que les vœux d'obéissance et de pauvreté qu'ils font, les obligent à une soumission aveugle aux volontés de leurs supérieurs, et les rendent incapables de toute sorte de propriété et de possession des choses temporelles, qu'ils ne peuvent acquérir en France, et que s'ils font quelque acquisition, elle tourne au profit du monastère. Enfin, de même que les esclaves, *in toto jure civili pro nullis habentur*, les moines et les religieux sont, pour les effets civils, regardés comme entièrement morts au monde.

Nonobstant toutes ces raisons, il faut demeurer d'accord qu'on ne peut pas raisonnablement comparer les religieux aux esclaves des Romains. 1.º Parce que l'obéissance des religieux n'est pas servile, mais filiale ; les supérieurs sont les pères, et non pas les maîtres; et par conséquent ils n'ont droit de les gouverner que selon la raison et avec charité.

2.º Parce que la renonciation à toutes les choses temporelles, les élève à un état de perfection au-dessus du commun des hommes, bien loin de leur imprimer aucune marque de servitude.

3.º Les dispositions de dernière volonté qui leur sont faites, ne tournent point au profit de leur monastère, comme l'a remarqué Dolive, *liv*. 1, *chap*. 4; mais quand elles sont modiques, ils en peuvent jouir avec la permission de leurs supérieurs; autrement elles sont nulles, comme nous l'avons dit : au lieu que chez les Romains

les dispositions de dernière volonté faites à des esclaves, tournaient au profit de leurs maîtres.

Voy. ce qui est dit des religieux dans le Recueil alphabétique de Bretonnier.

Un religieux fait évêque ne peut succéder à sa famille, quoique la famille ne laisse pas de lui succéder. *Habet succedendi facultatem passivam, non verò activam.*

Ainsi nous ne suivons pas la disposition du canon *Statutum* 18, *qu*. 1, *cujus hæc sunt verba. Statutum est, monachus quem canonica electio à jugo regulæ et monasticæ professionis absolvit, et sacra ordinatio de monacho episcopum facit, velut legitimus hæres paternam sibi hæreditatem vindicandi potestatem habeat.*

Le caractère de la dignité épiscopale affranchit donc un religieux de l'obligation de ses vœux; en sorte que c'est une espèce d'émancipation qui retire celui qui en est honoré, de la puissance de son supérieur à qui il était soumis, d'autant qu'il est devenu personne publique et prince de l'église. Mais cette émancipation ne le relève que du vœu d'obéissance, et ne regarde pas la renonciation qu'il a faite à la succession de ses parens, laquelle demeure en son entier, nonobstant sa dignité épiscopale.

Et c'est un cas auquel la relation cesse en fait de succession; car le religieux promu à l'épiscopat ne succède point, et néanmoins ses parens lui succèdent : ce qui est contre la maxime de droit, qui veut que pour succéder à une personne, il faut qu'elle soit capable de nous succéder, c'est-à-dire, qu'il faut que ces deux personnes puissent se succéder mutuellement l'une à l'autre. *Voy*. le Brun en son Traité des Successions, *liv*. 1, *chap*. 2, *sect*. 2; et ce qu'a dit Ferrière sur l'*art*. 336 de la Coutume de Paris.

Droit intermédiaire.

Un décret du 13 octobre 1789, supprima définitivement

définitivement les vœux monastiques , et les maisons des religieux et religieuses.

Un autre décret du 20 février 1790 , sanctionné le 26 mars suivant, porte : « *Art.* 1.er Les religieux qui sortiront de leurs maisons, demeureront incapables de successions et ne pourront recevoir par donation entre-vifs et testamentaires , que des pensions ou rentes viagères.

» 2. Néanmoins lorsqu'il ne se trouveront en concours qu'avec le fisc , ils hériteront dans ce cas préférablement à lui.

» 3. Ils pourront disposer par donation entre-vifs ou testamentaires des biens meubles et immeubles acquis par eux depuis la sortie du cloître ; et à défaut de disposition de leur part lesdits biens passeront aux parens les plus proches. »

Voy. ci-après la loi du 17 nivose an 2, qui a abrogé ces dispositions.

Décrets des 5 et 8 octobre. — 14 *octobre* 1790.

Tit. 1.er — « *Art.* 30. Les successions des curés réguliers et celles des religieux sortis de leurs maisons, qui sont décédés depuis le 13 février 1790 , seront réglées conformément à l'art. 3 du décret des 19 et 20 mars (ci-dessus), et seront en conséquence recueillis par leurs parens les plus proches, conformément audit article.

Tit. 2. — » *Art.* 31. Les *art.* 1, 2 et 3 du décret des 19 et 20 mars dernier, concernant les religieux , seront exécutés à l'égard des *religieuses.* En conséquence celles qui sortiront de leurs maisons, demeureront incapables de succession , excepté toutefois les cas où elles ne se trouveraient en concours qu'avec le fisc. Elles ne pourront recevoir par donations entre-vifs ou testamentaires, que des pensions ou rentes viagères; elles seront capables de disposer de leurs meubles et immeubles acquis depuis leur sortie du cloître ; et à défaut de disposition de leur part, lesdits biens passeront à leur parens les plus proches. »

Voy. la loi du 17 nivose an 2 ci-après.

Tome III.

Loi du 17 nivose an 2.

« *Art.* 3. Les ci-devant religieux et religieuses sont appelés à recueillir les successions qui leur sont échues, à compter du 14 juillet 1789.

» 4. Les pensions attribuées, par les décrets des représentans du peuple, aux ci-devant religieux et religieuses, diminueront en proportion des revenus qui leur sont échus, ou qui leur écherront par succession.

» 5. Les ci-devant religieux et religieuses qui ont émis leurs vœux avant l'âge requis par les lois , sont réintégrés dans tous leurs droits, tant pour le passé que pour l'avenir ; ils peuvent les exercer comme s'ils n'avaient jamais été engagés dans les liens du régime monastique. Les actes de dernière volonté qu'ils auront pu faire avant leur profession, sont anéantis.

» 6. Lorsque les ci-devant religieux et religieuses viendront à succéder, en vertu des *art.* 3 et 4 , concurremment avec d'autres co-héritiers, les dots qui leur auront été fournies, lors de leurs professions, par ceux à qui ils succéderont, seront imputées sur leur portion héréditaire. Les rentes ou pensions qui auront été constituées à ces ci-devant religieux et religieuses , par ceux à qui ils succèdent, demeureront éteintes.

» 7. Pour l'exécution de l'article précédent, en ce qui concerne l'intérêt national , tous ci-devant religieux et religieuses seront tenus d'inscrire, dans les quittances qu'ils fourniront aux receveurs des districts, la déclaration qu'ils n'ont rien recueilli , ou qu'ils ont recueilli une succession dont ils énonceront la valeur.

» A défaut d'exactitude dans les déclarations, ils seront à l'avenir privés de leurs pensions , et condamnés, au profit du trésor public, à une amende quadruple des sommes qu'ils auront indûment perçues.

» L'agent national près le district de la résidence, sera tenu de faire toutes diligences à ce sujet. »

Loi du 22 ventose an 2.

« On demandait à la convention :

» 8.° *Qu'il fût expliqué si le religieux qui a émis ses vœux postérieurement au 14 juillet 1789 peut reprendre ses biens et droits héréditairement recueillis par ses parens ?*

« Il fut repondu sur la *huitième question :* Qu'il n'y a pas plus de difficulté que dans le cas où un homme réputé mort, et dont on se serait partagé la succession, reparaîtrait ; et que les lois ayant annulé toute émission de vœux postérieure au 14 juillet 1789, la réintégration du ci-devant religieux dans ses biens et droits, à dater de la même époque, n'est que la conséquence de ce principe.

» 9.° *Qu'il fût clairement défini, si tous vœux religieux émis avant l'âge de 21 ans, sont annulés par l'article 5 de la loi du 17 nivose ?*

» Répondu sur la *neuvième question :* Que l'article cité n'invalidant que les vœux émis avant l'âge *requis par les lois*, il faut distinguer les époques ; qu'ainsi et avant l'édit de 1768, l'âge de 16 ans étant proclamé suffisant par les lois d'alors, il n'y aurait nullité qu'autant que les vœux auraient été émis avant cet âge, de même que depuis il faudrait seulement tenir pour nulles les professions faites avant 21 ans pour les hommes, et 18 ans pour les femmes. »

A l'égard des religieux et prêtres déportés, *Voy. le mot* Déportation.

La loi du 17 nivose, en disposant que les religieux succèderaient à partir du 14 juillet 1789, avait un effet rétroactif du 5 brumaire an 2, jour auquel le principe avait été décrété, au 14 juillet 1789 ; la loi du 18 pluviose an 5 a rapporté cet effet rétroactif, elle porte *art.* 3 :

« Les ci-devant religieux et religieuses sont » appelés à recueillir les successions qui leur » sont échues, mais à compter seulement de » la publication de la loi du 5 brumaire an 2,

» sauf l'exécution de l'*art.* 5 de la loi du 3 ven-
» démiaire an 4, relative aux partages faits
» entr'eux ou leurs héritiers, et la répu-
» blique. »

Voy. le mot Effet rétroactif, où cette loi est rapportée. *Voy. aussi le mot* Dot de religieuses.

RELOCATION.

Droit ancien.

La relocation fait aujourd'hui partie des contrats pignoratifs ; c'est un contrat par lequel un débiteur qui a vendu à son créancier un héritage pour l'argent qu'il lui doit, avec faculté de rachat perpétuel s'en rend le fermier pour une somme à laquelle peuvent monter les intérêts de ce qu'il doit à ce créancier.

Cette relocation n'est pas injuste, puisqu'elle est toujours en faveur des débiteurs ; mais on ne peut pas dire la même chose du contrat pignoratif, dont elle est une suite, parce que dans ce contrat il y a, par la convention des parties, de l'accroissement à la somme prêtée, et que tout ce qui accroît par la convention des parties à la somme prêtée est une usure.

En effet, n'est-ce pas la même chose de payer en argent l'usure au créancier, ou de lui céder la jouissance d'une terre ou d'un autre immeuble, pour en prendre les fruits, soit que ces fruits égalent ou n'égalent pas l'intérêt fixé par les ordonnances ; et le débiteur qui tient à bail son propre fonds donné à titre de contrat pignoratif à son créancier, ou qui le reloue de lui, ne paie-t-il pas en argent cette même usure ?

Voy., pour le Droit nouveau, *le mot* Contrat pignoratif. Nous ajouterons que la faculté de rachat ne peut être aujourd'hui perpétuelle, puisque l'*art.* 1660 défend que cette faculté soit stipulée pour un terme excédant cinq années.

REMBOURSEMENT, est le paiement d'une dette, de quelque nature qu'elle soit ; mais ce terme se prend souvent pour le paiement du sort principal d'une rente.

Droit ancien.

Le mari peut recevoir le remboursement d'une rente constituée au profit de sa femme, parce que ce n'est pas une aliénation volontaire, mais une aliénation forcée. Ainsi jugé par arrêt du 17 mars 1691, rapporté dans le Journal des Audiences.

C'est aussi par la même raison que le débiteur d'une rente due à des mineurs, est valablement déchargé par le remboursement qu'il en a fait à leur tuteur, quoiqu'il n'y ait point eu d'avis de parens.

Ainsi par arrêt rendu en la troisième chambre des enquêtes le 31 mars 1708, il a été jugé que les mineurs devenus majeurs ne pouvaient inquiéter le débiteur qui s'était libéré, sous prétexte de l'insolvabilité du tuteur; parce qu'un débiteur est toujours en droit de se libérer, et qu'un tuteur est valablement autorisé par l'acte de tutelle pour toucher sans avis de parens, le remboursement des lots principaux des rentes dues à ses mineurs.

Cependant je conseillerais toujours à un débiteur de ne point faire de pareils remboursemens à un tuteur sans avis de parens, et même avec stipulation d'emploi.

Mais toutes ces précautions ne sont point nécessaires, quand il s'agit d'un paiement fait en vertu d'un jugement qui condamne le débiteur d'un mineur à lui payer ce qu'il lui doit; il suffit qu'un tel paiement se fasse à son tuteur. *Voy.* Payement, Mineur et Tuteur.

Droit intermédiaire.

Voy. les lois sur les remboursemens rapportées sous *le mot* Obligations, *pages* 14 *et suiv., tom.* 3. de ce Dictionnaire.

Droit nouveau.

Toute rente établie à perpétuité pour le prix de la vente d'un immeuble, ou comme condition de la cession à titre onéreux ou gratuit d'un fonds immobilier, est essentiellement rachetable. — Mais il est permis au créancier de stipuler que la rente ne pourra lui être remboursée qu'après un certain terme, lequel ne peut jamais excéder trente ans; toute stipulation contraire est nulle. *Art.* 530. *Voy. le mot* Payement.

RÉMÉRÉ. La faculté de réméré ou rachat, est une clause apposée à un contrat de vente, par laquelle le vendeur se réserve le droit de rentrer dans l'héritage vendu, en remboursant à l'acheteur le prix qu'il en a reçu.

Droit ancien.

Au moyen de cette clause, l'acquéreur n'est point propriétaire incommutable, et la vente de l'héritage qui lui est faite sous une telle stipulation, n'est que conditionnelle; ainsi la vente est entièrement résolue, et comme non faite, si le vendeur rentre dans la chose vendue en payant le prix; c'est pourquoi il la reprend exempte des charges que l'acheteur aurait pu y mettre.

La faculté de racheter, non déterminée par aucun temps, se prescrit de même que toute action personnelle par trente ans.

Il faut dire la même chose de la faculté de réméré stipulée à toujours, parce que toute convention opposée à un contrat ne produit autre chose qu'une obligation et une action personnelle, laquelle de sa nature se prescrivant par trente ans, la convention devient inutile, faute d'en pouvoir demander l'exécution.

Mais si le temps de grâce apposé au contrat, est au-dessous de trente ans, la propriété ne peut être acquise incommutablement à l'acquéreur que par trente ans, à moins qu'il n'y ait un jugement qui, après le temps de grâce expiré, l'ordonne ainsi.

Par arrêt rendu en la grand'chambre du parlement de Paris, le 12 avril 1694, il a été jugé que le réméré stipulé par un contrat, peut être exercé de plein droit pendant qu'il dure, sans que le vendeur soit obligé de former aucune action.

26*.

L'acquéreur, pour s'assurer la propriété incommutable, et prévenir les contestations qui pourraient lui être faites à l'occasion de la faculté de réméré, doit immédiatement après le temps du réméré expiré, faire assigner le vendeur pardevant son juge, pour le faire déchoir de cette faculté, faute d'y avoir satisfait dans le temps porté par le contrat, ce que l'on appelle purger le réméré; et le jugement qui déclare le vendeur déchu du réméré, s'appelle un jugement *de purification*.

Cependant il a été jugé par arrêt rendu en la grand'chambre, le 13 mai 1715, que le réméré accordé pendant trois ans dans un contrat de mariage, était éteint de plein droit, faute d'avoir été exercé dans les trois ans.

Le vendeur exerçant la faculté de rachat d'un héritage, l'acheteur doit lui restituer les fruits depuis le jour de la demande accompagnée d'offres faites dans les formes.

On tenait anciennement que les droits étoient dus aux seigneurs, pour vente d'héritages faite à faculté de réméré. Mais la jurisprudence d'aujourd'hui est, qu'ils ne sont point dus pour raison d'une telle vente, lorsque le réméré est exercé dans le temps porté par le contrat.

Voy. Louet et Brodeau, *lett.* U, *chap.* 12; le Recueil alphabétique de Bretonier, et ce que j'ai dit *au mot* Retrait conventionnel.

Droit nouveau.

La faculté de rachat ou de réméré est un pacte par lequel le vendeur se réserve de reprendre la chose vendue, moyennant la restitution du prix principal, et le remboursement dont il est parlé à l'*art.* 1673. *Art.* 1659.

La faculté de rachat ne peut être stipulée pour un terme excédant cinq années. — Si elle a été stipulée pour un terme plus long, elle est réduite à ce terme. *Art.* 1660.

Le terme fixé est de rigueur, et ne peut être prolongé par le juge. *Art.* 1661.

Faute par le vendeur d'avoir exercé son ac-

tion de réméré dans le terme prescrit, l'acquéreur demeure propriétaire irrévocable. *Art.* 1662.

Le délai court contre toutes personnes, même contre le mineur, sauf, s'il y a lieu, le recours contre qui de droit. *Art.* 1663.

Le vendeur à pacte de rachat peut exercer son action contre un second acquéreur, quand même la faculté de réméré n'aurait pas été déclarée dans le second contrat. *Art.* 1664.

L'acquéreur à pacte de rachat exerce tous les droits de son vendeur; il peut prescrire, tant contre le véritable maître, que contre ceux qui prétendraient des droits ou hypothèques sur la chose vendue. *Art.* 1665.

Il peut opposer le bénéfice de la discussion aux créanciers de son vendeur. *Art.* 1666.

Si l'acquéreur à pacte de réméré d'une partie indivise d'un héritage s'est rendu adjudicataire de la totalité sur une licitation provoquée contre lui, il peut obliger le vendeur à retirer le tout lorsque celui-ci veut user du pacte. *Art.* 1667.

Si plusieurs ont vendu conjointement et par un seul contrat un héritage commun entre eux, chacun ne peut exercer l'action en réméré que pour la part qu'il y avait. *Art.* 1668.

Il en est de même si celui qui a vendu seul un héritage a laissé plusieurs héritiers. — Chacun de ces co-héritiers ne peut user de la faculté de rachat que pour la part qu'il prend dans la succession. *Art.* 1669.

Mais dans le cas des deux articles précédens, l'acquéreur peut exiger que tous les co-vendeurs ou tous les co-héritiers soient mis en cause, afin de se concilier entr'eux pour la reprise de l'héritage entier; et, s'ils ne se concilient pas, il sera renvoyé de la demande. *Art.* 1670.

Si la vente d'un héritage appartenant à plusieurs n'a pas été faite conjointement et de tout l'héritage ensemble, et que chacun n'ait vendu que la part qu'il y avait, ils peuvent exercer séparément l'action en réméré sur la portion qui leur appartenait ;— Et l'acquéreur ne peut forcer celui qui l'exercera de cette manière à retirer le tout. *Art.* 1671.

Si l'acquéreur a laissé plusieurs héritiers, l'action en réméré ne peut être exercée contre chacun d'eux que pour sa part, dans le cas où elle est encore indivise, et dans celui où la chose vendue a été partagée entr'eux. — Mais s'il y a eu partage de l'hérédité, et que la chose vendue soit échue au lot de l'un des héritiers, l'action en réméré peut être intentée contre lui pour le tout. *Art.* 1672.

Le vendeur qui use du pacte de rachat doit rembourser non-seulement le prix principal, mais encore les frais et loyauts coûts de la vente, les réparations nécessaires et celles qui ont augmenté la valeur du fonds, jusqu'à concurrence de cette augmentation. Il ne peut entrer en possession qu'après avoir satisfait à toutes ces obligations. — Lorsque le vendeur rentre dans son héritage par l'effet du pacte de rachat, il le reprend exempt de toutes les charges et hypothèques dont l'acquéreur l'aurait grevé ; il est tenu d'exécuter les baux faits sans fraude par l'acquéreur. *Art.* 1673.

REMISE DE LA DETTE, tient lieu de paiement, c'est-à-dire, que tout créancier ayant le libre exercice de ses droits et l'âge de majorité peut libérer son débiteur de quelque dette que ce soit.

Droit nouveau.

La remise volontaire du titre original sous signature privée, par le créancier au débiteur, fait preuve de la libération. *Art.* 1282.

La remise volontaire de la grosse du titre fait présumer la remise de la dette ou le paiement, sans préjudice de la preuve contraire. *Art.* 1283.

La remise du titre original sous signature privée, ou de la grosse du titre à l'un des débiteurs solidaires, a le même effet au profit de ses co-débiteurs. *Art.* 1284.

La remise ou décharge conventionnelle au profit de l'un des co-débiteurs solidaires, libère tous les autres, à moins que le créancier n'ait expressément réservé ses droits contre ces derniers. — Dans ce dernier cas, il ne peut plus répéter la dette que déduction faite de la part de celui auquel il a fait la remise. *Art.* 1285.

La remise de la chose donnée en nantissement ne suffit point pour faire présumer la remise de la dette. *Art.* 1286.

La remise ou décharge conventionnelle accordée au débiteur principal libère les cautions; — Celle accordée à la caution ne libère pas le débiteur principal ; — Celle accordée à l'une des cautions ne libère pas les autres. *Art.* 1287.

Ce que le créancier a reçu d'une caution pour la décharge de son cautionnement, doit être imputé sur la dette, et tourner à la décharge du débiteur principal et des autres cautions. *Art.* 1288.

Voy. Payement.

REMPLOI DES IMMEUBLES ALIÉNÉS, est le remplacement qui doit être fait des immeubles appartenans à l'un des conjoints, lorsqu'ils ont été aliénés pendant le mariage, à l'effet d'empêcher que le prix d'iceux entre dans la communauté.

Droit ancien.

On ne distingue plus à présent entre les aliénations volontaires et les aliénations forcées. C'est aujourd'hui une maxime certaine, que le remploi des immeubles aliénés pendant le mariage est toujours dû, tant à l'un qu'à l'autre des conjoints.

Ainsi, quand il a été vendu des immeubles à l'un des conjoints, celui à qui ils appartenaient, ou son héritier, en reprend le prix sur la communauté et hors part, quoiqu'il n'y ait eu dans le contrat de mariage aucune convention là-dessus. Cette disposition de l'*art.* 232 de la coutume de Paris a paru si juste, que presque toutes celles qui ont été réformées après la communauté de Paris, en ont adopté la décision, et que l'autorité des arrêts l'a étendue aux coutumes qui n'en ont point parlé.

Si les biens de la communauté ne sont pas suffisans pour fournir les prix des immeubles de la femme qui ont été aliénés, le prix se prend sur ceux du mari.

Il n'en est pas de même quand il s'agit des biens du mari, il n'en peut jamais reprendre le prix sur les biens de sa femme, parce qu'il doit s'imputer à lui-même, si étant maître de la communauté, il ne l'a pas rendue opulente.

Quand les deniers stipulés propres à la femme par son contrat de mariage, sont employés par son mari en acquisition d'héritages ou autres immeubles, le mari déclare par le contrat d'acquisition, que c'est pour satisfaire à la clause du remploi stipulé ou porté par son contrat de mariage.

Mais c'est improprement qu'on dit remploi, car c'est un emploi de deniers ; et le remploi suppose que les deniers sont provenans de l'aliénation d'un héritage appartenant à la femme, faite pendant la communauté, par le moyen du consentement de la femme ; auquel cas le mari, faisant depuis des acquisitions d'héritages ou d'autres immeubles, et déclarant par les contrats d'acquisition que c'est pour servir de remploi des biens ou héritages propres de sa femme qu'il a aliénés, les héritages acquis appartiennent à la femme, le remploi des propres aliénés étant fait et exécuté par ceux qui ont été acquis.

Voy. le Brun, *Traité de la Communauté*, *liv.* 3, *chap.* 2, *sect.* 1, *dist.* 2; et Ferrière sur l'*art.* 232 de la Coutume de Paris.

Droit intermédiaire.

Le bénéfice du remploi des sommes touchées par le mari en assignats, provenant des dots ou reprises matrimoniales de la femme, appartient à cette dernière.

Voy. les *art.* 15 de la Loi du 16 nivose an 6, et 25 et 26 de celle du 27 messidor même année, rapportés *au mot* Dot, *pag.* 14, *tom.* 2 de ce Dictionnaire.

Droit nouveau.

S'il est vendu un immeuble appartenant à

l'un des époux, de même que si l'on s'est rédimé en argent de services fonciers dus à des héritages propres à l'un d'eux, et que le prix en ait été versé dans la communauté, le tout sans remploi, il y a lieu au prélèvement de ce prix sur la communauté, au profit de l'époux qui était propriétaire, soit de l'immeuble vendu, soit des services rachetés. *Art.* 1433.

Le *remploi* est censé fait à l'égard du mari, toutes les fois que, lors d'une acquisition, il a déclaré qu'elle était faite des deniers provenus de l'aliénation de l'immeuble qui lui était personnel, et pour lui tenir lieu de *remploi*. *Article* 1434.

La déclaration du mari que l'acquisition est faite des deniers provenus de l'immeuble vendu par la femme et pour lui servir de *remploi*, ne suffit point, si ce *remploi* n'a été formellement accepté par la femme : si elle ne l'a pas accepté, elle a simplement droit, lors de la dissolution de la communauté, à la récompense du prix de son immeuble vendu. *Art.* 1435.

Le mari n'est point garant du défaut d'*emploi* ou de *remploi* du prix de l'immeuble que la femme séparée a aliéné sous l'autorisation de la justice, à moins qu'il n'ait concouru au contrat, ou qu'il ne soit prouvé que les deniers ont été reçus par lui, ou ont tourné à son profit. — Il est garant du défaut d'*emploi* ou de *remploi*, si la vente a été faite en sa présence et de son consentement : il ne l'est point de l'utilité de cet *emploi*. *Art.* 1450.

En matière de partage de l'actif de la communauté, chaque époux ou son héritier prélève sur la masse des biens : 1.º ses biens personnels qui ne sont point entrés en communauté, s'ils existent en nature ou ceux acquis en *remploi* ; 2.º le prix de ses immeubles qui ont été aliénés pendant la communauté, et dont il n'a point été fait *remploi*, etc. *Art.* 1470.

Les *remplois* et récompenses dus par la communauté aux époux, et les récompenses et indemnités par eux dues à la communauté, emportent les intérêts de plein droit du jour de la dissolution de la communauté. *Art.* 1473.

La femme renonçante à la communauté a le droit de reprendre : 1.º les immeubles à elle appartenant, lorsqu'ils existent en nature, ou l'immeuble qui a été acquis en *remploi* ; 2.º le prix de ses immeubles aliénés dont le *remploi* n'a pas été fait et accepté comme il est dit ci-dessus. *Art.* 1493.

L'immeuble acquis des deniers dotaux n'est pas dotal si la condition de l'*emploi* n'a été stipulée par le contrat de mariage. Il en est de même de l'immeuble donné en payement de la dot constituée en argent. *Art.* 1553.

Dans tous les cas où l'immeuble dotal peut être aliéné, il doit être fait *emploi* de l'excédant du prix de la vente au-dessus des besoins reconnus, et l'objet de cet *emploi* sera dotal. *Art.* 1558.

Il en est de même de l'immeuble dotal échangé ; celui qui a été donné en échange est dotal, ainsi que l'excédant du prix dont il doit être fait *emploi*. *Art.* 1559.

En général un époux ne peut vendre à son épouse. Il faut excepté le cas où la vente que le mari fait à sa femme a une cause légitime, telle que le *remploi* de ses immeubles aliénés, ou de deniers à elle appartenant, si ces immeubles ne tombent pas en communauté. *Art.* 1565. §. 2.

RENONCIATION , se dit de tout acte par lequel on renonce à un droit acquis.

On ne peut valablement renoncer à un droit qui n'est pas acquis, puisque pour renoncer à une chose , il faut qu'elle nous appartienne. Ainsi toute renonciation que nous aurions faite d'une chose qui nous serait échue depuis , ne nous empêcherait pas d'en jouir , attendu que la renonciation serait nulle , et que ce qui est nul ne peut produire aucun effet.

Mais on peut renoncer à un droit qui est acquis, pourvu que la renonciation ne déroge qu'au droit particulier de celui qui l'a fait , et

ne contienne point de dérogation au droit public. *Quilibet potest juri suo renuntiare, modò tamen juri publico simul non renunciet ; quià privatorum pactis jus publicum infringi non potest* , comme nous dirons ci-après.

Générale renonciation ne vaut , dit Loysel , *liv.* 3 , *tit.* 1 , *art.* 9 , c'est-à-dire, que celui qui renonce dans un acte à tous priviléges , ne renonce à aucun : il faut que les priviléges auxquels on renonce, soient nommément exprimés, ou qu'après avoir renoncé expressément à quelque priviléges , on renonce à tous autres généralement quelconques , en déclarant qu'on ne veut point s'en s'ervir.

RENONCIATION au Droit public, n'est pas valable suivant la loi 38 , *ff. de Pactis* , qui dit : *Jus publicum privatorum pactis mutari non potest.* Giphanius sur cette loi dit : *Ratio est perspicua, quià major est vis legis et juris quàm pacti. Usus hujus regulæ latissimè patet in matrimoniis , in successionibus et contractibus.*

On n'a donc pas la liberté de déroger au droit public par des conventions particulières, à moins que la loi qui enjoint ou qui défend expressément quelque chose , ne permette d'y déroger. Autrement la Loi deviendrait illusoire , si l'on autorisait de semblables renonciations. *Vide Cujacium , ad dict. Leg.* 38 , *ff. de Pactis. Voy.* aussi ce que j'ai dit *au mot* Déroger à la loi.

On permet néanmoins dans les contrats de mariage de s'écarter du droit commun par des conventions particulières; mais il n'y a que la faveur des contrats de mariage , qui est un grand bien pour le public , qui a fait admettre dans ces sortes de contrats toutes sortes de conventions, pourvu qu'elles ne soient pas contraires aux bonnes mœurs. Enfin, depuis qu'un tel contrat a eu son entière exécution par la célébration du mariage, on n'y peut plus donner d'atteinte directement ni indirectement par des traités postérieurs.

Voy. Faveur des contrats de mariage et Contrat de mariage.

RENONCIATION au Sénatus-consulte Velléien. En droit ce sénatus-consulte exempte les femmes de payer les dettes auxquelles elles se sont obligées comme cautions ; mais il leur est permis de renoncer au bénéfice que ce sénatus-consulte leur accorde. C'est la disposition de la loi 32, §. 4, *ff. ad senatuscons. velléian.* et de la loi 21, au code *eodem titulo.*

Cette renonciation se peut faire, soit en Jugement, ou hors le jugement. *Leg. ult. §. 4, ff. ad Senatus-cons. Velléian. Leg. 21, Cod. eodem.*

Il y a bien de la différence entre le sénatus-consulte macédonien et le sénatus consulte velléien : comme le premier a été fait en haine des usuriers qui prêtent de l'argent aux fils de famille pour fournir à leurs débauches, il est défendu aux fils de famille d'y renoncer : l'autre au contraire ayant été fait en faveur des femmes, il leur est permis d'y renoncer, suivant la règle qui veut que, *Quilibet renuntiare possit juri pro se introducto.*

Quoique suivant la loi 32, *ff. ad senatus-cons. velléian,* il soit permis à une femme de renoncer au velléien, tous les docteurs qui ont écrit sur cette loi, et tous les arrêts qui sont intervenus en cette espèce, ont décidé que pour renoncer valablement au velléien, il faut que la femme soit avertie quel est l'effet de ce sénatus-consulte, et que les mots de cet avertissement prononcés par le notaire à la femme, soient marqués dans le contrat; autrement la renonciation n'est point valable. Guy Coquille dans son Commentaire de la Coutume de Nivernais, sur *l'article* 10 du *titre* des Droits appartenans à des gens mariés.

Droit nouveau.

Le sénatus-consulte velléien n'ayant plus force de loi en France, il est aujourd'hui inutile que la femme renonce au bénéfice de ce sénatus-consulte. *Voy. les mots* Femme mariée, Autorisation, Dettes de la communauté et Communauté, où l'on trouve les cas où la femme peut s'obliger, avec ou sans l'autorisation de son mari, et au *mot* Restitution, les cas où elle peut être restituée contre ses engagemens.

RENONCIATION a la communauté, est un acte par lequel une femme renonce à la communauté qui était entre son mari et elle.

Droit ancien.

Par ce moyen, elle n'est pas tenue des dettes de la communauté.

Cette renonciation se faisait dans les premiers temps avec des cérémonies qui tenaient de la simplicité des siècles passés, et qui depuis ont été jugées inutiles. La veuve jetait sa ceinture, sa bourse et ses clefs sur la fosse du défunt ; par ces marques extérieures d'un abandonnement apparent, elle payait de ses larmes les dettes de son mari.

Aujourd'hui cette renonciation se fait au greffe, ou par acte passé pardevant notaires ; mais il faut, pour que la renonciation soit valable, que les choses soient entières, et que la veuve ait fait faire inventaire, ainsi que l'ordonne l'article 237 de la coutume de Paris.

La clôture d'inventaire dans trois mois, qui est requise par l'article 241 de la même coutume, à l'égard des enfans mineurs, à l'effet d'empêcher la continuation de communauté, n'est point requise pour la validité de la renonciation à l'égard des créanciers, puisque la coutume n'en parle point à cet égard. Ainsi dans les coutumes qui n'en parlent point, la clôture de l'inventaire n'est point requise pour faire valider cette renonciation.

La coutume de Paris ne prescrit point de temps dans ledit article 237, pour faire l'inventaire à l'effet de la renonciation à l'égard des créanciers ; de sorte qu'il suffit que la veuve le fasse, quand elle est poursuivie par les créanciers, sauf l'action de récélé. Mais il y a d'autres coutumes plus sages qui ont prescrit aux veuves un certain temps pour faire inventaire,

taire, ce que la coutume de Paris ne devait pas omettre.

Cette nécessité de faire inventaire pour la validité de la renonciation à la communauté, n'a point lieu en cas de séparation de biens, mais seulement dans la dissolution de communauté qui arrive par la mort du mari ; parce qu'au dernier cas la veuve demeure saisie de tout, et qu'au premier cas tout est au mari.

La femme ou ses héritiers peuvent renoncer à la communauté, à la différence du mari qui n'y peut pas renoncer, parce qu'étant maître de la communauté, il se doit imputer si elle est désavantageuse.

La faculté qu'a la femme de renoncer à la communauté, étant un droit établi sur la coutume, elle est transmissible à ses héritiers. Mais la faculté de reprendre franchement de toutes dettes tout ce qu'elle y aura apporté, étant un droit fondé sur la clause de stipulation qui est apposée au contrat de mariage, cette faculté est bornée et restreinte à la personne de la femme, quand elle lui est spécialement accordée, et qu'il n'est point fait mention de ses héritiers, parce que les stipulations particulières et personnelles qui sont en quelque manière contraires au droit commun, sont bornées aux personnes, au nom et en faveur desquelles elles sont faites.

Les enfans qui renoncent à la communauté, ne peuvent donc reprendre ce que leur mère y a apporté, que quand il y a une clause expresse dans le contrat de mariage qui leur accorde cette faculté ; et à plus forte raison des héritiers en ligne collatérale n'ont la faculté de reprise, que quand elle leur est spécialement accordée par le contrat de mariage.

Pour que la renonciation de la veuve à la communauté soit valable, il faut qu'elle soit faite, *la chose étant entière*, ainsi qu'il est dit en l'article 237 de la coutume de Paris, c'est-à-dire, que la veuve n'ait pas accepté la communauté, ni fait acte de commune, en disposant des biens qui la composent, ou en les recélant.

Voy. ce qu'a dit Ferrière sur cet article de la Coutume de Paris. Nous remarquerons seulement ici ; que la renonciation faite à la communauté par une veuve, qui en aurait auparavant soustrait et recélé quelques effets, serait tenue des dettes de la communauté pour moitié, comme si elle n'avait point renoncé à la communauté : *Quià fraus sua nemini patrocinari debet ; Leg.* 1, *ff. de Dolo malo ;* et parce qu'au moyen de ce recélé, elle aurait fait acte de commune. Mais les effets qu'une veuve aurait recélés après sa renonciation à la communauté, ne l'obligerait qu'à les représenter, et à en tenir compte à la succession de son mari. *Leg.* 71, §. 7 et *ult. ff. de Acquir. vel omit. hœred.*

L'effet de la renonciation valablement faite par une veuve à la communauté, est qu'elle n'est point tenue des dettes de la communauté.

Elle reprend donc ses propres et acquêts qu'elle avait avant son mariage, avec ses habits : ce faisant, elle est déchargée de toutes dettes auxquelles elle ne s'est point obligée. A l'égard de celles dans lesquelles elle aurait parlé, elle peut être poursuivie par les créanciers envers lesquels elle s'est obligée, et ils sont en droit de la faire payer ; mais elle a son recours sur les biens de son mari.

Il y a même des dettes si privilégiées, que la renonciation à la communauté n'en libère point la veuve, quand le mari est mort insolvable. Ainsi par arrêt du 19 avril 1580, il a été jugé que la veuve qui avait renoncé à la communauté, était tenue des dettes contractées par son mari pour alimens pendant le mariage, auxquelles du moins les fruits de ses deniers dotaux sont affectés, parce que ces dettes sont nécessaires, et que la femme y a participé.

Par la même raison, une veuve peut, nonobstant sa renonciation à la communauté, être poursuivie par les médecins, chirurgiens et apothicaires pour visites, pansemens et médicamens fournis pendant la communauté, lesquels peuvent se prendre sur les fruits des biens de la femme, quand le mari est mort insolvable.

Touchant l'effet que produit la renonciation de la veuve à la communauté, *Voy.* ce qu'en a dit Ferrière sur l'article 237 de la Coutume de Paris.

Autrefois la veuve qui renonçait à la communauté, perdait le don mutuel dont elle aurait pu jouir : mais cette jurisprudence est aujourd'hui changée, et la même qui renonce à la communauté, ne le perd plus. *Voy.* ce qu'a dit Ferrière sur l'*art.* 280 de la Coutume de Paris, *glose* 3, *nomb.* 29.

Droit nouveau.

Après la dissolution de la communauté la femme ou ses héritiers et ayant-cause ont la faculté de l'accepter ou d'y renoncer : toute convention contraire est nulle. *Art.* 1453.

La femme qui s'est immiscée dans les biens de la communauté, ne peut y renoncer. Les actes puremens administratifs ou conservatoires n'emportent point immixtion. *Art.* 1454.

La femme majeure qui a pris dans un acte la qualité de commune, ne peut plus y renoncer ni se faire restituer contre cette qualité, quand même elle l'aurait prise avant d'avoir fait inventaire, s'il n'y a eu dol de la part des héritiers du mari. *Art.* 1455.

La femme survivante qui veut conserver la faculté de renoncer à la communauté, doit, dans les trois mois du jour du décès du mari, faire faire un inventaire fidèle et et exact de tous les biens de la communauté, contradictoirement avec les héritiers du mari, ou eux dûment appelés. Cet inventaire doit être par elle affirmé sincère et véritable, lors de sa clôture, devant l'officier public qui l'a reçu. *Art.* 1456.

Dans les trois mois et quarante jours après le décès du mari, elle doit faire sa renonciation au greffe du tribunal de première instance dans l'arrondissement duquel le mari avait son domicile : cet acte doit être inscrit sur le registre établi pour recevoir les renonciations à succession. *Art.* 1457.

La veuve peut, suivant les circonstances, demander au tribunal civil une prorogation du délai prescrit par l'article précédent pour sa renonciation : cette prorogation est, s'il y a lieu, prononcée contradictoirement avec les héritiers du mari, ou eux dûment appelés. *Art.* 1458.

La veuve qui n'a point fait sa renonciation dans le délai ci-dessus prescrit, n'est pas déchue de la faculté de renoncer, si elle ne s'est point immiscée, et qu'elle ait fait inventaire ; elle peut seulement être poursuivie comme commune jusqu'à ce qu'elle ait renoncé, et elle doit les frais faits contre elle jusqu'à sa renonciation. Elle peut également être poursuivie après l'expiration des quarante jours depuis la clôture de l'inventaire, s'il a été clos avant les trois mois. *Art.* 1459.

La veuve qui a diverti ou recélé quelques effet de la communauté, est déclarée commune, nonobstant sa renonciation : il en est de même à l'égard de ses héritiers. *Art.* 1460.

Si la veuve meurt avant l'expiration des trois mois sans avoir fait ou terminé l'inventaire, les héritiers auront, pour faire ou pour terminer l'inventaire, un nouveau délai de trois mois, à compter du décès de la veuve, et de quarante jours pour délibérer, après la clôture de l'inventaire. Si la veuve meurt ayant terminé l'inventaire, ses héritiers auront, pour délibérer, un nouveau délai de quarante jours, à compter de son décès. Ils peuvent, au surplus, renoncer à la communauté dans les formes établies ci-dessus ; et les articles 1458 et 1459 leur sont applicables. *Art.* 1461.

Les dispositions des articles 1456 et suivans sont applicables aux femmes des individus morts civilement, à partir du moment où la mort civile a commencé. *Art.* 1462.

La femme divorcée ou séparée de corps, qui n'a point, dans les trois mois et quarante jours après le divorce ou la séparation définitivement prononcée, accepté la communauté, est censée y avoir renoncé, à moins qu'étant encore dans le délai, elle n'en ait obtenu la prorogation en justice, contradictoirement avec le mari, ou lui dûment appelé. *Art.* 1463.

Les créanciers de la femme peuvent attaquer la renonciation qui aurait été faite par elle ou par ses héritiers en fraude de leur créance, et accepter la communauté de leur chef. *Art.* 1464.

La veuve, soit qu'elle accepte, soit qu'elle renonce, a droit, pendant les trois mois et quarante jours qui lui sont accordés pour faire inventaire et délibérer, de prendre sa nourriture et celle de ses domestiques sur les provisions existantes, et, à défaut, par emprunt au compte de la masse commune, à la charge d'en user modérément. — Elle ne doit aucun loyer à raison de l'habitation qu'elle a pu faire pendant ces délais dans une maison dépendante de la communauté, ou appartenant aux héritiers du mari; et si la maison qu'habitaient les époux à l'époque de la dissolution de la communauté était tenue par eux à titre de loyer, la femme ne contribuera point, pendant les mêmes délais au paiement dudit loyer, lequel sera pris sur la masse. *Art.* 1465.

Dans le cas de la dissolution de la communauté par la mort de la femme, ses héritiers peuvent renoncer à la communauté dans les délais et dans les formes que la loi prescrit à la femme survivante. *Art.* 1466.

Le deuil est dû même à la femme qui renonce à la communauté. *Art.* 1481.

La femme qui renonce perd toute espèce de droit sur les biens de la communauté, et même sur le mobilier qui y est entré de son chef. — Elle retire seulement les linges et hardes à son usage. *Art.* 1492.

La femme renonçante a le droit de reprendre: — 1.º Les immeubles à elle appartenant lorsqu'ils existent en nature, ou l'immeuble qui a été acquis en remploi; 2.º Le prix de ses immeubles aliénés, dont le remploi n'a pas été fait et accepté comme il est dit ci-dessus; 3.º

Toutes les indemnités qui peuvent lui être dues par la communauté. *Art.* 1493.

La femme renonçante est déchargée de toute contribution aux dettes de la communauté, tant à l'égard du mari qu'à l'égard des créanciers. Elle reste néanmoins tenue envers ceux-ci lorsqu'elle s'est obligée conjointement avec son mari. *Art.* 1494.

Elle peut exercer toutes les actions et reprises ci-dessus détaillées, tant sur les biens de la communauté que sur les biens personnels du mari. Ses héritiers le peuvent de même, sauf en ce qui concerne le prélèvement des linges et hardes, ainsi que le logement et la nourriture pendant le délai donné pour faire inventaire et délibérer, lesquels droits sont purement personnels à la femme survivante. *Art.* 1495.

Si les héritiers de la femme sont divisés, en sorte que l'un ait accepté la communauté à laquelle l'autre a renoncé, celui qui a accepté ne peut prendre que sa portion virile et héréditaire dans les biens qui échoient au lot de la femme. Le surplus reste au mari, qui demeure chargé, envers l'héritier renonçant, des droits que la femme aurait pu exercer en cas de renonciation, mais jusqu'à concurrence seulement de la portion virile héréditaire du renonçant. *Art.* 1475.

Les époux peuvent stipuler dans leur contrat de mariage qu'en cas de renonciation de la part de la femme, celle-ci reprendra ses apports francs et quittes. *Art.* 1497 *et* 1514 *Voy.* Apport.

RENONCIATION A UNE SUCCESSION ÉCHUE, est un acte par lequel un héritier renonce à une succession qui lui est échue.

Droit ancien.

Tout héritier peut renoncer à une succession directe ou collatérale ouverte à son profit, pourvu que les choses soient entières, c'est-à-dire, qu'il ne se soit point immiscé dans les biens de la succession, et n'ait fait aucun acte d'héritier. *Voy. l'art.* 317 de la Coutume de Paris, *et le mot* Acte d'héritier.

27*

Cependant un héritier ne peut point, en fraude de ses créanciers, renoncer aux successions qui lui sont échues, tant en directe qu'en collatérale. Ainsi, quoique suivant les règles, nul ne se porte héritier qui ne veut, néanmoins un débiteur n'a pas la liberté de renoncer à une succession qui lui serait échue ; autrement il arriverait qu'il dépendrait de lui de frauder ses créanciers, et de tirer en même temps quelque avantage de sa fraude, en prenant sous main une récompense de ses co-héritiers pour faire sa renonciation.

Les créanciers du débiteur qui veut renoncer à une succession, peuvent donc le contraindre à leurs risques, périls et fortune à l'accepter, en demeurant caution de l'acquitter en tout événement ; ou bien ils peuvent se faire subroger en son lieu et place ; ce faisant, exercer ses droits, et faire toutes les poursuites nécessaires pour la discussion de ses droits et actions, ainsi qu'il aurait pu faire.

Mais cette subrogation ne peut être demandée que par les créanciers antérieurs à la renonciation ; car à l'égard de ceux qui sont postérieurs ils ne peuvent pas dire que la renonciation ait été faite à leur préjudice, puisque pour lors ils n'étaient pas encore créanciers : ce qui a été jugé ainsi par arrêt du parlement de Rouen, le 7 juillet 1644, rapporté par Basnage, sur l'art. 278 de la Coutume de Normandie.

L'héritier présomptif en ligne directe peut être poursuivi pour prendre qualité, jusqu'à ce qu'il ait fait la renonciation en justice ou pardevant notaires, suivant l'usage du châtelet de Paris. Mais il suffit à l'héritier en ligne collatérale, pour faire cesser les poursuites des créanciers héréditaires, de leur faire signifier une simple déclaration qu'il n'est point héritier, sans qu'il soit obligé de renoncer en justice ou pardevant notaires.

L'effet de la renonciation est, que l'héritier qui a renoncé est déchargé de toutes les dettes et autres charges de la succession, pourvu que la renonciation soit pure et simple, et non pas

en faveur d'une certaine personne ; car ce ne serait pas alors une renonciation, mais une véritable cession, qui donnerait à celui qui l'aurait faite la qualité d'héritier ; parce qu'il n'a pu céder le droit qu'il a dans la succession échue, qu'après l'avoir acquis par l'acceptation de la succession. Le Prêtre, cent. 2, chap. 62.

Touchant la renonciation à une succession échue, *Voy.* Ferrière sur l'*art.* 316 de la Coutume de Paris.

Droit nouveau.

La renonciation à une succession ne se présume pas : elle ne peut plus être faite qu'au greffe du tribunal de première instance dans l'arrondissement duquel la succession s'est ouverte, sur un registre particulier tenu à cet effet. *Art.* 784.

L'héritier qui renonce, est censé n'avoir jamais été héritier. *Art.* 785.

La part du renonçant accroît à ses co-héritiers : s'il est seul, elle est dévolue au degré subséquent. *Art.* 786.

On ne vient jamais par représentation d'un héritier qui a renoncé : si le renonçant est seul héritier de son degré, ou si tous ses co-héritiers renoncent, les enfans viennent de leur chef et succèdent par tête. *Art.* 787.

Les créanciers de celui qui renonce au préjudice de leurs droits, peuvent se faire autoriser en justice à accepter la succession du chef de leur débiteur, en son lieu et place. — Dans ce cas, la renonciation n'est annulée qu'en faveur des créanciers, et jusqu'à concurrence seulement de leurs créances : elle ne l'est pas au profit de l'héritier qui a renoncé. *Art.* 788.

La faculté d'accepter ou de répudier une succession, se prescrit par le laps de temps requis pour la prescription la plus longue des droits immobiliers. *Art.* 789. *V.* Acceptation de succession.

Tant que la prescription du droit d'accepter n'est pas acquise contre les héritiers qui ont renoncé, ils ont la faculté d'accepter encore la succession, si elle n'a pas été déjà acceptée par d'autres héritiers; sans préjudice néanmoins des droits qui peuvent être acquis à des tiers sur les biens de la succession, soit par prescription, soit par actes valablement faits avec le curateur à la succession vacante. *Art.* 790.

On ne peut, même par contrat de mariage, renoncer à la succession d'un homme vivant, ni aliéner les droits éventuels qu'on peut avoir à cette succession. *Art.* 791.

Les héritiers qui auraient diverti ou recélé des effets d'une succession sont déchus de la faculté d'y renoncer; ils demeurent héritiers purs et simples, nonobstant leur renonciation, sans pouvoir prétendre aucune part dans les objets divertis ou recélés. *Art.* 792.

On peut représenter celui à la succession duquel on a renoncé. *Art.* 744.

La renonciation, même gratuite, que fait un des héritiers au profit d'un ou de plusieurs de ses co-héritiers; celle qu'il fait même au profit de tous ses co-héritiers indistinctement, lorsqu'il reçoit le prix de sa renonciation, emporte de sa part acceptation tacite de la succession; car ce n'est qu'après s'être reconnu tacitement héritier qu'il a pu renoncer à l'héritage. *Art.* 780. *V.* Acceptation de succession.

L'héritier qui renonce à la succession peut retenir le don entre-vifs, ou réclamer le legs à lui fait, jusqu'à concurrense de la portion disponible. *Art.* 845. *Voy.* Acte d'héritier et Acceptation de succession.

RENONCIATION À UNE SUCCESSION NON ENCORE ÉCHUE.

Droit ancien.

Dans les règles ordinaires, personne ne peut valablement renoncer au droit qui ne lui est pas acquis; néanmoins une fille contractant mariage peut valablement renoncer aux successions de ses père et mère, par lesquels elle est dotée.

Suivant la disposition du droit romain, la renonciation aux successions futures n'est pas valable, comme il est décidé en la loi dernière, au Digeste, *de Suis et legitimis hœredibus*; et la loi 3, au code *de Collationibus*. Cependant le Pape Boniface VIII. par le *ch.* 2. *de Pactis*, au *sixième livre* des Décrétales, a autorisé une semblable convention, sous prétexte qu'elle était faite avec serment.

En France, l'on a reçu la disposition de ce chapitre, et selon les apparences, ce n'a été d'abord que par un motif de conserver la splendeur des familles.

Dans la suite, non-seulement on a admis la renonciation des filles au profit des mâles, mais aussi celle des filles au profit des autres filles, et celle des mâles au profit des autres mâles, et quelquefois même au profit des filles, du moins indirectement.

C'est ce qui arriverait si le puîné avait renoncé aux successions de père et de mère au profit de son frère aîné, et que cet aîné vînt à mourir sans enfans; dans ce cas, s'il ne restait dans la famille qu'une fille non mariée, elle serait seule héritière de ses père et mère à l'exclusion de son frère qui aurait renoncé à leurs successions.

Ces renonciations aux successions futures ne se font que par contrat de mariage, étant comme le prix de la dot qui ne se constitue que par un contrat de mariage.

Comme elles sont contraires au droit commun, elles sont odieuses et de droit étroit, et ne sont admises que sous certaines conditions.

Il faut, 1.º qu'elles soient formelles et expresses: c'est la doctrine de Faber, sur le code *de Pactis def.* 13., qui me paraît très-juste; en sorte qu'une telle renonciation tacite ou par équipollent ne serait pas valable.

2.º Que le mariage de la fille qui a fait une telle renonciation, soit légitimement contracté et accompli avant le décès de ses père et mère. C'est pourquoi si tous les deux décèdent avant l'accomplissement du mariage, la renonciation est nulle pour le tout; si l'un d'eux décède, la renonciation sera nulle à son égard , et valable à l'égard du survivant.

3.º Que la dot soit certaine, payée comptant , ou dans un certain terme , et que le paiement soit fait avant le décès des père et mère ; car s'ils décédaient avant le paiement, la renonciation n'aurait point d'effet par rapport au prédécédé. La raison est, que la dot est le prix de la renonciation ; c'est pourquoi il serait injuste d'obliger la fille qui l'aurait faite à l'exécuter, quand la dot promise n'a pas été entièrement remplie. *Voy.* Brodeau, *lettre* R, *chap.* 17. *nombre* 12. Viguier sur la Coutume d'Angoumois, *titre* 7. *articles* 95, 96, *et* 97.

La fille qui a renoncé à la succession de ses père et mère en faveur des mâles , n'est point tenue des dettes et autres charges des successions auxquelles elle a renoncé ; parce que ces successions n'étant point encore échues lors de sa renonciation , elle ne peut pas être réputée avoir fait acte d'héritier par sa renonciation, quoique faite en faveur de ses frères , attendu que la succession n'étant pas encore échue , la renonciation que l'on y fait ne peut pas tenir lieu d'acceptation.

Ces renonciations ne comprennent que les successions des père et mère, et non pas les successions des collatéraux des père et mère, ni celle des collatéraux des filles, à moins qu'il n'en soit fait mention expresse, ou que la renonciation fût générale pour toutes successions: auquel cas elle comprendroit les successions , tant directes que collatérales.

La fille qui a renoncé , est en vertu de cette renonciation, non - seulement exclue des successions de ses père et mère, mais encore les enfans de cette fille sont aussi exclus par ce moyen des successions de leurs aïeuls ou aïeules, soit qu'ils viennent de leur chef ou par représentation , et qu'ils offrent de rapporter ce que leur mère a reçu.

Il y a néamoins deux cas où la renonciation faite par une fille ne l'empêche point de succéder à ses père et mère.

1.º Quand il ne se trouve point d'autres enfans de ses père et mère.

2.º Quand sa renonciation n'a été faite qu'en faveur des enfans mâles, et qu'il ne se trouve que des filles ou des descendans de filles ; auquel cas la renonciation devient inutile en rapportant la dot , ou en prenant moins.

La fille qui a renoncé, peut être rappelée à la succession ; mais elle ne peut pas se plaindre en pays coutumier, si, ayant renoncé à la succession de son père, elle a été passée sous silence dans son testament , parce qu'elle n'a plus rien à prendre dans ses biens. D'ailleurs, la prétérition des enfans n'annulle point en pays coutumier le testament du père, et ne donne point lieu à la plainte d'inofficiosité à l'égard du testament de la mère.

En pays de droit écrit, la fille qui a renoncé et qui a été passée sous silence, ne peut pas non plus se plaindre, attendu que sa renonciation subsistant , le père ou la mère qui l'ont passée sous silence, ne lui ont fait aucun tort, pourvu qu'ils aient institué héritiers leurs enfans mâles ou leurs descendans par mâles.

Mais s'ils ont institué une fille ou un étranger, la renonçante qui a été passée sous silence, peut attaquer le testament par les voies de droit, attendu que la cause de sa renonciation cesse.

Dans la plupart de nos coutumes, la fille qui a renoncé , n'est pas admise à demander le supplément de sa légitime , quoique la dot qu'elle a reçu n'égale pas la légitime ; *quià dos succedit loco legitimæ.*

Mais dans les parlemens de droit écrit , la fille qui a renoncé , peut nonobstant sa renonciation demander un supplément de légitime. *Voy.* Louet et Brodeau , *lettre* R , *somm.* 17.

La fille qui a renoncé , ne pouvant plus espérer d'avoir part dans la bonne fortune de ses parens, elle n'est pas aussi exposée à subir le sort de leur mauvaise. Ainsi je crois que la dot de la fille qui a renoncé, ne doit pas contribuer à la légitime de ses frères et sœurs, en cas d'insuffisance des biens du père et de la mère. D'ailleurs, ces sortes de renonciations n'étant autorisées que moyennant une dot certaine, elle deviendrait incertaine, si la fille courait le risque de la fortune de ses parens. Plusieurs de nos auteurs sont de cet avis.

Néanmoins le Brun, des Successions, *liv.* 3. *chap.* 8. *sect.* 1. *nomb.* 83, soutient que la légitime est plus favorable que la dot de la renonçante, et qu'ainsi elle doit contribuer à fournir la légitime aux autres enfans ; et cela a été ainsi jugé par deux arrêts récens.

Touchant la renonciation des filles aux successions futures de leurs parens, *V.* Henrys, *liv.* 4. *quest.* 11. et 12, et ce qui en est dit dans le Recueil alphabétique de Bretonier.

Droit nouveau.

La loi ne reconnaît aujourd'hui aucune différence de sexe en matière de succession, ses dispositions sont générales ; l'*art.* 1130 porte. « On » ne peut renoncer à une succession non ou- » verte ni faire aucune stipulation sur une pa- » reille succession, même avec le consentement » de celui de la succession duquel il s'agit. » *V.* aussi l'*art.* 791, rapporté ci-dessus, *pag.* 209.

RENONCIATION AUX CAS FORTUITS, sont valables : cependant les cas fortuits sont ceux que l'on ne peut prévoir ni empêcher. Or on n'est jamais tenu à l'impossible. *Impossibilium nulla est obligatio.*

On répond à cela, que celui qui renonce aux cas fortuits, ne s'oblige point à l'impossible ; car il ne s'engage point à les empêcher, mais il se charge seulement de prendre sur lui tout le dommage qui pourra en arriver : ce qui lui sera possible, puisqu'il ne s'agit plus que d'intérêt pécuniaire.

RENONCIATION AU BÉNÉFICE DE DIVISION ET DISCUSSION.

Droit ancien.

Pour entendre ce que c'est que cette renonciation, il faut savoir que les fidéjusseurs, qui en s'obligeant pour le principal débiteur, n'ont point renoncé au bénéfice de discussion, ne peuvent être contraints de payer, que discussion préalablement faite des biens du principal obligé.

Mais ordinairement on les fait renoncer, tant entr'eux, s'ils sont plusieurs, au bénéfice de division à leur égard, qu'au bénéfice de discussion, à l'égard du principal obligé, auquel ils deviennent tous obligés solidairement, chacun pour le tout.

Les fidéjusseurs qui ont renoncé à ces bénéces, ou à l'un d'eux, ne s'en peuvent servir. *Quilibet potest renuntiare favori specialiter pro se introducto. Leg. penult. Cod. de Pactis.*

Mais il faut que cette renonciation soit expresse ; car celle par laquelle un fidéjusseur renoncerait en général à tous les bénéfices qu'il pourrait avoir, ne serait pas suffisante pour l'exclure de ces bénéfices, parce que la renonciation aux droits qui nous sont acquis est de rigueur ; et par conséquent si elle n'est expresse, elle ne se sous-entend point : autrement il arriverait très-souvent qu'on serait exclus, contre son intention, de quelque bénéfice qui nous serait accordé par la loi.

Voy. Charles Dumoulin, *Tract. de Usur. quæst.* 7, *n*, 133 ; Maynard, *liv.* 8, *chap.* 31 ; et à la Peyrère, *lettre* D.

Voy. ce que j'ai dit *aux mots* Discussion *et* Division.

RENTE, est un revenu qui vient tous les ans. Il n'y en a de plusieurs sortes, dont nous allons donner l'esplication.

RENTE CONSTITUÉE, est celle qui est due à celui qui a livré une somme d'argent qui tient lieu de fonds, moyennant un certain intérêt licite, payable par chacun an, jusqu'à ce qu'il plaise au débiteur de la rente de faire le rachat du sort principal.

Droit ancien.

La rente constituée est appelée rente volante, ou courante, quoiqu'immeuble.

La constitution de rente a quelque rapport avec le contrat de vente ; c'est même une espèce de vente à faculté de rachat. Celui qui constitue la rente, en est le vendeur ; et celui au profit de qui elle est constituée, en est l'acheteur.

La constitution de rente se peut faire sous signature privée, par promesse de passer contrat de constitution à la volonté du créancier, et d'en payer cependant les intérêts; mais une telle promesse n'emporte point hypothèque sur les biens du débiteur, qu'elle ne soit reconnue en justice ou pardevant notaires ; auquel cas l'hypothèque n'en résulte que du jour de cette reconnaissance.

Rentes constituées sont rachetables à toujours. Il doit seulement dépendre du débiteur de faire le rachat de la rente, et non pas du créancier, et telle rente est appellée volante, parce qu'elle dure tant qu'il plaît à celui qui la doit de la racheter.

Ainsi constitution de rente est un contrat de vente qui emporte aliénation, par lequel celui qui emprunte de l'argent, vend et constitue sur lui une rente au profit de celui qui en donne le prix, au moyen de l'argent qu'il donne au débiteur dont il aliéne le fonds, de manière qu'il ne le peut redemander qu'en certains cas. *Voy.* Rachat en fait de rente.

Les rentes constituées à prix d'argent sont dues par la personne, et non pas par les héritages affectés et hypothéqués pour la sûreté d'icelles. C'est pour cette raison qu'elles sont appelées rentes personnelles, à la différence des rentes foncières qui sont attachées au fonds.

Il est vrai qu'autrefois les rentes constituées étaient réelles et assignées sur des fonds, dont elles étaient censées faire partie, comme le prouve Laurière dans sa Dissertation sur le

tenement de cinq ans. Mais la jurisprudence est très-certaine à présent, que les rentes constituées ne sont plus des charges réelles, mais personnelles, et que les fonds n'y sont plus qu'hypothéqués, comme à toutes les autres dettes hypothécaires, sans qu'on puisse assigner aucune différence entre l'hypothèque d'une simple dette exigible, et celle d'une rente constituée.

Les rentes constituées à prix d'argent sont réputées immeubles, parce que le sort principal qui en est le prix, ne peut point être exigé ; mais les deniers provenans de leur rachat sont meubles, à moins que la rente rachetée n'appartînt à un mineur.

Ce que nous venons de dire de la qualité des rentes constituées qu'elles sont réputées immeubles, est certain en général en pays de coutume : il y a néanmoins plusieurs coutumes où elles sont meubles, comme Vitri, Troyes, et quelques autres.

Dans les coutumes de saisine et de nantissement, elles sont meubles jusqu'à ce que le contrat ait été ensaisiné ou nanti. Enfin il y a quelques coutumes, comme Montfort et Mantes, où elles ne sont immeubles que quand elles sont spécialement assignées sur les héritages.

A l'égard des pays de droit écrit, les rentes constituées sont meubles, si ce n'est dans ceux qui sont du ressort du parlement de Paris, où elles sont réputées immeubles, suivant un arrêt rendu à l'audience de la grand'chambre le 16 juillet 1668, rapporté dans le Journal des Audiences.

Pour juger si les rentes constituées sont meubles ou immeubles, et savoir quelle coutume il faut suivre, si c'est celle du créancier ou celle du débiteur, il faut distinguer entre les rentes dues par le roi, le clergé, les villes, les provinces, et celles qui sont dues par les particuliers.

Pour les rentes dues par le roi, le clergé, les villes ou les provinces, l'on suit la coutume

du

du lieu où elles sont assignées, *quià habent situm certum*. Elles ont une assiette et un fonds certain, où le bureau est établi pour la recette du fonds destiné, et pour le payement des arrérages qui s'en fait aux créanciers. Louet, *lett.* R, *somm.* 31. *nomb.* 2. Ainsi les rentes de l'Hôtel-de-Ville de Paris sont immeubles; mais celles qui sont dues par les états de Languedoc, sont meubles.

Les rentes dues par les particuliers se règlent par le domicile du créancier; et en cas que le créancier change de domicile, il faut suivre celui qu'il avait lors de la création de la rente.

Néanmoins le parlement de Rouen juge que la qualité des rentes sur particuliers se doit régler par la coutume du domicile du débiteur. Mais le parlement de Paris, quand il s'agit d'une succession ouverte dans son ressort, dans laquelle il y a des rentes dues en Normandie, juge que les rentes seront partagées suivant le domicile du créancier.

Cette maxime est confirmée par deux arrêts célèbres, l'un rendu sur les conclusions de M. Gilbert de Voisins, en faveur de M. Berrier, le 6 Mai 1733; et l'autre le 23 février 1741, entre le marquis de Prie et la dame de Pleneuf.

Comme le mot de dettes comprend tout ce qui nous est dû, tant en choses mobilières qu'immobilières, celui qui a constitué une rente, quand même il n'en devrait aucuns arrérages, est toujours débiteur envers celui à qui il l'a constituée, et par conséquent une rente est une dette. En effet, une rente n'est autre chose qu'un revenu annuel au profit du créancier de la rente; et celui qui se rend débiteur d'un revenu annuel, se constitue débiteur de tous les arrérages qui en doivent échoir jusqu'au rachat, parce que les prestations annuelles sont toutes dues dès le moment que le contrat a été fait : ces arrérages ne sont pas néanmoins tous exigibles en même temps; aussi le débiteur n'y est pas obligé, mais seulement à les payer successivement année par

Tome III.

anné; et à mesure que le temps du payement échoira.

Cela fait que l'obligation de tous les arrérages est née dès le moment de la constitution; au lieu que l'action ne naît pour les arrérages que d'année en année. Ainsi dans le contrat de constitution il n'y a qu'une seule dette, une seule obligation, et une seule action; et il n'y a que les payemens qui doivent être faits en conséquence, qui doivent être distribués dans les différens temps qu'ils doivent échoir.

En permettant les rentes constituées à prix d'argent, on a fixé les intérêts que l'on en pouvait exiger, parce qu'il eût été trop dangereux d'en laisser la fixation à l'arbitrage des particuliers.

Il y a eu différentes fixations de rentes sous le règne de Louis XIV, et sous le commencement du règne de Louis XV. Enfin l'édit du mois de juin 1725 fixe les rentes sur les particuliers au denier vingt.

L'ordonnance de Louis XII de l'an 1510, *art.* 71, porte qu'on ne peut demander que cinq années d'arrérages de rentes constituées.

Les rentes constituées à prix d'argent sont personnelles, comme nous l'avons dit ci-dessus; mais parce que les fonds y sont hypothéqués, elles sont indivisibles, comme leur hypothèque, qui est indivisible.

Voy. le Recueil alphabétique de Bretonnier, et ce que Ferrière a dit des Rentes constituées dans la Science parfaite des Notaires, *liv.* 5, *chap.* 18, et sur le commencement du *second titre* de la Coutume de Paris. *Voy.* aussi ce que je vais dire sur les mots suivans, où je rapporte les différences qu'il y a entre les rentes constituées et les rentes foncières.

Droit intermédiaire.

Voy. à l'égard des rentes remboursées ou créées pendant le cours du papier-monnaie, et de la retenue à faire pour cause de contribution, *les mots* Obligations, *pag.* 14, *tom.* 3 de ce

28

Dictionnaire, et Arrérages, pag. 208, tom. 1.er.

La loi du 11 brumaire an 7, rangea les rentes constituées dans la classe des meubles, en décrétant : « *Art.* 7. Qu'elles ne pourraient plus désormais être frappées d'hypothèques. »

Quant aux rentes créées pendant la durée du papier-monnaie pour cause d'aliénation d'immeuble, *Voy.* Vente d'immeuble.

Droit nouveau.

Sont meubles par la détermination de la loi, les rentes perpétuelles, soit sur la république, soit sur les particuliers. *Art.* 529.

On peut stipuler un intérêt moyennant un capital que le prêteur s'interdit d'exiger. — Dans ce cas, le prêt prend le nom de *constitution de rente. Art.* 1909.

Cette rente peut être constituée de deux manières, en perpétuel ou en viager. *Art.* 1910.

La rente constituée en perpétuel est essentiellement rachetable. — Les parties peuvent seulement convenir que le rachat ne sera pas fait avant un délai qui ne pourra excéder dix ans, ou sans avoir averti le créancier au terme d'avance qu'elles auront déterminé. *Art.* 1911.

Le débiteur d'une rente constituée en perpétuel peut être contraint au rachat, — 1.º s'il cesse de remplir ses obligations pendant deux années ; — 2.º s'il manque à fournir au prêteur les sûretés promises par le contrat. *Art.* 1912.

Le capital de la rente constituée en perpétuel devient aussi exigible en cas de faillite ou de déconfiture du débiteur. *Art.* 1913.

Les arrérages des rentes constituées se prescrivent par cinq ans. *Art.* 2277. *Voy.* Prescription.

RENTE FONCIÈRE.

Droit ancien.

On appelle ainsi la rente qui est due la première après le cens; ce qu'on appelle surcens ou fonds de terre. Ce n'est pas que le cens ne soit quelquefois appelé rente foncière ; mais c'est une rente foncière seigneuriale qui emporte la directe seigneurie de l'héritage, et par conséquent les lots et ventes.

La rente foncière est celle qui est constituée pour être due par le fonds d'un héritage, en sorte qu'elle en tient lieu, comme étant subrogée en sa place ; ce qui fait que la rente foncière est au bailleur de l'héritage de même qualité que lui était cet héritage, c'est-à-dire, propre ou acquêt.

Cette rente est appelée foncière, parce qu'elle est due par le fonds, et en tient lieu au bailleur ; à la différence des rentes constituées, lesquelles sont pures personnelles, et ne sont point dues par les héritages affectés et hypothéqués pour la sûreté d'icelles. Ainsi le débiteur est tenu personnellement de la rente constituée, quoiqu'il ait aliéné l'héritage qui est hypothéqué ; au lieu que le preneur à rente foncière n'en est plus tenu, après qu'il a, en déguerpissant, mis hors de ses mains l'héritage qu'il avait pris à rente foncière. Mais celui qui a hypothéqué un fonds pour la sûreté d'une rente constituée, n'en est pas libéré, en déguerpissant le fonds qu'il a hypothéqué pour ladite rente.

Les rentes foncières diffèrent encore des rentes constituées, en ce que les rentes foncières sont de leur nature non rachetables, et le preneur ne s'en peut décharger qu'en délaissant et abandonnant le fonds, ainsi que Ferrière l'a expliqué sur l'*art.* 120 de la Coutume de Paris ; au lieu que les rentes constituées à prix d'argent sont de leur nature rachetables à toujours, et à la volonté du débiteur, mais qui ne peut pas être contraint d'en faire le rachat. Les rentes constituées étant de leur nature rachetables, ce serait une clause vicieuse et de nul effet, que celle par laquelle on déclarerait une rente constituée non rachetable.

Les rentes foncières sont indivisibles, à cause de l'intérêt que le seigneur a d'être payé de sa rente, qui est souvent un revenu assez fort. De ce que ces sortes de rentes sont indivisibles, il s'ensuit que quand il arrive que les fonds par qui elles sont dues sont divisés, ces rentes ne le sont pas. Les rentes constituées au contraire sont divisibles; mais parce que les fonds y sont hypothéqués, elles sont indivisibles, comme leur hypothèque est indivisible.

Les rentes foncières, quoique stipulées rachetables, ne peuvent être réduites en argent, quand elles sont constituées en blé ou autres espèces, au lieu que les autres rentes constituées en blé ou autres espèces, sont réduites en argent par l'ordonnance de 1553.

Le retrait lignager a lieu pour les rentes foncières non rachetables; mais il n'a pas lieu pour les rentes constituées.

Les criées des rentes foncières se font de la même manière que celles des héritages, mais les rentes constituées se décrètent autrement.

On peut demander vingt-neuf années d'arrérages des rentes foncières; mais on ne peut demander que cinq années d'arrérages des rentes constituées.

Pour les arrérages d'une rente foncière, on peut procéder par voie d'arrêt ou brandon sur les fruits, ce qui n'a pas lieu pour la rente constituée. Voy. d'autres différences entre les rentes foncières et les rentes constituées, dans Loyseau, liv. 1, des Rentes, chap. 3.

Quoique les rentes foncières soient non rachetables de leur nature, elles peuvent néanmoins être rachetables en vertu d'une convention expresse apposée au contrat de constitution desdites rentes.

La rente foncière stipulée rachetable est une vraie vente, et elle en produit tous les effets. L'acquéreur au lieu de payer le prix de l'héritage, constitue sur lui une rente rachetable, qui est réputée le prix convenu; duquel l'acquéreur est obligé de payer les intérêts au vendeur jusqu'au remboursement de ladite rente.

Et comme cette rente foncière stipulée rachetable est une vraie vente, les droits de lods et vente sont dus au seigneur dès le temps du contrat, sans qu'il soit tenu d'attendre le rachat de la rente.

Mais le bail à rente foncière non rachetable

n'est point réputé vente. Ainsi, quand l'acquéreur, au lieu de l'héritage qu'il acquiert, constitue une rente non rachetable, il ne doit point de droits seigneuriaux, parce que cette rente tient lieu du fonds; c'est pourquoi, lorsqu'on vend cette rente, les droits sont dus, et l'aliénation est parfaite.

Les rentes foncières se divisent en rentes seigneuriales, et simples rentes foncières.

Les rentes foncières seigneuriales sont celles qui sont dues au seigneur de fief, dans la mouvance duquel est l'héritage baillé à rentes.

Les simples sont dues à celui qui a aliéné l'héritage, à la charge d'une rente foncière non rachetable. Voyez ci-après rente seigneuriale. Voyez aussi ce qu'en a dit Ferrière sur le commencement du second titre de la Coutume de Paris.

Rente foncière seigneuriale, est, comme nous venons de dire, celle qui est due au seigneur de fief, dans la mouvance duquel est l'héritage baillé à rente; au lieu que la rente foncière est celle qui est due à celui qui a aliéné l'héritage, à la charge d'une rente foncière, perpétuelle et non rachetable.

Elles diffèrent, 1.º En ce que les rentes seigneuriales emportent lods et ventes, saisine et amendes : mais les simples rentes foncières n'emportent point lods et ventes, n'étant point la marque de la directe seigneurie; c'est pourquoi elles sont appelées par quelques coutumes rentes sèches.

2.º Les rentes seigneuriales ne peuvent être prescrites que par rapport à la quotité, de même que le cens qu'elles représentent; au lieu que les simples rentes foncières se prescrivent par trente ans par le preneur ou son héritier, et par dix ou vingt ans par un tiers détenteur de bonne foi de l'héritage qui est chargé de ces rentes suivant l'article 114 de la coutume de Paris.

3.º Les rentes foncières seigneuriales sont nobles et féodales comme le cens, et partant

28 *

se partagent comme elles : mais les simples rentes foncières sont roturières comme le cens; parce que les premières représentent une partie du fief qui a été donné à la charge d'icelle; au lieu que les autres représentent l'héritage qui en est chargé.

4.° Un héritage peut être chargé de plusieurs rentes foncières, mais non pas de plusieurs rentes seigneuriales ; par ce qu'un héritage ne peut pas reconnaître deux seigneurs *in solidum*.

Droit intermédiaire.

Depuis la supression des redevances et droits féodaux on a affecté de confondre les *simples rentes foncières* avec les *rentes foncières seigneuriales*. Cependant c'est dans la différence qui existe entre ces deux sortes de rentes que l'on trouve les motifs de l'abolition des dernières, et de la conservation des simples rentes foncières. La simple rente foncière pouvant être établie par chaque particulier, seigneur ou non seigneur, ne porte avec elle aucun caractère de féodalité, ou pour mieux dire, ne présente pas l'idée du produit de l'usurpation de la puissance féodale : aucun motif légal n'a donc pu la faire abolir.

La rente foncière seigneuriale, au contraire, ayant pour objet un fonds situé dans l'étendue de la seigneurie de celui à qui elle est due, présente le doute, que le fonds qui en est l'objet a été acquis au seigneur, en vertu de ses droits sur les terres incultes, les biens vacans; etc.; et il a suffit au législateur, dans le moment où il portait les plus grands coups à la féodalité, d'apercevoir dans ces sortes de rentes quelques vestiges de l'usurpation pour qu'il se soit empressé de les faire disparaître.

On ne doit donc pas confondre aujourd'hui les rentes simples foncières, et les rentes foncières seigneuriales; celles-ci sont celles imposées sur un fonds *situé dans l'étendue de la seigneurie de celui qui les a établies*; je dis *situé dans l'étendue de la seigneurie*, etc., parce qu'il ne suffit pas pour rendre la rente *seigneuriale*, qu'elle ait

été créée par un seigneur, si le fonds n'est pas compris dans l'étendue de sa seigneurie, le motif en est aisé à saisir. *Voy.* le mot Droits féodaux, où sont rapportés plusieurs arrêts conformes à ce que je viens de dire, et où l'on trouvera toutes les lois qui ont rapport à cette matière.

Nous allons rapporter ici la loi du 29 décembre 1790, sur le rachat des rentes foncières, autrefois non rachetables; nous avons cru devoir lui faire trouver place ici, attendu que les questions sur les rentes foncières se présentent fréquemment, et qu'au reste cette loi fait époque dans la législation intermédiaire.

Loi du 29 décembre 1790.

Tit. 1.er « *Art.* 1.er Toutes les rentes foncières perpétuelles, soit en nature, soit en argent, de quelque espèce quelles soient, qu'elle que soit leur origine, à quelques personnes qu'elles soient dues, gens de main morte, domaine, apanagistes, ordre de Malte, même les rentes de dons et legs pour cause pie ou de fondation, seront rachetables ; les champarts de toute espèce et sous toute dénomination, le seront pareilement, au taux qui sera ci-après fixé. Il est défendu de plus à l'avenir de créer aucune redevance foncière non remboursable, sans préjudice des baux à rente ou emphitéose, et non perpétuels, qui seront exécutés pour toute leur durée, et pourront être faits à l'avenir pour 99 ans et au-dessous, ainsi que les baux à vie, même sur plusieurs têtes, à la charge qu'elles n'excéderont pas le nombre de trois.

» 2. Les rentes ou redevances foncières, établies par les contrats connus en certains pays sous le titre de locaterie perpétuelle, sont comprises dans les dispositions et prohibitions de l'article précédent, sauf les modifications ci-après, sur le taux de leur rachat.

Titre 2. — *Principes généraux sur le rachat.* — « *Art.* 1.er Tout propriétaire pourra racheter les rentes et redevances foncières perpétuelles, à raison d'un fonds particulier, encore qu'il se trouve posséder plusieurs fonds grévés de pareilles rentes envers la même personne, pourvu néanmoins que ces fonds ne soient pas tenus sous une rente ou une redevance foncière solidaire, auquel cas le rachat ne pourra être divisé.

» 2. Lorsqu'un fonds grévé de rente ou redevance foncière perpétuelle, sera possédé par plusieurs co-propriétaires, soit divisément, soit par indivis, l'un d'eux ne pourra point racheter divisément ladite rente ou redevance au prorata de la portion dont il est tenu, si ce n'est du consentement de celui auquel la rente ou redevance sera due ; lequel pourra refuser le remboursement total, en renonçant à la solidarité vis-à-vis de tous les co-obligés : mais quand le redevable aura fait le remboursement total, il demeurera subrogé aux droits du créancier, pour les accélérer contre les co-débiteurs, mais sans aucune solidarité ; et chacun des autres co-débiteurs pourra racheter à volonté sa portion divisément.

» 3. Pourront les propriétaires de fonds grévés de rentes ou redevances foncières, traiter avec les propriétaires desdites rentes ou redevances, de gré à gré à telle ou telle somme, et sous telles conditions qu'ils jugeront à propos, du rachat desdites rentes ou redevances ; et les traités ainsi faits de gré à gré entre majeurs ne pourront être attaqués sous prétexte de lésion quelconque, encore que le prix du rachat se trouve inférieur ou supérieur à celui qui aurait pu résulter du taux qui sera ci-après fixé.

» 4. Les tuteurs, curateurs et autres administrateurs des pupilles, mineurs ou interdits, les grévés de substitution, les maris dans les pays où les dots sont aliénables, même avec le consentement des femmes, ne pourront liquider les rachats de rentes ou redevances foncières appartenantes aux pupilles, aux mineurs, aux interdits, à des substitutions et auxdites femmes mariées, qu'en la forme et aux taux ci-après

prescrits, et à la charge du remploi. Le redevable qui ne voudra point demeurer garant du remploi, pourra consigner le prix du rachat, lequel ne sera délivré aux personnes qui sont assujetties au remploi, qu'en vertu d'une ordonnance du juge, rendue sur les conclusions du commissaire du roi, auquel il sera justifié du remploi.

» 5. Lorsque le rachat aura pour objet une rente ou redevance foncière appartenante à une communauté d'habitans, les officiers municipaux ne pourront le liquider et en recevoir le prix que sous l'autorité et avec l'avis des assemblées administratives du département ou de leurs directoires, lesquelles seront tenues de veiller au remploi du prix.

» 6. La liquidation du rachat des rentes appartenantes à la nation, ne pourra être faite que par les assemblées administratives du département. Le paiement du prix dudit rachat ne pourra être fait qu'à la caisse du district dudit arrondissement, et le directoire du district sera tenu de faire verser le prix dans la caisse de l'extraordinaire.

» 7. La disposition de l'article précédent aura lieu indistinctement et sauf les seules exceptions ci-après, à l'égard des rentes nationales, à quelque établissement, corps ou bénéfices et offices supprimés, qu'elles appartiennent, encore qu'il s'agisse d'établissemens dont l'administration a été conservée provisoirement ou autrement par les précédens décrets, et notamment par celui du 23 octobre dernier, soit à des municipalités, soit à certains administrateurs des fondations, séminaires, collèges, fabriques, établissemens d'étude ou de retraite, hôpitaux, maisons de charité, bénéfices actuellement régis par l'économe général du clergé ; enfin à certains ordres de religieux ou de religieuses ; même à l'égard des rentes appartenantes aux établissemens protestans mentionnés en l'article 17 du titre 1.er du décret du 23 octobre dernier ; à l'égard de toutes lesquelles rentes la liquidation du rachat ne pourra être faite que par les administrations de département et de district, ainsi qu'il a été dit en l'article ci-dessus, *à peine de nullité* desdits rachats.

» 8. Sont exceptés des dispositions des *articles* 6 *et* 7 ci-dessus, les rentes ci-devant appartenantes au domaine de la couronne, aux apanagistes, aux engagistes, aux échangistes dont les échanges ne sont point encore consommés. La liquidation du rachat desdites rentes sera faite, jusqu'à ce qu'il en ait été autrement ordonné par les administrateurs de la régie actuelle des domaines, ou par leurs préposés, à la charge par eux, 1.º de se conformer aux taux ci-après prescrits; 2.º que les liquidations seront vérifiées et approuvées par les administrations de département et district, dans l'arrondissement desquels se trouveront situés les fonds affectés auxdites rentes; 3.º de compter par les administrateurs de la régie du prix desdits rachats, et de les verser au fur et à mesure, dans la caisse du district dudit arrondissement, qui les reversera dans la caisse de l'extraordinaire.

» 9. Sont pareillement exceptées des dispositions des *art.* 6 et 7 ci-dessus les rentes appartenantes aux commanderies, dignités et grands prieurés de l'ordre de Malte. Lesdits rachats, jusqu'à ce qu'il en ait été autrement ordonné, pourront être liquidés par les titulaires actuels, à la charge, 1.º de se conformer au taux qui sera ci-après prescrit; 2.º de faire vérifier et approuver la liquidation par les administrations de département et de district dans l'arrondissement desquels seront situés les manoirs ou chef-lieux desdites commanderies, dignités et grands prieurés; 3.º de verser le prix dudit rachat au fur et à mesure dans la caisse de l'arrondissement, qui le reversera dans la caisse de l'extraordinaire.

» 10. Les administrateurs des établissemens français, et les évêques et curés français qui possèdent des rentes assises sur des fonds situés en pays étrangers, ne pourront en recevoir aucun remboursement, quand même il leur serait offert volontairement, à peine de restitution du quadruple en cas de contravention. La liquidation du rachat desdites rentes, s'il était offert volontairement, ne pourra être faite que par les assemblées administratives du district dans l'arrondissement desquelles se trouveront les manoirs desdits bénéfices, ou les chefs-lieux desdits établissemens, sous l'inspection et l'autorisation des assemblées administratives du département; et le prix du rachat sera versé dans la caisse du district dudit arrondissement, et de-là, dans celle de la caisse de l'extraordinaire, ainsi qu'il est dit dans l'*article* 4.

» 11. Les tuteurs, curateurs et autres administrateurs désignés en l'*art.* 4 ci-dessus, pourront liquider à l'amiable, et sans être obligés de recourir à des estimations par experts, les rachats des rentes foncières appartenantes aux personnes soumises à leur administration, à la charge que leurs évaluations seront faites par articles séparés lorsque les rentes seront composées de redevances de diverses quotités et natures, et que chacun des articles indiquera la conformité de l'évaluation, avec le mode et le taux ci-après prescrits. Pourront, en outre, lesdits administrateurs qui voudront se mettre à l'abri de toutes les recherches personnelles de la part de ceux soumis à leur administration, faire approuver lesdites liquidations par un avis de parens.

» 12. Pourront pareillement les officiers municipaux, dans le cas de l'*art.* 5 ci-dessus, les directoires de district, dans le cas où la liquidation leur est attribuée par les *art.* 6 et 7 ci-dessus, et les administrateurs des biens nationaux qui sont autorisés à liquider le rachat par les *art.* 8 et 9, procéder auxdites liquidations à l'amiable, et à la charge de se conformer à la règle prescrite par l'article précédent, et, en outre, à la charge de les faire vérifier et approuver par les directoires de département, sans préjudice aux directoires des départemens de pouvoir, avant d'accorder leur *visa*, exiger une estimation préalable par experts, du tout ou partie des objets à liquider, dans le cas seulement où ils jugeraient ne pouvoir apprécier autrement la régularité desdites opérations.

» 13. Dans tous les cas où la rente rachetée et dont le prix aura été versé dans les caisses de district et de l'extraordinaire, appartiendra à des établissemens non supprimés, et qui ne le seront point par la suite, il sera, s'il y a lieu, et d'après l'avis des assemblées administratives, pourvu à telle indemnité qu'il appartiendra en faveur desdits établissemens.

Titre 3.— Mode et taux du rachat. —
» *Art.* 1.er. Lorsque les parties auxquelles il est libre de traiter de gré à gré ne pourront point s'accorder sur le prix du rachat des rentes ou redevances foncières, le rachat sera fait suivant les règles et le taux ci-après.

» 2. Les rentes et les redevances foncières originairement créées irrachetables et sans aucune évaluation, seront remboursables; savoir: celles en argent, sur le pied du denier vingt; et celles en nature, de grains, volailles, denrées, fruits de récolte, service d'hommes, chevaux ou autres bêtes de somme et de voitures, au denier vingt-cinq de leur produit annuel, suivant les évaluations qui en seront ci-après faites. Il sera ajouté un dixième auxdits capitaux, à l'égard des rentes qui auront été créées sous la condition de la non-retenue du dixième, vingtième et autres impositions royales.

» 3. A l'égard des rentes et redevances foncières, originairement créées rachetables, mais qui sont devenues irrachetables avant le 4 août, par l'effet de la prescription, le rachat s'en fera sur le capital porté au contrat, soit qu'il soit inférieur ou supérieur aux deniers ci-dessus fixés.

» 4. Dans les pays où il est d'usage, soit dans les baux à rente, soit dans les locateries perpétuelles, d'interdire au preneur la coupe des bois de haute futaie et de la réserver au bailleur, ou d'assujettir le preneur à en rembourser la valeur au bailleur, celui-ci conservera le droit de couper lesdits bois lorsqu'ils seront parvenus à leur maturité, si mieux il n'aime consentir d'en recevoir la valeur actuelle, suivant l'estimation qui en sera faite par experts ou à l'amiable; auquel cas le preneur sera tenu de rembourser au bailleur le prix desdits bois, outre le capital fixé par l'*art.* 2 ci-dessus pour le rachat de la rente.

»5. Lorsque les baux à rente ou emphitéose perpétuelle et non seigneuriale contiendront la condition expresse imposée au preneur et à ses successeurs, de payer au bailleur un droit de lods ou autre droit casuel quelconque en cas de mutation, et dans les pays où la loi assujettit les détenteurs audit titre de bail à rente ou emphitéose perpétuelle et non seigneuriale à payer au bailleur des droits casuels aux mutations, le possesseur qui voudra racheter la rente foncière ou emphitéotique, sera tenu, outre le capital de la rente indiquée en l'*art.* 2 ci-dessus, de racheter les droits casuels dus aux mutations; et ce rachat se fera au taux prescrit par le décret du 3 mai pour le rachat des droits pareils ci-devant seigneuriaux, selon la quotité et la nature du droit qui se trouvera dû par la convention, ou suivant la loi.

»6. L'évaluation du produit annuel des rentes et redevances foncières, non stipulées en argent, mais payables en nature de grains, denrées, fruits de récolte, ou service d'homme, bêtes de somme ou voitures, se fera d'après les règles et les distinctions ci-après.

»7. A l'égard des redevances en grains, il sera formé une année commune de leur valeur, d'après le prix des grains de même nature, relevé sur les registres du marché du lieu où devait se faire le paiement, ou du marché le plus prochain s'il n'y en a pas dans le lieu. Pour former l'année commune, on prendra les quatorze années antérieures à l'époque du rachat, on retranchera les deux plus fortes et les deux plus faibles, et l'année commune sera formée sur les dix années restantes.

» 8. Il en sera de même pour les redevances en volailles, agneaux, cochons, beurre, fromage, et autres denrées, dans les lieux où leur prix est porté dans les registres des marchés.

» A l'égard des lieux où il n'est point d'usage de tenir de registre du prix des ventes de ces sortes de denrées, l'évaluation des rentes de cette espèce sera faite d'après le tableau estimatif qui en aura été formé en exécution de l'*art*. 15 du décret du 3 mai par le directoire du district du lieu où devait se faire le payement ; lequel tableau servira, pendant l'espace de dix années, de taux pour l'estimation du produit annuel desdites redevances : le tout sans déroger aux évaluations portées par les titres, coutumes et règlemens.

» 9. A l'égard des rentes et redevances foncières stipulées en service de journées d'hommes, de chevaux, de bêtes de travail et de somme, ou de voitures, l'évaluation s'en fera pareillement d'après le tableau estimatif qui en aura été formé en exécution de l'*art*. 16 du décret du 3 mai, par le directoire du district du lieu où devaient se faire lesdits services ; lequel tableau servira pareillement pendant l'espace de dix années pour l'estimation du produit annuel desdites redevances : le tout sans déroger aux évaluations portées par les titres, coutumes ou règlemens.

» 10. Quant aux rentes ou redevances foncières qui consistent en une certaine portion des fruits récoltés annuellement sur les fonds, il sera procédé par des experts que les parties nommeront, ou qui seront nommés d'office par le juge, a une évaluation de ce que le fonds peut produire en nature dans une année commune. La quotité de la redevance annuelle sera ensuite fixée dans la proportion de l'année commune du fonds, et ce produit annuel sera évalué en la forme prescrite par l'*art*. 6 ci-dessus, pour l'évaluation des rentes en grains.

» 11. Dans tous les cas où l'évaluation du produit annuel de la rente pourra donner lieu à une estimation d'experts, si le rachat a lieu entre parties qui aient la liberté de traiter de gré à gré, le redevable pourra faire au propriétaire de la rente, par acte extrajudiciaire, une offre réelle d'une somme déterminée : en cas de refus d'accepter l'offre, les frais de l'expertise qui deviendra nécessaire, seront supportés par celui qui aura fait l'offre ou par le refusant, selon que l'offre sera jugée suffisante ou insuffisante.

» 12. L'offre se fera au domicile du créancier, lorsque la rente sera portable, et lorsqu'elle sera quérable, au domicile que le créancier aura ou sera tenu d'élire dans le délai de trois mois, à compter du jour de la publication du présent décret, dans le ressort du district du lieu où la rente devait être payée ; et à défaut d'élection, à la personne du commissaire du roi, du district.

» 13. Si l'offre mentionnée en l'*art*. ci-dessus, est faite à un tuteur, à un grévé de substitution ou à d'autres administrateurs qui n'ont point la liberté de traiter de gré à gré, les administrateurs pourront employer en frais d'administration ceux de l'expertise si elle a été ordonnée par l'avis de parens ou par le directoire, lorsqu'ils auront été jugés devoir rester à leur charge.

» 14. Tout redevable qui voudra racheter la rente ou redevance foncière dont son fonds est grévé, sera tenu de rembourser avec le capital du rachat, tous les arrérages qui se trouveront dus, tant pour les années antérieures que pour l'année courante, au prorata du temps qui sera écoulé depuis la dernière échéance jusqu'au jour du rachat.

» 15. A l'avenir les rentes et redevances énoncées aux *art*. 9 et 10 ci-dessus, ne s'arrérageront point, même dans les pays où le principe contraire avait lieu, si ce n'est qu'il y ait eu demande suivie de condamnation. Les rentes

tes qui consistent en service de journées d'hommes, de chevaux et autres services énoncés en *l'art.* 9 ci-dessus, ne pourront pas non plus être exigées en argent, mais en nature seulement, si ce n'est qu'il y ait en demande suivie de condamnation. En conséquence, il ne sera tenu compte, lors du rachat desdites rentes ou redevances, que de l'année courante, laquelle sera alors évaluée en argent, au prorata du temps qui sera écoulé depuis la dernière échéance jusqu'au jour du rachat.

Titre 4. De l'effet de la faculté du rachat, relativement aux droits seigneuriaux. — « *Art.* 1.ᵉʳ. Dans les pays et les cas où le rachat des rentes foncières créées irrachetables, donnait ouverture à des droits de lods et ventes, et dans ceux où les baux à rente foncière rachetable, ainsi que la vente du fonds, à la charge de la rente rachetable, donnaient ouverture auxdits droits, les propriétaires des ci-devant fiefs ne pourront point exiger de droits de lods et ventes, sous prétexte de la faculté qui a été accordée par le décret du 4 août, et qui est confirmée par le présent décret, de racheter les rentes foncières créées irrachetables. Lesdits droits de lods et ventes ne pourront être exigés que lors du remboursement effectif desdites rentes, et dans le cas où les droits casuels n'en auraient point été rachetés avant ledit remboursement ; sauf aux propriétaires des ci-devant fiefs, à se faire payer des droits accoutumés, soit dans le cas de mutation ou d'aliénation des rentes, tant que lesdites rentes n'auront point été remboursées, ou que le rachat desdits droits casuels n'aura point été fait.

» 2. Les dispositions de *l'art.* précédent auront lieu à l'égard des rentes foncières originairement créées rachetables, mais devenues irrachetables par convention ou prescription.

» 3. A l'égard des rentes foncières rachetables, créées avant le décret du 4 août 1789, et à l'égard desquelles la faculté du rachat

Tome III.

n'était point éteinte, on suivra les anciens usages établis par les différentes lois, coutumes et statuts qui régissaient les fonds grévés de ces sortes de rentes.

» Et quant à celles créées depuis le 4 août 1789, ou qui pourront l'être par la suite, les lods et ventes ne pourront être perçus par les possesseurs des ci-devant fiefs, que lors du rachat desdites rentes, nonobstant tous usages et coutumes à ce contraires.

» Ne pourra néanmoins le présent *article* former attribution de droits dans les pays où le rachat des rentes foncières était exempt de lods et ventes.

» 4. Il sera libre au propriétaire du fonds grévé de rentes foncières, de racheter les droits casuels ci-devant seigneuriaux, soit à raison seulement de la valeur de son fonds, déduction faite de la valeur de la rente, soit à raison de la valeur totale du fonds sans déduction de la rente.

» 5. Le propriétaire de la rente pourra racheter les droits casuels ci-devant seigneuriaux, à raison de la valeur de la rente seulement, encore que le propriétaire du fonds n'ait point racheté ou ne veuille point racheter lesdits droits, eu égard à la valeur de son fonds.

» 6. Si le propriétaire du fonds n'a racheté les droits casuels qu'eu égard à la valeur du fonds, le propriétaire desdits droits casuels pourra les exercer en cas de mutation ou d'aliénation de la rente, à raison seulement de la valeur de ladite rente ; et réciproquement si le propriétaire de la rente a seul racheté les droits casuels, eu égard à la rente, le propriétaire desdits droits casuels pourra les exercer en cas de mutation ou d'aliénation du fonds, à raison du fonds seulement.

» 7. Si le propriétaire du fonds rembourse la rente dont il est grévé avant d'avoir racheté les droits casuels du fonds et de la rente, il demeurera à l'avenir assujetti auxdits droits jusqu'au rachat d'iceux, à raison de la valeur

29

totale du fonds, nonobstant le payement qu'il aura fait des droits, à raison du remboursement de la rente.

» 8. Les dispositions des *art.* 4, 5, 6 et 7 ci-dessus, n'auront lieu que dans les pays dans lesquels la vente ou la mutation du fonds, ainsi que la vente ou la mutation de la rente, donnaient lieu séparément aux droits de vente et autres droits casuels, et non dans les pays dans lesquels la mutation de la rente ne donnait lieu à aucun de ces droits qui étaient payés par le seul possesseur du fonds, en cas de mutation de sa part, à raison de la totalité de la valeur du fonds, abstraction faite de la rente.

» 9. Si le propriétaire du fonds a racheté les droits casuels, tant à raison des fonds que de la rente, audit cas, il demeurera subrogé de plein droit aux droits du ci-devant proprié-taire du fief dont les fonds étaient mouvans, tant pour la perception des droits casuels, en cas de mutation ou d'aliénation de rente, que pour la perception du prix du rachat des droits casuels, lorsqu'il sera offert par le propriétaire de la rente.

» 10. Tout propriétaire de fonds grevés de rente foncière et sujette aux droits en cas de mutation, qui remboursera la rente avant que le rachat des droits casuels en ait été fait, sera tenu de faire enregistrer la quittance du remboursement, et de le dénoncer au proprié-taire du ci-devant fief dont son fonds relevait, dans les trois mois du remboursement, à peine d'être condamné au double du droit dont il se trouvera débiteur en conséquence dudit remboursement.

Titre 5. De l'effet de la faculté du rachat vis-à-vis du propriétaire de la rente et du débiteur. — » *Art.* 1.er. La faculté de rachat accordée aux débiteurs des rentes foncières, ne dérogera en rien aux droits, priviléges et actions qui appartenaient ci-devant aux bail-leurs de fonds, soit contre les preneurs per-

sonnellement, soit sur les fonds baillés à rente; en conséquence les créanciers bailleurs des fonds continueront d'exercer les mêmes actions hypothécaires personnelles ou mixtes qui ont eu lieu jusqu'ici, et avec les mêmes priviléges qui leur étaient accordés par les lois, coutumes, statuts et jurisprudence qui étaient précédem-ment en vigueur dans les différens lieux et pays du royaume.

» 2. Néanmoins la disposition particulière de l'*art.* 8 du *chap.* 18 de la coutume de la ville et échevinage de Lille est abrogée à compter du jour de la publication du présent décret, sauf aux propriétaires des rentes fon-cières régies par cette coutume, à exercer pour le payement des arrérages les autres actions et priviléges autorisés par le droit commun et par ladite coutume.

» 3. La faculté de racheter les rentes fon-cières ne changera pareillement rien à leur nature immobilière, ni quant à la loi qui les régissait; en conséquence elles continueront d'être soumises aux mêmes principes, lois et usages que ci-devant, quant à l'ordre des suc-cessions et quant aux dispositions entre-vifs et testamentaires, et aux aliénations à titre oné-reux.

» 4. Les baux à rente faits sous la condi-tion expresse de pouvoir par le bailleur, ses héritiers et ayant-cause, retirer le fonds en cas d'aliénation d'icelui par le preneur, ses héritiers et ayant-cause, demeureront dans toute leur force, quant à cette faculté de retrait, qui pourra être exercée par le bailleur tant que la rente n'aura point été remboursée avant la vente du fonds.

» 5. Aucun bailleur de fonds à rente fon-cière ne pourra exercer le retrait énoncé en l'*art.* ci-dessus, si le bail à rente n'en contient la stipulation expresse, nonobstant toute loi et usage contraire, notamment nonobstant l'usage admis en Bretagne sous le titre de *retrait cen-suel*, lequel n'était point seigneurial, et lequel est et demeure aboli à compter du jour du présent décret.

» 6. Est et demeure pareillement abolie, à compter du jour de la publication du présent décret, la faculté que les coutumes de Hainaut, Valenciennes, Cambrai, Arras, Béthune, Amiens, Normandie et autres semblables, accordaient ci-devant aux débiteurs de rente foncière rachetable, de la retraite en cas de vente d'icelle.

Titre 6. De l'effet de la faculté du rachat vis-à-vis des créanciers du bailleur. — » *Article* 1.er. La faculté du rachat des rentes foncières ne changera rien aux droits que les lois, coutumes et usages donnaient sur icelles aux créanciers hypothécaires ou chirographaires des bailleurs, lesquels continueront à les exercer comme par le passé, sauf les modifications ci-après.

» 2. Dans les pays où les rentes foncières ont suite par hypothèque, les créanciers hypothécaires qui voudront conserver leur hypothèque sur les rentes foncières, soit en cas de vente, soit en cas de remboursement d'icelles, seront tenus de former leur opposition au greffe des hypothèques du ressort du lieu de la situation des fonds grevés desdites rentes, sans préjudice de l'opposition qu'ils pourront en outre former entre les mains du débiteur au remboursement; mais cette dernière opposition ne pourra donner aucun droit de concurrence vis-à-vis des opposans, au greffe des hypothèques, et néanmoins le prix du remboursement sera distribué par ordre d'hypothèque entre les simples opposans, entre les mains du débiteur, après que les opposans au sceau des lettres de ratification auront été payés.

» 3. Dans les pays où l'édit de 1771 n'a point d'exécution, l'opposition, à l'effet de conserver l'hypothèque, sera faite au greffe du tribunal du ressort de la situation du fonds grevé de la rente, et il sera payé au greffier du district le même droit que celui établi par l'édit de 1771.

» 4. Les créanciers qui formeront les oppositions générales désignées dans les *articles* 1 et 3 ci-dessus, ne seront point obligés de les renouveler tous les trois ans; lesdites oppositions dureront trente ans, dérogeant, quant à eux seulement, à l'édit de juin 1771.

» 5. Dans les pays où les rentes ont suite par hypothèque, les débiteurs de rente foncière n'en pourront effectuer le remboursement qu'après s'être assurés qu'il n'existe aucune opposition enregistrée au greffe des hypothèques ou au greffe du district dans les lieux où l'édit de 1771 n'est point en vigueur.

» Dans les cas où il existerait une ou plusieurs oppositions, ils s'en feront délivrer un extrait qu'ils dénonceront au propriétaire sur lequel elle sera formée, sans pouvoir faire aucune procédure ni se faire autoriser à consigner que trois mois après la dénonciation, dont ils pourront répéter les frais ainsi que ceux de l'extrait des opposans.

» Les intérêts cesseront, à compter du jour de la dénonciation, lorsque la consignation ou le paiement aura été exécuté, huitaine après l'expiration des trois mois.

» 6. Pourront les parties liquider le remboursement de la rente et en opérer le paiement en tel lieu qu'ils jugeront à propos. Les paiemens opérés hors du lieu du domicile des parties ou du lieu de la situation de l'héritage, et qui auront été faits d'après un certificat qu'il n'existait point d'opposition, délivré par le greffier qui en aura le droit, seront valables nonobstant les oppositions survenues depuis, pourvu que la quittance ait été enregistrée dans le mois de la date du certificat ci-dessus énoncé. »

Nous allons renforcer notre opinion à l'égard des rentes foncières, d'un nouvel arrêt de la cour de cassation, d'un arrêté des consuls, et d'un décret impérial que nous allons transcrire ci-dessous.

1.º Arrêt de la cour de cassation du 23 vendémiaire an 13. Décidé par cet arrêt que dans

29 *

les pays d'allodialité, une rente en portion de
fruits n'est que *simple foncière* quoique établie
par un individu qualifié *seigneur*, parce que dans
ces pays la règle *Nulle terre sans seigneur*
n'était pas reçu, et qu'au contraire on y obser-
vait celle-ci : *Nul seigneur sans titre*. De manière que le débiteur ne peut s'affranchir de cette
rente qu'en prouvant par titre que celui qui
avait créé la rente était seigneur du fonds sur
lequel elle était assignée.

Arrêté du. . . . .

Quoique cet arrêté semble n'avoir été rendu que
pour les pays réunis, on peut en saisir l'esprit, et
s'en aider dans les questions qui naissent sur cette
matière dans les autres départemens de l'empire. On
reconnaît dans cet arrêté l'intention bien manifeste
de notre auguste Empereur de faire respecter le
droit sacré de la propriété, trop long-temps méconnu,
en faisant avec un sage discernement la distinction
des droits justement abolis, et de ceux qu'on ne
peut supprimer sans renverser l'ordre sur lequel
repose la conservation de la société. Car, c'est un
principe reconnu de tous les publicistes, que le
respect dû à la propriété est inséparable de la prospérité des États.

Art. 1.er. Sont présumées *purement foncières*, conformément aux statuts et usages des
pays composant les quatre départemens de la
rive-gauche du Rhin, les redevances dénommées
ci-après; savoir :

1.º Les redevances connues sous le nom de
Erblehen, *Erblehen*, *Erbverlegung*, *Erb-
bestand*, *Erbpfacht*, *Erbzins* ;

2.º Les droits de *Laudemium*, *Handlohn*
et *Ehrschatz* y relatifs ;

3.º Les *Medum*, ou portions de récoltes de
terres à comptans, les *Theiltrauben*, *Theil-
wein*, ou part-raisins, ou part-fruits à comptans.

4.º Les *Grandpfacht*, les *Grandzins* ou *Bo-
denzins*, c'est-à-dire, les cens assis sur des biens
fonds; pourvu qu'ils ne le soient pas sur la généralité des biens-fonds dépendant dans une

même commune du même seigneur : il en est
de même des rentes connues sous le nom générique de *Zinns* et *Gült*, assises sur des biens
fonds ;

5.º Les *Grandpfacht*, *Grandzins* ou *Bo-
denzins*, appartenans à des individus ou à des
corporations non seigneurs dans la commune
où la rente est due ;

6.º Les redevances dues pour le cours d'eau
Wasserlauf-Gebühren, à raison d'établissemens formés sur une rivière flottable ou navigable.

2. Toutes les anciennes redevances, prestations et droits autres que ceux énoncés ci-dessus,
sont, suivant les mêmes statuts et usages des
pays, présumés féodaux, et comme tels abolis.

3. Nonobstant la présomption mentionnée
dans l'*art.* 1.er, le redevable sera admis à prouver que la redevance est féodale; comme aussi,
nonobstant la présomption mentionnée en l'*art.*
2, le propriétaire de la redevance sera admis à
prouver qu'elle est foncière.

4. Les propriétaires des redevances mention-
nées en l'*art.* 1.er, et qui en étaient en possession lors de l'entrée des troupes françaises dans
les quatre départemens, ou depuis cette époque,
ne pourront être assujettis à aucune autre preuve
qu'à celle prescrite par l'*art.* 1.er du règlement
du 18 messidor an 10, et qui consiste à pro-
duire un titre récognitif du déclaratoire, tel
que livre terrier, livre de collecte, *Scheffen*,
Welsthum, contrat de vente, bail, contrat de
mariage, inventaire du partage de succession,
compte.

5. Sera considérée comme preuve de l'abolition d'une redevance, pour cause de mélange
de féodalité,

1.º Le titre constitutif, par lequel le même
immeuble se trouve grévé au profit du même
seigneur, de redevances reconnues foncières et
de redevances reconnues féodales ;

2.º Le titre récognitif, lorsque les redevances
foncières et féodales, dues par le même indi-

vidu au même seigneur , y sont portées par une seule et même disposition , sauf, en ce cas , la preuve qu'originairement le mélange n'a pas eu lieu.

» 6. Ne sera point admissible comme preuve de mélange de féodalité, un titre récognitif *dans lequel les redevances foncières et les redevances féodales se trouveront énoncées* distinctement et séparément, *sans qu'il y ait de liaison entre l'une et l'autre énonciation.*

» 7. Les preneurs à rentes d'anciens droits abolis ne pourront demander qu'une réduction proportionnelle des redevances dont ils sont chargés , lorsque les baux à rentes contiendront, outre les droits abolis, des bâtimens ou autres immeubles.

» 8. Ne pourront à l'avenir être exigés que les arrérages échus depuis le 1er vendémiaire an 6 et ceux à échoir.

» 9. Les débiteurs de rentes foncières envers la république qui, sous le délai de six mois, à compter de la publication du présent décret , feront au bureau du receveur de l'enregistrement de leur arrondissement, la déclaration des redevances par eux dues, jouiront, pour en acquitter les arrérages échus, d'un délai de quinze ans, pendant lesquels il paieront chaque année un quinzième du montant desdits arrérages, outre ceux de l'année courante.

» Ceux qui n'auront point fait, dans le délai prescrit, cette déclaration, seront contraints à payer à la fois la totalité des arrérages échus.

» 10. Les sommes provenantes des arrérages de rentes foncières dues à la république et échues avant le 1er vendémiaire an 12, seront appliquées au paiement des dettes des communes dans lesquelles sont situés les biens-fonds grévés de ces rentes.

» 11. Il est dérogé par le présent décret à tous arrêtés ou règlemens antérieurs, publiés dans les quatre départemens de la rive gauche du Rhin, en ce qu'ils y seraient contraires.

» 12. Le ministre des finances est chargé de l'exécution du présent décret, qui sera imprimé pour les quatres départemens de la rive gauche du Rhin seulement.

Décret impérial du 15 nivose an 13.

NAPOLÉON, Empereur des Français, sur le rapport du ministre des finances.

« Vu la demande des sieurs *Subé*, *Plugel* , » *Barbaroux*, *Sicard* , *Habasse*, *Bussel*, *An-* » *toine Bayle* , *Maunier* , *Robert* , *Aquelly* , » *des dames Fossenguy* , veuve *Anzel*, *Pas-* » *turel* , veuve *Verdel*, *Anne* et *Scolastique* » *Pasturel*, propriétaires au territoire d'Aix , » département des Bouches-du-Rhône , ten- » dante à être déchargés des rentes imposées » sur leurs propriétés, sises au quartier de » Deffont et Vallerois, au profit du chapitre » d'Aix, et appartenant maintenant à la répu- » blique , *comme étant lesdites rentes, mé-* » *langées de féodalité* ; subsidiairement à ob- » tenir la remise des arrérages jusques et com- » pris l'an onze , attendu la persuasion où ils » ont dû être que ces rentes étaient supprimées » par la loi du 17 juillet 1793 , et autres sub- » séquentes.

» Vu aussi la déclaration du 2 janvier 1769, » et le jugement du tribunal civil du départe- » ment des Bouches-du-Rhône, du 19 germi- » nal an 7,

» Le conseil d'état entendu, décrète :

» *Art.* 1er. Les redevances originairement imposées au profit du chapitre de l'église d'Aix sur les héritages dont il s'agit, *continueront d'être servies comme redevances emphitéotiques*, et sans la charge des lods et demi-lods qui y avaient été ajoutés *indûment et sans titre* par les bailleurs.

» *Art.* 2. Il ne sera fait néanmoins aucune poursuite pour le recouvrement des arrérages échus jusqu'au 1er vendémiaire an 12, desdites redevances.»

Voy. le mot Droits féodaux.

RENTE VIAGÈRE, est celle qui n'est qu'à

vie, et qui s'éteint par la mort de celui au profit de qui elle est constituée.

Droit ancien.

On tient que celui au profit de qui elle est constituée, ne peut pas être contraint d'en recevoir le remboursement. Ferrière a parlé de ces sortes de rentes dans la Science parfaite des Notaires, *liv.* 5, *chap.* 22. Nous remarquerons seulement ici,

1.º Que les rentes viagères constituées entre-vifs, ou laissées par testament à quelqu'un, tiennent lieu d'alimens. Or comme les alimens peuvent être donnés à toutes sortes de personnes, même à un étranger non naturalisé, à une concubine, à des bâtards adultérins, et aux enfans des prêtres, par leurs père et mère, les rentes viagères qui leur sont faites par ceux qui ne pourraient faire en leur faveur des legs universels, sont valables, à moins que ces rentes ne soient exorbitantes par rapport à la qualité des personnes, et par rapport à leurs biens; auquel cas elles seraient réductibles.

2.º Qu'on ne peut demander que cinq années d'arrérages d'une rente viagère, de même que d'une rente constituée.

3.º Que ces sortes de rentes ne peuvent être rachetées que du consentement de toutes les parties, et suivant la composition qui s'en peut faire entr'elles.

4.º Qu'elles ne peuvent pas être saisies par les créanciers de celui au profit de qui elles sont constituées.

L'édit du mois d'août 1661, registré en parlement le 2 septembre suivant, défend à toutes personnes de donner à l'avenir aucuns deniers comptans, héritages ou rentes aux communautés ecclésiastiques régulières et séculières, (à l'exception de l'Hôtel-Dieu de Paris, du grand Hôpital de Paris, de la maison des Incurables), par donation entre-vifs, ou autres contrats, à condition d'une rente leur vie durant, plus forte que ce qui est permis par les ordonnan-

ces, ou qui excède le légitime revenu des biens vendus ou donnés, à peine de nullité du contrat, et d'amende.

Entre particuliers, les rentes viagères se fixent depuis le denier dix jusqu'au denier vingt, selon l'âge de ceux à qui on constitue la rente.

Droit intermédiaire.

Loi relative aux rentes viagères créées pendant la durée de la dépréciation du papier-monnaie; du 13 pluviose an 6.

« Les conseils....etc., Considérant que les rentes viagères créées pendant la durée de la dépréciation du papier-monnaie, ont fait naître entre les créanciers et les débiteurs une foule de difficultés dont il importe de tarir promptement la source;

» Décrète : *Art.* 1.er La suspension des payemens est levée à l'égard des obligations énoncées en la présente.

» 2. Les rentes viagères créées par des contrats antérieurs au 1.er janvier 1792 (*v. st.*) inclusivement, continueront d'être acquittées valeur nominale et sans réduction.

» 3. A l'égard de celles qui ont été établies par des contrats postérieurs à ladite époque, elles ne seront pareillement soumises à aucune réduction, 1.º quand elles auront eu pour cause un capital fourni en espèces métalliques, ou en denrées, marchandises ou meubles non estimés en papier-monnaie; 2.º quand elles auront été stipulées payables en numéraire ou en grains et autres denrées; 3.º lorsque le changement des espèces aura été expressément prévu par le titre constitutif, et qu'en conséquence le débiteur se sera soumis d'acquitter la rente en la monnaie qui aurait cours aux échéances; 4.º lorsqu'il sera justifié de la manière prescrite par la loi du 14 fructidor an 5, que la rente viagère existante n'est que la représentation d'une autre créance, ou d'un droit certain, antérieur au 1.er janvier 1791.

» 4. Ne seront pareillement sujettes à aucune

réduction , les rentes viagères promises et stipulées par contrat ou accordées par jugement pendant la durée de la dépréciation du papier-monnaie, sans expression d'aucun capital fourni soit pour tenir lieu d'alimens, soit pour toute autre cause.

» 5. A l'égard des rentes viagères créées moyennant un capital fourni en papier-monnaie depuis ladite époque du 1.er janvier 1792 jusqu'au 1.er juillet 1793 (v. st.), elles sont maintenues , et elles seront acquittées valeur nominale en numéraire, lorsqu'elles n'excéderont pas le *maximum* de dix pour cent sur la tête d'un prêteur âgé de soixante-dix ans accomplis, en partant de l'époque du contrat; de neuf pour cent sur la tête d'un sexagénaire; de huit pour cent sur une seule tête d'un âge inférieur ; et de sept pour cent sur deux ou plusieurs têtes de tout âge.

» 6. Les rentes de même nature qui ont été créées depuis le 1.er juillet 1793 jusqu'au 22 septembre 1794, correspondant au premier jour de l'an 3 de la république , sont réductibles dans les proportions suivantes ; savoir: à sept pour cent sur la tête d'un septuagénaire; à six pour cent sur la tête d'un sexagénaire ; à cinq pour cent sur la tête d'un prêteur d'un âge inférieur, et à quatre pour cent sur deux ou plusieurs têtes de tout âge.

» 7. Quant aux rentes créées pareillement , au moyen d'un capital en papier-monnaie, depuis le premier jour de l'an 3 jusqu'à la publication de la loi du 12 frimaire an 4, elles demeurent , sauf les exceptions ci-après, assujetties à un *maximum* de trois et demi pour cent en vendémiaire an 3 , et à un *minimum* d'un pour cent sur une seule tête en brumaire et frimaire an 4 ; et elles sont en conséquence réductibles selon les proportions établies par le tarif de leur dépréciation graduelle de mois en mois , lequel est annexé à la présente.

» 8. Les rentes qui auront été créées dans le même intervalle sur la tête des personnes âgées de plus de soixante ans à l'époque des contrats , seront portées , dans chaque classe du tarif énoncé en l'*art*. précédent, à demi pour cent de plus que celles des rentiers d'un âge inférieur ; et celles qui ont été créées sur la tête des septuagénaires, seront pareillement portées à un pour cent de plus : en sorte que le *maximum* des premières sera fixé, en vendémiaire an 3 , à quatre pour cent ; celui des secondes , à quatre et demi pour cent ; et que leur *minimum*, en brumaire et frimaire an 4, sera, pour les premières, d'un et demi pour cent, et, pour les secondes, de deux pour cent.

» 9. A l'égard des rentes créées, dans le même intervalle du 1.er jour de l'an 3 à la loi du 12 frimaire an 4, sur deux ou plusieurs têtes de tout âge , elles restent soumises à une diminution d'un pour cent dans chaque classe du tarif, et néanmoins leur *minimum* dans les dernières classes ne pourra être porté au-dessous de demi pour cent.

» Sont exceptées de la disposition ci-dessus les rentes créées sur deux têtes âgées de soixante ans accomplis ; et elles seront acquittées sans diminution , conformément au tarif de l'*art*. 7.

» 10. Dans aucun des cas ci-dessus, le débiteur ne pourra être obligé de payer annuellement plus du capital de la valeur des assignats, réduit d'après l'échelle de dépréciation du département où le contrat a été passé.

» 11. Les fixations et réductions faites par les *art*. 5 , 6 , 7 , 8 et 9, sont sans préjudice de l'exécution des conventions des parties, dans le cas où les rentes viagères auraient été créées à des taux inférieurs.

» 12. En ce qui concerne les rentes viagères créées depuis la publication de la loi du 12 frimaire an 4 jusqu'à celle du 15 germinal suivant, le capital fourni en assignats sera réduit au centième de sa valeur nominale, conformément à l'*art*. 7 de la loi du 19 du susdit mois de frimaire, relative à l'emprunt forcé ; et sur le capital ainsi déterminé , il sera reconstitué une nouvelle rente de quinze pour cent au profit des septuagénaires; de douze pour cent au profit des sexagénaires, et de dix pour cent au profit de tous les prêteurs d'un âge inférieur.

» 13. Dans tous les cas ci-dessus prévus, il sera libre aux débiteurs des rentes viagères, d'en requérir la réduction aux divers taux réglés par les *art.* 5, 6, 7, 8, 9 et 12; ce qu'ils seront tenus de dénoncer aux créanciers, à personne ou à domicile, dans le délai de deux mois, à dater de la publication de la présente, à défaut de quoi ils seront censés avoir opté pour la continuation du paiement de la rente au taux et à la valeur nominale déterminés par la convention.

» Après une seconde lecture, le conseil des anciens approuve la résolution ci-dessus.

Tarif de la réduction graduelle et proportionnelle que doivent subir les rentes viagères constituées depuis le commencement de l'an 3 jusqu'à la publication de la loi du 12 frimaire an 4, à raison d'un maximum *de trois et demi pour cent sur une seule tête dans le premier mois, et d'un* minimum *d'un pour cent dans les deux derniers mois.*

» Lesdites rentes sont réductibles dans les proportions suivantes; savoir : dans le courant de vendémiaire an 3, sur le pied du *maximum* fixé par l'*art.* 7 de la présente loi, ... $3\frac{1}{2}$ pour cent,

En brumaire suivant...... $3\frac{2}{5}$
En frimaire............. $3\frac{1}{5}$
En nivose............... 3 »
En pluviose............. $2\frac{4}{5}$
En ventose.............. $2\frac{3}{5}$
En germinal............. $2\frac{2}{5}$
En floréal.............. $2\frac{1}{5}$
En prairial............. 2 »
En messidor............. $1\frac{4}{5}$
En thermidor............ $1\frac{3}{5}$
En fructidor et dans les jours complémentaires........... $1\frac{2}{5}$
En vendémiaire an 4..... $1\frac{1}{5}$
En brumaire et frimaire sur le pied du *minimum* de..... 1 »

Nota. Il sera ajouté, dans chacune desdites classes, un pour cent de plus en faveur des septuagénaires, et demi pour cent de plus en faveur des sexagénaires.

Il sera, au contraire, déduit un pour cent sur les rentes originairement créées sur plusieurs têtes au-dessous de soixante ans, sans qu'elles puissent être réduites au-dessous du *minimum* de demi pour cent.

A l'égard des rentes viagères créées pour vente d'immeubles, *V.* l'*art.* 7 de la loi du 16 nivose an 6, et les *art.* 3, 4, 5, 6, 7, 8, 9, 10, 12, 13, 15, 16, 20 et 21 de la loi du 27 thermidor an 6, rapportées en entier *au mot* Vente d'immeubles.

A l'égard des arrérages de rentes viagères et des retenues à faire par les débiteurs pour cause de contributions, *Voy. le mot* Arrérage; mais comme l'*art.* 4 de la loi du 15 pluviose an 5, rapporté sous ce mot, renvoye aux lois antérieures, pour les arrérages de ces rentes échus avant le 1.er vendémiaire an 5, je vais rapporter la loi du 10 juin 1791, sur cette matière.

Loi du 10 juin 1791. « *Art.* 1.er. Les débiteurs autorisés par les *art.* 6 et 7 du *titre* 2 de la loi du 1.er décembre 1790, à faire une retenue sur les rentes ci-devant seigneuriales ou foncières, sur les intérêts ou rentes perpétuelles, constituées avant la publication de ladite loi, soit en argent, soit en denrées, et de prestation en quotité de fruits à raison de la contribution foncière, la feront au cinquième du montant desdites rentes ou prestations pour l'année 1791, et pour tout le temps pendant lequel la contribution foncière restera dans les proportions fixées pour ladite année, sans préjudice de l'exécution des baux à rentes ou autres contrats faits sous la condition de la non-retenue des impositions royales.

» 2. Quant aux rentes ou pensions viagères non stipulées exemptes de la retenue, les débiteurs la feront aussi au cinquième, mais seulement

ment sur le revenu que le capital, s'il est connu, produirait au denier vingt; et dans le cas où le principal ne serait pas connu, la retenue ne se fera qu'au dixième du montant de la rente ou pension viagère, conformément à l'*art.* 8 de la loi du 1.er décembre 1790. Ces proportions demeureront les mêmes pour tout le temps déterminé par l'*art.* précédent.

» 3. Le débiteur fera la retenue au moment où il acquittera la rente ou prestation; elle sera faite en argent sur celles en argent, et en nature sur les rentes en denrées, et sur les prestations en quotité des fruits. »

Droit nouveau.

Les rentes viagères, soit sur la république, soit sur les particuliers, sont *meubles* par la détermination de la loi. *Art.* 529.

Elles ne sont pas rachetables. *Art.* 1979.

L'usufruit d'une *rente viagère*, donne à l'usufruitier pendant la durée de son usufruit, le droit d'en percevoir les arrérages sans être tenu à aucune restitution. *Art.* 588.

Le legs fait par le testateur, d'une *rente viagère* ou pension alimentaire, doit être acquitté par le légataire *universel* de l'usufruit dans son intégrité, et par le légataire *à titre universel* de l'usufruit, dans la proportion de sa jouissance, sans aucune répétition de leur part. *Art.* 610.

Les intérêts de la *rente viagère* léguée, courent au profit du légataire dès le jour du décès, et sans qu'il ait formé sa demande en justice. *Art.* 1015.

Des Conditions requises pour la validité du contrat. La rente viagère peut être constituée à titre onéreux, moyennant une somme d'argent, ou pour une chose mobilière appréciable, ou pour un immeuble. *Art.* 1968.

Elle peut être aussi constituée à titre purement gratuit, par donation entre-vifs ou par testament. Elle doit être alors revêtue des formes requises par la loi. *Art.* 1969.

Dans le cas de l'*art.* précédent, la rente via-

Tome III.

gère est réductible, si elle excède ce dont il est permis de disposer: elle est nulle, si elle est au profit d'une personne incapable de recevoir. *Art.* 1970.

La rente viagère peut être constituée, soit sur la tête de celui qui en fournit le prix, soit sur la tête d'un tiers qui n'a aucun droit d'en jouir. *Art.* 1971.

Elle peut être constituée sur une ou plusieurs têtes. *Art.* 1972.

Elle peut être constituée au profit d'un tiers, quoique le prix en soit fourni par une autre personne. — Dans ce dernier cas, quoiqu'elle ait les caractères d'une libéralité, elle n'est point assujettie aux formes requises pour les donations; sauf les cas de réduction et de nullité, énoncés dans l'article 1970. *Art.* 1973.

Tout contrat de rente viagère créé sur la tête d'une personne qui était morte au jour du contrat, ne produit aucun effet. *Art.* 1974.

Il en est de même du contrat par lequel la rente a été créée sur la tête d'une personne atteinte de la maladie dont elle est décédée dans les vingt jours de la date du contrat. *Art.* 1975.

La rente viagère peut être constituée au taux qu'il plaît aux parties contractantes de fixer. *Art.* 1976.

Des effets du Contrat entre les parties contractantes. Celui au profit duquel la rente viagère a été constituée moyennant un prix, peut demander la résiliation du contrat, si le constituant ne lui donne pas les sûretés stipulées pour son exécution. *Art.* 1977.

Le seul défaut de paiement des arrérages de la rente n'autorise point celui en faveur de qui elle est constituée, à demander le remboursement du capital, ou à rentrer dans le fonds par lui aliéné: il n'a que le droit de saisir et de faire vendre les biens de son débiteur, et de faire ordonner ou consentir, sur le produit de la vente, l'emploi d'une somme suffisante pour le service des arrérages. *Art.* 1978.

Le constituant ne peut se libérer du paiement de la rente, en offrant de rembourser le capital, et en renonçant à la répétition des arré-rages payés; il est tenu de servir la rente pendant toute la vie de la personne ou des personnes sur la tête desquelles la rente a été constituée, quelle que soit la durée de la vie de ces personnes, et quelque onéreux qu'ait pu devenir le service de la rente. *Art.* 1979.

La rente viagère n'est acquise au propriétaire que dans la proportion du nombre de jours qu'il a vécu. — Néanmoins, s'il a été convenu qu'elle serait payée d'avance, le terme qui a dû être payé, est acquis du jour où le paiement a dû en être fait. *Art.* 1980.

La rente viagère ne peut être stipulée insaisissable, que lorsqu'elle a été constituée à titre gratuit. *Art.* 1981.

La rente viagère ne s'éteint pas par la mort civile du propriétaire; le paiement doit en être continué pendant sa vie naturelle. *Art.* 1982.

Le propriétaire d'une rente viagère n'en peut demander les arrérages qu'en justifiant de son existence, ou de la personne sur la tête de laquelle elle a été constituée. *Art.* 1983.

RÉPARATION EN FAIT DE BATIMENT, est le rétablissement des choses qui se trouvent détruites ou détériorées, le bâtiment subsistant d'ailleurs en son entier, ou au moins en partie. Ainsi il ne faut pas confondre la réédification d'une maison avec les réparations et entretenemens.

Droit ancien.

On distingue de trois sortes de réparations; savoir : les grosses réparations, les réparations viagères, et les menues réparations.

Grosses réparations, sont les quatre gros murs, les gros murs de refend, les escaliers, les cheminées appliquées au gros mur, quand on refait lesdits murs; les poutres, les voûtes, les couvertures entières, ou les couvertures en partie, quand il faut entièrement changer les lattes.

Ces réparations sont toujours à la charge du propriétaire, et jamais à la charge de la douairière, ou de tout autre usufruitier; parce que ces réparations ne doivent pas seulement servir à la commodité présente de l'édifice, mais à son utilité perpétuelle : ainsi elles ne concernent pas seulement l'usage, mais aussi la substance et la propriété.

Réparations viagères, sont celles qui se font pour l'entretenement et l'usage présent de l'édifice; comme de mettre des gouttières neuves en la place de celles qui sont vieilles, et qui ne peuvent plus servir; la vuidange des lieux et latrines; les âtres et contre-murs des cheminées; la réparation de trous qui sont aux planchers et aux degrés, et plusieurs autres semblables réparations, qui ne regardent point la substance et la propriété de l'édifice.

Ces réparations sont à la charge de la douairière, ou de tout autre usufruitier, quand même les revenus de l'édifice ne seraient pas suffisans pour fournir à ces réparations d'entretenement; parce que celui qui prend et accepte l'usufruit d'une maison, s'oblige personnellement d'en faire les réparations tant que durera sa jouissance, étant juste que celui qui retire l'émolument d'une chose, en supporte les charges qui servent à le faire jouir, et qui regardent sa commodité présente et actuelle, plutôt que la substance et la propriété de la chose.

Menues réparations, sont celles qui regardent l'usage présent et actuel d'une maison, mais qui sont d'une dépense modique, comme le raccommodage des serrures, le remplacement des vitres cassées, celui des clefs des portes, et des carreaux (quand il ne s'agit point de recarreler entièrement une chambre), le raccommodage des gonds des portes et des fenêtres, et autres semblables réparations qui sont à la charge du locataire, et à plus forte raison de l'usufruitier, qui est tenu, comme nous avons dit, de toutes réparations viagères. Bacquet, des Droits de Justice, *chap.* 21, *nomb.* 176.

Droit nouveau.

On appelle *grosses réparations* celles des gros murs et des voûtes, le rétablissement des poutres et des couvertures entières; celui des

digues et des murs de soutenement , et de clôture aussi en entier. *Art.* 606.

Toutes les autres réparations sont d'entretien (réparations viagères ou menues réparations). *Même art.*

L'usufruitier n'est tenu qu'aux *réparations*
d'entretien.

Les *grosses réparations* demeurent à la
charge du propriétaire, à moins qu'elles n'ayent
été occasionnées par le défaut de *réparations*
d'entretien , depuis l'ouverture de l'usufruit ;
auquel cas l'usufruitier en est tenu. *Art.* 605.

Si *l'usager* absorbe tous les fruits du fonds ,
ou s'il occupe la totalité de la maison , il est
assujetti aux *réparations d'entretien....* comme
l'usufruitier. —S'il ne prend que partie des
fruits ou s'il n'occupe que partie de la maison, il
contribue au prorata de ce dont il jouit. *Art.*
635.

A l'égard des réparations des murs mitoyens,
Voy. les art. 655 et suiv. *au mot* Mur mitoyen.

La communauté se compose passivement 1°...
4.° Des *réparations usufructuaires* des immeubles qui n'entrent point en communauté. *Art.*
1409.

Sous le régime dotal, l'immeuble constitué
en dot peut être vendu avec les formalités acquises, pour faire les *grosses réparations* indispensables pour la conservation d'un immeuble
aussi dotal. *Art.* 1558.

En matière de baux à ferme ou à loyer, le
bailleur est tenu par la nature du contrat et
sans qu'il soit besoin d'aucune stipulation particulière, aux réparations nécessaires pour entretenir la chose en état de servir à l'usage pour
lequel elle a été louée. *Art.* 1719.

Le bailleur est tenu de délivrer la chose en
bon état de réparations de toute espèce. — Il
doit y faire , pendant la durée du bail , toutes
les réparations qui peuvent devenir nécessaires,
autres que les locatives. *Art.* 1720.

Si , durant le bail, la chose louée a besoin de
réparations urgentes et qui ne puissent être dif-
férées jusqu'à sa fin, le preneur doit les souffrir ,
quelque incommodité qu'elles lui causent , et
quoiqu'il soit privé , pendant qu'elles se font ,
d'une partie de la chose louée. — Mais si ces
réparations durent plus de quarante jours, le
prix du bail sera diminué à proportion du temps
et de la partie de la chose louée dont il aura été
privé. — Si les réparations sont de telle nature
qu'elles rendent inhabitable ce qui est nécessaire au logement du preneur et de sa famille,
celui-ci pourra faire résilier le bail. *Art.* 1724.

Les *réparations locatives* ou *de menu entre-*
tien dont le locataire est tenu , s'il n'y a clause
contraire, sont celles désignées comme telles
par l'usage des lieux , et , entre autres , les réparations à faire , — Aux âtres , contre-cœurs,
chambranles et tablettes des cheminées ; — Au
recrépiment du bas des murailles des apparte-
mens et autres lieux d'habitation , à la hauteur
d'un mètre ; — Aux pavés et carreaux des
chambres , lorsqu'il y en a seulement quelques
uns de cassés ; — Aux vitres , à moins qu'elles
ne soient cassées par la grêle , ou autres accidens extraordinaires et de force majeure , dont
le locataire ne peut être tenu ; — Aux portes ,
croisées , planches de cloison ou de fermeture
de boutiques , gonds , targettes et serrures. *Art.*
1754.

Aucune des réparations réputées locatives
n'est à la charge des locataires , quand elle ne
sont occasionnées que par vétusté ou force majeure. *Art.* 1755.

Le curement des puits et celui des fosses
d'aisance, sont à la charge du bailleur , s'il n'y
a clause contraire. *Art.* 1756.

Le propriétaire a privilège sur les meubles ,
pour le montant *des réparations locatives. Art.*
2102.

Voy. le mot Privilége.

Le créancier à qui un immeuble a été donné
en antichrèse doit , sous peine de dommages et
intérêts, pourvoir à l'entretien et aux répara-
30*

tions utiles et nécessaires de l'immeuble ; sauf à prélever sur les fruits toutes les dépenses relatives à ces divers objets. *Art.* 2086.

RÉPARATIONS DE BIENS APPARTENANS A DES MINEURS,

Droit ancien.

Elles ne peuvent être allouées aux tuteurs, que quand ils les ont faites en vertu d'un avis de parens, lorsqu'elles sont considérables.

En Normandie, il faut que le tuteur présente sa requête au juge, qui ordonne que les lieux seront vus et visités, et qu'il en sera dressé procès-verbal : après quoi il permet de faire les réparations jusqu'à la concurrence d'une certaine somme. Si les tuteurs ne prenaient pas cette précaution, on ne leur allouerait aucunes réparations.

Droit nouveau.

Le Code ne dispose aucune part qu'il faille un avis de parens pour autoriser le tuteur à faire les réparations aux biens appartenans aux mineurs.

L'*art.* 471 en disposant que l'on allouera au tuteur, lors de la reddition de compte, *toutes dépenses* suffisamment justifiées, et dont l'objet sera utile, met celui-ci dans la nécessité de ne faire que des réparations nécessaires et indispensables ; mais il faut faire ici cette observation ; c'est que les réparations ne peuvent être passées en compte qu'autant que leur valeur n'excède pas la somme à laquelle le conseil de famille a fixé la dépense annuelle du mineur et des frais d'administration ; ce qui est une suite des dispositions de l'*art.* 454. Je pense donc que le tuteur qui craint que les réparations qu'il va entreprendre soient d'une valeur à excéder la somme fixée, doit se faire autoriser à entreprendre ces réparations par le conseil de famille, qui doit donner ou refuser son autorisation selon la nécessité et l'utilité plus ou moins grande des réparations projetées.

RÉPÉTITION D'UNE CHOSE NON DUE, PAYÉE PAR ERREUR.

Droit ancien.

C'est une action personnelle, qui est appelée en droit *conditio indebiti.* Elle est accordée à celui qui a payé par erreur de fait une chose qui n'était pas due, à l'encontre de celui qui en a reçu le payement, et qui est obligé de la rendre, comme s'il l'avait reçue à titre de prêt.

Elle ne provient point d'un véritable consentement que les parties ayent eu de contracter une obligation, mais seulement d'un consentement fictif et présumé : elle ne provient donc point d'un contrat, mais seulement d'un quasi-contrat.

Pour que cette action ait lieu, plusieurs conditions sont requises. La première, que le payement ait été fait d'une chose qui n'était point due même naturellement : cette répétition n'étant fondée que sur la seule équité naturelle, celui qui a payé ce qu'il devait naturellement, a payé ce à quoi il était obligé par l'équité naturelle ; ainsi cette même équité naturelle le rend non recevable à redemander ce qu'il a payé.

La seconde, que ce payement ait été fait par erreur ; parce que celui qui paye sciemment ce qu'il ne doit pas, est présumé vouloir donner par pure libéralité.

La troisième, que ce payement ait été fait par erreur de fait, et non par erreur de droit ; parce que le droit étant restreint dans certaines règles, et pouvant être connu de tous les citoyens d'une province, on ne peut pas être admis à demander quelque grâce, sous prétexte de l'avoir ignoré ; au lieu que les faits sont infinis, et trompent souvent les plus sages et les plus habiles.

La quatrième, que ce payement ait enrichi celui qui l'a reçu ; car la répétition de la chose qui a été payée sans être due, n'a été introduite que sur le fondement de l'équité naturelle, qui ne permet pas que quelqu'un s'enrichisse au préjudice d'un autre : c'est pourquoi si celui qui a reçu le payement d'une chose qui ne lui était pas due, n'en a pas augmenté son patrimoine, soit parce qu'il l'a consumée de bonne foi, soit qu'elle est périe, il n'est pas tenu de la restituer.

L'effet de cette action est, que le juge ordonne que la chose qui a été, quoique non due, payée par erreur, soit rendue à celui qui en a fait le paiement.

Mais on demande si celui qui a payé par erreur une chose non due, peut demander les profits que l'autre en a perçus pendant sa jouissance.

Il faut distinguer : ou la chose payée par erreur produit naturellement des fruits, comme un héritage ; ou elle est stérile de sa nature, et ne produit d'elle-même aucuns fruits, comme une somme d'argent.

Au premier cas, celui qui intente cette action, peut demander que la chose lui soit rendue, avec tous les fruits que le défendeur en a perçus pendant sa jouissance : *quià fructus sunt quasi pars rei, et jure naturali ad rei dominum pertinent, accessionis jure. Igitur præter rem de quâ principaliter agitur, in hanc actionem veniunt accessiones naturales ; atque ideò qui agit hâc actione, non tantum concludere debet ut res data ei reddatur, sed et rei solutæ accessiones, quæ vel per alluvionem accreverunt, pecorùmque fœtus, nec non mercedes habitationis. Leg.* 15 *et* 65, §. *penult. ff. de Conditione indebit.*

Au second cas, c'est-à-dire, quand il s'agit d'une chose stérile de sa nature, celui qui l'a payée par erreur, n'en peut pas demander les intérêts ; il se doit contenter qu'on lui rende le principal : *Sola quantitas potest repeti quæ indebitè soluta est. Leg.* 1, *Cod. de Condict. indebiti ; nàm cùm conditio naturali æquitate nitatur, æquitas non patitur, ut plus reddatur, quàm datum sit, neque vult, ut qui*

solvit lucretur cum alterius jacturâ, sed ne damno afficiatur. Leg. 13 *et seq, Cod. de Condict. indebiti.*

Celui qui paye par erreur une somme, ou une autre chose stérile de sa nature, qu'il ne doit pas, est censé en faire un prêt : c'est ce qui fait que dans ce cas il n'a pas plus de privilége que n'en ont ceux qui passent un tel contrat. Cette disposition des lois romaines est observée parmi nous, tant en pays coutumier, qu'en pays de droit écrit.

Voy. ce que Ferrière a dit dans sa Traduction des Institutes, *liv.* 3, *tit.* 98, §. 6 et 7 ; Henrys, *tom.* 2, *liv.* 4, *quest.* 32 ; et Dupérier, *tom.* 1, *pag.* 447.

Droit nouveau.

Ce qui a été payé sans être dû, est sujet à répétition. La répétition n'est pas admise à l'égard des obligations naturelles qui ont été volontairement acquittées. *Art.* 1235.

Voy. à l'égard de la règle à suivre en matière de répétition, ce qui est dit *au mot* Quasi-contrat, *art.* 1376 *et suiv., pag.* 161, *tom.* 3 de ce Dictionnaire ; et *le mot* Restitution.

RÉPÉTITION DE CE QUI A ÉTÉ DONNÉ POUR CAUSE DÉSHONNÊTE OU INJUSTE. Pour savoir quand on peut répéter ce que l'on a donné pour cause déshonnête, il faut distinguer trois cas ; ou il y a seulement de la turpitude de la part de celui qui a donné, ou seulement de la part de celui qui a reçu, ou enfin de la part de l'un et de l'autre.

S'il n'y a de la turpitude que de la part de celui qui a donné, la répétition ne peut avoir lieu ; *quià non est audiendus propriam turpitudinem allegans, et quià tunc nihil imputari potest ei qui accepit.* Par exemple, si l'on a donné de l'argent à une femme de mauvaise vie, *libidinis implendæ causâ,* on ne le peut pas répéter ; car, quoiqu'elle soit fort blâmable de faire un tel commerce, on ne peut pas répéter ce qu'on lui a donné, parce que ce n'est pas en recevant cet argent qu'il y a de la turpitude de sa part : *turpiter enim facit quod sit meretrix , sed cùm sit meretrix turpiter non accipit. Leg.* 4, §. 3, *ff. de Condict. ob turp. vel injust. caus.*

S'il n'y a de la turpitude que de la part de celui qui a reçu, la répétition a lieu. Par exemple, si un dépositaire se fait donner quelque chose pour restituer le dépôt qui lui aurait été fait, ou si un homme se fait donner quelque chose pour ne pas assassiner quelqu'un ; *quià tunc nulla ex parte dantis versatur turpitudo , sed tantùm ex parte accipientis : turpiter enim quis mercedem accipit pro eo quod ex jure vel officio facere tenetur. Leg.* 2, *ff. cod.*

S'il y a de la turpitude de la part de celui qui a donné, et de la part de celui qui a reçu, la répétition cesse. Par exemple, si l'on a donné de l'argent à un juge pour mal juger, ou si l'on en a donné à quelqu'un pour débaucher une femme ou une fille. *Leg.* 3 et 4, *ff. Eod. quià non in pari causà melior est conditio possidentis , tuncque datum apud accipientem remanet ; is enim à quo datum est non posset aliud aliter repetere , quàm suam allegando turpitudinem , at non est audiendus propriam turpitudinem allegans.*

Au reste, ce qui a été livré pour une cause injuste en conséquence d'une stipulation extorquée par dol ou par violence, peut être redemandé, *ne alicui sua violentia aut dolus prosit. Leg.* 6 et 7, *ff. de Condict. ob turp. vel injust. caus. juncta glossa , cum notis Cujacii ad dictas leges.*

RÉPÉTITION DE DOT. *V.* Restitution de dot.

REPRÉSENTATION EN MATIÈRE DE SUCCESSION , est le droit de succéder à quelqu'un du chef d'une personne prédécédée ; de sorte que ceux qui la représentent, en quelque nombre qu'ils soient, ne sont admis à la succession que pour la part et portion qu'aurait eu la personne prédécédée , si elle était vivante, et qu'elle recueillît la succession du défunt.

Droit ancien.

Tous les représentans ne peuvent pas avoir plus de droit à une succession que celui qu'ils représentent.

Quand la représentation a lieu, comme ceux qui viennent à la succession en vertu de ce droit, n'y viennent pas de leur chef, mais du chef de la personne qu'ils représentent, s'ils se trouvent plus éloignés en degré de parenté que d'autres avec qui ils concourent, ils ne laissent pas d'être admis comme occupant le degré de la personne qu'ils représentent.

Ainsi, par le moyen de la représentation , des héritiers plus éloignés en degré viennent avec des héritiers plus proches en la succession du défunt ; en sorte que les plus éloignés ne sont pas exclus par les plus proches, les plus éloignés succédant par représentation de ceux desquels ils descendent.

Jamais on ne succède par représentation , que la loi ne le décide expressément ; parce que l'effet de la représentation étant de rapprocher celui qui est plus éloigné, pour le faire concourir avec un parent plus proche en degré, et de faire que ceux qui sont en même degré succèdent quelquefois inégalement, la représentation apporte une exception à la règle fondamentale des successions , qui veut que les plus proches en degré succèdent à l'exclusion de tous les autres, et que ceux qui sont en pareil degré succèdent également entr'eux ; et cette exception ne saurait jamais être admise que par une disposition précise de la loi.

Suivant les lois romaines , la représentation a toujours eu lieu en ligne directe jusqu'à l'infini. *Ratio est , quià pater et filius pro unâ eâdemque personâ habentur : quapropter filii etiam vivo patre rerum paternarum domini esse intelliguntur , et ideò mortuo eo in ejùs locum succedunt quoad hæreditates ascenden-*

tium, propter arctissimum, quo liberi junguntur parentibus, vinculum.

La liaison, pour ne pas dire l'identité du père et du fils, fait que le petit-fils et l'arrière-petit-fils, qui tirent leur origine de celui de la succession duquel il s'agit, viennent par représentation à sa succession, quand leur père ou autre ascendant décédés ne remplissent pas leur degré. *Natura enim veluti tacita lex, bona parentum liberis addicit; atque adeò œquissimum est, ut filius præmortuum patrem in successione avi aut alterius ascendentis representet.*

Ainsi les petit-fils, au défaut de leur père décédé, succèdent à leur aïeul avec leurs oncles, fils du défunt. Pareillement, les petits-neveux succèdent à leur bisaïeul avec leurs grands-oncles, par représentation.

Enfin, la représentation a lieu en ligne directe à l'infini; et cette décision est tirée des sentimens que la nature inspire à toutes les personnes raisonnables : en sorte que c'est une décision du droit civil.

De ce principe il s'ensuit, que si trois enfans issus de l'aïeul étaient décédés avant lui, le premier laissant deux enfans, l'autre trois, et le dernier quatre, tous ces petits-fils, encore qu'ils soient tous joints à leur aïeul en pareil degré, viendront *in stirpes* à la succession de leur aïeul, *tantam de hæreditate morientis partem accipientes quanticumque sint, quantam eorum parens habuisset, si viveret.* Et c'est ce que nous appellons succéder par souches, et non par têtes. Ces petits-fils ne venant pas de leur chef à la succession de leur aïeul, mais du chef de leur père qu'ils représentent, ils ne peuvent prendre que la part et portion qu'il aurait eue, s'il était lui-même admis à la succession du défunt.

En ligne collatérale, la représentation n'avait point lieu, suivant la disposition des lois romaines, parce que les collatéraux ne tirent point leur origine les uns des autres. Les enfans

n'étaient point admis à remplir le degré de leur père, dans une succession collatérale, qui n'est point due par le droit de nature, comme l'est véritablement la succession des ascendans à leurs descendans.

Mais Justinien, par sa Novelle 118, a voulu que la représentation soit admise en ligne collatérale dans un cas; savoir : en faveur des neveux et nièces, quand ils concourent avec un oncle ou une tante, à la succession d'un autre oncle ou tante; auquel cas les neveux et nièces succèdent à leur oncle ou tante par représentation de leur père ou de leur mère, quoiqu'ils soient plus éloignés en degrés que leurs oncles ou tantes avec qui ils succèdent.

Comme dans ce cas la représentation a été introduite par Justinien, contre les règles et les principes de droit, on n'en a point fait d'extension ni d'interprétation favorable. Ainsi hors ce cas, la représentation n'a point lieu en ligne collatérale; et les collatéraux, à l'exception de ce cas, succèdent par têtes, et non point par souches; en sorte que le plus proche exclut toujours le plus éloigné.

Cela s'observe même entre les neveux de plusieurs frères ou sœurs, lorsqu'ils succèdent à leur oncle ou à leur tante de leur chef, c'est-à-dire, qu'ils ne concourent point à sa succession avec un autre oncle ou tante; et alors ils partagent tous également et par têtes.

En pays de droit écrit, la représentation est admise à l'infini en ligne directe, dont la faveur est très-grande; en ligne collatérale, la représentation n'y est admise que dans le cas défini par la Novelle 118 de l'empereur Justinien.

La coutume de Paris, et un très-grand nombre d'autres, ont une semblable disposition. Mais il y a plusieurs coutumes dans la France qui ont sur ce point des dispositions si particulières et si bizarres, qu'il serait difficile, pour ne pas dire impossible, d'en rendre de bonnes raisons.

Sans entrer dans le détail de ces coutumes,

qui menerait trop loin, il faut tenir pour principe, que par le droit commun du royaume, la représentation est admise à l'infini en ligne directe ; et en ligne collatérale, dans le cas seulement de la Novelle 118.

Comme la représentation est un droit en vertu duquel des enfans succèdent au lieu de leur père ou de leur mère, qui sont décédés avant que la succession soit ouverte, on ne peut pas représenter une personne vivante. La raison ne veut pas qu'on entre dans la place d'un homme vivant qui remplit son degré.

Cette maxime est consacrée par un arrêt célèbre, rendu sur les conclusions de M. Joly de Fleury, avocat-général, le 30 mai 1712.

Quand plusieurs enfans viennent, par représentation de leur père ou de leur mère à une succession, ils n'y peuvent venir que pour la part et portion qui aurait appartenu à leur père ou à leur mère, s'ils étaient vivans ; car ils remplissent le degré de la personne qu'ils représentent, et par conséquent il faut partager la succession entre les co-héritiers, comme si la personne représentée était vivante et succédait ; ce que nous appelons partager par souches.

Ainsi quand un homme décédé laisse un fils, et quatre enfans d'un autre fils prédécédé, les petits-fils qui viennent par représentation de leur père, ne prennent tous ensemble dans la succession que la portion que leur père aurait eue s'il avait survécu le défunt.

Pareillement, lorsque le défunt n'a laissé que des petits-fils issus de divers enfans prédécédés, chacun des petits-enfans ne prend pas une portion de la succesion de l'aïeul ; mais tous les petits-enfans issus d'un fils ou d'une fille prennent à eux tous la part que leur père aurait dû avoir ; et par ce moyen, s'il n'y a qu'un petit-fils d'une branche, il aura autant à lui seul que tous ceux d'une autre branche, fussent-ils douze ou plus.

Quelques-unes de nos coutumes qui n'admettent point la représentation en ligne directe descendante, sont très-odieuses, comme celle de Ponthieu. Dans ces coutumes, le rappel fait à l'égard d'un des enfans, est réputé fait au regard de tous les autres qui sont dans le même cas, c'est-à-dire, que quand un aïeul qui a des enfans vivans, rappelle un de ses petits-enfans dont le père est décédé, le rappel profite à tous les autres petits-enfans sans distinction.

Ainsi jugé au parlement de Paris, dans la coutume de Ponthieu, le 27 janvier 1648, sur les conclusions de M. l'avocat-général Talon, qui dit que quand un père ou une mère veulent déroger au droit public, et à la loi établie par la coutume, pour un intérêt domestique et particulier, ils ne le peuvent pas faire en faveur de quelques-uns de leurs enfans, sans y comprendre tous les autres qui sont dans le cas de jouir du même droit. Soefve, tom. 1, cent. 2, chap. 58.

Voy. aussi le Brun en son Traité des Successions, *liv.* 3, *chap.* 10, *sect.* 3, où il dit que le rappel ou la réserve faite en ligne directe pour une branche, ou pour un des enfans d'une branche, profite aux autres branches ; parce que l'aïeul ayant une fois voulu modérer la rigueur de la loi, l'égalité qu'il a souhaitée doit être universelle pour tous ses petits-enfans.

Il n'est pas nécessaire d'être héritier de celui qu'on veut représenter, ni dans la directe, ni dans la collatérale ; l'effet de la représentation, qui n'est autre que de réparer le défaut de la personne représentée, et de la feindre présente en entrant en son lieu et place, ne vient que de la liaison du père et du fils.

C'est aussi pour cela qu'il n'y a que les enfans qui représentent, et que cela ne s'est jamais permis en quelque cas que ce soit aux collatéraux. Ce droit ne vient point d'une qualité civile d'héritier ; mais il a son fondement dans la nature, qui fait une subrogation perpétuelle des enfans au père, et rend un père mort en la personne d'un fils qui lui survit. Et c'est une des différences qu'il y a entre la transmission et la représentation, en ce que nous ne pouvons

transmettre

transmettre qu'à celui qui nous succède ; mais un père peut être représenté par son fils , soit que ce fils lui succède ou non.

On ne peut pas , comme nous avons dit ci-dessus , représenter une personne vivante ; il faut que celui que l'on veut représenter , soit mort d'une mort naturelle, ou d'une mort civile. D'où il s'ensuit , que quand un fils est vivant , et qu'il renonce à la succession de son père, ses enfans n'y peuvent pas être admis en sa place par la voie de la représentation , tant qu'il y a des enfans ou des petits-enfans qui viennent par représentation. Mais lorsque il n'y a point de petits-enfans d'un fils prédécédé , et que tous les enfans du prédécédé ont renoncé , alors les petits-enfans du fils qui a renoncé succèdent de leur chef à leur aïeul , et non pas par représentation.

Voy. ce qu'a dit Ferrière sur l'*article* 319 de la Coutume de Paris, et dans sa Traduction des Institutes , sur le premier *titre du troisième livre. Voy.* aussi ce qui est dit ci-apres, *au mot* Transmission.

La représentation n'a jamais lieu en ligne directe ascendante , c'est-à-dire , qu'elle n'est point admise entre les ascendans , lorsqu'ils succèdent à leurs descendans ; on a seulement égard entr'eux à la proximité du degré de parenté ; ainsi le plus proche en degré exclut toujours le plus éloigné : c'est pourquoi si quelqu'un décède sans enfans , et qu'il laisse son père ou sa mère, et son aïeul ou aïeule du côté du prédécédé de ses père et mère , l'aïeul ou l'aïeule ne concourt point avec le père et la mère du défunt. *Si plurimi ascendentium vivunt, hos præponi jubemus , qui proximi gradu reperiuntur, masculos et fœminas, sive paterni sint , sive materni sint. Novella* 118 , *capite* 2.

Mais on demande si en pays coutumier , lorsque plusieurs aïeuls concourent et sont admis à la succession de leurs petits-enfans, ils succèdent par têtes ou par souches?

Il faut dire qu'ils succèdent par têtes , et non

Tome III.

par souches , parce que la représentation n'a point lieu en ligne directe ascendante : les aïeuls et aïeules ne succèdent qu'au défaut des pères et mères , et par conséquent également et par têtes ; car suivant l'esprit du droit , on ne succède par souches , soit en ligne directe ou collatérale , que quand on succède par représentation. Loysel en a fait une règle dans ses Institutes coutumières , au titre des successions. Dumoulin dans son apostille sur l'*art.* 241 de la Coutume du Maine, décide que la représentation n'a jamais lieu en ligne directe ascendante ; qu'ainsi on n'y peut succéder par souches.

Le *chapitre second* de la Novelle 118 est donc contraire et à l'esprit de l'ancien droit romain, et à l'esprit du droit coutumier, lorsqu'il a ordonné le partage par souches entre les ascendans. Mais cette décision n'est pas suivie dans le pays coutumier.

Touchant la représentation , *Voy.* ce qui en est dit dans le Recueil alphabétique de Bretonier , *au mot* Représentation , et *au mot* Succession.

Droit intermédiaire.

La représentation aura lieu à l'infini en ligne directe descendante dans toutes les coutumes ; savoir : dans celles qui la rejettent indéfiniment , à compter du jour de la publication du présent décret ; et dans toutes celles qui la rejettent seulement pour les personnes et les biens ci-devant nobles , à compter du jour de la publication du décret du 15 mars 1790. *Art.* 2. loi du 8 — 13 avril 1791.

La loi du 17 nivose an 2 admit aussi la représentation en *ligne directe descendante. Art.* 64 , 65 , 66 , 67 , et 68.

La représentation a lieu jusqu'à l'infini en ligne collatérale. Ceux qui descendent des ascendans les plus proches du défunt, excluent ceux qui descendent des ascendans plus éloignés de la même ligne. *Art.* 77.

31

Ainsi les descendans du père excluent tous les descendans des aïeul et aïeule paternels ; les descendans de la mère excluent tous les autres descendans des aïeul et aïeule maternels. *Art.* 78.

A défaut des descendans du père, les descendans des aïeul et aïeule paternels excluent tous les autres descendans des bisaïeul et bisaïeule de la même ligne. *Art.* 79.

A défaut des descendans de la mère, les descendans des aïeul et aïeule maternels excluent tous les autres descendans des bisaïeul et bisaïeule de la même ligne. *Art.* 80.

La même exclusion a lieu en faveur des descendans des bisaïeuls et bisaïeules, ou ascendans supérieurs, contre ceux des ascendans d'un degré plus éloigné dans la même ligne. *Art.* 81.

Par l'effet de la représentation, les représentans entrent dans la place, dans le degré et dans tous les droits du représenté. La succession se divise en autant de parties qu'il y a de branches appelées à la recueillir, et la subdivision se fait de la même manière entre ceux qui en font partie. *Art.* 82.

Si donc les héritiers du défunt descendent les uns de son père, les autres de sa mère, une moitié de la succession sera attribuée aux héritiers paternels, et l'autre moitié aux héritiers maternels. *Art.* 83.

Si le défunt n'a pas laissé d'héritiers descendans de son père, la portion paternelle sera attribuée, pour une moitié, aux descendans de l'aïeul paternel : et pour une autre, aux descendans de l'aïeule maternelle. *Art.* 84.

Si le défunt n'a pas laissé d'héritiers descendans de sa mère, la portion maternelle sera pareillement partagée entre les descendans de l'aïeul paternel, et ceux de l'aïeule maternelle. *Art.* 85.

Il en sera de même, si le défunt n'a pas laissé d'aïeul ou d'aïeule, soit dans l'une, soit dans l'autre branche ; les descendans du bisaïeul et ceux de la bisaïeule prendront chacun une moitié dans la portion qui aurait appartenu à l'aïeul ou à l'aïeule. *Art.* 86.

Il en sera de même encore pour les descendans des degrés supérieurs, lorsque le bisaïeul, ou la bisaïeule n'auront pas laissé des descendans. *Art.* 87.

Ces règles de représentation seront suivies dans la subdivision de chaque branche : on partagera d'abord la portion qui est attribuée à chacune, en autant de parties égales que le chef de cette branche aura laissé d'enfans, pour attribuer chacune de ces parties à tous les héritiers qui descendent de l'un de ces enfans, sauf à la subdiviser encore entr'eux dans les degrés ultérieurs, proportionnellement aux droits de ceux qu'ils représentent. *Art.* 88.

Droit nouveau.

La représentation est une fiction de la loi, dont l'effet est de faire entrer les représentans dans la place, dans le degré et dans les droits du représenté. *Art.* 739.

La représentation a lieu à l'infini dans la ligne directe descendante. Elle est admise dans tous les cas, soit que les enfans du défunt concourent avec les descendans d'un enfant prédécédé, soit que, tous les enfans du défunt étant morts avant lui, les descendans desdits enfans se trouvent entr'eux en degrés égaux ou inégaux. *Art.* 740.

La représentation n'a pas lieu en faveur des ascendans ; le plus proche, dans chacune des deux lignes, exclut toujours la plus éloignée. *Art.* 741.

En ligne collatérale, la représentation est admise en faveur des enfans et descendans de frères ou sœurs du défunt, soit qu'ils viennent à sa succession concurremment avec des oncles ou tantes, soit que tous les frères et sœurs du défunt étant prédécédés la succession se trouve dévolue à leurs descendans en degrés égaux ou inégaux. *Art.* 742.

Dans tous les cas où la représentation est admise, le partage s'opère par souche : si une même souche a produit plusieurs branches, la subdivision se fait aussi par souche dans chaque branche, et les membres de la même branche partagent entr'eux par tête. *Art.* 743.

On ne représente pas les personnes vivantes, mais seulement celles qui sont mortes naturellement ou civilement. — On peut représenter celui à la succession duquel on a renoncé. *Article* 744.

On ne vient jamais par représentation d'un héritier qui a renoncé : si le renonçant est seul héritier de son degré, ou si tous ses co-héritiers renoncent, les enfans viennent de leur chef et succèdent par tête. *Art.* 787.

En matière de rapport, le fils qui ne vient à une succession que par représentation de son père, doit rapporter tout ce qui a été donné à son père, même dans le cas où il aurait répudié sa succession. *Art.* 848. *Voy.* Rapport. *Voy.* Succession.

REPRISES DE LA FEMME, *qui renonce à la communauté.*

Droit ancien.

Ces reprises sont tout ce qu'elle a droit de reprendre sur les biens communs, ou sur les biens de son mari, après le décès d'icelui, soit par la disposition du droit, comme ses deniers dotaux qu'elle s'est stipulés propres, ou ce qui lui est avenu pendant le mariage par succession, ou ce qu'elle reprend par convention ou stipulation portée par le contrat de mariage; ce qu'on appelle conventions matrimoniales.

La stipulation de reprise est une clause apposée dans un contrat de mariage, par laquelle il est porté que la femme, au cas qu'elle renonce à la communauté, reprendra franchement et quittement tout ce qu'elle aura mis dans ladite communauté. On y ajoute aussi ordinairement, 1.º tout ce qui échoira à la femme pendant le mariage par succession, donation, legs ou autrement; 2.º le préciput et les avantages faits par le mari.

Cette stipulation est nécessaire, non pas pour que la femme puisse renoncer à la communauté, puisque cette faculté lui appartient de droit ; mais pour qu'elle puisse, en renonçant à la communauté, reprendre franchement et quittement ce qui serait tombé de ses propres biens dans ladite communauté, et ce qui y aurait été confondu dans ladite stipulation.

Si elle était omise dans le contrat de mariage, la femme en renonçant à la communauté, perdroit tout ce qu'elle y aurait mis, et ne pourrait reprendre et demander que ce qui lui aurait été stipulé propre, et les immeubles qui lui seraient avenus et donnés en ligne directe, ou échus par succession, tant en ligne directe que collatérale. La raison est, que le mari est le maître de la communauté, et par conséquent de tout ce qui y entre; et la femme en y renonçant, n'y ayant plus part, n'en peut rien prétendre, et perd par conséquent tout ce qu'elle y a mis.

Mais quand par une sage prévoyance la femme a stipulé, qu'en renonçant à la communauté lors de la dissolution d'icelle, elle a fait dans son contrat de mariage une stipulation de reprise franche et quitte de toutes dettes, elle peut en ce cas renoncer à la communauté, et néanmoins reprendre franchement et quittement tout ce qu'elle a apporté en dot, et tout ce qui lui est échu par succession ou autrement, suivant la convention énoncée dans le contrat de mariage.

Cette clause de reprise n'est jamais sous-entendue, et ne se supplée point, parce qu'elle n'est pas accordée à la femme par le droit coutumier : ainsi la faculté que donne cette clause, étant extraordinaire et contre le droit commun, elle ne se peut exercer qu'en vertu d'une stipulation expresse apposée au contrat de mariage.

De ce principe il s'ensuit, que la faculté de renoncer à la communauté exprimée dans le contrat de mariage, n'emporte point la faculté de reprise.

31*

Il n'en est pas de même de la clause de reprise apposée en faveur de la future épouse; elle emporte toujours la faculté de renoncer, quoique non exprimée dans le contrat de mariage; parce que la clause de reprise est une conséquence du pouvoir de renoncer à la communauté: pouvoir d'ailleurs que la femme tient de la disposition de la coutume.

La clause de reprise étant contre le droit commun, est restreinte aux termes dans lesquels elle est conçue; ainsi elle ne peut rien opérer au-delà de ce qu'elle contient expressément. C'est un droit étroit, une faculté extraordinaire qui s'interprète et s'exécute à la lettre, suivant la propre signification des termes dans lesquels cette clause est conçue, et avec limitation aux choses et aux personnes qui sont expressément dénommées dans la stipulation: c'est pourquoi cette clause ne s'étend point d'un cas à un autre, d'une personne à une autre, ni d'une chose à une autre.

La clause de reprise ne s'étend pas d'un cas à un autre; elle n'est point transmissible hors le cas de la stipulation: c'est pourquoi si la reprise n'a été stipulée qu'en cas de dissolution de mariage, elle ne peut être étendue au cas où la communauté serait rompue, autrement que par la mort naturelle du mari.

On la doit donc stipuler, non pas simplement au cas de dissolution du mariage, mais en général, *au cas de dissolution de communauté;* afin que si la communauté est rompue par la mort civile du mari, ou par la séparation de biens accordée en justice à la femme, ou par quelqu'autre manière que ce soit, la femme puisse exercer la reprise.

En vertu d'une telle clause, *au cas de dissolution de communauté,* la femme ayant exercé la reprise en conséquence de la dissolution de communauté pour cause de séparation, et venant ensuite à décéder avant son mari, le mari survivant n'est pas en droit de redemander cette reprise aux héritiers de la femme, comme il a été jugé par arrêt du 30 décembre 1718, rendu sur les conclusions de M. Gilbert de Voisins, lors avocat général.

La raison est, que la reprise que fait la femme dans le temps de la séparation de biens, n'est pas seulement provisoire, mais définitive, et que sans que la femme survive, elle acquiert irrévocablement pour elle et ses héritiers, par la séparation, ce qu'elle aurait droit de reprendre, si elle survivait à son mari, quand il est dit que la clause aura lieu, *arrivant la dissolution de la communauté.*

La clause de reprise étant un droit extraordinaire, et par conséquent personnel, ne s'étend pas d'une personne à une autre: c'est pourquoi quand la reprise n'est accordée qu'à la femme, elle ne peut être exercée par ses héritiers; c'est une faculté personnelle qui s'éteint avec la personne. Ainsi cette clause étant conditionnelle, c'est-à-dire, n'étant accordée à la femme qu'en cas qu'elle survive à son mari, si elle meurt la première, la faculté de reprise qui lui était personnelle, devient caduque; et la condition de survie n'étant pas arrivée, la faculté de reprise stipulée en faveur de la femme, est éteinte par sa mort.

La faculté de renoncer est toujours accordée aux héritiers de la femme, tant en ligne directe que collatérale; parce qu'autrement la communauté introduite en faveur de la femme, serait préjudiciable à ses héritiers. Mais la stipulation de reprise ne sert point à ses héritiers, à moins qu'ils n'y soient compris; parce qu'étant extraordinaire et contre le droit commun, elle n'est point extensive, et par conséquent ne peut servir qu'à ceux en faveur desquels elle est expressément faite. Ainsi jugé par arrêt en 1797, rapporté dans le Journal des Audiences, *tom.* 5, *liv.* 13, *chap.* 7.

Par cette raison, quand la clause de reprise est faite au profit de la femme et des siens, elle ne peut être exercée que par elle ou par ses enfans.

Pour qu'elle puisse être exercée par d'autres

héritiers de la femme, il faut que la clause de reprise soit faite, *tant pour la future épouse que pour les siens et ses héritiers collatéraux*. Mais il n'est pas ordinaire qu'on accorde la faculté de reprise à d'autres qu'à la femme et aux siens, ou à leur défaut, à ses père et mère.

Quand la faculté de reprise n'est précisément accordée qu'à la femme, elle ne peut être exercée par ses héritiers ni par ses créanciers, lorsque la femme meurt avant son mari.

Mais cette faculté est transmissible aux héritiers ou aux créanciers de la femme, lorsqu'elle a survécu à son mari, et qu'elle vient ensuite à décéder sans avoir renoncé à la communauté, et sans avoir demandé ses reprises franches et quittes, conformément à son contrat de mariage; comme il a été jugé par arrêt du 2 juillet.1716.

Le droit de reprendre ayant, par le décès du mari, été acquis à la femme survivante, ce droit faisant partie de sa succession, peut être exercé de son chef par ses héritiers ou ayant - causes, comme le représentant lorsqu'elle est décédée sans s'être expliquée à cet égard, d'autant que son silence n'est pas suffisant pour faire perdre à ceux qui la représentent, un droit qui lui était acquis avant son décès.

Renusson en son Traité des Propres, *chap.* 4, *sect.* 9, rapporte un arrêt du parlement de Rouen, du 19 août 1676, qui dans la même espèce a jugé le contraire; mais j'ignore sur quel fondement, et je crois que la décision de l'autre arrêt est incontestable, suivant la raison que nous en venons de rendre.

La faculté de reprise étant un droit extraordinaire et contre le droit commun, elle ne souffre point d'extension d'une chose à une autre, et n'est admise que pour les choses qui sont nommément comprises dans la stipulation : c'est pourquoi si la stipulation qui est faite à ce sujet, porte seulement que la future épouse renonçant à la communauté, reprendra tout ce qu'elle y aura apporté, cette clause ne sera pas suffisante pour lui donner droit de reprendre ce qui lui serait échu par legs, donation ou autre-

ment, parce que cette clause ne peut être entendue précisément que des choses qui sont effectivement entrées dans la communauté au moment qu'elle a été contractée, comme il a été jugé par arrêt du 16 juillet 1677, rapporté dans le Journal des Audiences, et par un autre arrêt du 18 juin 1687, rapporté dans le Journal du Palais.

Ainsi, pour que la clause soit complète à cet égard, il faut qu'elle comprenne, non-seulement tout ce que la femme aura apporté à la communauté, mais aussi tout ce qui lui sera échu pendant le mariage, à quelque titre que ce soit.

L'hypothèque de la femme pour ses reprises est du jour du contrat de mariage, attendu que la clause de reprise fait partie du contrat.

La clause de reprise n'empêche pas le don mutuel; ainsi, quoiqu'il y ait clause de reprise pour la femme, les siens et ayant-cause, après son décès, ses père et mère renonçant à la communauté, les choses mobilisées de la femme prédécédée ne laissent pas d'être sujettes au don mutuel. Ainsi jugé en la grand'chambre, le 8 juin 1694, rapporté dans le Journal des Audiences, *tom.* 5, *liv.* 10 *chap.* 11.

Touchant la faculté de reprise, *voy.* Ferrière sur *l'art.* 237 de la coutume de Paris, §. 2, et dans la Science parfaite des Notaires, *livre* 4, *chap.* 15 *et* 16.

Droit nouveau.

La femme renonçante a le droit de reprendre, 1.° les immeubles à elle appartenant, lorsqu'ils existent en nature, ou l'immeuble qui a été acquis en remploi; 2.° le prix des immeubles aliénés, dont le remploi n'a pas été fait et accepté comme il est dit ci-dessus; 3.° toutes les indemnités qui peuvent lui être dues par la communauté. *Art.* 1493.

Elle peut exercer toutes les actions et reprises ci-dessus détaillées, tant sur les biens de la communauté que sur les biens personnels du mari. — Ses héritiers le peuvent de même,

sauf en ce qui concerne le prélèvement des linge
et hardes, ainsi que le logement et la nourriture pendant le délai donné pour faire inventaire et délibérer; lesquels droits sont purement
personnels à la femme survivante. *Art.* 1495.

La femme peut stipuler qu'en cas de renonciation à la communauté, elle reprendra tout
ou partie de ce qu'elle y aura apporté, soit
lors du mariage, soit depuis : mais cette stipulation ne peut s'étendre au-delà des choses
formellement exprimées, ni au profit de personnes autres que celles désignées. — Ainsi la
faculté de reprendre le mobilier que la femme
a apporté lors du mariage, ne s'étend point à
celui qui serait échu pendant le mariage. —
Ainsi la faculté accordée à la femme ne s'étend
point aux enfans ; celle accordée à la femme et
aux enfans ne s'étend point aux héritiers ascendans ou collatéraux. — Dans tous les cas, les
apports ne peuvent être repris que déduction
faite des dettes personnelles à la femme, et que
la communauté aurait acquittées. *Art.* 1514.

En général les reprises de la femme s'exercent avant celle du mari. *Art.* 1471.

La femme et ses héritiers, en cas d'insuffisance de la communauté, exercent leurs reprises
sur les biens personnels du mari. *Art.* 1472.

RÉPUDIATION. *Voy.* Divorce.

RÉPUDIATION de Succession. *Voy.*
Renonciation.

RESCINDER , casser, annuler, anéantir
un acte ou contrat pour une juste cause.

RESCISION , action de casser, annuler
anéantir un acte ou contrat.

Droit ancien.

Les voies de nullité n'ont point lieu en
France, c'est-à-dire, que celles qui sont prononcées par le droit romain, ne sont point admises dans ce royaume, et qu'il faut nécessairement en ce cas se pourvoir par lettres du
prince contre les actes, qui sont déclarés nuls
par le droit romain, afin de les faire casser et
annuler. Il n'en est pas de même des contrats
usuraires, des actes simoniaques, et des actes
faits contre la disposition des ordonnances
royaux , ou des coutumes écrites et reçues. *V.*
Nullités.

Celui qui obtient des lettres de rescision pour
être relevé d'un contrat, confesse que l'autre
est possesseur de la chose en question, lequel
par conséquent doit en jouir pendant le procès,
en donnant caution. *Voy.* Charondas, *liv.* 3,
rép. 81, et la Bibliothèque de Bouchel, *au mot*
Rescision.

Le mineur qui a obtenu l'entérinement de
ses lettres de rescision, peut y renoncer. Un
abbé ayant obtenu des lettres de rescision contre
une aliénation de biens appartenans à son ab-
baye, et ayant fait entériner lesdites lettres,
voyant qu'il ne pouvait payer les réparations ,
présenta requête à l'effet de ne s'en point servir, mais de demeurer en l'état où il était auparavant ; il fut jugé par arrêt rendu en 1568,
qu'il était bien fondé. Bouchel en sa Bibliothèque , *au mot* Restitution.

Ces lettres doivent être obtenues dans les dix
ans, et signifiées dans ce temps ; autrement elles
sont inutiles. Graverol sur la Rocheflavin, *liv.*
6 , *tit.* 11. *Voy.* ci-après Restitution.

Droit intermédiaire.

La nullité des contrats n'est pas de plein droit
en France, et les parties doivent toujours la faire
prononcer ; ainsi qu'il était observé avant ce
droit ; à la différence qu'il n'est plus nécessaire
d'obtenir des lettres de rescision , et que les
demandes en rescision doivent être portées devant les juges ordinaires après l'épreuve de la
conciliation.

Une loi du 4 janvier 1793 porte que l'estimation des fonds sujets à rescision, doit être
faite d'après leur valeur au moment de la vente.

Le 28 germinal an 3 , les assignats étant en
pleine circulation, un législateur prévoyant que
le discrédit successif des assignats causerait

beaucoup de demandes en rescision des contrats pour lésion, proposa de *supprimer* l'action en rescision. Cette proposition fut renvoyée à un comité.

Le 10 messidor suivant la convention chargea son comité de lui faire un rapport sur l'action en rescision des ventes d'immeubles pour cause de lésion.

Le 14 fructidor an 3, il fut décrété que l'action en rescision des contrats de vente ou équipollens à vente entre majeurs pour *lésion d'outre moitié* était abolie, à l'égard des ventes qui seraient faites à compter de la publication de cette loi. *Voy.* cette loi en entier *tome 2.* de ce *Dictionnaire page* 498.

Les lois du 19 floréal an 6 et 2 prairial an 7, contiennent des dispositions sur la rescision des contrats de vente ou équipollens, antérieurs au 14 fructidor an 3, ou qui pourraient avoir été faits depuis pendant la durée du papier-monnaie. *Voy. le mot* Lésion où ces lois sont rapportées en entier *page* 499, *tome 2 de ce Dictionnaire.*

Droit nouveau.

L'action en rescision des actes et contrats se porte devant les juges ordinaires, et la nullité n'a jamais lieu de plein droit, il faut qu'elle soit prononcée.

Voy. pour la rescision en matière de partage, *le mot* Partage. — En matière de vente, *le mot* Lésion, *pag.* 564, *tom. 2* de ce Dictionnaire. — En matière de mariage, *les mots* Nullité et Mariage.

De la Rescision en matière de Contrats ou Obligations.

La convention contractée par *erreur, violence* ou *dol*, n'est point nulle de plein droit ; elle donne seulement lieu à une action en nullité ou en rescision, dans les cas et de la manière expliqués *sect.* 7, *chap.* 5 du présent titre. *Art.* 1117.

Chap. 5. *Sect.* 7. Dans tous les cas où l'action en nullité ou en rescision d'une convention n'est pas limitée à un moindre temps par une loi particulière, cette action dure dix ans. — Ce temps ne court, dans le cas de violence, que du jour où elle a cessé ; dans le cas d'erreur ou de dol, du jour où ils ont été découverts ; et pour les actes passés par les femmes mariées non autorisées du jour de la dissolution du mariage. — Le temps ne court, à l'égard des actes faits par les interdits, que du jour où l'interdiction est levée ; et à l'égard de ceux faits par les mineurs, que du jour de la majorité. *Art.* 1304.

Voy. ci-après Restitution.

L'acte de confirmation ou ratification d'une obligation contre laquelle la loi admet l'action en nullité ou en rescision, n'est valable que lorsqu'on y trouve la substance de cette obligation ; la mention du motif de l'action en rescision, et l'intention de réparer le vice sur lequel cette action est fondée. — A défaut d'acte de confirmation ou ratification, il suffit que l'obligation soit exécutée volontairement après l'époque à laquelle l'obligation pouvait être valablement confirmée ou ratifiée. — La confirmation, ratification ou exécution volontaire, dans les formes et à l'époque déterminées par la loi, emporte la renonciation aux moyens et exceptions que l'on pouvait opposer contre cet acte, sans préjudice néanmoins du droit des tiers. *Art.* 1338.

De la Rescision des Transactions.

Les transactions ont, entre les parties, l'autorité de la chose jugée en dernier ressort. — Elles ne peuvent être attaquées pour cause d'erreur de droit, ni pour cause de lésion. *Article* 2052.

Néanmoins une transaction peut être rescindée lorsqu'il y a erreur dans la personne ou sur l'objet de la contestation. — Elle peut l'être dans tous les cas où il y a dol ou violence. *Article* 2053.

Il y a également lieu à l'action en rescision contre une transaction, lorsqu'elle a été faite en exécution d'un titre nul, à moins que les parties n'aient expressément traité sur la nullité. *Art.* 2054.

La transaction faite sur pièces qui depuis ont été reconnues fausses, est entièrement nulle. *Art.* 2055.

La transaction sur un procès terminé par un jugement passé en force de chose jugée, dont les parties ou l'une d'elles n'avaient point connaissance, est nulle.—Si le jugement ignoré des parties était susceptible d'appel, la transaction sera valable. *Art.* 2056.

Lorsque les parties ont transigé généralement sur toutes les affaires qu'elles pouvaient avoir ensemble, les titres qui leur étaient alors inconnus, et qui auraient été postérieurement découverts, ne sont point une cause de rescision, à moins qu'ils n'aient été retenus par le fait de l'une des parties; — mais la transaction serait nulle si elle n'avait qu'un objet sur lequel il serait constaté, par des titres nouvellement découverts que l'une des parties n'avait aucun droit. *Art.* 2057.

L'erreur de calcul dans une transaction doit être réparée. *Art.* 2058.

Voy. Transactions.

Ceux qui n'ont sur l'immeuble qu'un *droit* suspendu par une condition, ou résoluble dans certains cas ou *sujet à rescision*, ne peuvent consentir qu'une hypothèque soumise aux mêmes conditions ou à la même *rescision*. *Art.* 2125.

En matière *d'échange*, la *rescision* n'a pas lieu pour cause de lésion. *Art.* 1706. *Voy.* Lésion.

RÉSERVES COUTUMIÈRES, sont les parts et portions que les coutumes assurent à nos héritiers *ab intestat*, dans nos propres ou dans nos autres biens. Cette réserve est une espèce de légitime qui a été établie en faveur de tous les héritiers *ab intestat*, soit en ligne directe, soit en ligne collatérale.

Voy. ci-dessus Quatre-quints, *Voy.* aussi le Brun en son Traité des Successions, *livre* 2, *chapitre* 4.

Droit nouveau.

La réserve est ce dont la loi défend de disposer au préjudice des héritiers *ab intestat*, autrement, ce qui, avec la quotité disponible, absorbe la totalité de la succession. Ainsi lorsque la loi dispose que celui qui a deux enfans, ne peut disposer que du tiers de ses biens, ce tiers se nomme la quotité disponible, et les deux autres tiers, la réserve.

En général, la réduction des donations entre-vifs qui excède la quotité disponible, ne peut être demandée que par ceux au profit desquels la loi fait la *réserve*, par leurs héritiers ou ayant-causes; les donataires, les légataires ni les créanciers du défunt, ne peuvent demander cette réduction ni en profiter. *Art.* 921.

Les frais de la demande en délivrance des legs sont à la charge de la succession, sans néanmoins qu'il puisse en résulter de réduction de la *réserve légale*. *Art.* 1016; c'est-à-dire, que ces frais doivent être prélevés sur la libéralité.

RÉSERVE, pris dans une autre acception, signifie retenue.

Voy. aux mots Solidarité et Obligations solidaires, l'effet des paiemens que reçoit le créancier sans faire *réserve* de la solidarité.

Le donateur peut faire *réserve* à son profit, ou disposer au profit d'un autre, de la jouissance ou de l'usufruit des biens-meubles ou immeubles donnés. *Art.* 949.

Le créancier qui a déchargé le débiteur par qui a été faite la délégation, n'a point de recours contre ce débiteur si le délégué devient insolvable, à moins que l'acte n'en contienne une réserve expresse, ou que le délégué ne fût déjà en faillite ouverte, ou tombé en déconfiture au moment de la délégation. *Art.* 1276.

La

La remise ou décharge conventionnelle au profit de l'un des co-débiteurs solidaires libère tous les autres, à moins que le créancier n'ait expressément *réservé* ses droits contre ces derniers. — Dans ce dernier cas, il ne peut plus répéter la dette que déduction faite de la part de celui auquel il a fait la remise. *Art.* 1285.

RÉSILIATION, est un acte par lequel les parties qui avaient précédemment passé un contrat, s'en départent réciproquement et consentent que ce contrat ne soit point exécuté. Les jurisconsultes appellent un tel acte *distractus*, comme étant opposé à *contractus*. Il y a des cas où l'acquéreur a le droit de demander la résiliation du contrat de vente. *V.* Acquéreur et Vente. *V. aussi le mot.* Bail.

RÉSOLUTION D'UN CONTRAT DE LOUAGE avant que le temps porté par icelui soit expiré.

Droit ancien.

La règle est que le bailleur ne peut empêcher le preneur de jouir de la chose qu'il a prise à bail, qu'après que le temps du bail est expiré.

Il y a néanmoins cinq cas où un contrat de louage peut être résolu avant que le temps convenu soit expiré.

Le premier est, lorsque le locataire ou le fermier ont été deux ans sans payer le loyer, ou sans exécuter d'autres conventions portées par le bail.

Le deuxième est, si le locataire ou le fermier malverse dans sa maison; comme s'il y tient un commerce infame, s'il abuse de son bail pour détruire ou dégrader les lieux.

Les deux premiers cas sont communs aux fermiers et aux locataires des maisons, et dans l'un et l'autre cas il n'y a pas lieu aux dommages et intérêts du preneur, ni à aucune remise de loyers échus, parce que le bail n'est résolu que par sa propre faute.

Le troisième cas est, si le locataire d'une

Tome III.

maison ne la garnit pas de meubles exploitables pour sûreté de son louage; auquel cas le propriétaire l'en peut faire sortir.

Le quatrième cas est, si le propriétaire d'une maison qui menace ruine, la veut faire rebâtir. Cette réparation étant absolument nécessaire, le propriétaire de la maison ne doit au locataire, pour tous dommages et intérêts, que la remise des loyers pour le temps que le locataire ne peut pas y habiter.

Mais s'il n'y avait point de nécessité pressante, et que le propriétaire ne fît rebâtir sa maison que pour la rendre plus agréable et plus commode, il serait tenu des dommages et intérêts du locataire, outre la remise des loyers pour le temps de sa non-jouissance.

Le cinquième cas est, quand le propriétaire veut venir loger lui-même dans sa maison avant le bail; auquel cas on doit donner un temps raisonnable au locataire pour chercher une autre maison; comme trois mois ou six mois, suivant la qualité des maisons et des locataires.

Dans ces cas on adjuge ordinairement au locataire des dommages et intérêts, qui sont liquidés à une demi-année, ou à trois mois de remise des loyers, suivant les circonstances et la qualité des personnes.

On a agité autrefois cette question; savoir: Si l'apparition des corps morts qui aurait lieu dans un héritage donné à bail pourrait le faire résoudre? Mais je crois que cette question ne serait pas écoutée; et il me paraît que c'est aussi le sentiment de Papon, *liv.* 10, *tit.* 5, *nomb.* 9.

Voy. la Science parfaite des Notaires, *liv.* 6, *chap.* 3; le Prêtre, *cent.* 2, *chap.* 54; et Brodeau, sur Louet, *lett.* L, *somm.* 4.

Droit nouveau.

Le contrat de louage se résout par la perte de la chose louée, et par le défaut respectif du bailleur et du preneur de remplir leurs engagemens. *Art.* 1741.

Ce contrat n'est pas résolu par la mort du bailleur, ni par celle du preneur. *Art.* 1742.

En cas de vente de la chose louée, l'acquéreur ne peut expulser le fermier ou le locataire qui a un bail authentique, ou dont la date est certaine, à moins qu'il ne se soit réservé ce droit par le contrat de bail. *Art.* 1743.

S'il a été convenu, lors du bail, qu'en cas de vente l'acquéreur pourrait expulser le fermier ou locataire, et qu'il n'ait été fait aucune stipulation sur les dommages et intérêts, le bailleur est tenu d'indemniser le fermier ou le locataire de la manière suivante. *Art.* 1744.

S'il s'agit d'une maison, appartement ou boutique, le bailleur paye, à titre de dommages et intérêts, au locataire évincé une somme égale au prix du loyer pendant le temps qui, suivant l'usage des lieux, est accordé entre le congé et la sortie. *Art.* 1745.

S'il s'agit de biens ruraux, l'indemnité que le bailleur doit payer au fermier est du tiers du prix du bail pour tout le temps qui reste à courir. *Art.* 1746.

L'indemnité se réglera par experts s'il s'agit de manufactures, usines ou autres établissemens qui exigent de grandes avances. *Article* 1747.

L'acquéreur qui veut user de la faculté réservée par le bail d'expulser le fermier ou locataire, en cas de vente, est, en outre, tenu d'avertir le locataire au temps d'avance usité dans le lieu pour les congés. — Il doit aussi avertir le fermier de biens ruraux au moins un an à l'avance. *Art.* 1748.

Les fermiers ou les locataires ne peuvent être expulsés qu'ils ne soient payés par le bailleur, ou, à son défaut, par le nouvel acquéreur, des dommages et intérêts ci-dessus expliqués. *Art.* 1749.

Si le bail n'est pas fait par acte authentique, ou n'a point de date certaine, l'acquéreur n'est tenu d'aucuns dommages et intérêts. *Art.* 1750.

L'acquéreur à pacte de rachat ne peut user

de la faculté d'expulser le preneur jusqu'à ce que, par l'expiration du délai fixé pour le réméré, il devienne propriétaire incommutable. *Art.* 1751.

Tout ce que nous venons de dire concerne également les baux à ferme et les baux à loyer.

Voy. aussi Réparation.

Voici quelques règles qui ne s'appliquent qu'aux loyers des maisons.

Le locataire qui ne garnit pas la maison de meubles suffisans peut être expulsé, à moins qu'il ne donne des sûretés capables de répondre du loyer. *Art.* 1752.

Le bailleur ne peut résoudre la location, encore qu'il déclare vouloir occuper par lui-même la maison louée, s'il n'y a eu convention contraire. *Art.* 1761.

S'il a été convenu dans le contrat de louage que le bailleur pourrait venir occuper la maison, il est tenu de signifier d'avance un congé aux époques déterminées par l'usage des lieux. *Art.* 1762.

RÉSOUDRE, signifie casser, annuler ou détruire un acte par un acte contraire.

RESPECTIF, signifie réciproque de part et d'autre. Ainsi on dit qu'un jugement est contradictoire, quand il est rendu sur les demandes et défenses respectives. On dit aussi dans ce même sens, que les transactions se font sur les prétentions respectives des parties.

RESPECTIVEMENT, signifie d'une manière respective de part et d'autre.

RÉPONDANT, est celui qui cautionne un domestique, et qui répond de lui; de sorte qu'il s'oblige de réparer le tort qu'il pourra faire à celui envers qui il a répondu.

RÉPONDRE, signifie cautionner quelqu'un et se charger d'une dette à laquelle il est obligé. Aussi le mot de répondre a été dit en latin en cette signification, comme qui dirait *pro alio spondere*. C'est dans ce sens qu'on dit que les cautions et les certificateurs répondent de celui pour qui ils s'obligent, ou de ce dont il pourrait être tenu dans la suite.

RÉPONDRE, signifie aussi se charger de quelqu'un. Un exempt à qui on a donné un prisonnier en garde, est tenu de le représenter, parce qu'il en a répondu.

RESPONSABLE, qui doit répondre et être garant du fait de quelqu'un.

Actes de l'état civil.

Les dépositaires des registres des actes de l'état civil sont civilement responsables des altérations qui peuvent survenir sur leurs registres, sauf leur recours contre les auteurs desdites altérations. *Art.* 51.

Toute altération, tout faux dans les actes de l'état civil, toute inscription de ces actes faite sur une feuille volante, et autrement que sur les registres à ce destinés, donneront lieu aux dommages-intérêts des parties, sans préjudice des peines portées au Code pénal. *Art.* 52. *V.* Actes de l'état civil.

Tutelle.

Si la mère tutrice veut se remarier, elle devra, avant l'acte de mariage, convoquer le conseil de famille qui décidera si la tutelle doit lui être conservée. — A défaut de cette convocation, elle perdra la tutelle de plein droit, et son nouveau mari sera solidairement *responsable* de toutes les suites de la tutelle qu'elle aura indûment conservée. *Art.* 395.

Lorsque le conseil de famille, dûment convoqué, conservera la tutelle à la mère, il lui donnera nécessairement pour co-tuteur le second mari, qui deviendra solidairement *responsable*, avec sa femme, de la gestion postérieure au mariage. *Art.* 396.

Le tuteur est *responsable* de tous les dommages et intérêts qui peuvent résulter d'une mauvaise gestion. *Art.* 450.

Quand le mineur, domicilié en France, possédera des biens dans les colonies, ou réciproquement, l'administration spéciale de ces biens

sera donnée à un protuteur. — En ce cas, le tuteur et le protuteur seront indépendans, et *non responsables* l'un envers l'autre pour leur gestion respective. *Art.* 417.

La tutelle est une charge personnelle qui ne passe point aux héritiers du tuteur. Ceux-ci seront seulement *responsables* de la gestion de leur auteur; et s'ils sont majeurs, ils seront tenus de la continuer jusqu'à la nomination d'un nouveau tuteur. *Art.* 419.

Le tuteur nommé pour l'exécution d'une disposition testamentaire, à charge de restitution, sera personnellement *responsable*, s'il ne s'est pas en tout point conformé aux règles établies pour constater les biens, pour la vente du mobilier, pour l'emploi des deniers, pour la transcription et l'inscription, et, en général, s'il n'a pas fait toutes les diligences nécessaires pour que la charge de restitution soit bien et fidèlement acquittée. *Art.* 1073.

Les subrogés tuteurs sont tenus sous leur responsabilité personnelle, et sous peine de tous dommages et intérêts, de veiller à ce que les inscriptions hypothécaires soient prises sans délai sur les biens des tuteurs, pour raison de leur gestion, même de faire payer lesdites inscriptions. *Art.* 2137. *Voy.* Hypothèque, Mineur *et* Tuteur.

Usufruit.

Si pendant la durée de l'usufruit un tiers commet quelque usurpation sur le fonds, ou attente autrement aux droits du propriétaire, l'usufruitier est tenu de le dénoncer à celui-ci; faute de ce, il est *responsable* de tout le dommage qui peut en résulter pour le propriétaire, comme il le serait de dégradations commises par lui-même. *Art.* 614.

Baux en général.

Le preneur *répond* des dégradations ou des pertes qui arrivent pendant sa jouissance, à moins qu'il ne prouve qu'elles ont eu lieu sans sa faute. *Art.* 1732.

Il *répond* de l'incendie, à moins qu'il ne prouve que l'incendie est arrivé par cas fortuit ou force majeure, ou par vice de construction, — ou que le feu a été communiqué par une maison voisine. *Art.* 1733.

S'il y a plusieurs locataires, tous sont solidairement *responsables* de l'incendie, à moins qu'ils ne prouvent que l'incendie a commencé dans l'habitation de l'un d'eux : auquel cas, celui-là seul en est tenu ; — ou que quelques-uns ne prouvent que l'incendie n'a pu commencer chez eux : auquel cas, ceux-là n'en sont pas tenus. *Art.* 1734.

Le preneur est *tenu* des dégradations et des pertes qui arrivent par le fait des personnes de sa maison, ou de ses sous-locataires. *Art.* 1735.

Bail à ferme.

Le preneur d'un bien rural est *tenu*, sous peine de tous dépens, dommages et intérêts, d'avertir le propriétaire des usurpations qui peuvent être commises sur les fonds. Cet avertissement doit être donné dans le même délai que celui qui est réglé en cas d'assignation, suivant la distance des lieux. *Art.* 1768.

Femme commune.

Le mari est *responsable* de tout dépérissement des biens personnels de sa femme, causé par défaut d'actes conservatoires. *Art.* 1428.

Biens dotaux.

Le mari est *responsable* de toutes prescriptions acquises et détériorations survenues par sa négligence. *Art.* 1562.

Architectes et entrepreneurs.

Les architectes et entrepreneurs sont *responsables* pendant dix ans, de la perte de tout ou partie de l'édifice construit à prix fait, si la perte a pour cause les vices de la construction ou même le vice du sol. *Art.* 1792 et 2070.

L'entrepreneur *répond* du fait des personnes qu'il emploie. *Art.* 1792.

Conservateurs des hypothèques.

Ils sont responsables du préjudice résultant, — 1.º de l'omission sur leurs registres, des transcriptions d'actes de mutations, et des inscriptions requises en leurs bureaux ; — 2.º du défaut de mention dans leurs certificats, d'une ou de plusieurs des inscriptions existantes ; à moins, dans ce dernier cas, que l'erreur ne provint de désignations insuffisantes qui ne pourraient leur être imputées. *Art.* 2197. *V.* Conservateur des hypothèques.

Mandataire.

Le mandataire est tenu d'accomplir le mandat tant qu'il en demeure chargé, et *répond* des dommages-intérêts qui pourraient résulter de son inexécution. — Il est tenu même d'achever la chose commencée au décès du mandant, s'il y a péril en la demeure. *Art.* 1991.

Le mandataire *répond* non-seulement du dol, mais encore des fautes qu'il commet dans sa gestion. — Néanmoins la *responsabilité* relative aux fautes est appliquée moins rigoureusement à celui dont le mandat est gratuit, qu'à celui qui reçoit un salaire. *Art.* 1992.

Tout mandataire est tenu de rendre compte de sa gestion, et de faire raison au mandant de tout ce qu'il a reçu en vertu de sa procuration, quand même ce qu'il aurait reçu n'eût point été dû au mandant. *Art.* 1993.

Le mandataire *répond* de celui qu'il s'est substitué dans la gestion, 1.º quand il n'a pas reçu le pouvoir de se substituer quelqu'un ; 2.º quand ce pouvoir lui a été conféré sans désignation d'une personne, et que celle dont il a fait choix était notoirement incapable ou insolvable. — Dans tous les cas, le mandant peut agir directement contre la personne que le mandataire s'est substituée. *Art.* 1994.

Quand il y a plusieurs fondés de pouvoir ou mandataires établis par le même acte, il n'y a de solidarité entr'eux qu'autant qu'elle est exprimée. *Art.* 1995.

Le mandataire doit l'intérêt des sommes qu'il a employées à son usage, à dater de cet emploi, et de celles dont il est reliquataire, à compter du jour qu'il est mis en demeure. *Art.* 1996.

Le mandataire qui a donné à la partie avec laquelle il contracte en cette qualité une suffisante connaissance de ses pouvoirs, n'est tenu d'aucune *garantie* pour ce qui a été fait au-delà, s'il ne s'y est personnellement soumis. *Art.* 1997.

Aubergistes.

Les aubergistes ou hôteliers sont *responsables*, comme dépositaires, des effets apportés par le voyageur qui loge chez eux : le dépôt de ces sortes d'effets doit être regardé comme un dépôt nécessaire. *Art.* 1952.

Ils sont *responsables* du vol ou du dommage des effets du voyageur, soit que le vol ait été fait ou que le dommage ait été causé par les domestiques et préposés de l'hôtellerie, ou par des étrangers allant et venant dans l'hôtellerie. *Art.* 1953.

Ils ne sont pas responsables des vols faits avec force armée ou autre force majeure. *Art.* 1954.

Voituriers.

Les voituriers par terre et par eau sont assujettis, pour la garde et la conservation des choses qui leur sont confiées, aux mêmes obligations que les aubergistes, dont il est parlé au titre *du Dépôt et du Séquestre. Art.* 1782. *Voy.* ci-dessus les art. 1952 *et suiv.*

Ils *répondent* non-seulement de ce qu'ils ont déjà reçu dans leur bâtiment ou voiture, mais encore de ce qui leur a été remis sur le port ou dans l'entrepôt pour être placé dans leur bâtiment ou voiture. *Art.* 1783.

Ils sont *responsables* de la perte et des avaries des choses qui leur sont confiées, à moins qu'ils ne prouvent qu'elles ont été perdues et avariées par cas fortuit ou force majeure. *Art.* 1784.

Gage.

Le gage n'est entre les mains du créancier qu'un dépôt assurant son privilége. *Art.* 2079.

Le créancier répond, selon les règles établies au titre *des Contrats ou des Obligations conventionnelles en général*, de la perte ou détérioration du gage qui serait survenue par sa négligence. *Art.* 2080. *Voy.* Obligations.

Quasi-délits.

Chacun est *responsable* du dommage qu'il a causé non-seulement par son fait, mais encore par sa négligence ou par son imprudence. *Art.* 1383.

On est *responsable* non-seulement du dommage que l'on cause par son propre fait, mais encore de celui qui est causé par le fait des personnes dont on doit répondre, ou des choses que l'on a sous sa garde. — Le père, et la mère après le décès du mari, sont *responsables* du dommage causé par leurs enfans mineurs habitant avec eux ; — Les maîtres et les commettans, du dommage causé par leurs domestiques et préposés dans les fonctions auxquelles ils les ont employés ; — Les instituteurs et les artisans, du dommage causé par leurs élèves et apprentis pendant le temps qu'ils sont sous leur surveillance. — La *responsabilité* ci-dessus a lieu, à moins que les père et mère, instituteurs et artisans ne prouvent qu'ils n'ont pu empêcher le fait qui donne lieu à cette responsabilité. *Art.* 1384.

Le propriétaire d'un animal, ou celui qui s'en sert pendant qu'il est à son usage, est *responsable* du dommage que l'animal a causé, soit que l'animal fût sous sa garde, soit qu'il fût égaré ou échappé. *Art.* 1385.

Le propriétaire d'un bâtiment est *responsable* du dommage causé par sa ruine, lorsqu'elle est arrivée par une suite du défaut d'entretien ou par le vice de sa construction. *Art.* 1386.

RESTITUTION EN ENTIER, est un bénéfice de droit, par lequel celui qui a été lésé et trompé en passant quelqu'acte ou contrat, par le fait ou par l'omission de quelque chose, est remis au pareil état qu'il était auparavant.

Droit ancien.

Comme les voies de nullité n'ont point lieu en France, si la nullité n'est exprimée par les ordonnances ou par les coutumes, la restitution contre un contrat ne se donne que par lettres royaux, qu'il faut obtenir en chancellerie, et faire entériner en justice.

Mais quand un contrat est nul de nullité d'ordonnance ou de coutume, il ne faut point de lettres de rescision. Par exemple, si un bien d'église a été aliéné sans les formalités requises, l'acte est nul de plein droit, et par conséquent il doit être déclaré tel par le juge, sans qu'il soit besoin de lettres de rescision pour cela. Il en est de même de l'obligation qu'une femme mariée aurait passée en pays coutumier sans être autorisée de son mari.

Dans ces cas et autres semblables, on déclare les actes nuls; et supposé que l'on eût obtenu des lettres de rescision, le juge prononce la nullité de ces actes, et ajoute que c'est *sans avoir égard aux lettres de rescision*, pour montrer qu'elles ne sont pas nécessaires.

Ces lettres sont appelées lettres de rescision, parce qu'elles font casser l'acte ou contrat par lequel on est lésé; et le juge ne les entérine qu'au cas que les causes pour lesquelles les lettres ont été obtenues se trouvent véritables: ainsi la restitution est une suite de rescision, comme nous avons dit; car l'acte ou contrat étant cassé, les parties sont remises au même état qu'elles étaient auparavant.

Les causes de restitution sont le dol, la crainte, la violence, la minorité, la déception, la lésion d'outre moitié de juste prix, ou du tiers au quart dans les partages, et l'absence nécessaire ou utile à la république. *Voy.* Dol, Mineur, Lésion d'outre moitié, Lésion du tiers au quart. *V.* aussi Absent pour cause nécessaire ou utile à la république.

Ce bénéfice de restitution en entier est accordé à toutes sortes de personnes, tant mineures que majeures; il n'y a de différence, qu'en ce qu'un mineur peut se faire restituer en justifiant avoir été lésé par l'acte qu'il a passé; mais à l'égard du majeur, il faut qu'outre la lésion il prouve qu'il y a eu dans la passation de l'acte une juste crainte de sa part, ou dol de la part de celui avec qui il a contracté, ou quelqu'autre circonstance qui donne lieu à la restitution; car la lésion seule, à moins qu'elle ne soit énorme, n'est pas une cause suffisante pour donner lieu à la restitution d'un majeur.

La restitution doit être demandée dans les dix ans, à compter du jour du contrat pour les majeurs, ou du jour de la majorité acquise par les mineurs; autrement on n'y est plus reçu. *V.* Bouguier, *lettre* R, *nomb.* 14; Henrys, *tome* 2, *livre* 4, *quest.* 21; le Recueil alphabétique de Bretonnier, *au mot* Bénéfice de Restitution; et Louet, *lettre* D, *somm.* 25.

À l'égard de la restitution pour cause d'absence, les dix années ne courent que du jour du retour de l'absent; comme nous l'avons dit, *lettre* A, en parlant de l'absent pour cause nécessaire et utile à la république.

Il ne faut pas seulement que les lettres soient obtenues dans les dix ans, il faut encore qu'elles soient signifiées; autrement l'impétrant serait déchu de l'entérinement d'icelles. *Mornacius, ad Leg.* 1, *Cod. de Divers. Rescript.*

Le droit de se faire restituer en entier passe à l'héritier; il passe même au successeur à titre singulier, lorsqu'il a eu la précaution de se faire céder dans son contrat d'acquisition par son auteur, les actions rescindantes et rescisoires; avec toutefois cette restriction, que le temps de se faire restituer ne se proroge pas en faveur de l'héritier du mineur, ou de celui qui est en son lieu et place, ainsi qu'il aurait été prorogé en faveur du mineur. *Mornacius, ad Leg.* 2, *Cod. de Temporib. in integ. restitut.*

Au reste, toute restitution est réciproque entre les parties qui ont contracté l'engagement contre lequel l'une des parties se fait restituer. *Restitutio in integrum ita facienda est, ut*

unusquisque in integrum jus suum recipiat.
Leg. 24 , §. 4 , *ff. de Minoribus.* Ainsi quand
un acte ou contrat est cassé par la restitution
en entier, les parties sont remises dans le même
état qu'elles étaient auparavant , sans que cet
acte ou contrat puisse produire aucun effet , et
causer le moindre préjudice à aucune des parties , directement ou indirectement.

Droit nouveau.

L'erreur , la violence et le dol sont trois causes de restitution contre les contrats, lorsque ces
causes sont prouvées.
Voy. les mots Dol, Erreur *et* Violence,

En général , les majeurs ne peuvent être restitués contre leurs engagemens , pour cause de
lésion, que dans les cas et sous les conditions
spécialement exprimés dans le Code civil , *ar-*
ticle 1313.
Voy. Lésion.

Le majeur ne peut attaquer l'acceptation expresse ou tacite qu'il a faite d'une succession que
dans le cas où cette acceptation aurait été la
suite d'un dol pratiqué envers lui : il ne peut
jamais réclamer sous prétexte de lésion, excepté seulement dans le cas où la succession se
trouverait absorbée ou diminuée de plus de moitié par la découverte d'un testament inconnu
au moment de l'acceptation.
Voy. le mot Absent pour cause nécessaire
et utile à la république.

RESTITUTION EN ENTIER DES MINEURS,
est celle qui leur est accordée pour raison de
la lésion qu'ils ont soufferte , *dolo vel calli-*
ditate adversarii , vel œtatis lubrico , aut in-
consultâ facilitate.

Droit ancien.

Nous en avons déjà parlé , *au mot* Mineurs.
Il nous reste à remarquer ici, que ceux qui
ont contracté avec le mineur , ne peuvent pas
l'obliger de se servir du bénéfice de restitution ;
quià unicumque licet ea contemnere , quæ pro

se introducta sunt. Leg. 41 , *ff. de Minoribus.*
Voy. Belordeau en ses Observations foren-
ses , *lett.* C , *art.* 38 et 39 , et *lett.* E , *art.* 4.
Voy. aussi Henrys; *tom.* 1, *liv.* 4, *chap.* 6,
quest. 25 ; et le Recueil alphabétique de Bretonnier , *au mot* Bénéfice de restitution.

Droit nouveau.

Dans tous les cas où l'action en nullité ou
en rescision d'une convention n'est pas limitée
à un moindre temps par une loi particulière ,
cette action dure dix ans. — Ce temps ne court,
dans le cas de violence , que du jour où elle
a cessé ; dans le cas d'erreur ou de dol , du jour
où ils ont été découverts ; et pour les actes
passés par les femmes mariées non autorisées,
du jour de la dissolution du mariage. — Le
temps ne court, à l'égard des actes faits par les
interdits, que du jour où l'interdiction est levée,
et à l'égard de ceux faits par les mineurs , que
du jour de la majorité. *Art.* 1304.

La simple lésion donne lieu à la rescision en
faveur du mineur non émancipé , contre toutes sortes de conventions ; et en faveur du mineur émancipé , contre toutes conventions qui
excèdent les bornes de sa capacité, ainsi qu'elle
est déterminée au titre de *la Minorité*, de la
Tutelle et de l'Émancipation. Voy. ces mots.
Art. 1305.

Le mineur n'est pas *restituable* , pour cause
de lésion , lorsqu'elle ne résulte que d'un événement casuel et imprévu. *Art.* 1306.

La simple déclaration de majorité, faite par
le mineur , ne fait point obstacle à sa *restitution.*
Art. 1307.

Le mineur commerçant, banquier ou artisan , n'est point *restituable* contre les engagemens qu'il a pris à raison de son commerce ou
de son art. *Art.* 1308.

Le mineur n'est point *restituable* contre les
conventions portées en son contrat de mariage,
lorsqu'elles ont été faites avec le consentement
et l'assistance de ceux dont le consentement

est requis pour la validité de son mariage. *Article* 1309.

Il n'est point *restituable* contre les obligations résultant de son délit ou quasi-délit. *Article* 1310.

Il n'est plus *recevable à revenir* contre l'engagement qu'il avait souscrit en minorité, lorsqu'il l'a ratifié en majorité, soit que cet engagement fût nul en sa forme, soit qu'il fût seulement sujet à *restitution. Art.* 1311.

Lorsque les mineurs, les interdits ou les femmes mariées sont admis, en ces qualités, à se faire *restituer* contre leurs engagemens, le remboursement de ce qui aurait été, en conséquence de ces engagemens, payé pendant la minorité, l'interdiction ou le mariage ne peut en être exigé, à moins qu'il ne soit prouvé que ce qui a été payé a tourné à leur profit. *Article* 1312.

Lorsque les formalités requises à l'égard des mineurs ou des interdits, soit pour aliénation d'immeubles, soit dans un partage de succession, ont été remplies, ils sont, relativement à ces actes, considérés comme s'ils les avaient faits en majorité ou avant l'interdiction. *Article* 1314.

Les mineurs, les interdits, les femmes mariées, ne seront point *restitués* contre le défaut d'acceptation ou de transcription des donations; sauf leur recours contre leurs tuteurs ou maris, s'il y échet, et sans que la restitution puisse avoir lieu, dans le cas même où lesdits tuteurs et maris se trouveraient insolvables. *Art.* 942.

RESTITUTION ACCORDÉE A DES MINEURS NE SERT PAS AUX MAJEURS. Quoique leurs intérêts soient semblables, les choses sont divisibles et séparables de leur nature, attendu que cette restitution n'est fondée que sur leur minorité, et sur la lésion qu'ils ont soufferte. *Solis minoribus prodest in integrum restitutio ex causâ minoris œtatis, adeò ut minorum occasione majoribus non prosit, Leg.* 3, §. 4, *ff. de Minoribus.*

Ce bénéfice étant alors uniquement attaché à la personne du mineur, il ne peut passer en la personne d'un autre, d'autant plus qu'il est à présumer que celui qui a contracté avec le mineur, ne l'aurait pas fait, s'il n'y eût que lui qui fût tenu de l'obligation résultante du contrat. D'où il s'ensuit,

1.° Que le majeur qui s'est porté caution d'une dette contractée par un mineur, si ce mineur se fait restituer, son fidéjusseur restera toujours obligé, sans pouvoir se faire relever de son cautionnement. *V.* Chenu, *cent.* 2; Henrys, *livre* 4, *chapitre* 1, *question* 3; et la Peyrère, *lettre* R.

2.° Que le mari majeur qui s'est obligé de faire ratifier sa femme lorsqu'elle sera majeure, ne peut se faire restituer contre cette obligation, quoique sa femme puisse s'en faire relever de son chef, comme il a été jugé par arrêt du 8 février 1603, rapporté par le Prêtre, *cent.* 3, *chapitre* 60.

3.° Qu'une rente constituée ou autre dette contractée par un mineur et un majeur, étant une chose divisible de soi, nonobstant l'individuité de l'hypothèque, le bénéfice de restitution accordé en ce cas au mineur, ne peut point donner lieu au majeur de se faire restituer, comme il a été jugé par arrêt du mois de mars, 1650, rapporté par Brodeau sur Louet, *lettre* H, *chapitre* 20.

Il faut dire, au contraire, que quand il s'agit de choses et de droits indivisibles, dans lesquels les majeurs ont un intérêt commun, la restitution du mineur sert au majeur, comme dans les servitudes. *Arg. Leg.* 10, *in princ. ff. Quemadmodum servit. amit.* et *Leg.* 72, *ff. de Verb. oblig.* C'est pourquoi si un majeur et un mineur ont laissé prescrire une servitude réelle qui était due à un héritage commun et possédé par indivis, la restitution du mineur à l'encontre de cette prescription doit servir au majeur, parce que cette prescription regarde le fonds, et que le mineur ne peut recouvrer le droit de servitude dû à l'héritage commun par le moyen de la

restitution,

restitution, que le majeur n'en profite. *Itaque in rebus indivisis restitutio minoribus majori prodest, glossa ad Leg.* 1, *Cod. Si in communi eâdemque causâ in integrum restitutio postuletur. Leg. Loci,* §. *Si fundus, ff. Si servit. vindict.*

Enfin, toutes les fois que l'acte fait par un mineur conjointement avec un majeur, est nul et vicieux, ou que la restitution accordée au mineur est plutôt fondée sur la chose que sur la personne du mineur, comme quand il a été lésé, et que la lésion procède du dol de la partie avec laquelle il a contracté, dont le mineur relève le majeur, le fidéjusseur du mineur est restituable. C'est ainsi que se doit entendre la loi 46, *ff. de Fidejussoribus.*

On demande si le bénéfice de restitution accordé au mineur, profite à ses co-héritiers majeurs, pour arrêter le cours de la prescription de l'action hypothécaire? Le commentateur d'Henrys, *tom.* 2 ; *liv.* 4, *quest.* 35, tient que non; parce que le droit ne communique le bénéfice de restitution aux majeurs, que dans les choses indivisibles : or, quand on dit que l'hypothèque est indivisible, cela ne se doit entendre que par rapport aux héritages sur lesquels elle est assignée; ainsi l'hypothèque demeure toujours indivisible sur chaque pièce d'héritages, quoiqu'ils passent entre les mains de différens possesseurs; *tota est in toto et tota in quâlibet parte* ; comme l'explique Loiseau dans son Traité du Déguerpissement, *liv.* 2, *chap. dernier.*

Droit nouveau.

En matière de servitude et lorsque l'héritage appartient à plusieurs par indivis, la jouissance de la servitude de l'un empêche la prescription à l'égard de tous. *Art.* 709.—Si parmi les copropriétaires, il s'en trouve un contre lequel la prescription n'ait pu courir, comme un mineur, il aura conservé le droit de tous les autres. *Art.* 710.

RETOUR (DROIT DE) est un droit en vertu duquel les immeubles donnés par les ascendans à leurs descendans, retournent aux donateurs,

Tome III.

lorsque les enfans donataires décèdent sans enfans.

Droit ancien.

Ce droit, qui se pratique aujourd'hui, tant dans le pays coutumier que dans le pays de droit écrit, est fondé sur plusieurs motifs. Le premier a été de diminuer la douleur d'un père qui a vu troubler l'ordre naturel dans le prédécès de ses enfans. Ainsi ce droit de retour est une sage invention des législateurs, qu'ils ont admis pour diminuer quelque chose de la douleur que cause à des pères et mères la mort prématurée de leurs enfans, qui renverse l'ordre de la nature et de la mortalité. *Argum. Leg.* 6, *ff. de jure dotium.*

Le second a été d'exciter les pères à faire de leur vivant des libéralités à leurs enfans, en leur faisant espérer que si leurs enfans viennent à mourir avant eux, les choses qu'ils leur auront données leur reviendront : *Ne aliàs parentum in liberos magnificentia retardaretur; Leg.* 2, *Cod. de Bon. quæ liber.*

Le troisième est, que le père qui a songé en établissant ses enfans à pourvoir à sa postérité, est présumé n'avoir point eu en vue que les biens qu'il leur a donnés passent à des étrangers.

En effet, les donations faites par les ascendans à leurs descendans, leur sont censées faites en avancement d'hoirie, c'est-à-dire, de leur succession qui leur est due par la loi naturelle et par la loi civile, à l'effet d'être transmises à leurs descendans. C'est pourquoi quand l'enfant donataire décède sans enfans, il est juste que le donateur reprenne ce qu'il a donné, la cause cessant. Et c'est principalement sur ce motif que le droit de retour est fondé, et sur ce que ce droit de réversion est tacitement inhérent à la donation : de sorte qu'elle est présumée faite sous cette condition, quoiqu'elle ne soit pas exprimée.

Les collatéraux ne doivent pas envier ce droit aux ascendans, puisque les héritages donnés par les ascendans à leurs descendans, ne rentrent en la possession des ascendans dont ils sont provenus, que pour revenir à ces mêmes collatéraux. Ainsi ce retour ne leur cause aucun préjudice, puisque ces héritages ne sortent pas hors la ligne.

D'ailleurs, rien n'est plus conforme à l'équité naturelle que ce droit de retour ; car il ne serait pas juste qu'un père qui se serait dépouillé pour avancer son fils, demeurât dans le besoin pendant qu'il verrait son bien entre les mains des héritiers collatéraux de son fils, que la loi ni le père n'ont eu dessein d'enrichir au préjudice des ascendans, qui dans l'ordre naturel doivent mourir les premiers.

Enfin, il y aurait de l'inhumanité de leur refuser ce secours dans le temps qu'ils peuvent en avoir un plus grand besoin ; et ce serait agir en quelque manière contre l'ordre de la Providence, qui a donné ces biens au père avant que de les donner au fils.

Il y a cependant quelques coutumes qui exigent que la réversion soit expressément stipulée ; autrement elle n'aurait pas lieu. Mais ce droit a paru si équitable, qu'il a été reçu dans les coutumes qui n'en parlent point ; et cette réversion est une exception de la règle généralement observée en pays coutumier, qui est que propre ne remonte point.

L'art. 313 de la coutume de Paris ne dit pas précisément que quand le fils donataire de son père meurt sans enfans, les choses données retournent au père qui a fait la donation ; il dit seulement *que les ascendans succèdent aux choses par eux données à leurs enfans décédés sans enfans et descendans d'eux.* Mais les termes dans lesquels cet article est conçu, sont plus que suffisans pour admettre ce droit dans cette coutume.

La plupart des autres ont une disposition semblable, et par un droit commun de la France coutumière, non-seulement le droit de retour y a été admis, mais encore dans celles qui n'en parlent en aucune manière, comme nous l'avons dit ci-dessus.

Dans le pays coutumier, le droit de retour est reçu d'une manière différente de celle qui se pratique à cet égard dans les parlemens de droit écrit.

Dans ces parlemens, par le droit de retour, conformément à la jurisprudence romaine, les choses données retournent au donateur sans charge de dettes et sans hypothèques, et les donataires n'en peuvent pas disposer au préjudice de la réversion. Ainsi, par arrêt du parlement de Toulouse du 26 juin 1582, il a été jugé que la dot constituée par la mère retournerait à ladite mère, la fille prémourant sans enfans, quoique la fille eût disposé de la totalité de ses biens par testament ; *idque ex Leg. 2, Cod. de Bon. quæ liber. quæ licet vulgò interpretetur de patre, habet etiam locum in matre quæ dotem dedit.* La Rocheflavin, *liv.* 3, *tit.* 9, *art.* 1.

Dans la France coutumière, le droit de retour est mixte ; il participe du droit de réversion et du droit de succession tout ensemble. Le donataire est propriétaire des biens donnés, et a par conséquent la faculté de les aliéner ou hypothéquer entre-vifs.

A l'égard des dispositions de dernière volonté, celle que le donataire en aurait faite ne serait valable que pour le quint, et les quatre quints retourneraient au donateur.

Le donateur n'exerçant le droit de réversion qu'en qualité de successeur, est obligé aux dettes de la succession du donataire pour sa part, *saltem pro modo emolumenti* ; mais il n'est pas tenu de la totalité : car celui qui exerce ce droit, n'est pas proprement héritier, il n'est que successeur *in re singulari,* de même que le fisc et les seigneurs hauts-justiciers, lesquels ne sont tenus des dettes que jusqu'à concurrence de ce qu'ils amendent des biens, pourvu qu'ils aient fait faire inventaire.

En conséquence de ce principe, un premier arrêt rendu le 27 juin 1711, sur les conclusions de M. de Lamoignon, avocat général, a jugé que la dame de la Garde ne pouvait reprendre dans la succession de M. de la Garde, maître des comptes, son fils, les biens qu'elle lui avait donnés, qu'à la charge de contribuer aux dettes au *prorata*.

Dans l'espèce d'un autre arrêt intervenu en la seconde chambre des enquêtes, le 28 juin 1759, le sieur Pascal père fut condamné à payer une condamnation de dommages et intérêts prononcée contre son fils, sur les biens qu'il prenait dans sa succession, en vertu du droit de retour. La succession était ouverte dans la partie de l'Auvergne régie par le droit écrit.

En pays coutumier, par le moyen du retour exercé, la chose retourne au donateur en la même qualité qu'elle avait en sa personne lors de la donation; c'est pourquoi elle reprend sa qualité d'acquêt, si elle l'était, quoiqu'elle fût devenue propre en la personne du donataire, et quoiqu'il la reprenne comme successeur. En effet, le retour cause en quelque façon la résolution de la donation par une condition résolutive qui est toujours sous-entendue. Par la même raison, si la chose donnée était un propre au donateur, elle en reprend la qualité en sa personne.

En pays coutumier, comme en pays de droit écrit, pour que le droit de retour ait lieu, il faut que le donataire décède avant le donateur, sans enfans, parce que la donation est censée faite, tant pour le donataire, que pour ses descendans qui le représentent.

Le retour n'a lieu qu'au profit du donateur: ainsi quand l'aïeul a donné un propre, après la mort du petit-fils donataire arrivé sans enfans, ce propre appartient à l'aïeul, et non pas au père.

Cela fait voir que par le droit de retour, les héritages remontent jusqu'à la personne de l'ascendant qui a fait la donation, quoiqu'il y ait un autre ascendant du donataire, et du même côté, qui se trouve entre lui et le donateur.

Il faut dire aussi que lorsque le père a donné un héritage à son fils, et que le père donateur vient à décéder, et qu'ensuite le fils donataire décède sans enfans, l'aïeul ne peut pas jouir du droit de retour, parce que ce n'est pas lui qui a donné.

Les véritables immeubles corporels ou incorporels, même les immeubles par fiction, comme les offices et les rentes constituées, sont sujets à réversion.

Pour ce qui est des choses mobiliaires, comme sommes de deniers, celles qui sont données en dot sont sujettes au droit de retour dans les parlemens de droit écrit; et c'est par elles que ce droit avait commencé chez les Romains.

En pays coutumier, ce droit de retour n'est pas admis pour les meubles. La raison est, que les deniers ou autres meubles estimés comme ils le sont ordinairement dans les donations faites par les ascendans à leurs enfans, sont censés n'être plus existans dès qu'ils sont confondus avec d'autres. Or le retour suppose l'existence des choses qui retournent, et partant la réversion cesse au cas de la donation de meubles.

Mais lorsque les meubles se trouvent en nature lors du décès du donataire, comme si ce sont des obligations, le retour peut avoir lieu, parce que les raisons pour lesquelles nous avons reçu ce droit dans nos coutumes, ont alors lieu: ainsi les choses données étant existantes, elles peuvent se reprendre.

Suivant le droit romain, le droit de retour n'a lieu qu'en faveur du père et de l'aïeul paternel qui ont fait la donation, parce que son origine vient de la puissance paternelle. Ainsi la mère ou tout autre ne peut prétendre ce droit, sans une stipulation expresse, selon la Novelle 25 de l'empereur Léon.

Mais parmi nous, comme nous apprend Maynard, *livre* 9, *chap.* 90, tant en pays de droit écrit, que dans les provinces coutumières, la mère jouit du droit de retour. Ce qui nous est assez marqué par l'*art.* 313 de la Coutume de

33 *

Paris, qui porte en général et sans distinction, que les ascendans succèdent aux choses par eux données à leurs enfans, etc.

Il n'est pas accordé aux collatéraux, si ce n'est dans la coutume d'Auxerre, *art.* 242; et dans le parlement de Toulouse, au rapport de Maynard, *livre* 9, *chapitre* 16; et de Dolive, *livre* 4, *chapitre* 7. Mais ce droit de retour qui est reçu dans ces coutumes en faveur des collatéraux, n'est pas étendu au-delà des oncles et des tantes.

Quand on dit que le droit de retour a lieu en faveur des ascendans, cela ne s'entend que par rapport à leurs enfans légitimes; car le père naturel ne pourrait pas exercer ce droit sur les choses par lui données à son bâtard.

Les lois ne donnent au père naturel aucun des droits qu'elles accordent au père légitime; *Pater est quem justæ nuptiæ demonstrant:* au contraire, les enfans nés hors le mariage légitime, *patrem habere non intelliguntur, nec gentem, nec familiam habent;* ils ne succèdent point à leurs père et mère, et leurs père et mère ne leur succèdent point; ils ne peuvent obliger leur père de les doter, ils peuvent seulement lui demander des alimens. Ainsi la succession du père naturel n'étant point due à ses enfans, ce qu'il leur donne n'est pas censé donné en avancement d'hoirie, à l'effet de retourner au donateur, au cas que le donataire décède sans enfans.

La réversion accordée aux ascendans a lieu, soit que la donation soit faite par contrat de mariage, ou hors le contrat de mariage de l'enfant donataire; il y a en l'un et en l'autre cas parité de raison, attendu que la donation est toujours faite aux enfans par leurs ascendans en avancement d'hoirie, et pour leur établissement.

Quand le donateur est héritier des meubles et acquêts, et que par droit de réversion il reprend les choses par lui données à l'enfant donataire, ce sont deux différens droits successifs qui concourent en la même personne.

Mais quand l'aïeul a donné quelque chose à son petit-fils, et que ce petit-fils décède sans enfans; le père est héritier des meubles et acquêts, et l'aïeul donateur prend par droit de réversion les choses par lui données.

Cela fait voir que quoique le droit de retour participe de la succession, et même qu'on ne puisse jouir de ce droit que *titulo successionis*, néanmoins ce droit ne suit pas toujours l'ordre de la succession, et peut être séparé de la qualité d'héritier, puisqu'il peut appartenir à un autre qu'à celui qui est héritier du défunt.

Touchant le droit de retour, *Voy.* ce qu'en a dit Ferrière sur l'*art.* 313 de la Coutume de Paris. *Voy. aussi* de Perchambault sur la Coutume de Bretagne, *titre* 23, §. 32; Henrys et son Commentateur, *tome* 1, *livre* 6, *chap.* 2, *question* 8, et *chapitre* 5, *questions* 12, 13 et 14; le Brun en son Traité des Successions, *livre* 1, *chapitre* 5, *sections* 2 et 14; et le Traité du Droit de réversion par Bechet, qui se trouve dans la nouvelle édition de son Livre intitulé Usance de Saintonge. Enfin *Voy.* le Traité du Droit de retour des dots, des donations, des institutions contractuelles, et des testamens mutuels, fait par Arnauld de la Rouvière, avocat au parlement de Provence, imprimé à Paris en 1737.

Droit intermédiaire.

La loi du 17 nivose an 2 fit cesser toutes les distinctions admises par l'ancien droit entre les biens d'une succession, et déclara qu'elle ne reconnaîtrait désormais aucune différence dans la nature et dans l'origine de ces biens pour en régler la transmission.

Elle abolit toutes les lois, coutumes, statuts et usages en matière de succession, d'où le droit de retour; lequel n'a pu avoir lieu depuis qu'en vertu de la *stipulation*.

Par l'*art.* 74 elle décréta: « Que les *biens* donnés par les ascendans à leurs descendans avec stipulation de retour, ne seraient pas compris dans les règles déterminées par elle; attendu que ces biens ne faisaient pas partie de la succession du descendant tant qu'il y avait lieu au droit de retour, de sorte que l'ascendant devait les recueillir au préjudice des parens plus proches. »

Mais si la république était aux droits du donataire, alors le retour n'aurait pas lieu; parce que dans ce cas l'intérêt public doit l'emporter sur l'intérêt particulier. Voici la disposition de la loi du 23 ventose an 2, à ce relative:

« *Art.* 5. Il n'est rien innové par l'*art* 74
» de la loi du 17 nivose à l'égard des dona-
» tions antérieures au 5 brumaire, aux effets
» du retour légal dans les pays et pour les
» cas où ce droit avait lieu; néanmoins il ne
» pourra être exercé sur les biens du donataire,
» acquis à la république par droit de confis-
» cation ou autrement. »

Droit nouveau.

Le droit de retour n'est plus de droit commun en France; il n'a lieu qu'autant qu'il est *stipulé*, et sous les règles qui suivent:

Le donateur pourra *stipuler* le droit de retour des objets donnés, soit pour le cas du prédécès du donataire seul, soit pour le cas du prédécès du donataire et de ses descendans. — Ce droit ne pourra être stipulé qu'au profit du donateur seul. *Art.* 951.

L'effet du droit de retour sera de résoudre toutes les aliénations des biens donnés, et de faire revenir ces biens au donateur, francs et quittes de toutes charges et hypothéques, sauf néanmoins l'hypothèque de la dot et des conventions matrimoniales, si les autres biens de l'époux donataire ne suffisent pas, et dans le cas seulement où la donation lui aura été faite par le même contrat de mariage duquel résultent ces droits et hypothèques. *Art.* 952.

RETRAIT, est le droit de retirer un héritage aliéné.

Droit ancien.

Il y en a de quatre sortes; savoir: le conventionnel, le lignager, le féodal et le censuel.

Le retrait conventionnel est préféré au retrait lignager et au retrait féodal; parce qu'il procède de la volonté des parties, sans laquelle la vente n'aurait pas été faite. Le retrait lignager l'emporte sur le féodal, quoique le seigneur prétende être fondé sur un ancien droit de reversion. Les fiefs ayant été rendus héréditaires et patrimoniaux, les seigneurs en se dépouillant et en transférant la propriété d'iceux à une personne et à sa famille, contreviendraient à leur propre fait, s'ils voulaient user du retrait au préjudice de ceux de la famille. *Voy.* Loysel, *liv.* 3. *tit.* 5. *art.* 4, et la Note de Laurière.

RETRAIT CONVENTIONNEL OU RÉMÉRÉ, est celui dont les parties sont convenues par contrat de vente: ainsi c'est la faculté que le vendeur s'est réservée de retirer son héritage dans un certain temps qui produit l'action de réméré.

Ce retrait stipulé au contrat est préféré au retrait lignager; parce que si la clause a lieu, et si en vertu de la faculté de réméré, le vendeur rentre en la possession de son héritage qu'il a vendu, il ne peut pas y avoir lieu au retrait lignager, par la raison que l'héritage ne sort pas de la famille, et que la vente n'en a été faite que sous condition de réméré.

La faculté accordée au vendeur de pouvoir racheter l'héritage par lui vendu, n'empêche point le cours du retrait lignager ou féodal; mais en concurrence, le conventionnel est préféré à l'un et à l'autre: ainsi un lignager où le seigneur peut retraire un héritage vendu avec faculté de réméré, de la même manière que si la vente était pure et simple, et par conséquent dans le temps porté par la coutume, sauf néanmoins le droit du vendeur, auquel le retrait lignager ou féodal ne peut préjudicier, soit que la faculté de réméré soit portée par le contrat, ou auparavant, ou depuis, pourvu que ce ne soit point en fraude des lignagers depuis l'action intentée ; car après que la demande en retrait lignager ou féodal a été portée en justice, les conventions qui se sont faites depuis entre le vendeur et l'acheteur , ne peuvent nuire ni préjudicier au demandeur en retrait lignager ou féodal.

Quand l'héritage vendu à faculté de réméré est retiré par un lignager , le vendeur qui par après se sert du retrait conventionnel contre le lignager , n'est pas tenu de lui rembourser les frais faits à l'effet du retrait lignager. La raison est , que le lignager a dû prévoir que le vendeur pourrait le retirer en vertu de la faculté qu'il s'en était réservée.

Mais si le vendeur qui s'est réservé par le contrat la faculté de réméré , vend ensuite ou transporte à titre de donation cette faculté à un étranger , le lignager doit être, en ce cas , préféré à l'étranger qui veut exercer le retrait conventionnel ; autrement ce serait ouvrir le chemin aux fraudes , et donner occasion de tromper les lignagers , et rendre leur droit entièrement inutile.

Voy. le Recueil alphabétique de Bretonier, *au mot* Retrait conventionnel ; et ce qui en est dit dans ses Observations sur le dixième plaidoyer d'Henrys.

V. Réméré.

RETRAIT LIGNAGER.

Droit ancien.

C'est un droit en vertu duquel un parent du côté et ligne dont est venu au vendeur un héritage vendu, peut le retirer des mains de l'acquéreur, en intentant l'action en retrait dans le temps prescrit, à l'effet de le conserver dans la famille.

Ce retrait inconnu dans le droit romain , et qui n'a point lieu dans les pays de droit écrit, est une suite des propres , et a été introduit dans le pays coutumier pour conserver dans les familles les propres , lorsque ceux qui en sont propriétaires les vendent , ou qu'ils sont vendus sur eux , à la requête de leurs créanciers, pour le paiement de leurs dettes.

Il est appelé lignager , parce qu'il ne peut

être exercé que par un parent du côté et ligne dont l'héritage était échu à celui qui l'a vendu

Le retrait n'a véritablement été introduit que pour conserver les héritages dans la famille de ceux qui les ont acquis : ce qui paraît conforme à la raison , qui nous inspire une affection particulière pour ces sortes de biens , et un désir ardent de les transmettre à l'infini à nos descendans.

Hoc ipsum probat quod testatur Aristoteles , liv. 2. *Politicorum , cap.* 5. *Nimirum olim apud Locros lege vetitum fuisse , ne quis antiquum patrimonium alienare posset , nisi evidentem calamitatem supervenisse ostendaret : etenim legitimo quodam et innato desiderio moveri solemus ad possessiones paternas , vel avitas, quantum fieri potest, conservandas , easque in æternum gentis nostræ decus et perpetuam nominis dignitatem in familias retinendas.*

Pasquier, dans ses Recherches , *liv.* 2 , *chap.* 16 , dit que le retrait lignager, le droit d'aînesse, la prohibition de disposer par testament de tous ses propres et l'affectation des propres dans les lignes par la règle *Paterna paternis , materna maternis ,* et les autres lois qui tendent à conserver les biens dans les familles , et qui sont particulières pour le droit coutumier, ont commencé sous le règne de Hugues Capet, qui vivait en 990.

Chopin , *lib.* 1. *de Domanio , tit.* 23. *num.* 1. fait remonter plus haut le retrait lignager. Quelques auteurs ont prétendu qu'il nous venait de la loi de Moïse, au *Lévit. chap.* 25, et qu'il en est aussi parlé au *liv.* de Ruth , *chap.* 4.

Quoi qu'il en soit, il est certain qu'à présent le retrait lignager a lieu dans toute la France coutumière, à l'exception de quelques coutumes, locales , comme en la ville d'Issoudun , en la coutume de Berry , *art.* 30, et dans quelques provinces qui se régissent par le droit écrit , comme dans le pays de Forez , et celui de Lionnais ; nonobstant l'ordonnance d'Henri III de l'année de 1581, qui porte que dorénavant le retrait lignager aura lieu en tous les pays du royaume, même en pays de droit écrit ; car cette ordonnance a été révoquée par l'édit du mois de novembre 1584, vérifié au parlement le 20 du même mois., et par l'édit du mois de mai   vérifié en la cour le

Cependant il est en usage dans quelques lieux du pays du droit écrit, savoir, en Provence. *Voy.* Chopin sur le titre du Retrait lignager de la Coutume de Paris, *num.* 17. Il est aussi reçu dans le Mâcônais et dans le Dauphiné.

Dans une partie des provinces qui se règlent par le droit écrit, le retrait lignager n'a pas lieu, parce que les lois romaines ne connaissent point les qualités de propres, comme dit l'auteur des Observations sur Henrys, *tom.* 1. *liv.* 2, *chap.* 4, *quest.* 19, et au *tom.* 2, Plaidoyer 19.

Ce droit ou plutôt cette grâce accordée à la famille, paraît favorable, en ce qu'il est fondé sur la raison du sang, et qu'il tend à perpétuer, autant qu'il est possible, un héritage dans la famille du vendeur,

Mais on peut dire que l'action en retrait est d'un autre côté défavorable, en ce qu'elle est entièrement opposée à la liberté du commerce, qui consiste à pouvoir vendre son bien à telles personnes qu'il nous plaît. Ainsi le retrait lignager est un droit singulier et extraodinaire, introduit contre le droit commun des contrats de vente, qui sont du droit des gens. Louet, *lettre* R, *somm.* 52.

C'est ce qui a donné lieu à toutes les formalités sévères que nos coutumes semblent n'avoir introduites, sous peine de nullité, que pour rendre le plus souvent cette action sans effet : car tout ce qui est prescrit par la coutume du lieu, au sujet du retrait lignager, doit être observé par le retrayant *in formâ specificâ*, à peine d'être déchu du retrait ; de manière que *qui cadit à syllabâ*, *cadit à toto*. Ainsi quand il se rencontre quelque incident douteux, ou quelque article de coutume sujet à interprétation,

on décide ou on interprète toujours contre le retrayant.

Le retrait lignager ayant été aboli en même temps que celui de mi-denier, nous allons placer ce qui concerne ce retrait avec le retrait lignager, afin de n'en faire qu'un seul article.

RETRAIT DE MI-DENIER, est un retrait qui a lieu quand un héritage est acheté pendant la communauté de deux conjoints, dont l'un est parent lignager du vendeur, et qu'après la dissolution de la communauté par la mort de l'un des conjoints, l'héritage est partagé comme acquêt de la communauté qui était entre le survivant et les héritiers du prédécédé ; en ce cas la moitié de cet héritage est sujette au retrait contre le survivant qui n'est pas parent lignager du vendeur, ou contre les héritiers du prédécédé qui n'était pas parent du vendeur.

Ce retrait est appelé retraite de mi-denier, parce que le retrayant ne retire que la moitié de l'héritage qui, par le partage de la communauté, est sortie hors de la ligne.

Il se doit faire dans l'an et jour de la mort du prédécédé des conjoints, en rendant et payant par le retrayant la moitié du sort principal, frais et loyaux-coûts. Ainsi ce retrait n'est pas une espèce distincte du retrait lignager, puisqu'il ne se règle pas par d'autres règles, ni par d'autres formalités.

Comme ce retrait, de même que le retrait lignager, est une grâce accordée contre le droit commun, il faut observer scrupuleusement toutes les formalités requises par la coutume, tant pour le temps, que pour la manière des offres.

Droit intermédiaire.

Loi du 23 juillet 1790. — « *Art.* I.er. Le retrait lignager et le retrait de mi-denier sont abolis.

» 2. Toute demande en retrait lignager ou de mi-denier, qui n'aura pas été consenti ou adjugée en dernier ressort avant la publication du présent décret, sera et demeurera comme non avenue, et il ne pourra être fait droit que sur les dépens des procédures antérieures à cette époque, ensemble sur les intérêts des sommes qui auraient été consignées par les retrayans.

« 3. L'assemblée nationale supprime le droit connu dans les départemens du Nord et du Pas-de-Calais, sous le nom *décart*, *escas* ou *bou-tehors*, et éteint toutes les procédures, poursuites ou recherches qui auraient ce droit pour objet.

» 4. Supprime également, avec pareille extinction de procédures, poursuites et recherches, le droit de treizain perçu par la commune de Nîmes sur les domiciliés ou non domiciliés qui aliènent leur dernière maison ou héritage, ensemble les droits d'abzuc, de déclaration, d'émigration, florin de succession, ou autres semblables qui ont eu lieu jusqu'à présent, au profit du ci-devant seigneur ou communauté d'habitans; comme aussi tous les droits que certaines villes ou communes sont en possession de lever sur les biens qui passent des mains d'un bourgeois ou domicilié, dans celles d'un forain, soit par succession, soit par toute autre voie.

Loi du 2 septembre 1793.

« La convention nationale, après avoir entendu le rapport de son comité de législation,

» Considérant que, d'après les décrets rendus par les assemblées constituante et législative, il ne peut plus exister aucune des espèces de retraits introduits par les anciennes lois, coutumes ou usages locaux;

» Déclare que la faculté accordée au mari et à ses héritiers, par *l'art.* 332 de la coutume de la ci-devant province de Normandie, est comprise dans l'abolition des retraits lignagers et demi-denier, prononcée par les décrets des 17 et 19 juillet 1790. »

Du 9 vendémiaire an 2.

« La convention nationale, après avoir en-

tendu le rapport de son comité de législation sur la pétition des enfans puînés de Denis Houlier, décédé le 17 juillet 1790, tendante à ce qu'il soit statué par une loi expresse sur la question élevée entre eux et leur frère aîné, de savoir si celui-ci peut encore, nonobstant l'abolition du retrait lignager, exercer le droit accordé aux aînés par *l'art.* 286 de la coutume de la ci-devant province de Normandie, de retirer dans l'année du décès de leur père les immeubles qui sont échus à leurs puînés, passe à l'ordre du jour motivé sur les décrets qui ont aboli toutes les espèces de retraits introduits par les anciennes lois, coutumes ou usages locaux, et anéanti toute demande en retrait non consenti ou adjugée en dernier ressort avant leur publication.

» Le présent décret sera publié dans tous les départemens, pour lever toutes les difficultés que des coutumes semblables à celle de la ci-devant province de Normandie, auraient pu occasionner. »

RETRAIT FÉODAL ou CENSUEL.

Droit ancien.

Le retrait féodal ou retenue féodale, ou retenue de fief par puissance de fief, est un droit qu'a le seigneur féodal de retraire des mains de l'acquéreur un fief mouvant de lui, qui a été vendu par son vassal, pourvu que le retrait se fasse dans le temps prescrit. Ce droit est fondé sur ce qu'autrefois les fiefs n'étaient donnés qu'à vie: quand ils ont été depuis rendus héréditaires et patrimoniaux, les démembremens des fiefs ont été faits à la charge du retour et de la réversion en cas de vente, en payant et remboursant les acquéreurs. De-là vient que presque toutes nos coutumes en ont une disposition expresse; de sorte que ce retrait féodal est reçu, non-seulement dans les coutumes qui n'en parlent pas, mais aussi dans les pays de droit écrit. *Voy.* Henrys, *tom.* 1, *liv.* 3, *quest.* 16, avec les observations.

Droit

Droit intermédiaire.

La loi du 17 mai 1790 a supprimé cette espèce de retrait.

Celle du 26 mai 1793 a interprété cette première loi ; elle porte :

Du 26 mai 1793, an 1.er de la république.

« La convention nationale, après avoir entendu son comité de législation, sur les pétitions des citoyens de la commune de Vernouillet et du citoyen Duplein, des 25 avril et 7 de ce mois, tendant à faire interpréter le décret du 17 mai 1790, sur l'abolition du retrait féodal ou censuel ; considérant que ce décret a eu pour objet d'éteindre toutes les demandes en retrait féodal ou censuel qui n'auraient pas été consommées par un jugement définitif ; et que, par jugement en dernier ressort, il doit être entendu que toutes poursuites de retrait qui n'auraient pas été entièrement terminées, ou sur lesquelles il existait encore à l'époque du 5 novembre 1789, quelque contestation relativement, soit à la régularité de la demande, soit à la forme et à l'effet des offres, seraient déclarées comme non avenues, passe à l'ordre du jour sur les pétitions des habitans de Vernouillet et du citoyen Duplein. »

RÉTROACTIF, est une qualité qui se donne aux actes et aux choses qui produisent leur effet pour le passé.

Par exemple, la ratification, qui est un consentement survenu après qu'un acte a été passé, a un effet rétroactif ; elle produit le même effet que si le consentement de la personne qui a ratifié l'acte fût intervenu au temps même qu'il a été passé. *Voy.* Ratification.

Les lois n'ont point d'effet rétroactif : elles n'ont d'effet que pour le futur, et non pour le passé. *Leg.* 7, *Cod. de Legibus. Voy.* le mot Effet rétroactif.

REVENDICATION, est l'action que nous intentons contre le possesseur ou tiers détenteur de la chose qui nous appartient, afin qu'elle nous soit restituée.

Tome III.

La revendication a lieu pour les meubles comme pour les immeubles.

Le possesseur de mauvaise foi est obligé de rendre la chose à celui qui la revendique, ainsi que les fruits de cette chose. *Art.* 540.

L'action en réduction ou revendication pourra être exercée par les héritiers contre les tiers détenteurs des immeubles faisant partie des donations, et aliénés par les donataires, de la même manière et dans le même ordre que contre les donataires eux-mêmes, et discussion préalablement faite de leurs biens. Cette action devra être exercée suivant l'ordre des dates des aliénations, en commençant par la plus récente. *Art.* 930. *Voy.* Réduction des donations.

En matière de dépôt, si le dépôt a été fait par une personne capable à une personne qui ne l'est pas, la personne qui a fait le dépôt n'a que l'action en revendication de la chose déposée, tant qu'elle existe dans la main du dépositaire, ou une action en restitution jusqu'à concurrence de ce qui a tourné au profit de ce dernier. *Art.* 1926. *Voy.* Dépôt.

RÉVERSION. *Voy.* Retour.

RÉVOCATION DE DONATION, est un acte par lequel on révoque une donation que l'on a précédemment faite.

Droit ancien.

La donation à cause de mort peut se révoquer de plusieurs manières, et entr'autres par le seul changement de volonté du donateur, parce que la donation à cause de mort est une dernière volonté : *At suprema hominis voluntas ambulatoria est, usque ad extremum vitæ spiritum.*

Mais la donation entre-vifs est de la nature des contrats : ainsi, comme les contrats *sunt ab initio voluntatis, et ex post facto necessitatis*, la donation entre-vifs est irrévocable, et ne peut se révoquer que pour cause approuvée par les lois ; savoir, pour cause d'ingratitude, et par la survenance des enfans, comme l'a dit

34

Ferrière sur le *titre septième* du *second livre* des Institutes.

Touchant ce que nous venons de dire, que la donation à cause de mort étant une disposition de dernière volonté, était révocable, il faut remarquer que cela ne peut plus avoir lieu parmi nous, puisque les donations à cause de mort ne peuvent plus être admises depuis la déclaration du mois de février 1731.

A l'égard de ce que nous avons dit, que la donation entre-vifs est irrévocable, cela doit s'entendre de la donation qui est parfaite ; car celle qui n'est pas acceptée peut toujours être révoquée par le donateur.

Comme l'ordonnance de Louis XV du mois de février 1731, faite au sujet des donations, contient plusieurs décisions remarquables touchant la révocation des donations, nous avons jugé à propos de rapporter ici les articles de cette ordonnance qui en parlent, comme faisant un droit qui doit être aujourd'hui observé par tout le royaume.

« *Art.* 39. Toutes donations entre-vifs faites
» par personnes qui n'avaient point d'enfans
» ou de descendans actuellement vivans dans
» le temps de la donation, de quelque valeur
» que lesdites donations puissent être, et à
» quelque titre qu'elles aient été faites, et en-
» core qu'elles fussent mutuelles ou rémunéra-
» toires, même celles qui auraient été faites
» en faveur de mariage par autres que par les
» conjoints ou par les ascendans, demeureront
» révoquées de plein droit, par la survenance
» d'un enfant légitime du donateur, même d'un
» posthume, ou par la légitimation d'un en-
» fant naturel par mariage subséquent, et non
» par aucune autre sorte de légitimation.

» 40. Ladite révocation aura lieu encore que
» l'enfant du donateur ou de la donatrice fût
» conçu au temps de la donation.

» 41. La donation demeurera pareillement
» révoquée, quand même le donataire serait
» entré en possession des biens donnés, et qu'il

» y aurait été laissé par le donataire depuis la
» survenance de l'enfant, sans néanmoins que
» ledit donataire soit tenu de restituer les fruits
» par lui perçus, de quelque nature qu'ils
» soient, si ce n'est du jour que la naissance de
» l'enfant, ou sa légitimation par mariage sub-
» séquent, lui aura été notifiée par exploit ou
» autre acte en bonne forme ; et ce, quand
» même la demande pour rentrer dans les
» biens donnés n'aurait été formée, que posté-
» rieurement à ladite notification.

» 42. Les biens compris dans la donation
» révoquée de plein droit rentreront dans le
» patrimoine du donateur libres de toutes
» charges et hypothèques du chef du dona-
» taire, sans qu'ils puissent demeurer affectés,
» même subsidiairement, à la restitution de la
» dot de la femme du donataire, reprises,
» douaires ou autres conventions matrimo-
» niales ; ce qui aura lieu, quand même la do-
» nation aurait été faite en faveur du mariage
» du donataire, et insérée dans le contrat, et
» que le donateur se seroit obligé, comme cau-
» tion, par ladite donation, à l'exécution du
» contrat de mariage.

» 43. Les donations ainsi révoquées ne
» pourront revivre ou avoir de nouveau leur
» effet, ni par la mort de l'enfant du dona-
» teur, ni par aucun acte confirmatif ; et si le
» donateur veut donner les mêmes biens au
» même donataire, soit avant ou après la mort
» de l'enfant, par la naissance duquel la dona-
» tion avait été révoquée, il ne pourra le faire
» que par une nouvelle disposition.

» 44. Toute clause ou convention par la-
» quelle le donateur aurait renoncé à la révo-
» cation de la donation par survenance d'en-
» fans, sera regardée comme nulle et ne pourra
» produire aucun effet.

» 45. Le donataire, ses héritiers ou ayans-
» cause, ou autres détenteurs des choses don-
» nées, ne pourront opposer la prescription
» pour faire valoir la donation révoquée par

» la survenance d'enfans, qu'après une posses-
» sion de trente années, qui ne pourront com-
» mencer à courir que du jour de la naissance
» du dernier enfant du donateur, même pos-
» thume, et ce, sans préjudice des interruptions,
» telles que de droit. »

À l'égard de la révocation qui peut se faire pour cause d'ingratitude de la part du donataire envers son bienfaiteur, *V.* ce que j'en ai dit *au mot* Ingratitude.

Pour ce qui est de la révocation qui se fait par la survenance des enfans au donateur, *V.* le Recueil alphabétique de Bretonnier, *au mot* Donation.

Droit nouveau.

La donation entre-vifs ne pourra être révoquée que pour cause d'inexécution des conditions sous lesquelles elle aura été faite, pour cause d'ingratitude, et pour cause de survenance d'enfans. *Art.* 953.

Dans le cas de la révocation pour cause d'inexécution des conditions, les biens rentreront dans les mains du donateur, libres de toutes charges et hypothèques du chef du donataire; et le donateur aura, contre les tiers détenteurs des immeubles donnés, tous les droits qu'il aurait contre le donataire lui-même. *Art.* 954.

La donation entre-vifs ne pourra être révoquée pour cause d'ingratitude que dans les cas suivans : 1.° si le donataire a attenté à la vie du donateur ; 2.° s'il s'est rendu coupable envers lui de sévices, délits ou injures graves ; 3.° s'il lui refuse des alimens. *Art.* 955.

La révocation pour cause d'inexécution des conditions, ou pour cause d'ingratitude, n'aura jamais lieu de plein droit *Art.* 956.

La demande en révocation pour cause d'ingratitude devra être formée dans l'année, à compter du jour du délit imputé par le donateur au donataire, ou du jour que le délit aura pu être connu par le donateur. — Cette révocation ne pourra être demandée par le donateur contre les héritiers du donataire, ni par les héritiers du donateur contre le donataire, à moins que, dans ce dernier cas, l'action n'ait été intentée par le donateur, ou qu'il ne soit décédé dans l'année du délit. *Art.* 957.

La révocation pour cause d'ingratitude ne préjudiciera ni aux aliénations faites par le donataire, ni aux hypothèques et autres charges réelles qu'il aura pu imposer sur l'objet de la donation, pourvu que le tout soit antérieur à l'inscription qui aurait été faite de l'extrait de la demande en révocation, en marge de la transcription prescrite par l'*art.* 939. — Dans le cas de révocation, le donataire sera condamné à restituer la valeur des objets aliénés, eu égard au temps de la demande, et les fruits, à compter du jour de cette demande. *Art.* 958.

Les donations en faveur de mariage ne seront pas révocables pour cause d'ingratitude. *Art.* 959.

Toutes donations entre-vifs faites par personnes qui n'avoient point d'enfans ou de descendans actuellement vivans dans le temps de la donation, de quelque valeur que ces donations puissent être, et à quelque titre qu'elles aient été faites, et encore qu'elles fussent mutuelles ou rémunératoires, même celles qui auraient été faites en faveur de mariage, par autres que par les ascendans aux conjoints, ou par les conjoints l'un à l'autre, demeureront révoquées de plein droit par la survenance d'un enfant légitime du donateur, même d'un posthume, ou par la légitimation d'un enfant naturel par mariage subséquent, s'il est né depuis la donation. *Art.* 960.

Cette révocation aura lieu, encore que l'enfant du donateur ou de la donatrice fût conçu au temps de la donation. *Art.* 961.

La donation demeurera pareillement révoquée lors même que le donataire serait entré en possession des biens donnés, et qu'il y aurait été laissé par le donateur depuis la survenance de l'enfant ; sans néanmoins que le donataire soit tenu de restituer les fruits par lui perçus , de quelque nature qu'ils soient , si ce n'est du jour que la naissance de l'enfant ou sa légitimation par mariage subséquent lui aura été notifiée par exploit ou autre acte en bonne forme ; et ce , quand même la demande pour rentrer dans les biens donnés, n'aurait été formée que postérieurement à cette notification. *Art.* 962.

Les biens compris dans la donation révoquée de plein droit rentreront dans le patrimoine du donateur , libres de toutes charges et hypothèques du chef du donataire , sans qu'ils puissent demeurer affectés , même subsidiairement, à la restitution de la dot de la femme de ce donataire , de ses reprises ou autres conventions matrimoniales ; ce qui aura lieu quand même la donation aurait été faite en faveur du mariage du donataire et insérée dans le contrat , et que le donateur se serait obligé comme caution , par la donation , à l'exécution du contrat de mariage. *Art.* 963.

Les donations ainsi révoquées ne pourront revivre ou avoir de nouveau leur effet , ni par la mort de l'enfant du donateur , ni par aucun acte confirmatif ; et si le donateur veut donner les mêmes biens au même donataire , soit avant ou après la mort de l'enfant par la naissance duquel la donation avait été révoquée, il ne le pourra faire que par une nouvelle disposition. *Art.* 964.

Toute clause ou convention par laquelle le donateur aurait renoncé à la révocation de la donation pour survenance d'enfant, sera regardée comme nulle , et ne pourra produire aucun effet. *Art.* 965.

Le donataire , ses héritiers ou ayans-cause , ou autres détenteurs des choses données , ne pourront opposer la prescription pour faire valoir la donation révoquée par la survenance d'enfant, qu'après une possession de trente années, qui ne pourront commencer à courir que du jour de la naissance du dernier enfant du

donateur même posthume; et ce , sans préjudice des interruptions , telles que de droit. *Art.* 966.

RÉVOCATION D'UN TESTAMENT , est un acte par lequel le testateur révoque expressément ou tacitement un testament qu'il a fait.

Droit ancien.

La révocation expresse d'un testament est une déclaration du testateur , par laquelle il marque qu'il n'entend pas que le testament qu'il a fait ait son exécution.

En pays coutumier un simple acte reçu par deux notaires , ou par un notaire et deux témoins , sans être revêtu d'aucune forme testamentaire , suffit pour révoquer un testament , et réduire les choses à l'ordre des successions légitimes.

Il y a plus, c'est qu'une simple déclaration sous seing privé , écrite et signée de la main du testateur , portant qu'il révoque le testament qu'il a fait, est suffisante pour le révoquer , et empêcher qu'il n'ait son exécution.

Mais en pays de droit écrit une telle déclaration , même passée pardevant notaires , n'empêcherait pas un testament d'avoir son effet , et ne suffirait pas pour réduire les choses à l'ordre des successions légitimes , à moins que le laps de dix ans ne concourût avec un tel acte.

La révocation tacite d'un testament est celle qui se présume par un testament postérieur revêtu de toutes les formalités requises pour sa validité ; et cette révocation est admise en pays de droit écrit , conformément à la disposition des lois romaines. Un testament est une disposition universelle : or il ne peut pas y avoir deux dispositions universelles d'une même personne ; c'est pourquoi la dernière doit être préférée à celle qui la précède.

Cela est si vrai qu'un testament fait en faveur de la cause pieuse est révoqué par un postérieur, quoiqu'il n'y ait point de révocation expresse du premier : comme il a été jugé au parlement d'Aix, par arrêt du 20 novembre 1670, rapporté par Boniface, *tome* 5, *livre* 1, *titre* 14, *chapitre* 3.

C'est donc un principe certain fondé sur la raison et sur l'autorité des lois, qu'un acte qui contient la dernière disposition universelle du testateur révoque de plein droit toutes les autres de cette nature, sans qu'il soit besoin que le testateur les révoque expressément.

Il n'en est pas de même des codicilles; car comme ce ne sont pas des dispositions universelles, mais seulement des dispositions des choses particulières: quand les codicilles ne sont pas contraires les uns aux autres, rien ne peut empêcher qu'une personne ne laisse plusieurs codicilles qui aient tous leur exécution.

Mais pour qu'un testament soit cassé par un postérieur, il faut que ce postérieur soit fait suivant toutes les formalités requises; *quia quæ jure contrahuntur, contrario tantùm jure pereunt. Leg.* 35, *et Leg.* 100, *de Reg. Jur.*

Il faut excepter, 1.º lorsque dans le premier testament l'héritier institué n'est pas du nombre des héritiers du sang, et que dans le second le testateur a institué celui qui lui devait succéder *ab intestat.*

2.º Quand l'acte de révocation est revêtu de toutes les solennités requises pour un testament, à l'exception de l'institution d'héritier qui ne s'y trouve point; car, en ce cas, quoique cet acte ne contienne pas d'institution d'héritier, le testament est révoqué de plein droit dans les pays de droit écrit où elle a lieu. La raison est qu'on présume alors que le testateur a institué ses héritiers *ab intestat.*

Pour ce qui est du pays coutumier, la révocation tacite d'un testament par un testament postérieur, n'a point lieu, parce qu'en pays coutumier les testamens ne sont, à proprement parler, que des codicilles: ainsi plusieurs testamens d'une même personne peuvent valoir, s'il paraît que telle a été la volonté du testateur.

Touchant cette matière, *Voy.* Ferrière dans sa Traduction des Institutes, sur le *titre* 17 du *second livre.*

La révocation légale par survenance d'enfans n'a pas lieu en matière de testamens comme en matière de donations. Cette question a été solennellement jugée à l'occasion du testament du sieur le Riche de la Pouplinière. La dame son épouse, qui se trouva grosse lors de son décès, prétendit, sous le nom de son enfant, après son accouchement, faire révoquer les legs portés au testament de feu son mari. Mais un premier arrêt rendu sur délibéré, le 12 mars 1764, a ordonné l'exécution du testament. Un second arrêt intervenu le 4 juillet de la même année a rejeté la requête civile prise contre le premier.

Révocation de legs, est un acte par lequel le testateur révoque expressément ou tacitement le legs qu'il a fait à quelqu'un. D'où il s'ensuit que cette révocation peut être expresse ou tacite.

Voy. Ferrière dans sa Traduction des Institutes, sur le *titre* 21 du *second livre*; et sur le §. 12 du *titre* précédent.

Droit nouveau.

Les testamens ne pourront être révoqués, en tout ou en partie, que par un testament postérieur, ou par un acte devant notaires, portant déclaration du changement de volonté. *Art.* 1035.

Les testamens postérieurs qui ne révoqueront pas d'une manière expresse les précédens, n'annulleront, dans ceux-ci, que celles des dispositions y contenues qui se trouveront incompatibles avec les nouvelles, ou qui seront contraires. *Art.* 1036.

La révocation faite dans un testament postérieur aura tout son effet, quoique ce nouvel acte reste sans exécution par l'incapacité de l'héritier institué ou du légataire, ou par leur refus de recueillir. *Art.* 1037.

Toute aliénation, celle même par vente avec faculté de rachat ou par échange, que fera le testateur de tout ou de partie de la chose léguée, emportera la révocation du legs pour tout ce qui a été aliéné, encore que l'aliénation postérieure soit nulle et que l'objet soit rentré dans la main du testateur. *Art.* 1038.

Toute disposition testamentaire sera caduque, si celui en faveur de qui elle est faite n'a pas survécu au testateur. *Art.* 1039.

Toute disposition testamentaire faite sous une condition dépendante d'un événement incertain, et telle que, dans l'intention du testateur, cette disposition ne doive être exécutée qu'autant que l'événement arrivera ou n'arrivera pas, sera caduque, si l'héritier institué ou le légataire décède avant l'accomplissement de la condition. *Art.* 1040.

La condition qui, dans l'intention du testateur, ne fait que suspendre l'exécution de la disposition, n'empêchera pas l'héritier institué, ou le légataire, d'avoir un droit acquis et transmissible à ses héritiers. *Art.* 1041.

Le legs sera caduc, si la chose léguée a totalement péri pendant la vie du testateur. — Il en sera de même si elle a péri depuis sa mort sans le fait et la faute de l'héritier, quoique celui-ci ait été mis en retard de la délivrer, lorsqu'elle eût également dû périr entre les mains du légataire. *Art.* 1042.

La disposition testamentaire sera caduque lorsque l'héritier institué ou le légataire la répudiera, ou se trouvera incapable de la recueillir. *Art.* 1043.

Les mêmes causes qui, suivant l'*art.* 954 et les deux premières dispositions de l'*art.* 955, autoriseront la demande en révocation de la donation entre-vifs, seront admises pour la demande en révocation des dispositions testamentaires. *Art.* 1046.

Si cette demande est fondée sur une injure grave faite à la mémoire du testateur, elle doit

être intentée dans l'année, à compter du jour du délit. *Art.* 1047.

RÉVOCATION D'EXHÉRÉDATION, est un acte par lequel celui qui avait exhérédé un de ses enfans déclare vouloir qu'il soit admis à sa succession.

Droit ancien.

Cette révocation doit être expresse, en sorte que l'exhérédation ne peut être tacitement révoquée, soit par dissimulation, soit par acte équipollent ; comme il a été jugé par arrêt du 30 juin 1656, rapporté par Soefve, *tom.* 2, *cent.* 1, *chap.* 36.

Par cette raison la bénédiction seule, à l'article de la mort, donnée par le père à un enfant exhérédé, n'est pas suffisante pour révoquer l'exhérédation.

Voy. un Arrêt du 27 avril 1660, qui est rapporté dans le Journal des Audiences, qui l'a jugé ainsi.

L'exhérédation du fils faite par le père pour s'être marié sans son consentement ne serait pas non plus révoquée par la conversation que le fils et sa femme auraient eue avec le père depuis l'exhérédation. Peleus, *question* 24.

Il y a néanmoins un cas où l'exhérédation est tacitement révoquée, c'est lorsque l'action dont on infère une révocation tacite donne à connaître que, par une rémission pleine et entière de la part du père, les justes ressentimens qui avaient donné lieu à l'exhérédation sont dissipés, et que la tendresse paternelle a entièrement pris le dessus, comme je l'ai dit, en parlant du rappel qui relève les enfans de leur exhérédation.

Outre que, régulièrement, la révocation d'une exhérédation doit être faite par un acte, il faut que cet acte soit passé pardevant notaires.

Touchant la forme et la révocation des exhérédations, *Voy.* Henrys, *tome* 2, *livre* 5, *question* 47 ; Bardet, *tome* 1, *livre* 3, *cha-*

pitre 55, et tome 2, *livre* 3, *chapitre* 20 ;
Soefve, *tome* 2, *cent.* 1, *chapitre* 25.

Droit nouveau.

L'exhérédation n'étant plus permise, il est inutile d'examiner ce qui a trait à sa révocation.

RÉVOCATION EN MATIÈRE DE CONTRAT.

Les conventions légalement formées tiennent lieu de loi à ceux qui les ont faites. — Elles ne peuvent être *révoquées* que de leur consentement mutuel, ou pour les causes que la loi autorise. — Elles doivent être exécutées de bonne foi. *Art.* 1134.

Lorsqu'il a été apposé une condition résolutoire à une obligation, et que cette condition vient à s'accomplir, elle opère la *révocation* de l'obligation, et remet les choses au même état que si l'obligation n'avait pas existé. *Art.* 1183. *V.* Clause résolutoire.

Le mandat finit par la *révocation* du mandataire. *Art.* 2003.

Le mandant peut *révoquer* sa procuration quand bon lui semble, et contraindre, s'il y a lieu, le mandataire à lui remettre, soit l'écrit sous seing privé qui la contient, soit l'original de la procuration, si elle a été délivrée en brevet, soit l'expédition, s'il en a été gardé minute. *Art.* 2004.

La *révocation* notifiée au seul mandataire ne peut être opposée aux tiers qui ont traité dans l'ignorance de cette *révocation*, sauf au mandant son recours contre le mandataire. *Art.* 2005.

La constitution d'un nouveau mandataire pour la même affaire vaut *révocation* du premier, à compter du jour où elle a été notifiée à celui-ci. *Art.* 2006.

Si le mandataire ignore la *révocation* du mandat, ce qu'il a fait dans cette ignorance est valide. *Art.* 2008.

En matière de société, le pouvoir d'administrer donné à un individu de cette même société par le *contrat* ne peut être *révoqué* sans

cause légitime tant que la société dure ; mais si ce pouvoir n'a été donné que par acte postérieur au contrat de société, il est *révocable* comme un simple mandat. *Art.* 1856.

RIVIÈRE, est une eau abondante et perpétuelle qui vient de quelque source, et qui coule dans une espèce de canal qu'on appelle lit.

Il y a plusieurs espèces de rivières ; savoir, les rivières navigables, et celles qui ne le sont pas.

Les rivières navigables sont celles qui portent bateaux ; au contraire, les non navigables sont celles qui ne portent point bateaux.

Droit ancien.

Les rivières navigables sont appelées royales, comme appartenantes au roi *jure regio*, et sont comprises parmi les droits qui sont réservés à la couronne.

Quoique les rivières prennent leur cours par les terres des seigneurs hauts-justiciers, lesdits seigneurs ne peuvent pas prendre connaissance des malversations qui se commettent tant sur l'eau que sur le rivage, suivant les ordonnances des eaux et forêts.

Cela est fondé sur ce que les choses qui sont publiques et du droit des gens, comme les grandes rivières, les rivages, les grands chemins, sont dépendantes du souverain.

Les grands fleuves sont donc en la protection particulière du roi, soit à cause de l'utilité de la navigation, qui porte les marchandises d'un pays à un autre, ce qui est un des biens de la société civile, en quoi l'état se trouve intéressé ; soit parce qu'ils servent communément de limites et de défenses aux royaumes ; et il y aurait de l'inconvénient que sa majesté n'en eût pas l'entière propriété.

Ainsi les îles qui s'élèvent dans les fleuves ou dans les rivières navigables appartiennent au roi, par le seul droit de propriété qu'il a dessus, aussi bien que les péages , passages , ponts , bacs , bateaux , pêches , moulins et autres choses ou droits que ces fleuves ou rivières produisent.

Il en est de même des héritages qu'un fleuve ou une rivière navigable enferme comme des îles : ils appartiennent aussi au roi.

Mais les petites rivières non navigables et les îles qui s'y forment, appartiennent à ceux qui sont propriétaires de ces rivières.

Voy. pour le *Droit intermédiaire* et *nouveau* , ce que j'ai dit *au mot* Eau. *Voy.* aussi *les mots* Accession , Atterrissement, Accrues.

RUBRIQUES. C'est le nom qu'on donne aux titres des livres du Corps du droit romain. On les nomme ainsi , parce que ces titres étaient uniquement écrits en lettres rouges.

S

SECONDES NOCES. Par ces termes nous entendons non seulement les noces qui suivent les premières , mais aussi tous autres mariages qui sont contractés après les premiers , comme le troisième mariage , le quatrième ou autre.

Droit ancien.

Le premier mariage non vablement contracté et déclaré nul n'est pas considéré comme un mariage , et n'est pas par conséquent mis en ligne de compte; *quià quod nullum est nullum de jure parit effectum.*

Le mariage non consommé, quoique légitimement contracté, dissous par la profession monastique de l'un des conjoints, n'est pas regardé comme le premier mariage de celui des conjoints qui reste dans le monde.

Les seconds mariages n'ont jamais été regardés favorablement : ils sont à la vérité permis ,

mais ils sont odieux , sur-tout quand on s porte par une passion assez aveugle pour soustraire aux devoirs inviolables que la natu iuspire, en favorisant la personne que l'c épouse de la meilleure partie de ses biens, a préjudice de ses enfans.

Aussi saint Ambroise en son Examéron di *Mutato concubitu , parentes depravantur pro latis filiis posterioris copulæ , neglectis auter his , ex priore progeniti sunt.* Il y a d'ancier canons qui défendent aux ecclésiastiques qu sont *in sacris* de se trouver aux festins des se condes noces. Les bigames ont besoin de di pense pour être admis aux ordres sacrés. Ter tullien appelle les secondes noces un adultère Valère Maxime dit que les secondes noces e cette vicissitude de mariages sont un aveu d'in tempérance. Enfin , les lois romaines parler des secondes noces en termes durs et odieux.

Quoi qu'il en soit , les secondes noces son permises , *idque propter necessitatem , qui melius est nubere quàm uri*, comme le dit sain Paul , *ép.* 1 , *Cor. chap.* 7 , *vers.* 9. Saint Augustin, parlant contre les Montanistes , qui sou tenoient que les secondes noces ne différoien en rien d'une conjonction illicite et prohibé par les lois , dit : *Stulta est eorum persuasio quià peccata interdixit Deus , non matrimonia.*

Les secondes noces ayant toujours été regardées comme un effet d'intempérance, et faisant connaître le peu d'amour que le survivant des conjoints qui les contracte a conservé pour le prédécédé avec qui il était auparavant uni par le mariage, et pour les enfans qui lui en sont restés, ce n'est pas sans raison qu'on a établi diverses peines contre ceux qui les contractent.

Les lois romaines ont établi des peines contre les secondes noces quand elles sont prématurées , ou qu'elles sont intempérées.

Les secondes noces *prématurées* sont celles que les femmes contractent dans l'an du deuil

de

de leurs maris, par la raison qu'il y a trop de précipitation à se remarier ainsi, sans passer l'an du deuil à pleurer leurs maris ; d'ailleurs à cause que l'enfant qui peut provenir dans cette année de deuil, peut jeter dans l'incertitude s'il est du dernier ou du précédent mariage. Et comme le mari n'est pas dans l'obligation de pleurer sa femme, et que *in eo cessat prolis incertitudo*, les maris n'étaient point sujets aux peines des secondes noces prématurées.

La loi première, au Code *titulo de secundis nuptiis*, nous marque cinq peines dont les femmes sont punies, quand elles passent à de secondes noces avant l'an du deuil expiré.

La première est la note d'infamie qu'elle encourt *ipso jure* ; celui qui l'épousait, ou le père de la veuve qui consentait au mariage, étaient sujets à cette peine.

Mais cette peine d'infamie n'a jamais eu lieu en France pour des secondes noces, parce qu'elles sont permises par l'église, et que le droit canon a rejeté cette peine.

L'amour peut quelquefois pousser une femme à s'oublier elle-même : ainsi on fait très-bien de ne pas noter d'infamie une veuve qui se remarie dans l'an de deuil, pour ne pas l'exposer à un plus grand désordre, si elle n'avait pas la liberté de se remarier dans le temps qu'elle en aurait envie, quoique destinée à pleurer son premier mari.

L'église ayant jugé que l'incontinence n'étant pas moins dans le sexe que dans les hommes, il ne fallait pas défendre, sous peine d'infamie, aux femmes ce qui était permis aux hommes, n'a prescrit aucun temps aux veuves pour se remarier ; suivant ce que dit l'apôtre en son *épître première aux Corinth.*, chap. 7, *vers.* 59 ; et c'est ce qui s'observe parmi nous.

Cependant la cour ne laisse pas quelquefois de punir les secondes noces, quand elles sont trop précipitées, comme il paraît par le jugement qu'elle a rendu dans l'espèce suivante. Une

Tome III.

femme se remaria trois jours après la mort de son mari, et accoucha neuf mois après moins quelques jours. Elle fit baptiser cet enfant sous le nom de son premier mari, dont elle n'avait point eu d'autres enfans. Les héritiers collatéraux de son premier mari prétendirent que cet enfant n'était point de lui, mais du second mari de cette femme.

M. l'avocat général Bignon dit, que l'enfant étant né dans le neuvième mois de l'un et de l'autre mariage, il était difficile de connaître qui des deux maris en était le père, et que cette question avait été diversement définie par les auteurs qui l'avaient traitée. Mais enfin il dit que tout bien considéré, l'enfant étant né dans le neuvième mois de l'un et de l'autre, il lui paraissait plus juste de le donner au second mari, qui, aussi bien que sa femme, était inexcusable de s'être engagé avec tant de précipitation dans des noces qui étaient contre l'honnêteté, et qui paraissaient même être en quelque façon contre l'honnêteté publique.

Par ces raisons, la cour jugea que cette femme qui s'était remariée trois jours après le décès de son mari, serait privée de son douaire ; et l'enfant qu'elle avait eu dans le neuvième mois de l'un et de l'autre mariage, fut déclaré appartenir au second mari. Cet arrêt, rendu le 10 juin 1664 en l'audience de la grand'chambre, est rapporté dans le Journal des Audiences.

La deuxième peine dont les femmes sont punies par le droit romain, quand elles passent à de secondes noces avant l'an de deuil expiré, est que la veuve qui fait un tel mariage, ne peut donner en dot à son second mari, ou lui laisser par testament plus que la troisième partie de ses biens, en cas qu'elle n'ait aucuns enfans issus d'un autre mariage précédent. Cette peine est observée dans les parlemens qui sont dans les provinces du droit écrit, et notamment dans celui de Toulouse. *Voy.* Maynard, *ch.* 89, *liv.* 3 ; la Rocheflavin, *lettre* M, *tit.* 4, *arrêt* 17 ; et Dolive, *liv.* 3, *chap.* 11.

La troisième peine est, que celle qui se re-

35

marie dans l'an de deuil, ne peut rien recevoir, en vertu de quelque ordonnance que ce soit de dernière volonté, faite par d'autres en sa faveur. Ce qui a été reçu dans les parlemens des provinces de droit écrit.

La quatrième peine est, que tout ce qui a été laissé par dernière volonté de son défunt mari, lui est ôté, comme indigne de le recevoir ; elle perd même ce qui lui devrait revenir en conséquence de ses conventions matrimoniales. Une veuve qui se remarie dans l'an du deuil, manquant de respect envers les mânes de son mari, est indigne de recevoir quoique ce soit de ses libéralités. Cette peine est en usage dans les parlemens de Toulouse, de Grenoble et d'Aix. Maynard, *liv.* 3, *ch.* 88 et 92, et aux *ch.* 9 et 94 ; du Vair, *arrêt* 5, en l'addition à d'Expilly, *plaidoyer* 38 ; la Rocheflavin, *lett.* M, *tit.* 4, *arrêts* 1 et 7, *chap.* 164 ; et Mornac sur la Loi 11, §. 1, *ff. de His qui notant. infam.*

La cinquième peine est, que la veuve qui se remarie dans l'an du deuil, ne peut accepter une succession *ab intestat*, qui lui échoit par de-là le troisième degré de parenté. Ce qui est d'usage dans les parlemens de droit écrit.

La première de ces peines, qui est l'infamie, n'est point en usage dans les provinces du droit écrit, ni dans celles du droit coutumier, comme nous avons dit ci-dessus. A l'égard des quatre autres, elles ne sont point reçues dans tous les parlemens des provinces qui sont régies par le droit coutumier : les veuves qui se remarient avant l'année du deuil finie, n'y sont pas punies d'autres peines que celles qui se remarient après l'an du deuil. C'est le sentiment de Charondas, *loco citato*; de Boërius, *quest.* 186 ; de Papon, *liv.* 15, *tit.* 1, *arrêts* 12 et 15 ; de du Vair, *arrêt* 5 ; et de plusieurs autres.

Les secondes noces *intempérées* sont celles qui sont contractées par un homme veuf, ou une femme veuve, qui ont des enfans d'un mariage précédent. La faveur des enfans méritait bien que l'on établît des peines contre ceux qui passent à de secondes noces, au préjudice des droits du sang et de la nature.

La loi *Hâc edictali* 6, *Cod. de Secund. nupt.* qui est un édit des empereurs Léon et Anthémius, établit des peines contre ceux et celles qui ayant des enfans, convolent à de secondes noces.

Dans le commencement de cette loi, il est défendu à celui ou à celle qui se remarie ayant des enfans d'un précédent mariage, d'avantager sa seconde femme ou son second mari de ses propres biens, plus qu'un de ses enfans peut avoir ; et en cas que les enfans du premier lit soient avantagés les uns plus que les autres, l'avantage fait à la seconde femme ou au second mari, doit être réglé selon la portion du moins prenant des enfans.

Le premier paragraphe de cette loi décide que celle qui se remarie, est obligée de réserver à ses enfans du premier lit les gains nuptiaux, et autres avantages qui lui ont été faits par son premier mari.

Voilà les deux principales peines qui ont été établies par les lois romaines, contre les personnes qui, ayant des enfans d'un premier lit, se remarient. Ces peines sont observées dans tous les pays de la France, de la manière qui suit.

Premièrement, quand on se marie ayant des enfans d'un premier lit, il n'est pas permis d'avantager de ses propres biens celui ou celle avec qui on contracte un second mariage, plus que le moins prenant de ses enfans. Sur quoi il faut remarquer que la réduction des donations faites aux seconds maris, ne se règle qu'au jour du décès de celles qui les ont faites, pour savoir quel est l'enfant qui sera le moins prenant, comme il est porté en la Novelle 22, *chap.* 28, dont on suit en France la disposition. *Voy.* Maynard, *liv.* 3, *chap.* 83 ; Cambolas, *liv.* 1, *chap.* 16 ; et Louet, *lett.* N, *somm.* 2.

En second lieu, celui ou celle qui se remarie, ne peut avantager sa seconde femme ou son second mari, des libéralités de sa première femme ou de son premier mari ; de sorte qu'il est obligé de les réserver à ses enfans du premier lit.

L'édit de François II, du mois de juillet 1560, vulgairement appelé l'édit des secondes noces, contient deux articles qui décident ce que nous venons de dire.

Le premier est conçu en ces termes : « Que » les femmes veuves ayant enfans, ou enfans » de leurs enfans, si elles passent à de nouvelles » noces, ne peuvent et ne pourront en quelque » façon que ce soit, donner de leurs biens et » meubles, acquêts ou acquis par elles d'ail- » leurs que leurs premiers maris, ni moins » leurs propres, à leurs nouveaux maris, pères, » mères ou enfans desdits maris, ou autres » personnes, qu'on puisse présumer être par » dol ou fraudes interposées, plus qu'à un de » leurs enfans, ou enfans de leurs enfans : et » s'il se trouve division inégale de leurs biens » faite entre leurs enfans, ou enfans de leurs » enfans, les donations par elles faites à leurs » nouveaux maris, seront réduites et mesurées » à raison de celui qui en aura le moins. »

Ce premier article de l'édit des secondes noces, qui est conforme à la loi *Hâc edictali* 6, *Cod. de Secund. nupt.* défend à la veuve qui se remarie, de donner de ses biens à son second mari, plus qu'un de ses enfans le moins prenant peut en avoir.

Cet article ne parle point des hommes, qui ayant des enfans d'un premier lit, se remarient ; mais sa décision a été par les parlemens du royaume étendue à eux, attendu qu'il y a parité de raison, et qu'il n'est pas extraordinaire que des hommes aient la même faiblesse que les femmes, de se dépouiller entièrement de l'amour qu'ils doivent avoir pour leurs enfans du premier lit, lorsqu'ils convolent en secondes noces.

Le second article de ce même édit est conçu en ces termes : « Et à l'égard des biens à icelles » veuves acquis par dons et libéralités de leurs

» défunts maris, ains elles seront tenues les » réserver aux enfans communs d'entr'elles et » leurs maris, de la libéralité desquels iceux » biens leur seront advenus. Le semblable » voulons être gardé ès biens qui sont advenus » aux maris par dons et libéralités de leurs » défuntes femmes ; tellement qu'ils n'en pour- » ront faire don à leurs secondes femmes, mais » seront tenus de les réserver aux enfans qu'ils » ont eu de leurs premières. Toutefois n'en- » tendons par ce présent notre édit, bailler » auxdites femmes plus de pouvoir et liberté » de donner et disposer de leurs biens, qu'il ne » leur est loisible par les coutumes des pays, » auxquels par ces présentes n'est dérogé, en » tant qu'elles restreignent plus ou autant la » libéralité desdites femmes. »

Ce deuxième article de l'édit des secondes noces est tiré de la loi *Fœmina* 3, *Cod. de Secund. nupt.*, qui veut qu'une femme qui se remarie, laisse à ses enfans du premier lit les avantages qu'elle a reçus de son premier mari : sur quoi il faut remarquer que tout ce qui aurait été donné par les parens de son premier mari, est sujet à la réserve portée par ce deuxième article de cet édit ; savoir : la dot et la donation à cause de noces, comme il est statué par la loi 5, *Cod. de Secund. nupt.* attendu que ces donations ont été faites à la femme par rapport à son futur époux.

Mais quand il s'agit de quelque donation particulière faite sans contemplation du futur mariage au fiancé ou à la fiancée, par les parens de l'un ou de l'autre, cette donation n'est pas sujette à la réserve portée par le deuxième article de l'édit des secondes noces, parce qu'elle n'y est pas comprise ; et que comme il s'agit d'une peine, la loi ne doit point recevoir en cela d'extension. *Voy.* Bechet en son Traité des secondes noces, *chap,* 14 ; et d'Expilly, *plaidoyer* 19.

Au reste, comme l'édit des secondes noces n'a été fait qu'en faveur des enfans du premier lit, il s'ensuit 1.º que s'il n'y a point d'enfans du premier mariage qui soient vivans lors des secondes noces, ou s'il y en a qui soient morts civilement, la prohibition portée par cet édit cesse. 2.º Qu'elle cesse aussi, lorsqu'au temps de la mort du donateur, les enfans qui étaient vivans lors du second mariage, sont tous morts dans le temps qu'il est décédé.

Comme la faveur des enfans du premier lit a fait restreindre et borner les dons et libéralités, que ceux qui convolent en secondes noces exercent inconsidérément et avec profusion envers la personne qu'ils épousent en secondes noces, il est juste que cette cause cessant pendant le second mariage, la disposition qui en avait été faite au profit du second mari ou de la seconde femme, soit valable, suivant la règle, *cessante causa, cessat effectus.*

Il y a un acte de notoriété en exécution de l'édit des secondes noces de François II, et de l'article 279 de la coutume de Paris. Cet acte est du premier mars 1698, qui fixe la part du mari qui a droit de prendre autant que l'un des enfans le moins prenant dans la succession d'une femme, qui en passant à de secondes ou autres noces, a fait cet avantage à son second ou autres maris.

Il nous reste à remarquer quelles peines encourent les mères qui se remarient sans avoir fait pourvoir d'un tuteur leurs enfans du premier lit, rendu compte, et payé le reliquat.

C'est une maxime certaine en droit, qu'elles sont privées de leur succession, et du bénéfice de la substitution pupillaire, et les biens de leur second mari sont hypothéqués tacitement au paiement du reliquat du jour de la tutelle. *Leg.* 2, *Qui petunt tutor.* Les empereurs Théodose et Valentinien étendirent cette peine à la perte de la substitution pupillaire : et à l'égard de la mère tutrice de ses enfans, qui passe à de secondes noces, ils l'assujettissent aux mêmes peines, quand elle se remarie avant que d'avoir rendu compte, et payé le reliquat. *Leg.* 6, *Cod. ad S. C. Tertullian.* Justinien par sa Novelle 22, *chap.* 40, prononce contre la mère qui se re-

marie sans avoir fait pourvoir d'un tuteur ses enfans du premier lit, rendu compte, et payé le reliquat, la même peine que contre celle qui se remarie avant la fin de l'année du deuil.

Aucune de ces lois n'est suivie au parlement de Paris; et ces peines n'y ont pas lieu, à la réserve de l'hypothèque tacite sur les biens du second mari.

A l'égard du parlement de Toulouse, Catelan, *tome* 2, *livre* 4, *chapitre* 21, assure que les peines de la Novelle y sont suivies. Il rapporte un arrêt du 14 août 1694, qui a privé une mère de l'usufruit des libéralités de son premier mari, pour s'être remariée sans avoir fait nommer un tuteur à sa fille du premier lit. Dans le *chapitre* 58 il dit la même chose, et rapporte un arrêt du 17 juin 1660, rendu après un partage, lui étant compartiteur, par lequel une mère fut privée de son augment, sans espérance de le recouvrer après la mort de son fils unique du premier lit.

Au reste, ces peines cessent, 1.º si les enfans décèdent après la puberté; 2.º si la mère lors de son second mariage était mineure. Dolive, *livre* 3, *chapitre* 5; Cambolas, *livre* 6, *chapitres* 36 et 43.

Touchant les secondes noces prématurées ou intempérées, *Voy.* ce qu'a dit Ferrière sur l'article 279 de la coutume de Paris, où il a expliqué de quelle manière les peines établies par les lois romaines contre les secondes noces sont observées en France, et où il a donné un ample commentaire sur l'édit des secondes noces. *Voy.* aussi Henrys, *livre* 4, *quest.* 14; et le Recueil alphabétique de Bretonnier.

V., pour le *Droit intermédiaire,* le mot Édit des secondes noces.

Droit nouveau.

La mère qui se remarie, cesse d'avoir la jouissance des biens de ses enfans agés de moins de dix-huit ans. *Art.* 386.

Si la mère tutrice veut se remarier, elle devra, avant l'acte de mariage, convoquer le conseil de famille, qui décidera si la tutelle doit lui être conservée.—A défaut de cette convocation, elle perdra la tutelle de plein droit, et son nouveau mari sera solidairement responsable de toutes les suites de la tutelle qu'elle aura indûment conservée. *Art.* 395.

Lorsque le conseil de famille, dûment convoqué, conservera la tutelle à la mère, il lui donnera nécessairement pour co-tuteur le second mari, qui deviendra solidairement responsable, avec sa femme, de la gestion postérieure au mariage. *Art.* 396.

La mère remariée et non maintenue dans la tutelle des enfans de son premier mariage, ne peut leur choisir un tuteur. *Art.* 399.

Lorsque la mère remariée, et maintenue dans la tutelle, aura fait choix d'un tuteur aux enfans de son premier mariage, ce choix ne sera valable qu'autant qu'il sera confirmé par le conseil de famille. *Art.* 400.

L'homme ou la femme qui, ayant des enfans d'un autre lit, contracte un second ou subséquent mariage, ne peut donner à son nouvel époux qu'une part d'enfant légitime le moins prenant; et sans que, dans aucun cas, ces donations puissent excéder le quart des biens. *Art.* 1098. *V.* Édit des secondes noces *et* Avantages entre époux.

SEING-PRIVÉ. *Voy.* Acte sous seing-privé.

SÉNATUS-CONSULTE, suivant la définition qu'en donne Justinien, §. 5, *tituli Institut. de Jur. natur. gent. et civil*, est un décret du sénat, par lequel il ordonne et établit quelque chose.

Le sénat ayant été créé pour avoir la plus grande part dans l'administration des affaires publiques, il ne faut pas douter qu'il ait de tout temps fait des sénatus-consultes sur les affaires les plus importantes et qui intéressaient l'état.

On avait à Rome défini quel nombre de sé-

nateurs était requis pour faire un sénatus-consulte; et ce nombre a augmenté ou diminué au temps que se faisait le sénatus-consulte.

Celui qui présidait l'assemblée, prenait les voix des sénateurs, et résumait leur avis, pour conclure à la pluralité des voix; de manière que ce qui était arrêté par le plus grand nombre, était suivi et exécuté.

Quand les suffrages étaient partagés de manière que celui qui présidait l'assemblée ne connaissait pas d'abord le plus grand nombre, pour compter les suffrages plus facilement, il faisait passer d'un côté du sénat tous ceux qui étaient d'un avis, et de l'autre ceux qui étaient d'un avis contraire.

Il était alors permis de changer de sentiment; de sorte que ceux qui avaient opiné d'une manière, pouvaient se rétracter en se rangeant du côté de ceux qui étaient d'un avis contraire.

Après qu'un sénatus-consulte avait été arrêté à la pluralité des voix, l'assemblée finie, et l'arrêt étant entièrement dressé, un sénateur en faisait lecture devant le peuple assemblé.

Le peuple romain a reçu dans tous les temps des sénatus-consultes : il s'en est fait du temps de la république aussi bien que du temps des rois; mais il s'en fallait beaucoup qu'ils eussent force de loi.

Dans ce temps là l'on ne consultoit le sénat que pour avoir son avis. Un sénatus-consulte n'ayant donc de lui-même aucune autorité, il fallait qu'il fût confirmé par une loi faite du consentement de tout le peuple : ce qui a donné lieu à cette formule : *Populus jubet, senatus autor est.*

Sous l'empereur Tibère, les sénatus-consultes commencèrent à avoir force de loi, parce qu'ils se firent sur la réquisition du prince et sous son autorité. Aussi le sénatus-consulte qui était fait de cette manière, était-il appelé *Senatus-consultum factum ad orationem principis*, et avait une pleine et entière autorité.

L'usage des sénatus-consultes qui se faisaient *ad orationem principis*, fut un effet de la politique de Tibère, qui voulut qu'au lieu de consulter le peuple, on consultât le sénat, sous prétexte que le nombre des citoyens romains était si fort augmenté, qu'il n'était pas possible de les réunir tous dans une même assemblée.

Ainsi l'empereur revêtu par la loi Regia de toute l'autorité du peuple, faisait assembler le sénat, pour lui proposer la loi qu'il avait dessein d'établir ; et les décrets du sénat faits sur la réquisition de l'empereur, n'avaient pas moins d'autorité que les lois établies pendant la république, non pas à la vérité par le pouvoir du sénat, mais en conséquence et en vertu de l'autorité du prince.

Sous les derniers empereurs, le sénat eut le pouvoir de faire des règlemens de son chef et sans la réquisition du prince ; mais ces sénatus-consultes ne se pouvaient faire que pour des choses de peu d'importance : par exemple, lorsqu'il s'agissait de réprimer le luxe des habillemens.

Sous l'empereur Justinien, l'autorité du sénat était beaucoup diminuée. Enfin Léon le philosophe ôta entièrement au sénat le droit de faire des ordonnances sur quelque matière que ce fût.

Dans les temps même où le sénat n'a pas eu le pouvoir de faire des règlemens qui eussent force de loi, il a néanmoins toujours eu le droit d'examiner et de donner son approbation aux lois que les princes faisaient.

Au temps même que le sénat a cessé de pouvoir faire des sénatus-consultes, ceux qui avaient été faits auparavant n'ont pas déchu pour cela de leur autorité, et ils sont toujours restés en vigueur, comme les sénatus-consultes velléïen, macédonien, trébellien, tertullien, orphitien, et autres.

Depuis la constitution de l'an 8, qui a créé un sénat en France, les sénatus-consultes font partie de nos lois, et ils en ont l'autorité et la

force. Parmi les sénatus-consultes rendus jusqu'à ce jour, on doit remarquer celui du 28 floréal an 12, qui confie le gouvernement à Napoléon I.er empereur.

SÉPARATION.

Droit ancien.

Il y a deux sortes de séparation ; savoir : la séparation de corps, et la séparation de biens.

La première peut se demander par le mari ou par la femme. Quand c'est la femme qui la demande, elle peut accepter ou renoncer à la communauté ; et en cas qu'elle l'accepte, elle doit demander que partage en soit fait, d'autant que cette communauté est résolue pour l'avenir, au moyen de la séparation.

La seconde ne peut se demander que par la femme, pour cause de mauvais ménage provenant de la dissipation de son mari : c'est pourquoi il faut que la femme qui la demande renonce à la communauté ; autrement l'acceptation qu'elle en ferait serait une preuve qui détruirait la raison de dissipation de son mari, sur laquelle sa demande en séparation doit être fondée.

Cependant le défaut de renonciation à la communauté de biens ne serait pas un moyen de nullité dans une sentence de séparation que la femme aurait obtenue contre son mari : mais dans l'exécution de cette sentence, la femme qui n'a pas renoncé demeure commune, et perd tout ce qu'elle a apporté dans la communauté. *Voy.* un Acte de Notoriété de M. le lieutenant civil le Camus, en date du 26 juillet 1707.

Le juge d'église n'est point compétent de connaître d'une demande en séparation entre mari et femme ; l'on ne peut se pourvoir pour un tel sujet que pardevant le juge laïc. *Voy.* Soefve, *tom.* 2, *cent.* 2, *chap.* 82.

Une femme qui veut se faire séparer d'habitation et de biens, ou même de biens seulement, doit se faire en pays coutumier autoriser par justice.

Quand elle poursuit la séparation d'habitation pour mauvais traitemens, et qu'elle paraît bien fondée, le juge ordonne par provision qu'elle se retirera dans la maison de quelqu'une de ses parentes, avec défenses au mari de la maltraiter.

Pendant le procès pour les sévices, la cour adjuge à la femme des provisions et pensions sur le mari, lesquelles, faute de paiement, se prennent sur les biens de la communauté, ou sur les propres du mari par saisie.

Quand il y a des créanciers, il est à propos de les faire sommer qu'ils ayent à assister à l'instance de séparation, afin qu'ils ne la puissent débattre de collusion entre le mari et la femme.

La sentence de séparation fait regarder la femme séparée comme une personne émancipée; de manière qu'elle peut sans l'autorisation de son mari, s'obliger jusqu'à concurrence de ses meubles et du revenu de ses immeubles, ester en jugement sans le consentement de son mari; et sans être autorisée par justice, pourvu toutefois que la séparation soit faite en justice, et non par transaction particulière.

Voy. un Acte de Notoriété de M. le Camus, du 8 mai 1703, *page* 178 *et suiv. V.* aussi ce que j'ai dit ci-dessus *au mot* Femme séparée.

Il faut de plus que la séparation soit exécutée. Ce qui a fait naître plusieurs difficultés pour savoir ce qu'il faut faire, pour qu'une sentence de séparation soit censée exécutée, de manière qu'on ne la présume pas frauduleuse.

La manière la plus ordinaire est de faire, en cas de séparation de biens seulement, un procès verbal de vente des meubles du mari. *Voy.* ce qu'a dit Ferrière sur l'*art.* 224 de la Coutume de Paris.

Mais comme il se trouve souvent que les meubles ont été saisis par des créanciers, alors une restitution des propres faites par le mari à sa femme, ou quelqu'autre acte, suffit pour justifier qu'il n'y a point de fraude, comme une saisie réelle, ou autres actes forcés.

La séparation non exécutée est nulle, même entre le survivant des conjoints et leurs héritiers et ayant-cause; comme il a été jugé par un arrêt du parlement de Paris, rendu en la grand'chambre le 30 mai 1712, au rapport de M. Mengui.

Au reste, un mari ne perd jamais l'autorité qu'il a sur la conduite et sur les mœurs de sa femme : ainsi, quelque séparation qui ait été prononcée en justice, si la femme se comportait mal, le mari pourrait la poursuivre en justice pour crime d'adultère.

Séparation de corps.

C'est un jugement qui ordonne que les conjoints par mariage seront séparés de corps et de biens, en conséquence des mauvais traitemens faits par le mari à sa femme, ou de ses débauches; de sorte que la femme ne demeurera plus avec son mari, et que le mari restituera les biens qui appartiennent à sa femme, et lui donnera la part qui lui appartient en la communauté, à moins qu'elle n'y renonce.

On ne sépare ceux que la dissention éloigne de cet esprit de paix qui entretient la société conjugale, que pour empêcher de plus grands désordres, et non pas pour permettre aux conjoints de passer à d'autres noces, jusqu'à ce que l'un d'eux soit décédé; parce qu'un mariage légitimement contracté est indissoluble.

Ainsi nous n'admettons point, suivant le droit canonique, de divorce *quoad fœdus et vinculum*; mais nous admettons le divorce *quoad thorum et habitationem*, c'est-à-dire, une séparation d'habitation et de biens, laquelle est plus souvent demandée par la femme que par le mari.

Mais pour que cette séparation soit accordée à celui des conjoints qui la demande, il faut qu'il justifie pleinement qu'il est contraint de le faire par de très-fortes raisons. Ainsi les altercations entre maris et femmes, ne sont à cet égard jamais regardées que comme des accidens inséparables de la condition humaine : c'est aussi pourquoi on ne saurait trop fermer les yeux sur les petits accidens qui troublent la paix domestique. En effet, comme le mariage est le plus solide appui de la société civile, on ne peut trop écarter tout ce qui tend à séparer ceux qui sont unis par ce lien sacré.

Il faut donc, au lieu de rendre les divorces aisés, y apporter tous les obstacles qu'on peut y opposer. Aussi nos législateurs persuadés qu'entre les femmes toutes celles qu'un heureux naturel et une raison éclairée ne conduisent pas, ou sur qui la religion n'a pas pris un empire absolu, ne respirent que l'indépendance, ont-ils songé à les retenir. Ils ont compris que les femmes de ce caractère ne se mettent sous le joug d'un mari que pour secouer celui du père ou de la mère; et qu'ensuite elles ne cherchent à rompre le joug du mari, que pour se livrer plus librement aux plaisirs. Ils ont considéré qu'en rendant les routes de la séparation de corps et de biens presque impraticables, les femmes qui ne trouveraient pas dans la religion et dans la raison des motifs suffisans pour s'acquitter de leur devoir, ne laisseraient pas de mettre toutes choses en usage pour bien vivre avec leurs maris, voyant la difficulté qu'il y aurait à s'en séparer.

Il y a plusieurs causes pour lesquelles une femme peut demander une telle séparation.

La première est les sévices et mauvais traitemens du mari envers sa femme ; mais il faut qu'ils soient considérables et souvent réitérés : et comme dit le *chapitre 13, extrà de restitutione spoliatorum ; si tanta sit viri sævitia, ut mulieri trepidanti non possit sufficiens securitas provideri, non solùm non debet restitui, sed ab eo potius removeri.*

Ainsi les menaces faites par le mari à sa femme, ne sont pas causes suffisantes pour qu'elle puisse demander la séparation de corps et de biens, comme il a été jugé par arrêt du 12 juin 1655, rapporté par Boniface, *tome 1,*

livre 5, titre 8. Cependant les menaces graves et accompagnées d'injures atroces envers une personne d'une condition élévée, pourraient toucher les juges, et donner lieu à la séparation ; parce qu'alors entre les personnes de qualité, les injures sont aussi sensibles que les sévices et les mauvais traitemens entre gens ordinaires.

La deuxième est, si le mari est convaincu d'avoir attenté à la vie de sa femme.

La troisième est, si le mari a donné plusieurs fois la vérole à sa femme, et qu'il continue de vivre dans la débauche.

Voy. le Prêtre, *centurie 1, chapitre 100 ;* Soefve, *tome 2, centurie 3, chapitre 75.*

La quatrième est, si le mari accuse sa femme d'adultère, et qu'il y succombe ; ou si le mari a fait des plaintes et enquêtes sur faits graves contre sa femme, sans la convaincre ; comme il a été jugé le premier février 1716, par arrêt rendu en la grand'chambre, au rapport de M. Ferrand.

La cinquième est, la folie et la fureur qui donneraient lieu d'appréhender que le mari n'attentât à la vie de sa femme. A l'égard de l'épilepsie, ou mal caduc, la question s'étant présentée, savoir si c'était une cause de séparation, l'affaire fut appointée au parlement de Paris, par arrêt du 22 mai 1663, rapporté dans le Journal des Audiences.

La sixième est, si le mari a conçu contre sa femme une haine capitale.

Un mari peut aussi demander la séparation de corps et de biens contre sa femme, si elle a attenté à sa vie ou à son honneur ; si elle l'a impliqué dans une accusation capitale ; si par intrigues et menées elle l'a fait soupçonner de conjuration ; si elle a commis adultère. Mais il faut que le mari qui intente la demande en séparation contre sa femme pour quelqu'une de ces causes, puisse la convaincre d'en être coupable.

Pour ce qui concerne le cas où une femme aurait été, à la poursuite de son mari, convaincue

vaincue du crime d'adultère, *V*. ce que j'en ai dit ci-dessus , *au mot* Adultère.

L'honneur du mariage exige que la demande en séparation de corps et de biens ne se poursuive que civilement, et non par la voie extraordinaire. Bardet, *tome 2, livre 5, chapitre 7,* rapporte un arrêt du 21 février 1636, qui l'a jugé ainsi.

Il faut néanmoins excepter , s'il s'agissait d'une accusation capitale , comme si l'un des conjoints avait voulu faire assassiner l'autre ; en ce cas, la séparation pourrait être poursuivie extraordinairement.

Comme la séparation d'habitation demandée par la femme n'est fondée que sur de mauvais traitemens articulés par la femme , on ordonne une information ou une enquête respective , parce que cette séparation dépend absolument de la déposition des témoins.

Quand les juges ne se déterminent pas sur la demande en séparation d'habitation , avant qu'ils prononcent définitivement, ils ordonnent que la femme se retirera pendant un an, plus ou moins , dans un couvent que le mari doit lui indiquer , et dans lequel il est tenu de lui fournir les meubles et hardes nécessaires suivant son état, et de payer sa pension ; à lui cependant permis de la voir quand bon lui semblera.

Ce sage tempérament est pour empêcher que la femme ne passe pas subitement de l'audience en la maison de son mari, où les esprits ne manqueroient pas de s'irriter , et afin que cette retraite puisse les réunir.

Lorsqu'une femme s'est fait séparer de son mari pour sévices, il ne peut pas l'obliger à retourner avec lui , quelques offres qu'il fasse de la traiter maritalement. Ainsi jugé par arrêt du 18 juin 1673, rapporté par Boniface, *tome 4, livre 5 , titre 13, chapitre 2.*

La séparation de corps et d'habitation empêche la succession entre les conjoints en cas de déshérence , parce que l'objet qu'on a eu en établissant la succession réciproque entre conjoints, appelée *undè vir et uxor* , a été d'honorer en la personne du survivant le souvenir d'un mariage bien concordant , et d'accomplir en cela la volonté du défunt , qui est présumé avoir voulu préférer son conjoint au fisc.

Voy. le Brun en son Traité des Successions, *livre 1 , chapitre 7 , nombre 19.*

L'effet de la séparation d'habitation emporte toujours la séparation de biens , quoiqu'il n'y ait point de dissipation , et que la communauté soit opulente ; parce qu'il n'est pas juste que le mari jouisse des biens de sa femme lorsqu'il ne la traite pas maritalement. Aux termes des édit et déclaration du roi, des mois de décembre 1703 et 19 juillet 1704 , les séparations de corps et de biens doivent être insinuées.

Lorsque le mari et la femme qui ont été séparés de corps et de biens, se remettent ensemble en communauté , l'effet de la séparation cesse : ainsi par la réconciliation les choses sont rétablies dans l'état auquel elles étaient auparavant.

Voy. ce que Ferrière a dit à ce sujet sur *l'art.* 224 *de la Coutume de Paris , glose* 2, *nombre* 41 *et suivans.*

Séparation de biens.

C'est un jugement qui dissout la société et communauté de biens entre les conjoints par mariage, pour la mauvaise conduite du mari dans l'administration de ses biens et de ceux de sa femme, et qui ordonne au mari de restituer à sa femme les biens qu'elle lui a apportés en mariage pour en avoir l'administration.

Les causes de cette séparation sont , ou la prodigalité du mari , ou son incapacité d'administrer ses biens, en sorte qu'il les perde et les dissipe , y ayant sujet de craindre qu'il ne dissipe aussi ceux de sa femme.

La cause ordinaire de cette séparation est la dissipation et le mauvais ménage du mari. *Si maritus vergat ad inopiam, matrimonio cons-*

tante , mulier sibi prospicere potest dotem repe-
tendo , si evidentissimè appareat mariti facul-
tates ad dotis exactionem non sufficere ; quod
cognoscitur quandò neque tempus neque finem
impensarum habet, et annuatim impendit plus-
quàm habet ex reditu. Leg. 24 *, ff. Solut. ma-*
trim. ; Leg. 29 *, Cod. de Jure dot. ; Leg.* 1,
Cod. de Curat. furios.

, Cette séparation doit être exécutée par la renonciation à la communauté et vente des meu-bles du mari , ou par inventaire et partage fait d'icelle entre le mari et la femme.

Cette séparation ne donne à la femme que l'administration et la jouissance de ses revenus , comme nous avons dit ci-dessus, *au mot* Femme séparée.

En pays de droit écrit, une femme séparée de biens par la faillite de son mari, jouit de son augment de dot en baillant caution , quoique la propriété ne lui en appartienne qu'en cas de survie à son mari ; comme il a été jugé par arrêt du 18 juillet 1656, rapporté dans le Journal des Audiences. *Voy.* Henrys, *tom.* 2 , *liv.* 4 *, quest.* 1.

Plusieurs conditions sont requises pour la va-lidité de cette séparation , attendu qu'elle donne atteinte à un contrat de mariage public et so-lennel.

La première , qu'elle soit faite par autorité publique , c'est-à-dire , qu'elle soit prononcée par le juge. D'où il résulte que la séparation ne peut pas être faite du consentement mutuel des deux conjoints , par un acte particulier de tran-saction ou autre ; car il serait nul de plein droit.

La deuxième, qu'elle ne soit prononcée qu'avec connaissance de cause, après enquête du mauvais ménage du mari , à moins que sa dissipation ne fût notoire : d'où il s'ensuit qu'elle ne peut être faite par une sentence du consentement des parties, sans sujet ni con-naissance de cause.

Enfin , pour que la sentence de séparation

ait lieu, il faut nécessairement qu'elle soit réel-lement exécutée par une renonciation de la femme à la communauté , ou par un inventaire et partage des biens d'icelle. Quand la sépara-tion aurait été faite dans toutes les formes, si elle n'est point réellement exécutée , il n'y a point de séparation.

Ainsi lorsque la sentence de séparation est demeurée sans exécution , la femme ou ses hé-ritiers peuvent , s'ils le veulent, demander part en la communauté.

Brodeau tient que les créanciers pourroient toujours prétendre aussi la nullité de la sépa-ration , sur le fondement qu'elle n'aurait pas été réellement exécutée.

La séparation de biens entre mari et femme est valable, quoique la sentence de séparation ne soit pas publiée en jugement, si ce n'est en coutume qui l'ordonne ; ou entre marchands et négocians pour l'intérêt du commerce, et em-pêcher que des créanciers de bonne foi ne soient trompés par une séparation qui ne leur aurait pas été connue.

Dans la coutume de Paris, il suffit que la femme se fasse autoriser par le juge pour assi-gner son mari, qu'elle obtienne dans les délais sa séparation sur les enquêtes ou autres titres qui prouvent la dissipation de son mari, comme les saisies-exécutions , saisies réelles, et autres preuves littérales et testimoniales, et qu'après que la séparation a été prononcée , elle soit exécutée sans fraude.

Dans celle de Ponthieu , les assignations se donnent au mari et aux créanciers par un cri public ; et après avoir communiqué au pro-cureur du roi , se rend la sentence de sépara-tion, qui s'affiche et se publie.

Dans la coutume de Normandie, il faut des lettres de chancellerie, et plusieurs autres for-malités ; de manière que la validité de la pro-cédure dépend de l'usage de la juridiction où elle se fait.

Mais il est certain que celle d'un siége se ré-

gle pas les autres ; et revenant au même principe, l'on peut dire que les jugemens ne peuvent pas être blâmés, pourvu qu'il n'y ait rien
contre les ordonnances qui produise une nullité
dans la procédure, et qu'on ait observé les formalités ordinaires du siége où ils sont rendus.

L'usage du parlement de Dijon est singulier
à l'égard d'une femme qui a demandé et obtenu
en justice la séparation de biens, fondée sur la
dissipation de son mari, en ce que du vivant de
son mari elle ne peut obtenir de provision, préciput ni autres droits, et perd non-seulement
ses bagues et joyaux, mais encore tous les
avantages à elle faits par son mari ; elle ne prend
pas même la portion de sa dot qui a entré en
communauté, appelée à Dijon la communion.

La raison de cet usage est qu'il est impossible de traiter ces sortes de demandes sans ai-
greur et sans blesser la réputation d'un mari,
qui souvent par trop de complaisance pour sa
femme, ne ménage pas comme il devrait le bien
de la communauté et le sien propre.

La demande en séparation de biens ne peut
être demandée par le mari, parce qu'étant le
maître de la communauté, quelque dissipation
que fasse sa femme, c'est à lui-même qu'il doit
s'en prendre, et c'est sa propre faute s'il n'y
met pas ordre.

Il y a cependant un cas où l'on doit permettre au mari de demander la séparation de biens ;
c'est quand les affaires de sa femme sont si in-
triguées, que l'application et la fortune du mari
n'y peuvent pas suffire. Il y a un arrêt du 27
février 1602, rendu en faveur d'un mari, sur
ce que sa femme avait cent quatorze procès in-
décis. Péleus rapporte cet arrêt, *liv.* 5 de ses
Actions forenses, *action* 28.

La femme séparée de biens est tenue de nourrir son mari, lorsqu'il a perdu son bien par
malheur, et non pas par ses dissipations et par
sa faute. *Voy.* Brodeau sur Louet, *lettre* C,
sommaire 29 ; Coquille en sa *question* 2, vers
le milieu.

Quand après une simple séparation de biens
pour le mauvais ménage du mari, la femme lui
laisse l'administration de ses biens, comme étant
devenu meilleur ménager, la séparation n'est
pas pour cela seul anéantie, à moins que le
mari n'eût fait après des acquisitions en son
nom et au nom de sa femme, et qu'ils eussent
fait d'autres actes par lesquels il parût que la
femme a bien voulu se départir de l'avantage de
la séparation, et le mari remettre sa femme dans
la communauté, de laquelle elle aurait été ex-
cluse par la sentence de séparation. *V.* ce qu'a
dit Ferrière sur l'*art.* 224 de la Coutume de
Paris, *glose* 1, *nomb.* 41.

Droit intermédiaire.

Séparation de corps et d'habitation.

Loi du 20 *septembre* 1792, §. 1.er « *Art.* 6.
Toutes demandes et instances en séparation
de corps non jugées, sont éteintes et abolies ;
chacune des parties payera ses frais. Les jugemens de séparation non exécutés ou attaqués
par appel ou par la voie de cassation, demeurent comme non avenus, le tout sauf aux
époux à recourir à la voie du divorce, aux termes de la présente loi.

» *Art.* 7. A l'avenir aucune séparation de
corps ne pourra être prononcée ; les époux ne
pourront être désunis que par le divorce. »

L'*art.* 5 du même §, porte : « Les époux
maintenant séparés de corps par jugement exécuté en dernier ressort, auront mutuellement la
faculté de faire prononcer leur divorce. »

Lorsque le divorce est demandé pour le
motif ci-dessus, il n'y a lieu à aucun délai d'é-
preuve, et l'époux qui le demande peut se
pourvoir directement devant l'officier de l'état
civil de la municipalité du *domicile du mari*,
avec le jugement qui autorise la séparation. Cet
officier ne peut entrer en aucune connaissance
de cause. S'il s'élève devant lui des contestations

36 *

sur la nature ou la validité des jugemens représentés, il doit renvoyer les parties devant le tribunal du district, qui statue en denier ressort et prononce si ces jugemens suffisent pour autoriser le divorce. *Art.* 15 et 16, §. 2 de ladite loi.

En cas de divorce pour cause de séparation de corps, les droits et intérêts des époux divorcés restent réglés comme ils l'ont été par les jugemens de séparation et selon les lois existantes lors de ces jugemens, ou par les actes et transactions passés entre les parties. *Art.* 10, §. 3.

Les enfans resteront à ceux auxquels ils ont été confiés par jugement ou transaction, ou qui les ont à leur garde et confiance depuis plus d'un an. S'il n'y a ni jugement ou transaction, ni possession annale, il sera réglé en assemblée de famille auquel du père ou de la mère séparés les enfans seront confiés. *Art.* 3, §. 4. *V.* Divorce.

Séparation de biens.

Les règles que l'on a vues au *Droit ancien* ont dû être suivies pendant la durée de ce droit, nulle loi n'ayant changé la forme de cette séparation ni modifié ses effets.

Droit nouveau.

Séparation de corps.

Dans les cas où il y a lieu à la demande en divorce pour cause déterminée, il sera libre aux époux de former demande en séparation de corps. *Art.* 306.

Elle sera intentée, instruite et jugée de la même manière que toute autre action civile : elle ne pourra avoir lieu par le consentement mutuel des époux. *Art.* 307. *V.* Action en divorce.

La femme contre laquelle la séparation de corps sera prononcée pour cause d'adultère, sera condamnée par le même jugement, et sur la réquisition du ministère public, à la réclusion dans une maison de correction pendant un temps déterminé, qui ne pourra être moin-

dre de trois mois, ni excéder deux années. *Article* 308.

Le mari restera le maître d'arrêter l'effet de cette condamnation, en consentant à reprendre sa femme. *Art.* 309.

Lorsque la séparation de corps prononcée pour toute autre cause que l'adultère de la femme, aura duré trois ans, l'époux qui était originairement défendeur, pourra demander le divorce au tribunal, qui l'admettra, si le demandeur originaire, présent ou dûment appelé, ne consent pas immédiatement à faire cesser la séparation. *Art.* 310.

La séparation de corps emportera toujours séparation de biens. *Art.* 311.

La femme séparée de corps, qui n'a point, dans les trois mois et quarante jours après la séparation définitivement prononcée, accepté la communauté, est censée y avoir renoncé, à moins qu'étant encore dans le délai, elle n'en ait obtenu la prorogation en justice, contradictoirement avec le mari, ou lui dûment appelé. *Art.* 1463.

Les créanciers de la femme peuvent attaquer la renonciation qui aurait été faite par elle ou par ses héritiers en fraude de leurs créances, et accepter la communauté de leur chef. *Art.* 1464.

Lorsque la dissolution de la communauté s'opère par la séparation de corps, il n'y a pas lieu à la délivrance actuelle du préciput ; mais l'époux qui a obtenu la séparation conserve ses droits au préciput en cas de survie. Si c'est la femme, la somme ou la chose qui constitue le préciput reste toujours provisoirement au mari, à la charge de donner caution. *Art.* 1518.

La séparation de corps dissout la communauté. *Art.* 1441. *Voy.* Communauté ; Partage de la communauté et Dettes de la communauté.

La femme séparée de corps reprend la libre administration de ses biens. — Elle peut disposer de son mobilier et l'aliéner. — Elle ne peut aliéner ses immeubles sans le consentement du mari ou sans être autorisée en justice, à son refus. *Art.* 1449. *Voy.* Aliénation *et* Autorisation..

Séparation de biens.

La séparation de corps emporte toujours la séparation de biens. *Art.* 311.

La communauté se dissout par la séparation de biens. *Art.* 1441.

La séparation de biens ne peut être poursuivie qu'en justice par la femme dont la dot est mise en péril, et lorsque le désordre des affaires du mari donne lieu de craindre que les biens de celui-ci ne soient point suffisans pour remplir les droits et reprises de la femme. *Art.* 1443.

Toute séparation volontaire est nulle. *Même article.*

La séparation de biens, quoique prononcée en justice, est nulle si elle n'a point été exécutée par le paiement réel des droits et reprises de la femme, effectué par acte authentique, jusqu'à concurrence des biens du mari, ou au moins par des poursuites commencées dans la quinzaine qui a suivi le jugement, et non interrompues depuis. *Art.* 1444.

Toute séparation de biens doit, avant son exécution, être rendue publique par l'affiche sur un tableau à ce destiné, dans la principale salle du tribunal de première instance; et de plus, si le mari est marchand, banquier ou commerçant, dans celle du tribunal de commerce du lieu de son domicile, et ce, à peine de nullité de l'exécution. — Le jugement qui prononce la séparation de biens remonte, quant à ses effets, au jour de la demande. *Art.* 1445.

Les créanciers personnels de la femme ne peuvent, sans son consentement, demander la séparation de biens. — Néanmoins, en cas de faillite ou de déconfiture du mari, ils peuvent exercer les droits de leur débitrice jusqu'à concurrence du montant de leurs créances. *Art.* 1446.

Les créanciers du mari peuvent se pourvoir

contre la séparation de biens prononcée et même exécutée en fraude de leurs droits, ils peuvent même intervenir dans l'instance sur la demande en séparation, pour la contester. *Art.* 1447.

La femme qui a obtenu la séparation de biens doit contribuer, proportionnellement à ses facultés et à celles du mari, tant aux frais du ménage qu'à ceux d'éducation des enfans communs. — Elle doit supporter entièrement ces frais, s'il ne reste rien au mari. *Art.* 1448.

Le mari n'est point garant du défaut d'emploi ou de remploi du prix de l'immeuble que la femme séparée a aliéné sous l'autorisation de la justice, à moins qu'il n'ait concouru au contrat, ou qu'il ne soit prouvé que les deniers ont été reçus par lui, ou ont tourné à son profit. — Il est garant du défaut d'emploi ou de remploi, si la vente a été faite en sa présence et de son consentement; il ne l'est point de l'utilité de cet emploi. *Art.* 1450.

La communauté dissoute par la séparation soit de corps et de biens, soit de biens seulement, peut être rétablie du consentement des deux parties. — Elle ne peut l'être que par un acte passé devant notaires et avec minute, dont une expédition doit être affichée dans la forme de l'article 1445. — En ce cas la communauté rétablie reprend son effet du jour du mariage; les choses sont remises au même état que s'il n'y avait point eu de séparation, sans préjudice néanmoins de l'exécution des actes qui, dans cet intervalle, ont pu être faits par la femme en conformité de l'article 1449. Toute convention par laquelle les époux rétabliraient leur communauté sous des conditions différentes de celles qui la réglaient antérieurement, est nulle. *Art.* 1451.

La dissolution de communauté opérée par le divorce ou par la séparation, soit de corps et de biens, soit de biens seulement, ne donne pas ouverture aux droits de survie de la femme; mais celle-ci conserve la faculté de les exercer lors de la mort naturelle ou civile de son mari. *Art.* 1452.

Les *art.* 1449, 1450, 1451 et 1452 rapportés ci-dessus sont communs à la séparation de corps et à la séparation de biens.

Lorsque les époux se marient sans communauté, le mari doit en cas de séparation de biens prononcée en justice restituer à la femme le mobilier qu'elle a apporté en dot ou qui lui est échu durant le mariage. *Art.* 1531.

Sous le régime dotal, la femme après la séparation de biens, peut faire révoquer l'aliénation de l'immeuble dotal qui aurait été faite hors les cas où cette aliénation est permise par la loi, même lorsqu'elle aurait consenti à cette aliénation, sans qu'on puisse lui opposer aucune prescription courue pendant le mariage. *Art.* 1560.

Les immeubles dotaux non déclarés aliénables, et qui sont *imprescriptibles* pendant le mariage, deviennent néanmoins *prescriptibles* après la séparation de biens, quelle que soit l'époque à laquelle la prescription a commencé. *Art.* 1561.

Si la dot est mise en péril, la femme peut poursuivre la séparation de biens ainsi qu'il est dit aux *art.* 1443 et suiv. que nous venons de voir plus haut. *Art.* 1563.

Séparation de biens stipulée par contrat de mariage.

Lorsque les époux ont stipulé par leur contrat de mariage qu'ils seraient séparés de biens, la femme conserve l'entière administration de ses biens meubles et immeubles, et la jouissance libre de ses revenus. *Art.* 1536.

Chacun des époux contribue aux charges du mariage suivant les conventions contenues en leur contrat; et, s'il n'en existe point à cet égard, la femme contribue à ces charges jusqu'à concurrence du tiers de ses revenus. *Art.* 1537.

Dans aucun cas, ni à la faveur d'aucune stipulation, la femme ne peut aliéner ses immeubles sans le consentement spécial de son mari, ou, à son refus, sans être autorisée par justice. — Toute autorisation générale d'aliéner les im-

meubles donnés à la femme, soit par contrat de mariage, soit depuis, est nulle. *Art.* 1538.

Lorsque la femme séparée a laissé la jouissance de ses biens à son mari, celui-ci n'est tenu, soit sur la demande que sa femme pourrait lui faire, soit à la dissolution du mariage, qu'à la représentation des fruits existans, et il n'est point comptable de ceux qui ont été consommés jusqu'alors. *Art.* 1539.

SEPTUAGÉNAIRES, hommes ou femmes âgés de 70 ans.

Droit ancien.

Ils ne peuvent être emprisonnés que pour crime de stellionat, recélé, et dépens en matière criminelle, et que les condamnations soient par corps, ainsi qu'il est porté en *l'art.* 9 du *titre* 34 de l'ordonnance de 1667.

Voy. les Arrêts des 8 et 14 mai 1668, qui sont rapportés dans le Recueil des Arrêts, en interprétation des nouvelles ordonnances, *page* 177. Le dernier de ces arrêts fait voir que quand il y a fraude, les septuagénaires cessent d'être favorables.

Quand il s'agit de toutes autres dettes civiles que de celles que nous venons de rapporter, les septuagénaires ne peuvent donc pas être condamnés par corps à les payer.

C'est une question, savoir si l'on entend à cet égard ceux qui sont entrés dans la soixante-dixième année de leur âge, ou ceux qui l'ont accompli? L'ordonnance ne s'en explique pas, et je trouve deux arrêts rendus à ce sujet au parlement de Paris, qui sont absolument contraires l'un à l'autre. *Voy.* Brillon, *tome* 5, *page* 490.

Le premier est du 24 juillet 1700, rendu en la grand'chambre, conformément aux conclusions de M. l'avocat général Portail, et depuis premier président du parlement, qui juge que celui qui avait atteint sa soixante-dixième année, jouissait de la décharge de la contrainte par corps, sur le principe que, *in favorabilibus annus inceptus habetur pro completo*. Or il n'y a rien de si précieux et de si favorable que la liberté. *V*. l'Auteur des Notes sur M. Duplessis, au Traité des Saisies réelles ; et le Journal des Audiences, *tome* 5, *liv.* 16, *chap.* 5.

Le second est du 6 septembre 1706, rendu en la grande chambre, sur les conclusions de M. Joly de Fleury, lors avocat général, et depuis procureur général, qui a jugé tout le contraire, et que la soixante-dixième année devait être accomplie. Cet arrêt est rapporté par M. Augeard, *tome* 1, *chap.* 78.

Quoi qu'il en soit, j'inclinerais beaucoup plus pour la décision du précédent. Aussi la Peyrère, de l'édition de 1706, *lettre* P, *nombre* 181, rapporte un arrêt du parlement de Bordeaux du 17 août 1702, qui a jugé qu'un prisonnier pour dettes doit être élargi dès qu'il est entré dans la soixante-dixième année, et qu'il n'est pas besoin qu'elle soit accomplie : ce qui est fondé sur l'avis de messieurs les commissaires députés par le roi dans le procès verbal qu'ils ont fait sur l'ordonnance de 1667, où il est dit qu'il suffit que le septuagénaire soit entré dans sa soixante-dixième année.

Cependant par arrêt du 24 juillet 1737, plaidant M. Caffiot pour Germain de Bauve, prisonnier pour dettes civiles, âgé de soixante-neuf ans six mois douze jours, demandeur en liberté, et M. Baudin pour Alexandre Bousson, créancier, les parties ont été mises hors de cour quant à présent.

Il s'est présenté une autre question, sur laquelle il n'est pas plus aisé de se déterminer que sur la précédente ; c'est de savoir si le septuagénaire est contraignable par corps, quand il s'agit de deniers royaux ?

Par arrêt donné en la cour des aides au mois de mars 1716, il a été jugé que non. Mais le contraire a été jugé au parlement de Paris, sur les conclusions de M. Chauvelin, avocat-général, le premier avril de la même année.

En vain allégua-t-on l'arrêt de la cour des aides ; on répondit que c'était tout au plus un préjugé, et que les deniers royaux avaient un privilége singulier, en ce que celui qui les a est un rétentionnaire, et qu'il y a du dol dans la rétention.

Il y a d'ailleurs un arrêt du conseil d'état du 28 mars 1680, qui a assujetti à la contrainte par corps les septuagénaires qui sont comptables envers le roi, fondé sur ce que le roi ne donne point de privilége contre lui-même.

Les septuagénaires emprisonnés pour dettes avant l'âge de soixante-dix ans, doivent-ils être mis hors des prisons lorsqu'ils ont atteint cet âge ?

Il y a un arrêt du conseil du 8 mai 1668, par lequel sa majesté, conformément à son ordonnance de 1667, fait défenses d'emprisonner aucuns septuagénaires, ni de les retenir pour dettes purement civiles ; mais veut qu'incontinent après qu'ils auront atteint l'âge de soixante-dix ans, ils soient mis hors desdites prisons, encore que l'édit des quatre mois leur ait été signifié, ou qu'ils eussent été emprisonnés avant la publication de l'ordonnance de 1667, et avant qu'ils fussent parvenus à l'âge de soixante-dix ans ; si ce n'est que lesdits septuagénaires aient été condamnés pour stellionat, recélé, ou pour dépens en matière criminelle ; et que les condamnations soient par corps. Cet arrêt se trouve dans Bornier au Recueil des arrêts en interprétation des nouvelles ordonnances.

Droit intermédiaire.

La contrainte par corps ne peut être decernée en matière civile contre les *septuagénaires*, si ce n'est pour stellionat procédant de leur fait. *Loi du 15 germinal an 6, art. 5, tit. 1er.*

Tout jugement rendu en contravention à l'article précédent emporte *nullité*, et donne lieu à la *prise à partie, dépens, dommages* et *intérêts* contre les juges qui le prononceraient. *Art. 6 même loi.*

Droit nouveau.

La contrainte par corps ne peut être prononcée contre les *septuagénaires*, que dans les cas de stellionat. — Il suffit que la soixante-dixième année soit commencée, pour jouir de la faveur accordée aux septuagénaires. *Art.* 2066.

SERMENT, est l'affirmation que l'on fait et par laquelle on prend Dieu à témoin qu'on dira la vérité touchant les choses sur lesquelles on est interrogé. Ainsi c'est l'invocation du nom de Dieu, par laquelle nous le prions d'être témoin de notre affirmation, et de nous punir si, sous un mensonge, nous déguisons la vérité.

Dans le serment, l'homme appelle Dieu à témoin de ce qu'il dit, à cause que Dieu est la vérité.

Les Saints Pères l'appellent le commun sacrement des hommes, le lien de la foi publique, et le gage le plus assuré que nous puissions donner de nos promesses. En effet, le serment est l'assurance des bons, la terreur des méchans, et le frein qui les retient, puisqu'on ne le peut violer sans manquer de parole à Dieu même, et sans trahir sa conscience dans ce qu'il y a de plus sacré et de plus essentiel. On se doit donc bien donner de garde de jurer témérairement et sans nécessité, et encore plus d'être parjure.

N'est-ce pas faire une insulte atroce à la majesté divine, et marquer n'y pas croire, que de compromettre en vain son existence ? Ferdinand, roi de Castille, avait coutume de prendre Dieu à témoin de ce qu'il disait avoir fait, ou de le rendre garant de ce qu'il devait faire ; ce qui donna sujet à un prince d'Italie de dire un jour : Je voudrais que Ferdinand jurât par un Dieu en qui il crût, avant de me fier à ses sermens.

Quoi qu'il en soit, il faut demeurer d'accord que le serment n'a été introduit qu'à la honte de l'humanité ; il suffit à l'homme de bien de connaître ses devoirs pour n'y pas manquer : la religion du serment n'ajoute rien à l'étendue des obligations, comme la suppression du serment ne dispense point de les remplir.

D'ailleurs c'est la probité, et non pas le serment, qui empêche un homme de trahir la vé-

rité ; car les sermens ne font point naître en nous les vertus : c'est pourquoi celui qui serait d'assez mauvaise foi pour oser certifier une fausseté à la face de la justice, l'est ordinairement pour violer son serment ; et ceux qui ont quelques principes d'honneur, n'ont pas besoin d'être effrayés par la religion du serment, pour avoir horreur d'un tel mensonge.

Cependant, pour donner plus de poids à ce que les hommes disent en justice, on a trouvé à propos de leur faire faire auparavant cette invocation du nom de Dieu, par laquelle ils le prient d'être témoin de leur affirmation, et de les punir si sous un mensonge ils déguisent la vérité : étant à présumer qu'il s'en peut trouver beaucoup qui seraient par ce moyen détournés de faire un mensonge qu'ils auraient peut-être fait sans cela.

Concluons donc que le serment n'a été introduit que pour retenir les hommes, et les détourner de céler la vérité par une espèce de crainte de Dieu. *Licet omnia Deo plena sint, plurimùm tamen valet ad metum delinquendi præsentiâ religionis urgeri, ut ait Symacus, libro Epistol.* 54.

Droit ancien.

Comme on n'a recours au serment que pour découvrir la vérité d'un fait, ou pour autoriser une promesse légitime, tout serment qui contiendrait une promesse contraire aux lois, ne serait point obligatoire. Papon, *livre* 9, *titre* 6, *nombre* 23 ; Ricard en son Traité des Donations, *part.* 1, *chap.* 4, *sect.* 2.

Pour que le serment produise son effet, il faut qu'il ait été déféré à celui qui l'a prêté ; autrement on n'y aurait pas d'égard.

Le serment qui se prête en justice est déféré, ou par le juge, ou par l'une des parties à l'autre. Dans l'un et l'autre cas, le serment est appelé judiciaire, parce qu'il se prête par autorité de justice ; mais il n'y a que celui qui est déféré par l'une des parties à l'autre, qui soit appelé décisoire, pour marquer qu'il décide tellement

tellement la contestation entre les parties, qu'on ne peut plus revenir contre, par quelque moyen et sous quelque prétexte que ce puisse être.

Soit que le serment soit déféré par le juge, ou qu'il soit déféré par l'une des parties à l'autre, il se prête à l'audience, ou devant le rapporteur du procès, et celui qui le prête lève la main droite, ou s'il est prêtre, met la main *ad pectus*, et promet à Dieu de dire la vérité.

Le serment peut être déféré en tout état de cause. Charondas, *liv.* 12, *rép.* 7.

Celui à qui le serment est déféré ne peut se dispenser de le prêter ; et s'il ne le fait, il doit être condamné : *quià manifestæ pravitatis est, nec jurare velle, nec solvere. Leg. Manifestæ, ff. de Jurejurando.*

Il faut excepter le cas où il s'agit d'un fait dont on n'a pas une parfaite connaissance. Ainsi un héritier peut refuser le serment, parce qu'il n'est pas présumé instruit de ce qui a été fait par le défunt ; Soefve, *tome* 1, *centurie* 3, *chapitre* 19 ; ou du moins il ne peut être contraint de jurer que sur ce qui en est parvenu à sa connaissance. *Itaque hæres potest tantum cogi jurare, se credere rem ita esse peractam, nec ab eo quidquam aliud potest exigi, juramento de credulitate præstito.*

Lorsque le serment est déféré à une partie, si elle décède sans l'avoir prêté, et qu'il y ait eu en cela de sa négligence, le serment est tenu pour non prêté ; et ce qu'on lui avait adjugé, ou la décharge qu'on lui avait donnée en conséquence du serment, ne doit point avoir d'exécution.

C'est ce qui a été jugé en l'audience de la seconde chambre des enquêtes du parlement de Paris, le 15 janvier 1714, dans cette espèce. Un rôtisseur ayant fait assigner les sieur et dame de Saint-Mayoul à lui payer une somme pour viandes à eux fournies, en conséquence de la fin de non-recevoir qu'ils lui opposèrent, ils furent déchargés en affirmant. Huit jours

après le rôtisseur les somme d'affirmer ; ils n'y satisfont pas. Le sieur Mayoul meurt dix mois après, et sa femme ensuite. Le rôtisseur demande que le serment décisoire lui soit déféré ; les légataires universels offrent leur serment de crédulité ; le rôtisseur dit qu'il n'est plus temps : l'arrêt donne gain de cause au rôtisseur.

Mais tout au contraire, quand celui à qui le serment a été déféré, décède sans avoir prêté le serment, et qu'il n'a pas tenu à lui qu'il ne l'ait prêté ; dans ce cas le serment est réputé avoir été prêté, et les avantages qui lui avaient été adjugés à condition de prêter le serment, lui sont conservés. *Voy.* la Peyrère, *lettre S.*

Le serment déféré et ordonné, ne peut être révoqué par la partie, sous prétexte de faire preuve par témoins ; mais il pourrait être révoqué en rapportant une preuve par écrit de ce qui fait l'objet de la contestation. *Ibidem.*

De la preuve par serment, *Voy.* Despeisses, *tome* 2, *page* 527 *et suivantes.*

Serment déféré par le juge.

C'est celui qui, dans les affaires obscures et douteuses, est déféré d'office par le juge, sans qu'il en soit requis.

Le serment se défère ordinairement par le juge au défendeur : ainsi quand la demande n'est pas prouvée, le juge décharge le défendeur, en affirmant par lui qu'il ne doit point la somme ou la chose qu'on lui demande.

Il y a néanmoins des cas où le serment est déféré par le juge au demandeur, et principalement lorsqu'il y a quelque présomption qui fasse en sa faveur ; ce qui dépend de la prudence du juge, qui ne doit pas s'écarter des règles ordinaires sans quelques raisons.

Par exemple, le juge doit déférer le serment à celui qui aurait en sa faveur la semi-preuve, résultante d'une enquête, préférablement à l'autre partie, soit qu'il fût demandeur ou défendeur.

Aux consuls, quand un marchand en fait assigner un autre, pour lui payer une somme qu'il prétend lui être due depuis deux ans , conformément à son livre journal en bonne forme, quoique la prescription marquée par la coutume et par l'ordonnance soit bien acquise, les juges de cette juridiction ne laissent pas de condamner le défendeur, et par corps, à payer la somme contenue en l'exploit de demande , en affirmant par le demandeur qu'elle lui est bien et légitimement due.

Cet usage est fondé sur une présomption de bonne foi, que l'expérience nous enseigne régner de tout temps dans le commerce. Ainsi on ne présume pas qu'un marchand, par une longue prévoyance, conçoive le dessein d'en tromper un autre , en couchant sur ses registres des sommes qui ne lui seraient pas dues.

Au chatelet, quand la prescription est acquise contre la demande intentée, on décharge toujours le défendeur, à moins que le demandeur ne s'en rapporte à son serment ; auquel cas , le juge ne décharge pas purement et simplement le défendeur , mais en affirmant par lui qu'il ne doit point la chose qui lui est demandée.

Serment décisoire.

C'est celui qui est prêté en justice , et qui a été déféré par la partie adverse , à l'effet de s'en rapporter à ce serment ; ce qui fait que celui à qui il est déféré est, pour ainsi dire , constitué juge dans sa propre cause.

Ce serment a tant de force, que comme il tient lieu de transaction ou de payement, on n'est plus recevable à faire rétracter le jugement qui a été rendu en conséquence, sous quelque prétexte que ce soit, même de parjure.

Après le serment , tout est jugé pour l'absolution ou pour la condamnation : c'est une espèce de transaction qui a plus d'autorité que la chose jugée. *Leg.* 1 , *Cod. de Rebus credit* ; *Leg.* 3 , §. 3 ; *Leg.* 5 , §. 2 ; *Leg.* 34, *in fine* , *ff. de Jurejurando* , §. 11. *Inst. tit. de Actionib.* ; *Leg.* 1 , *ff. Quar. rerum act. non det.* ;

Leg. 2 et 40 , *ff. de Jurejurando* ; *Leg.* 22 , *ff. de Dolo malo.* Louet, *lett.* S, *somm. ff* ; Papon, *liv.* 9 , *tit.* 6 , *nomb.* 16 et 17 ; Journal des Audiences, *tom.* 5 , *liv.* 14 , *chap.* 3 ; Pinault , *tom.* 1 , *arrêt* 70.

Ce que nous venons de dire ne se doit entendre que du serment déféré par l'une des parties à l'autre, et non pas de celui qui est déféré d'office par le juge à l'une des parties ; car l'autre est toujours recevable à prouver le contraire. Quand le serment est déféré par une partie à l'autre, celle qui l'a déféré se doit imputer de s'en être rapportée à la conscience de sa partie adverse , et de l'avoir, pour ainsi dire , constituée juge dans sa propre cause; mais quand le serment a été déféré par le juge à une des parties, on ne peut pas lui imputer qu'elle s'en soit rapportée à la conscience de l'autre, et qu'elle l'ait constituée juge dans sa propre cause; comme Ferrière l'a observé dans sa Traduction des Institutes, sur le §. 11 du *titre* 6 *du quatrième livre.*

L'acte par lequel une partie défère le serment à l'autre, est une espèce d'aliénation. D'où il s'ensuit, 1°. que ceux qui n'ont pas la libre administration de leurs biens, ne peuvent pas déférer le serment ; 2°. qu'un procureur ne peut pas déférer le serment à la partie adverse , sans en avoir une procuration spéciale. La Peyrère, *lett.* S.

Le serment peut être déféré par une partie à l'autre en tout état de cause. Papon, *tit.* 9 , *liv.* 6 , *nomb.* 5 ; et non-seulement en matière civile, mais aussi en matière criminelle, lorsqu'il ne s'agit que d'un délit qui se résout en dommages et intérêts. *Ibidem.*

Le serment ne peut être demandé quand le débiteur oppose la prescription de cinq ans, *V.* Henrys, *liv.* 4 , *chap.* 6 , *quest.* 73.

Le serment déféré en matière civile vaut contestation en cause, et en fait durer l'action trois ans, comme la contestation. Mornac, *ad Leg.* 9, §. *Sin is , ff. de Jurejurando.*

La partie qui a déféré le serment peut révoquer sa déclaration, *re integrâ*, et prouver par témoins ce qu'elle a avancé, suivant la loi 11, *Cod. de Reb. credit.* Ainsi jugé par arrêt du 26 novembre 1590. La Rocheflavin, *liv. 3, lett. S, arrêt 1, pag.* 262.

Après que la chose est jugée, le serment ne peut plus être déféré devant le même juge. Cambolas, *liv.* 2, *chap.* 38.

Le serment décisoire du fidéjusseur ne décharge point le principal obligé, si ce qui fait la décharge du fidéjusseur ne concerne le fidéjusseur que personnellement. *V.* le Prêtre, *cent.* 1, *chap.* 10.

Celui qui défère le serment à la partie adverse, ne peut pas demander qu'elle jure sur un fait à charge, sans pouvoir alléguer ses exceptions à décharge. Ainsi le demandeur qui prétend avoir prêté une somme au défendeur, ne peut pas demander que le serment lui soit déféré, s'il n'est pas vrai qu'il lui a prêté cette somme, sans lui permettre d'affirmer aussi qu'il l'a rendue au demandeur. Dupinault, *arrêts* 63 et 145.

Voy. ce qui est dit touchant ce serment dans le Prêtre *cent.* 1, *chap.* 65; Papon, *liv.* 9, *tit.* 6; Cambolas, *liv.* 2, *chap.* 37 et 38, *liv.* 3, *chap.* 28; du Fail, *liv.* 2, *chap.* 292; Heurys, *liv.* 4, *quest.* 21; Dupinault, *tom.* 1, *arrêts* 7, 36, 70, 103, *tom.* 2, *arrêts* 213 et 262.

Droit nouveau.

Le *serment judiciaire* est de deux espèces, 1°. Celui qu'une partie défère à l'autre pour en faire dépendre le jugement de la cause : il est appelé *Décisoire*;

2°. Celui qui est *déféré* d'office *par le juge* à l'une ou à l'autre des parties. *Art.* 1357.

Du Serment décisoire.

Le serment décisoire peut être déféré sur quelque espèce de contestation que ce soit. *Art.* 1358.

Il ne peut être déféré que sur un fait personnel à la partie à laquelle on le défère. *Art.* 1359.

Il peut être déféré en tout état de cause, et encore qu'il n'existe aucun commencement de preuve de la demande ou de l'exception sur laquelle il est provoqué. *Art.* 1360.

Celui auquel le serment est déféré, qui le refuse ou ne consent pas à le référer à son adversaire, ou l'adversaire à qui il a été référé et qui le refuse, doit succomber dans sa demande ou dans son exception. *Art.* 1361.

Le serment ne peut être référé quand le fait qui en est l'objet n'est point celui des deux parties, mais est purement personnel à celui auquel le serment avait été déféré. *Art.* 1362.

Lorsque le serment déféré ou référé a été fait, l'adversaire n'est point recevable à en prouver la fausseté. *Art.* 1363.

La partie qui a déféré ou référé le serment, ne peut plus se rétracter lorsque l'adversaire a déclaré qu'il est prêt à faire ce serment. *Art.* 1364.

Le serment fait ne forme preuve qu'au profit de celui qui l'a déféré ou contre lui, et au profit de ses héritiers et ayant-cause ou contr'eux. — Néanmoins le serment déféré par l'un des créanciers solidaires au débiteur, ne libère celui-ci que pour la part de ce créancier; — le serment déféré au débiteur principal libère également les cautions; — celui déféré à l'un des débiteurs solidaires profite aux co-débiteurs;— et celui déféré à la caution profite au débiteur principal. — Dans ces deux derniers cas, le serment du co-débiteur solidaire ou de la caution ne profite aux autres co-débiteurs ou au débiteur principal que lorsqu'il a été déféré sur la dette, et non sur le fait de la solidarité ou du cautionnement. *Art.* 1365.

Du Serment déféré d'office.

Le juge peut déférer à l'une des parties le serment, ou pour en faire dépendre la décision de la cause, ou seulement pour déterminer le montant de la condamnation. *Art.* 1366.

Le juge ne peut déférer d'office le serment, soit sur la demande, soit sur l'exception qui y est opposée, que sous les deux conditions suivantes : il faut, — 1.º que la demande ou l'exception ne soit pas pleinement justifiée ; — 2.º qu'elle ne soit pas totalement dénuée de preuves.—Hors ces deux cas, le juge doit ou adjuger ou rejeter purement et simplement la demande. *Art.* 1367.

Le serment déféré d'office par le juge à l'une des parties, ne peut être par elle référé à l'autre. *Art.* 1368.

Le serment sur la valeur de la chose demandée ne peut être déféré par le juge au demandeur, que lorsqu'il est d'ailleurs impossible de constater autrement cette valeur. Le juge doit même, en ce cas, déterminer la somme jusqu'à concurrence de laquelle le demandeur en sera cru sur son serment. *Art.* 1369.

Il est des cas où le juge doit exiger le serment des personnes à qui il confie une fonction. *V. le mot* Expert dans la partie de ce Dictionnaire qui traite de la *Procédure civile.*

Les prescriptions de six mois, d'un et de deux ans, que la *section* 4, du *chapitre* 5, du *titre* de la prescription, prononce dans des cas particuliers, libère les débiteurs qui les opposent.

Néanmoins ceux auxquels ces prescriptions seront opposées peuvent déférer le serment à ceux qui les opposent, sur la question de savoir si la chose a été réellement payée. — Le serment pourra être déféré aux veuves et héritiers, ou aux tuteurs de ces derniers, s'ils sont mineurs, pour qu'ils aient à déclarer s'ils ne savent pas que la chose soit due. *Art.* 2275. *Voy.* Prescription.

SERMENT DE CALOMNIE, était un serment que les plaideurs prêtaient chez les Romains, par lequel chaque partie affirmait qu'elle ne contestait que parce qu'elle croyait avoir bon droit.

Le demandeur affirmait que ce n'était point par calomnie qu'il avait formé sa demande, mais parce qu'il croyait sa cause bonne.

Le défendeur affirmait qu'il ne contestait la demande qui était intentée contre lui, que parce qu'il croyait avoir de justes raisons de le faire.

Celui qui prêtait ce serment, ne jurait pas que la chose était effectivement comme il le disait, mais seulement qu'il le croyait ainsi : c'est pourquoi celui qui, après avoir prêté un tel serment, perdait sa cause, n'était pas parjure pour cela.

Mais si le demandeur refusait de prêter ce serment, il était débouté de sa demande; et si le défendeur était refusant de le prêter, il était condamné; *Si quidem habetur pro confesso.*

Ce serment a été reçu par le droit canonique : aussi en est-il traité dans le *septième titre* du *second livre* des Décrétales, en conséquence de quoi il s'était anciennement introduit dans ce royaume.

Nous avons quelques anciennes ordonnances qui enjoignent au demandeur d'affirmer sur les saints évangiles, qu'il croit que sa demande est juste; et qui obligent aussi le défendeur de jurer de la même manière sur les défenses dont il se veut servir pour défendre à la demande qui est intentée contre lui.

Mais il y a long-temps que ce serment n'est plus en usage parmi nous. Il y a lieu de croire que la crainte que l'on a eue que ce serment pourrait donner lieu à quantité de parjures, n'ait beaucoup contribué à le faire abolir.

SERVITUDE.

Droit ancien.

Il y en avait chez les Romains de deux sortes ; savoir : celle par laquelle une personne est assujettie à une autre, et celle en vertu de laquelle un héritage est assujetti à certaines charges au profit d'un autre héritage, ou de quelque personne qui n'est pas propriétaire de l'héritage servant.

Il y avait donc chez les Romains une servitude d'une personne assujettie à une autre, et une servitude d'un héritage envers un autre héritage, et enfin une servitude due par un héritage à une personne.

Voy. ce qu'en a dit Ferrière sur le *titre* 3 du *premier livre* des Institutes de Justinien, et sur les *troisième, quatrième* et *cinquième titres* du *second livre*.

La servitude par laquelle une personne est assujettie à une autre, se pratiquait autrefois chez les Romains, et est encore usitée chez quelques nations. Elle donne aux maîtres droit de vie et de mort sur leurs esclaves, et tient les esclaves dans une si grande dépendance, qu'ils ne peuvent rien acquérir pour eux-mêmes.

La loi de l'évangile n'a pu souffrir cette inégalité dans la condition des hommes ; elle les considère tous comme libres, et tels qu'ils sont de droit naturel. C'est pour cette raison que toutes personnes sont libres en France, et que sitôt qu'un esclave y entre, il acquiert la liberté ; ce qui n'est établi par aucune loi, mais seulement par un long usage qui a force de loi.

Néanmoins dans quelques coutumes du royaume, il y a des hommes que l'on appelle main-mortables, hommes ou gens de corps, de pote, qui ressemblent à ceux que les Romains appelaient *adscripti, agricolæ, coloni, censiti, et membra sive servi terræ* : mais ils ne laissent pas pour cela d'être libres ; toute leur sujétion ne se réduit qu'à certains devoirs qui ne blessent point absolument les droits de la liberté naturelle. *Voy.* Serfs.

Il y a même aujourd'hui des esclaves dans l'Amérique ; et cette règle, que tout esclave est libre dès l'instant qu'il a mis le pied dans le royaume de France, n'a pas lieu pour les nègres de ces îles qui viennent ici avec leurs maîtres ; lorsqu'ils s'y en retournent avec eux.

Servitude d'héritage, est un droit établi sur un héritage contre sa liberté naturelle, en conséquence duquel droit un héritage est assujetti à certaines charges, au profit d'un autre héritage, ou de quelque personne qui n'est pas le propriétaire de l'héritage servant.

La servitude est donc un droit, c'est-à-dire, une chose incorporelle, qui par conséquent ne peut subsister d'elle-même, et qu'il faut attacher et appliquer à un certain corps, c'est-à-dire, à l'héritage qui doit la servitude à celui à qui elle est due, dont elle augmente la valeur.

La servitude étant un droit et une chose incorporelle, elle ne reçoit ni tradition ni division. *Leg.* 43, §. 1, *ff. de Acq. rer. domin. Leg.* 32, *ff. de Servit. prædior. urbanor. Leg.* 14 et 17, *ff. Si Servit. vindicet.* Si une servitude est établie sur un héritage voisin en faveur d'un autre héritage, cette servitude étant indivisible, est toute en tout l'héritage dominant et l'héritage servant, et toute en chaque partie, comme l'ame est toute en tout le corps, et toute en chacun de ses membres.

Si un héritage est commun à plusieurs par indivis, aucun ne peut donc imposer un droit de servitude, que tous les autres n'y aient consenti ; parce que cette servitude étant répandue sur tout l'héritage, elle engagerait les portions qui n'appartiennent pas à celui qui l'aurait imposée.

Un des co-propriétaires d'un héritage possédé entre plusieurs par indivis, ne peut pas aussi stipuler un droit de servitude pour cet héritage ; parce qu'il l'acquerrait généralement à tout l'héritage, et par conséquent aux portions qui ne lui appartiennent pas.

Les servitudes étant de leur nature indivisibles, c'est-à-dire, ne se pouvant pas diviser, on ne peut, suivant ce que nous venons de dire, acquérir une servitude pour une partie d'un héritage, parce que la servitude est toute dans le fonds qui la doit, et toute dans chaque partie d'icelui ; *Leg.* 9, *ff. de Servit.* Et l'on ne peut pas stipuler une servitude pour une partie indivise, parce que l'usage d'une servitude ne souffre point de division, c'est-à-dire, que nous ne pouvons pas nous en servir pour une partie : et lorsque nous nous en servons, nous nous en servons pour le tout et solidairement. *Leg.* 17, *ff. eodem.*

C'est pour cette raison, qu'en constituant des

servitudes sur des héritages , on a coutume de convenir sur quel endroit de l'héritage la servitude est établie ; auquel cas les autres parties sont libres et exemptes de la servitude , mais la partie sur laquelle on a assigné la servitude y est seule obligée , comme si elle était séparée des autres. *Leg.* 13, §. 1 ; *Leg.* 23, *ff. de Servitutibus prædiorum rusticorum.*

La servitude est un droit établi sur un héritage contre la liberté naturelle , parce que la nature a fait tous les héritages libres. Elle a cependant établi quelques dépendances nécessaires sur certains héritages : ainsi l'eau qui tombe sur les montagnes et les lieux élevés coule ensuite nécessairement dans les vallées , et dans les lieux bas ; mais ces dépendances ne sont pas de véritables servitudes , parce qu'elles viennent de la nature même , et de l'ordre qu'elle a établi sur ces héritages plus élevés ou plus bas.

La servitude étant un droit établi sur un héritage contre la liberté naturelle , tous les héritages sont réputés libres ; en sorte que celui qui prétend droit de servitude sur l'héritage d'autrui , est tenu de le justifier, *Leg. Latius , Cod. de Servit. et Aqu.*

En matière de servitude , il faut donc un titre : telle est la disposition de la loi municipale , conforme en cela au droit des gens et à l'équité naturelle , qui veulent que chacun use de son bien ainsi qu'il le juge à propos ; car tout propriétaire à qui appartient le sol , peut en ligne droite au-dessus et au-dessous faire tout ce qu'il lui plaît, soit en y faisant bâtir , soit en y faisant planter des arbres. Il faut donc, pour gêner cette liberté , qu'il y ait un titre ; sans quoi l'on rentre dans le droit commun : *Nulle servitude sans titre.*

C'est à celui qui impose une servitude à s'expliquer clairement , et à désigner la portion du fonds qui y est assujettie ; c'est lui qui impose la loi, et qui est en droit d'en déterminer l'objet ; et tout ce qui n'est point enveloppé dans cette loi , jouit de sa liberté primitive. *Servitutibus*

tempore constitutionis modus ad certam partem fundi tàm remitti quàm constitui potest. Leg. 6 , ff. de Servitutibus.

Mais quand une fois la servitude est imposée, qu'elle est déterminée à une certaine portion d'héritage , il n'est plus permis d'en changer l'ordre. *Quandò modus servituti impositus est , non conceditur constituenti plus quàm pactum est in servitute habere.*

Le motif de cette loi est puisé dans l'équité , et conforme aux principes de droit. *Unius inclusio est exclusio alterius , maximè in odiosis ; at servitus , utpotè contra naturam , odiosa est , libertas verò res favorabilis est ; favores autem sunt ampliandi.*

Les servitudes étant contre la liberté naturelle , ne se présument point : ainsi une servitude imposée sur une partie expressément dénommée d'un fonds , ne peut jamais s'étendre sur le reste.

Il faut donc une dérogation expresse et bien spécifiée pour détruire la liberté ; et si cette dérogation n'est pas claire et formelle , la loi se détermine en faveur de la liberté. *Quoties dubia interpretatio libertatis est , secundùm libertatem respondendum est.* Leg. 20 , ff. de Regulis juris.

D'ailleurs on explique toujours une clause obscure insérée dans un contrat , contre celui en faveur de qui elle a été mise , et qui a été le maître de la faire rédiger plus clairement. *Veteribus placuit pactionem obscuram vel ambiguam iis nocere , in quorum potestate fuit legem apertiùs conscribere.* Leg. 39 , ff. de Pactis.

Voy. l'art. 215 de la Coutume de Paris.

Il y a deux sortes de servitudes d'héritages ; savoir : les servitudes réelles qui sont dues par les héritages aux héritages d'autrui , et les mixtes qui sont dues par les héritages d'autrui à quelqu'autre personne qu'à celui qui en est le propriétaire ; et ces servitudes sont ordinairement appelées personnelles, qui sont au nombre de trois, l'usufruit, l'usage et l'habitation, dont j'ai parlé en leur lieu ; c'est pourquoi je n'en dirai rien en cet endroit. Je vais seulement parler des servitudes réelles, et de ce qui les concerne.

§. 1. Des servitudes réelles.

La servitude réelle est celle qui assujettit un héritage à certaines choses en faveur d'un autre héritage.

La servitude réelle est attachée à l'un et à l'autre fonds, c'est-à-dire, à celui par qui elle est due, et à celui à qui elle est due ; en sorte qu'elle passe aux successeurs, et suit toujours ces héritages, en quelques mains qu'ils puissent tomber.

Un droit qui aurait été accordé à quelqu'un en particulier, ut in Leg. 8, ff. de Servit. ne serait donc pas une servitude réelle, puisqu'une telle concession ne serait pas perpétuelle, et ne passerait pas à la personne en faveur de qui elle aurait été faite, mais serait éteinte à sa mort.

Comme les servitudes réelles ne peuvent être dûes que par des héritages à d'autres héritages, celui qui n'a point d'héritages dans un endroit, ne peut y acquérir aucune servitude de cette nature, ni en être chargé.

Il faut de plus que les deux héritages, c'est-à-dire, le dominant et le servant, soient voisins ; Leg. 1. §. 1, ff. Commun. prædior. tàm urban. quàm rustic; Leg. 23, §. ult. ff. de Servit. prædior. urban.; Leg. 10, ff. de Servit. prædior. rustic. En sorte que la distance qui se trouverait entre deux héritages, et qui empêcherait l'usage d'une servitude, empêcherait aussi qu'on ne la pût valablement imposer. Leg. 7 in fin, ff. eod.; Leg. 14, §. 2, de Servit.; Leg. 38, ff. de Servit. prædior. urban.

Pour qu'une servitude réelle soit valablement constituée, il faut que l'héritage dominant et l'héritage servant appartiennent à différens propriétaires ; quià nemini res sua servit, sed prodest jure proprietatis domino.

La servitude réelle est proprement un droit et une qualité du fonds dominant auquel elle est due; ainsi elle en augmente la valeur, et en rend l'usage plus commode et plus agréable. Au contraire, elle diminue le prix du fonds servant qui en est chargé, et en rend la possession onéreuse et incommode.

On entend par héritage une chose incorporelle immobiliaire, qui est dans le commerce des hommes. Il y en a de deux sortes ; savoir : les héritages urbains et les héritages rustiques.

Les héritages urbains sont les édifices qui sont bâtis pour servir d'habitation aux pères de famille, soit dans les villes, soit dans les villages et à la campagne.

Les héritages rustiques sont les terres et les héritages où il n'y a point d'édifice ; ou s'il y en a, ils n'y sont pas destinés pour servir d'habitation aux pères de famille, soit que ces héritages soient situés dans les villes, soit qu'ils le soient au village et à la campagne, comme sont des étables et des granges ; parce que cette distinction d'héritages urbains et rustiques ne se tire pas du lieu où ils sont situés, mais de leur destination et de leur usage. Leg. 166 ; Leg. 198, ff. de Verbo. signif.

Les servitudes réelles sont aussi de deux sortes, il y en a d'urbaines, et d'autres qui sont rustiques : ce qui dépend de la qualité de l'héritage dominant. Servitutes prædiales nomen et differentiam sumunt à prædio dominante, non à serviente ; siquidem sunt jura et qualitates prædiorum, in quorum utilitatem et commodum constituuntur.

Les servitudes urbaines sont donc celles qui sont dues aux édifices, en quelque lieu qu'ils soient bâtis, pour servir d'habitation aux pères de famille, quoiqu'elles soient dues par ceux des champs.

Les servitudes rustiques, au contraire, sont celles qui sont dues aux terres et héritages où il n'y a point d'édifices destinés pour servir d'habitation à un père de famille, quoiqu'elles soient dues par des héritages des villes.

§. 2. *Des Servitudes des héritages des villes.*

Ces servitudes sont appelées urbaines, comme nous avons dit ci-dessus.

La première de ces servitudes est appelée en droit, SERVITUS ONERIS FERENDI, c'est-à-dire, la sujétion de supporter les charges de la maison voisine ; *Leg.* 33, *ff. de Servit. præd. urban.* comme si celui à qui appartient un mur, depuis les fondemens jusqu'au plancher du premier étage d'une maison appartenante au voisin, est obligé de supporter le mur qui est bâti dessus.

Ce droit qu'on a d'obliger le voisin à souffrir qu'on fasse porter les charges de sa maison sur la sienne, a quelque chose de particulier ; car toute autre sorte de servitude ne consiste que dans une pure souffrance et une simple tolérance de la part du propriétaire de l'héritage servant ; *Leg.* 15, §. 1 *de Servitutib.* Mais dans cette servitude, le propriétaire de l'héritage qui en est chargé, est absolument tenu de soutenir la charge du bâtiment de l'héritage dominant, et d'entretenir à ses frais et dépens le mur ou le pilier qui soutient le bâtiment de l'héritage dominant, parce que c'est en quoi consiste principalement cette servitude *oneris ferendi* ; ce qui fait que celui qui la doit, est ordinairement propriétaire du mur, depuis les fondemens jusqu'au premier plancher. *Leg.* 33, *ff. de Servit. prædior. urban; Leg.* 6, *ff. si Servit. vindicet.*

La deuxième est appelée en droit, SERVITUS TIGNI IMMITTENDI, c'est-à-dire, le droit de poser ses poutres dans le mur du voisin. Dans cette servitude, l'on est tenu de souffrir que le voisin enfonce et appuie ses poutres dans notre mur, sans néanmoins être tenu de réparer et d'entretenir ce mur : en quoi la servitude de *tigni immittendi* diffère de celle d'*oneris ferendi*.

La troisième est appelée JUS TIGNI PROJI-

CIENDI, qui n'est autre chose que le droit d'avancer son bâtiment sur l'héritage d'autrui, de manière toutefois qu'il repose dans le mur de l'héritage dominant, comme sont les saillies, balcons et avances. *Leg.* 142, §. 2, *ff. de Verb. signif.*

La quatrième est appelée SERVITUS STILLICIDII RECIPIENDI, VEL NON RECIPIENDI. Celle qui est appelée JUS STILLICIDII RECIPIENDI, est une servitude en vertu de laquelle le voisin est obligé de recevoir dans sa maison, dans sa cour ou cloaque, l'eau qui tombe de notre toit. Celle qui est appelée JUS STILLICIDII NON RECIPIENDI, est une servitude en vertu de laquelle le voisin est exempt de recevoir dans sa maison, cour ou cloaque, les eaux qui tombent du toit de la maison voisine.

On ne peut concilier cette servitude avec la précédente, qu'en disant que cela dépend absolument de l'usage commun du lieu où ces héritages sont situés : *Nam si jus commune civitatis sit jus stillicidii recipiendi, contrarium erit servitus et vice versâ.*

La cinquième est appelée SERVITUS FLUMINIS RECIPIENDI, VEL NON RECIPIENDI. *Servitus fluminis recipiendi*, est une servitude qui nous donne droit de faire écouler dans la maison de notre voisin l'eau qui est tombée de notre toit dans une gouttière. *Servitus fluminis non recipiendi*, est une servitude qui nous donne droit de ne pas recevoir dans notre maison, cour ou cloaque, les eaux qui tombent du toit de la maison voisine, et que l'on en fait écouler par le moyen d'une gouttière. Il faut dire de cette servitude ce que nous avons dit de la précédente, c'est-à-dire, qu'elle est *jus fluminis recipiendi, aut jus fluminis non recipiendi, secundùm jus commune civitatis in quâ sita sunt prædia.*

La sixième est, JUS ALTIUS NON TOLLENDI, c'est-à-dire, le droit d'empêcher son voisin d'élever son bâtiment au-delà d'une certaine hauteur. On peut aussi établir une servitude en

vertu

vertu de laquelle on puisse élever son bâtiment au-delà de la hauteur ordinaire; mais cela ne peut avoir lieu que quand le droit commun du lieu où sont situés les héritages fait consister la liberté dans le contraire.

La septième est, JUS PROSPECTUS AUT NE LUMINIBUS OFFICIATUR, qui signifie le droit qu'on a d'empêcher le voisin de rien faire qui puisse nous ôter la vue, et rendre notre maison plus obscure par quelque manière que ce soit, comme en faisant planter des arbres qui, par leur hauteur ou par l'épaisseur de leurs feuillages, empêcheraient la pénétration de la lumière jusqu'à notre maison, ou en borneraient la vue. *Leg.* 3, 4, 15, 17, et 23, *ff. de Servit. præd. urban.*

Il y a encore une autre servitude urbaine qui est approchante de celle-ci; savoir, le droit d'obliger le voisin à souffrir que nous tirions du jour de son héritage. Cette servitude est appelée SERVITUS LUMINUM, et consiste à pouvoir avoir dans notre héritage certains endroits ouverts sur l'héritage du voisin pour en tirer du jour, contre le commun usage du lieu où les héritages sont situés.

Ceux qui ne sont pas chargés de la servitude *altiùs non tollendi*, dont nous venons de parler, ont la liberté entière d'élever leurs maisons tant qu'il leur plaît, suivant cette maxime, que *quiconque est propriétaire du sol, l'est aussi de tout ce qui est au-dessus ou au-dessous jusqu'à l'infini*, si ce n'est qu'il leur soit défendu par les lois du pays de faire aucune élévation qui excède la forme des anciens bâtimens, ou la forme que les statuts particuliers de la ville ont prescrite.

Toutefois si quelqu'un voulait élever un bâtiment jusqu'à une hauteur extraordinaire qui pourrait être incommode à ses voisins, il pourrait en être empêché, suivant la loi 11, *ff. de Servit. urban. prædior.* qui est d'usage en France selon l'opinion de Chopin sur la Coutume de Paris, *liv.* 1, *tit.* 4; et de Cujas sur ladite loi.

Tome III.

Charondas sur l'*art.* 187 de la même Coutume, rapporte deux arrêts, l'un du 4 février 1559, et l'autre du 29 janvier 1588, par lesquels il a été jugé que des bâtimens élevés extraordinairement seraient rabaissés jusqu'à une certaine hauteur.

Au reste, celui qui possède une maison libre de toutes servitudes, ne peut pas faire en son fonds ce qui ne peut pas lui être utile, et qui peut nuire à son voisin, comme en bouchant les vues et en lui ôtant sa clarté; comme il a été jugé par arrêt du 4 février 1554, cité par l'Hommeau, *titre* des Servitudes, *maxime* 240.

§. 3. *Des Servitudes des héritages des champs.*

Les servitudes des héritages des champs sont les servitudes que l'on nomme rustiques. Les principales sont, suivant le droit romain, *iter, actus et via.*

ITER, est un droit de passage, c'est-à-dire, la liberté d'aller et de se promener sur l'héritage d'autrui, à pied ou à cheval ou en litière, avec pouvoir de remuer la terre, de l'aplanir, et de faire toutes choses nécessaires pour l'usage et l'exécution de ce droit, qui est appelé en latin *iter*, qui vient du mot *ire*.

ACTUS, qui vient d'*agere*, conduire, est le droit de faire passer des bêtes de charge, ou de conduire une charrette ou un chariot sur l'héritage d'autrui. Celui qui a ce droit n'a pas le droit de sentier ou le droit de passage, comme une servitude distincte et séparée; *Leg.* 4, §. 1, *ff. si Servit vind.* mais il en a la commodité et l'usage, et il s'en peut servir même sans bête de charge et sans voiture. *Leg.* 1, *ff. de Servit. præd. rusticor. et Arg. leg.* 1, *ff. de Adimend. legat., et Leg.* 9, *ff. si Servit. vindicet.*

VIA, est une servitude qui contient directement, et le droit d'aller et de se promener sur le fonds d'autrui, et celui d'y faire passer des bêtes de charge ou des voitures; en sorte qu'il peut agir séparément pour chacune de ces deux servitudes, si bon lui semble: *Arg. leg.* 13, §. 1, *ff. de Acceptilationib. juncto Cujacio, lib.*

38

22 *observat., cap.* 35. En cela le droit de *via* est différent du droit d'*actus* : *Nam licet qui actum habet, iter quoque habeat per consequentias; Leg.* 1, *ff. de Servit. prædior. rusticor., et Arg. leg.* 1, *ff. de Adimend. legat. directò tamen iter vindicare non potest; Leg.* 4, *ff. eodem. Via verò utrumque etiam directò continet; Arg. leg.* 13, *§.* 1, *ff. de Acceptilation. juncto Cujacio, loco suprà citato.*

De plus, la largeur de la servitude appelée *actus*, n'étant pas réglée par les lois, dépend toujours de la volonté des parties; mais la largeur de la voie est définie à huit pieds quand le chemin est droit, et à seize quand le chemin va en tournant; *Leg.* 13, *§.* 2; *Leg.* 8, *ff. de Servit. prædior. rusticor.*, quoique la largeur puisse avoir plus ou moins d'étendue par convention faite entre les parties.

Enfin celui qui n'a que la servitude d'*actus*, ne peut pas conduire un chariot chargé à la hauteur d'une pique, ni traîner par l'héritage servant des poutres et de grosses pierres; mais celui qui a la servitude de *via* est en droit de faire tout cela. *Leg.* 1 et 7, *ff. de Servit., præd. rusticor.*

Nous ne distinguons point en France ces trois sortes de servitudes rustiques de la même manière qu'elles étaient en usage chez les Romains : nous reconnaissons seulement la servitude de chemin pour les gens de pied, la servitude pour les bêtes de charge, et la servitude pour les chariots et autres voitures, et ce ne sont que les clauses particulières que l'on y insère qui les rendent plus ou moins étendues.

Il y a encore huit servitudes rustiques dont il est parlé dans les lois romaines, et dont l'usage est reçu parmi nous.

La première est, AQUÆ DUCTUS, qui est le droit d'aqueduc, c'est-à-dire, de faire passer de l'eau par l'héritage d'autrui, par tuyau de plomb, de bois, de pierre, ou autrement. *Leg.* 1, *ff. de Servit. præd. rusticor; Leg.* 2, *ff. de Aquâ quotidianâ.*

La deuxième est, AQUÆ HAUSTUS, qui est le droit de puiser de l'eau dans la fontaine ou dans le puits de son voisin. *Leg.* 5, *in fin. ff. de Servit. præd. rusticor.*

La troisième est, PECORIS AD AQUAM APPULSUS, qui est le droit d'abreuver ses bestiaux à la fontaine, à la citerne, au puits, ou à la mare de son voisin. *Leg.* 1; *Leg.* 2, *§. ult. ff. eod.*

La quatrième est, JUS PASCENDI PECORIS, c'est-à-dire, le droit de pâturage, ou le droit de faire paître ses bestiaux dans les terres d'autrui. *Ibidem.*

Cette dernière servitude et la précédente peuvent être personnelles, et n'être dues qu'à la personne en faveur de qui elles auront été accordées; *Leg.* 4, *ff. de Servit. præd. rusticor.*, auquel cas elles sont éteintes par sa mort, et ne passent point en la personne de ses héritiers. *Leg. penult. ff. eodem.*

La cinquième est, JUS CALICIS COQUENDÆ, c'est-à-dire, le droit de faire cuire de la chaux dans le fonds d'autrui.

La sixième est, JUS ARENÆ FODIENDÆ, c'est-à-dire, le droit de faire tirer du sable dans les terres d'autrui.

La septième est, JUS CRETÆ FODIENDÆ, qui est le droit de tirer de la terre blanche, que l'on nomme communément craie, dans les terres d'autrui.

La huitième est, JUS EXIMENDIS LAPIDIS, qui est le droit de faire tirer de la pierre dans le fonds d'autrui.

§. 4. *En quoi les Servitudes urbaines et rustiques conviennent.*

Les servitudes des héritages des villes, et les servitudes des héritages des champs, conviennent en plusieurs choses : 1.° en ce que toute servitude réelle, soit urbaine ou rustique, ne peut être due que par un héritage : d'où il s'ensuit, que celui qui n'a point d'héritage dans un endroit, ne peut y acquérir aucune servitude de cette nature, ni en être chargé;

2.º En ce que toutes les servitudes réelles sont indivisibles, aussi bien que les servitudes personnelles, à l'exception toutefois de l'usufruit, comme nous l'avons fait voir ailleurs;

3.º En ce que les servitudes réelles ont une cause perpétuelle, à la différence des servitudes personnelles qui n'ont qu'une cause temporaire : ainsi les servitudes réelles étant inhérentes à l'héritage à qui elles sont dues, ne s'éteignent point par la mort du propriétaire de l'héritage dominant, mais passent en la personne de son héritier, et en celle de toute autre acquéreur de cet héritage.

Comme la cause des servitudes réelles est perpétuelle, il faut qu'elles soient établies en des choses dont celui à qui l'héritage dominant appartient puisse continuellement se servir, quoique l'usage n'en soit pas toujours continuel, mais intermittent, comme celui des servitudes appelées *itineris, actûs, viæ, pecoris ad aquam appulsûs*, etc. L'acte de la servitude doit donc toujours pouvoir exister, quoiqu'il cesse très-souvent, parce que la nature des servitudes n'est pas que quelqu'un fasse quelque chose, mais qu'il souffre qu'on fasse quelque chose dans son fonds; ou qu'il ne fasse pas dans son fonds, ce qu'autrement il aurait droit d'y faire. *Leg.* 15, §. *ult. ff. de Servitutibus*.

De ce que les servitudes réelles ont une cause perpétuelle, il s'ensuit encore qu'elles ne peuvent pas être constituées *ex tempore, vel ad certum tempus, sub conditione, aut ad certam conditionem*. Cependant si une servitude était constituée pour un certain temps, ou sous condition, cette convention ou autre semblable serait maintenue en justice, par le moyen de l'exception résultante d'une telle clause apposée à la constitution de la servitude. *Leg.* 4, *ff. de Servitut.*; *Leg.* 28, *ff. de Servit. prædior. urban.*

Il est encore certain, que quoiqu'une servitude réelle ait une cause perpétuelle, néanmoins

on peut en restreindre l'usage, en spécifiant la manière dont le propriétaire de l'héritage dominant pourra s'en servir. Par exemple, les parties peuvent convenir que le propriétaire de l'héritage dominant, auquel la servitude d'*actus* est accordée, ne pourra faire passer que des carrosses, et non pas des charrettes, dans le fonds qui est redevable de cette servitude.

On peut aussi convenir qu'il ne se servira de cette servitude que dans un certain temps de la journée, comme l'après-midi seulement, ou pendant le jour, et non pas durant la nuit, ou pendant certains mois ou certains jours de chaque année.

On peut encore convenir qu'une servitude de passage n'aura lieu que pour faire transporter ses vendages en sa maison par l'héritage de son voisin.

Ces sortes de clauses ne finissent et ne retardent pas l'usage des servitudes; elles ne font que les limiter. *Leg.* 4, *ff. de Servit.*

4.º Les servitudes réelles, soit urbaines ou rustiques, conviennent en ce que les unes et les autres s'acquièrent, se poursuivent et s'éteignent par les mêmes manières.

Enfin celui qui est propriétaire de deux héritages, peut, en aliénant l'un des deux, charger celui qu'il lui plaît d'une servitude envers l'autre; *Leg.* 3, 5 *et* 6, *ff. Communia prædior.* Mais il faut pour cela que sa destination soit par écrit, et qu'il l'ait marqué dans l'aliénation qu'il en a faite.

Ainsi un père de famille ayant fait bâtir deux maisons, et les ayant chargées de quelques servitudes l'une envers l'autre, et les vendant à deux particuliers sans exprimer les servitudes dont il entend qu'elles soient chargées, lesdites servitudes sont éteintes de plein droit; comme il a été jugé par arrêts des 26 mai 1601 et 5 décembre 1603, cités par Brodeau sur Louet, *lettre* S, *chapitre* 1, conformément aux *articles* 215 et 216 de la Coutume de Paris.

§. 5. *Par quels moyens s'acquièrent les Servitudes.*

Suivant le droit romain, les servitudes s'acquièrent et nous sont acquises par la quasi-tradition, qui se fait par l'usage qu'en fait le propriétaire du fonds dominant, et la souffrance du propriétaire du fonds servant. *Quasi traditio fit usu ex parte domini prædii dominantis , et patientiâ ex parte domini prædii servientis. Leg. ult. ff. de Servitutibus.*

On peut aussi acquérir une servitude par l'adjudication qui s'en fait par le juge , lorsque partageant les biens d'une succession ou d'une société , il ordonne qu'un héritage qu'il adjuge à un des-héritiers ou des associés , sera sujet à une servitude envers l'héritage qu'il adjuge à un autre des co-héritiers ou des associés.

Un testateur peut par un acte de dernière volonté établir sur un de ses héritages une servitude. Par exemple , un testateur peut par son testament défendre à son héritier d'élever sa maison au-dessus d'une certaine hauteur, pour ne pas ôter le jour à une maison voisine. Il peut aussi ordonner que son héritier recevra dans son mur les poutres et les solives de la maison voisine, ou qu'il sera obligé de souffrir la servitude de l'écoulement et de la chute des eaux , ou qu'il laissera aller et venir par son fonds le propriétaire de l'héritage voisin, soit à pied, soit avec une bête de charge , ou une voiture , ou qu'il lui permettra de conduire par son fonds de l'eau dans le sien.

Enfin on peut, suivant la disposition des lois romaines, acquérir une servitude par une longue possession de bonne foi , c'est-à-dire, de dix ans entre présens , et de vingt ans entre absens.

Nous avons expliqué jusqu'ici par quelles manières les servitudes peuvent nous être acquises par les lois romaines : voyons présentement par quelles voies elles peuvent nous être dues.

Suivant les lois romaines , les servitudes ne nous peuvent être dues que quand elles nous

ont été promises par une stipulation , ou par un simple acte qui a été ajouté sur le champ à un contrat de bonne foi.

Tout ce que nous venons de dire est d'usage par toute la France, si ce n'est pas rapport à deux articles.

Le premier regarde ce que nous avons dit de la prescription des servitudes, qui était admise chez les Romains ; car parmi nous dans la plupart des provinces qui sont régies par le droit coutumier , les servitudes ne s'acquièrent pas par la prescription sans titre, quelque long-temps qu'on les ait possédées.

Il n'y a qu'en pays de droit écrit qu'on les peut acquérir par une longue possession, conformément au droit romain ; encore faut-il que ces pays de droit écrit ne soient pas de ceux qui sont du ressort du parlement de Paris; car ils suivent la maxime que la plupart de nos coutumes ont établie là-dessus ; savoir : que les servitudes ne peuvent s'acquérir sans titre, quelque longue qu'ait été la possession pendant laquelle on en a joui.

Cette maxime, *Nulle servitude sans titre ,* s'est introduite parmi nous pour obvier aux entreprises qui se faisaient par succession de temps entre voisins , sous couleur de souffrance et tolérance , pour cause d'amitié et de familiarité , dont on abusait très-souvent. Ainsi l'on n'a point trouvé de plus sûr moyen pour empêcher les désordres qui provenaient de ces abus, que nulle servitude ne se peut acquérir par la seule possession immémoriale, quand même elle serait de cent ans et plus.

On n'a donc point d'égard à la longueur de la possession ; et on présume que quand elle est destituée de titre, ce n'est qu'une simple souffrance ou une usurpation.

Voy. ce que Ferrière a dit à ce sujet dans son Commentaire de la Coutume de Paris, sur l'*art.* 186.

Le deuxième regarde ce que nous avons dit, que les servitudes ne sont véritablement dues que quand elles sont promises par stipulation, ou par un simple pacte qui a été sur le champ ajouté à un contrat de bonne foi ; car parmi nous, les simples pactes n'obligent pas moins par eux-mêmes que les conventions auxquelles les Romains donnaient le nom de contrat, comme Ferrière l'a fait voir sur le *tit.* 14 du *troisième livre* des Institutes.

Touchant les actions en vertu desquelles on peut agir en jugement, pour raison de quelque servitude, *Voy.* ce qu'en a dit Ferrière dans sa Traduction des Institutes, sur le §. 2 du *titre sixième* du *quatrième livre*.

Suivant ce que nous avons dit ci-dessus, le droit de servitude ne se peut pas acquérir par décret sans titre précédent, parce que le bien ne peut être vendu et adjugé qu'avec le droit que le saisi sur lequel il est adjugé, y avait; et il se peut faire qu'il jouissait d'une servitude de mur, égoût ou autre, par la courtoisie de son voisin et à titre de précaire. Ainsi, en termes de droit, *Qui uti optimâ maximâque sunt ædes tradit, non hoc dicit, servitutem illis deberi, sed illud solùm, ipsas ædes liberas esse, hoc est nulli servire. Leg.* 90; *Leg.* 126, *ff. de Verbor. signif.; Leg.* 19, *ff. de Contrah. empt.; Leg. penult. ff. de Evictionib.*

Cela recevrait néanmoins de la difficulté, dit Louet, *au mot Servitude*, si la saisie, les criées, l'enchère et les autres procédures du décret, faisaient mention expresse et spécifique de la servitude active, soit de mur, égoût ou autre, dont les marques anciennes se rencontreraient, et qu'il n'y eût point eu d'opposition formée de la part du propriétaire de la maison voisine, sur laquelle la servitude exprimée serait prétendue. Ce silence serait un tacite acquiescement qui ferait présumer un titre perdu et adiré ; et l'adjudicataire qui aurait contracté avec la justice, sous l'autorité de la foi publique, serait surpris, n'ayant le plus souvent point d'autre titre que son décret.

Cependant plusieurs arrêts sont rapportés par nos auteurs, et notamment par le Prêtre en ses Arrêts de la cinquième, qui ont jugé que l'adjudicataire par décret d'une maison qui avait des vues sur celle du voisin, était tenu de les retirer, quoique le propriétaire de la maison voisine ne se fût pas opposé au décret. Le Grand sur l'*art.* 61 de la Coutume de Troyes, *glose* 2, *nombre* 45 *et suivant*, dit qu'il faut un titre précédent. Le Maître est de même avis, aussi bien qu'Auzanet, qui en ses Mémoires en a fait un article exprès.

§. 6. *Par quels moyens les Servitudes réelles sont éteintes.*

Il y a plusieurs moyens par lesquels les servitudes réelles sont éteintes.

Le premier est la confusion de la propriété, c'est-à-dire, lorsque le propriétaire de l'héritage dominant acquiert l'héritage qui doit la servitude, *aut vice versâ*; de manière que les propriétés des deux héritages, l'un desquels doit une servitude à l'autre, se trouvent réunies en une même personne. *Leg.* 1; *Leg.* 15, *ff. si servit. vindicet.* En effet, on ne peut pas avoir droit de servitude sur un héritage dont on a la propriété, *si quidem nemini res sua servit.* Ainsi dès que quelqu'un acquiert l'héritage qui servait au sien, ou auquel le sien devait une servitude, la servitude est anéantie et ne peut plus subsister, quand même l'héritage serait ensuite aliéné. *Leg.* 3, *communia prædior.*

Le second est le non usage pendant le temps déterminé par les lois. Ce temps est de dix ans entre présens, et de vingt ans entre absens, suivant les lois romaines. *Leg.* 6, § 1, *ff. Quemadmodum servitutes amittuntur; et Leg. Penult. Cod. de Servitutib.* Mais, parmi nous, la liberté ne se peut réacquérir contre un titre de servitude, que par trente ans entre âgés et non privilégiés, suivant l'*art.* 186 de la Coutume de Paris.

La servitude ne s'éteint pas seulement par le non usage, mais encore par un usage qui n'est pas conforme à la manière portée par l'acte qui a établi la servitude; comme si celui qui a droit de puiser de l'eau dans le fonds d'autrui pendant la nuit, ou à de certaines heures seulement, en puise pendant le jour, ou à d'autres heures. *Leg.* 10, §. 2, *et seq.*; *Leg.* 18, *ff. Quemadmodum servit. amittantur.*

Il faut ici remarquer une différence notable à l'égard de la servitude d'un héritage de ville, en ce que la servitude d'un héritage des champs s'éteint par le seul non usage, c'est-à-dire, pour ne s'en pas servir, quoique le propriétaire du fonds qui doit la servitude n'ait fait aucun acte qui y soit contraire.

Mais la servitude d'un héritage de ville ne s'éteint point par le seul non usage; il faut qu'il soit accompagné de quelqu'acte contraire à la servitude, fait par le propriétaire de l'héritage qui en est chargé; comme si la maison voisine était assujettie à la servitude de ne pouvoir être élevée au-delà d'une certaine hauteur, sans le consentement du propriétaire de l'héritage dominant, il faudroit, pour que cette servitude fut éteinte, que le propriétaire de l'héritage chargé de cette servitude, eût haussé sa maison au-delà de ce qui est porté par l'acte, et que le propriétaire de l'héritage dominant ne s'y fût pas opposé.

Comme la servitude rustique consiste dans l'exercice et le fait du propriétaire de l'héritage à qui elle est due, dès qu'il cesse de s'en servir, le temps du non usage commence à courir. La servitude urbaine au contraire ne consiste pas dans l'exercice et le fait du propriétaire de l'héritage à qui elle est due, mais dans la patience et tolérance du propriétaire de l'héritage qui la doit : cela fait qu'elle ne s'éteint pas par le non usage, et se conserve toujours dans l'édifice, sans le fait du propriétaire de l'héritage pour lequel elle a été établie; de manière que tant que l'édifice servant se trouve capable de souffrir la servitude, et qu'il n'est point intervenu de fait contraire de celui qui en est le propriétaire, la possession et le droit de s'en servir subsistent toujours, par rapport au propriétaire de

l'héritage à qui elle est due. *Leg.* 6, *in fine, ff. de Servit. præd. urban.*

Le troisième moyen est la renonciation à la servitude, faite par le propriétaire de l'héritage à qui elle est due; *Leg.* 8, *ff. Quemadmod. servit. amittant.*, parce que chacun peut renoncer à ses droits particuliers.

Le quatrième est la résolution du droit de celui qui a constitué la servitude; car elle en cause aussi l'extinction; *Leg.* 11, §. 1, *ff. eodem.* L'espèce de cette loi, est, qu'un héritier avait chargé d'une servitude un fonds légué sous condition, laquelle étant arrivée, le jurisconsulte répondit que cette servitude était éteinte; *quià scilicet resoluto jure dantis, resolvitur jus accipientis, et quià nemo plus juris in alium transferre potest quàm ipse habet; Leg.* 54, *ff. de Reg. jur.* Par cette raison, si le possesseur d'un héritage à titre de bail emphitéotique constitue dessus quelque servitude pendant sa jouissance, cette servitude sera éteinte par l'extinction de son bail.

Le cinquième est la perte de l'héritage qui doit la servitude; comme si un champ qui est redevable d'un droit de chemin ou passage au propriétaire d'un héritage voisin, se trouve entièrement couvert et occupé par un fleuve; *Leg.* 14, *ff. Quemadmodum servit. amittant.* Il en serait de même, si la source d'eau était tarie, par rapport à la servitude *aquæ hauriundæ.* Mais si les choses sont rétablies dans la suite, la servitude éteinte ressuscite, et a le même effet qu'auparavant. *Leg.* 35, *ff. de Servit. præd. rusticor.*

Le sixième est une clause particulière apposée dans la constitution de la servitude, qui en contient la destruction : comme si une servitude est établie à condition qu'elle sera éteinte, si celui à qui elle est due fait une telle chose; le cas arrivant, la servitude est éteinte.

La mort naturelle ou civile n'est pas un moyen d'éteindre les servitudes réelles, parce qu'elles sont dues aux héritages, et non pas à ceux qui en sont propriétaires. *Servitutes prœdiales sunt jura prœdiorum, non verò personarum; Leg. 3, ff. Quemadmodùm servit. amittant.*

Suivant la disposition des lois romaines, les ventes publiques des héritages qui sont chargés de servitudes, ou auxquels les servitudes sont dues, n'en causent pas l'extinction ; *Leg.* 23, §. 2, *ff. de Servit predicor rusticor. Verba sunt : Si fundus serviens, vellis cui servitus debetur, publicaretur utroque casu, durant servitutes ; quià cum suâ conditione quisque fundus publicaretur.*

Mais cette loi n'est pas suivie parmi nous, car le décret purge les servitudes, du moins celles qui sont cachées et non visibles, parce que l'adjudicataire n'en a pu avoir aucune connaissance : ainsi pour empêcher qu'il soit trompé, et n'ait porté plus haut le prix de l'adjudication qu'il n'aurait fait, s'il avait eu connaissance de la servitude imposée sur l'héritage, on a trouvé à propos que le décret purgeât ces sortes de servitudes.

A l'égard des servitudes qui sont visibles et apparentes, comme sont les servitudes d'égoût et autres semblables, le décret ne les purge pas ; parce que l'adjudicataire par décret de l'héritage qui en est chargé, n'en a pu prétendre cause d'ignorance, ayant pu les voir, ou les faire voir par des experts.

Voilà, dit M. Auzanet sur l'*art.* 186 de la coutume de Paris, ce qui se pratique pour les servitudes passives auxquelles l'héritage saisi est sujet : mais pour les servitudes actives que l'héritage saisi a sur les héritages voisins, elles ne sont point acquises et conservées par le décret, si elles ne sont déclarées expressément dans la saisie réelle, et dans les autres procédures par décret.

Voy. ce qu'a dit Ferrière sur le commencement du *titre* 9 de la Coutume de Paris, *nombre* 22.

Droit nouveau.

Le Code civil n'admet plus la division des servitudes en servitudes *personnelles* et en servitudes *réelles*.

Déjà les servitudes personnelles avaient été abolies par les lois des 15 mars 1790, 25 août 1792 et 17 juillet 1793, suppressives de tous droits féodaux, et le Code civil n'a fait que consacrer ce principe de droit naturel, que tous les hommes sont égaux et libres, et ne sont tenus qu'aux obligations que la nature leur impose, que la loi commande, et que l'intérêt du corps social rend nécessaires. Hors ces distinctions marquées par le droit civil et le droit politique, tous les hommes sont égaux aux yeux de la loi, et il ne leur est pas même permis de se constituer en servitude par des conventions ; de pareils actes étant contraires aux lois d'ordre public établies en France. C'est ce que porte expressément l'*art.* 686 du Code, ainsi conçu :

« Il est permis aux propriétaires d'établir sur
» leur propriété telles servitudes que bon leur
» semble, pourvu néanmoins que les services
» établis ne soient imposés *ni à la personne ,*
» *ni en faveur de la personne,* mais seulement à
» un fonds et pour un fonds, et pourvu que
» ces services n'aient d'ailleurs rien de contraire
» à l'ordre public. »

Aujourd'hui, toutes les servitudes sont donc réelles, c'est-à-dire, dues par un fonds, en faveur d'un autre fonds ; et ces servitudes ne laissent pas que d'exister quoique les fonds changent de propriétaires.

La servitude est une charge *imposée sur un héritage pour l'usage et l'utilité d'un héritage appartenant à un autre* propriétaire. *Art.* 637, tit. *des Servitudes.*

Mais la servitude n'établit aucune prééminence de l'héritage à qui elle est due sur celui qui la doit. *Art.* 638.

Les servitudes dérivent de trois causes.

1.º De la situation naturelle des lieux ;

2.º Des obligations imposées par la loi ;

3.º Des conventions entre les parties ;

§. 1.er. *Des Servitudes qui dérivent de la
situation naturelle des lieux.*

Les servitudes qui dérivent de la situation
naturelle des lieux, sont celles établies par la
nature, et dont il n'est pas au pouvoir des
hommes d'affranchir leur propriété sans intervertir l'ordre établi par elle.

Telle est l'obligation naturelle où est le propriétaire d'un fonds inférieur de recevoir les
eaux qui découlent naturellement et sans le secours de l'art, du fonds supérieur, comme serait
une source.

C'est ce que dispose l'*art.* 640 du Code,
dont voici la teneur :

« *Art.* 640. Les fonds inférieurs sont assu-
» jettis envers ceux qui sont plus élevés à re-
» cevoir les eaux qui en découlent naturelle-
« ment, sans que la main de l'homme y ait
« contribué.

» Le propriétaire inférieur ne peut point
» élever de digue qui empêche cet écoulement.

» — Le propriétaire supérieur ne peut rien
» faire qui aggrave la servitude du fonds infé-
» rieur. »

Des premières dispositions de cet article il
résulte que le fonds inférieur ne peut être contraint à recevoir les eaux du fonds supérieur,
qui auraient pour cause de leur écoulement un
ouvrage quelconque de la main de l'homme.
Ainsi le propriétaire du fonds supérieur qui,
par des pompes et des machines hydrauliques,
telles que celles de M. de Montgolfier, appelée *belier*, parviendrait à porter des eaux
sur sa propriété, ne pourrait forcer le propriétaire du fonds inférieur à recevoir l'écoulement des eaux ainsi amenées, parce que, quoiqu'il soit dans la nature que les eaux des lieux
élevés découlent sur les lieux inférieurs, la
cause qui a produit ces eaux n'étant pas naturelle, et provenant uniquement de l'art et du
fait de l'homme, celui-ci ne peut, par son
propre fait, établir une servitude sur le fonds
d'autrui sans son consentement.

La seconde partie de cet article semble borner
l'obligation du propriétaire qui reçoit les eaux
à ne point élever de *digue* pour en empêcher
l'écoulement ; mais le mot *digue* doit être entendu ici, par tout obstacle que le propriétaire
du fonds inférieur peut mettre au libre et naturel écoulement des eaux ; ainsi il ne pourrait
faire des constructions, établir des usines ou
autres ouvrages qui, sans arrêter tout-à-fait
le cours de l'eau, le retardent, et causent souvent des dégorgemens qui pourraient nuire
au propriétaire supérieur.

La troisième partie de cet article nécessite
une distinction essentielle, car le propriétaire
du fonds supérieur peut aggraver la servitude
du fonds inférieur de deux manières contraires,
soit en augmentant le volume d'eau ou la vitesse de son cours, soit en en privant
tout-à-fait le fonds inférieur par des ouvrages
qui la transporteraient dans un autre fonds, ou
en diminueraient le volume ou la vitesse.

Dans le premier cas, le propriétaire du
fonds inférieur peut refuser de recevoir un
écoulement qui n'est pas purement naturel ;
dans le second cas, il peut forcer le propriétaire du fonds supérieur à laisser continuer
l'écoulement ; mais cette dernière faculté est
soumise à des règles qui sont renfermées dans
les deux articles suivans.

« *Art.* 641. Celui qui a une source dans
» son fonds peut en user à sa volonté, sauf le
» droit que le propriétaire du fonds inférieur
» pourrait avoir acquis par titre ou par pres-
» cription.

» *Art.* 642. La prescription, dans ce cas,
» ne peut s'acquérir que par une jouissance
» non interrompue pendant l'espace de trente
» années, à compter du moment où le pro-
» priétaire du fonds inférieur a fait et terminé
» des ouvrages apparens destinés à faciliter
» la chute et le cours de l'eau dans sa pro-
» priété. »

L'*art.* 641 rend hommage au droit de propriété,

priété, en disposant que le propriétaire d'une source peut en user à sa volonté ; mais il consacre encore le principe que nul ne peut, par son propre fait, préjudicier aux droits d'un tiers.

En effet, tant que le propriétaire d'une source n'a point cédé au propriétaire du fonds inférieur la jouissance de cette source, il est libre d'en disposer à sa volonté ; ainsi il peut la faire perdre dans sa propriété, quoique naturellement elle dût s'écouler dans celle du voisin ; il peut, au préjudice du fonds inférieur, vendre, céder, donner la jouissance de la source au propriétaire du fonds supérieur, et cela sans que le propriétaire du fonds inférieur puisse faire des réclamations, ni forcer le propriétaire de la source à lui vendre de préférence le droit de faire écouler l'eau dans sa propriété.

En effet, la servitude établie par la nature ne charge que l'héritage inférieur ; elle établit bien que le fonds inférieur est tenu de recevoir, mais non que le fonds supérieur soit tenu d'accorder l'écoulement.

L'obligation que l'on voudrait imposer au propriétaire du fonds supérieur de faire écouler l'eau sur le fonds inférieur, ne pourrait être qu'une servitude légale, et non une servitude établie par la nature : or aucune loi n'établit cette obligation ; la loi dispose, au contraire, que le propriétaire de la source peut en user à sa volonté ; nulles raisons ne peuvent donc autoriser le propriétaire du fonds inférieur à forcer le propriétaire de la source à lui vendre, de préférence à tout autre, le droit d'user des eaux qui en découlent.

Mais il en est autrement si par convention le propriétaire de la source s'est obligé envers le propriétaire du fonds inférieur à lui laisser l'écoulement des eaux : dans ce cas le propriétaire peut bien user de ces eaux à sa volonté, tant qu'elles séjournent dans sa propriété, mais il ne peut les détourner de leur écoulement naturel ou conventionnel sans manquer à la foi

des contrats, et être contraint à exécuter ses engagemens.

Il en est de même lorsque, sans qu'il y ait de convention, le propriétaire du fonds inférieur sur lequel s'écoulent ces eaux, a fait des ouvrages apparens propres à en faciliter l'écoulement, et que le propriétaire du fonds supérieur, n'a apporté pendant un certain laps de temps aucun obstacle à l'écoulement de ces eaux.

Ce laps de temps est fixé à trente années, qui ne commencent à courir que du jour où ces ouvrages ont été terminés.

Remarquez que la loi exige, pour que la prescription puisse avoir lieu, qu'il y ait eu des ouvrages, et des ouvrages *apparens :* autrement l'écoulement naturel que laisserait prendre à ces eaux le propriétaire du fonds inférieur ne pourrait être considéré que comme une simple reconnaissance de la servitude naturelle.

La loi veut aussi que la jouissance de l'écoulement ait été *non interrompue* pendant cet espace de trente années, en sorte que le propriétaire du fonds inférieur ne doit pas seulement prouver que depuis trente années il a la jouissance de cet écoulement, mais encore que cette jouissance n'a nullement été interrompue ; et le propriétaire du fonds supérieur peut toujours être admis à prouver qu'il y a eu interruption. Ainsi, si pendant le laps de trente années le propriétaire du fonds supérieur, ayant eu besoin seulement une fois d'un plus grand volume d'eau, avait établi pendant vingt-quatre heures une digue pour les retenir, et en avait ainsi privé le fonds inférieur pendant ce court espace, la prescription ne pourrait être acquise au propriétaire du fonds inférieur.

Observez aussi que la loi fait ici une exception à la règle contenue dans l'*art.* 2232 *de la Prescription*, qui porte que les *actes de pure faculté* ou *de simple tolérance* ne peuvent fonder ni possession ni prescription. Car on pourrait considérer comme telle l'adhésion tacite que donne le propriétaire de la source à son écoulement sur le fonds inférieur, écoulement, dont il avait la faculté de priver le fonds inférieur, et qu'il peut alléguer n'avoir souffert que par simple tolérance.

« *Art.* 643. Le propriétaire de la source ne
» peut en changer le cours lorsqu'il fournit aux
» habitans d'une commune , village ou ha-
» meau, l'eau qui leur est nécessaire : mais si
» les habitans n'en ont pas acquis ou prescrit
» l'usage , le propriétaire peut réclamer une
» indemnité, laquelle est réglée par experts. »

C'est ici un de ces cas où l'intérêt privé doit céder à l'intérêt général. Nous avons vu plus haut, *art.* 641, que le propriétaire d'une source avait le droit d'en user à sa volonté; nous avons vu aussi que la seule exception à ce droit était celle qui résultait de la convention des parties, ou de la possession trentenaire : ici , par un motif d'intérêt public, la loi veut que cette faculté d'user à sa volonté de la source qui naît dans sa propriété , cesse en faveur du proprié-taire toutes les fois que cette source fournit l'eau nécessaire aux habitans d'une commune, village ou hameau , soit qu'il existe ou qu'il n'existe pas de titre qui interdise cette faculté, soit qu'il y ait ou qu'il n'y ait pas une posses-sion suffisante pour acquérir la prescription.

Seulement, lorsqu'il n'existe pas de titre qui prouve que les habitans des communes, villages ou hameaux , aient acquis l'usage de cette sour-ce, et lorsqu'il n'y a pas de preuve , que les ha-bitans en aient prescrit l'usage, la loi veut qu'il soit accordé une indemnité au propriétaire; et cette indemnité se règle par experts.

« *Art.* 644. Celui dont la propriété borde
» une eau courante autre que celle qui est dé-
» clarée dépendante du domaine public par
» l'*art.* 538, au *tit.* de la *Distinction des biens*,
» peut s'en servir à son passage pour l'irriga-
» tion de ses propriétés. Celui dont cette eau
» traverse l'héritage peut même en user dans
» l'intervalle qu'elle y parcourt, mais à la
» charge de la rendre, à la sortie de ses fonds,
» à son cours ordinaire. »

L'*art.* 538 cité déclare dépendance du do-maine public les *fleuves* et *rivières* navigables ou flottables : on peut donc dire que les dispo-sitions de cet article concernent toute eau cou-rante qui n'est ni fleuve ni rivière navigable ou flottable , comme le sont les canaux, ruisseaux , torrens et autres, qui ne sont point désignés comme une dépendance du domaine public.

Il convient donc de distinguer entre les eaux dépendantes du domaine public, et celles qui ne sont pas susceptibles de cette dépendance.

L'*art.* 644 ci-dessus ne s'occupe que de ces dernières. Il ne sera pas inutile de rappeler ici les réglemens d'administration concernant l'u-sage des eaux publiques.

L'ordonnance des eaux et forêts du mois d'août 1669 , portait, *art.* 44 , défenses à toutes-personnes de détourner l'eau des rivières navi-gables ou flottables, ou d'en affaiblir et altérer le cours par des *tranchées, fossés* ou *canaux* , à peine , contre les contrevenans , d'être punis comme usurpateurs, et les choses réparées à leurs dépens. — La même ordonnance, *art.* 42 et 43, défendait à toutes personnes de faire des-moulins, batardeaux, écluses, gords, pertuis, murs , plants d'arbres, amas de pierres , de terres, de fascines, ni autres édifices ou empê-chemens nuisibles au cours de l'eau, sans en avoir obtenu la permission du gouvernement.

La loi du 28 septembre — 6 octobre 1791 , *art.* 4 , *sect.* 1 , *tit.* 1.er, permit aux proprié-taires riverains des rivières navigables ou flot-tables, de faire , en vertu du droit commun , des prises d'eau dans les fleuves ou rivières , sans toutefois détourner ni embarrasser le cours d'une manière nuisible au bien général et à la navigation établie.

Enfin, l'*art.* 10 de l'arrêté du Directoire exé-cutif, du 19 ventose an 6, exigea que nul ne pût détourner le cours des eaux des rivières navigables ou flottables , et ne pût y faire des *prises d'eau* ou *saignées* pour l'irrigation des terres, qu'après y avoir été autorisé par l'admi-nistration centrale (le préfet), et sans pouvoir excéder le niveau déterminé.

Le même arrêté renouvelle les prohibitions de construire des moulins, écluses, bâtardeaux, usines, etc., sans l'autorisation du gouvernement. *V.* cette loi rapportée en entier sous le mot Eau, *tom.* 2, *pag.* 74 et *suiv.*

C'est ce dernier arrêté qui fait notre législation quant aux droits des propriétaires riverains des fleuves ou rivières navigables ou flottables sur les eaux de ces rivières.

A l'égard des eaux susceptibles d'une propriété privée, et dont s'occupe cet article, chacun peut s'en servir à son passage pour l'irrigation de ses propriétés, mais toutefois de manière à ne pas en détourner le cours. Dans tous les cas, le droit de jouir de ces eaux de la manière prescrite par la loi, est subordonné aux règlemens et usages locaux que les particuliers riverains ou propriétaires de ces eaux peuvent avoir consentis entr'eux, ou qui ont été établis par l'administration locale; sur quoi je ferai remarquer que l'arrêté du Directoire, que j'ai cité, s'occupe également et des eaux publiques et des eaux privées, et que l'on doit y recourir en cas de contestations, comme il sera dit sur l'*art.* suivant.

A l'égard de la seconde partie de cet article, il faut observer que celui dont la propriété est traversée par une eau courante, peut bien en user dans tout l'espace qu'elle parcourt; mais il ne peut en abuser et faire des constructions qui en ralentiraient ou détourneraient le cours : il faut bien considérer que son droit se réduit à une simple jouissance; qu'il est bien propriétaire du fonds sur lequel l'eau passe, mais qu'il ne l'est pas de l'eau elle-même, et qu'il n'a pas plus de droit d'en priver son voisin inférieur, que le voisin supérieur n'a celui de l'en priver lui-même.

« *Art.* 645. S'il s'élève une contestation entre » les propriétaires auxquels ces eaux peuvent » être utiles, les tribunaux en prononçant doi- » vent concilier l'intérêt de l'agriculture avec » le respect dû à la propriété; *et dans tous les*

» *cas, les règlemens particuliers et locaux sur* » *le cours et l'usage des eaux, doivent être* » *observés.* »

Il résulte des dispositions de cet article, qu'en cas de contestations sur l'usage et le cours des eaux, les tribunaux doivent d'abord examiner s'il y a des règlemens et usages locaux à cet égard ; et dans ce cas, ces règlemens et usages doivent être observés, puisque le Code leur imprime la force et le caractère de loi. Mais ces règlemens et usages ne peuvent être observés dans leur intégrité, qu'autant que la loi est entièrement muette sur la matière pour laquelle ils ont été faits; car les règlemens et usages doivent se taire devant une volonté contraire de la loi.

A défaut de loi, de règlemens et d'usages, les juges doivent, dans leurs décisions, concilier l'intérêt de l'agriculture avec le respect dû au droit de propriété. Ils doivent, à cet effet, nommer des experts parmi les cultivateurs, et prendre leurs rapports en considération dans les motifs de leurs jugemens.

Mais devant quel juge ces contestations doivent-elles être portées ? *V.* le mot Cours d'eau, dans la partie de ce Dictionnaire qui traite de la *Procédure civile.*

« *Art.* 646. Tout propriétaire peut obliger » son voisin au bornage de leurs propriétés » contiguës : le bornage se fait à frais com- » muns. »

On pourrait peut-être s'étonner de trouver l'action de bornage au nombre des servitudes, puisque jusqu'à ce jour toutes les législations l'avaient considérée comme une simple suite du droit de propriété. Cependant l'obligation imposée au propriétaire voisin de souffrir cette action, et de supporter même sa part des frais, a pu avec quelque fondement être considérée comme une espèce de servitude, d'autant plus que la règle établie par cet article est de tous les temps. Mais cette servitude a cela de particulier, qu'au lieu que dans toutes les servitudes il y a toujours un fonds dominant et un fond servant : ici le même fonds peut être dominant et servant, selon qu'il plaît au propriétaire.

Tout propriétaire peut donc forcer son voisin à fixer l'étendue et les limites de leurs propriétés respectives, et à indiquer cette étendue et ces limites par des *signes* qui puissent à jamais les faire reconnaître. Ce sont ces signes qu'on appelle *bornes*, et la demande que l'on fait au voisin de vouloir bien procéder à cette fixation, s'appelle *action de bornage.*

Tout propriétaire peut clorre son héritage, sauf l'exception portée en l'article 682. *Article 647.*

Le propriétaire qui veut se clorre, perd son droit au parcours et vaine pâture, en proportion du terrain qu'il y soustrait. *Art.* 648.

Chap. 2. — *Des Servitudes établies par la loi.*

Les servitudes établies par la loi ont pour objet l'utilité publique ou communale, ou l'utilité des particuliers. *Art.* 649.

Celles établies pour l'utilité publique ou communale ont pour objet le marchepied le long des rivières navigables ou flottables, la construction ou réparation des chemins et autres ouvrages publics ou communaux. — Tout ce qui concerne cette espèce de servitude, est déterminé par des lois ou des règlemens particuliers. *Art.* 650.

La loi assujettit les propriétaires à différentes obligations l'un à l'égard de l'autre, indépendamment de toute convention. *Art.* 651.

Partie de ces obligations est réglée par les lois sur la police rurale.—Les autres sont relatives au mur et au fossé mitoyens, au cas où il y a lieu à contre-mur, aux vues sur la propriété du voisin, à l'égout des toits, au droit de passage. *Art.* 652.

Sect. 1.ere.—*Du Mur et du Fossé mitoyens.*

Dans les villes et les campagnes, tout mur servant de séparation entre bâtimens jusqu'à l'héberge, ou entre cours et jardins, et même entre enclos dans les champs, est présumé mitoyen, s'il n'y a titre ou marque du contraire. *Art.* 653.

Il y a marque de non-mitoyenneté lorsque la sommité du mur est droite et à plomb de son parement, d'un côté, et présente de l'autre un plan incliné ; — lors encore qu'il n'y a que d'un côté ou un chaperon ou des filets et corbeaux de pierre qui y aurait été mis en bâtissant le mur. — Dans ces cas, le mur est censé appartenir exclusivement au propriétaire du côté duquel sont l'égout ou les corbeaux et filets de pierre. *Art.* 654.

La réparation et la reconstruction du mur mitoyen sont à la charge de tous ceux qui y ont droit, et proportionnellement au droit de chacun. *Art.* 655.

Cependant tout co-propriétaire d'un mur mitoyen peut se dispenser de contribuer aux réparations et reconstructions en abandonnant le droit de mitoyenneté, pourvu que le mur mitoyen ne soutienne pas un bâtiment qui lui appartienne. *Art.* 656.

Tout co-propriétaire ne peut faire bâtir contre un mur mitoyen et y faire placer des poutres ou solives dans toute l'épaisseur du mur, à cinquante-quatre millimètres (deux pouces) près, sans préjudice du droit qu'a le voisin de faire réduire à l'ébauchoir la poutre jusqu'à la moitié du mur, dans le cas où il voudrait lui-même asseoir des poutres dans le même lieu, ou y adosser une cheminée. *Article 657.*

Tout co-propriétaire peut faire exhausser le mur mitoyen ; mais il doit payer seul la dépense de l'exhaussement, les réparations d'entretien au-dessus de la hauteur de la clôture commune, et en outre l'indemnité de la charge en raison de l'exhaussement et suivant la valeur. *Art.* 658.

Si le mur mitoyen n'est pas en état de supporter l'exhaussement, celui qui veut l'exhausser doit le faire reconstruire à ses frais, et l'excédent d'épaisseur doit se prendre de son côté. *Art.* 659.

Le voisin qui n'a pas contribué à l'exhaussement, peut en acquérir la mitoyenneté, en payant la moitié de la dépense qu'il a coûté, et la valeur de la moitié du sol fourni pour l'excédent d'épaisseur, s'il y en a. *Art.* 660.

Tout propriétaire joignant un mur a de même la faculté de le rendre mitoyen en tout ou en partie; en remboursant au maître du mur la moitié de sa valeur, ou la moitié de la valeur de la portion qu'il veut rendre mitoyenne, et moitié de la valeur du sol sur lequel le mur est bâti. *Art.* 661.

L'un des voisins ne peut pratiquer dans le corps d'un mur mitoyen aucun enfoncement, ni y appliquer ou appuyer aucun ouvrage, sans le consentement de l'autre, ou sans avoir, à son refus, fait régler par experts les moyens nécessaires pour que le nouvel ouvrage ne soit pas nuisible aux droits de l'autre. *Art.* 662.

Chacun peut contraindre son voisin, dans les villes et faubourgs, à contribuer aux constructions et réparations de la clôture faisant séparation de leurs maisons, cours et jardins assis ésdites villes et faubourgs : la hauteur de la clôture sera fixée suivant les réglemens particuliers ou les usages constans et reconnus ; et, à défaut d'usages et de réglemens, tout mur de séparation entre voisins, qui sera construit ou rétabli à l'avenir, doit avoir au moins trente-deux décimètres (dix pieds) de hauteur, compris le chaperon, dans les villes de cinquante mille ames et au-dessus, et vingt-six décimètres (huit pieds) dans les autres.

Lorsque les différens étages d'une maison appartiennent à divers propriétaires, si les titres de propriété ne règlent pas le mode de réparations et reconstructions, elles doivent être faites ainsi qu'il suit : — Les gros murs et le toit sont à la charge de tous les propriétaires,

chacun en proportion de la valeur de l'étage qui lui appartient.— Le propriétaire de chaque étage fait le plancher sur lequel il marche ; — le propriétaire du premier étage fait l'escalier qui y conduit ; le propriétaire du second étage fait, à partir du premier, l'escalier qui conduit chez lui ; et ainsi de suite. *Art.* 664.

Lorsqu'on reconstruit un mur mitoyen ou une maison, les servitudes actives et passives se continuent à l'égard du nouveau mur ou de la nouvelle maison, sans toutefois qu'elles puissent être aggravées, et pourvu que la reconstruction se fasse avant que la prescription soit acquise. *Art.* 665.

Tous fossés entre deux héritages sont présumés mitoyens s'il n'y a titre ou marque du contraire. *Art.* 666.

Il y a marque de non-mitoyenneté lorsque la levée ou le rejet de la terre se trouve d'un côté seulement du fossé. *Art.* 667.

Le fossé est censé appartenir exclusivement à celui du côté duquel le rejet se trouve. *Art.* 668.

Le fossé mitoyen doit être entretenu à frais communs. *Art.* 669.

Toute haie qui sépare des héritages est réputée mitoyenne, à moins qu'il n'y ait qu'un seul des héritages en état de clôture, ou s'il n'y a titre ou possession suffisante au contraire. *Art.* 670.

Il n'est permis de planter des arbres de haute tige qu'à la distance prescrite par les réglemens particuliers actuellement existans, ou par les usages constans et reconnus ; et, à défaut de réglemens et usages, qu'à la distance de deux mètres de la ligne séparative des deux héritages pour les arbres à haute tige, et à la distance d'un demi-mètre pour les autres arbres et haies vives. *Art.* 671.

Le voisin peut exiger que les arbres et haies plantés à une moindre distance soient arrachés. — Celui sur la propriété duquel avancent les branches des arbres du voisin, peut contraindre celui-ci à couper ces branches. — Si ce sont les racines qui avancent sur son héritage, il a droit de les y couper lui-même. *Art.* 672.

Les arbres qui se trouvent dans la haie mitoyenne, sont mitoyens comme la haie; et chacun des deux propriétaires a droit de requérir qu'ils soient abattus. *Art.* 673.

Sect. 2. — *De la Distance des Ouvrages intermédiaires requis pour certaines constructions.*

Celui qui fait creuser un puits ou une fosse d'aisance près d'un mur, mitoyen ou non; — celui qui veut y construire cheminée ou âtre, forge, four ou fourneau, — y adosser une étable, — ou établir contre ce mur un magasin de sel ou amas de matières corrosives, — est obligé à laisser la distance prescrite par les règlemens et usages particuliers sur ces objets, ou à faire les ouvrages prescrits par les mêmes règlemens et usages, pour éviter de nuire au voisin. *Art.* 674.

Sect. 3. — *Des Vues sur la Propriété de son voisin.*

L'un des voisins ne peut, sans le consentement de l'autre, pratiquer dans le mur mitoyen aucune fenêtre ou ouverture, en quelque manière que ce soit, même à verre dormant. *Art.* 675.

Le propriétaire d'un mur non mitoyen, joignant immédiatement l'héritage d'autrui, peut pratiquer dans ce mur des jours ou fenêtres à fer maillé et verre dormant. — Ces fenêtres doivent être garnies d'un treillis de fer, dont les mailles auront un décimètre (environ trois pouces huit lignes) d'ouverture au plus, et d'un châssis à verre dormant. *Art.* 676.

Ces fenêtres ou jours ne peuvent être établis qu'à vingt-six décimètres (huit pieds) au-dessus du plancher ou sol de la chambre qu'on veut éclairer, si c'est à rez-de-chaussée; et à dix-neuf décimètres (six pieds) au-dessus du plan-

cher, pour les étages supérieurs. *Art.* 677.

On ne peut avoir des vues droites ou fenêtres d'aspect, ni balcons ou autres semblables saillies, sur l'héritage clos ou non clos de son voisin, s'il n'y a dix-neuf décimètres (six pieds) de distance entre le mur où on les pratique et ledit héritage. *Art.* 678.

On ne peut avoir des vues par côté ou obliques sur le même héritage, s'il n'y a six décimètres (deux pieds) de distance. *Art.* 679.

La distance dont il est parlé dans les deux articles précédens, se comptent depuis le parement extérieur du mur où l'ouverture se fait; et, s'il y a balcons ou autres semblables saillies, depuis leur ligne extérieure jusqu'à la ligne de séparation des deux propriétés. *Art.* 680.

Sect. 4. — *De l'Égout des toits.*

Tout propriétaire doit établir ses toits de manière que les eaux pluviales s'écoulent sur son terrain ou sur la voie publique; il ne peut les faire verser sur le fonds de son voisin. *Art.* 681.

Sect. 5. — *Du Droit de Passage.*

Le propriétaire dont les fonds sont enclavés, et qui n'a aucune issue sur la voie publique, peut réclamer un passage sur les fonds de ses voisins, pour l'exploitation de son héritage, à la charge d'une indemnité proportionnée au dommage qu'il peut occasionner. *Art.* 682.

Le passage doit régulièrement être pris du côté où le trajet est le plus court du fonds enclavé à la voie publique. *Art.* 683.

Néanmoins il doit être fixé dans l'endroit le moins dommageable à celui sur le fonds duquel il est accordé. *Art.* 684.

L'action en indemnité dans le cas prévu par *l'art.* 682, est prescriptible, et le passage doit être continué, quoique l'action en indemnité ne soit plus recevable. *Art.* 685.

Chap. 3. — *Des Servitudes établies par le fait de l'homme.*

Sect. 1re. — *Des diverses espèces de Servitudes qui peuvent être établies sur les biens.*

Il est permis aux propriétaires d'établir , sur leurs propriétés ou en faveur de leurs propriétés , telles servitudes que bon leur semble , pourvu néanmoins que les services établis ne soient imposés ni à la personne, ni en faveur de la personne , mais seulement à un fonds et pour un fonds , et pourvu que ces services n'aient d'ailleurs rien de contraire à l'ordre public. — L'usage et l'étendue des servitudes ainsi établies se règlent par le titre qui les constitue ; à défaut de titre, par les règles ci-après. *Art.* 686.

Les servitudes sont établies, ou pour l'usage des bâtimens , ou pour celui des fonds de terre. — Celles de la première espèce s'appellent *urbaines* , soit que les bâtimens auxquels elles sont dues soient situés à la ville ou à la campagne. — Celles de la seconde espèce se nomment *rurales*. *Art.* 687.

Les servitudes sont ou continues, ou discontinues. — Les servitudes continues sont celles dont l'usage est ou peut être continuel, sans avoir besoin du fait actuel de l'homme : tels sont les conduites d'eau, les égoûts , les vues et autres de cette espèce. — Les servitudes discontinues sont celles qui ont besoin du fait actuel de l'homme pour être exercées : tels sont les droits de passage, puisage, pacage et autres semblables. *Art.* 688.

Les servitudes sont apparentes, ou non apparentes. — Les servitudes apparentes sont celles qui s'annoncent par des ouvrages extérieurs , tels qu'une porte, une fenêtre, un aqueduc. — Les servitudes non apparentes sont celles qui n'ont pas de signe extérieur de leur existence, comme, par exemple, la prohibition de bâtir sur un fonds, ou de ne bâtir qu'à une hauteur déterminée. *Art.* 689.

Sect. 2. *Comment s'établissent les Servitudes.*

Les servitudes continues et apparentes s'acquièrent par titre ou par la possession de trente ans. *Art.* 690.

Les servitudes continues non apparentes , et les servitudes discontinues, apparentes ou non apparentes , ne peuvent s'établir que par titres. — La possession même immémoriale ne suffit pas pour les établir, sans cependant qu'on puisse attaquer aujourd'hui les servitudes de cette nature déjà acquises par la possession , dans les pays où elles pouvaient s'acquérir de cette manière. *Art.* 691.

La destination du père de famille vaut titre à l'égard des servitudes continues et apparentes. *Art.* 692.

Il n'y a destination du père de famille, que lorsqu'il est prouvé que les deux fonds actuellement divisés ont appartenu au même propriétaire, et que c'est par lui que les choses ont été mises dans l'état duquel résulte la servitude. *Art.* 693.

Si le propriétaire de deux héritages entre lesquels il existe un signe apparent de servitude, dispose de l'un des héritages sans que le contrat contienne aucune convention relative à la servitude , elle continue d'exister activement ou passivement en faveur du fonds aliéné ou sur le fonds aliéné. *Art.* 694.

Le titre constitutif de la servitude, à l'égard de celles qui ne peuvent s'acquérir par la prescription, ne peut être remplacé que par un titre récognitif de la servitude, et émané du propriétaire du fonds asservi. *Art.* 695.

Quand on établit une servitude , on est censé accorder tout ce qui est nécessaire pour en user. — Ainsi la servitude de puiser de l'eau à la fontaine d'autrui , emporte nécessairement le droit de passage. *Art.* 696.

Sect. 3. — *Des Droits du propriétaire du fonds auquel la Servitude est due.*

Celui auquel est due une servitude a droit

de faire tous les ouvrages nécessaires pour en user. et pour la conserver. *Art.* 697.

Ces ouvrages sont à ses frais , et non à ceux du propriétaire du fonds assujetti, à moins que le titre d'établissement de la servitude ne dise le contraire. *Art.* 698.

Dans le cas même où le propriétaire du fonds assujetti est chargé par le titre de faire, à ses frais , les ouvrages nécessaires pour l'usage ou la conservation de la servitude, il peut toûjours s'affranchir de la charge, en abandonnant le fonds assujetti au propriétaire du fonds auquel la servitude est due. *Art.* 699.

Si l'héritage pour lequel la servitude a été établie vient à être divisé, la servitude reste due pour chaque portion, sans néanmoins que la condition du fonds assujetti soit aggravée. — Ainsi, par exemple, s'il s'agit d'un droit de passage , tous les co-propriétaires seront obligés de l'exercer par le même endroit. *Art.* 700.

Le propriétaire du fonds débiteur de la servitude ne peut rien faire qui tende à en diminuer l'usage ou à le rendre plus incommode. — Ainsi, il ne peut changer l'état des lieux , ni transporter l'exercice de la servitude dans un endroit différent de celui où elle a été primitivement assignée. — Mais, cependant, si cette assignation primitive était devenue plus onéreuse au propriétaire du fonds assujetti , ou si elle l'empêchait d'y faire des réparations avantageuses , il pourrait offrir au propriétaire de l'autre fonds un endroit aussi commode pour l'exercice de ses droits , et celui-ci ne pourrait pas le refuser. *Art.* 701.

De son côté , celui qui a un droit de servitude ne peut en user que suivant son titre, sans pouvoir faire , ni dans le fonds qui doit la servitude, ni dans le fonds à qui elle est due , de changement qui aggrave la condition du premier. *Art.* 702.

Sect. 4.— Comment les Servitudes s'éteignent.

Les servitudes cessent lorsque les choses se

trouvent en tel état qu'on ne peut plus en user. *Art.* 703.

Elles revivent, si les choses sont rétablies de manière qu'on puisse en user; à moins qu'il ne se soit déjà écoulé un espace de temps suffisant pour faire présumer l'extinction de la servitude , ainsi qu'il est dit à l'*art.* 707. *Article* 704.

Toute servitude est éteinte lorsque le fonds à qui elle est due et celui qui la doit sont réunis dans la même main. *Art.* 705.

La servitude est éteinte par le non usage pendant trente ans. *Art.* 706.

Les trente ans commencent à courir selon les diverses espèces de servitudes , ou du jour où l'on a cessé d'en jouir, lorsqu'il s'agit de servitudes discontinues, ou du jour où il a été fait un acte contraire à la servitude , lorsqu'il s'agit de servitudes continues. *Art.* 707.

Le mode de la servitude peut se prescrire comme la servitude même , et de la même manière. *Art.* 708.

Si l'héritage en faveur duquel la servitude est établie appartient à plusieurs par indivis, la jouissance de l'un empêche la prescription à l'égard de tous. *Art.* 709.

Si parmi les co-propriétaires il s'en trouve un contre lequel la prescription n'ait pu courir, comme un mineur, il aura conservé le droit de tous les autres. *Art.* 710.

SERVITUDE DE TALH ET DALH, est le droit de couper et prendre du bois dans une forêt, car talh et dalh sont les instrumens dont on se sert pour couper les bois.

SERVITUDE DE PEXE, est le droit de faire paître son troupeau.

SERVITUDE DE DENT ET DE JASILHA. La servitude de dent est le droit de faire paître son troupeau. La servitude de jasilha est le droit de le faire coucher sur une terre et l'y faire reposer pendant deux nuits.

SÉVICE. Ce terme , qui n'est en usage qu'au palais, signifie outrages et mauvais traitemens.

Quand

Quand il y a preuves de sévices , une femme est en droit de demander le *divorce* ou la *séparation de corps. Art.* 231 et 3o6.

Lorsque la demande en divorce a été formée pour cause d'excès, de sévices ou d'injures graves, encore qu'elle soit bien établie, les juges peuvent ne pas admettre immédiatement le divorce : dans ce cas, avant de faire droit, ils peuvent autoriser la femme à quitter la compagnie de son mari , sans être tenue de le recevoir, si elle ne le juge à propos ; et ils condamnent le mari à lui payer une pension alimentaire proportionnée à ses facultés, si la femme n'a pas elle-même des revenus suffisans pour fournir à ses besoins. *Art.* 259.

Après une année d'épreuve, si les parties ne se sont pas réunies, l'époux demandeur peut faire citer l'autre époux à comparaître au tribunal, dans les délais de la loi , pour y entendre prononcer le jugement définitif, qui pour lors admettra le divorce. *Art.* 26o.

La donation entre-vifs peut être révoquée pour cause de *sévices* de la part du donataire envers le donateur. *Art.* 953 et 955. *V.* Ingratitude et Révocation de donation. — Ces règles sont applicables aux dispositions testamentaires. *Art.* 1o46.

SIENS.

Droit ancien.

Ce mot , dans sa propre signification , ne s'applique qu'aux enfans et descendans ; et delà vient que la stipulation d'un propre fictif au profit du futur et des siens ne s'entend que de lui et de ses enfans , et ne comprend pas ses héritiers collatéraux , quand la clause ne porte pas , *aux siens de son côté et ligne.*

Si au lieu de la stipulation de propre pour le futur et les siens ou enfans , la clause portait la conversion du propre pour le futur, ses hoirs , héritiers ou postérité , elle serait toujours bornée aux enfans et descendans , et ne comprendrait pas les héritiers collatéraux, suivant Auzanet, *tit.* 3 de la Coutume , *art.* 43 , parce que si l'on avait voulu y faire entrer les colla-

téraux , on se serait servi des termes propres et ordinaires pour cela , et qui sont, *de son estoo, côté et ligne.*

Le mot *siens* peut néanmoins s'entendre aussi des collatéraux , comme dans les contrats de vente et autres actes , dont l'exécution active ou passive regarde tous les héritiers indistinctement , de quelque qualité qu'ils soient, quoiqu'on ne se soit servi que du mot *siens.* La raison est , que les contrats passent aux héritiers , quoiqu'ils ne soient pas descendans de celui qui a contracté. *Qui enim contrahit non tantùm sibi prospicit, sed etiam suis hæredibus. Leg.* 9 , *ff. de Probat. Sicut etiam qui contrahendo se obligat , non tantùm se , sed etiam hæredes suos relinquit obligatos , quià scilicet hæres succedi in jus universum et causam defuncti.*

Cependant si la clause d'un acte entre-vifs , comme une donation , portait que la chose donnée appartiendrait aux siens descendans de lui , alors la double qualité d'héritier et de descendant, qui a été l'objet de la disposition , serait requise.

Dans les dispositions testamentaires et de dernière volonté , le mot *siens*, en pays coutumier , signifie seulement ceux qui succèdent à la personne , à l'exclusion de tout autre. *Vide Ferrerium ad Guidonem papam , quæst.* 23o ; et le Recueil des Consultations imprimé chez Montalant, *tom.* 1 ; le Traité des Substitutions, Fidéicommis et Élections , *chap.* 61 et 92 , *tom.* 2.

Quoique, sous le mot *siens*, les enfans de l'un et l'autre sexe soient également compris , néanmoins en Provence , où les filles ne succèdent point , elles ne sont comprises sous le mot *siens* , que quand il n'y a pas d'enfans mâles.

Enfin , en pays de droit écrit , dans un testament ou autre disposition de dernière volonté , le mot *siens* se rapporte en premier lieu aux descendans , et à leur défaut aux collatéraux.

SOCIÉTÉ , est un contrat par lequel deux ou plusieurs personnes entrent en communion de tous leurs biens, ou d'une partie, ou de quelque négoce et trafic, pour être participantes du gain ou de la perte qui en peut provenir, à proportion de ce que chacun d'eux a contribué dans la société, s'il n'a été convenu autrement entre les parties.

La société est donc universelle, ou particuculière. La société universelle est celle qui se fait de tous les biens que les associés ont, ou qui leur peuvent échoir, tant par succession qu'autrement, à l'effet de les rendre communs entre les associés.

La société particulière est celle qui se fait d'une partie des biens des associés, pour faire quelque négoce ou trafic, à l'effet de partager le gain ou la perte qui se trouvera au temps que la société sera finie.

Ce contrat produit une obligation mutuelle entre les parties, et une action appelée *actio pro socio*, laquelle est directe de part et d'autre, parce que la condition de tous les associés est égale. *Omnium sociorum æquè principaliter interest, atque adeò non potest uni è sociis actio directa competere, alteri verò contraria.*

Celui qui intente cette action, conclut *à ce que ses associés soient condamnés à lui faire raison de ce que l'équité exige de chacun des associés envers les autres, en conséquence de leur société, suivant les clauses et conventions de leur contrat, et principalement à faire entre tous les associés une distribution juste et raisonnable du gain ou de la perte qui doit revenir à chacun d'eux.*

On peut demander aussi par cette action la réparation du dommage causé par l'un des associés dans les biens de la société, par son dol, ou par sa lourde faute, ou même par sa faute légère, dont naturellement un associé est responsable; mais pour ce qui est de la faute très-légère, un associé n'en est point tenu. Ce contrat, qui se fait toujours pour l'utilité de tous les associés, ne requiert entr'eux qu'une diligence exacte et ordinaire dans les choses qui concernent la société;

d'autant plus que les associés doivent s'imputer à eux-mêmes d'avoir fait un tel contrat avec des personnes qui ne sont pas aussi diligentes qu'ils l'auraient pu souhaiter.

Ce contrat, qui est très-usité, donne lieu à quantité de questions qui se décident par des principes de droit et d'équité, que Ferrière a expliquées dans sa Traduction des Institutes, sur le *titre* 28 du *troisième livre*.

Dans les Lois civiles, *livre* 1, *titre* 8, *sect.* 1 *et suivantes*, il est traité de la nature de ce contrat, de ses différentes sortes, de combien de manières il se dissout, et des effets qu'il produit.

Au reste, il faut remarquer que la société finit par la mort de l'un des associés; en sorte que son héritier n'a pas droit de s'immiscer dans la société: il a seulement celui de prendre connaissance de l'état où elle se trouve, et de s'en faire rendre compte, et les autres associés la peuvent continuer entr'eux. *Voy.* Henrys, *tom.* 2, *liv.* 4, *quest.* 125.

Touchant cette matière, on peut voir aussi le Commentaire de Perchambault sur la Coutume de Bretagne, *tit.* 11, §. 74; Louet, *lettre* S, *chap.* 13; Despeisses, *tome* 1; Bouvot, *au mot* Société; Henrys, *tome* 1, *liv.* 4, *chap.* 6, *quest.* 9, et tome 2, *livre* 6, *question* 15; la Peyrère, *lettre* S, *nomb.* 69 *et* 70.

Nous ferons seulement ici quelques observations importantes.

La société ne peut et ne doit s'étendre qu'à un commerce honnête et licite.

Il faut que tous les associés consentent et agréent volontiers toutes les conditions de la société, pour qu'elle soit valable; mais il n'y en doit entrer aucune qui blesse la bonne foi et l'équité.

Il n'y a pas même d'actes où la fidélité et la bonne foi soient plus requises que dans ce contrat: ce qui fait que si un des associés s'approprie ou recèle ce qui est en commun, ou le tourne à son profit contre la raison et l'équité, il commet un larcin, et il est tenu d'en dédommager ses associés ; et s'il a entre ses mains de l'argent appartenant à la société qu'il employe à ses affaires particulières, il en devra les intérêts par forme de dédommagement et de peine de son infidélité. *Leg.* 45 , *ff. pro Socio.*

Toutes les obligations contractées par un des associés, n'obligent pas toujours les autres qui n'ont pas contracté, mais seulement celles qui concernent la société.

Voy. Henrys, *tome* 2, *livre* 4, *quest.* 52.

Cela se présume par la qualité, quantité et temps de l'obligation ; et même dans ce cas les associés qui n'ont pas contracté, ne sont obligés que jusqu'à la concurrence de la société, à moins qu'il n'y eût de l'intelligence et de la fraude.

Il faut excepter si les associés sont marchands, banquiers, ou s'il s'agit de deniers royaux ; car alors ils seraient obligés tous solidairement pour dettes concernant la société, attendu la nécessité du commerce, et le privilége des deniers royaux. La Peyrère, à l'endroit marqué ci-dessus.

Un billet signé par deux associés, emporte aussi une solidarité en faveur du créancier, contre les deux associés débiteurs de la somme prêtée, quoique la solidarité ne soit point stipulée par ledit billet, et qu'il ne soit point dit que l'emprunt est fait pour employer aux affaires de la société, lorsque d'ailleurs il y a lieu de le présumer. Ainsi jugé par arrêt de la Tournelle civile du mois de décembre 1689.

Un associé qui a été condamné solidairement à la bourse, avec contrainte par corps envers un créancier de la société, lorsqu'il a payé, a pareille contrainte par corps contre l'associé, pour le remboursement de sa moitié.

L'associé dans les affaires du roi qui paye plus que sa part, obtient contre ses associés la même contrainte qu'il y avait contre lui.

En fait de société, le livre de raison de celui qui est chargé par ses associés de le tenir, fait pleine preuve entr'eux. Mornac, *Ad Leg.* 5 , *Cod. de Edendo.*

Un créancier de la société est préféré sur les effets de la société au créancier de l'associé, quoique ce créancier soit antérieur à celui de la société. Ainsi les femmes des associés ne peuvent être préférées aux créanciers de la société sur les effets de ladite société ; comme il a été jugé par arrêt du 25 janvier 1677, rapporté dans le Journal des Audiences.

La société ne se peut prouver par témoins, il la faut prouver par écrit. Mornac, *ad Leg.* 31 , *ff. pro Socio ;* la Peyrère, *lettre* T , *nombre* 24.

Ainsi, par arrêt rendu en la première chambre des enquêtes, au rapport de M. Charlet, le 23 mars 1746, la cour a débouté la veuve Michel d'une demande en reddition de compte d'une prétendue société qu'elle disait avoir subsisté entre son beau-père et feu son mari, quoiqu'il y eût des commencemens de preuve par écrit qu'ils avaient été effectivement associés dans l'entreprise des pavés du Bourbonnais ; mais il n'y en avait aucun acte par écrit ; et l'ordonnance de 1673, *tit.* 4, *art.* 1, n'admet que la preuve littérale en matière de société.

En fait de délit, il n'y a point de société ; de sorte que les biens de la société, fût-elle universelle de tous les biens, n'en peuvent souffrir. *Socius nunquàm tenetur ex delicto socii, etiam si essent socii omnium bonorum ; sed qui maleficium commisit, ipse tantùm sentire debet, et de suo præstare, non autem de communi. Leg. Si fratres ,* §. *ult. ff. pro Socio.*

Suivant le droit romain, la société finit par la mort de l'un des associés ; en sorte que l'héritier d'un associé qui est décédé n'a pas droit de s'immiscer dans la société ; il a seulement celui de prendre connaissance de la société, et de s'en faire rendre compte. Mais cette disposition n'est pas suivie par toutes nos coutumes ; celle d'Auvergne fait passer les sociétés jusques aux descendans. *Voy.* Henrys, *tome* 2, *livre* 4, *question* 125.

Il est libre à un associé de renoncer à la société, soit qu'elle lui soit à charge, ou autrement, si ce n'est qu'il le fît avec mauvaise foi, comme dans le cas d'une société universelle de biens, où il demanderait à se retirer pour recueillir seul une succession qui lui écherait. De même la renonciation à contre-temps n'est point permise, soit que le contrat de société y ait pourvu ou non ; car elle blesserait la fidélité qui lui est essentielle.

On peut expulser un associé, lorsque ses affaires sont totalement dérangées, et qu'il est réduit dans la pauvreté, ou quand ses créanciers lui ont fait vendre son bien, ou qu'il a lui-même fait cession. Cette exclusion ne doit cependant s'entendre que pour l'avenir, car elle ne peut pas préjudicier au droit qui lui est déjà acquis dans la société.

Droit nouveau.

Chap. 1er. — Dispositions générales.

La société est un contrat par lequel deux ou plusieurs personnes conviennent de mettre quelque chose en commun, dans la vue de partager le bénéfice qui pourra en résulter. *Art.* 1832.

Toute société doit avoir un objet licite, et être contractée pour l'intérêt commun des parties. — Chaque associé doit y apporter ou de l'argent, ou d'autres biens, ou son industrie. *Art.* 1833.

Toutes sociétés doivent être rédigées par écrit, lorsque leur objet est d'une valeur de plus de cent cinquante francs. — La preuve testimoniale n'est point admise contre et outre le contenu en l'acte de société, ni sur ce qui serait allégué avoir été dit avant, lors ou depuis cet acte, encore qu'il s'agisse d'une somme ou valeur moindre de cent cinquante francs. *Art.* 1834.

Chap. 2. — Des diverses espèces de Sociétés.

Les sociétés sont universelles ou particulières. *Art.* 1835.

Sect. 1re. — Des Sociétés universelles.

On distingue deux sortes de sociétés universelles, la société de tous biens présens, et la société universelle de gains. *Art.* 1836.

La société de tous biens présens est celle par laquelle les parties mettent en commun tous les biens meubles et immeubles qu'elles possèdent actuellement, et les profits qu'elles pourront en tirer. — Elles peuvent aussi y comprendre toute autre espèce de gains ; mais les biens qui pourraient leur avenir par succession, donation ou legs n'entrent dans cette société que pour la jouissance : toute stipulation tendant à y faire entrer la propriété de ces biens, est prohibée, sauf entre époux, et conformément à ce qui est réglé à leur égard. *Art.* 1837.

La société universelle de gains renferme tout ce que les parties acquerront par leur industrie, à quelque titre que ce soit, pendant le cours de la société : les meubles que chacun des associés possède au temps du contrat, y sont aussi compris ; mais leurs immeubles personnels n'y entrent que pour la jouissance seulement. *Art.* 1838.

La simple convention de société universelle, faite sans autre explication, n'emporte que la société universelle de gains. *Art.* 1839.

Nulle société universelle ne peut avoir lieu qu'entre personnes respectivement capables de se donner ou de recevoir l'une de l'autre, et auxquelles il n'est point défendu de s'avantager au préjudice d'autres personnes. *Art.* 1840.

Sect. 2. — de la Société particulière.

La société particulière est celle qui ne s'applique qu'à certaines choses déterminées, ou à leur usage, ou fruits à en percevoir. *Art.* 1841.

Le contrat par lequel plusieurs personnes s'associent, soit pour une entreprise désignée, soit pour l'exercice de quelque métier ou profession, est aussi une société particulière. *Art.* 1842.

Chap. 3. — *Des engagemens des Associés entre eux et à l'égard des Tiers.*

Sect. 1re. — *Des engagemens des Associés entre eux.*

La société commence à l'instant même du contrat, s'il ne désigne une autre époque. *Art.* 1843.

S'il n'y a pas de convention sur la durée de la société, elle est censée contractée pour toute la vie des associés, sous la modification portée en l'*art.* 1869; ou, s'il s'agit d'une affaire dont la durée soit limitée, pour tout le temps que doit durer cette affaire. *Art.* 1844.

Chaque associé est débiteur envers la société, de tout ce qu'il a promis d'y apporter.— Lorsque cet apport consiste en un corps certain, et que la société en est évincée, l'associé en est garant envers la société, de la même manière qu'un vendeur l'est envers son acheteur. *Art.* 1845.

L'associé qui devait apporter une somme dans la société, et qui ne l'a point fait, devient, de plein droit et sans demande, débiteur des intérêts de cette somme, à compter du jour où elle devait être payée.—Il en est de même à l'égard des sommes qu'il a prises dans la caisse sociale, à compter du jour où il les en a tirées pour son profit particulier; — le tout sans préjudice de plus amples dommages et intérêts, s'il y a lieu. *Art.* 1846.

Les associés qui se sont soumis à apporter leur industrie à la société, lui doivent compte de tous les gains qu'ils ont faits par l'espèce d'industrie qui est l'objet de cette société. *Art.* 1847.

Lorsque l'un des associés est, pour son compte particulier, créancier d'une somme exigible envers une personne qui se trouve aussi devoir à la société une somme également exigible, l'imputation de ce qu'il reçoit de ce débiteur, doit se faire sur la créance de la société, et sur la sienne, dans la proportion des deux créances, encore qu'il eût, par sa quittance, dirigé l'imputation intégrale sur sa créance particulière : mais s'il a exprimé dans sa quittance, que l'imputation serait faite en entier sur la créance de la société, cette stipulation sera exécutée. *Art.* 1848.

Lorsqu'un des associés a reçu sa part entière de la créance commune, et que le débiteur est depuis devenu insolvable, cet associé est tenu de rapporter à la masse commune ce qu'il a reçu, encore qu'il eût spécialement donné quittance *pour sa part. Art.* 1849.

Chaque associé est tenu envers la société, des dommages qu'il lui a causés par sa faute, sans pouvoir compenser avec ces dommages les profits que son industrie lui aurait procurés dans d'autres affaires. *Art.* 1850.

Si les choses dont la jouissance seulement a été mise dans la société sont des corps certains et déterminés, qui ne se consomment point par l'usage, elles sont aux risques de l'associé propriétaire.—Si ces choses se consomment, si elles se détériorent en les gardant, si elles ont été destinées à être vendues, ou si elles ont été mises dans la société sur une estimation portée par un inventaire, elles sont aux risques de la société.—Si la chose a été estimée, l'associé ne peut répéter que le montant de son estimation. *Art.* 1851.

Un associé a action contre la société, non-seulement à raison des sommes qu'il a déboursées pour elle, mais encore à raison des obligations qu'il a contractées de bonne foi, pour les affaires de la société, et des risques inséparables de sa gestion. *Art.* 1852.

Lorsque l'acte de société ne détermine point la part de chaque associé dans les bénéfices ou pertes, la part de chacun est en proportion de sa mise dans le fonds de la société.— A l'égard de celui qui n'a apporté que son industrie, sa part dans les bénéfices ou dans les pertes est réglée comme si sa mise eût été égale à celle de l'associé qui a le moins apporté. *Art.* 1853.

Si les associés sont convenus de s'en rapporter à l'un d'eux, ou à un tiers pour le règlement des parts, ce règlement ne peut être attaqué s'il n'est évidemment contraire à l'équité. — Nulle réclamation n'est admise à ce sujet, s'il s'est écoulé plus de trois mois depuis que la partie qui se prétend lésée a eu connaissance du règlement, ou si ce règlement a reçu de sa part un commencement d'exécution. *Art.* 1854.

La convention qui donnerait à l'un des associés la totalité des bénéfices, est nulle. — Il en est de même de la stipulation qui affranchirait de toute contribution aux pertes, les sommes ou effets mis dans le fonds de la société par un ou plusieurs des associés. *Art.* 1855.

L'associé chargé de l'administration par une clause spéciale du contrat de société, peut faire, nonobstant l'opposition des autres associés, tous les actes qui dépendent de son administration, pourvu que ce soit sans fraude. — Ce pouvoir ne peut être révoqué sans cause légitime, tant que la société dure; mais s'il n'a été donné que par acte postérieur au contrat de société, il est révocable comme un simple mandat. *Art.* 1856.

Lorsque plusieurs associés sont chargés d'administrer sans que leurs fonctions soient déterminées, ou sans qu'il ait été exprimé que l'un ne pourrait agir sans l'autre, ils peuvent faire chacun séparément tous les actes de cette administration. *Art.* 1857.

S'il a été stipulé que l'un des administrateurs ne pourra rien faire sans l'autre, un seul ne peut, sans une nouvelle convention, agir en l'absence de l'autre, lors même que celui-ci serait dans l'impossibilité actuelle de concourir aux actes d'administration. *Art.* 1858.

A défaut de stipulations spéciales sur le mode d'administration, l'on suit les règles suivantes : — 1.º les associés sont censés s'être donné réciproquement le pouvoir d'administrer l'un pour l'autre. Ce que chacun fait, est valable même pour la part de ses associés, sans qu'il ait pris leur consentement; sauf le droit qu'ont ces derniers, ou l'un d'eux, de s'opposer à l'opération, avant qu'elle soit conclue; 2.º chaque associé peut se servir des choses appartenant à la société, pourvu qu'il les emploie à leur destination fixée par l'usage, et qu'il ne s'en serve pas contre l'intérêt de la société, ou de manière à empêcher ses associés d'en user selon leur droit; — 3.º chaque associé a le droit d'obliger ses associés à faire avec lui les dépenses qui sont nécessaires pour la conservation des choses de la société; — 4.º l'un des associés ne peut faire d'innovations sur les immeubles dépendans de la société, même quand il les soutiendrait avantageuses à cette société, si les autres associés n'y consentent. *Art.* 1856.

L'associé qui n'est point administrateur, ne peut aliéner ni engager les choses même mobiliaires qui dépendent de la société. *Art.* 1860.

Chaque associé peut, sans le consentement de ses associés, s'associer une tierce personne, relativement à la part qu'il a dans la société : il ne peut pas, sans ce consentement, l'associer à la société, lors même qu'il en aurait l'administration. *Art.* 1861.

Sect. 2. *Des Engagemens des associés à l'égard des tiers.*

Dans les sociétés autres que celles de commerce, les associés ne sont pas tenus solidairement des dettes sociales, et l'un des associés ne peut obliger les autres, si ceux-ci ne lui en ont conféré le pouvoir. *Art.* 1862.

Les associés sont tenus envers le créancier avec lequel ils ont contracté, chacun pour une somme et part égales, encore que la part de l'un d'eux dans la société fût moindre, si l'acte n'a pas spécialement restreint l'obligation de celui-ci sur le pied de cette dernière part. *Art.* 1863.

La stipulation que l'obligation est contractée pour le compte de la société, ne lie que l'associé contractant, et non les autres, à moins que ceux-ci ne lui aient donné pouvoir, ou que la chose n'ait tourné au profit de la société. *Art.* 1864.

Chap. 4. — *Des différentes manières dont finit la Société.*

La société finit, — 1.º Par l'expiration du tems pour lequel elle a été contractée ; — 2.º Par l'extinction de la chose , ou la consommation de la négociation ; — 3.º Par la mort naturelle d'e quelqu'un des associés ; — 4.º Par la mort civile, l'interdiction ou la déconfiture de l'un d'eux ; — 5.º Par la volonté qu'un seul ou plusieurs expriment de n'être plus en société. *Art.* 1865.

La prorogation d'une société à temps limité ne peut être prouvée que par un écrit revêtu des mêmes formes que le contrat de société. *Art.* 1866.

Lorsqu'un des associés a promis de mettre en commun la propriété d'une chose , la perte survenue avant que la mise en soit effectuée, opère la dissolution de la société par rapport à tous les associés. — La société est également dissoute dans tous les cas par la perte de la chose , lorsque la jouissance seule a été mise en commun , et que la propriété en est restée dans la main de l'associé. — Mais la société n'est pas rompue par la perte de la chose dont la propriété a déjà été apportée à la société. *Art.* 1867.

S'il a été stipulé qu'en cas de mort de l'un des associés , la société continuerait avec son héritier, ou seulement entre les associés survivans , ces dispositions seront suivies : au second cas , l'héritier du décédé n'a droit qu'au partage de la société , eu égard à la situation de cette société lors du décès et ne participe aux droits ultérieurs qu'autant qu'ils sont une suite nécessaire de ce qui s'est fait avant la mort de l'associé auquel il succède. *Art.* 1868.

La dissolution de la société, par la volonté de l'une des parties, ne s'applique qu'aux sociétés dont la durée est illimitée , et s'opère par une renonciation notifiée à tous les associés, pourvu

que cette renonciation soit de bonne foi et non faite à contre-temps. *Art.* 1869.

La renonciation n'est pas de bonne foi lorsque l'associé renonce pour s'approprier à lui seul le profit que les associés s'étaient proposé de retirer en commun. — Elle est faite à contre-temps lorsque les choses ne sont plus entières , et qu'il importe à la société que sa dissolution soit différée. *Art.* 1870.

La dissolution des sociétés à terme ne peut être demandée par l'un des associés avant le terme convenu, qu'autant qu'il y en a de justes motifs , comme lorsqu'un autre associé manque à ses engagemens , ou qu'une infirmité habituelle le rend inhabile aux affaires de la société , ou autres cas semblables , dont la légitimité et la gravité sont laissées à l'arbitrage des juges. *Art.* 1871.

Les règles concernant le partage des successions , la forme de ce partage , et les obligations qui en résultent , entre les co-héritiers , s'appliquent aux partages entre associés. *Art.* 1872.

Disposition relative aux Sociétés de commerce.

Les dispositions du présent titre ne s'appliquent aux sociétés de commerce que dans les points qui n'ont rien de contraire aux lois et usages du commerce. *Art.* 1873.

SOL DE TERRES.

Droit ancien.

Quiconque a le sol , doit aussi avoir le dessus et le dessous de son sol , c'est-à-dire qu'il peut bâtir si haut et si bas qu'il veut.

Dans les textes de droit , le fonds est appelé *solum*, et l'édifice *superficies*, parce que la superficie , c'est-à-dire , *ædificium superpositum , sine solo , consistere non potest.*

Aussi les lois ont décidé que l'édifice cède au fonds, n'en étant que l'accessoire. *Edificium semper solo cedit.* Ainsi un créancier du sol qui a vendu la place pour bâtir est plus privilégié que celui qui a fourni les deniers pour construire le bâtiment qui est dessus.

Voy. Louet, *lettre* S, *chap.* 1 ; l'Hommeau en ses Maximes , *nomb.* 3 , *art.* 416 ; Ferrière sur l'*art.* 187 de la Coutume de Paris, et dans sa Traduction des Institutes , sur les *paragraphes* 29 et 30 du *premier titre* du *second livre.*

Droit nouveau.

La propriété du sol emporte la propriété du dessus et du dessous. — Le propriétaire peut faire au-dessus toutes les plantations et constructions qu'il juge à propos, sauf les exceptions établies au titre *des Servitudes ou services fonciers.* — Il peut faire au-dessous toutes les constructions et fouilles qu'il jugera à propos , et tirer de ces fouilles tous les produits qu'elles peuvent fournir, sauf les modifications résultant des lois et règlemens relatifs aux mines, et des lois et règlemens de police. *Art.* 552.

Voy. le mot. Bâtiment.

SOLENNEL , se dit d'un acte qui est authentique et revêtu de toutes les formalités établies par les lois pour le rendre valable.

SOLENNITÉ , se dit au palais des procédures et formalités requises par les lois , pour rendre un acte valable, authentique, et qui fasse preuve en justice. En effet, un acte fait avec toutes les formalités requises , ne peut être contesté.

Voy. Acte notarié , et Acte authentique.

SOLIDITÉ ou SOLIDARITÉ, est une obligation de plusieurs débiteurs , dont chacun est tenu de la totalité; comme quand une somme a été prêtée à plusieurs personnes conjointement , ou quand la caution ou le fidéjusseur s'oblige solidairement avec le principal débiteur au paiement de la somme qui a été prêtée.

Solidarité n'est donc autre chose que la qualité d'une obligation , qui est exigible contre chacune des parties qui l'ont contractée pour le tout, sans que le créancier soit obligé à la discussion des autres.

Droit ancien.

La clause de solidarité ne regarde les co-obligés que par rapport au créancier , et non par rapport à eux : c'est pourquoi plusieurs obligés ensemble solidairement envers un créancier , tous *entr'eux* ne sont tenus de cette obligation que personnellement pour leurs parts et portions ; en sorte que si l'un des co-obligés est poursuivi pour le paiement de la dette entière , comme obligé solidairement , il a son recours contre ses co-obligés , quoique l'acte ne contienne aucune clause de garantie , laquelle est en ce cas suppléée par la disposition du droit.

Il peut même exercer l'action solidaire contre chacun de ses co-tenanciers , lorsqu'il a eu soin de se faire subroger au lieu et place du créancier payé de ses deniers. C'est ce qui a été jugé en très-grande connaissance de cause, par arrêt rendu au rapport de M. l'abbé Boucher, le 6 septembre 1755.

Chacun des débiteurs qui se sont obligés solidairement peut être poursuivi et contraint pour le tout , quoique dans l'acte il n'ait pas renoncé au bénéfice de division et de discussion; parce qu'il suffit pour cela qu'ils se soient obligés par contrat solidairement , et il n'est pas nécessaire qu'il y ait dans l'acte une renonciation expresse au bénéfice de division et de discussion.

Voy. Henrys et son Commentateur , *tom.* 2, *livre* 4, *quest.* 152.

Mais il faut que dans l'acte le mot de *solidarité* ou de *solidaire* soit employé , suivant la Novelle 99 de l'empereur Justinien : autrement il n'y aurait point d'obligation solidaire , et chacun des obligés ne serait tenu envers le créancier que pour sa part et portion.

Il y a néanmoins des cas où l'obligation solidaire ne provient point du consentement des parties, mais de la disposition du droit. Par exemple,

exemple, les réparations civiles et amendes pour crimes, et les dépens adjugés pour tenir lieu de réparations civiles, peuvent être demandés solidairement à chacun des accusés, sauf son recours contre les autres. Belordeau, *lettre* D, *art.* 13.

Mais les dépens en matière criminelle, adjugés purement et simplement, de même que ceux qui sont adjugés en matière civile, sont divisés entre ceux qui sont condamnés par un même jugement; de sorte que l'une des parties ne peut être poursuivie pour les portions des autres.

Les provisions d'alimens en matière civile et criminelle, et les amendes adjugées pour crimes, les amendes du fol appel, de requête civile, ou pour d'autres causes en matière civile, peuvent être demandées solidairement à chacune des parties condamnées, sauf leur recours contre les autres.

Suivant ce que nous avons dit ci-dessus, quand plusieurs se sont obligés solidairement envers un créancier, il lui est loisible de faire assigner pour le tout celui qu'il lui plaît.

Voy. Ferrière, Traduction des Institutes, *tit.* 17, *liv.* 3.

Droit nouveau.

Nous avons rapporté presque tout ce qui a trait à la solidarité sous *le mot* Obligation solidaire. *Voy.*, en outre, *les mots* Novation, Remise de la dette, Compensation, Confusion, Serment, Décision *et* Caution.

La femme qui s'oblige *solidairement* avec son mari pour les affaires de la communauté ou du mari, n'est réputée, à l'égard de celui-ci, s'être obligée que comme caution; elle doit être indemnisée de l'obligation qu'elle a contractée. *Art.* 1431.

Le mari qui garantit *solidairement* ou autrement la vente que sa femme a faite d'un immeuble personnel, a pareillement un recours contr'elle, soit sur sa part dans la communauté,

Tome III.

soit sur ses biens personnels, s'il est inquiété. *Art.* 1432.

La femme, même personnellement obligée pour une dette de communauté, ne peut être poursuivie que pour la moitié de cette dette à moins que l'obligation ne soit solidaire. *Article* 1487.

La mère tutrice qui veut se remarier, doit, avant l'acte de mariage, convoquer le conseil de famille, qui décidera si la tutelle doit lui être conservée. — A défaut de cette convocation, elle perd la tutelle de plein droit, et son nouveau mari est *solidairement* responsable de toutes les suites de la tutelle qu'elle a indûment conservée. *Art.* 395.

Lorsque le conseil de famille, dûment convoqué, conserve la tutelle à la mère, il lui donne nécessairement pour co-tuteur le second mari, qui devient *solidairement* responsable, avec sa femme, de la gestion postérieure au mariage. *Art.* 396.

Le défaut d'inventaire après la mort naturelle ou civile de l'un des époux ne donne pas lieu à la continuation de la communauté, sauf les poursuites des parties intéressées, relativement à la consistance des biens et effets communs, dont la preuve pourra être faite tant par titre que par la commune renommée. — S'il y a des enfans mineurs, le défaut d'inventaire fait perdre en outre à l'époux survivant la jouissance de leurs revenus: et le subrogé tuteur qui ne l'a point obligé à faire inventaire est *solidairement* tenu avec lui de toutes les condamnations qui peuvent être prononcées au profit des mineurs. *Art.* 1442.

Quand il y a plusieurs fondés de pouvoir ou mandataires établis par le même acte, il n'y a de *solidarité* entr'eux qu'autant qu'elle est exprimée. *Art.* 1995.

La *solidarité* ne se présume pas; il faut qu'elle soit expressément stipulée. Cette règle ne cesse que dans le cas où la *solidarité* a lieu de plein droit, en vertu d'une disposition de la loi. *Art.* 1202.

41

SOMMATION RESPECTUEUSE. *Voy.* Acte respectueux.

SORTIR EFFET, signifie avoir son effet.

SOUCHE, est la personne dont les descendans ont tiré leur origine, et à laquelle il faut remonter pour voir, par le nombre des personnes engendrées, combien il y a de degrés de parenté entre deux collatéraux.

Droit ancien.

On appelle souche commune celui qui est le chef de plusieurs descendans de différentes lignes, qui tirent de lui leur origine. *Stirpes est gentis vel familiæ caput, seu ea persona ex quâ cœteræ, de quibus agitur, suam ducunt originem; adeò ut stirpes posterorum respectu sit, quod est truncus arboris respectu ramorum.*

Ainsi souche commune de deux collatéraux signifie l'ascendant de qui ils tirent leur origine. Par exemple, le père est la souche commune à l'égard des frères et sœurs. A l'égard de l'oncle et du neveu, la souche commune est le père de l'oncle, qui est l'aïeul du neveu. Pour ce qui est de deux cousins germains, leur aïeul est leur souche commune; ainsi des autres.

On succède par souches, quand on succède par représentation d'une personne décédée; de sorte que ceux qui la représentent, en quelque nombre qu'ils soient, n'emportent de la succession que la part et portion qu'aurait eue celui qu'ils représentent, s'il était vivant.

Quando succeditur in stirpes, nulla habetur ratio numeri personarum succedentium, sed omnes ex uno latere, quotquot sint, eam tantùm hæreditatis partem capiunt, quam habiturus fuisset is, quem representant si viveret, siquidem in ejus locum succedunt.

De plus, quand on succède par souches, les plus proches n'excluent pas les plus éloignés; mais les plus éloignés succèdent avec les plus proches, par représentation de la personne aux droits de laquelle ils sont subrogés.

Par exemple, un homme décède et laisse un fils, et quatre petits-fils d'un autre fils prédécédé: ces quatre petits-fils viennent à la succession de leur aïeul par représentation de leur père, et ne prennent que la part qu'il y prendrait s'il était vivant.

Voici un autre exemple. Quand les enfans d'un frère décédé succèdent à leur oncle, avec leurs oncles frères du défunt, ils lui succèdent par souches; en sorte qu'ils ne sont réputés que pour un, en quelque nombre qu'ils soient.

De ce que nous venons de dire il s'ensuit qu'on ne succède par souches que dans le cas de la représentation, et que quand les héritiers succèdent tous de leur chef, ils succèdent par têtes.

Il faut excepter un cas où Justinien, dans sa Novelle 118, a voulu qu'une succession se partageât par souches, quoiqu'il n'y eût point lieu à la représentation; savoir, quand d'un côté il y a aïeul et aïeule, et de l'autre un des deux seulement. Il est certain qu'il ne peut pas en ce cas y avoir lieu à la représentation, puisqu'en ligne directe ascendante la représentation n'a jamais lieu: cependant Justinien a voulu que la succession se partageât par souches, de sorte que l'aïeul et l'aïeule n'en aient que la moitié, et que l'autre appartienne en entier à l'autre aïeul ou aïeule du défunt.

Mais cette disposition n'est point suivie en pays coutumier, comme Ferrière l'a remarqué sur l'art. 311 de la Coutume de Paris. Cela doit être aujourd'hui hors de doute, puisque, par arrêt de la grand'chambre du 30 mai 1702, il a été jugé que, dans la Coutume de Paris, trois aïeuls d'une petite-fille décédée sans enfans viennent à la succession de ses meubles et acquêts par têtes, et non par souches. Cet arrêt a été rendu avec beaucoup de solennité; et la cour a cru sa décision si importante pour l'avenir, qu'elle a voulu qu'il fût lu et publié au châtelet, et qu'on y insérât l'extrait des moyens allégués par les parties, et de ceux par lesquels se détermina

M. l'avocat général le Nain, qui porta la parole dans cette cause.

On trouve dans M. Augeard, *tome 2*, *chap.* 55 , cet arrêt tel qu'il est dans les registres du parlement. Nous nous contenterons de rapporter ici ce que dit M. le Nain, dont les conclusions ont été suivies.

Ce magistrat commença par dire « Que la » question qui se présente n'est décidée ni par » la disposition de la Coutume de Paris, qui ré- » git les parties, ni par le préjugé d'aucun ar- » rêt, et qu'ainsi elle doit être examinée comme » une question nouvelle; que ce n'est pas dans » les principes du droit romain qu'il en faut » chercher la décision, mais dans l'esprit de la » Coutume de Paris, et dans l'esprit général du » Droit coutumier ; qu'il y a deux principes » communs à toutes les coutumes du royaume, » qui concourent à faire connaître le bien jugé » de la sentence, et à établir que les aïeuls , » dans le cas auquel la coutume les admet à la » succession , doivent y venir par têtes, et non » par souches.

» Le premier est, que l'on ne succède jamais » par souches que lorsque l'on succède par re- » présentation. L'autre , que les aïeuls ne sont » jamais appelés par représentation à la succes- » sion de leurs petits-enfans , mais qu'ils y vien- » nent toujours de leur chef. On peut dire que » cette règle, qu'on ne succède jamais par sou- » ches que lorsque l'on succède par représenta- » tion , et que toutes les fois que l'on succède » par représentation on succède par souches , » ne souffre aucune exception.

» La raison est évidente : aussi dans les diffé- » rens changemens que le temps a apportés aux » dispositions des coutumes , par rapport aux » successions , soit dans l'ancienne coutume de » Paris , soit dans la coutume réformée , soit en » directe , soit en collatérale , on ne s'est jamais » écarté de cette règle.

» Elle avait même lieu avant la rédaction de cette coutume , comme il paraît par le procès

» verbal de l'ancienne coutume de Paris , sur » les *art.* 123 et 133.

» C'est pourquoi M. Loysel a fait de cette » maxime une règle du pays coutumier. Or il » est constant que les aïeuls ne succèdent jamais » à leurs petits-enfans par représentation , mais » de leur chef.

» Jamais on ne succède par représentation , » que la loi ne l'ait décidé expressément, parce » que l'effet de la représentation étant de rap- » procher celui qui est plus éloigné pour le » faire concourir avec un parent plus proche en » degré , et de faire que ceux qui sont en même » degré succèdent quelquefois inégalement , la » représentation apporte une exception à la rè- » gle fondamentale des successions , qui veut » que les plus proches en degré succèdent » à l'exclusion de tous les autres , et que ceux » qui sont en pareil degré succèdent également » entr'eux ; et cette exception ne saurait jamais » être admise que par une disposition précise » de la loi.

» La Coutume de Paris , en appelant les » aïeuls à la succession de leurs petits-enfans, ne » porte pas qu'ils y viendront par représenta- » tion, ce qui suffirait pour les en exclure ; mais » les exclut positivement par l'art. 311 d'un des » effets nécessaires de la représentation ; savoir, » de concourir avec ceux du degré plus proche, » puisqu'elle porte que les aïeuls ne succèdent » qu'au défaut des pères et mères, ce qui em- » porte l'exclusion de l'autre effet de la repré- » sentation , qui devrait produire également ces » deux effets.

» Il est vrai que le droit romain admet un » de ces effets, et rejette l'autre , et que suivant » la Novelle 118, les aïeuls ne succèdent qu'au » défaut des pères et mères ; que cependant ils » succèdent par souches dans le cas auquel ils » sont appelés à la succession , et que quel- » ques-unes de nos coutumes ont suivi cette » disposition : mais il faut regarder cette dis- » position de la Novelle 118 comme une de

41*

» ces irrégularités qui se rencontrent plus sou-
» vent dans cette partie du droit romain que
» dans les autres, à moins qu'on ne veuille
» dire, comme le prétend Domat, que comme
» dans le droit on ne connaissait point, comme
» dans nos coutumes, la différence des propres
» et des acquêts, ni par conséquent l'affectation
» des propres à la ligne dont ils venaient, Jus-
» tinien a été obligé de se servir de ce moyen,
» pour empêcher que les biens d'une famille
» passassent dans une autre.

» Quelques coutumes à la vérité, sans exa-
» miner la raison de cette disposition, l'ont
» adoptée; mais nous qui ne sommes point sou-
» mis à l'autorité du droit romain, et qui ne le
» suivons qu'autant qu'il est conforme à la rai-
» son et à l'esprit de nos coutumes, nous ne
» faisons point de difficulté de nous écarter de
» cette disposition, laquelle n'est point fondée
» en raison, ou est fondée sur une raison qui
» n'a point lieu dans le pays coutumier. »

Voy. Ferrière sur le *titre premier du troisième livre des* Institutes, et ce que j'ai dit *au
mot* Représentation.

Droit intermédiaire.

V. ce que nous avons dit *au mot* Représentation, et ci-après *le mot* Succession.

Droit nouveau.

Dans *tous les cas* où la représentation est
admise, le partage s'opère par *souche :* si une
même souche a produit deux branches, la subdivision se fait aussi par *souche* dans chaque
branche, et les membres de la même branche
partagent entr'eux par tête. *Art.* 743.

Les enfans succèdent à leur père et mère,
aïeuls et aïeules, ou autres ascendans, par égale
portion et par tête, quand ils sont tous au premier degré et appelés de leur chef : ils succèdent par *souche* lorsqu'ils viennent tous ou
partie par représentation. *Art.* 745.

Les règles établies pour la division des masses
à partager, sont également observées dans la
subdivision à faire entre les *souches* co-partageantes. *Art.* 836.

SOULTE, est une somme qui se paie en
forme de supplément par un des co-partageans
à l'autre, pour faire par ce moyen que leurs
lots soient égaux. Ainsi, souvent dans un partage
un immeuble est mis dans un lot, à la charge
que celui auquel il écherra, sera obligé de récompenser les autres co-partageans en argent,
pour rendre toutes les portions égales.

Ce terme vient de *solvere ;* car c'est une
espèce de solution ou de paiement qui se fait
aux autres co-partageans de la portion qu'ils
pourraient autrement avoir dans un immeuble.

Droit ancien.

Toute cédule, promesse et obligation faite
pour soulte de partage, ou pour vente d'immeubles appartenans à l'un des conjoints, est
réputée immeuble, à l'effet seulement d'empêcher que les biens des conjoints par mariage ne
tombent indirectement dans la communauté,
et qu'ils ne se puissent avantager par ce moyen
indirectement pendant le mariage, contre la
disposition du droit coutumier, en convertis-
sant leurs immeubles en deniers et choses mobiliaires.

Mais cette fiction ne s'étend pas hors ce cas:
c'est pourquoi elle n'empêche pas que telle
obligation ne soit considérée comme meuble
dans la succession de celui à qui elle appartient, et qu'il n'en puisse disposer entièrement
à sa volonté comme d'un effet mobilier par ordonnance de dernière volonté, nonobstant les
articles 292 et 295 de la coutume de Paris, qui
ne se doivent entendre que des véritables immeubles.

De ce que la soulte ou supplément de partage est réputée immeuble à l'effet de ne point
entrer dans la communauté, il s'ensuit que celui
des conjoints à qui elle appartient comme
propre de communauté, lui doit demeurer,
sans que lui ni ses héritiers en doivent récompense de mi-denier à l'autre.

Il n'en est pas de même lorsque la soulte
a été payée des deniers de la communauté

pour un héritage échu à l'un des conjoints ; car en ce cas cet héritage devrait être conquêt à proportion de la soulte : mais à cause de la difficulté du partage, il est propre pour le tout à celui auquel il est échu ; et il est dû à l'autre ou à ses héritiers le mi-denier de la soulte, pour les indemniser du paiement de la soulte qui a été fait des deniers de la communauté.

De ce que la soulte dans les successions est réputée une dette mobiliaire, il s'ensuit que tous les héritiers du défunt sont obligés de contribuer à la soulte à laquelle le défunt était obligé envers ses co-héritiers, comme étant une dette mobiliaire et personnelle, quoique pour raison des héritages auxquels ses héritiers des meubles et conquêts ne succèdent point, mais seulement ses héritiers des propres.

Voy. Charondas, *liv.* 8, *rép.* 46.

Pour ce qui est du privilége de la soulte de partage, il est sur le total de l'héritage qui la doit, et non pas sur une partie seulement.

Voy. le Brun en son Traité des Successions, *liv.* 4, *chap.* 1, *nombre* 35.

La soulte a aussi lieu dans les échanges, quand deux héritages sont échangés, et que l'un vaut plus que l'autre.

En fait de soulte dans un échange d'héritages, lorsque la soulte excède la valeur de la moitié d'un des héritages échangés, il y a lieu au retrait lignager pour portion de la soulte : mais quand la soulte n'excède pas ladite moitié, il ne peut pas y avoir lieu au retrait.

Voy. Ferrière sur l'*art.* 145 de la Coutume de Paris.

Droit nouveau.

L'inégalité des lots en nature se compense par un retour ou *soulte*, soit en rente, soit en argent. *Art.* 833.— Ce qui a lieu aussi en matière de partage de la communauté. *Art.* 1476.

Voy. ce mot, et Récompense.

Le co-héritier ou co-partageant conserve son privilége sur les biens de chaque lot, ou sur le bien licité, pour les soulte et retour de lots, ou pour le prix de la licitation, par l'inscription faite à sa diligence, dans soixante jours, à dater de l'acte de partage, ou de l'adjudication par licitation ; durant lequel temps aucune hypothèque ne peut avoir lieu sur le bien chargé de soulte, ou adjugé par licitation, au préjudice du créancier de la soulte ou du prix. *Voy.* 2109.

SOURCE D'EAU.

Droit ancien.

Le propriétaire d'un héritage peut disposer à sa volonté de l'eau d'une fontaine dont la source est dans son héritage, et la détourner de l'héritage de son voisin sur lequel elle avait coutume de passer, au cas que ce voisin n'y eût aucun droit de servitude. La raison est, que l'eau qui a pris sa source dans un héritage, en fait en quelque façon partie : ainsi le propriétaire de cet héritage en peut disposer à sa volonté, et la détourner pour en faire son profit, la propriété de l'eau appartenant à celui *in cujus fundo nascitur.*

Voy. Ferrière sur l'*art.* 187 de la Coutume de Paris, *nomb.* 11 *et suivans.*

Droit nouveau.

Voy. le mot Servitude, où nous avons rapporté ce qui est relatif au droit du propriétaire sur la source qui naît dans son fonds. *Voy.* aussi le mot Eau.

SOURD, celui qui est privé de la faculté de l'ouïe.

Droit ancien.

La surdité qui empêche celui qui en est attaqué de pouvoir vaquer à ses propres affaires, lui sert d'excuse pour s'exempter de la tutelle. Papon, *liv.* 15, *tit.* 5, *nomb.* 11.

Les sourds sont exclus d'être juges, arbitres, et promus aux ordres ; mais à cet égard on n'entend pas par sourds ceux qui ont l'ouïe un peu dure, mais qui n'entendent point du tout, ou qui n'entendent qu'avec beaucoup de peine.

Pour ce qui est de la question, savoir si un sourd peut faire un testament, *Voy.* Ferrière dans sa Traduction des Institutes, sur le *paragraphe* 3 du *tit.* 12 du *second livre*.

Droit nouveau.

Aucune disposition du nouveau Code ne prononce d'incapacité de tester, contre les personnes atteintes de surdité.

Je pense cependant que lorsque la surdité d'une personne est *parfaite*, le notaire qui reçoit le testament doit non-seulement faire mention qu'il l'a lu au testateur, mais encore que celui-ci a pris l'acte de ses mains et l'a lu et relu en entier ; car la lecture faite par le notaire pourrait ne pas avoir été parfaitement entendue du disposant, et le vœu de la loi se trouverait indirectement violé.

La surdité doit être comprise parmi les infirmités graves qui, selon l'*art.* 434, peuvent dispenser de la tutelle.

SOUS-LOCATAIRE, est celui qui loue une portion de maison d'un principal locataire.

Droit ancien.

On demande si le propriétaire a droit de faire saisir les meubles des sous-locataires ?

Il semble qu'il ne le peut, puisqu'ils ne sont point obligés envers lui, ni par contrat, ni par un quasi-contrat, ni par autre cause, attendu que les sous-locataires ne sont obligés qu'envers le principal locataire de qui ils tiennent à titre de loyer leur habitation. Néanmoins il faut dire que les meubles des sous-locataires sont tenus de louage à proportion du temps et du lieu qu'ils ont occupé.

La raison est que cette obligation desdits meubles envers le propriétaire de la maison se contracte *sine conventione, sed re ipsâ*, d'autant qu'ils occupent la maison du proprié-

taire. Ainsi le principal locataire ne payant pas, la convention qui est faite entre lui et les sous-locataires sert au propriétaire comme si en effet elle avait été faite avec lui.

Mais les meubles des sous-locataires ne sont pas responsables de tous les loyers qui pourraient être dus par le principal locataire ; *Leg.* 11, §. 5, *ff. de Pign. act.* La raison est, qu'il serait absurde que le propriétaire d'une maison eût plus de droit sur les sous-locataires, que le principal locataire n'en pourrait avoir sur eux.

Voy. Ferrière sur l'*art.* 162 de la Coutume de Paris.

Droit nouveau.

Le preneur a droit de *sous-louer*, et même de céder son bail à un autre, si cette faculté ne lui a pas été interdite. — Elle peut être interdite pour le tout ou partie. — Cette clause est toujours de rigueur. *Art.* 1717.

Le preneur est tenu des dégradations et des pertes qui arrivent par le fait des personnes de sa maison ou de ses sous-locataires. *Art.* 1735.

Par conséquent de l'incendie causé par ses sous-locataires, sauf son recours contre eux.

Le sous-locataire n'est tenu envers le propriétaire que jusqu'à concurrence du prix de sa sous-location dont il peut être débiteur au moment de la saisie, et sans qu'il puisse opposer des paiemens faits par anticipation. — Les paiemens faits par le sous-locataire, soit en vertu d'une stipulation portée en son bail, soit en conséquence de l'usage des lieux, ne sont par réputés faits par anticipation. *Art.* 1753.

SPÉCIFICATION, est une espèce d'accession qui nous rend propriétaires d'un ouvrage fait d'une matière appartenante à autrui.

Cette question a partagé les sentimens des jurisconsultes. Les Sabiniens donnaient indistinctement la propriété de la nouvelle espèce qui avait été faite à celui qui était propriétaire de la matière, et cela fondé sur ce qu'un corps ne peut pas subsister sans matière.

Les Proculeïens, au contraire, donnaient la propriété de la matière à celui qui l'avait mise en œuvre, fondés sur ce que la forme donne l'existence à la chose.

Les jurisconsultes appelés *Erciscundi*, par un juste tempérament adjugeaient la nouvelle espèce au propriétaire de la matière, au cas que cette nouvelle espèce pût retourner à son premier état, et l'adjugeaient à l'ouvrier dans le cas contraire.

Cette distinction est d'autant plus juste, qu'elle est fondée sur un principe certain, qui est que les ouvrages qui peuvent retourner à leur premier état, conservent toujours un corps de matière que la force de l'art n'a pas pu éteindre et consumer ; au lieu que dans les ouvrages qui ne peuvent retourner à leur premier état, la matière est comme éteinte et consumée, la main de l'ouvrier lui ayant donné une existence qu'elle n'avait pas : raison pour laquelle il paraît naturel de lui adjuger l'ouvrage, en remboursant néanmoins le propriétaire de la matière du prix d'icelle ; comme aussi, dans le premier cas, le propriétaire de la matière, devenu par droit de suite propriétaire de l'ouvrage auquel sa matière a été employée, doit payer à l'ouvrier le prix de son travail.

La décision que nous venons de rapporter fait naître une autre question à l'égard de celui qui aurait mis en œuvre sa propre matière, et qui aurait fait entrer dans son ouvrage partie de la matière d'autrui.

Dans ce cas, l'ouvrage doit appartenir à celui qui a mis la matière en œuvre, puisqu'il a contribué à cet ouvrage de deux manières, et par sa propre matière qu'il y a employée, et par son propre travail.

Voy. le paragraphe 25 du *premier titre* du *second livre* des Institutes de Justinien, et ce que j'ai dit ci-dessus *au mot* Accession.

SPOLIATION est l'expulsion violente ou l'action par laquelle on rejette quelqu'un de la possession d'un bien ou d'un droit dont il jouissait.

STATUT.

Droit ancien.

Ce terme signifie un certain droit selon lequel sont régis et gouvernés les personnes et les biens immeubles d'une province, d'un bailliage, d'une ville, et quelquefois même d'un bourg ou autre lieu. De cette définition, il résulte qu'il y a des statuts réels et des statuts personnels.

Le statut personnel est celui qui forme et règle principalement l'état et la condition de la personne sans rien régler sur ce qui regarde ses biens. Tel est, par exemple, le statut qui règle la majorité, et celui qui met les femmes sous l'autorité de leurs maris.

L'effet du statut personnel est, que la personne porte par-tout la puissance ou l'impuissance, la capacité ou l'incapacité que lui donne le statut qui la régit, qui est la coutume de son domicile. Ainsi celui qui est majeur dans la coutume de sa naissance et de son domicile, l'est toujours dans quelque coutume qu'il se rencontre, où la majorité serait fixée à un âge plus avancé.

Il faut dire aussi que la femme qui est sous la puissance de son mari, et qui, par la conséquence qui en résulte, ne peut ni vendre ni aliéner ses biens, ni s'obliger sans l'autorisation de son mari, porte cette incapacité dans les pays même où la femme n'a pas besoin pour toutes ces choses, d'être autorisée de son mari.

Suivant ce principe, qu'en fait de statuts personnels il faut suivre la coutume du domicile de la personne, il a été jugé qu'une fille âgée de dix ans, ayant fait son testament à

Paris , où la coutume requiert vingt ans pour disposer par testament de ses meubles et acquêts immeubles , et vingt-cinq ans pour disposer du quint de ses propres , la disposition testamentaire que cette fille avait faite était valable quant aux biens qu'elle avait en Auvergne , où elle avait établi son domicile, dont la coutume ne réglait point l'âge pour tester , et où, par un privilége accordé par nos rois , on suivait la disposition du droit romain.

Le statut réel est celui dont la disposition concerne et règle, pour certains cas seulement , les immeubles situés dans l'étendue du lieu où il est en vigueur, indépendamment des personnes à qui ces biens appartiennent.

On met au nombre des satuts réels ceux qui défendent de disposer par testament plus que du quint de ses propres; ceux qui excluent les filles de la succession des fiefs ; ceux qui les excluent de toutes prétentions , même de légitimes , lorsqu'elles ont été dotées ; ceux qui règlent la manière de succéder, ou par souche, ou par tête.

L'effet du statut réel est de régler seulement les choses, sans que sa disposition s'étende au-delà des limites de son territoire : ainsi tous les statuts réels ne regardent que les biens qui sont situés dans les coutumes qui les prononcent. Comme les immeubles ont une assiette fixe et immuable , chaque coutume a un empire souverain sur ceux qui sont situés dans son district; et cet empire n'en passe pas les bornes.

Ainsi la prohibition de disposer au-delà du quint de ses propres étant un statut réel , cette prohibition ne s'étend point au-delà du lieu où elle est reçue.

En conséquence de ce principe, que pour ce qui est des biens dont on peut disposer entrevifs ou par testament , il faut recourir aux coutumes où les héritages sont situés, il a été jugé qu'un homme qui avait son domicile en la coutume de Paris, avait pu instituer sa femme hé-

ritière des biens qu'il avait dans le pays de droit écrit. L'arrêt, qui est du 14 août 1574, est rapporté par Marion au huitième de ses plaidoyers.

On juge aussi que la disposition de la coutume de Normandie, qui défère à la femme une portion de la succession du mari, est un statut réel, qui ne donne aucun droit à la femme sur les biens situés dans d'autres coutumes que celle de Normandie. Indépendamment de l'arrêt rendu en 1745 contre la dame de Franqueville, au rapport de M. de Salabery. Il en a été rendu un second le 7 mai 1746, au rapport de M. de Gars de Freminville. Une sentence des requêtes du palais du 24 mai 1758 a adopté le même principe dans l'affaire de la marquise de Renti.

Comme les héritages se règlent par la disposition des coutumes dans l'étendue desquelles ils sont situés, si dans une succession il y a trois fiefs situés dans trois coutumes différentes, ces fiefs se règleront suivant lesdites coutumes, en sorte que l'on pourra appartenir entièrement à l'aîné ; un autre se pourra partager également entre tous les enfans sans droit d'aînesse, et dans l'autre l'aîné prendra son préciput et son droit d'aînesse.

Par la même raison que les héritages se règlent par la disposition des coutumes dans lesquelles ils sont situés, la règle générale qu'entre les filles il n'y a point de droit d'aînesse, ne se doit entendre que pour les fiefs qui se trouvent situés dans les coutumes qui en ont ainsi disposé, et non dans les autres.

Comme la succession des immeubles se règle par les coutumes des lieux où ces immeubles sont situés, il faut donc pour en régler les partages, faire autant d'opérations différentes qu'il y a diversités de coutumes dans lesquelles ces immeubles sont situés.

De ce que nous venons de dire il s'ensuit que les statuts réels n'exercent aucun empire au-

delà

delà des bornes qui leur ont été prescrites par le législateur, et que néanmoins ils ne laissent pas d'assujettir à leurs dispositions ceux qui ne résident point dans leur territoire, par rapport aux immeubles qu'ils y possèdent.

Au contraire, les statuts personnels ont un pouvoir d'une plus grande étendue : ils ne se contentent pas d'ordonner dans le lieu de leur établissement, ils suivent par-tout les personnes en quelqu'endroit qu'elles aillent; mais avec cette restriction, qu'ils ne se font valoir que sur les personnes naturellement sujettes à leurs dispositions, et non sur celles qui n'y sont pas soumises ; attendu qu'elles ont leur domicile ailleurs, et que l'homme qui est né pour se transporter d'un lieu à un autre, et ne pas toujours rester dans un même endroit, ne doit pas pour cela être sujet à recevoir, par rapport à sa personne, la loi d'une main étrangère.

Quelques auteurs ajoutent à ces deux espèces de statuts, une troisième; savoir, des statuts mixtes, qui sont ceux qui regardent les choses et les personnes : mais il ne paraît pas qu'il soit fort important d'admettre cette troisième espèce de statuts, puisque quelque couleur qu'on veuille leur donner, ils n'ont pas plus de pouvoir, ni des effets d'une plus grande étendue que les statuts réels.

Voy. ce que j'ai dit des statuts personnels et réels, *lettre* C, en parlant de la Coutume suivant notre droit français.

Il se peut présenter plusieurs questions sur les statuts réels et sur les statuts personnels. M. Proland, ancien avocat, a fait d'amples mémoires sur la nature et la qualité de ces statuts. Ces mémoires ont été imprimés en 1729 en deux volumes *in-quarto.*

Droit nouveau.

On distingue aujourd'hui, comme dans l'ancien droit, le statut personnel du statut réel.

Le premier a pour objet les personnes ; le second, les biens.

Le statut ou la loi personnelle régit les Fran-

Tome III.

çais, même en pays étranger. *Art.* 3, §. 3 du Code.

Le statut réel qui n'a pour objet que les biens, ne peut régir que les immeubles situés dans l'étendue de son autorité, c'est-à-dire, en France, mais aussi régit-il ces immeubles lors même qu'ils seraient possédés par un étranger. *Art.* 3, §. 3.

Les nouveaux statuts réels doivent être observés, et recevoir leur exécution du moment de leur publication, nonobstant les statuts anciens qui pourraient leur être contraires.

Il en est de même des statuts personnels. Néanmoins à l'égard de ceux-ci on a élevé depuis la publication du Code civil un étrange système. On a prétendu que les lois nouvelles sur l'état des personnes ne peuvent recevoir leur exécution qu'à l'égard de ceux qui acquerront un état depuis leur publication, et non à ceux qui avaient déjà un état à cette même époque ; et pour mieux faire sentir par des exemples l'état de la question, on a prétendu, 1.° *que la femme qui, en pays de droit écrit, pouvait ester en jugement sans l'autorisation de son mari, pouvait aujourd'hui se dispenser de cette autorisation, malgré les dispositions de l'art.* 215 *du Code civil.*

Que les mineurs qui, avant le Code, n'étaient pas soumis à la puissance de leur mère, et jouissaient de leurs biens, ne devaient pas tomber sous cette puissance, et laisser la jouissance de leurs biens à leur mère, nonobstant les dispositions contraires de l'art. 384 *du Code.*

Les cours d'appel qui ont eu à prononcer sur de pareilles prétentions, en ont fait justice. Celle de Montpellier qui a eu à décider la première question, a jugé que la femme était soumise à l'autorisation maritale, même pour contester sur ses *biens paraphernaux.* La cour d'appel de Paris devant laquelle la seconde proposition s'est présentée, a confirmé le jugement du tribunal de première instance, dont voici la teneur.

Le tribunal, considérant que l'art. 384 du Code civil porte : « Le père, durant le mariage, et après la dissolution du mariage, le survivant des père et mère auront la jouissance des biens de leurs enfans jusqu'à l'âge de dix-huit ans accomplis, ou jusqu'à l'émancipation qui pourrait avoir lieu avant l'âge de dix-huit ans.

» Considérant que cette loi du 3 germinal an 11, en établissant la puissance paternelle, en règle en même temps les attributs, les effets et les conditions.

» Considérant que la jouissance accordée aux père et mère des biens de leurs enfans, étant un droit absolument distinct et séparé de la tutelle, mais inhérent et indivisible de la puissance paternelle, et ne devant avoir son effet qu'à compter du jour de la promulgation de la loi du 3 germinal, ne peut être considéré comme produisant un effet rétroactif.

» Le tribunal, sans s'arrêter aux fins de non-recevoir dudit Prévôt de Longperrier, en qualité de subrogé tuteur des mineurs Cadeau d'Assy, et faisant droit sur la demande de ladite veuve Cadeau d'Assy, ordonne qu'elle jouira des revenus des biens de ses enfans mineurs, conformément aux dispositions de la loi du 3 germinal an 11, à compter du jour de sa promulgation : tous dépens compensés entre les parties, qu'elles pourront respectivement employer en frais de tutelle. »

En effet, l'on ne peut considérer comme un effet rétroactif de la loi, la disposition qui change à l'avenir l'état des personnes, c'est-à-dire, cette disposition qui porte, par exemple, que *la femme* qui, jusqu'à ce jour, n'a pas eu besoin de l'autorisation de son mari pour ester en jugement, devra désormais se faire autoriser ; le législateur est le maître de disposer selon que les circonstances et l'intérêt de la société l'exigent ; et il serait absurde que la loi qui est faite pour tous, ne pût atteindre qu'une faible partie de ceux qui doivent être soumis à son empire ; ce qui d'ailleurs établirait entre les

citoyens des distinctions plus ou moins subtiles, et serait cause que les moindres contestations nécessiteraient d'abord un jugement préalable pour savoir à quelle classe de la société les parties appartiennent, et sur cette question ridicule : Un Français est-il soumis aux lois françaises ?

Les rédacteurs du journal intitulé : *Jurisprudence du Code civil*, ont parfaitement développé la théorie des statuts personnels et des statuts réels, dans le premier volume de leur ouvrage, *pag.* 449 et *suiv.*

STELLIONAT, est une espèce de larcin qui se commet par celui qui vend ou qui engage des immeubles qui ne lui appartiennent pas ; ou qui les hypothèque comme francs et quittes, quoiqu'ils ne le soient pas, ou qui les vend comme étant propriétaire de la totalité, quoiqu'il ne le soit que d'une partie.

Droit ancien.

Un homme commet aussi stellionat, qui prend la qualité d'une terre, et qui l'hypothèque comme propriétaire, sans déclarer qu'il n'en est qu'usufruitier ; ou qui oblige et hypothèque un héritage qui est substitué, sans faire mention de la subtitution. *Voy.* Brodeau sur Louet, *lettre* S, *chapitre* 18, *nombre* 9; et Henrys, *tome* 1. *livre* 4. *chapitre* 6. *quest.* 38.

Suivant le droit romain, le stellionat était censé commis, lorsqu'un débiteur qui constituait une seconde hypothèque, ne déclarait point en avoir déjà constitué une première. *Stellionatûs criminis reus est*, *qui rem alteri obligatam denuò obligavit, dissimulatâ priori obligatione; Leg.* 1. *Cod. de Crimine stellionatûs.* Mais cette disposition du droit romain n'est pas reçue en France.

De ce que nous avons dit ci-dessus, il résulte que le stellionat est un contrat frauduleux, qui a pour principe et fondement du côté du débiteur, le dol et la fraude qu'il emploie pour tromper la bonne foi du créancier. C'est une tromperie qui trouble la société civile, et le commerce qui se fait par le moyen des contrats, qui est du droit des gens. Aussi appelle-t-on ces débiteurs malicieux, stellionataires et faux vendeurs.

M. Cujas dit que le mot *stellionatus* vient de *stellio*, qui est une espèce de petit lézard extrêmement fin ; de sorte qu'on appelle, en droit, de ce nom toute sorte de dol et de tromperie, qui ne peut être désignée par un nom propre. Il en est traité au Digeste, *liv.* 47, *tit.* 20; et au Code, *liv.* 9, *tit.* 34.

Le stellionat est, comme nous avons dit, une espèce de crime ; cependant la manière la plus ordinaire et la plus facile de poursuivre ceux qui en sont coupables, est la voie civile.

Le créancier exerce contre le stellionataire l'action qu'il a contre lui, pour le faire condamner à racheter la rente, ou à rendre ce qu'il a reçu, et par corps, comme stellionataire.

Cependant, si le stellionataire, avant que d'être actionné, avait payé les créances antérieures, le stellionat serait éteint par ce paiement, et il ne serait plus sujet à la contrainte par corps, ni même à la peine du remboursement du principal de la rente.

On peut prendre la voie de la poursuite extraordinaire ; mais cela ne se pratique pas, d'autant que par l'action civile le créancier vient à ses fins avec moins d'embarras.

Les femmes ne peuvent être réputées stellionataires que quand elles sont libres.

En pays coutumier, quand les femmes en puissance de mari se sont obligées conjointement avec lui, elles peuvent bien être poursuivies personnellement par saisie et vente de leurs biens, mais non pas comme stellionataires et par corps. Ainsi dans le cas où il y a communauté de biens entre le mari et la femme, et qu'ils ont passé l'un et l'autre un contrat frauduleux, le mari seul est coupable de stellionat.

C'est-à-dire, qu'il n'y a que le mari qui puisse essuyer la condamnation par corps, qui est la peine du délit; mais l'un et l'autre peu-vent être condamnés solidairement au remboursement du principal de la rente. C'est chose jugée contre les sieur et dame Carré de Vaudhuy, au profit du sieur de Crosville, par arrêt rendu en la grand'chambre, au rapport de M. l'abbé Tudert, le 2 septembre 1760.

Comme ordinairement les femmes n'ont point connaissance des affaires de leurs maris, il ne serait pas juste qu'une femme fût, par le dol de son mari, contraignable par corps. Ainsi jugé par arrêt du conseil privé du roi, le 5 juillet 1680, rapporté dans le Journal des Audiences. Mais les femmes et les filles majeures peuvent être contraintes par corps pour cause de stellionat procédant de leur fait, suivant l'*art.* 8 du *tit.* 34 de l'ordonnance de 1667 : ce qui paraît très-juste, quoique suivant le droit commun les femmes ne soient point contraignables par corps : mais c'est ici une dette qui provient de délit, et non pas une dette civile.

Le stellionat est toujours considéré comme crime ; et d'autant que tous délits sont personnels, si un des co-obligés commet stellionat, la peine, qui est d'être contraignable par corps au remboursement, n'a lieu qu'à son égard : les autres co-obligés qui n'y participent point, ne peuvent être poursuivis comme stellionataires, quoiqu'obligés solidairement.

Voy. Brodeau sur Louet, *lettre* S, *chap.* 18, *nomb.* 10.

La condamnation pour crime de stellionat emporte infamie. *Crimen stellionatûs infamiam irrogat.* ; *Leg.* 13, *ff. de His qui notant. infam.*

Les prêtres qui sont convaincus de stellionat, ne sont pas exempts de la contrainte par corps; parce que ce n'est pas une dette civile, mais une dette qui provient de délit.

Les septuagénaires qui en sont convaincus, sont aussi contraignables par corps, par la même raison. *Voy.* Septuagénaires.

42 *

Droit intermédiaire.

La loi du 15 germinal an 6, *tit.* 1.er, *art.* 3, prononce la contrainte par corps pour crime de *stellionat.* L'*art.* 5 porte que la contrainte par corps peut être prononcée contre les septuagénaires, les femmes, les filles et les mineurs pour *stellionat*, procédant de leur fait. *Voy.* la loi du 15 germinal an 6, rapportée en entier *au mot* Contrainte par corps.

Droit nouveau.

La contrainte par corps a lieu, en matière civile, pour le *stellionat.* Il y a *stellionat*: lorsqu'on vend ou qu'on hypothèque un immeuble dont on sait n'être pas propriétaire; lorsqu'on présente comme libres des biens hypothéqués, ou que l'on déclare des hypothèques moindres que celles dont ces biens sont chargés. *Art.* 2059.

Les maris et les tuteurs qui, ayant manqué de requérir et de faire faire les inscriptions ordonnées par la loi, auraient consenti ou laissé prendre des privilèges ou des hypothèques sur leurs immeubles, sans déclarer expressément que lesdits immeubles étaient affectés à l'hypothèque légale des femmes et des mineurs, seront réputés *stellionataires*, et comme tels, contraignables par corps. *Art.* 2136.

Dans les cas même ci-dessus énoncés, la contrainte par corps ne peut être prononcée contre les mineurs. *Art.* 2064.

Elle ne peut être prononcée contre les septuagénaires, les femmes et les filles que dans les cas de *stellionat.* — La contrainte par corps pour cause de *stellionat* pendant le mariage n'a lieu contre les femmes mariées que lorsqu'elles sont séparées de biens, ou lorsqu'elles ont des biens dont elles se sont réservées la libre administration, et à raison des engagemens qui concernent ces biens. Les femmes qui, étant en communauté, se seraient obligées conjointement ou solidairement avec leur mari, ne pourront

être réputées *stellionataires*, à raison de ces contrats. *Art.* 2066.

STÉRILITÉ, est une cause pour laquelle un fermier est en droit de demander au propriétaire de la terre la remise de la pension pour le temps que la stérilité a duré, à moins que la fécondité d'une année précédente ou suivante, ne fût assez grande pour dédommager le fermier de la perte qu'il aurait soufferte; *Leg.* 15, §. 4, *ff. Locati conducti;* ou à moins que le fermier ne se fût chargé de supporter la perte qui pourrait être causée par la stérilité.

La stérilité donne donc ordinairement lieu à la remise de la pension du fermier; parce que cette pension est donnée en considération de la récolte, et qu'ainsi elle n'est promise que sous la tacite condition qu'il naîtra des fruits. *Voy.* Bail à ferme.

Damnum sterilitatis respicit locatorem, sicque remittenda est pensio colono, si propter sterilitatem vi majore contigentem nullos omnino fructus perceperit; ne colonus suprà damnum seminis amissi mercedem præstare cogatur, et quià pensio in singulos annos constituta est sub tacitâ conditione si conductor fructus percipiat; quapropter nullis omninò natis fructibus, pensio ipsi remitti debet. Leg. 15, §. 7; *Leg.* 25. §. 6, *ff. Locati conducti; et Leg.* 8 et 18, *Cod. de Locato et Conducto.*

Cette remise n'a pas lieu pour la pension qui se paye pour l'emphytéose, comme il est décidé en la loi première, au Code *titulo de Jure emphyteutico,* qui décide que le dommage qui arrive au fonds donné à bail emphytéotique (pourvu qu'il ne périsse pas entièrement) regarde le preneur; et partant la perte des fruits de plusieurs années tombe entièrement sur lui, sans qu'il puisse en aucune manière demander la remise de la pension annuelle à laquelle il est obligé; attendu que cette pension est toujours très-modique, et qu'elle ne se paye pas *pro perceptione fructuum (ut in locatione conductione), sed in recognitionem directi dominii.*

Sic apud nos judicatum fuit arresto lato die 27 julii 1599. Mornacius, ad Leg. 1, Cod. de Jure emphyteutico.

Cette· remise n'a pas lieu non plus à l'égard du fermier partiaire. *Ratio est, quià quasi societatis jure damnum et lucrum cum domino partitur. Leg.* 25, §. 6, *ff. Locat. cond.*

Quoique la remise de la pension doive être accordée au fermier pour les années qui auront été entièrement stériles, de sorte que ses terres n'aient rapporté aucuns fruits, néanmoins il ne peut pas demander que la pension lui soit diminuée pour l'exiguité et médiocrité des récoltes qu'il aurait souffertes. C'est la décision de la loi 15, §. 5, *ff. Locati conducti, his verbis : Cum quidam de fructuum exiguitate quæreretur non esse rationem ejus habendam, rescripto divi Marci continetur.*

Mais la plupart des nos auteurs tiennent que quand la récolte est considérablement moindre que de coutume, le fermier peut demander quelque diminution de la pension. *Voy.* Despeisses, *tom.* 1, *pag.* 97, et ce qu'a dit Ferrière sur l'*art.* 171 de la Coutume de Paris, *glose* 3, nombre 22.

Droit nouveau.

Si le bail est fait pour plusieurs années, et que pendant la durée du bail la totalité ou la moitié d'une récolte au moins soit enlevée par des cas fortuits, le fermier peut demander une remise du prix de sa location, à moins qu'il ne soit indemnisé par les récoltes précédentes. — S'il n'est pas indemnisé, l'estimation de la remise ne peut avoir lieu qu'à la fin du bail, auquel temps il se fait une compensation de toutes les années de jouissance. — Et cependant le juge peut provisoirement dispenser le preneur de payer une partie du prix, en raison de la perte soufferte. *Art.* 1769.

Si le bail n'est que d'une année, et que la perte soit de la totalité des fruits, ou au moins de la moitié, le preneur sera déchargé d'une partie proportionnelle du prix de la location.—

Il ne pourra prétendre aucune remise, si la perte est moindre de moitié. *Art.* 1770.

STIPULATION, prise suivant le droit romain, est un contrat du droit civil, dont la substance consiste dans une certaine formalité de paroles, par lequel celui qui est interrogé répond suivant l'interrogation qui lui est faite, qu'il fera ou donnera à l'autre ce qu'il stipule de lui. Par exemple : *Titius, me promettez-vous de me donner cent écus au premier jour du mois prochain ?* Titius répond : *Oui, je vous le promets :* c'est un contrat appelé stipulation.

Parmi nous, cette solennité de paroles n'est pas en usage, même dans le pays de droit écrit. On a trouvé à propos de rendre obligatoires toutes les conventions et accords qui se font entre les hommes, pourvu qu'il n'y ait point de raison qui en cause la nullité.

Stipulations, suivant l'usage de France, sont les clauses et les conventions portées par les contrats : ainsi dans le contrat de vente, par exemple, que le vendeur a stipulé que l'acheteur lui payerait les intérêts du prix convenu jusqu'à l'entier payement d'icelui, ou qu'il donnerait une telle caution pour sûreté.

Touchant les stipulations, *Voy.* Ferrière dans sa Traduction des Institutes, au *troisième livre, titre* 16 *et suivans.*

Nous allons seulement faire ici quelques observations sur les stipulations, en tant que ce terme se prend pour toutes sortes de conventions et accords qui se font entre les hommes.

STIPULATION FAITE EN FAVEUR DE QUELQU'UN, NE DOIT POINT S'INTERPRÉTER A SON PRÉJUDICE. C'est la disposition de la loi 25 au Digeste, *tit. de Legib.*, et de la loi 6 au Code.

STIPULATION FAITE EN FAVEUR DE LA CAUSE PUBLIQUE, SE DOIT TOUJOURS INTERPRÉTER FAVORABLEMENT : d'où il s'ensuit qu'elle reçoit les extensions que l'intérêt public requiert. La raison est, que l'utilité publique est préférable à celle des particuliers.

STIPULATION CONFORME AU DROIT COMMUN, PEUT RECEVOIR UNE EXTENSION FAVORABLE dans les cas où il y a parité de raison.

STIPULATION CONTRAIRE AU DROIT COMMUN, NE REÇOIT POINT D'EXTENSION d'un cas à un autre, d'une chose à une autre, ni d'une personne à une autre : ainsi dans tout ce qui n'est pas expressément compris, elle est sans effet, et l'on suit alors le Droit commun, sans avoir aucun égard à la stipulation. *Quod contrà rationem juris receptum est non est producendum ad consequentiam.* Leg. 14, *ff. de Legibus.*

Par exemple, si la stipulation de reprendre par la femme, franchement et quittement de toutes dettes, ce qu'elle a mis dans la communauté, en y renonçant, n'est faite précisément qu'en sa faveur, elle ne s'étend pas à ses héritiers, enfans ou collatéraux. *Voy.* Ferrière sur l'*art.* 237, *glose* 1, *nomb.* 14, *et suivans*; et le mot Apport, *page* 194, *tome* 1.er de ce Dictionaire.

STIPULATION FAITE DE PLUSIEURS CHOSES, PEUT VALOIR POUR QUELQUES-UNES, ET ÊTRE NULLE POUR D'AUTRES. La raison est, qu'il y a autant de stipulations que de choses qui sont comprises dans l'acte.

Voy. Ferrière dans sa Traduction des Institutes, sur le §. 18 du *titre* 20 du *troisième livre.*

STIPULATION PÉNALE N'EST PAS RECUE FAVORABLEMENT. Ainsi pour peu qu'une stipulation paraisse usuraire, elle est réprouvée, et réputée comme non faite. *Sic pœna adjecta dationi quantitatis à senatu solet usuraria judicari. Vide Mornacium,* ad Leg. 44, *ff. de Usur. V.* Clause pénale.

STIPULATION PÉNALE FAUTE D'ÉPOUSER LA PERSONNE QUE L'ON AVAIT PROMIS D'ÉPOUSER, N'EST PAS ORDINAIREMENT SUIVIE; car quoique la cour adjuge quelquefois des dommages et intérêts contre celui des fiancés qui n'a pas voulu accomplir le mariage, néanmoins elle n'autorise pas ordinairement les stipulations de peines faute d'épouser.

La loi *Titia, ff. de Verbor. obligat.* dit que *inhonestum est vinculo pœnæ astringi matrimonia.* D'ailleurs, si la substance de tous les contrats consiste dans le consentement des parties, ce consentement est beaucoup plus nécessaire dans les contrats de mariage, dans lesquels on a toujours remarqué que la contrainte produit de très-facheux effets : *Coacta matrimonia tristes ac difficiles exitus habere solent.*

S'il était permis de stipuler des peines contre celui qui refuserait d'accomplir le mariage dont on serait convenu, cette liberté tant requise par les lois ne se trouverait plus dans les mariages, et on ne manquerait jamais d'en stipuler, et souvent pour ne pas payer la peine stipulée, on contracterait des mariages qu'on n'aurait pas voulu contracter.

Quoique l'empereur Léon, par sa Novelle 18, ait ordonné que les peines stipulées faute d'épouser seraient payées, on n'a pas suivi sa constitution. L'empereur Justinien ne l'a pas voulu insérer dans le corps du Droit civil; et le corps du Droit canonique, *cap.* 17 et 29, *extrà de Sponsalib. matrimon.* en forme une décision qui y est absolument contraire, et que nous suivons en France.

Ainsi dans ce royaume les juges ne s'arrêtent point aux stipulations de peines portées dans les promesses de mariage; et quant aux dommages et intérêts, ils dépendent toujours *ex arbitrio judicis,* et non de la convention des parties, pour ne point autoriser de semblables stipulations.

Ce n'est pas que la cour n'adjuge quelquefois les peines stipulées entre les futurs conjoints, mais ce n'est que quand elles voent que les peines stipulées n'excèdent pas les dommages et intérêts auxquels celui qui refuse d'accomplir le mariage doit être condamné.

Voy. Louet et son Commentateur, *lettr.* M, *somm.* 24 ; et ce que j'ai dit, *lettre* P, en parlant des Promesses de mariage.

STIPULATION FAITE CONTRE LE DROIT PUBLIC N'EST PAS VALABLE. Les particuliers peuvent faire des accords et stipulations pour ce qui les concerne en particulier;.mais ils ne peuvent pas donner atteinte au droit public.

Pacisci possunus de re duntaxat privatâ et familiari ; de his verò quæ ad causam publicam pertinent pactum est inutile; Leg. 27, §. 4, *ff. de Pact. Jus enim publicum privatorum pactis mutari non potest. Leg.* 38 , *ff. eodem.*

Ainsi la convention apposée dans un contrat de mariage , que la femme ne pourra pas renoncer à la communauté, est nulle, et la femme ou ses héritiers peuvent revenir contre, parce que le droit qu'a la femme de renoncer à la communauté est public. *Voy.* Ferrière sur l'*art.* 237 de la Coutume de Paris, *glos.* 1, §. 1, *nomb.* 15.

Droit nouveau.

On ne peut déroger par des conventions particulières aux lois qui intéressent l'ordre public et les bonnes mœurs. *Art.* 6, *tit. prél. du Code civil.*

Les époux ne peuvent déroger ni aux droits résultant de la puissance maritale sur la personne de la femme et des enfans, ou qui appartiennent au mari comme chef, ni aux droits conférés au survivant des époux par le titre *de la Puissance paternelle*, et par le titre *de la Minorité, de la Tutelle et de l'Émancipation*, ni aux dispositions prohibitives du présent Code. *Art.* 1388.

Ils ne peuvent faire aucune convention ou renonciation dont l'objet serait de changer l'ordre légal des successions , soit par rapport à eux-mêmes dans la succession de leurs enfans ou descendans , soit par rapport à leurs enfans entr'eux ; sans préjudice des donations entre-vifs ou testamentaires, qui pourront avoir lieu selon les formes et dans les cas déterminés par le présent Code. *Art.* 1389.

STIPULATION FAITE CONTRE LES BONNES MOEURS EST NULLE. C'est la disposition de la loi 27, §. 3 et *seq.ff. de Pact.* quià

quæ bonos mores lædunt viro probo impossibilia videntur. Par exemple, s'il était convenu entre les parties contractantes , qu'un dépositaire ne serait point tenu du dommage qu'il pourrait causer par son dol à la chose déposée , telle convention serait absolument nulle : *Illa conventio esset contrà bonos mores , si quidem invitaret ad delinquendum. Leg.* 1, §. 2 , *ff. Depositi ; et Leg.* 23 ; *ff. de Reg. jur.*

Le pacte qui serait fait touchant la succession d'un homme vivant, est pareillement nul , étant contre les bonnes mœurs , s'il n'est fait de son consentement. *Pactum de hæreditate viventis , nisi ipse de cujus bonis agitur consenserit , non valet ; quià hæc conventio est contrà bonos mores , si quidem inducit corvinam sollicitudinem mortis alienæ. Leg. ult. Cod. de Pactis; Leg.* 4 , *Cod. de Inutilib. stipulat.*

Il faut dire aussi que la promesse que ferait un homme de payer une somme au temps de la succession ouverte de ses père et mère , ou autre dont il est présomptif héritier , serait illicite et contraire aux bonnes mœurs , parce qu'elle donnerait occasion de souhaiter la mort d'autrui. — *Voy.* Mornac sur la loi 17 , *ff. de Condict. in deb.;* et Brodeau sur Louet, *lett.* H, *chap.* 6. Mais la convention serait valable , si elle était faite du consentement de celui de la succession duquel il serait question.

STIPULATION DE PROPRE.

Droit ancien.

On appelle ainsi une clause portée par un contrat de mariage , par laquelle les contractans ou l'un d'eux , stipulent qu'une somme de deniers sortira nature de propre au stipulant.

L'effet de cette stipulation est d'empêcher que cette somme tombe dans la communauté; en sorte qu'avenant la dissolution du mariage , le stipulant reprend , hors part et sans confusion des biens de la communauté, la somme qui lui est stipulée propre.

Si le stipulant décède , ses héritiers ont la

même faculté de reprendre cette somme, comme étant propre au défunt ou à la défunte par stipulation et destination.

La faveur des mariages a fait introduire la fiction des propres, comme celle des meubles ; parce que sans cela un homme qui n'aurait que des propres, trouverait difficilement à se marier ; et celui qui n'aurait que des meubles, ferait en se mariant trop de tort à sa famille. Ainsi, bien loin que cette stipulation intervertisse l'ordre des successions, elle en est au contraire le fondement, puisqu'elle conserve les biens dans la ligne du sang.

Cette stipulation de propre apposée dans un contrat de mariage, produit différens effets, suivant qu'elle est plus ou moins étendue ; ce qui dépend des termes dont on s'est servi pour l'exprimer.

Pour entendre cette matière, il faut donc observer qu'il y a quatre clauses différentes de stipulation de propre, qui produisent différens effets ; et que lorsque le propre fictif est parvenu à ceux au profit de qui la stipulation est faite, elle est éteinte, et ne produit plus aucun effet.

La première clause est la simple stipulation de propre, c'est-à-dire, *que la somme apportée en dot, ou partie d'icelle, sera propre à la future épouse.* Cette stipulation ne produit point d'autre effet que d'empêcher que la somme stipulée propre entre dans la communauté. Pour ce qui regarde la succession des deniers stipulés propres, il faut observer que si le stipulant décède le premier, délaissant des enfans communs, en ce cas les deniers stipulés propres leur appartiennent, à l'exclusion du survivant.

Il en faut dire de même des collatéraux qui succèdent dans ces deniers à l'exclusion du survivant, s'il n'y a point d'enfans communs, ou des enfans nés de la défunte d'un mariage précédent ; mais dès-lors que ces deniers sont parvenus aux enfans comme héritiers de leur mère, telle stipulation est consommée, ayant eu son

effet ; en sorte que tels deniers ne sont plus considérés que comme meubles, et selon leur véritable nature, la destination ne pouvant s'étendre plus loin que les termes dont elle est conçue et exprimée : ainsi le père succède à ces deniers quand il survit à ses enfans, quoiqu'ils décèdent en minorité, à l'exclusion de ses autres enfans, qui sont leurs frères et sœurs.

La deuxième clause est, *que les deniers ou meubles que l'un des contractans apporte en mariage, lui sortiront nature de propre et aux siens.* En ce cas, les enfans communs, au profit desquels cette stipulation est faite, succèdent dans ces deniers ou meubles, à l'exclusion du survivant ; ils y succèdent même les uns aux autres jusqu'au dernier, sans que le survivant y puisse rien prétendre ; mais il succède au dernier mourant des enfans, comme héritier mobilier, à l'exclusion des collatéraux, parce que telle stipulation est consommée en la personne du dernier des enfans, quoiqu'il décède en minorité.

La troisième clause est, *que les deniers ou meubles d'un des contractans seront propres à lui et aux siens de son côté et ligne ;* auquel cas les collatéraux succèdent au dernier mourant des enfans, à l'exclusion du père ou de la mère survivant : que si les deniers ont été donnés par le père et la mère de la fille, les collatéraux paternels et maternels du dernier des enfans y succèdent également ; mais s'ils ont été donnés par l'un ou l'autre, comme par le père de la fille, lequel aurait fait cette stipulation, en ce cas les collatéraux du dernier mourant des enfans du côté de leur aïeul maternel y succéderont, supposé que leur aïeul fût décédé ; car autrement, nonobstant telle stipulation, il y succéderait par droit de réversion, suivant l'*art.* 313.

La quatrième clause est, *que les deniers donnés par père et mère à leur fille, seront employés en héritages, pour lui sortir nature de propre, à elle et aux siens de son estoc et*
ligne,

ligne , ou seulement pour lui sortir nature de propre ancien , comme échu par succession des ascendans. Cette stipulation a le même effet que la précédente.

Mais si la stipulation porte seulement l'emploi des deniers , sans la clause des siens, estoc., côté et ligne , le père ne laisse pas de succéder à ses enfans dans les deniers non employés , à l'exclusion même de ses enfans ; en sorte que le père succède à son fils dans les deniers non employés , préférablement à ses autres enfans, pourvu que celui de la succession duquel il s'agit, soit décédé en majorité : car autrement tels deniers non employés passeraient à ses frères et sœurs, comme tenant lieu de l'immeuble, en l'emploi duquel ils ont été destinés. La raison est , que la stipulation n'est pas consommée jusqu'à ce que les enfans soient majeurs, les biens qui leur échéent conservant toujours leur qualité , soit naturelle ou accidentelle , jusqu'à leur majorité.

La stipulation de propre n'a pas un effet perpétuel, comme nous avons dit ci-dessus. D'où il s'en suit 1.° Que lorsqu'il y a dans un contrat de mariage une stipulation qu'une somme sera propre à la future épouse , et aux siens de son côté et ligne , même qu'elle sera employée en héritages ou rentes , cette stipulation n'a effet contre le mari , que pour empêcher qu'il n'en profite à cause de la communauté , et pendant la minorité de ses enfans ; mais quand ils sont devenus majeurs, et que la somme leur a été remise, la fiction de propre et la nécessité de l'emploi cessent entièrement , ensorte que le plus proche parent héritier mobilier y succède. Ainsi jugé par arrêt du 16 mai 1692 dans le Journal des Audiences, tome 5 , livre 8 , chapitre 12.

2.° Que les deniers stipulés propres à un mari par un premier contrat de mariage , ont repris après la mort de sa femme la même qualité de deniers , et qu'il en a pu disposer comme de chose mobiliaire. Ainsi jugé au parlement de Paris le 29 Août 1719.

Les propres conventionnels stipulés par con-

Tome III.

trat de mariage ne sont donc considérés en ladite qualité de propres qu'entre les conjoints , et l'on ne peut disposer de la totalité d'iceux à l'égard des tierces personnes.

Touchant les propres conventionnels , *Voy.* Louet , *lettre* D , *somm.* 66. ; *lettre* R , *somm.* 44, *et lettre* V , *somm.* 3 ; Bouguier, *lettre* R , *nomb.* 1 ; *lettre* S , *nomb.* 6; le Journal des Audiences, *tom.* 1, *liv.* 1; *chap.* 131, *et liv.* 8, *chap.* 35 ; Ricard , des Donations entre-vifs, *part.* 3 , *chap.* 10 , *sect.* 1., *nomb.* 1429 *et suiv.* ; le Prêtre , *centurie* 1 , *chap.* 42, *et cent.* 2. *chap.* 80 ; Montholon , *arrêt.* 93 ; Henrys *tom.* 2, *liv.* 4, *quest.* 3 ; ce que Ferrière dit *au mot* Propre fictif , et son Commentaire sur l'*art.* 39 de la Coutume de Paris.

Droit nouveau.

La distinction des biens en *propres* et acquêts n'étant plus admise , tout ce qui vient d'être dit n'est plus observé en France.

STIPULER , signifie demander, exiger, faire promettre , faire convenir des clauses et conditions d'un contrat , à l'effet que l'acceptation qui en sera faite règle le droit des parties , et les oblige à les exécuter.

Droit nouveau.

On ne peut, en général , s'engager ni stipuler en son propre nom que pour soi-même. *Art.* 1119.

Néanmoins on peut se porter fort pour un tiers en promettant le fait de celui-ci, sauf l'indemnité contre celui qui s'est porté fort ou qui a promis de faire ratifier , si le tiers refuse de tenir l'engagement. *Art.* 1120.

On peut pareillement stipuler au profit d'un tiers, lorsque telle est la condition d'une stipulation que l'on fait pour soi-même ou d'une donation que l'on fait à un autre. Celui qui a fait cette stipulation ne peut plus la révoquer, si le tiers a déclaré vouloir en profiter. *Art.* 1121.

On est censé avoir stipulé pour soi et pour ses héritiers et ayans-cause , à moins que le contraire ne soit exprimé ou ne résulte de la nature de la convention. *Art.* 1122.

SUBHASTATION. Ce terme, dans l'*art.* 150 de la Coutume de Paris, se prend pour la vente des immeubles qui se fait par criées et par décret.

Mais ce terme, généralement pris, signifie toute sorte de vente publique qui se fait à l'encan et à cri public, au plus offrant et dernier enchérisseur.

Ce terme vient de ce que chez les Romains, pour marque de vente publique on mettait une pique appelée *hasta*, ou dans le marché, ou dans le lieu où la vente devait être faite.

Itaque subhastare est sub hastâ distrahere; quià scilicet hasta erat præcipuum signum eorum quæ publicè venundabantur sub hastâ à præcone. *Voy.* le Glossaire du Droit Français, au mot Subhaster.

SUBREPTICE, est une qualité que l'on donne à une concession obtenue du supérieur par surprise. Il en est de même du terme d'obreptice; avec cette différence, qu'obreptice signifie l'omission d'un fait qui aurait pu empêcher que la grâce ne fût accordée : au lieu que subreptice signifie, non pas l'omission du fait, mais le déguisement dont on s'est servi dans l'exposé du fait et des circonstances.

SUBREPTION, est ce que l'on ajoute ou déguise dans l'exposition du fait pour faire passer des lettres. Obreption, est l'omission et la subreption des faits et circonstances dans l'exposé, qui pourraient servir d'obstacle à l'impétrant.

Itaque in eo differunt subreptio et obreptio, quod per subreptionem exprimenda silentio prætermittantur, per obreptionem verò requisita falsò supponantur.

SUBROGATION. Ce mot pris généralement, signifie toute sorte de successsion, soit d'une chose à une autre, dont il y a un exemple dans l'*art.* 143 de la coutume de Paris, ou d'une personne à une autre personne, à titre universel, ou à titre particulier.

SUBROGATION EN MATIÈRE DE CRÉANCE, est une substitution en la place et aux droits d'un autre créancier.

Droit ancien.

Il y en a de deux sortes, l'une conventionnelle, l'autre légale, qui se réglent diversement.

Voy. ce que Ferrière a dit de l'une et de l'autre sur l'*art.* 108 de la Coutume de Paris. Nous en allons donner ici les premiers principes.

De la Subrogation conventionnelle.

La *subrogation conventionnelle* est un contrat par lequel le créancier transfère sa créance avec tous ses accessoires au profit d'une tierce personne.

Cette subrogation est une espèce de vente d'une dette, et de toutes les actions personnelles et hypothécaires qui en dépendent.

Elle se fait par une convention entre le créancier et celui à qui le créancier transfère tous ses droits, sans la participation et la convention du débiteur ; mais cette subrogation appelée cession ne saisit pas, étant faite entre le cédant et celui au profit de qui elle est faite, sans la participation du débiteur, qui, nonobstant cette cession, demeure toujours obligé envers le cédant, et non envers celui au profit de qui elle est faite.

Il faut donc, pour que le cédant soit dessaisi de la dette qu'il a cédée, que celui au profit de qui la cession est faite, la signifie au débiteur.

Voy. ci-après, *le mot* Transport. *Voy.* aussi ce qu'a dit Ferrière sur l'*art.* 108 de la Coutume de Paris ; le Traité de la Subrogation, par de Renusson ; le Recueil alphabétique de Bretonnier ; et Henrys, *liv.* 4, *quest.* 5, 6 et 7.

De la Subrogation légale.

La subrogation légale est celle qui se fait par la loi en faveur de celui qui paie les créanciers d'un débiteur ; auquel cas, sans la participation desdits créanciers, par la seule convention faite avec le débiteur, et par la déclaration que fait ce même débiteur dans la quittance de remboursement, que les deniers dont le paiement est fait proviennent d'un tel, il se fait une transmission légale de tous les droits des créanciers remboursés, en la personne du nouveau créancier qui a prêté ses deniers pour les rembourser.

Cette subrogation est proprement ce qu'on appelle *subrogation*, et n'est pas appelée cession, quoique la cession soit appelée subrogation.

La raison est, que le débiteur qui consent que la substitution soit faite des droits du créancier antérieur en la personne du nouveau créancier, ne peut pas céder les droits que son créancier a contre lui ; mais il en peut consentir la subrogation, laquelle se fait par l'autorité de la loi.

Ainsi, quand il s'agit d'une hypothèque spéciale et privilégiée, la subrogation est suffisante, et il ne faut point de cession. Le Prêtre, *cent.* 1., chap. 69.

Cette subrogation a été introduite par les lois en faveur des débiteurs, pour faciliter à un homme qui a un créancier trop dur et trop incommode, un moyen de se tirer de ses mains, en lui subrogeant un nouveau créancier qui le rembourse de ses deniers, et qui entre dans tous ses droits de la même manière que s'il avait été créancier originaire, attendu que le changement de personne n'en produit aucun par rapport au droit, qu'une subrogation régulière fait subsister au même état.

La subrogation légale est donc une véritable succession à l'obligation personnelle de l'ancien créancier, qui donne au nouveau créancier le même avantage qu'avait l'ancien contre ses débiteurs, c'est-à-dire que le nouveau créancier a la même action que l'ancien, non de son chef propre, mais du chef de cet ancien créancier.

Si c'était de son chef propre, il n'aurait que l'action simple *negotiorum gestorum* ; il faut donc nécessairement que l'obligation personnelle à laquelle il a succédé, lui ait donné une action, laquelle est l'effet de cette succession légale, et qu'il exerce comme créancier personnel.

Elle a l'effet d'une cession pour conserver l'hypothèque sur tous les co-obligés; et l'hypothèque subsiste contre un co-obligé qui n'a point parlé, ni été partie dans la quittance et acte de subrogation.

On appelle cette subrogation légale, pour la distinguer de la subrogation conventionnelle, qui est un transport d'une dette, fait par un créancier à celui qui le rembourse. La subrogation légale, au contraire, est le seul ouvrage de la loi.

Nous en avons dans le Code un titre, *de His qui in priorum creditorum locum succedunt.* Les dispositions qui s'y trouvent sont admises dans toute la France par un édit de Henri IV, du mois de mai 1609 qui porte, que quand un étranger prête ses deniers au débiteur pour acquitter un créancier privilégié, ou qui a d'anciennes hypothèques, il peut se faire subroger en son lieu et place.

Mais cet édit porte, qu'il faut pour cela que dans l'obligation ou dans le contrat de constitution que le débiteur fait à son profit, il soit fait mention que les deniers empruntés sont pour employer au paiement d'une telle dette, et que, dans la quittance que l'ancien créancier donne au débiteur, il y ait une déclaration que la somme payée provient des deniers empruntés d'un tel.

Il faut nécessairement que cette déclaration soit insérée dans la quittance ; car si c'était dans un acte séparé de la quittance, quoique ce fût dans le même moment, elle ne serait plus valable, parce que la dette ayant été une fois éteinte par le moyen du paiement, on ne pourrait plus la faire revivre par une subrogation postérieure.

43

Cette subrogation se fait par la seule volonté du débiteur, sans la participation du créancier qu'il rembourse : ce qui est fondé sur ce que le débiteur est, pour ainsi dire, le créateur de l'hypothèque qu'il a constituée à l'ancien créancier; et comme il ne lui a donné cette sûreté que jusqu'au temps qu'il le rembourserait, le débiteur est le maître de la lui ôter en le payant, pour la donner à un étranger dont les deniers sont employés au paiement de la dette. Ainsi cette hypothèque, que le débiteur donne au nouveau créancier, est la même que l'ancien créancier avait avant qu'il fût payé.

Mais on a douté si l'étranger qui prête son argent à un ou plusieurs débiteurs, peut prétendre que cette subrogation ait son effet contre tous ceux qui sont obligés à l'ancienne dette.

Il semble que le débiteur à qui l'argent a été prêté a bien pu subroger contre lui le nouveau créancier, comme étant maître de l'hypothèque qu'il a créée sur ses biens; mais que n'étant pas le maître des hypothèques que ses co-obligés ont constituées sur leurs biens, il n'a pu accorder la subrogation que contre lui seul, et non contr'eux.

Cependant la cour a décidé le contraire par son arrêt de règlement du 6 juillet 1690, qui comprend non-seulement les co-obligés, mais encore la caution. En voici les termes :

« Ce jour, la cour, toutes les chambres as-
» semblées, après avoir délibéré sur les articles
» présentés par les gens du roi, a arrêté et or-
» donné, sous le bon plaisir dudit seigneur roi,
» que pour succéder et être subrogé aux actions,
» droits, hypothèques et priviléges d'un an-
» cien créancier, sur les biens de tous ceux qui
» sont obligés à la dette, ou de leurs cautions,
» et pour avoir droit de les exercer ainsi et
» en la manière que lesdits créanciers l'auraient
» pu faire, il suffit que les deniers du nou-
» veau créancier soient fournis à l'un des débi-
» teurs, avec stipulation faite par acte passé
» pardevant notaires qui précède le paiement,

» ou qui soit de même date, que le débiteur
» emploiera lesdits deniers au paiement de
» l'ancien créancier; que celui qui les prête
» sera subrogé aux droits dudit ancien créan-
» cier; et que dans la quittance ou dans l'acte
» qui en tiendra lieu, lesquels seront aussi passés
» pardevant notaires, il soit fait mention que
» le remboursement a été fait des deniers four-
» nis à cet effet par le nouveau créancier, sans
» qu'il soit besoin que la subrogation soit
» consentie par l'ancien créancier, ni par les
» autres débiteurs et cautions, ou qu'elle soit
» ordonnée par justice; et qu'en attendant que
» ledit seigneur roi en ait autrement ordonné,
» la compagnie suivra cette jurisprudence dans
» toutes les occasions qui s'en présenteront :
» ordonne que le présent arrêté sera envoyé
» aux bailliages et sénéchaussées du ressort,
» pour y être pareillement observé, et à cet
» effet lu, publié et enregistré. Enjoint aux
» substituts du procureur général du roi d'y
» tenir la main, et d'en certifier la cour dans
» un mois. Fait à Paris en parlement le 6 juil-
» let 1690. »

Il y a un autre arrêt de règlement au sujet des subrogations et de la forme des oppositions aux décrets, qui est du 31 août 1690, et qu'on peut voir dans le Journal des Audiences.

La subrogation n'a pas lieu de plein droit en faveur d'une caution qui paye comme contraint, contre une autre caution de la même dette. C'est un point de jurisprudence décidé par arrêt rendu en la quatrième chambre des enquêtes, le 26 août 1706.

Voy. ce que Ferrière a dit sur l'*art.* 108 de la Coutume de Paris; le Recueil alphabétique de Bretonnier; *Voy.* aussi Henrys, *liv.* 4, *quest.* 5, 6 et 7, et le Traité de la Subrogation, fait par de Renusson.

Droit nouveau.

La subrogation dans les droits du créancier, au profit d'une tierce personne qui le paye, est ou conventionnelle ou légale. *Art.* 1249.

De la Subrogation conventionnelle.

Cette subrogation est conventionnelle,
1.º Lorsque le créancier, recevant son paiement d'une tierce personne, la subroge dans ses droits, actions, priviléges ou hypothèques contre le débiteur. Cette subrogation doit être expresse, et faite en même temps que le paiement; 2.º Lorsque le débiteur emprunte une somme à l'effet de payer sa dette, et de subroger le prêteur dans les droits du créancier. Il faut, pour que cette subrogation soit valable, que l'acte d'emprunt et la quittance soient passés devant notaires, que dans l'acte d'emprunt il soit déclaré que la somme a été empruntée pour faire le paiement, et que dans la quittance il soit déclaré que le paiement a été fait des deniers fournis à cet effet par le nouveau créancier. Cette subrogation s'opère sans le concours de la volonté du créancier. *Art.* 1250.

De la Subrogation légale.

La subrogation légale a lieu de plein droit, 1.º au profit de celui qui, étant lui-même créancier, paye un autre créancier qui lui est préférable à raison de ses priviléges ou hypothèques; – 2.º au profit de l'acquéreur d'un immeuble qui emploie le prix de son acquisition au paiement des créanciers auxquels cet héritage était hypothéqué; — 3.º au profit de celui qui, étant tenu avec d'autres ou pour d'autres au paiement de la dette, avait intérêt de l'acquitter; —4.º au profit de l'héritier bénéficiaire qui a payé de ses deniers les dettes de la succession. *Art.* 1251.

Disposition générale.

La subrogation établie par les *articles* précédens a lieu tant contre les cautions que contre les débiteurs : elle ne peut nuire au créancier lorsqu'il n'a été payé qu'en partie; en ce cas il peut exercer ses droits pour ce qui lui reste dû, par préférence à celui dont il n'a reçu qu'un paiement partiel. *Art.* 1252.

SUBROGÉ TUTEUR, est celui qui est nommé par le conseil de famille à l'effet d'agir pour les intérêts du mineur lorsqu'ils sont en opposition avec ceux du tuteur.

En toute tutelle il y a un *subrogé tuteur* nommé par le conseil de famille — Ses fonctions consistent à agir pour les intérêts du mineur, lorsqu'ils sont en opposition avec ceux du tuteur. *Art.* 420.

Lorsque les fonctions du tuteur seront dévolues à une personne de l'une des qualités exprimées aux sections 1, 2 et 3 du présent chapitre, ce tuteur devra, avant d'entrer en fonctions, faire convoquer, pour la nomination du *subrogé tuteur*, un conseil de famille composé comme il est dit en la section 4.—S'il s'est ingéré dans la gestion avant d'avoir rempli cette formalité, le conseil de famille, convoqué soit sur la réquisition des parens, créanciers ou autres parties intéressées, soit d'office par le juge de paix, pourra, s'il y a eu dol de la part du tuteur, lui retirer la tutelle, sans préjudice des indemnités dues au mineur. *Art.* 421. *V.* Tutelle.

Dans les autres tutelles, la nomination du *subrogé tuteur* aura lieu immédiatement après celle du tuteur. *Art.* 422.

En aucun cas le tuteur ne votera pour la nomination du *subrogé tuteur*, lequel sera pris, hors le cas de frères germains, dans celle des deux lignes à laquelle le tuteur n'appartiendra point. *Art.* 423.

Le *subrogé tuteur* ne remplacera pas de plein droit le tuteur, lorsque la tutelle deviendra vacante, ou qu'elle sera abandonnée par absence; mais il devra en ce cas, sous peine des dommages-intérêts qui pourraient en résulter pour le mineur, provoquer la nomination d'un nouveau tuteur. *Art.* 424.

Les fonctions du *subrogé tuteur* cesseront à la même époque que la tutelle. *Art.* 425.

Les dispositions contenues dans les sections 6 et 7 du présent chapitre s'appliqueront aux *subrogés tuteurs*. — Néanmoins le tuteur ne pourra provoquer la destitution du subrogé tut·ur, ni voter dans les conseils de famille qui seront convoqués pour cet objet. *Art.* 426.

V. le mot Tuteur *où le titre entier du Code de la Tutelle,* etc. est rapporté.

Toutes les fois qu'il y aura lieu à une destitution de tuteur, elle sera prononcée par le conseil de famille, convoqué à la diligence du *subrogé tuteur,* ou d'office par le juge de paix. —Celui-ci ne pourra se dispenser de faire cette convocation, quand elle sera formellement requise par un ou plusieurs parens ou alliés du mineur, au degré de cousin-germain ou à des degrés plus proches. *Art.* 446.

Si le tuteur adhère à la délibération (qui prononce l'exclusion ou la destitution), il en sera fait mention, et le nouveau tuteur entrera aussitôt en fonctions. — S'il y a réclamation, le *subrogé tuteur* poursuivra l'homologation de la délibération devant le tribunal de première instance, qui prononcera, sauf l'appel. — Le tuteur exclu ou destitué peut lui-même, en ce cas, assigner le *subrogé tuteur* pour se faire déclarer maintenu en la tutelle. *Art.* 448.

Les père et mère, tant qu'ils ont la jouissance propre et légale des biens du m·neur, sont dispensés de vendre les meubles, s'ils préfèrent de les garder pour les remettre en nature. — Dans ce cas ils en feront faire, à leurs frais, une estimation à juste valeur, par un expert qui sera nommé par le *subrogé tuteur,* et prêtera serment devant le juge de paix : ils rendront la valeur estimative de ceux des meubles qu'ils ne pourraient représenter en nature. *Art.* 453.

Lorsqu'au décès du mari la femme est enceinte, il est nommé un curateur au ventre, par le conseil de famille. A la naissance de l'enfant, la mère en devient tutrice, et le curateur au ventre 'en est de plein droit le *subrogé tuteur.* *Art.* 393.

Il est nommé un *subrogé tuteur* à l'interdit. *Art.* 505.

Le défaut d'inventaire après la mort naturelle ou civile de l'un des époux, ne donne pas lieu à la continuation de la communauté, sauf les poursuites des parties intéressées, relativement à la consistance des biens et effets communs, dont la preuve pourra être faite tant par titre que par la commune renommée.—S'il y a des enfans mineurs, le défaut d'inventaire fait perdre en outre à l'époux survivant la jouissance de leurs revenus ; et le *subrogé tuteur* qui ne l'a point obligé à faire inventaire est solidairement tenu avec lui de toutes les condamnations qui peuvent être prononcées au profit des mineurs: *Art.* 1442.

A l'égard de l'obligation imposée aux *subrogés tuteurs,* de veiller à ce que les inscriptions hypothécaires soient prises sur les biens du tuteur, *V.* les art. 2136, 2137, 2138, 2142, 2143 et 2194, *au mot* Hypothèque.

SUBSTITUTION est une institution d'héritier au second degré ou autre plus éloigné.

Quoique les substitutions soient prohibées, nous ne laisserons pas que de rapporter ici les anciens principes applicables dans les questions qui peuvent encore se présenter aujourd'hui sur l'effet des substitutions anciennes.

Droit ancien.

Les substitutions se font, ou par une disposition entre-vifs, ou par une disposition de dernière volonté.

Substitutions par acte entre-vifs.

La substitution faite par une disposition entre-vifs est celle qui est faite par une donation entre-vifs, à la charge d'une substitution au profit d'un autre, dont le donataire est chargé. Comme cette substitution est faite par une donation entre-vifs, elle est irrévocable.

Un particulier peut par le contrat de mariage d'une personne qu'il affectionne, l'instituer son héritier, et le charger de restituer les biens qui lui viendront de sa succession, aux enfans qui naîtront de ce mariage. Mais le cas le plus ordinaire est celui d'un père qui, mariant son fils, l'institue son héritier par le contrat de mariage, et le charge de restituer les biens qui lui viendront de sa succession, aux enfans qui naîtront de ce mariage. Voilà une substitution contractuelle qui empêche que l'héritier institué puisse aliéner les biens sujets à restitution, au préjudice des enfans substitués. *V.* Institution contractuelle.

De la Substitution par disposition de dernière volonté.

La *substitution faite par une disposition de dernière volonté*, est celle qui est faite par testament, ou par codicille, ou par tout autre acte, que l'on déclare ne pouvoir avoir son effet qu'après la mort de celui qui fait la substitution, c'est-à-dire, qui en la personne grévée de la substitution, ne transfère aucun droit de propriété des biens de celui qui fait la substitution; en sorte qu'il est toujours en droit de la révoquer jusqu'au dernier moment de sa vie.

Il y a trois sortes de substitutions qui se font par disposition de dernière volonté; savoir : la *vulgaire*, la *pupillaire* et l'*exemplaire* ou *quasi-pupillaire*.

Mais avant que d'entrer dans l'explication de ces trois espèces de substitutions testamentaires, qui n'ont lieu qu'en pays de droit écrit, il faut observer qu'en pays coutumier on ne peut substituer par testament que la portion des biens dont on a la libre disposition : ainsi la substitution faite au profit d'un étranger ne comprend que le quint des propres, attendu que les quatre autres quints doivent toujours appartenir aux héritiers des propres, francs et quittes de toutes dispositions testamentaires.

Substitution vulgaire.

C'est celle par laquelle on substitue à l'héritier institué, de quelque âge et qualité qu'il soit, au cas qu'il ne se porte pas héritier, par exemple : *Titius soit mon héritier ; si Titius n'est pas mon héritier, Mœvius soit mon héritier.*

Les Romains, jaloux de l'accomplissement de leur dernière volonté, inventèrent cette substitution, afin que si l'héritier institué par le testateur dans le premier degré venait à manquer, celui qui serait institué dans le second ou autre degré plus éloigné, pût recueillir la succession, et faire valider son testament.

Cette substitution a lieu dans le pays de droit écrit et autres où les institutions sont nécessaires pour la validité des testamens.

Mais dans la France coutumière, où les institutions ne valent que comme des legs universels, comprenant tous les biens dont le testateur pouvait disposer, les substitutions vulgaires n'ont lieu que pour subroger les substitués au lieu et place des institués, c'est-à-dire, des légataires universels, au cas qu'ils ne puissent pas accepter le legs fait en leur faveur.

Voy. ce que Ferrière a dit sur le titre 15 du second livre des Institutes.

Substitution pupillaire.

C'est celle qui se fait à un pupille par celui en la puissance duquel il est, au cas qu'il décède avant que d'être parvenu à sa puberté.

L'usage a introduit cette substitution chez les Romains, sous couleur qu'en conséquence de la puissance paternelle, le père et le fils n'étant censés qu'une même personne, la volonté du fils n'était autre que celle du père.

Cette substitution s'éteint par la puberté, c'est-à-dire, dès que les mâles ont quatorze ans accomplis, et les femelles douze.

Il n'est pas au pouvoir du père d'étendre cette substitution au-delà de cet âge. *Legibus concessum est parentibus consilium capere pro liberis, quandiù consilii incapaces ; sed noluerunt leges patriam potestatem extendi ; post mortem parentum, ultrà liberorum pubertatem.* Ainsi quand un père substitue à ses enfans au-delà de la puberté, une telle substitution est réduite à l'âge prescrit par les lois.

Un père qui a plusieurs enfans impubéres peut substituer pupillairement à quelqu'un d'eux, sans le faire à l'égard des autres.

La substitution pupillaire expresse exclut la mère de la légitime, il n'y a que le parlement de Bordeaux qui donne toujours et dans tous les cas la légitime entière à la mère. Mais la substitution tacite n'exclut pas la mère de la légitime. *Voy.* le Recueil alphabétique de Bretonier.

La substitution pupillaire se divise donc en expresse et en tacite. Celle-là se fait *verbis expressis*, au cas que le fils décède avant la puberté, ou avant que d'avoir atteint l'âge de pouvoir tester. Celle-ci se fait tacitement, et est comprise sous la vulgaire expresse, et par une interprétation de la volonté du testateur, qui substituant à son fils *in casum vulgarem, si hæres non erit*, est présumé lui substituer tacitement *in casum, si hæres erit, et nondum puber factus decesserit*.

Cette espèce de substitution n'a lieu que dans les pays de droit écrit ; et non pas dans la France coutumière, où les institutions ne sont point en usage. *Voy.* ce que Ferrière a dit sur le *titre* 16 du *second livre* des Institutes.

Substitution exemplaire.

C'est celle qui se fait par les parens à leurs enfans, de quelque degré, âge et sexe qu'ils soient, quand la faiblesse de leur esprit les empêche de pouvoir régler leur dernière volonté, et déclarer celui qu'ils veulent instituer leur héritier, comme font les prodigues, les furieux, les imbécilles et dépourvus de jugement.

Cette substitution est appelée exemplaire, parce qu'elle a été introduite par l'empereur Justinien, à l'exemple de la substitution pupillaire ; car avant lui les pères n'avaient pas cette faculté, si elle ne leur était accordée par des lettre du Prince.

Cette faculté reçoit encore aujourd'hui une espèce de restriction, en ce que si celui qui est furieux ou en démence a des enfans, ou au défaut s'il a des frères et sœurs, le père qui lui substitue ne peut pas lui donner pour héritier un étranger, mais il est tenu de lui substituer ses enfans, ou un d'eux, et au défaut d'enfans, ses frères et sœurs, ou quelqu'un d'entr'eux.

Cette substitution se fait par les ascendans, tant paternels que maternels, à leurs descendans sans distinction de sexe, de degré, ni d'âge ; et comme elle ne se fait point *jure patriæ potestatis, sed humanitatis intuitu*, elle se peut faire aux enfans que le testateur n'a pas dans sa puissance : en quoi elle diffère de la substitution pupillaire, qui se fait *patriæ potestatis jure*.

Cette substitution n'a lieu qu'en pays de droit écrit.

Voy. ce que Ferrière a dit sur le §. *dernier* du *titre* 16 du *second livre* des Institutes.

Substitution qui est reçue en pays coutumier, pour empêcher les suites fâcheuses de la dissipation des enfans.

Les substitutions dont nous venons de parler dans les articles précédens, ne sont parmi nous reçues qu'en pays de droit écrit ; mais nous avons reçu, même en pays coutumier, une autre espèce de substitution tirée de la loi *Si furioso*, §. 1, *ff. de Curator. furios.*

Cette substitution est le seul remède dont les pères et mères se puissent servir pour arrêter la dissipation de leurs enfans, et empêcher que par leur mauvais ménage ils ne se réduisent eux-mêmes et leurs enfans à une extrême nécessité.

C'est donc avec beaucoup de raison qu'on laisse à la prudence des pères et mères la faculté de prévenir un tel malheur, en leur permettant de transmette directement en la personne de leurs petits-fils la propriété des biens qui composent leurs successions, et d'en priver leurs enfans qu'ils savent être dissipateurs, pourvu qu'ils leur laissent la légitime, et leur donnent l'usufruit des biens substitués.

Cette disposition est toute favorable pour les

petits-fils

petits-fils au profit de qui est faite la substitution, et n'est pas moins avantageuse aux enfans
dont les biens sont substitués, puisqu'au moyen
du legs d'usufruit de ces mêmes biens, ils ne
courent point risque de tomber dans l'indigence,
dans laquelle leur prodigalité les aurait probablement réduits.

Suivant les termes de cette loi : *Si furioso*,
ff. de Curator. furios. Il y a trois choses qui
doivent nécessairement être observées pour la
validité d'une substitution de cette nature.

La première est de réserver au fils dont le
père veut substituer les biens, une portion suffisante pour lui fournir des alimens : *eique*, dit
la loi, *alimentorum nomine aliquid legasset.*

La seconde est de faire la substitution au profit des petits-fils : *debet pater providere nepo-
tibus.*

La troisième enfin est d'en exprimer les causes et les motifs : *additâ causâ , necessitateque
judicii.*

Pour faire une substitution valable, aux
termes de cette loi, les pères et mères doivent
donc premièrement réserver quelque chose à
leur fils; autrement ce serait une véritable exhérédation, dont la rigueur dépouillerait entièrement le fils déshérité de la portion qu'il doit
avoir dans la succession de ses père et mère ; ce
qui ne pourrait pas être admis sans une des causes pour lesquelles il est permis aux pères et
mères d'exhéréder leurs enfans.

Il faut encore que les pères et mères n'ayent
en vue que l'avantage de leurs petits-fils, et
fassent la substitution entièrement à leur profit:
sans cela cette disposition ne serait pas moins
odieuse que l'exhérédation, dont la peine s'éten-
drait jusques sur les petits-enfans.

Enfin, il faut qu'ils allèguent et expriment la
cause qui les a portés à faire une telle substitution.

Autrefois cette dernière condition devait être
observée aussi-bien que les deux autres; et l'on
déclarait nulles les substitutions faites sans cause,

sur le fondement de la loi. *Si furioso , ff. de
Curat. furioso* , en ces termes : *additâ causâ ,
necessitateque judicii*, qui l'avait ainsi ordonné,
sur le fondement que cette substitution est une
espèce d'exhérédation , dont par conséquent le
testateur est obligé d'exprimer la cause.

Mais aujourd'hui, suivant la dernière jurisprudence des arrêts , cette dernière condition
n'est point requise. Il y en a un dans le Journal
du Palais , rendu le premier avril 1686 , et un
plus récent rendu le 19 février 1704 , sur les
conclusions de M. l'avocat général Joly de Fleury , qui ont jugé les substitutions valables quoique le père n'en eût allégué aucune cause. Ces
arrêts ordonnent seulement la distraction de la
légitime.

Quid juris , si le père et la mère qui ont fait
une telle substitution, en ont énoncé les motifs ,
en marquant que c'est à cause de la dissipation
qu'ils ont reconnue dans la personne de celui
dont ils substituent la part et portion ?

Si les motifs sont vrais, et qu'il soit prouvé
que le grévé de substitution , par l'excès de ses
profusions et de ses dépenses frivoles , travail-
lait à sa ruine et à celle de sa famille , la substitution est valable ; mais si les motifs d'une telle
substitution sont faux , elle doit être déclarée
nulle , si celui à qui elle est faite en veut poursuivre la nullité. De pareilles allégations désho-
norent le grévé de substitution. Or il ne doit
pas être permis à un père de priver ses enfans
de la propriété d'un bien qui leur doit appartenir, et par le même acte d'imprimer sur eux
une note qui les déshonore, lorsqu'ils ne se sont
point attiré un tel affront par leur mauvaise conduite. C'est l'espèce des arrêts de Raissant et
de Millet , des 27 mars 1669 et 31 mai 1681 ,
qui ont déclaré nulles les substitutions faites
cum elogio , témérairement et sans juste cause.

Ces sortes de substitutions paraissent peu favorables , en ce qu'elles mettent les biens substitués hors le commerce ordinaire , et qu'elles
privent celui qui est grévé de substitution, de la
propriété d'un bien qui lui devait appartenir de

droit commun ; aussi lui donne-t-on le nom d'exhérédation. Mais quand la substitution est faite à un prodigue, c'est une exhérédation officieuse qui n'est que l'effet de la prudence et de la sagesse d'un père de famille, qui se trouve obligé de grever de substitution un fils dissipateur, pour garantir ses petits-fils et son fils même de la misère. Aussi le caractère de la substitution véritablement officieuse, est de conserver des alimens au fils prodigue, et la propriété des biens aux petits-fils.

Mais dans les cas où ces inconvéniens ne sont point à craindre, un père ou une mère peuvent toujours substituer l'excédent de la légitime; parce que les hommes ont une pleine et entière liberté de disposer de leurs biens, en laissant la légitime à leurs enfans, pourvu que leur disposition ne soit accompagnée d'aucune note qui flétrisse l'honneur et la réputation du grévé de substitution.

Dans les grandes maisons, dont les biens consistent en terres titrées, les substitutions sont devenues presque nécessaires, par les prodigieuses dépenses où sont entraînés les seigneurs qui ont à soutenir des noms illustres, et des emplois proportionnés à leur naissance.

Quoique les substitutions soient regardées en quelque manière comme des exhérédations, il paraît par ce que nous venons de dire, qu'elles ne se règlent pas absolument par les mêmes principes.

Premièrement, un père ne peut pas exhéréder son fils, et le retrancher de sa famille, que pour quelqu'une de ces causes graves que la loi a eu la sage précaution de définir. En effet, il ne convient pas qu'une affaire d'une si grande importance ne soit pas définie par la loi, et dépende du caprice et de la décision des hommes.

En second lieu, ce n'est pas assez que le motif de l'exhérédation soit juste, le père est obligé de l'exprimer ; parce que quand on ôte les biens à ses enfans par une exhérédation rigoureuse, on en doit marquer le motif ; parce que comme celui qui exhérède prononce l'exhérédation, laquelle est une véritable peine, il faut du moins en spécifier la cause, pour connaître si elle est juste et conforme aux lois, qui ne permettent d'exhéréder qu'en certains cas.

Enfin il faut, pour qu'une exhérédation soit valable, que la cause pour laquelle le testateur a déclaré l'avoir faite, soit par l'héritier prouvée être conforme à la vérité : car quoique la loi ait accordé aux pères et mères une espèce de magistrature, et quoique leurs jugemens qu'on présume dictés par l'amour qu'ils ont ordinairement pour leurs enfans, outre qu'ils sont obligés d'en expliquer les motifs, l'équité veut que leurs jugemens soient réprimés, si la justice et la raison n'en ont pas été les principes.

Il n'en est pas de même des substitutions ; elles sont permises en général, pourvu que la légitime soit conservée au grévé de substitution, et que le père en la prononçant ne paraisse pas avoir eu intention de faire injure à celui de ses enfans dont il a voulu que la part et portion fût substituée.

Dans les substitutions qui ne sont que des exhérédations officieuses, il n'est donc pas nécessaire d'avoir une cause légitime pour substituer, et encore moins de rendre compte au public du sujet qui nous a porté à le faire.

Cependant, quoique celui qui fait une telle substitution ne soit pas tenu d'en exprimer les motifs ; quand il le fait, il faut absolument que ces motifs se trouvent véritables ; autrement le fils serait en droit de revenir contre, et de faire casser la substitution comme calomnieuse et déraisonnable, suivant ce que nous avons dit ci-dessus.

Il résulte de tout ceci, qu'il ne faut pas confondre une disposition aussi favorable que l'est celle-ci, avec un acte aussi odieux que l'est une exhérédation, ni prétendre que la substitution soit assujettie à la sévérité des maximes rigoureuses qui se trouvent dans la Novelle 115 de Justinien, puisqu'elles ne regardent que la véritable et inofficieuse exhérédation, et non pas celle que l'on qualifie d'exhérédation officieuse, et qui n'est pas une véritable exhérédation : en effet, cette substitution n'est autre chose qu'un legs; c'est un legs de propriété en la personne des petits-fils ; c'est un legs d'usufruit en la personne du fils, et non pas une exhérédation.

Il ne faut pas non plus confondre la substitution dont nous parlons ici, et qui est observée en France, tant en pays de droit écrit qu'en pays coutumier, avec les trois espèces de substitutions qui avaient été introduites par les lois romaines, et qui ne sont en usage parmi nous que dans les pays de droit écrit; savoir : la vulgaire, la pupillaire, et celle qui est appelée substitution exemplaire, dont nous avons parlé ci-dessus.

Substitution ne se peut faire à des enfans, que de l'excédent de leur légitime.

Comme la portion légitimaire est sacrée, les pères et mères ne peuvent l'altérer, la diminuer, ni même la substituer; autrement leur disposition passerait plutôt pour une véritable exhérédation, que pour une substitution.

Il n'y a qu'un cas auquel ils peuvent substituer la légitime, qui est celui de la dissipation : mais pour qu'une telle substitution vaille à l'égard de la légitime, il faut, 1.º que le père fasse mention de la dissipation de son fils ; 2.º qu'il lui laisse l'usufruit de sa portion héréditaire en entier; 3.º qu'il en laisse la propriété aux enfans nés ou à naître de lui.

Ainsi lorsqu'un père prive par une telle substitution un de ses enfans de la propriété de sa légitime, il faut qu'il en explique disertement les causes, et qu'il déclare qu'il ne le fait *que par la crainte de la dissipation de son fils.* En ce cas-là, quoique les raisons que le père allègue contre son fils soient fâcheuses, elles ne sont point considérées comme un témoignage de sa haine, mais comme un effet de sa prévoyance et de sa sagesse.

Comme la nature et toutes les lois défèrent aux enfans cette portion légitimaire des biens de leurs pères et mères, il faut nécessairement qu'ils fassent connaître les motifs qu'ils ont de se dispenser de leur payer une dette si légitime.

Ainsi par arrêt rendu en la gran d'chambr le 23 avril 1708, il a été jugé qu'une mère ayant substitué le legs fait par elle à ses enfans, à leurs enfans à naître, sans avoir marqué de cause de sa disposition, les enfans devaient avoir la distraction de leur légitime, mais que le surplus demeurerait substitué.

Il en serait de même si le testateur s'était servi de termes généraux, comme de dire qu'il substitue le legs par lui fait aux enfans d'un tel son fils, pour de bonnes et justes considérations, parce que ce n'est pas là satisfaire à la loi qui veut une cause légitime : et pour savoir si elle est de cette nature, il la faut exprimer en termes formels. Ces considérations vagues et indéfinies ne désignent rien pour trop désigner. Quiconque peut se résoudre à déshériter ainsi son fils, en lui substituant jusqu'à sa légitime, en peut bien dire le sujet ; l'expression de la cause n'ajoute rien à l'injure qu'il lui fait. La plus grande qu'il lui puisse faire est cette exhérédation ; mais il faut qu'on en sache le motif, et il n'est pas permis de l'envelopper dans des éloges mystérieux et énigmatiques, qui font soupçonner ce qui n'est pas, et dont on ne se sert que quand on manque de véritables motifs pour faire une semblable disposition.

Lorsqu'une substitution de la totalité de la portion héréditaire d'un fils est accompagnée des trois conditions que nous avons rapportées ci-dessus, le fils ne peut pas revenir contre. *V.* le Journal des Audiences, *tom.* 1, *liv.* 2, *chap.* 146, *et liv.* 5, *chap.* 15 ; et Soefve, *tom.* 1, *cent.* 2, *chap.* 16.

Mais s'il y a des créanciers qui demandent la distraction de la légitime du fils, pour être payés dessus, il est naturel de la leur accorder, pourvu, 1.º que leur créance soit antérieure à la publication de la substitution ; 2.º que leur créance paraisse avoir été par eux contractée de bonne foi, et n'ayant aucune connaissance de sa dissipation.

Cependant, si le père avait institué son fils son héritier par contrat de mariage, il ne pourrait ensuite lui substituer son fils, par testament, même pour cause de dissipation ; parce qu'on ne peut imposer des charges qu'à sa libéralité, et qu'alors le père est dessaisi par l'institution contractuelle. Ç'a été le motif de l'arrêt intervenu au profit de M. le duc de Villars, le 3 août 1735, sur les conclusions de M. Chauvelin, avocat général.

Substitution réciproque.

C'est une espèce particulière de substitution, par laquelle plusieurs institués sont substitués les uns aux autres ; comme quand le testateur dit : *J'institue Titius, Mævius et Caïus mes héritiers et je les substitue les uns aux autres.*

V. ce qu'a dit Ferrière sur le §. 1 du *tit.* 15 du *second livre* des Institutes.

Substitution directe.

C'est celle par laquelle les biens de la succession se transfèrent directement de la personne du testateur en celle du substitué.

On peut substituer directement autant de personnes que l'on veut, comme il est expressément décidé au commencement du *tit.* 15 *du second livre* des Institutes.

Cela est observé en France dans le pays de droit écrit, où la substitution vulgaire a lieu : car ni l'ordonnance d'Orléans, ni celle de Moulins, qui réglent les degrés de substitution, n'ont lieu que pour les substitutions fidéicommissaires, et non pas pour les directes qu'on peut faire jusqu'à l'infini. La raison est, que comme la substitution directe s'éteint par l'adition de l'hérédité, il n'y a jamais qu'un degré de substitution qui puisse réussir ; les autres qui suivent sont éteints de plein droit à l'instant que la succession est appréhendée par celui qui était avant.

Substitution fidéicommissaire.

C'est celle par laquelle un homme charge son héritier testamentaire, ou *ab intestat*, de rendre toute sa succession, ou partie d'icelle à quelqu'un, après le décès de l'héritier.

Elle est appelée oblique, parce que les termes dans lesquels elle est conçue, ne tombent pas directement sur la personne au profit de laquelle elle est faite ; mais ce sont des prières et des recommandations qui sont adressées à celui qui est chargé de la restitution du fidéicommis. Par exemple : *J'institue Titius, et le prie de restituer ma succession à Sempronius.*

Ordinairement la prière de restituer ne se fait qu'après que le grévé de substitution aura joui des biens pendant sa vie ; car nous ne voyons presque plus de fidéicommis où l'héritier soit chargé de rendre immédiatement après avoir recueilli la succession, mais seulement après sa mort.

Cette substitution se fait donc à la charge de restitution de la succession au profit d'un autre, soit né, soit à naître. Et telles substitutions sont en usage par toute la France.

Les biens de la succession ne s'y transfèrent pas directement de la personne du défunt, mais indirectement et obliquement, en passant par les mains de celui qui est chargé de la restitution du fidéicommis ; ce qu'il faut néanmoins entendre, de manière que si l'institué se trouvait mort avant le décès du testateur, la substitution fidéicommissaire ne laisserait pas que de valider.

Dans cette substitution le substitué succède donc après celui qui est chargé de la restitution du fidéicommis : ce qui est le premier effet de cette substitution. L'autre effet est de conserver les biens, et d'empêcher que l'héritier les dissipe au préjudice de celui au profit de qui la substitution est faite, la volonté du testateur étant que le substitué en jouisse à son tour.

Ainsi une telle substitution emporte une prohibition absolue d'aliéner ni engager, tandis qu'il y a des degrès suivans des personnes substituées qui ont espérance d'être un jour appelées à cette substitution ; car quand l'ouverture s'en fait, les substitués prennent les biens sans aucune charge des dettes des précédens institués ou substitués, comme s'ils les prenaient de la main du défunt ; et ils sont en droit de revendiquer les biens substitués qui auraient été aliénés au préjudice de la substitution.

Celui qui est chargé d'une telle substitution, doit donc être considéré comme simple usufruitier, quoique néanmoins son droit soit plus grand, au cas que les personnes appelées après lui à la substitution viennent à décéder avant lui, ou ne naissent point ; car pour lors le possesseur qui est chargé de la substitution dont l'ouverture ne peut plus arriver, devient propriétaire incommutable des biens substitués, et il en peut librement disposer, tant entre-vifs que par dernière volonté ; et ne l'ayant pas fait, il les transmet à ses héritiers suivant l'ordre légitime des successions.

Bien plus, ceux qui étoient appelés à la substitution, s'ils décèdent avant l'ouverture de la substitution, quoiqu'ils laissent des enfans vivans lors de cette ouverture, ces enfans n'y seront pas appelés. La raison est, qu'ils n'y peuvent venir de leur chef, puisque les dons ne s'étendent jamais au-delà des personnes dénommées.

Ils n'y peuvent pas non plus venir par droit de représentation, d'autant qu'un bien qui ne nous est pas encore acquis n'est point transmissible à nos héritiers.

Une différence qu'il faut observer entre la substitution directe et la substitution précaire, est que la substitution directe saisit de plein droit, du moins en pays de droit écrit, celui au profit de qui elle est faite ; mais la substitution précaire ne saisit point, même en pays de droit écrit : ainsi c'est au substitué de se pourvoir par action simple, en ouverture de substitution, contre l'héritier grévé ou son héritier, le cas

d'icelle arrivant comme il a été jugé par arrêt rendu au parlement de Bordeaux, le 5 août 1695, rapporté par la Peyrère, *lettre* S, *nombre* 207.

Par autre arrêt rendu en l'audience de la grand'chambre du parlement de Paris, le 26 février 1715, il a été jugé, 1.º que la prière faite par un testateur au légataire de vouloir conserver son legs à une autre personne, forme un fidéicommis ; 2.º que le légataire décédé avant le testateur, quoique par ce moyen son legs fût devenu caduc, la charge du fidéicommis subsistait, et que l'héritier était tenu de l'acquitter, comme aurait été obligé de faire le légataire, s'il avait survécu au testateur.

Il nous reste à remarquer que plusieurs de nos coutumes rejettent les substitutions testamentaires de fidéicommis ; savoir : Normandie, Auvergne, la Marche, Bourbonnais, Nivernais, Montargis, Sedan. Ces coutumes ne sont pas raisonnables : puisqu'elles permettent les legs, elles doivent permettre les fidéicommis ; car l'on peut substituer dans les legs aussi bien que dans les hérédités, suivant le titre *de Singularibus rebus per fideicommissum relictis*, qui est le *vingt-quatrième titre* du *second livre* des Instituts de Justinien, et suivant la Loi unique, *Cod. de Caduc. col.* §. 7.

Pour justifier la disposition de ces coutumes, l'on ne peut pas dire qu'elles rejettent ces substitutions testamentaires pour éviter les procès qu'elles causent, puisque ces mêmes coutumes admettent les substitutions contractuelles, qui ne causent pas moins de procès que les testamentaires.

Substitution faite à un fils grévé de restituer le fidéicommis à un étranger.

Lorsque le grévé meurt avant l'ouverture du fidéicommis, les enfans de ce premier substitué sont préférés à cet étranger, quoiqu'il y fût nommément appelé par le testateur.

Voy. Transmission de substitution.

Substitution graduelle et perpétuelle.

C'est une espèce de substitution fidéicommissaire, par laquelle on fait des degrés de substitution jusqu'à l'infini; c'est pourquoi le premier appelé à la succession y ayant succédé, transmet, avenant l'ouverture de la substitution, les biens substitués au second, celui-ci au troisième, et ainsi successivement de degré en degré à l'infini.

Mais par l'ordonnance d'Orléans, *art.* 59, les substitutions graduelles, soit contractuelles, soit testamentaires, ont été réduites à deux degrés, l'institution non comprise; ce qui emporte prohibition d'en faire davantage.

Comme cette ordonnance ne parlait que pour l'avenir, et non pour les substitutions faites auparavant; par celle de Moulins, *article* 57, les substitutions faites auparavant l'ordonnance d'Orléans, furent réduites au quatrième degré, l'institution non comprise.

Quand il y a plusieurs degrés dans la substitution au-delà de ce que permet ladite ordonnance d'Orléans, la substitution ne se termine pas dans le deuxième degré, à moins que les deux degrés, l'institution non comprise, n'ayent été effectivement remplis, c'est-à-dire, la substitution exécutée dans les deux degrés.

La substitution au premier et au second degré ayant été exécutée, la substitution s'évanouit en la personne du possesseur qui se trouve au dernier degré limité par l'ordonnance; en sorte que ne restant plus grévé, il a les biens substitués libres, et en a la pleine et entière disposition.

Voy. le Prêtre, *cent.* 2, *chap.* 21; Ricard, des Substitutions, *traité* 3, *chap.* 9, *sect.* 6, *part.* 1, *nomb.* 822 et 853; les Observations sur Henrys, *tom.* 3, *liv.* 5, *quest.* 93; et le livre intitulé Questions de Droit, *au mot* Substitutions.

Substitution faite en faveur des mâles.

Une telle substitution exclut les femelles, quoique plus proches en degré que les mâles. *V.* Guy Pape, *quest.* 483.

Un testateur ayant plusieurs enfans mâles et une fille, institue les mâles héritiers universels, et la fille en certaine somme d'argent, et fait une substitution en ces termes : *Si quelqu'un d'eux vient à décéder sans enfans, que sa portion vienne au plus prochain de sa race.* Un des mâles étant décédé, les autres mâles doivent être appelés à la substitution à l'exclusion de sa fille. *V.* Maynard, *liv.* 8, *chap.* 2.

Sous le nom de mâles, le fils de la fille n'est pas compris, quand la substitution est faite aux mâles premièrement. Peleus, *quest.* 48; Ricard, des Substitutions, *troisième traité, chap.* 9, *sect.* 6, *nomb.* 771.

Substitution à la charge de porter le nom et les armes.

Cette substitution est souvent pratiquée par les gens de qualité; et elle a lieu à l'égard des filles, à condition que leurs maris porteront le nom et les armes du testateur.

Lorsqu'une terre noble est substituée au profit d'un parent et de ses hoirs mâles, portant le nom et les armes de la maison, cette terre appartient pour le tout au fils aîné du parent substitué.

Une substitution où il est parlé de porter le nom et les armes de la famille, est réputée masculine, et donne l'exclusion à une fille descendant directement de l'institué : ce qui n'aurait pas lieu dans les substitutions où il ne serait point parlé de porter le nom et les armes; comme il a été jugé par un arrêt rendu en la grand'chambre, le 23 juillet 1696, rapporté dans le Journal des Audiences.

Substitution faite en vue de l'agnation.

Une telle substitution est toujours censée faite en faveur des seuls mâles descendans par mâles; ce qui se présume quand l'institution ou la substitution a commencé par un mâle; auquel cas le terme d'enfans mâles ne comprend jamais les mâles issus d'une fille.

C'est l'espèce d'un arrêt rendu en la grande chambre, le 5 septembre 1749, sur les conclusions de M. d'Ormesson, alors avocat général, relativement au testament du sieur de la Planche-Mortière.

Mais quand l'institution ou la substitution a commencé par une fille, en ce cas le testateur n'est pas présumé avoir eu l'agnation en vue, puisqu'il a institué ou substitué une fille qui n'était point dans l'agnation ; et alors les mâles issus des filles sont appelés à la substitution.

C'est la doctrine de M. Charles Dumoulin, dans son Commentaire sur l'*art.* 25 de la Coutume de Paris, *glose* 1, *nomb.* 6 et 7, qui est adopté par tout ce qu'il y a de savans docteurs sur cette matière. *V.* un Mémoire de Terrasson, que Brillon rapporte *au mot* Substitution, *nombre* 97.

Substitution contractuelle.

C'est une espèce de substitution graduelle qui se fait par contrat de mariage ou autre disposition entre-vfsi. Elle a été reçue en France par un usage particulier, contre la disposition du droit romain.

Ainsi, parmi nous, un père peut instituer son fils son héritier par contrat de mariage, et le charger de restituer ses biens aux enfans qui naîtront de son mariage ; auquel cas le fils institué ne pourra pas aliéner les biens sujets à restitution, au préjudice des enfans substitués.

L'ordonnance d'Orléans, qui réduit les degrés des substitutions graduelles, ne concerne pas seulement les testamentaires, mais encore les contractuelles.

Substitution doit être publiée et enregistrée par l'héritier.

Ainsi le défaut de publication et d'enregistrement ne peut être opposé en aucun cas aux substitués par les héritiers testamentaires ou *ab intestat*; parce que cette nécessité de publication et d'enregistrement n'a été imposée qu'en faveur des créanciers et contractans, avec les institués et premiers substitués.

Voy. ci-dessus, Publication de Substitution. *Voy.* aussi Insinuation de Substitution, et le Recueil alphabétique de Bretonnier, *au mot* Substitution.

Substitution empêche l'aliénation des biens substitués.

Cette maxime est tirée de l'authentique *Res quæ, Cod. Commun. de legat.*

Par arrêt rendu au mois de février 1703, un contrat de vente d'une maison vendue franche et quitte de substitution, a été déclaré nul et résolu, avec restitution du prix, des intérêts et dépens, quoiqu'alors la substitution ne fût point encore ouverte, et que l'on prétendît qu'il était évident que la substitution et le codicille contenant la substitution, étaient nuls.

Quoique la clause que la maison substituée était franche et quitte de substitution, ne fût pas apposée dans le contrat de vente, le vendeur d'un bien substitué peut toujours être poursuivi par l'acquéreur, qui peut agir pour faire résilier son contrat avant l'éviction, et même avant le trouble.

Voy. Henrys, *tom.* 1, *liv.* 4, *ch.* 6, *quest.* 36; et le Journal des Audiences, *t.* 1, *l.* 7, *c.* 10.

Mais par rapport à celui au profit de qui une substitution conditionnelle est faite, l'aliénation des biens substitués demeure en suspens jusqu'à l'événement de la condition sous laquelle est faite la substitution. Maynard, *tom.* 1, *liv.* 5, *chap.* 54.

Il faut donc que la substitution soit ouverte, pour que celui au profit de qui elle est faite, puisse agir par revendication contre les acquéreurs et détenteurs des biens substitués ; ce qu'il peut faire sans être obligé d'agir préalablement contre les héritiers de celui qui était chargé de la substitution.

Le substitué, avenant le cas de la substitution, a une hypothèque tacite sur les biens de l'héritier grévé, pour raison des aliénations et dégradations par lui faites dans les biens substitués : et cette hypothèque est du jour de l'aliénation, et non pas du jour de la condamnation, comme si l'héritier a vendu des bois de haute futaie, avec les intérêts du jour de la demande. Ainsi jugé par arrêt du 29 mars 1675, rapporté dans le Journal du Palais.

L'authentique *Res quæ*, *Cod. Communia de legatis*, qui défend l'aliénation des choses sujettes à restitution, permet néanmoins de les aliéner, ou partie d'icelles, pour la dot et pour la donation à cause des noces : ce qui est observé parmi nous, tant en pays coutumier, qu'en pays de droit écrit. Sur quoi, *Voy.* ce que Ferrière père a dit sur la Nov. 39 de l'empereur Justinien.

Il y a encore d'autres cas dans lesquels les biens sujets à restitution peuvent être aliénés. 1.º Pour acquitter les dettes du testateur, *quià bona non estimantur, nisi deducto œre alieno;* mais il faut en ce cas que l'héritier ait accepté la succession par bénéfice d'inventaire, ou à titre de légataire universel : et alors le substitué ne peut revenir contre la vente, ni même recouvrer les biens en rendant le prix aux acquéreurs; Catelan, *liv.* 7, *chap.* 4. 2.º Pour payer la rançon de celui qui est chargé de la substitution.

V. la Rocheflavin, *liv.* 3, *lett.* S, *tit.* 9, *art.* 2.

Enfin, lorsque le substitué a consenti à l'aliénation des biens substitués, il ne pourra plus, après que la substitution sera ouverte, revenir contre la vente, parce qu'il est censé avoir tacitement renoncé à la substitution. La Rocheflavin, *liv.* 3, *lett.* S, *tit.* 9, *art.* 6 ; Cambolas, *liv.* 1, *chap.* 25. Mais s'il n'avait reçu, en qualité de procureur, que le prix de la vente des biens substitués, faite par l'héritier, cela ne pourrait pas lui nuire, lorsque dans la suite le cas du fidéicommis serait échu. Dolive, *liv.* 5, *chap.* 28.

Touchant l'aliénation des biens substitués, *Voy.* Brodeau sur Louet, *lett.* S, *somm.* 9, *nomb.* 4, *et suivans*; Montholon, *arrêts* 28 et 45; Bouvot, *tom.* 1, *partie* 3, *quest.* 3, *au mot* Substitution ; et la Peyrère, *au mot* Substitution.

Substitution ne peut être faite des biens donnés entre-vifs purement et simplement.

Cette règle est suivie au parlement de Paris, où le donateur ne peut après coup charger de substitution les biens par lui donnés purement et simplement à un de ses enfans.

Au parlement de Toulouse il le peut sous trois conditions. 1.º Que la substitution comprenne expressément les biens donnés. 2.º Au cas que le donataire décède sans enfans. 3.º Que la substitution soit faite en faveur des enfans ou petits-enfans du donateur.

Au parlement de Bordeaux, l'on ne peut substituer aux biens donnés par contrat de mariage, mais l'on peut substituer aux biens donnés par des actes particuliers.

Droit intermédiaire.

Loi du 25 août 1792.

« Un membre propose de décréter, 1.º la suppression des substitutions ; 2.º l'égalité des partages dans les successions.

» On observe que ce décret ne pourrait s'appliquer aux Colonies, qui ont l'initiative sur toutes les lois de leur régime intérieur.

» Un membre du comité de législation a demandé qu'on entendît préalablement ce comité sur cette question, sur laquelle il a déjà un travail et des projets préparés.

» Après plusieurs rédactions et définitions successivement présentées et écartées, l'on renvoie au comité de législation pour faire un rapport lundi matin, et cependant l'assemblée nationale décrète qu'à compter de ce jour, il n'est plus permis de substituer. »

Loi du 25 octobre et 14 novembre 1792.

» Toutes substitutions sont interdites et prohibées à l'avenir.

» 2. Les substitutions faites avant la publication du présent décret, par quelques actes que ce soit, qui ne seront pas ouvertes à l'époque de ladite publication, sont et demeurent abolies et sans effet.

» 3.

» 3. Les substitutions ouvertes lors de la publication du présent décret, n'auront d'effet qu'en faveur de ceux seulement qui auront alors recueilli les biens substitués, ou le droit de les réclamer. »

Droit nouveau.

Les substitutions sont prohibées. — Toute disposition par laquelle le donataire, l'héritier institué ou le légataire, sera chargé de conserver et de rendre à un tiers, sera nulle, même à l'égard du donataire, de l'héritier institué ou du légataire. *Art.* 896.

Sont exceptées de l'*art.* précédent les dispositions permises aux pères et mères et aux frères et sœurs au *chap.* 6 du présent *titre. Article* 897.

Voy. Grévé de Restitution.

La disposition par laquelle un tiers serait appelé à recueillir le don, l'hérédité ou le legs, dans le cas où le donataire, l'héritier institué ou le légataire ne recueillerait pas, ne sera pas regardée comme une substitution, et sera valable. *Art.* 898.

Il en sera de même de la disposition entrevifs ou testamentaire, par laquelle l'usufruit sera donné à l'un, et la nue propriété à l'autre. *Art.* 899.

SUCCÉDER A QUELQU'UN, signifie être en son lieu et place, soit à titre universel, ou à titre particulier : à titre universel, quand on succède à quelqu'un en qualité d'héritier : à titre particulier, quand on succède à quelqu'un dans une chose, à titre de vente, de donation, de legs et autres semblables.

SUCCÉDER A QUELQU'UN A TITRE D'HÉRITIER, signifie donc lui succéder à titre universel : titre en vertu duquel l'héritier représente la personne du défunt, et par conséquent succède dans tous ses droits, noms et actions, et pareillement dans toutes ses dettes. *Siquidem par debet esse ratio commodi et incommodi.*

C'est une maxime certaine, que pour pouvoir

succéder à une personne à titre d'héritier, il faut qu'elle soit capable de nous succéder aussi à titre d'héritier. *Si vis mihi succedere, fac ut tibi succedere valeam.* Maxime que j'ai expliquée *au mot* héritier.

Pour pouvoir succéder à quelqu'un à titre d'héritier, il faut être né ou conçu au temps que sa succession est échue. *Voy.* Charondas, *liv.* 5, *rép.* 63 ; Louet, *lettre* R, *somm.* 38 ; et Henrys, *tom.* 2, *liv.* 6, *quest.* 25.

On succède à titre d'héritier à quelqu'un, ou par souches ou par têtes.

A l'égard de la succession par souche *Voy.* le mot Souche.

SUCCÉDER PAR TÊTES, c'est quand ceux qui succèdent à un défunt, succèdent entr'eux également sans représentation. *Qando succeditur in capita, habetur ratio numeri personarum succedentium, et tot fiunt partes hæreditatis, quot sunt personæ succedentes ; quià singuli hæredes suo non alieno jure succedunt.*

Cette manière de succéder a donc toujours lieu, lorsque tous les héritiers du défunt viennent à sa succession de leur chef ; auquel cas, les parts et portion de la successions se règlent par rapport au nombre des héritiers ; de sorte qu'on en fait autant de portions qu'il y a de personnes qui succèdent, soit en ligne directe, soit en ligne collatérale.

En ligne directe, lorsqu'un père décède laissant trois enfans, sa succession se divise en trois portions égales dont chacune appartient à chacun d'eux parce qu'ils succèdent tous à leur père de leur chef.

En ligne collatérale, par exemple, quand il n'y a que les enfans des frères qui sont neveux du défunt auquel ils succèdent, en cas qu'ils succèdent tous également par têtes, c'est-à-dire, que s'il y a un fils d'un frère décédé, et quatre d'un autre frère décédé, la succession se partagera en cinq portions égales entre ces cinq neveux du défunt. *Voy.* Ferrière dans sa Traduction des Institutes, sur le *premier titre* du

45

troisième livre, et ci-après, *le mot* Succession.

SUCCESSION , est la subrogation qui se fait de tous les droits et charges d'un défunt en la personne de son héritier.

Droit ancien.

Il y en a de deux sortes; savoir : celle qui se défère par testament, qui est appelée succession testamentaire, et celle qui est déférée par la loi, qui est appelée succession légitime ou succession *ab intestat*.

Succession testamentaire.

C'est celle qui est déféré par testament à l'héritier institué. Elle a lieu en pays de droit écrit, et non pas dans la France coutumière , où l'institution d'héritier n'a pas lieu ; car nos coutumes ne reconnaissent point d'autres héritiers que ceux du sang, suivant cette règle : *Le mort saisit le vif , son hoir plus proche et habile à lui succéder.*

Les Romains, au contraire, n'admettaient les héritiers légitimes , qu'au défaut des héritiers testamentaires , par l'attachement particulier qu'ils avaient pour les testamens ; ce qui est encore aujourd'hui en usage parmi nous dans le pays de droit écrit ; en sorte que cette règle du droit romain y a lieu : *In ultimis voluntatibus dispositio hominis tollit dispositionem legis , lege permittente. V.* Institution d'héritier.

Suivant les lois romaines , une succession testamentaire est ordinairement divisée en douze parties qu'on appelle onces, lesquelles ont chacune leur nom. *Uncia*, est un douzième , c'est-à-dire , une once de douze. *Sextans* , est un sixième , qui fait deux onces de douze. *Quadrans* , est le quart de la succession , et par conséquent trois onces de douze. *Triens* , est le tiers , qui signifie quatre onces de douze. *Quincunx* , c'est-à-dire , cinq onces. *Semis* , seu *semi-as* , six onces ou la moitié de douze. *Septunx*, sept onces. *Bes* , *quasi bis triens* , deux tiers , et par conséquent huit onces. *Dodrans* ,

quasi dempto quadrante as , neuf onces qui font les trois quarts de la sucession. *Dextrans : quasi dempto sextante as* , c'est-à-dire , dix onces de douze. *Deunx* , *quasi demptâ unciâ as* , est par conséquent onze onces de douze. *As* , signifie toute la succession : car ce mot latin signifie dans la division d'une chose , sa totalité , ou le tout qui pouvait être divisé en douze onces lesquelles faisaient une livre romaine.

Cette division d'une succession testamentaire est d'usage en France , dans le pays où l'institution d'héritier est reçue , en ce que les testateurs qui instituent plusieurs héritiers, ont coutume d'assigner à chacun d'eux une certaine portion de leur succession.

Voy. ce qu'a dit Ferrière dans sa Traduction des Institutes, sur le §. 5 *du titre 14 du second livre.*

Succession légitime.

C'est celle qui est déférée par la seule disposition de la loi aux héritiers du sang. Elle n'a lieu en pays de droit écrit conformément au droit romain , que quand celui duquel il s'agit , est décédé sans avoir fait de testament ; ou s'il en a fait, il faut que son testament soit nul , ou ait été infirmé , ou que personne ne se soit porté héritier en conséquence.

Mais en pays coutumier , on n'y reconnaît que l'héritier du sang ; et l'institution d'héritier n'y a pas lieu de la même manière qu'elle était admise chez les Romains ; car elle ne vaut pas en pays coutumier comme institution d'héritier, et ne peut valoir que comme legs universel qui est sujet à délivrance ; outre qu'en pays coutumier , l'héritier institué n'est tenu des dettes que comme légataire, jusqu'à concurrence de ce qu'il amende des biens du défunt, au lieu qu'en pays de droit écrit, l'héritier pur et simple est tenu de toutes les dettes du défunt comme le représentant.

Il y a trois sortes de personnes qui sont admises à la succession d'un défunt tant par le droit romain , que par notre droit coutumier ; savoir : les descendans et les collatéraux , dont nous allons parler ici. Sur quoi on peut voir aussi le Traité par Ferrière, qui se trouve dans la Traduction des Institutes, au commencement du *troisième livre* ; et le Recueil alphabétique de Bretonier , *au mot* Succession.

Inter commorientes , la personne qui est la plus jeune est censée morte la dernière. C'est ce qui a été jugé par arrêt rendu le 7 septembre 1752, sur les conclusions de M. Joly de Fleury , avocat général, au sujet de la succession des sieur et demoiselle Étienne, père et fille , noyés en même temps en passant la rivière de Seine à Argenteuil.

Succession légitime selon le droit romain.

C'est celle qui se défère parmi nous en pays de droit écrit , suivant la Nov. 118 de Justinien , qui a introduit trois ordres d'héritiers légitimes.

Le premier est celui des descendans nés en légitime mariage , ou légitimés par mariage subséquent. En quelque degré qu'ils soient , ils succèdent à leurs père et mère et autres ascendans , sans aucune distinction des mâles ni des filles, des aînés ni des puînés. Tous les descendans succèdent à leurs pères et mères par souches et non par têtes, quand ils sont en degré inégal ; de manière que jamais les plus proches en degré n'excluent ceux qui sont les plus éloignés ; parce qu'en ligne directe descendante, la représentation a lieu à l'infini, comme nous avons dit *au mot* Représentation.

Le deuxième est celui des ascendans, qui sont les pères et mères, aïeuls et aïeules, et autres , qui ne sont appelés à la succession que par proximité des degrés de cognation; en sorte qu'au défaut des descendans du défunt , ils lui succèdent à l'exclusion des collatéraux. Il faut excepter les frères et sœurs du défunt, qui sont admis à sa succession conjointement avec ses père et mère, pourvu qu'ils soient joints par le double lien de parenté. A l'égard de la

représentation , elle n'a jamais lieu entre les ascendans , comme nous avons dit *au mot* Succéder par souches.

Le troisième est celui des collatéraux, lesquels , au défaut des descendans et d'ascendans du défunt , lui succèdent par droit de proximité , sans aucune différence de sexe, et sans aucun droit d'aînesse. Ainsi le plus proche parent du défunt lui doit succéder ; et s'ils sont plusieurs en même degré, ils partagent tous également.

Le plus proche parent en collatérale exclut donc le plus éloigné ; et entre collatéraux, la succession se partage par têtes, et non par souches. Mais cette règle, qu'en succession collatérale le plus proche succède au défunt, et exclut les plus éloignés en degré , cesse , quand un frère ou une sœur concourent avec des neveux ou nièces d'un autre frère ou sœur prédécédés ; car alors les enfans des frères ou sœurs viennent conjointement avec leur oncle ou leur tante à la succession de leur oncle défunt, ou de leur tante décédée. Et c'est l'unique cas où le droit romain ait introduit la représentation en ligne collatérale. Novelle 118.

Il y a aussi un cas où plusieurs collatéraux , quoiqu'en même degré, ne sont pas tous admis à la succession de leur parent; savoir , quand il se trouve des frères ou des sœurs du défunt qui lui sont joints par le double lien , et qu'il y en a d'autres qui ne lui sont joints que du côté paternel ou maternel ; car alors les frères ou sœurs joints par le double lien sont préférés aux autres. *V.* Double lien.

Succession légitime selon le droit coutumier.

Par le droit commun de nos coutumes , il y a trois sortes de successions légitimes ; savoir : la succession en ligne directe descendante, la succession en ligne directe ascendante, et la succession en ligne collatérale.

La succession en ligne directe descendante se défère dans nos coutumes aux enfans et autres descendans par égales portions , à l'exception du droit d'aînesse pour les fiefs ; et la représentation a lieu à l'infini dans cette succession ; en sorte que les descendans succèdent à leurs ascendans par souches, et non par têtes.

Ainsi nos coutumes sont pour la plupart conformes au droit romain, pour ce qui est de la représentation en ligne directe descendante. Mais elles n'y sont pas conformes en tout ; car la plupart donnent de grands avantages à l'aîné, et plusieurs excluent les filles de la succession en ligne directe descendante, à qui elles ne donnent qu'un mariage avenant, qui est réglé par les parens communs.

La succession en ligne directe ascendante se défère aux père et mère, aïeul et aïeule, et autres ascendans du défunt.

En pays coutumier, les ascendans excluent tous les collatéraux de la succession de leurs enfans, sans excepter les frères et sœurs du défunt, pour les meubles, acquêts et conquêts immeubles, parce que ces biens n'étant point affectés à la ligne paternelle ou maternelle, ils appartiennent au plus proche héritier. Or il est sans difficulté que les père et mère du défunt lui sont plus proches que ses frères et sœurs.

Mais on demande, si le défunt n'a laissé que des aïeuls, aïeules, et des frères et sœurs, qui, en ce cas, doit être admis à la succession de ses meubles, acquêts et conquêts immeubles ? Il n'y a pas de difficulté, quand cette question se présente dans une coutume qui défère nommément la succession aux père, mère, aïeul et aïeule du défunt, comme celle de Paris en l'*art*. 310 ; car alors l'aïeul et l'aïeule y sont admis à l'exclusion des frères et sœurs du défunt, par la disposition de la coutume.

A l'égard des coutumes qui n'appellent à la succession que les père et mère du défunt, sans faire à leur défaut mention des aïeuls et aïeules, on a autrefois douté si les aïeuls et aïeules excluoient les frères et sœurs du défunt.

Le Brun, en son Traité des Successions, *liv*. 1, *chap*. 5, *sect*. 1, *nomb*. 20, incline pour ce parti ; attendu, 1.º que la succession des as-

cendans est plus favorable que celle des collatéraux ; 2.º que l'aïeul a besoin en ce cas d'une double consolation pour la perte de son fils et de son petit-fils. Enfin les frères du petit-fils n'ont pas sujet de se plaindre d'une jouissance momentanée d'un aïeul dont ils doivent être dans peu les héritiers.

On peut ajouter à toutes ces raisons de le Brun, ce que le commentateur de la coutume de la Rochelle dit sur le *titre* 18, *section* 3, que par la conférence et raison naturelle des autres coutumes, l'aïeul, aïeule et autres ascendans sont implicitement compris sous le nom de père et mère. *Leg*. 201, *ff*. *de Verb*. *signif*.

Voici une autre raison qui paraît décisive ; c'est que, comme la plupart des coutumes admettent les aïeuls et aïeules au défaut des pères et mères et autres ascendans, *salvâ prerogativâ gradûs*, à l'exclusion des frères et sœurs du défunt, il est juste d'étendre cette disposition de la coutume de Paris à celles qui n'ont pas de disposition contraire, attendu que cela doit passer pour un droit commun.

Voy. ce qu'a dit Ferrière sur l'*art*. 310 de la coutume de Paris.

Pour ce qui est des propres, les père et mère ou autres ascendans du défunt ne succèdent point à leurs enfans, à moins qu'il ne s'agit d'immeubles qui leur eussent été donnés par leurs père et mère en avancement d'hoirie.

La succession en ligne collatérale est celle qui, au défaut de descendans et d'ascendans du défunt, est déférée au plus proche de ses collatéraux ; en sorte que le plus proche en degré exclut le plus éloigné.

Il n'y a point dans cette succession lieu à la représentation, sinon en un cas ; savoir, quand les enfans des frères ou des sœurs viennent avec leur oncle ou leur tante à la succession de leur oncle ou de leur tante.

Telle est la disposition de la coutume de Paris et de beaucoup d'autres. Mais il y en a plusieurs qui rejettent entièrement la représentation en ligne collatérale, comme Boulonnais, *art.* 330 ; d'autres l'admettent à l'infini, tant que l'on peut prouver le lignager, comme Anjou, *art.* 225 ; et d'autres enfin ne l'admettent que pour les immeubles, et la rejettent à l'égard des meubles qu'elles donnent toujours au plus proche, comme Nivernais, *chap.* 34, *tit.* 13.

Touchant les successions collatérales, il nous reste à remarquer, 1.º que les femelles ne succèdent point aux fiefs en pareil degré.

2.º Que dans les meubles et acquêts, les frères et sœurs succèdent à leurs frères et sœurs conjointement et également, tant ceux qui ne sont que du côté paternel ou maternel, que ceux qui sont joints des deux côtés, à l'exception de quelques coutumes où le droit de double lien est expressément reçu. Nous avons cependant quelques coutumes, comme celle de Nivernais, *chap.* 34, *art.* 14, qui préfèrent les frères à la sœur, les neveux issus d'un frère aux neveux issus d'une sœur ; et quand les enfans d'un frère succèdent avec leur tante, ces coutumes donnent les meubles à la tante, et les immeubles aux enfans des frères. D'autres préfèrent toujours les mâles aux filles en pareil degré, à l'égard des immeubles, en ligne collatérale, comme la coutume de Lille, *tit.* 2, *art.* 26, 27, 31 et 33. Enfin il y a des coutumes dans lesquelles les meubles et acquêts du défunt se divisent en deux parties égales, dont l'une est donnée à la ligne paternelle, et l'autre à la ligne maternelle.

3.º Que suivant la règle *Paterna paternis*, *materna maternis*, les propres appartiennent à ceux qui sont parens du défunt, du côté duquel ces héritages lui sont parvenus, quoiqu'il y ait d'autres parens qui soient plus proches au défunt d'un autre côté que celui d'où proviennent lesdits propres. Mais pour ce qui est des meubles ou acquêts immeubles, les collatéraux y succèdent selon la prérogative des degrés de parenté, c'est-à-dire, que le plus proche de l'une ou de l'autre ligne succède au défunt, à

l'exclusion de tous autres collatéraux qui sont dans un degré plus éloigné. Il faut excepter le cas où la représentation a lieu par la disposition de la coutume.

4.º Qu'il n'y a jamais de rapport à faire en collatérale, soit pour les acquêts, soit pour les propres, ou pour les fiefs, à moins que la coutume ne l'ordonne expressément, comme font les coutumes d'égalité. *Voy.* Coutume d'égalité.

Comme la succession des immeubles se règle par les coutumes des lieux où ces immeubles sont situés, il arrive que pour en faire les partages, on est obligé de faire autant d'opérations qu'il y a de diversité de coutumes, dans lesquelles ces immeubles sont situés. *Voy.* Statut.

Succession des propres.

C'est une succession inconnue dans tous les pays de droit écrit, introduite par nos coutumes, qui pour conserver dans les familles les immeubles qui nous viennent de nos pères et mères, appellent à la succession de ces biens les parens de la ligne d'où ils sont venus au défunt, en quelque degré qu'ils soient ; de sorte qu'ils sont préférés à ceux de l'autre ligne, quoiqu'ils soient les plus proches parens du défunt. Il y a plus, c'est que pour conserver les propres dans les familles, nos coutumes ne permettent d'en disposer que du quint par testament, ou autre disposition de dernière volonté, comme nous avons dit ci-dessus, *au mot* Quatrequints.

Au sujet de la succession des propres, nos coutumes ont des dispositions bien différentes : on les peut réduire à trois principales ; savoir : les coutumes souchères, les coutumes d'estoc et ligne, et les coutumes où il suffit d'être parent paternel ou maternel pour succéder aux propres.

Voy. ce que j'ai dit ci-dessus, *au mot* Propres, *au mot* Coutumes, et sous *les mots Paterna paternis. Voy.* aussi ce que Ferrière a dit sur l'*art.* 326 de la Coutume de Paris, et le Traité des Propres de de Renusson.

Au reste, les mêmes choses s'observent entre les héritiers de la ligne en la succession des propres, comme en la succession des meubles et acquêts ; de sorte que dans les cas où la représentation a lieu dans la succession des acquêts, elle a pareillement lieu dans la succession des propres.

Succession d'un mineur qui laisse un héritier des propres et un héritier des meubles et acquêts.

Elle se partage comme celle du majeur, quand il n'y a pas quelque particularité qui forme une exception à la règle générale, suivant laquelle les successions se partagent en l'état qu'elles se trouvent au temps du décès du défunt.

Par exemple, si en pays coutumier, avant le décès d'un mineur, le débiteur d'une rente constituée en avait fait le rachat, les deniers provenans de ce remboursement n'appartiendraient pas à l'héritier des meubles, si la rente était propre, mais aux parens du côté et ligne dont la rente est procédée ; par la raison que, suivant l'*article* 94 de la coutume de Paris, les deniers provenans du rachat des rentes appartenantes à des mineurs, sont censés de même nature et qualité d'immeubles que l'étaient lesdites rentes, pour retourner aux parens du côté et ligne d'où ils sont échus au défunt.

Il en serait de même si le remploi des deniers remboursés avait été fait en autres rentes ou héritages.

Mais pour que cela soit, il est nécessaire que le mineur créancier de la rente ait été domicilié dans une coutume où les rentes sont réputées immeubles, parce que c'est le domicile du créancier qui décide de leur qualité.

Par une suite nécessaire de ce que nous venons de dire, lorsque le tuteur emploie les deniers provenans du rachat des rentes de son mineur au paiement des dettes de ce mineur dé-

cédé en minorité, les héritiers du côté et ligne de la rente, qui auraient succédé auxdits deniers non employés, peuvent demander le remploi sur les meubles et acquêts ; et s'ils ne suffisent pas, le surplus doit être supporté par tous les héritiers, à proportion de ce qu'ils amendent des biens de la succession, la part confuse des héritiers qui demandent le remploi. La raison est, que si la rente n'avait pas été rachetée, et les deniers non employés au paiement des dettes, elles auraient été acquittées par tous les héritiers, qui y auraient contribué à proportion de ce qu'ils auraient amendé des biens du mineur.

C'est la décision formelle d'un arrêt rendu en la troisième chambre des enquêtes le 13 février 1737, entre les héritiers des propres et les héritiers des meubles et acquêts de la demoiselle de Turmenies.

Voy. ce qu'a dit Ferrière sur l'*art.* 94 de la Coutume de Paris.

Droit intermédiaire.

Loi du 15 mars 1790. — 28 du même mois.

TITRE PREMIER.

« *Art.* 9. Tous les priviléges, toute féodalité et nobilité de biens étant détruits, les droits d'aînesse et de masculinité à l'égard des fiefs, domaines et aleux nobles, et les partages inégaux, à raison de la qualité des personnes, sont abolis. En conséquence, toutes les successions, tant directes que collatérales, tant mobiliaires qu'immobiliaires, qui échéront à compter du jour de la publication du présent décret, seront, sans égard à l'ancienne qualité notable des biens et des personnes, partagées entre les héritiers, suivant les lois, statuts et coutumes qui règlent les partages entre tous les citoyens ; toutes lois et coutumes à ce contraires, sont abrogées et détruites.

» Sont exceptés des présentes dispositions, ceux qui sont actuellement mariés ou veufs avec enfans, lesquels dans les partages à faire entre eux et leurs co-héritiers de toutes les successions mobiliaires et. immobiliaires, directes et collatérales qui pourront leur échoir, jouiront de tous les avantages que leur attribuent les anciennes lois. *Voy*. ci-après la loi du 4 janvier 1793.

» Les puînés et les filles, dans les coutumes où ils ont eu jusqu'à présent sur les biens tenus en fiefs plus d'avantages que sur les biens non féodaux, continueront de prendre dans les ci-devant fiefs les parts à eux assignées par lesdites coutumes, jusqu'à ce qu'il ait été déterminé un mode définitif et uniforme de succession.

TITRE II.

« *Art.* 1er. — La main-morte personnelle, réelle ou mixte, la servitude d'origine, la servitude personnelle du possesseur des héritages tenus en main-morte réelle, celle de corps et de poursuite, les droits de taille personnelle, de corvée personnelle, d'échûte, de videmain, le droit prohibitif des aliénations et dispositions à titre de vente, de donation entre-vifs ou testamentaire, et tous les autres effets de la main-morte réelle, personnelle ou mixte, qui s'étendaient sur les personnes ou les biens, sont abolis sans indemnité. »

Décret relatif aux partages des Successions ab intestat.

Du 8 avril 1791.—14 du même mois.

« *Art.* 1er. Toute inégalité ci-devant résultant entre héritiers *ab intestat*, des qualités d'aînés ou puînés, de la distinction des sexes ou des exclusions coutumières, soit en ligne directe, soit en ligne collatérale, est abolie; tous héritiers en égal degré succéderont par portion égale aux biens qui leur sont déférés par la loi : le partage se fera de même par portions égales dans chaque souche, dans le cas où la représentation est admise.

En conséquence, les dispositions des coutumes ou statuts qui excluaient les filles ou leurs descendans, du droit de succéder avec les mâles ou les descendans des mâles sont abrogées.

» Sont pareillement abrogées les dispositions des coutumes qui, dans le partage des biens, tant meubles qu'immeubles, d'un même père ou d'une même mère, d'un même aïeul ou d'une même aïeule, établissent des différences entre les enfans nés de divers mariages.

» 2. La représentation aura lieu à l'infini en ligne directe descendante, dans toutes les coutumes; savoir : dans celles qui la rejettent indéfiniment, à compter du jour de la publication du présent décret; et dans celles qui la rejettent seulement pour les personnes et les biens ci-devant nobles, à compter du jour de la publication du décret du 15 mars 1790.

» 3. Les étrangers, quoiqu'établis hors de *France*, sont capables de recueillir en France les successions de leurs parens, même Français; ils pourront de même recevoir et disposer par tous les moyens qui seront autorisés par la loi.

» 4. Les dispositions des *articles* 1.er et 3 ci-dessus auront leur effet dans toutes les successions qui s'ouvriront après la publication du présent décret, sans préjudice des institutions contractuelles ou autres clauses qui ont été légitimement stipulées, soit par contrat de mariage, soit par articles de mariage dans les pays où ils avaient force de contrats, lesquelles seront exécutées conformément aux anciennes lois.

» 5. Seront pareillement exécutées dans les successions directes et collatérales, mobiliaires et immobiliaires, les exceptions contenues dans la *seconde partie* de l'*art.* 11 du *titre premier* du décret du 15 mars 1790, en faveur des personnes mariées ou veuves avec enfans; et ces exceptions auront lieu pour toutes les espèces de biens.

» 6. Lesdites exceptions ne pourront être réclamées que par les personnes qui, à l'ouverture des successions, se trouveront encore engagées dans des mariages contractés avant la publication du décret du 15 mars 1790, s'il s'agit de biens ci-devant féodaux ou autres sujets au partage noble ; et avant la publication du présent décret, s'il s'agit d'autres biens, ou auxquelles il restera des enfans ou petits-enfans issus de mariages antérieurs à ces époques respectives.

» 7. Lorsque ces personnes auront pris les parts à elles réservées par lesdites exceptions, leurs co-héritiers partageront entr'eux le restant des biens en conformité du présent décret.

» 8. Le mariage d'un puîné, ni sa viduité avec enfans, ne pourront servir de titre à son co-héritier aîné, non marié ni veuf avec enfans, pour jouir du bénéfice desdites exceptions.

» 9. Nul puîné devenu aîné depuis son mariage, contracté même avant la publication, soit du présent décret, soit de celui du 15 mars 1790, ne pourra réclamer, en vertu desdites exceptions, les avantages dont l'expectative était, au moment où il s'est marié, déférée par la loi à son co-héritier présomptif aîné. »

Du 4 janvier 1793.

« La convention nationale, après avoir entendu le rapport de son comité de législation sur l'abolition du droit d'aînesse réservé par les précédens décrets dans les successions *ab intestat*, en faveur des personnes mariées, ou veufs ayant enfant, décrète que les exceptions portées dans la *seconde partie* de l'art. 11 du décret du 15 mars 1790 et aux *articles* 5, 6, 7, 8 et 9 de la loi du 8 avril 1791, en faveur des personnes mariées, ou veufs ayant enfant sont abrogées. Le surplus desdites lois sera exécuté selon sa forme et teneur. »

Décret relatif au partage de successions entre les enfans issus de deux mariages, dans les coutumes de dévolution.

Loi du 18 vendémiaire an 11.

« La convention nationale, après avoir entendu le rapport de son comité de législation sur une pétition du commissaire national près le tribunal du district de Wissembourg, tendant à faire décider si, dans les coutumes de dévolution, et notamment dans les lieux régis par le statut de mandat, les enfans issus d'un second mariage doivent, en exécution de la *troisième partie de l'art. premier* de la loi du 8 avril 1791, relative aux successions *ab intestat*, partager également avec les enfans issus du premier mariage, les biens meubles et immeubles de leur père ou mère, ou autre ascendant commun ;

» Considérant que la *troisième partie* de *l'article premier* de la loi du 8 avril 1791, a été spécialement faite pour abolir les coutumes de dévolution, et sur ce que les effets de cette loi doivent avoir lieu sur les biens meubles et immeubles, qui à l'époque de sa publication étaient frappés de dévolution dans la main de l'époux survivant avec enfans, passe à l'ordre du jour. »

Loi du 5 brumaire, an 2 de la république.

« *Art.* 1er. — Est réputée non écrite toute clause impérative ou prohibitive, insérée dans les actes passés, même avant le décret du 5 septembre 1791, lorsqu'elle est contraire aux lois et aux mœurs, lorsqu'elle porte atteinte à la liberté religieuse du donataire, de l'héritier ou du légataire, lorsqu'elle gêne la liberté qu'il a, soit de se marier ou remarier, même avec des personnes désignées, soit d'embrasser tel état, emploi ou profession, ou lorsqu'elle tend à le détourner de remplir les devoirs imposés, et d'exercer les fonctions déférées par les lois aux citoyens.

» 2.

» 2. Les avantages stipulés entre les époux encore existant, soit par leur contrat de mariage, soit par des actes postérieurs, ou qui se trouveraient établis dans certains lieux par les coutumes, statuts ou usages, auront leur plein et entier effet ; néanmoins, s'il y a des enfans de leur union, ces avantages, au cas qu'ils consistent en simple jouissance, ne pourront s'élever au-delà de la moitié du revenu des biens délaissés par l'époux décédé; et s'ils consistent en des dispositions de propriété, soit mobiliaire, soit immobiliaire, ils seront restraints à l'usufruit des choses qui en sont l'objet, sans qu'ils puissent jamais excéder la moitié du revenu de la totalité des biens.

» 3. La même disposition aura lieu à l'égard des institutions, dons ou legs faits dans des actes de dernière volonté, par un mari à sa femme, ou par une femme à son mari, dont les successions sont ouvertes depuis la promulgation de la loi du 7 mars dernier.

» 4. Les ci-devant religieux et religieuses sont appelés à recueillir les successions qui leur sont échues, à compter du 14 juillet 1789.

» 5. Les pensions attribuées par les décrets des représentans du peuple aux ci-devant religieux et religieuses, diminueront en proportion des revenus qui leur sont échus, ou qui leur écherront par succession.

» Les revenus sont évalués pour cet effet au denier vingt des capitaux.

» 6. Les ci-devant religieux et religieuses qui ont émis leurs vœux avant l'âge requis par les lois, sont réintégrés dans tous leurs droits, tant pour le passé que pour l'avenir. Ils peuvent les exercer comme s'ils n'avaient jamais été engagés dans les liens du régime monastique.

» Les actes de dernière volonté qu'ils auraient pu faire avant leur profession, sont anéantis.

» 7. Lorsque les ci-devant religieux et religieuses viendront à succéder en vertu des art. 5 et 6 ci-dessus, concurremment avec d'autres

Tome III.

co-héritiers, les dots qui leur auront été fournies lors de leur profession, par ceux à qui ils succéderont, seront imputées sur leur portion héréditaire. Les rentes ou pensions qui auront été constituées aux ci-devant religieux et religieuses par ceux à qui ils succèdent, demeureront éteintes.

» 8. Les enfans et descendans ne pourront prendre part aux successions de leurs père, mère ou autres ascendans, sans rapporter les donations qui leur ont été faites par ceux-ci, antérieurement au 14 juillet 1789, sans préjudice néanmoins de l'exécution des coutumes qui assujettistent les donations à rapport, même dans le cas où les donataires renoncent à la succession du donateur.

» 9. Les successions des pères, mères ou autres ascendans, et des parens collatéraux, ouvertes depuis le 14 juillet 1789, et qui s'ouvriront à l'avenir, seront partagées également entre les enfans, descendans ou héritiers en ligne collatérale, nonobstant toutes les lois, coutumes, usages, donations, testamens et partages déjà faits. En conséquence, les enfans, descendans et héritiers en ligne collatérale, ne pourront, même en renonçant à ces successions, se dispenser de rapporter ce qu'ils auront eu à titre gratuit, par l'effet des donations que leur auront faites leurs ascendans ou leurs parens collatéraux, postérieurement au 14 juillet 1789.

» 10. Les donations et dispositions faites par contrat de mariage en ligne collatérale, sont seules exceptées de l'article précédent.

» 11. Les dispositions de l'*art.* 9 ci-dessus, ne sont point obstacle pour l'avenir à la faculté de disposer du dixième de son bien, si on a des héritiers en ligne directe, ou du sixième, si l'on n'a que des héritiers collatéraux, au profit d'autres que les personnes appelées par la loi au partage des successions.

» 12. Toutes dispositions entre-vifs ou à cause de mort, faites par des pères ou mères encore vivans, au préjudice de leurs enfans, et en faveur de leurs collatéraux ou d'étrangers, sont nulles et de nul effet.

» 13. Sont pareillement nulles et de nul effet toutes dispositions entre-vifs ou à cause de mort, faites par des parens collatéraux au préjudice de leurs héritiers présomptifs en faveur d'autres collatéraux ou d'étrangers, depuis le 14 juillet 1789.

» 14. Le mariage d'un des héritiers présomptifs, soit en ligne directe, soit en ligne collatérale, ni les dispositions contractuelles faites en se mariant, ne pourront lui être opposés pour l'exclure du partage égal, à la charge par lui de rapporter ce qui lui aura été donné ou payé lors de son mariage.

» 15. Dans toutes les successions ouvertes depuis le 14 juillet 1789, les dispositions des coutumes qui excluent la représentation en ligne directe, dans quelque degré que ce soit, et celles qui l'excluent en ligne collatérale, au désavantage des neveux et nièces, seront sans effet.

» 16. Dans les partages et rapports qui seront faits en exécution des articles précédens, il ne sera fait aucune restitution, ni rapports des fruits et intérêts qui, avant la promulgation de la présente loi, auront été perçus en vertu des lois, coutumes et dispositions auxquelles il a été ci-dessus dérogé. »

Loi du 17 nivose an 2.

« *Art.* 1.er. Les donations entre-vifs faites depuis et compris le 14 juillet 1789, sont nulles.

» Toutes celles au même titre légalement faites antérieurement, sont maintenues.

» Les institutions contractuelles, et toutes dispositions à cause de mort, dont l'auteur est encore vivant, ou n'est décédé que le 14 juillet 1789, ou depuis, sont nulles, quand même elles auraient été faites antérieurement.

» 2. Les dispositions contractuelles antérieures au 14 juillet 1789, qui renferment en même temps des libéralités entre-vifs et irrévocables,

sous quelques dénominations qu'elles aient été conférées, et une institution dans des biens à venir, n'auront leur effet que pour le don entre-vifs, et non pour les biens résultans de l'institution, si l'instituant vit encore, ou n'est mort que le 14 juillet 1789 ou depuis.

» 3. Les ci-devant religieux et religieuses sont appelés à recueillir les successions qui leur sont échues, à compter du 14 juillet 1789.

» 4. Les pensions attribuées par les décrets des représentans du peuple, aux ci-devant religieux et religieuses, diminueront en proportion des revenus qui leur seront échus, ou qui leur écherront par succession.

» Les revenus sont évalués pour cet effet au denier vingt des capitaux.

» 5. Les ci-devant religieux et religieuses qui ont émis leurs vœux avant l'âge requis par les lois, sont réintégrés dans tous leurs droits, tant pour le passé que pour l'avenir : ils peuvent les exercer comme s'ils n'avaient jamais été engagés dans les liens du régime monastique. Les actes de dernières volontés qu'ils auront pu faire avant leur profession, sont anéantis.

» 6. Lorsque les ci-devant religieux et religieuses viendront à succéder, en vertu des articles 3 et 5 ci-dessus, concurremment avec d'autres co-héritiers, les dots qui leur auront été fournies, lors de leurs professions, par ceux à qui ils succéderont, seront imputées sur leur portion héréditaire. Les rentes ou pensions qui auront été constituées à ces ci-devant religieux et religieuses, par ceux à qui ils succèdent demeureront éteintes.

» 7. Pour l'exécution des articles précédens, en ce qui concerne l'intérêt national, tous ci-devant religieux et religieuses seront tenus d'inscrire, dans les quittances qu'ils fourniront aux receveurs de districts, la déclaration qu'ils n'ont rien recueilli, ou qu'ils ont recueilli une succession dont ils énonceront la valeur. A défaut d'exactitude dans les déclarations, ils seront à l'avenir privés de leurs pensions, et condamnés au profit du trésor public, à une amende quadruple des sommes qu'ils auront indûment perçues.

» L'agent national près le district de la résidence, sera tenu de faire toutes diligences à ce sujet.

» 8. Les enfans, descendans et collatéraux ne pourront prendre part aux successions de leurs pères, mères, ascendans ou autres parens, sans rapporter les donations qui leur ont été faites par ceux-ci, antérieurement au 14 juillet 1789, sans préjudice, toutefois, de l'exécution des coutumes qui assujettissent les donations à rapport, même dans les cas où les donataires renoncent à la succession du donateur.

» Le présent article sera observé, nonobstant toutes dispenses de rapport, stipulées dans les lieux où elles étaient autorisées.

» 9. Les successions des pères, mères, ou autres ascendans ou des parens collatéraux, ouvertes depuis et compris le 14 juillet 1789, et qui s'ouvriront à l'avenir, seront partagées également entre les enfans, descendans ou héritiers en ligne collatérale, nonobstant toutes lois, coutumes, donations, testamens et partages déjà faits. En conséquence, les enfans, descendans et héritiers en ligne collatérale, ne pourront, même en renonçant à ces successions, se dispenser de rapporter ce qu'ils auront eu à titre gratuit, par l'effet des donations que leur auront faites leurs ascendans ou leurs parens collatéraux, le 14 juillet 1789, ou depuis.

» 10. A l'égard des successions ouvertes depuis et compris le 14 juillet 1789, et qui intéresseraient des ascendans, ceux-ci seront tenus à les rapporter, ou autorisés à les revendiquer selon les règles générales qui seront ci-après prescrites.

» 11. Le mariage d'un des héritiers présomptifs, soit en ligne directe, soit en ligne collatérale, ni les dispositions contractuelles faites en le mariant ne pourront lui être opposés pour l'exclure du partage égal, à la charge par lui de rap-

porter ce qui lui aura été donné ou payé lors de son mariage.

» 12. Est réputée non écrite, toute clause impérative ou prohibitive insérée dans les actes passés, même avant le décret du 5 septembre 1792, lorsqu'elle est contraire aux lois ou aux mœurs lorsqu'elle porte atteinte à la liberté religieuse du donataire, de l'héritier ou du légataire, lorsqu'elle gêne la liberté qu'il a, soit de se marier ou de se remarier, même avec des personnes désignées, soit d'embrasser tel état, emploi ou profession, ou lorsqu'elle tend à le détourner de remplir les devoirs imposés, et d'exercer les fonctions déférées par les lois aux citoyens.

» 13. Les avantages singuliers ou réciproques, stipulés entre les époux encore existans, soit par leur contrat de mariage, soit par des actes postérieurs, ou qui se trouveraient établis dans certains lieux par les coutumes, statuts ou usages, auront leur plein et entier effet, nonobstant les dispositions de l'art. 1.er, auquel il est fait exception en ce point.

» Néanmoins, s'il y a des enfans de leur union, ou d'un précédent mariage, ces avantages, au cas qu'ils consistent en simple jouissance, ne pourront s'élever au-delà de moitié du revenu des biens délaissés par l'époux décédé; et s'ils consistent en des dispositions de propriétés, soit mobiliaires, soit immobiliaires, ils seront restraints à l'usufruit des choses qui en seront l'objet, sans qu'ils puissent excéder la moitié du revenu de la totalité des biens.

» 14. Les avantages légalement stipulés entre époux, dont l'un est décédé avant le 14 juillet 1789, seront maintenus au profit du survivant. A l'égard de tous autres avantages échus et recueillis postérieurement, ou qui pourront avoir lieu à l'avenir, soit qu'ils résultent des dispositions matrimoniales, soit qu'ils proviennent d'institutions, dons entre-vifs, ou legs faits par un mari à sa femme, ou par une femme à son mari, ils obtiendront également leur effet, sauf néanmoins leur conversion ou réduction

46 *

en usufruit de moitié, dans le cas où il y aurait des enfans, conformément à l'article 13 ci-dessus.

» 15. Les donations et dispositions faites *par contrat de mariage*, au profit des conjoints, depuis le 14 juillet 1789, et avant la promulgation de la loi du 5 brumaire dernier, par tous citoyens parens ou non parens des époux, pourvu que les donateurs fussent sans enfans, sont aussi exceptés de la nullité prononcée par l'article 1.er de la présente loi.

» Néanmoins, et dans le cas où le donataire serait successible et prendrait part à la succession du donateur, il ne le pourra qu'en rapportant lesdites donations à la masse.

» 16. Les dispositions générales de la présente loi, ne font point obstacle, pour l'avenir, à la faculté de disposer du dixième de son bien, si on a des héritiers en ligne directe, ou du sixième, si l'on n'a que des héritiers collatéraux, au profit d'autres que les personnes appelées par la loi au partage des successions.

» 17. A l'égard des citoyens au profit desquels il a été fait *à titre universel*, des dispositions dont la nullité est prononcée par la loi du 5 brumaire, ils demeurent autorisés à retenir, soit le dixième, soit le sixième qu'elle rend disponible, net et défalcation faite de toute espèce de charges, même des libéralités particulières maintenues par la présente loi.

» 18. En cas que le *titre universel* s'applique à un simple usufruit, la retenue pourra s'élever jusqu'à la jouissance du cinquième, si ce titre a été conféré par une personne qui eût des enfans, et le tiers, si le donateur était sans enfans.

» 19. S'il y a plusieurs institués légataires ou donataires, au même *titre universel*, déchu, ils concourront pour la retenue portée par les *articles* précédens, et s'en diviseront le produit entr'eux, au marc la livre des portions qui leur étaient assignées.

» 20. En toute succession rouverte au moyen de la présente loi, celui au profit duquel se trouvait faite la disposition à *titre universel* annulée, pourra en outre conserver sur l'hérédité autant de valeurs égales au quart de sa propre retenue, qu'il avait d'enfans au temps où il avait recueilli l'effet de la disposition.

21. Si l'institué donataire ou légataire à *titre universel* se trouve successible, il pourra, pour le passé, user de la retenue, d'après les règles ci-dessus, ou s'en tenir à sa part héréditaire.

» Dans aucun cas, il ne pourra les cumuler.

» 22. Le descendant du successible qui n'a aucun droit actuel à la succession, et qui en fait la remise d'après une disposition annulée, peut profiter de la retenue, quoique son ascendant prenne part à la même succession.

» 23. Dans le cas où un époux décédé avant ou depuis le 14 juillet 1789 aurait conféré au conjoint survivant la faculté d'élire un ou plusieurs héritiers dans ses biens, l'élection, si elle n'a eu lieu que le 14 juillet 1789 ou depuis, demeure nulle et de nul effet; et tous les héritiers présomptifs, au préjudice desquels elle aurait été faite, sont, nonobstant toute exclusion, appelés à partager la succession de la même manière et par les mêmes règles que celles ouvertes depuis et compris le 14 juillet 1789.

» 24. Tous actes portant institution nominative d'un héritier, néanmoins subordonnée au cas où un tiers ne disposerait pas autrement des biens compris en la même institution, sont nuls et de nul effet, à dater du 14 juillet 1789, si à cette époque le droit de l'institué n'était pas devenu irrévocable, soit par le décès du tiers, soit par transaction authentique passée avec lui.

» 25. Les dispositions alternatives, comme celles par lesquelles le donataire avait promis de nourrir et d'entretenir le donateur, ou de lui donner une somme déterminée, en cas que leur humeur cessât de sympathiser, sont maintenues comme donations entre-vifs, si elles sont antérieures au 14 juillet 1789.

» 26. Toutes donations à charge de rentes viagères ou rentes à fonds perdus, en ligne directe ou collatérale, à l'un des héritiers présomptifs ou à ses descendans, sont interdites, à moins que les parens du degré de l'acquéreur et de degrés plus prochains n'y interviennent et n'y consentent.

» Toutes celles faites sans ce concours, depuis et compris le 14 juillet 1789, aux personnes de la qualité ci-dessus désignée sont annulées, sauf à l'acquéreur à se faire rapporter par son donateur ou vendeur, ou par ses héritiers, tout ce qu'il justifiera avoir payé au-delà du juste revenu de la chose aliénée ; le tout sans préjudice des coutumes ou usages qui auraient invalidé de tels actes passés même avant le 14 juillet 1789.

» 27. La présente loi sera exécutée dans tous les cas qu'elle embrasse, nonobstant toutes renonciations, transactions et jugemens intervenus antérieurement à la présente loi.

» 28. A l'égard de tous traités ou partages faits en exécution de dispositions non annulées par la présente loi, ils seront exécutés, pourvu qu'ils ne soient accompagnés d'aucun vice qui donne spécialement lieu à nouveau partage.

» 29. En toutes successions abandonnées par les héritiers naturels, les créanciers du défunt pourront, de leur propre chef, poursuivre le rapport des avantages annulés par la présente loi.

» 30. Dans tous les cas où le rappel établi par les dispositions ci-dessus, concernera des individus dont les biens sont acquis et confisqués à la république, la nation exercera leurs droits.

» Elle rapportera, ainsi qu'ils y eussent été tenus eux-mêmes, les dispositions qu'elle aurait recueillies de leur chef, et qui se trouveraient annulées par la présente loi.

» 31. En cas que les propriétés se trouvent divisées entre la république et des citoyens, elles seront vendues selon les *art.* 8, 9 et 10 de la loi du 13 septembre dernier.

» 32. En cas que les dispositions aient été faites par un homme décédé sans parens, le donataire ou institué en conservera l'effet.

» 33. Ne sont pas compris dans les dispositions de la présente loi les donations qui, bien que grévées d'usufruit, étaient, quant à la propriété, ouvertes et échues avant le 14 juillet 1789.

» 34. Les dons et legs *à titre particulier* faits depuis le 14 juillet 1789, sont maintenus dans le concours de deux circonstances ci-après, savoir : lorsque le donataire particulier ou légataire n'avait pas, au temps que le don ou legs lui est échu, une fortune excédant un capital de 10,000 livres ; lorsque le don ou legs particulier ne s'élève pas lui-même au-delà de cette somme.

» 35. Dans le cas où, soit le donataire, soit le légataire *à titre particulier*, auraient des enfans, le *maximum* de fortune sera, pour eux, fixé à 10,000 livres ; plus, autant de fois 5,000 livres qu'ils avaient d'enfans à l'époque du don ou legs qui leur a été conféré.

» Le *maximum* du legs ne pourra surpasser, en ce cas, le *maximum* de fortune ainsi réglé.

» 36. Pour vérifier le *maximum* de fortune, les arbitres dont il sera parlé ci-après feront représenter l'extrait des diverses impositions du donataire *à titre particulier* ou légataire.

» Ils pourront, au surplus, s'environner de tous autres renseignemens à ce sujet.

» 37. Si la fortune que possède le donataire ou légataire *à titre particulier*, ne consiste qu'en simple usufruit ou viager, l'estimation s'en fera de telle manière, qu'un revenu de 1,000 liv. ne soit représentatif que d'un capital de 10,000 liv.

» 38. De même les avantages à vie seulement, et qui ne consisteraient qu'en usufruit ou pension, seront estimés d'après cette donnée.

» 39. Dans tous les cas ci-dessus, si les avantages excèdent la somme à laquelle ils peuvent légalement s'élever, ils y seront réduits.

» 40. Si la fortune du légataire, *à titre particulier*, donataire ou pensionnaire, excède le *maximum* ci-dessus, sans cependant atteindre la somme jusqu'à laquelle elle pourrait légitimement s'élever, par la réunion du don ou du legs, il pourra en conserver l'effet jusqu'à cette concurrence seulement, et non au-delà.

» 41. Néanmoins, et en toutes successions dont la valeur nette, pour les héritiers naturels, excédera 200,000 liv., les legs *particuliers*, dons ou pensions sortiront, sans autre examen, leur effet jusqu'à concurrence d'un sixième, si mieux n'aiment les donataires, légataires ou pensionnaires s'en tenir aux règles générales ci-dessus posées.

» 42. Le donataire ou légataire *à titre particulier*, déchu, qui se trouvera en même temps successible, ne pourra user de la faculté accordée par les articles précédens, qu'en renonçant à l'exercice des dons que lui donne la qualité d'héritier naturel.

» Les descendans du successible, qui n'a pas un droit actuel, n'est pas compris dans cette disposition.

» 43. Si, dans aucun des cas ci-dessus, la portion dont les lois anciennes ne permettaient pas de priver l'héritier *en ligne directe*, ne lui restait pas entière, celui-ci est autorisé à la prélever avant les legs, qui diminueront en proportion.

» 44. Les avantages ou gratifications accordées aux exécuteurs testamentaires, depuis et compris le 14 juillet 1789, sont maintenues, pourvu qu'ils n'excèdent point la valeur d'une année des revenus du testateur.

» Si néanmoins ces revenus excédaient 6,000 l., la gratification ne vaudra que jusqu'à concurrence de cette somme, et le surplus sera sujet à rapport.

» 45. Les droits acquis, soit à des tiers-possesseurs, soit à des créanciers hypothécaires et à tous autres ayant une date certaine, antérieure au 5 brumaire dernier, sur les biens compris dans les dispositions annulées par la loi du même jour, leur sont conservés.

» 46. Dans les partages et rapports qui seront faits en exécution des articles précédens, pour les successions actuellement ouvertes, il ne sera fait aucune restitution ni rapport des fruits et intérêts perçus, échus ou acquis avant la promulgation de la loi du 5 brumaire, en vertu des lois, coutumes et dispositions auxquelles il a été ci-dessus dérogé.

» 47. Les héritiers naturels rappelés par la présente loi, seront tenus de recevoir les biens en l'état où ils se trouveront actuellement, et de s'en rapporter, sur la consistance de ces biens, à l'inventaire qui en aura été dressé, et à défaut d'inventaire, à l'état qui en sera fourni, sauf tous légitimes contredits.

» 48. L'institué ou donataire déchu qui ne pourra représenter en nature les effets et biens compris dans l'inventaire ou état, tiendra compte aux héritiers naturels du prix qu'il en aura tiré, s'il les a vendus, ou de leur valeur au temps où il les avait recueillis, s'ils sont autrement sortis de ses mains.

» 49. D'un autre côté, il lui sera fait état par la masse de la succession de toute espèce d'impenses, de quelque nature qu'elles soient, qu'il aura faites dans les biens sujets à rapport, et de toutes charges par lui légitimement acquittées, autres que celles affectées à la simple jouissance, comme aussi de tous déboursés relatifs à l'acte annulé, centième denier et accessoires, aux frais et voyages.

» La succession poursuivra, à ses propres risques et périls, le recouvrement des charges qui, après avoir été légalement acquittées, se trouveraient, par l'effet de la présente loi, sujettes à restitution, sans néanmoins que ce recours puisse donner lieu à aucune répétition contre le trésor public, à raison des droits qu'il aurait perçus.

» 5o. L'institué ou donataire déchu pourra donner en paiement des rapports auxquels il est tenu par l'effet de la présente loi, soit le prix même des objets qu'il aurait aliénés et qui lui serait encore dû, soit les contrats et créances qu'il justifiera résulter du placement des deniers provenant de la libéralité annulée, sans garantie de la solvabilité des débiteurs, s'il a contracté de bonne foi.

» 51. Si l'institué ou donataire déchu n'avait été avantagé que sous des charges et conditions particulières, comme de conférer ses travaux ou ses revenus, il pourra réclamer sa part des améliorations et acquêts faits pendant la durée de cette espèce de société.

» 52. Si les charges imposées se trouvent être de telle nature qu'on ne puisse en induire une société, le donataire déchu est néanmoins autorisé à faire la retenue des sommes auxquelles elles se seront élevées.

» Il lui sera même fait état, s'il le demande, des intérêts des sommes par lui payées, à dater du jour des paiemens ; sauf, en ce cas, l'imputation des fruits qu'il pourrait avoir perçus.

» 53. Tous les partages qui seront faits en exécution de la présente loi seront définitifs : s'il y a un mineur, son tuteur, d'après l'avis d'un conseil de famille, composé de quatre parens ou amis non co-intéressés au partage, y stipulera pour lui, sans qu'il soit besoin de ratification de sa part.

» Il répondra personnellement des fautes qu'il pourrait commettre par dol ou fraude.

» 54. Toutes contestations qui pourront s'élever sur l'exécution de la présente loi, seront jugées par des arbitres.

» Il est défendu aux tribunaux ordinaires d'en connaître, et de donner suite à celles qui seraient actuellement portées devant eux pour ce fait, à peine de nullité.

» 55. Il sera nommé deux arbitres par chacune des parties.

» Faute par l'une d'elles de le faire sur la sommation qui lui en aura été notifiée, le juge de paix du lieu de l'ouverture de la succession en nommera d'office, après un délai de huitaine, auquel il sera ajouté un jour par dix lieues de distance.

» En cas qu'il y ait partage dans l'avis des arbitres, le tiers sera nommé par le même juge.

» 56. L'instruction sera sommaire : les jugemens desdits arbitres ne seront point sujets à appel.

» 57. Le droit de réclamer le bénéfice de la loi, quant aux dispositions qu'elle annulle, n'appartient qu'aux héritiers naturels, et à dater seulement du jour où leur droit est ouvert, sans que jusqu'à cette époque il y ait lieu à aucune restitution des fruits.

» 58. La présente loi est déclarée, dans tous ses points, commune à toutes les parties de la République, même à celles dont l'union a été prononcée depuis le 14 juillet 1789.

» 59. Toutes les fois que les dispositions de la présente loi se trouveraient tourner au profit d'étrangers sujets des puissances avec lesquelles la République française est en guerre, elles cesseront d'obtenir leur effet, et les dispositions contraires, faites au profit des républicoles ou des étrangers alliés ou neutres, demeurent, en ce cas, maintenues.

» 60. Les droits restitués par la présente loi ne peuvent être exercés que par ceux au profit desquels ils sont rétablis.

» Toutes ventes ou cessions qui en seraient faites à des tiers, sont déclarées nulles.

» 61. Au moyen des dispositions ci-dessus, la loi du 5 brumaire dernier est déclarée comme non avenue.

» Toutes lois, coutumes, usages et statuts relatifs à la transmission des biens par succession ou donation sont également déclarés abolis, sauf à procéder au partage des successions échues depuis et y compris le 14 juillet 1789, et de celles à venir, selon les règles qui vont être ci-après établies.

Règles générales pour le partage des Succes-
sions.

» 62. La loi ne reconnaît aucune différence
dans la nature des biens ou dans leur origine ,
pour en régler la transmission.

» 63. Il y a trois espèces de successions pour
les parens : la succession qui échoit aux descendans , celle qui échoit aux ascendans , et
celle à laquelle sont appelés les parens collatéraux.

De la Succession des descendans.

» 64. Si le défunt laisse des enfans , ils lui
succéderont également.

» 65. A défaut d'enfans, les petits-enfans
succèdent à leur aïeul ou aïeule.

» 66. A défaut de petits-enfans, les arrières
petits-enfans succèdent à leur bisaïeul ou bisaïeule.

» 67. A défaut de ceux-ci , les autres des-
dans succèdent dans l'ordre de leur degré.

» 68. Lorsqu'il y a des petits-enfans ou des
descendans des degrés ultérieurs , la représentation a lieu.

De la Succession des ascendans.

» 69. Si le défunt n'a laissé ni descendans ,
ni frères ou sœurs , ni descendans de frères ou
de sœurs , ses père et mère ou le survivant
d'entr'eux lui succèdent.

» 70. A défaut de pères et mères, les aïeuls
ou aïeules , ou les survivans d'entr'eux succèdent , s'il n'y a pas de descendans de quelqu'un
d'entr'eux.

» 71. A défaut d'aïeuls ou aïeules, les ascendans supérieurs sont appelés à la succession ,
suivant la proximité du degré , s'il ne reste pas
de descendans de ce même degré.

» 72. Dans tous les cas, les ascendans sont
toujours exclus par les héritiers collatéraux qui
descendent d'eux ou d'autres ascendans au même
degré.

» 73. Les ascendans succèdent toujours par
tête.

» 74. Les biens donnés par les ascendans à
leurs descendans, avec stipulation de retour ,
ne sont pas compris dans les règles ci-dessus ;
ils ne font pas partie de la succession du descendant tant qu'il y a lieu au droit de retour.

Des Successions collatérales.

» 75. Les parens collatéraux succèdent lorsque le défunt n'a pas laissé de parens en ligne
directe.

» 76. Ils succèdent même au préjudice de
ses ascendans , lorsqu'ils descendent d'eux , ou
d'autres ascendans au même degré.

» 77. La représentation a lieu jusqu'à l'infini en ligne collatérale. Ceux qui descendent
des ascendans les plus proches du défunt , excluent ceux qui descendent des ascendans plus
éloignés de la même ligne.

» 78. Ainsi les descendans du père excluent
tous les descendans des aïeul et aïeule paternels.
Les descendans de la mère excluent tous les autres descendans des aïeul et aïeule maternels.

» 79. A défaut des descendans du père , les
descendans des aïeul et aïeule paternels excluent
tous les autres descendans des bisaïeul et bisaïeule de la même ligne.

» 80. A défaut des descendans de la mère ,
les descendans des aïeul et aïeule maternels
excluent tous les autres descendans des bisaïeul
et bisaïeule de la même ligne.

» 81. La même exclusion a lieu en faveur
des descendans des bisaïeuls ou bisaïeules , ou
ascendans supérieurs , contre ceux des ascendans d'un degré plus éloigné dans la même ligne.

» 82. Par l'effet de la représentation , les
représentans entrent dans la place , dans le
degré et dans tous les droits du représenté. La
succession se divise en autant de parties qu'il y
a de branches appelées à la recueillir ; et la subdivision se fait de la même manière entre ceux
qui en font partie.

» 83.

» 83. Si donc les héritiers du défunt descendent, les uns de son père, les autres de sa mère, une moitié de la succession sera attribuée aux héritiers paternels, et l'autre moitié aux héritiers maternels.

» 84. Si le défunt n'a pas laissé d'héritier descendant de son père, la portion paternelle sera attribuée pour une moitié aux descendans de l'aïeul paternel, et pour une autre aux descendans de l'aïeule paternelle.

» 85. Si le défunt n'a pas laissé d'héritier descendant de sa mère, la portion maternelle sera pareillement partagée entre les descendans de l'aïeul maternel et ceux de l'aïeule maternelle.

» 86. Il en sera de même si le défunt n'a pas laissé d'aïeul ou d'aïeule, soit dans l'une, soit dans l'autre branche. Les descendans du bisaïeul et ceux de la bisaïeule prendront chacun une moitié dans la portion qui aurait appartenu à l'aïeul ou à l'aïeule.

» 87. Il en sera de même encore pour les descendans des degrés supérieurs, lorsque le bisaïeul ou la bisaïeule n'auront pas laissé de descendans.

» 88. Ces règles de représentations seront suivies dans la subdivision de chaque branche. On partagera d'abord la portion qui est attribuée à chacune, en autant de parties égales que le chef de cette branche aura laissé d'enfans, pour attribuer chacune de ces parties à tous les héritiers qui descendent de l'un de ces enfans, sauf à la subdiviser encore entre eux dans les degrés ultérieurs, proportionnellement aux droits de ceux qu'ils représentent.

» 89. La loi n'accorde aucun privilège au double lien ; mais si des parens collatéraux descendent tout-à-la-fois des auteurs de plusieurs branches appelées à la succession, ils recueilleront cumulativement la portion à laquelle ils sont appelés dans chaque branche.

» 90. A défaut de parens de l'une des lignes paternelle ou maternelle, les parens de l'autre ligne succèderont pour le tout. »

Tome III.

Décret du même jour.

« Un membre, au nom du comité de législation, observe que ce comité s'est occupé de la discussion de deux questions à lui renvoyées par décret, dont l'une est celle de savoir si le bénéfice de la loi du 5 brumaire, relative aux successions, doit être accordé à ceux dont la fortune excède deux cent mille livres, et l'autre, celle de savoir si, en général, l'héritier naturel ne doit pas être exclus du bénéfice de la loi, quand il se trouve plus riche que celui au profit duquel la disposition avait été faite.

» Qu'après l'examen de ces deux questions, le comité a pensé, sur la première, que les droits de la nature appartiennent à tous, par cela seul qu'ils sont placés par elle à tel ou tel degré ; que de bonnes lois peuvent et doivent atteindre les grandes fortunes, mais sans effacer les droits impérissables de la nature, qui d'ailleurs est, en général, meilleure distributrice que les hommes ; que, dans le système proposé, il serait possible aussi que la disposition dont l'étranger conserverait l'effet, le rendît plus riche que l'héritier naturel même, ce qui anéantirait l'objet de l'exception, même sous les rapports politiques ; qu'à la vérité, et, en ce cas, on propose de reporter l'excédant sur les parens plus éloignés et moins riches, mais qu'alors il n'existe plus de système de succession, du moins sous les rapports de la nature, qui seuls peuvent régir cette matière, à moins de tomber dans le chaos, et d'établir dans toutes les familles des procès préalables et nombreux sur le point de savoir quelle est la fortune de chacun des membres qui les composent ; qu'enfin, et sous l'aspect de l'intérêt national, le trésor public serait souvent atteint par de telles dispositions, parce que les plus grandes fortunes étaient, en général, possédées par ceux que la nation représente aujourd'hui, comme émigrés, déportés, etc.

» Que la deuxième proposition présente une

47

partie des inconvéniens de la première, en ce qu'il s'établirait toujours un procès préalable sur la consistance des fortunes respectives; que souvent aussi l'homme le moins aisé, qui aurait un patrimoine ostensible, verrait son droit compromis en faveur de l'homme plus riche, dont la fortune serait en portefeuille.

» Qu'en de pareilles circonstances il y a bien plus d'inconvéniens à gêner la marche de la nature qu'à la favoriser, sauf les modifications politiques que présentent les articles décrétés le 14 de ce mois en faveur des citoyens peu fortunés.

» En conséquence le comité propose de décréter qu'il n'y a lieu à délibérer.

» Cette proposition est adoptée. »

Décret relatif à diverses questions sur la loi du 17 nivose an 2, du 22 ventose an 2.

« La convention nationale, après avoir entendu le rapport de son comité de législation sur un grand nombre de pétitions relatives à la loi du 17 nivose dernier, formant un ensemble qui tend, savoir :

» 1.° A ce qu'il soit établi des exceptions à la loi du 17 nivose, en faveur des citoyens de la ci-devant province de Normandie, où les garçons appelés par le statut à succéder au préjudice des filles, conféraient dans la maison paternelle des travaux et même des revenus dont ils exposent que le partage égal avec leurs sœurs mariées deviendrait pour eux une source de lésion.

» Considérant, sur la première question, que dans un partage de succession l'on ne saurait, sans bouleverser l'ordre social, avoir égard, ni au nombre d'années pendant lesquelles les enfans sont restés en la maison paternelle, ni au plus ou moins de travaux que chacun a pu y conférer; que s'il y a eu des apports étrangers, on peut les prélever; que s'il y a eu pacte qui puisse être assimilé à une société, on peut user du bénéfice de l'article 51 de la loi du 17

nivose; mais que dans tous les cas, un article spécial pour les habitans de la ci-devant Normandie est une chose inadmissible, lorsque l'uniformité des lois est un des premiers besoins d'un peuple composé d'hommes égaux et libres.

« 2.° A ce que, dans tout le territoire de la république, les dispositions qui n'offrent qu'une restitution des choses que le donateur tenait anciennement de la famille du donataire, soient exceptées de la nullité prononcée par la loi.

» Sur la seconde question, que l'exception demandée ferait en quelque sorte revivre le système des propres ou anciens, et introduirait des distinctions souvent frauduleuses, mais plus souvent encore hérissées d'embarras et d'incertitudes; qu'enfin, et pour ne pas énerver le nouveau système, il a bien fallu prendre les hommes et les biens en l'état où ils étaient le 14 juillet 1789, sans reporter la vue au-delà.

» 3.° A ce que les avantages postérieurs au 14 juillet 1789 soient maintenus, quand ils se trouveront faits au profit d'enfans que le donateur aura nourris et élevés.

» Sur la troisième question, que s'il s'agit d'enfans que le donateur ait eus hors du mariage, une loi spéciale leur a restitué tous leurs droits depuis le 14 juillet 1789; et que s'il est question d'autres enfans dont l'humanité seule ait engagé à prendre soin, ils peuvent, outre les bienfaits de l'éducation, recueillir encore le bénéfice des exceptions que la loi a établi, et qui, suffisantes pour tous, ne le sont pas moins spécialement pour eux.

» 4.° A ce que toutes successions ouvertes, même avant le 14 juillet 1789, soient adjugées aux héritiers naturels, quand il y aura procès subsistant à cet égard.

» Sur la quatrième question, que l'on ne saurait s'arrêter à l'objet dont il s'agit, sans mettre l'effet rétroactif en question; et que s'il n'y en a point, à dater du 14 juillet 1789, parce que la loi n'a fait que développer les principes proclamés dès lors par un grand peuple qui se ressaisissait de ses droits, l'effet rétroactif commencerait là seulement où l'on dépasserait cette limite, que d'ailleurs si la réclamation des héritiers naturels pour ce qui appartient aux époques antérieures était fondée, ils n'ont pas besoin du secours de la loi nouvelle; et que si elle ne l'était pas, il serait immoral d'accorder plus de faveur à celui qui a fait un mauvais procès, qu'au citoyen tranquille qui a respecté les lois de ce temps.

» 5.° A ce que les legs pieux faits en faveur des hôpitaux, administrations des biens des pauvres et autres établissemens de ce genre, soient conservés et exceptés de la nullité légale, au moins pour le passé.

» Sur la cinquième question, que des maisons de secours ne peuvent jouir du privilége de dépouiller les héritiers naturels, et que sauf la quotité héréditaire réservée au titre universel, ou les avantages conservés au titre particulier, ces sortes d'établissemens ne peuvent ni ne doivent jouir d'une autre condition que les citoyens.

» 6.° A ce qu'il soit formellement décrété que les dispositions de la loi du 17 nivose, qui permettent en certains cas, de distraire de l'hérédité plus du dixième en ligne directe, et du sixième en ligne collatérale, ne s'appliquent qu'aux libéralités échues antérieurement à la promulgation de la loi du 5 brumaire.

» Sur la sixième question, que l'article 16 de la loi du 17 nivose explique assez qu'à l'avenir, et à quelque titre que les dons soient conférés, il n'y aura qu'un dixième de disponible, si le testateur a des enfans, ou si le sixième s'il n'en a point, sauf les dons entre époux; et qu'ainsi les plus amples réserves ou retenues, dans les cas déterminés par la loi du 17 nivose, ne sont que pour les dispositions du passé, et toutefois ouvertes antérieurement à la promulgation de la loi du 5 brumaire.

» 7.° A ce qu'il soit formellement déclaré que les retenues attribuées par la loi du 17 nivose, ne s'appliquent point au cas où les dispositions étaient essentiellement nulles, antérieurement à cette loi.

» Sur la septième question, que quand la loi a validé certaines dispositions, elle n'a eu pour objet que celles qui se trouvaient légalement faites : expression qui se trouve même littéralement inscrite dans les art. 1.er et 13, et que les retenues qu'elle a attribuées ne peuvent de même s'appliquer qu'aux dispositions qui, annulées par la loi du 17 nivose, pouvaient légalement subsister auparavant.

» 8.° A ce qu'il soit expliqué si le religieux qui a émis ses vœux postérieurement au 14 juillet 1789, peut reprendre ses biens et droits héréditairement recueillis par ses parens.

» Sur la huitième question, qu'il n'y a pas plus de difficulté que dans le cas où un homme réputé mort, et dont on se serait partagé la succession, reparaîtrait, et que les lois ayant annulé toute émission de vœux postérieurs au 14 juillet 1789, la réintégration du ci-devant religieux dans ses biens et droits, à dater de la même époque, n'est que la conséquence de ce principe.

» 9.° A ce qu'il soit clairement défini si tous vœux religieux émis avant l'âge de 21 ans, sont annulés par l'art. 5 de la loi du 17 nivose.

» Sur la neuvième question, que l'article cité, n'invalidant que les vœux émis avant l'âge requis par les lois, il faut distinguer les époques; qu'ainsi et avant l'édit de 1768, l'âge de 16 ans étant proclamé suffisant par les lois d'alors, il n'y aurait nullité qu'autant que les vœux auraient été émis avant cet âge, de même que depuis il faudrait seulement tenir pour nulles les professions faites avant 21 ans pour les hommes, et 18 ans pour les femmes.

» 10.° A ce que les avantages conférés par les statuts aux époux soient maintenus comme ceux qui étoient l'effet de la stipulation.

» Sur la dixième question, que cette idenlité sort évidemment des termes de l'*art.* 13 de la loi du 17 nivose; qui maintient les dispositions, même statutaires sous la foi desquelles les époux s'étaient engagés; tandis que l'*art.* 14 leur permet de plus toute autre stipulation à l'avenir : latitude politique qui fait assez appercevoir que le système restrictif n'est pas pour les dispositions entre époux, sauf la reductibilité à l'usufruit de moitié, en cas qu'il y ait des enfans.

» 11.° A ce qu'il soit prononcé sur le sort des dispositions entre conjoints, par lesquelles l'un d'eux, en donnant à l'autre, aurait déclaré qu'il s'en rapporte à celui-ci *pour l'exécution de ce qui lui a été recommandé en secret.*

» Sur la onzième question, qu'une telle disposition n'est qu'un *fidéicommis*, ou si l'on veut, un acte visiblement dirigé au profit d'un tiers qui n'est point, comme le conjoint, capable de recueillir, et que, sous ce rapport, une semblable disposition ne peut subsister.

» 12.° A ce qu'il soit décidé si la disponibilité entre époux ne cessera point lorsque la nation représentera leur successibles naturels.

» Sur la douzième question, que d'une part les lois, et notamment celle du 28 mars, se bornent en ce cas à frapper de nullité les dispositions qui seraient faites en ligne directe; que d'une autre part, la république placée, dans des circonstances extraordinaires, aux droits d'un tiers, peut bien se les attribuer dans leur intégrité, mais ne doit pas les étendre; et que, dans le cas particulier, les droits de la république ne sont pas d'une autre nature que ceux de la famille privée dans les cas ordinaires.

» 13.° A ce qu'il soit loisible au conjoint qui aurait été avantagé par l'époux prédécédé, de transmettre à des parens de cet époux les biens qu'il tiendrait de lui.

» Sur la treizième question, qu'outre que cette faculté deviendrait une disposition réelle entr'autres qu'époux, et contrarierait ainsi le système général, la loi a bien dû se garder d'établir un intermédiaire dont on pourrait se servir pour gratifier tel parent au préjudice de tel autre, et rétablir ainsi l'inégalité; au lieu qu'avertis de l'impossibilité de ce transport, les époux seront plus circonspects, ou du moins de meilleure foi dans leurs dons réciproques.

» 14.° A ce qu'il soit déclaré si, pour fixer le *maximum* de fortune à l'égard d'un époux donataire particulier d'un tiers, l'on peut avoir égard à la fortune de l'autre conjoint.

» Sur la quatorzième question, que de même que les fortunes des époux restent distinctes, sauf les acquêts communs, de même il faut les estimer séparément, avec d'autant plus de raison, que la confusion des revenus pouvant cesser par le divorce, par la mort ou même par toute autre stipulation, laisserait en véritable éviction celui qui la veille aurait été privé par la seule considération d'une cause aussi fugitive.

» 15.° A ce qu'il soit déclaré si les avantages stipulés entre époux divorcés auront leur effet.

» Sur la quinzième question, que la seule faveur due aux mariages, a fait en cette matière prévaloir un système de libéralité, qui cesse, lorsqu'en rompant le contrat, les époux redeviennent étrangers l'un à l'autre.

» 16.° A ce que toutes dispositions faites avec la réserve de les révoquer, et toutes donations subordonnées au changement de la volonté du donateur, n'aient, à quelque titre qu'elles aient été faites, d'autres règles ni d'autres effets que ceux propres aux dispositions à cause de mort.

» Sur la seizième question, qu'il résulte bien assez évidemment, et de l'ensemble de la loi et des seuls termes de la raison, que les dispositions révocables au seul gré du donateur, ne sont, dans quelques actes qu'elles aient été inscrites, que des dispositions à cause de mort, puisque jusqnes-là le donateur a pu les changer.

» 17.° A ce que la faculté d'élire qui n'a pas été consommée par un acte entre-vifs, ou par le décès de l'électeur, le tout antérieurement au 14 juillet 1789, soit assimilée à celle qui, faite depuis, est annulée par l'art 23 de la loi du 17 nivose.

» Sur la dix-septième question, qu'elle se résout par les mêmes principes que la précédente, et que l'élection qui a été susceptible de révocation depuis le 14 juillet 1789, n'est pas d'autre condition que celle qui a été conférée depuis la même époque.

» 18.° A ce que les démissions de biens soient nettement classées parmi les dispositions entre-vifs, ou à cause de mort.

» Sur la dix-huitième question, que si la loi du 17 nivose ne s'est point particulièrement expliquée sur les démissions de biens, c'est que ces dispositions révocables en certains pays, ne l'étaient pas en d'autres, et que pour ne pas changer la condition de ces sortes d'actes, le principe posé, la classification n'offrait que l'application de la loi, qu'ainsi, et dans les lieux où les démissions étaient irrévocables, elles seront considérées comme donations entre-vifs, et maintenues, si elles sont antérieures au 14 juillet 1789, et qu'ailleurs elles seront considérées comme simples dispositions à cause de mort.

» 19.° A ce que la loi fasse nettement connaître si les donations ou constitutions de biens à venir, faites entre-vifs avant le 14 juillet 1789, sont maintenues ou annulées, dans le cas où leur auteur n'est décédé que depuis.

» Sur la dix-neuvième question, qu'il n'y a point de différence entre une donation ou constitution de biens à venir, et l'institution dans des biens à venir, qui est annulée par l'art. 2, quoiqu'inscrite dans des dispositions contractuelles et entre-vifs, quand l'auteur de la libéralité est mort depuis le 14 juillet 1789.

» 20.° A ce que les dispositions dont il est parlé en

l'exception portée par l'art. 15 de la loi du 17 nivose, ne puisse s'appliquer qu'aux donations entre-vifs, et non aux simples institutions.

» Sur la vingtième question, que l'esprit de la loi du 17 nivose n'est point équivoque, et que l'exception portée par l'art. 15 n'a pas eu pour objet de valider les simples institutions contractuelles faites depuis le 14 juillet 1789, puisque celles mêmes qui sont antérieures, sont frappées de nullité quand l'instituant est mort depuis cette époque, mais seulement de confirmer les vraies et pures donations entre-vifs, dans le cas prévu par cet article.

» 21.° A ce qu'il soit déclaré si le maintien prononcé par ce même article les donations faites depuis le 14 juillet 1789, selon l'exception prévue, invalide, par la règle des inclusions, celles de même nature qui seraient antérieures à cette époque.

» Sur la vingt-unième question, que la chicane seule a pu donner lieu d'élever cette question, et que s'il ne s'agit, dans l'article qui l'a fournie, que du maintien d'un certain genre de donations entre-vifs, postérieures au 14 juillet 1789, c'est qu'il fallait marquer une exception; ce qui a été fait sans toucher à la validité des donations antérieures à cette époque, bien plus sacrées sans doute, et bien formellement maintenues par les dispositions générales de la loi.

» 22.° A ce qu'il soit expliqué si la donation à charge de nourrir le donateur est maintenue, quand d'ailleurs elle est antérieure au 14 juillet 1789.

» Sur la vingt-deuxième question, qu'elle est véritablement oiseuse, en ce que la donation entre-vifs, accompagnée de conditions onéreuses, ne peut être de moindre faveur que la donation purement gratuite; et qu'il est déraisonnable d'élever des doutes sur le maintien des donations de ce genre qui sont antérieures au 14 juillet 1789.

» 23.° A ce qu'il soit nettement décidé si l'héritier

naturel décédé avant les lois qui ont rétabli ses droits, mais postérieurement à l'époque assignée pour leur restitution, en a été saisi, et les a transmis à ses successeurs ou ayant droit.

» Sur la vingt-troisième question, qu'elle est décidée par les principes généraux, et qu'il impliquerait contradiction de ne pas considérer comme ayant été saisi, celui qui vivait à une époque tout à la fois postérieure, et au 14 juillet 1789, et à l'ouverture de la succession.

» 24.° A ce que, dans ce cas néanmoins si la disposition annulée se trouvait nominativement faite au profit d'un ou plusieurs de ses successibles ou héritiers, ceux-ci recouvrant du chef de leur auteur immédiat une part actuelle ou effective à la succession, ne puissent user de la retenue autorisée à leur profit singulier par les *art.* 22 et 42 de la loi du 17 nivose, à moins qu'ils ne renoncent à leur part héréditaire.

» Sur la vingt-quatrième question, que la retenue accordée à l'institué ou donataire déchu, bien qu'il soit successible, ou, en d'autres termes, héritier présomptif du rappelé, n'ayant pour objet que de l'indemniser d'une expropriation que ne saurait remplacer un espoir souvent éloigné, ce motif cesse avec ses effets, lorsque dans le partage, et lors de la remise, le donataire déchu se trouve avoir, même par représentation, un droit d'hérédité *actuel* et effectif, à moins qu'il ne renonce à sa part héréditaire.

» 25.° A ce qu'en expliquant la quotité de la retenue permise au donataire *à titre universel* déchu, il soit dit si cette quotité se prendra sur tous les biens, ou seulement sur ce qui restera après les dettes ou legs particuliers prélevés.

» Sur la vingt-cinquième question, que résolue par la simple raison, elle ne l'est pas moins clairement par l'*art.* 17 de la loi du 17 nivose, sainement entendu; qu'en effet, la défalcation préalable des dettes et legs ne permet pas de douter que la quotité réservée au titre universel ne s'exerce que sur ce qui reste après ce prélèvement.

» 26.° A ce qu'il soit décidé si, dans la déclaration prescrite par l'*art.* 7 de la loi du 17 nivose aux ci-devant religieux ou religieuses qui auront succédé ou succéderont en vertu de cette loi, il sera fait déduction des dots qui leur auront été imputées, conformément à l'*art.* 6 de la même loi.

» Sur la vingt-sixième question, qu'il n'y a pas plus de difficulté, s'agissant d'une déduction naturelle et de droit, et la seule raison dictant que la déclaration n'est due que de ce qu'on recueille effectivement.

» 27.° A ce que l'on retire de l'*art.* 59 de la loi du 17 nivose tout ce qui excluerait le républicole héritier naturel d'un étranger, de la faculté de poursuivre sur les biens situés en France, la révocation des dispositions que l'étranger auroit faites depuis le 14 juillet 1789.

» Sur la vingt-septième question, que la loi portée le 17 nivose se concilie encore parfaitement avec ce qu'on demande; qu'en effet, et de ce que le donataire conserve le fruit de la disposition qu'un tiers aurait faite à son profit, et au préjudice d'un étranger, sujet de l'une des puissances coalisées, qui, sans l'extranéité, serait dans le cas du rappel, il ne s'ensuit pas que les héritiers naturels de celui-ci fussent inhabiles à réclamer contre la disposition qu'il aurait personnellement faite à leur détriment depuis le 14 juillet 1789, sauf les droits de la nation, et que les deux espèces mises en opposition sont très-distinctes.

» 28.° A ce que les legs particuliers et dons modiques, maintenus par la loi du 17 nivose, aux citoyens peu fortunés, le leur soient sans déduction du peu qu'ils possédaient auparavant.

» Sur la vingt-huitième question, que ce que l'on demande est non-seulement dans l'esprit, mais encore dans la lettre de la loi qui, pour rendre le fait sensible par un exemple, permet au donataire déchu, et qui, sans enfans, n'a que dix mille livres de fortune, de retenir de plus l'effet du don particulier, jusqu'à concurrence d'une somme égale.

» 29.° A ce qu'en expliquant l'*art.* 34 de la loi, il soit décrété que les *avantages de même nature*, et qui réuniront les mêmes conditions, instrits dans un testament antérieur au 14 juillet 1789, mais dont l'effet ne sera ouvert que depuis, soient maintenus de la même manière que ceux faits depuis et compris le 14 juillet 1789, et échus lors de la promulgation de la loi du 5 brumaire.

» Sur la vingt-neuvième question, que d'après les principes développés ci-dessus, le legs inscrit dans un testament antérieur au 14 juillet 1789, et dont l'effet ne s'est ouvert que depuis, et toutefois avant la promulgation de la loi du 5 brumaire, ne saurait être de pire condition que celui fait depuis la même époque du 14 juillet, et que deux espèces aussi analogues ne peuvent avoir que des règles communes.

» 30.° A ce que dans le cas où les dons particuliers épuiscraient la succession d'une manière notable, l'héritier naturel ait droit de concourir avec les donataires pauvres, s'il n'a pas lui-même la somme de fortune qui rend le donataire *particulier* habile à la retenue.

» Sur la trentième question, qu'elle est sans doute l'une de celles qui présentent le plus de difficulté; que cependant, et d'une part, on peut considérer qu'elle se présentera rarement, parce que des dons *à titre particulier* ne sont presque jamais que de faibles émanations des successions qu'ils n'épuisent pas, à la différence du *titre universel*, que la loi a indéfiniment restreint à la retenue d'une quotité héréditaire, parce qu'on y trouve toujours l'expropriation complète des héritiers naturels; que d'une autre part, et dans l'espèce proposée, ce serait une lutte ouverte entre plusieurs citoyens, tous pauvres, pour de chétifs avantages, et que l'exiguité même de leurs moyens respectifs convertirait souvent en un fléau, le stérile recours d'une liquidation qui ne ferait

que les épuiser tous sans rien laisser à aucun; qu'en cet état il a fallu se fixer sur celui qui était de condition plus favorable, et que l'homme peu aisé qui avait la possession a paru remporter cet avantage sur celui de sa catégorie qui, après tout, ne perd que l'occasion de gagner.

» 31.° A ce qu'il soit déclaré si le sixième, jusqu'à concurrence duquel les legs sont maintenus dans le cas de l'*art.* 41 de la loi du 17 nivose, est le sixième des *legs* ou le sixième de l'*hérédité.*

» Sur la trente-unième question, que la retenue spéciale et sans examen que l'*art.* 41 de la loi du 17 nivose a introduite en faveur *des legs particuliers* jusqu'à concurrence d'un *sixième*, dont les successions ou les héritiers naturels recueillent plus de deux cent mille livres, n'a jamais pu s'entendre que du sixième de l'hérédité, et non du legs, sans quoi la loi eût évidemment manqué son but.

» 32.° A ce que la loi s'explique particulièrement sur les dons rémunératoires et sur ceux conférés à des domestiques.

» Sur la trente-deuxième question, que si la loi se fût particulièrement occupée des dons rémunératoires, chacun aurait, sur ce fondement, demandé le maintien de ses avantages; et qu'à l'égard des domestiques, outre que l'on n'en reconnaît plus, il n'a pas dû y avoir de règles spéciales pour eux, parce que, s'ils sont indigens, ils profiteront des retenues légales, et que, s'ils sont riches, ils ne méritent pas plus de faveur que les autres citoyens.

» 33.° A ce qu'en toutes successions où l'on vient par représentation, l'on soit tenu au rapport et des libéralités personnelles qu'on a recueillies du même chef, et de celles qu'a reçues la personne représentée.

» Sur la trente-troisième question, qu'il est d'abord incontestable que dans l'espèce proposée l'on doit le rapport de ce qu'on a personnellement reçu; et qu'il ne l'est pas moins qu'entrant aux droits de ses auteurs, celui qui succède à ce titre doit rapporter ce qu'a reçu la personne représentée.

» 34.° A ce qu'il soit déclaré si le rapport est dû des fonds que le successible aurait eus par droit de retrait lignager.

» Sur la trente-quatrième question, qu'il ne s'agit pas de chose que le successible tienne de la libéralité de celui à qui il succède, et qu'un fonds qui était irrévocablement du domaine de ce dernier par la voie ordinaire des transactions commerciales, et qui n'est rentré au pouvoir d'un de ses héritiers que par l'effet de la volonté propre de celui-ci, aidée du statut, ne présente qu'un contrat dont l'objet ne peut être réputé sujet à rapport.

» 35.° A ce qu'il soit expliqué si, par l'art. 33 de la loi du 17 nivose, on a entendu tirer pleinement des dispositions de cette loi, et notamment du rapport ordonné par l'art. 8, les donations qui, bien que grévées d'usufruit, étaient, quant à la propriété, acquises avant le 14 juillet 1789.

» Sur la trente-cinquième question, que quand on a déclaré ces sortes de donations, *non comprises dans les dispositions de la loi*, l'on n'a dit ni entendu dire autre chose, sinon que ces donations n'étaient point frappées de nullité pour être grévées d'usufruit, mais sans les dispenser du rapport à la succession échue depuis le 14 juillet 1789, quand le donataire, en même temps successible, veut y prendre part.

» 36.° A ce qu'il soit déclaré si celui qui a reçu un don particulier antérieurement au 14 juillet 1789. ne peut conserver le don qui lui aurait été fait postérieurement à la même époque, sans rapporter le premier.

» Sur la trente-sixième question, que hors le cas du retour à succession, il n'y a point de rapport à faire; que pour déclarer la validité ou la nullité du don particulier postérieur au 14 juillet 1789, la loi n'a admis d'autre base que la fortune à cette dernière époque, et que

c'est sous ce rapport seulement que l'ancien don pourrait faire obstacle à la reprise du second, s'il en était résulté pour le donataire une fortune telle qu'il devînt inhabile à conserver l'effet de la dernière libéralité.

» 37.° A ce qu'il soit déclaré si, dans le cas du titre universel, la retenue du dixième ou du sixième ne peut s'exercer sans le rapport ou l'imputation des libéralités particulières que l'institué déchu aurait recueillies avant le 14 juillet 1789.

» Sur la trente-septième question, qu'elle présente une différence très-sensible avec la précédente, et que de la diversité des principes il doit résulter diversité dans les conséquences; qu'en effet il s'agit ici de prendre une quotité héréditaire, et de concourir à un partage, ce qui exige le rapport, à moins qu'en renonçant à cette qualité héréditaire, on ne s'en tienne aux avantages conférés et acquis avant le 14 juillet 1789.

» 38.° A ce qu'il soit déclaré si la retenue du sixième ou du dixième s'exercera même sur les objets rapportés.

» Sur la trente-huitième question, que les objets rapportés, faisant partie de la masse de la succession, et la retenue s'exerçant sur cette masse, la question proposée ne saurait être problématique.

» 39.° A ce que, dans les nouveaux partages, l'héritier naturel rappelé, soit, comme l'institué ou donataire déchu, tenu de rapporter en nature tout ce qu'il aurait, par quelque arrangement et à quelque titre que ce fût, antérieurement perçu de même hoirie, et conservé au même état.

» Sur la trente-neuvième question, que le rapport respectif qu'elle a pour objet, fondé sur l'équité et sur les règles les plus communes, en matière de partage, se trouve ici fortifié par la circonstance que celui qui gagne tout, au moyen de la loi, ne peut se dispenser de rapporter en nature, s'il les a conservés en cet

état,

état, des biens sur lesquels, comme sur tous les autres, le déchu a une modique retenue à exercer.

» 40.° A ce que dans le concours de plusieurs institués déchus, pour la retenue du dixième ou du sixième, et en cas de renonciation de l'un à sa part dans cette quotité, il soit déclaré à qui cette part accroîtra.

Sur la quarantième question, que d'une part le fait d'un tiers ne doit ici rendre la condition de l'autre pire ni meilleure; et que d'un autre côté, il y aurait injustice, si l'on attribuait à celui-ci le bénéfice d'une renonciation qui tourne au détriment de la masse, soit qu'elle ait pour objet d'y prendre une part plus forte, soit qu'elle n'ait pour but que d'éviter le rapport d'avantages antérieurs; qu'ainsi, c'est à la masse de la succession qu'accroît naturellement la part dont il s'agit.

» 41.° A ce que les règles propres à l'estimation des avantages en propriété ou en usufruit, s'appliquent à ceux qui participent de l'un ou de l'autre genre.

» Sur la quarante-unième question, qu'elle ne présente aucun doute raisonnable; qu'ainsi et dans le cas proposé, la propriété d'un fonds de cinq mille livres, et l'usufruit d'un autre fonds, en valeur de dix mille livres, ne représentent ensemble qu'une libéralié évaluée au capital de dix mille livres.

» 42.° A ce que dans les donations à charge de nourrir le donateur, postérieures au 14 juillet 1789, et annulées par cette raison, le donataire déchu soit autorisé à répéter les frais de nourriture.

» Sur la quarante-deuxième question, que l'article 59 de la loi du 17 nivose autorise à répéter toutes les charges qui ne sont pas attachées à la jouissance; mais que celles-ci en descendant, le donateur ne peut les répéter qu'en renonçant aux fruits et les rapportant.

» 43.° A ce que l'institué déchu soit autorisé à imputer ce qu'il vérifiera avoir payé de bonne foi,

d'après l'intention du testateur, bien que non écrite. *

» Sur la quarante-troisième question, qu'elle appartient plus à la conscience des arbitres qu'à la loi même, qui ne doit pas poser un principe dont on pourrait abuser.

» 44.° A ce qu'il soit interdit d'une manière précise à celui qui a fait depuis le 14 juillet 1789, ou qui fera à l'avenir une donation entre-vifs, soit en faveur de mariage, soit en avancement d'hoirie ou autrement, de réclamer personnellement contre l'effet de sa propre libéralité, et sauf aux héritiers, à son décès, à faire valoir leur droit.

» Sur la quarante-quatrième question, qu'elle est véritablement résolue par l'article 57 de la loi du 17 nivose; qu'en effet l'attribution faite par cet article aux seuls héritiers, et à dater seulement du jour où leur droit est ouvert, décide bien nettement que nul droit à cet égard ne réside dans la personne du donateur même.

» 45.° A ce qu'il soit expliqué si par l'article 25 de la loi du 17 nivose, on a entendu laisser le donateur libre de tenir ou de ne pas tenir les conditions qu'il s'était imposées.

» Sur la quarante-cinquième question, que l'article 57 prononce bien le contraire, en ne conférant qu'aux héritiers le droit de réclamer le bénéfice de la loi, et que tout ce que l'on doit induire de l'article 25, c'est que si les dispositions de la nature de celles qui y sont rappelées étaient postérieures au 14 juillet 1789, et avaient été converties en un paiement effectif, le produit de ce paiement, devenu vrai capital, serait sujet au rapport forcé dans la succession.

» 46.° A ce qu'il soit expliqué à qui et sur quel pied les retenues légales sont affectées quand la succession échue ou les fonds donnés depuis le 14 juillet 1789, ont passé au même titre gratuit en d'autres mains.

48

» Sur la quarante-sixième question, que la restitution étant principalement adjugée aux héritiers naturels qui ont souffert de la première disposition, les retenues ne peuvent avoir lieu que de la même manière que le premier institué ou donataire déchu les eût exercées lui-même, et dans le cas où il y aurait été admis, sauf à ses héritiers personnels à le représenter pour ces retenues, ou à ses donataires particuliers à les exercer dans les cas déterminés par la loi, jusqu'à concurrence seulement de la part qui lui fût personnellement avenue.

» 47.º A ce qu'il soit déclaré si les retenues légales auront lieu par rapport aux dispositions à cause de mort, contenant titre universel, dont l'effet ne s'est ouvert que depuis la promulgation de la loi du 5 brumaire, sans qu'il y ait eu nouvelle disposition circonscrite dans les termes du droit nouveau.

» Sur la quarante-septième question, que la loi a aboli ces anciennes dispositions, et que si elle a simplement réduit à une quotité celles dont l'auteur décédé ne pouvait refaire un nouvel acte, ce motif a cessé lorsque cet auteur a survécu à la promulgation de la loi du 5 brumaire ; qu'ainsi et s'il ne l'a pas fait, l'ancienne disposition est nulle pour le tout, sans quoi il n'y aurait pas de raison pour ne pas attribuer le même effet aux dispositions de cette nature qui pourraient échoir dans vingt ou trente ans, ce qui ferait ainsi concourir deux sortes de législations qui ne doivent plus rien avoir de commun par la suite.

» 48.º A ce qu'il soit décidé si l'institution, soit dans une universalité de meubles, soit dans une universalité d'acquêts, soit dans une universalité de propres seulement, constitue un titre universel, et si, en ce cas, la retenue du sixième ou du dixième, s'exerce toujours sur les biens de tous genres.

» Sur la quarante-huitième question, que le titre universel est celui qui porte sur l'universalité ou sur une quotité, soit des meubles et effets mobiliers, soit des acquêts, soit des propres de celui qui dispose, et que la retenue du dixième ou du sixième doit toujours avoir lieu sur l'universalité de la succession, et selon les termes généraux de la loi, à moins que les héritiers naturels rappelés ne préfèrent de laisser au déchu l'effet de la disposition.

» 49.º A ce que la loi prononce formellement sur la conservation ou l'abolition du tiers coutumier qui, en certains lieux, assurait aux enfans une portion du bien de leur père, en rendant dans ses mains cette portion non susceptible des transactions commerciales ordinaires.

» Sur la quarante-neuvième question, qu'il ne peut y avoir qu'une législation uniforme en France, et que l'*art.* 41 abolissant les transmissions statutaires, la question se trouve résolue par ce seul point.

» 50.º A ce qu'il soit déclaré si, dans les partages qui auront lieu en successions collatérales, en cas de décès de tous les héritiers du premier degré, ceux du second succéderont toujours par représentation de leurs auteurs.

» Sur la cinquantième question, que les règles ont paru devoir être communes en ligne directe ou collatérale, et qu'il a semblé plus simple et plus moral qu'en tout genre de successions, et sans égard à des prédécès, l'on suivît toujours la condition de son auteur, en venant par représentation là où cet auteur vivant eût été le premier successible ; qu'au surplus, ne s'agissant ici que de l'interprétation de la loi du 17 nivose, ses divers articles combinés ne laissent aucun doute sur ce point.

» 51.º A ce qu'il soit expliqué si le frère consanguin ou utérin doit, d'après les nouveaux principes, prendre dans la succession de son frère une part égale à celle qu'y prendra le frère germain, en cas de concours ; et si, dans l'absence des frères germains et de tous descendans d'eux, il prendra non-seulement la moitié affectée à sa ligne, mais encore la moitié affectée à l'autre ligne au préjudice des ascendans qui pourraient appartenir à cette dernière ligne.

» Sur la cinquante-unième question, que l'abolition du privilége du double lien doit être sainement entendue ; qu'il en résulte bien que le frère germain n'exclut pas généralement, comme par le passé, l'utérin ou le consanguin ; mais qu'en restituant à celui-ci ses droits naturels, la loi n'a ni pu ni dû les étendre ; qu'ainsi et dans tous les cas, la succession se divisant en deux parts, il aura un droit égal à celui du frère germain dans la moitié affectée à sa ligne, mais ne concourra pas avec ce dernier dans les biens de l'autre ligne à laquelle il est étranger, non plus qu'il n'y succédera quand il n'y aurait que des ascendans, ou même des oncles ou grands-oncles ; le droit de succéder de l'une des lignes à l'autre ne commençant que là où les parens de l'une des deux manquent entièrement, selon que le tout résulte évidemment de la loi du 17 nivose.

» 52.° A ce que les substitutions et leurs effets soient abolis, à dater de la même époque que les autres dispositions.

» Sur la cinquante-deuxième question, qu'il n'y a pas de doute que les substitutions créées le 14 juillet 1789 et depuis, ou même antérieurement à cette époque, lorsque leur auteur n'est décédé que postérieurement, ne soient annulées sous la dénomination générique de *disposition à cause de mort* ; qu'à l'égard des effets des substitutions antérieures, l'on doit s'en tenir à la loi des 25 octobre et 14 novembre 1792 ; que cette loi a fait assez en conférant au possesseur la pleine propriété pour faire cesser une indisponibilité aristocratique, funeste d'ailleur au commerce et aux transactions sociales ; mais que nulle faveur n'était due ni au grévé, ni au substitué, ni aux leurs, qui n'étaient, à vrai dire, que des privilégiés de famille, pour

discuter ou changer leur condition respective, dans l'intervalle du 14 juillet 1789 au moment où fut portée la loi d'abolition des substitutions ; qu'à cette époque on ne vit que la possession pour y consolider la propriété ; et que cette loi, qui ne dut son existence qu'à des considérations politiques, n'a rien de commun avec celle du 17 nivose ; qu'enfin, et s'il y avait ici quelqu'un de favorable sous les rapports de la nature, ce seraient les parens expropriés du substituant, et non ceux des grévés ou substitués ; mais que s'agissant à l'égard des premiers, de dispositions consommées avant le 14 juillet 1789, il faut respecter cette limite, et s'en tenir à la stricte observation des lois respectivement rendues sur cette double matière.

» 53.° A ce que la légitime ou toute autre portion qui en tenait lieu, et que certaines coutumes ne déféraient aux filles en propriété, qu'au cas que la ligne masculine vint à défaillir, soit aujourd'hui déclarée leur appartenir irrévocablement.

» Sur la cinquante-troisième question, qu'elle ne présente qu'une substitution statutaire qui ne peut exister d'après l'abolition de toutes substitutions, prononcée par la loi des 25 octobre et 14 novembre 1792, et qu'ainsi la pleine propriété ne peut être aujourd'hui contestée à des légitimaires déjà trop mal partagés.

» 54.° A ce que le parent gratifié par un acte postérieur au 14 juillet 1789, soit autorisé à conserver l'effet de cette disposition, dans le cas où son co-successible, avantagé à son préjudice dans une autre succession, antérieure au 14 juillet 1789, n'en ferait point le rapport.

» Sur la cinquante-quatrième question, que ce qui est bon et sage dans le partage d'une seule et même succession, prend un autre caractère lorsqu'on veut en faire l'application à des successions diverses ; qu'en effet ce serait remettre en partage des actes irrévocablement consommés avant le 14 juillet 1789, et dépasser une limite sans laquelle il n'y aurait plus rien

48 *

de fixe dans le système, ni de certain dans ses effets.

» 55.° A ce qu'en expliquant l'*art.* 26 de la loi du 17 nivose, relatif aux ventes à fonds perdus faits à des successibles, il soit décrété que les ventes faites à un autre titre antérieur à cette loi sont maintenues quand elles ont eu lieu de bonne foi, sans lésion, et sans aucun des vices qui peuvent annuler les contrats.

» Sur la cinquante-cinquième question, que la loi valide ce qu'elle n'annulle pas ; qu'ayant anéanti entre successibles les ventes à fonds perdus, faites depuis le 14 juillet 1789, sources trop fréquentes de donations déguisées, parce que les bases d'estimation manquent, elle n'y a pas compris les autres transactions commerciales contre lesquelles on n'invoquait ni lésion ni défaut de paiement.

» 56.° A ce qu'il soit décidé si les transactions et renonciations antérieures au 14 juillet 1789, sont annulées comme celles qui sont postérieures à cette époque.

» Sur la cinquante-sixième question, que s'il s'agit de donations acquises ou de successions ouvertes avant le 14 juillet 1789, la transaction, même postérieure, n'est pas annulée, parce que l'effet de ces anciennes dispositions est maintenu, et que la transaction vaut quand la matière n'est pas changée ; mais que s'il s'agit de renonciations anticipées à des droits ouverts depuis cette époque, outre que l'*art.* 11 de la loi du 17 nivose les écarte dans les contrats de mariage, seule espèce d'actes où elles fussent autorisées, les lois, mêmes anciennes, réprouvaient en tous autres actes les transactions qui intervenaient sur des successions d'hommes encore vivans.

» 57.° A ce qu'il soit déclaré si l'*art.* 44, en conservant aux exécuteurs testamentaires une partie des émolumens attachés à ce titre, leur laisse quelque droit à la gestion.

» Sur la cinquante-septième question, qu'il

est étonnant qu'on tire de l'indemnité accordée l'occasion de demander s'il reste quelque fonction à remplir en exécution d'un titre qui n'existe plus, et qui a nécessairement pris fin avec sa cause.

» 58.° A ce que dans les lieux où le contrôle n'était pas en usage, la date des dispositions soit déclarée suffisamment établie par la rédaction devant les officiers publics.

» Sur la cinquante-huitième question, qu'elle est résolue par les règles les plus communes, et que pour constater la date et l'authenticité d'un acte, on ne peut raisonnablement exiger d'autres formalités que celles qui étaient admises par l'usage.

» 59.° A ce qu'il soit décidé si le juge de paix saisi de la nomination des arbitres doit être celui du lieu où le disposant est mort, ou celui du domicile qu'il habitait ordinairement à l'époque du décès.

» Sur la cinquante-neuvième question, que les règles constantes ont toujours été de considérer comme le lieu de l'ouverture des successions celui où le défunt avait son domicile, sans égard à celui où il serait décédé pendant un voyage ou tout autre séjour momentané, et que les lois nouvelles n'ont apporté aucune dérogation à ce principe.

» 60.° Enfin, à ce qu'il soit déterminé si le recours en cassation sera admis contre les jugemens des arbitres qui prononceront en cette matière.

» Sur la soixantième question, que si l'on a craint les involutions de procédure, et interdit l'appel en cette matière, le recours en cassation ne l'a pas été de même ; qu'il était bon sans doute de laisser aux citoyens cette ressource contre les infractions formelles de la loi.

» Décrète, sur le tout, qu'il n'y a pas lieu à délibérer. »

Décret concernant quelques articles addition-
nels à la loi du 17 nivose sur les Donations
et Successions.

Du 23 ventose an 2.

« La convention nationale, après avoir entendu le rapport de son comité de législation,
décrète :

» Art. 1.er. Lorsqu'il y aura plus de deux
parties dans les contestations qui s'élèveront
sur l'exécution de la loi du 17 nivose dernier,
les institués ou donataires déchus d'une part,
et les héritiers naturels rappelés d'une autre
part, en quelque nombre qu'ils soient respectivement, se concilieront sur le choix de leurs
arbitres, de telle sorte qu'il n'y en ait que deux
de chaque part.

» En cas que l'on ne s'accorde pas sur ce
point, le juge de paix choisira lui-même les
arbitres ; savoir : deux parmi les citoyens inscrits sur les listes qui lui seront remises par les
divers institués ou donataires déchus, et les
deux autres sur les listes qui lui seront fournies
par les héritiers naturels rappelés.

» 2. La disposition précédente ne fait point
obstacle à ce que les parties conviennent unanimement du moindre ou d'un plus grand nombre d'arbitres ; mais en cas de dissentiment de
l'une ou de plusieurs d'entr'elles, l'article premier sera invariablement observé.

» 3. Dans les donations qui ne comprennent
que des meubles, lorsqu'elles ont été faites à
la charge de nourrir ou loger le donateur, il
est loisible au donataire, si l'auteur de la disposition est encore vivant, ou de répudier la
donation, ou de faire procéder à ses frais,
dans le délai d'un mois, par un expert que le
juge de paix nommera, à la prisée des meubles
donnés.

» 4. Lorsque cette estimation aura été faite,
le donataire est autorisé, à l'époque de l'ouverture de la succession du donateur, ou à rapporter les meubles en nature, ou seulement
leur valeur telle qu'elle aura été fixé par l'expert.

» 5. Il n'est rien innové par l'article 79 du
décret du 17 nivose, à l'égard des donations
antérieures au 5 brumaire, aux effets du retour légal, dans les pays et pour les cas où
ce droit avait lieu. Néanmoins, il ne pourra
être exercé sur les biens du donataire acquis
à la république par droit de confiscation ou
autrement.

» 6. Dans les cas où les citoyens obligés aux
restitutions ordonnées par la loi du 17 nivose,
ne pourraient les effectuer actuellement, sans
que leurs affaires en fussent sensiblement dérangées, les arbitres sont autorisés à leur accorder un délai, qui ne pourra néanmoins
excéder le terme d'une année.

» 7. Le dépôt des jugemens des arbitres se
fera au greffe du tribunal du district du lieu de
l'ouverture de la succession.

» 8. Les dispositions de la présente loi et
de celle du 17 nivose, demeurent, quant au
mode de procéder, déclarées communes aux
enfans nés hors du mariage, qui réclameront
leurs droits successifs, en vertu de la loi du 12
brumaire.

» 9. Tout citoyen qui, en vertu de la loi
du 17 nivose, voudra déposséder un tiers déchu, sera tenu d'exercer son action dans le délai d'un an, à compter de la promulgation de
la présente loi ; après ce délai, il ne sera plus
recevable. »

Décret additionnel à celui du 17 nivose, sur
les Successions.

Du 9 fructidor an 2.

« La convention nationale après avoir entendu son comité de législation, décrète :

» Art. 1.er. En successions ouvertes dans les
colonies françaises, et lorsque les héritiers naturels résideront tous dans le continent, la no-

mination des arbitres demeure attribuée au juge de paix du lieu que le défunt habitait avant son départ.

» Cette exception cessera toutes les fois que les héritiers naturels résideront, partie dans les îles, et partie dans le continent.

» 2. Les successions des absens partis avant le 1.er juillet 1789, et pour le règlement desquelles il y avait eu procédure avant le 9 février 1792, seront partagées; savoir :

» Celles dans lesquelles l'absence remontai à moins de dix ans avant le 14 juillet 1789, selon les principes établis par la loi du 17 nivose ;

» Et toutes celles plus anciennes, selon les règles adoptées dans les partages provisoires déjà faits, et qui vaudront comme définitifs.

» 3. L'*art.* 23 de la loi du 17 nivose demeure déclaré commun au cas même où la faculté d'élire a été conférée à tous autres qu'à des époux, si l'élection n'a eu son effet que le 14 juillet 1789, ou depuis.

» 4. Les ventes à fonds perdus, faites dans un *contrat de mariage* à l'un des conjoints, bien que successible, ou descendant de successible depuis le 14 juillet 1789, mais antérieurement à la promulgation de la loi du 5 brumaire, sont maintenues en ce cas, pourvu que le vendeur fût sans enfans, et sous les conditions de rapport portées par l'*art.* 15 de la loi du 17 nivose, en cas de retour à la succession.

» 5. Les parens qui avaient été saisis des biens ci-devant connus sous le nom de *propres* ou *anciens*, et qui, dans le cas de l'*art.* 69 et suivans de la loi du 17 nivose, sont tenus d'en faire la restitution, auront droit aux retenues légales de la même manière que ceux qui ont été déchus du bénéfice d'une institution.

» 6. Tous traités, transactions ou nouveaux partages faits en exécution de la loi du 17 nivose, ne pourront être attaqués sous prétexte de lésion dans le prix.

» Il n'est point dérogé par cet *article* à la

faculté de revenir contre les actes erronés qui auraient pu avoir lieu dans l'intervalle de la loi du 5 brumaire à celle du 17 nivose.

» 7. Les dépens adjugés par jugement passés en force de chose irrévocable, antérieurement à la publication des nouvelles lois, resteront à la charge de ceux qui y ont été condamnés.

» A l'égard des procédures arrêtées par l'effet de la loi du 17 nivose, les arbitres prononceront sur les frais qu'elles ont occasionnées.

» 8. En toutes contestations résultant de l'exécution de la loi du 17 nivose, les arbitres sont récusables à l'avenir ;

» 1.° S'ils sont parens de l'une ou de l'autre des parties jusqu'au degré de cousin issu de germain inclusivement.

» 2.° S'ils ont des contestations personnelles semblables à celles qui leur sont soumises.

» 9. Les parties ne deviennent non-recevables à proposer ces causes de récusation, que lorsqu'elles y ont formellement renoncé.

» 10. En cas que la récusation n'ait pas été proposée avant le jugement, il est valide.

» Il n'y aura ouverture à cassation que dans le cas où elle aurait été valablement proposée et injustement rejetée.

» 11. La connaissance des causes de récusation appartient au juge de paix accompagné de deux assesseurs.

» 12. Le juge de paix et ses deux assesseurs connaîtront aussi des plaintes portées à raison de la négligence des arbitres.

» Ils pourront, après que les parties auront été citées devant eux, nommer d'autres arbitres, s'il y échet.

» 13. La partie qui a été constituée en retard, et pour laquelle il a été nommé des arbitres d'office, est déchue du droit d'en nommer elle-même.

» Elle n'y est admise, après l'expiration des

délais ordinaires, qu'autant que la nomination d'office n'a pas encore eu lieu.

» 14. Les décisions du juge de paix et de ses assesseurs, dans les cas ci-dessus déterminés, ne seront, comme celles des arbitres, sujettes qu'au recours en cassation, s'il y a lieu.

» Elles seront, même en ce cas, exécutées par provision. »

Décret sur diverses questions relatives aux Donations, Successions et Substitutions.

Du 9 fructidor an 2.

« La convention nationale, après avoir entendu le rapport de son comité de législation sur diverses pétitions relatives aux lois intervenues sur les donations, successions et substitutions, lesquelles pétitions forment un ensemble qui tend ; savoir :

» 1.º A ce qu'il soit statué sur le sort des dispositions qui, bien que qualifiées institutions contractuelles, avaient dessaisi le donateur, soit en ce qu'il aurait borné ses droits à un simple usufruit, soit en ce qu'il se serait particulièrement réservé la disposition de tel ou tel fonds, soit enfin en ce qu'il y aurait eu tradition effective le tout antérieurement au 14 juillet 1789.

» Considérant sur la première question, que les contrats doivent s'apprécier bien plutôt par la substance que par la dénomination ; qu'ainsi, et si l'acte qui contient la disposition était non-seulement irrévocable de la part du disposant, mais qu'en même temps celui-ci n'ait pu aliéner ou hypothéquer tout ou partie des biens qui en faisaient la matière, on ne peut plus voir dans un tel acte qu'une disposition entre-vifs qui avait saisi le donataire de tout ce que le donateur ne pouvait plus aliéner ; à la différence de l'acte, qui, bien que qualifié donation, eût réservé au donateur la faculté d'aliéner ce qui en était l'objet ; qu'enfin, au double caractère, et de l'irrévocabilité de l'acte, et de

l'inaliénabilité de la part du disposant, à aucun titre, des choses ou de partie des choses qui en sont l'objet, les arbitres ont un point certain pour reconnaître les dispositions que la loi maintient en tout ou en partie, si elles sont antérieures au 14 juillet 1789, tout de même que l'absence de l'un de ces deux caractères leur indique les dispositions annulées par la loi ; qu'ainsi les institutions et promesses d'instituer pures et simples, qui, dans certains pays, en ôtant à l'instituant la faculté d'instituer tout autre héritier, lui laissaient néanmoins celle de disposer à autre titre du tout ou partie de ses biens, restent, dans les cas et à la forme de l'*art.* 1.er de la loi du 17 nivose, sans effet pour les biens qu'il pouvait aliéner.

» 2.º A ce qu'on détermine l'effet des dispositions qui, originairement révocables par conditions du fait de l'homme ou des statuts, ont cessé de l'être avant le 14 juillet 1789.

» Sur la seconde question, qu'elle se résout par les principes développés dans la précédente ; et que le moment où la disposition est devenue irrévocable et son objet inaliénable par le fait du disposant, est devenu aussi celui où elle a dû obtenir son entier effet, si cette chance a reçu son accomplissement avant le 14 juillet 1789.

» 3.º A ce que les hospices de charité et maisons de secours soient, en expliquant la sixième réponse inscrite au décret du 22 ventose, déclarés habiles à conserver l'état des libéralités particulières, jusqu'à concurrence de 10,000 liv., sans considération du degré de fortune donné pour base générale à cette habilité.

» Sur la troisième question, que les raisons qui ont fait déclarer les citoyens peu fortunés aptes à cette retenue, militaient ici pour les maisons de secours, et que la loi avait fait assez pour l'intérêt des familles particulières, quand elle avait, par rapport à ces sortes d'établissemens, limité par un *maximum* commun l'effet des libéralités à eux faites, et qu'ainsi circonscrites dans ces termes, elles doivent subsister aujourd'hui au profit de la nation, qui représente ces hospices, d'après la loi du 23 messidor.

» 4.° A ce qu'il soit particulièrement statué sur la forme des déclarations que les ci-devant religieux auront à faire, en exécution de l'article 7 de la loi du 27 nivose, quand leurs droits ne seront ni liquidés ni connus.

» Sur la quatrième question, que d'après les règles du simple bon sens, ils n'auront en ce cas autre chose à déclarer que ce fait, et d'autres soumissions à faire que de rapporter ou imputer après la liquidation, sauf sur ce point, comme sur tous les autres de même nature, les peines attachées aux fausses déclarations par l'article cité.

» 5.° A ce qu'il soit pourvu aux renonciations que certains ci-devant religieux pourraient faire de droits à eux échus, dans la vue de gratifier d'autant leurs familles; et de conserver ainsi leurs pensions au détriment du trésor public.

» Sur la cinquième question, que c'est un principe sacré que nul ne peut être héritier malgré soi, et qu'ici même ce principe doit être respecté, sauf, s'il y échet, aux agens nationaux à exercer les droits du renonçant, seul moyen de concilier le droit essentiel de tout citoyen avec l'intérêt de la république.

» 6.° A ce qu'en expliquant la réponse donnée à la neuvième question posée dans le décret du 22 ventose, il soit déclaré si les vœux religieux prononcés par les hommes avant 21 ans, et par les femmes avant 18 ans, sont, bien qu'antérieurs au 14 juillet 1789, annulés, même dans les pays réunis, où l'édit de 1768 n'était pas en vigueur.

» Sur la sixième question, que la négative est évidente et résulte du principe même posé dans la réponse citée, qui, en distinguant les époques, marque l'esprit de la loi, et conduit aussi naturellement à la distinction des lieux qui, avant le 14 juillet 1789, étaient soumis à d'autres règles, n'y ayant de nullité commune que

pour les vœux émis postérieurement à cette époque.

» 7.° A ce qu'il soit prononcé sur le sort des avantages entre époux, lorsque, concourant avec des avantages *aussi maintenus* en faveur d'autres personnes, la succession se trouve insuffisante pour remplir les uns et les autres.

» Sur la septième question, que si les avantages sont inscrits dans le même acte; chacun des donataires n'en recueille l'effet qu'au marc la livre; mais qu'au cas contraire, le premier légitimement saisi est celui qui garde, principe de tous les temps, et auquel la législation nouvelle n'a pas dérogé.

» 8.° A ce que la loi décide qui de la femme ou de l'héritier naturel du mari, recueillera l'effet d'une disposition faite par ce dernier au profit d'un tiers, depuis le 14 juillet 1789, d'objets qui, sans cette disposition, fussent avenus à la femme.

» Sur la huitième question, que la validité des dons entre époux est une opération des conventions et non de la nature; qu'ainsi, et dans le cas où la femme a été légalement privée par une volonté contraire, l'exercice des actions de la loi n'appartient qu'aux héritiers naturels, que les restitutions prononcées par la loi du 17 nivose regardent seuls.

» 9.° A ce qu'il soit décidé si ce que certains statuts accordaient aux femmes, non à titre de communauté, mais par droit de préciput ou d'hérédité sur certains genres de biens de leurs maris, n'est qu'un avantage réductible à un usufruit de moitié, lorsqu'il y a des enfans.

» Sur la neuvième question, qu'elle n'est point douteuse pour la réductibilité dans le cas prévu, ne pouvant être question d'une appropriation à titre de bénéfices de communauté, là où cette communauté n'existait point.

» 10.° A ce qu'il soit décidé si les ascendans à qui il était dû une légitime, et qui l'ont recueillie, seront tenus d'en faire le rapport dans les successions ouvertes depuis le 14 juillet 1789, ou si l'article XLIII de la loi du 17 nivose les autorise à la garder.

» Sur

» Sur la dixième question, qu'il y a distinction à faire ; qu'en effet, et si l'intérêt des ascendans se trouve simplement en opposition avec celui de tiers institués ou donataires, ces premiers doivent profiter du bénéfice attribué, par l'*art.* cité, à la ligne directe dont ils font partie ; mais que s'il y a des descendans d'eux qui soient appelés à recueillir, non plus en vertu d'un titre restreint, mais par l'effet de la loi, l'*art.* 9 de celle du 17 nivose résout la question et établit la nécessité du rapport.

» 11.° A ce que, dans le cas où un frère utérin exclut sa mère d'une succession, que, comme ascendante elle recueillerait seule sans sa présence, il soit décidé si la totalité n'en doit pas appartenir à ce frère, comme cause de l'exclusion.

» Sur la onzième question, que si, dans l'espèce proposée, il paraît, en adoptant la négative, y avoir quelque contrariété entre la cause et l'effet, c'est néanmoins le résultat simple de la démarcation entre la ligne ascendante et la ligne collatérale, et que ce point indiqué pour principe de la division entre l'utérin et les parens de l'autre ligne, doit être observé, sans toucher aux principes d'après lesquels la mère excluerait, soit les ascendans plus éloignés, soit les collatéraux de l'autre ligne, si elle n'eût pas eu d'autres enfans qui, placés, par rapport à leur frère défunt, dans la ligne collatérale, donnent ouverture au concours avec ses parens paternels, et que la même décision s'applique au cas où le frère consanguin a exclu son père.

» 12.° A ce qu'il soit décidé de quelle manière s'exerceront les retenues attribuées au titre universel, quand il y aura à-la-fois un légataire universel de l'usufruit et un autre de la propriété.

» Sur la douzième question, qu'après avoir assigné la retenue en usufruit, conformément à l'*art.* 17 de la loi du 17 nivose, celle en propriété peut et doit, après cet usufruit, s'exercer sur les mêmes objets, jusqu'à concurrence de la quotité légale, ce qui s'opère successivement et ne grève personne.

» 13.° A ce qu'il soit statué sur l'effet qu'obtiendra la retenue légale affectée au titre universel détruit, lorsque les libéralités particulières et autres charges de l'hoirie l'absorberont entièrement.

» Sur la treizième question, qu'elle est oiseuse, en ce que, si les libéralités particulières, devenues d'autant plus favorables qu'elles ne sont maintenues qu'au profit de gens peu fortunés, absorbent tout, il n'y a plus de retenue pour le titre universel là où il ne reste rien ni pour l'institué, ni même pour les héritiers naturels rappelés.

» 14.° A ce que la loi fasse cesser l'effet des parts accroissantes à raison des enfans, là où ces enfans ont cessé d'être à la charge de leurs pères et mères.

» Sur la quatorzième question, que si la loi, en adjugeant ces parts accroissantes, a pris en considération la charge résultante du nombre des enfans, elle y a vu aussi la division future de son bienfait sur plusieurs têtes, et qu'elle doit être indéfiniment exécutée.

» 15.° A ce qu'on détermine comment s'opérera la prise et le partage des parts accroissantes à la retenue légale, lorsque cette retenue principale est concurremment dévolue à plusieurs institués ou donataires déchus, dont les uns avaient des enfans et les autres non.

» Sur la quinzième question, que l'esprit et la lettre de la loi annoncent assez évidemment qu'après la division de la retenue principale, les parts additionnelles également dues par la succession, n'accroissent, par l'effet d'une seconde opération, qu'au lot de celui qui avait des enfans, et à raison de la valeur particulière de ce lot.

» 16.° A ce que, pour arriver à la fixation des fortunes, dans les cas où elle est considérée comme condition préliminaire de la retenue, on ne comprenne pas les pensions qui auraient été supprimées dans l'intervalle de la donation au nouveau partage ; et que de même l'institué déchu soit dispensé de rapporter la valeur des droits qui auraient été abolis en ses mains dans le même intervalle.

» Sur la seizième question, que dans l'un comme dans l'autre cas, le fait supérieur de la loi vient naturellement au secours et de celui qui fut pensionnaire, mais qui a cessé de l'être à l'époque du nouveau partage, et de celui qui a été légalement dépossédé.

» 17.° A ce que la loi explique si celui qui a recueilli l'effet d'une donation particulière antérieure au 14 juillet 1789, et qui, depuis cette époque, mais antérieurement au 5 brumaire dernier, avait recueilli du même chef un titre universel annulé, ne peut que conserver la retenue accordée à ce titre, et est tenu de rapporter la donation particulière.

» Sur la dix-septième question, que si l'acte d'héritier, fait postérieurement à la promulgation des lois nouvellement rendues sur cette matière, le comporte naturellement ainsi, cette disposition appliquée aux actes antérieurs serait injuste, et rendrait la loi illusoire, en enlevant le bénéfice de l'option à ceux pour lesquels il a été introduit; qu'ainsi il peut garder le don particulier antérieur au 14 juillet 1789, s'il remet en totalité ce qu'il avait recueilli à titre universel.

» 18.° A ce qu'il soit décrété qu'il n'est point dérogé à la nullité des donations, même antérieures au 14 juillet 1789, dans les cas où elle pouvait s'opérer par la survenance d'enfans.

» Sur la dix-huitième question, que toutes les dispositions de la loi du 17 nivose, en maintenant ce qui est antérieur au 14 juillet 1789, présupposent l'existence légale, et sont loin d'avoir anéanti les moyens de retour à l'ordre naturel, que les lois anciennes admettaient.

» 19.° A ce qu'il soit clairement déterminé si l'institution faite par un mari à sa femme, ou par une femme à son mari, avec charge expresse de rendre l'hérédité à tel de leurs enfans que l'institué voudra choisir, renferme une substitution ou une simple faculté d'élire.

» Sur la dix-neuvième question, que s'il s'agit de dispositions postérieures au 14 juillet 1789, l'effet en est nécessairement réduit à la portion d'usufruit que la loi rend disponible quand il y a des enfans ; et que si ces dispositions sont antérieures, le mari, comme grévé, et sauf la légitime des enfans, jouit bien du bénéfice des lois des 25 octobre et 14 novembre 1792, mais n'a pu élire utilement l'un de ses enfans au préjudice de autres, à moins que l'élection, avec ses effets, ne fût conférée avant le 14 juillet 1789.

» 20.° A ce que la loi détermine la date et les effets d'une institution directe faite au profit de l'aîné des enfans que laissera un citoyen désigné, avec dispositions d'usufruit au profit de celui-ci.

» Sur la vingtième question, qu'au nom près, une telle disposition ne présente qu'une substitution dont l'usufruitier se trouvait grévé envers l'aîné de ses enfans, et doit suivre les mêmes règles.

» 21.° A ce qu'en corrigeant les principes établis par la loi des 25 octobre et 14 novembre (vieux style), concernant les effets des substitutions, la loi en remette l'objet aux héritiers naturels dépouillés, au lieu de le laisser aux grévés.

» Sur la vingt-unième question, qu'un double inconvénient existerait dans l'interversion proposée. Le premier, d'ôter aux grévés une propriété qui dans leurs mains a été consolidée à l'usufruit par une loi solennelle, et dont ils ont pu disposer sous la foi même de cette loi : le second, de rappeler indéfiniment à l'exercice de droits perdus depuis long-temps pour les héritiers naturels ; qu'en cet état, l'ordre social, bien supérieur à l'intérêt de quelques particuliers, sollicite le maintien des règles rappelées en la 52.° réponse inscrite au décret du 22 ventose.

» 22.° A ce qu'il soit décidé, si les donations d'une valeur déterminée, et néanmoins assignées en fonds héréditaires, comportent, dans le cas où elles sont maintenues, l'estimation de ces mêmes fonds, à la date du jour où le droit a été ouvert, ou seulement de celui de la délivrance.

» Sur la vingt-deuxième question, que si, en partage de chose indivise, l'époque du partage entre co-héritiers est la seule que l'on consulte, parce que les augmentations ou diminutions sont communes à la masse, il en est autrement par rapport au tiers donataire, et qu'ainsi les fonds à lui donnés jusqu'à concurrence d'une valeur déterminée, reçoivent naturellement pour leur estimation, la date du jour où ils lui sont légitimement échus.

» 23.° A ce que les dispositions de la loi du 17 nivose obtiennent leur effet, nonobstant toutes clauses par lesquelles un enfant aurait été exhérédé pour fait de mariage sans le consentement de son père, ou une femme privée de ses avantages pour cause de mariage.

» Sur la vingt-troisième question, que toute exhérédation, qui tend nécessairement à donner à l'un ce dont on prive l'autre, est implicitement abolie avec tous ses effets depuis le 14 juillet 1789; qu'au surplus, et tant dans la première que dans la seconde espèce proposées, l'art. 12 de la loi du 17 nivose annulle clairement de pareilles clauses, comme contraires à la liberté, lorsque l'effet ne s'en est ouvert que postérieurement à l'époque générale déterminée par cette loi.

» 24.° A ce que les coutumes qui consacraient certains modes de partages, ou admettaient ces droits de choix, et celles qui établissaient un douaire, même en faveur des enfans, soient déclarées abolies.

» Sur la vingt-quatrième question, que l'art. 41 de la loi du 17 nivose ramène tout à l'uniformité par l'abolition des coutumes sur le fait des dispositions depuis le 14 juillet 1789, et qu'ainsi la question proposée se trouve déjà affirmativement décidée par les termes généraux de la loi.

» 25.° A ce qu'il soit décidé si de plusieurs institués déchus, successibles ou non, celui qui a acquis, par licitation ou autrement, les parts des autres, antérieurement au 5 brumaire, doit être, pour ces parts, assimilé aux tiers possesseurs à titre onéreux, et maintenus, sauf l'action des héritiers naturels sur le prix, en quelques mains qu'il soit ou qu'il ait passé.

» Sur la vingt-cinquième question, que l'affirmative n'est pas douteuse, et que sans cela l'acquéreur, même par licitation, tenu au rapport de ces parts, dont souvent il aurait soldé le prix, resterait en éviction, ou courrait, pour le recouvrement, des risques qui concernent plus naturellement les héritiers rappelés; qu'enfin, et par rapport à ces parts, le contrat ne présente qu'une tierce acquisition à titre onéreux.

» 26.° A ce que, dans le cas où les héritiers naturels de celui qui a disposé sont en partie républicoles et en partie étrangers sujets des puissances ennemies, il soit décidé à qui accroîtront les parts de ces derniers.

» Sur la vingt-sixième question, que si l'effet total de la disposition est, pour le passé, maintenu quand il n'y a point de successibles républicoles, alliés ou neutres, il en résulte assez clairement que, dans le concours allégué, les parts des exclus restent aux républicoles institués, l'effet de l'incapacité puisée dans le droit politique n'accroissant pas nécessairement aux héritiers naturels.

» 27.° A ce que le partage des successions restitués aux protestans réfugiés, soit fait dans tous les cas, comme si elles étaient ouvertes depuis 1789.

» Sur la vingt-septième question, que ces citoyens ne sont pas d'autre condition que les autres, et que leurs droits se régissent d'après les règles communes et selon les dates effectives de l'ouverture des successions.

» 28.° A ce que toute vente ou cession de droits à un héritier par son co-héritier ou co-partageant, soit excepté de la nullité prononcée par l'*art.* 59 de la loi du 17 nivose.

» Sur la vingt-huitième question, que si *l'article* cité a généralement eu pour objet d'empêcher des acquéreurs de droits litigieux de venir troubler les familles, il perd ici son application, et ne laisse apercevoir dans l'espèce proposée qu'un arrangement licite, quand la bonne foi y préside.

» 29.° A ce qu'il soit expliqué si les *art.* 57 et 60 de la loi du 17 nivose, en ne parlant que de l'action restituée aux héritiers naturels. font obstacle à celle qui résulte des avantages maintenus contre la succession, soit que les héritiers naturels l'aient revendiquée, soit qu'elle soit restée aux mains de l'institué, ou de toute autre manière.

» Sur la vingt-neuvième question, qu'elle n'offre pas une difficulté sérieuse ; qu'en effet la loi ne devait procurer des moyens de restitution qu'à ceux qui avaient été injustement privés, mais que les avantages maintenus conservent essentiellement l'action qui leur est propre, et que la matière ne comportait pas une disposition spéciale sur un point aussi clair.

» 30.° A ce que l'hypothèque des femmes leur soit conservée sur les biens restitués par leurs maris en exécution de la loi, lorsqu'elles l'auront épuisée sur leurs autres biens libres, et à ce qu'il soit pourvu à la manière d'assolider leurs droits.

» Sur la trentième question, que l'*art.* 45 de la loi du 17 nivose est commun aux femmes comme à tous autres créanciers hypothécaires, et qu'au surplus il n'y a nulle action nouvelle à introduire en leur faveur pour l'assolidation future de leurs droits, sauf à elles, en cas de péril, à user du bénéfice des lois préexistantes.

» 31.° A ce que, dans le cas où le déchu est héritier naturel, et opte pour la retenue légale, il soit décidé si cette retenue doit s'imputer sur la part affectée à sa ligne, ou se prendre sur la masse.

» Sur la trente-unième question, que la re-

tenue se prenant sur la masse de la part de l'institué non-successible, il y a même raison dans le cas particulier, puisque la qualité d'héritier naturel se perd par l'option ; et qu'il y a encore justice, en ce que la ligne à laquelle appartient le déchu serait nécessairement lésée, si elle supportait seule l'effet d'une retenue qui ne manquerait pas d'excéder la part naturelle de ce déchu.

» 32.° A ce que l'on concilie les *art.* 9 et 62 de la loi du 17 nivose, en ce que le premier exige indéfiniment de la part du successible le rapport des avantages postérieurs au 14 juillet 1789, tandis que l'autre défère la faculté d'opter entre le nom et la qualité d'héritier.

» Sur la trente-deuxième question, que ces deux dispositions se concilient naturellement, en ce que l'une offre le principe général, et l'autre une exception en faveur de ceux-là seulement qui n'avaient ni le degré de fortune qui rend inhabile à conserver une donation particulière, ni recueilli à ce titre au-delà de ce que la loi permet ; et qu'en ce cas, pour ne pas rendre la condition du successible, pour le passé, pire que celle de l'étranger, il fallait bien lui déférer l'option.

» 33.° A ce qu'il soit expliqué si l'obligation de refaire de nouveaux actes dont il est parlé en la réponse à la quarante-septième question inscrite dans le décret du 22 ventose, s'applique au cas où la disposition plus ancienne n'est que d'objets particuliers non excédant la quotité disponible aujourd'hui.

» Sur la trente-troisième question, qu'outre que la raison résiste à cette interprétation, la lettre même de la loi la rejette, lorsqu'elle ne s'est ainsi expliquée qu'à l'égard des dispositions contenant titre universel non restreint à la quotité disponible, ou à une quotité moindre.

» 34.° A ce qu'il soit décidé si le tiers coutumier que le statut de la ci-devant Normandie accordait aux enfans, est atteint par la loi, quand il a été réglé avant le 14 juillet 1789, contradictoirement avec les parties intéressées.

» Sur la trente-quatrième question, qu'il ne peut, en ce cas, y avoir de doute pour le maintien de tels actes, qui présentent indubitablement un contrat entre-vifs valable par sa date.

» 35.° A ce qu'il soit statué sur le sort des dispositions entre époux, lorsque faites avant le 14 juillet 1789, elles excédent le point indiqué, soit par les conventions, soit par les lois d'alors.

» Sur la trente-cinquième question, que s'il s'agit de dispositions dont l'effet ait été ouvert avant le 14 juillet 1789, elles doivent être ramenées à ce terme ; mais qu'à l'égard des dispositions dont l'effet s'est ouvert depuis, elles n'ont d'autres règles que les *art.* 13 et 14 de la loi du 17 nivose.

» 36.° A ce qu'il soit dit si les tribunaux ordinaires restent compétens pour connaître des contestations relatives à des droits ouverts avant le 14 juillet 1789, et qui ne seront pas formées en exécution de la loi du 17 nivose.

» Sur la trente-sixième question, que l'affirmative résulte évidemment de la loi qui n'assujettit au jugement par arbitres que les contestations relatives à l'exécution de cette même loi.

Décrète, sur le tout, qu'il n'y a pas lieu à délibérer. »

Droit nouveau.

Déjà nous avons vu la loi du 8 avril 1791, et à peu-près la loi du 17 nivose an 2, renverser les révoltantes distinctions introduites par nos coutumes, consacrer par leurs dispositions les sages préceptes du droit naturel, et donner aux enfans nés du même mariage, des droits égaux à la succession des auteurs de leurs jours. Nous avons vu l'article 62 de la loi de nivose, poser en principe que la loi ne reconnaît aucune distinction dans l'origine et la nature des biens pour en régler la transmission, et faire disparaître par ce moyen, la différence établie par

notre droit coutumier, entre les biens nobles et roturiers, les propres, les acquêts, les meubles et immeubles ; distinction odieuse qui, en portant un membre d'une famille au plus haut degré de la fortune, plongeait les autres individus dans la misère la moins méritée.

Le Code civil, résultat des sages et profondes méditations des hommes les plus versés dans la science des lois, fruit de l'expérience de plusieurs siècles, a ramené la législation sur les successions à l'état dont elle n'aurait dû jamais s'écarter ; dire que c'est la Novelle 118 de Justinien à l'observation de laquelle ce Code nous a rappelés, c'est reconnaître dans ses auteurs la sagesse profonde du restaurateur, ou pour mieux dire, du créateur du droit romain, ouvrage admiré depuis tant de siècles, et qui survivra à toutes les révolutions humaines.

Droit nouveau.

Chap. 1er. *De l'Ouverture des Successions, et de la Saisine des héritiers.*

Les successions s'ouvrent par la mort naturelle et par la mort civile. *Art.* 718.

La succession est ouverte par la mort civile, du moment où cette mort est encourue, conformément aux dispositions de la *section 2 du chapitre 2 du titre de la Jouissance et de la Privation des droits civils. Art.* 719.

Si plusieurs personnes respectivement appelées à la succession l'une de l'autre, périssent dans un même événement, sans qu'on puisse reconnaître laquelle est décédée la première, la présomption de survie est déterminée par les circonstances du fait, et, à leur défaut, par la force de l'âge ou du sexe. *Art.* 720.

Si ceux qui ont péri ensemble avaient moins de quinze ans, le plus âgé sera présumé avoir survécu. — S'ils étaient tous au-dessus de soixante ans, le moins âgé sera présumé avoir survécu. — Si les uns avaient moins de quinze ans, et les autres plus de soixante, les premiers seront présumés avoir survécu. *Art.* 721.

Si ceux qui ont péri ensemble avaient quinze

ans accomplis et moins de soixante, le mâle est toujours présumé avoir survécu, lorsqu'il y a égalité d'âge, ou si la différence qui existe n'excède pas une année. — S'ils étaient du même sexe, la présomption de survie qui donne ouverture à la succession dans l'ordre de la nature, doit être admise : ainsi le plus jeune est présumé avoir survécu au plus âgé. *Art.* 722.

La loi règle l'ordre de succéder entre les héritiers légitimes : à leur défaut, les biens passent aux enfans naturels, ensuite à l'époux survivant; et s'il n'y en a pas, à la république. *Article* 723.

Les héritiers légitimes sont saisis de plein droit des biens, droits et actions du défunt, sous l'obligation d'acquitter toutes les charges de la succession : les enfans naturels, l'époux survivant et la république, doivent se faire envoyer en possession par justice dans les formes qui seront déterminées. *Art.* 724.

Chap. 2. — Des Qualités requises pour succéder.

Pour succéder, il faut nécessairement exister à l'instant de l'ouverture de la succession. Ainsi, sont incapables de succéder, 1.º celui qui n'est pas encore conçu; 2.º l'enfant qui n'est pas né viable; 3.º celui qui est mort civilement. *Article* 725.

Un étranger n'est admis à succéder aux biens que son parent, étranger ou Français, possède dans le territoire de la république, que dans les cas et de la manière dont un Français succède à son parent possédant des biens dans le pays de cet étranger, conformément aux dispositions de l'article 2, au titre *de la Jouissance et de la Privation des droits civils*. *Art.* 726.

Sont indignes de succéder, et comme tels exclus des successions, 1.º celui qui serait condamné pour avoir donné ou tenté de donner la mort au défunt; 2.º celui qui a porté contre le défunt une accusation capitale jugée calomnieuse; 3.º l'héritier majeur qui, instruit du

meurtre du défunt, ne l'aura pas dénoncé à la justice *Art.* 727.

Le défaut de dénonciation ne peut être opposé aux ascendans et descendans du meurtrier, ni à ses alliés au même degré, ni à son époux ou à son épouse, ni à ses frères ou sœurs, ni à ses oncles ou tantes, ni à ses neveux et nièces, *Art.* 728.

L'héritier exclu de la succession pour cause d'indignité, est tenu de rendre tous les fruits et les revenus dont il a eu la jouissance depuis l'ouverture de la succession. *Art.* 729.

Les enfans de l'indigne, venant à la succession de leur chef, et sans le secours de la représentation, ne sont pas exclus pour la faute de leur père; mais celui-ci ne peut, en aucun cas, réclamer, sur les biens de cette succession, l'usufruit que la loi accorde aux pères et mères sur les biens de leurs enfans. *Art.* 740.

Chap. 3. — Des divers Ordres de succession. — Sect. 1.ere. — Dispositions générales.

Les successions sont déférées aux enfans et descendans du défunt, à ses ascendans et à ses parens collatéraux, dans l'ordre et suivant les règles ci-après déterminées.

La loi ne considère ni la nature, ni l'origine des biens pour en régler la succession. *Article* 732.

Tout succession échue à des ascendans ou à des collatéraux, se divise en deux parts égales, l'une pour les parens de la ligne paternelle, l'autre pour les parens de la ligne maternelle. — Les parens utérins ou consanguins ne sont pas exclus par les germains; mais ils ne prennent part que dans leur ligne, sauf ce qui sera dit à l'*art.* 752. Les germains prennent part dans les deux lignes. — Il ne se fait aucune dévolution d'une ligne à l'autre, que lorsqu'il ne se trouve aucun ascendant ni collatéral de l'une des deux lignes. *Art.* 733.

Cette première division opérée entre les lignes paternelle et maternelle, il ne se fait plus de division entre les diverses branches ; mais la moitié dévolue à chaque ligne appartient à l'héritier ou aux héritiers les plus proches en degrés, sauf le cas de la représentation, ainsi qu'il sera dit ci-après. *Art.* 734.

La proximité de parenté s'établit par le nombre de générations ; chaque génération s'appelle un *degré. Art.* 735.

La suite des degrés forme la ligne : on appelle *ligne directe* la suite des degrés entre personnes qui descendent l'une de l'autre ; *ligne collatérale*, la suite des degrés entre personnes qui ne descendent pas les unes des autres, mais qui descendent d'un auteur commun. — On distingue la ligne directe, en ligne directe descendante et ligne directe ascendante.—La première est celle qui lie le chef avec ceux qui descendent de lui ; la deuxième est celle qui lie une personne avec ceux dont elle descend. *Art.* 736.

En ligne directe, on compte autant de degrés qu'il y a de générations entre les personnes : ainsi le fils est, à l'égard du père, au premier degré ; le petit-fils, au second ; et réciproquement du père et de l'aïeul à l'égard des fils et petits-fils. *Art.* 737.

En ligne collatérale, les degrés se comptent par les générations, depuis l'un des parens jusques et non compris l'auteur commun, et depuis celui-ci jusqu'à l'autre parent. — Ainsi, deux frères sont au deuxième degré ; l'oncle et le neveu sont au troisième degré ; les cousins germains au quatrième, ainsi de suite. *Art.* 738.

Sect. 2. *De la Représentation.*

La représentation est une fiction de la loi, dont l'effet est de faire entrer les représentans dans la place, dans le degré et dans les droits du représenté. *Art.* 739.

La représentation a lieu à l'infini dans la ligne directe descendante. — Elle est admise dans tous les cas, soit que les enfans du défunt concourent avec les descendans d'un enfant prédé-

décédé, soit que tous les enfans du défunt, étant morts avant lui, les descendans desdits enfans se trouvent entr'eux en degrés égaux ou inégaux. *Art.* 740.

La représentation n'a pas lieu en faveur des ascendans ; le plus proche, dans chacune des deux lignes, exclut toujours le plus éloigné. *Art.* 741.

En ligne collatérale, la représentation est admise en faveur des enfans et descendans de frères ou sœurs du défunt, soit qu'ils viennent à sa succession concurrement avec des oncles ou tantes, soit que tous les frères et sœurs du défunt étant prédécédés, la succession se trouve dévolue à leurs descendans en degrés égaux ou inégaux. *Art.* 742.

Dans tous les cas où la représentation est admise, le partage s'opère par souche : si une même souche a produit plusieurs branches, la subdivision se fait aussi par souche dans chaque branche, et les membres de la même branche partagent entr'eux par tête. *Art.* 743.

On ne représente pas les personnes vivantes, mais seulement celles qui sont mortes naturellement ou civilement.—On peut représenter celui à la succession duquel on a renoncé. *Art.* 744.

Sect. 3. *Des Successions déférées aux descendans.*

Les enfans ou leurs descendans succèdent à leurs père et mère, aïeuls, aïeules, ou autres ascendans, sans distinction de sexe ni de primogéniture, et encore qu'ils soient issus de différens mariages. — Ils succèdent par égales portions et par tête, quand ils sont tous au premier degré et appelés de leur chef : ils succèdent par souche, lorsqu'ils viennent tous ou en partie par représentation. *Art.* 745.

Sect. 4. *Des Successions déférées aux ascendans.*

Si le défunt n'a laissé ni postérité, ni frère, ni sœur, ni descendans d'eux, la succession se divise par moitié entre les ascendans de la ligne paternelle et les ascendans de la ligne maternelle. — L'ascendant qui se trouve au degré le plus proche, recueille la moitié affectée à sa ligne, à l'exclusion de tous autres.—Les ascendans au même degré succèdent par tête. *Article* 746.

Les ascendans succèdent, à l'exclusion de tous autres, aux choses par eux données à leurs enfans ou descendans décédés sans postérité, lorsque les objets donnés se retrouvent en nature dans la succession. — Si les objets ont été aliénés, les ascendans recueillent le prix qui peut en être dû. Ils succèdent aussi à l'action en reprise que pouvait avoir le donataire. *Article* 747.

Lorsque les père et mère d'une personne morte sans postérité lui ont survécu, si elle a laissé des frères, sœurs, ou des descendans d'eux, la succession se divise en deux portions égales, dont moitié seulement est déférée au père et à la mère, qui la partagent entr'eux également. — L'autre moitié appartient aux frères, sœurs ou descendans d'eux, ainsi qu'il sera expliqué dans la *section* 5 du présent *chapitre.* (*V. ci-après.*) *Art.* 748.

Dans le cas où la personne morte sans postérité laisse des frères, sœurs, ou des descendans d'eux, si le père ou la mère est prédécédé, la portion qui lui aurait été dévolue conformément au précédent article, se réunit à la moitié déférée aux frères, sœurs, ou à leurs représentans, ainsi qu'il sera expliqué à la *section* 5 du présent *chapitre. Art.* 749.

Sect. 5. *Des Successions collatérales.*

En cas de prédécès des père et mère d'une personne morte sans postérité, ses frères, sœurs ou leurs descendans, sont appelés à la succession, à l'exclusion des ascendans et des autres collatéraux. — Ils succèdent ou de leur chef, ou par représentation, ainsi qu'il a été réglé

dans la *section* 2 du présent *chapitre. Article* 750.

Si les père et mère de la personne morte sans postérité lui ont survécu, ses frères, sœurs ou leurs représentans, ne sont appelés qu'à la moitié de la succession. Si le père ou la mère seulement a survécu, ils sont appelés à recueillir les trois quarts. *Art.* 751.

Le partage de la moitié ou des trois quarts dévolus aux frères ou sœurs, aux termes de l'*article* précédent, s'opère entr'eux par égales portions, s'ils sont tous du même lit; s'ils sont de lits différens, la division se fait par moitié entre les deux lignes paternelle et maternelle du défunt; les germains prennent part dans les deux lignes, et les utérins et consanguins chacun dans leur ligne seulement : s'il n'y a de frères ou sœurs que d'un côté, ils succèdent à la totalité, à l'exclusion de tous autres parens de l'autre ligne. *Art.* 752.

A défaut de frères ou sœurs ou de descendans d'eux, et à défaut d'ascendans dans l'une ou l'autre ligne, la succession est déférée pour moitié aux ascendans survivans; et pour l'autre moitié, aux parens les plus proches de l'autre ligne. — S'il y a concours de parens collatéraux au même degré, ils partagent par tête. *Art.* 753.

Dans le cas de l'article précédent, le père ou la mère survivant a l'usufruit du tiers des biens auxquels il ne succède pas en propriété. *Art.* 754.

Les parens au-delà du douzième degré ne succèdent pas. — A défaut de parens au degré successible dans une ligne, les parens de l'autre ligne succèdent pour le tout. *Art.* 755.

Chap. 4. *Des Successions irrégulières.*

Sect. 1.re. *Des Droits des enfans naturels sur les biens de leur père ou mère, et de la Succession aux enfans naturels décédés sans postérité.*

Les enfans naturels ne sont point héritiers; la loi ne leur accorde de droits sur les biens de

leur

leur père ou mère décédés, que lorsqu'ils ont été légalement reconnus. Elle ne leur accorde aucun droit sur les biens des parens de leur père ou mère. *Art.* 756.

Le droit de l'enfant naturel sur les biens de ses père ou mère décédés, est réglé ainsi qu'il suit : -- Si le père ou la mère a laissé des descendans légitimes, ce droit est d'un tiers de la portion héréditaire que l'enfant naturel aurait eue s'il eût été légitime : il est de la moitié lorsque les père ou mère ne laissent pas de descendans, mais bien des ascendans ou des frères ou sœurs; il est des trois quarts lorsque les père ou mère ne laissent ni descendans ni ascendans, ni frères ni sœurs. *Art.* 757.

L'enfant naturel a droit à la totalité des biens, lorsque ses père ou mère ne laissent pas de parens au degré successible. *Art.* 758.

En cas de prédécès de l'enfant naturel, ses enfans ou descendans peuvent réclamer les droits fixés par les articles précédens. *Art.* 759.

L'enfant naturel ou ses descendans sont tenus d'imputer sur ce qu'ils ont droit de prétendre, tout ce qu'ils ont reçu du père ou de la mère dont la succession est ouverte, et qui serait sujet à rapport, d'après les règles établies à la *sect.* 2 du *chap.* 6 du présent *titre. Art.* 760.

Toute réclamation leur est interdite, lorsqu'ils ont reçu, du vivant de leur père ou de leur mère, la moitié de ce qui leur est attribué par les *articles* précédens, avec déclaration expresse, de la part de leur père ou mère, que leur intention est de réduire l'enfant naturel à la portion qu'ils lui ont assignée. -- Dans le cas où cette portion serait inférieure à la moitié de ce qui devrait revenir à l'enfant naturel, il ne pourra réclamer que le supplément nécessaire pour parfaire cette moitié. *Art.* 761.

Les dispositions des *art.* 757 et 758 ne sont pas applicables aux enfans adultérins ou incestueux. -- La loi ne leur accorde que des alimens. *Art.* 762.

Ces alimens sont réglés, eu égard aux facul-

Tome III.

tés du père ou de la mère, au nombre et à la qualité des héritiers légitimes. *Art.* 763.

Lorsque le père ou la mère de l'enfant adultérin ou incestueux lui auront fait apprendre un art mécanique, ou lorsque l'un d'eux lui aura assuré des alimens de son vivant, l'enfant ne pourra élever aucune réclamation contre leur succession. *Art.* 764.

La succession de l'enfant naturel décédé sans postérité, est dévolue au père ou à la mère qui l'a reconnu, ou par moitié à tous les deux, s'il a été reconnu par l'un et par l'autre. *Art.* 765.

En cas de prédécès des père et mère de l'enfant naturel, les biens qu'il en avait reçus passent aux frères ou sœurs légitimes, s'ils se retrouvent en nature dans la succession : les actions en reprise, s'il en existe, ou le prix de ces biens aliénés, s'il est encore dû, retournent également aux frères et sœurs légitimes. Tous les autres biens passent aux frères et sœurs naturels, ou à leurs descendans. *Art.* 766.

Voy. les mots Acceptation de succession, Dettes, Partage, Bénéfice d'inventaire, Héritier, Rescision, Donation *et* Testament.

SUCCESSION appelée *undè vir et uxor.*

Droit ancien.

C'est une succession particulière, introduite originairement par le droit romain, et observée par toute la France, tant en pays coutumier qu'en pays de droit écrit, en vertu de laquelle le survivant des conjoints par mariage succède au prédécédé à l'exclusion du fisc. Ainsi pour que cette succession ait lieu, il faut que le prédécédé des conjoints n'ait laissé ni descendans, ni ascendans, ni collatéraux.

Cette succession, en vertu de l'édit *undè vir et uxor,* qui défère la succession de l'un des conjoints à l'autre, est en usage en France, non-seulement en cas de déshérence, mais encore quand le prédécédé est bâtard, ou aubain, ou naturalisé, et ne laissent aucuns héritiers; auquel cas le survivant lui succède, à l'exclusion du roi ou du seigneur haut-justicier. *Voy.* Brodeau sur Louet, *lett.* V, *chap.* 13.

Le véritable fondement de cette jurisprudence est la maxime admise dans tous les états bien gouvernés, que le fisc succède toujours le dernier, et que toutes sortes de personnes qui ont en leur faveur quelque raison, soit naturelle, soit civile, lui sont toujours préférées, *fiscus post omnes.*

Bacquet en son Traité du Droit d'Aubaine, *chap.* 33, tient le contraire ; mais son avis n'a pas été suivi.

Droit intermédiaire.

Loi du 21 décembre 1790, §. 1,er. « *Art.* 4. » Le conjoint survivant pourra succéder à dé » faut de parens, même dans les lieux où la » loi territoriale a une disposition contraire. »

Droit nouveau.

Lorsque le défunt ne laisse ni parens au degré successible ni enfans naturels, les biens de sa succession appartiennent au conjoint non divorcé qui lui survit. *Art.* 767.

A défaut de conjoint survivant, la succession est acquise à la république. *Art.* 768.

Le conjoint survivant et l'administration des domaines qui prétendent droit à la succession, sont tenus de faire apposer les scellés, et de faire faire inventaire dans les formes prescrites pour l'acceptation des successions sous bénéfice d'inventaire. *Art.* 769.

Ils doivent demander l'envoi en possession au tribunal de première instance dans le ressort duquel la succession est ouverte. Le tribunal ne peut statuer sur la demande qu'après trois publications et affiches dans les formes usitées, et après avoir entendu le commissaire du gouvernement. *Art.* 770.

L'époux survivant est encore tenu de faire emploi du mobilier, ou de donner caution suffisante pour en assurer la restitution, au cas où il se présenterait des héritiers du défunt, dans l'intervalle de trois ans : après ce délai, la caution est déchargée. *Art.* 771.

L'époux survivant ou l'administration des do

maines qui n'auraient pas rempli les formalités qui leur sont respectivement prescrites, pourront être condamnés aux dommages et intérêts envers les héritiers, s'il s'en représente. *Art.* 772.

Les dispositions des articles 769, 770, 771 et 772, sont communes aux enfans naturels appelés à défaut de parens. *Art.* 773.

SUCCESSION du Fisc, est celle qui est déférée à l'état : telle est la succession qui lui appartient par droit d'aubaine.

On peut dire la même chose des successions qui sont déférées par droit de déshérence, car elles appartiennent au fisc. *Voy.* Droit d'aubaine, Droit de déshérence *et le mot précédent.*

SUGGESTION, est une fausseté artificieusement déguisée, à la faveur de laquelle le séducteur est parvenu à substituer sa volonté à la place de celle du testateur, à la lui insinuer avec assez d'adresse pour la lui faire adopter comme la sienne, ou la lui faire prononcer comme si elle était partie de son propre mouvement.

C'est un artifice qui induit une personne à faire une chose, ou à souscrire à quelque disposition, sans y être porté d'une pleine et entière volonté, mais seulement par surprise ou par condescendance aux violentes sollicitations qu'on lui a faites. Ainsi un testament est suggéré quand il est fait à la sollicitation de quelqu'un; comme si un notaire ou autre interrogeait un testateur, et lui disait : *Ne voulez-vous pas faire un tel votre légataire universel ?* Ou si l'on apportait un testament écrit, pour le faire transcrire par les notaires, et le faire ensuite signer par le testateur.

On appelle encore suggestion, quand un autre que le testateur dicte le testament, ou enfin quand on prévient sa volonté de telle sorte par ses discours, qu'on le pousse à nous laisser quelque legs : car c'est lui arracher en quelque sorte un présent qu'il n'avait pas dessein de faire ; et l'on tient que la persuasion n'est pas à cet égard moins pernicieuse que la force ouverte.

Quand on prouve qu'un testament a été fait par suggestion, il est déclaré nul. Il y a même des coutumes où, pour la validité d'un testament, il faut exprimer qu'il a été fait sans suggestion.

La suggestion, lorsqu'elle est bien établie, est certainement le plus formidable de tous les moyens dont on puisse se servir contre un testament, puisqu'un testament est *sententia voluntatis nostrœ, et non alienœ*; mais l'abus qu'on fait de ce moyen est si fréquent, qu'on n'y a pas d'égard, à moins qu'on n'en produise des preuves évidentes.

Il ne faut pas se persuader que parce qu'un testateur aura demandé des conseils de personnes sages et éclairées en qui il aura eu confiance, il en puisse résulter ni preuve, ni même la moindre présomption de suggestion. Au contraire, le soin qu'il prend pour assurer l'exécution de ses dispositions, de consulter des personnes qu'il croit capable de le guider dans une affaire si importante, est la preuve la plus claire, et la démonstration la plus complète de la certitude et de la détermination de ses volontés.

Que faut-il donc pour établir ce qu'on peut appeler suggestion? il faut apercevoir, au moins du côté du testateur, les traces d'une volonté contraire aux dispositions qu'il a faites; et du côté de ceux auxquels on impute la suggestion, des vestiges de cet artifice qui la caractérise, à la faveur de quoi on découvre qu'ils sont parvenus à déterminer le testateur, à adopter comme sienne une volonté étrangère. Si ces deux points ne se trouvent réunis, la suggestion est une chimère, incapable de faire la plus légère impression.

La question si les faits de suggestion peuvent être prouvés par témoins, dépend entièrement des circonstances; mais il est de la prudence des juges de ne la point admettre, à moins qu'il n'y ait de fortes présomptions que le testament a été suggéré, à quoi peut beaucoup servir un commencemt de preuve par écrit.

Ricard, *titre des Donations, part.* 3, *chap.* 1, *nomb.* 3, 4 *et* 5, pose pour principe que l'ordonnance de Moulins, qui défend la preuve par témoins au-dessus de cent livres, n'a point été faite pour favoriser les mauvaises intentions des hommes, et n'a d'application qu'aux cas que l'on peut avoir fait des contrats ou des actes par écrit; et qu'ainsi elle n'a pas lieu en matière de suggestion, dans laquelle il s'agit de la preuve d'un fait arrivé contre la volonté de l'une des parties.

Il distingue ensuite deux sortes de faits de suggestion, ceux qui se sont passés lors du testament, et ceux qui se sont passés avant. Pour être admis à la preuve des premiers, il faut s'inscrire en faux, quand le notaire a exprimé que le testament a été fait sans suggestion, suivant la coutume des lieux qui le requiert, parce que l'énonciation du notaire suffit. Mais à l'égard des faits de suggestion arrivés avant le testament, comme le notaire ne peut rendre raison que de ce qui se passe devant lui, quand il aurait exprimé que le testament a été fait sans suggestion, la preuve du contraire serait admise en ce cas sans inscription de faux, et à plus forte raison dans les testamens passés dans l'étendue des autres coutumes qui ne requièrent pas cette expression.

Au reste, pour que les juges y ayent égard il faut que les faits allégués soient pertinens, décisifs, et capables de donner atteinte au testament. On appelle faits de suggestion décisifs, ceux qui sont fondés dans des présomptions de droit écrit, et marqués par l'ordonnance ou par la coutume: par exemple, lorsqu'on articule qu'un novice à la veille de sa profession a disposé en faveur du monastère où il a été depuis reçu profès, et autres semblables.

Mais pour ce qui est des faits de suggestion qui sont vagues et incertains, et qui ne décident rien précisément, la preuve en doit être rejetée.

V. Ferrière sur l'*art.* 289 de la Coutume de Paris.

SUITE par hypothèque.

Droit ancien.

C'est la poursuite qu'un créancier hypothécaire est en droit d'exercer contre le possesseur la chose qui lui est hypothéquée, quoiqu'elle ne soit plus en la possession du débiteur qui a constitué l'hypothèque, et ait passé en la possession d'un nouvel acquéreur qui n'est point obligé à la dette.

Cela provient de ce que l'action hypothécaire est réelle : or la nature de l'action réelle est d'être donnée à celui qui a droit de propriété, ou autre semblable, contre le possesseur de la chose, quoiqu'il ne soit point obligé envers celui qui l'intente ; à la différence de l'action personnelle, qui n'est donnée qu'à un créancier contre son débiteur, et ne peut être donnée contre une autre personne.

En conséquence de ce droit de suite, le créancier peut, par l'action qui descend de l'hypothèque constituée, poursuivre différens droits et différentes prétentions ; car si le gage affecté à une rente constituée au profit du demandeur, a été aliéné par le débiteur de la rente, le créancier peut poursuivre le nouvel acquéreur de cet héritage en vertu de son hypothèque, pour continuer la rente et payer les arrérages qui en sont dus, ou déguerpir et abandonner l'héritage.

L'action qui dérive du droit de suite par hypothèque, est appelée pure hypothécaire, et elle est intentée dans la coutume de Paris avant la discussion du principal obligé. *Voy.* ci-dessus Hypothèque. *Voy.* Demande en déclaration d'hypothèque.

Le droit de suite par hypothèque n'a lieu que pour les immeubles, et non pour les meubles, quelque précieux qu'ils soient ; parce qu'il n'y a parmi nous que les immeubles qui soient susceptibles d'hypothèque. Comme les meubles n'ont point de situation fixe, permanente, assurée et perpétuelle, ils peuvent être facilement transportés d'un lieu à un autre ; et s'ils avaient

suite par hypothèque, il n'y aurait presque personne qui en voulût acheter sans autorité de justice : ce qui empêcherait tout commerce.

L'*art.* 170 de la coutume de Paris porte, que *Meubles n'ont point de suite par hypothèque* ; mais cet *art.* ajoute, *quand ils sont hors de la possession du débiteur.*

Comme cette suite par hypothèque ne peut avoir lieu que quand la chose hypothéquée a passé de la personne de notre débiteur en la possession d'une autre personne, on ne peut pas inférer des derniers termes de cet *article*, par un argument *à contrario*, que les meubles ayent suite par hypothèque quand ils sont en la possession du débiteur.

En effet, le sens de cet *article* est, que nous ne pouvons poursuivre ni saisir le meuble de notre débiteur, quand il est hors de sa possession ; mais que tant qu'il est en la possession du débiteur, le créancier le peut saisir, et au moyen de cette exécution en faire un gage de justice ; de manière que le créancier puisse après suivre le meuble saisi, contre celui qui s'en trouverait possesseur.

C'est ce que Loyseau appelle *suite provenant de l'exécution*, ou *gage de justice* : suite fondée sur ce qu'au moyen de la saisie, le nouvel acquéreur n'a pas pu recevoir à titre translatif de propriété le meuble saisi, et l'acquérir du propriétaire, qui était dépossédé de tout droit de propriété par autorité de justice.

Voy. Ferrière sur l'*art.* 170 de la Coutume de Paris ; et Coquille, *question* 63.

Par le droit romain, non-seulement le prix provenant de la vente des meubles se distribue suivant l'ordre des hypothèques, mais encore les meubles ont suite par hypothèque, lorsqu'ils ne sont plus entre les mains des débiteurs.

Mais quoique la distribution des meubles par hypothèque ait été parmi nous conservée dans le pays de droit écrit, on n'y a pas cependant suivi la maxime du droit romain, qui veut que les meubles même ayent suite par hypothèque, lorsqu'ils ne sont plus entre les mains du débiteur.

C'est le sentiment de tous les docteurs qui ont traité cette matière, que *Mobilia translata non subjiciuntur pignori.*

Droit intermédiaire.

La loi du 11 brumaire en 7, *chap.* 5, *art.* 14, porte : « Les créanciers, ayant privilége » ou hypothèque sur un immeuble, peuvent » le suivre en quelques mains qu'il se trouve, » pour être payés, etc. »

L'*art.* 6, *chap.* 2, de la même loi porte que les seuls biens territoriaux transmissibles et leurs accessoires inhérens, ainsi que l'usufruit et la jouissance à titre d'emphytéose des mêmes biens, sont susceptibles d'hypothèque. Le même *article* ajoute que les rentes ne peuvent plus être frappées d'hypothèque.

Droit nouveau.

L'hypothèque est un droit réel sur les immeubles affectés à l'acquittement d'une obligation. — Elle est, de sa nature, indivisible, et subsiste en entier sur tous les immeubles affectés, sur chacun et sur chaque portion de ces immeubles. — Elle les *suit* dans quelques mains qu'ils passent. *Art.* 2114.

Les créanciers ayant privilége ou hypothèque inscrite sur un immeuble, le *suivent* en quelques mains qu'il passe, pour être colloqués et payés suivant l'ordre de leurs créances ou inscriptions. *Art.* 2166.

Les meubles n'ont pas de suite par hypothèque. *Art.* 2119.

Cependant certains meubles peuvent être suivis entre les mains du détenteur, dans certains délais fixés par la loi, en vertu d'un privilége. *Voy.* le mot Privilége.

SUPPLÉMENT DE LÉGITIME.

Droit ancien.

C'est le supplément de ce qui manque au légitimaire, c'est-à-dire, à celui qui demande sa légitime, pour l'avoir entière sur les biens de celui sur lesquels elle est due, et qui ne lui en a laissé qu'une portion qui n'est pas assez forte pour la remplir.

En effet, quand les parens ne laissent à leurs enfans qu'une portion de leurs biens qui ne remplit pas leur légitime, ou qu'ils font dépendre la portion qu'ils leur laissent de quelque condition qui en suspend l'effet, ou du temps qui le regarde, ces enfans ne peuvent se plaindre que le testament soit inofficieux ; ils peuvent seulement demander le supplément de leur légitime, et que les conditions et autres causes de retardement soient sans effet. *Leg.* 29, *et tribus sequentibus, Cod. de Inoff. testam.*

Quand l'empereur Justinien, dans la loi 30 de ce titre, ordonne que les enfans à qui le père a laissé moins que la légitime, n'en puisse demander que le supplément, sans attaquer son testament comme étant inofficieux, il est évident que cet empereur entend parler d'une portion raisonnable qui approche de la légitime, et non pas d'une somme modique, comme de cinq sols, qui est plutôt une illusion, qu'une institution, et qui augmente plutôt l'inofficiosité qu'elle ne la diminue. *Si quod relictum est sit vilissimum et ridiculum, non minuit sed auget fraudem et inofficiositatem. Molinæus, ad titulum, Cod. de Inoffic. testam.*

Plusieurs parlemens ont tenu que l'institution d'héritier en la somme de cinq sols n'était pas suffisante pour couvrir la prétérition à l'égard des enfans. D'autres, au contraire, ont tenu qu'elle l'était. Celui de Toulouse a tenu que quand un des enfans étoit institué héritier universel, il suffisait d'instituer les autres en la somme de cinq sols ; mais que quand l'institution était au profit d'un étranger, l'institution des enfans ne couvrait pas la prétérition. Albert, *lett.* T, *art.* 28.

Voici ce que porte l'*art.* 51 de l'ordonnance des Testamens, du mois d'août 1735. Quelque modique que soit la somme ou l'effet pour lesquels ceux qui ont droit de légitime auront été institués héritiers, le vice de la prétérition ne pourra être opposé contre le testament, encore que le testateur eût disposé de ses biens en faveur d'un étranger.

L'article suivant permet à ceux auxquels il aura été laissé moins que leur légitime à titre d'institution, de former leur demande en supplément de légitime; ce qui est ainsi réglé pour l'avenir, même dans le pays où elle n'était pas admise jusqu'alors, ou était prohibée en certains cas.

Voy. Ferrière sur le §. 3 du *tit.* 18 du *second livre* des Institutes; et Henrys, *liv.* 4, *quest.* 12.

Voy., pour le *Droit intermédiaire* et *nouveau*, le *mot* Légitime.

SURVENANCE D'ENFANS, est une cause pour laquelle une donation entre-vifs est révoquée de plein droit. *V.* Révocation de donation.

SURVIE, est une vie plus longue que celle d'un autre avec qui on a relation. *V.* les *art.* 72 et *suiv.*, au mot Succession.

En pays de droit écrit, on stipule le droit de survie dans les contrats de mariage comme un préciput. *V.* Gain de survie et augment de dot.

SURVIE, dans le droit coutumier, se prend aussi pour un certain espace de temps que quelques coutumes exigeaient se trouver entre le partage qu'un père avait fait de ses biens au profit de ses enfans, et le moment de son décès. *Ne scilicet sua dividens inter liberos bona, nimium vicinus morti facilè erret in æquali distributione.*

Cette survie était, dans quelques coutumes, de vingt jours, et dans quelques autres, de quarante. Sur quoi il faut remarquer,

1.º Que quand le père démettant avait des biens situés dans différentes coutumes, dont les unes exigeaient une survie de vingt jours, les autres une survie de quarante, et les autres n'en exigeaient point, en ce cas le partage que le père avait fait de ses biens ne valait pas, s'il n'avait survécu les vingt ou quarante jours prescrits par la coutume du lieu où les biens sont situés. En un mot, c'est la coutume de la situation des biens que l'on suit, et qui détermine de la validité du partage par rapport aux biens qui y sont situés.

2.º Qu'en Normandie on exigeait la survie du démettant, pour les biens situés dans cette province, quoiqu'il fût domicilié dans une coutume où cette survie n'était pas admise. *V.* Taisand sur l'*art.* 9 du *titre* 7 de la Coutume de Bourgogne; et Basnage sur l'*art.* 422 de celle de Normandie.

SYNALLAGMATIQUE. Ce terme, qui est tiré du grec, signifie obligatoire de part et d'autre.

Nous avons des contrats qui ne sont obligatoires que d'une part, comme le prêt; et d'autres qui sont obligatoires de part et d'autre, comme le commodat, le dépôt, le gage, la vente, le louage, la société et le mandat; et ces contrats sont appelés *synallagmatiques.*

Voy. ce que j'ai dit sur chacun de ces contrats, et la Traduction des Institutes par Ferrière, au *titre* 15, et au *titre* 24 et suivant du *troisième livre.*

Droit nouveau.

Le contrat est *synallagmatique* ou *bilatéral*, lorsque les contractans s'obligent réciproquement les uns envers les autres. *Art.* 1102.

La condition résolutoire est toujours sous-entendue dans les contrats *synallagmatiques*, pour le cas où l'une des deux parties ne satisfera point à son engagement. -- Dans ce cas, le contrat n'est point résolu de plein droit. La partie envers laquelle l'engagement n'a point été exécuté a le choix, ou de forcer l'autre à l'exécution de la convention lorsqu'elle est possible, ou d'en demander la résolution avec dommages et intérêts. -- La résolution doit être demandée en justice; et il peut être accordé au défendeur un délai, selon les circonstances. *Art.* 1184.

Les actes sous seing privé, qui contiennent des conventions synallagmatiques, ne sont valables qu'autant qu'ils ont été faits en autant d'originaux qu'il y a de parties ayant un intérêt distinct. — Il suffit d'un original pour toutes les personnes ayant le même intérêt.— Chaque original doit contenir la mention du nombre des originaux qui en ont été faits. = Néanmoins le défaut de mention que les originaux ont été faits doubles, triples, etc., ne peut être opposé par celui qui a exécuté de sa part la convention portée dans l'acte. *Art.* 1325.

T

TABELLION ET NOTAIRE étaient deux personnes différentes en quelques endroits où leurs fonctions n'avaient pas été réunies. Le notaire recevait et faisait la minute de l'acte, et le tabellion en faisait la grosse sur la minute du notaire.

Les notaires recevaient donc et passaient seulement la minute des contrats, et les pouvaient délivrer aux parties en brevet; mais quand ils ne les délivraient pas en brevet, ils étaient tenus de les porter aux tabellions, pour les garder et les délivrer en grosse aux parties, si elles le requéraient, pour avoir une exécution parée.

Ces deux fonctions ont été réunies par les édits du roi Henri IV, ce qui fait qu'on appelle aujourd'hui communément notaires, tous les officiers qui reçoivent les conventions et actes, et les délivrent aux parties.

Au reste, le nom de tabellion vient du terme latin *tabulæ*, qui signifie tablettes, parce que les anciens écrivaient sur des tablettes leurs contrats, leurs testamens, et leurs actes les plus importans. *Voy.* Notaires.

TABLEAUX.

Droit ancien.

Les tableaux non attachés à fer et à clou, ni scellés en plâtre, sont meubles. *Voy.* Ferrière, sur l'*art.* 90 de la Coutume de Paris. Pour ce qui est des tableaux de chapelle, quoique non attachés à fer et à clou, ni scellés, ils sont réputés immeubles, suivant la Note de Ricard sur cet article de la Coutume de Paris.

Les tableaux de famille appartiennent à l'aîné, de même que les manuscrits du père, les titres et papiers de la maison. *Voy.* Perchambault sur l'*art.* 586 de la Coutume de Bretagne.

Droit nouveau.

Les tableaux sont *immeubles*, lorsque le parquet sur lequel ils sont attachés fait corps avec la boiserie; et au reste, toutes les fois qu'ils sont scellés en plâtre ou à chaux ou à ciment, ou qu'ils ne peuvent être détachés sans être fracturés ou détériorés, ou sans briser ou détériorer la partie du fonds à laquelle ils sont attachés, ce qui fait supposer qu'ils ont été placés à perpétuelle demeure. *Art.* 525.

Hors ces cas, les tableaux sont meubles, quel qu'en soit le prix.

Sous la désignation de *meubles meublans*, employée dans la disposition de la loi ou de l'homme, on comprend les tableaux qui font partie du meuble d'un appartement, mais non les *collections* de tableaux qui pourraient être dans les galeries ou pièces particulières. *Art.* 534.

L'usufruitier et ses héritiers ont le droit, à la fin de l'usufruit, d'enlever les tableaux qu'il aurait fait placer, à la charge de rétablir les lieux dans leur premier état. *Art.* 599.

TACITE RÉCONDUCTION, est la continuation d'un bail par le consentement tacite et mutuel du bailleur et du preneur, à pareil prix et aux conditions portées par le bail.

Droit ancien.

Ce tacite consentement se tire de la jouissance du preneur à bail, après le temps expiré, sans aucune dénonciation de vider les lieux faite de la part du propriétaire.

La tacite réconduction est, dans la plus grande partie du royaume, pour un an, pour les héritages des champs, en payant les labours et

semences qui pourraient avoir été faits pour les
années à venir.

Cependant lorsqu'une terre est de nature
qu'il y ait inégalité de revenu d'une année à l'autre (comme si dans un bail à ferme de terres labourables pour plusieurs années, il y avait une
plus grande quantité ou de meilleures récoltes
une année que l'autre), la tacite reconduction
ne pourrait être moindre que pour deux ou trois
ans.

Pour les baux à loyer des maisons, la prorogation n'en dure qu'autant que l'habitation du
locataire durerait, s'il n'y avait point eu de
bail ; car le bailleur et le preneur peuvent,
quand bon leur semble, interrompre la reconduction, en donnant congé dans le temps réglé
par la coutume.

Néanmoins si c'est un lieu dont l'usage de sa
nature demande une plus longue prorogation,
elle aura lieu pour le temps de cet usage. Ainsi
la reconduction d'une grange s'étend au temps
de la moisson, et la reconduction d'un pressoir
au temps des vendanges.

La tacite reconduction qui renouvelle le bail
par le tacite consentement des parties, en renouvelle aussi toutes les conditions ; ce n'est qu'une
continuation de bail avec toutes ses suites. Par
exemple, posons qu'il y ait dans le bail une
clause par laquelle le locataire s'oblige de souffrir les grosses réparations qu'il serait nécessaire
de faire dans la maison qu'il loue, pendant le
temps du bail, cette clause continue toujours
tant que le locataire restera dans la maison en
vertu de la reconduction tacite.

Mais cette reconduction ne donne point d'hypothèque pour le temps de la prorogation, au
préjudice de créanciers intermédiaires ; et si
dans le bail il y avait des cautions, leur engagement finit avec le bail, et n'est pas renouvelé
par la reconduction, parce que leur obligation
était bornée au temps du bail où ils s'étaient
obligés.

Par arrêt du 22 août 1604, il a été jugé que

l'hypothèque d'une tacite reconduction n'a effet
rétroactif à l'ancien bail, à l'égard des créanciers, et que ladite hypothèque ne commence
que du jour de ladite reconduction ; parce
que c'est une hypothèque tacite, qui par conséquent ne peut pas rétrograder au préjudice
d'un tiers.

A l'égard de celui qui s'est rendu caution du
preneur à bail, comme il ne s'est obligé que
pour le temps que le bail devait durer, il n'y
aurait pas de raison d'étendre son obligation
au-delà du temps du bail, et par conséquent il ne
peut pas être tenu de la prorogation du bail qui
s'en est ensuivi par la tacite reconduction. De
même si la contrainte par corps était stipulée
pendant le bail, elle s'éteindrait avec lui, et
n'aurait pas lieu dans la tacite reconduction.

La tacite reconduction n'a lieu qu'aux baux
conventionnels, et non aux baux judiciaires,
lesquels étant finis sans que le commissaire ait
fait procéder à un nouveau bail, le fermier
judiciaire doit compter des fruits ou loyers,
au dire de gens connaissans, pour le temps qu'il
a joui au-delà de son bail.

Elle n'a pas lieu non plus à l'égard des baux
emphytéotiques, comme je l'ai dit, *au mot* Emphytéose.

Droit intermédiaire.

La loi du 28 septembre — 6 octobre 1791
abolit la tacite reconduction et ses effets, en
matière du bail à ferme ou à loyer des *biens
ruraux* seulement. L'art. 4, *section 2, porte :*
» La tacite reconduction n'aura plus lieu à l'ave-
» nir en bail à ferme ou à loyer des *biens ru-*
» *raux.* »

Droit nouveau.

Les trois *articles* qui suivent sont communs
aux baux à terme et à loyer.

Si, à l'expiration des baux écrits, le preneur
reste et est laissé en possession, il s'opère un
nouveau bail, dont l'effet est réglé par *l'arti-*
ticle

ticle relatif aux locations faites sans écrit. *Art.* 1738.

Lorsqu'il y a un congé signifié, le preneur, quoiqu'il ait continué sa jouissance, ne peut invoquer la tacite réconduction. *Art.* 1739.

Dans le cas des deux *articles* précédens, la caution donnée pour le bail ne s'étend pas aux obligations résultant de la prolongation. *Article* 1740.

Si le locataire d'une maison ou d'un appartement continue sa jouissance après l'expiration du bail par écrit, sans opposition de la part du bailleur, il sera censé les occuper aux mêmes conditions pour le terme fixé par l'usage des lieux, et ne pourra plus en sortir ni en être expulsé qu'après un congé donné suivant le délai fixé par l'usage des lieux. *Art.* 1759.

TÉMOINS, *Voy.* Preuve testimoniale.

A l'égard des personnes qui peuvent être témoins, du nombre de témoins nécessaires dans certains actes, etc., *Voy. ce* mot dans la partie de ce Dictionnaire qui traite de la *Procédure civile.*

TERME, est le temps où les choses aboutissent.

Droit ancien.

Les loyers de maisons se payent ordinairement aux quatre termes de l'année, qui sont Pâques, la St. Jean, la St. Remy et Noël.

On dit en commun proverbe : « Qui a terme ne doit rien », pour dire que qui a terme ne peut pas être contraint à payer, que le terme ne soit échu.

Celui qui a un terme pour payer, ou pour délivrer, ou pour faire quelque chose, n'est en demeure, et ne peut être valablement poursuivi, qu'après le dernier moment du terme expiré : car on ne peut pas dire qu'il n'ait point satisfait, jusqu'à ce que le délai entier se soit écoulé : *quià quandò solutioni dies adjicitur in gratiam debitoris, totus hic dies ejus arbitrio tribuitur.*

Ainsi celui qui doit dans une année, dans un

Tome III.

mois, dans un jour, a pour son délai tous les momens de l'année, du mois, ou du jour. *Leg.* 50, *ff. de Obligat. et actionib. ; Leg.* 42, *ff. de Verbor. oblig.*

Il faut excepter quand quelqu'un promet de donner *hodiè* dans le jour ; car alors on peut agir le jour même, parce que ce jour est ajouté en faveur du créancier. *Leg.* 118, *ff. de Verbor. obligat.*

Voy. ce qu'a dit Ferrière sur le *tit.* 16 du troisième livre des Institutes.

Autrefois le terme de payer qu'accordait un créancier privilégié, le faisait déchoir de son privilège, et rendait sa dette commune et ordinaire ; mais cet usage a été aboli par l'*art.* 177 de la coutume de Paris, qui décide que quand le vendeur d'une chose mobiliaire aurait donné terme, si la chose se trouvait saisie sur le débiteur par un autre créancier, il pourrait empêcher la vente, et être préféré sur la chose aux autres créanciers. *Voy.* Loysel, *liv.* 3, *tit.* 1, *art.* 8, et la note de Laurière.

Droit nouveau.

Le terme diffère de la condition, en ce qu'il ne suspend point l'engagement, dont il retarde seulement l'exécution. *Art.* 1185.

Ce qui n'est dû qu'à terme, ne peut être exigé avant l'échéance du terme ; mais ce qui a été payé d'avance, ne peut être répété. *Article* 1186.

Le terme est toujours présumé stipulé en faveur du débiteur, à moins qu'il ne résulte de la stipulation ou des circonstances, qu'il a été aussi convenu en faveur du créancier. *Article* 1187.

Le débiteur ne peut plus réclamer le bénéfice du terme lorsqu'il a fait faillite, ou lorsque par son fait il a diminué les sûretés qu'il avait données par le contrat à son créancier. *Art.* 1188.

Le bail cesse de plein droit à l'expiration du terme fixé lorsqu'il a été fait par écrit, sans qu'il soit nécessaire de donner congé. *Article* 1737.

En toutes sortes de prêts, le prêteur ne peut pas redemander les choses prêtées, avant le terme convenu. *Art.* 1899.

S'il n'a pas été fixé de terme pour la restitution, le juge peut accorder à l'emprunteur un délai suivant les circonstances. *Art.* 1900.

S'il a été seulement convenu que l'emprunteur paierait quand il le pourrait, ou quand il en aurait les moyens, le juge lui fixera un terme de paiement, suivant les circonstances. *Article* 1901.

TERME, se prend dans notre usage pour un quartier de l'année.

TERMES, sont des mots qui servent aux hommes pour exprimer leurs sentimens, ou pour faire connaître les choses comme si elles étaient présentes ; mais comme beaucoup de termes se prennent, ou dans leur propre signification, ou dans une signification moins propre, il est de la prudence de ceux qui font quelque disposition entre-vifs, ou à cause de mort, de ne se servir que de termes convenables à leur intention, et qui les expriment si clairement, qu'ils ne laissent aucun sujet d'en douter ; autrement on est exposé à subir bien des contestations qui naissent à ce sujet, et qui ne sont pas toujours faciles à décider, quelques règles que les jurisconsultes aient données pour l'interprétation des choses douteuses. *V.* ci-dessus, Choses douteuses.

Termes essentiels.

Ce sont des termes qui, par la disposition de la loi, doivent être nécessairement exprimés, à peine de nullité de l'acte ; en sorte qu'ils ne peuvent être suppléés par des termes équivalens.

Au sujet du retrait lignager, il fallait que le demandeur en retrait offrît *bourse, deniers, loyaux-coûts, et à parfaire*, tant par l'ajournement, qu'à chaque journée de la cause principale, jusqu'à contestation en cause inclusi-

vement, et d'appel aussi inclusivement, ainsi qu'il est porté en l'*art.* 140 de la coutume de Paris.

Pour l'autorisation de la femme mariée qui s'oblige, il fallait, pour que l'autorisation fût valable, que le mari se servît du terme d'autorisation ou d'autoriser : tous autres termes équipollens ne suffisaient pas. *Autoritas quæ interponi debet à marito, debet formaliter inscribi in contractu per verbum autoriso, et non sufficeret illum exprimere per equipollens.* A plus forte raison, l'omission qui aurait été faite de ce terme causerait la nullité de l'acte, comme Ferrière le dit sur l'*art.* 223 de la coutume de Paris.

A l'égard des testamens, avant la dernière ordonnance du mois d'août 1735, les mots de *dicté, nommé, relu,* étaient absolument essentiels pour qu'ils fussent valables ; mais depuis il n'est plus absolument nécessaire de se servir de ces termes, ou d'autres qui étaient autrefois requis par les coutumes et statuts : en sorte que leur omission ne causerait plus la nullité du testament, suivant l'*article* 23 de cette nouvelle ordonnance. *Voy.* Testament et Nullité.

Termes démonstratifs ou limitatifs.

Pour entendre la différence qu'il y a entre la signification de ces deux termes, il faut savoir qu'on peut assigner un legs sur un fonds ou sur une dette, de sorte que la dette ou le legs se puisse prendre sur le fonds ou la dette désignée, et aussi sur les autres biens du défunt ; ou bien uniquement sur le fonds ou sur la dette désignée, sans aucun recours sur les autres biens du testateur.

Au premier cas, c'est-à-dire, quand l'assignat est démonstratif, l'héritier n'est pas libéré par la perte de la chose, ni par l'abandonnement qu'il en ferait.

Au second cas, c'est-à-dire, quand l'assignat est limitatif, l'héritier est libéré par la perte de la chose, ou par l'abandonnement qu'il en ferait.

La question est de savoir quand les termes de l'assignat sont démonstratifs ou limitatifs.

Il faut distinguer si c'est une espèce, un corps certain que lègue le testateur, ou si c'est une somme, une quantité.

Si c'est un corps certain que lègue le testateur, l'assignat est limitatif, et il suffit à l'héritier de livrer le corps tel qu'il est; et s'il n'est point en nature, ou s'il n'est pas suffisant pour satisfaire à la volonté du défunt, il n'est rien dû davantage.

Si c'est une somme, une quantité qui est léguée, il faut délivrer la somme entière; et si les biens assignés ne suffisent pas, le légataire peut se pourvoir sur les autres biens, pourvu que la somme ou la quantité léguée ne tienne pas lieu d'un corps certain.

Par exemple, si le testateur avait légué la somme de mille livres que Titius lui doit par une promesse, ce legs serait fait d'un corps certain; ce serait *nomen legatum*, le legs de la dette de Titius. Il en est de même du legs que le testateur ferait des cent pistoles qui sont dans son coffre; car s'il y en avait moins, l'héritier serait déchargé en donnant au légataire ce qui s'y trouverait; et s'il n'y en avait point, le legs deviendrait nul. *Leg.* 108, §. 10, *ff. de Legat.* 1.

Voy. ce que Ferrière a dit sur l'*art.* 99 de la Coutume de Paris, et les Arrêts des 31 août 1675 et 1.er septembre 1681, qui sont rapportés dans le Journal du Palais; et le Dictionnaire de Brillon, *tom.* 4, *pag.* 50 et 58.

Termes directs, et Termes obliques ou indirects.

Ces Termes directs, sont ceux qui tombent directement sur la personne de celui qu'un testateur fait héritier, ou à qui il laisse quelque chose, sans l'entremise d'une autre personne. *Leg. eam, Cod. de Fideicom. juncta glossa.*

Termes obliques ou indirects, sont ceux dont on se sert pour laisser quelque chose à quelqu'un par l'entremise d'une autre personne, pour la recevoir par ses mains. *Leg. Cohæredi,* §. *Cum filiæ, ff. de Vulg. et pupil. substit.*

Toute institution d'héritier doit être faite en termes directs; et celle qui est faite en termes obliques et indirects, est appelée fidéicommis universel, quand elle est faite dans le premier degré; mais quand elle est faite dans le second, ou autre plus éloigné, elle est appelée substitution fidéicommissaire.

On appelle aussi legs toutes les libéralités qu'un testateur fait à titre particulier à quelqu'un en termes directs; au lieu qu'on nomme fidéicommis les libéralités particulières qu'un testateur fait à quelqu'un en termes obliques et indirects.

Toutes dispositions doivent être faites aujourd'hui en termes directs, à l'exception de celles prévues par les *art.* 897, 898 et 899 du Code civil, attendu la prohibition de substituer, prononcée par ce Code. *V.* Substitution *et* Testament.

Termes prohibitifs et négatifs.

Ce sont des termes qui se trouvent dans les lois, qui marquent qu'elles défendent quelque chose, et annullent tout ce qui pourrait être fait au contraire, quoique la clause irritante n'ait pas été ajoutée à cette prohibition. Ainsi quand la loi est conçue en termes prohibitifs, par exemple, *ne pourront, etc.*, elle emporte avec soi peine de nullité de ce qui se fait au préjudice de cette prohibition. *Legislatori prohibuisse sufficiat; nam quæ lege fieri prohibentur, si fuerint facta pro infectis habentur. Leg. 5, Cod. de Legib.*

La plupart des *art.* du *tit.* 10 de la coutume de Paris sont, à l'égard des femmes, conçus en termes négatifs : d'où il faut conclure que dans cette coutume la femme mariée ne pouvait rien faire d'elle même en jugement ou hors jugement, sans le consentement ou l'autorité de son mari; et que les actes qu'elle fesait autrement étaient nuls de plein droit, si ce n'est dans le cas où la coutume, par forme d'exception, avait donné la liberté aux femmes d'agir par elles-mêmes sans l'autorité et le consentement de leurs maris.

Termes latins qui ont été francisés par les praticiens, pour plus grande commodité et briéveté.

Ragueau, sur le mot d'*Iterato*, en rapporte plusieurs. Il dit d'abord que ce terme signifie une seconde commission ou décret de la cour de parlement, par lequel il est mandé de mettre à exécution ce qui avait été ordonné, nonobstant le susan ; ou pour passer outre à l'exécution d'un exécutoire de dépens, nonobstant opposition ou appellation, pour avoir été taxés en la présence de la partie condamnée. Il dit ensuite que les praticiens ont retenu en usage plusieurs autres dictions et phrases prises du latin, duquel ils usaient anciennement en justice ou finance ; comme *visa, contentor, placet, pareatis, vidimus, recuperetur, ostendatur, advertatur, intendit*, les *debentur* des chambres des comptes, *capiatis, capiatur, radiatur, idem, item, hinc, indè, ne varietur, ad instar, quousque, tradita, deficit, tenet, pro media.*

Nous avons encore *ab intestat, dictum, transeat, pro vina, alias comparuit, resultat*, congé *ex nunc*, appeller *omisso medio, toties quoties, sub pœna convicti, in mente curiæ fiat, vel concessum ut petitur*, juger *an benè vel malè*, juge *à quo*, juge *à quem*, procuration *ad lites*, procuration *ad resignandum*, commission *ad partes*, à juger les dépens *pro rara victoriæ*, lettres de *debitis* ou *debentur* : condamner *in petitis*, réponses par *credit vel non*, lettres *ne lite pendente, alibi, ex officio, illico, servivi*, et l'*ita est* du garde du scel aux contrats de la prévôté de Paris ; le *biscapit* de la chambre des comptes, quand une partie est deux fois employée en dépense ; le *stapis* et le *nobis*, qui appartiennent aux gens des comptes, et le *refutata* de chancellerie.

Enfin plusieurs autres dictions et phrases de pratique tirent leur origine de la langue latine ; comme *récépissé, compulsoire, exé-*

cutoire ; quinqueneles, subhastations, certificat, subreption, obreption, adjudication, licitation, examen à futur, indults, regrès, grâces expectatives, examiner témoins en turbes, ester à droit, et autres manières de parler.

TERRAGE, était un droit de gerbe de blé et légumes, que le seigneur de la terre prenait. Le terrage et le champart étaient une même redevance ; aussi sont-ils joints ensemble dans plusieurs coutumes, comme en celle de Dunois, *art.* 28 et 51 ; d'Amiens, *art.* 193, 195 et 197.

Voy. Champart.

TERRAGEAU, était le seigneur auquel appartenait le droit de terrage ; et celui qui possédait terre sujette à ce droit était appelé terragier.

TERRES ALLODIALES. On appellait ainsi celles tenues en franc-aleu, à la différence des fiefs et des censives.

TERRES EMBLAVÉES, sont des terres chargées de blé qui est déjà levé ; et quand le blé n'est pas encore levé, les terres dans lesquelles le blé est ensemencé, sont appelées terres semées ou ensemencées.

TERRES JECTISSES, sont des terres jetées et amassées par main d'homme dans un lieu, pour l'exhausser, et non pas celles qui, par leur assiette naturelle, sont plus hautes d'un côté que de l'autre.

Voy. Coquille sur l'*art.* 12 du *titre* 10 de la Coutume de Nivernais ; et Ferrière sur l'*art.* 192 de la Coutume de Paris.

TERRES LABOURÉES ET FUMÉES, sont celles où l'on plante des herbes, soit médicinales ou potagères, fleurs, arbres, et généralement toutes sortes de plantes. *Voy.* Ferrière, sur l'*art.* 172 de la Coutume de Paris.

TERRITOIRE, se prend pour l'étendue des terres qui sont sujettes à une juridiction. Ainsi il y a grande différence entre terrain terroir et territoire.

Territorium ab eo dictum est , quod Magistratus jus ibi terrendi habeat. Leg. 239 , §. 8 , ff. de Verbor. significat.

TESTAMENT , est une déclaration et une ordonnance solennelle de ce que nous voulons être exécuté après notre mort.

Droit ancien.

Cette déclaration est un acte fait dans les formes prescrites par les lois ou par les coutumes locales , qui marquent les dernières volontés d'une personne au sujet de ses biens après sa mort.

Cette déclaration est solennelle ; en quoi par le droit romain elle diffère des codicilles ; comme nous avons dit *au mot* Codicille.

Elle contient une disposition de dernière volonté, qui ne commence par conséquent à avoir effet qu'après la mort du testateur, et qui peut toujours être par lui révoquée jusqu'au dernier moment de sa vie.

La volonté du testateur est l'ame de son testament. *Semper vestigia voluntatis testatorum sequinur : Leg. 5 , Cod. de Necess. serv. hæred. instit.* Cette volonté est respectée jusque dans les expressions ambiguës qui la cachent. *Leg. 3 , ff. de Rebus dubiis.* Ainsi , de quelque façon que la volonté du testateur se puisse développer , les nuages dont elle est environnée ne lui font aucun obstacle, elle s'observe inviolablement, pour peu qu'on la puisse connaître.

Le testament est ainsi appelé, pour marquer que c'est une déclaration de notre volonté faite devant des témoins. *Testatio mentis , hoc est voluntas testata , seu testibus adhibitis declarata et probata ; deducto testamenti nomine ex ipsâ rei substantiâ , non verò ex ipsis verbis.* Ainsi mal-à-propos certains grammairiens ont voulu gloser sur cette étymologie , disant : *Testamentum ex eo appellatur , quod sit testatio mentis , eâdem ratione , quâ dicitur calceamentum calcatio mentis.*

Une condition essentielle pour la validité d'un testament , est que le testateur ait la faculté de tester : *Quæ quidem facultas competit non jure dominii , sed jure legis ;* comme je l'ai dit *au mot* Faculté.

Voy. , touchant les testamens , ce que Ferrière a dit sur le *titre* 10 du *second livre* des Institutes , et les *titres suivans* du *même livre,* où il est parlé des conditions qui étaient requises chez les Romains pour qu'un testament pût avoir son exécution , et où nous remarquerons ce qui se pratique parmi nous à cet égard, tant en pays coutumier, qu'en pays de droit écrit. *V.* aussi ce que Ferrière a dit sur les *articles* du *titre* 14 de la Coutume de Paris, où la matière des testamens est amplement traitée.

Pour ce qui est de l'âge auquel on peut tester , *Voy.* ci-dessus , *au mot* Age.

A l'égard des biens dont on peut disposer par testament , il faut distinguer les pays de droit écrit d'avec les pays de droit coutumier.

En pays de droit écrit, on peut disposer par testament de ses biens , de quelque nature qu'ils soient ; mais en pays coutumier, on ne peut disposer que du quint de ses propres ; comme je l'ai dit *au mot* Propre, et *au mot* Quatre-quints. *V.* aussi Quotité disponible.

Comme les meubles ne sont pas de longue durée , et que la possession en est momentanée, *si quidem res mobilia potest unâ horâ transire per centum manus ,* nos coutumes permettent d'en disposer à notre volonté. Elles nous accordent la même faculté à l'égard des immeubles qu'on a acquis par son travail et par son économie , et généralement de tous les immeubles , qui sont acquêts en notre personne.

La raison est , qu'il est juste de laisser à un homme la satisfaction de favoriser en mourant ceux qui lui ont été chers et qui ont mérité son amitié , puisque la seule consolation qui nous reste en quittant les choses de ce monde, est de les laisser à nos amis , sur-tout quand on décède sans enfans ; car quiconque en a lorsqu'il décède, doit leur laisser au moins leur légitime.

Par le droit romain, les testamens sont ou écrits, ou nuncupatifs. Il y a deux autres sortes de testamens qui sont en usage parmi nous en pays coutumier; savoir : le testament olographe, et le testament solennel.

Testamens écrits.

Ce sont ceux que le testateur rédige ou fait rédiger par écrit, en présence de sept témoins convoqués exprés de sa part pour ce sujet, lequel testament doit être muni de l'apposition des cachets des témoins, et de la signature du testateur et de celle des témoins.

Touchant les témoins, il faut remarquer qu'ils doivent être de sexe masculin, pubères et capables de recevoir par testament.

Testamens nuncupatifs.

Ce sont ceux qui se faisaient de vive voix devant sept témoins mâles, âgés de quatorze ans, et capables de recevoir par testament ; en sorte qu'il suffisait pour leur validité que le testateur déclarât sa dernière volonté en présence de sept témoins par lui priés et convoqués à cet effet.

Ainsi les testamens nuncupatifs se faisaient sans écrits, sans signature, et sans apposition de cachets ; et la preuve de ces sortes de dispositions se faisait par les témoins après la mort du testateur, lesquels manifestaient sa volonté.

Ce genre de testamens entraîne après soi de grands inconvéniens. 1.º Les témoins peuvent mourir avant le testateur. 2.º Ils peuvent oublier les différentes dispositions du testateur. 3.º Ils peuvent être corrompus pour les augmenter ou diminuer. Enfin ce genre de testamens est contraire aux ordonnances, qui défendent la preuve par témoins au-dessus de cent livres.

Aujourd'hui toutes dispositions testamentaires ou à cause de mort, de quelque qualité qu'elles soient, doivent être faites par écrit : ainsi celles

qui sont faites verbalement sont nulles ; de sorte que la preuve par témoins, même sous prétexte de la modicité de la somme dont on aurait disposé, n'est pas admissible.

Mais l'usage des testamens nuncupatifs écrits, et des testamens mystiques ou secrets, a toujours lieu dans les pays de droit écrit, et autres où lesdites formes de tester sont autorisées par les coutumes et statuts.

Voy. ce que Ferrière a dit sur le §. *dernier* du *titre* 10 du *second livre* des Institutes, et les *douze premiers articles* de la nouvelle Ordonnance des Testamens du mois d'août 1735.

Testament olographe.

C'est un testament qui est entièrement écrit, daté et signé de la main du testateur.

S'il y avait des choses écrites d'une autre main, cela causerait la nullité du testament.

Les témoins ne sont point nécessaires dans le testament olographe dans la coutume de Paris, ni dans les autres qui n'en parlent point, parce que cette espèce de testament ne requiert aucune solennité.

A l'égard de la preuve, elle s'en fait par l'écriture et la signature du testateur, par comparaison d'autres écritures et signatures faites par lui.

Ce testament est en usage dans le pays coutumier, et non pas dans le pays de droit écrit, si ce n'est dans ceux qui sont du ressort du parlement de Paris.

Il faut néanmoins excepter le Beaujolais, où le testament olographe n'est pas valable, quoique le Beaujolais soit du parlement de Paris ; comme il a été jugé par un arrêt très-notable, rendu en la grand'chambre le 20 août 1725, et ordonné être lu et publié au bailliage de Villefranche et Beaujolais.

Quoique les testamens olographes ne soient pas valables dans les pays de droit écrit, néanmoins ils y sont valables quand ils sont faits par le père ou par la mère entre leurs enfans , pourvu qu'ils soient entièrement écrits , datés et signés de la main du testateur ou de la testatrice.

Voy. l'*art.* 16 et les *suivans* de la nouvelle Ordonnance.

Touchant le testament olographe , *Voy.* ce que Ferrière en a dit sur l'*art.* 289 de la Coutume de Paris.

Testament solennel.

C'est celui qui est dicté par le testateur, reçu par personnes publiques, et revêtu des solennités requises par les ordonnances et par la coutume du lieu où il est fait.

Il doit donc être dicté par le testateur , et non pas par une autre personne en son lieu et place.

Il doit être reçu par personnes publiques, c'est-à-dire, qu'il doit être passé pardevant deux notaires, ou pardevant le curé de la paroisse du testateur , ou son vicaire général et un notaire , ou pardevant ledit curé ou vicaire et trois témoins, ou enfin pardevant un notaire et deux témoins ; iceux témoins idoines , suffisans , mâles , âgés de vingt ans accomplis , et non légataires.

Dans la coutume de Paris et dans plusieurs autres, il ne suffisait pas que ce testament eût été dicté et nommé par le testateur; il fallait encore qu'il lui eût été relu, et qu'il fût fait mention audit testament qu'il avait été ainsi dicté, nommé et relu ; mais aujourd'hui ces termes ne sont pas précisement nécessaires , suivant l'*article* 23 de la nouvelle ordonnance de 1735.

Enfin , pour la validité de ce testament , il faut qu'il soit signé par le testateur et par les témoins , ou que mention soit faite qu'ils ont été interpellés de signer, et de la cause pour laquelle ils n'ont pu signer. Il faut cependant qu'il y ait un témoin qui signe le testament, à peine de nullité.

Testament mystique ou secret.

C'est celui que le testateur a écrit ou fait écrire , et mis dans une enveloppe cachetée de son sceau , qu'il présente ensuite à sept témoins au moins , y compris le notaire ou tabellion ; ou qu'il fait écrire et sceller en leur présence , en déclarant que le contenu audit papier est son testament écrit et signé de lui , ou écrit par un autre et signé de lui, dont le notaire ou tabellion en dresse l'acte de suscription, qui doit être écrit sur ledit papier et sur la feuille qui doit servir d'enveloppe ; et ledit acte doit être signé , tant par le testateur, que par le notaire ou tabellion , ensemble par les autres témoins , sans qu'il soit nécessaire d'y apposer le sceau de chacun desdits témoins : ce qui doit être fait de suite et sans divertir à d'autres actes ; et au cas que le testateur, par un empêchement survenu depuis la signature du testament, ne puisse signer l'acte de suscription , il doit être fait mention de la déclaration qu'il en fera , sans qu'il soit besoin en ce cas d'augmenter le nombre des témoins.

Ce genre de testament , introduit par la loi 21 , *Cod. de Testament.* est appelé mystique , parce qu'il participe du nuncupatif et de l'olographe. Il y a des provinces où il est appelé testament solennel , dans d'autres testament secret, et dans plusieurs clos et caché.

Si le testateur ne sait pas signer, ou s'il n'a pu le faire lorsqu'il a fait écrire ses dispositions, il doit être appelé à l'acte de suscription un témoin outre le nombre porté ci-dessus, lequel doit signer ledit acte avec les autres témoins ; et mention doit être faite de la cause pour laquelle ledit témoin aura été appelé.

Ceux qui ne savent ou ne peuvent lire, ne pourront faire de disposition dans la forme du testament mystique.

Cependant si le testateur ne sait pas parler, mais qu'il puisse écrire, il peut faire un testament mystique, à la charge que ledit testament soit entièrement écrit, daté et signé de sa main; qu'en cet état il le présente au notaire ou tabellion et aux autres témoins; et qu'au haut de l'acte de suscription il écrive en leur présence, que le papier qu'il présente est son testament : après quoi ledit notaire ou tabellion doit écrire l'acte de suscription, dans lequel il doit faire mention que le testateur a écrit ces mots en présence dudit notaire ou tabellion et des témoins; et au surplus, doit être observé tout ce qui est prescrit par l'*art.* 9 de l'Ordonnance des Testamens du mois d'août 1735, dont nous avons ci-dessus rapporté la teneur.

Indépendamment du nombre des témoins requis par ledit *article* 9, on peut cependant suivre les statuts et coutumes observées dans les lieux régis par le droit écrit, qui exigent un moindre nombre de témoins que celui qui est ordonné par ledit *article* 9; à la charge néanmoins d'appeler un témoin outre le nombre requis par lesdites coutumes ou statuts, dans le cas mentionné en l'*art.* 10.

Il faut enfin, dans le cas du testament mystique, y mettre la date des jour, mois et an, tant pour celle de la disposition, que pour celle de la suscription.

Tout ceci est tiré des *articles* 9, 10, 11, 12, 13 et 38 de l'Ordonnance des Testamens du mois d'août 1735.

Testament d'une femme en puissance de mari.

La règle est certaine, qu'en pays coutumier une femme en puissance de mari ne peut point contracter ni s'obliger sans être autorisée de son mari; et au défaut de cette autorisation, il faut, pour la validité des actes qu'elle passe, qu'elle soit autorisée par justice.

Mais cette règle n'a point lieu pour les testamens; et une femme mariée, séparée ou non, peut dans presque toutes nos coutumes disposer de ses biens par dernière volonté, sans être autorisée de son mari, ni par justice. La raison

est, que le testament est le dernier acte de la vie, que la loi a laissé entièrement au libre arbitre et à la seule volonté du testateur. *Firmæ esse debent testamentorum jura, nec ex aliena pendere arbitrio; ideòque testamentum definitur voluntatis nostræ justa sententia, non veræ alienæ.*

D'ailleurs, le testament n'a lieu qu'après la mort de celui ou de celle qui l'a fait, temps auquel la puissance maritale est entièrement éteinte. Or il n'est pas juste que l'effet s'étende au-delà de sa cause.

Enfin, quand nos coutumes qui sont de droit écrit ont défendu à la femme mariée de contracter sans l'autorité de son mari, le terme de contracter ne concerne point les dispositions de dernière volonté, suivant la loi 20, *de Verborum significatione*, qui dit précisément, que *verba gesserunt contraxerunt non pertinent ad jus testandi.*

Testament fait par le père ou par la mère, qui contient une disposition de leurs biens entre leurs enfans.

Ce testament est valable en pays de droit écrit, pourvu qu'il soit fait en présence de deux notaires ou tabellions, ou d'un notaire et de deux témoins. Ainsi, pour la validité de ces sortes de testamens, il n'est pas nécessaire d'appeler le nombre des témoins requis dans les autres; ce qui marque combien ils sont favorables. De plus, s'il est olographe, c'est-à-dire, entièrement écrit, daté et signé de la main du testateur, il sera valable entre les enfans et descendans, suivant les *art.* 15 et 16 de la nouvelle Ordonnance des Testamens, qui déroge à la Novelle 107 de Justinien, dont la disposition était suivie en pays de droit écrit, avant cette Ordonnance des testamens; car suivant cette Novelle 107 de Justinien, un testament fait par le père ou la mère entre leurs enfans, quoiqu'imparfait et destitué des formalités requises, était valable, pourvu que le testateur sût lire et écrire, et suivît ce que prescrit cette Novelle.

Enfin,

Enfin, il faut remarquer que, suivant l'*article* 38 de la nouvelle ordonnance des Testamens, tous les testamens, codicilles, et actes de partages faits par le père ou la mère entre leurs enfans, ou autres dispositions à cause de mort, en quelque pays et en quelque forme qu'ils soient faits, doivent contenir la date des jour, mois et an, et ce, encore qu'ils fussent olographes.

A l'égard du pays coutumier, les testamens des pères et mères entre leurs enfans n'y ont jamais été reçus sans être revêtus de toutes les solennités requises par les coutumes des lieux où ils sont passés, de même que cela se pratique encore aujourd'hui en France. *V.* ce que j'ai dit ci-dessus *au mot* Partage. *V.* aussi Testament olographe.

Testament militaire.

C'est celui qui est fait à l'armée par un homme de guerre, et qui n'est assujetti à aucunes solennités requises pour la validité des testamens, pourvu qu'il soit fait *in expeditione*.

Ricard, en son Traité des Donations, *part.* 1, *sect.* 10, *chap.* 3, *nomb.* 1628, remarque que les testamens militaires n'ont été introduits en France qu'en 1409, suivant ce que dit l'auteur du grand Coutumier; qu'ils ont été ensuite autorisés, quoique non rédigés par écrit, par les ordonnances de Henri III, de 1576 et 1577, *articles* 31 et 32, sur la pacification des troubles: ce qui a depuis été restreint par l'ordonnance de Moulins, qui ne permet pas la preuve par témoins pour chose excédente la somme de cent livres.

Ce privilège, introduit par les lois romaines en faveur des soldats, est donc aujourd'hui reçu en France; mais l'ordonnance des Testamens du mois d'août 1735 en a réglé les formalités, qu'il faut suivre à la lettre, à peine de nullité. Voici ce qu'elle porte.

Les testamens militaires de ceux qui servent dans les armées, en quelque temps que ce soit,

doivent être faits en présence de deux notaires ou tabellions, ou d'un notaire ou tabellion et deux témoins, ou en présence de deux officiers; savoir: les majors et les officiers supérieurs d'un régiment, les prévôts des camps et armées, leurs lieutenans ou greffiers, et les commissaires des guerres, ou l'un desdits officiers avec deux témoins; et en cas que le testateur soit malade ou blessé, il peut aussi faire ses dernières dispositions en présence d'un aumônier des troupes ou des hôpitaux avec deux témoins, et ce, encore que lesdits aumôniers fussent réguliers. C'est la disposition de l'*article* 27 de ladite ordonnance.

Le testateur doit signer son testament, ou telle autre disposition, s'il sait et peut signer; et en cas qu'il déclare ne savoir ou ne pouvoir le faire, il en doit être fait mention. Lesdits actes doivent être pareillement signés par celui ou ceux qui les recevront, ensemble par les témoins, sans cependant qu'il soit nécessaire d'appeler des témoins qui sachent et puissent signer, si ce n'est lorsque le testateur ne saura ou ne pourra le faire; et à la réserve de ce cas, lorsque les témoins ou l'un d'eux déclareront qu'ils ne savent ou ne peuvent signer, il suffira d'en faire mention. C'est ce que porte l'*art.* 28.

Les testamens olographes faits par ceux qui servent dans les armées, en quelque pays que ce soit, sont valables, pourvu qu'ils soient entièrement écrits, datés et signés de la main de celui qui les aura faits, comme il est dit en l'*art.* 29.

Ces dispositions ne doivent avoir lieu qu'en faveur de ceux qui seront actuellement en expédition militaire, ou qui seront en quartier ou en garnison hors le royaume, ou prisonniers chez les ennemis, sans que ceux qui sont en quartier ou en garnison dans le royaume puissent profiter de ces dispositions, si ce n'est qu'ils fussent dans une place assiégée ou dans une citadelle, ou autres lieux dont les portes fussent fermées, et la communication interrompue à cause de la guerre. Ainsi ordonné par l'art. 30.

Ceux qui n'étant ni officiers ni engagés dans les troupes, se trouveront à la suite des armées ou chez les ennemis, soit à cause de leurs emplois ou fonctions, soit pour le service qu'ils rendent aux officiers, soit à l'occasion de la fourniture des vivres et munitions de troupes, pourront faire leurs dernières dispositions dans la forme portée par les *articles* 27, 28 et 29, et dans les cas marqués par l'*art.* 30, comme il est dit en l'*art.* 31.

Mais quelque favorables que soient les testamens militaires, ils demeurent nuls six mois après que ceux qui les auront faits seront revenus dans un lieu où ils puissent avoir la liberté de tester en la forme ordinaire, si ce n'est qu'ils fussent faits dans les formes qui sont requises de droit commun dans le lieu où ils auront été faits.

Le testament militaire est encore sujet parmi nous aux dispositions des coutumes, pour la prohibition de tester des propres au-delà d'une certaine quotité, et pour l'âge de tester.

Touchant le testament militaire, *Foy*. Ferrière sur *l'onzième titre* du *second livre* des *Institutes*.

V. ci-après, au *Droit nouveau*, les art. 981, 982, 983 et 984 du Code civil.

Testament maritime.

C'est celui qui est fait sur mer, dont la forme est prescrite par l'ordonnance de la Marine du mois d'août 1681.

L'*art.* 1 du *titre* 11 porte, que les testamens faits sur mer par ceux qui décéderont dans les voyages, seront réputés valables, s'ils sont écrits ou signés de la main du testateur, ou reçus par l'écrivain du vaisseau en présence de trois témoins qui signeront avec le testateur; et que si le testateur ne peut ou ne sait pas signer, il sera fait mention de la cause pour laquelle il n'aura pas signé.

Il est dit en l'*article second*, qu'aucun ne

pourra par testament reçu par l'écrivain disposer que des effets qu'il aura dans le vaisseau, et des gages qui lui seront dus.

L'*article* 3 ajoute, que les dispositions ne pourront valoir au profit des officiers du vaisseau, s'ils ne sont parens du testateur.

Cette ordonnance ne parlant point du testament militaire, il y a lieu de croire qu'elle ne l'exclut pas, et qu'ainsi les soldats qui sont sur mer peuvent faire un testament militaire, quand ils sont *in expeditione*.

V. ci-après au *Droit nouveau* les art. 988 et *suiv.* du Code civil.

Testament fait en temps de peste.

La loi 8, *Cod. de Testament.*, dit que l'on peut relâcher quelque chose des formalités des testamens, sans marquer ce que l'on en peut relâcher; ce qui avait donné lieu à différens parlemens d'en relâcher plus ou moins. *V.* le Recueil alphabétique de Bretonnier, *au mot* Testament, vers la fin.

Mais l'ordonnance du mois d'août 1735 a établi une jurisprudence uniforme dans tout le royaume, à l'égard des testamens faits en temps de peste.

L'*article* 33 porte, qu'en temps de peste les testamens, codicilles, et autres dispositions à cause de mort, pourront être faits, en quelque pays que ce soit, en présence de deux notaires ou tabellions, ou de deux officiers de justice royale, seigneuriale ou municipale, jusqu'aux greffiers inclusivement, ou pardevant un notaire ou tabellion avec deux témoins, ou pardevant un des officiers ci-dessus nommés, aussi avec deux témoins, ou en présence du curé ou desservant ou vicaire ou autre prêtre chargé d'administrer les sacremens au malade, quand même il serait régulier, et de deux témoins.

Voici les quatre *articles* suivans de cette ordonnance, où il est encore parlé des testamens faits en temps de peste.

Article 34. Ce qui a été réglé par l'*article* 28

pour les testamens militaires, sur la signature tant du testateur, que de celui ou ceux qui recevront le testament, et des témoins, sera aussi observé par rapport aux testamens, codicilles, ou autres dispositions faites en temps de peste.

Art. 35. Seront en outre valables en temps de peste, en quelque pays que ce soit, les testamens, codicilles, et autres dispositions à cause de mort, qui seront entièrement écrits, datés et signés de la main de celui qui les aura faits. Déclarons nuls tous ceux qui ne seraient pas revêtus au moins d'une des formes portées aux deux articles précédens et au présent article.

Art. 36. La disposition des *art.* 33, 34 et 35 aura lieu, tant à l'égard de ceux qui seraient attaqués de la peste, que pour ceux qui seraient dans les lieux infestés de ladite maladie, encore qu'ils ne fussent pas actuellement malades.

Art. 37. Les testamens, codicilles, et autres dispositions à cause de mort, mentionnés dans les quatre articles précédens, demeureront nuls six mois après que le commerce aura été rétabli dans le lieu où le testateur se trouvera, ou qu'il aura passé dans un lieu où le commerce n'est point interdit, si ce n'est qu'on eût observé dans lesdits actes les formes requises de droit commun dans le lieu où ils auront été faits.

Voy. ci-après, au *Droit nouveau*, les *art.* 985, 986 et 987 du Code civil.

Testament mutuel.

C'est un testament réciproque fait entre conjoints ou autres au profit du survivant; mais l'usage des testamens ou codicilles mutuels a été abrogé par l'*art.* 77 de l'ordonnance des Testamens du mois d'août 1735.

Testament commun.

C'est celui par lequel deux personnes disposent conjointement de leurs biens en faveur d'une autre personne, comme quand le testament est fait par des pères et mères conjointement au profit de leurs enfans.

Le testament mutuel et le testament commun ont été abrogés par l'*art.* 77 de l'ordonnance de 1735.

Testament inofficieux.

C'est celui dans lequel le testateur a passé sous silence, ou exhérédé ceux que le devoir de piété ou l'affection naturelle l'obligeaient d'instituer ses héritiers.

Ce testament n'est pas nul de plein droit; mais il peut être cassé par le moyen de la plainte d'inofficiosité, laquelle est accordée aux héritiers passés sous silence ou exhérédés injustement, à qui la succession du défunt était due, sous couleur que le testateur était furieux ou insensé lorsqu'il a fait une telle disposition.

Ceux à qui la fureur a troublé le sens et dévoyé l'esprit, ou qui sont insensés, sont tellement incapables de tester, que pour casser un testament fait contre les devoirs de la piété naturelle, les jurisconsultes n'ont point trouvé de moyen plus propre à cet effet, que de feindre que celui qui avait fait un testament inofficieux était alors furieux ou insensé.

Voy. ci-dessus Querelle d'inofficiosité, et Ferrière sur le *titre* 18 du *second livre* des Institutes.

Testament fait ab irato.

C'est celui par lequel un testateur paraît s'être laissé emporter par des mouvemens de haine et de colère injustes, contre ses héritiers présomptifs, qui en ce cas sont bien fondés à soutenir qu'il ne doit point être exécuté.

Droit intermédiaire.

Du 5 septembre 1791. — 12 du même mois.

« L'assemblée nationale, après avoir entendu le rapport de ses comités de constitution et d'aliénation, décrète ce qui suit:

52 *

» Toute clause impérative ou prohibitive , qui serait contraire aux lois ou aux bonnes mœurs, qui porterait atteinte à la liberté religieuse du donataire, héritier ou légataire , qui gênerait la liberté qu'il a , soit de se marier même avec telle personne, soit d'embrasser tel état , emploi ou profession, ou qui tendrait à le détourner de remplir les devoirs imposés , et d'exercer les fonctions déférées par la constitution aux citoyens actifs et éligibles , est réputée non écrite. »

Loi du 8 septembre 1791.

» L'assemblée nationale , après avoir entendu le rapport de ses comités de constitution des rapports , sur les observations et réclamations des électeurs assemblés en 1789 à Villeneuve-de-Berg , et sur celles du directoire du département de Rhône-et-Loire, et de la municipalité de Lyon ;

» Décrète que les testamens et autres actes de dernière volonté reçus jusqu'à la dernière publication du présent décret , par les notaires des ci-devant provinces de Vivarais, Lyonnais, Forez et Beaujolais, dans lesquels les notaires se seraient bornés à énoncer l'impossibilité ou l'ignorance des testateurs ou des témoins de signer , sans faire mention formelle que lesdits testateurs ou témoins ont déclaré ne le savoir ou pouvoir faire , ou ne savoir ou pouvoir écrire, ne pourront être , sous ce prétexte , attaqués de nullité en justice ; valide à cet effet lesdits testamens et autres actes de dernière volonté , en ce qui concerne ladite omission ; défend aux tribunaux d'avoir égard aux demandes déjà formées ou qui pourraient l'être par la suite afin d'en faire prononcer la nullité, sans préjudice néanmoins de l'exécution des jugemens rendus en dernier ressort , ou passés en force de chose jugée avant la publication du présent décret, et sans préjudice également aux parties de leur action pour raison des frais faits dans les demandes formées et non jugées avant ladite publication,

» Décrète, en outre , qu'à l'avenir dans les testamens et autres actes de dernière volonté que les notaires recevront , lorsque les testateurs ou les témoins ne sauront ou ne pourront signer, lesdits notaires seront tenus de faire mention formelle de la réquisition par eux faite aux testateurs ou témoins de signer , et de leur déclaration ou réponse de ne pouvoir ou savoir signer : le tout à peine de nullité des testamens et autres actes de dernière volonté , dans lesquels ladite mention aurait été omise. »

Décret qui abolit la faculté de dispos er de ses biens , soit à cause de mort , soit entre vifs, soit par donation contractuelle en ligne directe.

Du 7 mars 1793.

« La convention nationale décrète que la faculté de disposer de ses biens , soit à cause de mort , soit entre-vifs, soit par donation contractuelle en ligne directe , est abolie ; en conséquence , que tous les descendans auront un droit égal sur le partage des biens de leurs ascendans. »

Voy. la loi du 17 nivose an 2 , celles du 22 ventose et 9 fructidor an 2, *au mot* Succession.

Loi du 4 germinal an 8.

« *Art.* 1.er A compter de la publication de la présente loi , toutes libéralités qui seront faites, soit par actes entre-vifs, soit par actes de dernière volonté dans les formes légales , seront valables lorsqu'elles n'excéderont pas le quart des biens du disposant, s'il laisse à son décès moins de quatre enfans ; le cinquième , s'il laisse quatre enfans ; le sixième, s'il en laisse cinq ; et ainsi de suite , en comptant toujours, pour déterminer la portion disponible, le nombre des enfans , plus un.

» 2. Sont compris dans *l'article* précédent , sous le nom d'enfans, les descendans en quelque degré que ce soit ; néanmoins ils ne seront comptés que pour l'enfant qu'ils représentent dans la succession du disposant.

» 3. Vaudront pareillement les libéralités qui seront faites dans les formes légales, soit par actes entre vifs, soit par actes de dernière volonté, lorsqu'elles n'excéderont pas, — la moitié des biens du disposant, s'il laisse, soit des descendans, soit des frères ou sœurs, soit des enfans ou petits enfans des frères et sœurs ; — les trois quarts, lorsqu'il laisse, soit des oncles ou grands oncles, tantes ou grand'tantes, soit des cousins-germains ou cousines-germaines, soit des enfans desdits cousins et cousines.

» 4. A défaut de parens dans les degrés ci-dessus exprimés, les dispositions à titre gratuit pourront épuiser la totalité des biens du disposant.

» 5. Les libéralités autorisées par la présente loi pourront être faites au profit des enfans ou autres successibles du disposant.

» 6. Toutes lois contraires à la présente sont abrogées ; néanmoins, il n'est dérogé ni à celles qui règlent l'ordre des successions *ab intestat*, ni à celles qui concernent les *dispositions entre époux.* »

V. le mot Donation, *pag.* 662, *tom.* 1.er de ce Dictionnaire.

A l'égard des testamens faits avant la loi du 17 nivose, et non renouvelés depuis, *V. le mot* Institution d'héritier, *pag.* 368, *tom.* 2.

Droit nouveau.

Exposé du titre des Donations et Testamens, par M. Bigot Préameneu, conseiller d'état.

« Citoyens Législateurs,

» Le titre du Code civil qui a pour objet les donations entre-vifs et les testamens, rappelle tout ce qui peut intéresser l'homme le plus vivement, tout ce qui peut captiver ses affections. Vous allez prononcer sur son droit de propriété, sur les bornes de son indépendance dans l'exercice de ce droit ; vous allez poser la principale base de l'autorité des pères et mères sur leurs enfans, et fixer les rapports de fortune qui doi-

vent unir entr'eux tous les autres parens ; vous allez régler quelle est dans les actes de bienfaisance et dans les témoignages d'amitié ou de reconnaissance, la liberté compatible avec les devoirs de famille.

» Il est difficile de convaincre celui qui est habitué à se regarder comme maître absolu de sa fortune, qu'il n'est pas dépouillé d'une partie de son droit de propriété lorsqu'on veut l'assujettir à des règles, soit sur la quantité des biens dont il entend disposer, soit sur les personnes qui sont l'objet de son affection, soit sur les formes avec lesquelles il manifeste sa volonté.

» Ce sentiment d'indépendance dans l'exercice du droit de propriété acquiert une nouvelle force à mesure que l'homme avance dans sa carrière.

» Lorsque la nature et la loi l'ont établi le chef et le magistrat de sa famille, il ne peut exercer ses droits et ses devoirs, s'il n'a pas les moyens de récompenser les uns, de punir les autres, d'encourager ceux qui se portent au bien, de donner des consolations à ceux qui éprouvent les disgrâces de la nature ou les revers de la fortune : ces moyens sont principalement dans le meilleur emploi de son patrimoine, et dans la distribution que sa justice et sa sagesse lui indiquent.

» Celui qui a perdu les auteurs de ses jours, et qui n'a pas le bonheur d'être père, croit encore avoir droit à une plus grande indépendance dans ses dispositions : il n'a de penchant à suivre que celui de ses affections ou de la reconnaissance. Si ses parens ont rompu ou n'ont point entretenu les liens qui les ont unis, il ne croit avoir à remplir envers eux aucun devoir.

» C'est sur-tout lorsque l'homme voit approcher le terme de sa vie, qu'il s'occupe le plus du sort de ceux qui doivent après sa mort le représenter. C'est alors qu'il prévoit l'époque où il ne pourra plus, en tenant une balance juste, rendre heureux tous les membres de sa famille, et où les bons parens envers lesquels il avait réellement des devoirs à remplir, ne se distingueront plus de ceux qui n'aspiraient qu'à la possession de ses biens.

» C'est dans le temps où la Parque fatale commence à être menaçante, que l'homme cherche sa consolation, et le moyen de se résigner avec moins de peine à la mort, en faisant à son gré la disposition de sa fortune.

» Quelques jurisconsultes opposent à ces idées d'indépendance dans l'exercice du droit de propriété, que celui qui dispose pour le temps où il n'existera plus n'exerce point un droit naturel; qu'il n'y a de propriété que dans la possession qui finit avec la vie; que la transmission des biens après la mort du possesseur appartient à la loi civile, dont l'objet est de prévenir le désordre auquel la société serait exposée, si ses biens étaient alors la proie du premier occupant, ou s'il fallait les partager entre tous les membres de la société comme une chose devenue commune à tous.

» Ces jurisconsultes prétendent que l'ordre primitif et fondamental de la transmission des biens après la mort est celui des successions *ab intestat*, et que si l'homme a quelque pouvoir de disposer pour le temps où il n'existera plus, c'est un bienfait de la loi; c'est une portion de son pouvoir qu'elle lui cède, en posant les bornes qu'il ne peut excéder, et les formes auxquelles il est assujetti; que la transmission successive des propriétés n'aurait pu être abandonnée à la volonté de l'homme, volonté qui n'eût pas toujours été manifestée, qui souvent est le jouet des passions, qui trop variable n'eût point suffi pour établir l'ordre général que le maintien de la société exige, et que la loi seule peut calculer sur des règles équitables et fixes.

» Ce système est combattu par d'autres publicistes, qui le regardent comme pouvant ébranler les fondemens de l'ordre social, en altérant les principes sur le droit de propriété. Ils pensent que ce droit consiste essentiellement

dans l'usage que chacun peut faire de ce qui lui appartient; que si sa disposition ne doit avoir lieu qu'après sa mort, elle n'en est pas moins faite pendant sa vie, et qu'en lui contestant la liberté de disposer, c'est réduire sa propriété à un simple usufruit.

» Au milieu de ces discussions, il est un guide que l'on peut suivre avec sûreté : c'est la voix que la nature a fait entendre à tous les peuples, et qui a dicté presque toutes les législations.

» Les liens du sang, qui unissent et qui constituent les familles, sont formés par les sentimens d'affection que la nature a mis dans le cœur des parens les uns pour les autres. L'énergie de ces sentimens augmente en raison de la proximité de parenté, et elle est portée au plus haut degré entre les pères et mères et leurs enfans.

» Il n'est aucun législateur sage qui n'ait considéré ces différens degrés d'affection comme lui présentant le meilleur ordre pour la transmission des biens.

» Ainsi la loi civile, pour être parfaite à cet égard, n'a rien à créer, et les législateurs ne s'en sont écartés que quand ils ont sacrifié à l'intérêt de leur puissance le plus grand avantage et la meilleure organisation des familles.

» Lorsque la loi ne doit suivre que les mouvemens même de la nature, lorsque, pour la transmission des biens, c'est le cœur de chaque membre de la famille qu'elle doit consulter, on pourrait regarder comme indifférent que la transmission des biens se fît par la volonté de l'homme, ou que ce fût par l'autorité de la loi.

» Il est cependant, en partant de ces premières idées, un avantage certain à laisser agir jusqu'à un certain degré la volonté de l'homme.

» La loi ne saurait avoir pour objet que l'ordre général des familles. Ses regards ne peuvent se fixer sur chacune d'elles, ni pénétrer dans son intérieur pour calculer les ressources, la conduite, les besoins de chacun de ses membres, et pour régler ce qui conviendrait le mieux à sa prospérité.

» Ce sont des moyens de conservation que le père de famille peut seul avoir. Sa volonté sera donc mieux adaptée aux besoins et aux avantages particuliers de sa famille.

» L'avantage que la loi peut retirer en laissant agir la volonté de l'homme est trop précieux pour qu'elle le néglige, et dès-lors elle n'a plus à prévoir que les inconvéniens qui pourraient résulter de ce qu'on aurait entièrement livré le sort des familles à cette volonté.

» Elle peut n'avoir pas été manifestée, soit par négligence, soit par l'incertitude du dernier moment; elle peut aussi être dégradée par des passions injustes : mais soit que le chef de famille n'ait pas rempli sa mission, soit qu'il ait violé les devoirs et les sentimens naturels, la loi ne devra se mettre à sa place que pour réparer ses omissions ou ses torts.

» Si la volonté n'a pas été manifestée, la loi n'a point à établir une règle nouvelle : elle se conforme, dans l'ordre des successions, à ce que font les parens lorsqu'ils suivent les degrés naturels de leur affection. Si ce n'est pas la volonté déclarée de celui qui est mort, c'est sa volonté présumée qui exerce son empire.

» Lorsqu'elle est démentie par la raison, lorsqu'au lieu de l'exercice du plus beau droit de la nature, c'est un outrage qui lui est fait, lorsqu'au lieu du sentiment qui porte à conserver, c'est un sentiment de destruction et de désorganisation qui a dicté cette volonté, la loi ne fait encore que la dégager des passions nuisibles, pour lui conserver ce qu'elle a de raisonnable. Elle n'anéantit point les libéralités excessives; elle ne fait que les réduire. La volonté reste entière dans tout ce qu'elle a de compatible avec l'ordre public.

» Ainsi les propriétaires les plus jaloux de leur indépendance n'ont rien à regretter : ils ne peuvent la regarder comme altérée par la loi civile, soit que cette loi supplée à leur volonté non manifestée, en établissant l'ordre des successions; soit que par des règles sur les donations et les testamens, elle contienne cette volonté dans les bornes raisonnables.

» Que la faculté de disposer de ses biens soit un bienfait de la loi, ou que ce soit l'exercice du droit de propriété, rien n'est plus indifférent, pourvu que la loi ne soit pas contraire aux principes qui viennent d'être exposés. S'il en était autrement; si le législateur, dirigé par des vues politiques, avait rejeté le plan tracé par la nature pour la transmission des biens; si la faculté de disposer était resserrée dans des limites trop étroites, il serait dérisoire de soutenir que cette faculté ainsi réduite fût encore un bienfait, et que sous l'empire d'une pareille loi il y eût un libre exercice du droit de propriété.

» Mais heureusement le système dans lequel la faculté de disposer a toute l'étendue que comportent les sentimens et les devoirs de famille, est celui qui s'adapte le mieux à toutes les formes de gouvernemens, à moins qu'ils ne soient absolument despotiques.

» En effet, lorsque les familles auront un intérêt politique à ce que la distribution des biens reçoive des modifications, d'une part cet intérêt entrera dans les calculs du père de famille, et de l'autre son ambition ou sa vanité seront contenues par les devoirs que la loi ne lui permettra pas de transgresser. La loi qui donnerait à l'ambition la facilité de sacrifier ces devoirs, serait destructive des familles, et sous aucun rapport elle ne pourrait être bonne.

» Il faut encore observer que la loi civile, qui s'écarte le moins de la loi naturelle par cela même qu'elle est susceptible de se plier aux différentes forme de gouvernemens, est aussi celle qui peut le mieux fixer le droit de propriété, et le préserver d'être ébranlé par les révolutions.

» Lorsque la faculté de disposer, renfermée dans de justes bornes, présente de si grands avantages, il n'est point surprenant qu'elle se trouve consacrée dans presque toutes les législations.

» Les plus anciens monumens de l'histoire fournissent les preuves de l'usage des testamens, sans que l'on puisse y découvrir l'époque où cet usage a commencé.

» Il eut lieu chez les Égyptiens.

» On le retrouve dans les villes de Lacédémone, d'Athènes, et dans toutes les contrées de la Grèce.

» Lorsqu'environ trois cents ans après la fondation de Rome, ses députés revinrent d'Athènes avec le recueil de lois qu'ils adoptèrent, celle qui concerne les testamens est exprimée en ces termes : *Paterfamilias, uti legassit super familiâ pecuniâque suâ, itâ jus esto.*

» Ainsi les Romains, pénétrés alors plus que jamais du sentiment de la liberté publique, ne lui trouvèrent pas de fondement plus solide, qu'en donnant au père de famille une autorité absolue. Ils craignirent sans doute que la loi ne s'égarât plutôt que l'affection des pères, et cette grande mesure fut une des bases de leur gouvernement.

» Les testamens étaient connus dans les Gaules avant que le droit romain y fût introduit. Marculfe, dans son Recueil de formules, nous a conservé celles qu'on employait pour transmettre ainsi ses biens.

» La faculté de disposer, soit par donation, soit par testament, fait partie de la législation de tous les peuples de l'Europe.

» Chez les uns, et c'est, comme on l'a déjà observé, le plus grand nombre, les législateurs ont pris pour base de tout leur système la présomption des différens degrés d'affection des parens entr'eux, et leur confiance dans cette affection les a déterminés à laisser aux parens eux-mêmes toute la liberté qui est compatible avec les devoirs que la nature ne permet pas de transgresser.

» D'autres législateurs ont aussi établi l'ordre de succéder sur les présomptions d'affection, suivant les degrés de parenté ; mais par une sorte de contradiction, n'ayant aucune confiance dans les parens, ils ont mis des bornes étroites à la faculté de disposer envers leurs parens. Cette volonté même a été, dans quelques pays, entièrement enchaînée.

» D'autres enfin se sont écartés de ces principes ; ils ont cru qu'ils pouvaient mettre au nombre des ressorts de leur autorité le mode de transmission et de répartition des biens. Ils ne se sont pas bornés à donner une impulsion à la volonté de l'homme, ils l'ont rendue presque nulle en ne lui confiant qu'une petite partie de biens.

» On n'a point hésité, dans la loi qui vous est proposée, à donner la préférence au système fondé sur les degrés d'affection entre parens, et sur la confiance à laquelle cette affection leur donne droit.

» Après avoir posé ce principe fondamental sur la transmission des biens, il a fallu en déduire les conséquences.

» Déjà celles qui sont relatives aux biens des personnes qui meurent sans en avoir disposé, vous ont été présentées dans le titre *des Successions.*

» Il reste à régler ce qui concerne les donations entre-vifs et les testamens.

» Il faut d'abord établir les principes généraux, fixer ensuite la quotité des biens dont on pourra disposer, et enfin prescrire des formes suffisantes pour constater la volonté de celui qui dispose, et pour en assurer l'exécution. Tel est le plan général et simple de cette importante loi.

» Parmi les règles communes à tous les genres de dispositions, et que l'on a placées en tête de la loi, la plus importante est celle qui confirme l'abolition des substitutions fidéicommissaires.

» Cette manière de disposer, dont on trouve les premières traces dans la législation romaine, n'entra point dans son système primitif de transmission

mission des biens. Le père de famille put, avec une entière indépendance, distribuer sa fortune entre ceux qui existaient pour la recueillir. Ils n'eurent point l'autorité de créer à leur gré un ordre de successions, et d'enlever ainsi la prérogative de ceux qui dans chaque génération doivent aussi être investis de la même magistrature.

» L'esprit de fraude introduisit les substitutions : l'ambition se saisit de ce moyen et l'a perpétué.

» On avait réussi à éluder la loi pour avantager des personnes incapables de recevoir ; on essaya le même moyen pour opérer une transmission successive au profit même de ceux qui ne seraient point sous le coup des lois exclusives.

» Ce ne fut que sous Auguste, dans le huitième siècle depuis la fondation de Rome, que les fidéicommis au profit de personnes capables furent autorisés par les lois.

» En France on comptait dix coutumes qui formaient environ le cinquième de son territoire, où la liberté de substituer avait été défendue ou au moins resserrée dans des bornes très-étroites.

» Dans le reste de la France les substitutions furent d'abord admises d'une manière aussi indéfinie que chez les Romains, qui n'avaient point mis de bornes à leur durée.

» Il était impossible de concilier avec l'intérêt général de la société cette faculté d'établir un un ordre de succession perpétuel et particulier à chaque famille, et même un ordre particulier à chaque propriété qui était l'objet des substitutions. L'ordonnance d'Orléans de 1560 régla que celles qui seraient faites à l'avenir ne pourraient excéder deux degrés ; mais ce remède n'a point fait cesser les maux qu'entraîne cette manière de disposer.

» L'expérience a prouvé que, dans les familles opulentes, cette institution n'ayant pour but que d'enrichir l'un de ses membres en dépouil-

lant les autres, était un germe toujours renaissant de discorde et de procès. Les parens nombreux qui étaient sacrifiés et que le besoin pressait, n'avaient de ressource que dans les contestations qu'ils élevaient, soit sur l'interprétation de la volonté ; soit sur la composition du patrimoine, soit sur la part qu'ils pouvaient distraire des biens substitués , soit enfin sur l'omission ou l'irrégularité des formes exigées.

» Chaque grévé de substitution n'étant qu'un simple usufruitier, avait un intérêt contraire à celui de toute amélioration ; ses efforts tendaient à multiplier et anticiper les produits qu'il pourrait retirer des biens substitués, au préjudice de ceux qui seraient appelés après lui, et qui chercheraient à leur tour une indemnité dans de nouvelles dégradations.

» Une très-grande masse de propriétés se trouvait perpétuellement hors du commerce ; les lois qui avaient borné les substitutions à deux degrés n'avaient point paré à cet inconvénient : celui qui, aux dépens de sa famille entière, avait joui de toutes les prérogatives attachées à un nom distingué et à un grand patrimoine, ne manquait pas de renouveler la même disposition ; et si, par le droit, chacune d'elles était limitée à un certain temps, elles devenaient par le fait de leur renouvellement des substitutions perpétuelles.

» Ceux qui déjà étaient chargés des dépouilles de leurs familles, avaient la mauvaise foi d'abuser des substitutions pour dépouiller aussi leurs créanciers ; une grande dépense faisait présumer de grandes richesses ; le créancier qui n'était pas à portée de vérifier les titres de propriété de son débiteur, ou qui négligeait de faire cette perquisition, était victime de sa confiance, et dans les familles auxquelles les substitutions conservaient les plus grandes masses de fortune, chaque génération était le plus souvent marquée par une honteuse faillite.

» Les substitutions ne conservaient des biens dans une famille qu'en sacrifiant tous ses membres pour réserver à un seul l'éclat de la fortune ; une pareille répartition ne pouvait être établie qu'en étouffant tous les sentimens de cette affection qui est la première base d'une juste transmission des biens entre les parens ; il ne saurait y avoir un plus grand vice dans l'organisation d'une famille, que celui de tenir dans le néant tous ses membres pour donner à un seul une grande existence, de réduire ceux que la nature a faits égaux à implorer les secours et la bienfaisance du possesseur d'un patrimoine qui devrait être commun ; et rarement l'opulence, et sur-tout lorsque son origine n'est pas pure, inspire des sentimens de bienfaisance et d'équité.

» Enfin, si les substitutions peuvent être mises au nombre des institutions politiques, on y supplée d'une manière suffisante et propre à prévenir les abus, en donnant pour disposer toute la liberté compatible avec les devoirs de famille.

» Ce sont tous ces motifs qui ont déterminé à confirmer l'abolition des substitutions, déjà prononcée par la loi d'octobre 1792.

» Les règles sur la capacité de donner ou de recevoir par donations entre-vifs ou par testament, font la matière du premier chapitre.

» Il résulte des principes déjà exposés sur le droit de propriété, que toute personne peut donner ou recevoir de l'une et de l'autre manière, à moins que la loi ne l'en déclare incapable.

» La volonté de celui qui dispose doit être certaine.

» Cette volonté ne peut même pas exister, s'il n'est pas sain d'esprit.

» Il a suffi d'énoncer ainsi ce principe général, afin de laisser aux juges la plus grande liberté dans son application.

» Celui qui dispose de sa fortune, doit aussi être parvenu à l'âge où il peut avoir la réflexion et les connaissances propres à le diriger.

» La loi ne peut, à cet égard, être établie que sur des présomptions.

» Il fallait choisir entre celle qui résulte de l'émancipation, et celles que l'on peut induire d'un nombre fixe d'années.

» Plusieurs motifs s'opposaient à ce qu'on prit pour règle l'émancipation.

» Les père et mère peuvent émanciper leur enfant lorsqu'il a quinze ans révolus. On leur a donné ce droit en comptant que leur affection continuerait à guider l'enfant qui n'aurait pas encore dans un âge aussi tendre, les connaissances suffisantes pour diriger sa conduite ; c'est aussi par ce motif que le mineur qui a perdu ses père et mère, ne peut être émancipé avant dix-huit ans.

» Cependant la faculté de disposer doit être exercée par un acte de volonté propre et indépendante des père et mère ou des tuteurs. La volonté ne pouvait pas être présumée raisonnable à l'égard de certains mineurs à quinze ans, à l'égard des autres à dix-huit seulement.

» Cette volonté n'eût pas été indépendante, si les mineurs n'avaient pu l'exercer que dans le cas où ils auraient été émancipés, soit par leurs pères ou mères, soit à la demande de leurs parens. La crainte que le mineur ne fît des dispositions contraires à leurs intérêts eût pu quelquefois être un obstacle à l'émancipation.

» D'ailleurs, dans l'état actuel de la civilisation, un mineur a reçu avant l'âge de seize ans une instruction suffisante pour être attaché à ses devoirs envers ses parens. La volonté du mineur parvenu à la seizième année peut avoir acquis une maturité suffisante pour qu'il soit à cet égard le maître, non de la totalité de sa fortune, mais seulement de la moitié des biens dont la loi permet au majeur de disposer.

» Cependant on a fait une distinction juste entre les donations entre-vifs et celles par testament. La présomption que la disposition faite par le mineur pour le temps où il n'existerait plus, serait raisonnable, ne pouvait s'appliquer aux donations entre-vifs, par lesquelles le mineur se dépouillerait irrévocablement de sa propriété. Cela serait contraire au principe suivant lequel il ne peut faire, même à titre onéreux, l'aliénation de la moindre partie de ses biens. Dans les donations entre-vifs, la loi présume que le mineur serait la victime de ses passions. Dans les dispositions testamentaires, l'approche ou la perspective de la mort ne lui permettra plus de s'occuper que des devoirs de famille ou de reconnaissance.

» Il ne suffit pas que la volonté soit certaine, il faut encore qu'elle n'ait pas été contrainte ou extorquée par l'empire qu'aurait eu sur l'esprit du donateur celui au profit duquel est la disposition.

» Cet empire est tel de la part d'un tuteur sur son mineur, et les abus seraient à cet égard si multipliés, qu'il a été nécessaire d'interdire au mineur émancipé la faculté de disposer, même par testament, au profit de son tuteur.

» On n'a pas voulu que les tuteurs pussent concevoir l'espérance qu'au moyen des dispositions qu'ils obtiendraient de leurs mineurs parvenus à la majorité, ils pourraient se dispenser du compte définitif de tutelle. Tous les droits de la minorité continuent même au profit du majeur contre celui qui a été son tuteur, jusqu'à ce que les comptes soient rendus et apurés; et l'expérience a prouvé qu'il était nécessaire d'interdire au mineur devenu majeur la faculté de renoncer à ce compte. Cette règle serait facilement éludée, si des donations entre-vifs ou testamentaires acquittaient le tuteur et rendaient ses comptes inutiles.

» On a seulement excepté les pères et mères, ou autres ascendans ; et, quoiqu'ils soient tuteurs, la piété filiale doit se présumer plutôt que la violence ou l'autorité.

» La loi regarde encore comme ayant trop d'empire sur l'esprit de celui qui dispose et qui est atteint de la maladie dont il meurt, les médecins, les chirurgiens, les officiers de santé ou les pharmaciens qui le traitent. On n'a point cependant voulu que ce malade fût privé de la satisfaction de leur donner quelques témoignages de reconnaissance, eu égard à sa fortune et aux services qui lui auraient été rendus.

» Il eût aussi été injuste d'interdire les dispositions, celles mêmes qui seraient universelles, faites dans ce cas par un malade au profit de ceux qui le traiteraient et qui seraient ses parens. S'il y avait des héritiers en ligne directe, du nombre desquels ils ne seraient pas, la présomption, qui est la cause de leur incapacité, reprendrait toute sa force.

» Ce serait en vain que la loi aurait, par ces motifs, déclaré les personnes qui viennent d'être désignées, incapables de recevoir, si on pouvait déguiser la donation entre-vifs sous le titre de contrat onéreux, ou si on pouvait disposer sous le nom de personnes interposées.

» C'est à la prudence des juges, lorsque le voile qui cache la fraude est soulevé, à ne se déterminer que sur des preuves, ou au moins sur des présomptions assez fortes pour que les actes dont la fraude s'est enveloppée ne méritent plus aucune confiance. Si c'est un acte déguisé sous un titre onéreux, il doit être annulé lorsqu'il est prouvé que celui qui l'a passé n'a pas voulu faire un contrat onéreux qui lui était permis, mais que son intention a été d'éluder la loi, en disposant au profit d'une personne incapable.

» On a désigné les personnes que les juges pourront toujours regarder comme interposées ; ce sont les père et mère, les descendans, et l'époux de la personne incapable.

» La loi garde le silence sur le défaut de liberté qui peut résulter de la suggestion et de la captation, et sur le vice d'une volonté déterminée par la colère ou par la haine. Ceux qui ont entrepris de faire annuler des dispositions par de semblables motifs n'ont presque jamais réussi à trouver des preuves suffisantes pour faire rejeter des titres positifs ; et peut-être vaudrait-il mieux, pour l'intérêt général, que cette source de procès ruineux et scandaleux fût tarie, en déclarant que ces causes de nullité ne seraient pas admises ; mais alors la fraude et les passions auraient cru avoir dans la loi même un titre d'impunité. Les circonstances peuvent être telles que la volonté de celui qui a disposé n'ait pas été libre, ou qu'il ait été entièrement dominé par une passion injuste. C'est la sagesse des tribunaux qui pourra seule apprécier ces faits , et tenir la balance entre la foi due aux actes et l'intérêt des familles. Ils empêcheront qu'elles ne soient dépouillées par les gens avides qui subjuguent les mourans, ou par l'effet d'une haine que la raison et la nature condamnent.

» On ne met pas au nombre des incapables de recevoir, les hospices, les pauvres d'une commune et les établissemens d'utilité publique. Il est, au contraire, à désirer que l'esprit de bienfaisance qui caractérise les Français, répare les pertes que ces établissemens ont faites pendant la révolution ; mais il faut que le gouvernement les autorise. Ces dispositions sont sujettes à des règles dont il doit maintenir l'exécution. Il doit connaître la nature et la quantité des biens qu'il met ainsi hors du commerce, il doit même empêcher qu'il n'y ait dans ces dispositions un excès condamnable.

» Une dernière règle à rappeler sur la capacité de disposer, est celle qui établit la réciprocité entre les Français et les étrangers. On ne pourra disposer au profit d'un étranger que dans le cas où un étranger pourrait disposer au profit d'un Français.

» Après avoir établi ces principes préliminaires sur les caractères d'une volonté certaine et raisonnable, sans laquelle on est incapable de disposer, la loi pose les règles qui sont le principal objet de ce titre du Code ; règles qui doivent avoir une si grande influence sur les mœurs de la nation et sur le bonheur des familles. Elle fixe quelle sera la portion de biens disponible.

Il est sans doute à présumer que chacun, en suivant son affection, ferait de sa fortune la répartition la plus convenable au bonheur de sa famille et aux droits naturels de ses héritiers les plus proches, et que cette affection serait encore moins sujette à s'égarer dans le cœur de celui qui laisserait une postérité.

» Mais lors même que la loi a cette confiance, elle doit prévoir qu'il est des abus inséparables de la faiblesse et des passions humaines , et qu'il est des devoirs dont elle ne peut , en aucun cas , autoriser la violation.

» Les pères et mères qui ont donné l'existence naturelle ne doivent point avoir la liberté de faire arbitrairement perdre , sous un rapport aussi essentiel , l'existence civile ; et , s'ils doivent rester libres dans l'exercice de leur droit de propriété, ils doivent aussi remplir les devoirs que la paternité leur a imposés envers leurs enfans et envers la société.

» C'est pour faire connaître aux pères de famille les bornes au-delà desquelles ils seraient présumés abuser de leur droit de propriété en manquant à leurs devoirs de pères et de citoyens que , dans tous les temps et chez presque tous les peuples policés , la loi a réservé aux enfans, sous le titre de légitime, une certaine quotité des biens de leurs ascendans.

» Chez les Romains , le droit du Digeste et du Code avait réduit au quart des biens la légitime des enfans.

» Elle fut augmentée par la 18.e Novelle qui la fixa au tiers, s'il y avait quatre enfans ou moins ; et à la moitié, s'ils étaient cinq ou plus.

» On distinguait en France les pays de droit écrit et ceux de coutumes.

» Dans presque tous les pays de droit écrit, la légitime en ligne directe et descendante était la même que celle établie par la Novelle.

» Les coutumes étaient à cet égard distinguées en plusieurs classes.

» Les unes adoptaient ou modifiaient les règles du droit écrit ;

» D'autres, et de ce nombre était la coutume de Paris, établissaient spécialement une légitime.

» Quant aux coutumes où elle n'était pas fixée, l'usage ou la jurisprudence y avaient admis les règles du droit romain ou celles de la coutume de Paris, à l'exception de quelques modifications que l'on trouve dans un petit nombre de ces coutumes.

» Celle de Paris a fixé la légitime à la moitié de la part que chaque enfant aurait eue dans la succession de ses père et mère et autres ascendans, s'ils n'avaient fait aucune disposition entre-vifs ou testamentaire.

» Pendant la révolution, la loi du 17 nivose an 2 (art. 16) avait limité au dixième du bien la faculté de disposer, si on avait des héritiers en ligne directe.

» La loi du 4 germinal an 8 a rendu aux pères et mères une partie de leur ancienne liberté; elle a permis les libéralités qui n'excéderaient pas le quart des biens, s'ils laissaient moins de quatre enfans; le cinquième, s'ils en laissaient quatre; le sixième, s'ils étaient au nombre de cinq, et ainsi de suite.

» En faisant le projet de loi qui vous est présenté, on avait à examiner les avantages et les inconvéniens de chacune de ces règles, afin de reconnaître celle qui serait fondée sur la combinaison la plus juste du droit de disposer et des devoirs de la paternité.

» A Rome, il entrait dans le système du gouvernement d'un peuple guerrier, que les chefs de famille eussent une autorité absolue, sans craindre que la nature en fût outragée. Lorsque sa civilisation se perfectionna, et que l'on voulut modifier des mœurs antiques, il aurait été impossible de les régler comme si c'eût été une institution nouvelle. Non-seulement chaque père entendait jouir sans restriction de son droit de propriété, mais encore il avait été constitué le législateur de sa famille. Mettre des bornes au droit de disposer, c'était dégrader cette magistrature suprême. Aussi pendant plus de douze siècles, la légitime des enfans, quelque fût leur nombre, ne fut-elle pas portée au-delà du quart des biens. Ce ne fut qu'au déclin de ce grand empire que les enfans obtinrent à ce titre le tiers des biens, s'ils étaient au nombre de quatre ou au-dessus, ce qui était le cas le plus ordinaire, et la moitié s'ils étaient en plus grand nombre.

» Cette division avait l'inconvénient de donner des résultats incohérens.

» S'il y avait quatre enfans, la légitime était d'un douzième pour chacun, tandis que s'il y en avait cinq, chaque part légitimaire était du dixième. Ainsi la part qui doit être plus grande quand il y a moins d'enfans, se trouvait plus petite. Ce renversement de l'ordre naturel n'était justifié par aucun motif.

» La coutume de Paris a mis une balance égale entre le droit de propriété et les devoirs de famille. Les auteurs de cette loi ont pensé que les droits et les devoirs des pères et mères sont également sacrés, qu'ils sont également fondamentaux de l'ordre social, qu'ils forment entr'eux un équilibre parfait, et que si l'un ne doit pas l'emporter sur l'autre, le cours des libéralités doit s'arrêter quand la moitié des biens est absorbée.

» Le système de la loi parisienne est d'une exécution simple. On y trouve toujours une proportion juste dans le traitement des enfans, eu égard à leur nombre et à leur droit héréditaire.

» Mais elle peut souvent donner des résultats contraires à ceux que l'on se propose.

» On veut que chaque enfant ait une quotité de biens suffisante pour qu'il ne perde pas l'état dans lequel l'ont placé les auteurs de ses jours. On ne doit donc pas laisser la liberté de disposer d'une moitié dans le cas où les enfans se trouveraient par leur nombre être réduits à une trop petite portion.

» Le meilleur système est celui dans lequel on a égard au nombre des enfans, en même temps qu'on laisse aux pères et mères toute la liberté compatible avec la nécessité d'assurer le sort des enfans.

» La législation romaine a eu égard à leur nombre, mais elle est susceptible de rectification dans les proportions qu'elle établit.

» Ainsi lorsqu'elle donne au père le droit de disposer des deux tiers, si ses enfans ne sont pas au-dessus du nombre de quatre, elle n'a point fait entrer en considération que la liberté de celui qui n'est obligé de pourvoir qu'un seul enfant, ne doit pas être autant limitée que lorsqu'il en a plusieurs.

» La liberté de disposer des deux tiers des biens, lors même que les enfans étaient au nombre de quatre, était trop considérable, comme celle qui est donnée par la loi du 14 germinal an 8, et qui ne comprend que le quart s'il y a moins de quatre enfans, et une portion virile seulement, s'il y en a un plus grand nombre, est trop bornée.

» La coutume de Paris était fondée sur un principe plus juste lorsque, balançant le droit de la propriété et les devoirs de la paternité, elle avait établi que dans aucun cas il ne serait permis au père de disposer de plus de la moitié de ses biens.

» C'était une raison décisive pour partir de ce point, en restreignant ensuite cette liberté dans la proportion qu'exigerait le nombre des enfans.

» On n'a pas cru devoir admettre la graduation qui se trouve dans la loi du 4 germinal an 8, suivant laquelle la faculté donnée au père, et réduite à une portion virile, devient presque nulle lorsqu'il y a un grand nombre d'enfans.

» Il faut, en effet, considérer que l'ordre conforme à la nature est celui dans lequel les père et mère ne voudront disposer de leur propriété qu'au profit de leurs enfans, et pour réparer les inégalités naturelles ou accidentelles.

» Lorsque le nombre des enfans est considérable, la loi doit réserver à chacun d'eux une quotité suffisante, sans trop diminuer dans la main du père les moyens de fournir à des besoins particuliers qui sont alors plus multipliés.

» Ce sont toutes ces considérations qui ont déterminé à adopter la proportion dans laquelle les libéralités, soit par actes entre-vifs, soit par testament, ne pourront excéder la moitié des biens, s'il n'y a qu'un enfant légitime; le tiers, s'il en laisse deux; et le quart, s'il en laisse trois ou un plus grand nombre.

» La loi devait-elle faire une réserve au profit des ascendans?

» Les Romains reconnaissaient que si les pères doivent une légitime à leurs enfans, c'est un devoir dont les enfans sont également tenus envers leurs pères.

» *Quemadmodum à patribus liberis, ita à liberis patribus deberi legitimam.*

» En France, d'après le système de la division des biens en propres et acquêts, le sort des ascendans n'était pas le même dans les pays de coutume et dans ceux de droit écrit.

» Un très-petit nombre de coutumes leur donnait une légitime; dans d'autres, elle leur avait été accordée par une jurisprudence à laquelle avait succédé celle qui la refusait d'une manière absolue.

» Les enfans étaient obligés de conserver à leurs collatéraux presque tous les biens propres dont ces ascendans étaient exclus.

» Si on n'avait pas laissé à ces enfans la disposition des meubles et des acquêts à la succession desquels les ascendans étaient appelés par la loi, ils eussent été presque entièrement privés de la liberté de disposer.

» Dans les pays de droit écrit, et dans quelques coutumes qui s'y conformaient, les ascendans avaient une légitime. Elle consistait dans le tiers des biens. Le partage de ce tiers se faisait également entr'eux. Il n'y avait point de légitime pour les aïeuls, quand les père et mère ou l'un d'eux survivaient, parce qu'en ligne ascendante il n'y a point de représentation.

» La comparaison du droit écrit avec celui des coutumes, respectivement aux ascendans, ne pouvait laisser aucun doute sur la préférence due au droit écrit.

» Le droit coutumier en donnant les propres aux collatéraux, et en laissant aux enfans la libre disposition des meubles et acquéts, ne prenait point assez en considération les devoirs et les droits qui résultent des rapports intimes entre les père et mère et leurs enfans.

» Les devoirs des enfans ne sont pas, sous le rapport de l'ordre social, aussi étendus que ceux des pères et mères, parce que le sort des ascendans est plus indépendant de la portion des biens qui leur est assurée dans la fortune de leurs descendans, que l'état des enfans ne dépend de la part qu'ils obtiennent dans les biens de leurs pères et mères.

» La réserve ne sera par ce motif que de moitié des biens au profit des ascendans, et sans égard à leur nombre, lorsqu'il y en aura dans chacune des lignes paternelle ou maternelle.

» S'il n'y a d'ascendant que dans l'une des lignes, cette réserve ne sera que du quart.

» Déjà on a établi dans le titre des successions une règle que l'on doit regarder comme une des bases principales de tout le système de la transmission des biens par mort.

» C'est leur division égale entre les deux lignes paternelle et maternelle, lorsque celui qui meurt ne laisse ni postérité, ni frères ni sœurs. Cette division remplira sans inconvénient le vœu généralement exprimé pour la conservation des biens dans les familles.

» Le sort des ascendans n'était point assez dépendant d'une réserve légale, pour qu'on pût, en l'établissant, s'écarter d'une règle aussi essentielle ; et puisque, suivant cette règle, les biens affectés à la ligne dans laquelle l'ascendant ne se trouve pas, lui sont absolument

étrangers, la réserve ne peut pas porter sur la portion à laquelle il ne pourrait avoir aucun droit par succession.

» Devait-on limiter la faculté de disposer en collatérale, ou ne fallait-il pas au moins établir une réserve en faveur des frères et des sœurs ?

» Toutes les voix se sont réunies pour que les collatéraux en général ne fussent point un obstacle à l'entière liberté de disposer.

» Il en avait toujours été ainsi dans les pays de droit écrit.

» Dans ceux des coutumes, les biens étaient distingués en propres et acquéts, et la majeure partie des propres étaient réservés aux collatéraux, sans que l'on pût en disposer gratuitement.

» Ce système de la distinction des biens en propres et acquéts avait principalement pour objet de conserver les mêmes biens dans chaque famille.

» On voulait maintenir et multiplier les rapports propres à entretenir, même entre les parens d'un degré éloigné, les sentimens de bienveillance et cette responsabilité morale qui suppléent si efficacement à la surveillance des lois. Resserrer et multiplier les liens des familles, tel fut, et tel sera toujours le ressort le plus utile dans toutes les formes de gouvernement, et la plus sûre garantie du bonheur public. Les auteurs du régime des propres et de réserves pensaient que la transmission des mêmes biens d'un parent à l'autre était un moyen de resserrer leurs liens, et que les degrés par lesquels on tenait à un auteur commun semblaient se rapprocher, lorsque les parens se rapprochaient réellement pour partager les biens que ses travaux avaient le plus souvent mis dans la famille, et qui en perpétuaient la prospérité.

» La conservation des mêmes biens dans les familles sous le nom de propres, a pu s'établir et avoir de bons effets dans le temps où les ventes des immeubles étaient très-rares, et où l'industrie n'avait aucun ressort.

» Mais depuis que la rapidité du mouvement commercial s'est appliquée aux biens immobiliers comme à tous les autres ; depuis que les propriétaires, habitués à dénaturer leurs biens, ont pu facilement secouer le joug d'une loi qui les privait de la faculté de disposer des propres, il a été aussi facile que fréquent de s'y soustraire. Elle est devenue impuissante pour atteindre à son but, et lorsqu'elle eût dû être le lien des familles, elle les troublait par des procès sans nombre.

» Déjà la loi des propres avait été abolie pendant la révolution ; on ne devait plus songer à la rétablir. C'est ainsi que certaines lois dépendent des mœurs et des usages existans au temps où elles s'établissent, et ne sont que transitoires.

» C'est encore ainsi qu'il est facile d'expliquer pourquoi tout le régime des propres et acquêts, et de perpétuité des mêmes biens dans les familles, était inconnu aux Romains, et à ceux qui ont conservé leur législation.

» L'ordre public et l'intérêt des familles s'accordent pour que chacun soit maintenu dans le droit de propriété dont résulte la liberté de disposer, à moins qu'il n'y ait des considérations assez puissantes et assez positives pour exiger à cet égard un sacrifice.

» C'est ce sentiment d'une pleine liberté qui fait prendre à l'industrie tout son essor et braver tous les périls. Celui-là croit ne travailler que pour soi et ne voit point de terme à ses jouissances, quand il est assuré que les produits de son travail ne seront transmis qu'à ceux qu'il déclarera être les objets de son affection : l'intérêt général des familles dans un siècle où l'industrie met en mouvement le plus grand nombre des hommes, est bien différent de l'intérêt de ces familles casanières, au milieu desquelles les coutumes se formèrent il y a plusieurs siècles : il est évident que ce qui maintenant leur

importe le plus est que les moyens de prospérité s'y multiplient, et lorsque dans le cours naturel des affections les parens les plus proches seront préférés, ils entendraient mal leurs intérêts s'ils les regardaient comme étant lésés par cette liberté dont ils doivent profiter.

» Mais d'ailleurs, quel moyen pourrait-on trouver de s'opposer à cet exercice du droit de propriété ? il n'est en ce genre aucune prohibition qui ne soit susceptible d'être éludée.

» Lorsqu'il s'agit d'un droit aussi précieux, et qui est exercé depuis tant de siècles par la plus grande partie de la nation, la loi qui l'abolirait serait au nombre de celles qui ne pourraient long-temps résister à l'opinion publique. Nul ne se ferait le moindre scrupule de la violer : l'esprit de mensonge et de fraude dans les actes se propagerait ; le règne de la loi cesserait, et la corruption continuerait ses progrès.

» On respectera la réserve faite au profit des ascendans et des descendans, parce qu'elle a pour base, non-seulement les sentimens présumés, mais encore des devoirs si sacrés, que ce serait une sorte de délit de les enfreindre ; ni ces sentimens, ni ces devoirs, ne peuvent être les mêmes pour les collatéraux ; il n'y a vis-à-vis d'eux que les devoirs qui sont à la fois ceux du sang et de l'amitié.

» La loi de réserve pour les collatéraux n'aurait pour objet que les parens qui se seraient exposés à l'oubli, ou à l'animadversion, et par cela même ils ne sont pas favorables.

» Enfin, les habitans des pays de droit écrit opposent aux usages introduits dans les pays de coutumes pendant quelques siècles, une expérience qui remonte à l'antiquité la plus reculée.

» Ils citent l'exemple toujours mémorable de ce peuple qui, de tous ceux de la terre, est celui qui a le plus étudié et perfectionné la législation civile. Jamais il ne fut question d'y établir une légitime en collatérale.

» Enfin, ils donnent pour modèle cette harmonie qui, dans les pays de droit écrit, rend

les

les familles si respectables : là, bien plus fréquemment que dans les pays de coutume, se
présente le tableau de ces races patriarchales ,
dans lesquelles ceux à qui la Providence a
donné la fortune n'en jouissent que pour le
bonheur de tous ceux qui se rendent dignes par
leurs sentimens d'être admis dans le sein de la
famille.

» C'est dans la maison de ce bienfaiteur que
le parent infortuné trouve des consolations et
des secours, que l'autre y reçoit des encouragemens, que l'on y économise des dots pour les
filles. Quelle énorme différence entre les avantages que les parens peuvent ainsi, pendant la
vie du bienfaiteur, retirer de ses libéralités entièrement indépendantes de la loi, et le produit
d'une modique réserve, dont ils seraient même
encore le plus souvent frustrés !

» On ne peut espérer, sur-tout en collatérale,
de créer ou de conserver cet esprit de famille
qui tend à en soutenir tous les membres, à n'en
former qu'un corps, à en rapprocher les degrés,
qu'en provoquant la bienfaisance des parens
entr'eux pendant qu'ils vivent. Le seul moyen
de la provoquer est de lui laisser son indépendance : il est dans le cœur humain, que le sentiment de bienfaisance s'amortisse aussitôt qu'il
s'y joint la moindre idée de contrainte; cette
idée ne s'accorde plus avec cette noblesse, avec
cette délicatesse et cette pureté de sentimens qui
animaient l'homme bienfaisant; il cesse de l'ê-
tre parce qu'il ne croit plus pouvoir l'être; il
n'a plus rien à donner à ceux qui ont le droit
d'exiger.

» Puisque la France est assez heureuse pour
avoir conservé dans une grande partie de son
territoire cet esprit de famille nécessaire à la
prospérité commune, gardons-nous de rejeter
un aussi grand moyen de régénération des
mœurs; c'est un feu sacré qu'il faut entretenir
où il existe, qu'il faut allumer dans les autres
pays qui ont un aussi grand besoin de son influence, et qu'il peut seul vivifier.

» Cependant ne devait-on point faire excep-

Tome III.

tion en faveur des frères et des sœurs de celui
qui meurt ne laissant ni ascendans , ni postérité?

» Ne doit-on pas distinguer dans la famille
ceux qui la constituent le plus intimement, ceux
qui sont présumés avoir vécu sous le même
toit, avoir été soumis à l'autorité du même père
de famille , tenir de lui un patrimoine qu'il
était dans son cœur de voir réparti entr'eux, et
que le plus souvent ils doivent à son économie
et à ses travaux ?

» Quel serait le frère qui pourrait regarder
comme un sacrifice à sa liberté la réserve d'une
quotité modique, telle que serait un quart de
ses biens à ses frères et sœurs, en quelque nombre qu'ils fussent.

» Peut-il y avoir quelque avantage à lui attribuer le droit de transmettre tout son patrimoine à une famille étrangère en nuisant à la
sienne propre, autant qu'il est en son pouvoir,
ou de préférer l'un de ses frères ou sœurs à tous
les autres? ce qui serait une cause éternelle de
discorde entre ceux qui auraient la préférence,
et qui se regarderaient comme déshérités.

» Si on est forcé de convenir que le législateur doit employer tous ses efforts pour
resserrer les liens de famille, doit-il laisser la
liberté à ceux que la nature avait autant rap-
prochés, de les rompre entièrement ?

» Dans plusieurs autres parties du Code civil, les frères et sœurs sont, à cause des rapports
intimes qui les unissent, mis dans une classe à
part. Dans l'ordre des successions, on les fait
concourir avec les ascendans. Les frères et
sœurs auront, pour assurer à leurs neveux et
nièces, la portion de biens dont ils peuvent disposer, le même droit que les père et mère à l'é-
gard de leur petits enfans.

» Enfin, il sera contraire aux usages reçus
dans une grande partie de la France depuis
plusieurs siècles qu'aucune quotité de patrimoine ne soit assuré même aux frères et aux
sœurs.

» Quelque puissans que paraissent ces mo-

54

tifs pour établir une réserve au profit des frères et sœurs, des considérations plus fortes s'y opposent et ont dû prévaloir.

» Le guide le plus sûr des législateurs est l'expérience; l'on n'a jamais admis ni à Rome, ni en France, dans les pays de droit écrit, de légitime en faveur des frères : le frère ne pouvait se plaindre de la disposition dans laquelle il avait été oublié, que dans un seul cas, celui où une personne mal famée, *turpis persona*, avait été instituée héritière. La réclamation que le frère pouvait alors faire d'une portion des biens n'était, sous le nom de légitime, qu'une vengeance due à la famille qui avait éprouvé du testateur une aussi grande injure.

» Cependant le tableau de l'amitié fraternelle n'a jamais été plus touchant que dans les pays où la liberté de disposer est entière.

» Si, comme on l'a prouvé, celui qui ne doit éprouver aucune contrainte dans ses dispositions de dernière volonté, est beaucoup plus porté aux actes de bienfaisance pendant sa vie, c'est surtout entre frères que cette assistance mutuelle est vraisemblable, et qu'elle peut influer sur leur prospérité.

» Plus la réserve que l'on croirait pouvoir faire au profit des frères et sœurs serait modique, et moins elle pourrait être d'une utilité réelle; moins on doit la préférer aux grands avantages que l'on peut se promettre d'une pleine liberté de disposer.

» Si on imposait en collatérale des devoirs rigoureux de famille, ce devrait être au profit des neveux dont les père et mère sont décédés. Ce sont ces neveux qui ont le plus besoin d'appui : c'est à leur égard que les oncles tiennent lieu d'ascendans; c'est aux soins et à l'autorité des oncles qu'est entièrement confié le sort de cette partie de la famille.

» On ne pourrait donc pas se borner au seul degré de frères et de sœurs, si on voulait, en collatérale, établir une réserve légale; et cependant ceux mêmes qui ont été d'avis de cette réserve n'ont pas pensé qu'on pût l'étendre au-delà de ce degré, sans porter injustement atteinte au droit de propriété.

» Il est, sans doute, dans le cours de la nature que les frères et sœurs soient unis par les liens intimes qu'ont formés une éducation et une naissance commune : mais l'ordre social qui exige une réserve en ligne directe, n'est point également intéressé à ce qu'il y en ait au profit des frères et sœurs.

» Le père a contracté, non-seulement envers ses enfans, mais encore envers la société, l'obligation de leur conserver des moyens d'existence proportionnés à sa fortune; ce devoir se trouve rempli à l'égard des frères ou sœurs, puisque chacun a sa portion des biens des père et mère communs.

» Les enfans qui n'ont point de postérité ont, envers ceux qui leur ont donné le jour, des devoirs à remplir, qui ne sauraient être exigés par des frères ou sœurs, les uns envers les autres.

» C'est après avoir long-temps balancé tous ces motifs pour et contre la réserve légale au profit des frères et sœurs, qu'il a été décidé de n'en établir qu'en ligne directe, et que toutes les fois que celui qui meurt ne laissera ni ascendans, ni descendans, les libéralités par actes entre-vifs, pourront épuiser la totalité des biens.

» Après avoir ainsi déterminé la quotité disponible, il fallait régler un point sur lequel il y a eu jusqu'ici diversité de législation; il fallait décider si la quotité disponible pourrait être donnée en tout ou en partie, soit par actes entre-vifs, soit par testament, aux enfans ou autres héritiers de celui qui a disposé, sans que le donataire venant à sa succession fût obligé au rapport.

» Chez les Romains, et dans les pays de droit écrit, il n'y a jamais eu de variations à cet égard; toujours on a eu le droit de choisir entre les héritiers ceux que l'on voudrait avantager, soit par l'institution d'héritier, soit autrement.

» Les coutumes étaient sur cette matière très-différentes les unes des autres.

» Les unes permettaient à un des enfans d'être en même temps donataire, légataire et héritier, et n'assuraient aux autres que leur légitime.

» D'autres distinguaient la ligne directe d'avec la collatérale, et la qualité de donataire entre-vifs d'avec celle de légataire. Dans ces dernières coutumes, du nombre desquelles se trouve celle de Paris, la même personne ne pouvait être ni donataire, ni légataire, ni héritière en ligne directe : elle pouvait en collatérale être donataire et héritière, mais non légataire et héritière.

» Dans d'autres on ne pouvoit être donataire et héritier, soit en ligne directe, soit en ligne collatérale.

» D'autres portaient la défense absolue d'avantager l'héritier présomptif, et ordonnaient le rapport, tant en directe que collatérale, même en renonçant.

» Il n'y avait de système complet d'égalité entre les héritiers, que celui des coutumes qui les obligeaient au rapport des donations, lors même qu'ils renonçaient à la succession, et qui ne permettaient en leur faveur aucun legs.

» Dans l'opinion exclusive de la faculté de faire des dispositions au profit des héritiers, on les regarde comme ayant un droit égal, et là loi se met entièrement à la place de la personne qui meurt, non pour contrarier sa volonté présumée, mais pour la remplir de la manière la plus juste.

» Cependant, quoique l'intention parût être de suivre la marche de la nature, combien ne s'en écartait-on pas ?

» Comment la nature aurait-elle donné des droits égaux à ceux qu'elle traite si diversement ? Où sont les familles dont tous les membres ont eu une part égale à la force physique, à l'intelligence, aux talens ; dont aucun n'a, malgré la meilleure conduite, éprouvé des revers ; dont aucun n'a été exposé à des infirmités ou à d'autres malheurs de tous genres ?

Ce tableau de l'humanité, quelque affligeant qu'il soit, est malheureusement celui qui se réalise le plus souvent ; il faut l'avoir perdu de vue quand on calcule froidement et arithmétiquement une division égale entre tous ceux qui ont des besoins si différens.

» Leur droit naturel est d'obtenir de celui à qui la providence a confié les biens une part proportionnée aux besoins, et qui établisse entr'eux, autant qu'il est possible, la balance du bonheur. C'est en s'occupant sans cesse de maintenir cette balance, que le chef de famille se livre aux sentimens les plus équitables d'une affection égale envers tous ses héritiers. Mais s'il lui est défendu par la loi de venir au secours de l'un, s'il ne peut encourager l'autre, s'il a les mains liées pour soulager les maux dont il est témoin, et pour faire cesser des inégalités affligeantes entre ceux qu'il voudrait rendre également heureux, c'est alors qu'il sent tout le poids de ses chaînes ; c'est alors qu'il maudit l'erreur de la loi, qui s'est mise à sa place pour ne remplir aucun de ses devoirs, et qui se trompant sur le vœu de la nature, n'a établi ses présomptions que sur une égalité chimérique ; c'est alors qu'il est affligé de sa nullité dans sa propre famille, où le sort de chacun a été réglé d'avance par l'interdiction prononcée contre lui, où il est dépouillé du principal moyen de faire respecter une autorité dont le seul but est de rétablir ou de maintenir l'ordre, où il n'a ni la puissance de faire le bien, ni celle de prévenir le mal.

» Peut-on mettre en comparaison tous ces inconvéniens avec celui qui paraît avoir fait le plus d'impression sur l'esprit des personnes qui voudraient interdire le droit de disposer au profit des héritiers présomptifs ? Ils craignent la vanité des chefs de famille, qui, favorisés de la fortune, voudraient la transmettre à celui qu'ils choisiraient pour les représenter avec distinction en sacrifiant les autres.

» On n'a pas songé que le nombre des riches est infiniment petit, si on le compare à la masse presque générale de ceux qui, vivant avec des facultés très-bornées, sont le plus exposés à toutes les inégalités et à tous les besoins.

» On a perdu de vue le père de famille, qui, sous un humble toit, n'a pour patrimoine qu'un sol à peine suffisant pour la nourriture et l'éducation de sa famille. Déjà courbé sous le poids des années il ne pourrait suffire à un travail devenu trop pénible, s'il n'employait les bras du plus âgé de ses enfans aussitôt qu'ils ont quelque force. Cet enfant laborieux commence dès-lors à être l'appui de sa famille. C'est à la sueur de son front que ses frères devront les premiers secours avec lesquels ils apprendront des professions industrielles, et que ses sœurs devront les petits capitaux, fruits de l'économie, et qui leur auront procuré des établissemens utiles.

» Croira-t-on que ce serait la vanité qui détermine ce père de famille à donner quelque récompense à celui de ses enfans qui s'est sacrifié pour le bonheur de tous, et à conserver dans ses mains, autant que la loi le lui permet, un héritage sur lequel une nouvelle famille ne pourrait s'élever et prospérer, s'il était divisé en trop petites portions ?

» L'intention de ceux qui ont interdit les dispositions au profit des héritiers est sans doute estimable, mais il est impossible de méconnaître leur erreur.

» Déjà même la loi du 4 germinal an 8 autorisa les libéralités au profit des enfans ou autres successibles du disposant, sans qu'elles soient sujettes à rapport, pourvu qu'elles n'excèdent pas les bornes prescrites.

» Cette règle a été maintenue.

» Pour bien connaître la quotité disponible, et celle qui est réservée aux enfans ou aux ascendans, il était nécessaire d'une part de désigner

les biens auxquels s'applique la faculté de disposer, et, de l'autre, de régler le mode de réduction qui doit avoir lieu, si les dispositions excèdent la quotité fixée.

» La faculté de disposer ne se calcule pas seulement sur les biens qui restent dans la succession après les dettes payées, il faut ajouter à ces biens ceux que la personne décédée a donnés entre-vifs. On n'aurait pas mis de bornes fixes aux libéralités de disposer, si on n'avait pas eu égard à toute espèce de dispositions.

» Il est sans doute du plus grand intérêt pour la société que les propriétés ne restent pas incertaines. C'est de leur stabilité que dépendent et la bonne culture et toutes ses améliorations.

» Mais déjà il a été prouvé que la transmission d'une partie des biens aux héritiers en ligne directe, est une des bases de l'ordre social. Les pères et mères et les enfans ont entr'eux des devoirs qui doivent être remplis de préférence à de simples libéralités ; l'accomplissement de ces devoirs est la condition tacite sous laquelle ces libéralités ont pu être faites ou acceptées ; et dans le cas même où les donations n'auraient pas, lorsqu'elles ont été faites, excédé la quotité disponible, les donataires ne seraient point par ce motif préférables à des héritiers directs, s'il s'agit pour les premiers d'un pur bénéfice, et pour les autres d'un patrimoine nécessaire. La diminution survenue dans la fortune du donateur ne saurait même être présumée l'effet de sa malveillance envers le donataire.

» Ce sont ces motifs qui ont fait regarder comme indispensable de faire comprendre dans la masse des biens sur lesquels se calcule la quotité réservée par la loi, ceux qui auraient été donnés entre-vifs.

» On doit même y comprendre les biens dont la propriété aurait été transmise aux enfans dans le cas du divorce ; il ne peut jamais en résulter pour eux un avantage tel que les autres enfans soient privés de la réserve légale.

» Il ne doit être fait aucune déduction à raison des enfans naturels ; ce droit n'est point acquis avant la mort, et c'est, sous le titre de créance, une participation à la succession.

» Les biens sur lesquels les enfans ou les ascendans doivent prendre la portion que la loi leur réserve étant ainsi déterminés, on avait à régler comment ces héritiers exerceront cette reprise lorsque les biens, libres de dettes et déduction faite des dons et des legs, ne suffirout pas pour remplir la quotité réservée.

» Il est évident que ce retour sur les legs ou donations n'est admissible que de la part de ceux au profit desquel la loi a restreint la faculté de disposer proportionnellement au droit qu'ils auraient dans la succession.

» Si maintenant on examine quelles sont, dans le cas d'insuffisance des biens libres de la succession, les dispositions qui doivent être en premier lieu annulées ou réduites pour que la quotité réservée soit remplie, il ne peut y avoir de doute sur ce que la réduction ou l'annullation doit d'abord porter sur les legs.

» Les biens légués font partie de la succession ; les héritiers au profit desquels est la réserve sont saisis par la loi dès l'instant où cette succession est ouverte. Les legs ne doivent être payés qu'après l'acquit des dettes et des charges, la quotité réservée par la loi est au nombre de ces charges.

» Chaque légataire ayant un même droit aux biens qui lui sont légués, l'équité veut que cette sorte de contribution soit faite entr'eux au marc le franc.

» Si néanmoins le testateur avait déclaré qu'il entendait que certains legs fussent acquittés de préférence aux autres, les légataires ainsi préférés auraient un droit de plus que les autres ; et la volonté du testateur ne serait pas exécutée, si les autres legs n'étaient pas entièrement épuisés pour remplir la réserve légale, avant qu'on pût réduire ou annuler les legs préférés. On exige seulement, pour prévenir toute contestation sur cette volonté du testateur, qu'elle soit déclarée en termes-exprès.

» Il restait à prévoir le cas où tous les biens de la succession, libres de dettes, et tous les biens légués auraient été épuisés sans que la réserve légale fût encore remplie.

» Les donations entre-vifs doivent-elles alors, comme les legs, être réduites au marc le franc ?

» On peut dire que, pour fixer la quotité réservée, on fait entrer dans le calcul des biens qui y sont sujets, la valeur de tous ceux qui ont été donnés, sans égard aux diverses époques des donations, parce que chacune d'elles, et toutes ensemble, ont contribué à épuiser le patrimoine.

» Mais il est plus conforme aux principes que les donations soient réduites, en commençant par la plus récente, et en remontant successivement aux plus anciennes,

» En effet, on n'a pas, dans les premières donations, excédé la mesure prescrite, si les biens donnés postérieurement suffisent pour remplir la réserve légale. Si la réduction portait sur toutes les donations, le donateur aurait un moyen de révoquer en tout, ou par de nouvelles donations, celles qu'il aurait d'abord faites.

» D'ailleurs, lorsqu'il s'agit d'attaquer des propriétés qui remontent à des temps plus ou moins éloignés, l'ordre public est intéressé à ce que la plus ancienne propriété soit maintenue de préférence. C'est le fondement de cette maxime : *Qui prior est tempore, potior est jure.*

» Ces principes, déjà consacrés par l'ordonnance de 1731 (*art.* 34), ont été maintenus.

» On a aussi conservé cette autre disposition de la même loi, suivant laquelle, lorsque la donation entre-vifs réductible a été faite à l'un des héritiers ayant une réserve légale, il peut retenir sur les biens donnés la valeur de la portion qui lui appartiendrait comme héritier dans les biens non disponibles, s'ils sont de la même nature. Dans ce cas, il était possible, de maintenir ainsi la propriété de l'héritier donataire.sans causer de préjudice à ses cohéritiers.

» La règle suivant laquelle la réduction doit se faire, des donations. les plus récentes, serait illusoire, si le donataire évincé pouvait se regarder comme subrogé contre le donataire antérieur, dans les droits de celui qui l'a évincé.

» D'ailleurs la réduction est un privilége personnel, et dès-lors elle ne peut être l'objet d'une subrogation, soit tacite, soit même conventionnelle.

» Quant aux créanciers de celui dont la succession s'ouvre, ils n'ont de droit que sur les biens qu'ils y trouvent; ces biens doivent toujours, et nonobstant toute réserve légale, être épuisés pour leur paiement : ils ne peuvent avoir aucune prétention à des biens dont leur débiteur n'était plus propriétaire. Si les titres de leurs créances sont antérieurs à la donation, ils ont pu conserver leurs droits en remplissant les formalités prescrites.

» Si ces titres sont postérieurs, les biens qui dès-lors étaient par la donation hors des mains de leur débiteur, n'ont jamais pu être leur gage.

» Il paraît contraire aux principes de morale que l'on puisse recueillir, même à titre de réserve, des biens provenant d'une personne dont toutes les dettes ne sont pas acquitées, et la conséquence semble être que si le créancier ne peut pas, à cause du droit de propriété du donataire, avoir action contre lui, au moins doit-il exercer ses droits contre l'héritier sur les biens recouvrés par l'effet de la réduction.

» Si on s'attachait à l'idée que celui qui a le droit de réduction ne doit pas avoir recours contre les donataires, à moins que les biens dont ceux-ci aurait été évincés ne deviennent le gage des créanciers du défunt, il vaudrait autant donner à ces créanciers, contre les donataires, une action directe, que de l'accorder aux héritiers pour que les créanciers en profitent; ou plutôt alors, comme il ne s'agirait

réellement que de l'intérêt des créanciers, on ne devrait pas faire intervenir les héritiers pour dépouiller les donataires au profit des créanciers. Ceux-ci d'ailleurs pourraient-ils espérer que les héritiers se porteraient à exercer un pareil recours? Leur délicatesse ne serait-elle pas autant engagée à ne pas détruire le droit de propriété des donataires, qu'à payer les créanciers? Et si les héritiers manquaient de délicatesse, ne leur serait-il pas facile de traiter à l'insu des créanciers avec des donataires qui ne chercheraient qu'à se maintenir dans leur propriété?

» L'action de l'héritier contre le donataire, et les biens donnés qui sont l'objet de ce recours, sont également étrangers à la succession. Le titre auquel l'héritier exerce le recours remonte au temps même de la donation. Elle est présumée n'avoir été faite que sous la condition de ce retour à l'héritier, dans le cas où la réserve ne serait pas remplie.

» C'est en conséquence de cette condition primitive de retour, que l'héritier reprend les biens sans charge de dettes ou hypothèques créées par le donataire. C'est par le même motif que l'action en réduction ou revendication peut être exercée par l'héritier contre les tiers détenteurs des immeubles faisant partie de la donation et aliénés par le donataire, de la même manière et dans le même ordre que contre le donataire lui-même.

» Il faut donc considérer l'héritier qui évince un donataire entre-vifs, comme s'il eût recueilli les biens au temps même de la donation.

S'il fallait admettre d'une manière absolue qu'un héritier ne peut recueillir, à titre gratuit, des biens de celui qui a des créanciers, sans en faire l'emploi au paiement des dettes, il faudrait dire que toutes donations entre-vifs sont susceptibles d'être révoquées par des dettes que le donateur aurait depuis contractées. C'est ce qui n'a été admis dans aucune législation. Il est sans doute à regretter que des idées morales se trouvent ici en opposition avec des principes qu'il serait bien plus dangereux de violer; ce sont ceux sur le droit de propriété, non-seulement de l'enfant ou de l'ascendant, mais encore des autres intéressés. En voulant perfectionner la morale sous un rapport, on ferait naître la corruption sous plusieurs autres.

» Après avoir ainsi réglé les qualités requises pour donner et recevoir, après avoir fixé la quotité disponible, et avoir indiqué le mode à suivre pour les réductions, la loi s'occupe plus particulièrement d'abord des donations entre-vifs, et ensuite des testamens. Elle prescrit les formes de chacun de ces actes; elle établit les principes sur leur nature et sur leurs effets.

» C'est ici que tous les regards se fixent sur ces lois célèbres qui contribueront à rendre immortelle la mémoire du chancelier d'Aguesseau. Les ordonnances sur les donations et sur les testamens ont été, comme le nouveau Code, le fruit de longues méditations. Elle n'ont également été adoptées qu'après avoir consulté le vœu de la nation par le seul moyen qui fût alors possible, celui de prendre l'avis des magistrats et des jurisconsultes. Les rédacteurs du Code ont eu recours aux dispositions de ces lois avec le respect qu'inspirent leur profonde sagesse et le succès dont elles ont été couronnées.

» Dans les donations entre-vifs, on distingue les formalités à observer dans les actes qui les contiennent, et celles que l'on peut nommer extérieures.

» Les formalités à observer dans ces actes ont un double objet, celui de les constater, et celui d'en fixer la nature.

» On n'admet comme légalement constatés les actes portant donations entre-vifs, que quand ils sont passés devant notaire, dans la forme ordinaire des contrats.

» La minute doit rester entre les mains du notaire : elle ne doit être délivrée ni au donateur, ni au donataire. La donation entre-vifs

est un acte par lequel celui qui l'accepte s'engage à en remplir les conditions. Il ne doit être au pouvoir ni de l'une ni de l'autre des parties de l'anéantir, en supprimant l'acte qui en contient la preuve.

» C'est encore parce que toute donation entre-vifs est considérée comme un engagement réciproque, qu'il est indispensable que les deux parties y interviennent, celle qui donne, et celle qui accepte. Cela est conforme au droit romain, qui ne regardait point comme encore existante une libéralité, lorsque celui pour qui elle était destinée l'ignorait ou n'y avait pas consenti.

» L'acceptation étant une condition essentielle de toute donation, on a dû exiger qu'elle fût en termes exprès. Il en résultera, sans qu'il ait été besoin d'en faire une disposition, que les juges ne pourront avoir aucun égard aux circonstances dont on prétendrait induire une acceptation tacite, et sans qu'on puisse la présumer, lors même que le donataire aurait été présent à l'acte de donation et qu'il l'aurait signé, ou quand il serait entré en possession des choses données.

» Il était seulement une facilité qui n'avait rien de contraire à ces principes, et qu'on ne pouvait refuser sans mettre le plus souvent un obstacle insurmontable à la faculté de disposer. C'est sur-tout au milieu des mouvemens du commerce, et lorsque les voyages sont devenus si communs, que les parens les plus proches et les amis les plus intimes sont exposés à vivre dans un grand éloignement.

» On a voulu prévenir cet inconvénient, en permettant l'acceptation par un acte postérieur ou par une personne fondée de la procuration du donataire, en regardant cette procuration comme suffisante, soit qu'elle porte le pouvoir d'accepter la donation faite, soit qu'elle contienne un pouvoir général d'accepter les donations qui auraient été ou qui pourraient être faites.

» De longues controverses ava'ent eu lieu entre les auteurs, sur le point de savoir si le donateur doit avoir la liberté de révoquer la donation qui n'est point encore acceptée.

» Les uns soutenaient que si on ne fixe point au donataire un délai dans lequel il ne soit plus admis à l'acceptation, le donateur ne peut point lui ôter cette faculté en revenant contre son propre fait.

» Les autres pensaient que jusqu'à l'acceptation l'acte est imparfait et ne saurait lier le donateur.

» Cette dernière opinion est la plus juste; elle avait été confirmée par l'ordonnance de 1731, et elle est maintenue.

» Quoiqu'une donation soit toujours, indépendamment des conditions qui peuvent y être mises, regardée comme un avantage au profit du donataire, il suffit cependant que ce soit de la part de ce dernier un engagement, pour que la capacité de contracter, ou les formalités qui y suppléent soient exécutées.

» Si le donataire est majeur, l'acceptation doit être faite par lui, ou en son nom par la personne fondée de sa procuration.

» S'il est mineur non émancipé, ou s'il est interdit, elle sera faite par son tuteur, conformément à ce qui est prescrit au titre de la Minorité.

» Si le mineur est émancipé, son curateur l'assistera.

» On a même voulu éviter que pour des actes toujours présumés avantageux, les mineurs fussent victimes des intérêts personnels ou de la négligence de ceux que la loi charge d'accepter. Les liens du sang et de l'affection ont été considérés comme étant à cet égard un mandat suffisant; et sans porter atteinte, soit à la puissance paternelle, soit à l'administration des tuteurs, tous les ascendans de l'un et de l'autre sexe, et à quelque degré qu'ils soient, auront le pouvoir d'accepter pour leurs descendans, même du vivant des père et mère, et quoiqu'ils

ne soient ni tuteurs ni curateurs du mineur, sans qu'il soit besoin d'aucun avis de parens.

» Les bonnes mœurs et l'autorité du mari ont toujours exigé que la femme mariée ne pût accepter une donation sans le consentement de son mari, ou, en cas de refus de son mari, sans autorisation de la justice. En imposant cette condition aux femmes mariées en général, on n'admet d'exception ni pour celles qui ne seraient point en communauté avec leurs maris; ni pour celles qui en seraient séparées par jugement.

» Depuis que, par les heureux efforts de la bienfaisance et du génie, les sourds et muets ont été rendus à la société, ils sont devenus capables d'en remplir les devoirs et d'en exercer les droits. Le sourd et muet qui saura par l'écriture manifester sa volonté, pourra lui-même, ou par une personne ayant sa procuration, accepter une donation. S'il ne sait pas écrire, l'acceptation devra être faite en son nom par un curateur qui lui sera nommé pour remplir cette formalité.

» Quant aux donations qui seront faites aux hospices, aux pauvres des communes, ou aux établissemens d'utilité publique, elles seront acceptées par leurs administrateurs, lorsque le Gouvernement, qui veille aux droits des familles comme à l'intérêt des pauvres les y aura autorisés.

» Après avoir ainsi prescrit les formalités de l'acte même de donation, la loi règle celles qui sont extérieures.

» Plusieurs dispositions de l'ordonnance de 1731 sont relatives à la tradition de fait des biens donnés. Cette formalité avait été établie dans plusieurs coutumes, mais elle n'était point en usage dans les pays de droit écrit; elle n'ajoute rien ni à la certitude ni à l'irrévocabilité des donations entre-vifs. La règle du droit romain, qui regarde les donations comme de simples pactes, est préférable; elle écarte des difficultés nombreuses et sans objet. La donation

dûment

dûment acceptée sera parfaite par le seul consentement des parties, et la propriété des objets donnés sera transférée au donataire sans qu'il soit besoin d'autre tradition.

» Une autre formalité extrinsèque avait été introduite par le droit romain : c'est celle connue sous le nom d'insinuation. On avait ainsi rendu publiques les donations pour éviter les fraudes, soit par la supposition de pareils actes, sur-tout entre les proches parens, soit par la facilité de tromper des créanciers qui ignoreraient ces aliénations.

» En France, la formalité de l'insinuation a été admise et ordonnée par une longue suite de lois ; elles n'ont point aplani toutes les difficultés que leur exécution a fait naître. L'ordonnance de 1731 avait levé plusieurs doutes sur l'application de la peine de nullité des donations pour lesquelles cette formalité n'avait pas été exécutée, sur la nécessité de la remplir dans les divers lieux du domicile et de la situation des biens, sur le mode d'insinuation, sur les délais prescrits et sur les effets de l'inexécution dans ces délais. Des lois interprétatives de l'ordonnance de 1731 ont encore été nécessaires, et une simple formalité d'enregistrement était devenue la matière d'un recueil volumineux de lois compliquées.

» Toute cette législation relative à la publicité des actes de donations entre-vifs est devenue inutile depuis que, par la loi qui s'exécute maintenant dans toute la France, non-seulement ces actes, mais encore toutes les autres aliénations d'immeubles, doivent être rendus publics par la transcription sur des registres ouverts à quiconque veut les consulter. L'objet de toutes les lois sur les insinuations sera donc entièrement rempli, en ordonnant que lorsqu'il y aura donation de biens susceptibles d'hypothèques, la transcription des actes contenant la donation devra être faite aux bureaux des hypothèques dans l'arrondissement desquels les biens seront situés.

» Quant aux meubles qui seraient l'objet des donations, ils ne sauraient être mis au nombre des gages que les créanciers puissent suivre; il n'est aucun des différens actes par lesquels on peut aliéner des meubles, qui soit assujetti à de semblables formalités.

» L'insinuation se faisait, non-seulement au lieu de la situation des biens, mais encore à celui du domicile : cette dernière formalité n'ayant point été jugée nécessaire dans le système général de la conservation des droits des créanciers, il n'y avait pas de motif particulier pour l'employer dans le cas de la transmission des biens par donations entre-vifs; on peut s'en reposer sur l'activité de ceux qui auront intérêt de connaître le gage de leurs créances ou de leurs droits. Quant aux héritiers, l'inventaire leur fera connaître, par les titres de propriété, quels sont les biens; et dans l'état actuel des choses, il n'est aucun héritier qui ayant le moindre doute sur le bon état d'une succession, ne commence par vérifier sur les registres du lieu de la situation des biens, quelles sont les aliénations.

» Les personnes qui sont chargées de faire faire la transcription, et qui, par ce motif, ne pourront opposer le défaut de cette formalité, sont les maris, lorsque les biens auront été donnés à leurs femmes; les tuteurs ou curateurs, quand les donations auront été faites à des mineurs ou à des interdits : les administrateurs, quand elles auront été faites à des établissemens publics.

» Les femmes ont dû, pour la conservation de leurs droits, être autorisées par la loi à faire procéder seules à la formalité de l'inscription, quand elle n'aura pas été remplie par les maris.

» La question de savoir si les mineurs et ceux qui jouissent du même privilége peuvent être restitués contre le défaut d'insinuation des donations entre-vifs n'était clairement décidé ni par le droit romain, ni par les anciennes ordonnances. Il y avait à cet égard une diversité de jurisprudence ; et l'ordonnance de 1731, conformément à une déclaration du 19 janvier 1712, avait prononcé que la restitution n'aurait pas lieu, lors même que les tuteurs ou autres administrateurs seraient insolvables.

» Cette règle a été confirmée : elle est fondée sur le principe que si les mineurs ont des priviléges pour la conservation de leur patrimoine, et pour qu'ils ne soient pas surpris par les embûches tendues à la fragilité de leur âge, ils ne doivent pas être dispensés du droit commun, lorsqu'il s'agit seulement de rendre, par des donations, leur condition meilleure.

» On a examiné la question de savoir si les donations entre-vifs, qui n'auraient pas été acceptées pendant la vie du donateur, et qu'il n'aurait pas révoquées, peuvent valoir comme dispositions testamentaires.

» On peut dire que la volonté de donner est consignée dans l'acte de donation ; que si le donataire n'a été, par aucune révocation, dépouillé du droit d'accepter, le donateur est mort sans avoir varié dans son intention de lui faire une libéralité ; que la volonté de l'homme qui se renferme dans les bornes légales doit être respectée.

» Mais cette opinion n'est pas admissible lorsque, pour les testamens, la loi exige une plus grande solennité que pour les donations entre-vifs. Le donateur, par acte entre-vifs, ne peut dès-lors être présumé avoir entendu faire une disposition testamentaire, pour laquelle cet acte serait insuffisant ; et dans aucun cas il ne doit se dispenser ainsi de remplir les formalités prescrites pour les testamens.

» Il n'existe point de donation entre-vifs, à moins que le donateur ne se dépouille actuellement et irrévocablement de la chose donnée, en faveur du donataire qui l'accepte. De là ces maximes, que *donner et retenir ne vaut*, et que *c'est donner et retenir, quand le donateur s'est réservé la puissance de disposer librement de la chose donnée.*

» On en fait l'application, en décidant que la donation entre-vifs ne peut comprendre que les biens présens du donateur.

» On avait, dans l'ordonnance de 1731, déclaré nulle, même pour les biens présens, la donation qui comprenait les biens présens et à venir, parce qu'on regardait ses dispositions comme indivisibles, à moins que l'intention contraire du donateur ne fût reconnue.

» Il est plus naturel de présumer que le donateur de biens présens et à venir n'a point eu intention de disposer d'une manière indivisible ; la donation ne sera nulle qu'à l'égard des biens à venir.

» Les conséquences des maximes précédemment énoncées, sont encore que toute donation entre-vifs, faite sous des conditions dont l'exécution dépend de la seule volonté du donateur, est nulle ; qu'elle est également nulle, si elle a été faite sous la condition d'acquitter d'autres dettes ou charges que celles qui existaient à l'époque de la donation, ou qui étaient exprimées dans les actes ; que si le donateur n'a pas usé de la faculté de disposer, qu'il s'était réservée à l'égard d'une partie des objets compris dans la donation, ces objets n'appartiendront point au donataire, et que toute donation d'effets mobiliers doit être rendue certaine, par un état estimatif annexé à la minute de la donation.

» La réserve d'usufruit et le retour au profit du donateur n'ont rien de contraire à ces principes.

» Il n'y a d'exception à l'irrévocabilité, que dans les cas où le donateur aurait manqué à des conditions formellement exprimées, ou que la loi présume avoir été dans l'intention du donateur.

» La révocation pour cause d'inexécution des conditions exprimées, est commune à toutes les conventions. Mais il est deux autres conditions que la loi a présumées ; la première, que le donataire ne se rendrait pas coupable d'actes d'ingratitude, tels que si le donateur avait pu les prévoir, il n'eût point fait la donation ; et la seconde, qu'il ne lui surviendroit point d'enfans.

» On a déterminé les cas dans lesquels les donations pourront être révoquées pour cause d'ingratitude : ce sera lorsque le donataire aura attenté à la vie du donateur ; lorsqu'il se sera rendu coupable envers lui de sévices, délits ou injures graves ; lorsqu'il aura refusé des alimens.

» Les donations en faveur de mariage sont exceptées, parce qu'elles ont aussi pour objet les enfans à naître, et qui ne doivent pas être victimes de l'ingratitude du donataire.

» Quant à la révocation par survenance d'enfans, on la trouve établie dans le droit romain par une loi célèbre (Si unquam, Cod. de Revoc. donat.). Elle est fondée sur ce qu'il est à présumer que le donateur n'a point voulu préférer des étrangers à ses propres enfans.

» En vain oppose-t-on à un motif aussi puissant, qu'il en résulte une grande incertitude dans les propriétés, que les enfans peuvent ne survenir qu'un grand nombre d'années après la donation, que celui qui donne est présumé avoir mesuré ses libéralités sur la possibilité où il était d'avoir des enfans, que des mariages ont pu être contractés en considération de ces libéralités.

» Ces considérations ne sauraient l'emporter sur la loi naturelle, qui subordonne toutes les affections à celles qu'un père a pour ses enfans.

» Il n'est point à présumer qu'il ait entendu, en donnant, violer des devoirs de tout temps contractés envers les descendans qu'il pourrait avoir, et envers la société. Si une volonté pareille pouvait être présumée, l'ordre public s'opposerait à ce qu'elle fût accueillie. Ce sont des principes que le donataire ne saurait méconnaître. Il n'a donc pu recevoir que sous la condition de la préférence due aux enfans qui naîtraient.

» La règle de la révocation des donations par survenance d'enfans a été maintenue telle que dans l'ordonnance de 1731. On la trouve expliquée et dégagée des difficultés qu'elle avait fait naître.

» Les règles particulières aux donations entre-vifs sont suivies de celles qui concernent spécialement la forme et l'exécution des dispositions testamentaires.

» L'institution d'héritier était dans les pays de droit écrit l'objet principal des testamens. Dans l'autre partie de la France, la loi seule faisait l'héritier, l'institution n'y était permise qu'en considération de mariages.

» Plusieurs coutumes n'avaient même pas admis cette exception.

» Elles avaient toutes réservé aux parens, les unes sous le titre de propres, et les autres sous ce titre et même sous celui d'acquêts ou de meubles, une partie des biens. Cet ordre n'était point en harmonie avec celui des affections naturelles. Il eût donc été inutile et même contraire au maintien de la loi d'admettre pour l'institution d'héritier la volonté de l'homme qui eût toujours cherché à faire prévaloir le vœu de la nature.

» Ces différens entre les pays de droit écrit et ceux de coutumes, doivent disparaître lorsqu'une loi commune à toute la France donne, sans aucune distinction de biens, la même liberté de disposer. L'institution d'héritier y sera également permise.

» Le plus grand défaut que la législation sur les testamens ait eu chez les Romains, et depuis en France, a été celui d'être trop compliquée. On a cherché les moyens de la simplifier.

» On a donc commencé par écarter toute difficulté sur le titre donné à la disposition. Le testament vaudra sous quelque titre qu'il ait été fait, soit sous celui d'institution d'héritier, soit sous le titre de legs universel ou particulier, soit sous toute autre dénomination propre à manifester la volonté.

» On a seulement maintenu et expliqué une règle établie par l'ordonnance de 1735 (art. 77). Un testament ne pourra être fait conjointement et dans le même acte par deux ou plusieurs personnes, soit au profit d'un tiers, soit à titre de donation réciproque et mutuelle. Il fallait éviter de faire renaître la diversité de jurisprudence qui avait eu lieu sur la question de savoir si après le décès de l'un des testateurs, le testament pouvait être révoqué par le survivant. Permettre de le révoquer, c'est violer la foi de la réciprocité ; le déclarer irrévocable, c'est changer la nature du testament, qui, dans ce cas, n'est plus réellement un acte de dernière volonté. Il fallait interdire une forme incompatible, soit avec la bonne-foi, soit avec la nature des testamens.

» Au surplus, on a choisi dans le droit romain et dans les coutumes, les formes d'actes qui ont à-la-fois paru les plus simples et les plus sûres.

» Elles seront au nombre de trois ; le testament olographe, celui fait par acte public et le testament mystique.

» Ainsi les autres formes de testamens, et à plus forte raison les dispositions qui seraient faites verbalement, par signes ou par lettres missives, ne seront point admises.

» Le testament olographe, ou sous signature privée, doit être écrit en entier, daté et signé de la main du testateur.

» Cette forme de testament n'était admise dans les pays de droit écrit qu'en faveur des enfans. Au milieu de toutes les solennités dont les Romains environnaient leurs testamens, un écrit privé ne leur paraissait pas mériter assez de confiance ; et s'ils avaient, par respect pour la volonté des pères, soumis leurs descendans à l'exécuter lorsqu'elle serait ainsi manifestée, ils avaient même encore exigé la présence de deux témoins.

» Devait-on rejeter entièrement les testamens olographes ? Cette forme est la plus commode, et l'expérience n'a point appris qu'il en ait résulté des abus qui puissent déterminer à la faire supprimer.

» Il valait donc mieux rendre cette manière de disposer par testament, commune à toute la France.

» On a seulement pris une précaution pour que l'état de ces actes soit constaté.

» Tout testament olographe doit, avant qu'on l'exécute, être présenté au juge désigné, qui dressera un procès-verbal de l'état où il se trouvera, et en ordonnera le dépôt chez un notaire.

» Quant aux testamens par actes publics, on a pris un terme moyen entre les solennités prescrites par le droit écrit et celles usitées dans les pays de coutumes.

» Il suffisait dans ces pays qu'il y eût deux notaires, ou un notaire et deux témoins ; on avait même attribué, dans plusieurs coutumes, ces fonctions à d'autres personnes publiques ou à des ministres du culte.

» Dans les pays de droit écrit, les testamens nuncupatifs écrits devaient être faits en présence de sept témoins au moins, y compris le notaire.

» La liberté de disposer ayant été en général beaucoup augmentée dans les pays de coutumes, il était convenable d'ajouter aux précautions prises pour constater la volonté des testateurs ; mais en exigeant un nombre de témoins plus considérable que celui qui est nécessaire pour atteindre à ce but, on eût assujetti ceux qui disposent à une grande gêne, et peut-être les eût-on exposés à se trouver souvent dans l'impossibilité de faire ainsi dresser leurs testamens.

» Ces motifs ont déterminé à régler que le testament par acte public sera reçu par deux notaires en présence de deux témoins, ou par un notaire en présence de quatre témoins.

» L'usage des testamens mystiques ou secrets était inconnu dans les pays de coutumes ; c'était une institution à propager en faveur de ceux qui ne savent pas écrire, ou qui, par des motifs souvent plausibles, ne veulent ni faire leur testament par écrit privé, ni confier le secret de leurs dispositions. Elle devenait encore plus nécessaire quand pour les testamens par acte public on exige dans tous les cas la présence de deux témoins, et qu'il doit même s'en trouver quatre, s'il n'y a qu'un notaire.

» Mais en admettant la forme des testamens mystiques, on ne pouvait négliger aucune des formalités requises dans les pays de droit écrit.

» On doit craindre dans ces actes les substitutions de personnes ou de pièces ; il faut que les formalités soient telles, que les manœuvres les plus subtiles de la cupidité soient déjouées , et c'est sur-tout le nombre des témoins qui peut garantir que tous ne sauraient entrer dans un complot criminel. On a donc cru devoir adopter les formalités des testamens mystiques ou secrets , telles qu'on les trouve énoncées dans l'ordonnance de 1735.

» On a voulu rendre uniformes les formalités relatives à l'ouverture des testamens mystiques. Leur présentation au juge, leur ouverture, leur dépôt, seront faits de la même manière que pour les testamens olographes. On exige de plus que les notaires et les témoins par qui l'acte de souscription aura été signé, et qui se trouveront sur les lieux, soient présens ou appelés.

» Telles seront en général les formalités des testamens. Mais il est possible que le service militaire , que des maladies contagieuses, ou des voyages maritimes, mettent les testateurs dans l'impossibilité d'exécuter à cet égard la loi; cependant, c'est dans ces circonstances où la vie est souvent exposée, qu'il devient plus pressant et plus utile de manifester ses dernières volontés. La loi serait donc incomplète si elle privait une partie nombreuse des citoyens, et ceux sur-tout qui ne sont loin de leurs foyers que pour le service de la patrie, d'un droit aussi naturel et aussi précieux que celui de disposer par testament.

» Aussi, dans toutes les législations, a-t-on prescrit pour ces différens cas des formes particulières, qui donnent autant de sûreté et permet la possibilité d'exécution ; celles qui déjà ont été établies par l'ordonnance de 1735, ont été maintenues avec quelques modifications qui n'exigent pas un examen particulier.

» Après avoir prescrit les formalités des testamens, on avait à régler quels seraient leurs effets , et comment ils seraient exécutés.

» Il n'y aura plus à cet égard aucune diversité.

» L'héritier institué et le légataire universel auront les mêmes droits , et seront sujets aux mêmes charges.

Dans les coutumes où l'institution d'héritier était absolument défendue , ou n'était admise que dans les contrats de mariage , il n'y avait de titre d'héritier que dans la loi même, ce qu'on exprimait par ces mots : *Le mort saisit le vif.* Les légataires universels étaient tenus, lors même qu'ils recueillaient tous les biens , d'en demander la délivrance.

Dans les pays de droit écrit, presque tous les héritiers avaient leur titre dans un testament; ils étaient saisis de plein droit de la succession, lors même qu'il y avait des légitimaires.

» On peut dire , pour le système du droit écrit, que l'institution d'héritier étant autorisée par la loi, celui qui est institué par un testament a son titre dans la loi même, comme celui qui est appelé directement par elle; que dèslors qu'il existe un héritier par l'institution , il est sans objet , et même contradictoire, qu'il y ait un parent ayant cette qualité sans aucun avantage à en tirer ; que le testament, revêtu des formes suffisantes, est un titre qui ne doit pas moins que les autres avoir son exécution provisoire; que la demande en délivrance et la main-mise par le parent qui est dépouillé de la qualité d'héritier, ne peuvent qu'occasionner des frais et des contestations que l'on doit éviter.

» Ceux qui prétendent que l'ancien usage des pays de coutumes est préférable, lors même que la faculté d'instituer les héritiers y est admise , regardent le principe suivant lequel le parent appelé par la loi à la succession doit toujours être réputé saisi à l'instant de la mort, comme la sauve-garde des familles. Le testament ne doit avoir d'effet qu'après la mort ; et, en le produisant, le titre du parent appelé par la loi est certain ; l'autre peut n'être pas valable, et il est au moins toujours susceptible d'examen. Le temps de produire un testament, pendant que se remplissent les premières formalités pour constater l'état d'une succession, n'est jamais assez long pour que la saisie du parent appelé par la loi puisse être préjudiciable à l'héritier institué.

» Ni l'une ni l'autre de ces deux opinions n'a été entièrement adoptée : on a pris dans chacune d'elles ce qui a paru le plus propre à concilier les droits de ceux que la loi appelle à la succession, et de ceux qui doivent la recueillir par la volonté de l'homme.

» Lorsqu'au décès du testateur il y aura des héritiers auxquels une quotité de biens sera réservée par la loi, ces héritiers seront saisis de plein droit par sa mort de toute la succession ; et l'héritier institué ou le légataire universel sera tenu de leur demander la délivrance des biens compris dans le testament.

» Lorsque l'héritier institué ou le légataire universel se trouve ainsi en concurrence avec l'héritier de la loi, ce dernier mérite la préférence. Il est difficile que dans l'exécution cela puisse être autrement. Ne serait-il pas contre l'honnêteté publique, contre l'humanité, contre l'intention présumée du testateur, que l'un de ses enfans, ou que l'un des auteurs de sa vie, fût à l'instant de sa mort expulsé de sa maison, sans qu'il eût même le droit de vérifier auparavant le titre de celui qui se présente? Ce dernier aura d'autant moins droit de se plaindre de cette saisie momentanée, qu'il recueillera les fruits à compter du jour du décès, si la demande en délivrance a été formée dans l'année.

» Si l'héritier institué ou le légataire universel ne se trouve point en concurrence avec des héritiers ayant une quotité de biens réservée par la loi, les autres parens ne pourront empêcher que ce titre n'ait toute sa force et son exécution provisoire, dès l'instant même de la mort du testateur.

» Il suffit qu'ils soient mis à portée de vérifier l'acte qui les dépouille.

» Si cet acte a été fait devant notaires, c'est celui qui, par ses formes, rend les surprises moins possibles, et il se trouve d'avance dans un dépôt où les personnes intéressées peuvent le vérifier.

» S'il a été fait olographe ou dans la forme mystique, des mesures ont été prises pour que les parens appelés par la loi aient toute la facilité de les vérifier avant que l'héritier institué ou le légataire universel puisse se mettre en possession.

» Les testamens faits sous l'une et l'autre forme devront être déposés chez un notaire commis par le juge ; on assujettit l'héritier institué ou le légataire universel à obtenir une ordonnance d'envoi en possession, et cette ordonnance ne sera délivrée que sur la production de l'acte du dépôt.

» Quant aux charges dont l'héritier institué et le légataire universel sont tenus, les dettes sont d'abord prélevées, et conséquemment, s'il est en concurrence avec un héritier auquel la loi réserve une quotité de biens, il y contribuera pour sa part et portion, et hypothécairement pour le tout.

» Il est une autre charge qui n'était pas toujours aussi onéreuse pour l'héritier institué que pour le légataire universel.

» Dans les pays de droit écrit, l'héritier institué était autorisé à retenir, sous le nom de *falcidie*, le quart de la succession par retranchement sur les legs, s'ils excédaient la valeur des trois quarts.

» Les testamens avaient toujours été considérés chez les Romains, comme étant de droit politique plutôt que de droit civil ; et la loi prenait toutes les mesures pour que cet acte de magistrature suprême reçût son exécution. Elle présumait toujours la volonté de ne pas mourir *ab intestat*.

» Cependant, lorsque le testateur avait épuisé

en legs la valeur de sa succession, les héritiers institués n'avaient plus d'intérêt d'accepter ; l'institution devenait caduque, et avec elle tombait tout le testament.

» On présuma que celui qui instituait un héritier, le préférait à de simples légataires, et l'héritier surchargé de legs fut autorisé, par la loi qu'obtint le tribun Falcidius, sous le règne d'Auguste, à retenir le quart des biens.

» Cette mesure fut ensuite rendue commune à l'héritier *ab intestat*, et à ceux même qui avaient une légitime. Ce droit a été consacré par l'ordonnance de 1735.

» Dans les pays de coutumes, il n'y avait point de pareille retenue au profit des légataires universels, lors même que les biens laissés par le testateur étaient tous de nature à être compris dans le legs. La présomption légale dans ces pays, était que les legs particuliers contenaient l'expression plus positive de la volonté du testateur, que le titre de légataires universels ; ceux-ci étaient tenus d'acquitter tous les legs.

» Cette dernière législation a paru préférable ; les causes qui ont fait introduire la quarte *falcidie* n'existent plus. La loi, en déclarant que les legs particuliers seront tous acquittés par les héritiers institués ou les légataires universels, ne laissera plus de doute sur l'intention qu'auront eue les testateurs de donner la préférence aux legs particuliers : s'il arrive que des testateurs ignorent assez l'état de leur fortune pour l'épuiser en legs particuliers, lors même qu'ils institueraient un héritier ou qu'ils nommeraient un légataire universel, la loi ne doit point être faite pour des cas aussi extraordinaires.

» Il est une autre classe de legs connus sous le nom de *legs à titre universel*, non qu'ils comprennent, comme les legs dont on vient de parler, l'universalité des biens, mais seulement, soit une quote-part de ceux dont la loi permet de disposer, telle qu'une moitié, un tiers, ou tous les immeubles, ou tout le mobilier, ou une quotité des immeubles, ou une quotité du mobilier.

» Ces légataires, comme ceux à titre particulier, sont tenus de demander la délivrance; mais il fallait les distinguer, parce qu'il est juste que ceux qui recueillent ainsi à titre universel une quote-part des biens de la succession, soient assujettis à des charges qui ne sauraient être imposées sur les legs particuliers. Telle est la contribution aux dettes et charges de la succession, et l'acquit des legs particuliers par contribution, avec ceux qui recueillent, sous quelque titre que ce soit, l'universalité des biens.

» Lorsqu'il y aura un légataire à titre universel d'une quotité quelconque de tous les biens, on devra mettre dans cette classe celui qui serait porté dans le même testament pour le surplus des biens, sous le titre de légataire universel.

» Quant aux legs particuliers, on s'est conformé aux règles de droit commun, et on a cherché à prévenir les difficultés indiquées par l'expérience ; il suffit de lire ces dispositions pour en connaître les motifs.

» Il en est ainsi, et de celles qui concernent les exécuteurs testamentaires, et de la révocation des testamens ou de leur caducité.

» La loi établit des règles particulières à certaines dispositions entre-vifs ou de dernière volonté, qui exigent des mesures qui leur sont propres.

» Telles sont les dispositions permises aux pères et mères et aux frères ou sœurs, dont la sollicitude, se prolongeant dans l'avenir, leur aurait fait craindre que des petits-enfans ou des neveux ne fussent exposés à l'infortune par l'inconduite ou par les revers de ceux qui leur ont donné le jour.

» Dans la plupart des législations, et dans la nôtre jusqu'aux derniers temps, la puissance paternelle a eu dans l'exhérédation un des plus grands moyens de prévenir et de punir les fautes des enfans. Mais en remettant cette arme terrible dans la main des pères et mères, on n'a songé qu'à venger leur autorité outragée, et on s'est écarté des principes sur la transmission des biens.

» Un des motifs qui a fait supprimer le droit d'exhérédation, est que l'application de la peine à l'enfant coupable s'étendait à sa postérité innocente. Cependant cette postérité ne devait pas être moins chère au père équitable dans sa vengeance; elle n'en était pas moins une partie essentielle de la famille, et devait y trouver la même faveur et les mêmes droits.

» Or, il n'y avait qu'un petit nombre de cas dans lesquels les enfans de l'exhérédé fussent admis à la succession de celui qui avait prononcé la fatale condamnation.

» Ainsi, sous le rapport de la transmission des biens dans la famille, l'exhérédation n'avait que des effets funestes : la postérité la plus nombreuse d'un seul coupable était enveloppée dans sa proscription; et combien n'était-il pas scandaleux dans les tribunaux, ces combats où pour des intérêts pécuniaires la mémoire du père était déchirée par ceux qui s'opposaient à l'exhérédation, et que la conduite de l'enfant exhérédé présentée sous les traits de la cupidité, cherchait encore à rendre plus odieux !

» Cependant il fallait trouver un moyen de conserver à la puissance des pères et mères la force nécessaire, sans blesser la justice.

» On avait d'abord cru que l'on pourrait atteindre à ce but, si on donnait aux père et mère le droit de réduire l'enfant qui se rendrait coupable d'une dissipation notoire, au simple usufruit de sa portion héréditaire, ce qui eût assuré la propriété aux descendans nés et à naître de cet enfant.

» On avait trouvé les traces de cette disposition officieuse dans les lois romaines; mais après un examen plus approfondi, on y a découvert la plupart des inconvéniens de l'exhérédation.

» La plus grande puissance des pères et mères, c'est de la nature et non des lois qu'ils la tiendront. Les efforts des législateurs doivent tendre à seconder la nature et à maintenir le respect qu'elle a inspiré aux enfans : la loi qui donnerait au fils le droit d'attaquer la mémoire de son père, et de le présenter aux tribunaux comme coupable d'avoir violé ses devoirs par une proscription injuste et barbare, serait elle-même une sorte d'attentat à la puissance paternelle; elle tendrait à la dégrader dans l'opinion des enfans. Le premier principe dans cette partie de la législation est d'éviter, autant qu'il est possible, de faire intervenir les tribunaux entre les pères et mères et leurs enfans. Il est le plus souvent inutile et toujours dangereux de remettre entre les mains des pères et des mères des armes que les enfans puissent combattre et rendre impuissantes.

» C'eût été une erreur de croire que l'enfant réduit à l'usufruit de sa portion héréditaire, ne verrait lui-même que l'avantage de sa postérité, et qu'il ne se plaindrait pas d'une disposition qui lui laisserait la jouissance entière des revenus. Cette disposition officieuse pour les petits-enfans eût été contre le père ainsi grévé une véritable interdiction qui eût pu avoir sur son sort, pendant le reste de sa vie, une influence funeste. Comment celui qui aurait été proclamé dissipateur par son père même, pourrait-il se présenter pour des emplois publics ? comment obtiendrait-il de la confiance dans tous les genres de professions ?

» N'était-il pas trop rigoureux de rendre perpétuels les effets d'une peine aussi grave, quand la cause pouvait n'être que passagère ?

» Il a donc été facile de prévoir que tous les enfans, ainsi condamnés par l'autorité des pères et mères, se pourvoiraient devant les tribunaux : et avec quel avantage n'y paraîtraient-ils pas ?

» La dissipation se compose d'une suite de faits que la loi ne peut pas déterminer : ce qui est dissipation dans une circonstance, ne l'est pas dans une autre. Le premier juge, celui dont

dont la voix serait si nécessaire à entendre pour connaître les motifs de sa décision, n'existerait plus.

» Serait-il possible d'imaginer une scène plus contraire aux bonnes mœurs, que celle d'un aïeul dont la mémoire seroit déchirée par son fils réduit à l'usufruit, en même temps que la conduite de ce fils serait dévoilée par ses propres enfans ? Cette famille ne deviendrait-elle pas le scandale et la honte de la société? et à quelle époque pourrait-on espérer que le respect des enfans pour les pères s'y rétablirait ? Il aurait donc bien mal rempli ses vues, le père de famille qui, en réduisant son fils à l'usufruit, n'aurait eu qu'une intention bienfaisante envers ses petits-enfans ; et s'il eût prévu les conséquences funestes que sa disposition pouvait avoir, n'eût-il pas dû s'en abstenir ?

» La loi qui eût admis cette disposition eût encore été vicieuse en ce que la réduction à l'usufruit pouvait s'appliquer à la portion héréditaire en entier. C'était porter atteinte au droit de légitime qui a été jusqu'ici regardé comme ne pouvant pas être réduite par les pères et mères eux-mêmes, si ce n'est dans le cas de l'exhérédation. Or, la dissipation notoire n'a jamais été une cause d'exhérédation, mais seulement d'une interdiction susceptible d'être levée quand sa cause n'existait plus.

» Quoique la disposition officieuse, telle qu'on l'avait d'abord conçue, fût exposée à des inconvéniens qui ont empêché de l'admettre, l'idée n'en était pas moins en elle-même juste et utile. L'erreur n'eût pas été moins grande si on ne l'eût pas conservée en la modifiant.

» Il fallait éviter, d'une part, que la disposition ne fût un germe de discorde et d'accusations respectives, et, de l'autre, que la loi qui soustrait une certaine quotité de biens aux volontés du père ne fût violée.

» Ces conditions se trouvent remplies en donnant aux pères et mères la faculté d'assurer à leurs petits-enfans la portion de biens dont la

loi leur laisse la libre disposition. Ils pourront l'assurer en la donnant à un ou à plusieurs de leurs enfans, et ceux-ci seront chargés de la rendre à leurs enfans. Vous avez vu que la portion disponible laissée au père, suffira pour atteindre le but proposé : elle sera, eu égard à la fortune de chacun, assez considérable pour qu'elle puisse préserver les petits-enfans de la misère à laquelle l'inconduite ou les malheurs du père les exposeraient.

» L'aïeul ne peut pas espérer de la loi une faculté plus étendue que celle dont il a besoin, en n'écoutant que des sentimens d'une affection pure envers sa postérité, et d'une autre part, la quotité réservée aux enfans est de droit public; sa volonté, quoique raisonnable, ne peut y déroger.

» Lorsque la charge de rendre les biens est imposée, ce doit être en faveur de toute la postérité de l'enfant ainsi grevé, sans aucune préférence à raison de l'âge ou du sexe, et non-seulement au profit des enfans nés lors de la disposition, mais encore de tous ceux à naître.

» Ce moyen est préférable à celui de la disposition officieuse; la réserve légale reste intacte ; la volonté du père ne s'applique qu'à des biens dont il est absolument le maître de disposer ; elle ne peut être contestée ni compromise; elle ne porte plus les caractères d'une peine contre l'enfant grevé de restitution; elle pourra s'appliquer à l'enfant dissipateur comme à celui qui déjà aura eu des revers de fortune, ou qui par son état y serait exposé.

» Il est possible que les pères et mères qui sont seuls juges des motifs qui les portent à disposer ainsi d'une partie de leur fortune, avec la charge de la rendre, aient seulement la volonté de préférer à-la-fois l'enfant auquel ils donnent l'usufruit et sa postérité. Mais la loi les laisse maîtres de disposer au profit de celui de leurs enfans qu'il leur plaît, et on a beaucoup moins à craindre une préférence aveugle, lorsque les biens doivent passer de l'enfant grevé de restitution à tous les enfans sans distinction, et au premier degré seulement.

» C'est dans cet esprit de conservation de famille que la loi proposée a étendu à celui qui meurt ne laissant que des frères ou sœurs, la faculté de les grever de restitution jusqu'à concurrence de la portion disponible au profit de tous les enfans de chacun des grévés.

» On voit que la faculté accordée aux pères et mères de donner à un ou plusieurs de leurs enfans, tout ou partie des biens disponibles, à la charge de les rendre aux petits-enfans, a si peu de rapport avec l'ancien régime des substitutions, qu'on ne lui en a même pas donné le nom.

» C'est une substitution, en ce qu'il y a une transmission successive de l'enfant donataire aux petits-enfans.

» Mais cela est contraire aux anciennes substitutions, en ce que l'objet de la faculté donnée aux pères et mères et aux frères n'est point de créer un ordre de successions, et d'intervertir les droits naturels de ceux que la loi eût appelés, mais plutôt de maintenir cet ordre et ces droits en faveur d'une génération qui en eût été privée.

» Dans les anciennes substitutions, c'était une branche qui était préférée à l'autre : dans la disposition nouvelle, c'est une branche menacée et que l'on veut conserver.

» En autorisant cette espèce de disposition officieuse, il a fallu établir les règles nécessaires pour son exécution.

» On a d'abord déterminé la forme de ces actes. Elle sera la même que pour les donations entre-vifs ou les testamens.

» Celui qui aura donné des biens sans charge de restitution, pourra l'imposer par une nouvelle libéralité.

» Il ne pourra s'élever aucun doute sur l'ouverture des droits des appelés. Ils seront ouverts à l'époque où, par quelque cause que ce soit, la jouissance du grévé cessera ; cependant

s'il y avait un abandon en fraude des créanciers, il serait juste que leurs droits fussent conservés.

» La faveur des mariages ne peut, dans ce cas, être un motif pour que les femmes exercent des recours subsidiaires sur les biens ainsi donnés ; elles n'en auront que pour leurs deniers dotaux, et dans le cas seulement où cela aura été formellement exprimé dans la donation entre-vifs ou dans le testament.

» La loi devait ensuite prévoir les difficultés qui pourraient s'élever sur l'exécution de ces actes. Il fallait éviter qu'à l'occasion d'une charge imposée à un père au profit de ses enfans, il pût s'élever entr'eux des contestations. On reconnaîtra dans toutes les parties du Code civil, qu'on a pris tous les moyens de prévenir ce malheur.

» Si le père ne remplit pas les obligations qu'entraîne la charge de restitution, il faut qu'il y ait entr'eux une personne dont la conduite, tracée par la loi, ne puisse provoquer le ressentiment du père contre les enfans.

Cette tierce personne sera un tuteur nommé pour faire exécuter, après la mort du donateur ou du testateur, sa volonté.

» Il vaudrait mieux, pour assurer l'exécution que ce tuteur fût nommé par celui même qui fait la disposition. Ce choix donnerait au tuteur ainsi nommé un titre de plus à la confiance et à la déférence de l'enfant grévé.

» Si cette nomination n'a pas été faite, ou si le tuteur nommé est décédé, la loi prend toutes les précautions pour qu'il ne puisse jamais arriver qu'il n'y ait pas de tuteur chargé de l'exécution.

» Le grévé sera tenu de provoquer cette nomination, sous peine d'être déchu du bénéfice de la disposition ; et s'il y manque, il y sera suppléé, soit par des appelés s'ils sont majeurs, soit par leurs tuteurs ou curateurs s'ils sont mineurs ou interdits, soit par tout parent des appelés majeurs, mineurs ou interdits, ou même d'office, à la diligence du commissaire du gouvernement près le tribunal de première instance du lieu où la succession est ouverte.

» Des règles sont ensuite établies pour constater les biens, pour la vente du mobilier, pour l'emploi des deniers, pour la transcription des actes contenant les dispositions, ou pour l'inscription sur les biens affectés au paiement des sommes colloquées avec privilége.

» Il est encore un autre genre de dispositions qui doit avoir sur le sort des familles une grande influence : ce sont les partages faits par le père, la mère ou les autres ascendans, entre leurs descendans ; c'est le dernier et l'un des actes les plus importans de la puissance et de l'affection des pères et mères. Ils s'en rapporteront le plus souvent à cette sage répartition que la loi elle même a faite entre leurs enfans. Mais il restera souvent, et sur-tout à ceux qui ont peu de fortune, comme à ceux qui ont des biens dont le partage ne sera pas facile, ou sera susceptible d'inconvéniens, de grandes inquiétudes sur les dissensions qui peuvent s'élever entre leurs enfans. Combien serait douloureuse pour un bon père, l'idée que des travaux dont le produit devait rendre sa famille heureuse, seront l'occasion de haines et de discordes ! A qui donc pourrait-on confier avec plus d'assurance la répartition des biens entre les enfans, qu'à des pères et mères qui mieux que tous autres en connaissent la valeur, les avantages et les inconvéniens ; à des pères et mères, qui rempliront cette magistrature, non-seulement avec l'impartialité des juges, mais encore avec ce soin, cet intérêt, cette prévoyance que l'affection paternelle peut seule inspirer ?

» Cette présomption, quelque forte qu'elle soit en faveur des pères et mères, a cependant encore laissé des inquiétudes sur l'abus que pourraient faire de ce pouvoir ceux qui, par une préférence aveugle, par l'orgueil, ou par d'autres passions, voudraient réunir la majeure partie de leurs biens sur la tête d'un seul de leurs enfans. Il a été calculé que plus les en-

fans seraient nombreux, et plus il serait facile au père d'accumuler les biens au profit de l'enfant préféré.

» Il eût été injuste et même contraire au but que l'on se proposait de refuser au père qui, lors du partage entre ses enfans, pouvait disposer librement d'une partie de ses biens, l'exercice de cette faculté dans le partage même. C'est ainsi qu'il peut éviter des démembremens, conserver à l'un de ses enfans l'habitation qui pourra continuer d'être l'asile commun, réparer les inégalités naturelles ou accidentelles : en un mot, c'est dans l'acte de partage qu'il pourra le mieux combiner, et en même temps réaliser la répartition la plus équitable et la plus propre à rendre heureux chacun de ses enfans.

» Mais si l'un des enfans était lésé de plus du quart, ou s'il résultait du partage et des dispositions faites par préciput que l'un des enfans aurait un avantage plus grand que la loi ne le permet, l'opération pourra être attaquée par les autres intéressés.

Les démissions de biens étaient usitées dans une grande partie de la France. Il y avait sur la nature de ces actes des règles très-différentes.

» Dans certains pays on ne leur donnait pas la force des donations entre-vifs, elles étaient révocables. Ce n'était point aussi un acte testamentaire, puisqu'il avait un effet présent. On avait, dans ces pays, conservé la règle de droit, suivant laquelle on ne peut pas se faire d'héritier irrévocable : il n'y avait d'exception que pour les institutions par contrat de mariage. On craignait que les parens n'eussent à se repentir de s'être trop abandonnés à des sentimens d'affection, et d'avoir eu trop de confiance en ceux auxquels ils avaient livré leur fortune.

» Mais, d'un autre côté, c'était laisser dans les pactes de famille une incertitude qui causait les plus graves inconvéniens. Le démissionnaire qui avait la propriété sous la condition de la révocation, se flattait toujours qu'elle n'aurait pas lieu. Il traitait avec des tiers, il s'engageait, il dépensait, il aliénait, et la révocation n'avait presque jamais lieu sans des procès qui empoisonnaient le reste de la vie de celui qui s'était démis, et qui rendaient sa condition pire que s'il laissé subsister sa démission.

» On a supprimé cette espèce de disposition ; elle est devenue inutile. Les pères et mères pourront dans les donations entre-vifs imposer les conditions qu'ils voudront ; ils auront la même liberté dans les actes de partage, pourvu qu'il n'y ait rien de contraire aux règles qui viennent d'être exposées, et suivant lesquelles les démissions de biens, si elles avaient été autorisées, eussent été déclarées irrévocables.

» Il est deux autres genres de donations qui toujours ont été mises dans une classe à part, et pour lesquelles les règles générales' doivent être modifiées.

» Ce sont les donations faites par contrat de mariage aux époux et aux enfans à naître de cette union, et les donations entr'époux.

» Toute loi dans laquelle on ne chercherait pas à encourager les mariages, serait contraire à la politique et à l'humanité. Loin de les encourager, ce serait y mettre obstacle, si on ne donnait pas le plus libre cours aux donations, sans lesquelles ces liens ne se formeraient pas. Il serait même injuste d'assujettir les parens donateurs aux règles qui distinguent d'une manière absolue les donations entre-vifs des testamens. Le père qui marie ses enfans s'occupe de leur postérité ; la donation actuelle doit donc être presque toujours subordonnée à des dispositions sur la succession future. Non-seulement les contrats de mariage participent de la nature des actes entre-vifs et des testamens, mais encore on doit les considérer comme des traités entre les deux familles, traités pour lesquels on doit jouir de la plus grande liberté.

» Ces principes sont immuables, et leurs effets ont dû être maintenus dans la loi proposée.

» Ainsi les ascendans, les parens collaté-

raux des époux, et même les étrangers pourront par contrat de mariage donner tout ou partie des biens qu'ils laisseront au jour de leur décès.

» Ces donateurs pourront prévoir le cas où l'époux donataire mourrait avant eux, et dans ce cas étendre leur disposition au profit des enfans à naître de leur mariage. Dans le cas même où les donateurs n'auront pas prévu le cas de leur survie, il sera présumé de droit que leur intention a été de disposer, non-seulement au profit de l'époux, mais encore en faveur des enfans et descendans à naître du mariage.

» Ces donations pourront comprendre à la fois les biens présens et ceux à venir. On a seulement pris à cet égard une précaution dont l'expérience a fait connaître la nécessité.

» L'époux auquel avaient été donnés les biens présens et à venir, avait à la mort du donateur le droit de prendre les biens existans à l'époque de la donation, en renonçant aux biens à venir, ou de recueillir les biens tels qu'ils se trouvaient au temps du décès. Lorsque le donataire préférait les biens qui existaient dans le temps de la donation, des procès sans nombre, et qu'un long intervalle de temps rendait le plus souvent inextricables, s'élevaient sur la fixation de l'état de la fortune à cette même époque. C'était aussi un moyen de fraude envers des créanciers dont les titres n'avaient pas une date certaine. La faveur des mariages ne doit rien avoir d'incompatible avec le repos des familles et avec la bonne foi. Il est donc nécessaire que le donateur qui veut donner le choix des biens présens ou de ceux à venir, annexe à l'acte un état des dettes et des charges alors existantes, et que le donataire devra supporter ; sinon le donataire ne pourra, dans le cas où il acceptera la donation, réclamer que les biens qui se trouveront à l'époque du décès.

» Les donations par contrat de mariage pourront être faites sous des conditions dont l'exécution dépendra de la volonté du donateur. L'époux donataire est presque toujours l'enfant ou l'héritier du donateur. Il est donc dans l'ordre naturel qu'il se soumette aux volontés de celui qui a autant d'influence sur son sort ; et si c'est un étranger dont il éprouve la bienfaisance, la condition qui lui est imposée n'empêche pas qu'il ne soit pour lui d'un grand intérêt de l'accepter.

» Enfin un grand moyen d'encourager les donations par contrat de mariage, était de déclarer qu'à l'exception de celles des biens présens, elles deviendraient caduques, si le donateur survit au donataire décédé sans postérité.

» Toutes les lois qui ont précédé celle du 17 nivose an 2, ont toujours distingué les donations que les époux peuvent se faire entr'eux par leur contrat de mariage, de celles qui auraient eu lieu pendant le mariage.

» Le mariage est un traité dans lequel les mineurs assistés de leurs parens, ou les majeurs, doivent être libres de stipuler leurs droits et de régler les avantages qu'ils veulent se faire. Les sentimens réciproques sont alors dans toute leur énergie, et l'un n'a point encore pris sur l'autre cet empire que donne l'autorité maritale, ou qui est le résultat de la vie commune. La faveur des mariages exige que les époux ayent, au moment où ils forment leurs liens, la liberté de se faire réciproquement, ou l'un des deux à l'autre, les donations qu'ils jugeront à propos.

» Il en est autrement des donations que les époux voudraient se faire pendant le mariage.

» Les lois romaines défendirent d'abord les donations entr'époux d'une manière absolue. On craignit de les voir se dépouiller mutuellement de leur patrimoine par les effets inconsidérés de leur tendresse réciproque, de rendre le mariage vénal, et de laisser l'époux honnête exposé à ce que l'autre le contraignit d'acheter la paix par des sacrifices sous le titre de donations.

» Cette défense absolue fut modifiée sous le règne d'Antonin, qui crut prévenir tous les inconvéniens en donnant aux époux la faculté de révoquer les donations qu'ils se feraient pendant le mariage.

» Cette doctrine a été suivie en France dans la plupart des pays de droit écrit.

» Dans les pays de coutumes, on a conservé l'ancien principe de la défense absolue de toute donation entre mari et femme pendant le mariage, à moins que la donation ne fût mutuelle au profit du survivant : et encore cette espèce de donation était-elle, quant aux espèces et à la quantité de biens qu'elle pouvait comprendre, plus ou moins limitée.

» Ces bornes ont été, dans la plupart des coutumes, plus resserrées dans le cas où à l'époque de la dissolution du mariage, il existait des enfans, que dans le cas où il n'y en avait point.

» En modifiant ainsi la défense absolue, il résultait que la condition de réciprocité ou de survie écartait toute intention odieuse de l'un des époux de s'enrichir aux dépens de l'autre, et que les bornes dans lesquelles ces donations étaient resserrées, conservaient les biens de chaque famille.

» On a pris dans ces deux systèmes ce qui est le plus convenable à la dignité des mariages, à l'intérêt réciproque des époux, à celui des enfans.

» Il sera permis à l'époux de donner à l'autre époux, soit par le contrat de mariage, soit pendant le mariage, dans le cas où il ne laisserait point de postérité, tout ce qu'il pourrait donner à un étranger, et en outre l'usufruit de la totalité de la portion dont la loi défend de disposer au préjudice des héritiers directs.

» S'il laisse des enfans, ces donations ne pourront comprendre que le quart de tous les biens en propriété, et l'autre quart en usufruit, ou la moitié de tous les biens en usufruit seulement.

» Toutes donations faites entr'époux pendant le mariage, quoique qualifiées entre-vifs, seront toujours révocables ; et la femme n'aura pas besoin , pour exercer ce droit, de l'autorisation de son mari , ni de la justice.

» Cette loi donnant la faculté de disposer , même au profit d'un étranger, de tous les biens qui ne sont pas réservés aux héritiers en ligne directe, il n'eût pas été conséquent qu'un époux fût privé de la même liberté vis-à-vis de l'autre époux pendant le mariage. Tel est même l'effet de l'union intime des époux, que, sans rompre les liens du sang, leur inquiétude et leur affection se portent plutôt sur celui des deux qui survivra , que sur les parens qui doivent lui succéder. On a donc encore suivi le cours des affections, en décidant que les époux ne laissant point d'enfans pourraient se donner l'usufruit de la totalité de la portion de biens disponibles.

» Si l'époux laisse des enfans, son affection se partage entr'eux et son époux, et lors même qu'il se croit le plus assuré que l'autre époux survivant ferait de la totalité de sa fortune l'emploi le plus utile aux enfans : les devoirs de paternité sont personnels, et l'époux donateur y manquerait s'il les confiait à un autre ; il ne pourra donc être autorisé à laisser à l'autre époux qu'une partie de sa fortune, et cette quotité est fixée à un quart de tous les biens en propriété, et un autre quart en usufruit, ou la moitié de la totalité en usufruit.

» Après avoir borné ainsi la faculté de disposer, il ne restait plus qu'à prévenir les inconvéniens qui peuvent résulter des donations faites entr'époux pendant le mariage.

» La mesure adoptée dans la législation romaine a paru préférable. On ne pourra plus douter que les donations ne soient l'effet d'un consentement libre, et qu'il ne faut les attribuer ni à la subordination, ni à une affection momentanée ou inconsidérée, quand l'époux , libre de les révoquer, y aura persisté jusqu'à sa mort ; quand la femme n'aura besoin, pour cette révocation, d'aucune autorisation ; quand, pour rendre cette révocation plus libre encore, et pour qu'on ne puisse argumenter de l'indivi

sibilité des dispositions d'un même acte, il est réglé que les époux ne pourront pendant le mariage se faire, par un seul et même acte , aucune donation mutuelle et réciproque.

» Au surplus, on a maintenu cette sage disposition , que l'on doit encore moins attribuer à la défaveur des seconds mariages, qu'à l'obligation où sont les pères et mères qui ont des enfans , de ne pas manquer à leur égard , lorsqu'ils forment de nouveaux liens, aux devoirs de la paternité. Il a été réglé que, dans ce cas, les donations au profit du nouvel époux ne pourront excéder une part d'enfant légitime le moins prenant , et que, dans aucun cas, ces donations ne pourront excéder le quart des biens ; il n'a pas été jugé nécessaire de porter plus loin ces précautions.

» Tels sont, citoyens législateurs, les motifs de ce titre important du Code civil. Vous avez vu avec quel soin on a toujours cherché à y maintenir cette liberté si chère, sur-tout dans l'exercice du droit de propriété ; que si une partie des biens est réservée par la loi , c'est en faveur de parens unis par des liens si intimes et dans des proportions telles, qu'il est impossible de présumer que la volonté des chefs de famille en soit contrariée ; qu'ils seront d'ailleurs les arbitres suprêmes du sort de leurs héritiers ; que leur puissance sera respectée, et leur affection recherchée ; qu'ils jouiront de la plus douce consolation , en distribuant à leurs enfans, de la manière qu'ils jugeront la plus convenable au bonheur de chacun d'eux, des biens qui sont le plus souvent le produit de leurs travaux ; qu'ils pourront même étendre cette autorité bienfaisante et conservatrice jusqu'à une génération future , en transmettant à leurs petits-enfans ou à des enfans de frères ou de sœurs , une partie suffisante de biens, et les préserver ainsi de la ruine à laquelle les exposerait la conduite ou le genre de profession des pères et mères. Vous avez vu avec quel soin on a conservé la faveur due aux contrats de mariage, et que la liberté des époux de disposer entre eux sera plus entière, qu'ils seront sur ce point plus indépendans l'un de l'autre ; ce qui doit contribuer à maintenir entr'eux l'harmonie et les égards.

» Enfin, vous avez vu que par-tout on a cherché à rendre les formes simples et sûres, et à faire cesser cette foule de controverses qui ruinaient les familles, et laissaient presque toujours les testateurs dans une incertitude affligeante sur l'exécution de leur volonté.

» C'est le dernier titre qui soit prêt à vous être présenté dans cette session.. Puisse l'opinion publique sanctionner ces premiers efforts du gouvernement pour procurer à la France un Code propre à régénérer les mœurs, à fixer les propriétés, à rétablir l'ordre, à faire le bonheur de chaque famille, et dans chaque famille le bonheur de tous ceux qui la composent ! »

Droit nouveau.

Texte de la loi du 13 floréal an II.

Chap. 1.er. — Dispositions générales.

On ne pourra disposer de ses biens, à titre gratuit, que par donation entre-vifs ou par testament, dans les formes ci-après établies. *Art.* 893.

Le testament est un acte par lequel le testateur dispose, pour le temps où il n'existera plus, de tout ou partie de ses biens, et qu'il peut révoquer. *Art.* 895.

Dans toute disposition entre-vifs ou testamentaire, les conditions impossibles, celles qui seront contraires aux lois ou aux mœurs, seront réputées non écrites. *Art.* 900.

Chap. 2. — De la Capacité de disposer ou de recevoir par Donation entre-vifs ou par Testament.

Pour faire une donation entre-vifs ou un testament, il faut être sain d'esprit. *Art.* 901.

Toutes personnes peuvent disposer ou recevoir, soit par donation entre-vifs, soit par tes-

tament, excepté celles que la loi déclare incapables. *Art.* 902.

Le mineur âgé de moins de seize ans ne pourra aucunement disposer, sauf ce qui est réglé au *chap.* 9 du présent *titre*. *Art.* 903.

Le mineur parvenu à l'âge de seize ans ne pourra disposer que par testament, et jusqu'à concurrence seulement de la moitié des biens dont la loi permet au majeur de disposer. *Art.* 904.

La femme mariée ne pourra donner entre-vifs sans l'assistance ou le consentement spécial de son mari, ou sans y être autorisée par la justice, conformément à ce qui est prescrit par les *art.* 217 et 219, au *titre* du *Mariage.*—Elle n'aura besoin ni du consentement du mari, ni d'autorisation de la justice, pour disposer par testament. *Art.* 905.

Pour être capable de recevoir entre-vifs, il suffit d'être conçu au moment de la donation. — Pour être capable de recevoir par testament, il suffit d'être conçu à l'époque du décès du testateur. Néanmoins la donation ou le testament n'auront leur effet qu'autant que l'enfant sera né viable. *Art.* 906.

Le mineur, quoique parvenu à l'âge de seize ans, ne pourra, même par testament, disposer au profit de son tuteur. — Le mineur, devenu majeur, ne pourra disposer, soit par donation entre-vifs, soit par testament, au profit de celui qui aura été son tuteur, si le compte définitif de la tutelle n'a été préalablement rendu et apuré. — Sont exceptés, dans les deux cas ci-dessus, les ascendans des mineurs, qui sont ou qui ont été leurs tuteurs. *Art.* 907.

Les enfans naturels ne pourront, par donation entre-vifs ou par testament, rien recevoir au-delà de ce qui leur est accordé au *titre des Successions. Art.* 908.

Les docteurs en médecine ou en chirurgie, les officiers de santé et les pharmaciens qui auront traité une personne pendant la maladie dont elle meurt, ne pourront profiter des dispositions entre-vifs ou testamentaires qu'elle aurait faites en leur faveur pendant le cours de cette maladie. — Sont exceptées, 1.º les dispositions rémunératoires faites à titre particulier, eu égard aux facultés du disposant et aux services rendus; — 2.º Les dispositions universelles, dans le cas de parenté jusqu'au quatrième degré inclusivement, pourvu toutefois que le décédé n'ait pas d'héritiers en ligne directe; à moins que celui au profit de qui la disposition a été faite, ne soit lui-même du nombre de ces héritiers. — Les mêmes règles seront observées à l'égard du ministre du culte. *Art.* 909.

Les dispositions entre-vifs ou par testament, au profit des hospices, des pauvres d'une commune, ou d'établissemens d'utilité publique, n'auront leur effet qu'autant qu'elles seront autorisées par un arrêté du gouvernement. *Art.* 910.

Toute disposition au profit d'un incapable sera nulle, soit qu'on la déguise sous la forme d'un contrat onéreux, soit qu'on la fasse sous le nom de personnes interposées. — Seront réputées personnes interposées, les père et mère, les enfans et descendans, et l'époux de la personne incapable. *Art.* 911.

On ne pourra disposer au profit d'un étranger, que dans le cas où cet étranger pourrait disposer au profit d'un Français. *Art.* 912.

Chap. 3. — *De la Portion de biens disponible, et de la Réduction.*

Sect. 1.ère. — *De la Portion de biens disponible.*

Les libéralités, soit par actes entre-vifs, soit par testament, ne pourront excéder la moitié des biens du disposant, s'il ne laisse à son décès qu'un enfant légitime; le tiers, s'il laisse deux enfans; le quart, s'il en laisse trois ou un plus grand nombre. *Art.* 913.

Sont compris dans l'*article* précédent, sous le nom d'*enfans*, les descendans en quelque degré que ce soit; néanmoins ils ne sont comp-

tés que pour l'enfant qu'ils représentent dans la succession du disposant. *Art.* 915.

Les libéralités par actes entre-vifs ou par testament, ne pourront excéder la moitié des biens, si, à défaut d'enfant, le défunt laisse un ou plusieurs ascendans dans chacune des lignes paternelle et maternelle; et les trois quarts, s'il ne laisse d'ascendans que dans une ligne. — Les biens ainsi réservés au profit des ascendans, seront par eux recueillis dans l'ordre où la loi les appelle à succéder : ils auront seuls droit à cette réserve, dans tous les cas où un partage en concurrence avec des collatéraux ne leur donnerait pas la quotité de biens à laquelle elle est fixée. *Art.* 915.

A défaut d'ascendans ou de descendans, les libéralités par actes entre-vifs ou testamentaires pourront épuiser la totalité des biens. *Art.* 916.

Si la disposition par acte entre-vifs ou par testament est d'un usufruit ou d'une rente viagère dont la valeur excède la quotité disponible, les héritiers au profit desquels la loi fait une réserve, auront l'option, ou d'exécuter cette disposition, ou de faire l'abandon de la propriété de la quotité disponible. *Art.* 917.

La valeur en pleine propriété des biens aliénés, soit à charge de rente viagère, soit à fonds perdu, ou avec réserve d'usufruit, à l'un des successibles en ligne directe, sera imputée sur la portion disponible; et l'excédent, s'il y en a, sera rapporté à la masse. Cette imputation et ce rapport ne pourront être demandés par ceux des autres successibles en ligne directe qui auraient consenti à ces aliénations, ni, dans aucun cas, par les successibles en ligne collatérale. *Art.* 918.

La quotité disponible pourra être donnée en tout ou en partie, soit par acte entre-vifs, soit par testament, aux enfans ou autres successibles du donateur, sans être sujette au rapport par le donataire ou le légataire venant à la succession, pourvu que la disposition ait été faite expressément à titre de préciput ou hors part. —

La

La déclaration que le don ou le legs est à titre de préciput ou hors part, pourra être faite, soit par l'acte qui contiendra la disposition, soit postérieurement dans la forme des dispositions entre-vifs ou testamentaires. *Art.* 919.

Sect. 2. — *De la Réduction des donations et legs.*

Les dispositions, soit entre-vifs, soit à cause de mort, qui excéderont la quotité disponible, seront réductibles à cette quotité lors de l'ouverture de la succession. *Art.* 920.

La réduction des dispositions entre-vifs ne pourra être demandée que par ceux au profit desquels la loi fait la réserve, par leurs héritiers ou ayant-cause; les donataires, les légataires, ni les créanciers du défunt, ne pourront demander cette réduction, ni en profiter. *Art.* 921.

La réduction se détermine en formant une masse de tous les biens existans au décès du donateur ou testateur. On y réunit fictivement ceux dont il a été disposé par donations entre-vifs, d'après leur état à l'époque des donations et leur valeur au temps du décès du donateur. On calcule sur tous ces biens, après en avoir déduit les dettes, quelle est, eu égard à la qualité des héritiers qu'il laisse, la quotité dont il a pu disposer. *Art.* 922.

Il n'y aura jamais lieu à réduire les donations entre-vifs, qu'après avoir épuisé la valeur de tous les biens compris dans les dispositions testamentaires; et lorsqu'il y aura lieu à cette réduction, elle se fera en commençant par la dernière donation, et ainsi de suite en remontant des dernières aux plus anciennes. *Art.* 923.

Si la donation entre-vifs réductible a été faite à l'un des successibles, il pourra retenir, sur les biens donnés, la valeur de la portion qui lui appartiendrait, comme héritier, dans les biens non disponibles, s'ils sont de la même nature. *Art.* 924.

Lorsque la valeur des donations entre-vifs. excédera ou égalera la quotité disponible, toutes

les dispositions testamentaires seront caduques. *Art.* 915.

Lorsque les dispositions testamentaires excéderont, soit la quotité disponible, soit la portion de cette quotité qui resterait, après avoir déduit la valeur des donations entre-vifs, la réduction sera faite au marc le franc, sans aucune distinction entre les legs universels et les legs particuliers. *Art* 926.

Néanmoins, dans tous les cas où le testateur aura expressément déclaré qu'il entend que tel legs soit acquitté de préférence aux autres, cette préférence aura lieu; et le legs qui en sera l'objet ne sera réduit qu'autant que la valeur des autres ne remplirait pas la réserve légale. *Article* 927.

Le donataire restituera les fruits de ce qui excédera la portion disponible, à compter du jour du décès du donateur, si la demande en réduction a été faite dans l'année; sinon, du jour de la demande. *Art.* 928.

Les immeubles à recouvrer par l'effet de la réduction, le seront sans charge de dettes ou hypothèques créées par le donataire. *Art.* 929.

L'action en réduction ou revendication pourra être exercée par les héritiers contre les tiers détenteurs des immeubles faisant partie des donations et aliénés par les donataires, de la même manière et dans le même ordre que contre les donataires eux-mêmes, et discussion préalablement faite de leurs biens. Cette action devra être exercée suivant l'ordre des dates des aliénations, en commençant par la plus récente. *Art.* 930.

Chap. 68. — *Des Dispositions testamentaires.*

Sect. 1.ere. Des Règles générales sur la forme des Testamens.

Toute personne pourra disposer par testament, soit sous le titre d'institution d'héritier, soit sous le titre de legs, soit sous toute autre dénomination propre à manifester sa volonté. *Article* 967.

Un testament ne pourra être fait dans le même acte par deux ou plusieurs personnes, soit au profit d'un tiers, soit à titre de disposition réciproque et mutuelle. *Art:* 968.

Un testament pourra être olographe, ou fait par acte public ou dans la forme mystique. *Article* 969.

Le testament olographe ne sera point valable, s'il n'est écrit en entier, daté et signé de la main du testateur; il n'est assujetti à aucune autre forme. *Art.* 970.

Le testament par acte public est celui qui est reçu par deux notaires, en présence de deux témoins, ou par un notaire, en présence de quatre témoins. *Art.* 971.

Si le testament est reçu par deux notaires, il leur est dicté par le testateur, et il doit être écrit par l'un de ces notaires, tel qu'il est dicté. — S'il n'y a qu'un notaire, il doit également être dicté par le testateur, et écrit par ce notaire. — Dans l'un et l'autre cas, il doit en être donné lecture au testateur, en présence des témoins — Il est fait du tout mention expresse. *Art.* 972.

Ce testament doit être signé par le testateur : s'il déclare qu'il ne sait ou ne peut signer, il sera fait dans l'acte mention expresse de sa déclaration, ainsi que de la cause qui l'empêche de signer. *Art.* 973.

Le testament devra être signé par les témoins; et néanmoins, dans les campagnes, il suffira qu'un des deux témoins signe, si le testament est reçu par deux notaires, et que deux des quatre témoins signent, s'il est reçu par un notaire. 974.

Ne pourront être pris pour témoins du testament par acte public, ni les légataires, à quelque titre qu'ils soient, ni leurs parens ou alliés jusqu'au quatrième degré inclusivement, ni les clercs des notaires par lesquels les actes seront reçus. *Art.* 975.

Lorsque le testateur voudra faire un testament mystique ou secret, il sera tenu de signer ses dispositions, soit qu'il les ait écrites lui-

même, ou qu'il les ait fait écrire par un autre. Sera le papier qui contiendra ses dispositions, ou le papier qui servira d'enveloppe, s'il y en a une, clos et scellé. Le testateur le présentera ainsi clos et scellé au notaire, et à six témoins au moins, ou il le fera clore et sceller en leur présence ; et il déclarera que le contenu en ce papier est son testament écrit et signé de lui, ou écrit par un autre et signé de lui : le notaire en dressera l'acte de suscription, qui sera écrit sur ce papier ou sur la feuille qui servira d'enveloppe; cet acte sera signé tant par le testateur que par le notaire, ensemble par les témoins. Tout ce que dessus sera fait de suite et sans divertir à autres actes; et en cas que le testateur, par un empêchement survenu depuis la signature du testament, ne puisse signer l'acte de suscription, il sera fait mention de la déclaration qu'il en aura faite, sans qu'il soit besoin, en ce cas, d'augmenter le nombre des témoins. *Art.* 976.

Si le testateur ne sait signer, ou s'il n'a pu le faire lorsqu'il a fait écrire ses dispositions, il sera appelé à l'acte de suscription un témoin, outre le nombre porté par l'article précédent, lequel signera l'acte avec les autres témoins ; et il y sera fait mention de la cause pour laquelle ce témoin aura été appelé. *Art.* 977.

Ceux qui ne savent ou ne peuvent lire, ne pourront faire de dispositions dans la forme du testament mystique. *Art.* 978.

En cas que le testateur ne puisse parler, mais qu'il puisse écrire, il pourra faire un testament mystique, à la charge que le testament sera entièrement écrit, daté et signé de sa main, qu'il le présentera au notaire et aux témoins, et qu'au haut de l'acte de suscription, il écrira, en leur présence, que le papier qu'il présente est son testament : après quoi le notaire écrira l'acte de suscription, dans lequel il sera fait mention que le testateur a écrit ces mots en présence du notaire et des témoins ; et sera, au surplus, observé tout ce qui est prescrit par l'*art.* 976. *Article* 979.

Les témoins appelés pour être présens aux testamens, devront être mâles, majeurs, républicoles, jouissant des droits civils. *Art.* 980.

Sect. 2.— *Des Règles particulières sur la Forme de certains Testamens.*

Les testamens des militaires et des individus employés dans les armées, pourront en quelque pays que ce soit, être reçus par un chef de bataillon ou d'escadron, ou par tout autre officier d'un grade supérieur, en présence de deux témoins, ou par deux commissaires des guerres ou par un de ces commissaires en présence de deux témoins. *Art.* 981.

Ils pourront encore, si le testateur est malade ou blessé, être reçus par l'officier de santé en chef, assisté du commandant militaire chargé de la police de l'hospice. *Art.* 982.

Les dispositions des articles ci-dessus n'auront lieu qu'en faveur de ceux qui seront en expédition militaire, ou en quartier ou en garnison hors du territoire de la république, ou prisonniers chez l'ennemi ; sans que ceux qui seront en quartier ou en garnison dans l'intérieur puissent en profiter, à moins qu'ils ne se trouvent dans une place assiégée ou dans une citadelle et autres lieux dont les portes soient fermées et les communications interrompues à cause de la guerre. *Art.* 983.

Le testament fait dans la forme ci-dessus établie, sera nul six mois après que le testateur sera revenu dans un lieu où il aura la liberté d'employer les formes ordinaires. *Article* 984.

Les testamens faits dans un lieu avec lequel toute communication sera interceptée à cause de la peste ou autre maladie contagieuse, pourront être faits devant le juge de paix, ou devant l'un des officiers municipaux de la commune, en présence de deux témoins. *Art.* 985.

Cette disposition aura lieu, tant à l'égard de ceux qui seraient attaqués de ces maladies, que de ceux qui seraient dans les lieux qui en sont infectés, encore qu'ils ne fussent pas actuellement malades. *Art.* 986.

Les testamens mentionnés aux deux précédens articles, deviendront nuls six mois après que les communications auront été rétablies dans le lieu où le testateur se trouve, ou six mois après qu'il aura passé dans un lieu où elles ne seront point interrompues. *Art.* 987.

Les testamens fait sur mer, dans le cours d'un voyage, pourront être reçus, savoir : — à bord des vaisseaux et autres bâtimens de l'état, par l'officier commandant le bâtiment, ou, à son défaut, par celui qui le supplée dans l'ordre du service, l'un ou l'autre conjointement avec l'officier d'administration ou avec celui qui en remplit les fonctions ; — et à bord des bâtimens de commerce, par l'écrivain du navire ou celui qui en fait les fonctions, l'un ou l'autre conjointement avec le capitaine, le maître ou le patron, ou, à leur défaut, par ceux qui les remplacent. — Dans tous les cas, ces testamens devront être reçus en présence de deux témoins. *Art.* 988.

Sur les bâtimens de l'état, le testament du capitaine ou celui de l'officier d'administration, et, sur les bâtimens de commerce, celui du capitaine, du maître ou patron, ou celui de l'écrivain, pourront être reçus par ceux qui viennent après eux dans l'ordre du service, en se conformant pour le surplus aux dispositions de l'article précédent. *Art.* 989.

Dans tous les cas, il sera fait un double original des testamens mentionnés aux deux articles précédens. *Art.* 999.

Si le bâtiment aborde dans un port étranger dans lequel se trouve un commissaire des relations commerciales de France, ceux qui auront reçu le testament seront tenus de déposer l'un des originaux, clos et cacheté, entre les mains de ce commissaire, qui le fera parvenir au ministre de la marine ; et celui-ci en fera faire le dépôt au greffe de la justice de paix du lieu du domicile du testateur. *Art.* 991

57 *

Au retour du bâtiment en France, soit dans le port de l'armement, soit dans un port autre que celui de l'armement, les deux originaux du testament, également clos et cachetés, ou l'original qui resterait, si, conformément à l'article précédent, l'autre avait été déposé pendant le cours du voyage, seront remis au bureau du préposé de l'inscription maritime ; ce préposé les fera passer sans délai au ministre de la marine, qui en ordonnera le dépôt, ainsi qu'il est dit au même article. *Art.* 992.

Il sera fait mention sur le rôle du bâtiment, à la marge, du nom du testateur, de la remise qui aura été faite des originaux du testament, soit entre les mains d'un commissaire des relations commerciales, soit au bureau d'un préposé de l'inscription maritime. *Art.* 993.

Le testament ne sera point réputé fait en mer, quoiqu'il l'ait été dans le cours du voyage, si, au temps où il a été fait, le navire avait abordé une terre, soit étrangère, soit de la domination française, où il y aurait un officier public français ; auquel cas, il ne sera valable qu'autant qu'il aura été dressé suivant les formes prescrites en France, ou suivant celles usitées dans les pays où il aura été fait. *Art.* 994.

Les dispositions ci-dessus seront communes aux testamens faits par les simples passagers qui ne feront point partie de l'équipage. *Article* 995.

Le testament fait sur mer, en la forme prescrite par l'article 988, ne sera valable qu'autant que le testateur mourra en mer, ou dans les trois mois après qu'il sera descendu à terre, et dans un lieu où il aura pu le refaire dans les formes ordinaires. *Art.* 996.

Le testament fait sur mer ne pourra contenir aucune disposition au profit des officiers du vaisseau, s'ils ne sont parens du testateur. *Article* 997.

Les testamens compris dans les articles ci-dessus de la présente section, seront signés par les testateurs et par ceux qui les auront reçus.

— Si le testateur déclare qu'il ne sait ou ne peut signer, il sera fait mention de sa déclaration, ainsi que de la cause qui l'empêche de signer. — Dans les cas où la présence de deux témoins est requise, le testament sera signé au moins par l'un d'eux, et il sera fait mention de la cause pour laquelle l'autre n'aura pas signé. *Art.* 998.

Un Français qui se trouvera en pays étranger, pourra faire ses dispositions testamentaires par acte sous signature privée, ainsi qu'il est prescrit en l'article 970, ou par acte authentique, avec les formes usitées dans le lieu où cet acte sera passé. *Art.* 999.

Les testamens faits en pays étranger ne pourront être exécutés sur les biens situés en France, qu'après avoir été enregistrés au bureau du domicile du testateur, s'il en a conservé un, sinon au bureau de son dernier domicile connu en France ; et dans le cas où le testament contiendrait des dispositions d'immeubles qui y seraient situés, il devra être, en outre, enregistré au bureau de la situation de ces immeubles, sans qu'il puisse être exigée un double droit. *Art.* 1000.

Les formalités auxquelles les divers testamens sont assujettis par les dispositions de la présente section et de la précédente, doivent être observées à peine de nullité. *Art.* 1001.

Sect. 3. — *Des Institutions d'héritier, et des Legs en général.*

Les dispositions testamentaires sont, ou universelles, ou à titre universel, ou à titre particulier. — Chacune de ces dispositions, soit qu'elle ait été faite sous la dénomination d'institution d'héritier, soit qu'elle ait été faite sous la dénomination de legs, produira son effet suivant les règles ci-après établies pour les legs universels, pour les legs à titre universel, et pour les legs particuliers. *Art.* 1002.

Sect. 4. — *Du Legs universel.*

Le legs universel est la disposition testamentaire par laquelle le testateur donne à une ou plusieurs personnes l'universalité des biens qu'il laissera à son décès. *Art.* 1003.

Lorsqu'au décès du testateur il y a des héritiers auxquels une quotité de ses biens est réservée par la loi, ces héritiers sont saisis de plein droit, par sa mort, de tous les biens de la succession ; et le légataire universel est tenu de leur demander la délivrance des biens compris dans le testament. *Art.* 1004.

Néanmoins, dans les mêmes cas, le légataire universel aura la jouissance des biens compris dans le testament, à compter du jour du décès, si la demande en délivrance a été faite dans l'année, depuis cette époque ; sinon, cette jouissance ne commencera que du jour de la demande formée en justice, ou du jour que la délivrance aurait été volontairement consentie. *Art.* 1005.

Lorsqu'au décès du testateur il n'y aura pas d'héritiers auxquels une quotité de ses biens soit réservée par la loi, le légataire universel sera saisi de plein droit par la mort du testateur, sans être tenu de demander la délivrance. *Art.* 1006.

Tout testament olographe sera, avant d'être mis à exécution, présenté au président du tribunal de première instance de l'arrondissement dans lequel la succession est ouverte. Ce testament sera ouvert, s'il est cacheté. Le président dressera procès-verbal de la présentation, de l'ouverture et de l'état du testament, dont il ordonnera le dépôt entre les mains du notaire par lui commis. Si le testament est dans la forme mystique, sa présentation, son ouverture, sa description et son dépôt, seront faits de la même manière ; mais l'ouverture ne pourra se faire qu'en présence de ceux des notaires et des témoins, signataires de l'acte de suscription, qui se trouveront sur les lieux, ou eux appelés. *Art.* 1007.

Dans le cas de l'*art.* 1006, si le testament est olographe ou mystique, le légataire universel sera tenu de se faire envoyer en possession, par une ordonnance du président, mise au bas d'une requête à laquelle sera joint l'acte de dépôt. *Art.* 1008.

Le légataire universel qui sera en concours avec un héritier auquel la loi réserve une quotité des biens, sera tenu des dettes et charges de la succession du testateur, personnellement pour sa part et portion, et hypothécairement pour le tout ; et il sera tenu d'acquitter tous les legs, sauf le cas de réduction, ainsi qu'il est expliqué *aux articles* 926 *et* 927. *Art.* 1009.

Sect. 5. — *Du Legs à titre universel.*

Le legs à titre universel est celui par lequel le testateur lègue une quote-part des biens dont la loi lui permet de disposer, telle qu'une moitié, un tiers, ou tous ses immeubles, ou tout son mobilier, ou une quotité fixe de tous ses immeubles ou de tout son mobilier. — Tout autre legs ne forme qu'une disposition à titre particulier. *Art.* 1010.

Les légataires à titre universel seront tenus de demander la délivrance aux héritiers auxquels une quotité des biens est réservée par la loi ; à leur défaut, aux légataires universels ; et, à défaut de ceux-ci, aux héritiers appelés dans l'ordre établi au titre *des Successions. Art.* 1011.

Le légataire à titre universel sera tenu, comme le légataire universel, des dettes et charges de la succession du testateur, personnellement pour sa part et portion, et hypothécairement pour le tout. *Art.* 1012.

Lorsque le testateur n'aura disposé que d'une quotité de la portion disponible, et qu'il l'aura fait à titre universel, ce légataire sera tenu d'acquitter les legs particuliers par contribution avec les héritiers naturels. *Art.* 1013.

Sect. 6. — *Des Legs particuliers.*

Tout legs pur et simple donnera au légataire, du jour du décès du testateur, un droit à la chose léguée, droit transmissible à ses héritiers

ou ayant-cause. — Néanmoins le légataire particulier ne pourra se mettre en possession de la
chose léguée, ni en prétendre les fruits ou intérêts qu'à compter du jour de sa demande en
délivrance, formée suivant l'ordre établi par l'article 1011, ou du jour auquel cette délivrance
lui aurait été volontairement consentie. *Art.*
1014.

Les intérêts ou fruits de la chose léguée courront au profit du légataire, dès le jour du décès, et sans qu'il ait formé sa demande en justice, 1.º lorsque le testateur aura expressément
déclaré sa volonté, à cet égard, dans le testament ; 2.º lorsqu'une rente viagère ou une
pension aura été léguée à titre d'alimens. *Art.*
1015.

Les frais de la demande en délivrance seront
à la charge de la succession, sans néanmoins
qu'il puisse en résulter de réduction de la réserve légale ; les droits d'enregistrement seront
dus par le légataire ; le tout s'il n'en a été autrement ordonné par le testament. — Chaque
legs pourra être enregistré séparément, sans
que cet enregistrement puisse profiter à aucun
autre qu'au légataire ou à ses ayant-cause. *Art.*
1016.

Les héritiers du testateur, ou autres débiteurs d'un legs, seront personnellement tenus
de l'acquitter, chacun au prorata de la part et
portion dont ils profiteront dans la succession.
— Ils en seront tenus hypothécairement pour
le tout, jusqu'à concurrence de la valeur des
immeubles de la succession dont ils seront détenteurs. *Art.* 1017.

La chose léguée sera délivrée avec les accessoires nécessaires, et dans l'état où elle se
trouvera au jour du décès du testateur. *Art.*
1018.

Lorsque celui qui a légué la propriété d'un
immeuble, l'a ensuite augmentée par des acquisitions, ces acquisitions fussent-elles contiguës,
ne seront pas censées, sans une nouvelle disposition, faire partie du legs. — Il en sera autrement des embellissemens, ou des constructions
nouvelles faites sur le fonds légué, ou d'un enclos dont le testateur aurait augmenté l'enceinte.
Art. 1019.

Si, avant le testament ou depuis, la chose
léguée a été hypothéquée pour une dette de la
succession, ou même pour la dette d'un tiers,
ou si elle est grevée d'un usufruit, celui qui doit
acquitter le legs n'est point tenu de la dégager,
à moins qu'il n'ait été chargé de le faire par
une disposition expresse du testateur. *Art.* 1020.

Lorsque le testateur aura légué la chose d'autrui, le legs sera nul, soit que le testateur ait
connu ou non qu'elle ne lui appartenait pas.
Art. 1021.

Lorsque le legs sera d'une chose indéterminée, l'héritier ne sera pas obligé de la donner
de la meilleure qualité, et il ne pourra l'offrir
de la plus mauvaise. *Art.* 1022.

Le legs fait au créancier ne sera pas censé en
compensation de sa créance, ni le legs fait au
domestique en compensation de ses gages. *Art.*
1023.

Le légataire à titre particulier ne sera point
tenu des dettes de la succession, sauf la réduction du legs, ainsi qu'il est dit ci-dessus, et sauf
l'action hypothécaire des créanciers. *Art.* 1024.

Sect. 7. — *Des Exécuteurs testamentaires.*

Le testateur pourra nommer un ou plusieurs
exécuteurs testamentaires. *Art.* 1025.

Il pourra leur donner la saisine du tout, ou
seulement d'une partie de son mobilier ; mais
elle ne pourra durer au-delà de l'an et jour à
compter de son décès. — S'il ne la leur a pas
donnée, ils ne pourront l'exiger. *Art.* 1026.

L'héritier pourra faire cesser la saisine, en
offrant de remettre aux exécuteurs testamentaires
somme suffisante pour le paiement de legs mobiliers, ou en justifiant de ce paiement. *Art.*
1027.

Celui qui ne peut s'obliger, ne peut pas être
exécuteur testamentaire. *Art.* 1028.

La femme mariée ne pourra accepter l'exécution testamentaire qu'avec le consentement de son mari. — Si elle est séparée de biens, soit par contrat de mariage, soit par jugement, elle le pourra avec le consentement de son mari, ou, à son refus, autorisée par la justice, conformément à ce qui est prescrit par les *articles* 217 et 219, au *titre du Mariage. Art.* 1029.

Le mineur ne pourra être exécuteur testamentaire, même avec l'autorisation de son tuteur ou curateur. *Art.* 1030.

Les exécuteurs testamentaires feront apposer les scellés, s'il y a des héritiers mineurs, interdits ou absens. — Ils feront faire, en présence de l'héritier présomptif, ou lui dûment appelé, l'inventaire des biens de la succession. — Ils provoqueront la vente du mobilier, à défaut de deniers suffisans pour acquiter les legs. — Ils veilleront à ce que le testament soit exécuté ; et ils pourront, en cas de contestation sur son exécution, intervenir pour en soutenir la validité. — Ils devront, à l'expiration de l'année du décès du testateur, rendre compte de leur gestion. *Art.* 1031.

Les pouvoirs de l'exécuteur testamentaire ne passeront point à ses héritiers. *Art.* 1032.

S'il y a plusieurs exécuteurs testamentaires qui aient accepté, un seul pourra agir au défaut des autres ; et ils seront solidairement responsables du compte du mobilier qui leur a été confié, à moins que le testateur n'ait divisé leurs fonctions, et que chacun d'eux ne se soit renfermé dans celle qui lui était attribuée. *Art.* 1033.

Les frais faits par l'exécuteur testamentaire pour l'apposition des scellés, l'inventaire, le compte et les autres frais relatifs à ses fonctions, seront à la charge de la succession. *Art.* 1034.

Sect. 8. — *De la Révocation des testamens, et de leur Caducité.*

Les testamens ne pourront être révoqués, en tout ou en partie, que par un testament postérieur, ou par un acte devant notaires, portant déclaration du changement de volonté. *Art.* 1035.

Les testamens postérieurs qui ne révoqueront pas d'une manière expresse les précédens, n'annulleront, dans ceux-ci, que celles des dispositions y contenues qui se trouveront incompatibles avec les nouvelles, ou qui seront contraires. *Art.* 1036.

La révocation faite dans un testament postérieur aura tout son effet, quoique ce nouvel acte reste sans exécution par l'incapacité de l'héritier institué ou du légataire, ou par leur refus de recueillir. *Art.* 1037.

Toute aliénation, celle même par vente avec faculté de rachat ou par échange, que fera le testateur de tout ou de partie de la chose léguée, emportera la révocation du legs pour tout ce qui a été aliéné, encore que l'aliénation postérieure soit nulle, et que l'objet soit rentré dans la main du testateur. *Art.* 1038.

Toute disposition testamentaire sera caduque, si celui en faveur de qui elle est faite n'a pas survécu au testateur. *Art.* 1039.

Toute disposition testamentaire faite sous une condition dépendante d'un événement incertain, et telle que, dans l'intention du testateur, cette disposition ne doive être exécutée qu'autant que l'événement arrivera ou n'arrivera pas, sera caduque, si l'héritier institué ou le légataire décède avant l'accomplissement de la condition. *Art.* 1040.

La condition qui, dans l'intention du testateur, ne fait que suspendre l'exécution de la disposition, n'empêchera pas l'héritier institué, ou le légataire, d'avoir un droit acquis et transmissible à ses héritiers. *Art.* 1041.

Le legs sera caduc, si la chose léguée a totalement péri pendant la vie du testateur. — Il en sera de même, si elle a péri depuis sa mort, sans le fait et la faute de l'héritier, quoique celui-ci ait été mis en retard de la délivrer, lorsqu'elle eût également dû périr entre les mains du légataire. *Art.* 1042.

La disposition testamentaire sera caduque, lorsque l'héritier institué ou le légataire la répudiera, ou se trouvera incapable de la recueillir. *Art.* 1043.

Il y aura lieu à accroissement au profit des légataires, dans le cas où le legs sera fait à plusieurs conjointement. — Le legs sera réputé fait conjointement, lorsqu'il le sera par une seule et même disposition, et que le testateur n'aura pas assigné la part de chacun des co-légataires dans la chose léguée. *Art.* 1044.

Il sera encore réputé fait conjointement, quand une chose qui n'est pas susceptible d'être divisée sans détérioration, aura été donnée par le même acte à plusieurs personnes, même séparément. *Art.* 1045.

Les mêmes causes qui, suivant l'art. 954 et les deux premières dispositions de l'art. 955, autoriseront la demande en révocation de la donation entre-vifs, seront admises pour la demande en révocation des dispositions testamentaires. *Art.* 1047.

Si cette demande est fondée sur une injure grave faite à la mémoire du testateur, elle doit être intentée dans l'année, à compter du jour du délit. *Art.* 1047.

Chap. 6. — *Des Dispositions permises en faveur des petits-enfans du donateur ou testateur, ou des enfans de ses frères et sœurs.*

Les biens dont les pères et mères ont la faculté de disposer, pourront être par eux donnés, en tout ou en partie, à un ou plusieurs de leurs enfans, par actes entre-vifs ou testamentaires, avec la charge de rendre ces biens aux enfans nés et à naître, au premier degré seulement, desdits donataires. *Art.* 1048.

Sera valable, en cas de mort sans enfans, la disposition que le défunt aura faite par acte entre-vifs ou testamentaire, au profit d'un ou plusieurs de ses frères ou sœurs, de tout ou partie des biens qui ne sont point réservés par la loi dans sa succession, avec la charge de

rendre ces biens aux enfans nés et à naître, au premier degré seulement, desdits frères ou sœurs donataires. *Art.* 1049.

Les dispositions permises par les deux articles précédens, ne seront valables qu'autant que la charge de restitution sera au profit de tous les enfans nés et à naître du grévé, sans exception ni préférence d'âge ou de sexe. *Art.* 1050.

Si, dans les cas ci-dessus, le grévé de restitution au profit de ses enfans, meurt, laissant des enfans au premier degré et des descendans d'un enfant prédécédé, ces derniers recueilleront, par représentation, la portion de l'enfant prédécédé. *Art.* 1051.

Si l'enfant, le frère ou la sœur auxquels des biens auraient été donnés par acte entre-vifs, sans charge de restitution, acceptent une nouvelle libéralité faite par acte entre-vifs ou testamentaire, sous la condition que les biens précédemment donnés demeureront grévés de cette charge, il ne leur est plus permis de diviser les deux dispositions faites à leur profit, et de renoncer à la seconde pour s'en tenir à la première, quand même ils offriraient de rendre les biens compris dans la seconde disposition. *Art.* 1052.

Les droits des appelés seront ouverts à l'époque où, par quelque cause que ce soit, la jouissance de l'enfant, du frère ou de la sœur, grévés de restitution, cessera : l'abandon anticipé de la jouissance au profit des appelés, ne pourra préjudicier aux créanciers du grévé antérieurs à l'abandon. *Art.* 1053.

Les femmes des grévés ne pourront avoir, sur les biens à rendre, de recours subsidiaire, en cas d'insuffisance des biens libres, que pour le capital des deniers dotaux, et dans le cas seulement où le testateur l'aurait expressément ordonné. *Art.* 1054.

Celui qui fera les dispositions autorisées par les *articles* précédens, pourra, par le même acte, ou par un acte postérieur, en forme authentique,

thentique, nommer un tuteur chargé de l'exécution de ces dispositions : ce tuteur ne pourra être dispensé que pour une des causes exprimées à la *sect.* 6 du *chap.* 2 du *titre de la Minorité, de la Tutelle et de l'Émancipation. Art.* 1055.

A défaut de ce tuteur, il en sera nommé un à la diligence du grévé, ou de son tuteur s'il est mineur, dans le délai d'un mois, à compter du jour du décès du donateur ou testateur, ou du jour que, depuis cette mort, l'acte contenant la disposition aura été connu. *Art.* 1056.

Le grévé qui n'aura pas satisfait à l'*art.* précédent sera déchu du bénéfice de la disposition ; et dans ce cas, le droit pourra être déclaré ouvert au profit des appelés, à la diligence, soit des appelés s'ils sont majeurs, soit de leur tuteur ou curateur s'ils sont mineurs, ou interdits, soit de tout parent des appelés majeurs, mineurs ou interdits, ou même d'office, à la diligence du commissaire du gouvernement près le tribunal de première instance du lieu où la succession est ouverte. *Art.* 1057.

Après le décès de celui qui aura disposé à la charge de restitution, il sera procédé, dans les formes ordinaires, à l'inventaire de tous les biens et effets qui composeront sa succession, excepté néanmoins le cas où il ne s'agirait que d'un legs particulier. Cet inventaire contiendra la prisée à juste prix des meubles et effets mobiliers. *Art.* 1058.

Il sera fait à la requête du grévé de restitution, et dans le délai fixé au *titre des Successions*, en présence du tuteur nommé pour l'exécution. — Les frais seront pris sur les biens compris dans la disposition. *Art.* 1059.

Si l'inventaire n'a pas été fait à la requête du grévé dans le délai ci-dessus, il y sera procédé dans le mois suivant, à la diligence du tuteur nommé pour l'exécution, en présence du grévé ou de son tuteur. *Art.* 1060.

S'il n'a point été satisfait aux deux *art.* précédens, il sera procédé au même inventaire, à

la diligence des personnes désignées en l'*art.* 1057, en y appelant le grévé ou son tuteur, et le tuteur nommé pour l'exécution. *Art.* 1061.

Le grévé de restitution sera tenu de faire procéder à la vente, par affiches et enchères, de tous les meubles et effets compris dans la disposition, à l'exception néanmoins de ceux dont il est mention dans les deux *art. suivans. Art.* 1062.

Les meubles meublans et autres choses mobilières qui auraient été compris dans la disposition, à la condition expresse de les conserver en nature, seront rendus dans l'état où ils se trouveront lors de la restitution. *Art.* 1063.

Les bestiaux et ustensiles servant à faire valoir les terres, seront censés compris dans les donations entre-vifs ou testamentaires desdites terres ; et le grévé sera seulement tenu de les faire priser et estimer, pour en rendre une égale valeur lors de la restitution. *Art.* 1064.

Il sera fait par le grévé, dans le délai de six mois, à compter du jour de la clôture de l'inventaire, un emploi des deniers comptans, de ceux provenant du prix des meubles et effets qui auront été vendus, et de ce qui aura été reçu des effets actifs. — Ce délai pourra être prolongé, s'il y a lieu. *Art.* 1065.

Le grévé sera pareillement tenu de faire emploi des deniers provenant des effets actifs qui seront recouvrés et des remboursemens de rentes, et ce, dans trois mois au plus tard après qu'il aura reçu ces deniers. *Art.* 1066.

Cet emploi sera fait conformément à ce qui aura été ordonné par l'auteur de la disposition, s'il a désigné la nature des effets dans lesquels l'emploi doit être fait ; sinon, il ne pourra l'être qu'en immeubles, ou avec privilége sur des immeubles. *Art.* 1067.

L'emploi ordonné par les *articles* précédens sera fait en présence et à la diligence du tuteur nommé pour l'exécution. *Art.* 1068.

Les dispositions par acte entre-vifs ou testamentaires, à charge de restitution, seront, à la diligence , soit du grévé , soit du tuteur nommé pour l'exécution , rendues publiques ; savoir : quant aux immeubles , par la transaction des actes sur les registres du bureau des hypothèques du lieu de la situation ; et quant aux sommes colloquées avec privilége sur des immeubles , par l'inscription sur les biens affectés au privilége. *Art.* 1069.

Le défaut de transcription de l'acte contenant la disposition, pourra être opposé par les créanciers et tiers acquéreurs , même aux mineurs ou interdits ; sauf le recours contre le grévé et contre le tuteur à l'exécution, et sans que les mineurs ou interdits puissent être restitués contre ce défaut de transcription, quand même le grévé et le tuteur se trouveraient insolvables. *Article* 1070.

Le défaut de transcription ne pourra être suppléé ni regardé comme couvert par la connaissance que les créanciers ou les tiers acquéreurs pourraient avoir eue de la disposition par d'autres voies que celle de la transcription. *Art.* 1071.

Les donataires , les légataires , ni même les héritiers légitimes de celui qui aura fait la disposition , ni pareillement leurs donataires , légataires ou héritiers, ne pourront , en aucun cas, opposer aux appelés le défaut de transcription ou inscription. *Art.* 1072.

Le tuteur nommé pour l'exécution sera personnellement responsable, s'il ne s'est pas , en tout point , conformé aux règles ci-dessus établies pour constater les biens , pour la vente du mobilier , pour l'emploi des deniers , pour la transcription et l'inscription , et en général , s'il n'a pas fait toutes les diligences nécessaires pour que la charge de restitution soit bien et fidèlement acquittée. *Art.* 1073.

Si le grévé est mineur , il ne pourra , dans le cas même de l'insolvabilité de son tuteur , être restitué contre l'inexécution des règles qui lui sont prescrites par les *art.* du présent *chapitre.* *Art.* 1074.

Chap. 7. — *Des Partages faits par père, mère , ou autres ascendans, entre leurs descendans.*

Les père et mère et autres ascendans pourront faire, entre leurs enfans et descendans, la distribution et le partage de leurs biens. *Art.* 1075.

Ces partages pourront être faits par actes entre-vifs ou testamentaires , avec les formalités , conditions et règles prescrites pour les donations entre-vifs et testamens. — Les partages faits par actes entre-vifs ne pourront avoir pour objet que les biens présens. *Art.* 1076.

Si tous les biens que l'ascendant laissera au jour de son décès n'ont pas été compris dans le partage, ceux de ces biens qui n'y auront pas été compris seront partagés conformément à la loi. *Art.* 1077.

Si le partage n'est pas fait entre tous les enfans qui existeront à l'époque du décès et les descendans de ceux prédécédés, le partage sera nul pour le tout. Il en pourra être provoqué un nouveau dans la forme légale, soit par les enfans ou descendans qui n'y auront reçu aucune part , soit même par ceux entre qui le partage aurait été fait. *Art.* 1078.

Le partage fait par l'ascendant pourra être attaqué pour cause de lésion de plus du quart ; il pourra l'être aussi dans le cas où il résulterait du partage et des dispositions faites par préciput, que l'un des co-partagés aurait un avantage plus grand que la loi ne le permet. *Art.* 1079.

L'enfant qui, pour une des causes exprimées en l'*art.* précédent, attaquera le partage fait par l'ascendant, devra faire l'avance des frais de l'estimation ; et il les supportera en définitif, ainsi que les dépens de la contestation, si la réclamation n'est pas fondée. *Art.* 1080.

TIERCER , signifie faire un tiercement ou une enchère du tiers du prix, sur une adjudication déjà faite.

TIERCEUR , est l'enchérisseur qui fait une enchère d'un tiers, ou un tiercement après l'adjudication.

TIERS ACQUÉREUR, se dit de celui qui a acquis un héritage affecté et hypothéqué par celui qui a été propriétaire du fonds avant lui.

TIERS DÉTENTEUR, se dit dans le même sens que tiers acquéreur.

TIMBRE, marque imprimée et apposée au papier dont on se sert pour les actes judiciaires et autres qui servent à constater les conventions entre les hommes.

Nous allons rapporter ici la loi du 13 brumaire an 7, qui est la loi principale sur cette matière, ainsi que la partie de la loi du 9 vendémiaire an 6, qui a rapport au timbre et dont la loi de brumaire a ordonné de nouveau l'observation ; de même que les lois et arrêtés rendus en interprétation de la loi du 9 vendémiaire an 6.

Loi du 13 brumaire an 7.

TITRE PREMIER.

De l'Établissement et de la Fixation des droits.

« Art. 1.er. La contribution du timbre est établie sur tous les papiers destinés aux actes civils et judiciaires, et aux écritures qui peuvent être produites en justice et y faire foi.

» Il n'y a d'autres exceptions que celles *nommément* exprimées dans la présente.

» 2. Cette contribution est de deux sortes :

» La première est le droit de timbre imposé et tarifé en raison de la dimension du papier dont il est fait usage ;

» La seconde est le droit de timbre créé pour les effets négociables ou de commerce, et gradué en raison des sommes à y exprimer, sans égard à la dimension du papier.

» 3. Les papiers destinés au timbre qui seront débités par la régie, seront fabriqués dans les dimensions déterminées suivant le tableau ci-après :

DÉNOMINATIONS.	Dimensions (en parties du mètre) de la feuille déployée, supposée rognée.		
	hauteur.	*largeur.*	*superfici.*
Grand registre.	0.4204.	0.5946.	0.2500.
Grand papier.	0.3536.	0.5000.	0.1768.
Moyen papier (moitié du grand registre).	0.2973.	0.4204.	0.1250
Petit papier (moitié du grand papier).	0.2500.	0.3536.	0.0884.
Demi - feuille (moitié du petit papier).	0.2500.	0.1768.	0.0442.
Effets de commerce (moitié de la demi - feuille du petit papier, coupée en long).	0.0884.	0.2500.	0.0221.

» Ils porteront un filigrane particulier, imprimé dans la pâte même à la fabrication.

» 4. Il y aura des timbres particuliers pour les différentes sortes de papiers.

» Les timbres pour le droit établi sur la dimension, seront gravés pour être appliqués en noir.

» Ceux pour le droit gradué en raison des sommes, seront gravés pour être frappés à *sec.*

» Chaque timbre portera distinctement son prix, et aura pour légende les mots RÉPUBLIQUE FRANÇAISE.

» 5. Les timbres pour le droit établi sur la dimension, porteront, en outre, le nom du département où ils seront employés.

» Cette distinction particulière n'aura pas lieu pour les timbres relatifs aux effets de commerce.

» 6. L'empreinte à apposer sur les papiers que fournira la régie, sera appliquée au haut de la partie gauche de la feuille (non déployée), de la demi-feuille, et du papier pour effets de commerce.

» 7. Les citoyens qui voudront se servir de papiers autres que ceux de la régie, ou de parchemin , seront admis à les faire timbrer avant que d'en faire usage.

» On emploiera pour ce service les timbres relatifs; mais l'empreinte sera appliquée au haut du côté droit de la feuille.

» Si les papiers ou le parchemin se trouvent être de dimensions différentes de celles des pàpiers de la régie , le timbre, quant au droit établi en raison de la dimension, sera payé au prix du format supérieur.

» 8. Le prix des papiers timbrés fournis par la régie , et les droits de timbre des papiers que les citoyens feront timbrer, sont fixés ainsi qu'il suit ; savoir :

1.º *Droit de timbre en raison de la dimension du papier.*

La feuille de *grand registre* , un franc cinquante centimes, ci. . . 1 fr. 50 c.

Celle de *grand papier*, un franc , ci. 1   00

Celle de *moyen papier* , soixantequinze centimes, ci. . . . . . o   75

Celle de *petit papier* , cinquantecentimes, ci. . . . . o   50

Et la demi-feuille de ce *petit papier* , vingt-cinq centimes , ci. . o   25

» Il n'y aura point de droit de timbre supérieur à un franc cinquante centimes , ni inférieur à vingt-cinq centimes , quelle que soit la dimension du papier, soit au-dessus de *grand registre* , soit au-dessous de la demi-feuille de *petit papier.*

2.º *Droit de timbre gradué en raison des sommes.*

» Ce droit est de cinquante centimes par mille francs inclusivement et sans fraction, à quelques sommes que puissent monter les effets.

» 9. Il y aura cinq timbres pour le droit tabli en raison de la dimension du papier.

» Le nombre des timbres pour les effets de commerce et autres compris dans l'article 14 ci-après, sera de onze ; savoir : le premier , de cinquante centimes ; le deuxième, d'un franc ; le troisième , de deux francs ; le quatrième , de trois francs ; le cinquième , de quatre francs ; le sixième , de cinq francs ; le septième , de six francs ; le huitième , de sept francs ; le neuvième , de huit francs ; le dixième , de neuf francs ; et le onzième , de dix francs.

» 10. Les papiers pour effets de francs et au-dessous seront timbrés avec l'empreinte de cinquante centimes.

» Ceux pour effets de 1 à 2000 francs , de 3 à 4000, de 5 à 6000, de 7 à 8000, de 9 à 10,000 , de 11 à 12,000, de 13 à 14,000, de 15 à 16,000, de 17 à 18,000, et de 19 à 20,000 francs inclusivement, seront frappés des timbres correspondans 1 , 2 , 3 , 4 , 5 , 6 , 7 , 8 , 9 et 10 francs.

» Et ceux pour effets de 2 à 3000, de 4 à 5000, de 6 à 7 , de 8 à 9000, de 10 à 11,000, de 12 à 13,000 , de 14 à 15,000 , de 16 à 17,000, de 18 à 19.000 francs inclusivement, seront frappés de deux empreintes ; savoir : ceux pour effets de 2 à 3000 francs , avec l'empreinte de 1 franc et celle de 50 centimes.

» Ceux pour effets de 4 à 5000 francs , avec l'empreinte de 2 francs et celle de 50 centimes ;

» Et ainsi de suite de 1000 en 1000 , jusques et y compris les papiers pour effets de 18 à 19,000 francs , qui seront timbrés avec l'empreinte de 9 francs et celle de 50 centimes.

» Lorsqu'il s'agira d'employer pour second timbre celui de 50 centimes, il sera appliqué du même côté que le timbre supérieur , et immédiatement au-dessous de celui-ci.

» Indépendamment des timbres, il sera apposé , à l'extrémité de la partie du papier opposée aux timbres , une empreinte *en noir*, qui indiquera la somme pour laquelle l'effet peut être tiré,

» 11. Les citoyens qui voudront faire des effets au-dessus de 20,000 francs , seront tenus de présenter les papiers qu'ils y destineront, au receveur de l'enregistrement , et de les faire *viser pour timbre* , en payant le droit en raison de 50 centimes par 1000 francs , sans fraction , ainsi qu'il est réglé par l'*article* 8 de la présente.

T I T R E I I.

De l'Application des droits.

» 12. Sont assujettis au droit du timbre établi en raison de la dimension , tous les papiers à employer pour les actes et écritures, soit publics , soit privés ; savoir :

» 1.º Les actes des notaires , et les extraits , copies et expéditions qui en sont délivrés ;

» Ceux des huissiers , et les copies et expéditions qu'ils en délivrent ;

» Les actes et les procès-verbaux des gardes et de tous autres employés ou agens ayant droit de verbaliser , et les copies qui en sont délivrées ;

» Les actes et jugemens de la justice de paix , des bureaux de paix et de conciliation, de la police ordinaire , des tribunaux et des arbitres , et les extraits , copies et expéditions qui en sont délivrés ;

» Les actes particuliers des juges de paix et de leurs greffiers , ceux des autres juges et des commissaires du directoire exécutif, et ceux reçus aux greffes ou par les greffiers , ainsi que les extraits , copies et expéditions qui s'en délivrent ;

» Les actes des avoués ou défenseurs officieux près les tribunaux , et les copies ou expéditions qui en sont faites ou signifiées ;

» Les consultations, mémoires, observations et précis signés des hommes de loi et défenseurs officieux.

» Les actes des autorités constituées administratives, qui sont assujettis à l'enregistrement, ou qui se délivrent aux citoyens, et

toutes les expéditions et extraits des actes, arrêtés et délibérations desdites autorités , qui sont délivrés aux citoyens ;

» Les pétitions et mémoires, même en forme de lettres, présentés au directoire exécutif, aux ministres, à toutes autorités constituées , aux commissaires de la trésorerie nationale, à ceux de la comptabilité nationale, aux directeurs de la liquidation générale , et aux administrations ou établissemens publics ;

» Les actes entre particuliers sous signature privée , et le double des comptes de recette ou gestion particulière ;

» Et généralement tous actes et écritures , extraits , copies et expéditions, soit publics, soit privés , devant ou pouvant faire titre , ou être produits pour obligation , décharge , justification, demande ou défense ;

» 2.º Les registres de l'autorité judiciaire où s'écrivent des actes sujets à l'enregistrement sur les minutes , et les répertoires des greffiers ;

» Ceux des administrations centrales et municipales , tenus pour objets qui leur sont particuliers , et n'ayant point de rapport à l'administration générale , et les répertoires de leurs secrétaires ;

» Ceux des notaires, huissiers et autres officiers publics et ministériels , et leurs répertoires ;

» Ceux des receveurs des droits et des revenus des communes et des établissemens publics;

» Ceux des fermiers des postes et messageries ;

» Ceux des compagnies et sociétés d'actionnaires ;

» Ceux des établissemens particuliers et des maisons particulières d'éducation ;

» Ceux des agens d'affaires, directeurs, régisseurs, syndics de créanciers et entrepreneurs de travaux et fournitures ;

» Ceux des banquiers , négocians , armateurs, marchands, fabricans, commissionnaires, agens de change, courtiers, ouvriers et artisans;

» Ceux des aubergistes, maîtres d'hôtels garnis et logeurs, sur lesquels ils doivent inscrire les noms des personnes qu'ils logent ; et généralement tous livres, registres et minutes de lettres qui sont de nature à être produits en justice et dans le cas d'y faire foi, ainsi que les extraits, copies et expéditions, qui sont délivrés desdits livres et registres.

» 13. Tout acte fait ou passé en pays étranger, ou dans les îles et colonies françaises où le timbre n'aurait pas encore été établi, sera soumis au timbre avant qu'il puisse en être fait aucun usage en France, soit dans un acte public, soit dans une déclaration quelconque, soit devant une autorité judiciaire ou administrative.

» 14. Sont assujettis au droit de timbre en raison des sommes et valeurs, les billets à ordre ou au porteur, les rescriptions, mandats, mandemens, ordonnances, et tous autres effets négociables ou de commerce, même les lettres de change tirées par seconde, troisième et *duplicata*, et ceux faits en France et payables chez l'étranger.

» 15. Les effets négociables venant de l'étranger ou des îles et colonies françaises où le timbre n'aurait pas encore été établi, seront, avant qu'ils puissent être négociés, acceptés ou acquittés en France, soumis au timbre ou au *visa pour timbre*, et le droit sera payé d'après la quotité fixée par l'*art.* 8 de la présente.

T I T R E I I I.

Des Actes et Registres non soumis à la formalité du timbre.

» 16. Sont exceptés du droit et de la formalité du timbre, savoir : 1.º Les actes du corps législatif et ceux du directoire exécutif ;

» Les minutes de tous les actes, arrêtés, décisions et délibérations de l'administration publique en général, et de tous établissemens publics, dans tous les cas où aucun de ces actes n'est sujet à l'enregistrement sur la minute, et

les extraits, copies et expéditions qui s'expédient ou se délivrent par une administration ou un fonctionnaire public à une autre administration publique ou à un fonctionnaire public, lorsqu'il y est fait mention de cette destination ;

» Les inscriptions sur le grand-livre de la dette nationale, et les effets publics ;

» Tous les comptes rendus par des comptables publics ;

» Les doubles, autres que celui du comptable, de chaque compte de recette ou gestion particulière et privée ;

» Les quittances de traitemens et émolumens des fonctionnaires et employés salariés par la république ;

» Les quittances ou récépissés délivrés aux collecteurs et receveurs de deniers publics ; celles que les collecteurs des contributions directes peuvent délivrer aux contribuables ; celles des contributions indirectes qui s'expédient sur les actes, et celles de toutes autres contributions qui se délivrent sur feuilles particulières et qui n'excèdent pas dix francs ;

» Les quittances des secours payés aux indigens, et des indemnités pour incendies, inondations, épizooties et autres cas fortuits ;

» Toutes autres quittances, même celles entre particuliers pour créances en sommes non excédant dix francs, quand il ne s'agit pas d'un à-compte ou d'une quittance finale sur une plus forte somme ;

» Les engagemens, enrôlemens, congés, certificats, cartouches, passe-ports, quittances pour prêt et fournitures, billets d'étape, de subsistance et de logement, et autres pièces ou écritures concernant les gens de guerre, tant pour le service de terre que pour le service de mer ;

» Les pétitions présentées au corps législatif, celles qui ont pour objet des demandes de congés absolus et limités et de secours, et les pétitions des déportés et réfugiés des colonies, tendant à obtenir des certificats de résidence, passe-ports et passages pour retourner dans leur pays ;

» Les certificats d'indigence ;

» Les rôles qui sont fournis pour l'appel des causes ;

» Les actes de police générale et de vindicte publique, et ceux des commissaires du directoire exécutif non soumis à la formalité de l'enregistrement, et les copies des pièces de procédure criminelle qui doivent être délivrées sans frais ;

» 2.º Les registres de toutes les administrations publiques, et des établissemens publics pour ordre et administration générale ;

» Ceux des tribunaux, des accusateurs publics, et des commissaires du directoire exécutif, où il ne se transcrit aucune minute d'actes soumis à la formalité de l'enregistrement ;

» Ceux des receveurs des contributions publiques, et autres préposés publics.

TITRE IV.

Des obligations respectives des notaires, huissiers, greffiers, secrétaires des administrations, arbitres et experts, des diverses autorités publiques, des préposés de la régie, et des citoyens ; et peines prononcées contre les contrevenans.

» 17. Les notaires, huissiers, secrétaires des administrations centrales et municipales, et autres officiers et fonctionnaires publics, les arbitres et les avoués ou défenseurs officieux près des tribunaux, ne pourront employer, pour les actes qu'ils rédigeront et leurs copies et expéditions, d'autre papier que celui timbré du département où ils exercent leurs fonctions.

» 18. La faculté accordée par l'article 7 de la présente aux citoyens qui voudront employer d'autre papier que celui fourni par la régie, en le faisant timbrer avant d'en faire usage, est interdite aux notaires, huissiers, greffiers, arbitres, avoués ou défenseurs officieux, et à tous autres officiers ou fonctionnaires publics : ils seront tenus de se servir du papier timbré débité par la régie.

» Les administrations publiques seulement conserveront cette faculté.

» Les notaires et autres officiers publics pourront néanmoins faire timbrer, à l'extraordinaire, du parchemin, lorsqu'ils seront dans le cas d'en employer.

» 19. Les notaires, greffiers, arbitres et secrétaires des administrations, ne pourront employer, pour les expéditions qu'ils délivreront des actes retenus en minute, et de ceux déposés ou annexés, de papier timbré d'un format inférieur à celui appelé *moyen papier*, et dont le prix est fixé à 75 centimes la feuille par l'article 8 de la présente. Ce prix sera aussi celui du timbre du parchemin que l'on voudra employer pour expédition, sans égard à la dimension, si toutefois elle est au-dessous de celle de ce papier.

» Les huissiers, et autres officiers publics ou ministériels, ne pourront non plus employer de papier timbré d'une dimension inférieure à celle du moyen papier, pour les expéditions des procès-verbaux de ventes de mobilier.

» 20. Les papiers employés à des expéditions ne pourront contenir, compensation faite d'une feuille à l'autre, savoir :

» Plus de vingt-cinq lignes par page de moyen papier ;

» Plus de trente lignes par page de grand papier ;

» Et plus de trente-cinq lignes par page de grand registre.

» 21. L'empreinte du timbre ne pourra être couverte d'écriture ni altérée.

» 22. Le papier timbré qui aura été employé à un acte quelconque, ne pourra plus servir pour un autre acte, quand même le premier n'aurait pas été achevé.

» 23. Il ne pourra être fait ni expédié deux actes à la suite l'un de l'autre sur la même feuille de papier timbré, nonobstant tout usage ou règlement contraire.

» Sont exceptés, les ratifications des actes passés en l'absence des parties, les quittances de prix de ventes, et celles du remboursement de contrats de constitution ou obligation; les inventaires, procès-verbaux et autres actes qui ne peuvent être consommés dans un même jour et dans la même vacation; les procès-verbaux de reconnaissance et levée de scellés qu'on pourra faire à la suite du procès-verbal d'apposition, et les significations des huissiers, qui peuvent également être écrites à la suite des jugemens et autres pièces dont il est délivré copie.

» Il pourra aussi être donné plusieurs quittances sur une même feuille de papier timbré, pour à-compte d'une seule et même créance, ou d'un seul terme de fermage ou loyer.

» Toutes autres quittances qui seront données sur une même feuille de papier timbré, n'auront pas plus d'effet que si elles étaient sur papier non timbré.

» 24. Il est fait défenses aux notaires, huissiers, greffiers, arbitres et experts, d'agir, aux juges de prononcer aucun jugement, et aux administrations publiques de rendre aucun arrêté, sur un acte, registre ou effet de commerce, non écrit sur papier timbré du timbre prescrit, ou non visé pour timbre.

» Aucun juge ou officier public ne pourra non plus coter et parapher un registre assujetti au timbre, si les feuilles n'en sont timbrées.

» 25. Il est également fait défenses à tout receveur de l'enregistrement,

» 1.º D'enregistrer aucun acte qui ne serait pas sur papier timbré du timbre prescrit, ou qui n'aurait pas été visé pour timbre;

» 2.º D'admettre à la formalité de l'enregistrement, des protêts d'effets négociables, sans se faire représenter ces effets en bonne forme;

» 3.º De délivrer de patente aux citoyens

dont les registres doivent être tenus en papier timbré, si ces registres ne leur sont préalablement représentés aussi en bonne forme.

» Les citoyens seront, en conséquence, tenus d'en justifier.

» 26. Il est prononcé, par la présente, une amende ; savoir :

» 1.º De 15 francs, pour contravention, par les particuliers, aux dispositions de l'*article* 21 ci-dessus ;

» 2.º De 25 francs, pour contravention aux *articles* 20 et 21, par les officiers et fonctionnaires publics ;

» 3.º De 30 francs, pour chaque acte ou écrit sous signature privée, fait sur papier non timbré, ou en contravention aux *articles* 22 et 23 ;

» 4.º De 50 francs, pour contravention à l'article 19, de la part des officiers et fonctionnaires publics y dénommés; et à l'*article* 25, de la part des préposés de l'enregistrement ;

» 5.º De 100 francs, pour chaque acte public ou expédition, écrit sur papier non timbré, et pour contravention aux *articles* 17, 18, 22, 23 et 24, par les officiers et fonctionnaires publics ;

» 6.º Et du vingtième de la somme exprimée dans un effet négociable, s'il est écrit sur papier non timbré, ou sur un papier timbré d'un timbre inférieur à celui qui aurait dû être employé aux termes de la présente, et pour contravention aux *articles* 22 et 23.

» L'amende sera de 30 francs, dans les mêmes cas, pour les effets au-dessous de 600 francs.

» Les contrevenans, dans tous les cas ci-dessus, payeront en outre les droits de timbre.

» 27. Aucune personne ne pourra vendre ou distribuer du papier timbré, qu'en vertu d'une commission de la régie, à peine d'une amende de 100 francs pour la première fois, et de 300 francs en cas de récidive.

» Le papier qui sera saisi chez ceux qui s'en permettront

permettront ainsi le commerce , sera confisqué au profit de la république.

» 28. La peine contre ceux qui abuseraient des timbres pour timbrer et vendre frauduleusement du papier timbré, sera la même que celle qui est prononcée par le code pénal contre les contrefacteurs de timbres.

» 29. Le timbre des quittances fournies à la république ou délivrées en son nom, est à la charge des particuliers qui les donnent ou les reçoivent ; il en est de même pour tous autres actes entre la république et les citoyens.

» 30. Les écritures privées qui auraient été faites sur papier non timbré, sans contravention aux lois du timbre, quoique non comprises nommément dans les exceptions, ne pourront être produites en justice sans avoir été soumises au timbre extraordinaire ou au *visa pour timbre*, à peine d'une amende de 50 francs , outre le droit de timbre.

» 31. Les préposés de la régie sont autorisés à retenir les actes, registres ou effets en contravention à la loi du timbre, qui leur seront présentés , pour les joindre aux procès-verbaux qu'ils en rapporteront, à moins que les contrevenans ne consentent à signer lesdits procès-verbaux, et à acquitter sur-le-champ l'amende encourue et le droit de timbre.

» 31. En cas de refus , de la part des contrevenans , de satisfaire aux dispositions de l'article précédent, les préposés de la régie leur feront signifier , dans les trois jours, les procès-verbaux qu'ils auront rapportés , avec assignation devant le tribunal civil du département.

» L'instruction se fera ensuite sur simples mémoires respectivement signifiés.

» Les jugemens définitifs qui interviendront, seront sans appel.

TITRE V.

Des Dispositions particulières.

» 33. Les papiers timbrés existans dans les *Tome III.*

bureaux de distribution de la régie ; autres que celui de 15 centimes et celui de 25 centimes qui étaient destinés aux effets de commerce, continueront d'être débités jusqu'au moment où ces bureaux seront approvisionnés de papiers marqués de nouveaux timbres.

Le papier *grand-registre* sera payé au prix fixé par l'*art.* 8 de la présente, quoique l'empreinte actuelle ne porte ce prix qu'à un franc vingt-cinq centimes.

» Aussitôt qu'il aura été envoyé des papiers du nouveau timbre à un bureau de distribution, le distributeur fera le renvoi au magasin général, de ceux qui lui resteront en nature, pour être frappés de nouvelles empreintes.

» 34. La régie continuera aussi de faire timbrer et débiter, jusqu'à l'épuisement total de ses magasins, les papiers des dimensions actuelles, en y faisant appliquer les timbres prescrits par la présente.

» 35. Les officiers et fonctionnaires publics, à qui il est enjoint, par l'*art.* 17 ci-dessus, de se servir du papier marqué des timbres de leur département , ne pourront en employer d'autres, trois mois après la publication de la présente, sous les peines portées par l'*art.* 26, numéro 6.

» Ceux à qui il restera , à cette époque, des papiers timbrés , sont autorisés à les rapporter au bureau de distribution dans l'arrondissement duquel ils font leur résidence, pour être échangés, ou pour s'en faire remettre le prix. Ils n'y seront admis que pendant le mois qui suivra le délai ci-dessus.

» Tous les citoyens auront la même faculté, et pendant le même délai, pour les papiers timbrés des timbres actuels, desquels il ne pourra plus être fait usage trois mois après la publication de la présente.

» 36. Tous ceux qui auront des quarts de feuille du petit papier du timbre de quinze centimes et du papier timbré du timbre de vingt-cinq centimes pour effets de commerce, dont l'usage est aboli par la présente, pourront également les rapporter aux bureaux de la régie, et s'en faire rembourser le prix. Cette faculté ne leur est accordée que pour un mois, à compter de la publication de la présente.

» 37. Les registres timbrés des timbres actuels ne seront pas soumis aux nouveaux timbres pour les feuilles non encore écrites.

» Ceux qui se trouvent assujettis au timbre par la présente, et qui n'avaient pas été soumis à cette formalité par les lois précédentes, seront timbrés seulement pour les feuilles restant en blanc.

» 38. La régie fera déposer aux greffes des tribunaux civils et de commerce, et à ceux des tribunaux de police correctionnelle, des empreintes des nouveaux timbres qu'elle aura fait graver : ces empreintes seront apposées sur papier à son filigrane.

» 39. Toutes lois et dispositions d'autres lois sur le timbre des actes civils et judiciaires et des registres, sont et demeurent abrogées pour l'avenir, et à compter de la publication de la présente.

» Les dispositions de la loi du 9 vendémiaire an 6, relatives au timbre des journaux, gazettes, feuilles périodiques ou papiers-nouvelles, feuilles de papier-musique, affiches et cartes à jouer, sont maintenues. »

Loi du 9 vendémiaire an 6.

TITRE III.

Timbre.

« 54. A compter du jour de la promulgation de la loi, la formalité du timbre fixe ou de dimension établie par la loi du 5 floréal dernier, est étendue aux pétitions et mémoires présentés soit aux ministres, soit aux administrations de département et municipalités, ainsi qu'à la trésorie et comptabilité nationale, et aux directeurs de la liquidation.

» 55. Sont exceptés de la formalité du timbre les pétitions et mémoires qui auront pour objet les demandes en avancement, congés absolus ou limités, pensions de retraite, paiement des arrérages de rentes et pensions, secours et encouragemens, et première demande en réparation de torts occasionnés par une autorité constituée ou un fonctionnaire public.

» 56. Les lettres de voiture, les connaissemens, chartes-parties et polices d'assurance, les cartes à jouer, les journaux, gazettes, feuilles périodiques ou papiers-nouvelles, les feuilles de papier-musique, toutes les affiches autres que celles d'actes émanés d'autorité publique, quelle que soit leur nature ou leur objet, seront assujettis au timbre fixe ou de dimension.

» 57. Sont exceptés les ouvrages périodiques relatifs aux sciences et aux arts, ne paraissant qu'une fois par mois, et contenant au moins deux feuilles d'impression.

» 58. Le droit de timbre fixe ou de dimension pour les journaux et affiches, sera de cinq centimes (ou un sou),

» Pour chaque feuille, de vingt-quatre centimètres sur trente-huit, feuilles ouvertes, ou environ;

» Et pour chaque demi-feuille de cette dimension, trois centimes (ou sept deniers un cinquième).

» Ceux qui voudront user, pour lesdites impressions, de papier dont la dimension serait supérieure à vingt-cinq centimètres pour la feuille, et à douze centimètres et demi pour la demi-feuille, les feront timbrer extraordinairement, en payant un centime pour cinq centimètres d'excédant.

» Le papier sera fourni, dans tous les cas, par les citoyens auxquels il sera nécessaire.

» 59. La régie fera graver deux timbres pour lesdits journaux et affiches.

» Chaque timbre portera distinctement son prix; ils auront pour légende : *République fran-*

çaise. Elle se servira provisoirement des timbres actuels appliqués en rouge, à la charge de ne percevoir que les droits réglés par la présente.

» 60. Ceux qui auront répandu des journaux ou papiers-nouvelles et autres objets compris dans l'*article* 56 ci-dessus , et apposé ou fait apposer des affiches, sans avoir fait timbrer leur papier, seront condamnés à une amende de cent livres pour chaque contravention; les objets soustraits aux droits seront lacérés.

» 61. Les auteurs , afficheurs, distributeurs et imprimeurs desdits journaux et affiches , seront solidairement tenus de l'amende, sauf leur recours les uns contre les autres. »

Arrêté du 3 pluviose an 6.

« Le directoire exécutif, vu l'*art.* 56 de la loi du 9 vendémiaire dernier, portant que les cartes à jouer seront assujetties au timbre fixe ou de dimension, considérant qu'il est nécessaire de régulariser cette perception par un mode uniforme qui fasse connaître aux préposés et aux contribuables leurs obligations et leurs devoirs respectifs,

» Arrête, comme mesure provisoire et d'exécution, ce qui suit :

» *Art.* 1.er. Le droit de timbre sur les cartes à jouer sera perçu, en vertu et d'après les dispositions de la loi du 9 vendémiaire, à raison de 20 centimes par jeu de quarante cartes et au-dessous; de 30 centimes par jeu au-dessus de quarante cartes jusqu'à soixante exclusivement, et de 40 centimes par jeu de soixante cartes et au-dessus.

» 2. Le timbrage des cartes sera fait par un filigrane particulier sur lequel la régie de l'enregistrement fera fabriquer le papier employé, dans les jeux non excédant quarante cartes, pour l'as de carreau, dans les jeux au-dessus de quarante cartes jusqu'à soixante, pour l'as et le deux de carreau, et dans les jeux de soixante

cartes et au-dessus , pour les trois cartes qui seront indiquées par la régie.

» 3. Le papier filigrané destiné à former le devant des cartes désignées ci-dessus, sera fabriqué et fourni par la régie, les fabricans ne pourront point en employer d'autre.

» 4. Les droits de timbre seront acquittés par les fabricans, au moment qu'ils feront la levée du papier filigrané au bureau de distribution de la régie.

» 5. Après l'emploi du papier filigrané et la formation des jeux, les fabricans les présenteront au bureau de la direction du timbre : les jeux y seront vérifiés et revêtus d'une bande sur laquelle sera apposé le timbre de la régie; cette formalité sera remplie sans frais.

» Le nombre des cartes formant le jeu, et le nom du fabricant , seront inscrits à côté de l'empreinte du timbre ; le nom et la demeure du fabricant se trouveront gravés au moins à l'une des cartes à figure de chaque jeu.

» 7. Le préposé à la distribution des feuilles timbrées en filigrane, tiendra registre de sa distribution; celui qui appliquera le timbre sur la bande scellant chaque jeu, inscrira aussi sur un registre le nombre des jeux, et les noms des fabricans qui les auront présentés.

» 8. Nul ne pourra vendre des cartes, même frappées du filigrane de la régie, que sous la bande timbrée.

» 9. Nul citoyen ne pourra fabriquer des cartes qu'après avoir fait inscrire ses nom, prénoms, surnoms et domicile, à la régie, et en avoir reçu une commission qu'elle ne pourra pas refuser; les particuliers qui voudront vendre des cartes, seront soumis à la même obligation.

» Chaque fabricant de cartes tiendra trois registres cotés et paraphés par le directeur de la régie , et timbrés conformément à la loi : le premier, pour inscrire, jour par jour , les achats de feuilles timbrées en filigrane qu'il aura levées au bureau de la régie ; le second , pour y porter les fabrications à mesure qu'elles seront parachevées ; et le troisième, pour les ventes qu'il fera, soit en détail, soit aux marchands commissionnés.

» 11. Le marchand non fabricant tiendra deux registres également cotés et paraphés par le directeur de la régie, et en papier timbré : sur l'un seront portés ses achats ; il ne pourra les faire que chez le fabricant directement ; l'autre servira pour la vente journalière.

» 12. Les entrepreneurs et directeurs des bals, fêtes champêtres, réunions, clubs, billards, cafés et autres maisons où l'on donne à jouer, auront également un registre coté et paraphé, sur lequel seront inscrits tous leurs achats de jeux de cartes, avec indication des noms et domiciles des vendeurs.

» 13. Les préposés de la régie de l'enregistrement sont autorisés à se présenter, toutes les fois qu'ils le trouveront convenable, chez les fabricans et marchands de cartes, et dans les lieux désignés dans l'article précédent, pour s'y assurer de l'exécution du présent arrêté, et prendre communication des registres dont l'exhibition leur sera faite, et en retirer telles notes ou extraits qu'ils aviseront.

» 14. Dans la huitaine de la publication du présent arrêté, les fabricans et marchands de cartes, maîtres ou locataires des maisons désignées dans l'art. 12 ci-dessus, seront tenus de présenter au bureau de la direction du timbre, tous les jeux existans sous les bandes entre leurs mains, afin que le timbre de la régie y soit appliqué dans la forme prescrite par l'article 5 ci-dessus ; sauf qu'il sera en couleur rouge : ce délai passé, l'amende et les peines ci-après portées seront encourues.

» 15. Les jeux mentionnés dans l'article précédent pourront être timbrés en débet, si celui qui les présente le requiert ; dans ce cas il sera fait inventaire double des quantités des jeux de chaque espèce qui auront été timbrés, le porteur donnera sur l'un d'eux la soumission de

compter aux préposés de la régie, à l'expiration de chaque trimestre, du droit de timbre des quantités qu'il se trouvera, par la représentation des jeux restans, avoir débitées.

» 16. La faculté de vendre ou employer les jeux provenant d'anciennes fabrications et timbrés seulement sur les bandes, ne pourra s'étendre au-delà du 30 fructidor prochain : passé ce jour, les jeux portés aux inventaires, qui pourront rester, seront brûlés ; il en sera dressé procès-verbal pour opérer la décharge des droits.

» 17. Les préposés des douanes ne laisseront sortir ni entrer aucunes cartes à jouer qu'autant qu'elles seront revêtues du filigrane et du timbre ci-dessus ordonnés.

» 18. La régie établira les employés nécessaires pour l'exercice et la perception du droit de timbre sur les cartes, à la charge d'en faire arrêter l'état, ainsi que les traitemens, par le directoire exécutif.

» 19. Les contraventions aux dispositions de la loi du 9 vendémiaire, portant établissement du droit de timbre établi sur les cartes à jouer, donneront lieu aux peines portées dans les lois concernant la perception de droits de pareille nature. »

Du 19 floréal an 5 de la république.

« Le directoire exécutif, vu l'article 56 de la loi du 9 vendémiaire dernier, portant établissement du droit de timbre sur les cartes à jouer, et l'arrêté qu'il a pris en conséquence le 3 pluviose suivant ; ayant reconnu qu'il pourrait résulter des inconvéniens de n'assujettir au timbre par filigrane qu'une ou deux cartes seulement par chaque jeu, ainsi que le prescrit cet arrêté, et qu'il est aussi nécessaire d'ordonner l'exécution de quelques nouvelles dispositions pour assurer la perception de ce droit et prévenir les abus, arrête :

» *Art.* 1.er. Le papier de devant de toutes les

cartes à jouer, sera fourni par la régie et timbré à son filigrane.

» 2. Il ne pourra être fabriqué aucune carte à jouer, tarots et autres, avec d'autre papier que celui ci-dessus désigné.

» 3. Ce papier sera de la dimension de celui contenant vingt cartes par feuille, dont il est fait usage pour les jeux de cartes ordinaires, c'est-à-dire, de trente-deux centimètres de hauteur sur quarante-huit centimètres de largeur.

» 4. Le droit de timbre sera d'un décime ou dix centimes pour chacune desdites feuilles.

» 5. Les fabricans seront tenus, conformément à l'article 10 de l'arrêté du 3 pluviose dernier, de tenir registre de toutes les feuilles timbrées en filigrane qu'ils auront levées au bureau de la régie.

» 6. Les jeux fabriqués seront en outre timbrés en noir *sur bande*, sans aucuns frais, ainsi qu'il est porté à l'article 5 dudit arrêté.

» 7. Le jour où les bureaux de distribution seront pourvus de papier filigrané, le directeur de la régie en préviendra l'administration centrale du département, qui le fera annoncer sur-le-champ par une publication, et par des affiches qui contiendront en même temps la mention, par extrait, des dispositions du présent arrêté.

» 8. Du jour de cette publication les fabricans ne pourront employer, pour le devant de leurs cartes, que le papier ou filigrane de la régie.

» 9. Dans la huitaine de ladite publication, tous fabricans et marchands de cartes, maîtres ou locataires des maisons de jeux, et autres désignées à l'article 12 de l'arrêté du 3 pluviose, seront tenus de présenter au bureau de la direction du timbre, tous les jeux, soit revêtus ou non revêtus de bandes, qu'ils auront en leur possession, pour y faire apposer le timbre en rouge sur la bande de la régie, sauf, s'ils le requièrent, à ne payer le droit qu'après la consommation, suivant le mode prescrit aux articles 14 et 15 de l'arrêté du 3 pluviose.

» 10. Le droit pour les jeux existant sur papier non filigrané, sera perçu à raison d'un demi-centime par carte, suivant la fixation portée à l'article 4 ci-dessus, et sans distinction des jeux et des tarots.

» 11. Il est défendu, conformément à l'article 8 de l'arrêté du 3 pluviose, aux commis des maisons de jeux, aux serviteurs et domestiques, et à tous particuliers, de vendre aucun jeu de cartes, soit sous bandes ou sans bandes, neuves ou ayant servi.

» 12. Chaque fabricant de cartes sera tenu de déclarer non-seulement ses noms et son domicile, conformément à l'article 9 de l'arrêté du 3 pluviose, mais encore les différens endroits où il entend fabriquer, le nombre des moules qu'il a en sa possession, et celui de ses ouvriers actuels, dont il donnera les noms et signalemens. Il ne pourra fabriquer en d'autres lieux que ceux qu'il aura déclarés.

» 13. Il est défendu aux graveurs tant en cuivre qu'en bois, et à tous autres, de graver aucun moule ni aucune planche propre à imprimer des cartes, sans avoir déclaré au bureau de la régie les noms et demeure du fabricant qui aura fait la demande, et avoir pris la reconnaissance du préposé sur la remise de ladite déclaration.

» 14. Les marchands non fabricans, et les maîtres de jeux et locataires des maisons désignées à l'article 12 de l'arrêté du 3 pluviose, seront tenus, lorsqu'ils feront leurs achats chez les fabricans, de présenter le registre qui leur est prescrit par les articles 11 et 12, sur lequel le fabricant inscrira les quantités qui auront été levées.

» 15. La faculté accordée par l'article 16 de l'arrêté du 3 pluviose, de vendre ou employer les jeux provenant d'anciennes fabrications, et timbrés seulement sur les bandes, est prorogée jusqu'au 30 brumaire prochain.

» 16. Il est fait défense à toute personne de tenir dans ses maisons et domiciles aucun moule propre à imprimer des cartes à jouer, d'y retirer ni laisser travailler à la fabrique et recoupe des cartes et tarots, aucuns cartiers, ouvriers et fabricans qui ne seraient pas pourvus d'une commission de la régie.

» 17. Les jeux de cartes fabriqués dans la république qui ne sont pas dans la forme usitée en France, et qui sont destinés uniquement pour l'étranger, ne seront pas assujettis au timbre. Les fabricans seront seulement tenus de tenir registre de leurs fabrications et de leurs envois, pour justifier aux préposés de la régie que la totalité de la fabrication passe à l'étranger, et de joindre aux envois un permis du directeur de la régie de l'enregistrement.

» 18. Les commissaires du directoire exécutif près les administrations municipales, sont chargés de concourir à la recherche des fabrications et ventes clandestines, et à l'exécution des dispositions, tant du présent arrêté que de celui du 3 pluviose.

» 19. L'arrêté du 3 pluviose dernier aura son exécution pour toutes les dispositions auxquelles il n'est pas dérogé par le présent. »

Loi du 2 floréal an 6.

« *Art.* 1er. L'article 57 de la loi du 9 vendémiaire an 4, concernant le droit de timbre, n'est applicable qu'aux feuilles périodiques de musique, quelle que soit leur étendue, et à tout œuvre de musique qui n'excédera pas deux feuilles d'impression.

» 2. Toutes poursuites et saisies qui pourroient avoir été faites par une fausse interprétation de l'article 57 de la loi précitée, cesseront et n'auront aucun effet, à compter de la publication de la présente loi. »

Loi du 6 pluviose an 7.

« *Art.* 1er. Les avis imprimés, quel qu'en soit l'objet, qui se crient et distribuent dans les rues et lieux publics, ou que l'on fait circuler de toute autre manière, seront assujettis au droit de timbre, à l'exception des adresses contenant la simple indication de domicile ou le simple avis de changement.

» 2. Le droit établi par l'*article* précédent sera de cinq centimes pour la feuille d'impression ordinaire au-dessous de trente décimètres carrés ;

» De trois centimes pour la demi-feuille et au-dessous ;

» De huit centimes pour la feuille de trente décimètres carrés et au-dessus,

» Et de quatre centimes pour la demi-feuille ;

» Sans qu'en aucun cas le droit puisse être moindre de trois centimes pour chaque annonce ou avis.

» 3. Les feuilles de supplément jointes aux journaux et papiers-nouvelles, payeront le droit de timbre comme les journaux mêmes, et selon le tarif porté en la loi du 9 vendémiaire an 6.

» 4. Les contraventions aux dispositions de la présente seront punies, indépendamment de la restitution des droits fraudés, d'une amende de 25 francs pour la première fois, de 50 francs pour la seconde, et de 100 francs pour chacune des autres récidives.

» 5. Les lettres de voiture, connaissemens, chartes-parties et polices d'assurance, seront inscrits à l'avenir sur du papier du timbre d'un franc.

» 6. A compter de la publication de la présente, les billets et obligations non négociables, et les mandats à terme ou de place en place, ne pourront être faits que sur papier du timbre proportionnel, comme il en est usé pour les billets à ordre, lettres de change et autres effets négociables, et sous la même peine.

» 7. La loi du 9 vendémiaire an 6 continuera d'être exécutée selon sa forme et teneur, dans toutes les dispositions auxquelles il n'est expressément dérogé par la présente. »

TITRE, est la clause en vertu de laquelle nous possédons quelque chose.

Il y en a deux sortes ; savoir : le titre translatif de propriété, et celui qui n'est point translatif de propriété.

Titre translatif de propriété.

C'est celui qui se fait à perpétuité, et en vertu duquel la propriété de la chose est transférée, quand la tradition en est faite par celui qui en est le propriétaire, comme la vente, la donation, l'échange et autres.

Si la chose m'est livrée pour une de ces causes par une personne qui en ait la propriété et qui ait la faculté d'aliéner ses biens, par la tradition qu'il m'en fait, il m'en transfère la propriété ; s'il n'en est pas le propriétaire, la possession qu'il m'en transfère me donne lieu de la prescrire.

Voy. ce que Ferrière a dit sur l'*art.* 313 de la Coutume de Paris, *glose* 3.

Au reste, le titre translatif de propriété ne produit son effet, et ne la transfère qu'en conséquence de la tradition de la chose. *Quià non pactionibus, sed traditionibus dominis rerum transferentur,* comme Ferrière l'a dit, *au mot* Tradition.

Titre non translatif de propriété.

C'est celui qui ne se fait pas à perpétuité, et qui n'est pas capable de transférer la propriété d'une chose en la personne du possesseur, comme le commodat, le gage, le dépôt, le louage et autres semblables, qui ne sont point des causes légitimes de transférer le domaine.

En vertu de la tradition qui serait faite en conséquence d'une semblable cause, le possesseur ne serait pas en droit de prescrire la chose qui lui aurait été ainsi livrée par celui qui n'en

était pas le propriétaire ; parce que le titre non translatif de propriété ne transfère que la possession naturelle et non pas la possession civile, laquelle est absolument nécessaire pour la prescription.

Tout titre non translatif de propriété est donc vicieux quant à la prescription, en ce qu'il annonce et prouve que le bien dont il s'agit, appartient à un autre que celui qui le possède, et que sa possession a commencé et a été continuée par la mauvaise foi ; ce qui fait qu'il ne le peut point acquérir par la prescription. Et c'est dans ce sens qu'on dit communément : *Satius est non habere titulum, quàm habere vitiosum.* C'est pourquoi il faut suivre le conseil de Dumoulin, qui est que : *Satius est non ostendere titulum, quàm vitiosum exhibere.*

Le titre se divise encore en titre onéreux, et titre lucratif.

Titre onéreux.

C'est celui par lequel on acquiert une chose en en payant la valeur en argent ou en autre chose, ou à de certaines charges et conditions, comme l'achat, l'échange, la dot.

Titre lucratif.

C'est celui par lequel on acquiert une chose sans qu'il en coûte rien et sans charge, comme la donation, le legs.

Titre vicieux.

C'est un titre qui se trouve contraire à la possession de celui qui veut se prévaloir de la prescription.

Mais quand on oppose un tel titre au possesseur du bien d'autrui, quelque longue qu'ait été sa possession, fût-elle immémoriale, et même de plusieurs siècles, tant par rapport à lui que par rapport à ses successeurs, la prescription ne pourrait pas avoir lieu, vu qu'aucun possesseur ne peut prescrire contre son titre. *Satius est non habere titulum, quàm habere vitiosum.*

Mornac sur la Loi 13, *ff. de Public. in rem acti*, dit que, *si titulus non sit idoneus ad dominium transferendum, vel si possessum est contra titulum, etiam per 350 annos, dominium revocatur à possessore.* Ainsi jugé en 1551 pour la reine Cathérine de Médicis, contre l'évêque de Clermont.

Voy. ce que j'ai dit ci-dessus, *au mot* Prescription.

Titre présumé.

C'est celui qui se tire d'une jouissance et possession paisible pendant le temps requis pour la prescription.

Par exemple, un homme a possédé paisiblement un héritage appartenant à autrui pendant dix ans entre présens, ou bien a perçu pendant cet espace de temps une rente du propriétaire d'un fonds, qui en cette qualité croyait en être redevable ; on demande si ce titre présumé est suffisant pour donner lieu à la prescription ?

Il faut dire que la maxime *Possideo quià possideo* est admise dans la prescription de trente ans, dans laquelle, à cause du très-long temps qu'elle requiert, il n'est requis ni bonne foi ni titre.

Mais la prescription ordinaire, c'est-à-dire, de dix ou de vingt, ne peut avoir lieu, à moins que le possesseur n'ait un titre. Or, un titre présumé n'est point véritablement un titre, il faut pour prescrire avoir un titre qui soit réel et effectif : ainsi un titre présumé ne peut point servir à prescrire un héritage qu'on aurait possédé pendant dix ans, ni induire une obligation d'une rente pour l'avenir en faveur de celui qui l'aurait perçue pendant l'espace de dix années. *Voy.* le mot Prescription.

TITRE EN FAIT DE SERVITUDE. *Voy.* Servitude.

TITRE NOUVEL, est un acte par lequel celui qui le fait, reconnaît qu'il est propriétaire d'un fonds affecté et hypothéqué à une rente

due à un tel, et en conséquence promet payer et continuer à l'avenir les arrérages et intérêts, ou que cet héritage est chargé de tels droits ou rentes, ou autres redevances annuelles pour empêcher la prescription de dix, vingt, trente ou quarante ans.

Le titre nouvel se fait aussi par celui qui doit une rente constituée à quelqu'un, reconnaissant par icelui qu'il est redevable de cette rente envers lui, qu'il lui en a payé les arrérages, et promet de les lui continuer à l'avenir jusqu'à l'entier rachat d'icelle, ce qui se fait pour empêcher la prescription de trente ans, que le débiteur pourrait opposer à son créancier, auquel même il aurait payé les arrérages de la rente pendant ce temps, et dont il aurait eu les quittances, le créancier n'ayant rien pardevers lui pour pouvoir prouver que les arrérages de sa rente lui en auraient été payés : c'est pour cela que de dix en dix ans, il peut obliger le débiteur de la rente de lui passer titre nouvel ou reconnaissance d'icelle, ce que nous appelons en droit *antapocha*, c'est-à-dire, contre quittance, ou *secunda cautio.*

Voy. Ferrière dans la Science parfaite des Notaires, *liv.* 5, *chap.* 20, et sur l'*art.* 118 de la Coutume de Paris, *nomb.* 19.

TITRE PRIMORDIAL, est le titre originaire qui contient l'époque d'un droit qui nous appartient, et pour raison duquel ce titre a été fait et passé ; à la différence des autres titres qui ont été faits en conséquence, et qui n'en sont qu'une suite.

La reconnaissance d'une cause, quoique le titre primordial ne soit pas exhibé, oblige les successeurs des terres sur qui la rente a été constituée ; mais une simple reconnaissance non suivie d'aucune prestation ne prouve pas contre un tiers possesseur. Bouguier, *lettre* T, *nombre* 6.

TITRE EXÉCUTOIRE, est un titre en vertu duquel on peut saisir, arrêter et exécuter ; savoir : une obligation passée pardevant notaires,

mise

mise en grosse et scellée, ou une sentence, ou arrêt signé et scellé, ou enfin une permission du juge à cet effet.

Ces titres sont exécutoires par tout l'empire, après un commandement fait au débiteur de payer; les titres exécutoires contre le défunt sont pareillement exécutoires contre l'héritier personnellement; et néanmoins les créanciers ne pourront en poursuivre l'exécution que huit jours après la signification de ces titres à la personne ou au domicile de l'héritier. *Art.* 877, *C. des Successions.*

TOUR DE L'ÉCHELLE, est une servitude en vertu de laquelle celui à qui elle est due, lorsqu'il fait refaire son mur, ou qu'il fait construire quelque bâtiment, peut poser une échelle sur l'héritage d'autrui et occuper l'espace de terre qui est nécessaire pour le tour de l'échelle; ce qui peut aller à cinq ou six pieds. Ragueau, *au mot* Échellage.

Monsieur le lieutenant civil, dans un acte de notoriété qu'il a donné le 23 août 1701, dit que le tour de l'échelle est de trois pieds de distance. Voici les termes:

« Sur la requête, etc., contenant que par
» un traité il a été convenu, que pour séparer
» les cours et jardins des parties, Nicolas ferait
» à ses frais un mur au lieu de haies et palissa-
» des qui séparaient les cours et jardins, dans
» le même alignement, avec stipulation que
» Françoise se réservait le tour de l'échelle
» le long du mur du côté de Nicolas, en cas
» qu'elle voulût construire quelque bâtiment
» contre ce mur.

» NOUS, APRÈS, etc., attestons par acte de
» notoriété, que le tour de l'échelle est de
» trois pieds de distance du pied du mur au
» rez-de-chaussée, à laquelle distance l'échelle
» doit être mise pour être posée au haut du
» mur; mais que ce tour de l'échelle ne s'éta-
» blit pas sans titre entre voisins; d'autant que
» celui qui bâtit, peut bâtir sur son héritage
» jusqu'à l'extrémité d'icelui, ou d'un mur mi-

Tome III.

» toyen, auquel cas il n'y a point de droit pour
» le tour de l'échelle; et que s'il convient faire
» quelque rétablissement d'un mur non mitoyen,
» et bâtir entièrement sur l'héritage de celui
» qui le veut faire rétablir, il doit faire le
» service et les ouvrages de son côté; et s'il est
» mitoyen de deux côtés respectivement, et
» si une personne, en bâtissant un mur, s'est
» retirée de soi de trois pieds, comme il est
» propriétaire de ces trois pieds, c'est en ce
» cas qu'il a droit du tour de l'échelle, ce qui
» n'est pas une servitude, mais une jouissance
» du droit que chaque propriétaire a de jouir
» de son héritage. »

TRADITION, est la translation de la possession d'une chose dont on rend possesseur celui entre les mains de qui on la met. Sur quoi il faut remarquer que la tradition est un moyen d'acquérir, quand une chose est livrée et mise entre les mains de quelqu'un, en vertu d'une cause translative de propriété, par celui qui en est le propriétaire, et qui est capable d'aliéner ses biens.

Ainsi, lorsque le propriétaire d'un fonds m'en fait une donation, et me met en possession d'icelui, j'en deviens le propriétaire par cette tradition, sans laquelle je n'aurais que *jus ad rem*, c'est-à-dire, le droit de poursuivre le donateur, pour me livrer le fonds qu'il m'aurait donné; et je n'en aurais pas *jus in re*, c'est-à-dire, le domaine et la propriété; *quia non pactionibus, sed traditionibus dominis rerum transferuntur.* D'où il s'ensuit, que deux acheteurs ou donataires d'un même fonds, celui qui en a été mis en possession le premier, en est propriétaire, quoique son contrat soit postérieur à celui de l'autre, suivant la Loi Quoties 15, *Cod. de Rei vind., Leg.* 31, §. *Ult. ff. de Action. exempt.*; et *Leg.* 9, §. 4, *ff. de Public. in rem act.* dont les décisions sont observées en France.

Voy. Charondas, *liv.* 5, *rép.* 19; Louet, *lettre* V, *somm.* 1; et Catelan, *liv.* 5, *chap.*

60

28 , où il dit que la tradition qui se fait avec la rétention de l'usufruit, n'est pas considérée à cet égard, et que la possession réelle l'emporte; comme il a été jugé au parlement de Toulouse, par arrêt du 23 février 1668.

Régulièrement la tradition qui est faite à titre translatif de propriété par celui qui est propriétaire de la chose, et qui a la libre administration de ses biens, transfère la propriété de la chose dont il transfère la possession.

Il faut excepter la tradition qui se fait pour cause de vente; car il ne suffit pas que la chose vendue soit livrée par le propriétaire, pour que la propriété en soit transférée en la personne de l'acheteur; il faut encore que le prix en soit payé au vendeur.

C'est pour cette raison que celui qui a vendu et livré la chose, la peut revendiquer, si le prix ne lui en a point été payé, à moins que la chose livrée n'ait été vendue sans terme.

Voy. ce que Ferrière a dit sur le §. 40 du *premier titre* du *livre* 2 des Institutes de Justinien.

Droit intermédiaire.

Voy. le mot Acquéreur, *tom.* 1.er, *pag.* 50, de ce Dictionnaire.

Droit nouveau.

Comme sous l'empire de la loi du 11 brumaire, la transcription au bureau des hypothèques de l'acte translatif de propriété, a remplacé la tradition nécessaire sous le droit ancien. Mais cette formalité de la transcription est purement facultative, son défaut n'emporte pas la nullité de l'acte translatif, mais soumet seulement l'acquéreur à supporter toutes les charges que l'ancien propriétaire aurait pu imposer sur sa propriété même après l'avoir vendue à une autre. *Voy.* à cet égard ce que j'ai dit *au mot* Acceptation de donation.

La vente est *parfaite* entre les parties et la propriété est acquise de droit à l'acheteur à l'égard du vendeur dès qu'on est convenu de la chose et du prix, quoique la chose n'ait pas encore été livrée ni le prix payé. *Art.* 1583, *C. de la Vente.*

TRANSACTION, est un accord qui se fait entre deux ou plusieurs personnes, touchant la décision d'un procès ou d'un différent dont l'événement est douteux et incertain, en donnant, promettant ou retenant quelque chose par l'une des parties; sans quoi ce ne serait pas une transaction, mais un acte par lequel on renoncerait *gratis* et libéralement aux droits qu'on pourrait prétendre. *Transactio enim, nullo dato, vel retento aut promisso, minimè procedit. Leg.* 38 , *Cod. de transact.*

La transaction ne s'étend point aux choses qui ne sont point exprimées.

Comme la fin de toute transaction est de finir ou prévenir un procès, il est plus difficile de donner atteinte aux transactions qu'aux contrats; et les lettres de rescision que l'on prend pour se faire restituer contre, sont rarement entérinées.

Telle est la faveur des transactions, que quand elles sont passées sans fraude, dol et force entre majeurs, sur des choses qui sont en leur disposition, aucune des parties n'est admise à se pourvoir contre, sous quelque prétexte que ce soit; ainsi qu'il est dit expressément dans l'ordonnance de Charles IX de l'an 1560 : *Nulla restitutio contrà transactionem inter majores initam conceditur ex causâ læsionis, sed doli, aut metûs causâ tantùm. Voy.* le Prêtre, *cen.* 4, *chap.* 30 ; Charondas , *liv.* 3 , *rép.* 79.

Touchant les transactions, *V.* ce qui en est dit dans le Dictionnaire de Brillon , et dans la Science parfaite des Notaires.

Quoique le bénéfice de restitution qui appartient au mineur, passe régulièrement en la personne de ceux qui lui succèdent et qui ont ses droits, néanmoins un cessionnaire des droits d'un mineur n'est pas recevable à demander la rescision d'une transaction faite avec le mineur, quand lui-même ne s'est point pourvu contre.

Droit nouveau.

La transaction est un contrat par lequel les parties terminent une contestation née, ou préviennent une contestation à naître. — Ce contrat doit être rédigé par écrit. *Art.* 2044.

Pour transiger il faut avoir la capacité de disposer des objets compris dans la transaction. — Le tuteur ne peut transiger pour le mineur ou l'interdit, que conformément à l'article 467, au titre *de la Minorité, de la Tutelle et de l'Émancipation;* et il ne peut transiger avec le mineur devenu majeur sur le compte de tutelle, que conformément à l'*art.* 472 au même titre. — Les communes et établissemens publics ne peuvent transiger qu'avec l'autorisation expresse du gouvernement. *Art.* 2045.

On peut transiger sur l'intérêt civil qui résulte d'un délit. — La transaction n'empêche pas la poursuite du ministère public. *Art.* 2046.

On peut ajouter à une transaction la stipulation d'une peine contre celui qui manquera de l'exécuter. *Art.* 2047.

Les transactions se renferment dans leur objet; la renonciation qui y est faite à tous droits, actions et prétentions, ne s'entend que de ce qui est relatif au différent qui y a donné lieu. *Art.* 2048.

Les transactions ne règlent que les différens qui s'y trouvent compris, soit que les parties aient manifesté leur intention par des expressions spéciales ou générales, soit que l'on reconnaisse cette intention par une suite nécessaire de ce qui est exprimé. *Art.* 2049.

Si celui qui avait transigé sur un droit qu'il avait de son chef, acquiert ensuite un droit semblable du chef d'une autre personne, il n'est point, quant au droit nouvellement acquis, lié par la transaction antérieure. *Art.* 2050.

La transaction faite par l'un des intéressés ne lie point les autres intéressés, et ne peut être opposée par eux. *Art.* 2051.

Les transactions ont, entre les parties, l'autorité de la chose jugée en dernier ressort. — Elle ne peuvent être attaquées pour cause d'erreur de droit, ni pour cause de lésion. *Article* 2052.

Néanmoins une transaction peut être rescindée lorsqu'il y a erreur dans la personne, ou sur l'objet de la contestation. — Elle peut l'être dans tous les cas où il y a dol ou violence. *Article* 2053.

Il y a également lieu à l'action en rescision contre une transaction, lorsqu'elle a été faite en exécution d'un titre nul, à moins que les parties n'aient expressément traité sur la nullité. *Art.* 2054.

La transaction faite sur pièces qui depuis ont été reconnues fausses, est entièrement nulle. *Art.* 2055.

La transaction sur un procès terminé par un jugement passé en force de chose jugée, dont les parties ou l'une d'elles n'avaient point connaissance, est nulle. — Si le jugement ignoré des parties était susceptible d'appel, la transaction sera valable. *Art.* 2056.

Lorsque les parties ont transigé généralement sur toutes les affaires qu'elles pouvaient avoir ensemble, les titres qui leur étaient alors inconnus, et qui auraient été postérieurement découverts, ne sont point une cause de rescision, à moins qu'ils n'aient été retenus par le fait de l'une des parties. — Mais la transaction serait nulle si elle n'avait qu'un objet sur lequel il serait constaté, par des titres nouvellement découverts, que l'une des parties n'avait aucun droit. *Art* 2057.

L'erreur de calcul dans une transaction doit être réparée *Art.* 2058.

En matière de divorce par consentement mutuel, les époux peuvent transiger sur leurs droits respectifs, avant la demande en divorce. *Article* 279.

Le tuteur ne peut transiger au nom du mineur qu'après y avoir été autorisé par le conseil de famille et de l'avis de trois jurisconsulles désignés près le tribunal civil. La transaction n'est valable qu'autant qu'elle a été homologuée par le tribunal civil, après avoir entendu le procureur impérial. *Art.* 467.

En matière d'interdiction, et lorsque le tribunal rejette la demande, il peut cependant défendre de transiger sans l'assistance d'un conseil que le même jugement doit lui nommer. *Art.* 499.

On ne peut en matière de partage attaquer par voie de rescision la transaction qui aurait été faite sur les difficultés réelles que présentait l'acte de partage, même quand il n'y aurait pas eu à ce sujet de procès commencé. *Article* 888.

TRANSCRIPTION.

Droit intermédiaire.

Voy. le mot Hypothèque, *pag.* 331, *tom.* 2, de ce Dictionnaire.

Droit nouveau.

Voy. le même mot, *pag.* 343.

En matière de donation d'objets susceptibles d'hypothèque, la transcription des actes contenant la donation et l'acceptation, ainsi que la notification de l'acceptation, qui aurait lieu par acte séparé, doit être faite au bureau des hypothèques dans l'arrondissement duquel les biens sont situés. *Art.* 939.

Cette formalité est-elle nécessaire à peine de nullité? *Voy.* ce que j'ai dit *au mot* Acceptation de donation.

Cette transcription sera faite à la diligence du mari, lorsque les biens auront été donnés à sa femme; et si le mari ne remplit pas cette formalité, la femme pourra y faire procéder sans autorisation. — Lorsque la donation sera faite à des mineurs, à des interdits ou à des établissemens publics, la transcription sera faite à la diligence des tuteurs, curateurs, ou administrateurs. *Art.* 940.

Le défaut de transcription pourra être opposé par toutes personnes ayant intérêt, excepté toutefois celles qui sont chargées de faire faire la transcription, ou leurs ayant-cause et le donateur. *Art.* 941.

Les dispositions par actes entre-vifs ou testamentaires, à charge de restitution, seront, à la diligence, soit du grévé, soit du tuteur nommé pour l'exécution, rendues publiques; savoir: quant aux immeubles, par la transcription des actes sur les registres du bureau des hypothèques du lieu de la situation; et quant aux sommes colloquées avec privilége sur des immeubles, par l'inscription sur les biens affectés au privilége. *Art.* 1069.

Le défaut de transcription de l'acte contenant la disposition pourra être opposé par les créanciers et tiers acquéreurs, même aux mineurs ou interdits; sauf le recours contre le grévé et contre le tuteur à l'exécution, et sans que les mineurs ou interdits, puissent être restitués contre ce défaut de transcription, quand même le grévé et le tuteur se trouveraient insolvables. *Art.* 1070.

Le défaut de transcription ne peut être suppléé ni regardé comme couvert par la connaissance que les créanciers ou les tiers acquéreurs pourraient avoir eue de la disposition par d'autres voies que par celle de la transcription. *Art.* 1071.

Voy. les articles suivans au mot Grévé de Restitution.

Le vendeur privilégié conserve son privilége par la transcription du titre qui a transféré la propriété à l'acquéreur, et qui constate que la totalité ou partie du prix lui est due; à l'effet de quoi, la transcription du contrat faite par l'acquéreur vaudra inscription pour le vendeur et pour le prêteur qui lui aura fourni les deniers payés, et qui sera subrogé aux droits du vendeur par le même contrat: sera néanmoins le conservateur des hypothèques, sous peine de tous dommages et intérêts envers les tiers, de faire d'office l'inscription sur son registre, des créances résultant de l'acte translatif de propriété, tant en faveur du vendeur qu'en faveur des prêteurs, qui pourront aussi faire faire, si elle ne l'a été, la transcription du contrat de vente, à l'effet d'acquérir l'inscription de ce qui leur est dû sur le prix. *Art.* 2108.

Les frais de la transcription, qui peut être requise par le vendeur, sont à la charge de l'acquéreur. *Art.* 2155.

TRANSMETTRE, signifie céder, faire passer à un autre, mettre ce qu'on possède en la possession d'un autre.

TRANSMISSION, est une translation qui se fait de plein droit en la personne de nos héritiers, des droits qui se trouvent nous être acquis au tems de notre mort.

Par exemple, si un fils décède après la mort de son père décédé avant qu'il ait accepté sa succession, ses droits passent et sont transmis à ses héritiers, du moins en pays coutumier, où le mort saisit le vif : mais en pays de droit écrit, l'héritier *ab intestat* ne transmet point l'hérédité, si avant sa mort il ne l'a pas acceptée. *Voy.* dans le Journal du Palais un arrêt rendu au parlement de Dijon le 18 juillet 1781; et Ricard en son Traité des Donations entre-vifs, *part.* 1, *chap.* 4, *sect.* 2, où est l'arrêt d'Albiat du 16 juillet 1613.

La transmission suppose un droit qui est déjà commencé à former : en quoi ce droit de transmission diffère de celui de représentation; car la représentation suppose une simple espérance.

Celui qui représente vient *suo jure;* au lieu que celui en la personne duquel la succession se transmet, vient *jure alieno.* C'est pour cette raison que Dumoulin sur la coutume de Paris, §. 53, *glose* 1, *quest.* 31, *nomb.* 101 *et* 102, dit que la transmission produit ordinairement un double relief.

La transmission fait une succession médiate, et la représentation une immédiate.

Celui qui vient par transmission, doit obtenir ce que le défunt a eu; mais celui qui vient par représentation, obtient ce que celui qu'il représente aurait dû avoir, s'il n'était prédécédé.

On ne peut transmettre qu'à son héritier; au lieu qu'un fils peut venir par représentation de son père ou de sa mère, soit qu'il soit leur héritier, soit qu'il ne le soit pas. Le Brun dans son Traité des Successions, *livre 3, chapitre 5, section* 1.

Transmission en fait de substitution.

C'est une préférence accordée aux enfans du premier substitué descendant du testateur, qui meurt avant l'ouverture du fidéicommis, à un étranger qui serait nommément appelé au fidéicommis par le testateur; et cette préférence leur est accordée, quoiqu'il n'en ait point fait mention; en sorte qu'ils le représentent, et ont droit de se mettre en sa place, à l'effet de recueillir le fidéicommis au moment qu'il vient à s'ouvrir par le décès du grévé.

Cette préférence est fondée sur une vocation précise, quoique tacite, qui a le même effet que si le substitué avait vécu lui-même : ce qui fait que le transmissaire recueille tous les droits du substitué au même titre que lui-même. Ainsi la transmission ne fait point cesser le fidéicommis, au contraire, elle le soutient.

Les transmissaires recueillant les biens du substituant sans être héritiers du substitué, ne tiennent ces biens qu'en qualité de successeurs de celui qui a fait la substitution, et non point du substitué. Ainsi ils ne sont point tenus des dettes auquel il était obligé : *Quia scilicet fideicommissum illud ad nos pervenit ab ipso gravante, non verò à gravato qui mortuus antè testatorem ei non successit, et cujus liberi superstites ei non succedunt sed testatori.*

Dans les parlemens de Paris et de Grenoble, la transmission n'est pas reçue; mais elle est admise dans les parlemens de Toulouse, de Bordeaux et de Provence.

Quoique cette jurisprudence soit contraire aux véritables principes du droit, qui ne permettent pas de transmettre un droit qui n'est pas encore acquis, cependant l'équité demande qu'on admette la transmission en faveur des enfans : c'est pourquoi M. le premier président de Lamoignon dans ses Arrêtés, au titre des Fidéicommis, *article* 7, est d'avis qu'on l'admette en ligne directe dans tout le royaume.

Voy. Brillon, *tome* 6, *page* 324 et suivantes, où ce droit de transmission est traité fort au long.

Transmission en fait de legs et de fidéicommis.

Cette transmission a lieu à l'égard de ceux qui sont laissés purement et sans condition ; de sorte que dans ce cas, quoique celui à qui un legs ou un fidéicommis a été laissé, décède avant que l'héritier ait accepté l'hérédité, il suffit qu'il ait survécu le testateur, pour qu'il transmette à ses héritiers le legs ou le fidéicommis qui lui a été fait.

A l'égard des legs ou fidéicommis qui ne sont payables qu'à un certain jour, ils sont pareillement dus au moment de la mort du testateur, et par conséquent transmissibles aux héritiers des légataires qui ont survécu le testateur, quoiqu'ils soient décédés avant l'arrivée du jour marqué par le défunt ; mais ils ne peuvent être demandés avant l'échéance de ce jour.

Pour ce qui est des legs et fidéicommis conditionnels, ils ne sont ni dus ni exigibles qu'après l'événement de la condition qui leur a été apposée par le testateur, et ils ne sont point transmissibles aux héritiers des légataires, lorsque les légataires décèdent avant l'événement de cette condition. *Voy.* Legs.

Droit nouveau.

Aujourd'hui que les substitutions et fidéicommis sont prohibés, les règles que l'on vient de voir en matière de transmission, ne peuvent être d'aucune application. Celles qui concernent la représentation sont les seules qui puissent être applicables. *Voy.* Représentation.

Cependant, en fait de legs, la transmission peut avoir lieu dans le cas seulement ou le légataire serait décédé après l'événement de la condition, si legs est conditionnel.

TRANSPORT.

Droit ancien.

Les cessions et transports sont des actes qui ont été inventés pour faire passer la propriété des droits et actions d'une personne à une autre, par le moyen de la signification du transport faite au débiteur. Celui qui fait le transport est appelé cédant, et celui au profit de qui il est fait, est appelé cessionnaire. *Voy.* Cession.

Le transport se fait avec garantie ou sans garantie. Quand il est fait sans garantie, par un débiteur à son créancier, il anéantit la dette, quoique le créancier n'en soit point payé, à cause de l'insolvabilité de celui qui est débiteur de la dette transportée ; mais s'il est fait avec garantie, le créancier n'étant pas payé et ayant fait les diligences nécessaires pour l'être, le débiteur demeure obligé comme auparavant. *V.* Garantie.

Le *transport* ne saisit que du jour qu'il a été signifié, c'est-à-dire, qu'il n'a effet à l'égard du débiteur sur qui le transport est fait, et des autres tierces personnes, que du jour qu'il a été bien et dûment signifié, et copie baillée au débiteur. D'où il s'ensuit,

1.º Que le paiement fait au cédant par le débiteur est valable, nonobstant le transport, quand il n'a pas été signifié, en sorte qu'au moyen d'un tel paiement, le débiteur est quitte et libéré ;

2.º Qu'un créancier du cédant, même celui qui a une hypothèque postérieure au trans-

port, peut faire saisir et arrêter la dette cédée, comme nous dirons ci-après.

3.º Que si un débiteur avait cédé et transporté une dette à quelqu'un qui n'eût pas fait signifier son transport, et que ce même débiteur
eût transporté le même effet à une autre personne qui eût fait signifier son transport, ce
dernier cessionnaire, quoique postérieur, serait
préféré à l'autre. La raison est, que la signification du transport équipolle à une prise de
possession. Or, suivant la disposition des lois,
en concurrence de deux acheteurs, on ne considère point la date des contrats, mais le temps
de la prise de possession.

La signification du transport est donc absolument nécessaire pour mettre la dette transportée hors de la possession du cédant.

Cela coupe racine à quantité de fraudes qui
se commettraient tous les jours, par les moyens
des transports simulés que l'on mettrait au jour,
pour frustrer des créanciers légitimes qui auraient contracté de bonne foi en un temps auquel
le transport était inconnu.

Néanmoins, nonobstant le défaut de signification, le transport est valable, et a son effet au
profit du cessionnaire contre le cédant.

Mais si, faute de signification du transport,
le cédant avait touché la dette au préjudice du
transport, ou qu'il l'eût cédée à une autre personne, ou que d'autres créanciers l'eussent saisie et arrêtée, le cessionnaire serait en droit d'a-
gir personnellement contre le cédant ou ses héritiers.

En comparant la délégation avec le transport
et rappelant les principes de l'un et de l'autre,
il est aisé de voir qu'il y a une très-grande différence entre la délégation et le transport.

La délégation saisit sans qu'il soit besoin de
signification; au lieu que le transport ne saisit point, et que celui auquel le transport
est fait, n'est présumé propriétaire des droits
qui lui sont transportés, que par la signification
du transport faite au débiteur.

Ainsi les créanciers du cédant peuvent, jusqu'à la signification du transport, faire saisir la
dette ou les droits cédés entre les mains du débiteur; auquel cas ils seraient préférés au cessionnaire.

Mais la signification, avec copie délaissée au
débiteur, rend le cessionnaire maître, et fait
qu'il est préféré à tous créanciers du cédant,
qui auraient saisi postérieurement à la signification du transport. Lorsqu'un transport a été
accepté par le débiteur de la chose cédée et transportée, il n'a pas besoin d'être signifié.

Voy. ce qu'a dit Ferrière sur l'*art.* 108 de la
Coutume de Paris, et le Traité de la Subrogation de de Renusson. *Voy.* aussi ce que j'ai dit
ici *au mot* Subrogation et *au mot* Transport;
et Belordeau en ses Observations forenses, *let.*
C, *art.* 11.

Transport de droits litigieux.

C'est celui qui est fait de droits qui sont contestés, et qui dépendent de l'événement d'un
procès qu'il faut essuyer avant que d'en pouvoir jouir.

Quoiqu'en France on puisse céder et transporter toutes sortes de dettes et actions, même
les dettes et droits litigieux, néanmoins par
plusieurs ordonnances de nos rois, les juges et
officiers, avocats, procureurs et solliciteurs de
procès, ne peuvent point prendre possession
des droits litigieux pour lesquels les actions
sont intentées pardevant eux, ou par eux.

L'article 54 de l'ordonnance d'Orléans y est
précis. *Défendons à tous nos juges, et à nos
avocats et procureurs, d'accepter directement
ou indirectement aucun transport ou cession
des procès et droits litigieux, ès cours, siéges
et ressorts où ils seront officiers. Semblables
défenses faisons aux avocats, procureurs et
solliciteurs des parties, pour le regard des
causes et procès dont ils auront charge, sur
peine de punition exemplaire.*

Ainsi, aux termes de cette ordonnance, un

juge ne peut recevoir la cession d'un droit dans une affaire dont il a été juge.

Un avocat ne peut pas non plus accepter de son client le transport du procès dont il était le défenseur.

L'ordonnance limite donc la prohibition aux procès dont ils auront été juges, ou dont ils auront été les défenseurs.

Cette ordonnance n'a pour objet que de punir le crime : ce n'est pas contre le nom de juge ou d'avocat qu'elle s'élève; c'est contre l'abus et la fonction du ministère.

Il ne faut pas que les juges et les avocats ou procureurs abusent de la confiance des parties ou de leurs cliens, pour, à l'abri des connaissances qu'ils ont acquises par leur capacité et leur expérience, les dépouiller ou faire vexation. *Hæc omnia bona publico introducta sunt ad vitandas fori calliditates.*

Touchant les droits litigieux, il faut encore observer que suivant la disposition des lois *Per diversas et Ab Anastasio, Cod. Mandati*, celui qui a pris cession de droits litigieux, ne peut demander au débiteur que la somme qu'il a effectivement payée, avec les intérts de l'argent qu'il a débourse : mais ces lois ne sont point aujourd'hui observées dans ce royaume; et à l'exception des parlemens de Toulouse et de Grenoble, l'on juge que la cession doit avoir son effet, et que le cessionnaire peut exiger du débiteur la totalité. *Voy.* Bretonnier *au mot* Droits litigieux; et Henrys, *liv.* 4, *quest.* 5 et les 2 suivans.

Droit nouveau.

Dans le transport d'une créance, d'un droit ou d'une action sur un tiers, la délivrance s'opère entre le cédant et le cessionnaire par la remise du titre. *Art.* 1689.

Le cessionnaire n'est saisi à l'égard des tiers que par la signification du transport faite au débiteur. — Néanmoins, le cessionnaire peut être également saisi par l'acceptation du transport faite par le débiteur dans un acte authentique. *Article* 1690.

Si, avant que le cédant ou le cessionnaire eût signifié le transport au débiteur, celui-ci avait payé le cédant, il sera valablement libéré. *Art.* 1691.

La vente ou cession d'une créance comprend les accessoires de la créance, tels que caution, privilége et hypothèque. *Art.* 1692.

Celui qui vend une créance ou autre droit incorporel, doit en garantir l'existence au temps du transport, quoiqu'il soit sans garantie. *Article* 1693.

Il ne répond de la solvabilité du débiteur que lorsqu'il s'y est engagé, et jusqu'à concurrence seulement du prix qu'il a retiré de la créance. *Article* 1694.

Lorsqu'il a promis la garantie de la solvabilité du débiteur, cette promesse ne s'entend que de la solvabilité actuelle, et ne s'étend pas au temps à venir, si le cédant ne l'a expressément stipulé. *Art.* 1695.

Celui qui vend une hérédité sans en spécifier en détail les objets, n'est tenu de garantir que sa qualité d'héritier. *Art.* 1696.

S'il avait déjà profité des fruits de quelque fonds, ou reçu le montant de quelque créance appartenant à cette hérédité, ou vendu quelques effets de la succession, il est tenu de les rembourser à l'acquéreur, s'il ne les a expressément réservés lors de la vente. *Art.* 1697.

L'acquéreur doit de son côté rembourser au vendeur ce que celui-ci a payé pour les dettes et charges de la succession, et lui faire raison de tout ce dont il était créancier, s'il n'y a stipulation contraire. *Art.* 1698.

Celui contre lequel on a cédé un droit litigieux peut s'en faire tenir quitte par le cessionnaire, en lui remboursant le prix réel de la cession avec les frais et loyaux coûts, et avec intérêts, à compter du jour où le cessionnaire a payé le prix de la cession à lui faite. *Art.* 1699.

La

La chose est censée litigieuse dès qu'il y a procès et contestation sur le fond du droit. *Article* 1700.

La disposition portée en l'article 1699 cesse, — 1.º Dans le cas où la cession a été faite à un co-héritier ou co-propriétaire du droit cédé; — 2.º Lorsqu'elle a été faite à un créancier, en paiement de ce qui lui est dû; — 3.º Lorsqu'elle a été faite au possesseur de l'héritage sujet au droit litigieux. *Art.* 1701.

Il est des personnes en faveur desquelles les droits litigieux ne peuvent être transportés; tels sont les juges, suppléans, leurs substituts, procureurs impériaux, greffiers, huissiers, avoués, défenseurs officieux et notaires, lesquels ne peuvent devenir cessionnaires de ces droits, lorsqu'ils sont de la compétence du tribunal dans le ressort duquel ils exercent leurs fonctions, à peine de nullité des actes de transport et des dépens, dommages et intérêts. *Art.* 1597.

TRÉSOR, est un amas d'argent qui était caché, et dont on ignore le propriétaire.

Droit ancien.

Suivant le droit romain, celui qui trouve dans son héritage un trésor, en devient propriétaire. Celui qui en trouve un dans le fonds d'autrui, le partage par moitié avec le propriétaire du fonds. *Leg. unic., Cod. de Thesaur.*

C'est aussi ce qui se pratique en plusieurs lieux du pays de droit écrit, à l'exclusion du seigneur haut-justicier et du roi; comme il a été jugé par arrêt du mois de février 1631, rendu en la chambre de l'édit de Grenoble, entre le prince d'Orange, haut-justicier d'Orpière, le nommé Damian, maçon, et Michel Abel, propriétaire d'une maison, dans le mur de laquelle Damian avait trouvé un pot rempli de pièces d'or.

Il fut jugé par cet arrêt que le maçon aurait la moitié du trésor, et le propriétaire l'autre moitié, sans avoir égard à la demande formée par le prince d'Orange, comme seigneur haut-justicier.

Par un autre arrêt du 31 janvier 1641, le roi a été débouté de la demande formée à fin d'un tiers d'un trésor trouvé dans une muraille, par la raison que le droit romain est observé à Castres.

En pays coutumier la règle ordinaire est que le trésor qui est trouvé par le propriétaire dans son fonds, se partage par moitié entre lui et le seigneur haut-justicier du lieu où il est trouvé. Bacquet, des Droits de Justice, *chap.* 32, et *chap.* 2, *nomb.* 10; Charondas, *liv.* 3, *rép.* 20; Papon, *liv.* 13, *tit.* 7, *nomb.* 2; le Bret en son Traité de la Souveraineté, *liv.* 3, *chapitre* 6.

Celui qui est trouvé dans le fonds d'autrui, se partage en trois portions égales, dont l'une appartient au propriétaire du fonds, l'autre au fisc ou au seigneur haut-justicier, et la troisième à celui qui le trouve. Chopin, *liv.* 2 du Domaine, *tit.* 5, *nomb.* 11.

Il y a néanmoins un cas auquel celui qui a trouvé un trésor dans le fonds d'autrui, n'y peut rien prétendre; savoir: quand de dessein prémédité il a fouillé dans le fonds d'autrui, à son insçu et sans son consentement; et alors le trésor se partage entre le propriétaire du fonds, et le fisc ou le seigneur haut-justicier, dans l'étendue de la seigneurie duquel le trésor a été trouvé; parce qu'on ne favorise pas le dessein de celui qui, par un désir de s'enrichir, fouille dans le fonds d'autrui sans son ordre et sans sa participation. *Inventor hoc casu nihil ex thesauro consequitur, quià non licet datâ operâ in alieno fundo thesaurum quærere. Leg. unic. Cod. de Thesaur.*

Si pendant la main-mise, ou la saisie féodale faite par le seigneur d'un fief tenu et mouvant de lui, faute d'homme, droits et devoirs non faits et non payés, il est trouvé un trésor, la part du propriétaire n'appartient point au seigneur féodal; parce que pendant la saisie, et nonobstant icelle, le vassal est le véritable propriétaire du fief, quoiqu'il en perde les fruits jusqu'à ce qu'il ait satisfait à ce à quoi la nature des fiefs l'engage.

Voy. Charles Dumoulin sur l'*art.* 37 de l'ancienne Coutume de Paris, aujourd'hui le 55., *glose* 10, *nomb.* 48.

Il en serait de même si le seigneur, après la foi et hommage de son vassal, eût choisi le revenu d'une année pour son relief, parce que les trésors ne sont pas *in fructu*.

C'est aussi la raison pour laquelle un usufruitier n'en peut profiter, pas même en usufruit. *Fructuarius nihil habet in thesauro invento in fundo, quià thesaurus nullo modo est fructus fundi, nec naturalis, nec civilis, nec est pars aliqua fundi, sed est prorsùs separata nihil cum fundo habens commune.* Charles Dumoulin sur la Coutume de Paris, *tit.* 1, §. 1, *glose* 1, *nomb.* 60.

Il faut dire la même chose de celui qui jouit d'un fonds par engagement, et de tous ceux qui ne sont pas véritables et incommutables propriétaires *re et effectu*.

Il résulte de ce principe, qu'un mari ne peut retenir le trésor trouvé dans le fonds dotal, parce qu'il n'en est pas propriétaire véritable et à perpétuité; *Leg.* 7, §. *Si fundum*, *ff. Solut. matrim.* Cependant, parce qu'il a *dominium fictum et ad tempus*, il jouira du trésor tant que le mariage durera, à la charge d'en faire la restitution à sa femme ou à ses héritiers.

En pays coutumier le mari retient le trésor à cause de la communauté, et non pas *ratione fundi*; d'Argentré sur l'*art.* 5 de la Coutume de Bretagne; si bien qu'après la dissolution de la communauté, il doit être regardé comme un effet d'icelle.

A l'égard de l'acquéreur d'un héritage à faculté de réméré, il profite du trésor qui est trouvé dans cet héritage; *quià verum est talem emptorem dominum esse, ideòque thesaurum vindicare potest, nec redempto fundo ad restitutionem thesauri tenetur.* D'Argentré, *art.* 51.

Si le trésor est trouvé dans un chemin qui n'appartient ni à celui qui a trouvé le trésor, ni à aucun autre particulier; si c'est dans un grand chemin, c'est-à-dire, en chemin royal, la moitié en appartiendra au roi, et l'autre à l'inventeur, parce que les grands chemins appartiennent au roi; L'Hommeau en ses Maximes, *liv.* 1, *chap.* 18; le Bret en ses Décisions, *part.* 2, *liv.* 2, *décision* 4; Bacquet, Traité des Droits de Justice, *chap.* 32. Mais cette décision ne doit avoir lieu que quand le trésor a été trouvé par hasard dans un chemin royal; car si c'était *datâ ad hoc operâ*, il appartiendrait au roi pour le tout. *Leg.* 11, *Cod. de thesaur.*

A l'égard du trésor qui est trouvé dans un chemin de traverse, il doit être partagé entre celui qui l'aura trouvé et le seigneur haut-justicier.

Le trésor trouvé dans un lieu saint ou dans un lieu religieux, tel qu'est un cimetière, appartient entièrement à celui qui l'a trouvé, suivant la dernière jurisprudence romaine, §. 39, *Inst. de rer. divis.*

Le parlement de Paris l'adjugeait anciennement à l'église, sans que l'inventeur, le seigneur haut-justicier, ni même le roi, y pussent rien prétendre.

Bacquet, au Traité des Droits de Justice, *chap.* 32, *nomb.* 28, 29 et 30, prétend qu'il se doit partager entre l'église et celui qui l'a trouvé, *fortuito, et non datâ operâ*; et que le roi aussi bien que le seigneur haut-justicier, en doivent être entièrement exclus, parce qu'ils n'ont aucun droit dans les lieux saints et religieux.

J'estime cependant que le seigneur serait bien fondé de prétendre sa part dans le trésor trouvé dans l'église, d'autant qu'il n'est pas vrai que sa justice ne s'étende pas sur l'église, comme Ferrière l'a dit sur l'*art.* 167 de la Coutume de Paris, *glose* 2, *nomb.* 21.

A l'égard du trésor qui est trouvé dans un lieu abandonné, il doit en appartenir moitié à l'inventeur et moitié au seigneur haut-justicier, dans les coutumes qui accordent aux seigneurs hauts-justiciers les épaves et biens vacans.

Dans celles qui ne les leur accordent pas, le trésor trouvé dans l'étendue de la haute-justice d'un seigneur, dans un lieu vacant et abandonné, la moitié en appartient au roi, et l'autre moitié à l'inventeur, à l'exclusion du seigneur ; *quià quæ in nullius bonis sunt, et quæ dominum assertoremque nullum habent, censentur esse Principis,* comme dit Faber sur le §. 39. *Instit de rer. divis.* Il nous reste trois observations à faire. 1.º Qu'un trésor trouvé par art magique appartient tout entier au roi ou au seigneur haut-justicier ; en sorte que celui qui l'a trouvé n'y a aucune part ;

2.º Que celui qui a trouvé un trésor dans un fonds appartenant à autrui, et qui n'en a pas donné avis au propriétaire et au seigneur, quand il est découvert, il est privé de sa part dans le trésor, et le roi, le seigneur haut-justicier et le propriétaire peuvent agir contre lui criminellement ;

3.º Qu'un mercenaire ou un domestique qui a trouvé un trésor dans le fonds de son maître, n'y a aucun droit.

Voy. ce que Ferrière a dit au sujet des trésors sur le §. 39 du *titre premier du livre second* des Institutes, et sur l'art. 167 de la Coutume de Paris. *Voy.* aussi Papon, *livre* 13, *titre* 7 ; Expilly, *plaidoyer* 27 ; le Traité des Domaines du roi et des seigneurs particuliers, par Barthelot, *chap.* 34 ; Charondas, *rép.,* *liv.* 3, *chap.* 20 ; la Peyrère, *au mot* Trésor ; Chopin, *au second livre* de son Traité des Domaines de France, *tit.* 5, *art.* 11 ; le Bret, *liv.* 5, *décision* 4 ; le Grand, sur l'*art.* 178 de la Coutume de Troyes ; Bouchel, *au mot* Trésor ; Gossan, sur les *art.* 9 et 10 de la Coutume d'Artois ; et Bacquet en son Traité de Droits de Justice, *chap.* 32.

Droit nouveau.

Le trésor est toute chose cachée ou enfouie, sur laquelle personne ne peut justifier sa pro-

priété, et qui est découverte par le pur effet du hasard.

La propriété d'un trésor appartient à celui qui le trouve dans son propre fonds : si le trésor est trouvé dans le fonds d'autrui, il appartient pour moitié à celui qui l'a découvert, et pour l'autre moitié au propriétaire du fonds. *Art.* 716.

L'usufruitier n'a aucun droit au trésor qui pourrait être découvert pendant la durée de l'usufruit. *Art.* 598.

TURBE, signifie troupe nombreuse de personnes. *V.* Enquête par turbe.

TURCIES ET LEVÉES, est un vieux mot qui signifie les digues que l'on entretient au long de la mer ou des rivières, aux dépens des deniers d'octroi ou d'autres à ce affectés. Il est sur-tout usité pour les digues qui sont le long de la Loire, dont un nommé Turci donna le dessein : ce qui a fait donner à ces digues et autres semblables le nom de *Turcies.*

TURPITUDE, se dit de tout ce qui se fait contre la justice, contre la pudeur, et contre l'honnêteté. Il n'y a point d'action en justice pour demander le salaire de chose où il y a de la turpitude ; *quià scillicet audendus non est propriam allegans turpitudinem : undè qui aliquid dedit ob turpem causam, illud repetere non potest, nisi eo casu quo versatur solius accipientis turpitudo. Voy.* ce que dit Ferrière dans ces Paratitles du Digeste, sur le titre *de Conditione ob turpem vel injustam causam.*

TUTELLE, est l'autorité que les lois donnent aux tuteurs, pour défendre ceux qui par la faiblesse de leur âge, ne peuvent pas se défendre eux-mêmes, ni prendre le soin de leurs affaires.

Droit ancien.

Quoiqu'on ne puisse contraindre personne à prendre soin des biens d'autrui, néanmoins comme la tutelle et la curatelle sont réputées charges publiques, celui qui est nommé tuteur ou curateur, peut être contraint d'accepter cette charge, et ne peut s'en exempter qu'en vertu de quelque cause légitime. Sur quoi, *Voy.* Ferrière dans sa Traduction des Institutes, *liv.* 1 , *tit.* 25.

En pays de droit écrit, il y a trois espèces de tutelle ; savoir : la tutelle testamentaire, la tutelle légitime, et la tutelle dative.

La tutelle testamentaire est celle qui est déférée à quelqu'un dans un testament, par celui qui a droit de donner des tuteurs.

Le droit de donner des tuteurs consiste dans la puissance paternelle : d'où il s'ensuit qu'il n'y a que le père et l'aïeul paternel qui puissent donner des tuteurs à leurs enfans, au cas qu'ils les aient dans leur puissance ; et comme la tutelle, de quelque nature qu'elle soit, prend fin avenant la puberté de celui qui est en tutelle, il s'ensuit qu'on ne peut donner des tuteurs qu'à ceux qui ne sont pas encore pubères.

La tutelle légitime est celle qui est déférée au plus proche parent des enfans, au défaut de la tutelle testamentaire.

Le frère des pupilles, quand il est majeur de vingt-cinq ans, est appelé par la loi à la tutelle de ses frères, ou l'oncle à la tutelle de neveux, quand il est le plus proche parent, pourvu que la mère des pupilles soit décédée : quand elle est en vie, la tutelle de ses enfans lui appartient préférablement à tout autre, pourvu qu'il n'y ait rien à redire à sa conduite, et qu'elle ne se remarie point ; car les secondes noces font perdre à la mère la tutelle de ses enfans.

La tutelle dative est celle qui est déférée par le magistrat, au défaut de la tutelle testamentaire et de la tutelle légitime.

C'est le juge du domicile des pupilles qui défère cette tutelle ; et il ne la peut donner qu'à ceux qui sont demeurans dans le lieu où les biens des pupilles sont situés.

Dans la France coutumière, la tutelle dative est la seule en usage, et les tutelles testamentaires et légitimes n'y sont point reçues, si ce

n'est en quelques coutumes qui admettent les testamentaires, desquelles il faut suivre la disposition ; mais dans les autres la tutelle se défère par le juge du lieu où le père des mineurs avait son dernier domicile.

Mais lorsque le père ou la mère ont nommé un tuteur à leur fils par leur testament, on ne le refuse guères en justice ; et quand le père ou la mère sont vivans, s'ils veulent accepter la tutelle de leurs enfans, ils sont ordinairement préférés à tous leurs autres parens.

Il en est de même dans le pays de droit écrit du ressort du parlement de Paris. Henrys, *tom.* 2, *liv.* 4 , *quest.* 15.

Voy., touchant les tutelles et les curatelles, ce que Ferrière a dit sur le *tit.* 13 et les suiv. du *premier liv.* des Insitutes ; et ce qui est dit de la tutelle et des tuteurs dans le Recueil alphabétique de Bretonnier. Nous allons seulement expliquer la procédure qui se fait pour nommer un tuteur.

Pour y parvenir, il faut que quelqu'un des proches présente requête au juge ordinaire, afin qu'il permette d'assembler les parens, pour élire au mineur un tuteur, et un subrogé tuteur. En conséquence de cette requête répondue par le juge, on assigne les parens, qui doivent au moins être au nombre de sept, tant du côté paternel que du côté maternel ; et au défaut de parens, on prend des voisins ou amis.

Sur cette assignation, les parens qui comparaissent en l'hôtel du juge, après avoir prêté serment de nommer celui qu'ils jugeront le plus propre et le plus capable de gérer la tutelle, nomment un tuteur que le juge approuve, en conséquence d'une requête que les parens lui présentent, à l'effet de faire homologuer leur avis portant nomination d'un tuteur.

Il faut cependant remarquer que quand il s'agit d'élire un tuteur, les parens peuvent signer une procuration pardevant notaires, contenant leur avis. En conséquence de cette nomination, le juge doit rendre une sentence qui homologue leur avis, et ordonne que celui que les parens ont nommé sera et demeurera tuteur ou curateur, et qu'il acceptera la charge pardevant lui.

Le juge, dans son procès-verbal, doit faire mention du nombre des enfans mineurs, de leur âge, de leurs noms, surnoms, et des degrés de parenté des parens qui donnent leur avis; et il ne doit jamais admettre aucune femme à nommer aux tutelles et curatelles, si ce n'est la mère et l'aïeule des mineurs.

Lorsque les biens des mineurs sont considérables, et qu'ils sont situés en différentes provinces, on peut leur nommer plusieurs tuteurs, pour avoir l'administration des biens qu'on désigne à chacun, et on leur fixe des appointemens convenables.

Si le tuteur nommé a été présent lors de la nomination, la tutelle demeure à ses risques du jour qu'il a été nommé; mais si cette nomination a été faite en son absence, il n'est responsable de la tutelle que du jour que la nomination lui a été signifiée.

Cette signification doit être faite par celui qui a convoqué l'assemblée de parens pour l'élection d'un tuteur.

En signifiant au tuteur nommé l'acte de sa nomination, il le doit sommer d'accepter la tutelle; sinon que la tutelle courra à ses risques, périls et fortunes, avec assignation pour le voir ordonner ainsi.

Mais s'il refusait d'accepter la tutelle, il faudrait poursuivre l'audience où le juge doit admettre ou rejeter ses excuses.

Si sans y avoir égard le juge le condamne d'accepter la tutelle, il peut en appeler; mais il est obligé de l'administrer pendant l'appel; sinon elle courra à ses risques et fortunes.

Il nous reste à faire ici quelques observations importantes sur ce qui regarde la matière des tutelles.

La première est, que quoique dans les pays de droit écrit la tutelle testamentaire ait lieu, et que suivant le droit romain, le tuteur testamentaire soit préféré à tout autre, sans avoir besoin d'être confirmé par le juge; néanmoins cela ne s'observe pas exactement dans les pays de droit écrit du ressort du parlement de Paris : car 1.° le tuteur testamentaire n'y est pas toujours préféré à celui qui est élu par les parens, s'il y a quelque juste cause pour cela, suivant un arrêt du 8 juillet 1587, rapporté par Louet, *lett.* T, *chap.* 2. En second lieu, le tuteur testamentaire y doit être confirmé par le juge sur un avis de parens, parce que dans ces provinces les tutelles sont mixtes, c'est-à-dire, qu'elles ne sont ni pures testamentaires, ni pures datives. Henrys, *tom.* 2, *liv.* 4, *quest.* 15.

La deuxième observation est, que dans les pays de droit écrit, le tuteur, excepté celui qui est donné par testament, est obligé de donner bonne et suffisante caution; et que si le tuteur a dissipé les biens du mineur, et qu'il soit insolvable, le mineur a son recours contre la caution, et puis contre les parens qui ont donné leur avis, et enfin subsidiairement contre le juge qui a nommé le tuteur; mais cela n'est point observé dans le pays de droit écrit du ressort du parlement de Paris, pour ce qui est des parens qui ont donné leur avis, car ils n'y sont point responsables de l'insolvabilité du tuteur; comme il a été jugé par arrêt du 16 juillet 1640, rapporté par Brodeau, sur Louet, *lett.* T, *chap.* 1, *nomb.* 5. A l'égard de ce qui se pratique à ce sujet dans le pays coutumier, il faut remarquer que dans la plupart de nos coutumes les tuteurs ne sont point obligés de donner caution; et que les parens qui ont donné leur avis, ni le juge qui a nommé le tuteur, ne sont point responsables de l'administration du tuteur. *Voy.* Caution de tuteur.

La troisième observation est, qu'en Normandie, Bretagne et Dauphiné, les parens assignés font ce qu'ils peuvent pour se dispenser de donner leur avis, quand il s'agit de nommer un tuteur ou un curateur à une personne que l'on fait interdire. Ceux qui les ont nommés sont, dans ces pays-là, garans et responsables de leur administration, et cela subsidiairement et solidairement, en cas d'insolvabilité les uns des autres. Il est vrai que si le tuteur, lors de la nomination, était notoirement solvable, les parens qui l'auraient nommé ne seraient point tenus de son insolvabilité qui serait survenue depuis, parce qu'ils ne peuvent en ce cas être soupçonnés de dol ni de fraude.

C'est pour cette raison que lorsqu'il y a des parens plus proches aux mineurs que ceux qui ont été assignés, ceux-ci ne manquent pas de s'excuser, et de demander que ceux qui sont les plus proches soient assignés, pour donner leur avis sur la nomination du tuteur, et être en conséquence responsables de son administration.

En pays de droit écrit, la tutelle finit de la part du pupille à l'âge de quatorze ans pour les mâles, et de douze pour les filles : mais en ce point nos coutumes sont différentes ; les unes sont conformes au droit romain ; il y en a d'autres où la tutelle finit à vingt ans ; la plus grande partie est à cet égard conforme à la coutume de Paris, où la tutelle dure jusqu'à vingt-cinq ans ; elle finit aussi par le mariage, et par des lettres d'émancipation, qui s'accordent aux mineurs quand ils ont atteint l'âge de dix-sept à dix-huit ans.

Mais de quelque manière que la tutelle finisse, avant l'âge de vingt-cinq ans, le mineur est toujours réputé mineur : c'est pourquoi il ne peut aliéner ni hypothéquer ses immeubles sans être assisté de son curateur. Il ne peut pas non plus ester en jugement, à moins qu'il ne soit émancipé par le mariage, et qu'il ne s'agisse que de la perception de ses revenus.

La tutelle finit de la part du tuteur par sa mort, par sa mauvaise administration. La mère et l'aïeule cessent d'être tutrices lorsqu'elles se remarient. Celui qu'elles épousent est ordinairement nommé tuteur, quand il est solvable, il est même responsable en son nom de la tutelle, quand la mère ou l'aïeule qu'il a épousée

n'a pas fait nommer un autre tuteur à ses enfans.

Après que la tutelle est finie, le tuteur doit rendre compte à ses mineurs, comme nous l'avons dit *au mot* Compte de tutelle.

Des tuteurs, de leur administration, de leur autorité, et de l'obligation que produit la tutelle entre le tuteur, et celui dont la tutelle lui est confiée.

Le *tuteur* est une personne préposée pour avoir soin de la personne d'un pupille ou d'un mineur, et de l'administration de ses biens : *Tutor enim defensor est, sicque appellatur à tuendo, quià personæ principaliter datur, rebus verò per consequentias.*

Comme le tuteur est principalement donné pour avoir soin de la personne, on n'en donne ordinairement qu'un ; mais quand les mineurs ont des biens situés en différentes provinces, on leur en peut donner plusieurs, l'un pour les biens d'une telle province, et l'autre pour ceux d'une autre province ; et alors chaque tuteur n'est tenu que de la gestion des biens qu'il a administrés : mais si plusieurs tuteurs avaient été nommés, sans que par l'acte de tutelle leurs fonctions eussent été divisées chacun d'eux serait tenu solidairement, tant pour raison des biens qu'il aurait administrés, que pour ce qui aurait été régi par son curateur.

Lorsqu'il n'y a qu'un seul tuteur, et que la tutelle est difficile à gérer, soit par la qualité, soit par la quantité des biens du mineur, on permet au tuteur de se faire soulager par un homme d'affaires, auquel on donne des appointemens qui sont réglés par les parens du mineur.

Il y a quelques personnes qui sont incapables d'être tuteurs : 1.º les religieux, parce qu'ils sont morts au monde ; 2.º les mineurs de vingt-cinq ans et les interdits, soit pour démence, soit pour cause de dissipation, parce qu'ils ont eux-mêmes besoin de défenseurs ; 3.º les femmes, qui à cause de la faiblesse de leur sexe, sont incapables de toutes charges publiques ; *tutela enim est munus quasi publicum.* Il faut néanmoins excepter les mères et les aïeules, qui peuvent être admises à la tutelle de leurs enfans : ce qui ne leur est pas refusé quand elles le demandent, à moins qu'il n'y ait de fortes raisons pour les exclure.

Suivant la disposition du droit romain, il est défendu aux créanciers et aux débiteurs des pupilles d'accepter leur tutelle, sans avoir préalablement fait la déclaration de leur créance ou de leur dettes.

Ainsi en pays de droit écrit, le tuteur nommé qui se trouve créancier du pupille, ou avoir des prétentions à démêler avec lui, doit le déclarer, sous peine d'être déchu de ses droits et prétentions, comme il est porté en la Novelle 94 ; et cela pour obvier aux inconvéniens qui pourraient arriver, en ce qu'un tuteur pourrait détourner les titres et pièces qui serviraient à la défense du mineur. Mais ce soupçon ne tombe point sur les mères et aïeules, ni sur les tuteurs testamentaires ; c'est pourquoi ces personnes sont dispensées de la rigueur de cette loi. *Voy.* Henrys., *livre* 4, *chap.* 6, *question* 37 *et* 129.

En pays coutumier, on ne fait pas de difficulté de donner la tutelle ou curatelle des mineurs à ceux qui sont leurs créanciers ou leurs débiteurs, par la raison que les tuteurs sont obligés de faire un inventaire en présence d'un légitime contradicteur, qui est un subrogé tuteur ; ainsi on ne présume pas que le tuteur ou le curateur puisse facilement détourner les pièces et instrumens qui concernent sa dette ou sa créance envers les pupilles et les mineurs.

Il y a des personnes qui peuvent s'excuser de la tutelle, mais qui pourraient être tuteurs s'ils y consentaient ; comme ceux qui ont cinq enfans, les conseillers des cours souveraines, ceux qui sont chargés de trois tutelles, ceux qui sont dans les ordres sacrés, etc. *V.* Ferrière

dans sa Traduction des Institutes, sur le *titre* 25 du *premier livre.*

Après avoir donné ces principes généraux sur ce qui regarde les tuteurs, il convient de parler maintenant de leur administration et de leur autorité.

Le tuteur est obligé à deux choses, avant que de s'immiscer dans l'administration des biens du mineur.

La première est de prêter serment de bien et fidèlement administrer la tutelle ; le subrogé tuteur est aussi obligé de prêter un pareil serment.

La seconde chose est de faire faire un bon et loyal inventaire des titres et papiers du mineur et de ses effets. Les tuteurs et curateurs, avant que de s'immiscer dans l'administration des biens des mineurs, sont donc obligés de faire faire inventaire de leurs biens, titres et papiers.

Le tuteur ne se doit pas contenter de faire inventorier les meubles ; il faut qu'il en fasse faire l'estimation par gens connaissans.

Si le tuteur avait omis de faire faire un inventaire, le juge permettrait au mineur de faire informer, joint la commune renommée, c'est-à-dire, qu'il pourra faire entendre des témoins, qui déposeront que suivant le bruit commun, le père ou autre parent auquel le mineur aura succédé, avait une telle quantité de biens ; et sur l'information, le juge peut déférer le serment au mineur, jusqu'à une certaine quantité.

Après que l'inventaire est fait, le tuteur doit faire procéder à la vente des meubles à l'encan par un officier public, qui les adjuge au plus offrant et dernier enchérisseur.

Mais on en conserve quelquefois une partie, quand le mineur approche de sa majorité, ou quand il y a de certains meubles précieux qu'il lui convient de conserver : ce qui dépend des circonstances, et de l'état des affaires du mineur.

Le tuteur qui n'aurait pas fait vendre les meubles du mineur, n'en serait pas quitte pour payer le prix de l'estimation portée par l'inventaire, parce qu'ils sont souvent prisés au-dessous de leur juste valeur. Il doit, outre cela, payer la crue. *V.* Crue.

Six mois après la vente des meubles, le tuteur doit employer les deniers qui lui restent en acquisitions d'héritages, ou en contrats de constitution, comme aussi les principaux des rentes dont il est forcé de recevoir le rachat, et même les deniers revenans bons de ses épargnes, lorsque suivant les facultés du mineur, ils forment un capital assez considérable pour les placer. En un mot, le tuteur qui garde des deniers oisifs entre ses mains plus de six mois, est obligé d'en payer les intérêts au mineur, comme nous avons dit, *au mot* Deniers pupillaires.

Le tuteur doit administrer les biens de son mineur avec la même diligence qu'un bon père de famille veille à ses propres intérêts ; il est de son devoir de poursuivre exactement les débiteurs de son mineur, veiller à ce qu'ils ne deviennent pas insolvables par sa négligence, leur faire payer régulièrement les arrérages, et faire ce qu'il convient pour que leurs biens ne soient pas vendus par décret sans y former opposition.

En un mot, le tuteur est responsable de sa faute, même légère ; et par conséquent il doit avoir autant de précaution pour ce qui concerne les affaires de son mineur, que pour ce qui le regarde lui même.

A l'égard de l'aliénation des immeubles de son mineur, il doit y observer toutes les conditions que nous avons marquées, *au mot* Aliénation.

Il doit aussi ne rien faire de son chef, quand il s'agit de chose importante ; mais il faut qu'il y procède en vertu d'un avis de parens, pour se mettre à couvert de toute recherche.

Par exemple, quand il s'agit de placer des deniers appartenans à son mineur, il doit en faire l'emploi en vertu d'un avis de parens, comme nous avons dit, *au mot* Deniers pupillaires.

Lorsque le tuteur a des deniers oisifs, il doit le faire signifier aux parens, avec sommation de lui indiquer un emploi utile, sans quoi il en doit l'intérêt à son pupille, six mois après qu'il a eu les deniers oisifs en ses mains ; parce qu'on présume alors qu'il les a fait valoir à son profit. C'est ce qui a été jugé par arrêt rendu au rapport de M. de Latteignant le 11 août 1758, contre le sieur de la Mirée, au profit de la dame de Vertou sa fille, dont il avoit été tuteur.

Cet avis est aussi très-utile, lorsque le tuteur est obligé de diminuer considérablement le prix des anciens baux, lorsqu'il y a des réparations à faire dans les maisons ou dans les fermes de son mineur ; et principalement quand il s'agit de soutenir au nom du mineur des procès, soit en demandant, soit en défendant.

Pour ce qui regarde l'action qui provient de l'administration de tutelle, *Voy.* ce que Ferrière en a dit, *au mot* Administration. A l'égard de ce qui concerne son éducation, *Voy.* au mot Éducation.

Enfin, pour ce qui est de l'autorité du tuteur, *Voy.* ce que Ferriere en a dit dans sa Traduction des Instituts, *au titre* 21 du *premier livre.*

Suivant la disposition du droit, l'hypothèque entre le tuteur et le pupille est réciproque, et par conséquent du même jour, c'est-à-dire du jour de la tutelle. Les parlemens de droit écrit et celui de Normandie suivent cette disposition.

Autrefois celui de Paris la suivait aussi, suivant un arrêt du 11 décembre 1704, rapporté par Louet, *lettre* H, *chapitre* 23 ; mais depuis la jurisprudence a changé, et dans ce

parlement

parlement l'on ne donne aujourd'hui l'hypothèque au tuteur que du jour de la clôture de son compte.

Les transactions qu'un mineur devenu majeur fait avec son tuteur sur la gestion de la tutelle, peuvent être cassées, pour peu que le mineur ait été lésé; et il peut revenir contre dans les dix ans depuis sa majorité, à moins que le compte n'ait été examiné, et que toutes les pièces justificatives n'aient été remises entre les mains du mineur. Louet et son Commentateur, *lettre T, chap.* 3.

Dans les parlemens de Toulouse, Grenoble et Rouen, les mineurs peuvent se faire relever pendant trente ans des actes qu'ils ont passés avec leurs tuteurs, *non visis tabulis*. Henrys, *tome* 2, *livre* 4, *quest.* 74; Basnage, sur l'*art.* 5 de la Coutume de Normandie.

Toutes dispositions entre-vifs ou testamentaires, faites par des mineurs à leurs tuteurs ou curateurs, sont prohibées et de nul effet, comme il est déclaré en l'*article* 131 de l'ordonnance de 1539.

Un tuteur peut épouser celle qui a été sous sa tutelle, ou le fils du tuteur peut épouser la pupille de son père, après que le compte de tutelle aura été rendu en présence d'un légitime contradicteur, pourvu que ce soit du consentement des plus proches parens de la pupille, et que le mariage soit contracté suivant les formalités requises.

Il n'y a qu'au parlement de Toulouse où les tuteurs ne peuvent pas épouser leurs mineures, ni les marier à leurs enfans; en sorte que le tuteur qui aurait épousé sa pupille, ou qui l'aurait mariée à son fils, serait puni, en ce qu'il ne pourrait succéder à ses enfans ou petits-enfans, comme il a été jugé par arrêt du 20 mai 1637, rapporté par Dolive, *livre* 3, *chapitre* 2. *Voy.* le Recueil alphabétique de Bretonnier.

TUTEUR HONORAIRE, est celui qui est donné à un mineur qui est de qualité, pour

Tome III.

avoir soin de son éducation; et comme le tuteur onéraire est plutôt un homme d'affaires qu'un véritable tuteur, on lui donne ordinairement des appointemens, qui sont réglés par l'avis des parens, et qu'il emploie dans son compte.

Le tuteur honoraire n'administre donc pas les biens du mineur par lui même; c'est le tuteur onéraire qui en a tout le soin, et c'est lui seul qui rend le compte de tutelle.

A l'égard des actes que le mineur passe, il suffit qu'il soit autorisé par l'un des deux. Mais le tuteur onéraire ne manque presque jamais de faire paraître le nom du tuteur honoraire dans tous les actes; à quoi néanmoins il n'est pas obligé, si ce n'est à l'égard du mariage du mineur, où le consentement du tuteur honoraire prévaut à celui du tuteur onéraire.

En pays de droit écrit, conformément à la disposition des lois romaines, les tuteurs honoraires sont tenus subsidiairement de l'insolvabilité des tuteurs onéraires, pour le reliquat du compte de tutelle.

Mais dans les pays de coutumes, et même dans les pays de droit écrit du ressort du parlement de Paris, le tuteur honoraire n'est point aujourd'hui tenu de l'insolvabilité du tuteur onéraire, attendu qu'il n'a soin que de l'éducation du mineur, et qu'il n'est point chargé de l'administration de ses biens. *Voy.* le Recueil alphabétique de Bretonnier.

TUTRICE. La tutelle en France, comme chez les Romains, est une charge réputée publique, qui par conséquent ne peut point être exercée par des femmes.

Il faut excepter la mère et l'aïeule, qui peuvent être tutrices de leurs enfans, suivant l'authentique *Sacramentum, Cod. Quando mulier tutelæ offic. fung. pot.* et même la mère, par l'usage ordinaire de la France, est préférée à tous autres, pourvu qu'il n'y ait rien à dire à sa conduite.

Mais toute autre femme ne peut être admise à cette charge. Ainsi par arrêt du parlement de Toulouse du 23 juillet 1629, rapporté par Dolive, *liv.* 1, *chap.* 33, il a été jugé qu'une belle-mère, qu'un père avait dans son testament nommée tutrice à ses enfans d'un premier lit, ne pouvait être admise à leur tutelle.

Cette distinction particulière n'est accordée à la mère et à l'aïeule que par un privilége spécial, fondé sur l'affection que la mère et l'aïeule ont coutume d'avoir pour leurs enfans.

Ce privilége ne peut donc pas être étendu à une autre femme par la volonté d'un particulier; en sorte même que le juge ne pourrait pas confirmer cette disposition, comme étant contraire aux lois et à l'intérêt des pupilles.

Néanmoins le beau-père peut être tuteur du fils de sa femme, comme il a été jugé par arrêt du parlement de Paris, rendu le 18 décembre 1565, rapporté par Chenu, *quest.* 18.

Quoique les mères et les aïeules soient admises à la tutelle de leurs enfans sans qu'on la leur puisse contester s'il n'y a cause légitime, toutefois elles ne sont pas obligées de la prendre, et peuvent la refuser.

Mais quand la mère a accepté la tutelle de ses enfans, elle ne peut plus s'en décharger, à moins qu'elle ne convole en secondes noces; auquel cas, elle perd la tutelle de ses enfans, mais non pas le droit de veiller à leur éducation.

La mère qui se remarie sans avoir fait pourvoir de tuteur à ses enfans, ni rendu compte, est privée de la succession de ses enfans, soit qu'elle lui arrive *ab intestat*, ou par droit de substitution, si son fils décède en pupillarité; et si elle n'est pas solvable, les biens de son mari sont obligés pour le reliquat de la tutelle. Cambolas, *liv.* 4, *chap.* 46; et *liv.* 5, *chap.* 31.

Nous avons deux lois qui décident que les biens de celui qui épouse une femme tutrice de ses enfans, sont soumis à l'hypothèque ta-

cite des mineurs pour le paiement du reliquat, même pour la gestion faite auparavant le mariage. C'est la Loi 2, vers. *Sed, Cod. Quand. mul. tut. off. fung. pot.*, et la Loi 5, *Cod. In quib. caus. pign. vel hypot. tut. cont.*

M. Henrys, dans son dixième playdoyer, établit pour maxime, que celui qui a épousé une tutrice, doit être condamné par corps au paiement du reliquat, parce qu'il est véritablement réputé tuteur, et par conséquent sujet aux mêmes charges que les tuteurs.

Mais à l'égard de la mère tutrice, elle ne peut pas, pour raison de ce, être condamnée par corps; et la demande qu'en ferait un fils contre son père ou sa mère qui auraient administré la tutelle, passerait avec raison pour absurde, et causerait de l'indignation.

La veuve qui vit impudiquement pendant sa viduité, perd la tutelle de ses enfans. Coquille sur la Coutume de Nivernais, *chap.* 27 des donations.

La mère qui convole en secondes noces, perd la tutelle de ses enfans; et quoique son mari décède peu après, *durante adhuc tutelá*, elle ne peut pas la reprendre après l'avoir perdue, *ob neglectam prioris mariti memoriam, spretumque maternum ergà liberos amorem*; d'autant que s'étant remariée, elle est présumée ne pas veiller comme elle devrait à l'intérêt de ses enfans. Boërius, *décisions* 124 et 286; Guy Pape, *décision* 539; Papon, *liv.* 15, *tit.* 5, *arrêt* 27; Taisand sur la Coutume de Bourgogne, *tit.* 6, *art.* 9, *nomb.* 1.

Cependant le père qui contracte un second mariage, ne perd pas pour cela la tutelle de ses enfans.

Au reste, quand la mère ou l'aïeule est tutrice de ses enfans mineurs, on lui donne un subrogé tuteur, pour veiller à la confection de l'inventaire, et empêcher qu'il ne s'y passe rien de préjudiciable aux mineurs.

Droit nouveau.

Le père est, durant le mariage, administrateur des biens de ses enfans mineurs. — Il est comptable, quant à la propriété et aux revenus, des biens dont il n'a pas la jouissance; et, quant à la propriété seulement, de ceux des biens dont la loi donne l'usufruit. *Art.* 389.

Après la dissolution du mariage arrivée par la mort naturelle ou civile de l'un des époux, la tutelle des enfans mineurs et non émancipés appartient de plein droit au survivant des père et mère. *Art.* 390.

Pourra néanmoins le père nommer à la mère survivante et tutrice, un conseil spécial, sans l'avis duquel elle ne pourra faire aucun acte relatif à la tutelle. — Si le père spécifie les actes pour lesquels le conseil sera nommé, la tutrice sera habile à faire les autres sans son assistance. *Article* 391.

Cette nomination de conseil ne pourra être faite que de l'une des manières suivantes : — 1.º Par acte de dernière volonté ; — 2.º Par une déclaration faite ou devant le juge de paix assisté de son greffier, ou devant notaires. *Article* 392.

Si, lors du décès du mari, la femme est enceinte, il sera nommé un curateur au ventre par le conseil de famille. — A la naissance de l'enfant, la mère en deviendra tutrice, et le curateur en sera de plein droit subrogé tuteur. *Article* 364.

La mère n'est point tenue d'accepter la tutelle ; néanmoins, et en cas qu'elle la refuse, elle devra en remplir les devoirs jusqu'à ce qu'elle ait fait nommer un tuteur. *Art.* 394.

Si la mère tutrice veut se remarier, elle devra, avant l'acte de mariage, convoquer le conseil de famille, qui décidera si la tutelle doit lui être conservée. — A défaut de cette convocation, elle perdra la tutelle de plein droit ; et son nouveau mari sera solidairement responsable de toutes les suites de la tutelle qu'elle aura indûment conservée. *Art.* 395.

Lorsque le conseil de famille, dûment convoqué, conservera la tutelle à la mère, il lui donnera nécessairement pour co-tuteur le second mari, qui deviendra solidairement responsable, avec sa femme, de la gestion postérieure au mariage. *Art.* 396.

Sect. 2. — *De la Tutelle déférée par le père ou la mère.*

Le droit individuel de choisir un tuteur parent, ou même étranger, n'appartient qu'au dernier mourant des père et mère. *Art.* 397.

Ce droit ne peut être exercé que dans les formes prescrites par l'*art.* 392, et sous les exceptions et modifications ci-après. *Art.* 398.

La mère remariée, et non maintenue dans la tutelle des enfans de son premier mariage, ne peut leur choisir un tuteur. *Art.* 399.

Lorsque la mère remariée, et non maintenue dans la tutelle, aura fait choix d'un tuteur aux enfans de son premier mariage, ce choix ne sera valable qu'autant qu'il sera confirmé par le conseil de famille. *Art.* 400.

Le tuteur élu par le père ou la mère, n'est pas tenu d'accepter la tutelle, s'il n'est d'ailleurs dans la classe des personnes qu'à défaut de cette élection spéciale, le conseil de famille eût pu en charger. *Art.* 401.

Sect. 4. — *De la Tutelle des ascendans.*

Lorsqu'il n'a pas été choisi au mineur un tuteur par le dernier mourant de ses père et mère, la tutelle appartient de droit à son aïeul paternel ; à défaut de celui-ci, à son aïeul maternel, et ainsi en remontant, de manière que l'ascendant paternel soit toujours préféré à l'ascendant maternel du même degré. *Art.* 402.

Si, à défaut de l'aïeul paternel et de l'aïeul maternel du mineur, la concurrence se trouvait établie entre deux ascendans du degré supérieur qui appartiennent tous deux à la ligne paternelle du mineur, la tutelle passera de droit à celui des deux qui se trouvera être l'aïeul paternel du père du mineur. *Art.* 403.

Si la même concurrence a lieu entre deux bisaïeuls de la ligne maternelle, la nomination sera faite par le conseil de famille, qui ne pourra néanmoins que choisir l'un de ces deux ascendans. *Art.* 404.

Sect. 4. — *De la Tutelle déférée par le conseil de famille.*

Lorsqu'un enfant mineur et non émancipé restera sans père ni mère, ni tuteur élu par ses père ou mère, ni ascendans mâles, comme aussi lorsque le tuteur de l'une des qualités ci-dessus exprimées se trouvera ou dans le cas des exclusions dont il sera parlé ci-après, ou valablement excusé, il sera pourvu, par un conseil de famille, à la nomination d'un tuteur. *Article* 405.

Ce conseil sera convoqué soit sur la réquisition et à la diligence des parens du mineur, de ses créanciers ou d'autres parties intéressées, soit même d'office et à la poursuite du juge de paix du domicile du mineur : toute personne pourra dénoncer à ce juge de paix le fait qui donnera lieu à la nomination d'un tuteur. *Article* 406.

Le conseil de famille sera composé, non compris le juge de paix, de six parens ou alliés, pris tant dans la commune où la tutelle sera ouverte, que dans la distance de deux myriamètres, moitié du côté paternel, moitié du côté maternel, et en suivant l'ordre de proximité dans chaque ligne. — Le parent sera préféré à l'allié du même degré ; et, parmi les parens du même degré, le plus âgé, à celui qui le sera le moins. *Art.* 407.

Les frères germains du mineur et les maris des sœurs germaines sont seuls exceptés de la limitation de nombre posée en l'article précé-

dent. — S'ils sont six ou au-delà, ils seront tous membres du conseil de famille, qu'ils composeront seuls, avec les veuves d'ascendans et les ascendans valablement excusés, s'il y en a. — S'ils sont en nombre inférieur, les autres parens ne seront appelés que pour compléter le conseil. *Art.* 408.

Lorsque les parens ou alliés de l'une ou de l'autre ligne se trouveront en nombre insuffisant sur les lieux, ou dans la distance désignée par l'*art.* 407, le juge de paix appellera, soit des parens ou alliés domiciliés à de plus grandes distances, soit dans la commune même, des citoyens connus pour avoir eu des relations habituelles d'amitié avec le père ou la mère du mineur. *Art.* 409.

Le juge de paix pourra, lors même qu'il y aurait sur les lieux un nombre suffisant de parens ou alliés, permettre de citer, à quelque distance qu'ils soient domiciliés, des parens ou alliés plus proches en degrés, ou de même degré que les parens ou alliés présens ; de manière toutefois que cela s'opère en retranchant quelques-uns de ces derniers, et sans excéder le nombre réglé par les précédens articles. *Art.* 410.

Le délai pour comparaître sera réglé par le juge de paix à jour fixe, mais de manière qu'il y ait toujours, entre la citation notifiée et le jour indiqué pour la réunion du conseil, un intervalle de trois jours au moins, quand toutes les parties citées résideront dans la commune, ou dans la distance de deux myriamètres. *Art.* 411.

Toutes les fois que, parmi les parties citées, il s'en trouvera de domiciliées au-delà de cette distance, le délai sera augmenté d'un jour par trois myriamètres.

Les parens, alliés ou amis, ainsi convoqués, seront tenus de se rendre en personne, ou de se faire représenter par un mandataire spécial. — Le fondé de pouvoir ne peut représenter plus d'une personne. *Art.* 412.

Tout parent, allié ou ami, convoqué, et qui, sans excuse légitime, ne comparaîtra point, encourra une amende qui ne pourra excéder cinquante francs, et sera prononcée sans appel par le juge de paix. *Art.* 413.

S'il y a excuse suffisante, et qu'il convienne, soit d'attendre le membre absent, soit de le remplacer, en ce cas, comme en tout autre où l'intérêt du mineur semblera l'exiger, le juge de paix pourra ajourner l'assemblée ou la proroger. *Art.* 414.

Cette assemblée se tiendra de plein droit chez le juge de paix, à moins qu'il ne désigne luimême un autre local. La présence des trois quarts au moins de ses membres convoqués sera nécessaire pour qu'elle délibère. *Art.* 415.

Le conseil de famille sera présidé par le juge de paix, qui y aura voix délibérative et prépondérante en cas de partage. *Art.* 416.

Quand le mineur, domicilié en France, possédera des biens dans les colonies, ou réciproment, l'administration spéciale de ces biens sera donnée à un pro-tuteur.—En ce cas, le tuteur et le pro-tuteur seront indépendans, et non responsables l'un envers l'autre pour leur gestion respective. *Art.* 417.

Le tuteur agira et administrera, en cette qualité, du jour de sa nomination, si elle a lieu en sa présence; sinon, du jour qu'elle lui aura été notifiée. *Art.* 418.

La tutelle est une charge personnelle qui ne passe point aux héritiers du tuteur. Ceux-ci seront seulement responsables de la gestion de leur auteur; et s'ils sont majeurs, ils seront tenus de la continuer jusqu'à la nomination d'un nouveau tuteur. *Art.* 419.

Sect. 5. — *Du Subrogé tuteur.*

Dans toute tutelle il y aura un subrogé tuteur nommé par le conseil de famille. — Ses fonctions consisteront à agir pour les intérêts du mineur, lorsqu'ils seront en opposition avec ceux du tuteur. *Art.* 420.

Lorsque les fonctions du tuteur seront dévolues à une personne de l'une des qualités exprimées aux *sect.* 1, 2 et 3 du présent chapitre, ce tuteur devra, avant d'entrer en fonctions, faire convoquer, pour la nomination du subrogé tuteur, un conseil de famille composé comme il est dit en la *sect.* 6. — S'il s'est ingéré dans la gestion avant d'avoir rempli cette formalité, le conseil de famille convoqué, soit sur la réquisition des parens, créanciers ou autres parties intéressées, soit d'office par le juge de paix, pourra, s'il y a eu dol de la part du tuteur, lui retirer la tutelle, sans préjudice des indemnités dues au mineur. *Art.* 421.

Dans les autres tutelles, la nomination du subrogé tuteur aura lieu immédiatement après celle du tuteur. *Art.* 422.

En aucun cas, le tuteur ne votera pour la nomination d'un subrogé tuteur, lequel sera pris, hors le cas de frères germains, dans celle des deux lignes à laquelle le tuteur n'appartiendra point. *Art.* 423.

Le subrogé tuteur ne remplacera pas de plein droit le tuteur, lorsque la tutelle deviendra vacante, ou qu'elle sera abandonnée par absence; mais il devra, en ce cas, sous peine des dommages et intérêts qui pourraient en résulter pour le mineur, provoquer la nomination d'un nouveau tuteur. *Art.* 424.

Les fonctions du subrogé tuteur cesseront à la même époque que la tutelle. *Art.* 425.

Les dispositions contenues dans les sections 6 et 7 du présent chapitre, s'appliqueront aux subrogés tuteurs. — Néanmoins le tuteur ne pourra provoquer la destitution du subrogé tuteur, ni voter dans les conseils de famille qui seront convoqués pour cet objet. *Art.* 426.

Sect. 6. — *Des Causes qui dispensent de la tutelle.*

Sont dispensés de la tutelle, — les membres

des autorités établies par les titres 2, 3 et 4 de l'acte constitutionnel ; — les juges au tribunal de cassation, commissaire et substituts près le même tribunal ; — les commissaires de la comptabilité nationale ; — les préfets ; — tous citoyens exerçant une fonction publique dans un département autre que celui où la tutelle s'établit. *Art.* 427.

Sont également dispensés de la tutelle, — les militaires en activité de service, et tous autres citoyens qui remplissent, hors du territoire de la république, une mission du gouvernement. *Art.* 428.

Si la mission est non authentique et contestée, la dispense ne sera prononcée qu'après que le gouvernement se sera expliqué par la voie du ministre dans le département duquel se placera la mission articulée comme excuse.

Les citoyens de la qualité exprimée aux *articles* précédens, qui ont accepté la tutelle postérieurement aux fonctions, services ou missions qui en dispensent, ne seront plus admis à s'en faire décharger pour cette cause. *Article* 430.

Ceux ; au contraire, à qui lesdites fonctions, services ou missions, auront été conférés postérieurement à l'acceptation et gestion d'une tutelle, pourront, s'ils ne veulent la conserver, faire convoquer, dans le mois, un conseil de famille, pour y être procédé à leur remplacement. — Si, à l'expiration de ces fonctions, services ou missions, le nouveau tuteur réclame sa décharge, ou que l'ancien redemande la tutelle, elle pourra lui être rendue par le conseil de famille. *Art.* 431.

Tout citoyen non parent ni allié ne peut être forcé d'accepter la tutelle, que dans le cas où il n'existerait pas, dans la distance de quatre myriamètres, des parens ou alliés en état de gérer la tutelle. *Art.* 432.

Tout individu âgé de soixante-cinq ans accomplis, peut refuser d'être tuteur. Celui qui aura été nommé avant cet âge pourra, à soixante-dix ans, se faire décharger de la tutelle. *Art.* 433.

Tout individu atteint d'une infirmité grave et dûment justifiée, est dispensé de la tutelle. — Il pourra même s'en faire décharger, si cette infirmité est survenue depuis sa nomination. *Art.* 434.

Deux tutelles sont pour toutes personnes une juste dispense d'en accepter une troisième. — Celui qui, époux ou père, sera déjà chargé d'une tutelle, ne pourra être tenu d'en accepter une seconde, excepté celle de ses enfans. *Art.* 435.

Ceux qui ont cinq enfans légitimes, sont dispensés de toute tutelle autre que celle desdits enfans. — Les enfans morts en activité de service dans les armées de la république, seront toujours comptés pour opérer cette dispense. — Les autres enfans morts ne seront comptés qu'autant qu'ils auront eux-mêmes laissé des enfans actuellement existans. *Art.* 436.

La survenance d'enfans pendant la tutelle ne pourra autoriser à l'abdiquer. *Art.* 437.

Si le tuteur nommé est présent à la délibération qui lui défère la tutelle, il devra sur-le-champ, et sous peine d'être déclaré non-recevable dans toute réclamation ultérieure, proposer ses excuses ; sur lesquelles le conseil de famille délibérera. *Art.* 438.

Si le tuteur nommé n'a pas assisté à la délibération qui lui a déféré la tutelle, il pourra faire convoquer le conseil de famille pour délibérer sur ses excuses. — Ses diligences à ce sujet devront avoir lieu dans le délai de trois jours, à partir de la notification qui lui aura été faite de sa nomination ; lequel délai sera augmenté d'un jour par trois myriamètres de distance du lieu de son domicile à celui de l'ouverture de la tutelle : passé ce délai, il sera non-recevable. *Art.* 439.

Si ses excuses sont rejetées, il pourra se pourvoir devant les tribunaux pour les faire admettre ; mais il sera, pendant le litige, tenu d'administrer provisoirement. *Art.* 440.

S'il parvient à se faire exempter de la tutelle, ceux qui auront rejeté l'excuse, pourront être condamnés aux frais de l'instance : s'il succombe, il y sera condamné lui-même. *Art.* 441.

Sect. 7. — *De l'Incapacité, des Exclusions et Destitutions de la Tutelle.*

Ne peuvent être tuteurs, ni membres des conseils de famille : 1.º les mineurs, excepté le père ou la mère; 2.º les interdits ; 3.º les femmes, autres que la mère et les ascendantes; 4.º tous ceux qui ont ou dont les père ou mère ont avec le mineur un procès dans lequel l'état de ce mineur, sa fortune ou une partie notable de ses biens, sont compromis. *Article* 442.

La condamnation à une peine afflictive ou infamante, emporte de plein droit l'exclusion de la tutelle. Elle emporte de même la destitution, dans le cas où il s'agirait d'une tutelle antérieurement déférée. 444.

Sont aussi exclus de la tutelle et même destituables, s'ils sont en exercice : 1.º les gens d'une inconduite notoire ; 2.º ceux dont la gestion attesterait l'incapacité ou l'infidélité. *Article* 445.

Tout individu qui aura été exclu ou destitué d'une tutelle, ne pourra être membre d'un conseil de famille. *Art.* 445.

Toutes les fois qu'il y aura lieu à une destitution de tuteur, elle sera prononcée par le conseil de famille, convoqué à la diligence du subrogé tuteur, ou d'office par le juge de paix. — Celui-ci ne pourra se dispenser de faire cette convocation, quand elle sera formellement requise par un ou plusieurs parens ou alliés du mineur, au degré de cousin germain ou à des degrés plus proches. *Art.* 446.

Toute délibération du conseil de famille qui prononcera l'exclusion ou la destitution du tuteur, sera motivée, et ne pourra être prise qu'après avoir entendu ou appelé le tuteur. *Art.* 447.

Si le tuteur adhère à la délibération, il en sera fait mention, et le nouveau tuteur entrera aussitôt en fonctions. — S'il y a réclamation, le subrogé tuteur poursuivra l'homologation de la délibération devant le tribunal de première instance, qui prononcera, sauf l'appel. — Le tuteur exclu ou destitué peut lui-même, en ce cas, assigner le subrogé tuteur pour se faire déclarer maintenu en la tutelle. *Article* 448.

Les parens ou alliés qui auront requis la convocation, pourront intervenir dans la cause, qui sera instruite et jugée comme affaire urgente. — *Art.* 449.

Sect. 8. — *De l'Administration du Tuteur.*

Le tuteur prendra soin de la personne du mineur, et le représentera dans tous les actes civils. — Il administrera ses biens en bon père de famille, et répondra des dommages et intérêts qui pourraient résulter d'une mauvaise gestion. — Il ne peut ni acheter les biens du mineur, ni les prendre à ferme, à moins que le conseil de famille n'ait autorisé le subrogé tuteur à lui en passer bail, ni accepter la cession d'aucun droit ou créance contre son pupille. *Art.* 451.

Dans les dix jours qui suivront celui de sa nomination, dûment connue de lui, le tuteur requerra la levée des scellés, s'ils sont été apposés, et fera procéder immédiatement à l'inventaire des biens du mineur, en présence du subrogé tuteur. — S'il lui est dû quelque chose par le mineur, il devra le déclarer dans l'inventaire, à peine de déchéance, et ce, sur la réquisition que l'officier public sera tenu de lui en faire, et dont mention sera faite au procès-verbal. *Art.* 451.

Dans le mois qui suivra la clôture de l'inventaire, le tuteur fera vendre, en présence du subrogé tuteur, aux enchères reçues par un officier public, et après des affiches ou publications dont le procès-verbal de vente fera mention, tous les meubles autres que ceux que le conseil de famille l'aurait autorisé à conserver en nature. *Art.* 452.

Les père et mère, tant qu'ils ont la jouissance propre et légale des biens du mineur, sont dispensés de vendre les meubles, s'ils préfèrent de les garder pour les remettre en nature. — Dans ce cas, ils en feront faire, à leurs frais, une estimation à juste valeur, par un expert qui sera nommé par le subrogé tuteur et prêtera serment devant le juge de paix : ils rendront la valeur estimative de ceux des meubles qu'ils ne pourraient représenter en nature. *Art.* 453.

Lors de l'entrée en exercice de toute tutelle, autre que celle des père et mère, le conseil de famille réglera par aperçu, et selon l'importance des biens régis, la somme à laquelle pourra s'élever la dépense annuelle du mineur, ainsi que celle d'administration de ses biens. — Le même acte spécifiera si le tuteur est autorisé à s'aider, dans sa gestion, d'un ou plusieurs administrateurs particuliers, salariés et gérant sous sa responsabilité. *Art.* 454.

Ce conseil déterminera positivement la somme à laquelle commencera, pour le tuteur, l'obligation d'employer l'excédent des revenus sur la dépense; cet emploi devra être fait dans le délai de six mois, passé lequel le tuteur devra les intérêts à défaut d'emploi. *Art.* 455.

Si le tuteur n'a pas fait déterminer par le conseil de famille la somme à laquelle doit commencer l'emploi, il devra, après le délai exprimé dans l'article précédent, les intérêts de toute somme non employée, quelque modique qu'elle soit. *Art.* 456.

Le tuteur, même le père ou la mère, ne peut emprunter pour le mineur, ni aliéner ou hypothéquer ses biens immeubles, sans y avoir été autorisé par un conseil de famille. — Cette autorisation ne pourra être accordée que pour cause d'une nécessité absolue, ou d'un avantage évident. — Dans le premier cas, le conseil de famille n'accordera son autorisation qu'après

qu'il aura été constaté, par un compte sommaire présenté par le tuteur, que les deniers, effets mobiliers et revenus du mineur sont insuffisans. — Le conseil de famille indiquera, dans tous les cas, les immeubles qui devront être vendus de préférence, et toutes les conditions qu'il jugera utiles. *Art.* 457.

Les délibérations du conseil de famille relatives à cet objet ne seront exécutées qu'après que le tuteur en aura demandé et obtenu l'homologation devant le tribunal civil de première instance, qui y statuera en la chambre du conseil, après avoir entendu le commissaire du gouvernement. *Art.* 458.

La vente se fera publiquement, en présence du subrogé tuteur, aux enchères, qui seront reçues par un membre du tribunal civil, ou par un notaire à ce commis, à la suite de trois affiches apposées, par trois dimanches consécutifs, aux lieux accoutumés dans le canton. — Chacune de ces affiches sera visée et certifiée par le maire des communes où elles auront été apposées. *Art.* 459.

Les formalités exigées par les art. 457 et 458 pour l'aliénation des biens du mineur, ne s'appliquent point au cas où un jugement aurait ordonné la licitation sur la provocation d'un co-propriétaire par indivis. — Seulement, et en ce cas, la licitation ne pourra se faire que dans la forme prescrite par l'article précédent : les étrangers y seront nécessairement admis. *Art.* 560.

Le tuteur ne pourra accepter ni répudier une succession échue au mineur, sans une autorisation préalable du conseil de famille : l'acceptation n'aura lieu que sous bénéfice d'inventaire. *Article* 461.

Dans le cas où la succession répudiée au nom du mineur n'aurait pas été acceptée par un autre, elle pourra être reprise, soit par le tuteur, autorisé à cet effet par une nouvelle délibération du conseil de famille, soit par le mineur devenu majeur, mais dans l'état où elle se

trouvera

trouvera lors de la reprise, et sans pouvoir attaquer les ventes et autres actes qui auraient été légalement faits durant la vacance. *Art.* 462.

La donation faite au mineur ne pourra être acceptée par le tuteur qu'avec l'autorisation du conseil de famille. — Elle aura, à l'égard du mineur, le même effet qu'à l'égard du majeur. *Article* 463.

Aucun tuteur ne pourra introduire en justice une action relative aux droits immobiliers du mineur, ni acquiescer à une demande relative aux mêmes droits; sans l'autorisation du conseil de famille. *Art.* 464.

La même autorisation sera nécessaire au tuteur pour provoquer un partage; mais il pourra, sans cette autorisation, répondre à une demande en partage dirigée contre le mineur. *Art.* 465.

Pour obtenir à l'égard du mineur tout l'effet qu'il aurait entre majeurs, le partage devra être fait en justice, et précédé d'une estimation faite par experts nommés par le tribunal civil du lieu de l'ouverture de la succession. — Les experts, après avoir prêté devant le président du même tribunal ou autre juge par lui délégué, le serment de bien et fidèlement remplir leur mission, procéderont à la division des héritages et à la formation des lots, qui seront tirés au sort, et en présence, soit d'un membre du tribunal, soit d'un notaire par lui commis, lequel fera délivrance des lots. — Tout autre partage ne sera considéré que comme provisionnel. *Article* 466.

Le tuteur ne pourra transiger au nom du mineur, qu'après y avoir été autorisé par le conseil de famille, et de l'avis de trois jurisconsultes désignés par le commissaire du gouvernement près le tribunal civil. — La transaction ne sera valable qu'autant qu'elle aura été homologuée part le tribunal civil, après avoir entendu le commissaire du gouvernement. *Art.* 467.

Le tuteur qui aura des sujets de mécontentement graves sur la conduite du mineur,

Tome III.

pourra porter ses plaintes au conseil de famille, et, s'il y est autorisé par ce conseil, provoquer la réclusion du mineur, conformément à ce qui est statué à ce sujet, au titre *de la Puissance paternelle. Art.* 468.

Sect. 9. — *Des Comptes de la tutelle.*

Tout tuteur est comptable de sa gestion lorsqu'elle finit. *Art.* 469.

Tout tuteur, autre que le père et la mère, peut être tenu, même durant la tutelle, de remettre au subrogé tuteur des états de situation de sa gestion, aux époques que le conseil de famille aurait jugé à propos de fixer, sans néanmoins que le tuteur puisse être astreint à en fournir plus d'un chaque année. — Ces états de situation seront rédigés et remis, sans frais, sur papier non timbré, et sans aucune formalité de justice. *Art.* 470.

Le compte définitif de tutelle sera rendu aux dépens du mineur, lorsqu'il aura atteint sa majorité ou obtenu son émancipation. Le tuteur en avancera les frais. — On y allouera au tuteur toutes dépenses suffisamment justifiées, et dont l'objet sera utile. *Art.* 471.

Tout traité qui pourra intervenir entre le tuteur et le mineur devenu majeur, sera nul, s'il n'a été précédé de la reddition d'un compte détaillé, et de la remise des pièces justificatives; le tout constaté par un récépissé de l'oyant-compte, dix jours au moins avant le traité. *Article* 472.

Si le compte donne lieu à des contestations, elles seront poursuivies et jugées comme les autres contestations en matière civile. *Article* 473.

La somme à laquelle s'élevera le reliquat dû par le tuteur, portera intérêt, sans demande, à compter de la clôture du compte. — Les intérêts de ce qui sera dû au tuteur par le mineur, ne courront que du jour de la sommation de payer qui aura suivi la clôture du compte. *Article* 474.

Toute action du mineur contre son tuteur, relativement aux frais de la tutelle, se prescrit par dix ans à compter de la majorité. *Article 475.*

L'enfant naturel non reconnu ou dont le père et la mère sont morts, ne peut se marier qu'avec le consentement d'un tuteur *ad hoc. Art.* 159.

Les tuteurs et curateurs ne peuvent former opposition au mariage des pupilles que dans les deux cas prévus par l'art. 174; et pendant la durée de la tutelle ou curatelle, ils ne peuvent former cette opposition qu'après y avoir été autorisés par un conseil de famille qu'ils peuvent convoquer. *Arg. tiré de l'art.* 175 *et précédent.*

Il doit être nommé un tuteur et un subrogé tuteur à l'interdit. *Art.* 505.

L'action en partage d'une succession peut être exercée par les tuteurs des co-héritiers et mineurs spécialement autorisés par un conseil de famille. *Art.* 817.

Le tuteur ne peut rien recevoir par donation ou testament du mineur dont la tutelle lui a été confiée.—Le mineur même, devenu *majeur,* ne peut disposer en faveur de son tuteur qu'après l'apurement du compte de tutelle : ne sont pas compris dans ces dispositions les ascendans des mineurs qui sont ou ont été leurs tuteurs. *Art.* 907.

Le tuteur accepte la donation faite au mineur non émancipé et à l'interdit, toutefois avec l'autorisation du conseil de famille. *Art.* 935 et 463.

Il doit faire transcrire au bureau des hypothèques les donations faites à ses mineurs ; il est responsable envers eux du défaut de cette transcription. *Art.* 940 et 942.

L'engagement qui se forme entre le tuteur et le pupille par la nomination à la tutelle, est un quasi-contrat. *Art.* 1370. *V. ce dernier mot.*

Les tuteurs ne peuvent se rendre adjudicataires des biens de ceux dont ils ont la tutelle. *Art.* 1596.

La contravention emporte nullité de l'aliénation. *Même article.*

Les biens du tuteur sont frappés au moment de l'acceptation de la tutelle, de l'hypothèque légale à raison de sa gestion, et sans qu'il soit besoin d'aucune inscription.

Sont toutefois les maris et les tuteurs tenus de rendre publiques les hypothèques dont leurs biens sont grévés, et, à cet effet, de requérir eux-mêmes, sans aucun délai, inscription aux bureaux à ce établis, sur les immeubles à eux appartenant, et sur ceux qui pourront leur appartenir par la suite. — Les maris et les tuteurs qui, ayant manqué de requérir et de faire faire les inscriptions ordonnées par le présent article, auraient consenti ou laissé prendre des privilèges ou des hypothèques sur leurs immeubles, sans déclarer expressément que lesdits immeubles étaient affectés à l'hypothèque légale des femmes et des mineurs, seront réputés stellionataires, et comme tels contraignables par corps. *Art.* 2136.

Les subrogés tuteurs seront tenus, sous leur responsabilité personnelle et sous peine de tous dommages et intérêts, de veiller à ce que les inscriptions soient prises sans délai sur les biens du tuteur, pour raison de sa gestion, même de faire faire lesdites inscriptions. *Art.* 2137.

A défaut par les maris, tuteurs, subrogés tuteurs, de faire faire les inscriptions ordonnées par les articles précédens, elles seront requises par le commissaire du gouvernement près le tribunal civil du domicile des maris et tuteurs, ou du lieu de la situation des biens. *Art.* 2138.

Voy. les art. suiv. *au mot* Hypothèque.

TUTEUR OFFICIEUX.

Droit nouveau.

Tout individu *âgé de plus de cinquante ans,* et sans enfans ni descendans légitimes qui voudra, durant la *minorité* d'un individu, se l'attacher par un titre légal, pourra devenir son tuteur officieux, en obtenant le consentement des père et mère de l'enfant, ou du survivant d'entr'eux, ou, à leur défaut, d'un conseil de famille, ou enfin, si l'enfant n'a point de parens connus, en obtenant le consentement des administrateurs de l'hospice où il aura été recueilli, ou de la municipalité du lieu de sa résidence. *Art.* 361.

Un époux ne peut devenir tuteur officieux qu'avec le consentement de l'autre conjoint. *Art.* 362.

Le juge de paix du domicile de l'enfant dressera procès - verbal des demandes et consentemens relatifs à la tutelle officieuse. *Art.* 363.

Cette tutelle ne pourra avoir lieu qu'au profit d'enfans âgés de moins de quinze ans. —Elle emportera avec soi, sans préjudice de toute stipulation particulière, l'obligation de nourrir le pupille, de l'élever, de le mettre en état de gagner sa vie. *Art.* 364.

Si le pupille a quelque bien, et s'il était antérieurement en tutelle, l'administration de ses biens, comme celle de sa personne, passera au tuteur officieux, qui ne pourra néanmoins imputer les dépenses de l'éducation sur les revenus du pupille. *Art.* 365.

Si le tuteur officieux, après cinq ans révolus depuis la tutelle, et dans la prévoyance de son décès avant la majorité du pupille, lui confère l'adoption par acte testamentaire, cette disposition sera valable, pourvu que le tuteur officieux ne laisse point d'enfans légitimes. *Article* 366.

Dans le cas où le tuteur officieux mourrait, soit avant les cinq ans, soit après ce temps, sans avoir adopté son pupille, il sera fourni à celui-ci, durant sa minorité, des moyens de subsister, dont la quotité et l'espèce, s'il n'y a été antérieurement pourvu par une convention formelle, seront réglés, soit amiablement entre les représentans respectifs du tuteur et du pupille, soit judiciairement en cas de contestation. *Article* 367.

Si, à la majorité du pupille, son tuteur officieux veut l'adopter, et que le premier y consente, il sera procédé à l'adoption selon les formes prescrites au chapitre précédent, et les effets en seront, en tous points les mêmes. *Article* 368.

Si, dans les trois mois qui suivront la majorité du pupille, les réquisitions par lui faites à son tuteur officieux, à fin d'adoption, sont restées sans effet, et que le pupille ne se trouve point en état de gagner sa vie, le tuteur officieux pourra être condamné à indemniser le pupille de l'incapacité où celui-ci pourrait se trouver de pourvoir à sa subsistance. — Cette indemnité se résoudra en secours propres à lui procurer un métier ; le tout sans préjudice des stipulations qui auraient pu avoir lieu dans la prévoyance de ce cas. *Art.* 369.

Le tuteur officieux qui aurait eu l'administration de quelques biens pupillaires, en devra rendre compte dans tous les cas. *Art.* 370. *V. le mot* Adoption.

V

Vagabonds, sont gens oisifs, fainéans, sans métier et vacation ; gens abandonnés qui courent le pays, sans avoir aucun domicile certain ; gens sans aveu, c'est-à-dire, qui n'ayant ni feu, ni lieu assuré, ne sont connus et avoués de personne : *Homines illi telluris sunt inutile pondus, et fruges consumere nati.*

Comme ils n'ont aucun domicile certain où ils habitent, quoiqu'ils aient le domicile de leur origine, on les appelle *errones*, gens sans retraite, sans foi, sans maison, *sine lare, sine fide.* Ces sortes de gens peuvent être arrêtés partout où on les trouve, et punis des crimes dont ils seront convaincus ; et quand ils ne seraient accusés d'autre crime que de celui d'être vagabonds, ils pourront néanmoins être condamnés à quelque peine.

Les lois ne confondent point ces gueux dont la mendicité a sa source dans la fainéantise, avec les mendians invalides ou extrêmement âgés, qui ne mendient que parce qu'ils y sont forcés. Elles regardent les premiers avec horreur ; et bien loin de leur accorder aucune protection, elles leur refusent toute sorte de retraite.

Mais pour les pauvres qui ne mendient que parce qu'ils y sont forcés, elle les regarde avec pitié, comme une portion de ceux qui font partie du peuple, et dont le témoignage ne doit point être rejeté.

Charles Dumoulin, sur le titre *de Testibus*, au Code, dit qu'il faut rejeter le témoignage de ces mendians errans et vagabons qui promènent par-tout leur misère et leur fainéantise ; mais non pas le témoignage de ceux qui ne sont pas de ce caractère, et qui ne mendient pas par lâcheté et par libertinage, mais uniquement parce qu'ils y sont forcés.

Ainsi on doit les mettre au nombre des autres hommes, et avoir pitié de leur misère, soit par des aumônes, soit par une retraite dans les maisons destinées à cet usage. Voici ce qu'en dit l'empereur Justinien dans sa Novelle 80, chap. 5. : *Læsos autem aut læsas corpore, aut canitie graves, hos sine molestiâ esse jubemus in hâc nostrâ civitate, aut piè agere volentibus adscribendos.*

Le soin de veiller à ce que font les vagabonds et gens sans aveu, regarde dans les villes les officiers de police, et à la campagne les officiers de la gendarmerie.

Ces sortes de gens ont coutume de causer des troubles et des séditions. Comme il est dangereux de les avoir, ils peuvent être arrêtés dans les lieux où ils se trouvent ; et si personne ne veut répondre pour eux, ils peuvent être détenus prisonniers jusqu'à ce qu'ils aient fait connaître la raison qui les fait séjourner dans le lieu où ils ont été pris.

On trouve dans le Dictionnaire de M. Brillon, plusieurs déclarations et ordonnances faites pour empêcher que ces sortes de gens demeurent dans les villes, ou se retirent à la campagne dans des châteaux.

Voy. entr'autres la Déclaration du 18 juillet, 1924, qui est très-étendue sur cet objet.

VARECH, est une herbe qui croît en mer sur des roches, et que la mer arrache en montant et jette sur ses bords. Il est défendu de couper cette herbe la nuit, et hors les temps prescrits pour cela.

Mais en Normandie, on appeloit de ce nom généralement tout ce que la mer jette sur ses bords, soit de son crû, soit qu'il vienne de bris et naufrage.

VELLEIEN, est un décret du sénat romain, par lequel les femmes ne pouvaient pas s'obliger valablement pour d'autres ; en sorte que si elles étaient chargées de quelque obligation contractée par une autre personne, comme servant de caution ou autrement, elles ne pouvaient être valablement poursuivies pour raison de telle obligation.

Les motifs de ce senatus-consulte sont expliqués dans la loi première, au Code *ad Senatuscons. Velleian.* Les termes en sont remarquables : *Non sicut moribus civilia officia adempta sunt fœminis, et pleraque ipso jure non valent ; ità multò magis adimendum eis fuit id officium, in quo non sola opera, nudumque ministerium earum versaretur, sed etiam periculum rei familiaris.*

L'effet du senatus-consulte est de rendre absolument nulle l'obligation d'une femme qui s'oblige pour un autre, de manière toutefois que si par l'intercession de la femme, l'ancienne obligation du débiteur a été éteinte, comme par une novation ou transport d'obligation, le créancier est rétabli dans ses droits à l'encontre de son débiteur. A plus forte raison, lorsque par l'intercession de la femme, l'ancienne obligation du débiteur n'a pas été détruite et éteinte, le créancier est en droit de s'en servir contre lui quand il voudra.

Ce sénatus-consulte a été long-temps observé dans toute la France. Mais sous Henri IV, par un édit du mois d'août 1606, sa disposition fut abrogée.

Quoique cet édit fût général pour tout le royaume, il ne fut néanmoins enregistré qu'au parlement de Paris. Depuis cet enregistrement, les femmes ont pu s'obliger valablement pour d'autres, sans renoncer au bénéfice du sénatus-consulte velléien, et à l'Autentique *Si qua mulier*, tant dans les pays de droit écrit que coutumier du ressort du parlement de Paris, à l'exception néanmoins des coutumes qui ont des dispositions contraires.

La raison est, que cet édit ne déroge qu'à la disposition du droit, et non à celle des coutumes.

V. ce que Ferrière a dit sur l'*art.* 334 de la Coutume de Paris.

Au parlement de Dijon, cet édit a été observé depuis qu'il y fût enregistré le 7 août 1609. En Bretagne, par une déclaration de 1683, le sénatus-consulte velléien a été abrogé. *V. la remarque* d'Hevin sur Frain, *chap.* 40, *in addit.*

Ce sénatus-consulte est en usage dans tous les parlemens du droit écrit; mais il s'y pratique différemment.

Il faut observer que l'édit d'Henri IV, de 1606 a simplement abrogé le sénatus-consulte velléien; mais il ne permettait pas aux femmes d'obliger et hypothéquer leurs biens dotaux : cela ne leur a été permis que par la déclaration de 1664. *V.* le Commentateur d'Henrys, *tom.* 1, *liv.* 4, *quest.* 8.

Une femme peut renoncer au sénatus-consulte velléien, comme nous avons dit *au mot* Renonciation. Mais quoiqu'une femme n'y ait pas renoncé, il y a des cas où elle est valablement obligée, et où le privilége de ce sénatus-consulte n'a pas lieu.

Les plus remarquables sont, 1.° si une femme a servi de caution à dessein de tromper le créancier. *Leg.* 2, §. *Sed ita*, *ff. ad Senatus-cons. Velleïan.*

2.° Si elle s'est obligée pour un autre, en sorte que l'utilité de cette obligation la regarde. *Leg.* 13, *ff. eod.* D'où il s'ensuit, qu'une femme qui s'est obligée pour faire sortir son mari de prison, ne pourra s'aider du velléïen. Guy Coquille, en son Commentaire de la Coutume de Nivernais, *art.* 10 du *tit.* des Droits appartenans à gens mariés ;

3.° Si elle emprunte de l'argent avec quelqu'un conjointement et solidairement pour employer en une chose commune, comme à faire rétablir un édifice commun; en ce cas, elle ne pourra pas se servir du bénéfice de ce sénatus-consulte, quoiqu'elle soit poursuivie solidairement pour le tout. *Leg.* 17, §. 2, *ff. eod ;*

4.° Si après deux ans de l'intercession, elle s'est encore obligée, et a donné des gages au créancier, au nom d'un autre que son mari. *Leg.* 22, *Cod. eod.*

Touchant le sénatus-consulte velléïen, *Voy.* le Dictionnaire de Brillon, *au mot* Femme, *nomb.* 36 et *suiv.*, et *au mot* Velléïen. *V.* aussi le Recueil alphabétique de Bretonnier, *au mot* Femme; et Henrys, *liv.* 4, *quest.* 8.

Droit nouveau.

Les dispositions du sénatus-consulte velléïen ne sont plus d'aucune application depuis le Code civil. *V.* ce que j'en ai dit *aux mots* Dot et Femme mariée.

VENDEUR signifie celui qui vend une chose de quelque nature qu'elle soit. Il est garant de ses faits et promesses.

Voy. Garantie, Éviction et Vente.

VENDRE EN BLOC, signifie vendre un total de choses fongibles pour un tel prix, sans aucune considération du poids, du nombre et de la mesure; comme quand on vend généralement tout le blé qui est dans un grenier.

Cela s'appelle en droit, *vendere aversis*

oculis; auquel cas la vente est parfaite, dès que l'on est convenu du prix : et le blé ainsi vendu est au péril de l'acheteur.

Voy. la Traduction des Institutes par Ferrière sur le §. 3 du *tit.* 24 du *troisième livre.*

VENGER LA MORT D'UN DÉFUNT, est poursuivre ceux qui l'on assassiné. Cette obligation regarde ses héritiers. *Leg.* 21, *ff. de His qui ut indign.* Et quand ils ont négligé de s'acquitter de ce devoir, ils sont privés de sa succession, à moins que leur extrême pauvreté ne les excuse. Ainsi jugé par arrêt du 30 juillet 1630, rapporté dans le Journal des Audiences.

Voy. cependant ce que j'ai dit ci-dessus, en parlant de l'homicide volontaire.

Celui qui poursuit la vengeance de la mort du défunt dont il est héritier présomptif, ne fait pas acte d'héritier, quoiqu'il obtienne condamnation contre celui qui est convaincu d'avoir commis cet assassinat, *quià talis actio non ad rem familiœ, sed ad vindictam pertinet. F.* le Prêtre, *cent.* 1, *chap.* 11.

Droit nouveau.

L'*art.* 727 du Code civil porte, que celui qui, *instruit* du meurtre du défunt, ne l'aura pas dénoncé à la justice, est indigne de sa succession. *V.* le mot Indigne.

VENTE.

Droit ancien.

Vente d'une chose sans jour et sans terme.

C'est celle qui se fait dans la vue d'être payé du prix incessamment et sans délai.

Cette vente conserve toujours au propriétaire de la chose par lui livrée, la propriété. D'où il s'ensuit :

1.º Que si elle est saisie par le créancier de l'acheteur, la disposition de l'*art.* 178 de la coutume de Paris, qui donne la préférence sur les meubles au premier saisissant et exécutant, n'a point lieu à son égard ; et qu'en cas de déconfiture, le vendeur n'est point tenu de venir

à contribution au sol la livre avec les autres créanciers saisissans et opposans, suivant l'*art.* 179, mais qu'il doit être préféré à tout créancier ;

2.º Que si l'acheteur s'en est dessaisi, le vendeur peut la poursuivre, en quelque lieu et à quelque titre qu'elle se trouve transportée, pour être payé du prix qu'il l'a vendue, et même pour la recouvrer, et en demeurer saisi jusqu'à ce qu'il soit payé.

La raison est, que la tradition de la chose vendue sans jour et sans terme, n'en a point transféré la propriété en la personne de l'acheteur ; mais qu'elle est toujours demeurée par devers celui qui l'a vendue, dans l'espérance d'en recevoir le prix incessamment.

Voy. ce que Ferrière a dit dans sa Traduction des Institutes, sur le §. 41 du *premier titre* du *second livre ;* et ce qu'il a dit sur l'article 176 de la Coutume de Paris, où il prouve que quoique cet article ne parle que de chose mobiliaire, cependant par la dernière jurisprudence sa disposition a lieu pour les immeubles.

Vente faite à crédit et à terme.

Elle ne donne, suivant le droit romain, aucun privilége au vendeur sur la chose qu'il a ainsi vendue, §. 41 *Institutionibus de rerum divisione ; ubi si venditor fidem emptoris secutus est, statim res fit emptoris.*

Mais la coutume de Paris en l'article 177 n'a pas suivi cette disposition du droit romain, et a prouvé qu'il était plus équitable d'y contrevenir en donnant préférence au vendeur sur la chose vendue à terme pour le prix de la vente, afin que les créanciers de l'acheteur ne profitent pas de son bien à son préjudice.

Cependant il faut observer qu'il y a une très-grande différence entre la vente faite sans jour et sans terme, et celle qui est faite à crédit, suivant les termes dans lesquels les articles 176 et 177 de notre coutume sont conçus,

La vente faite sans jour et sans terme donne droit au vendeur de revendiquer sa chose, et de la poursuivre en quelque main qu'elle ait passé, et en quelque lieu qu'elle ait été transportée ; de sorte qu'il la peut revendiquer contre l'acquéreur de bonne foi, quoiqu'elle ait passé par plusieurs mains, ou contre un créancier de bonne foi, à qui elle aurait été donnée en gage.

Au contraire, la vente étant faite à crédit et à terme, le vendeur n'a que le droit de préférence sur les créanciers de l'acheteur, qui auraient saisi la chose ainsi vendue, pour être payé du prix qu'il l'aurait vendue ; mais il n'a pas le droit de revendication et de suite, parce qu'il n'en est plus le propriétaire, s'étant fié à la foi de l'acheteur. *Res abiit in creditum* ; et par ce moyen le vendeur est devenu simple créancier de la somme qui lui est due, sur laquelle il a droit de préférence, mais non pas l'action réelle contre l'acquéreur de bonne foi.

Ainsi, suivant l'article 177 de la coutume de Paris, il faut que la chose vendue à terme soit en la possession de l'acheteur, et non ès-mains d'un tiers acquéreur, pour que le vendeur puisse exercer dessus son privilége. Cet article a paru si équitable, qu'il a été étendu aux autres coutumes qui n'ont point de disposition contraire. *Voy.* ce que j'ai dit sur cet article.

Vente d'héritage.

Cette vente se doit faire avec une désignation du corps de l'héritage vendu ; et pour le constater, on en exprime les tenans et aboutissans. Ce qui est requis d'une nécessité absolue dans les ventes qui se font par décret.

Cette désignation est requise, afin que l'acheteur soit certain de ce qu'il achète, et en connaisse la situation et l'étendue.

Vente d'une succession.

Toutes les choses qui sont dans le commerce, tombent dans le contrat de vente ; corporelles ou incorporelles, il n'importe : ainsi les successions et les actions qui sont droits incorporels, peuvent être vendues.

Quand nous disons qu'une succession peut être vendue, cela ne se doit entendre que de la succession d'un défunt, et non pas de celle d'un homme vivant, vu qu'il n'y a point d'héritier d'un homme vivant. *Viventis non est hœreditas ; et prætereà pactum de hœreditate viventis corvinam sollicitudinem inducere posset mortis alienæ.* C'est pourquoi tous pactes concernant une succession non échue sont réprouvés, comme étant autant d'occasions et de sujets de souhaiter la mort de celui des biens duquel on a traité avec son présomptif héritier, comme nous avons dit ci-dessus, *au mot* Stipulation contre les bonnes mœurs.

A l'égard de la vente d'une succession échue, celui qui l'a vendue est obligé d'en céder ses droits, mais non pas de transférer en la personne de l'acheteur la propriété de chaque chose de la succession ; parce qu'il n'a pas vendu chaque partie de la succession comme propriétaire d'icelle, mais comme héritier et représentant la personne du défunt, c'est pourquoi il suffit qu'on ne lui en dispute point la qualité. *Leg. 7 et seq ff. de Hœred. vel. act. vend. et Leg. 1, Cod. de Evict.*

L'effet de la vente d'une succession échue, est que le gain et la perte des biens héréditaires passent en la personne de l'acheteur. C'est aussi la raison pour laquelle le vendeur est tenu de lui rendre tout ce qu'il a tiré de la succession, et lui céder toutes les actions qu'il peut avoir pour la poursuite des biens héréditaire ; *Leg. 1, §. 3 ; et Leg. 2, ff. de Hœred. vel. act. vend.* Autrement l'acheteur ne s'en pourrait servir, vu que la vente de la succession ne fait pas perdre au vendeur sa qualité d'héritier. *Leg. 7, §. 10, ff. de Minor. ; Leg. 88 ; ff. de Hœredib. instit.*

Le vendeur peut donc être poursuivi par les créanciers de la succession, quelqu'accord qu'il en ait passé ; parce qu'il ne peut pas changer ni ôter le droit des créanciers de la succession ou des légataires, sans leur consentement, ni transférer en une autre personne l'obligation personnelle dont il s'est volontairement chargé par l'adition de l'hérédité.

Il faut dire aussi que les créanciers ou légataires du défunt ne peuvent pas poursuivre l'acheteur de la succession, s'il n'y consent. La raison est, qu'il ne leur est en aucune façon obligé, ni par contrat, ni quasi-contrat, ni par quelqu'autre manière que ce soit. *Leg.* 2, *Cod. de Hæred. vel. act. vend.*

Mais comme l'acheteur d'une succession est au lieu et place de l'héritier, tout l'émolument qui en peut provenir doit lui appartenir ; et en cela on considère la quantité des biens héréditaires, non pas du jour de la vente de la succession, mais du jour de la mort du défunt.

Ainsi l'héritier est obligé de lui faire raison de tout ce qu'il en a perçu, et de toute la perte qu'il a causée dans les effets de l'héritier par son dol ou par sa faute.

L'acheteur au contraire est tenu de payer et rembourser tous les frais faits par le vendeur, avant ou après la vente de l'hérédité, à l'occasion de la succession, comme les frais funéraires. *Leg.* 2, *ff. de Hæred. vel act. vendit.*

Pour que la vente d'une hérédité soit valable, il faut qu'il y ait une hérédité, et que cette hérédité appartienne au vendeur ; *Leg.* 1, 7, 8 et 9, *ff. eod.*, mais telle qu'elle soit, il n'importe ; et le vendeur n'est jamais tenu de l'éviction ; *Leg.* 2 *in princ ; Leg.* 14, §. 1, *ff. eod.* La raison est, que les choses qui ont été évincées sont de la succession, ou n'en sont pas : au premier cas, elles ne peuvent pas être évincées ; au second cas, elles ne font pas partie de la succession.

Enfin, il faut remarquer, que quand même il ne se trouverait aucune chose dans une succession qui aurait été vendue, celui qui l'aurait achetée ne pourrait pas demander aucune diminution du prix dont il serait convenu.

Ratio est, quià hæreditas nomen juris est, atque adeò sine ullo corpore juris habet intellectum.

Charondas, *livre* 8, *réponse* 75, rapporte deux arrêts du parlement de Paris, l'un du 29 mars 1580, et l'autre du 30 avril 1584, qui ont jugé qu'en vente d'hérédité, de tout le droit qu'on y peut prétendre, il n'y a pas lieu à la restitution pour cause de lésion d'outre moitié du juste prix.

Ces arrêts avaient été précédés de deux arrêts semblables, rapportés par Papon dans son Recueil, *livre* 16, *titre* 3, *nombre* 18 ; parce que le bénéfice de la loi 2, *Cod. de Rescind. vendit.* ne peut pas avoir lieu *in re incertà, tanquam in jactu retis, et in hœreditate venditâ.*

Touchant la vente d'une hérédité, *Voy.* le Prêtre, *cent.* 3, *chap.* 94 ; ce que nous allons dire sur l'article suivant vers la fin ; et l'arrêt du 7 décembre 1666, rapporté dans le Journal du Palais.

Vente d'actions.

Cette vente se peut faire de toutes sortes d'actions, tant réelles que personnelles, pourvu que ce soit avant contestation en cause. C'est la disposition du droit romain, contenue en la loi 2, au Code *tit. de Litigios.* Mais parmi nous, chacun peut vendre ses droits, dettes, noms et actions, soit qu'elles soient portées en justice ou non.

La vente d'une dette se peut faire par le créancier, à l'insu et sans le consentement du débiteur ; *Leg.* 17, *ff. de Hæred. vel act. vend. ; Leg.* 3, *Cod. cod. ; Leg.* 1, *Cod. de Novation.* Dans cette vente, le vendeur n'est pas obligé de garantir le débiteur solvable ; il suffit qu'il prouve et justifie qu'il est son débiteur, et qu'il lui doit la dette qu'il a vendue. *Leg.* 4 ; *Leg.* 23, *ff. de Hæred. vel act. vend. ; Leg.* 3 et *ult. cod. eod.*

Il s'ensuit de-là que si le débiteur devient insolvable, ou que le cessionnaire perde le pro-

cès

cès qu'il aura intenté en vertu de l'action qui lui aura été cédée , il n'a aucun recours pour ses dédommagemens et pour sa perte de la dette , contre son cédant, ni pour la restitution du prix qu'il lui en a donné. *Leg.* 4; *Leg.* 23, *ff. de Hæred. vel act. vend.* ; *Leg. ult.* , *Cod. eod.*

Il faut excepter le cas où celui qui aurait vendu une dette , se serait obligé à la garantie par une clause expresse ; ou bien , si sans aucune garantie il avait vendu et transporté une dette d'un débiteur qui, au temps de la cession, était déchu de ses biens, et fût dès-lors estimé insolvable. *Vide Mornacium* , *ad. Leg.* 5, *ff. eod.*

Suivant la disposition du droit romain, l'acheteur d'un droit litigieux ne peut pas exiger plus du débiteur dont il a acheté la dette, qu'il n'en a payé au vendeur; *juxtà Leg. Per diversas*, *et Leg. ab Anastasio* , *Cod. Mandati.* Mais parmi nous, la disposition de ces lois n'a pas lieu, et un débiteur n'est pas reçu à demander la subrogation pour cessions et transports faits de dettes dont il est tenu ; comme nous avons dit , en parlant des transports de droits litigieux.

Il faut excepter les cessions et transports de droits successifs faits par un des co-héritiers à un étranger, soit que ces droits soient litigieux ou non ; car en ce cas les autres co-héritiers sont bien fondés à demander la subrogation en remboursant ; parce qu'il est de l'intérêt de ces co-héritiers de n'avoir rien à démêler avec un étranger qui voudrait pénétrer les secrets de leur famille dont il n'est point tenu , et avoir occasion de vexer et molester par les procès les véritables héritiers du défunt, sous prétexte des droits successifs qu'il aurait achetés à bon marché d'un de leurs co-héritiers.

Vente publique.

C'est celle qui se fait par autorité de justice , c'est-à-dire, à l'encan, à l'égard des meubles, et par décret, à l'égard des immeubles, avec toutes les formalités requises.

Ceux à qui les biens vendus par autorité de

justice appartiennent, ne peuvent plus revenir contre une telle vente. Comme ces sortes de ventes se font sous l'autorité de la justice , elles donnent un droit ferme et stable à ceux à qui les biens ont été ainsi adjugés. *Legitimè facta venditio autoritate publicâ , nullâ potest ratione rescindi.* *V.* les mots Adjudication et Expropriation forcée , dans la partie de ce Dictionnaire qui traite de la *Procédure civile.*

Droit intermédiaire.

Loi concernant les ventes d'immeubles , etc. , pendant la dépréciation du papier-monnaie, du 16 *nivose an* 6.

« *Art.* 1er. Toute suspension de paiement est levée à l'égard des obligations énoncées en la présente.

TITRE PREMIER.

Des Aliénations d'immeubles.

» 2. Les sommes dues à raison de ventes d'immeubles faites , soit en propriété , soit en usufruit, depuis le premier janvier 1791 jusqu'à la publication de la loi du 29 messidor an 4, seront acquittées en espèces métalliques , néanmoins d'après la réduction et liquidation qui en seront faites ainsi qu'il suit, si l'acquéreur ne préfère de s'en tenir aux clauses du contrat ; ce qu'il sera tenu de notifier au vendeur dans le délai de trois mois , à dater de la publication de la présente.

» 3. Pour déterminer la réduction , lorsqu'elle devra avoir lieu , soit sur la totalité du prix , si elle est encore due, soit sur la portion restante, les parties seront , en cas de non-conciliation , renvoyées à des experts , qui vérifieront et estimeront la valeur réelle que l'immeuble vendu pouvait avoir en numéraire métallique au temps du contrat, eu égard à son état à la même époque, et d'après la valeur ordinaire des immeubles de même nature dans la contrée.

» 4. L'acquéreur sera tenu, à peine des dommages-intérêts du vendeur, de faire procéder

64

au rapport des experts dans quatre décades pour tout délai, à dater de la signification qui lui aura été faite du jugement interlocutoire ; et les frais de la première expertise seront toujours à sa charge, à moins qu'il n'ait fait préalablement au vendeur une offre jugée suffisante par l'événement de l'estimation.

» 5 Les acquéreurs qui ont payé en papier-monnaie, conformément aux lois existantes, une partie du prix convenu, sont valablement acquittés d'une semblable quotité proportionnelle de la valeur estimative de l'immeuble vendu ; de sorte, que, s'ils ont payé la moitié ou les trois quarts du prix stipulé, ils ne pourront être considérés comme débiteurs que de la moitié ou du quart restant de la valeur estimative, telle qu'elle sera réglée par l'expertise ; sans préjudice toutefois de l'action en lésion d'outre-moitié, dans le cas de droit, et pour les contrats antérieurs à la publication de la loi du 15 fructidor an 3, dont le mode et les effets seront réglés par une loi particulière.

» 6 L'acquéreur ne pourra, au surplus, demander la réduction autorisée par les articles 2 et 3, qu'aux conditions suivantes : 1.º de payer au taux de cinq pour cent, et selon le mode qui sera établi pour le paiement des intérêts dus en vertu d'aliénation d'immeubles, les arrérages d'intérêts du prix ou de la portion du prix réductible, dont il se trouvera débiteur ; 2.º de renoncer, le cas échéant, aux termes stipulés par le contrat de vente, qui auraient été portés à plus de trois ans au-delà de la publication de la loi du 29 messidor an 4.

» 7. Les rentes viagères créées pour cause d'aliénation d'immeubles, soit qu'elles l'aient été sans préfixion de capital, ou moyennant un capital formant partie du prix de vente, continueront d'être acquittées en espèces métalliques et sans réduction, si mieux le débiteur n'aime résilier le contrat, en acquittant les arrérages ; ce qu'il sera tenu d'opter et de notifier dans les deux mois de la publication de la présente.

» 8. A l'égard des rentes perpétuelles qui ont la même origine, elles seront également acquittées en numéraire et sans réduction, jusqu'au rachat d'icelles.

» 9. Lorsque le vendeur s'est réservé, par clause expresse, la jouissance de l'immeuble vendu pendant un certain nombre d'années, moyennant un prix de location correspondant à l'intérêt égal du prix de la vente stipulé en papier-monnaie, le montant de la location, même pour les arrérages qui en sont dus, est réductible à dire d'experts, dans la même proportion et de la même manière que le serait le principal du susdit prix, au cas prévu par les articles 2 et 3.

» 10. Toutes délégations et indications de paiemens, résultant de contrats de vente passés pendant le cours du papier-monnaie, obligent l'acquéreur à rapporter au vendeur les quittances des créanciers délégués, aux droits desquels il demeure réciproquement subrogé lorsqu'ils ont été remboursé de ses deniers.

» Dans le cas ci-dessus prévu, l'acquéreur a la faculté de résilier, s'il se croit lésé ; et tout ce qu'il a payé au vendeur ou à sa décharge, lui sera remboursé d'après l'échelle de dépréciation, selon les époques de chaque paiement.

» 11. Tout ce qui a été prescrit par la loi du 15 fructidor an 5, au sujet de la prorogation de délai que les tribunaux ont la faculté d'accorder aux débiteurs, et des provisions qui peuvent être requises par les créanciers, sera, à dater de la publication de la présente, observé à l'égard des obligations énoncées dans les *titres* 1, 2, 3, 4 et 5 de ladite résolution.

TITRE II.

Des Licitations et Partages.

» 12. Les dispositions contenues dans le *titre* 1.ᵉʳ auront leur effet à l'égard des sommes dues pour prix de licitation d'immeubles, ou pour soulte et retour dans les partages entre-cohéritiers ou communistes , survenus aux époques ci-dessus énoncées, sans qu'à raison de ce le débiteur puisse rappeler les autres intéressés à partage, à moins qu'il n'y eût lésion du tiers au quart dans les premiers actes entre eux intervenus.

Loi contenant des dispositions additionnelles à celles relatives aux transactions faites lors de la dépréciation du papier-monnaie , du 27 thermidor an 6.

« Considérant que la loi du 16 nivôse dernier , n.º 1651 du bulletin des lois , servant de suite à celle du 11 frimaire précédent sur les transactions entre particuliers pendant la dépréciation du papier monnaie, exige diverses additions et interprétations dont il est instant de s'occuper.

TITRE PREMIER.

Dispositions additionnelles au titre 1.ᵉʳ de la loi du 16 nivose, n.º 1651 , et à la loi du même jour , n.º 1650.

» *Art.* 1.ᵉʳ. L'option faite par l'acquéreur , en exécution de *l'article 2* de la loi du 16 nivose dernier , n.º 1651, de s'en tenir aux clauses du contrat de vente en renonçant à l'expertise, l'oblige à payer le prix ou restant du prix aux termes convenus, en numéraire métallique, et sans réduction.

» Quand à l'option faite par le vendeur en conformité de *l'article 4* de la loi additionnelle du susdit jour 16 nivose, n.º 1650, elle le soumet à recevoir le prix ou restant du prix, réduit d'après l'échelle de dépréciation du lieu de la situation de l'immeuble.

» 2. Les acquéreurs et les vendeurs qui n'auraient pas opté dans les délais prescrits par lesdites lois , pourront réciproquement faire leur option ; savoir : les acquéreurs, dans un nouveau délai d'un mois, à dater de la publication de la présente, et les vendeurs, dans la décade suivante : passé lesquels délais , ils seront irrévocablement déchus.

» 3. Dans le cas prévu par l'article 7 de la loi du 16 nivose, n.º 1651, l'acquéreur en résiliant dans le délai ci-après prorogé le contrat de vente portant création d'une rente viagère , aura l'option d'en payer les arrérages en espèces métalliques, valeur nominale, et sans réduction, ou de restituer les fruits et loyers par lui perçus ou qu'il a dû percevoir depuis sa jouissance, ainsi que le montant des coupes de bois qu'il aura fait exploiter ; le tout selon la vérification, estimation et liquidation qui en seront faites par experts ; sauf l'imputation néanmoins, d'après l'échelle de dépréciation , de tout ce qu'il aura payé sur les échutes de la rente depuis sa création.

» Les frais de la première expertise, pour la liquidation des fruits restituables, seront à sa charge, à moins qu'il n'ait fait préalablement une offre suffisante.

» 4. Sont non recevables à user du bénéfice de ladite option, les acquéreurs qui, en exécution du susdit *article 7* , ont légalement notifié leur intention de résilier, avec offre pure et simple, sans réserve ni protestation, de payer les arrérages de la rente viagère de la manière prescrite par le même *article* ; et cela , quand même ils auraient notifié une seconde option conditionnelle.

» 5. ceux qui n'ont acquis que la nue propriété d'un immeuble dont le vendeur s'est réservé l'usufruit ou jouissance, ne seront soumis, en cas de résiliation, à aucun paiement des arrérages de rente viagère, ni à la restitution des fruits ou loyers ; mais ils ne pourront demander aucune restitution de ce qu'ils ont payé sur les annualités échues antérieurement à la publication de la loi du 29 messidor an 4.

» 6. Dans tous les cas ou la résiliation est autorisée par ladite loi du 16 nivose, n.º 1651; le vendeur est tenu de plein droit, de restituer à l'acquéreur, 1.º tout ce qu'il a reçu directement sur le prix, ou à titre de pot-de-vin, de même que ce qui a été payé à sa décharge en diminution du prix, selon la réduction qui sera faite du tout d'après l'échelle de dépréciation du lieu de la situation de l'immeuble aux époques de chaque paiement; 2.º la plus-value résultant des constructions, réparations et améliorations en tout genre, qui ont été faites par l'acquéreur, sauf à imputer ou compenser, le cas échéant, et à due concurrence, le montant des dégradations, selon les vérification, estimation et liquidation qui en seront faites aux formes ordinaires.

» 7. Tout ce qui est prescrit par la présente et par l'*article* 7 de ladite loi au sujet des rentes viagères créées pour cause de tradition de fonds, sera observé à l'égard de celles qui ont eu pour cause la cession de l'usufruit ou jouissance d'un immeuble réel.

» 8. Sont exceptés de la disposition de l'*article* 7 de la même loi, 1.º les acquéreurs de terrains sur lesquels ont été construites des usines, fabriques ou manufactures, depuis l'aliénation qui en a été faite; 2.º ceux qui, par des constructions de bâtimens auraient doublé la valeur du sol compris dans le contrat de vente; 3.º ceux qui, par des réparations, plantations, améliorations et autres mises de fonds dans des immeubles ruraux, en auraient augmenté la valeur d'un tiers en sus du prix de l'aliénation.

» 9. Dans l'un et l'autre cas, il sera réciproquement libre au vendeur et à l'acquéreur, pour se soustraire à la résiliation, de requérir que le terrain vendu soit estimé par experts à la plus haute valeur du temps présent, relativement à son état au temps de la vente; et le prix, ainsi fixé en espèces métalliques, sera, pour la portion correspondante à la rente viagère, acquitté par l'acquéreur, avec intérêts à cinq pour cent depuis que ladite rente a cessé d'être payée.

» Les frais de la première expertise seront réglés comme dans le cas de l'*art.* 3.

»10. Lorsque l'acquéreur ne pourra restituer ou procurer la restitution, en tout ou en partie, de l'immeuble compris dans la vente sujette à la résiliation, il sera autorisé à offrir pareillement l'estimation de l'objet aliéné, à la plus haute valeur du temps présent, à moins que le second acquéreur n'ait été expressément soumis à remplir les engagemens résultant du premier contrat d'aliénation.

» 11. Tout acquéreur volontaire ou judiciaire qui, par clause de son titre, s'est soumis au paiement d'un douaire, en diminution du prix d'achat, quoique stipulé en papier-monnaie, est tenu, 1.º de payer le capital dudit douaire, si le droit est ouvert, ou lors de son ouverture, de la manière prescrite par l'*art.* 14 de la loi du 16 nivôse, n.º 1651; 2.º de servir jusqu'alors la rente en numéraire métallique, si mieux il n'aime résilier, en conformité de l'*art.* 10 de ladite loi.

» Quant à l'acquéreur qui ne s'est pas soumis au paiement du douaire, il peut se libérer du restant du prix envers le vendeur, selon le mode prescrit par l'*art.* 5 de la même loi, sans préjudice toutefois aux droits et hypothèques des créanciers dudit douaire, sur les biens aliénés.

» 12. Le vendeur est autorisé à refuser la résiliation, en consentant, dans le cas de l'*art.* 7 de ladite loi du 16 nivose, n.º 1651, à la réduction de la rente viagère; et dans le cas de l'*art.* 10 de la même loi, ainsi que dans celui qui est prévu par le précédent article, à la réduction de la portion du prix qui a été déléguée; le tout dans la proportion de la valeur estimative de l'immeuble vendu, telle qu'elle sera fixée par experts, eu égard à son état au temps du contrat : à la charge néanmoins par lui de renoncer aux délégations existantes, et de faire cesser toute recherche de la part des légataires.

» 13. Dans le cas de l'article précédent, si la rente viagère a été créée sans préfixion de capital, la réduction consentie par le créancier pour éviter la résiliation du contrat, sera faite sur l'estimation du prix de l'immeuble en numéraire, dans les proportions suivantes ; savoir :

» A huit pour cent sur une seule tête âgée de moins de 50 ans accomplis, lors du contrat;

» A dix pour cent sur une tête de 50 à 60 ans ;

» A douze pour cent sur une tête de 60 à 70 ans ;

» A quinze pour cent sur une tête âgée de plus de 70 ans;

» Les rentes créées sur plusieurs têtes survivancières ne seront payées qu'au taux réglé pour la tête la plus jeune.

» 14. Il n'est point dérogé par les lois du 16 nivose dernier, et par la présente, aux clauses résolutoires ni aux clauses prohibitives expressément opposées dans les contrats d'aliénation d'immeubles pendant la dépréciation du papier-monnaie.

» 15. Si la vente de l'immeuble s'est faite moyennant une rente viagère, et en outre moyennant une somme déterminée à payer une fois, avec la stipulation expresse qu'à défaut de paiement de la rente convenue le vendeur rentrerait dans la jouissance du fonds pour lui tenir lieu du paiement de ladite rente pendant qu'elle aurait cours, ou que l'acquéreur pourrait abandonner cette jouissance au vendeur pour lui tenir lieu pareillement du paiement de ladite rente, sauf, dans l'un et l'autre cas, à reprendre l'immeuble lorsque la rente serait éteinte; l'acquéreur ne sera point tenu, pour se dispenser de payer ladite rente en numéraire métallique et sans réduction, d'offrir de résilier le contrat, conformément à ce qui est prescrit par l'art. 7 de la loi du 16 nivose, n.º 1651 : il lui suffit d'abandonner au créancier la jouissance viagère de l'immeuble, pour lui tenir lieu du paiement de ladite rente.

» 16. Dans le cas où la vente contiendrait tout à la fois la stipulation d'une rente viagère, formant partie du prix, et la réserve d'une rente constituée, au moyen d'un capital formant le restant du prix, il sera libre à l'acquéreur ou

de résilier, ou d'offrir de continuer sans réduction le paiement de la rente viagère ainsi créée ; et en ce dernier cas, il pourra requérir l'expertise pour la fixation, en numéraire métallique , du capital correspondant à la rente constituée ; à la charge par lui de remplir ce qui est prescrit par l'art. 5 de la loi additionnelle du 16 nivose, n.º 1651.

» 17. Tout ce qui a été ordonné par les art. 2, 3, 4, 5 et 6 de la loi du 16 nivose, n.º 1651, au sujet du mode de remboursement du prix de vente d'immeubles, sera observé à l'égard des sommes stipulées en papier-monnaie, à titre de plus-value ou retour dans les échéances.

» 18. Le vendeur et l'acquéreur jouiront réciproquement, pour les remboursemens prescrits par la présente, du même délai de trois ans, à dater de la publication de la loi du 29 messidor an 4, qui a été fixé par les deux lois du 16 nivose, pour les prix de vente payables à long terme ou convertis en rente constituée.

» Les intérêts des capitaux remboursables courront à cinq pour cent jusqu'à l'échéance.

» Néanmoins l'acquéreur ne pourra, dans aucun cas, être dépossédé qu'après son entière indemnité.

» 19. L'acquéreur qui voudra résilier en exécution de l'art. 10 de ladite loi, sera tenu de le notifier ; si fait n'a été, au vendeur, dans les deux mois qui suivront la publication de la présente, à peine de déchéance; et le vendeur, à dater du jour de la notification ainsi faite, jouira d'un autre délai de deux mois pour faire aux créanciers délégués, le cas échéant, la notification prescrite par l'art. 5 de la loi du 11 frimaire.

» 20. Les diverses options autorisées et les notifications prescrites par la présente loi, seront pareillement faites, à peine de déchéance, dans les deux mois qui suivront sa publication.

» 21. Quand le contrat sera résilié en exécution de la loi du 16 nivose, n.º 1651, et de la présente, le vendeur, en rentrant en possession de l'immeuble vendu, sera tenu d'entretenir les baux existans, passés par l'acquéreur pendant sa jouissance, si mieux il n'aime indemniser le fermier ou locataire.

» 22. La résiliation, lorsqu'elle s'opère, ne donne lieu qu'à un droit fixe d'un franc pour l'enregistrement.

» 23. Les mots : « A l'égard des obligations » énoncées dans les *tit.* 1, 2, 3, 4 et 5 de ladite » résolution », insérés dans l'*art.* 11 dela loi du 16 nivose, n.º 1651, sont remplacés par ceux-ci : « A l'égard des obligations énoncées dans » les *tit.* 1, 2, 3, 4 et 5 de la présente. »

» 24. A la réception de la présente dans chaque administration de canton, le commissaire du directoire exécutif sera tenu, sous sa responsabilité, de faire afficher aux lieux accoutumés, un avis indicatif des prorogations de délai accordées par les *art.* 2, 19 et 20 ci-dessus.

« Citoyens législateurs,

» Nous vous apportons un projet de loi sur le contrat de vente ; ce projet est divisé en huit chapitres.

» Dans le premier, on s'est occupé *de la nature et de la forme de la vente.*

» Le second déclare quelles sont *les personnes qui peuvent acheter ou vendre.*

» Le troisième est relatif *aux choses qui peuvent être vendues.*

» Dans les quatrième et cinquième, on détermine *les obligations du vendeur et celles de l'acheteur.*

» On s'est occupé dans le sixième, *de la nullité et de la résolution de la vente.*

» Le septième a pour objet la *licitation.*

» Le transport des créances et autres droits incorporels est la matière du huitième et dernier chapitre.

Tel est le plan général du projet de loi.

Chap. 1.er. — De la nature et de la forme du contrat de vente.

» Les hommes ont des besoins réciproques : de là naissent les relations commerciales entre les nations diverses et entre les individus de la même nation.

» D'abord on ne connut pas l'usage de la monnaie ; on ne trafiqua que par échanges ; c'est l'unique commerce des peuples naissans.

» L'expérience découvrit bientôt les embarras, et démontra l'insuffisance de ce genre de commerce ; car il arrivait souvent qu'un individu qui avait besoin des marchandises d'un autre, n'avait pas celles que celui-ci désirait acquérir lui-même. Deux personnes qui traitaient ensemble ne savaient comment se rapprocher, ni comment solder leurs comptes respectifs. Les difficultés que l'on rencontrait dans les communications entre particuliers existaient également dans les communications entre les différens peuples ; elles opposaient des obstacles journaliers à toutes les spéculations et à toutes les entreprises.

» Les nations, éclairées par la nécessité, établirent une monnaie, c'est-à-dire, un signe de toutes les valeurs ; avec ce signe, les opérations devinrent moins compliquées et plus rapides. Ceux qui prenaient plus de marchandises qu'ils ne pouvaient en donner, se soldaient ou payaient l'excédent avec de l'argent. Dans ce nouvel ordre de choses, on procéda presque toujours par vente et par achat.

» Quand on connaît l'origine du contrat de vente, on connaît sa nature.

» La vente est un contrat par lequel *l'un s'oblige à livrer une chose, et l'autre à la payer.*

» Considérés dans leur substance, les contrats appartiennent au droit naturel ; et, en tout ce qui regarde leur forme, ils appartiennent au droit civil. En matière de vente, comme en toute autre matière, c'est le consentement, c'est la foi qui fait le contrat. Conséquemment il existe une véritable vente dès que les parties sont d'accord sur la chose et sur le prix.

» Mais comment doit-il conster de cet accord, pour qu'il puisse devenir obligatoire aux yeux de la société ? Ici commence l'empire de la loi civile.

» Les jurisconsultes romains, plus frappés de ce qui tient à la substance du contrat que de ce qui peut garantir sa sûreté, pensaient qu'il était libre au vendeur et à l'acheteur de traiter par parole ou par écrit.

» Parmi nous il a été un temps où l'on avait presque perdu jusqu'au souvenir de l'usage de l'écriture. Dans ce temps, on avait proclamé cet adage, qui nous a été conservé par quelques anciens coutumiers : *Témoins passent lettres.*

»Dans les affaires publiques, on était gouverné par des usages ou des traditions plutôt que par des lois ; dans les affaires privées, des paroles fugitives, recueillies par quelqu'affidé ou quelque voisin, faisaient toute la sûreté des contrats.

» Les choses changèrent quand l'instruction reparut. On vit s'établir cette autre maxime : *Lettres passent témoins.*

» L'ordonnance de Moulins et celle de 1667 prohibaient d'admettre la preuve par témoins en matière de contrat, à moins qu'il n'y eût un commencement de preuve par écrit, ou qu'il ne fût question d'une valeur infiniment modique. La vente ne fut pas distinguée des autres conventions.

» Le projet de loi suppose et consacre, à cet égard, les principes existans.

» Quand on parle de l'usage de l'article relativement aux différens actes, il faut distinguer les cas. Ordinairement l'écriture est exigée comme simple preuve de l'acte qu'il s'agit de constater. Quelquefois elle est exigée comme une forme nécessaire à la solennité même de l'acte. Dans ce second cas, l'écriture ne peut être suppléée. L'acte est nul s'il n'est pas rédigé par écrit et dans la forme prescrite par la loi. Mais, dans le premier cas, l'écriture n'étant exigée que comme une simple preuve, la seule absence de l'écriture n'opère pas la nullité d'un acte dont il consterait d'ailleurs par d'autres preuves équivalentes et capables de rassurer le juge.

» L'ordonnance des donations voulait que toute donation entre-vifs fût rédigée par contrat public, à peine de nullité. Il est évident que, dans cette espèce de contrat, l'écriture n'était pas simplement exigée pour la preuve de l'acte, mais pour sa solennité et sa validité, *non tantùm ad probationem sed ad solemnitatem.*

» Quelques jurisconsultes, et entr'autres l'auteur du *Traité des Assurances*, enseignent, que dans le système de l'ordonnance de la marine, l'écriture est exigée comme une forme essentielle au contrat d'assurance.

» Dans la vente et dans les autres contrats ordinaires, l'écriture n'est exigée que comme preuve, *tantùm ad probationem.* Ainsi une vente ne sera pas nulle, par cela seul qu'elle n'aura pas été rédigée par écrit. Elle aura tout son effet, s'il conste d'ailleurs de son existence. Il sera seulement vrai de dire, comme à l'égard des autres conventions, que la preuve par témoins n'en doit point être admise, s'il n'y a des commencemens de preuves par écrit.

» L'écriture n'étant exigée, dans la vente, que pour la preuve de l'acte, le projet de loi laisse aux parties contractantes la liberté de faire leurs accords par *acte authentique ou sous seing privé.*

» Il est de principe que l'on n'est pas moins lié par un acte que l'on rédige et que l'on signe soi-même, que par ceux qui se font en présence d'un officier public. Les derniers sont revêtus de plus d'authenticité, mais l'engagement que l'on contracte par les premiers n'est pas moins inviolable.

» Deux parties, en traitant ensemble sous seing privé, peuvent s'obliger à passer un contrat public à la première réquisition de l'une d'elles. L'acte sous seing privé n'est pas pour cela un simple projet; on promet seulement d'y ajouter une forme plus authentique, mais le fonds du contrat demeure toujours indépendant de cette forme. On peut réaliser ou ne pas réaliser le vœu que l'on a exprimé, de donner une plus grande publicité à la convention, sans que la substance des engagemens pris puisse en être altérée.

» On a jugé constamment qu'une vente sous seing-privé était obligatoire, quoique dans l'acte on se fût réservé de faire rédiger les accords en acte public, et que cette réserve n'eût jamais été réalisée. Toutes les fois qu'en pareil cas, une partie a voulu se soustraire à ses engagemens, elle a toujours été condamnée à les exécuter.

»La rédaction d'une vente privée en contrat public ne peut être réputée essentielle, qu'autant qu'il aurait été déclaré par les parties que, jusqu'à cette rédaction, leur premier acte demeurerait aux termes d'un simple projet.

» On décide dans le projet de loi, que la vente en général *est parfaite, quoique la chose vendue n'ait pas encore été livrée, et que le prix n'ait point été payé.*

»Dans les premiers âges, il fallait *tradition et occupation corporelle,* pour consommer un transport de propriété. Nous trouvons dans la jurisprudence romaine une multitude de règles et de subtilités qui dérivent de ces premières idées.

»Nous citerons, entre autres, cette maxime: *Traditionibus et non pactis dominia rerum transferuntur.*

»Dans les principes de notre droit français, le contrat suffit, et ces principes sont à-la-fois plus conformes à la raison et plus favorables à la société.

»Distinguons le contrat en lui-même d'avec son exécution. Le contrat en lui-même est formé par la volonté des contractans. L'exécution suppose

le contrat, mais elle n'est pas le contrat même.

» On est libre de prendre un engagement ou de ne pas le prendre; mais on n'est pas libre de l'exécuter ou de ne pas l'exécuter quand on l'a pris. Le premier devoir de toute personne qui s'engage, est d'observer les pactes qu'elle a consentis et d'être fidèle à la foi promise.

» Dans la vente, la délivrance de la chose vendue et le paiement du prix sont des actes qui viennent en exécution du contrat, qui en sont une conséquence nécessaire, qui en dérivent comme l'effet dérive de sa cause, et qui ne doivent pas être confondus avec le contrat. L'engagement est consommé dès que la foi est donnée. Il serait absurde que l'on fût autorisé à éluder ses obligations, en ne les exécutant pas.

» Le système du droit français est donc plus raisonnable que celui du droit romain; il a sa base dans les rapports de moralité qui doivent exister entre les hommes.

»Ce système est encore plus favorable au commerce. Il rend possible ce qui ne le serait souvent pas, si la tradition matérielle d'une chose vendue était nécessaire pour rendre la vente parfaite. Par la seule expression de notre volonté, nous acquérons pour nous-mêmes, et nous transportons à autrui toutes les choses qui peuvent être l'objet de nos conventions. Il s'opère par le contrat une sorte de tradition civile qui consomme le transport du droit, et qui nous donne action pour forcer la tradition réelle de la chose et le paiement du prix. Ainsi la volonté de l'homme, aidée de toute la puissance de la loi, franchit toutes les distances, surmonte tous les obstacles, et devient présente par-tout comme la loi même.

»La règle que la vente est parfaite, bien que la chose vendue ne soit point encore livrée, et que le prix n'ait point encore été payé, ne s'applique qu'aux ventes pures et simples, et non aux ventes conditionnelles ou subordonnées à quelque événement particulier. Il faut alors se diriger d'après la nature des conditions stipulées,

lées, et d'après les principes qui ont été établis à cet égard sur les conventions en général.

» Nous avons dit qu'il est de l'essence du contrat de vente que les parties soient d'accord sur la chose et sur le prix ; mais comment cet accord pourrait-il exister, s'il n'était intervenu sur une chose déterminée et sur un prix certain ?

» La nécessité de stipuler un prix certain n'empêche pourtant pas qu'on ne puisse s'en rapporter à un tiers pour la fixation de ce prix. Mais la vente est nulle si ce tiers refuse la mission qu'on lui donne, ou s'il meurt avant de l'avoir remplie. Une des parties ne pourrait exiger qu'il fût remplacé par un autre.

» On dira peut-être que le prix n'est pas certain, quand on s'en rapporte à un tiers pour le fixer. Mais les parties contractantes peuvent convenir de tels pactes que bon leur semble, pourvu que ces pactes ne soient contraires ni à l'ordre public ni aux bonnes mœurs. Sans doute un prix, dont la fixation est soumise à l'arbitrage d'un tiers, n'est point encore certain ; mais il le deviendra après cette fixation, et la vente ne sera parfaite qu'autant que cette fixation aura eu lieu.

» De la nécessité de s'accorder sur une chose déterminée, il suit que, lorsque des marchandises ne sont pas vendues en bloc, mais au poids, au compté ou à la mesure, la vente n'en est point parfaite en ce sens, que les choses vendues sont aux risques du vendeur jusqu'à ce qu'elles soient pesées, comptées ou mesurées ; mais l'acheteur peut en demander ou la délivrance, ou les dommages et intérêts, s'il y a lieu, en cas d'inexécution de l'engagement ; car il y a au moins une obligation précise de vendre.

» *A l'égard du vin, de l'huile*, et des autres choses que l'on est dans l'usage de goûter avant d'en faire l'achat, il n'y a pas de vente tant que l'acheteur ne les a pas goûtées et agrées, parce que, jusqu'à cette époque, il n'y a pas même un véritable consentement de sa part.

Tome III.

» *La vente faite à l'essai est toujours présumée faite sous une condition suspensive ; la promesse de vendre vaut vente, lorsqu'il y a consentement réciproque des deux parties sur la chose et le prix.*

» On trouve effectivement en pareil cas tout ce qui est de la substance du *contrat de vente*.

» Dans l'usage, on traite quelquefois en donnant et recevant des *arrhes*. Si les arrhes tiennent à une convention qui en déterminent l'effet, il faut suivre exactement cette convention. S'il n'y point de convention expresse, alors, faute d'exécution du contrat de la part de l'acheteur, les arrhes sont perdues pour lui ; et faute d'exécution de la part du vendeur, celui-ci est tenu de rendre à l'acheteur le double des arrhes qu'il a reçues.

» Il est de droit commun et général *que les frais d'actes et autres frais accessoires à la vente sont à la charge de l'acheteur.*

Chap. 2. — *Qui peut acheter ou vendre.*

» Après avoir déterminé la nature et la forme du contrat de vente, on s'est occupé de ceux qui peuvent vendre et acheter.

» En thèse, la faculté de vendre et d'acheter appartient à tous ceux auxquels la loi ne l'interdit pas.

» Le projet soumis à votre examen restreint cette faculté entre époux. On a craint, avec raison, l'abus que le mari peut faire de son autorité, et celui qui aurait sa source dans l'influence que la femme peut se ménager par les douces affections qu'elle inspire.

» Ces motifs avaient déterminé la loi romaine, et la plupart des coutumes à prohiber les donations entre-vifs, entre la femme et le mari, hors du contrat de mariage. Entre personnes si intimement unies, il serait bien à craindre que la vente ne masquât presque toujours une donation.

» De plus, le mari est chef de la société con-

65

jugale ; il est l'administrateur des intérêts communs. La femme ne peut faire aucun acte sans son autorisation. Pourrait-on se promettre que la même personne sût concilier l'intérêt exclusif et personnel d'un contractant, avec la sage vigilance d'un protecteur ?

» Il répugne que l'on puisse être à-la-fois juge et partie : *Nemo potest esse autor in re suâ*. Or quand on autorise on est juge, et on est partie quand on traite. On peut, comme partie, chercher son bien propre et particulier. Comme autorisant, on ne doit travailler qu'au bien d'autrui.

» Le projet de loi reconnaît pourtant qu'il est des circonstances dans lesquelles il est permis entre époux de vendre et d'acheter. Ces circonstances sont celles où le contrat est fondé sur une juste cause, et où il a moins le caractère d'une vente proprement dite, que celui d'un paiement forcé ou d'un acte d'administration.

» Nous avons renouvelé les défenses faites aux tuteurs, *mandataires, administrateurs et officiers publics, de se rendre adjudicataires, par eux-mêmes ou par personnes interposées,* des biens qui sont sous leur protection ou leur surveillance.

» Les raisons de sûreté et d'honnêteté publiques qui motivent ces défenses sont trop évidentes pour qu'il soit nécessaire de les développer.

» Dans l'ancienne Rome, les gouverneurs ne pouvaient rien acquérir dans l'étendue de leur gouvernement, et les magistrats ne pouvaient rien acquérir dans le ressort de leur juridiction. On voulait écarter d'eux jusqu'au soupçon de mêler des vues d'intérêt privé avec les grands intérêts publics confiés à leur sollicitude.

» Une Novelle de Valentinien vint adoucir la rigueur de cette législation ; et cette Novelle, d'après le témoignage de Cujas, a formé le droit de la France.

» Mais une foule d'arrêts intervenus en forme de réglemens ont constamment prononcé la nul-

lité des adjudications faites à des juges et à des administrateurs chargés par état de la surveillance des biens adjugés. Si l'on a cru que la condition des officiers publics ne doit pas être pire que celle des citoyens ordinaires, dans les choses étrangères au fait de leur administration, on a pensé aussi que le *titre public de leur charge* les soumet à de plus grandes précautions que les *personnes privées,* pour les mettre à couvert du soupçon d'abuser de leur autorité dans les occasions où ils ne peuvent et ne doivent se montrer que comme administrateurs ou comme magistrats.

» Les ordonnances ont toujours prohibé aux juges, à tous ceux qui exercent quelques fonctions de justice ou quelque ministère près les tribunaux, de *se rendre cessionnaires d'actions et droits litigieux qui sont ou peuvent être portés devant le tribunal où ils exercent leurs fonctions, à peine de nullité, dépens, dommages et intérêts.*

» Cette disposition est rappelée par le projet de loi ; elle est la sauve-garde des justiciables.

» Un juge est établi pour terminer les contestations des parties, et non pour en trafiquer. Il ne peut et il ne doit intervenir entre les citoyens que comme ministre des lois, et non comme l'agent des intérêts, de la haine et des passions des hommes. S'il descend honteusement de son tribunal, s'il abandonne le sacerdoce auguste qu'il exerce, pour échanger sa qualité d'officier de justice contre celle d'acheteur d'actions, il avilit le caractère honorable dont il est revêtu ; il menace, par le scandale de ses procédés hostiles et intéressés, les familles qu'il ne doit que rassurer par ses lumières et ses vertus ; il cesse d'être magistrat, il n'est plus qu'oppresseur.

» La prohibition faite aux juges d'acheter des actions litigieuses n'est donc qu'une conséquence nécessaire des principes religieux qui veillent sur la sainteté de leur ministère. Il importe à la société que ceux par qui la justice doit être rendue puissent être respectés comme s'ils étoient la justice même.

Chap. 3. Des Choses qui peuvent être vendues.

» Toutes les choses qui s'offrent à nous dans la nature sont ou commerçables ou hors du commerce.

» Parmi les choses qui sont hors du commerce, il faut d'abord ranger celles qui ont été destinées par la providence à demeurer communes, et qui ne pourraient cesser de l'être sans cesser d'être ce qu'elles sont. Ces choses ne sont point susceptibles de devenir l'objet d'une propriété privée, et ne peuvent appartenir, à titre de domaine proprement dit, à qui que ce soit, pas même à l'état qui, selon le langage des jurisconsultes, n'en a que la *simple tuition*, et qui ne doit que garantir et protéger leur destination naturelle.

» La seconde classe des choses qui sont hors du commerce embrasse toutes celles qui sont actuellement consacrées à des usages publics, et qui, par cela seul, n'appartiennent à personne.

» Toutes ces choses ne peuvent devenir l'objet d'une vente.

» Il est encore des biens qui, quoique possédés à titre de domaine proprement dit, ne sont point dans le commerce, parce que la loi défend de les aliéner.

» De-là vient que le projet de loi, en déclarant que *tout ce qui est dans le commerce* peut être vendu, ajoute : *Lorsque des lois particulières n'en ont pas prohibé l'aliénation.*

» On ne peut sciemment acheter ni vendre la chose d'autrui. Nous avons écarté à cet égard toutes les subtilités du droit romain. L'acte par lequel nous disposons de ce qui ne nous appartient pas ne saurait être obligatoire, si l'acquéreur a connu le vice de la chose vendue ; car, dès-lors, cet acquéreur n'ignore pas qu'on ne peut céder ni transporter à autrui un droit qu'on n'a pas soi-même ; et il est contre toute raison et contre tout principe que deux parties puissent, avec connaissance de cause, disposer d'une pro-

priété qui appartient à un tiers à l'insu duquel elles traitent.

» Les lois romaines proscrivaient la vente de la succession d'une personne vivante. La jurisprudence française s'était conformée à la disposition des lois romaines. Nous avons cru qu'il importait de conserver une maxime essentiellement bonne, et dictée par l'humanité même.

» Il est sans doute permis de traiter sur des choses incertaines, de vendre et d'acheter de simples espérances ; mais il faut que les incertitudes et les espérances, qui sont la matière du contrat, ne soient contraires ni aux sentimens de la nature, ni aux principes de l'honnêteté.

» Nous savons qu'il est des contrées où les idées de la saine morale ont été tellement obscurcies et étouffées par un vil esprit de commerce, qu'on y autorise les assurances sur la vie des hommes. Mais en France, de pareilles conventions ont toujours été prohibées. Nous en avons la preuve dans l'ordonnance de la marine, de 1681, qui n'a fait que renouveler des défenses antérieures.

» L'homme est hors de prix : sa vie ne saurait être un objet de commerce ; sa mort ne peut devenir la matière d'une spéculation mercantile.

» Ces espèces de pactes sur la vie ou sur la mort d'un homme sont odieux, et ils peuvent n'être pas sans danger. La cupidité qui spécule sur les jours d'un citoyen, est souvent bien voisine du crime qui peut les abréger.

» La vente de la succession d'une personne vivante est un contrat éventuel sur la vie de cette personne. Elle a donc tous les vices, tous les dangers qui ont fait proscrire le contrat d'assurance sur la vie des hommes ; elle en a de plus grands encore : elle nous offre le spectacle affligeant d'un parent, d'un proche assez dénaturé pour consulter, avec une sombre et avide curiosité, le livre obscur des destinées ; pour fonder de honteuses combinaisons sur les tristes calculs d'une prescience criminelle, et, je ne crains pas de le dire, pour oser entr'ouvrir la

65 *

tombe sous les pas d'un parent, d'un bienfaiteur peut-être.

» Une chose ne pouvant être vendue qu'autant qu'elle existe, la vente est nulle, si, au moment du contrat, la chose vendue n'existe plus. S'il en reste quelque partie, l'acquéreur a le choix de renoncer à la vente, ou de réclamer la partie conservée, ou d'en faire déterminer le prix.

Chap. 4 et 5. *Des Obligations du vendeur et de l'acheteur.*

» Nous arrivons aux obligations qui naissent du contrat de vente.

» Les deux principales obligations du vendeur sont de délivrer la chose vendue, et de la garantir.

» Le projet de loi détermine le mode de délivrance selon la nature des choses, mobiliaires, ou immobiliaires, corporelles ou incorporelles, qu'il s'agit de délivrer. Il fixe les droits de l'acquéreur, dans les cas où le vendeur est en demeure de faire la délivance. Il déclare que, dans ces cas, l'acquéreur a le choix de demander la résolution de la vente, ou la mise en possession de la chose vendue, avec dommages et intérêts pour le préjudice qu'il a souffert.

» Le vendeur n'est point réputé en demeure de faire la délivrance, si l'acquéreur est en demeure de payer le prix, ou si, depuis la vente, il est tombé en faillite, ou dans un état de décadence qui puisse sérieusement menacer la sûreté du vendeur.

» La chose vendue doit être délivrée en l'état où elle se trouve au moment de la vente, et avec tous ses accessoires. On range dans la classe des accessoires tout ce qui était destiné d'une manière permanente à l'usage de la chose.

» On distingue, dans les ventes d'immeubles faites avec déclaration de contenance, l'hypothèse où l'on a fixé le résultat de cette contenance à un nombre déterminé de mesures, en distribuant proportionnellement le prix sur chaque mesure, de celle où la déclaration de contenance se trouve liée à la vente d'un ou de plu-

sieurs corps certains, séparés ou unis, avec stipulation d'un prix général pour le tout.

» Dans la première hypothèse, il peut arriver de deux choses l'une, ou qu'il y ait un *déficit* dans la contenance déclarée, ou qu'il y ait un excédent. Y a-t-il un *déficit*, l'acquéreur peut exiger que le vendeur complète la contenance portée par le contrat, ou se contenter d'une diminution proportionnellement dans le prix. Ce dernier parti est même forcé, si le vendeur est dans l'impossibilité de remplir la contenance annoncée. Y a-t-il un excédent, cet excédent est-il d'un vingtième au-dessus de la contenance déclarée, l'acquéreur a le choix de fournir le supplément du prix, ou de se désister de son achat.

» Dans l'hypothèse, au contraire, où la déclaration de contenance se trouve liée à la vente d'un ou de plusieurs corps certains, séparés ou unis, avec stipulation d'un prix général pour le tout, cette déclaration ne donne lieu à aucun supplément de prix en faveur du vendeur, pour l'excédent de contenance, ni en faveur de l'acquéreur, à aucune diminution de prix, sous prétexte d'un *déficit*, à moins que le *déficit* ou l'excédent ne soit d'un vingtième en plus ou en moins, eu égard à la valeur totale des objets vendus.

» Il était essentiel de fixer d'une manière uniforme le degré d'importance que doit avoir l'*excédent* ou le *déficit* de contenance, pour fonder les droits respectifs du vendeur et de l'acquéreur. Les coutumes variaient sur ce point. Nous avons opté pour l'usage le plus universel.

» Nous avons déclaré que, dans les occurrences dont nous venons de parler, l'action en résiliation ou en supplément de prix, ne doit durer qu'une année. Ce temps est suffisant pour reconnaître une erreur dont la vérification est possible à chaque instant. Un terme plus long jetterait trop d'incertitude dans les affaires de la vie.

» Indépendamment de l'obligation de délivrer fidèlement la chose vendue, le vendeur doit la garantir.

» Cette garantie a deux objets : le premier, d'assurer à l'acquéreur la paisible possession de la chose vendue ; le second, de lui répondre des défauts cachés ou des vices qui donnent lieu à l'action redhibitoire.

» La garantie est de droit. Elle dérive de la nature même du contrat de vente. Mais on peut convenir que le vendeur n'y sera point soumis. Car il ne s'agit ici que d'un intérêt privé ; et, en matière d'intérêt privé, chacun peut renoncer à son droit.

» Nous avons pourtant prévu le cas où l'événement qui ouvrirait l'action en *garantie*, aurait sa source dans le propre fait du vendeur : nous avons pensé, avec tous les jurisconsultes, que dans un pareil cas, le pacte portant dispense de toute garantie ne pourrait être appliqué ; et que même si l'on stipulait que le vendeur ne serait pas tenu de répondre de son propre fait, une telle stipulation serait évidemment nulle, comme contraire à la justice naturelle et aux bonnes mœurs.

» Le projet de loi détermine l'étendue de la garantie, soit en cas d'éviction, soit en cas de défauts ou de vices cachés dans la chose vendue. Nous n'entrerons point à cet égard dans des détails inutiles. On se convaincra, par la seule lecture du projet, qu'il ne fait que rappeler des maximes consacrées par la jurisprudence de tous les temps, et liées aux principes de l'éternelle équité.

» Si les principales obligations du vendeur sont de délivrer la chose vendue et de la garantir, la principale obligation de l'acquéreur est de payer le prix.

» L'acquéreur ne peut suspendre ce paiement qu'autant qu'il serait en péril d'être évincé. Un tel danger l'autorise à garder le prix ou à exiger une caution suffisante et solvable.

» Si l'acquéreur est en demeure de satisfaire à ses engagemens, le vendeur est fondé à demander la résolution de la vente.

» Cette résolution doit être prononcée sans hésitation, dans le cas où le vendeur court le risque de perdre la chose et le prix. Un tel risque n'existant pas, le juge peut accorder à l'acquéreur un délai raisonnable pour se libérer. Une excessive rigueur dans l'administration de la justice aurait tous les caractères d'une tyrannique oppression. *Summum jus, summa injuria.* Le bien se trouve entre deux limites ; il finit toujours où l'excès commence.

» Quelquefois on convient que la vente sera résolue de plein droit, si l'acquéreur ne paie le prix dans un délai déterminé. On demande si, dans une telle situation, l'acquéreur peut utilement après le délai, satisfaire à ses obligations? L'affirmative est incontestable,tant que cet acquéreur n'a pas été mis en demeure par une sommation. Dira-t-on qu'il était suffisamment averti par le contrat ? Mais la rigueur du contrat pouvait être adoucie par la volonté de l'homme. Le silence du vendeur fait présumer son indulgence. Une sommation positive peut seule empêcher ou détruire cette présomption.

» Quand cette sommation a été faite, si l'acquéreur ne paie pas, le juge ne peut plus accorder de délai. Un délai accordé par le juge, en pareille circonstance, serait une infraction manifeste du contrat. L'équité du juge ne peut intervenir que quand la circonstance du non paiement, dans le temps convenu, n'a pas été formellement présentée dans le contrat comme résolutoire de la vente ; car alors il reste quelque latitude à cette équité.

» Ce que nous venons de dire n'est relatif qu'à des ventes d'immeubles. S'il s'agit de denrées et d'effets mobiliers, la vente sera résolue de plein droit et sans sommation préalable, au profit du vendeur, après le délai dans lequel il était convenu que l'acheteur retirerait la chose vendue et en paierait le prix.

» Les raisons de différence entre les ventes d'immeubles et les ventes de denrées et d'effets mobiliers sont sensibles. Les denrées et les effets mobiliers ne circulent pas toujours dans le commerce avec le même avantage ; il y a une si grande variation dans le prix de ces objets, que le moindre retard peut souvent occasionner un préjudice irréparable. Les immeubles n'offrent pas les mêmes inconvéniens.

» En développant les règles générales sur les obligations respectives du vendeur et de l'acheteur, nous n'avons rappelé que les principes qui appartiennent au droit commun, et qui ont été adoptés par les lois civiles de toutes les nations policées. Mais nous n'avons pas laissé oublier que les règles générales du droit qui ont été posées peuvent être modifiées de mille manières par les conventions des parties. Le contrat est la véritable loi qu'il faut suivre, à moins que les pactes qu'il renferme ne soient vicieux en eux-mêmes, ou dans leurs rapports avec la police de l'État. Quand le contrat est clair, il faut en respecter la lettre ; s'il y a de l'obscurité et du doute, il faut opter pour ce qui paraît le plus conforme à l'intention des contractans. Les pactes dans lesquels cette intention n'est pas facile à découvrir doivent être interprétés contre le vendeur, parce qu'il dépendait de lui d'exprimer plus clairement sa volonté.

Chap. 6. — De la Nullité et de la Résolution de la vente.

» L'ordre naturel des idées nous a conduits à l'examen des moyens et des causes qui peuvent opérer la nullité ou la dissolution du contrat de vente. Nous n'avons pas dû rappeler les règles communes à tous les contrats, et qui ont été exposées dans des projets de loi que vous avez sanctionnés. Nous nous sommes attachés à celles qui sont particulières au contrat de vente.

» Il a toujours été permis de stipuler, dans une vente, la faculté de rachat. Cette faculté consiste dans la réserve que se fait le vendeur de reprendre la chose vendue, moyennant la restitution du prix, et le remboursement de tout ce qui est de droit,

» Par l'exercice de cette faculté, la vente est résolue ou annulée.

» Nous avons cru, d'après l'ancienne jurisprudence, devoir autoriser la stipulation de la faculté de rachat. Ce pacte offre au citoyen, ou au père de famille malheureux, des ressources dont il ne serait pas juste de le dépouiller. Avec la liberté de se réserver le rachat, on peut vendre pour se ménager un secours, sans perdre l'espérance de rentrer dans sa propriété.

Mais autrefois la faculté de rachat pouvait être stipulée pour un temps très-long, et même pour un temps illimité. Quand on la stipulait pour un temps illimité, elle n'était prescriptible que par le laps de trente ans.

» Dans le projet de loi, on limite à cinq ans l'action en rachat. On ne permet pas de stipuler la durée de cette action pendant un plus long terme.

» Le bien public ne comporte pas que l'on prolonge trop une incertitude qui ne peut que nuire à la culture et au commerce.

» Dans l'ancien régime on distinguait, en matière de rachat, la prescription légale de la prescription conventionnelle. La prescription légale se vérifiait lorsque la faculté de rachat, stipulée pour un temps illimité, n'était prescrite que par le laps de trente ans. La prescription conventionnelle se vérifiait lorsque la faculté de rachat ayant été stipulée pendant un temps convenu entre les parties, le vendeur avait laissé passer ce temps sans exercer son droit. On pensait que, dans l'hypothèse de la prescription légale, l'action en rachat était éteinte par la seule force de cette prescription ; mais que, dans le cas de la prescription conventionnelle, il était nécessaire que l'acquéreur obtînt, contre le vendeur ou ses ayans-cause, un jugement de déchéance..

» Cette distinction ne nous a offert qu'une vaine subtilité. Est-il nécessaire de faire déchoir un vendeur d'une action qui n'existe plus ? Cette action, dont la durée avait été déterminée par le contrat, peut-elle se survivre à elle-même ? Pourquoi vouloir qu'une partie soit obligée de rapporter un jugement quand sa sûreté est pleinement garantie par la convention ?

» Le projet de loi décide que l'action en rachat est éteinte de plein droit après le délai convenu, qui ne peut excéder cinq années.

» Le temps de cinq années court contre toute personne, même contre le mineur, sauf à ce dernier à exercer son recours contre qui de droit. Nous devons encore faire remarquer ici une différence entre l'ancienne jurisprudence et le projet de loi. L'ancienne jurisprudence, en distinguant la prescription légale de la prescription conventionnelle, établissait que, quand le rachat ne s'éteignait que par la prescription légale, cette prescription ne courait pas contre les mineurs, et que le mineur ne pouvait être frappé que par la prescription conventionnelle.

» Il nous a paru que, dans tous les cas, la prescription, soit légale, soit conventionnelle, doit courir contre toutes personnes sans exception.

» D'abord, cette règle ne peut être douteuse dans aucun système, quand il s'agit de la prescription conventionnelle. Car, dans ce cas, il s'agit de l'exécution d'un pacte. Or les pactes ne peuvent être que le résultat et l'ouvrage de la volonté. Il serait donc absurde qu'un acquéreur se trouvât soumis par un événement étranger au contrat, à une prorogation qu'il n'aurait ni voulue ni consentie. Quant à la prescription légale, elle serait acquise dans le système du projet de loi, par le laps de cinq ans, puisque, par ce projet, l'action en rachat ne peut avoir une plus longue durée. Or une prescription de cinq ans est une prescription abrégée, qui ne saurait être régie comme les prescriptions ordinaires.

» Dans les prescriptions ordinaires, les lois ont plus en vue l'intérêt du propriétaire dépouillé, que celui d'un simple possesseur ou d'un usurpateur ambitieux. De là vient qu'elles admettent avec une grande faveur, dans ces sortes de prescriptions, tout ce qui peut en interrompre le cours.

» Dans les prescriptions abrégées, les lois, par quelques considérations majeures d'utilité publique, ont plus en vue l'intérêt de celui qui peut s'aider de la prescription, que l'intérêt de la personne à laquelle la prescription peut être opposée. De là les mineurs même sont frappés par les prescriptions abrégées, parce que les motifs de bien public, qui ont fait réduire ces prescriptions à un moindre temps, luttent toujours avec avantage pour les personnes que les lois se proposent de secourir et de protéger.

» Le projet de loi, après avoir déterminé la durée de l'action en rachat, rappelle quelques règles connues sur la manière d'exercer cette action, et sur les obligations respectives du vendeur qui rentre dans sa propriété, et de l'acquéreur qui s'en dessaisit.

» Une question vraiment importante s'est élevée. Doit-on admettre la rescision du contrat de vente pour cause de lésion ?

» La loi 2 au Code de *Rescindendâ venditione* admet cette rescision, lorsque la lésion est d'*outre moitié du juste prix*.

» Cette loi avait été adoptée en France, tant dans les pays de coutume que dans les pays de droit écrit.

» L'introduction du papier-monnaie pendant la révolution eut une telle influence sur toutes les opérations commerciales, et produisit une si grande mobilité dans la valeur relative de toutes choses, que l'action rescisoire pour cause de lésion parut incompatible avec les circonstances dans lesquelles on vivait.

» Les affaires prenant ensuite un cours plus réglé, on proposa de rétablir l'action rescisoire; il y eut quelque diversité d'avis. On renvoya à statuer sur cet objet lorsqu'on s'occuperait de la rédaction d'un Code civil.

» Le moment est arrivé : et il s'agit aujourd'hui de savoir si l'action rescisoire pour cause de lésion sera ou ne sera pas consacrée par notre législation civile.

» En France, nos jurisconsultes ont été uniformes jusqu'ici sur la justice de cette action. Quelques auteurs étrangers, et entre autres des docteurs allemands ont publié une doctrine contraire à celle de nos jurisconsultes. Parmi ces auteurs, il en est qui attaquent le principe même de l'action rescisoire, et qui soutiennent que la lésion, quelque énorme qu'elle soit, ne peut donner lieu à la rescision du contrat de vente. D'autres reconnaissent que le principe sur lequel on fonde l'action rescisoire est bonne en soi, mais qu'il ne peut être réalisé dans la pratique, sans entraîner des dangers et des abus de toute espèce.

» Quelques-uns avec plus de science que de lumières, ont cherché à établir que la loi 2, au Code de *Rescindendâ venditione*, sur laquelle repose tout le système de l'action rescisoire pour cause de lésion, n'est pas l'ouvrage des empereurs auxquels on l'attribue, que ce texte se trouve en contradiction avec toutes les lois romaines publiées dans le temps de la république, et avec d'autres lois faites par les empereurs même que l'on suppose auteurs de la loi dont il s'agit.

» Nous avons examiné la question sous les différens points de vue qu'elle présente.

» D'abord, nous avons écarté toutes les discussions de date et de chronologie. Quelle est la véritable époque de la promulgation de la loi 2, au Code de *Rescindendâ venditione?* Par quel principe a-t-elle été promulguée? Existe-t-il des lois contraires dans la vaste compilation du droit romain? Dans ce moment, toutes ces recherches sont plus curieuses qu'utiles. Nous savons que la loi 2 au Code de *Rescindendâ venditione* est dans le recueil de Justinien, et qu'elle a été constamment suivie et respectée parmi nous, et dans presque tous les états de l'Europe. Quel poids peuvent donc avoir des dissertations obscures, uniquement relatives à la date

de cette loi, lorsque tant de siècles et tant de peuples ont rendu si solennellement hommage à la sagesse de ses dispositions?

» Dire que, dans les temps florissans de la république, on ne connaissait point à Rome l'action rescisoire pour cause de lésion, c'est proposer une observation inconcluante. Les lois n'ont été faites que successivement, selon les besoins et les circonstances. L'orateur romain remarque qu'il fut un temps où il n'existait aucune loi contre le parricide. Une loi naît ordinairement d'un abus qui se manifeste, et qu'il importe à la société de réprimer. Tant que les mœurs gouvernent, on a peu de lois. Les codes des nations se développent, et s'étendent à mesure qu'on sent davantage le besoin de faire des lois pour corriger les mœurs. On a établi des lois contre le péculat, quand la fréquence de ce crime les a provoquées. On a vraisemblablement établi l'action rescisoire quand des surprises ou des fraudes jusque-là inouïes, ont averti le législateur qu'il était temps de ramener la bonne foi dans les ventes et les achats. Ainsi il serait absurde de chercher un préjugé contre la loi 2, au Code de *Rescindendâ venditione*, dans l'époque plus ou moins ancienne à laquelle cette loi peut avoir été publiée. Ceux qui croient avoir fait une découverte chronologique veulent tout rapporter à cette découverte, parce qu'on s'attache toujours fortement à ce qu'on sait le mieux. Mais le législateur et le jurisconsulte ont une tâche plus importante à remplir. Ils ne doivent pas se borner à recueillir et à concilier des textes épars; mais ils doivent choisir, au milieu de toutes les idées et de toutes les maximes de législation qui ont été jetées dans le monde, celles qui se combinent le mieux avec le besoin de la société et le bonheur des hommes.

» En conséquence, laissons à l'écart tout ce qui est étranger au fond des choses; nous avons uniquement pesé les principes qui pouvaient éclairer notre détermination.

» Les auteurs qui attaquent l'action rescisoire

soire pour cause de lésion jusque dans sa source, prétendent que le contrat fait tout ; que les hommes ne doivent pas être admis à revenir contre leur propre fait ; que la valeur des choses varie journellement ; qu'elle n'est souvent relative qu'à la situation et à la convenance des personnes qui vendent et qui achètent ; qu'il est impossible d'avoir une mesure fixe et commune ; qu'il serait conséquemment déraisonnable de supposer, et de chercher un *juste prix*, autre que celui qui a été convenu entre les contractans.

» A Dieu ne plaise que nous veuillons affaiblir le respect qui est dû à la foi des contractans. Mais il est des règles de justice qui sont antérieures aux contrats même, et desquelles les contrats tirent leur principale force. Les idées du juste et de l'injuste ne sont pas l'unique résultat des conventions humaines. Elles ont précédé ces conventions ; et elles doivent en diriger les pactes. De-là, les jurisconsultes romains, et, après eux, toutes les nations policées, ont fondé la législation civile des contrats sur les règles immuables de l'équité naturelle.

» Or quelles sont ces règles ?

» Déjà, citoyens législateurs, vous les avez consacrées par vos suffrages.

» Vous avez proclamé la maxime qu'aucune obligation ne peut exister sans cause, qu'aucune obligation ne peut même exister sans une cause raisonnable et proportionnée. Quel est donc le sens, quelle est l'application de cette maxime ?

» Distinguons les contrats de bienfaisance des contrats intéressés. Pour la validité des uns et des autres, il faut sans doute une cause ; car la validité de la cause s'applique indéfiniment à toutes les obligations, à tous les contrats.

» Pour ce qui concerne les contrats de bienfaisance, la cause se trouve suffisamment dans le sentiment qui les produit. On n'a pas voulu priver les hommes du doux commerce des bienfaits.

» On peut examiner, relativement à ces sortes

Tome III.

de contrats, si la cause est contraire aux bonnes mœurs, si elle est licite, ou si elle ne l'est pas ; mais on ne peut jamais exciper du défaut de cause, parce que la cause d'un acte de bienfaisance est toujours dans la bienfaisance même.

» Il en est autrement des contrats intéressés.

» La cause de ces sortes de contrats est, selon les jurisconsultes, l'intérêt ou l'avantage, qui est le motif et comme la raison de l'engagement.

» Il y a donc à examiner si cet intérêt, cet avantage est réel ou imaginaire, s'il est proportionné, c'est-à-dire, s'il y a un équilibre raisonnable entre ce que l'on donne et ce que l'on reçoit.

» Dans un contrat de vente la cause de l'engagement est, pour le vendeur, d'échanger une chose quelconque contre de l'argent, et pour l'acquéreur, d'échanger son argent contre la chose qu'on lui transporte. Ce contrat a été rangé dans la classe des contrats commutatifs. On définit le contrat commutatif, celui par lequel on donne une chose pour en recevoir l'équivalent.

» De là vient le principe qu'il ne peut exister de vente, proprement dite, sans la stipulation d'un prix ; et, puisque le prix doit être l'équivalent de la chose vendue, il faut que le prix réponde à la valeur de cette chose ; s'il y a lésion, c'est-à-dire, s'il n'y a point d'équilibre entre la chose et le prix, le contrat se trouve sans cause, ou du moins sans une cause raisonnable et suffisante à l'égard de la partie lésée.

» Ainsi l'action rescisoire, pour cause de lésion, a son fondement dans les maximes communes à tous les contrats, et elle est une conséquence immédiate, une conséquence nécessaire de la nature particulière du contrat de vente.

» Tout cela est bon en théorie, dit-on ; mais comment connaître, dans la pratique, que le prix stipulé dans un acte de vente est équivalent à la chose vendue ? Peut-on avoir une mesure

66

connue et fixe? La situation respective des parties, leur convenance n'exigeraient-elles pas une
mesure particulière pour chaque hypothèse,
pour chaque contrat?

» Pourquoi donc la convention ne serait-elle
pas l'unique loi des parties, puisqu'elle est le
plus sûr et même l'unique garant de leur désir
et de leur besoin réciproque?

» La réponse à ces objections exige un certain développement.

» En général la valeur de chaque chose n'est
que l'estimation de son utilité.

» On appelle *prix* la portion ou la somme
d'argent qui, comparée à cette valeur, est réputée
lui être équivalente.

» On a toujours distingué le *juste prix* du
prix conventionnel. On a eu raison : car le prix
conventionnel et le juste prix diffèrent souvent
l'un de l'autre.

» Le prix conventionnel n'existe que par le
fait même de la convention. Il peut n'être que
le résultat des rapports singuliers qui rappro-
chent les contractans. Le *juste prix* est déterminé par des rapports plus étendus qui ne tiennent pas uniquement à la situation particulière
dans laquelle deux contractans peuvent acciden-
tellement se trouver.

» Le prix conventionnel n'est que l'ouvrage
des volontés privées qui ont concouru à le
fixer. Le *juste prix* est le résultat de l'opinion
commune.

» Nous vivons en société. Tout ce qui forme
la propriété parmi les hommes réunis dans la
même patrie, dans la même cité, n'est pas tout
à la fois dans le commerce. Les métaux ou les
monnaies qui sont les signes de la valeur des
choses, ne circulent pas toujours en même
quantité. La concurrence des vendeurs et des
acheteurs n'est pas constamment la même. Tout
cela dépend de la situation et des besoins varia-
bles de ceux qui se présentent pour vendre et
pour acheter; il est vrai néanmoins que la situation et les besoins de tous les acheteurs et de

tous les vendeurs, ou du plus grand nombre,
diffèrent peu, si on considère les choses et les
hommes dans le même temps, dans le même
lieu, et dans les mêmes circonstances. Or c'est de
cette espèce de conformité de situation et de
besoins que se forme, par l'opinion publique,
une sorte de prix commun ou courant qui donne
aux objets mobiliers ou immobiliers une valeur
à peu près certaine, tant que les mêmes circonstances subsistent ; de là, on voit journellement
le prix des marchandises et des immeubles an-
noncés dans les feuilles périodiques de nos cités
principales.

» Il y a donc pour chaque chose un juste
prix qui est distinct et indépendant du prix conventionnel. Le prix conventionnel peut s'écarter
et s'écarte réellement du juste prix, quand la
cupidité d'une part, et la nécessité de l'autre,
deviennent la seule balance des pactes ou des
accords arrêtés entre les parties qui traitent ensemble.

» On reconnaît si bien un juste prix indépendant du prix conventionnel, que l'on confronte
tous les jours le prix conventionnel avec ce juste
prix, pour savoir si un contrat, auquel on donne
le nom de contrat de vente, en a véritablement
les caractères et la nature. Ainsi on juge par la
vileté du prix stipulé dans un acte, que cet acte,
présenté comme une vente, n'est qu'une donation déguisée. On juge encore par la vileté du
prix, que, sous la forme d'une vente faite, avec
faculté de rachat, on a voulu cacher un simple
prêt sur gages. Enfin c'est par la vileté du prix
que l'on découvre si l'abandon d'un immeuble
sous la condition d'une rente viagère, présente
un contrat onéreux ou une pure libéralité.

» Or, si les lois présupposent l'existence d'un
juste prix, indépendant du prix conventionnel,
lorsqu'il s'agit de prononcer sur les questions
que nous venons d'énoncer, comment pourrait-
on méconnaître ce juste prix quand il s'agit de
lésion? La lésion n'est-elle pas une injustice in-
conciliable avec les principes d'équité et de réciprocité qui doivent être l'âme de tous les con-

trats? N'avons-nous pas démontré qu'elle choque l'essence même du contrat de vente? Pourquoi donc voudrait-on renoncer à l'espoir de la découvrir et de la faire réparer?

» La lésion en soi est odieuse et illicite. Déjà l'action rescisoire pour cause de lésion est admise dans notre Code civil comme un moyen légal de restitution. Car la lésion simple fait restituer les mineurs, et la loi déclare qu'ils ne sont point restitués comme mineurs, mais comme lésés, *non tanquàm minor, sed tanquàm læsus.*

» Lorsque vous avez adopté la partie du Code qui concerne les successions, vous avez décrété, citoyens législateurs, que la lésion du tiers au quart suffit pour rescinder un acte de partage passé même entre majeurs.

» En admettant, dans le projet de loi qui vous est aujourd'hui soumis, la lésion comme moyen de restitution contre le contrat de vente, nous n'avons donc fait qu'appliquer à ce contrat un principe récemment et solennellement consacré par vos suffrages.

» Les partisans du système contraire à celui du projet de loi remarquent qu'il y a une très-grande différence entre un acte de partage et un contrat de vente; qu'un acte de partage exige une égalité plus parfaite entre les parties; que, dans cette espèce d'acte, chacun doit exactement retirer ce qui lui appartient, tandis que, dans un contrat de vente, les contractans se livrent en quelque sorte à des spéculations purement volontaires, déterminées par le besoin ou par la convenance du moment. D'où l'on conclut que des majeurs, qui sont arbitres de leur fortune et qui doivent savoir ce qu'ils font, sont peu recevables à se plaindre d'avoir été lésés. On ajoute que si l'action rescisoire pour cause de lésion pouvait être admise en matière de vente, il arriverait souvent que l'on viendrait au secours d'un vendeur qui, après s'être ménagé par son contrat un secours d'argent auquel il serait redevable du rétablissement de ses af-

faires, ne craindrait pas de venir ensuite contre son propre fait, et de se jouer de la foi de ses engagemens. De plus, les propriétés, dit-on, seraient trop incertaines, et il n'y aurait plus rien de fixe dans le commerce de la vie. L'intérêt public, la sûreté des contrats et des patrimoines exigent donc qu'une vente ne puisse être rescindée pour cause de lésion.

» Ces objections sont visiblement dictées par l'esprit de système qui ne considère jamais les choses avec une certaine étendue, et qui, dans ses observations, se jette ordinairement d'un seul côté, en perdant de vue tous les autres.

» Nous convenons qu'il y a de la différence entre un acte de partage et un contrat de vente. Il faut une égalité plus parfaite entre des copartageans, qu'entre des individus qui vendent et qui achètent; mais cette différence n'a jamais été méconnue. Les lois qui ont admis l'action rescisoire dans les actes de partage et dans les contrats de vente n'ont exigé qu'une lésion du tiers au quart pour faire rescinder les actes de partage, tandis qu'elles ont requis une lésion plus forte, telle, par exemple, qu'une lésion d'outre-moitié du juste prix, pour faire rescinder un contrat de vente. Sans doute il faut observer l'égalité dans les actes de partage; mais est-il un seul contrat dans lequel il soit permis de ne point garder la bonne foi ou de ne point observer la justice?

» On ne cesse de répéter que les contrats de vente ne sont que des spéculations déterminées par le besoin ou par la convenance. Expliquons-nous une fois pour toutes sur ce point. Nous l'avons déjà dit : en matière de vente, on appelle en général besoin ou convenance du vendeur, le besoin ordinaire que tout vendeur a de vendre pour avoir un argent qui lui convient mieux que sa marchandise ou son immeuble; on appelle besoin ou convenance de l'acheteur, le besoin que tout acheteur a d'acheter pour avoir un immeuble ou une marchandise qui lui convienne mieux que son argent.

» Mais le désir immodéré de s'enrichir aux dépens d'autrui ne saurait être un besoin ni une convenance légitime pour personne. Il est sans doute naturel que l'on veuille vendre cher et acheter à bon marché ; c'est ce que les lois civiles de toutes les nations reconnaissent lorsqu'elles déclarent qu'il est permis, jusqu'à un certain point, à un vendeur et un acheteur de se circonvenir mutuellement, *sese invicem circumvenire*, pour tirer le meilleur parti possible de leur position respective ; mais il ne faut pas étendre trop loin cette sorte de permission ou de tolérance.

» Le juste prix des choses ne réside pas dans un point indivisible ; il doit se présenter à nous avec une certaine latitude morale. Deux choses, quoique de la même espèce, ne sont jamais absolument ni mathématiquement semblables : l'avantage que l'on peut retirer des mêmes choses n'est jamais exactement le même pour tout vendeur et pour tout acheteur. Il serait donc impossible de partir, pour la fixation du juste prix, d'une règle absolue et inflexible dans tous les cas ; mais si l'on veut asseoir le règne de la justice, il ne faut pas que l'on puisse s'écarter trop considérablement de ce prix commun, qui est réglé par l'opinion et qu'on appelle le juste prix, puisqu'il est le résultat équitable et indélibéré de toutes les volontés et de tous les intérêts.

» La lésion résulte de la différence qui existe entre le prix commun ou le juste prix et le prix conventionnel.

» Toute lésion pratiquée sciemment est une injustice aux yeux de la morale, mais ne saurait être un moyen de restitution aux yeux de la loi. La vertu est l'objet de la morale ; la loi a plutôt pour objet la paix que la vertu. Si la moindre lésion suffisait pour résoudre la vente, il y aurait parmi les hommes presque autant de procès qu'il se ferait d'acquisitions. C'est pour éviter cet inconvénient général que les lois romaines avaient cru devoir fermer les yeux sur quelques inconvéniens particuliers, et prendre une sorte de milieu entre les règles d'une justice trop exacte et les spéculations odieuses de la cupidité humaine. Ces lois avaient en conséquence abandonné à la liberté du commerce tout l'espace qui est entre le juste prix et la lésion d'outre-moitié de ce juste prix, espace dans lequel le vendeur et l'acheteur ont la faculté de se jouer. Dans le nouveau projet de loi nous allons plus loin que les législateurs romains, nous exigeons que la lésion excède les sept douzièmes du juste prix ; mais il faut convenir que, quand une lésion aussi énorme est constatée, on ne pourrait la tolérer sans renoncer à toute justice naturelle et civile.

» Il importe peu d'observer que l'on peut rencontrer des hypothèses dans lesquelles un vendeur qui n'aurait aucune ressource s'il ne vendait pas, trouve, dans le modique prix qu'on lui donne, un secours suffisant pour commencer sa fortune ou pour la rétablir. Ce sont là des circonstances extraordinaires sur lesquelles on ne saurait fonder un plan de législation. Le plus souvent un acquéreur avide abuse de la misère et de la triste situation de son vendeur, pour obtenir, à vil prix, une propriété arrachée, pour ainsi dire, au malheur et au désespoir.

» Nous ajouterons que, pour juger si un contrat est lésif ou s'il ne l'est pas, il faut confronter le prix avec la chose, et non avec des circonstances accidentelles et fortuites qui ne font point partie du prix. La vente n'est point ordinairement un contrat aléatoire. Elle ne le devient que quand elle porte sur des choses incertaines, et alors l'action rescisoire pour cause de lésion n'a pas lieu. Mais, toutes les fois qu'une vente porte sur une chose déterminée, il serait absurde qu'au lieu de juger du prix stipulé par la valeur de la chose vendue, on fût admis à exciper de circonstances singulières et extraordinaires dont les suites sont incertaines, et qui sont absolument étrangères au contrat.

» On prétend que des majeurs doivent savoir

ce qu'ils font, qu'on ne doit point présumer qu'ils ont été lésés, et qu'ils ne doivent conséquemment pas pouvoir revenir contre la foi de leurs engagemens, sous prétexte de lésion.

» A entendre cette objection, on dirait que des majeurs ne doivent jamais être écoutés quand ils se plaignent. Nous avons pourtant vu que, dans le Code civil, ils sont écoutés, même pour cause de lésion, quand ils se plaignent de l'inégalité qui s'est glissée dans un acte de partage.

» Dans tous les contrats, le dol, l'erreur, une crainte grave, sont, par la disposition précise de nos lois, des moyens légitimes et suffisans pour faire restituer les majeurs. Or la lésion telle que le projet la fixe, pour qu'elle puisse devenir un moyen de restitution, n'équivaut-elle pas au dol ? Les jurisconsultes romains appelaient la lésion ultra - dimidiaire un dol réel, *dolum re ipsâ*, c'est-à-dire, un dol prouvé, non par de simples présomptions, mais par la chose même.

» Nos jurisconsultes français n'ont pas tenu un autre langage. Dumoulin, en parlant de celui qui est lésé d'outre-moitié du juste prix, dit qu'on peut le regarder, et qu'on doit même le regarder, par le fait seul d'une telle lésion, comme trompé, *deceptus ultrà dimidiam partem.*

» Dans plusieurs textes du droit, la lésion, *ultra-dimidiaire* est présentée plutôt comme une fraude que comme une simple lésion. *Non læsio, sed potiùs deceptio.* C'est sous ce même point de vue qu'elle a été présentée par six ou sept de nos anciennes coutumes qui, au lieu de se servir du simple mot de lésion, ont employé celui de *déception d'outre-moitié.*

» Ce serait donc évidemment autoriser le dol et la fraude, que de refuser l'action rescisoire, dans les cas d'une lésion aussi considérable que celle qui est énoncée dans le projet de loi, et qui est plus qu'*ultra-dimidiaire.*

» Au surplus, pourquoi le dol, l'erreur et la crainte sont-ils des moyens de restitution pour les majeurs eux-mêmes ? C'est, entr'autres raisons, parce que l'on présume qu'il n'intervient point un véritable consentement de la part de celui qui se trompe ou qui est trompé, *errantis aut decepti nullus est consensus.* Or peut-on dire que celui qui est énormément lésé aurait adhéré au contrat, s'il avait connu cette lésion, ou s'il avait été dans une situation assez libre pour ne pas la souffrir ?

» Tels sont les effets ordinaires du dol, de l'erreur et de la crainte. En dernière analyse, ces effets aboutissent à une lésion que les lois veulent prévenir ou réparer, en protégeant les citoyens contre les diverses espèces de surprises qui peuvent être pratiquées à leur égard. Comment donc, dans quelque hypothèse que ce soit, les lois pourraient-elles voir avec indifférence un citoyen lésé au-delà de toutes les bornes, et d'une manière qui constate évidemment quelque fraude ou quelque erreur ?

» La majorité du contractant qui a été lésé empêche-t-elle qu'on n'assure à ce contractant, l'action rédhibitoire pour les vices cachés de la chose vendue, une indemnité raisonnable pour les servitudes non apparentes qui lui auront été dissimulées, ou par un défaut de contenance qui sera d'un vingtième au-dessus ou au-dessous de la contenance annoncée dans l'acte de vente ? Ne vient-on pas au secours d'un majeur dans toutes ces occurences ? Comment donc pourrait-on penser qu'un majeur qui souffre une lésion plus qu'*ultra-dimidiaire* n'a aucun droit à la vigilance et à la sollicitude des lois ? Est-ce qu'on se montrerait plus jaloux de réparer un moindre mal qu'un mal plus grand ?

» Nous savons qu'en général les majeurs sont présumés avoir toute la maturité convenable pour veiller sur leurs propres intérêts. Mais la raison, dans chaque homme, suit-elle toujours les progrès de l'âge ? On est aujourd'hui majeur à 21 ans. Nous avons devancé, à cet égard, le terme qui avait été fixé par notre ancienne législation. Or, croit-on qu'un jeune homme de 21 ans, soit dans l'instant métaphysique où la loi déclare sa majorité, tout ce qu'il doit devenir un jour par l'habitude des affaires et par l'expérience du monde? Des majeurs peuvent être absens, ils sont alors obligés de s'en rapporter à un procureur fondé. D'autres sont vieux ou infirmes, on peut abuser de leur faiblesse pour surprendre leur bonne foi.

» Il en est qui peuvent être travaillés par quelque passion et à qui l'on peut alors arracher des actes qui, selon le langage des jurisconsultes, ressemblent à la démence, *quasi non sanœ mentis*. Ne faut-il pas protéger les hommes, non-seulement contre les autres, mais encore contre eux-mêmes?

» Tout majeur, quel qu'il soit, qui éprouve un dommage grave, n'est-il pas autorisé à en demander la réparation? Cela n'est-il pas dans le vœu de la nature, dans celui de toutes les lois?

» Mais, dit-on, si l'on donne aux majeurs l'action rescisoire pour cause de lésion, toutes les propriétés seront incertaines, il n'y aura plus de sûreté dans le commerce de la vie.

» Nous répondons d'abord que cette objection ne prouve rien, ne fût-ce que parce qu'elle prouverait trop. Car en lui donnant toute l'étendue dont elle serait susceptible, il faudrait proscrire toutes les actions en nullité, toutes celles qui pourraient être fondées sur le dol, l'erreur, la crainte, la violence; il faudrait proscrire généralement tous les moyens par lesquels on peut ébranler un contrat de vente, parce que tous ces moyens tendent à rendre les propriétés plus ou moins incertaines dans les mains des acquéreurs.

» En deuxième lieu, le projet de loi, en admettant l'action rescisoire pour cause de lésion, ne l'a admise que dans les ventes d'immeubles. Il déclare que la vente des effets mobiliers ne comporte point cette action. On conçoit que les fréquens déplacemens des effets mobiliers et l'extrême variation dans le prix de ces effets

rendraient impossible un système rescisoire pour cause de lésion, dans la vente et l'achat de pareils objets, à moins qu'on ne voulût jeter un trouble universel dans toutes les relations commerciales, et qu'on ne voulût arrêter le cours des opérations journalières de la vie. Dans ces matières il faut faire plus de cas de la liberté publique du commerce que de l'intérêt particulier de quelques citoyens. Il en est autrement des immeubles. Leur prix est plus constant, et leur circulation est certainement moins rapide. Des immeubles appartiennent long-temps au même propriétaire; ils ne sortent guère des mains de celui qui les possède que par l'ordre de successions. Combien de familles dans lesquelles les diverses générations se partagent pendant long-temps le même patrimoine? On peut donc et on doit, quand il s'agit d'immeubles, se montrer plus occupé de réparer la lésion ou l'injustice que peut éprouver un citoyen, que de protéger la cupidité d'un autre.

» Dans l'ancien régime on recevait l'action rescisoire, même pour les objets mobiliers, quand ces objets étaient précieux. Nous avons cru devoir écarter cette exception, qui pouvait apporter des gênes trop multipliées dans la circulation des effets mobiliers, et entraîner des discussions trop arbitraires pour savoir si un objet est plus ou moins précieux. Nous avons absolument borné l'action rescisoire à la vente des choses immobilières. Objectera-t-on que si l'action rescisoire, limitée à la vente d'immeubles, n'est point préjudiciable au commerce proprement dit, elle peut l'être à l'agriculture par l'espèce d'inaction dans laquelle se tient un nouveau propriétaire qui n'ose rien entreprendre quand il peut craindre d'être évincé?

» Nous répondrons qu'il était possible d'avoir ces craintes lorsque l'action rescisoire durait dix ans. Mais le projet de loi ne lui donne plus que deux ans de durée, à compter du jour de la vente. Ce terme est assez long pour que l'action rescisoire puisse être utile à celui qui est en droit de l'exercer; et il est assez court pour que l'agriculture n'ait point à souffrir d'un délai qui, loin d'empêcher les entreprises du nouveau propriétaire, ne lui laisse que le temps convenable pour le préparer.

» Les écrivains, qui pensent que l'action rescisoire pour cause de lésion ne doit point être admise, se replient ensuite sur les prétendus dangers de la preuve à laquelle on est forcé de recourir pour constater la lésion.

» Mais quelle est donc cette preuve qui inspire tant d'inquiétude? l'estimation par experts. Rien n'est moins sûr, dit-on, que cette estimation. On sait comment des experts opèrent. Chaque partie a le sien. Un tiers est appelé, et l'opinion de ce tiers fait la loi. Ainsi les propriétés se trouvent à la disposition d'un seul homme.

» Avec des objections semblables, il n'y aurait de sûreté que pour les hommes injustes et méchans. S'agirait-il du dol personnel qui annulle tous les contrats, on dirait que la plainte n'en doit point être reçue, parce que le dol personnel ne pourrait être constaté que par la preuve testimoniale, qui est la plus incertaine et la plus dangereuse de toutes les preuves. On renverserait bientôt tous les moyens de recours contre l'injustice, on assurerait l'impunité de tous les crimes, faute de trouver une preuve qui pût rassurer suffisamment l'innocence.

» Heureusement il faut que les affaires marchent, et nous nous résignons, par nécessité, à chercher, non un mieux idéal, mais le bien qui est possible, et qui nous paraît présenter le moins d'imperfections et le moins d'inconvéniens.

» La preuve par témoins a des dangers; mais l'impunité des délits en aurait davantage. On a fait plus d'attention aux dangers de l'impunité qu'à ceux de la preuve testimoniale.

» Il serait sans doute à désirer que tout ce que l'on a intérêt de prouver pût être constaté par écrit. Mais la force des choses y résiste. L'écriture n'accompagne que les conventions ou les choses qui sont susceptibles d'une certaine publicité. Les coupables se cachent et n'écrivent pas. La preuve testimoniale est la preuve naturelle des faits. La déclaration d'experts est la preuve naturelle de tout ce qui requiert, dans certaines matières, le jugement ou l'opinion des gens de l'art.

» Dans les procès en lésion, les preuves littérales ne sont point exclues. On peut administrer des baux, des documens domestiques, des actes, et d'autres titres qu'il serait inutile d'énumérer. Mais nous convenons que l'estimation par experts est la véritable preuve en pareille occurence.

» Que peut-on craindre de cette preuve? elle est bien moins incertaine que celle par témoins. On n'a pour garant de la sincérité d'une déposition, que la bonne foi et la mémoire de la personne qui dépose. Un témoin peut être corrompu ou suborné, sa mémoire peut être infidèle. Les faits sur lesquels on rend ordinairement témoignage, sont pour la plupart fugitifs; ils ne laissent aucune trace après eux. Ainsi en matière de preuve testimoniale, la nature des choses qui sont à prouver augmente les dangers de la preuve.

» Les mêmes inconvéniens ne sauraient accompagner l'estimation par experts. Des experts sont des espèces de magistrats qui ont l'habitude de leurs fonctions, et qui ont besoin de conserver la confiance. Ils sont obligés de motiver leur décision. S'ils se trompent ou s'ils veulent tromper, leur erreur ou leur fraude est à découvert. Ils ne peuvent s'égarer dans leurs opérations. Ayant à estimer s'il y a ou s'il n'y a pas lésion dans un contrat de vente, ils ont sous les yeux l'immeuble qui est l'objet de l'estimation, et ils peuvent le confronter facilement avec le prix qui a été stipulé dans le contrat, et avec les circonstances qui établissent le juste prix, et qui sont garanties par l'opinion commune étayée de tout ce que les localités peuvent offrir d'instruction et de lumières. Rien de plus rassurant.

» La loi sur la propriété que vous avez récemment décrétée porte que, quand on prendra le fonds d'un particulier pour cause d'utilité publique, on donnera à ce particulier une juste et préalable indemnité. Or ce sont des experts qui fixent cette juste indemnité par un rapport d'estimation.

» Tous les jours, pour un partage à faire dans une succession, ou pour la rescision d'un partage déjà fait, on a recours à l'estimation par experts, qui seule peut faire connaître la véritable valeur des immeubles qui seront ou qui ont été l'objet du partage.

» L'estimation par experts est encore d'un usage journalier dans le cas où l'on est évincé d'un immeuble, et où l'on demande le remboursement des améliorations qu'on y a faites.

» Nous ne finirions pas si nous voulions énoncer toutes les hypothèses dans lesquels l'intervention des experts est utile ou nécessaire.

» Pourquoi donc concevrait-on des alarmes sur les prétendus dangers de l'estimation par experts lorsqu'il s'agit d'un procès de lésion, tandis qu'on n'aurait pas les mêmes inquiétudes pour ce genre de preuve dans les occasions multipliées où elle est d'un si grand usage ?

» Le projet de loi indique d'ailleurs toutes les précautions qui peuvent empêcher qu'on n'abuse de l'action rescisoire. Il exige une sorte de jugement préparatoire sur l'état du procès, c'est-à-dire, sur le point de savoir si les circonstances apparentes présentent quelques doutes assez raisonnables pour faire désirer aux juges de recevoir de plus grands éclaircissemens, et d'admettre le demandeur en rescision à tous les genres de preuves dont la matière peut être susceptible. On montre tant de respect pour la sainteté des contrats et pour la sûreté du commerce, qu'une question rescisoire est traitée avec la même circonspection que pourrait l'être une question d'état.

» On entoure ensuite la preuve de l'estimation par experts, de toutes les formes qui peuvent

nous rassurer sur l'intérêt de la justice et de la vérité. Les trois experts doivent être nommés à la fois, ils doivent tous être choisis d'office par le juge ou du commun accord des parties. Ils doivent opérer ensemble. Ils *sont tenus de dresser un seul procès-verbal, et de ne former qu'un seul avis à la pluralité des voix.*

» *S'il y a des avis différens, le procès-verbal en contiendra les motifs, sans qu'il soit permis de faire connaître de quel avis chaque expert a été.*

» Ainsi les experts se trouvent soumis dans leurs opérations aux mêmes règles et au même secret que les juges. Est-il donc possible d'offrir aux parties une plus forte garantie contre les abus réels ou imaginaires qu'elles pourraient redouter ?

» Dans l'ancienne jurisprudence, on doutait si l'action rescisoire pour cause de lésion devait compéter à l'acquéreur comme au vendeur, ou si elle ne devait compéter qu'au vendeur seul. Les cours souveraines s'étaient partagées sur cette question. Il y avait diversité d'arrêts. Le projet de loi déclare que le vendeur seul pourra exercer l'action rescisoire pour cause de lésion. On a cru avec raison que la situation de celui qui vend peut inspirer des inquiétudes toujours étrangères à la situation de celui qui acquiert. On peut vendre par besoin, par nécessité. Il serait affreux qu'un acquéreur avide pût profiter de la misère d'un homme ou de son état de détresse pour l'aider à consommer sa ruine, en cherchant à profiter de ses dépouilles. On ne peut avoir les mêmes craintes pour l'acquéreur lui-même. On n'est jamais forcé d'acquérir. On est toujours présumé dans l'aisance quand on fait une acquisition.

» Quand un vendeur aura exercé l'action rescisoire pour cause de lésion, et quand cette action aura été accueillie, l'acquéreur aura le choix d'abandonner la chose, ou de la garder en fournissant un supplément de prix. Ce supplément consiste dans ce qui manquait pour

arriver

arriver au juste prix; il doit être payé sous la déduction du dixième du prix total. On voit aisément les motifs qui ont dicté ces deux dispositions. La première, qui donne à l'acquéreur le droit d'abandonner la chose ou de payer un supplément de prix, a existé dans tous les temps; c'est un hommage rendu à la foi des contrats. Il a toujours été de maxime, quand un contrat n'est pas nul de plein droit, quand il n'est entaché que d'un vice réparable, qu'il faut laisser aux parties tous les moyens de remplir leurs engagemens, en réparant tout ce qui est vicieux ou injuste, et en respectant tout ce qui ne l'est pas.

» La seconde des dispositions que nous discutons, et qui veut que l'acquéreur, s'il garde la chose, paie le supplément du juste prix, sous la déduction du dixième du prix total, présente une décision nouvelle, car autrefois il n'y avait point lieu à cette déduction; mais nous avons cru qu'elle était équitable, parce que l'estimation des experts n'étant pas susceptible d'une précision mathématique, on ne peut l'adopter avec une rigueur qui supposerait cette exactitude et cette précision.

» L'action rescisoire n'a pas lieu dans les ventes qui, d'après la loi, sont faites d'autorité de justice. Quand la justice intervient entre les hommes, elle écarte tout soupçon de surprise et de fraude. Elle leur garantit la plus grande sécurité.

» Au reste, un vendeur ne peut d'avance renoncer par le contrat au droit de se plaindre de la lésion, même sous prétexte de faire don à l'acquéreur de la plus value. Un tel pacte serait contraire aux bonnes mœurs. Il ne serait souvent que le fruit du dol et des pratiques d'un acquéreur injuste, qui arracherait cette sorte de désistement prématuré à l'infortune et à la misère.

» De plus, autoriser dans les contrats de vente la renonciation à l'action rescisoire, c'eût été détruire cette action. Tout acquéreur eût exigé cette clause, et la loi n'eût prêté qu'un

secours impuissant et illusoire au malheureux et à l'opprimé.

» Il résulte de tout ce que nous avons dit que l'équité, que la saine morale ne permettaient pas de retrancher de notre Code civil l'action rescisoire pour cause de lésion.

» Vainement alléguerait-on que les lois à cet égard n'auront d'autre effet que de produire des procès, sans prévenir les injustices ; nous convenons qu'il y aura toujours des injustices malgré les lois. Mais, sans les lois, les injustices n'auraient point de bornes. C'est mal juger des bons effets d'une loi que de ne s'occuper que du mal qu'elle réprime sans s'occuper de celui qu'elle prévient. Il y a toujours des crimes à punir; donc les lois n'empêchent pas toujours le crime. Mais n'opposez aucune digue au torrent des vices, des délits et des passions, et vous jugerez alors quelle est la force invisible que les lois exercent sur les actions des hommes.

» S'il était une fois permis de tromper impunément quand on contracte ou que l'on traite avec ses semblables, si la lésion la plus énorme ne pouvait être utilement dénoncée, il n'y aurait plus de honte ni de pudeur dans les engagemens publics. Le plus fort ferait la loi au plus faible. La morale, bannie de la législation, le serait bientôt de la société. Car, désabusons-nous, si quelquefois les mœurs suppléent les lois, plus souvent encore les lois suppléent les mœurs. La législation et la jurisprudence sont comme les canaux par lesquels les idées du juste et de l'injuste coulent dans toutes les classes de citoyens.

» Répétera-t-on que l'intérêt public exige qu'il n'y ait point d'incertitude dans les possessions et les propriétés légitimement acquises? Mais l'intérêt public ne veut-il pas aussi qu'on ne soit point perfide et injuste dans la manière de les acquérir ?

» A ne parler même que d'après les principes, non de morale, mais d'économie politique, quel est le véritable intérêt public et général ? Ne consiste-t-il pas à conserver un sage équilibre, à maintenir une juste proportion entre les choses et les signes qui les représentent ? Un état est dans la prospérité, quand l'argent y représente bien toutes choses, et que toutes choses y représentent bien l'argent ; ce qui ne se vérifie que lorsqu'avec une telle valeur en immeubles ou en marchandises, on peut avoir, sitôt qu'on le désire, une valeur proportionnée ou équivalente en argent. Si les lois favorisent un acquéreur avide et injuste, les choses qui appartiennent au vendeur ne représentent pas bien l'argent, puisque celui-ci peut être dépouillé de tout en ne recevant, pour les choses qu'il abandonne, qu'un prix misérable et infiniment au-dessous de leur valeur.

» Nous avons donc cru qu'une loi qui rétablit l'action rescisoire pour cause de lésion, est aussi favorable à la saine politique que conforme à la bonne morale. Les circonstances les plus impérieuses ne nous invitent-elles pas à faire rentrer le commerce dans le sein de la probité ?

Chap. 7. — De la Licitation.

» Après nous être occupés du contrat de vente en général, nous avons fixé notre attention sur un mode particulier de vente qu'on appelle licitation.

» La licitation a lieu lorsqu'il s'agit d'une chose commune à plusieurs, qu'il est impossible ou difficile de diviser, et que l'on est forcé de vendre, parce qu'aucun des co-partageans ou des co-propriétaires ne veut s'en accommoder en payant aux autres ce qui leur revient à chacun.

» Cette manière de vente se fait aux enchères. La chose est adjugée au co-propriétaire, au co-partageant ou à l'étranger qui a été reçu à enchérir. Le prix est partagé entre ceux qui ont droit à la chose.

» Chacun des co-partageans ou des co-propriétaires est autorisé à demander que des étran-

gers soient appelés à la licitation, pour qu'il y ait un plus grand concours d'offrans, et que l'on puisse tirer un meilleur parti de la chose qui est à vendre.

» Le concours des étrangers est indispensable s'il y a des mineurs intéressés.

» Les formalités à observer pour la licitation sont expliquées ailleurs.

Chap. 8. — Du Transport des Créances et autres droits incorporels.

» Indépendamment des choses mobiliaires et immobiliaires, il est une troisième espèce de biens, celle des créances et autres droits incorporels.

» Cette espèce de biens est de la création de l'homme ; elle est l'ouvrage de nos mains. Elle est dans le commerce, comme tous les autres biens.

» Elle est conséquemment susceptible d'être vendue, cédée et transportée. Le projet de loi détermine le mode de délivrance et les cas de garantie. Il rappelle à cet égard des maximes trop connues pour que nous ayions besoin d'indiquer les motifs de sagesse et de justice sur lesquels elles sont appuyées.

» Par les lois romaines, le débiteur des droits, des actions ou des créances litigieuses cédées à un tiers, avait le droit de racheter la cession et de se subroger au cessionnaire, en remboursant uniquement les sommes payées par ce dernier avec les intérêts à dater du jour du paiement.

Cette disposition légale était dirigée contre ces hommes avides du bien d'autrui, qui achètent des actions ou des procès pour vexer le tiers, ou pour s'enrichir à ses dépens.

La jurisprudence française avait adopté en ce point le droit romain. Nous avons cru devoir consacrer, par le projet de loi, une jurisprudence que la raison et l'humanité nous invitaient à conserver.

» Nous avons en même temps indiqué les

cas auxquels la règle qui vient d'être posée, cesse d'être applicable. Ces cas sont tous ceux où l'on ne rapporte cession de quelque droit litigieux, que pour se maintenir soi-même dans quelque droit acquis.

» Ainsi la règle ne peut être appliquée, lorsque la cession est rapporté par un co-héritier ou co-propriétaire du droit cédé, par un créancier qui la prend en paiement de ce qui lui est dû, ou par le possesseur de la chose ou de l'héritage sujet au droit litigieux.

» Vous vous apercevez sans doute, citoyens législateurs, de l'attention que nous avons apportée à conserver de notre ancienne jurisprudence sur les contrats de vente tout ce qui est juste et utile, et à modifier tout ce qui pouvait ne plus convenir aux circonstances présentes. Il ne suffit pas de faire de bonnes lois, il faut en faire de convenables.

» En sanctionnant le projet qui vous est soumis, vous aurez fixé les règles qui veillent sur les pactes, la forme et l'exécution du plus important de tous les contrats, de celui qui est l'âme de toutes nos relations commerciales. Il est, dans toute législation civile, des choses qui sont particulières au peuple pour qui cette législation est promulguée; mais quand on proclame des maximes sur des objets qui appartiennent au Code de tous les peuples, on travaille au bonheur de la société générale des hommes, on devient, pour ainsi dire, les législateurs du monde. »

Chap. 1.ᵉʳ. — *De la nature et de la forme de la Vente.*

La vente est une convention par laquelle l'un s'oblige à livrer une chose, et l'autre à la payer. — Elle peut être faite par acte authentique, ou sous seing privé. *Acte* 1582.

Elle est parfaite entre les parties, et la propriété est acquise de droit à l'acheteur à l'égard du vendeur, dès qu'on est convenu de la chose et du prix; quoique la chose n'ait pas encore été livrée ni le prix payé. *Art.* 1583.

La vente peut être faite purement et simplement, ou sous une condition soit suspensive soit résolutoire. — Elle peut aussi avoir pour objet deux ou plusieurs choses alternatives. — Dans tous ces cas, son effet est réglé par les principes généraux des conventions. *Art.* 1584.

Lorsque des marchandises ne sont pas vendues en bloc, mais au poids, au compte ou à la mesure, la vente n'est point parfaite, en ce sens que les choses vendues sont aux risques du vendeur jusqu'à ce qu'elles soient pesées, comptées ou mesurées; mais l'acheteur peut en demander ou la délivrance, ou des dommages et intérêts, s'il y a lieu, en cas d'inexécution de l'engagement. *Art.* 1585.

Si, au contraire, les marchandises ont été vendues en bloc, la vente est parfaite, quoique les marchandises n'aient pas encore été pesées, comptées ou mesurées. *Art.* 1586.

A l'égard du vin, de l'huile, et des autres choses que l'on est dans l'usage de goûter avant d'en faire l'achat, il n'y a point de vente tant que l'acheteur ne les a pas goûtées et agréées. *Art.* 1587.

La vente faite à l'essai est toujours présumée faite sous une condition suspensive. *Art.* 1588.

La promesse de vente vaut vente, lorsqu'il y a consentement réciproque des deux parties sur la chose et sur le prix. *Art.* 1589.

Si la promesse de vendre a été faite avec des arrhes, chacun des contractans est maître de s'en départir. — Celui qui les a données, en les perdant, — Et celui qui les a reçues, en restituant le double. *Art.* 1590.

Le prix de la vente doit être déterminé et désigné par les parties. *Art.* 1591.

Il peut cependant être laissé à l'arbitrage d'un tiers : si le tiers ne veut ou ne peut faire l'estimation, il n'y a point de vente *Art.* 1592.

Les frais d'actes et autres accessoires à la vente sont à la charge de l'acheteur. *Art.* 1593.

Chap. 2.— Qui peut acheter ou vendre.

Tous ceux auxquels la loi ne l'interdit pas, peuvent acheter ou vendre. *Art.* 1594.

Le contrat de vente ne peut avoir lieu entre époux, que dans les trois cas suivans : — 1.° Celui où l'un des deux époux cède des biens à l'autre séparé judiciairement d'avec lui, en paiement de ses droits ; — 2.° celui où la cession que le mari fait à sa femme, même non séparée, a une cause légitime, telle que le remploi de ses immeubles aliénés, ou de deniers à elle appartenant, si ces immeubles ou deniers ne tombent pas en communauté ; — 3.° celui où la femme cède des biens à son mari en paiement d'une somme qu'elle lui aurait promise en dot, et lorsqu'il y a exclusion de communauté ;— sauf dans ces trois cas, les droits des héritiers des parties contractantes, s'il y a avantage indirect. *Art.* 1595.

Ne peuvent se rendre adjudicataires, sous peine de nullité, ni par eux-mêmes, ni par personnes interposées, —les tuteurs, des biens de ceux dont ils ont la tutelle ;— les mandataires, des biens qu'ils sont chargés de vendre ; — les administrateurs, de ceux des communes ou des établissemens publics confiés à leurs soins ; — les officiers publics, des biens nationaux dont les ventes se font par leur ministère. *Art.* 1596.

Les juges, leurs suppléans, les commissaires du gouvernement, leurs substituts, les greffiers, huissiers, avoués, défenseurs officieux et notaires, ne peuvent devenir cessionnaires des procès, droits et actions litigieux qui sont de la compétence du tribunal dans le ressort duquel ils exercent leurs fonctions, à peine de nullité, et des dépens, dommages et intérêts. *Art.* 1597.

Chap. 3. — Des Choses qui peuvent être vendues.

Tout ce qui est dans le commerce, peut être vendu lorsque des lois particulières n'en ont pas prohibé l'aliénation. *Art.* 1598.

La vente de la chose d'autrui est nulle : elle peut donner lieu à des dommages et intérêts lorsque l'acheteur a ignoré que la chose fût à autrui. *Art.* 1599.

On ne peut vendre la succession d'une personne vivante, même de son consentement. *Art.* 1600.

Si au moment de la vente la chose vendue était périe en totalité, la vente serait nulle.— Si une partie seulement de la chose est périe, il est au choix de l'acquéreur d'abandonner la vente, ou de demander la partie conservée, en faisant déterminer le prix par la ventilation. *Art.* 1601.

Chap. 4.—Des Obligations du Vendeur.

Sect. 1.ere.—Dispositions générales.

Le vendeur est tenu d'expliquer clairement ce à quoi il s'oblige. —Tout pacte obscur ou ambigu s'interprète contre le vendeur. *Art.* 1602.

Il y a deux obligations principales, celle de délivrer et celle de garantir la chose qu'il vend. *Art.* 1603.

Sect. 2. — De la Délivrance.

La délivrance est le transport de la chose vendue en la puissance et possession de l'acheteur. *Art.* 1604.

L'obligation de délivrer les immeubles est remplie de la part du vendeur, lorsqu'il a remis les clefs, s'il s'agit d'un bâtiment, ou lorsqu'il a remis les titres de propriété. *Art.* 1605.

La délivrance des effets mobiliers s'opère,— ou par la tradition réelle, — ou par la remise des clefs des bâtimens qui les contiennent,—ou même par le seul consentement des parties, si le transport ne peut pas s'en faire au moment de la vente, ou si l'acheteur les avait déjà en son pouvoir à un autre titre. *Art.* 1606.

La tradition des droits incorporels se fait,

ou par la remise des titres, ou par l'usage que l'acquéreur en fait du consentement du vendeur. *Art.* 1607.

Les frais de la délivrance sont à la charge du vendeur, et ceux de l'enlèvement à la charge de l'acheteur, s'il n'y a eu stipulation contraire. *Art.* 1608.

La délivrance doit se faire au-lieu où était, au temps de la vente, la chose qui en fait l'objet, s'il n'en a été autrement convenu. *Art.* 1609.

Si le vendeur manque à faire la délivrance dans le temps convenu entre les parties, l'acquéreur pourra, à son choix, demander la résolution de la vente, ou sa mise en possession, si le retard ne vient que du fait du vendeur. *Art.* 1610.

Dans tous les cas, le vendeur doit être condamné aux dommages et intérêts, s'il résulte un préjudice pour l'acquéreur, du défaut de délivrance au terme convenu. *Art.* 1611.

Le vendeur n'est pas tenu de délivrer la chose, si l'acheteur n'en paie pas le prix, et que le vendeur ne lui ait pas accordé un délai pour le paiement. *Art.* 1612.

Il ne sera pas non plus obligé à la délivrance, quand même il aurait accordé un délai pour le paiement, si, depuis la vente, l'acheteur est tombé en faillite ou en état de déconfiture, en sorte que le vendeur se trouve en danger imminent de perdre le prix; à moins que l'acheteur ne lui donne caution de payer au terme. *Art.* 1613.

La chose doit être délivrée en l'état où elle se trouve au moment de la vente. — Depuis ce jour, tous les fruits appartiennent à l'acquéreur. *Art.* 1614.

L'obligation de délivrer la chose comprend ses accessoires et tout ce qui a été destiné à son usage perpétuel. *Art.* 1615.

Le vendeur est tenu de délivrer la contenance telle qu'elle est portée au contrat, sous les modifications ci-après exprimées. *Art.* 1616.

Si la vente d'un immeuble a été faite avec indication de la contenance, à raison de tant la mesure, le vendeur est obligé de délivrer à l'acquéreur, s'il l'exige, la quantité indiquée au contrat; et si la chose ne lui est pas possible, ou si l'acquéreur ne l'exige pas, le vendeur est obligé de souffrir une diminution proportionnelle du prix. *Art.* 1617.

Si, au contraire, dans le cas de l'*art.* précédent, il se trouve une contenance plus grande que celle exprimée au contrat, l'acquéreur a le choix de fournir le supplément du prix, ou de se désister du contrat, si l'excédent est d'un vingtième au-dessus de la contenance déclarée. *Art.* 1618.

Dans tous les autres cas, soit que la vente soit faite d'un corps certain et limité, soit qu'elle ait pour objet des fonds distincts et séparés, soit qu'elle commence par la mesure, ou par la désignation de l'objet vendu suivie de la mesure, l'expression de cette mesure ne donne lieu à aucun supplément de prix, en faveur du vendeur, pour l'excédent de mesure, ni en faveur de l'acquéreur, à aucune diminution du prix pour moindre mesure, qu'autant que la différence de la mesure réelle à celle exprimée au contrat est d'un vingtième en plus ou en moins, eu égard à la valeur de la totalité des objets vendus, s'il n'y a stipulation contraire. *Art.* 1919.

Dans le cas où, suivant l'*art.* précédent, il y a lieu à augmentation de prix pour excédent de mesure, l'acquéreur a le choix, ou de se désister du contrat, ou de fournir le supplément du prix, et ce, avec les intérêts, s'il a gardé l'immeuble. *Art.* 1620.

Dans tous les cas où l'acquéreur a le droit de se désister du contrat, le vendeur est tenu de lui restituer, outre le prix, s'il l'a reçu, les frais de ce contrat. *Art.* 1621.

L'action en supplément de prix de la part du vendeur, et celle en diminution de prix ou

en résiliation du contrat de la part de l'acquéreur, doivent être intentées dans l'année, à
compter du jour du contrat, à peine de déchéance. *Art.* 1622.

S'il a été vendu deux fonds par le même
contrat, et pour un seul et même prix, avec
désignation de la mesure de chacun, et qu'il se
trouve moins de contenance en l'un et plus en
l'autre, on fait compensation jusqu'à due concurrence, et l'action, soit en supplément, soit
en diminution du prix, n'a lieu que suivant les
règles ci-dessus établies. *Art.* 1623.

La question de savoir sur lequel, du vendeur
ou de l'acquéreur, doit tomber la perte ou la
détérioration de la chose vendue avant la livraison, est jugée d'après les règles prescrites au
titre des *Contrats ou des Obligations conventionnelles en général. Art.* 1624.

Sect. 3. — De la Garantie.

La garantie que le vendeur doit à l'acquéreur, a deux objets : le premier est la possession paisible de la chose vendue ; le second, les
défauts cachés de cette chose ou les vices redhibitoires. *Art.* 1625.

§. 1.er — De la Garantie en cas d'éviction.

Quoique lors de la vente il n'ait été fait aucune stipulation sur la garantie, le vendeur est
obligé de droit à garantir l'acquéreur de l'éviction
qu'il souffre dans la totalité ou partie de l'objet vendu, ou des charges prétendues sur cet
objet, et non déclarées lors de la vente. *Art.*
1626.

Les parties peuvent, par des conventions particulières, ajouter à cette obligation de droit,
ou en diminuer l'effet ; elles peuvent même convenir que le vendeur ne sera soumis à aucune
garantie. *Art.* 1627.

Quoiqu'il soit dit que le vendeur ne sera soumis à aucune garantie, il demeure cependant
tenu de celle qui résulte d'un fait qui lui est
personnel : toute convention contraire est nulle.
Art. 1628.

Dans le même cas de stipulation de non-garantie, le vendeur, en cas d'éviction, est tenu à
la restitution du prix, à moins que l'acquéreur
n'ait connu, lors de la vente, le danger de l'éviction, ou qu'il n'ait acheté à ses périls et risques.
Art. 1629.

Lorsque la garantie a été promise, ou qu'il
n'a rien été stipulé à ce sujet ; si l'acquéreur
est évincé, il a droit à demander contre le vendeur, 1.º la restitution du prix ; 2.º celle des
fruits, lorsqu'il est obligé de les rendre au
propriétaire qui l'évince ; 3.º les frais faits
sur la demande en garantie de l'acheteur, et
ceux faits par le demandeur originaire ; 4.º enfin les dommages et intérêts, ainsi que les frais
et loyaux coûts du contrat. *Art.* 1630.

Lorsqu'à l'époque de l'éviction, la chose
vendue se trouve diminuée de valeur, ou considérablement détériorée, soit par la négligence
de l'acheteur, soit par des accidens de force
majeure, le vendeur n'en est pas moins tenu
de restituer la totalité du prix. *Art.* 1631.

Mais si l'acquéreur a tiré profit des dégradations par lui faites, le vendeur a droit de
retenir sur le prix une somme égale à ce profit.
Art. 1632.

Si la chose vendue se trouve avoir augmenté
de prix à l'époque de l'éviction, indépendamment même du fait de l'acquéreur, le vendeur
est tenu de lui payer ce qu'elle vaut au-dessus
du prix de la vente. *Art.* 1633.

Le vendeur est tenu de rembourser, ou
de faire rembourser à l'acquéreur par celui
qui l'évince, toutes les réparations et améliorations utiles qu'il aura faites au fonds. *Art.*
1634.

Si le vendeur avoit vendu de mauvaise foi
le fonds d'autrui, il sera obligé de rembourser à l'acquéreur toutes les dépenses, même
voluptuaires ou d'agrément, que celui-ci aura
faites au fonds. *Art.* 1635.

Si l'acquéreur n'est évincé que d'une partie de la chose, et qu'elle soit de telle con-

séquence, relativement au tout, que l'acqué-reur n'eût point acheté sans la partie dont il a été évincé, il peut faire résilier la vente. *Art.* 1636.

Si, dans le cas de l'éviction d'une partie du fonds vendu, la vente n'est pas résiliée, la valeur de la partie évincée est remboursée à l'acquéreur suivant l'estimation à l'époque de l'éviction, et non proportionnellement au prix total de la vente, soit que la chose vendue ait augmenté ou diminué de valeur. *Art.* 1637.

Si l'héritage vendu se trouve grévé, sans qu'il en ait été fait de déclaration, de servitudes non apparentes, et qu'elles soient de telle importance qu'il y ait lieu de présumer que l'acquéreur n'aurait pas acheté s'il en avait été instruit, il peut demander la résiliation du contrat, si mieux il n'aime se contenter d'une indemnité. *Art.* 1638.

Les autres questions auxquelles peuvent donner lieu les dommages et intérêts résultans, pour l'acquéreur, de l'inexécution de la vente, doivent être décidées suivant les règles générales établies au titre des *Obligations conventionnelles en général. Art.* 1639.

La garantie pour cause d'éviction cesse, lorsque l'acquéreur s'est laissé condamner par un jugement en dernier ressort, ou dont l'appel n'est plus recevable sans appeler son vendeur, si celui-ci prouve qu'il existait des moyens suffisans pour faire rejeter la demande. *Art.* 1640.

§. 2. — *De la Garantie des défauts de la chose vendue.*

Le vendeur est tenu de la garantie à raison des défauts cachés de la chose vendue qui la rendent impropre à l'usage auquel on la destine, ou qui diminue tellement cet usage que l'acheteur ne l'aurait pas acquise, ou n'en aurait donné qu'un moindre prix, s'il les avait connus. *Art.* 1641.

Le vendeur n'est pas tenu des vices apparens et dont l'acheteur a pu se convaincre lui-même. *Art.* 1642.

Il est tenu des vices cachés, quand même il ne les aurait pas connus, à moins que, dans ce cas, il n'ait stipulé qu'il ne sera obligé à aucune garantie. *Art.* 1643.

L'acheteur a le choix de rendre la chose et de se faire restituer le prix, ou de garder la chose, et de se faire rendre une partie du prix telle qu'elle sera arbitrée par experts. *Art.* 1644.

Si le vendeur connaissait les vices de la chose, il est tenu, outre la restitution du prix qu'il en a reçu, de tous les dommages et intérêts envers l'acheteur. *Art.* 1645.

Si le vendeur ignorait les vices de la chose, il ne sera tenu qu'à la restitution du prix, et à rembourser à l'acquéreur les frais occasionnés par la vente. *Art.* 1646.

Si la chose qui avait des vices a péri par suite de sa mauvaise qualité, la perte est pour le vendeur, qui sera tenu, envers l'acheteur, à la restitution du prix et aux autres dédommagemens expliqués dans les deux articles précédens.—Mais la perte arrivée par cas fortuit sera pour le compte de l'acheteur. *Art.* 1647.

L'action résultant des vices redhibitoires doit être intentée par l'acquéreur, dans un bref délai, suivant la nature des vices redhibitoires, et l'usage du lieu où a été faite la vente. *Art.* 1648.

Elle n'a pas lieu dans les ventes faites par autorité de justice. *Art.* 1649.

Chap. 5. — Des Obligations de l'acheteur.

La principale obligation de l'acheteur est de payer le prix au jour et au lieu réglés par la vente. *Art.* 1650.

S'il n'a rien été réglé à cet égard lors de la vente, l'acheteur doit payer au lieu et dans le temps où doit se faire la délivrance. *Art.* 1651.

L'acheteur doit l'intérêt du prix de la vente jusqu'au paiement du capital, dans les trois cas suivans : — S'il a été ainsi convenu lors de la vente; — si la chose vendue et livrée produit des fruits ou autres revenus ;—s'il a été sommé de payer. — Dans ce dernier cas, l'intérêt ne court que depuis la sommation. *Art.* 1652.

Si l'acheteur est troublé, ou a juste sujet de craindre d'être troublé par une action, soit hypothécaire, soit en revendication, il peut suspendre le paiement du prix, jusqu'à ce que le vendeur ait fait cesser le trouble, si mieux celui-ci n'aime donner caution, et sauf le cas où il ait été stipulé que, nonobstant le trouble, l'acheteur paiera. *Art.* 1653.

Si l'acheteur ne paie pas le prix, le vendeur peut demander la résolution de la vente. *Art.* 1654.

La résolution de la vente d'immeubles est prononcée de suite, si le vendeur est en danger de perdre la chose et le prix. — Si ce danger n'existe pas, le juge peut accorder à l'acquéreur un délai plus ou moins long, suivant les circonstances. — Ce délai passé sans que l'acquéreur ait payé, la résolution de la vente sera prononcée. *Art.* 1655.

S'il a été stipulé, lors de la vente d'immeubles, que, faute de paiement du prix dans le terme convenu, la vente serait résolue de plein droit, l'acquéreur peut néanmoins payer après l'expiration du délai, tant qu'il n'a pas été mis en demeure par une sommation ; mais, après cette sommation, le juge ne peut pas lui accorder de délai. *Art.* 1656.

En matière de vente de denrées et effets mobiliers, la solution de la vente aura lieu de plein droit, et sans sommation, au profit du vendeur, après l'expiration du terme convenu pour le retirement. *Art.* 1657.

Chap. 6. — *De la Nullité et de la Résolution de la Vente.*

Indépendamment des causes de nullité ou de résolution déjà expliquées dans ce titre, et de celles qui sont communes à toutes les conventions, le contrat de vente peut être résolu par l'exercice de la faculté de rachat, et par la vileté du prix. *Art.* 1658.

Sect. 1.ere. — *De la Faculté de Rachat.*

La faculté de rachat ou de réméré, est un pacte par lequel le vendeur se réserve de reprendre la chose vendue, moyennant la restitution du prix principal, et le remboursement dont il est parlé à l'article 92. *Art.* 1659.

La faculté de rachat ne peut être stipulée pour un terme excédant cinq années. — Si elle a été stipulée pour un terme plus long, elle est réduite à ce terme. *Art.* 1660.

Le terme fixé est de rigueur, et ne peut être prolongé par le juge. *Art.* 1661.

Faute par le vendeur d'avoir exercé son action de réméré dans le temps prescrit, l'acquéreur demeure propriétaire irrévocable. *Article* 1662.

Le délai court contre toute personne, même contre le mineur, sauf, s'il y a lieu, le recours contre qui de droit. *Art.* 1663.

Le vendeur à pacte de rachat peut l'exercer contre un second acquéreur, quand même la faculté de réméré n'aurait pas été déclarée dans le second contrat. *Art.* 1664.

L'acquéreur à pacte de rachat exerce tous les droits de son vendeur ; il peut prescrire, tant contre le véritable maître que contre ceux qui prétendraient des droits ou hypothèques sur la chose vendue. *Art.* 1665.

Il peut opposer le bénéfice de la discussion aux créanciers de son vendeur. *Art.* 1666.

Si l'acquéreur à pacte de réméré d'une partie indivise d'un héritage s'est rendu adjudicataire de la totalité sur une licitation provoquée contre lui, il peut obliger le vendeur à retirer le tout, lorsque celui-ci veut user du pacte. *Article* 1667.

Si plusieurs ont vendu conjointement, et par un seul contrat, un héritage commun entr'eux, chacun ne peut exercer l'action en réméré que pour la part qu'il y avait. *Article* 1668.

Il en est de même si celui qui a vendu seul un héritage a laissé plusieurs co-héritiers. — Chacun de ses co-héritiers ne peut user de la faculté de rachat que pour la part pour laquelle il est héritier. *Art.* 1669.

Mais dans le cas des deux articles précédens l'acquéreur peut exiger que tous les co-vendeurs ou tous les co-héritiers soient mis en cause, afin de se concilier entr'eux pour la reprise de l'héritage entier; et, s'ils ne se concilient pas, il sera renvoyé de la demande. *Art.* 1670.

Si la vente d'un héritage, appartenant à plusieurs, n'a pas été faite conjointement et de tout l'héritage ensemble, et que chacun n'ait vendu que la part qu'il y avait, ils peuvent séparément exercer l'action en réméré sur la portion qui leur appartenait. — Et l'acquéreur ne peut forcer celui qui l'exercera de cette manière, à retirer le tout. *Art.* 1671.

Si l'acquéreur a laissé plusieurs héritiers, l'action en réméré ne peut être exercée contre chacun d'eux que pour sa part, dans le cas où elle est encore indivise, et dans celui où la chose vendue a été partagée entr'eux. — Mais s'il y a eu partage de l'hérédité, et que la chose vendue soit échue au lot de l'un des héritiers, l'action en réméré peut être intentée contre lui pour le tout. *Art.* 1672.

Le vendeur qui use du pacte de rachat doit rembourser non-seulement le prix principal, mais encore les frais et loyaux coûts de la vente, les réparations nécessaires, et celles qui ont augmenté la valeur du fonds, jusqu'à concurrence de cette augmentation. Il ne peut entrer en possession qu'après avoir satisfait à toutes ces obligations. — Lorsque le vendeur rentre dans son héritage par l'effet du pacte de rachat, il le reprend exempt de toutes les charges et hypothèques dont l'acquéreur l'aurait grevé; il est tenu d'exécuter les baux faits sans fraude par l'acquéreur. *Art.* 1673.

Sect. 2. — *De la Rescision de la Vente pour cause de lésion.*

Si le vendeur a été lésé de plus de sept dou-

Tome III.

zièmes dans le prix d'un immeuble, il a le droit de demander la rescision de la vente, — quand même il aurait expressément renoncé, dans le contrat, à la faculté de demander cette rescision et qu'il aurait déclaré donner la plus-value. *Article* 1674.

Pour savoir s'il y a lésion de plus des sept douzièmes, il faut estimer l'immeuble suivant son état et la valeur au moment de sa vente. *Art.* 1675.

La demande n'est plus recevable après l'expiration de deux années, à compter du jour de la vente.

Ce délai court contre les femmes mariées et contre les absens, les interdits et les mineurs venant du chef d'un majeur qui a vendu. — Ce délai court aussi et n'est pas suspendu pendant la durée du temps stipulé pour le pacte de rachat. *Art.* 1676.

La preuve de la lésion ne pourra être admise que par jugement, et dans le cas seulement où les faits articulés seraient assez vraisemblables et assez graves pour faire présumer la lésion. *Art.* 1677.

Cette preuve ne pourra se faire que par un rapport de trois experts qui seront tenus de dresser un seul procès-verbal commun, et de ne former qu'un seul avis à la pluralité des voix. *Art.* 1678.

S'il y a des avis différens, le procès-verbal en contiendra les motifs sans qu'il soit permis de faire connaître de quel avis chaque expert a été. *Art.* 1679.

Les trois experts seront nommés d'office, à moins que les parties ne se soient accordées pour les nommer tous les trois conjointement. *Art.* 1680.

Dans le cas où l'action en rescision est admise, l'acquéreur a le choix, ou de rendre la chose en retirant le prix qu'il en a payé, ou de garder le fonds, en payant le supplément du juste prix, sous la déduction du dixième du prix total. — Le tiers possesseur a le même droit, sauf sa garantie contre son vendeur. *Art.* 1681.

68

Si l'acquéreur opte de garder la chose en fournissant le supplément réglé par l'article précédent, il doit l'intérêt du supplément, du jour de la demande en rescision.—S'il préfère de la rendre et de recevoir le prix, il rend les fruits du jour de la demande. — L'intérêt du prix qu'il a payé lui est aussi compté du jour de la même demande, ou du jour du paiement, s'il n'a touché aucuns fruits. *Art.* 1682.

La rescision pour lésion n'a pas lieu en faveur de l'acheteur. *Art.* 1683.

Elle n'a pas lieu en toutes ventes qui, d'après la loi, ne peuvent être faites que d'autorité de justice. *Art.* 1684.

Les règles expliquées dans la section précédente pour les cas où plusieurs ont vendu conjointement ou séparément, et pour celui où le vendeur ou l'acheteur a laissé plusieurs héritiers, sont pareillement observées pour l'exercice de l'action en rescision. *Art.* 1685.

Chap. 7. — De la Licitation.

Si une chose commune à plusieurs ne peut être partagée commodément et sans perte, — ou si, dans un partage fait de gré à gré, de biens communs, il s'en trouve quelques-uns qu'aucun des co-partageans ne puisse ou ne veuille prendre, — la vente s'en fait aux enchères, et le prix en est partagé entre les co-propriétaires. *Art.* 1686.

Chacun des co-propriétaires est le maître de demander que les étrangers soient appelés à la licitation. Ils sont nécessairement appelés lorsque l'un des co-propriétaires est mineur. *Art.* 1687.

Le mode et les formalités à observer pour la licitation sont expliqués au titre *des Successions* et au Code judiciaire. *Art.* 1688.

Chap. 8.—Du Transport des créances et autres droits incorporels.

Dans le transport d'une créance, d'un droit ou d'une action sur un tiers, la délivrance s'opère entre le cédant et le cessionnaire par la remise du titre. *Art.* 1689.

Le cessionnaire n'est saisi, à l'égard des tiers, que par la signification du transport faite au débiteur. — Néanmoins le cessionnaire peut être également saisi par l'acceptation du transport faite par le débiteur dans un acte authentique. *Art.* 1690.

Si, avant que le cédant ou le cessionnaire eussent signifié le transport au débiteur, celui-ci avait payé le cédant, il sera valablement libéré. *Art.* 1691.

La vente ou cession d'une créance comprend les accessoires de la créance, tels que caution, privilége et hypothèque. *Art.* 1692.

Celui qui vend une créance ou autre droit incorporel, doit en garantir l'existence au temps du transport, quoiqu'il soit fait sans garantie. *Art.* 1693.

Il ne répond de la solvabilité du débiteur, que lorsqu'il s'y est engagé, et jusqu'à concurrence seulement du prix qu'il a retiré de la créance. *Art.* 1694.

Lorsqu'il a promis la garantie de la solvabilité du débiteur, cette promesse ne s'entend que de la solvabilité actuelle, et ne s'étend pas au temps à venir, si le cédant ne l'a expressément stipulé. *Art.* 1695.

Celui qui vend une hérédité sans en spécifier en détail les objets, n'est tenu de garantir que sa qualité d'héritier. *Art.* 1696.

S'il avait déjà profité des fruits de quelques fonds, ou reçu le montant de quelque créance appartenant à cette hérédité, ou vendu quelques effets de la succession, il est tenu de les rembourser à l'acquéreur, s'il ne les a expressément réservés lors de la vente. *Art.* 1697.

L'acquéreur doit de son côté rembourser au vendeur ce que celui-ci a payé pour les dettes et charges de la succession, et lui faire raison de tout ce dont il était créancier, s'il n'y a stipulation contraire. *Art.* 1698.

Celui contre lequel on a cédé un droit litigieux peut s'en faire tenir quitte par le cessionnaire, en lui remboursant le prix réel de la cession, avec les frais et loyaux coûts, et avec les intérêts à compter du jour où le cessionnaire a payé le prix de la cession à lui faite. *Art.* 1699.

La chose est censée litigieuse dès qu'il y a procès et contestation sur le fond du droit. *Art.* 1700.

La disposition portée en l'article 1699 cesse, — 1.º dans le cas où la cession a été faite à un co-héritier ou co-propriétaire du droit cédé ; — 2.º lorsqu'elle a été faite à un créancier en paiement de ce qui lui est dû ; — 3.º lorsqu'elle a été faite au possesseur de l'héritage sujet au droit litigieux. *Art.* 1701.

VEUF est celui dont la femme est décédée.

VEUVAGE ; signifie l'état des personnes qui ont perdu leur femme ou leur mari ; ce qui ne peut arriver que par la mort naturelle de l'un des conjoints.

Ainsi la mort civile de l'un des conjoints ne cause pas le veuvage, ni l'absence de l'un des deux, quelque longue qu'elle soit. *V.* Absent.

VEUVE, est celle dont le mari est mort.

Une veuve a trois mois de délai pour faire inventaire, et quarante jours pour délibérer si elle acceptera la communauté, ou si elle y renoncera. *V.* Délai pour délibérer.

VIDUITÉ, est l'état de veuvage.

VIE CIVILE. L'état des personnes ne consiste pas seulement à jouir de la liberté naturelle, mais encore à jouir de tous les droits qui sont attribués aux seuls citoyens.

Ainsi par vie civile on entend la faculté de jouir de tous les avantages qui sont accordés aux citoyens par les lois de l'état, et en quoi consiste cette liberté que l'on nomme liberté civile.

Ces avantages sont de pouvoir intenter des actions en justice, d'être capable de succéder, et de pouvoir disposer par testament de ses biens ; en un mot, d'être capable des effets civils.

Ceux qui en sont incapables sont morts civilement, *habentur pro mortuis* ; parce qu'ils ne participent aux droits des Français, non plus que s'ils étaient morts véritablement. *V.* Mort civile et Droits civils.

VIMAIRE. Vieux terme de coutume, qui vient du mot latin *vis major*, et signifie force majeure. Ce terme est encore aujourd'hui en usage dans les eaux et forêts, où l'on dit que la vimaire est quand on peut voir cinq arbres chus tout d'une vue.

D'Argou s'est servi de ce terme, *livre* 3, *chap.* 27, en parlant de la stérilité causée par cas fortuit. « Mais, dit-il, si la clause du bail » porte expressément qu'on ne pourra deman- » der diminution pour toutes sortes de vimaires, » prévues et non prévues, alors il la faut suivre » à la lettre ; parce qu'il est à présumer que le » propriétaire a diminué le prix courant du » bail, en considération de ce que le fermier » a bien voulu s'engager à une obligation aussi » dure et aussi extraordinaire. »

A cette raison il faut ajouter, que *contractus vires capiunt ex conventione contrahentium.*

VIN DE MARCHÉ, appelé pot-de-vin, est un par-dessus qu'on donne au-delà de la somme principale du marché conclu, et qu'on stipule quelquefois pour en faire partie. *V.* Pot-de-vin.

Loysel, *livre* 3, *tit.* 4, *art.* 14, dit que vin de marché n'entre point en compte du prix, pour en prendre droit de vente, à moins qu'il ne fût fort excessif.

C'est aussi l'avis de Charles Dumoulin sur le §. 24 de l'ancienne coutume de Paris, *notes* 2 et 3 ; et de Charondas sur l'*art.* 56 de la nouvelle.

La coutume de Chaumont, *art.* 37, et celle de Vitry, *art.* 49, ont des dispositions contraires ; et Pithou sur l'*art.* 52 de celle de Troyes, tient que le vin du marché fait partie du prix, et qu'il en est dû lods et et ventes.

Voy. Billecard sur l'*art.* 125 de la Coutume de Châlons ; la Lande sur l'*art.* 1.er de la Cou-

tume d'Orléans, *pag.* 5 , *col.* 2 vers le milieu ;
et Brodeau sur l'*art.* 76 de la Coutume de Paris,
nomb. 16.

VIOLENCE , signifie la force et la tyrannie
dont on use envers quelqu'un pour usuper son
bien, ou pour lui faire faire quelque chose
contre son gré.

Toute violence capable de jeter de la terreur dans une ame intrépide , est un juste sujet
de se faire restituer contre les actes que l'on
aurait été forcé de passer contre son gré, et
uniquement par la crainte des maux dont on
était menacé, comme la crainte de la mort, des
chaînes et des prisons , et la crainte de la perte
de tous ses biens.

V. Crainte , car nous avons expliqué sous ce
mot de quelle manière il faut se pourvoir pour
se faire restituer contre les actes que la violence
nous a fait passer contre notre volonté.

A l'égard de la possession dont on aurait été
déjeté par violence , on peut se pourvoir par
complainte ou par réintégrande , pour se faire
réintégrer dans ladite possession. *V.* Complainte. *V.* Réintégrande.

On distingue deux sortes de violences ; savoir :
la violence publique et la violence privée.

La violence publique est celle qui blesse le
droit public , et qui se commet avec armes.
Chez les Romains , elle était punie de la déportation et de la confiscation de tous les biens,
et quelquefois aussi de plus grande peine.

La violence privée est celle qui blesse le
droit privé , et qui se commet sans armes. Chez
les Romains , elle était punie de la rélégation
et de la perte du tiers des biens.

Voy. Ferrière sur le §. 8 du *dernier titre*
des Institutes.

Droit nouveau.

Il n'y a pas de consentement lorsqu'il est
extorqué par *violence. Art.* 1110.

La violence exercée contre celui qui a contracté l'obligation est une cause de nullité,

encore qu'elle ait été exercée par un tiers autre
que celui au profit duquel la convention a été
faite. *Art.* 1111.

Il y a violence lorsqu'elle est de nature à
faire impression sur une personne raisonnable,
et qu'elle peut lui inspirer la crainte d'exposer
sa personne ou sa fortune à un mal considérable
et présent. — On a égard , en cette matière , à
l'âge , au sexe et à la condition des personnes.
Art. 1112.

La violence est une cause de nullité du contrat , non-seulement lorsqu'elle a été exercée
sur la partie contractante , mais encore lorsqu'elle l'a été sur son époux ou sur son épouse ,
sur ses descendans ou ses ascendans. *Art.*1113.

La seule crainte révérentielle envers le père,
la mère , ou autre ascendant, sans qu'il y ait
eu de violence exercée, ne suffit point pour
annuler le contrat. *Art.* 1114.

Un contrat ne peut plus être attaqué pour
cause de violence, si, depuis que la violence a
cessé, ce contrat a été approuvé, soit expressément, soit tacitement, soit en laissant passer le
temps de la restitution fixé par la loi. *Art.*
1115.

La convention contractée par erreur, violence
ou dol , n'est point nulle de plein droit ; elle
donne seulement lieu à une action en nullité
ou en rescision , dans les cas et de la manière
expliqués à la *sect.* 7 du *chap.* 5 du présent
titre. *Art* 1117.

V. les mots Nullité , rescision, Partage et
Possession.

UNDE *vir et uxor. Voy.* Succession *undè
vir et uxor.*

UNION. On appelle contrat d'union , un
contrat qui se fait entre les créanciers d'un
homme obéré de dettes , par lequel ils s'unissent pour agir de concert , à l'effet de parvenir
au recouvrement de leur dû , et d'empêcher
que les biens de leur débiteur ne se consomment
en frais par la multiplicité et contrariété des
procédures.

Par ce même contrat les créanciers nomment des directeurs, auxquels ils donnent pouvoir de faire toutes poursuites et diligences nécessaires pour la conservation de leurs droits, et pour leur intérêt commun ; consentant que tout ce qui aura été fait par ces directeurs ait son plein et entier effet, et vaille comme s'il avait été fait par tous les créanciers du débiteur. Par ce même contrat les créanciers consentent qu'il soit procédé à une vente volontaire des biens de leur débiteur. *Voy.* le mot Union dans la partie de ce Dictionnaire qui traite des *Matières commerciales.*

VOIE, signifie chemin, passage. Il y en a de deux sortes ; savoir : les voies publiques qui appartiennent au public, et les voies particulières qui sont des droits qui appartiennent à des particuliers à titre de servitude.

Voy. Ferrière au *titre* 3 du *livre* 2 des Institutes.

VOISINS, sont ceux qui habitent en des lieux proches les uns des autres. On le dit aussi des lieux et des héritages qui se joignent.

La raison naturelle nous inspire de ne rien faire qui puisse nuire à nos voisins. *Itaque artem exercere etiam in domo propriâ, fetore cujus vicini circumveniantur, non licet, ut ait Franc. Marc., tom. 1, quæst. 23; et tom. 2, quæst. 483.*

Les boulangers ne peuvent pas se servir dans leurs maisons de moulins à bluter la farine, à cause de l'incommodité qu'en recevraient leurs voisins. Soefve, *tom.* 1, *cent.* 4, *chap.* 42.

Par arrêt du parlement de Paris de l'année 1605, il fut enjoint à un maréchal demeurant rue de Jouy, qui incommodait les voisins, et empêchait la voie publique, de contenir ses serviteurs en toute modestie, à peine de 60 liv. parisis, et de punition corporelle, s'il y échéait. Corbin, Suite de Patronage, *chap.* 198.

Les forgerons et maréchaux ferrans peuvent être contraints de régler les heures de leur travail de jour et de nuit ; et les propriétaires des maisons voisines peuvent demander qu'ils ne puissent faire bâtir de fourneaux qu'au milieu de leurs boutiques, sans les appuyer aux murs mitoyens.

Voy. un Arrêt du Parlement de Provence du 30 janvier 1670, rapporté par Boniface, *tome* 1 de la Suite de ses Arrêts, *liv.* 4, *tit.* 18, *chapitre* 1.

Touchant les engagemens réciproques de ceux qui sont propriétaires ou possesseurs des héritages qui se joignent, *Voy.* ci-dessus, Arbres ; et ce qui en est dit dans les Lois civiles, *liv.* 2, *titre* 6. *Voy.* aussi le mot Servitude.

VOITURIERS PAR TERRE ET PAR EAU, sont, de même que les cabaretiers et hôteliers, responsables de ceux du ministère de qui ils se servent, ou qu'ils reçoivent chez eux pour y demeurer ; parce qu'il y a de leur faute de garder chez eux des gens pour y demeurer ou pour y servir, sans connaître leurs mœurs, comme il est porté dans le titre du Digeste : *Nautæ, Caupones, Stabularii, ut recepta restituant.* Ainsi ils sont absolument responsables de toutes les pertes de hardes et de marchandises qui se font chez eux, à moins qu'elles ne soient arrivées par cas fortuit, ou par des passans.

Les messagers et voituriers ne sont donc pas responsables des vols qui leur auraient été faits sur les chemins, pourvu qu'ils eussent été faits de jour et entre deux soleils, suivant les réglemens qui ont été faits sur ce sujet.

Les cochers et messagers ne sont pas tenus de la perte qui arrive par les chemins de l'argent dont ils sont porteurs, s'ils ne s'en sont chargés par leurs registres, et qu'il ne leur ait été baillé par compte. Aussi le titre *Nautæ, Caupones, Stabularii, ut recepta restituant,* montre qu'ils ne sont tenu que *ex recepto.* D'ailleurs, il y a un règlement particulier qui porte que les cochers et messagers auront pour livre de l'argent qu'ils portent d'un lieu à un autre, tant de sous, et qu'ils seront responsables de la perte qui en arrivera, en étant chargés par leur registres :

d'où il résulte *à contrario* qu'ils n'en sont point tenus, s'ils n'en ont été chargés, et payés du droit attribué pour le port. Il y a dans le Journal des Audiences un arrêt du parlement de Paris, rendu le 5 janvier 1627, qui l'a jugé ainsi.

Par autre arrêt du 30 mai 1656, rapporté dans le même journal, il a été jugé qu'un voiturier par eau est obligé de représenter les ballots et bahuts qui lui ont été baillés à porter, bien qu'il n'en fût chargé par aucun registre, et qu'il n'eût accoutumé d'en avoir; et qu'en ce cas la preuve par témoins aurait lieu, même pour somme excédant cent livres, attendu qu'il s'agit ici d'un maléfice. Le même arrêt enjoint à ce voiturier d'avoir bon et fidèle registre.

Voy. ce que Ferrière a dit des voituriers dans sa Traduction des Instituts, sur le *paragraphe dernier* du *premier titre* du *quatrième livre*, où j'ai marqué en quoi notre jurisprudence diffère à cet égard de celle qui avait été introduite par le droit romain.

Droit nouveau.

Les voituriers par terre et par eau sont assujettis, pour la garde et la conservation des choses qui leur sont confiées, aux mêmes obligations que les aubergistes, dont il est parlé au titre *du Dépôt et du Séquestre. Art.* 1782. *Voy.* Aubergiste.

Ils répondent non-seulement de ce qu'ils ont déjà reçu dans leur bâtiment ou voiture, mais encore de ce qui leur a été remis sur le port ou dans l'entrepôt, pour être placé dans leur bâtiment ou voiture. *Art.* 1783.

Ils sont responsables de la perte et des avaries des choses qui leur sont confiées, à moins qu'ils ne prouvent qu'elles ont été perdues et avariées par cas fortuit ou force majeure. *Art.* 1784.

Les entrepreneurs de voitures publiques par terre et par eau, et ceux des roulages publics, doivent tenir registre de l'argent, des effets et des paquets dont ils se chargent. *Art.* 1785.

Les entrepreneurs et directeurs de voitures et roulages publics, les maîtres de barques et navires, sont en outre assujettis à des réglemens particuliers, qui font la loi entr'eux et les autres citoyens. *Art.* 1786.

USAGE. Les Romains appelaient coutume ce que nous appelons usage, qui paraît être la même chose que nos us et coutumes. Ainsi, parmi nous, usage est le droit français non écrit, qui s'est introduit imperceptiblement par le tacite consentement des peuples, et qui, par une longue habitude, s'est acquis la force et l'autorité de la loi.

Les coutumes, au contraire, sont comprises sous le droit français écrit, puisqu'elles sont rédigées par écrit par autorité publique.

Voy. Coutumes. *V.* aussi Ferrière sur le §. 9 du *second titre* du *premier livre* des Instituts de Justinien.

Nous observerons seulement ici que l'usage n'obtient force de loi qu'après le choc de contradiction pour ainsi dire; car il faut que *judicio contradictorio confirmata sit tritura fori.*

Aussi rien ne donne mieux le dernier sceau à un usage, que de prouver qu'il est autorisé par une suite d'arrêts qui y sont entièrement conformes, ou qu'il est si ancien qu'on n'en peut pas marquer l'origine. Dans ce dernier cas, les lois, sans rougir de s'y soumettre, avouent qu'un tel usage doit l'emporter sur elles, parce qu'il n'a eu besoin, pour subsister, que d'être gravé dans le cœur des hommes.

Voy. le mot Coutume, où se trouvent relatées les dispositions des lois qui les abolissent.

USAGES CONTRAIRES A L'HONNÊTETÉ ET AUX BONNES MOEURS, sont ceux qui ont été reçus, ou pas l'usurpation que des seigneurs ont anciennement faite de certains droits ridicules et impertinens, ou par un zèle indiscret et absurde, que quelques personnes ont eu d'abord de donner à leurs supérieurs des marques éclatantes, mais outrées, de leur soumission envers eux.

Mais comme dans la suite on a reconnu l'absurdité de ces sortes d'usages, ils ont été défendus par les ordonnances de nos rois, et rejetés par plusieurs arrêts, et avec beaucoup de raison. *Mala enim consuetudo , non minùs quàm perniciosa corruptela , abjicienda est et vitanda , can. 2 , dist. 8 , quod contrà bonos mores esse dignoscitur , omninò abolendum esse sancimus. Novellâ Justiniani* 134.

Voy. Belordeau en ses Observations forenses, *lettre* C ; *art.* 43.

USAGE, EN TANT QUE CE TERME EST PRIS POUR UNE SERVITUDE PERSONNELLE, est un droit personnel de prendre sur les fruits d'un bien appartenant à autrui, autant qu'il en faut à l'usager pour ses besoins.

Ce droit étant personnel, ne se peut ni donner, ni vendre, ni louer. Ce droit étant borné aux besoins de l'usager, il n'est pas si plein ni si étendu que l'usufruit. *V.* Ferrière sur le *tit.* 5 du *second livre* des Institutes. *V.* aussi les Lois civiles, *tom.* 1, *liv.* 1, *tit.* 11, *sect.* 2; Despeisses, *tom.* 1, *seconde partie*, *tit.* 1, *art.* 2.

Voy. ci-après *le mot* Usufruit, où se trouvent rapportés le titre du Code civil relatif à l'usage, et les motifs des orateurs du gouvernement qui l'ont présenté.

USTENSILES D'HÔTEL, sont ceux qui servent journellement dans une maison, comme sont les bancs, escabelles, tables, ustensiles de cuisine, lits et autres choses semblables énoncées dans la Somme rurale de Bouteiller, *liv.* 1, *tit.* 74.

Ils sont réputés meubles quand ils se peuvent transporter sans fraction ni détérioration, parce qu'alors il n'y a aucune cause qui les puisse faire réputer immeubles contre leur propre nature.

Mais quand ils sont attachés à fer et à clou, ou scellés en plâtre, et mis pour perpétuelle demeure, de manière qu'ils ne peuvent être transportés ailleurs sans détérioration, ils sont réputés immeubles, parce qu'étant incorporés à la maison, ils sont censés en faire partie.

Les ustensiles d'hôtel sont encore réputés immeubles, quoiqu'ils ne soient pas attachés à fer et à clou à la maison, lorsqu'ils y ont été mis pour perpétuelle demeure ; parce que la destination du père de famille peut d'un meuble faire un immeuble, ou au moins le faire réputer immeuble, pour être réglé comme tel dans sa succession, et en plusieurs autres cas.

Ainsi l'artillerie, les canons et autres armes destinées pour la défense d'un château, et les paremens, les ornemens et les livres qui servent à la chapelle du château, sont réputés immeubles par la seule destination du père de famille. *Ea enim quæ perpetui usûs causâ in ædificiis sunt, constat esse ædificii : quæ verò ad præsens, non esse ædificii. Leg.* 17, §. 7 *et seq. ff. de Actionib. empti et venditi.*

Voy. ce que Ferrière dit sur l'*art.* 90 de la Coutume de Paris, *nomb.* 1. *V. le mot* Meubles.

Droit nouveau.

L'*art* 524 du Code range parmi les immeubles les *ustensiles* aratoires et ceux nécessaires à l'exploitation des forges, papeteries , et *autres* usines ; mais seulement quand ces objets ont été placés par le propriétaire pour le service et l'exploitation de ces usines et fonds.

Le preneur à bail d'un héritage rural doit garnir d'*ustensiles* nécessaires à son exploitation ; à défaut le bailleur peut faire résilier le bail, et le preneur est tenu des dommages et intérêts. *Art.* 1766.

Celui qui fournit des *ustensiles* a privilége sur le prix de ces *ustensiles* de préférence au propriétaire du fonds pour le service duquel ils sont destinés. *Art.* 2102.

USUCAPION, est l'acquisition de la propriété d'une chose qui se fait par le moyen de la possession continuée sans interruption, pendant le temps requis par la loi.

La prescription, au contraire, n'était autre-

fois chez les Romains qu'une fin de non-recevoir, et une défense particulière, en vertu de
laquelle le possesseur qui avait prescrit, était
maintenu en sa possession, avec une pleine et
entière sûreté contre l'action réelle du propriétaire, et contre tous droits d'hypothèque.

Il y avait, suivant l'ancien droit romain, plusieurs différences considérables entre l'usucapion
et la prescription, rapportées par Ferrière au
commencement du *sixième titre* du *second livre*
des Instituts de Justinien.

Mais depuis que cet empereur eut transformé
l'usucapion en la prescription, ces deux mots
ne signifièrent plus qu'une même chose. Il est
cependant à remarquer que le terme d'usucapion
est plus souvent employé dans le droit nouveau,
pour signifier les choses corporelles; et celui de
prescription pour les choses incorporelles, et
pour les moyens de s'acquitter d'obligations,
actions, servitudes et autres droits semblables.

Parmi nous, on se sert peu du terme d'usucapion; celui de prescription est plus français : ainsi nous nous en servons pour signifier
non-seulement un moyen de s'affranchir d'une
dette, d'une servitude, ou de quelque autre
droit incorporel, par le laps de temps, mais
aussi pour signifier un moyen d'acquérir la propriété d'une chose corporelle, par le moyen de
la possession continuée sans interruption pendant le temps requis par la loi. *V*. Prescription.

USUFRUIT, est le droit de jouir d'une
chose appartenante à autrui, sans en diminuer
la substance.

Droit ancien.

L'usage et l'usufruit diffèrent, en ce que
l'usufruitier fait tous les fruits siens de la chose
en laquelle il a l'usufruit, mais celui qui n'a
que l'usage d'une chose, n'en peut recevoir
qu'autant qu'il en a besoin pour lui et pour sa
famille.

V. la Traduction des Instituts de Fer-

rière, *titres* 4 et 5 du *second livre*. *V*. aussi
les Lois civiles, *tome* 1, *tit*. 11; Despeisses,
tome 1, *partie* 2, *tit* 1. Nous ferons seulement
ici les observations suivantes.

L'usufruit d'un héritage étant un droit inhérent à un immeuble, est considéré comme
un véritable immeuble. D'où il s'ensuit, que si
celui qui est usufruitier, a des créanciers, un
d'eux peut saisir réellement l'usufruit que son
débiteur a sur un immeuble. Ensuite on porte
la saisie réelle chez le commissaire établi par
icelle pour l'enregistrer et faire procéder au
bail judiciaire de la jouissance de l'héritage,
ou bien pour recevoir les revenus de l'usufruit,
s'ils ne consistaient qu'en rentes.

On ne fait point de criées d'un usufruit; on
donne assignation au saisi pour en voir ordonner la vente; et après que les délais sont échus,
et que la procédure ordinaire a été observée, on
obtient sentence, portant que l'usufruit sera
vendu et adjugé à la barre de la cour, pardevant celui de Messieurs qui sera commis.

Cette vente ne se fait qu'après trois publications et affiches, qui doivent être faites et apposées aux lieux et endroits ordinaires et accoutumés : et comme l'affiche est le fondement
de l'adjudication, il faut qu'elle soit bien cir-
constanciée.

Après les trois publications faites de quinzaine en quinzaine, on fait une enchère qui
met le prix à l'usufruit qui doit être adjugé; et
l'on y marque, comme on doit l'avoir fait dans
les affiches, que l'adjudicataire jouira de l'usufruit, aux charges dont l'usufruitier est chargé,
comme sont les réparations locatives, les cens,
rentes, corvées et autres, qui doivent être exprimées, s'il y en a; et aussi à la charge que le
poursuivant sera remboursé par préférence aux
créanciers, des frais de la saisie réelle, et de
ceux qu'il conviendra faire jusqu'à l'adjudication, soit par l'adjudicataire, ou sur les deniers
provenans du prix.

Enfin, le jour de l'adjudication venu, l'usufruit

fruit est adjugé à la barre de la cour, au plus offrant et dernier enchérisseur.

Les confiscations de biens meubles et immeubles situés dans une haute-justice, le droit de bâtardise et de déshérence, appartiennent à l'usufruitier en pleine propriété, à l'exclusion du propriétaire ; ensorte que l'usufruitier n'est pas tenu de les lui restituer après l'usufruit fini.

En effet, les biens confisqués sont les fruits de la juridiction, et le propriétaire du fief n'en a jamais eu la propriété. Ainsi le propriétaire ne peut pas se plaindre que la propriété de la chose ne lui soit pas rendue telle qu'elle était au temps de la constitution de l'usufruit, puisque la chose confisquée n'en faisait point partie pour lors.

Barthole, sur la loi dernière, *ff. Soluto matrimonio*, est de cet avis, et rapporte pour exemple que les confiscations et amendes, en conséquence de la terre et seigneurie donnée en dot par la femme à son mari, appartiennent au mari, comme fruits civils de la juridiction, et ne se rendent point après la dissolution du mariage.

V. Charondas sur l'*art.* 183 *in fine* de la Coutume de Paris, *nomb*. 24.

Pour un simple usufruit, ne sont dus aucuns profits ni émolumens de fief, ni aucuns droits seigneuriaux. *Cùm verum laudimiorum subjectum fit fundus, usufructus autem prout est formalis et abstractus à proprietate, nec fundus sit, nec fundi para, nec ejus causa manûs mutetur, nec vassallus alius aut esse incipiat, aut prior desinat, jura dominica locum non habent in usufructûs venditione.*

Voy. Henrys, *tome* 1, *livre* 3, *chap.* 3, *quest.* 21.

En pays de droit écrit, le legs de l'usufruit d'un héritage fait par un mari à sa femme, pour lui tenir lieu de sa dot, n'emporte pas la propriété de ce domaine, et après la mort de la femme il doit retourner aux héritiers du mari. *V.* Henrys, *tome* 2, *livre* 5, *quest.* 15.

Tome III.

Le père ne peut pas se départir au profit de ses enfans, et au préjudice de ses créanciers, d'un usufruit qui lui appartient en vertu de la disposition de l'homme ; mais il le peut lorsque l'usufruit lui appartient en vertu de la loi. *V.* le commentateur d'Henrys, *tome* 2, *livre* 5, *quest.* 54.

En pays de droit écrit, la règle est que le père qui a ses enfans en sa puissance, jouit pendant sa vie de l'usufruit de leurs biens ; mais que cette règle souffre quelques exceptions. *V.* le même auteur, *tome* 2, *liv.* 4, *quest.* 13.

Droit nouveau.

Exposé des motifs du livre 2, *titre* 3 *du Code civil, relatif à l'Usufruit, l'Usage et l'Habitation, par M. Galli, conseiller d'état.*

« Citoyens législateurs,

» Nous venons vous présenter, au nom du gouvernement, le titre de l'*Usufruit*, de l'*Usage* et de l'*Habitation*, qui est le 3.e du livre 2 du projet de Code civil.

» Ce titre est divisé en deux chapitres,

» Le premier concerne l'usufruit ;

» Le second l'usage et l'habitation.

» On débute, dans le premier, par définir ce que c'est que l'usufruit. C'est, dit-on, le droit de jouir des choses dont un autre a la propriété, avec le même avantage que le propriétaire lui-même, mais à la charge d'en conserver la substance.

» A la vérité, quelque difficile que puisse être toute définition (*L.* 202, *ff. de Regulis juris*), et malgré qu'il soit très-dangereux d'en insérer dans un corps de lois ; cependant, comme celui dont il s'agit, n'est pas seulement une nouvelle règle pour les juges, mais bien aussi une instruction pour chaque citoyen, il est bon d'y en trouver quelques-unes brièves et précises, qui, éclairant les juges et les parties en même-temps, ôtent, s'il se peut, toute incertitude, et toutes ces difficultés, que de justes doutes et des chicanes pourraient élever.

» Aussi remarquez bien qu'on ne dit pas ce que d'autres ont dit (Domat, *liv.* 1 , *titre* 2 , de l'*Usufruit*, §. 1.er), que l'usufruit est le droit de jouir d'une chose dont on est le propriétaire, *la conservant entière, et sans la détériorer ni la diminuer.* Ces dernières paroles porteraient l'exclusion des choses qui se consomment par l'usage, ou qui diminuent, desquelles cependant on peut avoir l'usufruit sous le nom, comme s'expriment les praticiens, d'*usufruit impropre*, ou *quasi ususfructus*, comme le dit formellement le texte dans les *Institutes* (§. 2 , *De Usuf.*), et ce, par suite de la règle générale, que l'usufruit peut s'établir sur toutes les choses qui sont en notre patrimoine (*L.* 1 , *De Usufr. juncto* , §. 2 , *Instit. de Usufr.*), soit qu'elles se conservent, soit qu'elles diminuent, soit qu'elles se consomment.

» Voilà pourquoi dans ce Code on a préféré l'expression de la loi romaine (*In lege primâ ,ff. de Usufr.*), *salvâ rerum substantiâ.*

» Et voici pourquoi il est déclaré à l'article 574, que l'*usufruit peut être établi sur toute espèce de biens meubles ou immeubles.* Oui, sur toute espèce, et par conséquent sur ces choses aussi qui se consomment par l'usage, ou qui diminuent.

A l'art. 572, il est dit : *L'usufruit est établi par la loi, ou par la volonté de l'homme.* Certes, par l'une et par l'autre.

Par la loi, tel que l'usufruit légal, appartenant aux père et mère sur le bien de leurs enfans, dont il est parlé à l'article 594.

Par la volonté de l'homme, tel que celui qui est porté par un testament, par un contrat. C'est cet usufruit, citoyens législateurs, qui nous procure, qui nous facilite des libéralités, des actes de bienfaisance et de gratitude. C'est par le moyen de cet usufruit que se combinent quelquefois les transactions les plus épineuses, que se font les acquisitions

les plus importantes et les plus difficiles ; c'est par lui que les époux se rendent mutuellement les derniers témoignages de leur amour et de leur tendresse.

Les fruits civils sont réputés, comme il est dit dans l'article 579, s'acquérir jour par jour, et appartiennent à l'usufruitier, à proportion de la durée de son usufruit.

» Or, on a très-bien fait d'appliquer cette règle au prix des baux à ferme, comme aux loyers des maisons et aux autres fruits civils, dans la classe desquels, à l'art. 577, on avait déjà rangé le prix des baux à ferme.

Cette application, dis-je, a été très-bonne, puisqu'à son appui viennent à cesser toutes les questions qui s'agitaient autrefois entre le propriétaire et l'héritier de l'usufruitier, sur le mode de répartir un prix qui, représentant des fruits naturels, paraissait devoir suivre la nature de ceux-ci et non celle des autres.

» A l'égard des arbres qu'on peut tirer d'une pépinière, il est dit dans l'article 583, de se conformer aux usages des lieux pour leur remplacement.

Quant aux échalas pour les vignes, qu'on peut prendre dans les bois, et quant aux produits annuels ou périodiques, qu'on peut prendre sur les arbres, il est statué, à l'art. 586, que l'on doit suivre l'usage du pays ou la coutume du propriétaire.

» Vous voyez par-là, citoyens législateurs, respectées et maintenues partout où il le faut, les habitudes, les coutumes des peuples.

» Cette excellente partie de législation ne serait-elle pas également due aux sages réflexions des rédacteurs du projet, puisqu'ils ont, dans leur discours préliminaire, très-ouvertement manifesté l'empressement qu'ils avaient qu'il y eût une tradition suivie d'usages, de maximes, de règles, pour que l'on puisse, en certains cas, juger aujourd'hui comme on a déjà jugé hier ?

» A l'art. 595, il est dit que *si l'usufruitier ne trouve pas de caution, les immeubles sont donnés à ferme ou mis en séquestre ;*

» *Les sommes comprises dans l'usufruit sont placées ;*

» *Les denrées sont vendues, et le prix en provenant est pareillement placé ;*

» *Les intérêts de ces sommes et les prix des fermes appartiennent, dans ce cas, à l'usufruitier.*

» Cette jurisprudence est bien plus judicieuse, bien plus mûrie que celle de ces pays où il est dit que si l'usufruitier, par sa pauvreté, par son impuissance, ou parce qu'il est étranger, ne trouve point de caution, l'on doit alors s'en tenir à la caution juratoire. Mais cette caution juratoire serait-elle aussi satisfaisante pour le propriétaire ? Cette caution, qui n'est que de paroles, pourrait-elle valoir au propriétaire autant que lui valent les moyens ci-dessus prescrits ?

» Néanmoins s'il est juste de n'admettre aucune caution juratoire dans le cas ci-dessus énoncé, il est également équitable, d'après les principes d'une juste considération, de l'avoir adoptée dans le cas de l'article 596, où il est précisément dit que l'*usufruitier peut demander et les juges peuvent accorder, suivant les circonstances, qu'une partie des meubles nécessaires pour son usage lui soit délaissée sous sa simple caution juratoire.*

» L'article 612 dispose que l'*usufruit qui n'est pas accordé à des particuliers ne dure que trente ans.*

» On n'a point partagé ici l'opinion du texte romain. (L. 8, ff. *De Usuf. et Usuf. legato*; L. *An Usuf.* 56 *de Usuf.*) : *Placuit centum annis tuendos esse municipes.*

» A la vérité, on ne pourrait trouver bien solide la raison qui y est alléguée, *quià is finis vitæ longævi hominis est.*

» Comment ! parce qu'un homme peut vivre cent ans, il faudra décerner l'usufruit aussi pour cent ans à une ville ou autre communauté ! Je n'en comprends pas la conséquence ; mais je comprends bien la droiture de votre

immortel Domat, qui lui-même devança l'opinion de notre Code, et n'eut pas de peine à dire qu'il y aurait eu bien plus de raison de fixer cet usufruit à trente années seulement. (Titre 11 de l'Usufruit, *in fine.*)

» Vous verrez, citoyens législateurs, qu'après avoir donné avec beaucoup de précision la définition de l'usufruit, après en avoir expliqué la nature, après avoir dit comment et sur quelle chose il peut s'établir, on est passé de suite, art. 575 et suivans, aux droits de l'usufruitier; sans s'occuper des autres distinctions que des interprètes des siècles passés avaient inventées par des noms étrangers au texte et vraiment barbares ; telle que serait celle *inter usumfructum causalem et usumfructum formalem*, sous le prétexte qu'elles étaient plus propres à l'intelligence des anciens jurisconsultes, lorsqu'au contraire il n'en est résulté que de grandes disputes aux écoles, et mille procès à la postérité.

» Je finis, citoyens législateurs, par demander quelqu'indulgence pour moi, si je vous ai entretenus plus qu'il ne fallait du droit romain. Je suis né en Italie, d'où il tire son origine, où les *Pandectes* ont été retrouvées, où ses maximes triomphent, et où il faisait notre droit commun.

» Il n'est donc pas surprenant que j'y sois attaché : mais ce qui m'excuse davantage ; et même ce qui me justifie pardevant vous, c'est un Français, c'est Dumoulin, dans sa préface de la Coutume de Paris, n.º 110. *E jure scripto mutuamur quod æquitati consonum invenitur, non quòd fuerimus subditi Justiniano aut successoribus ejus, sed, quià jus illo auctore à sapientissimis viris ordinatum, tam est æquum, rationabile, et undequaquè absolutum, ut omnium ferè christianarum gentium usu et approbatione commune sit effectum.*

» Je ne m'arrête pas à vous faire une plus ample analyse des autres dispositions de cet article 1.er, ni de celles de l'article second, qui

69*

concerne l'usage et l'habitation ; elles ne souffrent pas la moindre objection, et n'ont par conséquent pas besoin d'être développées : il suffira donc de vous en faire lecture pour que leur justice et leur utilité vous soient connues à l'instant.

Sans doute, citoyens législateurs, c'est un honneur bien grand que celui de pouvoir monter à cette auguste tribune, et il est encore plus grand pour moi, qui seul n'aurais jamais pu y aspirer.

« Oui, citoyens législateurs, ce n'est que le bénéfice de la réunion accordée au peuple piémontais qui a rejailli sur moi par un effet du hasard, plus que par celui d'autres circonstances qui dussent me protéger.

» C'est dans cette journée, citoyens législateurs, que je viens vous parler pour la première fois ; c'est aujourd'hui que je dois remplir ma tâche envers vous.

» Instruit depuis quelque temps par les lumières de mes illustres collègues, j'ai quelquefois espéré de pouvoir y satisfaire ; mais d'autre part ébloui chaque jour par leur éloquence, frappé de l'énergie de leurs sentimens, pénétré de la justesse de leurs maximes, je n'ai pas le courage d'élever ma voix impuissante et timide après tant de Démosthènes, de Cicérons, et d'Eschines.

» Je ferai donc beaucoup mieux, en resserrant mon discours, de le soustraire à une plus ample et toujours juste censure.

» Devenu citoyen français seulement depuis une très-courte époque, il n'est pas surprenant que, par rapport à la France, je n'aie pas suivi le conseil d'un de vos plus célèbres magistrats, de d'Aguesseau, lorsqu'il dit qu'une de nos premières études doit être celle de notre patrie, de son histoire, de sa législation, de ses mœurs.

» Par conséquent, je ne suis pas à même, autant qu'un Français, de discerner toutes les beautés de votre Code, celles, dis-je,

qui résultent de son parallèle avec les abus et les vices du précédent.

» Je connais quelques-uns de ses inconvéniens, tels que cette masse immense, cet informe chaos de tant de coutumes ; mais, je le répète, je ne suis pas à portée de calculer exactement et par une juste comparaison tout le bien de l'un et tout le mal de l'autre.

» En vérité, citoyens législateurs, je crains fort que par suite de ce nouveau Code, ne soient presque ensevelis dans un éternel oubli ces grands jurisconsultes de la France, Duaren, Talon, Térasson, d'Aguesseau, Domat, Pothier, et je serais plus fâché encore d'y voir enseveli un Cujas, un Favre.

» Voulez-vous savoir le motif de ma juste prédilection ? je vous le dirai.

» Cujas, natif de Toulouse, fut appelé en Piémont par Emmanuel Philibert. C'est dans ses écrits que les Piémontais apprirent les vrais élémens de la jurisprudence. Oui, l'universalité de Turin s'honore toujours de son nom. Les Piémontais furent ses disciples ; les Piémontais lui sont reconnaissans, et le seront à jamais.

» Et quant à Favre, jadis premier président à Chambéry, ignorez-vous qu'il naquit à Bourg en 1557 ? Ignorez-vous que la Bresse était alors sous la domination de la Savoie ?

» D'autre part, il est consolant pour moi de penser qu'autant le nouveau Code est le fruit de profondes méditations, autant il fut puisé dans les sources des lois romaines.

» Et c'est d'après une source si pure et si sacrée, c'est d'après l'appui de tant d'hommes savans dont la France abonde, que son restaurateur, le génie du monde, s'est intimement persuadé de ce que disait Euripide : *Nihil est in civitate præstantius quàm leges benè positæ.*

» Pardon, citoyens législateurs, si mon amour pour le Piémont m'a détourné quelque peu de l'objet de notre mission. »

Rapport fait au Tribunat le 4 pluviose, par J.-A. Perreau, au nom de la section de législation.

« Tribuns,

» Après avoir reconnu et consacré de nouveau les bases immuables de la *propriété*, après avoir retracé les limites dans lesquelles les lois de la raison et de l'intérêt social doivent la circonscrire, il convenait de s'occuper d'une de ses plus importantes modifications, de cette faculté qu'elle nous donne de séparer dans la chose qui nous appartient la jouissance du domaine.

» C'est le sujet du titre soumis aujourd'hui à votre discussion.

» Il renferme deux chapitres : le premier, de l'*usufruit*, des *droits*, des *obligations de l'usufruitier* et des *divers modes d'extinction de son droit*.

» Le second, de l'*usage* et de l'*habitation*.

» L'usufruit est défini (*Leg.* 1, *ff. De Usufruc. et quemadmod.*) le droit de jouir des choses dont un autre a la propriété comme le propriétaire lui-même, mais à la charge d'en conserver la substance. Cette définition est du petit nombre de celles qui donnent une idée parfaite de leur sujet, et que l'on obscurcirait en cherchant à les expliquer.

» Ce droit peut être établi par la loi ou par la volonté de l'homme. (*Leg.* 3, *ff. De Usufruc.*) Par la loi, dans les cas où il est une suite nécessaire de droits antérieurement reconnus ; par la volonté de l'homme, c'est-à-dire, par le propriétaire de la chose, à quelque titre que ce soit, sous toutes les conditions raisonnables qu'il lui plaît d'imposer, quant au mode et à la durée de la jouissance ; son objet peut être, soit un bien particulier, soit une universalité de biens meubles ou immeubles, et dans toute l'étendue que l'on donne à ces deux dénominations.

Droits de l'Usufruitier.

» Si l'on a bien compris, d'après les premières idées que fait naître sa définition, ce qui constitue l'essence de l'usufruit, on verra qu'il doit être, pour celui à qui la jouissance en est accordée, le droit de se rendre propres tous les fruits qui composent le revenu ordinaire de la chose (*Leg.* 59, *de Usufruct.*) ; les fruits naturels, tels que les produits spontanés de la terre ; le produit et le croît des animaux ; les fruits industriels que donne la culture ; enfin les fruits civils, ou ceux qui se perçoivent à raison du fonds, tels que les loyers des maisons, les intérêts des sommes exigibles, les arrérages des rentes, enfin les prix des baux à ferme.

» Il est de la nature de ce droit que celui qui en jouit prend et laisse la chose dans l'état où elle est : donc les fruits naturels et industriels pendans par les racines doivent lui appartenir au moment où il entre en jouissance, et appartenir au propriétaire lorsqu'il en sort, sans récompense ni pour l'un ni pour l'autre, mais sans préjudice de la portion qui pourra être due au colon partiaire.

» Quant aux fruits civils, comme ils sont réputés acquis chaque jour, ils appartiennent à l'usufruitier en raison de la durée de sa jouissance ; ils correspondent à chaque instant de cette durée.

» Quoique les choses fongibles, qui se consomment par l'usage qu'on en fait, paraissent au premier aspect ne pouvoir être l'objet de l'usufruit, puisque dans la réalité on ne peut en jouir sans détruire la substance, cependant on les reconnaît comme susceptibles de ce droit, à la charge de les rendre en même quantité, qualité et valeur (*Leg.* 9, §. 3, *ff. de Usufruct. et quemadmod.*) : tandis que celles qui se détériorent seulement par l'usage sont rendues dans l'état où elles se trouvent, pourvu qu'il n'y ait d'ailleurs aucun reproche à faire à l'usufruitier.

» Si son droit comprend les coupes de bois taillis, les précautions dues à tout ce qui intéresse la conservation des biens exigent qu'il respecte ce que les propriétaires ont établi quant à l'ordre, à la quotité des coupes et à l'aménagement; et la loi ne doit permettre ni à lui ni à ses héritiers de réclamer aucune indemnité pour celles qu'il n'aurait pas faites pendant sa jouissance.

» Mais doit-on lui donner comme faisant partie de son droit celui de tirer des arbres d'une pépinière ? Oui, pourvu qu'il ne la dégrade pas, et que, selon l'usage du lieu, il soigne le remplacement. Ce sera encore, et toujours en se conformant à ce même usage, qu'il pourra profiter des parties de bois de haute futaie mises en coupes réglées sur une étendue déterminée de terrain, ou d'une certaine quantité d'arbres pris indistinctement sur toute la surface du domaine.

» Hors de ces cas spécifiés par la loi, il ne pourra toucher aux arbres de haute futaie, qui font essentiellement partie intégrante du fonds, et que l'on ne saurait raisonnablement comprendre dans la classe des fruits ordinaires. Il aura cependant la faculté d'employer aux réparations dont il sera tenu les arbres de cette espèce arrachés ou brisés par accident, et d'en faire abattre pour cette même fin avec le consentement du propriétaire ; car rien n'est plus naturel que de faire servir ce qui sort du fonds à son entretien.

» Par la même raison, la loi lui permettra de couper dans les bois des échalas pour les vignes, de prendre sur les arbres des produits annuels et périodiques, enfin de profiter des arbres fruitiers morts naturellement ou arrachés par accident, pourvu qu'il satisfasse à l'obligation du remplacement (*Leg.* 18, *ff. de Usufruct.*). Ces différens objets font évidemment partie des fruits.

» Ce droit étant un droit personnel, on serait assez disposé à croire, en s'attachant rigoureusement au sens, qu'ainsi que tous ceux que comprend cette dénomination, il ne peut se transmettre ; cependant il paraît très-raisonnable d'établir que celui qui en jouit puisse l'exercer par lui-même, ou en céder l'exercice, et à quelque titre que ce soit (*Leg.* 67, *ff. de Usufruct. et quemadmod.*). Dans le cas où il le donne à ferme, l'*article* 588 l'assujettit très-sagement, pour les époques où il doit renouveler les baux et pour leur durée, aux règles fixées par les maris à l'égard des biens de leurs femmes.

» Si l'usufruitier est entièrement substitué dans cet exercice de son droit au propriétaire, il doit donc jouir, comme celui-ci, de l'augmentation survenue au fonds par alluvion (*Leg.* 2, §. 2, *ff. si Servit. vindic.*), de tous les droits de servitude qui peuvent y être attachés, de tous les moyens enfin qui lui sont nécessaires pour profiter de son usufruit.

» Jouira-t-il dans la même plénitude des mines, des carrières ? Oui, des mines et des carrières qui seront en exploitation à l'époque où il entrera dans l'exercice de ses droits, mais non de celles qui, à cette même époque, ne seront pas ouvertes, ni des tourbières que l'on n'aura pas alors commencé d'exploiter : car il est évident que ces dernières ne peuvent pas plus être comprises dans la classe des fruits annuels et périodiques, que le trésor qu'il trouverait de hasard dans le fonds pendant la durée de sa jouissance.

» Mais s'il a, comme on ne peut en douter, le droit de faire sur le fonds, en travaux et en dépenses, tout ce qu'il veut, sans le détériorer, pour étendre ses moyens de jouir, peut-il, à cette occasion, réclamer des indemnités ? Non, pas même dans le cas où, par ces travaux et ces dépenses il aurait réellement ajouté plus de valeur au fonds ; car les avantages qu'il a retirés de ces améliorations compensent ce qu'elles lui ont coûté : mais rien d'ailleurs ne doit s'opposer à ce qu'il enlève tous les objets qu'il aura fait placer, tels que les glaces, les tableaux et autres ornemens, si cela se peut sans dégradations.

Obligations de l'Usufruitier.

» La première de ses obligations, en prenant les choses dans l'état où elles sont, est, avant d'entrer en jouissance, de faire dresser devant le propriétaire, ou après l'avoir dûment appelé, un inventaire exact des meubles, et de faire constater l'état des immeubles, de promettre de jouir en bon père de famille, et d'en donner caution (*Leg.* 13, *ff. de Usufruct.* ; et *Leg.* 1, *Cod. eod. Tit.*). Il peut être affranchi de cette dernière condition par l'acte même (*Leg.* 62, *ff. de Ædilitio edict.*); il peut aussi en être dispensé par la loi, s'il a l'usufruit légal des biens de ses enfans, si comme donateur ou vendeur d'un fonds il s'en réserve l'usufruit (*Leg.* 8, §. 4, *Cod. de Bon. quæ lib.*). On découvre aisément les raisons de ces exceptions.

» La loi ne doit pas faire à des parens l'injure de présumer qu'ils puissent détériorer ou négliger de conserver le bien de leurs enfans ; elle ne doit pas non plus faire une charge de son bienfait pour le donateur : quant au vendeur, tout est censé avoir été réglé par l'acte même de la vente. Mais dans le cas où l'usufruitier obligé à donner caution n'en trouverait pas, quel parti prendre? Alors il paraît très-juste d'ordonner que les immeubles seront affermés ou mis en séquestre, que les sommes qui font partie de l'usufruit seront placées, que les denrées seront vendues et leur prix placé ; et, en résultat, que les intérêts de ces sommes et le prix des fermes appartiendront à l'usufruitier. Si le propriétaire l'exige, cette même règle doit s'appliquer toujours dans le cas du défaut de caution, à la manière de disposer des meubles qui dépérissent par l'usage ; mais alors ce même esprit de justice qui veille avec tant de soin aux intérêts du propriétaire, doit aussi, de l'autre part, laisser à l'usufrui-

tier la faculté de demander, et au juge la faculté de prononcer qu'une partie de ces meubles lui sera délaissée pour son usage, en l'obligeant d'ailleurs, sous sa caution juratoire, de les représenter quand l'usufruit cessera. La raison de ces dispositions est que le retard de donner caution ne saurait attaquer essentiellement le droit de l'usufruitier, et ne doit pas conséquemment le priver de celui qu'il a sur les fruits dus, à compter du moment où son droit est ouvert.

» La loi met à sa charge les réparations qu'exige l'entretien du fonds (*Leg.* 7, *ff. da Usufruct. et quemadmod.*), en exceptant les grosses réparations que désigne l'art. 599, et qui n'ont pas été causées par sa négligence ou par sa faute.

» Mais ni lui ni le propriétaire ne sont tenus de réparer ce qui a péri de vétusté ou par cas fortuit. C'est toujours la conséquence de ce principe qui veut que l'usufruitier prenne la chose, en jouisse, et la laisse dans l'état où elle se trouve.

» Quant aux charges du fonds, les art. 601 et 602 distinguent avec une grande justesse les charges annuelles et ordinaires de celles qui sont imposées pendant la durée de l'usufruit. Ainsi les premières, étant des charges de la jouissance, doivent être supportées par l'usufruitier ; les autres, étant à la fois charges du fonds non prévues et de la jouissance, doivent être supportées par le propriétaire et l'usufruitier : de sorte que si ce dernier en fait les avances, le premier lui remboursera le capital à la fin de l'usufruit, et que, dans le cas inverse où celui-ci les paiera, l'autre lui tiendra compte des intérêts.

» Comment le légataire de l'usufruit sera-t-il tenu d'acquitter les legs d'une rente viagère ou d'une pension alimentaire? Après avoir encore fait ici une distinction très-sage, la loi décide que, s'il est légataire universel, il sera tenu d'acquitter le legs dans toute son intégrité ; mais qu'il ne l'acquittera que dans la proportion de sa jouissance, s'il n'est légataire qu'à titre universel.

» Elle est encore aussi juste quand elle prononce que l'usufruitier à titre particulier ne peut être tenu des dettes auxquelles le fonds est hypothéqué, et que dans le cas où il sera contraint de les acquitter, il aura son recours contre le propriétaire.

» Comment enfin l'usufruitier à titre universel et le propriétaire contribueront-ils au paiement des dettes ? L'article 505 règle ainsi de la manière la plus parfaite cette contribution : si l'usufruitier avance la somme pour laquelle le fonds doit contribuer, on lui en restituera le capital sans intérêts à la fin de l'usufruit; s'il ne veut pas faire cette avance, le propriétaire pourra payer, et alors l'usufruitier lui tiendra compte des intérêts pour toute la durée de sa jouissance, ou il aura le droit de faire vendre jusqu'à due concurrence une portion des biens soumis à l'usufruit. Rien n'est plus conforme à l'équité que cette disposition.

» Puisque tout ce qui a trait à la jouissance regarde l'usufruitier, on doit en inférer qu'il est chargé de tous les frais des procès relatifs à l'exercice de son droit, et tenu des condamnations qui peuvent en résulter.

» Ses obligations étant non-seulement de s'abstenir de tout ce qui pourrait tendre pour son fait à détériorer le fonds, mais encore de veiller avec soin à sa conservation, il faut en conclure que si un tiers commet une usurpation, ou attente de quelque manière que ce soit aux droits du propriétaire, il doit le dénoncer à celui-ci, et que, s'il ne le fait pas, il répond de tout le dommage comme s'il l'eût causé lui-même.

» Les articles 608 et 609 terminent la section des *Obligations de l'usufruitier* par les règles que l'on doit suivre lorsque son droit est établi sur un ou plusieurs animaux.

» Dans le premier cas, il n'est tenu de remplacer l'animal qui a péri, ou d'en payer l'estimation, que lorsqu'il en a causé la perte.

» Dans le second cas où il exerce son droit sur un troupeau et où ce troupeau vient à périr entièrement par un accident qu'on ne peut lui imputer, il n'est tenu que de rendre compte au propriétaire des cuirs ou de leur valeur; car il ne doit répondre que des pertes qu'il a causées.

» Mais si le troupeau ne périt pas entièrement, il est obligé de remplacer, jusqu'à concurrence du croît dont il profite, les têtes des animaux qui ont péri. (*Leg.* 63, *ff. de Usufruct.*) Cet entretien est étroitement lié à sa jouissance.

» Le projet ne traite point particulièrement des droits ni des obligations du propriétaire; les uns et les autres sont implicitement renfermés par corrélation dans les droits et les obligations de l'usufruitier. Il a suffi d'y établir en principe général, à l'art. 572, que le propriétaire ne peut, sous aucun rapport, nuire par son fait aux droits de l'usufruitier.

Comment finit l'usufruit.

» L'usufruit étant, comme nous l'avons déjà remarqué, un droit personnel, doit s'éteindre par la mort naturelle ou civile de l'usufruitier. (*Leg.* 1 et 3, *quib. mod. Usufruct.*)

» Il cesse aussi tout naturellement par l'expiration du temps pour lequel il a été accordé, par sa réunion à la propriété, selon cette maxime : *Nemini res sua servit*, par la prescription (*Leg.* 16, *ff. Cod. de Usufruct.*); car il importe à la conservation des biens que la jouissance ne soit pas trop long-temps séparée du domaine. C'est d'après cette considération que les auteurs du projet ont très-sagement limité à trente ans, pour toutes les espèces, la prescription de ce droit; prescription portée autrefois à cent ans, lorsqu'il était accordé à une corporation, et sous le ridicule prétexte que l'on devoit comparer sous ce rapport une corporation à une seule personne qui jouirait de

la

la plus longue vie. (*Leg.* 56 , *ff. de Usufruct. et quemadmod.*).

» Il n'y a non plus aucun doute que l'usufruitier ne doive perdre son droit par l'abus qu'il en fait (*Leg.* 9 , §. 3 , *ff. de Damno infecto*), soit en dégradant le fonds, soit en négligeant de l'entretenir ; mais il pourrait y en avoir le sort des créanciers. On les a dissipés en permettant aux créanciers d'intervenir pour la conservation de leurs droits , d'offrir la réparation des dommages , et de donner une garantie pour l'avenir. Ainsi on a laissé aux juges , selon les circonstances , la faculté de prononcer la cessation absolue de l'usufruit , ou de ne rendre au propriétaire la jouissance qu'à la charge de payer , soit à l'usufruitier , soit à ses ayant-cause , une somme déterminée , jusqu'au terme de la durée de l'usufruit.

» Si ce terme était fixé pour le temps où un tiers aurait atteint tel âge, et que ce tiers fût mort avant l'âge prescrit, conviendrait-il de conserver à l'usufruitier sa jouissance jusqu'à cette époque ? Oui , et cette décision que l'on trouve dans l'article 613 est très-juste , en ce qu'elle paraît s'accorder avec l'intention de celui qui a établi l'usufruit.

» L'article 614 statue encore , si la chose est vendue, que l'usufruitier ne perdra ses droits que lorsqu'il y aura formellement renoncé ; mais cette faculté est restreinte avec raison dans l'article suivant , qui porte que les créanciers pourront faire annuler la renonciation faite à leur préjudice.

» Il résulte enfin de l'idée juste que l'on doit se faire de ce droit, que si la chose certaine sur laquelle il porte vient à périr en partie, il n'est conservé que sur ce qui reste de cette chose. Que si , par exemple , il s'agit d'un bâtiment qui a été détruit par accident, l'usufruitier ne peut jouir du sol ni profiter des matériaux ; mais qu'il faut décider le contraire, s'il est question de l'usufruit d'un domaine dont ce bâtiment faisait partie.

Tome III.

De l'Usage et de l'Habitation.

» Les principes qui règlent l'usufruit quant à la manière dont il s'établit et se perd (*Leg.* 3 , *ff. de Usufruct.*) , qui fixent les obligations pour celui qui en a la jouissance , de faire dresser des états et inventaires , de jouir en bon père de famille, et de donner caution, sont aussi ceux qui règlent l'exercice des droits d'usage et d'habitation, sans gêner d'ailleurs la faculté de les modifier comme il plaît par l'acte même qui les établit. Mais la loi parle lorsque le titre se tait : elle veut alors que celui qui a l'usage d'un fonds ne puisse en exiger que ce qui est nécessaire pour lui et sa famille : dans cette expression sont compris les enfans survenus depuis la concession du droit.

» Elle étend cette même règle à l'habitation (*Leg.* 2 , §. 1 , *ff. de Usufruct. et Habit.*) ; en statuant également pour celui qui en jouit, et pour l'usager d'un fonds , la défense de rien louer ou céder de leurs droits (*Leg.* 8 , *ff. de Usufruct. et Habit.*).

» Elle établit encore , s'ils jouissent, l'un de tous les fruits du fonds , l'autre de toute l'habitation, qu'ils seront également assujettis, le premier à tous les frais de culture ; le second , à toutes les réparations d'entretien, et au paiement des contributions, comme elle y assujettit l'usufruitier (*Leg.* 18 , *ff. de Usufruct. et Habit.*) ; mais que s'ils ne jouissent qu'en partie, ils ne seront tenus de contribuer qu'au *prorata* de ce dont ils jouissent.

» Ici se bornent toutes les règles qu'il importait d'établir relativement à l'usufruit , à l'usage et à l'habitation. Celles qui auront rapport à l'usage des bois et forêts sont renvoyées par le dernier article à des lois particulières.

» J'ai cru, Tribuns, qu'il suffisait de vous rappeler, par l'exposé le plus simple et suivant l'ordre qu'ont suivi ses auteurs, les dispositions de ce projet , pour vous mettre à portée de les apprécier. Je dois seulement ajouter que votre section de législation, eu y reconnaissant sur cette matière les principes consacrés dans tout les temps par la raison et l'équité, a constamment trouvé dans la rédaction cette même précision, cette même pureté qui forment un des plus heureux caractères de nos nouvelles lois. Tel est le jugement qu'elle en a porté et qu'elle espère vous voir confirmer par vos suffrages. »

Discours prononcé au Corps législatif, le 9 pluviose, par le C. Garry, orateur du Tribunat.

« Citoyens Législateurs,

» Le Tribunat nous a chargés de vous porter son vœu en faveur du projet de loi, *tit.* 3, *livre* 2 du Code civil, *sur l'Usufruit, l'Usage et l'Habitation.*

» En décrétant le *titre* 2 de ce *même livre*, vous avez établi les droits de la propriété. En déclarant qu'elle est *le droit de jouir et de disposer des choses de la manière la plus absolue, sous la seule* condition *de n'en point faire un usage prohibé par les lois et les règlemens*, vous avez consacré votre respect pour ce lien unique, pour cette base fondamentale des sociétés. Cependant cette jouissance et cette disposition absolue peuvent être gênées, ou pour l'utilité des héritages voisins, ou au profit des individus. Ainsi la nature des choses ou les conventions établissent des devoirs, des services d'un fonds de terre à l'autre ; c'est l'objet du *titre des Servitudes et des services fonciers.* Ainsi la volonté de l'homme ou l'autorité de la loi donnent à un individu le droit de jouir ou d'user d'une chose qui ne lui appartient pas : c'est la matière du projet de loi soumis à votre délibération.

» Son titre vous annonce sa division naturelle ; on y traite d'abord de *l'usufruit* ; on s'occupe ensuite *de l'usage et de l'habitation.*

Chap. 1.er. — De l'Usufruit.

» Cette première partie du projet de loi contient quelques dispositions générales qui précèdent l'établissement des règles, 1.° sur les droits de l'usufruitier ; 2.° sur ses obligations ; 3.° sur les différentes causes qui éteignent ou font cesser l'usufruit.

» La première de ces dispositions devait être la définition de l'usufruit.

» *C'est le droit de jouir des choses dont un autre a la propriété, comme le propriétaire lui-même, mais à la charge d'en conserver la substance.*

Cette définition de l'usufruit, qui rappelle celles qu'en donnaient les lois romaines, est un texte fécond dont toutes les dispositions du projet de loi ne sont que les développemens. Vous y voyez d'abord la différence entre le propriétaire et l'usufruitier ; le propriétaire *jouit et dispose*, l'usufruitier ne fait que *jouir* ; le propriétaire dissipe ou change à son gré la substance de la chose ; l'usufruitier doit la conserver, il ne peut dénaturer même pour améliorer.

» Ce que l'usufruitier a de commun avec le propriétaire, c'est qu'il recueille tous les profits et tous les avantages que la chose peut produire. Il jouit comme le propriétaire, mais comme le propriétaire sage qui n'abuse point de sa chose, et qui est intéressé à sa conservation ; son administration doit être celle du père de famille, même vigilant, qui ne sacrifie point l'avenir au présent, mais qui ménage l'un en jouissant sagement de l'autre.

» La seconde disposition générale indique la manière dont l'usufruit s'établit ; *c'est par la loi ou par la volonté de l'homme : par la loi*, comme dans l'espèce de l'art. 378 du premier livre du Code civil, qui accorde aux pères avant le mariage, et après la dissolution du mariage au survivant des père et mère, la jouissance des biens de leurs enfans jusqu'à l'âge de dix-huit ans ou jusqu'à l'émancipation ; *par la volonté de l'homme*, lorsque le propriétaire d'une chose en a transmis la jouissance à un autre, dans un acte entre-vifs ou dans un acte de dernière volonté.

» *L'usufruit peut être établi, ou purement et
à certain jour, ou à condition;* c'est le sort de
toutes les dispositions entre-vifs ou testamentaires.

» *Il peut être établi sur toute espèce de biens,
meubles ou immeubles;* tout ce qui peut produire quelqu'utilité, profit ou agrément, en est
susceptible.

» Après avoir fait connaître par ces dispositions générales, la nature, les causes, les divers
modes et l'étendue de l'usufruit, le projet de
loi règle les droits de l'usufruitier.

§. 1.er. — *Des Droits de l'Usufruitier.*

» Ces droits dérivent tous du principe renfermé dans la définition de l'usufruit; mais leur
exercice varie suivant la nature des objets qui y
sont soumis.

» L'usufruit a pour objet ou des choses susceptibles de produit, ou des choses qui, sans
offrir de produit, ne sont utiles que par leur
usage.

» Je m'occupe d'abord de celles comprises
dans la première classe; telles sont les maisons
et fonds de terre, les troupeaux, les contrats
et obligations produisant des intérêts ou des
rentes, tant foncières que perpétuelles et viagères.

» Une règle commune à toutes ces choses,
c'est que tous les fruits soit naturels soit industriels soit civils, appartiennent à l'usufruitier.

» La loi *sur la propriété* a déjà consacré la
distinction des fruits naturels et industriels.

» Les fruits naturels sont ceux que la terre
offre d'une main libérale, et sans être sollicitée
par la culture; on regarde comme fruits naturels le produit et le croît des animaux.

» Les fruits industriels sont ceux que la terre
n'accorde qu'au travail de l'homme.

» Les fruits civils sont les loyers des maisons,
les intérêts des sommes exigibles, les arrérages

des rentes. Les prix des baux à ferme, encore
qu'ils représentent des fruits naturels ou industriels, sont aussi rangés dans la classe des fruits
civils.

» C'est ici le lieu de remarquer une différence entre les fruits naturels ou industriels, et
les fruit civils, quant à l'instant auquel commencent ou se terminent les droits de l'usufruitier sur ces divers genres de fruits.

» Pour cela, deux époques sont à considérer; celle de l'ouverture de l'usufruit, celle de
son extinction.

» Au moment où l'usufruit s'ouvre, tous les
fruits naturels et industriels pendans par branches ou par racines appartiennent à l'usufruitier; tandis qu'il n'a le droit sur les fruits civils
qu'à compter du jour où l'usufruit est ouvert,
cette dernière nature de fruits s'acquérant jour
par jour, et à proportion de la durée de l'usufruit.

» Lorsque l'usufruit finit, tous les fruits naturels et industriels alors pendans par branches
ou par racines, appartiennent au propriétaire,
sans récompense de part ni d'autre des labours
et des semences; tandis que les fruits civils sont
dus jour par jour à l'usufruitier ou à ses héritiers pour tout le temps qu'a duré l'usufruit.
Cela s'applique aux prix des baux à ferme,
comme aux loyers des maisons et autres fruits
civils.

» Dans cette seconde disposition, deux différences entre le droit romain et le projet de loi.

» Le droit romain soutenait comme le projet,
que tous les fruits pendans au moment de l'extinction de l'usufruit, appartenaient au propriétaire; mais il accordait à l'usufruitier ou à ses
héritiers la répétition des frais de semences et
de culture. Le projet exclut, au contraire, cette
répétition. La loi accordant en effet à l'usufruitier tous les fruits non récoltés à l'époque de
l'ouverture de l'usufruit, sans qu'il doive concourir aux frais des travaux, il faut, pour que
la chance soit égale, que les fruits non recueillis

70 *

lorsque l'usufruit s'éteint, appartiennent au propriétaire affranchi de la même charge. Mais ce qui est sur-tout d'un grand intérêt aux yeux de la loi et pour le repos de la société, c'est qu'une source féconde de contestations est tarie.

» La seconde différence est relative au sort du prix des baux à ferme. La loi romaine disposait pour le prix du bail comme pour les fruits qu'il représente; et de même que ceux-ci appartenaient à l'usufruitier s'ils avaient été perçus pendant la durée de l'usufruit, ainsi le prix du bail lui était acquis, quoique l'usufruit eût cessé dans l'intervalle de la perception et de l'échéance des termes de paiement. Le projet de loi en décide autrement; on a pensé que l'usufruitier, ayant converti son droit de percevoir le fruit en une rente, il fallait que cette rente subît le sort des loyers de maison et des autres fruits civils; et cela prévient des difficultés auxquelles donnait lieu la loi romaine, lorsque diverses natures de fruits se percevant en différens temps, ou lorsqu'une partie seulement des fruits étant recueillie, il fallait déterminer par une ventilation les portions du prix du bail à répartir entre les parties intéressées.

» Après avoir établi une disposition générale qui s'applique à tous les objets susceptibles d'un produit, le projet de loi reconnaît que quelques-uns de ces objets appellent des règles particulières.

»Ainsi s'il s'agit de maisons et de fonds de terre, l'usufruitier jouit des droits de servitude et de passage, comme le propriétaire lui-même; s'il a amélioré, il ne peut à la cessation de l'usufruit, réclamer aucune indemnité, sauf à lui à enlever les glaces et ornemens qu'il aurait fait placer, en rétablissant les choses dans leur premier état. L'équité semble d'abord s'opposer à ce que le propriétaire profite, aux dépens de l'usufruitier, de l'amélioration évidente de la chose. Mais quand on considère que l'usufruitier en a lui-même recueilli le fruit, que cette amélioration n'est, d'ailleurs aux yeux de la loi, que le résultat naturel d'une jouissance éclai-

rée, et d'une administration sage et vigilante; quand on pense qu'il ne doit pas être au pouvoir de l'usufruitier de grever d'avance le propriétaire de répétitions qui pourraient souvent lui être onéreuses; quand on songe enfin aux contestations infinies qu'étouffe, dans leur naissance, la disposition qui vous est soumise, on ne peut lui refuser son assentiment.

» S'il s'agit seulement de fonds de terre, l'usufruitier jouit de l'augmentation survenue par alluvion à l'héritage. Il doit en effet pouvoir gagner par la même cause qui peut le faire perdre.

» Ici se présentent des natures particulières de fonds de terre qui appellent l'attention spéciale du législateur. Tels sont les bois taillis et de haute-futaie, les pépinières, les arbres, les carrières, mines et tourbières.

» Un principe fécond et lumineux nous a guidés dans l'examen de ces questions. Ce principe est dans le respect dû à l'usage ancien des propriétaires; il ne suffit pas en effet que l'usufruitier jouisse en bon père de famille; il faut encore qu'il suive, dans sa jouissance, la destination des pères de famille. Celui qui en constitue l'usufruit, est censé, à moins de stipulation contraire, avoir voulu que l'usufruitier jouisse comme lui et ses auteurs ont joui; et ceci nous fait rentrer dans la définition de l'usufruit, qui est le droit de jouir comme le propriétaire.

» Ainsi l'usufruitier, dans la coupe des bois taillis, observera l'ordre et la quotité établie par l'aménagement et l'usage constant des propriétaires.

» Il suivra le même usage quant aux parties de bois de haute-futaie mises en coupes réglées.

» Il se conformera aux usages des lieux pour le remplacement des arbres tirés d'une pépinière.

» Il ne touchera point aux arbres épars de haute-futaie, sauf les cas où il aura à s'en servir pour les réparations dont il est tenu, et pour le bien même de la propriété.

» Il prendra dans les bois, si cela est l'usage, des échalas pour les vignes.

» Les arbres fruitiers, et tous ceux qui sont utiles par leurs branches ou leur écorce, tels que les saules, les aunes, les bouleaux, l'arbre à liège, lui offriront leurs produits annuels ou périodiques.

» A l'égard des carrières, la loi romaine accordait à l'usufruitier le droit d'en ouvrir, pourvu que ce ne fût pas dans une partie de terrain qui fût utile, et pourvu d'ailleurs que la culture n'en souffrît pas. Ces conditions, quelque sages qu'elles fussent, devaient être des occasions fréquentes de contestations.

» On s'est rattaché aux principes qui veulent que l'usufruitier jouisse comme le propriétaire, et en conservant la substance de la chose ; et toutes les difficultés se sont aplanies. Si les mines ou carrières sont ouvertes, ou l'exploitation des tourbières commencée au moment de l'ouverture de l'usufruit, l'usufruitier continuera d'en jouir ; mais il ne sera jamais autorisé à en ouvrir quand le propriétaire ne l'a pas fait ; parce qu'il ne doit jouir que comme le propriétaire jouissait, et sans pouvoir dénaturer la substance de l'héritage soumis à l'usufruit. C'est ainsi que, dans un système bien ordonné, toutes les parties s'enchaînent, s'expliquent, et se fortifient les unes par les autres.

» Je viens de vous entretenir, citoyens législateurs, des droits de l'usufruitier sur les objets susceptibles d'un produit quelconque. Je n'ai qu'un mot à vous dire de ceux qui ne donnent pas de produit, et ne sont utiles que par leur usage ; et ici il faut distinguer.

» Ou ce sont des choses qui, sans se consommer de suite, se détériorent peu à peu par l'usage, comme du linge, des meubles meublans ; et l'usufruitier a le droit de s'en servir en les appliquant à l'usage exclusif auquel elles sont destinées, et n'est obligé de les rendre qu'à la fin de l'usufruit, non détérioré par son dol ou par sa faute.

» Ou ce sont des choses dont on ne peut jouir sans les consommer, comme l'argent, les denrées, les liqueurs : ceci n'est pas proprement un usufruit ; car la jouissance de ces choses comporte leur ruine. Mais les lois toujours jalouses de maintenir les actes de bienfaisance entre les hommes, et de protéger et d'encourager l'exercice d'une vertu si utile au bonheur de la société, ont cherché à assurer l'effet de pareilles dispositions. Elles les ont regardées comme un *quasi usufruit*, suivant les expressions du droit romain, et ont sagement combiné l'intérêt de l'usufruitier et celui du propriétaire, en statuant que l'usufruitier se servirait des choses qui se consomment par l'usage, mais à la charge d'en rendre, à la fin de l'usufruit, de pareille quantité et qualité, ou la valeur.

» J'ai mis sous vos yeux les dispositions qui règlent les droits de l'usufruitier sur les diverses natures d'usufruit. Je n'ai plus qu'à énoncer deux maximes qui s'appliquent à toute espèce d'usufruit.

» La première, c'est que l'usufruitier peut céder et transmettre son droit à titre gratuit ou onéreux : on exige seulement, s'il passe des baux à ferme, qu'il se conforme aux règles établies pour le mari, jouissant des biens de sa femme ; si l'intérêt de l'usufruitier veut en effet qu'il puisse jouir pleinement de la chose soumise à l'usufruit, l'intérêt de la société et celui du propriétaire ne permettent pas que par des baux passés à trop long terme, il annulle ou atténue les droits de ce propriétaire.

» La seconde règle est celle qui veut que le propriétaire ne puisse par son fait, ni de quelque manière que ce soit, nuire aux droits de l'usufruitier. Cette règle place à côté des droits de l'usufruitier les obligations du propriétaire.

» Je passe à l'examen des dispositions qui règlent les obligations de l'usufruitier.

§. 2. — *Des Obligations de l'Usufruitier.*

» Ces obligations sont de deux sortes ; ou

elles sont relatives à la jouissance, ou elles dérivent de la nécessité de contribuer, dans certains cas, aux dettes de la propriété.

» Pour déterminer les obligations relatives à la jouissance, il faut considérer deux époques, celle de l'entrée en jouissance et celle de sa durée.

» En entrant en jouissance, l'usufruitier a deux obligations à remplir :

» 1.° Il doit faire dresser un inventaire des meubles et un état des biens ; parce que, devant rendre les choses dans l'état où il les trouve, il lui importe, ainsi qu'au propriétaire, que cet état soit constaté.

» 2.° Il doit donner caution de jouir en bon père de famille ; il faut en effet au propriétaire une garantie que l'usufruitier n'excédera pas les limites qui lui sont prescrites.

» Trois exceptions seulement à cette dernière obligation ; la première, quand celui qui a constitué l'usufruit en a disputé l'usufruitier ; car alors le propriétaire ayant consenti à suivre la foi de l'usufruitier, ni lui ni ses héritiers ne peuvent revenir sur son propre ouvrage ; la seconde, lorsqu'une chose a été vendue ou donnée sous réserve d'usufruit, le vendeur et le donateur n'étant pas censés avoir voulu s'imposer cette condition ; la troisième enfin, quand il s'agit de l'usufruit légal accordé aux pères et mères sur les biens de leurs enfans ; disposition aussi juste qu'honorable, par laquelle le législateur reconnaît qu'à ses yeux la plus sûre garantie est cette tendresse que la nature a placée dans les cœurs des pères et des mères, pour y être éternellement la protectrice et la sauvegarde des intérêts de leurs enfans.

» Le projet de loi devait prévoir que, dans le cas où l'usufruitier est tenu de donner caution, il serait possible qu'il n'en trouvât pas ; et dans cette hypothèse, les intérêts de l'usufruitier et du propriétaire sont heureusement ménagés : les immeubles sont donnés à ferme ou mis en séquestre ; les sommes en argent sont

placées, les denrées ou meubles sont vendus, et les prix des baux à ferme, ou les intérêts, appartiennent à l'usufruitier ; il y a même des cas où on lui laisse, sous sa simple caution juratoire, une partie des meubles nécessaires pour son usage.

» Portons maintenant nos regards sur la seconde époque, sur la durée de l'usufruit, et parcourons, pendant cette durée, ses obligations.

» 1.° L'usufruitier doit jouir en bon père de famille, et suivre, comme nous l'avons dit, la destination du père de famille. Ses obligations comme ses droits sont tous dans ces mots : *Il jouit comme le propriétaire, à la charge de conserver la substance.*

2.° Il est tenu des réparations d'entretien. Les héritages sont susceptibles de trois sortes de réparations : les menues ou locatives, qui sont à la charge du locataire ou du fermier ; celles d'entretien ou les viagères, qui sont supportées par l'usufruitier ; et les grosses réparations qui sont à la charge du propriétaire. Le projet de loi, en définissant ce qu'on doit entendre par grosses réparations, range tout ce qui n'y est pas compris parmi les obligations de l'usufruitier.

» 3.° Quant aux charges imposées sur la propriété, on distingue : ou ce sont des charges annuelles, comme les contributions, qui sont toujours censées charges des fruits : l'usufruitier seul en est tenu ; ou ce sont des charges accidentelles ou temporaires ; alors les propriétaires et l'usufruitier y contribuent, l'un pour la somme principale, l'autre pour les intérêts. Cette contribution commune est dans les règles de l'équité ; car chacun profite, dans l'ordre de ses intérêts, d'une dépense qui a pour objet la conservation ou l'amélioration de la propriété.

» 4.° L'usufruitier est tenu des frais des procès qui concernent la jouissance, et des condamnations qui y sont relatives.

» 5.° Il est obligé de dénoncer au propriétaire toutes les usurpations commises sur le fonds, ou toutes les entreprises sur la propriété ; sur quoi l'équité veut qu'il en soit responsable.

» Après avoir déterminé les obligations de l'usufruitier, soit lorsqu'il entre en jouissance, soit pendant la durée de l'usufruit, j'examine quelles sont celles que lui impose la nécessité de contribuer, dans certains cas, aux dettes de la propriété.

» Pour rendre plus facile l'intelligence des dispositions du projet de loi sur cette question, il faut se rappeler celles de votre loi du 13 floréal dernier *sur les Donations entre-vifs et les Testamens.*

» Vous avez distingué, dans cette loi, trois sortes de legs ; le legs particulier, qui est d'une chose déterminée ; le legs universel, qui est de l'universalité des biens ; et le legs à titre universel, qui a pour objet une quote-part des biens, telle qu'une moitié, un tiers, ou tous les immeubles, ou tous les meubles, ou une quotité seulement des immeubles ou du mobilier ; et vous avez statué que le légataire, à titre particulier, n'est pas tenu des dettes de la succession, qu'elles sont toutes à la charge de celui qui recueille l'universalité des biens, et que celui qui n'en reçoit qu'une quotité n'est tenu d'y contribuer que dans une proportion égale à cette quotité.

» Le Conseil d'état et le Tribunat ne pouvaient, citoyens législateurs, suivre de marche plus sûre que celle que vous leur avez tracée. Comme vous, nous avons distingué trois espèces d'usufruits : l'usufruit à titre particulier, l'usufruit universel, et l'usufruit à titre universel.

» L'usufruitier, à titre particulier, n'est tenu d'aucune des dettes de la propriété, sauf néanmoins les droits du créancier hypothécaire, et le recours de l'usufruitier, en cas de paiement, contre le propriétaire.

» Il n'y a que l'usufruitier universel et l'usufruitier à titre universel qui contribuent aux dettes, l'un pour la totalité, l'autre dans la pro-

portion de sa jouissance et sans contribution de la part du propriétaire, s'il s'agit de dettes viagères ou pensions qui soient, par leur nature, des charges de fruits. Mais si les dettes affectent la propriété, le propriétaire y contribue pour la somme principale, et l'usufruitier pour les intérêts. Ainsi si l'usufruitier veut avancer la somme due, le capital lui en sera restitué à la fin de l'usufruit ; si c'est le propriétaire, les intérêts lui en seront dus par l'usufruitier pendant la durée de l'usufruit ; ou bien enfin l'on vendra jusqu'à due concurrence une portion des biens soumis à l'usufruit.

» Nous venons de parcourir les droits et les obligations de l'usufruitier ; nous allons examiner comment l'usufruit finit.

§. 3. — *Comment l'Usufruit prend fin.*

» L'usufruit *s'éteint* ou *cesse* par différentes causes.

» Il s'éteint, 1.º par la mort naturelle ou civile de l'usufruitier ; c'est un droit personnel que la mort anéantit.

» 2.º Par l'expiration du temps pour lequel il a été accordé ; ainsi l'exige l'autorité de la loi ou la volonté des parties.

» 3.º Par la consolidation ou réunion sur la même tête des deux qualités d'usufruitier et de propriétaire ; celui qui réunit ces deux qualités, a la plénitude des droits de la propriété.

» 4.º Par le non usage du droit pendant trente ans ; c'est la loi de la prescription introduite pour le repos de la société.

» 5.º Par la perte totale de la chose sur laquelle l'usufruit est établi ; on ne peut pas conserver de droit sur une chose qui n'existe plus : le projet de loi explique d'ailleurs par des exemples, aux articles 619 et 620, les caractères auxquels on doit reconnaître que la chose est totalement perdue.

» 6.º Par la renonciation de l'usufruitier ;

mais ici le projet de loi veille pour les créanciers qui peuvent faire annuler cette renonciation quand elle est faite à leur préjudice. Cette disposition n'est pas nouvelle ; mais elle me fournit une occasion que je saisis à cette tribune, de reconnaître et de publier le respect constamment porté par les auteurs du Code, aux intérêts des créanciers, trop souvent négligés, ou sacrifiés par la législation elle-même à ceux des débiteurs. Dans un état de choses où la richesse publique se compose des richesses mobiliaires comme des richesses territoriales, tous les genres de propriété doivent être également sacrés aux yeux de la loi ; ainsi le veulent l'équité, l'intérêt du commerce et de l'industrie, celui même des propriétés foncières qui, pour la plupart seraient frappées de stérilité sans le secours vivifiant des capitaux, et sans la protection due aux capitalistes.

» J'ai dit comment l'usufruit s'éteint. Il peut encore *cesser* sur la demande du propriétaire par l'abus que l'usufruitier fait de sa jouissance, soit en commettant des dégradations sur le fonds, soit en le laissant dépérir faute d'entretien. Il est juste d'ôter la jouissance d'une chose à celui qui en abuse ; s'il en était autrement, ce serait reconnaître dans ses mains le droit d'anéantir la propriété. Dans ce cas, les juges statueront suivant la gravité des circonstances ; ou ils prononceront l'extinction absolue de l'usufruit, ou ils accorderont une somme annuelle à l'usufruitier. Là, on s'occupe encore des créanciers, on leur indique et les moyens qu'ils ont à prendre, et les offres qu'ils peuvent faire pour la conservation de leurs droits.

» La décision de trois espèces particulières achève et complète cette partie de la loi.

» Dans la première, il s'agissait de déterminer la durée d'un usufruit qui n'est pas accordé à des particuliers ; et l'on a cédé à des vues aussi sages que politiques, en préférant entre les différentes dispositions que présentait à cet égard le droit romain, celle qui tend à laisser le moins long-temps possible la jouissance séparée de la propriété.

» Il s'agissait, en second lieu, de savoir si l'usufruit accordé jusqu'à ce qu'un tiers eût atteint un âge fixe, dure jusqu'à cette époque, encore que le tiers soit mort avant l'âge fixé. L'usufruit a été prolongé jusqu'à l'époque où le tiers aurait atteint l'âge, s'il eût vécu ; cette époque n'étant censée désignée que dans l'intérêt de l'usufruitier, et pour marquer la durée de sa jouissance.

» Enfin, on a décidé que la vente de la chose sujette à l'usufruit, ne fait aucun changement dans le droit de l'usufruitier ; sa renonciation à l'usufruit ne peut s'induire d'aucune circonstance ; il faut qu'elle soit expresse.

» Les règles de l'usufruit sont tracées ; il ne reste plus que peu de chose à dire sur celles de l'usage et de l'habitation ; c'est l'objet de la seconde partie du projet de loi.

Chap. 2. — De l'Usage et de l'Habitation.

» Il y a cette différence entre l'usufruit et l'usage, que l'usufruit comme nous l'avons vu, est le droit de jouir de tous les fruits que produit la chose qui en est l'objet, tandis que l'usage ne donne de droits que sur la portion de ces fruits nécessaire aux besoins de l'usager.

» Ces besoins se règlent d'ailleurs sur sa fortune et sur ses habitudes ; et comme il est impossible de séparer des besoins d'un individu, ceux de sa femme et de ses enfans, il est autorisé à prendre tout ce qui est nécessaire à la subsistance de sa famille, lors même qu'il n'aurait été ni époux ni père à l'époque où le droit a été établi en sa faveur.

» L'habitation n'est autre chose que l'usage d'une maison. Toutes les règles relatives à l'usage sont donc applicables à l'habitation.

» Après avoir établi la différence entre la nature de l'usufruit et celle de l'usage, voyons les règles qui leur sont communes, et celles qui sont particulières au droit d'usage.

» Ce

» Ce que ces droits ont de commun, c'est la manière dont ils s'établissent ou se perdent, l'obligation de donner préalablement caution et de faire des états et inventaires, celle de jouir en bon père de famille.

» Deux dispositions sont particulières à l'usage et à l'habitation.

» L'une ne permet de céder ni de louer son droit à un autre. En effet, l'étendue ou les bornes de ces droits se réglant sur les besoins et les convenances personnelles de l'usager, il se modifierait nécessairement, et deviendrait sujet à d'autres règles en passant d'un individu à l'autre.

» La seconde disposition est relative aux charges de la chose soumise à l'usage. Si les besoins de l'usager absorbent tous les fruits, ou s'il occupe la totalité de la maison, il est assujetti aux mêmes charges que l'usufruitier ; s'il ne prend qu'une partie des fruits, ou n'occupe qu'une partie de la maison, il contribue dans la proportion de sa jouissance.

», Telles sont les règles de l'usage et de l'habitation, s'il n'y a été dérogé par des stipulations contraires.

» Citoyens législateurs, je vous ai présenté le système et les détails du projet de loi sur lequel vous avez à prononcer. Vous y avez vu des règles générales fondées sur la nature des choses, et des dispositions particulières qui, faisant ressortir l'équité de ces règles, et leur prêtant un nouvel appui, guideront les juges dans la décision de cas semblables.

» Dans ce projet, comme dans ceux qui vont être successivement présentés à votre approbation, vous remarquerez, avec satisfaction, le soin religieux avec lequel tous ceux qui ont concouru à la rédaction du Code ont consulté la législation de ce peuple qui, après avoir asservi la terre entière par la force de ses armes, la gouverne encore par la supériorité et la profondeur de sa raison. Qu'il me soit permis de signaler ici une erreur répandue

déjà par l'ignorance, et que la paresse pourrait peut-être accréditer ; c'est qu'il suffira désormais à ceux qui se destinent à l'étude des lois, de connaître le Code civil. Nous ne pouvons assez leur répéter qu'à l'exemple de nos plus grands magistrats et de nos plus célèbres jurisconsultes, ils doivent étudier le droit dans sa source la plus pure, dans les lois romaines. Ce n'est que dans les recherches, et la méditation de ce monument immortel de sagesse et d'équité que peuvent se former ceux qui aspirent à l'honorable emploi d'éclairer leurs concitoyens sur leurs intérêts, ou de prononcer sur leurs différens.

» Le Tribunat vous propose d'adopter le projet de loi, *tit. 3*, *livre* 2 du Code civil, sur l'*Usufruit*, l'*Usage* et l'*Habitation*. »

Texte de la Loi.

L'usufruit est le droit de jouir des choses dont un autre a la propriété, comme le propriétaire lui-même, mais à la charge d'en conserver la substance. *Art.* 578.

L'usufruit est établi par la loi, ou par la volonté de l'homme. *Art.* 579.

L'usufruit peut être établi, ou purement, ou à certain jour, ou à condition. *Art.* 580.

Il peut être établi sur toute espèce de biens meubles ou immeubles. *Art.* 581.

Sect. 1.ere. — Des Droits de l'usufruitier.

L'usufruitier a le droit de jouir de toute espèce de fruits soit naturels soit industriels soit civils que peut produire l'objet dont il a l'usufruit. *Art.* 582.

Les fruits naturels sont ceux qui sont le produit spontané de la terre. Le produit et le croît de animaux sont aussi des fruits naturels. — Les fruits industriels d'un fonds sont ceux qu'on obtient par la culture. *Art.* 583.

Les fruits civils sont les loyers des maisons, les intérêts des sommes exigibles, les arrérages des rentes.—Les prix des baux à ferme sont aussi rangés dans la classe des fruits civils. *Art.* 584.

Les fruits naturels et industriels, pendans par branches ou par racines au moment où l'usufruit est ouvert, appartiennent à l'usufruitier.—Ceux qui sont dans le même état au moment où finit l'usufruit, appartiennent au propriétaire, sans récompense de part ni d'autre des labours et des semences, mais aussi sans préjudice de la portion des fruits qui pourrait être acquise au colon partiaire, s'il en existait au commencement ou à la cessation de l'usufruit. *Art.* 585.

Les fruits civils sont réputés s'acquérir jour par jour, et appartiennent à l'usufruitier, à proportion de la durée de son usufruit. Cette règle s'applique aux prix des baux à ferme, comme aux loyers des maisons et aux autres fruits civils. *Art.* 586.

Si l'usufruit comprend des choses dont on ne peut faire usage sans les consommer, comme l'argent, les grains, les liqueurs, l'usufruitier a le droit de s'en servir, mais à la charge d'en rendre de pareille quantité, qualité et valeur, ou leur estimation, à la fin de l'usufruit.

L'usufruit d'une rente viagère donne aussi à l'usufruitier, pendant la durée de son usufruit, le droit d'en percevoir les arrérages, sans être tenu à aucune restitution. *Art.* 588.

Si l'usufruit comprend des choses qui, sans se consommer de suite, se détériorent peu à peu par l'usage, comme du linge, des meubles meublans, l'usufruitier a le droit de s'en servir pour l'usage auquel elles sont destinées, et n'est obligé de les rendre, à la fin de l'usufruit, que dans l'état où elles se trouvent, non détériorées par son dol ou par sa faute. *Art.* 589.

Si l'usufruit comprend des bois taillis, l'usufruitier est tenu d'observer l'ordre et la quotité des coupes, conformément à l'aménagement ou à l'usage constant des propriétaires ; sans indemnité toutefois en faveur de l'usufruitier ou de ses héritiers, pour les coupes ordinaires soit de taillis soit de baliveaux soit de futaie

qu'il n'aurait pas faites pendant sa jouissance, — Les arbres qu'on peut tirer d'une pépinière sans la dégrader, ne font aussi partie de l'usufruit qu'à la charge par l'usufruitier de se conformer aux usages des lieux pour le remplacement. *Art.* 590.

L'usufruitier profite encore, toujours en se conformant aux époques et à l'usage des anciens propriétaires, des parties de bois de haute futaie qui ont été mises en coupes réglées, soit que ces coupes se fassent périodiquement sur une certaine étendue de terrain, soit qu'elles se fassent d'une certaine quantité d'arbres pris indistinctement sur toute la surface du domaine. *Art.* 591.

Dans tous les autres cas, l'usufruitier ne peut toucher aux arbres de haute futaie : il peut seulement employer, pour faire les réparations dont il est tenu, les arbres arrachés ou brisés par accident ; il peut même, pour cet objet, en faire abattre s'il est nécessaire, mais à la charge d'en faire constater la nécessité avec le propriétaire. *Art.* 592.

Il peut prendre, dans les bois, des échalas pour les vignes ; il peut aussi prendre, sur les arbres, des produits annuels ou périodiques; le tout suivant l'usage du pays ou la coutume des propriétaires. *Art.* 593.

Les arbres fruitiers qui meurent, ceux même qui sont arrachés ou brisés par accident, appartiennent à l'usufruitier, à la charge de les remplacer par d'autres. *Art.* 594.

L'usufruitier peut jouir par lui-même, donner à ferme à un autre, ou même vendre, ou céder son droit à titre gratuit. S'il donne à ferme, il doit se conformer, pour les époques où les baux doivent être renouvelés, et pour leur durée, aux règles établies pour le mari à l'égard des biens de la femme, au titre *du Contrat de mariage et des Droits respectifs des époux. Article* 595.

L'usufruitier jouit de l'augmentation survenue par alluvion à l'objet dont il a l'usufruit. *Art.* 596.

Il jouit des droits de servitude, de passage, et généralement de tous les droits dont le propriétaire peut jouir, et il en jouit comme le propriétaire lui-même. *Art.* 597.

Il jouit aussi de la même manière que le propriétaire, des mines et carrières qui sont en exploitation à l'ouverture de l'usufruit ; et néanmoins, s'il s'agit d'une exploitation qui ne puisse être faite sans une concession, l'usufruitier ne pourra en jouir qu'après en avoir obtenu la permission du gouvernement. — Il n'a aucun droit aux mines et carrières non encore ouvertes, ni aux tourbières dont l'exploitation n'est point encore commencée, ni au trésor qui pourrait être découvert pendant la durée de l'usufruit. *Art.* 598.

Le propriétaire ne peut, par son fait, ni de quelque manière que ce soit, nuire aux droits de l'usufruitier. — De son côté, l'usufruitier ne peut, à la cessation de l'usufruit, réclamer aucune indemnité pour les améliorations qu'il prétendrait avoir faites, encore que la valeur de la chose en fût augmentée. — Il peut cependant, ou ses héritiers, enlever les glaces, tableaux et autres ornemens qu'il aurait fait placer, mais à la charge de rétablir les lieux dans leur premier état. *Art.* 599.

Sect. 2. — *Des Obligations de l'usufruit.*

L'usufruitier prend les choses dans l'état où elles sont ; mais il ne peut entrer en jouissance qu'après avoir fait dresser, en présence du propriétaire, ou lui dûment appelé, un inventaire des meubles et un état des immeubles sujets à l'usufruit. *Art.* 600.

Il donne caution de jouir en bon père de famille, s'il n'en est dispensé par l'acte constitutif de l'usufruit : cependant, les père et mère ayant l'usufruit légal du bien de leurs enfans, le vendeur ou le donateur sous réserve d'usufruit, ne sont pas tenus de donner caution. *Art.* 601.

Si l'usufruitier ne trouve pas de caution, les immeubles sont donnés à ferme ou mis en sé-

questre ; — les sommes comprises dans l'usufruit sont placées ; — les denrées sont vendues, et le prix en provenant est pareillement placé ; — les intérêts de ces sommes et les prix des fermes appartiennent, dans ce cas, à l'usufruitier. *Art.* 602.

Au défaut d'une caution de la part de l'usufruitier, le propriétaire peut exiger que les meubles qui dépérissent par l'usage soient vendus, pour le prix en être placé comme celui des denrées ; et alors l'usufruitier jouit de l'intérêt pendant son usufruit : cependant l'usufruitier pourra demander, et les juges pourront ordonner suivant les circonstances, qu'une partie des meubles nécessaires pour son usage lui soit délaissée, sous sa simple caution juratoire, et à la charge de les représenter à l'extinction de l'usufruit. *Art.* 603.

Le retard de donner caution ne prive pas l'usufruitier des fruits auxquels il peut avoir droit ; ils lui sont dus du moment où l'usufruit a été ouvert. *Art.* 605.

L'usufruitier n'est tenu qu'aux réparations d'entretien. — Les grosses réparations demeurent à la charge du propriétaire, à moins qu'elles n'aient été occasionnées par le défaut de réparations d'entretien, depuis l'ouverture de l'usufruit ; auquel cas l'usufruitier en est aussi tenu. *Art.* 605.

Les grosses réparations sont celles des gros murs et des voûtes, le rétablissement des poutres et des couvertures entières ; — celui des digues et des murs de soutenement et de clôture aussi en entier. — Toutes les autres réparations sont d'entretien. *Art.* 606.

Ni le propriétaire, ni l'usufruitier, ne sont tenus de rebâtir ce qui est tombé de vétusté, ou ce qui a été détruit par cas fortuit. *Art.* 607.

L'usufruitier est tenu, pendant sa jouissance, de toutes les charges annuelles de l'héritage, telles que les contributions et autres qui dans l'usage sont censées charges des fruits. *Article* 608.

71 *

A l'égard des charges qui peuvent être imposées sur la propriété pendant la durée de l'usufruit, l'usufruitier et le propriétaire y contribuent ainsi qu'il suit : — le propriétaire est obligé de les payer, et l'usufruitier doit lui tenir compte des intérêts. — Si elles sont avancées par l'usufruitier, il a la répétition du capital à la fin de l'usufruit. *Art.* 609.

Le legs fait par un testateur, d'une rente viagère ou d'une pension alimentaire, doit être acquittée par le légataire universel de l'usufruit dans son intégrité, et par le légataire à titre universel de l'usufruit dans la proportion de sa jouissance, sans aucune répétition de leur part. *Art.* 610.

L'usufruitier à titre particulier n'est pas tenu des dettes auxquelles le fonds est hypothéqué : s'il est forcé de les payer, il a son recours contre le propriétaire, sauf ce qui est dit à l'*art.* 1020, au titre *des Donations entre-vifs et des Testamens. Art.* 611.

L'usufruitier, ou universel, ou à titre universel, doit contribuer avec le propriétaire au paiement des dettes, ainsi qu'il suit : — On estime la valeur du fonds sujet à usufruit; on fixe ensuite la contribution aux dettes à raison de cette valeur. — Si l'usufruitier veut avancer la somme pour laquelle le fonds doit contribuer, le capital lui en est restitué à la fin de l'usufruit, sans aucun intérêt. — Si l'usufruitier ne veut pas faire cette avance, le propriétaire a le choix, ou de payer cette somme, et dans ce cas l'usufruitier lui tient compte des intérêts pendant la durée de l'usufruit, ou de faire vendre jusqu'à due concurrence une portion des biens soumis à l'usufruit. *Art.* 612.

L'usufruitier n'est tenu que des frais des procès qui concernent la jouissance, et des autres condamnations auxquelles ces procès pourraient donner lieu. *Art.* 613.

Si, pendant la durée de l'usufruit, un tiers commet quelque usurpation sur le fonds, ou attente autrement aux droits du propriétaire,

l'usufruitier est tenu de le dénoncer à celui-ci : faute de ce, il est responsable de tout le dommage qui peut en résulter pour le propriétaire, comme il le serait de dégradations commises par lui-même. *Art.* 614.

Si l'usufruit n'est établi que sur un animal qui vient à périr sans la faute de l'usufruitier, celui-ci n'est pas tenu d'en rendre un autre, ni d'en payer l'estimation. *Art.* 615.

Si le troupeau sur lequel un usufruit a été établi, périt entièrement par accident ou par maladie, sans la faute de l'usufruitier, celui-ci n'est tenu envers le propriétaire que de lui rendre compte des cuirs ou de leur valeur. — Si le troupeau ne périt pas entièrement, l'usufruitier est tenu de remplacer, jusqu'à concurrence du croît, les têtes des animaux qui ont péri. *Art.* 616.

Sect. 3. — *Comment l'Usufruit prend fin.*

L'usufruit s'éteint par la mort naturelle et par la mort civile de l'usufruitier; — par l'expiration du temps pour lequel il a été accordé; — par la consolidation ou la réunion sur la même tête, des deux qualités d'usufruitier et de propriétaire; — par le non-usage du droit pendant trente ans; — par la perte totale de la chose sur laquelle l'usufruit est établi. *Art.* 617.

L'usufruit peut aussi cesser par l'abus que l'usufruitier fait de sa jouissance, soit en commettant des dégradations sur le fonds, soit en le laissant dépérir faute d'entretien. — Les créanciers de l'usufruitier peuvent intervenir dans les contestations, pour la conservation de leurs droits; ils peuvent offrir la réparation des dégradations commises, et des garanties pour l'avenir. — Les juges peuvent, suivant la gravité des circonstances, ou prononcer l'extinction absolue de l'usufruit, ou n'ordonner la rentrée du propriétaire dans la jouissance de l'objet qui en est grévé, que sous la charge de payer annuellement à l'usufruitier, ou à ses ayant-cause, une somme déterminée, jusqu'à l'instant où l'usufruit aurait dû cesser. *Art.* 618.

L'usufruit qui n'est pas accordé à des particuliers, ne dure que trente ans. *Art.* 619.

L'usufruit accordé jusqu'à ce qu'un tiers ait atteint un âge fixe, dure jusqu'à cette époque, encore que le tiers soit mort avant l'âge fixé. *Art.* 620.

La vente de la chose sujette à usufruit ne fait aucun changement dans le droit de l'usufruitier ; il continue de jouir de son usufruit s'il n'y a pas formellement renoncé. *Art.* 621.

Les créanciers de l'usufruitier peuvent faire annuler la renonciation qu'il aurait faite à leur préjudice. *Art.* 622.

Si une partie seulement de la chose soumise à l'usufruit est détruite, l'usufruit se conserve sur ce qui reste. *Art.* 623.

Si l'usufruit n'est établi que sur un bâtiment, et que ce bâtiment soit détruit par un incendie ou autre accident, ou qu'il s'écroule de vétusté, l'usufruitier n'aura le droit de jouir ni du sol ni des matériaux. — Si l'usufruit était établi sur un domaine dont le bâtiment faisait partie, l'usufruitier jouirait du sol et des matériaux. *Art.* 624.

L'usufruit des choses immobiliaires est mis au rang des immeubles. *Art.* 526.

Dans le cas où un usufruit est constitué en dot, le mari n'est tenu, à la dissolution du mariage, qu'à restituer le droit d'usufruitier, et non les fruits perçus pendant sa durée. *Art.* 1568.

L'usufruit d'un immeuble peut être exproprié par le créancier de l'usufruitier. *Art.* 1202.

Chap. 2. — *De l'Usage et de l'Habitation.*

Les droits d'usage et d'habitation s'établissent et se perdent de la même manière que l'usufruit. *Art.* 625.

On ne peut en jouir, comme dans le cas de l'usufruit, sans donner préalablement caution, et sans faire des états et inventaires. *Art.* 626.

L'usager, et celui qui a un droit d'habita-

tion, doivent jouir en bons pères de famille. *Art.* 627.

Les droits d'usage et d'habitation se règlent par le titre qui les a établis, et reçoivent, d'après ses dispositions, plus ou moins d'étendue. *Art.* 628.

Si le titre ne s'explique pas sur l'étendue de ces droits, ils sont réglés ainsi qu'il suit. *Art.* 629.

Celui qui a l'usage des fruits d'un fonds, ne peut en exiger qu'autant qu'il lui en faut pour ses besoins et ceux de sa famille. — Il peut en exiger pour les besoins même des enfans qui lui sont survenus depuis la concession de l'usage. *Art.* 630.

L'usager ne peut céder ni louer son droit à un autre. *Art.* 631.

Celui qui a un droit d'habitation dans une maison, peut y demeurer avec sa famille, quand même il n'aurait pas été marié à l'époque où ce droit lui a été donné. *Art.* 632.

Le droit d'habitation se restreint à ce qui est nécessaire pour l'habitation de celui à qui ce droit est concédé, et de sa famille. *Art.* 633.

Le droit d'habitation ne peut être ni cédé ni loué. *Art.* 635.

Si l'usager absorbe tous les fruits du fonds, ou s'il occupe la totalité de la maison, il est assujetti aux frais de culture, aux réparations d'entretien, et au paiement des contributions, comme l'usufruitier. — S'il ne prend qu'une partie des fruits, ou s'il n'occupe qu'une partie de la maison, il contribue au prorata de ce dont il jouit. *Art.* 635.

L'usage des bois et forêts est réglé par des lois particulières. *Art.* 636.

Le père jouissant des biens de ses enfans, le mari à l'égard des biens dotaux, et même des biens paraphernaux de sa femme, lorsqu'il en jouit, sont tenus aux charges et obligations de l'usufruitier. *Art.* 385, 1562 et 1580.

USURE, est ce que le débiteur donne à son

créancier pour le profit de ce qu'il lui a prêté, sans diminution du principal ; en sorte que le créancier puisse poursuivre son débiteur pour répéter le sort principal quand il voudra.

On distincte trois sortes d'usures ; savoir : la lucratoire, la punitoire, et la compensatoire. L'usure lucratoire est celle qui est promise au créancier en pur gain du prêt qu'il a fait. L'usure punitoire est la peine du retardement que fait le débiteur de payer une dette. L'usure compensatoire est celle qui tient lieu au créancier de dédommagement, par rapport au gain qu'il manque à faire, ou à la perte qu'il souffre faute de paiement de la part de son débiteur.

L'usure lucratoire est absolument défendue parmi nous. Les ordonnances de nos rois ont en cela suivi la disposition du droit canonique, qui défend ces sortes d'usures, quoiqu'elles fussent permises par le droit romain, quand elles n'étaient pas excessives, et qu'elles ne passaient pas les bornes que les lois romaines y mettaient.

L'usure compensatoire est permise parmi nous, d'autant qu'elle tient lieu de dommages et intérêts. Par exemple, les intérêts des deniers qui ont été promis en dot, sont dus au mari, à compter du jour du mariage, à cause que dès ce jour-là il est chargé de la dépense et de l'entretien du ménage. Pareillement l'acquéreur d'un fonds qui n'en a pas payé le prix, doit naturellement les intérêts de ce même prix, sans qu'on ait besoin de faire des commandemens, ni d'obtenir de condamnation contre lui, à cause qu'ils viennent en compensation de la jouissance du fonds, dont le vendeur est privé depuis la tradition qu'il en a faite à l'acquéreur.

L'usure punitoire n'est pas défendue parmi nous ; les juges y condamnent par forme de dédommagement, lorsque le demandeur assigne son débiteur à lui payer ce qu'il lui doit, avec les intérêts de la somme due ; en ce cas les juges condamnent aux intérêts, lesquels sont dus (à compter du jour de la demande suivie d'une condamnation) non comme un profit pour le créancier, mais bien comme un dédommagement de la perte que lui a causée le retard du débiteur.

Quoiqu'il ne soit pas permis de stipuler des intérêts de l'argent qu'on a prêté, cela néanmoins est permis au cas de l'aliénation de l'argent prêté, ce qui se fait dans les rentes constituées. Celui qui donne une somme d'argent à la charge que celui qui la reçoit lui en payera les arrérages au taux du roi, c'est-à-dire, au denier vingt, comme pour 20,000 livres par chacun an, il aliène ces 20,000 livres ; en sorte qu'il n'est plus en son pouvoir de les répéter de son débiteur tant qu'il lui en paiera la rente, savoir, 1,000 livres chaque année ; mais il dépend seulement du débiteur de se décharger de telle rente pour l'avenir, en rendant à son créancier le sort principal de la rente, c'est-à-dire, la somme pour laquelle il est obligé de payer à son créancier une telle somme par chaque année.

L'usure ne se prescrit point. Ainsi jugé par arrêt du 7 juillet 1707. La cour entérina des lettres de rescision prises par l'héritier du débiteur le 17 avril 1706, contre le consentement par lui donné en 1647, à l'effet de passer une sentence de condamnation d'intérêts, non précédée d'exploit qui en fit la demande. Cinquante-quatre ans après cette sentence, qui avait été rendue le 29 octobre 1647, nonobstant ce consentement et autres actes approbatifs, la cour ordonna que les intérêts seraient payés sur le principal. La même chose a été depuis jugée par arrêt du 23 juillet 1713.

L'usure lucratoire a été réprouvée dans tous les temps, comme une chose odieuse et très-pernicieuse à l'état : aussi a-t-elle toujours été regardée comme le poison le plus dangereux à la société civile.

Par l'ordonnance de saint Louis de l'année 1254, il est défendu aux chrétiens et aux juifs d'exercer aucune usure.

Par celle de Charles IX de l'année 1560, les usuriers doivent être condamnés à la restitution, et punis corporellement.

Par celle de Henri III de l'année 1579, article 202, les usuriers doivent être condamnés, pour la première fois, à faire amende honorable, à un bannissement et à une amende, et pour la seconde fois au gibet.

Les arrêts ont assez uniformément jugé en conformité de ces lois. Ainsi par arrêt du 2 juin 1699, Madeleine Jatrigeon a été condamnée à faire amende honorable en la grand'chambre, comme usurière publique, et bannie pour cinq ans du ressort de la prévôté de Paris.

Un autre arrêt du 10 janvier 1736, a condamné François Chevaucheur à faire amende honorable, et à un bannissement de neuf ans.

Un troisième arrêt rendu en forme de règlement le 29 juillet 1744, a banni Paul Coulomb pour neuf ans de la vicomté de Paris, l'a condamné en 100 livres d'amende envers le roi ; mais n'a point prononcé contre lui d'amende honorable.

Enfin, un arrêt du 28 juillet 1752, a condamné Abraham le Quint, convaincu d'usure, à faire amende honorable au parc civil, avec écriteau et la corde au cou, et à un bannissement de neuf années. Le même arrêt a aussi banni deux courtières d'usure, l'une pour cinq ans, et l'autre pour trois ans.

Touchant l'usure, *Voy.* la Science parfaite des Notaires, où cette matière est traitée fort au long.

L'usure maritime est celle qui a lieu pour prêt d'argent fait à celui qui va faire des voyages de long cours, et négocier au-delà des mers : c'est pourquoi cet argent est appelé *pecunia trajectitia*. Il est parlé de cette usure dans les titres du Digeste et du Code, *de Nautico fœnore*.

Il était permis chez les Romains de stipuler dans ce cas des intérêts légitimes, mais tels qu'il plaisait aux parties ; et parmi nous,

quoique toutes stipulations d'intérêts pour prêt d'argent soient prohibées, elles sont permises lorsqu'elles se font pour le trafic et marchandises sur mer ; et ces intérêts peuvent, de même que chez les Romains, être aussi forts qu'il plaît aux parties.

Comme dans ces sortes de contrats, que l'on appelle prêts aux grosses aventures, le créancier prend sur lui tous les périls qui peuvent arriver, en sorte que le vaisseau faisant naufrage, et l'argent étant perdu, il perd le droit de l'exiger de son débiteur, ces intérêts extraordinaires sont le prix et la récompense du péril auquel s'expose volontairement le créancier, contre la nature du prêt mutuel. Ainsi un tel contrat est moins un prêt qu'une société, dans laquelle chacun risque à perdre ou à gagner ; et il est juste que le créancier qui prend sur lui le péril de l'argent qu'il prête, en puisse tirer un avantage considérable et extraordinaire, et participe au gain que son débiteur fait à l'occasion de l'argent qu'il lui a prêté, lorsque le vaisseau revient sans faire naufrage.

Droit nouveau.

Nous allons rapporter ici les motifs qui ont fait changer l'ancienne législation sur l'usure. Déjà la loi du 2 octobre 1789 avait permis le *prêt à l'intérêt* ; le Code civil a consacré ses dispositions par les motifs que nous puiserons dans les discours faits au tribunal et au corps législatif, lors de l'adoption du titre *du Prêt.*

Extrait du Discours de l'orateur du gouvernement, Galli.

« Quant au prêt à intérêt, qui forme l'objet des art. 1905 et suivans, « il est permis, art. » 1905, de stipuler des intérêts pour simple » prêt, soit d'argent, soit denrées, ou autres » choses mobiliaires. »

» Puffendorf dit qu'il était défendu de prêter à usure, de juif à juif, pour deux raisons politiques, l'une tirée du naturel de ce peuple, l'autre de la constitution du gouvernement.

» Mais qu'il leur était permis de mettre en usage toute leur adresse dans le commerce à l'égard des étrangers...... D'ailleurs, en ce temps-là, tous les revenus des Israélites se tiraient du bétail, de l'agriculture, ou du travail des artisans. Le commerce y était aussi fort simple et fort petit, les secrets du négoce et l'usage de la navigation ne leur étant pas encore connus, comme ils l'étaient de la plupart des nations voisines.

» Dans un pays où les choses sont sur ce pied-là, tous ceux qui empruntent ne le font que parce que la nécessité et l'indigence les y réduisent.

» Le même auteur ajoute que c'est en vain qu'on objecte que la monnaie étant de sa nature une chose stérile qui ne sert de rien aux besoins de la vie, on ne doit rien exiger pour l'usage d'un argent prêté. Car, dit-il, quoiqu'une pièce de monnaie n'en produise pas par elle-même physiquement une autre semblable, néanmoins depuis que l'on a attaché à la monnaie *un prix éminent*, l'industrie humaine rend l'argent très-fécond, puisqu'il sert à acquérir bien des choses qui produisent ou *des fruits naturels* ou *des fruits civils;* et c'est au rang de ces derniers qu'il met les intérêts qu'un débiteur paye à son créancier.

» Par suite de ce sentiment, un auteur célèbre d'une fameuse contrée d'Italie nous observe que l'intérêt ne s'exige pas comme un fruit de l'argent, mais bien comme le prix de la commodité et de l'avantage qui en résultent à celui qui prend l'argent à prêt.

» Effectivement l'on a considéré l'intérêt comme une indemnité juste des bénéfices que le prêteur aurait pu tirer de son argent s'il s'en était réservé l'usage.

» Le même auteur italien, *Antoine Genovesi,* voudrait cependant que le taux de l'intérêt fût modique, parce que cette modicité invite et engage plusieurs personnes à emprunter de l'argent pour le verser ensuite dans des ouvrages

d'industrie : dans la culture des champs, dans celle des animaux, dans des manufactures, dans le commerce.

» Nous voici maintenant à un article bien sage, qui est le 1907.e : « L'intérêt est légal » ou conventionnel : l'intérêt légal est fixé par » la loi; l'intérêt conventionnel peut excéder » celui de la loi toutes les fois que la loi ne le » prohibe pas. »

» Oui, il appartient à la loi de fixer l'intérêt légal, et il lui appartient également de prohiber l'intérêt conventionnel si les circonstances permettent une telle prohibition.

» A l'égard de l'intérêt conventionnel, on doit considérer que celui qui stipule des intérêts les évalue d'après les bénéfices ordinaires que peuvent lui donner les moyens d'emploi qui existent.

» Mais les circonstances faisant varier l'espoir de ces bénéfices, la loi ne peut les prendre pour base d'une règle générale sur la fixation de l'intérêt ;

» Et c'est de-là qu'il faut conclure que la loi devant se régler sur les circonstances qui changent et qui varient, elle ne peut être invariable.

» Locke, dans ses *Lettres sur la monnaie,* croyait que le taux de l'intérêt ne devait jamais être déterminé par des lois particulières, mais devait être abandonné à l'estimation, au vœu et à la volonté publics.

» Quoi qu'il en soit de son opinion, la disposition de notre Code n'est pas moins bonne et moins juste : c'est ce qu'ont fait d'autres nations; c'est ce qui fut fait en Piémont par le manifeste du ci-devant sénat, du 24 avril 1767.

» D'ailleurs, elle est ici, quant à cet illustre philosophe, très-à-propos, l'observation de Tite-Live, *Nulla lex satis commoda omnibus est ; id modò quæritur si majori parti et in summum prodest.* »

Extrait

Extrait du rapport fait au tribunat, par M. Bouteville, au nom de la section de législation.

« Si nous avons, citoyens Tribuns, développé avec quelque soin et quelques détails les différens caractères qui distinguent les trois sortes de prêt, notre objet, nous l'avouerons, a été sur-tout de faire pressentir à l'avance les motifs qui ont présidé à la rédaction des dispositions du projet sur le prêt à intérêt.

» Aucune réclamation, aucune voix ne s'élèvent contre la disposition de l'art. 1902, portant :

« Il est permis de stipuler des intérêts pour
» simple prêt, soit d'argent, soit de denrées ou
» autres marchandises ».

» Mais l'*art.* 1904 ajoute : « L'intérêt est lé-
» gal ou conventionnel : l'intérêt légal est fixé
» par la loi ; l'intérêt conventionel peut excéder
» celui de la loi toutes les fois que la loi ne le
» prohibe pas. »

» Quelques personnes, citoyens Législateurs, (et pourquoi le dissimulerions-nous, puisque le plus pur amour du bien public, des sentimens dignes de tous nos respects ont causé leurs alarmes?) n'ont pu s'en défendre à la lecture de cette disposition.

» Si la loi, ont-elles dit, déclare solennellement aux prêteurs qu'ils peuvent porter aussi haut qu'ils le voudront l'intérêt des capitaux qui leur seront demandés, qui les empêchera d'abuser des embarras, des besoins, de l'infortune de l'emprunteur, et de stipuler un intérêt de 30, de 50 et de 100 pour 100, lorsque la position de ce dernier le réduira à la cruelle nécessité d'y souscrire.

» Et si des conventions aussi scandaleuses, d'aussi énormes, d'aussi effrayantes usures ne craignent pas de se produire devant les tribunaux, les juges ne seront-ils pas forcés par la loi même, ne liront-ils pas dans ses dispositions

le devoir de maintenir et de faire exécuter ce coupables stipulations? Eh! quels débordemens ne seront pas ceux de l'usure! quelles plaies ne portera-t-elle pas et à la morale et à la fortune publique, du moment qu'elle se sentira autorisée par de tels exemples, par la loi même ?

» Ah! que nous honorons, que nous respectons la source de ces inquiétudes, de ces alarmes, et qu'elles tarderaient peu à nous être communes si, pour les concevoir, il suffisait de partager les sentimens qui les font naître!

» Mais que les hommes estimables qui les expriment, et que nous n'en honorons que davantage, daignent donc aussi peser les motifs qui nous rassurent, et qui ont convaincu avant nous un gouvernement dont l'amour du bien et de la morale publics suffirait d'ailleurs pour nous rassurer davantage.

» Qu'eux-mêmes au moins nous disent, si, avec les hommes les plus justes, les plus amis de la morale, ils ont refusé leur assentiment à la loi de l'assemblée constituante qui a déclaré erronée la doctrine qui regardait l'aliénation du capital comme la condition à défaut de laquelle toute stipulation d'intérêts était usuraire, et qui l'a permise dans les obligations exigibles et payables à terme déterminé.

» Mais les hommes effrayés par l'art. 1904 du projet ne le sont pas par l'art. 1902, qui permet la stipulation d'intérêt pour tout prêt d'argent, de denrées ou marchandises.

» Nous espérons leur démontrer que la dernière des deux dispositions est d'une profonde sagesse, et qu'elle n'est que la conséquence de la première.

» Mais, avant d'aller plus loin, qu'on veuille bien ne pas négliger d'observer la sage précaution prise par le même art. 1904 du projet,

» Le taux de l'intérêt conventionnel, dit l'article, doit être fixé par écrit.

» Ah! les vampires qui abusent de la misère, de l'infortune, ce n'est pas au grand jour qu'ils destinent les honteuses stipulations par lesquelles ils préparent la ruine de leurs victimes; ce n'est pas à la face des tribunaux qu'ils réclament le paiement des scandaleuses, des effrayantes usures qu'ils ne rougissent pas de se permettre. C'est dans l'ombre et loin des yeux du public qu'ils consomment leur iniquité et s'en assurent les fruits.

» Oui, citoyens Législateurs, indépendamment des puissans motifs qui justifient, qui réclament la disposition, cette seule précaution de la loi serait une garantie suffisante pour la morale publique contre les débordemens, les ravages de l'usure qu'on appréhende.

» Nous disons les motifs qui réclament cette disposition : nous sommes loin de nous promettre, ni même d'entreprendre de donner à cette vérité et le développement et la démonstration dont nous la croyons susceptible.

» Mais que la proclamation de quelques vérités aujourd'hui bien connues et en quelque sorte élémentaires nous suffise.

» Sans doute l'élévation du taux de l'intérêt est un mal, un grand mal. Le taux peu élevé ou très-bas de l'intérêt est en quelque sorte le vrai garant de la prospérité publique.

» Mais qu'on nous permette ces observations.

» Un gouvernement aussi sage que le nôtre ignore-t-il les grands et importans ressorts à employer pour atteindre un but aussi désirable? Serait-ce par des lois prohibitives qu'il s'en approcherait?

» Mais, en supposant que la sagesse de l'administration ne soit pas le vrai, le seul ressort auquel il faille recourir et qu'il soit possible de concourir utilement au même but par une loi qui fixerait un taux au-delà duquel la stipulation de l'intérêt serait défendue, n'est-il pas très-constant que cette fixation dépend de la situation actuelle d'un état? que la fixation ne pouvant être que relative à l'époque où elle serait faite, une loi de cette nature est comme toutes celles qui appartiennent à la science de l'administration et au génie de l'administrateur? que le seul son du Code civil, dans lequel une telle loi ne peut trouver sa place, est de poser le principe? que c'est à l'œil de l'administrateur à suivre de moment en moment l'état du corps politique dont le bonheur lui est confié, à juger de l'influence possible du remède et du moment où il peut être utilement et sagement employé?

» Jusques-là reposons-nous avec confiance dans le sein du gouvernement, dont la sagesse sur ce point, comme sur tant d'autres, est notre véritable et meilleure garantie.

»Et jusques-là l'intérêt légal continuera d'être celui qui résultera des condamnations judiciaires, et qui restera le même, à cinq pour cent, tant qu'il n'existera point de loi qui l'ait expressément changé. »

Extrait du discours de M. Albisson, tribun, au corps législatif.

« Jusqu'ici le projet n'a considéré le prêt que comme *gratuit*, soit sous le rapport du *prêt à usage*, soit sous celui du *prêt de consommation*. Mais j'ai remarqué que ce dernier pouvait être intéressé; et c'est dans ce second point de vue qu'il va être considéré dans le chapitre 3, intitulé *du Prêt à intérêt*, qui, dans un autre système d'organisation du projet, aurait pu ne former qu'une branche du chapitre 2.

» Il est permis », dit l'article 1902 du projet, le premier de ce chapitre 3, « il est permis de » stipuler des intérêts pour simple prêt, soit » d'argent, soit de denrées ou autres choses mo-» biliaires. »

» Ce sera ici la seconde loi française qui aura consacré la permission de stipuler des intérêts pour un simple prêt, et elle sera, comme celle du 3 octobre 1789, l'expression de la volonté nationale, munie de plus de l'adhésion de toutes les autorités constituées de la république qui ont co-opéré à la formation de notre nouveau Code civil.

» Il ne sera donc plus permis de remettre en question la légitimité de cette stipulation, si long-temps débattue, et si impolitiquement proscrite sur un simple mal-entendu.

» On convenait que l'argent est le signe des valeurs.

» On convenait encore que les valeurs peuvent être louées ; et on ne voulait, on ne pouvait pas convenir que leur signe pût l'être de même.

» Et pourquoi ? Je m'abstiens, par respect pour des noms que je me fais un devoir et un honneur de révérer, de détailler les fondemens d'une inconséquence si palpable, et qui n'est d'ailleurs que le produit d'une bien louable intention. C'est la juste haine de l'usure qui a fait condamner l'intérêt : mais autant l'une est coupable, autant l'autre est innocent ; autant l'une peut faire de malheureux, autant l'autre peut en soulager ; autant l'usure peut nuire au commerce, autant un intérêt modéré peut contribuer à sa prospérité. Voulez-vous multiplier les usuriers ? proscrivez indéfiniment l'intérêt. Voulez-vous paralyser l'industrie qui manque de moyens ? fermez-lui toutes les bourses qui pourraient l'aider ; car ce serait en fermer le plus grand nombre que de ne leur permettre de s'ouvrir que gratuitement. Je ne pousse pas plus loin ce parallèle. Grâce au progrès de la raison dans la distinction entre ce que la religion et l'honnêteté conseillent, et ce qu'elles défendent, je ne pense pas que la proscription indéfinie de l'intérêt puisse trouver désormais des partisans bien chauds et bien éclairés, et je termine par cette réflexion de notre immortel *Montesquieu* : « Que tous les moyens honnêtes de prêter et » d'emprunter soient abolis, et une usure af- » freuse s'établira.....Les lois extrêmes dans » le bien font naître le mal extrême. Il faudra

» payer pour le prêt de l'argent, et pour le » danger des peines de la loi. »

» Mais, s'il est permis de stipuler des intérêts, à plus forte raison doit-il être permis de retenir à ce titre ceux qui auraient été payés sans stipulation ; et c'est aussi ce que déclare l'article 1903 du projet, qui porte « que l'em- » prunteur qui a payé des intérêts qui n'étaient » pas stipulés, ne peut ni les répéter, ni les » imputer sur le capital » ; doctrine d'ailleurs reçue jusqu'ici dans les provinces régies par le droit écrit, d'après la maxime *Usuræ solutæ non repetuntur*, puisée dans la loi 3, au Code de *Uisuris*, et cela dans le temps même où la stipulation d'intérêts y était défendue.

» La loi doit cependant, en la permettant, la renfermer dans des bornes qu'elle ne puisse pas franchir, car une permission indéfinie ouvrirait une trop large porte à la cupidité, que la honte ne contiendrait pas toujours.

» Le projet distingue donc *l'intérêt légal* de *l'intérêt conventionnel.*

» Le premier est fixé par la loi ; son taux ne pourra être excédé dans les intérêts appelés *moratoires*, c'est-à-dire, produits par une mise légale en demeure, ni dans ceux qui sont dus *ex naturâ rei*, et en vertu d'une loi spéciale.

Le second, qui est celui dont les parties peuvent convenir dans leurs transactions, peut excéder le taux du premier ; mais la loi se réserve d'en fixer la mesure ; et l'on sent que cette mesure peut varier suivant le plus ou le moins d'activité du commerce, de facilité dans l'emploi de l'industrie, et selon les autres convenances sociales qui ne peuvent être bien appréciées que par le gouvernement, leur perpétuel explorateur, et le plus intéressé à les mettre en harmonie avec les besoins plus ou moins urgens et les ressources plus ou moins abondantes de la société.

» Le projet y pourvoit par l'article 1904, ainsi conçu :

72 *

» L'intérêt est légal ou conventionnel.

» L'intérêt légal est fixé par la loi.

» L'intérêt conventionnel peut excéder celui » de la loi, *toutes les fois que la loi ne le* » *prohibe pas.* »

» La cupidité est néanmoins si intrépide , lorsqu'elle peut espérer de cacher ses excès , qu'il fallait essayer de la contenir par le frein de la honte ; et c'est dans cette vue que le projet ajoute : « le taux de l'intérêt conventionnel doit » être fixé par écrit. »

FIN DU TROISIÈME VOLUME.

SUPPLÉMENT.

AU DICTIONNAIRE DE DROIT CIVIL.

LOIS rendues pendant l'impression de l'Ouvrage.

A C T

ACTE DE DÉCÈS DES MILITAIRES.

Avis du Conseil d'état sur les preuves admissibles pour constater les décès des militaires. — du 17 germinal an 13.

LE conseil d'état qui, sur le renvoi fait par sa majesté l'Empereur, a entendu le rapport de la section de législation sur celui du grand juge ministre de la justice, tendant à faire décider si, en l'absence de preuves positives du décès d'un militaire, on peut admettre, pour les remplacer, des présomptions résultant, soit de témoignages vocaux, soit de l'absence prolongée pendant plusieurs années, est d'avis,

1.º Qu'il y aurait, comme l'observe le grand juge lui-même, un extrême danger à admettre comme preuve de décès, de simples actes de notoriété fournis après coup, et résultant le plus souvent de quelques témoignages achetés, ou arrachés à la faiblesse; qu'ainsi cette voie est impraticable;

2.º Qu'à l'égard de l'absence, ses effets sont réglés par le Code civil en tout ce qui concerne les biens, mais qu'on ne peut aller au-delà, ni déclarer le mariage de l'absent dissous après un certain nombre d'années; qu'à la vérité plusieurs femmes de militaires peuvent, à ce sujet, se trouver dans une position fâcheuse, mais que

Tome III.

E C O

cette considération n'a point paru, lors de la discussion du Code civil, assez puissante pour les relever de l'obligation de rapporter une preuve légale, sans laquelle on exposerait la société à de déplorables erreurs et à des inconvéniens beaucoup plus graves que les maux particuliers auxquels on voudrait obvier.

En cet état, le conseil estime qu'il n'y a pas lieu de déroger au droit commun, ni d'y introduire une exception que la législation n'a jamais admise.

Approuvé à Châlons-sur-Saône, le 7 germinal an 13, *signé* NAPOLÉON.

ÉCOLES DE DROIT.

Décret impérial donné au palais de Mayence, le 4.ᵉ complémentaire an 12.

NAPOLÉON, par la grâce de Dieu et les constitutions de la République, Empereur des Français;

Vu la loi du 22 ventose an 12, le conseil d'état entendu, décrète :

SECTION PREMIÈRE.

Du Placement des Écoles de Droit.

ARTICLE PREMIER.

« Les écoles de droit instituées par la loi du 22 ventose an 12, seront établies dans les villes

73

dont les noms suivent : Paris, Dijon, Turin, Grenoble, Aix, Toulouse, Poitiers, Rennes, Caen, Bruxelles, Coblentz et Strasbourg.

» 2. Le bâtiment des anciennes écoles de droit de Paris, situé vis-à-vis le Panthéon, sera rendu à sa première destination.

» 3. Dans les autres villes, les préfets, réunis aux maires, indiqueront, pour placer ces écoles, le bâtiment qu'ils y jugeront le plus propre, et il y sera statué par un décret impérial.

SECTION II.

Des Inspecteurs généraux.

» 4. Outre l'inspection annuelle que les cinq inspecteurs généraux, nommés par sa majesté impériale, exerceront sur les écoles qui leur seront spécialement désignées, et à l'égard desquelles ils pourront réciproquement se suppléer d'après les ordres de sa majesté, ils composeront un conseil général d'enseignement et d'études du droit, auprès du conseiller d'état directeur général de l'instruction publique.

» Les propositions de ce conseil seront soumises, par le directeur général, au grand juge ministre de la justice.

» 5. L'inspection des écoles de droit sera partagée, de la manière suivante, entre les cinq inspecteurs généraux :

» Paris et Dijon ;
» Aix, Grenoble et Turin ;
» Poitiers et Toulouse ;
» Rennes et Caen ;
» Bruxelles, Coblentz et Strasbourg.

» 6. Les inspecteurs généraux prêteront, entre les mains de l'archi-chancelier de l'Empire, serment d'obéissance aux constitutions de l'Empire, de fidélité à l'Empereur, de remplir leurs devoirs avec zèle et exactitude.

» 7. Ils auront un traitement de huit mille francs, outre leurs frais de voyage et de bureau, qui ne pourront pas excéder trois mille francs pour chacun.

» 8. Ces sommes leur seront payées par le trésor public, sur les fonds de l'instruction publique.

SECTION III.

Des Professeurs et de l'Enseignement.

» 9. Il y aura dans chaque école de droit cinq professeurs et deux suppléans. Le nombre pourra en être augmenté par un décret impérial, suivant l'importance et le succès que les écoles auront obtenus.

» 10. Un professeur enseignera tous les ans les institutes de *Justinien* et le droit romain.

» Trois professeurs feront chacun, en trois ans, un cours complet sur le Code civil des Français, de manière qu'il y ait un cours qui s'ouvre chaque année.

» Dans la seconde et dans la troisième année, outre la suite du Code des Français, on enseignera le droit public français, et le droit civil dans ses rapports avec l'administration publique.

» Un professeur fera un cours annuel de législation criminelle et de procédure criminelle et civile.

» 11. Dans les deux premières années de l'ouverture des écoles, et en attendant que le second et le troisième cours du droit civil français puissent commencer, les deux professeurs destinés à les ouvrir dans les années 14 et 15, enseigneront, l'un le droit public français ; l'autre le droit civil dans ses rapports avec l'administration publique.

» 12. La nomination des professeurs et suppléans sera faite par sa majesté impériale, conformément aux articles 35, 36 et 37 de la loi du 22 ventose an 12.

» 13. Les professeurs et suppléans prêteront, devant la cour d'appel dans le ressort de laquelle l'école sera située, le serment d'obéissance aux constitutions de l'Empire, de fidélité à l'Empereur, de remplir leurs devoirs avec zèle et exactitude, et de délivrer avec justice et impartialité les certificats aux étudians qui les auront mérités.

» 14. Les professeurs seront nommés à vie. Néanmoins ceux qui seront nommés pour la première organisation, ne recevront leur brevet qu'après trois ans d'enseignement, et si sa majesté impériale juge à propos de les confirmer.

» 15. Les professeurs recevront du gouvernement un traitement fixe de trois mille francs. Celui des suppléans sera de mille francs. Ces traitemens seront pris sur les fonds de l'instruction publique.

» 15. Les professeurs et les suppléans auront de plus un traitement pris sur le produit des inscriptions, examens et actes, dans la quantité et la proportion qui seront déterminées par le grand-juge ministre de la justice, d'après l'avis des inspecteurs généraux, et sur la proposition du conseiller d'état directeur de l'instruction publique.

SECTION IV.

De l'Administration des Ecoles.

» 17. Il y aura, dans chaque école de droit, un directeur et un secrétaire de l'école, un conseil de discipline et d'enseignement, un bureau d'administration.

» 18. Le directeur et le secrétaire de l'école seront nommés par sa majesté impériale. Elle choisira le directeur parmi les professeurs, pour trois ans, et il sera rééligible.

» 19. Le directeur aura la surveillance matérielle de l'école, le soin de l'entretien des bâtimens et du mobilier; il correspondra avec l'inspecteur général des écoles de droit, et avec le directeur général de l'instruction publique, pour tout ce qui concernera l'enseignement et le personnel des élèves.

» 20. Le secrétaire de l'école sera en même temps gardien des archives, caissier de l'école,

et secrétaire du conseil de discipline et du bureau d'administration.

» Il recevra du trésor public un traitement fixe de deux mille francs sur les fonds de l'instruction publique; il aura de plus un traitement proportionel sur les produits de l'école, ainsi qu'il sera déterminé par le grand-juge ministre de la justice, d'après l'avis des inspecteurs généraux, et sur la proposition du conseiller d'état directeur général de l'instruction publique.

» Il sera tenu de fournir un cautionnement de huit mille francs.

» 21. Le conseil de discipline et d'enseignement sera composé de magistrats et de jurisconsultes anciens ou en exercice, nommés par sa majesté impériale, et dont le nombre n'excédera pas douze, non compris le directeur de l'école, qui y aura séance.

» 22. Le conseil nommera, chaque année, parmi ses membres, un doyen d'honneur, qui en sera le président, et qui aura aussi la présidence aux actes publics de l'école.

» 23. Ce conseil, destiné à surveiller l'enseignement, à régler la discipline de l'école et à suppléer l'inspecteur général, donnera son avis au directeur de l'école, à l'inspecteur général, au directeur général de l'instruction publique, toutes les fois qu'il sera consulté par eux, et même d'office, sur tout ce qui sera relatif à l'objet de son institution.

» 24. Le bureau d'administration sera composé du préfet, du doyen d'honneur, du maire, du directeur de l'école, d'un professeur à tour de rôle, et d'un membre du conseil, nommé chaque année.

» 25. Le bureau d'administration délibérera sur toutes les dépenses de l'école, et réglera celles qui ne sont pas fixes; il recevra et vérifiera les comptes; il s'assemblera le premier lundi de chaque mois, et plus souvent si le directeur de l'école le requiert. Chaque année,

73 *

il rendra compte au grand-juge ministre de la justice, et au ministre de l'intérieur, de l'état de l'école, et leur adressera l'état de ses recettes et de ses dépenses.

SECTION V.

Des Inscriptions.

» 26. Le secrétaire général tiendra un registre paraphé par le premier président de la cour d'appel, sur lequel seront prises de suite, sans aucun blanc, les inscriptions nécessaires pour fixer, reconnaître le temps d'études, et être admis aux grades.

» 27. Chaque étudiant, muni de son acte de naissance, qui constatera qu'il est âgé au moins de seize ans accomplis, et dont il laissera extrait, écrira et signera, tous les trimestres, sur ce registre, une inscription contenant ses nom, prénom, âge, le lieu de sa naissance et son département.

» 28. Quatre inscriptions seront nécessaires pour être admis à l'examen sur la législation criminelle et la procédure ;

» Huit pour être admis aux examens du baccalauréat ;

» Douze pour être admis aux examens de la licence ;

» Seize pour ceux du doctorat.

» 29. Les inscriptions ne pourront être prises que dans les quinze premiers jours de chaque trimestre.

» 30. Quand un étudiant aura manqué l'inscription d'un trimestre, ce trimestre ne sera point compté dans son temps d'étude.

» 31. Les inscriptions prises dans plusieurs écoles serviront à justifier et à compter le temps d'étude, pourvu qu'elles appartiennent à des trimestres différens.

» 32. Le secrétaire de l'école délivrera gratuitement aux étudians, lorsqu'ils auront besoin d'en justifier, un certificat de leurs inscriptions, visé par le directeur de l'école.

SECTION VI.

Des Etudes, Examens et Actes publics.

» 33. Les étudians qui n'aspireront qu'à un certificat de capacité, seront tenus de suivre le cours sur la législation criminelle et la procédure criminelle et civile.

» 34. Sur le certificat du secrétaire de l'école, qu'ils ont pris quatre inscriptions, et sur l'attestation du professeur qu'ils ont assidument suivi son cours, ils seront admis à l'examen.

» 35. Cet examen se fait par deux professeurs ou suppléans.

» 36. Si le résultat de l'examen est favorable, le certificat de capacité sera délivré conformément à l'article 12 de la loi du 22 ventose an 12.

» 37. Les étudians qui aspireront au grade de bachelier, devront faire deux ans d'études.

» La première année, ils suivront le cours sur le Code civil, et le cours du droit romain ;

» La seconde, ils continueront le cours sur le Code civil, et ils suivront le professeur de législation criminelle et de procédure criminelle et civile.

» 38. Après la première année d'études, sur les certificats de quatre inscriptions et d'assiduité aux leçons des deux professeurs qu'ils auront suivis, ils seront admis à un premier examen, qui sera fait en latin et en français sur les matières qui leur auront été enseignées.

» 39. Après la seconde année, en justifiant de huit inscriptions et de leur assiduité aux leçons qu'il leur est prescrit de suivre, ils seront admis à un second examen, après lequel, s'ils sont trouvés capables, il leur sera délivré un diplome de bachelier, conformément à l'art. 9 de la loi du 22 ventose.

« 40. Les examens sur le baccalauréat seront faits par trois professeurs ou suppléans.

» 41. Ceux qui aspireront au grade de licencié, feront une troisième année d'études, pendant laquelle ils termineront le cours sur le Code civil, et suivront en outre, à leur choix, un professeur de l'une des deux premières années du cours sur le Code civil, ou le professeur du droit romain.

» 42. En représentant le certificat de douze inscriptions, leur diplome de bachelier, et le certificat d'assiduité aux leçons des professeurs qu'ils auront suivis pendant la troisième année, ils seront admis aux examens pour la licence.

» 43. Ces examens seront faits par quatre professeurs ou suppléans.

» L'un de ces examens portera sur le droit romain, et sera fait en latin ;

» L'autre embrassera toutes les matières enseignées dans l'école.

» 44. Si le résultat des examens est favorable aux aspirans, ils seront admis à soutenir un acte public, d'après lequel ils obtiendront le diplome de licencié, s'ils sont trouvés capables.

» 45. Une quatrième année d'études sera exigée pour le doctorat.

» Les aspirans devront suivre, dans cette année, le professeur de droit romain et deux des professeurs du Code civil.

» 46. En justifiant de leur assiduité aux leçons qu'ils auront dû suivre, de leur diplome de licencié et de seize inscriptions, ils seront admis à subir deux examens :

» L'un sur le droit romain, et qui sera fait en latin ;

» L'autre, sur toutes les matières enseignées dans l'école.

» On exigera, dans ces examens, des connaissances plus approfondies que dans les examens précédens.

» 47. Les examens pour le doctorat seront faits par cinq professeurs ou suppléans.

» 48. Après ces examens, l'aspirant, s'il a été trouvé capable, soutiendra l'acte public, qui embrassera toutes les matières de l'enseignement du droit, de la législation et de la procédure.

» 49. A la suite de cet acte, il recevra le diplome de docteur en droit.

» 50. Chaque examen pourra être ouvert pour plusieurs étudians en même temps, pourvu qu'ils ne soient pas plus de huit.

» 51. L'examen devra être au moins d'une heure pour un étudiant, de deux heures pour deux étudians, de trois heures pour quatre, et de cinq heures pour huit.

» 52. Les membres du conseil de discipline et d'enseignement auront une place distinguée aux actes publics et aux examens quand ils voudront y assister.

» 53. L'inspecteur des écoles, le doyen d'honneur, s'ils sont présens, les professeurs et suppléans, opineront sur les examens et les actes, par scrutin secret, avec des boules noires et blanches, le résultat de leur jugement sera écrit et signé.

» 54. Dans tous les examens, si les aspirans ne sont pas trouvés capables, il leur sera accordé un délai pour en subir de nouveaux.

» 55. Les examens et les actes de la fin de l'année seront ouverts au public, qui en sera averti par les affiches.

SECTION VII.

Des Frais d'études, d'examens et d'actes publics, et de leur emploi.

» 56. Les frais d'inscription sont fixés à quinze francs pour chacune.

» 57. Les frais d'examen, pour ceux qui aspirent à un certificat de capacité, sont fixés à trente francs. Les frais de chaque examen sont fixés, pour ceux qui aspirent au baccalauréat et à la licence, pour la première année et pour la seconde, à soixante francs ;

» Pour les mêmes, pour chaque examen de la troisième année, à quatre-vingt-dix francs.

» Pour l'acte public, à cent vingt francs.

» 58. Les frais de chaque examen de la quatrième année pour les aspirans au doctorat, sont fixés à quatre-vingt-dix-francs.

» Ceux de l'acte public, à cent vingt francs.

» 59. Ces sommes seront payées entre les mains du secrétaire-caissier, à l'instant pour les inscriptions, et d'avance pour les examens et actes publics.

» 60. Il sera payé, pour le certificat de capacité, quarante francs ;

» Pour le diplome de bachelier, cinquante francs ;

» Pour le diplome de licencié, quatre-vingts francs ;

» Pour celui de docteur, cent francs.

» 61. Les individus désignés à l'article 18 de la loi du 22 nivose, paieront trois cents francs pour leur diplome.

» 62. Ceux désignés en l'article 20 de la même loi, paieront pour frais d'examen cent cinquante francs, et cent cinquante francs en recevant leur diplome.

» 63. Les élèves mentionnés en l'article 21, §. 1.er de la même loi, ne paieront que les cent vingt francs pour l'acte public, et soixante francs en recevant leur diplome.

» 64. Ceux mentionnés au §. 2 du même article, paieront les frais d'examen et d'acte public, comme ils sont fixés pour ceux qui feront les mêmes études suivant le droit commun.

» 65. Le produit des frais d'études et de réception sera appliqué, 1.º à un supplément de traitement pour les professeurs, le secrétaire de l'école, le directeur-professeur ; 2.º aux dépenses d'entretien des bâtimens de l'école; 3.º à l'acquisition des objets nécessaires aux études , examens, actes public ; 4.º en droit de présence aux professeurs et aux suppléans qui assisteront aux examens et aux thèses.

» Le surplus sera versé à la caisse d'amortissement, qui tiendra un compte ouvert et d'intérêts séparé pour chaque école de droit : ce surplus sera employé, sur l'autorisation du ministre de l'intérieur, à des dépenses nécessaires, utiles ou extraordinaires de l'école à laquelle il appartiendra.

» 66. Il sera tenu un compte séparé des recettes extraordinaires pour ceux qui obtiendront des diplomes ou subiront des examens ou actes aux termes des articles 62, 63 et 64 du présent décret ; le montant en sera versé à la caisse d'amortissement, et employé comme il est dit ci-dessus.

» 67. Cinquante élèves nationaux des lycées ou du prytanée pourront être admis, chaque année, gratuitement, et d'après un concours dont la forme sera réglée par sa majesté, à étudier aux écoles de droit.

Section VIII.

Dispositions générales.

» 68. Les professeurs et les docteurs en droit porteront dans leurs leçons, les examens et les actes publics, ainsi que dans les cérémonies, un costume semblable à celui des professeurs et docteurs en médecine, si ce n'est qu'au lieu de la couleur cramoisie, on y emploiera le rouge assigné au costume des cours de justice.

» 69. Les leçons seront publiques; et pendant leur durée l'entrée ne pourra être refusée à personne.

» 70. Pendant une partie de leurs leçons, les professeurs dicteront des cahiers que les étudians seront tenus d'écrire eux-mêmes.

» Les professeurs expliqueront et développeront verbalement, dans chaque leçon, le texte qu'ils auront dicté.

» 71. Il y aura, près des écoles de droit, des collections de livres particulièrement consacrés à cette science, dans les villes où il n'y aurait pas de grandes bibliothèques.

» 72. Le grand-juge ministre de la justice et le ministre de l'intérieur sont chargés de l'exécution du présent décret, qui sera inséré au bulletin des lois.

ENFANS ADMIS DANS LES HOSPICES.

Loi du 15 pluviose an 13 de la République.

« NAPOLÉON, par la grâce de Dieu et les constitutions de la République, Empereur des Français, à tous présens et à venir, salut.

» Le Corps législatif a rendu, le 15 pluviose au 13, le décret suivant, conformément à la proposition faite au nom de l'Empereur, et après avoir entendu les orateurs du conseil d'état et des sections du tribunat le même jour.

» *Art* 1er. Les enfans admis dans les hospices, à quelque titre et sous quelque dénomination que ce soit, seront sous la tutelle des commissions administratives de ces maisons, lesquelles désigneront un de leurs membres pour exercer, le cas advenant, les fonctions de tuteur, et les autres formeront le conseil de tutelle.

» 2. Quand l'enfant sortira de l'hospice pour être placé comme ouvrier, serviteur ou apprenti, dans un lieu éloigné de l'hospice où il avait été placé d'abord, la commission de cet hospice pourra, par un simple acte administratif, visé du préfet ou du sous-préfet, déférer la tutelle à la commission administrative de l'hospice du lieu le plus voisin de la résidence actuelle de l'enfant.

» 3. La tutelle des enfans admis dans les hospices durera jusqu'à la majorité ou émancipation par mariage ou autrement.

» 4. Les commissions administratives des hospices jouiront, relativement à l'émancipation des mineurs qui sont sous leurs tutelles, des droits attribués aux pères et mères par le Code civil.

» L'émancipation sera faite, sur l'avis des membres de la commission administrative, par celui d'entre eux qui aura été désigné tuteur, et qui seul sera tenu de comparaître à cet effet devant le juge de paix.

» L'acte d'émancipation sera délivré sans autres frais que ceux d'enregistrement et de papier timbré.

» 5. Si les enfans admis dans les hospices ont des biens, le receveur de l'hospice remplira, à cet égard, les mêmes fonctions que pour les biens des hospices.

» Toutefois les biens des administrateurs-tuteurs ne pourront, à raison de leurs fonctions, être passibles d'aucune hypothèque. La garantie de la tutelle résidera dans le cautionnement du receveur chargé de la manutention des deniers et de la gestion des biens.

» En cas d'émancipation, il remplira les fonctions de curateur.

» 6. Les capitaux qui appartiendront ou écherront aux enfans admis dans les hospices, seront placés dans les Monts-de-Piété; dans les communes où il n'y aura pas de Monts-de-Piété, ces capitaux seront placés à la caisse d'amortissement, pourvu que chaque somme ne soit pas au-dessous de cent cinquante francs; auquel cas, il en sera disposé selon que réglera la commission administrative.

» 7. Les revenus des biens et capitaux appartenant aux enfans admis dans les hospices, seront perçus, jusqu'à leur sortie desdits hospices, à titre d'indemnité des frais de leurs nourriture et entretien.

» 8. Si l'enfant décède avant sa sortie de l'hospice, son émancipation ou sa majorité, et qu'aucun héritier ne se présente, ses biens appartiendront en propriété à l'hospice; lequel en pourra être envoyé en possession, à la diligence du receveur et sur les conclusions du ministère public.

» S'il se présente ensuite des héritiers, ils

ne pourront répéter les fruits que du jour de la demande.

» 9. Les héritiers qui se présenteront pour recueillir la succession d'un enfant décédé avant sa sortie de l'hospice, son émancipation ou sa majorité, seront tenus d'indemniser l'hospice des alimens fournis, et dépenses faites pour l'enfant décédé, pendant le temps qu'il sera resté à la charge de l'administration, sauf à faire entrer en compensation, jusqu'à due concurrence, les revenus perçus par l'hospice.

Donné au palais des Tuileries, le 25 pluviose an 13, de notre règne le premier. *Signé* NA-POLÉON.

Motifs du projet de loi relatif à la tutelle des enfans admis dans les hospices.

Messieurs,

« Il est dans la société une classe d'individus, enfans du malheur ou de la pauvreté, de la faiblesse ou du vice, délaissés dès leur naissance, abandonnés dans leurs premiers ans, repoussés du sein de leurs parens, ou orphelins dans un âge encore tendre, qui n'ont de ressources que dans la pitié des ames généreuses, ou dans la bienfaisance publique.

» Ces êtres faibles et misérables, recueillis d'abord dans les hôpitaux, où ils reçoivent les premiers secours, sont, suivant leur âge, les lieux et les circonstances, confiés à des nourrices, placés en sevrage chez des habitans de la campagne, élevés dans les maisons publiques même, formés dans leur enceinte à des travaux utiles, placés comme serviteurs chez des citoyens, ou engagés comme apprentis chez des artisans.

» Sans doute, le nombre de ces êtres infortunés, dont la plupart naquirent orphelins, diminuera successivement à mesure que les mœurs se reformeront, que le besoin du travail en ramènera l'habitude, que l'ordre public

renaissant remettra les individus à leur place, que les sentimens honorables et doux reprendront leurs droits dans les cœurs, que les vertus sociales seront plus honorées, les jouissances domestiques mieux appréciées ; à mesure, enfin, que les temps de troubles, avec leurs funestes agitations et leurs trompeuses espérances, s'éloigneront de nous davantage.

» Mais dans un vaste pays, couvert de cités populeuses, et qui compte un grand nombre de prolétaires parmi ses habitans, il y aura toujours des enfans abandonnés.

» Sa majesté a donc dû s'occuper d'assurer leur sort, de créer pour eux, à la place des parens qu'ils ne connurent jamais, ou qu'ils ont perdus, une paternité sociale, qui exerçât tous les droits, toute la puissance de la paternité naturelle, et qui en suppléât les soins, la vigilance et la protection.

» Sous la dernière dynastie, des règlemens plus sages que bien observés avaient déféré la tutelle des enfans abandonnés aux administrateurs des hôpitaux, et cette législation s'appliquait plus spécialement aux établissemens de la capitale.

» Mais dans les provinces où l'obligation de se charger des enfans abandonnés, des bâtards, était une charge imposée à la féodalité, peu de règles étaient établies ; une grande disparité régnait dans les usages ; et il y avait de la part d'un grand nombre de seigneurs, une grande tiédeur dans l'accomplissement de cette partie de leurs devoirs.

» Les lois de 1791 imposèrent à l'administration générale le soin de veiller à l'existence, et de pourvoir aux besoins des bâtards, et des orphelins ; les directoires de département et de district en furent chargés.

» Depuis, et lorsque les municipalités de canton furent créées, les commissaires du gouvernement établis près d'elles furent désignés pour tuteurs aux enfans abandonnés.

» Lors

» Lors de leur suppression, par la loi du mois de frimaire an 5, nulle loi n'a dit, d'une manière explicite, qui devait leur succéder dans ces fonctions de bienfaisance.

» Celle du 28 pluviose an 8, article 9, donne à la vérité collectivement aux sous-préfets toutes les fonctions alors exercées par les administrations municipales et les commissaires du gouvernement.

» La difficulté d'exercer convenablement, au milieu des occupations nombreuses de l'administration, la tutelle des enfans abandonnés, a généralement éloigné d'eux ces fonctions.

» Elles ont été presque par-tout exercées par les commissions administratives des hospices, par les réunions de gens de bien, dignes d'être offertes en exemple à tous les états de l'Europe, par ces hommes qui trouvent le prix de leurs travaux dans leur utilité, de leur dévoûment dans la reconnaissance publique, et la récompense de leur zèle dans un éloge du chef de l'état.

» Mais nulle règle positive n'étant établie, les droits de la tutelle des enfans abandonnés n'étant pas exactement définis, ils n'ont été qu'imparfaitement exercés; les malheureux ont été moins bien servis, moins efficacement protégés, et l'état a perdu comme eux à cette incertitude.

» Un habitant de la campagne laisse quelquefois à des orphelins un morceau de champ ou de vigne, qu'il faut affermer ou vendre; un mobilier qu'il faut réaliser, et dont il faut placer et conserver le prix.

» Un enfant élevé dans un hospice a eu et aura plus d'une fois encore un héritage plus ou moins considérable à recueillir, et il faut qu'un protecteur fasse valoir ses droits.

» Enfin, si ce ne sont pas ordinairement les biens qu'il faut conserver, défendre ou recouvrer, c'est la personne même de l'enfant qu'il faut gouverner, c'est son bien-être qu'il faut préparer.

Tome III.

» Au sortir de l'enfance, il est utile de l'engager au service d'un laboureur, ou dans l'atelier d'un artisan, pour qu'il soit assuré d'un moyen d'existence, pour qu'il soit utile à l'état et à lui-même, pour qu'il ne soit pas exposé à la misère et à la perfidie de ses suggestions, pour qu'après avoir été, en naissant, repoussé du sein de ses parens, comme un être à charge, il ne soit pas, dans la force de l'âge, repoussé du sein de la société, comme un être dangereux.

» Si, à sa majorité, et après avoir appris un métier, un art, une profession, il trouve une occasion de s'établir avec avantage, il faut qu'il puisse obtenir de l'émancipation le droit de se livrer au commerce, d'exercer son industrie.

» S'il se destine à porter les armes, s'il veut aller dans nos arsenaux ou dans nos camps remplacer l'enfant plus riche et souvent moins heureux, dont une famille craint de fixer le sort aux hasards de la guerre, il faut qu'il puisse être autorisé à contracter comme remplaçant.

» Il faut, si un établissement convenable s'offre pour lui avant que la loi permette de disposer de sa personne, que l'autorisation d'un tuteur puisse accélérer, légitimer son mariage, et préparer à sa jeunesse le bonheur qui fut refusé à son enfance, d'avoir une famille, et les jouissances de la tendresse paternelle au lieu de celles de la piété filiale, qu'il ne lui fut pas donné de connaître.

» Il faut que cette jeune fille, sortant d'un hospice, soit placée dans une maison, où le travail la sauve de la corruption, où le bon exemple la préserve des mauvaises mœurs, où elle trouve un asile sûr pour le temps présent; et où elle acquière par un apprentissage utile des espérances pour le temps à venir.

» La loi que l'Empereur nous a chargé de vous présenter, assure aux enfans abandonnés tous ces avantages.

» Un des membres de chaque commission administrative des hospices sera désormais désigné pour tuteur des enfans abandonnés ; il en exercera tous les droits, il en remplira tous les devoirs.

» Les autres membres de la commission formeront le conseil de tutelle.

» Si l'enfant s'éloigne de l'hospice qui le reçut d'abord, s'il passe dans l'arrondissement d'un autre hospice, il ne sera pas exposé à être loin de celui que la loi aura chargé de le protéger. Son premier tuteur déléguera son pouvoir à un autre qui, plus voisin de l'orphelin, veillera plus aisément et plus utilement sur sa personne.

» Le même tuteur sera chargé de la conservation des biens s'il en existe, et le receveur de l'hospice en rendra compte comme le représentant d'un tuteur onéraire.

» Si l'enfant meurt sans héritiers, pendant son séjour à l'hospice, ou lorsque n'étant pas majeur encore il est toujours à sa charge et sous sa protection, l'hospice, au lieu du fisc, recueillera comme indemnité son modique héritage.

» Si des héritiers se présentent, ils ne recueilleront la succession qu'en acquittant ses charges, c'est-à-dire, en remboursant à l'hospice les frais d'entretien, afin que le patrimoine des pauvres ne soit pas diminué, et que les parens qui délaissèrent leur parent malheureux, ne puissent pas jouir du bien qu'ils refusèrent d'administrer, ni succéder sans charges à celui qu'ils ont méconnu aux jours de son abandon.

» Cette partie de la loi, Messieurs, contient une leçon de morale qui aurait pu être plus rigoureuse et plus étendue dans son application.

» Mais si toutes les conséquences du principe n'ont pas été déduites, elles n'échapperont pas à l'attention des administrateurs des départemens.

» Ils veilleront sur l'admission des enfans

dans les hospices, devenue trop facile pendant quelque temps.

» S'il est de leur devoir de ne pas repousser le véritable enfant du malheur, le véritable orphelin, il ne faut pas non plus accueillir trop légèrement cet autre enfant, que la paresse, l'immoralité de son père repoussent de sa famille, où il pourrait le nourrir s'il voulait travailler. Il ne faut pas recevoir l'enfant de cette femme qu'embarrasse la présence de sa jeune fille, et qui l'envoie dans l'asile de l'indigence pour faire plus librement de sa maison la retraite du vice.

» Il faut, quand la vigilance des administrateurs, trompée d'abord, est ensuite éclairée, qu'ils punissent, du moins, en faisant payer les dépenses faites par l'état ou par la cité, les parens qui ont méconnu leurs devoirs, offensé la société et outragé la nature.

» La loi que nous vous présentons, Messieurs, est donc utile à la fois par les principes qu'elle consacre, par les leçons qu'elle donne, par les vues plus étendues qu'elle indique ; et l'humanité, la morale et la justice invoquent également la sanction que sa majesté nous a ordonné de vous demander. »

VENTE sous seing-privé. *Voy.* Acte sous seing-privé.

Du 12 floréal an 13. Avis du Conseil d'état sur la transcription des actes de vente sous signature privée et enregistrés.

« Le Conseil d'état, qui, d'après le renvoi fait par sa majesté l'Empereur, a ouï le rapport des sections de législation et des finances sur celui du grand-juge ministre de la justice, relatif à la question de savoir si l'on peut valablement transcrire, pour purger les hypothèques, les ventes faites par actes sous seing-privé, dûment enregistrés, mais dont les signatures n'ont pas été reconnues devant notaire ou par un jugement ;

» Vu la loi du 11 brumaire an 7 sur le régime hypothécaire, et le titre du Code civil sur
les priviléges et hypothèques ;

» Considérant qu'aucune disposition précise
ne s'oppose à ce qu'un acte de vente sous signature privée, revêtu de la formalité de l'enregistrement, soit transcrit sur les registres du conservateur des hypothèques ; que cette transcription n'a d'autre effet que d'annoncer aux
personnes intéressées, que la propriété d'un
immeuble a passé d'une main dans une autre,
et qu'il n'y aurait pas de motif pour prohiber
les annonces du changement qui se serait opéré
par acte sous signature privée, quand il est permis d'aliéner de cette manière ;

» Qu'on ne peut tirer aucune induction contraire de ce que l'inscription à l'effet d'acquérir
hypothèque, ne peut avoir lieu que sur le vu
d'une expédition authentique du jugement ou

de l'acte qui constitue l'hypothèque, parce
qu'elle ne peut être constituée en effet que par
un acte authentique ;

» Qu'enfin, lors de la discussion du titre
du Code civil des *Priviléges et Hypothèques*,
la question fut proposée en Conseil d'état,
et qu'il parut si évident qu'on pouvait transcrire un acte de vente sous signature privée, dûment enregistré, qu'on jugea superflu de faire
une disposition pour le permettre, comme on
peut s'en convaincre par la lecture du procès-
verbal, séance du 10 ventose an 12,

» Est d'avis que les actes de vente sous signature privée et *enregistrés*, peuvent être présentés à la transcription. »

Approuvé. A Alexandrie, le 12 floréal an 13.

Signé NAPOLÉON.

FIN DU SUPPLÉMENT.

DE L'IMPRIMERIE DE LEVRAULT, RUE DES SS.-PÈRES, N.° 69.

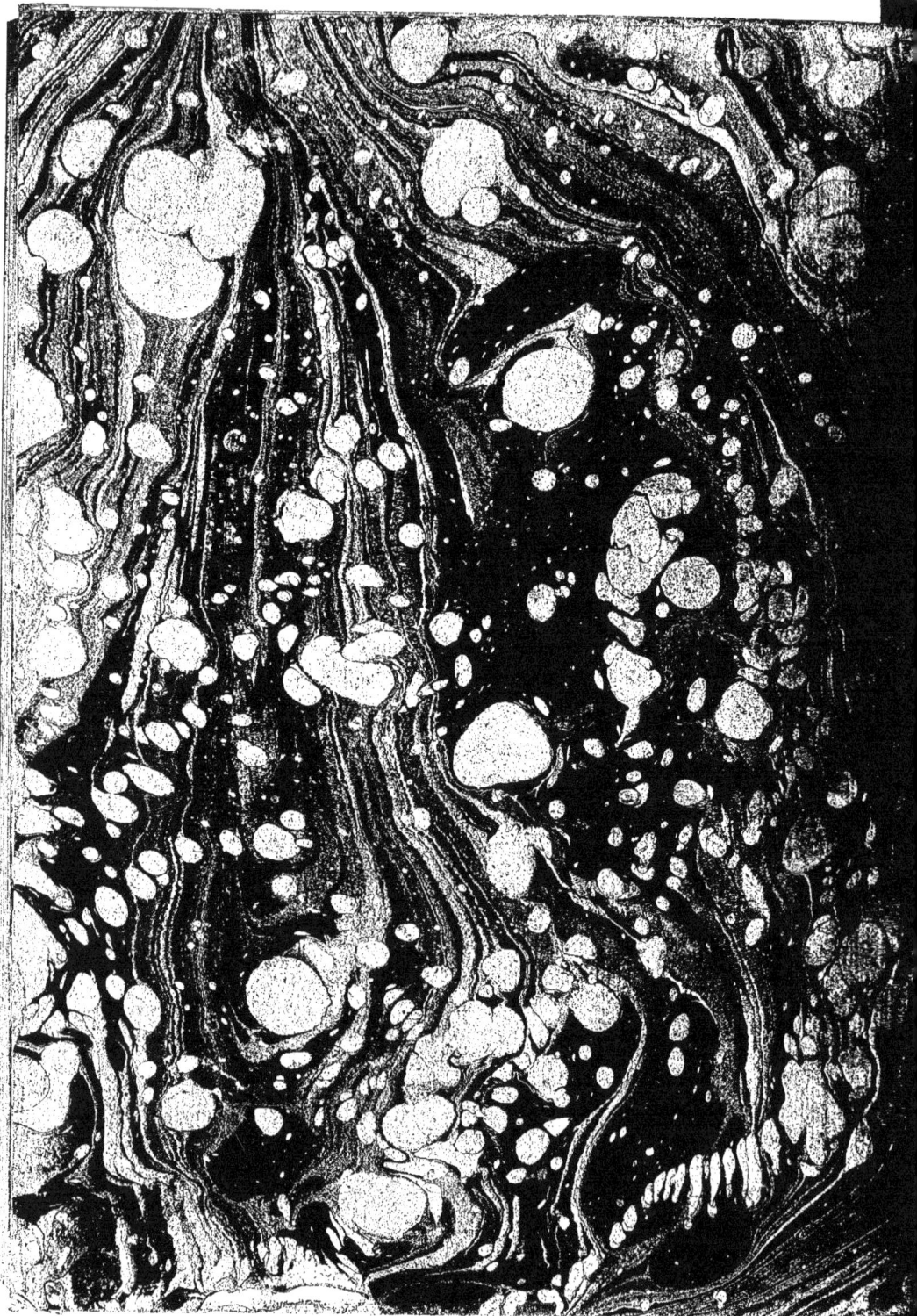

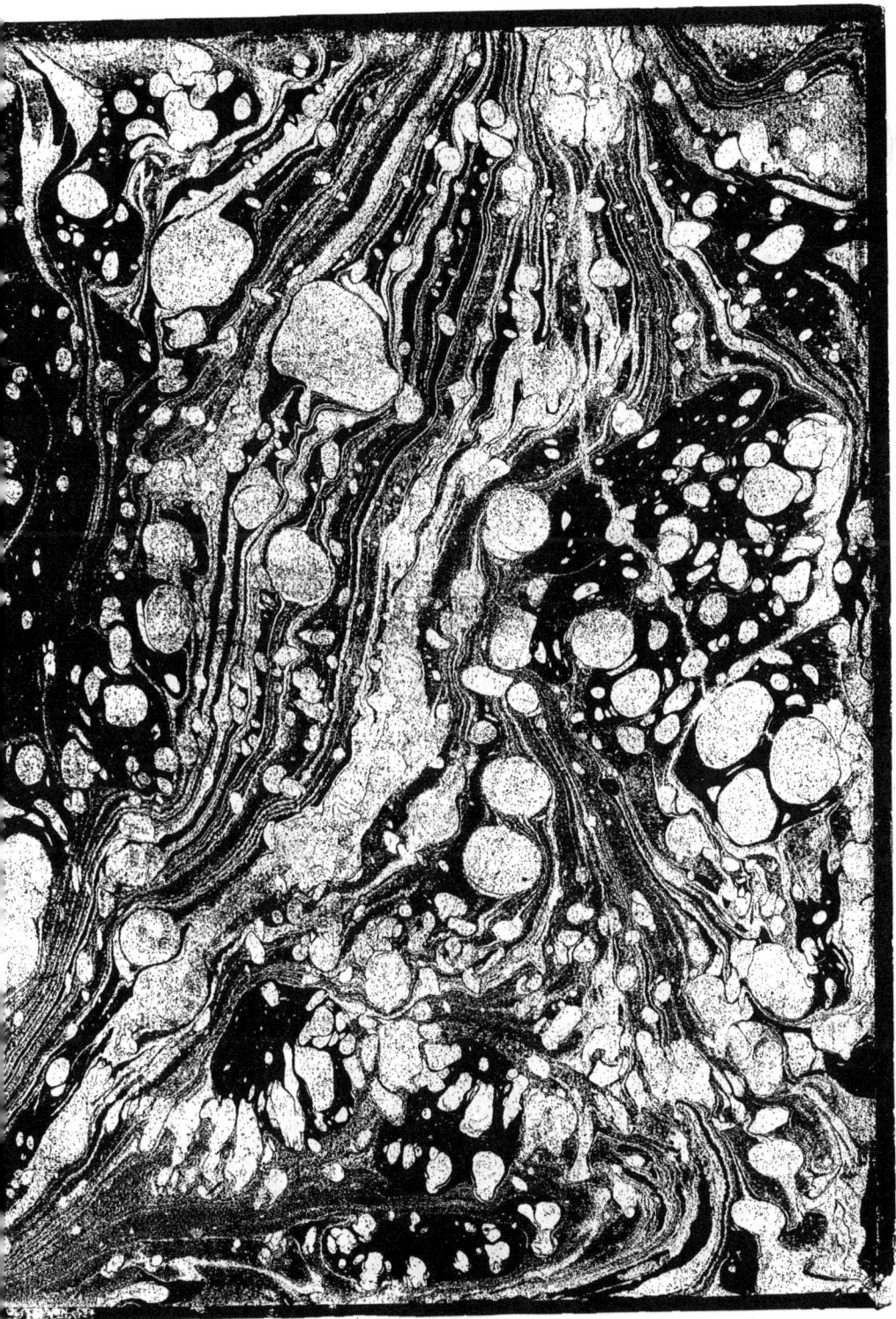